长寿年鉴

CHANGSHOU YEARBOOK

2016

重庆市长寿区人民政府 编

方志出版社
Publishing House of Local Records

图书在版编目（CIP）数据

长寿年鉴. 2016/重庆市长寿区人民政府编. －－北京：方志出版社，2016.12
ISBN 978-7-5144-2278-8

Ⅰ.①长… Ⅱ.①重… Ⅲ.①长寿区—2016—年鉴
Ⅳ.①Z527.193

中国版本图书馆CIP数据核字（2016）第304875号

长寿年鉴（2016）

编　　者：重庆市长寿区人民政府
责任编辑：顾　洁
出 版 人：冀祥德
出 版 者：方志出版社
地址　北京市朝阳区潘家园东里9号（国家方志馆4层）
邮编　100021
网址　http://www.fzph.org
发　　行：方志出版社发行中心
电话（010）67110500
经　　销：各地新华书店
印　　刷：重庆巴南彩印厂
开　　本：889×1194　1/16
印　　张：35.5
字　　数：1174千字
版　　次：2016年12月第1版　2016年12月第1次印刷
印　　数：001~700册
ISBN 978-7-5144-2278-8　定价：260.00元

重庆市长寿区《长寿年鉴》编纂委员会

顾　　问：赵世庆　张明生　张　华

主　　任：巴川江

副 主 任：师明萌　潘晓林　霍家勤　陈志洪

成员单位：区委办、区人大办、区政府办、区政协办、经开区办、区委组织部、区委宣传部、区财政局、区志办

主　　审：师明萌　霍家勤

主　　编：游　江

重庆市长寿区《长寿年鉴》编辑部

主　　编：游　江

执行编辑：朱凤乔

责任编辑：杨　耀　刘雪颖　李祖文　张晓明　陈　影　陈　科　何　章　高振声　李春兰　程　伟

《长寿年鉴（2016）》编写人员

（按姓氏音序排列）

敖　伟	白　兵	毕　成	操良静	陈　侃	陈　强
陈　维	陈　影	陈　渝	陈家远	陈炯莉	陈俊材
陈文丁	陈跃勇	程帮全	戴　璐	戴志卫	邓明成
董　龙	董金津	杜艳红	范城林	付　玉	付新轶
傅歆芯	高　凤	高　勇	高丽岚	郭丽娜	韩　黎
韩　林	何　霞	何　欣	何光明	何万明	何小松
何兴楠	洪永良	侯俊成	胡　杨	黄　帮	黄　巧
黄家菊	黄金花	黄南天	焦　旺	焦浚宸	柯长林
雷福中	李　佳	李　婕	李　敏	李　鹏	李　娅
李　渊	李佳宏	李俊薛	李燕慧	李永鑫	李勇军
梁勤勇	廖　欣	廖传荣	刘　权	刘　睿	刘　竹
刘良安	刘思岑	刘显碧	刘小波	刘星星	刘学瑜
刘政权	卢昱彤	陆　钰	罗　晋	罗　娟	罗德明
罗洪波	罗小松	罗雪飞	骆春桃	吕丽娟	吕兴建
倪春红	聂　鹏	宁　娜	彭　润	戚晓容	邱　林
邱　真	瞿勇强	冉　鸿	冉旖旎	桑　璐	邵　鹏
史晋岳	苏培杰	孙　静	孙　祥	谭　龙	谭　睿
谭晓莉	汤世华	陶　超	陶　然	陶世英	陶中荣
腾　杨	万承松	汪　维	汪月琴	王　东	王　莉
王　松	王　伟	王国兵	王翰立	王利利	王维安
王小强	王元梅	韦爱群	文　燕	文　瑶	吴　洪
吴健雄	吴用强	夏白川	鲜亚中	向　迪	向　珩
项　川	项淮垣	谢林江	熊　伟	徐国平	徐美峰
徐尊萍	杨　静	杨　梅	杨　明	杨　娜	杨　琪
杨　强	杨　妍	杨　颖	杨家全	杨永超	叶凌云
叶云芬	余剑梅	余晓莹	余勇士	余志鹏	喻　莛
喻　鹏	袁美荧	袁时雨	袁雪峰	袁志龙	张　闯
张　杰	张　群	张　伟（政协）	张　伟（民政）	张炳炎	张成文
张福江	张洪维	张环环	张利丽	张铭文	张茜评
张情隆	张晓强	张艳均	张有轩	张正东	张忠荣
赵述玲	郑延龄	周　强	周　艳	周　一	周　游
周灯莉	周家修	周建村	周于祥	朱治郎	邹　琳
邹　仪	左　娟	左艳萍			

编辑说明

一、《长寿年鉴》以马克思列宁主义、毛泽东思想、邓小平理论、“三个代表”重要思想、科学发展观为指导，深入贯彻落实习近平的重要讲话精神，坚持辩证唯物主义、历史唯物主义的立场和方法，是长寿区人民政府组织编纂出版公开发行的政府综合性地方年鉴。它真实、全面、系统地记载和反映长寿区改革开放、经济发展、社会进步的情况，系统地记述长寿区域自然、政治、经济、文化和社会等方面情况，旨在为决策参谋、为经济导航、为民众服务、为修志积智，是各级组织、社会各界和广大民众认识、了解长寿的一个窗口。

二、《长寿年鉴（2016）》着重记载2015年长寿区经济社会发展的大事、要事。正文内容以类目、分目、条目组成框架结构的主体部分，以条目为表现内容的基本形式。全卷设长寿概况、中共重庆市长寿区委员会、重庆市长寿区人民代表大会、重庆市长寿区人民政府、政协重庆市长寿区委员会、中共重庆市长寿区纪律检查委员会（区监察局）、民主党派　工商联、群众团体、法治、武装、农业和农村经济、工业、工业园区建设、中央市属在长寿企业、商贸服务业、交通　邮政业、信息业、城乡建设与管理、建筑　房地产业、环境保护与管理、旅游业、库区移民、财政　税务、金融　保险、非公有制经济、经济管理与监督、文化　体育、教育　科技、医疗卫生　计划生育、社会事务、民生、镇（街）、人物、大事记、统计资料、索引等36个类目，267个分目，1089个条目，73万字。条目标题以黑体字加【】表示。一些黑白照片插入内文，以求图文并茂，以图补文。彩页的时政要闻图片以“创新长寿”为主题刊载，继续设《数字长寿》版。

三、《长寿年鉴（2016）》在保持上年基本框架的前提下，在《长寿概况》类目的《旅游资源》分目增设《乡村旅游资源》《旅游文化资源》条目；在《农业和农村经济》类目将《新农村建设》分目改为《美丽乡村建设》，暂不设《乡镇企业》分目；在《工业》类目将《能源工业》分目改为《煤炭工业》，暂不设《乡镇工业》分目；在《商贸服务业》类目增设《电子商务》分目，将《食盐商业》分目改为《盐商业》；在《信息业》类目增设《概述》分目；在《金融　保险业》类目暂不设《中国太平洋财产保险股份有限公司重庆市长寿支公司》分目；《经济管理与监督》类目的《国有资产管理》分目改为《国资金融管理》；在《镇（街道）》类目增设《菩提街道》分目，将《新市镇》分目改为《新市街道》，《八颗镇》分目改为《八颗街道》；在《人物》类目《先进模范人物》分目中增设《十大孝星》条目，暂不设《发明人物》分目，恢复《人物传略》分目。

四、《长寿年鉴（2016）》的计量单位采用国家法定计量单位，但个别仍沿用常用非法定计量单位，以适应习惯的使用方法。经济社会统计资料由区统计局提供。一些单位报送的统计数据因统计口径不同，使用时应以统计局的数据为准。

五、稿件作者署名，除在编写人员栏目中罗列外，在文末标出。

六、《长寿年鉴（2016）》的编辑出版工作是在中共重庆市长寿区委、重庆市长寿区人民政府的领导下，区级部门、各街镇及中央、市属、武警部队驻长各单位参与编纂，通力合作完成的。在此谨致谢意！书中内容疏漏之处，敬请批评指正。

《长寿年鉴（2016）》时政要闻彩页版
提供图片的单位和个人

重庆市长寿区人大常委会办公室

重庆市长寿区经济技术开发区办公室

中共重庆市长寿区委组织部

长寿日报社

重庆市长寿区统计局

重庆市长寿区街镇工业走廊管理委员会

重庆市长寿区旅游发展服务中心

重庆市长寿区新市街道办事处

重庆市长寿区万顺镇人民政府

张　异　晏春明

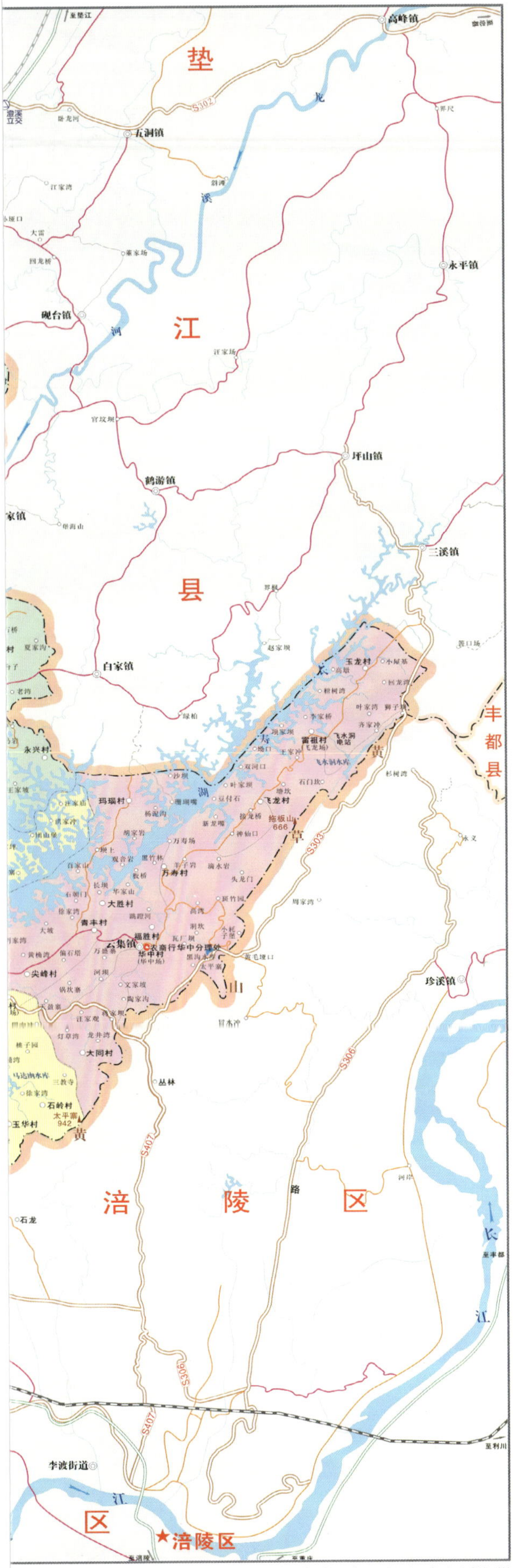

渝S（2014）36号　　重庆市长寿区民政局提供

长寿区城区图

审图号：渝S（2014）36号　　重庆市长寿区民政局提供

开放与合作

2015年7月15日，中共中央政治局委员、重庆市委书记孙政才在长寿经开区，调研城市发展新区现代产业发展情况。市领导翁杰明、张鸣，区领导周勇、赵世庆一同调研

2015年12月3—4日，全国人大环境资源委员会副主任委员王鸿举率队到长寿调研，副市长陈和平，区领导周勇、赵世庆、张明生、张华等参加调研

2015年3月12日，中共重庆市委常委、组织部部长曾庆红调研长寿区龙河镇保合村党建工作。区领导周勇、赵世庆、王志宏等参加

2015年6月9日，长寿区人民政府与四川福华集团、重庆化医集团循环经济产业园合作建设签约仪式。区领导周勇、赵世庆、张明生、巴川江、肖庆华等参加

2015年9月23日，重庆长寿湖远恒佳学校签约。区领导周勇、赵世庆、张明生、谭庆、左永祥、陈瑛、陈会明等出席签约仪式

2015年12月14日，北京紫光制药在国内唯一的原料药及医药中间体研发生产基地项目落户长寿。 中共重庆市委常委、市政府常务副市长翁杰明，区领导周勇、赵世庆、张明生、张华、巴川江等出席签约仪式

2015年11月6日，长寿区第一个电子信息产业项目韩国秀博瑞殷（重庆）公司投资建设的年产3万吨蚀刻板、72万张平板显示玻璃薄化及ITO镀膜项目正式投产。区领导周勇、赵世庆、张华、巴川江、李吉华等参加投产仪式

2015年5月21日，“2015中国化工园区与产业发展论坛”在长寿碧桂园凤凰大酒店召开。中国石油和化学工业联合会党委书记、常务副会长李寿生，国家工业和信息化部原材料工业司副司长潘爱华，重庆市政协副主席杨天怡，长寿区领导周勇、赵世庆、巴川江等和来自全国各化工园区的近500名代表出席大会

2015年5月29日，第十八届中国（重庆）国际投资暨全球展购会（简称渝洽会）重大项目签约仪式，长寿区签约项目5个，合同金额近120亿元。区领导赵世庆、巴川江、肖庆华等参加

2015年10月17日—18日，重庆长寿湖国际铁人三项赛举行。 来自十余个国家的676名运动员参加比赛。中共重庆市委常委、宣传部部长燕平，市政府副市长吴刚，长寿区领导周勇、赵世庆、张明生、张华、巴川江等出席开幕式

2015年7月3日，长寿街镇工业走廊与华龙网联合打造园区“互联网”项目签约。区领导张华、李松出席签约仪式

2015年11月13日—14日，第三届中华长寿文化暨儒学宗师谯定学术研讨会在长寿湖山庄举行。区领导左永祥、蒋牧宸和来自北京大学东方文化研究中心、台湾元智大学、清华大学等的30余位专家学者等参加研讨会

2015年7月24日，长寿区人力社保局邀请重庆大学教授曾国平为街镇工业走廊进行职工综合素质能力提升培训

2015年3月30日，长寿区人民医院与美国约翰霍普金斯大学医院建立“中美LPR诊断治疗中心”合作关系

2015年1月16日—19日，第十四届中国（重庆）西部农产品交易会长寿展团实现销售收入57.8万元

2015年6月25日，第四届中国西部旅游产业博览会以“欢迎常来长寿，长寿常来”为主题的长寿展馆接待上万人次

2015年10月21日，20余名韩国游客在长寿旅游，并参观寿文化展厅

2015年9月11日—13日，2015年重庆都市旅游节暨中国重庆城际旅游交易会（即“一会一节”），长寿代表团采取多种方式推介长寿旅游景点

2015年11月5日，长寿沙田柚江北观音桥品鉴推介活动，签订20余份意向合同，销售额近6000万元，长寿沙田柚成功走向市场

2015年8月1日，在全市微型企业五周年成果展暨交易洽谈会上，长寿区6家微型企业获得1000万元订单

2015年8月1日，长寿党政客户端（新闻APP）《人人长寿》上线运行，受到广大用户喜爱

2015年4月21日，“中国儿童阅读优化基地”在长寿实验一小和桃源小学挂牌，北京大学教授、当代作家曹文轩应邀做“推开写作之门”报告

2015年8月21日，冰岛古典吉他演奏家奥格门德尔·索尔·约翰那森应邀为长寿区少年儿童指导吉他演奏技艺

渡舟街道三好村树茂果园种植的绿色食品商标梨子受到广泛青睐，最远销到香港

2015年8月20日，重庆著名笑星刘卫东在长寿主持中央公园小区“七夕”活动

重庆市长寿区第十七届人民代表大会第五次会议

区长赵世庆报告政府工作

区人大常委会主任游智明报告人大工作

2015年2月10日—13日，重庆市长寿区第十七届人大五次会议在区科技文化中心礼堂举行。上左图为区委书记周勇参加分团讨论，上右图为游智明祝贺张明生当选区人大常委会主任，右图为大会主席台

代表们参加大会和分团讨论

中国人民政治协商会议重庆市长寿区第十四届委员会第四次会议

区政协主席张明生报告政协工作

张明生祝贺张华当选区政协主席

大会主席台

区长赵世庆参加政协分组讨论

政协委员分组讨论和参观菩提风景区

2015年2月9日—11日，政协重庆市长寿区第十四届委员会第四次会议在长寿区科技文化中心召开。图为大会会场

工业高

——集群集聚发展

2015年，全区实现工业增加值171.9亿元，实现规模以上工业总产值806亿元，工业规模不断壮大，全区规模以上企业达到203家；工业结构不断优化，经开区培育装备制造产业，集聚电子信息产业，壮大医药产业；街镇工业走廊扩园升格有序推进。

2015年2月12日，中共重庆市委常委、常务副市长翁杰明到长寿经开区、重钢新区，看望慰问一线职工。区领导周勇、赵世庆参加慰问活动

2015年12月14日，中国·重庆长寿塑料光纤材料产业园开工。市委常委、常务副市长翁杰明，市政协副主席李钺锋，区领导周勇、赵世庆、张明生、张华、巴川江等出席开工仪式

2015年11月23日，重庆小康集团缸内直喷高性能节能发动机项目开工奠基，区领导周勇、赵世庆、张明生、张华、左永祥、冉洪等参加开工仪式

2015年12月18日，亚太森博（重庆）纸业有限公司高档文化纸项目开工奠基，区领导周勇、赵世庆、谭庆、左永祥、潘晓林、邓有国、宋平出席开工仪式

长寿经开区综合发展实力排名中国西部第六位，获评中国循环化教育示范基地、2015创建生态文明标杆发展区、中国开发区竞争力最佳案例奖

长寿经开区率先在国家级开发区中开展安全环保责任关怀行动，已发展会员58家

地

重庆沈通变压器有限公司的电力变压器获2015年“重庆知名产品”称号

位于长寿经开区内的九龙橡胶制品制造有限公司探索废旧轮胎（橡胶）高效利用，发展循环经济增强企业活力

高科技企业重庆斯泰克材料技术有限公司着力打造国内辅料标杆性企业和世界一流的PVP产品供应商

全国十大木业产业加工园区——重庆长寿街镇工业走廊

街镇工业走廊部署开展“O2O”、“B2C”等新兴产业模式，融入“互联网+”的改革大潮

2015年，长寿街镇工业走廊用工18504人

农 业 基

——集约规模发展

2015年，长寿区新发展农业产业化龙头企业25家，区级农业产业化龙头企业监测合格62家；新增有机食品4个获得国家认证，全区“三品一标”产品总计47个。 全年实现农业生产总产值56.8亿元，农村居民人均可支配收入12058元。

全区粮食播种面积69067公顷，产量37万吨，实施“水稻、玉米万亩高产创建”项目核心示范片2个

全年蔬菜种植面积14940公顷，产量33.76万吨

地

全区果树种植面积25867公顷，产量26.6万吨

全区畜牧业总产值32亿元，奶牛存栏和饲料产量居全市第二

花卉苗木产业成为特色效益农业增长点

全区渔业养殖面积12490公顷，产量3.33万吨；有机水产品10个，优质水产品率84%

全区推广补贴农机具1714台，机耕面积70000公顷，水稻机插秧面积7180公顷，机收面积17126公顷

旅游胜

——文化旅游融合

2015年，长寿湖景区建设纵深推进，旅游配套功能成型；菩提山文化旅游区日趋成熟；滨江长寿谷建设正式启动；旅游营销力度加大。全年接待游客700万人次，实现旅游收入42亿元。

2015年12月28日，长寿菩提古镇尾期工程暨长寿博物馆开建。区领导周勇、赵世庆、张明生、张华、巴川江、谭庆等出席开工仪式

长寿旅游文化宣传

滨江长寿谷初现城市峡谷公园丽景

地

正在创建国家级AAAAA景区的长寿湖风景名胜区，全年接待游客203万人次

布局菩提古镇、菩提桥、万寿天梯、千寿广场、百寿大道的养生长寿文化景点集群——长寿菩提山万寿宝典国庆前夕向游客开放

商贸物流中

——商贸流通创新发展

2015年，长寿区以发展覆盖城乡一体的商贸服务业为核心，改造提升传统商贸业，培育发展新兴商业业态。 电子商务快速发展，会展经济繁荣活跃，专业市场加快建设，物流配套基础设施功能进一步完善，商贸物流发展步伐加快。全年实现社会消费品零售总额103.3亿元。

专业市场群加快建设。图为2015年12月24日，重庆工贸城揭牌暨长寿汽车交易市场项目开工仪式，区领导周勇、赵世庆、张明生、张华、巴川江、王身高等出席

年内培育本土龙头电商10家，发展微型电商企业150家。

成功创建长寿菩提古镇市级夜市街

全年举办汽车、农产品、美食、家具、建材等各类会展11次，直接收入1.55亿元

心

传统商业服务功能进一步优化，批发零售额实现263.2亿元

物流配套基础设施功能进一步完善，全区实现外贸进出口总额12.3亿美元，列重庆市城市发展新区第一位

城乡统筹

2015年，长寿区优化拓展中心城区，八个城市组团加速开发，优化城市公共空间，实施市容环卫综合整治；提升镇村建管水平，加快完善城镇基础设施配套，改善乡村人居环境；加强生态文明建设，城乡统筹发展取得新的成就。

2015年3月11日，区领导周勇、张明生、张华、巴川江等参加全民植树活动

集中式饮用水质均实现100%达标

城区空气质量优良率93.2%

年内新增城市绿地198公顷，桃花河滨河公园建成开放

发展

推进新版城乡总体规划落地，编制完成控制性详规14项，专项规划20余项

城建重点项目完成投资106亿元，主城区骨干路网成型

设施完备的农村幼儿园

完成农村公路改造220千米

建成农村饮水安全项目20个

全年建成8个美丽乡村，改造农村危房1663户

乡村道路安装路灯

改革开放

2015年，长寿区完成区政府机构改革，深化工商登记制度改革，着力发展民营经济，完成农村集体资产清理和量化确权试点，扩大开放蓄积发展动力，创新驱动增强发展能力，培育国家级知识产权优势企业2家，授权专利增长273.4%，全区改革开放创新迈上新台阶。

创新保障要素加强建设，图为2015年12月8日，与中国风险投资有限公司签订战略合作协议，区领导周勇、赵世庆、张明生、张华、巴川江、谭庆、何以龙、左永祥等出席签约仪式

年内新批外商投资企业10家，居重庆城市发展新区第一位。图为2015年9月25日，LG化学（重庆）工程塑料有限公司2万吨工程塑料及塑料合金项目开工奠基。区领导周勇、赵世庆、张明生、巴川江、谭庆、左永祥、陈会明等参加奠基仪式

优化区划设置，2015年10月30日新市（左图）、八颗撤镇设街正式挂牌；12月28日新设立菩提街道（右图）

2015年全区非公经济实现增加值251亿元，31户区属国有企业改革重组

创新

2015年全区实现外贸进出口总额12.3亿美元，实现离岸服务外包执行额8563万美元。图为9月11日，巴斯夫第一批MDI出货销售

改革工商登记制度，全年发放“一照一码”营业执照6488份，新增“先照后证”市场主体1650户

2015年10月8日，长寿区颁发首批28张工商执照、组织机构代码证、税务登记证“三证合一”新执照

完成农村集体资产清理和量化确权试点，成立长寿区农村综合产权流转交易中心。图为2015年6月26日首批土地流转交易现场

2015年3月2日，全国第一批不动产权证书在长寿湖公共服务中心颁发。国土资源部副部长胡存智、副市长陈和平，区领导周勇、赵世庆参加颁证

长寿区率先在全国试点不动产统一登记改革，图为2015年3月18日区行政审批大厅不动产登记现场

保障改善

2015年，长寿区强化筑牢民生基础，健全社会救助体系；切实改善公共服务；务实办理民生实事；接访、下访、约访群众4676件次，矛盾纠纷化解率97.3%； 持续深化平安建设，公众安全指数93.46%；扶贫攻坚完成155个贫困村扶贫项目，6105户、17614名贫困人口脱贫。人民群众幸福感进一步提升。

2015年12月8日，中共重庆市委常委、政法委书记刘学普到长寿调研平安建设。区领导周勇、赵世庆参加调研

背街小巷安装监控设施

深化平安建设

36辆社会治安电瓶巡逻车上岗

加强食药品安全监管

改善公共服务

帮助残疾人康复训练

实施文化惠民“五大工程”

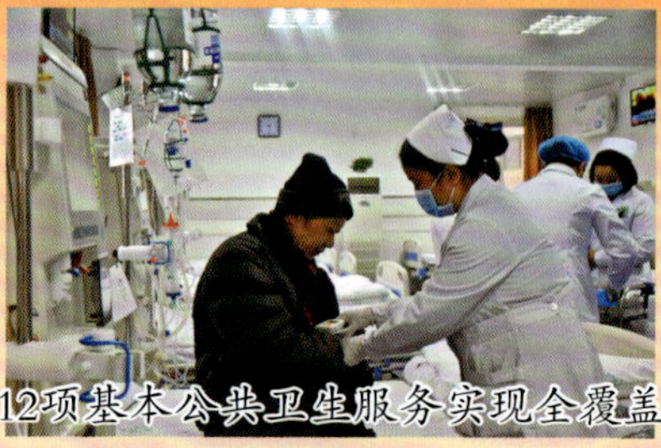

12项基本公共卫生服务实现全覆盖

北城中学等2所学校建成投用

全国文明城区创建持续推进

民生

区领导周勇（上图）、赵世庆（左图）、巴川江（右图）走访慰问困难群体

培训贫困户职业技能

精准扶贫 上门走访

公益组织献爱心

推进扶贫攻坚

办好民生实事

完成国省道改造134千米

红层找水打井3000口

开通重庆至长寿通勤列车

全年新增城镇就业24298人，新增创业7499人

人民生活水平不断提高

铭记历史

——长寿区保

2015年，是中国人民抗日战争暨世界反法西斯战争胜利70周年。为了弘扬“天下兴亡、匹夫有责，万众一心、共御外侮，百折不挠、愈挫愈奋，不畏强暴、血战到底”的抗战精神，特将长寿区保护的市级、区级挂牌抗战遗址予以刊载，以供查阅和利用。

简称中炼厂，位于长寿关口。原由中炼厂、渝鑫厂、中化厂、渝光厂、恒昌厂、华新厂等六家私营小厂组成，分别于民国29年至民国35年（1940—1946年）在长寿建成投产。主要产品为电石、硅铁及生铁等。1949年，电冶业不景气，各厂先后裁员，相继停工。新中国成立后复产，1966年改称重庆铁合金厂。2009年重庆市文物保护委员会挂牌抗战遗址。

中国工业炼气股份有限公司四川分公司长寿电炼厂
（后重庆鑫腾股份有限公司）

国民政府联合勤务总司令部兵工署26工厂（后重庆长寿化工有限责任公司） 民国28年（1939年）10月开始筹建，民国34年（1945年）1月建成投产，生产氯酸钾、氯酸钠，最高时年产量415吨。该厂占地2828亩。民国34年（1945年）有工人1351人，为抗战提供了大量的高级军用炸药。作为工业遗址，有很高的历史价值。2009年，重庆市文物委员会公布为抗战遗址，挂牌保护。

左图为1965年化工部组织氯丁橡胶大会战，全国各路人马云集长化；下图为长化公司鸟瞰

珍爱和平

护的抗战遗址

桃花溪电站

民国26年（1937年），长寿扇沱人王绍级在三洞沟二洞旁建成“恒星电厂”，成为中国最早创建的水电站之一。抗日战争时期，国民政府迁都重庆，用电需求大幅上涨，国民政府接管“恒星电厂”，民国30年（1941年）8月重新建成桃花溪三洞沟发电站，成为中国著名水电专家张光斗设计的第一座水力发电站。1949年国民党逃亡时将桃花溪电站炸毁，新中国成立后经过修复，恢复发电运转。桃花溪电站是新中国水电事业的博物馆，已被公布为重庆市抗战遗址进行保护，拥有极高的科研、历史及纪念价值。

国民政府军政部第十一陆军医院（原长一中）

系清雍正六年（1728）建筑，名凤山书院。民国27年（1938年）改作第十一陆军医院，作为大后方野战医院，专门收治从抗战前线下来的国民党伤员。当时有医护人员80余人，勤杂人员10余人，为抗战后勤保障做出了贡献。2009年重庆市文物保护委员会挂牌抗战遗址。

麒麟山抗战飞机失事遗址

随着国民政府内迁重庆，日本侵略者派出大量飞机，多次对重庆及其附近地区进行狂轰烂炸。民国33年(1944年)6月7日，日机轰炸重庆、长寿，中国空军驾机4架追击日机至长寿石堰乡境内的西山麒麟寺山顶，不幸坠毁，机上将士全部阵亡。一架坠毁在大佛寺旁，一架坠毁在双石堡，一架坠毁在花坟湾，一架坠毁在白房子后面。当时军火物资抛遍山谷。为长寿区级抗战遗址。

罗围中心校

建于清朝嘉庆年间，原系四合院建筑。民国30年(1941年)，地下党根据特支指示成立中共双龙支部，8月迁到此地，为当时长寿、涪陵地下党员最为集中的活动场所，进行广泛的抗日宣传活动。王秉南、文克勤等长寿县委主要领导抗战时期均在这里以小学教师的身份作掩护，秘密进行地下活动。解放后，曾作为罗围学校。2009年重庆市文物保护委员会挂牌抗战遗址。

三倒拐古建筑群

三倒拐（含和平街）全长2.5千米，高差165米，石梯5000余级，整个街面全由青石砌就，宽约丈许，曲曲弯弯向前延伸。从明代开始，长寿县衙设在河街，清代中期县衙搬迁至凤城，长寿县城由新城和旧城两部分组成，连接新城和旧城的通道就是三倒拐。在抗战时期，三倒拐是长寿最繁华的地段，民族工业发达，有面粉厂、盐、茶等店铺100余家，为重庆提供了大量的粮食、蔬菜、肉类等后勤保障物资，为中国抗日战争和世界反法西斯战争的胜利做出了一定的贡献。2009年重庆市文物保护委员会挂牌抗战遗址。

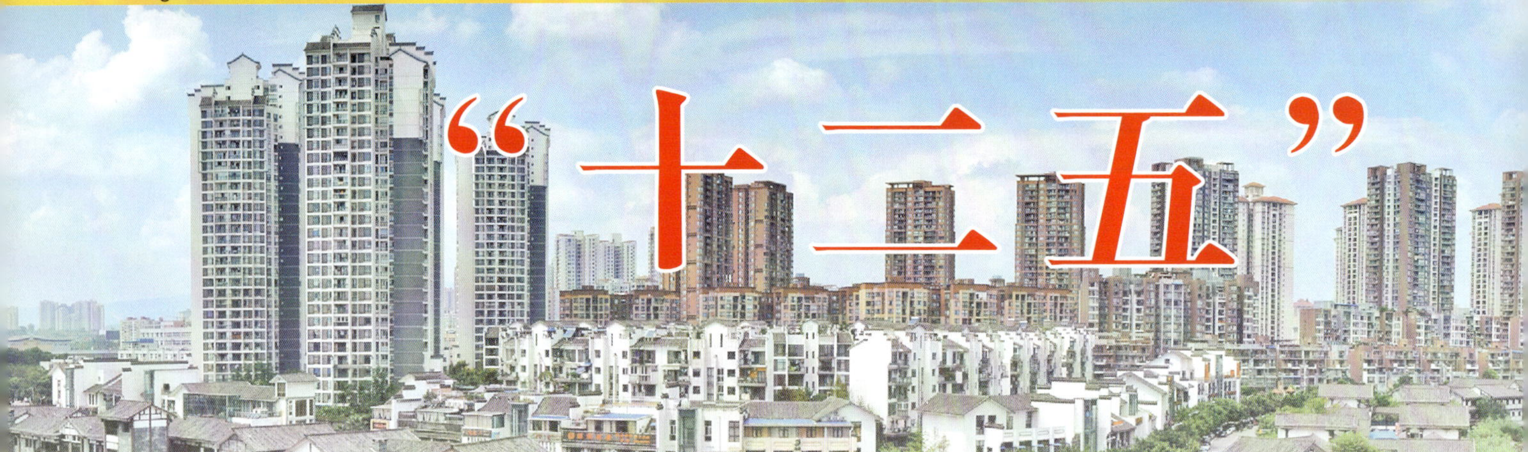

“十二五”

2011年—2015年“十二五”期间，长寿区围绕“科学发展、富民兴区”总任务，奋力打好“三地一中心”总体战，圆满完成各项目标任务，取得五个方面突出成就：“三地一中心”基本建成，产业布局趋于成熟；发展空间拓展优化，城乡面貌显著改观；社会事业全面进步，人民生活切实改善；改革开放纵深推进，创新活力不断释放；社会治理持续加强，平安建设深入推进。

2011—2015年人均地区生产总值

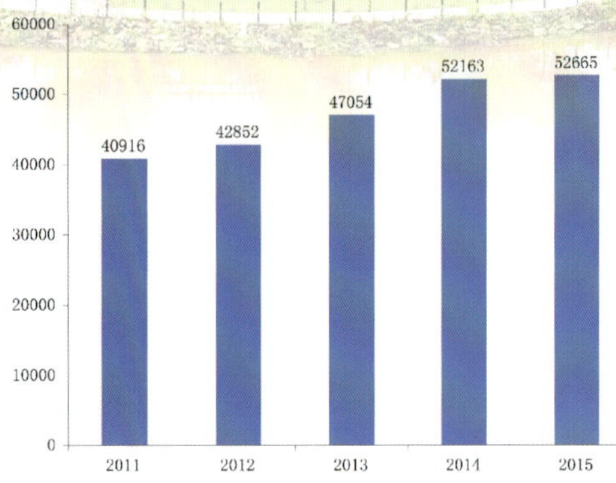

2011—2015年地区生产总值（GDP）及其增长速度

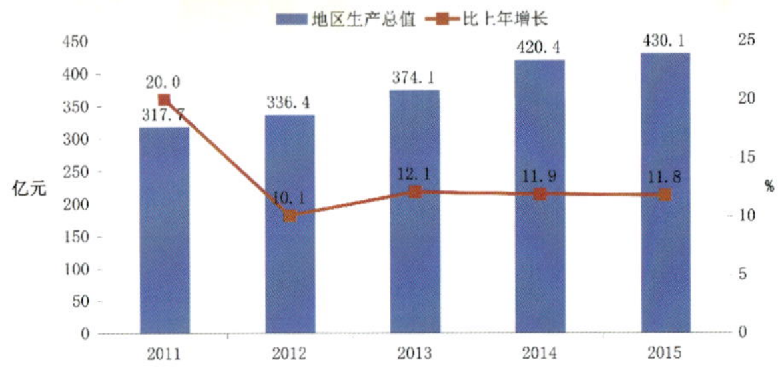

2011—2015年财政收支情况

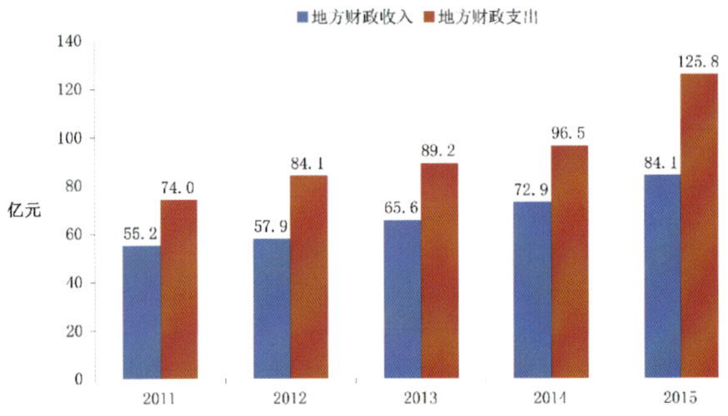

2011—2015年农业总产值

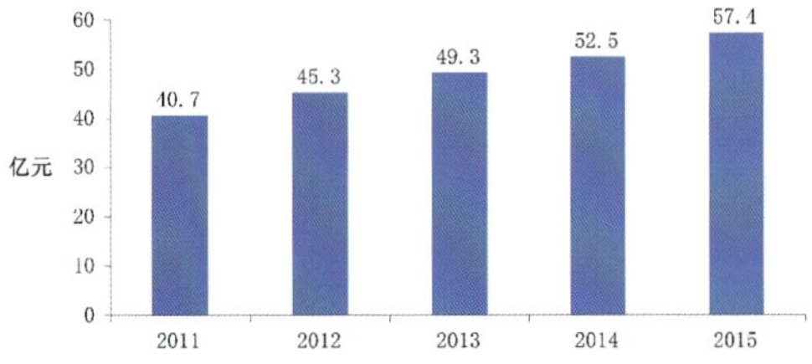

2011—2015年进出口总额

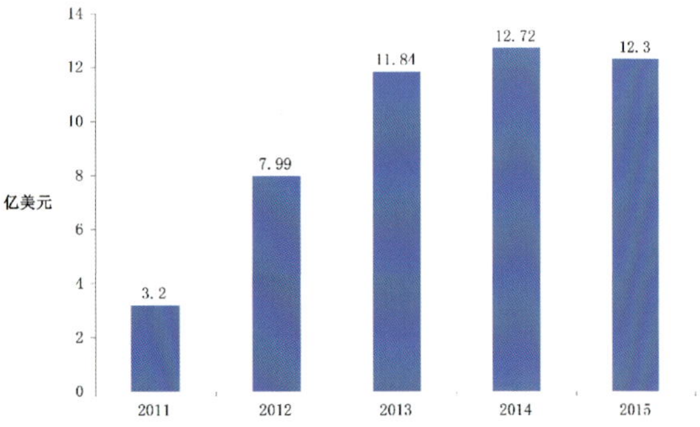

2011—2015年规上工业总产值

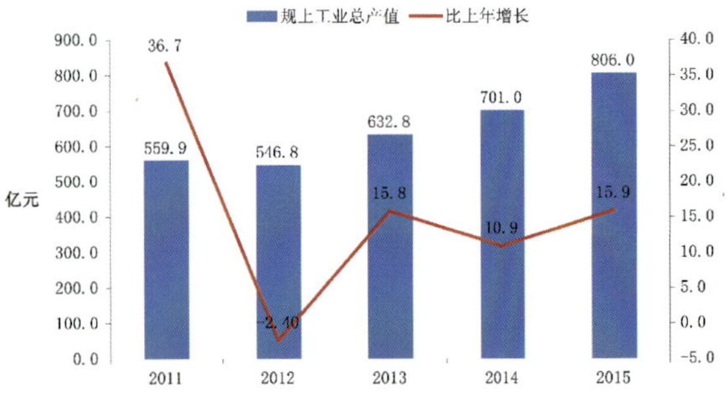

成就瞩目

2011—2015年社会消费品零售总额及其增长速度

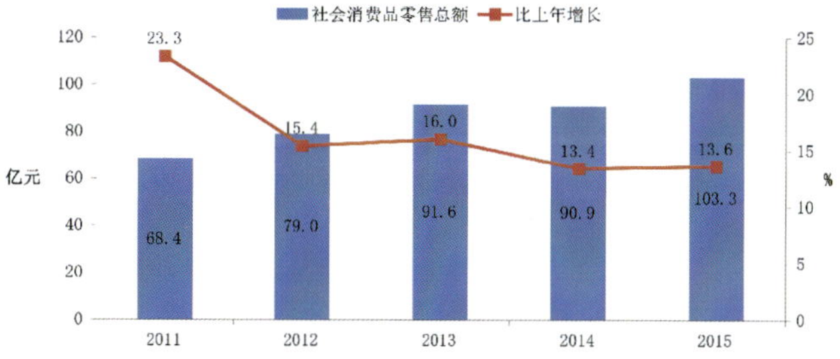

2011—2015年固定资产投资及其增长速度

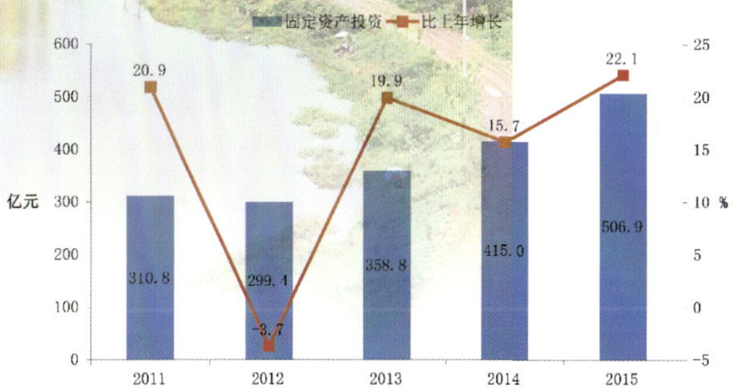

2011—2015年城镇常住居民人均可支配收入

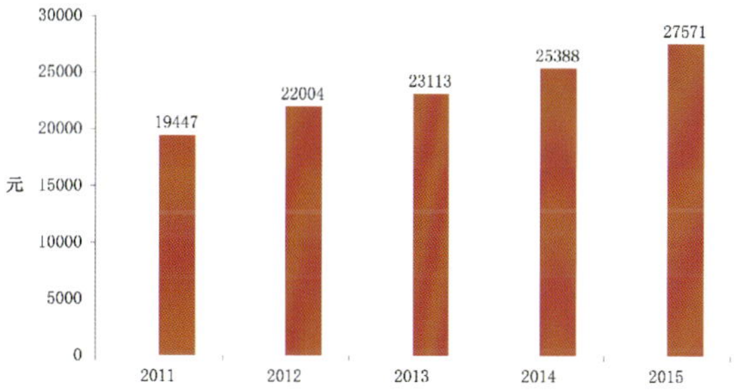

2011—2015年金融机构存贷款余额

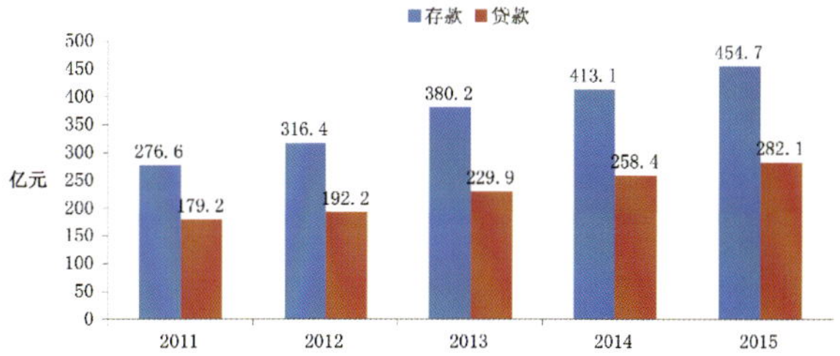

2011—2015年农村常住居民人均可支配收入

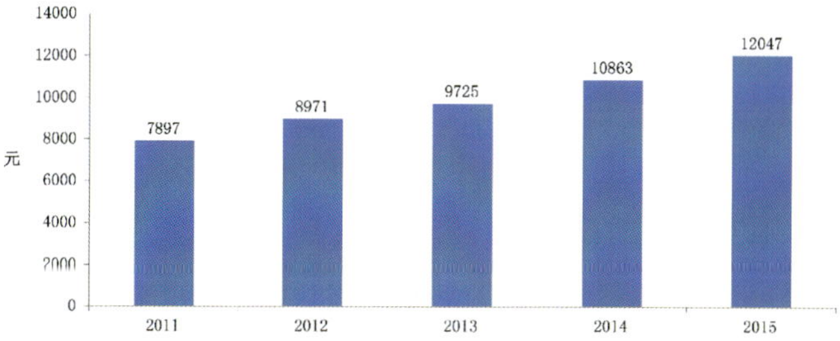

2011年三次产业结构比

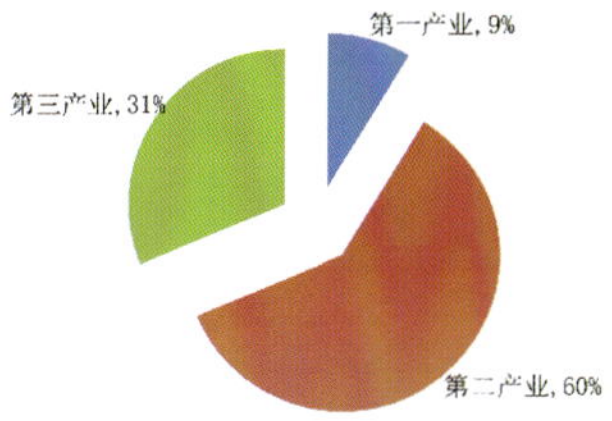

2015年三次产业结构比

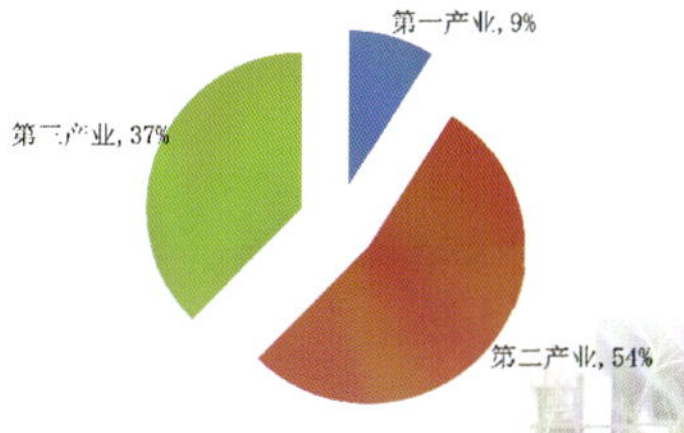

2011—2015年实际利用内资

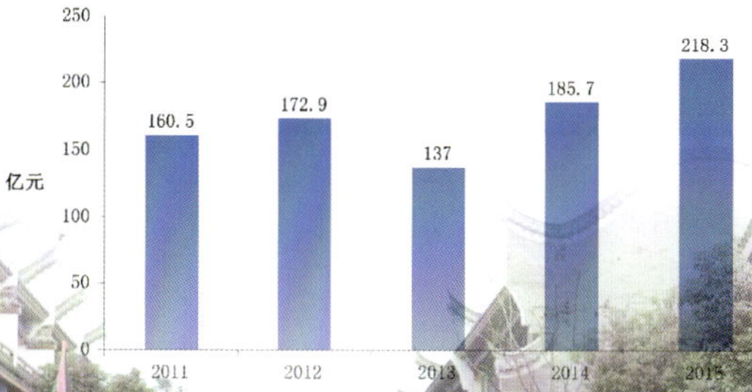

长寿湖景区和长寿菩提古镇成功创建国家AAAA级景区，长寿湖——长寿菩提古镇跻身重庆市首批十大旅游度假区，"十二五"期间接待游客数和旅游收入均比"十一五"翻两番。

数字长寿

幅员面积	1421.43平方千米
年末常住人口	82.43万人
地区生产总值	430.1亿元
人均生产总值	52667元
地方财政收入	84.1亿元
地方财政支出	125.8亿元
农林牧渔总产值	57.4亿元
工业增加值	171.9亿元
全社会固定资产投资	506.9亿元
社会消费品零售总额	103.3亿元
旅游收入	42亿元
金融机构存款余额	454.7亿元
金融机构贷款余额	282.1亿元
城镇居民人均可支配收入	27571元
农村居民人均可支配收入	12047元

（摘自《重庆市长寿区2015年国民经济和社会发展统计公报》）

目　　录

特　　载

2015 年长寿区大事记

长寿概况

政　治

经　济

社会事业

镇(街道)

人　物

文　献

统计资料

索　引

特　载

特　载

在中共重庆市长寿区委十二届六次全会暨全区经济工作会上的讲话

周　勇

（2015年1月27日）

同志们：

这次区委十二届六次全会与全区经济工作会套开，主要任务是：全面贯彻党的十八届三中四中全会、中央经济工作会议和习近平总书记系列重要讲话精神，深入落实市委四届六次全会精神，报告2014年区委常委会工作，部署2015年全区经济社会发展工作，尤其是聚商选资、重大项目建设、效能建设等工作，主动适应经济发展新常态，加快经济发展动力转换，努力打好“十二五”规划收官仗。下面，我代表区委常委会讲两点意见。

一、极其不易的2014年，奋力实现了“三连困三连进”

2014年初区委十二届四次全会以来，面对主导产业持续低迷的经济形势和繁重的改革发展稳定任务，区委常委会在市委、市政府的坚强领导下，深入贯彻党的十八届三中四中全会和习近平总书记系列重要讲话精神，认真落实市委四届三次四次五次全会部署，严守党的政治纪律和政治规矩，在思想上政治上行动上与中央和市委保持高度一致，始终坚持“低调务实、少说多干，敢于担当、积极作为”，围绕加快建成“三地一中心”、当好城市发展新区主力军，以改革统领经济社会发展全局，以开展党的群众路线教育实践活动为动力，着力稳增长、调结构、推改革、控债务、惠民生，统筹推进经济、政治、文化、社会、生态文明建设和党的建设各项工作，圆满完成了全年各项目标任务，在极其艰难的钢铁、化工主导产业“三连困”中实现了“三连进”。

（一）*切实以党的群众路线教育实践活动为抓手，从严强化作风建设和基层党建工作。*区委认真落实从严治党重大政治责任，以“作风强化年”为载体，高起点开局、高标准开展、高质量推进党的群众路线教育实践活动，并以此为抓手，从严从实强化作风建设和基层党建工作，取得了明显成效。

按照中央和市委统一部署，从2014年2月开始，全区123个行政事业单位、1343个基层党组织、41754名党员分三茬参加了第二批党的群众路线教育实践活动。区委常委同志坚持以上率下，带头学习、带头征求意见、带头开展批评与自我批评、带头整改落实，担任督导组组长并深入活动联系点，全程进行督促指导，既在教育实践活动中加强了常委会自身建设，又有力推动促进了面上活动的开展和基层党建工作。全区各活动单位在“深、准、严、实”上狠下功夫，坚持以学习教育、听取意见为基础，突出“10+2+1”专题学习重点，着力打牢思想基础，切实做到开门搞活动，让群众真提意见、提真意见；坚持以查摆问题、开展批评为关键，从严从实查摆问题，以整风精神开展批评和自我批评；坚持以整改落实、建章立制为根本，扎实开展“五个正风行动”、“十个专项整治”，大力整治各类突出问题，推动建立健全一批务实管用的制度规定，确保了活动不虚不空不偏、不走过场。紧密结合长寿实际，建立交办、督办、反馈“三个制度”，同步解决“四风”突出问题、关系群众切身利益问题和联系服务群众“最后一公里”问题，截至目前，全区4948件突出问题办结销号率达98.6%，剩下的问题正在有序解决，活动开展做到了善始善终、善作善成。

以贯彻落实中央八项规定、市委七条实施意见和区委常委会贯彻实施意见为切入口，扎实开展效能建设“作风强化年”活动，深入推进肃纪正风、服务正风等专项行动，一个节点一个节点扎实推进，一个问题一个问题跟进解决，坚决打好作风建设攻坚战、保卫战和持久战，取得新的明显成效，作风建设新常态初步形成。大力整治“文山会海”、“三公”经费开支过大、超标配备公务用车、办公用房超标等作风突出问题，全区性文件下降12.4%、会议下降10.6%、“三公”经费下降24.7%，超配公务用车、办公用房超标整改率均达100%。坚决查处并通报曝光顶风违纪行为，纠正上班迟到、打游戏、聊QQ等违反工作纪律行为90余起，查处收受“红包”、购物卡问题25人，对违规使用公车、大办婚丧喜庆、赌博敛财等违反中央八项规定精神的80人作出纪律处分和组织处理，形成了有力震慑。

自觉强化党建主业意识，认真落实党建主体责任，持续深化“党建五大工程”，与时俱进提高基层党建科学化水平。坚持每季度召开一次党建形势分析会，每次区委常委会听取1个街镇党建工作汇报，召开街镇书记抓基层党建和落实党风廉政建设“两个责任”述职评议会，层层压实“党委管、书记抓”责任。从严管理党员干部队伍，认真落实“二十字”好干部标准和市委“五看”要求，制定实施《关于进一步规范干部选拔任用工作若干问题的通知》，干部选拔任用标准、程序和纪律更加规范。扎实推进基层服务型党组织建设，取消和上转村（社区）事务119项，群工系统受理群众事务2201件，办结率超95%，三级服务中心实现全覆盖；区委常委包点整顿帮扶8个后进村（社区）党组织，全部实现转化提升；强化基层基础保障，按不低于50%的比例大幅提高村（社区）办公经费和干部待遇，累计投入4050万元为全体在职村（社区）干部和近6000名离任干部办理养老保险。严格落实党风廉政建设“两个责任”，出台《关于落实党风廉政建设党委主体责任和纪委监督责任的意见》，支持和推动各级纪委（纪检组）“三转”，区纪委（监察局）牵头或参与的议事协调机构由78个精简到11个，街镇部门纪检组织主要负责人不再分管其他业务，监督执纪问责主业进一步聚焦。坚持以“零容忍”态度惩治腐败，全年查结案件46件，处分63人，继续保持了反腐败高压态势。

（二）切实以稳增长、促发展为中心，奋力在钢铁化工主导产业持续低迷困境中稳中求进。牢牢扭住发展第一要务不动摇，认真落实五大功能区域发展战略，积极应对钢铁、化工主导产业持续低迷困境，加大转方式调结构力度，努力在保持经济平稳较快增长中促进经济提质增效升级，加快建设“三地一中心”步伐，争当城市发展新区工业发展、城市建设、旅游开发、对外开放的主力军。全年实现地区生产总值420亿元，增长11.9%，快于年初制定的10%增速目标，在城市发展新区和全市的位次分别提升1位和11位；工业总产值突破1000亿元，其中规上工业总产值701亿元，增长10.9%；地方财政收入72.9亿元，增长11.2%。

坚持把稳增长特别是稳定工业经济增长作为头等大事。千方百计破解天然气涨价等要素瓶颈制约，全年工业用气量达19.7亿方，增长40%，贷款余额达258.4亿元，增长12.4%，供应国有建设用地452公顷，为释放发展势能提供了基础保障。发挥投资对稳增长的关键作用，把重大项目作为第一拉力，MDI一体化项目实现机械竣工，今年一季度即将点火试车，重钢FINEX项目报国家发改委核准，亚太纸业项目启动平场，川维BDO醋酸一体化等重大项目进展顺利，全年完成固定资产投资415亿元，增长15.7%。认真落实促进消费系列政策措施，进一步强化协信、桃花等商圈龙头作用，旅游、展会、汽车等消费快速升温，全年实现社零总额103.9亿元，增长13.4%；积极培育外贸骨干企业，实现外贸进出口总额12.7亿美元，居城市发展新区第1位。深入挖掘新型城镇化拉动投资、扩大内需潜能，土地利用总体规划、城乡总体规划修编方案获市政府批复，新增城市建设用地24.5平方公里，中心城区建成区达到54.1平方公里，城镇化率近60%。

坚持在做大总量中优化结构，把转方式调结构摆在更加重要位置。依托长寿经开区，强化深化细化产业链招商，引进钢丝绳深加工、重油深加工化工一体化等产业链下游项目102个，落地总投资20亿元的韩国世原车身总成等汽车配套项目，引进液晶面板减薄、光电产业园等新兴项目，工业的重化工结构得到软化和优化。完成合同引资501亿元，实际利用内资185.8亿元，实际利用外资4.1亿美元，居城市发展新区第1位。着力提升农业产业化、规模化、现代化水平，现代农业园区晋级全国晚熟柑橘科技集成示范基地，建成国内最大晚熟柑橘集中种植区和标准化基地，现代粮食种植园区完成6000亩高标准农田建设，全区实现农业总产值52.5亿元，增长6.5%。充分激活商贸物流旅游业“涨板”潜力，完成第三产业增加值134.5亿元，增长16.1%，居全市第1位。现代物流园、中央商务区、专业市场群“一园一区一群”加快建设；长寿古镇继长寿湖后获评国家4A级景区，两大景区入选全市十大旅游度假区，长寿湖中华百岁园建成开园，菩提山文化旅游景区一期建成开园，菩提寺和菩提圣灯复建重光，滨江长寿谷综合开发纳入国务院三峡办重点项目议程。全年接待游客580万人次，实现旅游收入35亿元。科学优化开发布局结构，在大力建设“四宜双百”大城市的同时，加快城乡统筹发展、区域协调发展，街镇工业走廊实现工业总产值41.7亿元，增长50.4%，以城带乡、以工哺农效应进一步显现。

坚持把民营经济作为第一生力军，大力降低准入门槛，优化发展环境，完善支持政策，每年设立3000万元发展专项资金，坚持区级领导联系重点民营企业制度，帮助缓解民营企业融资、用工等难题，全年民营经济实现增加值231亿元，增长13.7%，占全区GDP比重达55%。率先在全市建立微企创业项目库，搭建微企创业孵化平台，列支2200万元专项资金用于微企发展，微企创业补助金发放额居全市第1位，新发展微企1096户，带动就业7593人，全社会创业创新活力进一步激发。

坚持一手抓经济发展、一手抓债务管控，认真落实孙政才书记关于债务管控的“七有”要求，着力建立政府举债管控机制，以平台公司债务管控为重点，完善规模控制、成本限制、举借审批、审计监督等制度，截至2014年底，区级政府性债务余额66.4亿元，长寿经开区债务余额80.6亿元，三类债务折算后余额79.5亿元，其中一类债务较2013年末削减21.9亿元，债务风险总体可控。

*（三）切实以全面深化改革为动力，努力开创以改革促进发展、以创新驱动发展的新局面。*坚持稳扎稳打推改革，区委成立全面深化改革领导小组和14个专项小组，先后4次召开领导小组会议研究部署相关改革事宜，确定了40项重点改革任务并细化分解为105项具体改革事项，区委常委会每季度听取一次改革工作汇报，区委常委会、区政府常务会多次研究相关改革方案，全面深化改革实现良好开局。积极争取改革试点工作，牢牢把握先行先试“探路权”，工商登记制度改革试点以来办理“先照后证”市场主体653户，中小学教师轮岗交流纳入全市试点，积极开展人民法庭主审法官办案责任制改革试点，率先在全市开展农业综合执法试点。围绕制约科学发展的突出问题推进改革，引入市场化机制运作重大项目近20亿元，市场在资源配置中的决定性作用进一步强化；出台《区政府职能转变和机构改革实施意见》，调整组建区食药监分局、区文化委、区卫计委，政府职能进一步理顺、效能进一步提升；重钢、川维等13家企业纳入全市碳排放权交易试点范围，为破解资源环境容量约束拓宽了出路。

大力实施创新驱动发展战略，不断强化科技对经济社会发展的支撑和引领作用。扎实推进科技兴农，农业园区成功创建市级农业科技园区，国家科技部富民强县专项行动计划项目验收结题。深入开展知识产权试点、优势企业培育专项行动，成功创建国家级知识产权优势企业1家、市级知识产权试点企业26家、市级知识产权优势企业3家。大力鼓励企业科技创新，全年专利申请2014件，专利授权402件，培育高新技术企业13家、高新技术产品28个、重点新产品17个。积极争取市级以上科技项目8个，资金总额1258万元。启动科技“招才引智”专项工作，新引进格润高科、宜生科技、秀博瑞殷等3家化工新材料企业，建设生物增塑剂、涂料、ITO镀膜等高新技术项目，预计实现年产值5.7亿元。

积极抢抓“一带一路”、长江经济带等战略机遇，重点打造长寿经开区开发开放平台，努力当好城市发展新区对外开放的主力军，不断提升对外开放水平。推进投资贸易便利化服务，试行外商企业投资准入前国民待遇和负面清单管理，企业出口退税报件流程进一步简化，办结退税时限由3个月缩短到1个月。长寿经开区进出口总额和利用外资总额继续领先全市四个国家级开发区，新发展服务外包型企业4家，实现离岸服务外包执行额6507万美元。大力支持本土企业“走出去”，方德地产首次跨境投资开发大型商业地产项目，投资金额1.5亿美元。加快对外通道建设，渝利铁路、MDI铁路专用线相继开通，渝万高铁长寿段加快建设，渝长高速扩能改造前期准备工作有序推进。

（四）切实以保障和改善民生为重点，不断筑牢满足城乡群众物质文化需求和确保社会安稳的坚实基础。坚持把民生作为第一目标，按照市委“五个坚持”原则，扎实推进22件民生实事，积极构建学有所教、劳有所得、病有所医、老有所养、住有所居、贫有所扶“六有民生保障体系”，全年民生投入35亿元，占公共预算支出的65%。

着力“保基本、兜底线、促公平”，扎实推进重大民生工程和民生实事。全年城镇新增就业3.2万人，城镇登记失业率控制在1.86%；城乡养老、医保参保率分别达93.6%、100%；全区中小学标准化率达90%；全面实施12类基本公共卫生服务项目和6项重大公共卫生服务项目；续建各类保障性住房273.58万平方米。“9·13”特大暴雨发生后，紧急转移安置群众1.2万余人，灾后恢复重建有序推进。一批重大民生工程加快推进，长洪路前段即将通车，范家桥水库建成投用，火车北站配套工程顺利推进。如期完成22件民生实事年度目标任务，累计完成高山生态扶贫搬迁673人，完成撤并村卫生室建设70个，解决16.29万人饮水安全问题，城乡群众生产生活条件进一步改善。

始终把安全稳定工作作为最重要的民生大事来办，一以贯之筑牢重化工基地打造过程中的安全稳定保障线。严格落实安全生产责任，先后开展“压事故、保安全”百日攻坚和“六打六治”专项行动，有效防控了较大及以上事故，危化、水上交通等重点领域实现“零死亡”，全区安全事故起数和死亡人数分别下降19.2%、11.5%，实现连续七年“双下降”。狠抓食品药品安全，全年未发生较大食品药品安全事故。深化干部下访群众工作和矛盾纠纷化解，公共区域视频镜头实现重点区域全覆盖，村（社区）网格化服务管理实现全覆盖，平稳推进长寿经开区生态防护屏障建设、“两违”整治等特殊敏感工作，圆满完成国庆65周年、十八届四中全会等重要节点维稳工作，巩固了近五年来平安无大事的良好态势，群众安全感指数连续五年保持在90%以上。

从特殊产业结构和区情实际出发，毫不松懈筑牢生态环保保障线，持续改善城乡人居环境。大力推进“蓝天、碧水、宁静、绿地、清新、田园”六大环保行动，突出抓好长寿经开区环保管理，有序推进长化厂环保整体搬迁，长寿湖、龙溪河生态治理扎实推进，一般工业固废综合利用率达97%，城区环境空气质量优良天数达325天。举全区之力开展桃花河污染整治攻坚，全流域畜禽养殖粪污综合利用率达91.8%，水产养殖场达标排放率达93.5%，实现“一年初步改观”的显著成效。

切实加强文化事业和文化产业发展，不断满足城乡群众日益增长的精神文化需求。积极构建公共文化服务体系，建成18个街镇综合文化站（中心）、28个社区文化室和223个农家书屋。坚持以人民为中心的创作导向，创作优秀文艺作品1000余件，极大丰富了人民群众精神食粮。深入推进社会主义核心价值观建设，培育“长于文、寿于和”的长寿人文特质，扎实推进全国文明城区创建，群众性精神文明创建活动广泛深入开展。2014年，长寿区荣膺“全国文化先进区”称号。

（五）切实以全面推进依法治区为契机，持续巩固全区上下风清、气正、心齐、事成的良好局面。党的十八届四中全会和市委四届五次全会召开后，我们广泛开展学习宣传贯彻活动，区委十二届五次全会专题研究部署全面推进依法治区，审议通过区委《关于全面推进依法治区的实施意见》，明确了依法治区的目标任务，部署了依法治区重点工作，成立区委全面推进依法治区领导小组和专项小组，全面推进依法治区工作正有序展开。

坚定不移走中国特色社会主义政治发展道路，坚持从基层实际出发，坚持和完善根本政治制度和基本政治制度，支持人大、政协依照法律和章程履行职责。召开区委人大工作会议，出台区委《关于加强和改进人大工作的意见》，隆重庆祝全国人民代表大会成立60周年，支持区人大增设财政预算工委，进一步强化人大监督职能。召开区委政协工作会议，出台区委《关于加强和改进政协工作的意见》，隆重庆祝人民政协成立65周年，充分发挥人民政协协商民主重要渠道作用，进一步推动协商民主广泛多层制度化发展。

支持区政府深入推进依法行政，切实规范行政权力运行，推进政府机构改革，严格规范公正文明执法，推行政务公开和各领域办事公开。区政府围绕建设法治政府、效能政府、廉洁政府，正确履行法定职能，积极推进职能转变，加快建立政府权力清单、责任清单和负面清单，清理取消区本级行政审批项目24项、下放10项。大力保障法院、检察院依法独立公正行使职权，稳步推进司法体制改革，积极推进司法为民，司法公信力进一步提高。

巩固和发展最广泛的爱国统一战线，着力打牢共同思想政治基础，加强党外代表人士队伍建设，坚持双月座谈会和暑期谈心会制度，完善各民主党派向区委提出意见建议“直通车”制度，先后启动两批“干部进民企促发展”挂职锻炼活动。进一步加强群团、人民武装工作和基层民主建设，各方面积极性得到充分调动。各级各部门围绕中心、服务大局，积极投身改革发展稳定各项工作，孙政才书记要求的“风清、气正、心齐、事成”良好局面在全区上下得到进一步巩固和发展。

长寿的发展正处在攻坚克难、爬坡上坎的关键时期，全区经济社会发展中还存在不少困难和问题：一是重化工一业独大，产业结构畸轻畸重，经济抗风险能力较弱，转方式调结构任重道远；二是经济总量不大，发展速度偏慢，与当好城市发展新区主力军的目标和要求还不匹配；三是资源环境约束趋紧，要素供给成本上升，政府性债务风险还一定程度存在；四是安全、稳定、环保压力较大，社会治理水平有待进一步提升；五是部分重点工作、重大项目建设进度滞后，干部队伍落实力执行力还需加强；六是基层党建工作还存在诸多薄弱环节，密切党群干群关系还有相当大的差距；七是一些“四风”问题树倒根存、隐形变异，个别干部甚至顶风违纪，作风建设有待进一步深化。对这些问题，我们将在今后的工作中高度重视，切实加以解决，全力推动“科学发展、富民兴区”迈上新台阶。

二、更加不易的2015年，全力推进“四连困四连战”

今年是全面深化改革的关键之年，是全面推进依法治区的开局之年，是全面完成“十二五”规划的收官之年，也是长寿经济“四连困四连战”突出重围的攻坚之年。做好今年经济工作，必须认真贯彻党的十八届三中四中全会、中央经济工作会议和习近平总书记系列重要讲话精神，全面落实市委四届六次全会和市“两会”部署要求，主动适应经济发展新常态，坚持稳中求进工作总基调，紧扣提高经济发展质量和效益这个中心，把握形势，强化重点，突破关键，合力推进，努力打好“十二五”规划收官仗。

综合研判经济发展的总体形势，充分考量中央、市委的总体要求，立足城市发展新区定位，结合全区“十二五”规划和“三地一中心”战略目标，区委提出，今年经济社会发展的主要预期目标是：地区生产总值增长10%以上，地方财政收入增长6%，固定资产投资增长12%，规上工业总产值增长14%，城镇居民人均可支配收入增长8%，农村居民人均可支配收入增长10%。各级各部门必须把思想和行动统一到区委、区政府对总体形势的判断上来，对发展目标的安排上来，坚定信心，积极作为，发奋努力，全面完成和超额完成全年目标任务。为此，我强调三个问题：

（一）认清五个侧面，科学把握总体形势

科学认识当前形势，准确研判未来走势，是做好经济工作的基本前提。我们要全面认清和把握好经济发展的总体形势，切实增强做好经济工作的科学性、主动性、实效性和前瞻性。

一是把握适应新常态的大势。当前，我国经济发展进入新常态，经济增长速度正从10%左右的高速增长转向7%左右的中高速增长，经济发展方式正从规模速度型粗放增长转向质量效率型集约增长，经济结构正从增量扩能为主转向调整存量、做优增量并举的深度调整，经济发展动力正从传统增长点转向新的增长点。认识新常态，适应新常态，引领新常态，是当前和今后一个时期我国经济发展的大逻辑。在市委四届六次全会上，孙政才书记用“六个辩证看”全面深刻诠释了对经济发展新常态的认识，并强调全年经济工作要把握“有定力、善作为，转方式、提质量，重统筹、促公平，防风险、补短板，打基础、可持续”五个方面要求。新常态是把握未来经济走向、谋划部署经济工作的大前提。新常态的“新”，意味着经济发展不同以往，转入新的阶段；新常态的“常”，意味着建立在更高质量效益基础上的相对稳定。综合分析新常态这个大势，虽然宏观经济环境更加复杂多变，但机遇叠加的总体态势没有根本改变；虽然经济发展的方式、结构和动力发生深刻变化，但长期趋稳向好的基本面没有根本改变。我们必须认清大势、把握大势，顺势而为、乘势而上，切实做到观念上适应、认识上到位、方法上对路、工作上得力，在发展理念、发展定位、发展目标、发展路径上向新常态聚焦，更加自觉地坚持以提高发展质量和效益为中心，加快转变经济发展方式，切实转换经济发展动力，开拓全区经济社会发展新局面。

二是把握坚持总基调的趋势。坚持稳中求进工作总基调，是中央提出的做好经济工作的总体指导方针，已坚持了几年，现在仍然是新常态下推动经济工作的趋势性要求。稳中求进，稳是基础，进是动能；稳是前提，进是要求。当前，面对更为严峻复杂的形势，我们仍要坚持稳字当头、稳中求进。首先要解决好“稳”的问题，将“稳”的重点放在稳住经济运行上，把稳增长作为经济工作的重中之重，确保增长、就业、物价不出现大的波动，确保金融不出现区域性系统性风险，在有质量、有效益的前提下，力争发展得快一些。在此基础上，将“进”的重点放在调整经济结构和深化改革开放上，积极挖掘和培育新的经济增长点，确保转变经济发展方式和创新驱动发展取得新成效，不断推动全区经济提质增效升级，切实做到稳中突进、稳中有为。

三是把握争当主力军的气势。当前，作为争当重庆城市发展新区主力军的长寿，面临诸多重大历史机遇，发展的有利条件前所未有。从全国层面而言，深入推进西部大开发，启动实施“一带一路”、长江经济带等区域发展战略，为实施开放带动、创新驱动战略带来新的机遇。从全市层面来讲，市委深入实施五大功能区域发展战略，陆续出台系列配套政策措施；两江新区提速发展对长寿区产生巨大辐射、带动、聚合作用，长寿区将迎来结构调整、产业升级的新机遇。从长寿本身来说，新获批的城乡总体规划，进一步强化了“三地一中心”发展定位；近年来长寿集中建设的若干大项目陆续投产，将产生强大的聚合和带动效应。我们必须强化机遇意识、大局意识、责任意识，努力当好城市发展新区工业发展、城市建设、旅游开发、对外开放主力军，以主力军的气势和担当占领城市发展新区加快发展的制高点。

四是把握打好攻坚战的声势。在看到众多发展良机的同时，我们也应清醒地认识到长寿发展中面临的困难和问题也前所未有。从国际环境看，世界经济仍处在国际金融危机后的深度调整期，总体复苏疲弱态势难有明显改观，这对国际关联度较高的重化工产业回暖的影响不可小视。从国内形势看，经济发展正处于“三期叠加”阶段，经济下行压力较大，结构调整阵痛显现，企业生产经营困难增多，部分经济风险显现，使产能严重过剩、市场长期低迷的钢铁及部分化工产业难以尽快走出困境。从市内情况看，各区县特别是城市发展新区各区县都在加快转型、竞相发展，区域竞争十分激烈，长寿处于不进则退、慢进也是退的超压境况。从长寿区自身发展目标看，2014 年全区地区生产总值、地方财政收入、规上工业总产值等主要经济指标完成情况离“十二五”目标还有较大差距，打好“十二五”规划收官仗难度异常之大。我们要充分估计、积极应对面临的困难和挑战，进一步坚定信心、振奋精神，形成打赢新一轮稳增长促发展攻坚战的强大声势，确保顺利完成全年目标任务，为“十二五”规划画上圆满句号。

五是把握凝聚正能量的态势。越是处于改革攻坚期、发展关键期，越需要汇集众智、凝聚人心、增强合力。经过教育实践活动和作风建设的洗礼，全区广大党员干部精神状态和工作作风有了明显转变，安于现状、不思进取的少了，艰苦奋斗、敬业奉献的多了，追求享乐、庸懒散拖的少了，勇于担当、拼搏实干的多了，长寿改革发展的正能量不断地凝聚放大。在新形势新任务面前，我们要把握凝聚正能量的态势，扎实抓好践行“三严三实”专题教育和效能建设“作风深化年”活动，认真开好即将到来的区“两会”，顺利完成区人大、政协主要领导的选举工作，进一步巩固和发展全区风清、气正、心齐、事成的良好氛围，真正把正能量化为巨能量，推动长寿开发开放的航船乘风破浪、奋力前行。

（二）力争五个见效，切实把握重点任务

做好 2015 年经济工作，实现全年发展目标，必须进一步突出工作重点，继续抓好“稳增长、调结构、促改革、惠民生、防风险”五个方面工作，努力在突破产业困境中实现经济稳中求进，在实施创新驱动中促进经济转型升级，在深化改革开放中释放经济发展活力，在保障改善民生中提高居民幸福指数，在构建长效机制中增强防范风险能力，务求取得经济社会发展的良好成效。

一是强化经济运行调控和保持投资强度，确保稳增长见实效。越是在困难较大、压力倍增的情况下，越要保持定力、主动作为。要抓住稳增长的关键和核心，进一步加强经济运行调度，确保一定的投资强度，拉动经济增长保持在合理区间。

大力完善经济运行调控体系，密切关注工业经济运行态势，建立企业运行每月联席会议制度，强化预警监测，切实增强经济运行的预见性和敏锐性。全力抓好生产要素保障，加大涪陵页岩气引进力度，加快钢城变电站工程建设，积极拓展用地空间，推进项目土地平场，做好招工用工培训，切实保障企业生产所需。完善银政企常态化对接机制，加大信贷投放，切实缓解资金难题。狠抓重点企业困难帮扶，健全区领导、经开区领导及部门联系企业和项目制度，一事一议、一企一策帮助企业排忧解难。

按照孙政才书记提出的“突出投资重点、优化投资结构、改革投资方式、提高投资效率、扩大有效投资”要求，进一步强化投资在拉动经济增长中的关键作用。继续聚焦重大项目建设，对接五大功能区域发展战略等全国全市重大决策部署，梳理重大产业和城乡基础设施项目建设情况，科学订立今年重大项目建设计划。要强力稳住工业投资，积极化解要素瓶颈或体制机制约束，加快在建项目进度，尽早释放产能。加强落地未开工项目协调服务，抓好项目规划和配套，做大做实项目投资总量，努力形成拉动投资增长的后续力量。有效释放新型城镇化红利，统筹做好火车北站枢纽配套、龙门桥水库、区医院北城分院等民生和基础设施类项目建设，进一步提高民生保障水平。充分发挥市场在资源配置中的决定性作用，深化投融资体制改革，探索推广PPP投融资等模式，有效缓解政府性投资压力，保证重大项目建设资金需求，确保全年固定资产投资完成470亿元。

更加注重“三驾马车”协调发力，进一步扩展消费和出口空间。加强消费者权益保护和市场监管，优化协信、桃花、古镇各大商圈功能布局，积极发展健康养老、家政服务、文化旅游和电子商务等新兴业态，加快镇级商贸中心建设，让城乡居民乐于消费、放心消费、方便消费。充分发挥环松、博腾等企业出口优势，引入外贸龙头企业，探索跨境电子商务等新模式，拓展外贸产品销售渠道，加速形成外向型产业集群。

二是强化产业链招商和培育新的增长点，确保调结构见大效。要切实改变长寿经济总量不大、结构不优的问题，必须下更大功夫转方式调结构，在做优存量和做大总量中优化结构，加快培育新的经济增长点，努力形成经济增长多点支撑格局。

进一步深化产业链招商，紧紧围绕钢铁化工主导产业，充分发挥重钢、川维、MDI等大企业大项目聚合作用，不断延伸产业上下游链条，提高产品附加值，增强产品竞争力。主动承接全市尤其是两江新区产业溢出效应，强化配套协作力度，聚焦汽车部件、装备制造、电子材料等战略性新兴产业，招大招强招龙头，加快形成新的产业集群。坚定不移支持街镇工业走廊发展，推动与长寿经开区协同发展、替补发展、配套发展，着力打造统筹城乡的重要平台。进一步做实重商安商举措，完善“五个一批”招商工作机制，更加注重项目后续跟进，确保签约项目顺利落地、及早开工、尽快达产，切实提升聚商选资、补链强链工作实效，确保全年合同引资500亿元以上。

认真落实中央农村工作会议精神，坚定不移走中国特色新型农业现代化道路，着力推进农业规模化经营、标准化生产、集约化发展。不断提高“农业三园”产出率，加快现代粮食生产园区、三峡移民生态农业园区等新“农业五园”建设，增强特色效益农业覆盖面与带动力。全面深化农村改革，积极构建新型农业经营体系，不断激发农业农村活力。

持续挖掘商贸物流旅游“涨板”潜能。加快重大商贸物流设施建设，进一步繁荣商贸流通，促进服务业与第一二产业协同发展、跨界发展、创新发展。发挥好全市十大旅游度假区“金字招牌”效应，深化长寿湖、菩提山两大景区旅游内核建设，在文旅结合、完善设施、提升管理上狠下功夫，全面提升长寿旅游综合实力，加快打造新兴主导产业。积极争取三峡后续项目支持，加快滨江长寿谷综合开发，提速打造长寿城市新名片、长江三峡旅游新明珠。

按照“放开、减负、解难、引导”的要求，积极扶持民营经济和小微企业发展。进一步转变政府职能、放宽市场准入、缓解经营难题、减轻企业负担，有效拓展民营经济发展空间。高度重视小微企业在扩大就业、推动创业创新、优化收入分配等方面的重要作用，不断完善服务体系，落实财税、金融等扶持政策，形成小微企业蓬勃发展的良好态势。

深入实施创新驱动发展战略，以创新推动产业结构优化升级，以产业化创新培育新的增长点。加快工业化信息化深度融合，围绕化工、钢铁、装备制造全产业链部署创新链，加强企地技术研发合作，培育一批拥有核心技术的高端产品。加快推进科技体制改革，以市场为导向整合创新资源、优化创新要素配置。推进技术创新、市场创新、组织创新、管理创新、商业模式创新，通过创新推动转方式调结构。

三是强化问题导向和开放倒逼，确保促改革见新效。狠抓改革攻坚，是今年经济工作的重要任务，也是主动适应和引领经济发展新常态的开路先锋。要精心谋划改革举措，紧密结合长寿实际，认真研究中央和市里确定的重点改革专项，准确及时掌握改革最新动向，推出一批既具有年度特点、又有利于长远制度安排的改革措施。要进一步强化问题导向，围绕影响经济社会发展和群众反映强烈的重大问题，加快推进农业农村、财税体制、投融资体制、社会治理、医药卫生等重点领域改革，进一步激发市场活力和内生动力。要严把改革质量关，抓好改革措施落实、督促评估、舆论引导和风险防范化解工作。

开放也是改革，开放倒逼改革。要坚持“引进来”“走出去”齐头并进，进一步优化外经外贸体制，大力鼓励和支持优势企业扩大对外投资，切实提升钢铁、化工等重点产业经济外向度和竞争力。进一步完善长寿经开区开发管理体制，用好用活各项优惠政策措施，着力打造对外开放的主平台。抢抓“一带一路”、长江经济带战略机遇，主动对接国家和市里推进长江黄金水道治理、沿江码头口岸建设等重大项目，加强对外开放通道建设，加快形成区域物流中心的基础设施支撑。

四是强化民生保障体系和办好民生实事，确保惠民生见真效。要继续落实好市委“五个坚持”要求，将改善民生和增强经济动力、社会活力有机结合起来，持续构建“六有民生保障体系”，务实办好城乡重点民生实事，确保公共预算民生支出占比保持在65%以上，不断提升民生保障水平和居民幸福指数。

按照建立重点民生实事滚动实施机制的要求，继续办好22件民生实事，尽快启动今年市里提出的25件民生实事，务求干一件成一件，确保取得人民群众满意的实效。积极巩固和扩大基本社会保障，稳步开展全民社会保险登记试点，拓展保障范围、提高保障能力。依托长寿经开区、街镇工业走廊、现代农业园区、长寿古镇等就业平台，完善产业发展与扩大就业联动机制，有效满足城乡居民就业需求。统筹城乡教育发展，改善农村学校办学条件，加快新城区配套学校建设，促进基础教育均衡发展。深化医药卫生体制改革，完善三级医疗卫生服务体系，加强村卫生室建设，不断提高基层医疗机构服务能力和服务水平。加快推进保障性住房建设，抓好定销安置房小区建设管理工作，确保安置群众居住放心、生活顺心。加强城乡低保、医疗救助、临时救济等工作，切实保障特殊困难群众基本生活需求。坚持“输血”与“造血”并举，突出扶贫重点，扎实开展定向精准扶贫。继续做好“9·13”特大暴雨灾后帮扶工作，确保受灾群众生产生活平稳有序。

认真落实全市生态文明建设大会精神，坚持把生态环保融入经济社会发展全过程，不断提升城乡生态环境质量。深入实施“蓝天、碧水、宁静、绿地、清新、田园”六大环保行动，严格执行新《环保法》，加强城区臭气、粉尘、噪音等污染源治理，加强农村环境治理，着力解决群众反映强烈的环保问题。狠抓长寿经开区环境监控和环保事故防控体系建设，深入推进节能减排，推动绿色发展、循环发展、低碳发展。

深入推进平安长寿建设，努力提高人民群众的安全感和满意度。认真落实全国全市安全生产电视电话会议精神，牢固树立红线意识、责任意识和担当意识，狠抓安全生产监管和隐患排查，坚决防止重特大事故发生。全面加强社会治安防控体系建设，加快投用社会安全事件应急联动指挥系统，坚决防范极端暴力事件。深入开展“为民解难题、办实事”专项行动和干部下访群众工作，推进矛盾纠纷排查化解，认真落实社会稳定风险评估制度，稳妥推进重点涉稳工作，全力保持社会政治大局稳定，确保群众安全感指数继续保持在90%以上。

五是强化债务管控和规范金融、房地产秩序，确保防风险见长效。政府性债务、区域金融、房地产业是当前经济运行中必须引起高度重视的三大潜在风险点。要坚持防微杜渐、未雨绸缪，强化底线思维，及早预防、实时监控、综合施策，建立防风险的长效机制，决不允许发生区域性系统性风险。

认真落实中央和市里管控政府性债务的要求，继续在“控增量、减存量、降成本”三个方面下功夫，确保债务总额不增加、债务结构更优化、债务偿还可持续，切实将政府性债务风险降到最低点。严格执行举债程序，加强人大对政府举债的监督，有效控制住债务的总体规模和成本。加大对平台公司债务的监测通报和风险研判，严防资金链断裂。加快土地出让和国有资产利用，大力提升政府偿债能力。持续优化债务结构，推动一类债务向二三类债务转化，将高息债务向低息债务转化。完善政府投资机制，对涉及全局性、长远性、民生类的政府主导投资项目，积极引入社会资本参与，在成本合理范围内多方筹资，保证项目顺利实施，坚决防止“为了控债不顾发展”的片面做法。

大力规范地方金融秩序，严厉打击非法集资、高利贷、高息揽储等非法金融活动。强化金融法律法规知识宣传，构建群众参与、媒体引导、部门监管相结合的金融风险防范预警机制，切实维护群众合法权益和社会金融秩序。创新金融产品和服务，拓宽群众投融资渠道，以更多、更丰富、更惠民的理财产品满足市场需求，建立起“疏堵并举、防治结合”的联动管控机制。

积极关注房地产市场走向，着力规范房地产行业秩序，全力防范房地产业下滑可能衍生的经济振荡。引导区内楼盘理性开工、适时开售，促进房地产市场健康发展。狠抓区内房地产市场监管，督促开发商、物业公司做好居民购房入住、设施配套、小区管理等各项工作，保障群众安心购房、顺利入住。

（三）抓好十件急事，着力把握关键项目

去年下半年，我们根据工作需要抓了“十件急事”，总体效果很好。今年区委决定延续这一机制和做法，再确定年度“十件急事”，着力聚焦关键性、节点性项目，从而推动相关工作取得实实在在的进展。这些项目既是打好“十二五”规划收官仗的关键项目，也是涉及经济社会发展全局、关系群众生活福祉、影响长远可持续发展的节点项目，由区政府统筹调度，相关区委常委和副区长牵头负责，区委常委会将每月听取“十件急事”推进情况汇报。各级各部门务必密切协作、强化监督、全力推进，抓出成效抓出成绩。

一是重钢FINEX项目。抓住项目上升到国家层面的契机，配合重钢集团加快审批进度，争取上半年批复完成。做好项目地块选址、拆迁、平场等工作，科学制定建设方案，力争尽早开建。支持重钢就项目建设引入投资合作伙伴，配合做好汽车、家电及装备制造用钢市场分析研判，提升高端精品线材和CEM薄板的市场占有率。

二是MDI一体化配套项目。协助做好装置调试准备工作，尽快完成园区配套项目和生态防护屏障建设工程，确保一季度按计划点火试车。深化MDI全产业链招商，加快工程塑料、胶粘剂、聚氨酯涂料及防水材料企业引资步伐。深入谋划MDI产业链条与华腾重油深加工、福华草甘膦等项目的耦合连接，带动天然气化工、石油化工、精细化工和塑料制品业协同发展，奋力打造全球化工产业集群高地。

三是现代汽车配套集群项目。紧盯两江新区现代汽车城动向，加大汽车配套项目招商力度。抓好韩国世原等签约项目落地开建，持续跟进零部件配套意向企业洽谈工作，力争早日签约落户。鼓励小康动力、正新橡胶等园区企业加快产品结构调整，承接未来市场走向，全力做大装备制造产业集群。

四是亚太纸业项目。加快项目平场，落实场内文物保护方案，配合完成土地招拍挂、批复收尾等工作。协助完善项目一期方案，跟进公用工程设施建设，确保年内4万吨后端纸项目顺利开建。

五是长化厂环保整体搬迁项目。帮助协调市级税收返还部分经费，积极争取三峡后续项目和市级专项资金支持，加快搬迁进度，确保圆满实现2016年前完成搬迁工作目标。严把部分落户长寿经开区项目的环保审核关，坚决防止“再次污染”情况发生。配合做好工业用地环境修复工作，提升土地开发利用价值。

六是桃花河整治工程项目。目前，桃花河攻坚整治即将告一段落，但综合整治工程远未结束。要持续巩固集中整治成果，加快推进流域内街镇污水管网建设，加强农村面源污染防治，做好河道清淤、调水增流、水土保持等方案编制，快速推进景观示范段打造，确保圆满实现“两年明显改观”的治理目标。

七是滨江长寿谷调节坝项目。今年6月前完成片区总体策划及概念性规划编制，加快制定具体建设方案。加大与国务院三峡办、市移民局汇报沟通力度，确保调节坝项目、库岸整治一期纳入三峡后续项目2015年计划安排。

八是长寿古镇与菩提山贯通项目。督促长寿古镇加快三期工程建设，确保古镇主街道与菩提山脚连接桥国庆节全线贯通。精心策划打造连接桥文化长廊，建设融菩提古镇与菩提山于一体、寓交通功能与观光功能于一体的综合文化景观。

九是渝长高速扩能改造项目。抓住渝长高速扩能改造纳入全市新千公里高速计划和首批高速公路扩能改造项目规划的契机，做好与两江新区和市交委的沟通协调，搞好工程规划的调整和完善，争取早日完成项目设计、招投标等工作，确保年内开工建设。

十是化工职大迁建项目。化工职大落户长寿，在充实化工专业人才、活跃城区消费市场、增强北城片区聚合力上具有重要作用。全区上下盼了多年、等了多年，无论如何不能再拖延下去了。要积极配合学校做好迁建融资、校区建设、设施配套等工作，全力保障项目平稳快速推进，确保今年秋季开学之时整体入驻。

今年是“十二五”收官之年，也是“十三五”谋划之年。要认真总结评估“十二五”规划执行情况，高质量、高标准、高起点做好“十三五”规划编制工作，合理设定规划目标，科学谋划未来五年发展蓝图，推动经济社会发展持续转型升级，保持经济发展的新常态，拓展建成“三地一中心”、实现“三大愿景”的新境界。

同志们，过去的一年，实现“三连困三连进”，殊为不易。新的一年，奋力“四连困四连战”，更为不易。我们坚信，在以习近平同志为总书记的党中央“全面建成小康社会、全面深化改革、全面推进依法治国、全面从严治党”全面现代化纲领指引下，在全市五大功能区域发展战略的推动下，全区上下屡困屡战、连困连战，苦干实干、攻坚克难，一定能够战胜前进道路上的艰难险阻，夺取“科学发展、富民兴区”的更大胜利！胜利永远属于“长于文、寿于和”的长寿人民！新的胜利必将属于蛮拼的、奋战的新的一年！

适应新常态　当好主力军
夺取全面建成小康社会的伟大胜利

——在区委十二届七次全会上的讲话

周　勇

（2015 年 12 月 8 日）

同志们：

当前，我们正处在总结“十二五”、谋划“十三五”这一承前启后、继往开来的重要关口。党的十八届五中全会和市委四届七次全会的胜利召开，科学描绘了“十三五”时期全国全市发展的宏伟蓝图，为长寿全面落实“四个全面”战略布局、加快“科学发展、富民兴区”提供了根本指引。这次区委全会的主要任务就是，深入学习贯彻习近平总书记系列重要讲话精神，全面贯彻落实党的十八大、十八届三中四中五中全会精神和市委四届七次全会精神，审议《中共重庆市长寿区委关于制定国民经济和社会发展第十三个五年规划的建议》，科学谋划好长寿区“十三五”时期经济社会发展。

刚才，世庆同志对《建议》作了说明，希望大家深入领会、认真讨论、集思广益，共同修改完善好《建议》，规划好长寿未来五年的发展。下面，我代表区委常委会讲四个问题。

一、切实认清面临的机遇和挑战，以新的视角认识新常态

“十三五”时期，是全面建成小康社会、实现第一个百年奋斗目标的决胜阶段，是深化和拓展五大功能区域发展战略、加快“科学发展、富民兴区”的关键阶段。谋划“十三五”时期经济社会发展，既要有全局的眼光和战略的思维，把长寿的发展放到全国和全市发展大局中去把握，延展到建区以来发展建设的大脉络中去考量；也要有历史的视野和辩证的视角，正确看待发展基础，切实看清未来走向，充分把握机遇条件，全面分析困难挑战，深刻认识新常态、努力适应新常态、科学把握新常态，推动经济社会发展迈上历史性的新台阶。

“十二五”的较快发展，为“十三五”发展奠定了坚实的基础，使长寿发展站在了新的起点上。过去的五年，我们积极应对复杂多变的宏观经济环境和重化工主导产业持续低迷困境，全面贯彻落实中央和市委系列重大决策部署，坚持一届接着一届干、一年接着一年干，统筹推进经济建设、政治建设、文化建设、社会建设、生态文明建设和党的建设，努力当好城市发展新区加快发展的主力军，改革发展各项事业取得新进展，全面建成小康社会取得重大阶段性胜利。顺利完成“十二五”规划确定的主要目标和任务，地区生产总值五年同口径翻番，较建区之初增长7倍，工业产值、地方财政收入、农村居民收入均实现翻番，进出口总额连续多年保持城市发展新区第一。基本建成“三地一中心”，以国家级长寿经济技术开发区为核心的重庆工业高地强势崛起，以现代农业“三园”为核心的现代农业基地格局形成，以长寿湖、菩提山、菩提古镇为核心的休闲旅游胜地初具影响，以长寿经开区生产性物流为核心的区域物流中心形成雏形。“四宜双百”卫星城拉开骨架，新增城市开发面积20余平方公里，城乡统筹力度加大，城乡面貌变化巨大。“六有民生保障体系”逐步完善，民生领域投入始终保持在公共预算支出的65%左右，人民生活水平不断提升。生态环保、安全稳定、廉政勤政“三条保障线”持续优化，圆满实现社会政治大局“五年安、五年稳”。改革和法治“双轮驱动”迈开步伐，全面深化改革在一些关键环节和重点领域取得进展，全面依法治区开局良好，基层民主政治建设得到加强。全面从严治党成效显著，作风建设持续强化深化，基层党组织服务能力和水平不断提升，全区上下保持了风清、气正、心齐、事成的良好局面。发展成绩来之不易，实践经验弥足珍贵，团结奋进的良好局面值得倍加珍惜。

长寿“十三五”发展，是在中国经济发展进入新常态的大背景下展开的。我们要科学分析未来五年的发展形势，主动适应经济发展新常态这个大势，准确把握经济社会发展新的阶段性特征，善于在变化的形势中把握机遇，积极妥善应对各类风险挑战，切实增强工作的前瞻性、预见性和主动性。

（一）*客观分析面临的机遇，增强抢抓机遇的信心和动力*。“十三五”时期，长寿区面临五个方面的发展机遇和有利条件，我们要充分认识、科学把握、善加利用。一是长寿发展的外部环境回暖趋稳。“十三五”时期我国发展仍处于重要战略机遇期，经济长期向好的基本面没有变，经济持续增长的良好支撑基础和条件没有变，经济结构调整优化的前进态势没有变；重庆加快建设城乡统筹发展的国家中心城市，经济保持中高速增长，经济社会持续保持平稳较快发展，释放出强大的带动能力。二是长寿发展的政策资源汇聚叠加。国家在稳投资、扩内需上实施定向调控和相机调控，适时加大供给侧结构调整，促投资、调供给、稳增长的力度将更大；重庆深入实施五大功能区域发展战略，中新（重庆）战略性互联互通示范项目落地，城市发展新区工业化、城镇化主战场地位进一步强化，长寿综合产业基地的优势进一步凸显，分类支持引导政策更趋优化，有利于长寿区承接产业转移和两翼地区人口转移。三是长寿发展的区位优势日益突出。长寿处于长江经济带、西部大开发、三峡库区、成渝经济区等多个国家级重大战略节点性纽带性地位，也是串联全市五大功能板块协调发展的重要枢纽，在扩大对外开放、推进互联互通、深化区域合作、加快开放型经济建设上优势明显。四是长寿发展的基础条件更加雄厚。经过多年的开发建设，长寿区构建起重化工、装备、材料等完善的产业链条和完备的配套体系，全市十大战略性新兴产业中涉及长寿区的达四项，成为全市范围内产业集约集聚集群发展效应最明显的区域之一；渝利、渝怀铁路运营成熟，渝万高铁开通在即，港口、公路体系日渐完善，区域交通条件不断改善。五是长寿发展的潜能后劲逐步释放。重钢结构调整和钢材深加工步伐加快，MDI一体化、现代汽车配套集群等数个百亿级重大产业项目和一系列延链补链项目相继落户、陆续达产，工业产能蓄势待发；三大百亿级旅游景区建设取得阶段性成果，旅游产业异军突起，成为全区经济新的强劲增长点；全面深化改革深入推进，持续激发经济社会发展新的动力活力。战略机遇稍纵即逝，有利条件迅疾转化，我们必须充分调动各方面积极因素，更加坚定当好城市发展新区主力军的信心，用足用好自身比较优势，最大限度释放增长潜力。

（二）*勇敢面对存在的挑战，增强迎击挑战的决心和活力*。宏观经济社会环境复杂多变，产业结构深层次调整问题逐步显现，“十三五”时期长寿发展还面临五个方面的突出困难和挑战，必须高度重视、积极应对、着力化解。一是钢铁化工主导产业持续低迷与保持经济较快增长的矛盾依然突出。宏观经济增速放缓，国内传统产业产能过剩状况持续蔓延，钢铁化工产品价格始终处于谷底徘徊，长寿区重化工产业“寒冬”仍未见回暖。在国内经济持续下行和区内优势产业连遇强冷的“双重挤压”下，稳增长、保发展的困难加大。二是产业结构偏低单一与结构调整阵痛加剧的矛盾依然突出。从三次产业看，工业发展对服务业带动力不足，现代服务业比重较低；从工业结构看，钢铁化工产业比重畸高，装备制造、新材料等新兴产业占比仍然偏小，工业经济抗风险能力较弱。长寿区产业结构要迈向中高端，必然面临削减过剩产能的阵痛，面临部分产业产值下滑、税源减少、失业增加的阵痛，面临拖累经济总量、考核压力加大的阵痛。三是资源环境约束趋紧与区域经济规模扩张的矛盾依然突出。特殊的产业结构，已经使我们在生态环保工作上的弦高度紧绷、丝毫不敢松懈，未来五年经济总量翻番必定使资源环境约束进一步趋紧，节能减排压力持续加大。同时，城乡群众环保意识日渐增强，要求我们必须妥善处理好经济发展与资源环境的矛盾，更加严格产业准入门槛，更加重视生态环保治理。四是安全稳定风险日益增多与社会治理体系不健全的矛盾依然突出。近年来工业发展和城市扩张动迁人口量大，历史遗留问题导致的缠访非访频发，区域金融、物业管理等领域的新问题不断涌现，危化品生产储运隐忧和不确定因素增多，社会民生领域仍有不少薄弱环节，城乡公共服务供给不足，对我们提高社会治理能力提出了更高要求。五是攻坚克难任务繁重与创业创新能力不强的矛盾依然突出。发展进入关键期，改革进入深水区，急难险重的任务越来越多，对我们推进大众创业、万众创新提出了越来越大的挑战，对全区各级干部的改革精神、创新能力是一场巨大的考验。这些矛盾和问题，既有经济社会发展中多年积累的难点短板，也有改革发展过程中出现的新情况新矛盾。对此，我们既不能畏惧，更不能退缩，必须始终保持清醒头脑，切实增添迎击困难、应对挑战的坚定决心，着力激发攻坚克难、开拓进取的斗志活力，奋力开创“十三五”工作崭新局面。

（三）辩证看待经济新常态，增强适应新常态的恒心和定力。纵观世情国情区情的变化，科学谋划好“十三五”时期长寿经济社会发展，必须把握好经济发展新常态这个大势。要真正按照市委孙政才书记的要求，科学认识新常态下经济发展表现出的增长速度换挡、发展动力转换、结构调整深化等特点，坚持在把握大势上举重若轻、工作部署上举轻若重，既有定力更不大意，更加主动地认识、适应和把握经济发展新常态。在市委四届七次全会报告中，孙政才书记将马克思主义哲学方法论与发展实践紧密结合，把科学辩证的思维方法融会贯通于经济社会发展工作，创造性地提出了“八个辩证看待”的重要论述，是我们深刻认识经济发展新常态的重要指导。这“八个辩证看待”对全市特别是对处于经济发展转型升级关键阶段的长寿而言，具有十分重大和深远的指导意义。我们在推动“十三五”发展中，要切实强化科学思维、辩证思维和系统思维，辩证看待经济运行的波动，更加注重看整体、看主流；辩证看待经济增长速度的换挡，更加注重看质量、看内涵；辩证看待经济结构调整中的取舍，更加注重看潜力、看可持续性；辩证看待经济发展动力的转换，更加注重看后劲、看协同性；辩证看待经济发展趋势的变化，更加注重看苗头、看规律性；辩证看待经济发展环境中的利弊，更加注重看大局、看长远；辩证看待城乡区域发展的差距，更加注重看统筹性、协调性；辩证看待经济社会发展的不平衡，更加注重看关联性、互动性。当前，尤其要科学认识供给侧结构性改革带来的机遇和挑战，既要深刻认识“去产能”、“去库存”对传统重化工产业的重大影响，又要深刻认识大力发展战略性新兴产业、促进产业向中高端迈进的重要性紧迫性。只有正确认识波动差距、利弊取舍和换挡变化，深刻把握发展的趋势和规律，实现供给和需求在新条件下的对接与平衡，推动转方式调结构，培育新的增长点，才能沉稳驾驭未来五年长寿发展大局，在经济新常态下保持定力、持之以恒、积极作为、加快发展。

二、科学确立“十三五”时期的奋斗目标，以新的要求谋划新蓝图

目标指引方向，蓝图展现未来。谋划长寿区“十三五”发展，必须深刻把握党的十八届五中全会和市委四届七次全会提出的新要求、新目标，结合长寿“十二五”发展实际，科学确立新的奋斗目标，描绘未来五年乃至更长时期长寿发展新蓝图。

（一）始终牢记“适应新常态、当好主力军”的总要求。我们将“适应新常态、当好主力军”确立为长寿“十三五”发展的总要求，是在深入分析和深刻把握长寿“十三五”发展阶段性新特征基础上提出来的。适应新常态、把握新常态、引领新常态，是我国“十三五”时期经济社会发展的大逻辑，适应新常态也是我们推进区域发展的大前提。深入实施五大功能区域发展战略，是全市推进“十三五”发展的大战略，长寿要在作为全市工业化、城镇化主战场的城市发展新区中竞逐发展，要按照市委“长寿应该发展得更好更快”的要求和“长寿要为重庆发展多作贡献”的期待来谋划和推进新的发展，必须进一步增强当好城市发展新区主力军的勇气和担当，强化当好主力军的历史使命感和责任感。

对于“适应新常态、当好主力军”，我们要从整体上来把握，适应新常态把握的是大背景，当好主力军把握的是大使命；适应新常态体现的是自觉性，当好主力军体现的是主动性；适应新常态是立足点，当好主力军是落脚点，二者统一于长寿“十三五”发展的全过程和具体实践。“十三五”规划，是经济发展进入新常态后的第一个五年规划。适应新常态，必须顺应新常态的内在特征和要求，深刻把握速度变化、结构优化、动力转换等特点，坚持“八个辩证看待”，加快发展动力转换，努力实现调速不减势、量增质更优。当好主力军，必须立足城市发展新区功能定位和长寿自身优势，加快推进新型工业化、城镇化，争当城市发展新区工业发展、城市建设、旅游开发、对外开放、城乡统筹的主力军。全区上下要深刻领会和准确把握“适应新常态、当好主力军”这一总要求，切实贯彻到制定“十三五”规划纲要和各专项规划中去，指导和谋划全区未来发展蓝图。

（二）紧紧盯住“三个全面建成”的总目标。我们提出长寿“十三五”要实现全面建成小康社会、全面建成“三地一中心”、全面建成“三大愿景”框架的总目标，确立这个总目标既贯彻了中央全面建成小康社会的目标要求，又体现了发展和工作的历史传承性，与建区以来历届区委提出的发展目标相衔接。这一体现历史性目标、战略性目标、开创性目标三位一体的总目标，是前后接续、有机贯通、互为支撑的，“十三五”时期，我们必须始终聚焦这个总目标，确保如期全面实现。

——全面建成小康社会是一大历史性目标。到2020年全面建成小康社会，是“两个一百年”奋斗目标的第一个百年奋斗目标，“十三五”规划是全面建成小康社会的收官规划，“十三五”时期是全面建成小康社会的决胜阶段。改革开放之初，小平同志首先用小康来诠释中国式现代化。党的十八大明确提出在中国共产党成立一百年时全面建成小康社会，在新中国成立一百年时建成富强民主文明和谐的社会主义现代化国家。小康，承载着中华民族梦萦千年的梦想，实现全面建成小康社会这一宏伟目标具有历史性的里程碑意义。“十三五”时期，我们必须聚焦全面建成小康社会这一历史性目标，确保同全国全市一道如期全面建成小康社会。

——全面建成“三地一中心”是一大战略性目标。撤县设区之初，长寿就提出建设重庆工业高地、现代农业基地、休闲旅游胜地、区域物流中心“三地一中心”战略目标，此后历届区委、区政府坚持把建设“三地一中心”作为始终如一的发展目标，一张蓝图绘到底，并不断丰富和深化其内涵，一步一个脚印向前推进，取得了显著成就。经过全区上下十五年的接续奋斗，到“十二五”末的今天，“三地一中心”已基本建成。但“三地一中心”本身还存在不平衡不协调不同步的问题，还面临着进一步提升建设层次和水平的艰巨任务，特别是要奋力补上区域物流中心建设这一短板和薄弱环节。为此，我们提出到“十三五”末，也就是建区二十周年时，要全面建成“三地一中心”，把建区之初提出的战略目标变成现实。我们必须继续保持战略定力，保持工作韧劲，保持一届接着一届干、一年接着一年干的势头，盯住全面建成“三地一中心”目标不动摇、不折腾、不懈怠，以实实在在的发展成就兑现向全区人民的庄严承诺。

——全面建成“三大愿景”框架是一大开创性目标。长寿区“十二五”规划首次提出“三大愿景”，是为了与“三地一中心”战略目标有一个历史的衔接传承性和工作的渐进层递性。随着“十二五”基本建成“三地一中心”，我们迈出了实现“三大愿景”的第一步。“十三五”时期全面建成“三地一中心”，也就全面建成“三大愿景”的基本框架。因此，全面建成“三大愿景”框架，自然就成为“十三五”时期的一大开创性目标。这一目标的实现，将为长寿迈向第二个百年奋斗目标起到承上启下的开创性作用。国家级综合重化工园区、“四宜双百”卫星城、城乡一体化发展模范区这“三大愿景”框架的全面建成、目标的基本实现、愿景的最终达成，是一个接续奋斗的相当长的历史过程，也是一个不断开辟、拓展长寿美好未来的奋斗历程。

（三）动态把控四个方面的总指标。“三个全面建成”的目标，既外化在定性的标志性项目上，也内含了相关的经济指标；实现“三个全面建成”的目标，既体现在一系列标志性项目建成上，也体现在一系列经济指标完成上。从“三个全面建成”目标上总体把握，从整个五年规划期来把握，有四个方面的指标需要我们科学把控好。需要特别强调的是，这四个方面的指标是动态的、指导性的，是以五年为期平均而言的，不同年份一些指标可以适当高一点、低一点，都是很正常的，不是说“十三五”每一年都必须死守某一个点位，必须实事求是地科学把握、动态管控。

——经济增长年均10%以上。经济增长速度是一个综合性标志性指标，设定好这一指标对于做好五年规划十分关键和重要。我们提出“十三五”时期要实现年均10%以上的中高速增长，是客观分析形势、全面把握大势、总体判断趋势而确立的。市委提出，“十三五”时期全市地区生产总值年均增长9%左右，并要求城市发展新区发展得更快一些。长寿要当好城市发展新区主力军、为全市发展多作贡献，发展速度指标比全市定得高一些是使命所系、责任所在。“十一五”和“十二五”十年间，长寿发展速度一直保持在10%以上，在坚实的基点上推进“十三五”发展，如果我们的速度降到10%以下，会严重冲击全区上下的“信心指数”、对内对外的“影响指数”、广大群众的“期望指数”。并且，“十三五”时期，在经济发展新常态下实现年均10%以上的中高速增长，才能有调整产业结构、转换发展动力、提高发展质量和效益的更大行动空间和回旋余地。另一方面，从发展的可能性来看，“十二五”时期全区新材料新能源、装备制造、电子信息等新兴产业保持了年均30%左右的高速增长，“十三五”时期随着这三大产业集群有关重大项目及产业链配套项目的落地投产，产业集群效应将逐步凸显，必将成为长寿经济新一轮发展的动力源，今后五年实现年均10%以上的增长速度经过努力是完全可行的。以年均10%以上的增长速度计算，以今年同口径地区生产总值450亿元为基数，到2020年全区地区生产总值将突破800亿元，力争达到1000亿元，经济总量将跨上一个大的台阶。

——工业总产值翻番。长寿要打造重庆工业高地，工业发展的规模是个重要标尺。我们提出“十三五”末规上工业总产值突破1600亿元，力争达到2000亿元，比2015年翻一番，这是一个有强度、有难度的指标。长寿作为全市唯一的重化工基地，长寿经开区作为全市开发面积最大的国家级经开区，可以说工业是全区发展的主要根基和优势。“十三五”时期，我们必须以一个更大的工业增量保持一个较大的工业体量，继续在工业发展方面走在城市发展新区的前列，全面建成重庆工业高地，加快建设国家级综合重化工园区。“十三五”时期，长寿经开区将集聚综合化工、钢铁冶金、新材料新能源、装备制造、电子信息五大产业集群，形成上下游贯通的工业产业链条，综合化工、钢铁冶金两大产业集群总体将超过1000亿元，新材料新能源、装备制造、电子信息产业集群总计也将达到1000亿元，再加上街镇工业走廊的200亿元，“十三五”末工业总产值实现2000亿元是有保障的，也是有一定余地的。

——城乡居民收入倍增。发展的目的、小康的目标，归结起来都是要让城乡居民生活得更好。我们在规划“十三五”发展时提出，城乡居民人均可支配收入指标的增长高于经济的增长，到2017年要比2010年增长一倍以上，比全市提前三年达到全国平均水平，到2020年城镇居民人均可支配收入和农村居民人均可支配收入分别达到4.2万元和2.1万元，分别比2010年增长1.5倍和2倍以上。这些指标的确立，既体现了发展为民和共享发展的理念，也回应了人民群众过上小康日子和幸福生活的新期待，同时也是我们推进“十三五”发展的重要出发点、落脚点和工作的着力点。

——产业结构优化升级。“十三五”时期是加快产业结构优化升级的重要窗口期，调结构、增效益是适应新常态、推动新发展的核心环节。从长寿实际出发，我们提出到“十三五”末，三次产业中二产的比重要力争降到50%以下，三产的比重要上升到40%以上；在工业结构中，综合化工、钢铁冶金的比重要力争降到50%以下，装备制造、新材料新能源、电子信息的比重要提高到40 %以上。应该看到，目前长寿的产业结构中，钢铁化工产业独大是致命伤，第三产业比重偏低是明显短板，这也是造成我们近几年经济增长乏力的一大因素。“十二五”时期，要加快新旧动能转换，振兴发展实体经济，在供给侧和需求侧两端发力，促进产业迈向中高端水平，给我们推动产业结构升级既提出了挑战，也提供了机遇，抓住了这个宝贵时机就是机遇，抓不住就是挑战。我们必须把推动产业结构升级作为一项战略任务，坚持改造提升传统产业与培育新兴产业并重，加快形成多点支撑格局，彻底改变过去钢铁化工一业独大局面。同时，坚持以现代农业园区为依托，加快发展特色效益农业，大力发展现代服务业特别是休闲旅游业，有效刺激和留住本地消费，推进大众创业、万众创新，不断提升长寿区产业层次和发展水平。

三、总体把握全面建成小康社会决胜阶段的任务，以新的理念推动新发展

“十三五”时期是全面建成小康社会的决胜阶

段。推进“十三五”发展必须全面落实“四个全面”战略布局，深入贯彻五大功能区域发展战略，牢牢把握“科学发展、富民兴区”总任务，从实现“三个全面建成”总目标出发，坚持以新的发展理念、新的发展战略谋划和推动经济社会发展，不断开拓长寿“十三五”发展新境界。

（一）中央确立五大发展理念，是关系我国发展全局的深刻变革。发展理念是发展行动的先导。党的十八届五中全会创造性地提出了创新、协调、绿色、开放、共享的发展理念。这五大发展理念，是“十三五”乃至更长时期我国发展思路、发展方向、发展着力点的集中体现，是针对我国发展面临的新情况新问题作出的时代回答，是党中央治国理政思想的重大理论创新，反映出我们党对发展规律的新认识。创新是引领发展的第一动力，创新发展注重的是解决发展动力问题；协调是持续健康发展的内在要求，协调发展注重的是解决发展不平衡问题；绿色是永续发展的必要条件和人民对美好生活追求的重要体现，绿色发展注重的是解决人与自然和谐问题；开放是国家繁荣发展的必由之路，开放发展注重的是解决发展内外联动问题；共享是中国特色社会主义的本质要求，共享发展注重的是解决社会公平正义问题。这五大发展理念相互贯通、相互促进，是具有内在联系的集合体。“十三五”时期，我们一定要牢固树立五大发展理念，不断提高贯彻五大发展理念的能力和水平，真正将其全面、具体、准确地贯彻到长寿区“十三五”发展全过程和各方面，用新的发展理念引领发展行动。

（二）长寿实施“五合战略”，是践行五大发展理念的具体行动。贯彻落实五大发展理念，以新的发展理念指导新的发展实践，是推进“十三五”发展最鲜明的特征。要把五大发展理念贯穿到长寿“十三五”发展的全过程，落实到长寿“十三五”发展的各方面，必须深入实施工业聚合、文旅结合、产城融合、城乡统合、社会和合这“五合战略”。“五合战略”是长寿践行五大发展理念的具体行动，是全区贯彻五大发展理念、推进“十三五”发展的重要载体和战略抓手，每个方面都切实贯彻了创新、协调、绿色、开放、共享的发展理念，同时又各有侧重、各有特点。从推进工业聚合来看，强调发挥国家级长寿经开区的体制机制优势和产业链、集群化、创新集成发展工业的路子，体现的是创新发展和创新驱动的本质要求；强调深化“五个一体化”、打造国家级循环经济示范园区和推进绿色制造，体现的是绿色发展的本质要求；强调发挥重化工的全球聚集效应和打造内陆开放高地，体现的是开放发展的本质要求，可以说，工业聚合就是创新的聚合、生态环保的聚合和开放型经济的聚合。从推进文旅结合来看，切实把旅游产业发展注重体制机制创新、注重人文生态提升、注重更大范围更广领域资源整合、注重旅游富民的特质凸显出来，从而把创新发展、绿色发展、开放发展和共享发展的核心要素结合到了旅游开发、文化繁荣的生动实践之中。从推进产城融合来看，坚持以人为核心的新型城镇化道路，回应人民群众宜业宜居的根本期待和凸显长寿城市宜游宜寿的独特魅力，突出产业与城市互动发展、园区与城区协调布局、山水资源与城市文脉交相辉映，真正将五大发展理念集中贯穿于“四宜双百”卫星城建设的历史进程中。从推进城乡统合来看，最核心的是把协调发展和共享发展的要求落到实处，加大城乡统筹力度，推动城乡一体化发展，努力让城乡居民生活得更加美好。从推进社会和合来看，着眼于解决好人与自然、人与人、人与社会和谐共生和共同发展，最为鲜明地贯彻了共享发展、绿色发展、协调发展的理念。总而言之，“五合战略”既符合中央精神，又符合市委要求、符合长寿实际、符合发展趋势、符合群众期盼。我们要准确把握“五合战略”与五大发展理念的内在逻辑关系，深刻领会“五合战略”的核心内涵和实践要求，切实将思想和行动统一到区委的决策部署上来。

（三）切实以“五合战略”推动发展，是长寿“十三五”时期的重大任务。在科学把握“五合战略”的基础上，坚持以“五合战略”推动长寿未来发展，是“十三五”时期全区上下的重大任务。未来五年，我们要深入推动“五合战略”，不断提升优化工作思路举措，将“十三五”发展总的目标任务科学分解到每一年，积小胜为大胜，就一定能顺利实现全面建成小康社会、全面建成“三地一中心”、全面建成“三大愿景”框架的奋斗目标。

——要全力构筑重庆工业高地和国家级综合重化工园区，必须进一步推动工业聚合。经济发展进入新常态，区域竞争越来越体现在产业集约集聚集群发展能力的竞争。长寿要在“十三五”时期继续保持工业领先地位，构筑重庆工业高地和国家级综合重化工园区，必须坚持走工业聚合之路。长寿经开区和街镇工业走廊分别是国家级经开区和市级工业园区，又紧邻重庆两江新区，并基本构建起综合化工、钢铁冶金、新材料新能源、装备制造、电子信息等五大产业集群，这些都是长寿的比较优势，也是未来工业发展的战略基点。未来五年，我们要把“一区一廊”作为发展工业经济的主战场，不断优化功能性开发，推动两者实现协同发展、配套发展、替补发展，引导企业向这两大区域有序聚集。要依托五大产业集群，坚持创新发展，抓住发展动力转换这个关键，大力实施创新驱动发展战略，深入落实《中国制造2025》和“互联网+”行动计划，推动钢铁冶金与装备制造、综合化工与新材料新能源、电子信息耦合发展，构建立体化、链条化的产业新体系。发挥长寿经开区开放聚合效应，坚持开放发展，发挥龙头企业和关键项目的牵引作用，深化产业链集群式招商，大力引进世界500强和中国500强企业，推动产业链上下游相互支撑，确保“十三五”末实现规上工业总产值1600亿元、工业总产值2000亿元的目标。

——要提速打造“人人向往长寿”的休闲旅游胜地，必须进一步推动文旅结合。文化是旅游的根和魂，没有文化的丰厚滋养，旅游就是无源之水、无本之木。近年来，长寿区围绕文旅深度融合，大力挖掘和弘扬“长于文、寿于和”的长寿人文特质，“长寿文化”的繁荣发展为旅游业加快发展注入了强大动力。未来五年，提速打造“人人向往长寿”的休闲旅游胜地，必须将长寿文化内核注入天赐长寿湖、菩提长寿山、滨江长寿谷三大百亿级景区打造全过程，使文化之“魂”、旅游之“体”有机融合。要在长寿湖景区开发建设中有机融入“长寿文化”“水电文化”“红色文化”，在菩提山文化旅游区开发建设中有机融入“长寿文化”、“佛教文化”，在滨江长寿谷开发建设中突出长寿城市发祥和文脉保护、注重三倒拐明清街市建筑群利用与开发。要深入挖掘“长寿三贤”文化，发挥巴寡妇清、谯定、还珠楼主等“长寿三贤”旅游名片的文化魅力。通过推动文化与旅游协调发展，助力长寿湖和长寿菩提山早日建成国家5A级景区，不断提升“长寿·人人向往”旅游品牌的知名度和美誉度，增强“人人向往长寿”休闲旅游胜地的影响力和吸引力。

——要稳步推进“四宜双百”卫星城和区域物流中心建设，必须进一步推动产城融合。产城融合是现代城市发展的大趋势，城市缺乏产业支撑，再漂亮也是“空城”，产业没有城市依托，再高端也只是“空转”，没有产业支撑的城镇化将很难持续。“十二五”期间，我们坚持产城融合发展，有力助推了工业化、城镇化发展，中心城区建成区面积已经位居重庆主城区外第一。今后五年，要稳步推进“四宜双百”卫星城建设，促进工业园区、旅游景区与城市协调发展，有序推进中心城区凤城、晏家、江南和北部新城四大片区规划建设，促进产业布局、城市发展、人口分布相互协调，不断提升城市集聚力和辐射力。要围绕服务主导产业发展和“四宜双百”卫星城建设，加快推进重庆工贸城建设，大力发展生活性和生产性服务业，积极融入长江经济带发展，着力打造长江上游最大的专业化工物流基地，尽快建成特色鲜明的区域物流中心。

——要加快建设现代农业基地和城乡一体化发展模范区，必须进一步推动城乡统合。全面建成小康社会最艰巨、最繁重的任务在农村，我们要进一步推动城乡协调发展，健全城乡发展一体化体制机制，加快建设现代农业基地和城乡一体化发展模范区。“十三五”期间，随着长寿经开区、街镇工业走廊、农业“三园五区”等在统筹城乡发展中的带动和示范效应逐步显现，我们完全能够在全市统筹城乡综合配套改革试验中走在前列。今后五年，要继续坚持工业反哺农业、城市支持农村，促进城乡公共资源均衡配置，推动城镇公共服务向农村延伸，大力发展农村社会事业，加快形成城乡发展一体化新格局。要把“三农”工作放在更加突出位置，以基本建成的现代农业“三园”和正在规划建设的现代粮食生产区、东山生态农业区、西山生态农业区、果蔬生态种植区、三峡移民生态农业区等现代农业“五区”为引领，深化农村各项改革，大力发展特色效益农业，加快建设美丽宜居乡村，巩固和拓展扶贫攻坚成果，真正让现代农业“强”起来、让长寿乡村“美”起来、让广大农村“活”起来、让农民群众“富”起来、让农村日子“好”起来。

——要扎实推进绿色发展共享发展和谐发展，必须进一步推动社会和合。倡导人与自然、人与人、人与社会和谐合一的“和合”思想是中华文化的内在基因，也是中华优秀传统文化的精髓。长寿作为信访稳定和安全环保的敏感热点地区，“十二五”期间保持了无重大社会安全事故、无群体性事件发生，实现“五年安、五年稳”，在很大程度上得益于贯穿了“和合”思想。未来五年，要继续坚持“和合”思想，将其融入生态环保和社会治理各个方面。要将“和合”融入生态文明建设，进一步筑牢生态环保保障线，深入推进绿色发展，牢牢把握市委提出的“五个决不能”底线，加快推动生产方式绿色化，加大节能减排和突出环境问题治理力度，加快建设美丽长寿。要将“和合”融入民生改善，紧扣让城乡居民生活得更加美好这个目的，扎实推进共享发展，按照市委“五个坚持”原则，统筹抓好各项民生事业，扎实办好民生实事，持续构建“六有民生保障体系”，让全区人民共享全面小康成果。要将“和合”融入安全稳定工作，强化完善社会治理体系这个基本保障，坚持和谐发展，健全公共安全体系，加强和创新社会治理，持续构筑安全稳定保障线，营造社会和谐稳定、人民安居乐业的发展环境。

四、全面加强和改善党对经济社会发展工作的领导，以新的姿态开创新局面

发展是党执政兴国的第一要务，党的领导是实现“十三五”时期经济社会发展目标的根本政治保证。要围绕认识、适应和把握经济发展新常态，提高党领导经济社会发展能力，创新党领导经济社会发展的观念、体制、方式方法，保持党的先进性纯洁性、增强党的创造力凝聚力战斗力，夯实各方面支撑和保障，凝聚全区上下的力量，不断开拓发展新境界、开创发展新成就。

第一，坚持机制和能力“双管齐下”，不断提升统揽和调控经济社会发展的水平。要充分发挥党委对经济社会发展的领导核心和统筹抓总作用，切实提高把握方向、谋划全局、提出战略、制定政策、推进改革的能力，努力为长寿发展航船定好向、掌好舵。着力从完善工作体制机制入手，推动党领导经济社会发展制度化、规范化、程序化。完善党领导经济工作的体制，进一步健全季度经济形势分析会、年度经济工作会以及聚商选资、重大项目、效能建设专题会等制度机制，统筹解决好全局性瓶颈性问题。加强党对经济社会重大事务的综合协调，定期研究城乡民生实事、平安长寿建设、生态环保等重点工作，增强党统揽经济社会发展工作的全局性均衡性。着力从强化工作能力素质入手，提高党对经济社会发展事务的运行调控水平。要进一步加强党的执政能力建设和干部队伍素质培养，提高各级干部领导经济社会发展的能力和党的决策科学化水平。深入实施人才强区战略，既要下大力气加大企业经营管理人才、高技能人才、农村实用人才等人才队伍的培育引进力度，又要注重培养选拔懂经济管理、善于处理社会矛盾、群众工作能力强的各类人才充实干部队伍。着眼专业思维、专业素养、专业方法，加强对领导干部现代产业经济、城市建设管理、社会治理创新等知识的培训，加强在急难险重等一线工作中历练干部，提高深化改革、谋划发展、维护稳定的本领，培养造就更多新常态下领导经济社会发展工作的行家里手。

第二，坚持改革和法治“双轮驱动”，真正以改革精神改革办法和法治思维法治方式推动经济社会发展。全面建成小康社会，离不开改革的强大动力和法治的重要保障。要切实加强党对深化改革和依法治区工作的领导，扎实推进区委确定的改革和法治工作重点专项、重要任务，把改革的精神、法治的思维融入全区工作的方方面面，充分发挥改革与法治对经济社会发展的“双轮驱动”效应。要围绕破解发展中的难题瓶颈、破除体制机制积弊，坚持问题导向抓重点、关键突破带全局、结果导向求实效，加强对改革方案的领导和评估把关，真正把改革聚焦到转方式、调结构、惠民生、防风险上来。务实抓好系列改革试点示范，努力在投融资体制、工商登记制度、开放型经济体制等重点领域取得突破，在农村产权交易、排污权交易、城乡公共服务等关键环节取得实效，切实激发经济社会发展的内生动力活力。要围绕更好发挥法治的引领、规范和保障作用，统筹推动全面依法治区各项工作。加快法治政府建设，大力推进综合执法，努力建设职能科学、结构优化、廉洁高效、人民满意的服务型政府。深化司法体制改革，着力促进司法公正，让人民群众在每一个司法案件中都感受到公平正义。增强普法工作实效，营造全民尊法学法用法守法的良好社会氛围。着力提高党员干部的法治思维和依法办事能力，更加自觉运用法治思维和法治方式谋划工作、化解矛盾、推动发展，把经济社会发展工作纳入法治化轨道。

第三，坚持创新和实干“双力同向”，深入动员全区人民用智慧和汗水创造经济社会发展新辉煌。创新引领未来，实干创造未来，创新加实干就能赢得未来。全区各级党组织要把创新作为引领发展的第一动力，激发全社会的创新创造潜力，推动经济社会发展提质增效升级。要突出产业特色和市场导向，深入实施创新驱动发展战略，围绕工业五大主导产业、旅游服务业、特色效益农业等产业链部署创新链，加强科技研发创新，推动商业模式创新，推进思维方式创新，最大限度发挥资源优势、释放产业势能。要着力健全政策支持体系，搭建创新创业平台，激活全区上下的创新积极性，切实营造大众创业、万众创新的良好局面，真正把经济社会发展转到创新驱动轨道上来。作风建设永远在路上，各级党组织和广大党员干部要自觉践行“三严三实”要求，把“严”的要求、“实”的作风体现到工作的方方面面，真正做到“低调务实、少说多干，敢于担当、积极作为”，真正靠苦干、实干、拼命干托起长寿的明天。要坚持全面从严治党，严明党的纪律和规矩，认真落实党风廉政建设“两个责任”，健全改进作风长效机制，以优良的党风带政风促民风，努力在全社会营造风清气正、真抓实干的良好氛围。要充分发挥党总揽全局、协调各方的作用，团结一切可以团结的力量，调动一切可以调动的积极因素，万众一心、开拓进取，共同为实现“十三五”发展目标而团结奋斗。

同志们！当全区人民满怀“十二五”攻坚克难、闯关夺隘的成功喜悦，阔步迈入“十三五”发展新征程的历史当口，我们把“长寿小康”四个大字刻写在长寿菩提山下的大道上。在未来五年的奋斗历程中，我们将在五大发展理念的指引下，在五大功能区域发展战略的推动下，深入实施“五合战略”，积极适应新常态，努力当好主力军，奋力把全面建成小康社会、全面建成“三地一中心”、全面建成“三大愿景”框架的宏伟蓝图变成美好现实，真正把“长寿小康”抒写到美丽富饶的寿乡大地上、抒写到全区广大人民的心坎上、抒写到每一个长寿人的笑脸上！

重庆市长寿区人民代表大会常务委员会
工作报告

——2015年2月11日在重庆市长寿区第十七届人民代表大会第五次会议上

重庆市长寿区人民代表大会常务委员会主任　游智明

各位代表：

我受重庆市长寿区人民代表大会常务委员会委托，向大会报告工作，请予审议。

2014年工作回顾

2014年，在区委的领导和市人大的指导下，区人大常委会主动适应发展新常态，紧紧围绕全区改革发展稳定大局，依法履行职责，积极开展工作，圆满完成了区十七届人大四次会议确定的各项任务，为推进全区民主法治建设、实现“科学发展、富民兴区”作出了新的贡献。一年来，共举行常委会会议6次，主任会议17次，听取和审议专项工作报告16项，作出决议决定20项，提出审议意见、评议意见15项，组织专题视察6次，开展执法检查1项、专项工作评议1项，任免国家机关工作人员39人次。

一、坚持和依靠党的领导，推动人大工作与时俱进

区人大常委会坚持把党的领导、人民当家做主、依法治国贯穿于人大工作全过程、各方面，不断推动人民代表大会制度在基层实践创新，使人大工作朝着正确的方向完善发展。

坚定人大工作正确的政治方向。深入学习贯彻党的十八大、十八届三中四中全会和习近平总书记系列重要讲话精神，认真贯彻市委四届四次五次全会和区委十二届四次五次全会精神，始终在思想上、政治上、行动上与中央、市委和区委保持高度一致。坚持重大事项向区委请示报告制度，及时将履职中开展的重要工作、遇到的重大问题向区委请示报告，按照区委要求抓好落实。坚持从大局出发、从长远着眼，围绕区委提出的建设“三地一中心”、当好城市发展新区主力军等决策部署，认真谋划和推进人大工作，使人大工作与区委中心工作紧密结合，发

挥了人大在推动全区改革发展中的积极作用。

认真落实区委人大工作会议精神。区委第四次人大工作会议就加强和改进新形势下的人大工作提出了明确要求，区人大常委会采取多种方式，贯彻落实会议精神。及时组织常委会组成人员和人大代表，认真学习、深刻领会、准确把握会议精神，使会议的各项部署在人大工作中得到体现和落实。进一步健全常委会工作制度和运行机制，增强监督的针对性和实效性；健全人大机关组织机构，增设财政预算工委，充实专业力量，强化财政预算监督；健全代表联络机构，探索在选区、村（社区）设立代表工作站、联络站，为代表履职搭建新平台；印发《关于加强和改进镇人大工作的指导意见》，推动镇人大履职规范化建设；开展区委人大工作会议精神贯彻落实情况调研，向区委作了专题报告。一年来，全区各级各部门的人大意识进一步增强；镇街人大组织机构和工作制度进一步完善；人大代表履职能力和实效进一步提升，全区人大工作更具生机和活力。

扎实推进人大各项改革任务。根据区委全面深化改革的总体部署，区人大常委会立足人大工作实际，通过制度的建立和机制的完善，把各项改革任务进一步细化落实。2014 年，依据《组织法》、《监督法》、《预算法》等法律法规，结合多年的履职实践，在讨论决定重大事项、审议意见办理、加强全口径预决算、实施城乡规划监督、开展专项工作评议、扩大公民有序政治参与等方面建立了工作制度，制定了具体办法；建立和完善了专项工作报告表决、审议意见跟踪督办、办理结果满意度测评等工作机制，为常委会规范履职打牢了制度基础，为常委会有效行使职权提供了制度保障。

二、依法行使决定权和任免权，保障全区各项事业顺利推进

区人大常委会按照“依法、规范、有效”的原则，行使重大事项决定权、人事任免权，为全区各项事业顺利推进提供法治保障。

规范行使重大事项决定权。制定《区人大常委会讨论决定重大事项办法》，围绕全区经济、政治、文化、社会和生态文明建设中带有全局性、长远性的重大事项，依法行使决定权。全年作出决议决定5 项，提出审议意见 10 项，支持了相关工作的开展，推动了区委决策部署的落实。听取和审议“十二五”规划纲要实施中期评估报告，根据经济发展形势变化，作出决议，批准区政府对部分经济社会发展指标进行调整；审查和批准 2013 年区级财政决算、2014 年区级预算调整方案，增强预算执行的刚性约束力。根据区政府的提请，对机构改革、重点项目、规划调整、撤镇设街道等重大事项进行审议，提出意见，促进重大事项决策民主化、科学化和法制化。

依法行使人事任免权。坚持人大任命干部任前法律考试、任时供职发言、任后工作评议制度，一年来共任免国家机关工作人员 39 人次，组织 28 名干部参加任前法律资格考试，4 名干部在常委会会议上作了供职发言。指导选举单位补选区人大代表4 名，按受 2 名区人大代表辞职，确认并公告代表资格变动 7 人次。对区建委、交委、安监局、市政局、司法局、移民局 6 个部门工作进行评议，收集意见建议 186 条，逐一向被评议部门作了反馈；听取和审议 6 个部门的工作情况报告，并进行了满意度测评。对 2013 年部门工作评议意见落实情况进行“回头看”，使评议工作真正落到实处。通过开展部门工作评议，进一步增强了人大任命干部的责任意识、法治意识、为民意识，促进了部门工作的改进。

三、加强和改进监督工作，促进经济社会发展和民生改善

区人大常委会紧扣经济社会发展中的重点难点工作和群众关注的热点难点问题，创新监督方式，加大监督力度，增强了监督实效。

开展对经济工作的监督。听取和审议 2014 年上半年国民经济和社会发展计划执行情况报告，针对经济发展中的新情况新问题，提出加大要素保障力度、不断优化产业结构、大力推进商贸物流发展等审议意见。区政府认真研究常委会审议意见，采取有力措施稳增长、调结构、推改革、惠民生、防风险，圆满完成了区十七届人大四次会议确定的目标任务。制定《城乡规划工作监督办法》，对城乡规划及执行过程进行监督，听取和审议城乡规划及执行情况报告，提出坚持规划引领、强化规划实施、加大执法力度等审议意见并督促落实。听取区政府城市重点基础设施建设情况报告，组织市区人大代表对 MDI 一体化项目、菩提山旅游开发、长化厂整体搬迁、火车北站配套设施等重大项目建设进行专项视察，持续监督。开展新型农业经营主体发展情况专题调研，形成“1 +5”调研报告，提出重点扶持和发展家庭农场、专业大户，多渠道解决新型农业经营主体融资问题等建议。

开展预算决算审查监督。认真学习贯彻《预算法》，制定《长寿区区级预算监督办法》，将公共财政预算、政府性基金预算、国有资本经营预算和社会保险基金预算全部纳入预算监督体系，力求预算编制更加细化、预算执行更加严格、预算审查更加全面、预算公开更加透明。听取和审议关于预算、决算、审计和政府性债务情况等报告，提出加强预算管理、优化财政支出结构、强化审计结果运用、规范政府债务举借程序等意见。对这些意见，区政府有关部门均作出了工作安排。推进部门预算公开，2014 年公开了 30 个政府部门预算和“三公”经费预算。对部分区级部门预算执行情况开展监督，提出了规范预算执行、提高专项资金使用绩效等意见并督促整改。

开展对事关群众切身利益问题的监督。区人大常委会坚持民生导向，聚焦民生问题，实施针对性、持续性的监督，努力使改革发展成果更好地惠及人民群众。听取和审议文化事业发展情况报告，督促区政府完善文化发展保障机制，促进文化与旅游深度融合，构建公共文化服务体系，丰富人民群众文化生活。听取中小学规划建设情况报告，提出优化中小学校布局等建议，促进基础教育均衡协调发展。听取食品药品安全工作情况报告，督促有关部门强化食品生产、流通、销售环节协作监管，确保全区人民饮食健康、用药安全。持续监督农村公路通农客、长洪路前段建设、农村生活垃圾集中收运处置等群众关注的民生问题，积极回应群众关切，促进民生实事落地。

开展对生态文明建设的监督。区人大常委会坚持把保护和改善生态环境作为监督重点，连续两年把桃花河流域整治列入重点监督议题，听取和审议区政府关于桃花河流域上游水源涵养和两岸污染整治的议案办理情况报告，多次组织代表视察、调研、检查，督促区政府下大力、出重拳整治，经过综合治理，桃花河流域环境初步改观。组织市区人大代表对 14 个镇的污水处理设施建设及运行情况进行视察，针对视察中发现的雨污不分流、二三级管网建设滞后、管理不规范和运行不正常等问题，要求区政府加大统筹力度，加快管网等配套设施建设，将已建成污水处理设施尽快投入使用，着力改善农村场镇环境。协助市人大开展《大气污染防治法》执法检查，督促有关方面加强大气污染防治力度。

开展对区政府企业发展法制环境的专项评议。区人大常委会历时 6 个月，与市人大上下联动，开展了对区政府企业发展法制环境工作的专项评议。组成调查组深入园区、企业和镇街、部门，实地走访、座谈调研、问卷调查，了解企业发展法制环境情况，听取相关部门、人大代表和部分企业的意见建议；组成文献评估组，对区政府规范性文件进行清理和评估；召开专题会议，将收集的 101 条意见建议向区政府及相关部门作了通报。7 月下旬，区人大常委会听取和审议区政府企业发展法制环境工作情况报告，提出了 4 个方面 12 条评议意见。区政府及有关部门高度重视，边评边改，制定整改措施 279 条，出台长寿区规范性文件制定程序规定，简化行政审批程序，取消和下放审批事项 34 项。11 月下旬，区人大常委会对区政府企业发展法制环境工作整改情况进行了满意度测评，满意率为 82.6%。这次专项评议活动，推进了法治政府建设，优化了企业发展法制环境，释放了企业发展活力。

开展对依法行政公正司法的监督。建立“一府两院”向区人大常委会年度报告依法行政公正司法制度，听取区政府关于依法行政工作情况报告。组织区人大代表 81 人次旁听区法院 42 件案件审理，任命 79 名人民陪审员，支持区法院人民陪审员“倍增计划”。组织市区人大代表视察区检察院基层基础建设情况，推动检察工作向基层延伸。配合市人大开展规范司法行为专题调研，推动“两院”规范司法行为，提高司法公信力。加大规范性文件备案审查力度，对区政府报备的 5 件规范性文件进行备案审查，区人大向市人大报备规范性文件 6 件。受理群众信访 175 件（次），督促化解了一批信访问题。

四、夯实和深化代表工作，积极支持和保障代表依法履职

区人大常委会突出代表主体地位，通过加强服务，完善制度，搭建平台，积极支持和保障代表依法履职、发挥作用。

做好代表服务工作。积极开展多元化、多层次的履职培训，提高代表履职能力。定期将区人大常委会和“一府两院”的重要工作以常委会公报的形式，向全体代表通报，保障代表知情知政权。认真做好市代表服务工作，组织市代表向市四届人大二次会议提出议案建议 45 件，其中“制定《重庆市政府采购条例》”被列为议案，“加强我市工商登记制度改革后续监管”、“农村生活垃圾集中收运处置”被列为市人大重点建议。

落实代表工作制度。开展主任接待日活动6次，接待区人大代表80名，代表提出的64件建议全部交办并按时办理回复，代表普遍感到满意。扩大代表对常委会工作的参与，全年18名基层区人大代表列席常委会会议，430人次参加常委会视察、调研、执法检查、工作评议等活动。认真开展代表向选民述职、代表履职考核、优秀代表评选和优秀议案建议评比等工作，代表履职意识不断增强。

加大议案建议办理力度。区十七届人大四次会议以来的300件议案建议全部按时交办，代表反映较多的城市管理、定销房物业管理、开通北城大道、水库渠系整治四方面建议，专题交给区政府研究处理。坚持常委会领导牵头、工委室对口联系、提建议代表参与督办等做法，对茶涪路长寿段改造等6件重点建议进行合力督办，提升了办理实效。审议并表决通过区政府关于2014年议案建议办理情况报告，听取和审议6件议案办理情况报告，听取区政府关于区十七届人大三次会议以来B类回复建议续办情况的报告，分别提出审议意见。截至去年10月，300件议案建议已全部办理完毕并答复代表，其中解决或列入计划逐步解决的占85.6%，代表对议案建议办理满意率达99.7%，区十七届人大三次会议以来的建议落实率从46%提高到65.5%。

扎实开展代表主题活动。区人大常委会以“联系群众、服务发展”为专题，推进代表主题活动深入开展。全区1200多名市区镇三级人大代表以“六个一”活动为载体，走访群众17460人次，接待群众7350人次，提出意见建议730条，协助解决问题529个，化解矛盾纠纷945件，形成调研报告20余篇，较好地发挥了代表了解民情、反映民意、汇集民智的作用。区镇两级人大围绕桃花河流域整治、农民新村配套设施建设、火车北站配套设施建设等6项重点工作，上下联动，献计出力，为推动发展、改善民生汇集了正能量，发挥了正效应。

五、重视和加强自身建设，不断提高常委会依法履职能力

区人大常委会积极适应新形势新要求，以开展党的群众路线教育实践活动为契机，扎实推进自身建设，改进工作作风，提升履职能力。

加强履职能力建设。认真学习贯彻中央、市委和区委一系列重要会议和文件精神，坚定政治信念，保持政治定力。召开纪念全国人民代表大会成立60周年座谈会，学习习近平总书记在纪念全国人民代表大会成立60周年大会上的重要讲话，深化对人民代表大会制度的认识，增强做好新时期人大工作的政治自觉。加强对人民代表大会制度的学习、宣传，完成提高人大常委会审议意见办理实效的课题研究。组织人大干部赴全国人大培训基地接受专题培训，拓宽履职视野，提升履职能力。在新闻媒体专版宣传人民代表大会制度和长寿人大发展历程，营造有利于人大工作开展的良好氛围。

扎实开展党的群众路线教育实践活动。根据区委的部署要求，按照“照镜子、正衣冠、洗洗澡、治治病”的总要求，深入开展以“为民、务实、清廉”为主要内容的党的群众路线教育实践活动，结合人大工作实际，聚焦“四风”问题，深刻剖析根源，逐项整改落实，积极建章立制，顺利完成教育实践活动各个环节的任务。认真开展“作风强化年”活动，加强党风廉政建设，严格落实责任制，执行各项规定。深入开展调查研究，积极践行群众路线，自觉接受群众监督，工作作风更加务实。

加强人大工作联系。主动争取市人大的指导，严格执行市人大及其常委会的决议决定，积极配合市人大开展相关活动。认真开展对外交流，学习借鉴好经验好做法。加强对镇街人大工作的指导，定期召开镇街人大工作会、座谈会、培训会、研讨会，指导镇街人大积极开展代表活动，加强规范化制度化建设，提高人大工作水平。

回顾一年来的工作，我们深刻地体会到：人大工作必须坚持党的领导，牢牢把握正确的政治方向；必须坚持围绕中心，谋大事、议大事、抓大事；必须坚持依法办事，忠实履行宪法和法律赋予的职责；必须坚持依靠代表，发挥好人大代表的主体作用；必须坚持履职为民，实现好、维护好、发展好人民群众的根本利益。

各位代表，区人大常委会过去一年取得的成绩，是在区委正确领导和市人大精心指导下取得的，是全体常委会组成人员和区人大代表共同努力的结果，是“一府两院”、镇街人大及各方面积极支持与配合的结果，也是广大市民关心、参与、帮助和监督的结果。在此，我代表区人大常委会向关心、支持人大工作的同志们、朋友们表示崇高的敬意和衷心的感谢！

在肯定工作的同时，我们也清醒地认识到，区人大常委会的工作还需要进一步改进和加强：人大监督的实效性有待增强，监督的约束作用还没有完全发挥；代表建议办理的力度有待加大，落实率和办成率还需要提高；对人大代表的服务和联系工作有待改进，代表主体作用还需要进一步发挥。这些问题，我们将在新一年的工作中认真研究，切实改进。

2015年工作意见

各位代表：

2015年是全面深化改革的关键之年，是全面推进依法治区的开局之年，是“十二五”规划的收官之年。在新的一年里，区人大常委会工作的总体要求是：深入贯彻党的十八大、十八届三中四中全会和习近平总书记系列重要讲话精神，全面落实区委十二届五次六次全会和区委人大工作会议部署，坚持党的领导、人民当家做主、依法治国有机统一，深刻认识、积极适应、主动把握新常态，依法行使决定、任免和监督等各项职权，为全面推进依法治区、促进全区经济平稳健康发展和社会和谐稳定作出新贡献。

一、着力坚持党的领导，更加注重运用法治思维和法治方式推进人大工作

区人大常委会要始终坚持和依靠党的领导，切实履行宪法和法律赋予的职责，注重运用法治思维和法治方式推动人大工作在实践中不断发展。

牢牢把握人大工作的政治方向。进一步学习领会、准确把握党的十八届三中四中全会和习近平总书记系列重要讲话精神，坚持和完善重大事项向区委请示报告制度，确保人大工作正确的政治方向。按照主动适应发展新常态、加快发展动力转换、推动经济社会发展持续转型升级的新要求，围绕区委十二届六次全会提出的目标任务，找准定位，谋划思路，依法履职，使人大工作更好地融入区委中心工作，更好地体现人民群众的愿望和要求。

带头推进依法治区。认真落实《区委关于全面推进依法治区的实施意见》，坚持把法治精神贯穿于人大工作的各环节、各方面，在全面推进依法治区中发挥好人大的职能作用。进一步强化法治意识，落实宪法宣誓制度，开展国家宪法日活动，增强全社会学法、守法、用法意识。加强对法律实施情况的监督，确保宪法和法律在长寿区全面正确实施。依法开好人代会，保证人民通过区人民代表大会参与管理地方国家事务。监督和支持政府依法行政，建设法治政府；监督和支持“两院”公正司法，维护公平正义。

二、着力落实区委决策部署，更加注重围绕“科学发展、富民兴区”履行人大职责

区人大常委会要围绕“科学发展、富民兴区”总任务，统筹做好重大事项决定、人事任免和监督等各项工作，推动全区经济社会持续平稳健康发展。

依法做好决定和任免工作。正确处理党委决策与人大决定的关系，落实和完善《区人大常委会讨论决定重大事项办法》，善于通过法定程序，将区委的决策部署转化为全区人民的共同意志和具体行动。及时跟进事关大局、事关长远和事关全区人民福祉的重大事项，调查研究，广聚民智，依法作出决议决定，促进重大决策民主化、科学化和法制化。注重把依法讨论决定重大事项与监督工作相结合，督促决议实施。坚持党管干部与人大依法任免干部的有机统一，依法规范做好人事任免工作，继续对人大任命干部所在单位工作进行评议，促进国家机关工作人员依法行政、廉洁勤政。

加强对重点工作的监督。突出改革发展主题，加强对稳增长、调结构、促改革、惠民生、防风险等重点工作的监督。强化经济运行监督，听取审议国民经济社会发展计划、“十二五”规划完成和“十三五”规划编制、城乡规划执行情况等报告，着重加强对产业转型升级、重大项目推进、商贸物流中心建设、实施创新驱动、重点领域改革等方面的监督。强化全口径预决算监督，听取审议区政府关于预算、决算、审计和政府性债务等报告，强化预算执行力，提高资金使用绩效。强化民生事项监督，着重就群众关注度高、代表反映强烈的民生问题开展监督，推动民生实事落到实处、见到实效。强化生态文明建设监督，听取审议环境状况和环境保护年度目标任务完成情况报告，开展水污染防治工作专题询问，继续对桃花河流域整治、长化厂整体搬迁、农村环境治理等工作进行跟踪监督。强化权力运行监督，听取审议“一府两院”依法行政、公正司法年度工作情况报告，组织开展对区政府规范性文件备案审查工作的专项评议。做好人大信访工作。

完善监督方式方法。建立专题询问制度，逐步实现专题询问常态化、公开化。改进常委会审议方式，提高会议审议质量，加强审议意见的跟踪督办。完善监督公开制度，及时将区人大常委会行使职权和“一府两院”接受监督情况向代表通报并向社会公开。严格落实规范性文件备案审查制度，加大主动审查力度，做到有件必报、有报必审、有错必纠。

三、着力发挥代表主体作用，更加注重为人大代表执行职务创造更好条件

区人大常委会要围绕发挥代表主体作用，努力为代表依法履职、发挥作用搭建平台，提供保障。

为代表履职服好务。根据代表履职需求和常委会重点工作开展专题培训，增强代表培训的系统性和针对性。进一步发挥“人大代表之家”的作用，全面推进代表工作站建设，为代表知情知政、学习交流、开展活动、联系群众提供更加便捷的服务平台。认真做好在长市人大代表的联系和服务工作。

加强“双向”联系。坚持开展好主任接待日活动，畅通社情民意反映和表达渠道。加强常委会组成人员与代表、代表与人民群众的联系。继续邀请代表列席常委会会议、参加常委会活动，积极采纳代表建议。坚持开展好代表述职活动，完善代表履职考核评价体系，引导代表更好地联系选民、服务群众。

提高代表建议办理实效。做好代表建议分析、交办、办理、督办等工作，坚持重点建议领导督办、代表面商督办等制度，完善代表建议落实情况评价机制，提高代表建议办成率。开通代表闭会期间建议网上提交平台，逐步向社会公开代表建议及办理情况。继续开展优秀代表建议评选活动，对未办结代表建议进行跟踪督办，提高代表建议质量和办理实效。

不断深化代表主题活动。围绕区域发展中的重大事项、群众关心的突出问题，确定代表主题活动年度专题和重点工作，切实发挥好代表广泛联系群众的优势和作用。认真总结推广代表主题活动的经验做法，推动代表履职常态化、长效化。引导和支持代表结合专业特长和工作岗位，依法开展履职活动。

四、着力夯实人大履职基础，更加注重提升常委会的整体工作水平

区人大常委会要按照“总结、继承、完善、提高”的要求，持续加强和改进自身建设，夯实人大履职基础，提升人大工作整体水平。

进一步提升政治素养。深刻领会、坚决贯彻习近平总书记在庆祝全国人民代表大会成立60周年大会上的重要讲话和市区人大工作会议精神，进一步坚定道路自信、理论自信和制度自信，始终在大是大非面前保持政治定力。扎实开展“作风深化年”活动，巩固和拓展党的群众路线教育实践活动成果，严格执行党风廉政建设的各项规定，树立人大干部为民务实清廉的良好形象。

进一步提升履职水平。健全集体学习制度，丰富学习形式，增强学习实效，打牢履职基础。完善常委会议事规则和工作程序，提高常委会工作质量和效率。加强人大网站和信息队伍建设，增强人大工作的透明度。加强调查研究，促进调研成果有效转化。

进一步提升整体效能。主动争取市人大的指导，积极开展对外学习交流。加强对街道人大工委的领导和对镇人大工作的指导，建立街道人大工委向常委会报告工作制度，支持镇街人大在实践中探索创新，帮助镇街人大解决履职中的实际问题，注重上下联动互动，共同推动全区人大工作再上新台阶。

各位代表！科学发展重任在肩，富民兴区时不我待。让我们在区委的坚强领导下，紧紧依靠和团结全区人民，求真务实，锐意进取，依法履职，积极作为，为全面深化改革、全面推进依法治区、全面建成“三地一中心”、实现“三大愿景”而努力奋斗。

附件：2014年区人大常委会工作任务完成情况表（略）

重庆市长寿区人民政府工作报告

——2015年2月10日在重庆市长寿区第十七届人民代表大会第五次会议上

重庆市长寿区人民政府区长　赵世庆

各位代表：

我代表区人民政府，向大会报告工作，请予审议，并请各位政协委员提出意见。

一、在困难中奋进的2014年，经济社会发展取得新成效

2014年，面对复杂严峻的国内外形势和艰巨繁重的改革发展稳定任务，我们全面贯彻中央和市委、市政府决策部署，认真执行区委十二届三次、四次、五次全委会决定，认真落实区十七届人大四次会议决议，认真汲取区政协十四届三次会议民主协商意见，坚持稳中求进工作总基调，努力适应经济发展新常态，持续推进"三地一中心"建设，努力担当城市发展新区主力军，续写了长寿"科学发展、富民兴区"的历史篇章。

2014年，全区实现地区生产总值420亿元，比2013年增长（以下简称"增长"）11.9%；地方财政收入72.9亿元，增长11.2%，其中一般公共预算收入31.3亿元，增长15.3%；全社会固定资产投资415亿元，增长15.7%；社会消费品零售总额103.9亿元，增长13.4%；农村居民人均可支配收入10863元，增长11.7%；城镇居民人均可支配收入25388元，增长9.8%；城镇登记失业率1.86%；人口自然增长率3.63‰。较好地完成了区十七届人大四次会议确立的各项目标任务（详见附表），为实现"十二五"规划目标奠定了坚实基础。

2014年，长寿区主要经济指标完成超预期：地区生产总值增速超全市1个百分点，在全市区县排名提升11位；工业总产值突破1000亿元；商品销售总额增幅居全市第三，社会消费品零售总额突破100亿元；外贸进出口总额、实际利用外资居城市发展新区第一；第三产业增加值增速居全市第一；辖区税收突破40亿元；农村居民人均可支配收入突破10000元。"十件急事"卓有成效推进：历时近四年建设的mdi一体化项目实现机械竣工，规模空前、各方关注的经开区生态屏障建设项目达到了验收条件，连续奋战13个月打造的菩提山文化旅游区国庆盛装迎客，桃花河污染整治攻坚实现了"一年初步改观"，重钢3号高炉顺利复产，通过争取配套政策支持和推进"煤制气"双管齐下应对天然气价格上涨，在宏观经济下行中实现了财税持续增收，在发展与控债的双重压力下债务风险总体可控，小微企业发展全市领先，等等。在钢铁、化工主导产业"三连困"中实现了"三连进"。

一年来，我们切实加强了以下八个方面的工作：

（一）推动产业优化提升

新型工业高地建设逆势而进。完成工业投资190.6亿元，实现规上工业总产值701亿元，增长10.9%。长寿经开区、街镇工业走廊规上企业达到130家，占全区规上企业总数的83.9%。依托长寿经开区工业支撑平台，坚持存量为主稳增长，高频度、大力度、多层面协调保障要素资源，支持重钢降本增效、减亏脱困和结构调整；积极应对天然气价格上涨对化工等行业的冲击，mdi一体化项目全面进入调试阶段、即将点火试车，亚太纸业项目启动平场，完成了川维bdo醋酸一体化项目用地征迁，化工、装备制造、新材料工业产值分别增长了23%、30%和28%。坚持增量为主调结构，调整优化了经开区总规、控规和产业规划，加快一般工业区、八颗片区基础设施建设，引进冷轧镀锌板、钢缆钢绳、汽车车身总成、草甘膦、hdi/ipdi1、液晶面板减薄等项目，促进钢铁、化工产业集约集群发展，推动新材料、电子信息等新兴产业发展。长寿经开区荣膺2014年"中国开发区"最具投资价值奖和最具发展潜力奖两项殊荣。街镇工业走廊家居、健康产业渐成规模，以产业发展带动城镇开发、以城镇功能配套促进园区发展的成效逐步显现。

现代农业基地建设持续推进。大力发展"1+5+2"2特色效益农业，全年农业总产值达到52.5

亿元，增长6.5%。促进农业保供增收惠民，全年粮食总产量36.6万吨、蔬菜产量31.4万吨、水果产量20.5万吨、出栏生猪68.8万头。出存栏蛋肉鸡1500万只，蛋鸡存栏量居全市第一。现代农业园区被命名为全国首批农业科技创新与集成示范基地，建成现代粮食园区一期6000亩高标准基本农田，现代畜牧园区标准化种猪、生猪养殖场建设进展顺利，移民生态农业园复元蔬菜智能温室大棚项目完工。新认定家庭农场200家，新注册农民合作社60个，新发展区级以上农业产业化龙头企业18家，新增农产品“三品一标”认证18个，荣获全国绿色食品博览会金奖1个。完善农村水利、交通等基础设施，加强农业综合执法能力建设。加快三峡后续工作项目实施，累计完成投资19.3亿元，科学编制三峡后续工作二期实施规划项目库。

休闲旅游胜地建设提速推进。全年接待游客580万人次，实现旅游收入35亿元。长寿湖—长寿（菩提）古镇旅游度假区总体规划通过市政府审批。长寿湖高铁站至景区快速干道、外围路三期项目建成投用，天赐长寿岛·中华百岁园、浪漫浴场项目建成开放，星级酒店群、商业街及度假地产项目加快建设。菩提山文化旅游区建设一期完工，高品质、高速度建成菩提寺和菩提圣灯，完善东坡片区旅游配套设施，顺利实现国庆开园。长寿（菩提）古镇获评国家4a级景区，万寿公园、泰国风情街建成开放。滨江长寿谷项目完成了区域调查摸底、资料补查等工作，启动了项目策划及概念性规划工作。成功争取国务院三峡办将滨江长寿谷综合开发部分项目增补纳入三峡后续工作二期项目实施。理顺了大洪湖管理体制。乡村旅游逐步向规模化、规范化方向发展。加强营销宣传，长寿旅游知名度、美誉度进一步提升。

区域物流中心建设稳步推进。全年实现商品销售总额185.7亿元，增长22.1%。修订完善了商贸物流“一园一区一群一圈”3产业规划。完成了中央商务区选址、策划工作。轻化路工业品综合交易市场项目启动平场，渡舟市场群项目启动征地报件，城中城家居建材市场商业广场主体完工，新崛钢材市场一期仓储物流配送项目试营业，新恒阳罐区、亚太纸业码头前期工作有序推进。时代广场建成投用。成功创建黄桷湾和长寿（菩提）古镇市级美食街。云台、石堰镇级商业中心建成投用。建设电商产业园，引进电子商务企业27家。举办了第七届房交会。

信息化提升工程建设快速推进。中小企业信息服务平台建设有序推进。建成td—lte基站822个，4g信号覆盖中心城区、旅游景区及场镇。光纤覆盖6.06万户，增长39.6%。广播电视信号双向网络到户9.6万户，增长3.3倍。互联网用户12.49万户，增长15.9%。固定宽带网络覆盖全区所有行政村，新安装用户12.6万户。手机用户65.6万户，增长4.9%。erp4生产过程自动化、智能化系统在重钢、川维、扬子乙酰、国际复合等大中型企业普遍应用。推进区内网络资源整合，基本建成“国土一张图”5，政府网站集群建设进展顺利，完成内网无纸化办公系统开发。规范上网行为，实施网络安全等级保护。

（二）加强经济运行调控

经济结构持续优化。三次产业结构由上年的9:60.5:30.5调整优化为8.3:59.7:32，第一产业、第二产业在总量增长和结构优化中降低占比，第三产业占比迅速提升，增加值增长16.1%。以需求为导向，电子商务、休闲旅游、文化消费等新兴行业呈现出低成本、低消耗、高增长的发展势头。中心城区和长寿经开区在盘活存量空间资源中优化开发，街镇工业走廊、长寿湖景区和菩提山文化旅游区加速拓展，以点带面、以城带乡的城乡一体统筹发展格局逐步形成。国有、混合所有制和个体私营经济协调发展，以民营经济为主体的非公经济发展迅速，全年新增民营经济市场主体7221户，民营经济增加值达到231亿元，增长13.7%，在地区生产总值中的占比达到55%。

资源要素有效保障。全区土地利用总体规划修改方案获得市政府批准，全年获批征地20宗500公顷，新增建设用地计划20宗180公顷，供应国有建设用地81宗452公顷。实施农村集体土地征收项目19个1118公顷。经开区生态屏障国有土地上房屋征收工作，克服重重困难，合力奋勇攻坚，已累计签订协议4482户，完成99.6%，拆除房屋35万平方米，达到验收标准。打通了涪陵页岩气对长寿区企业的输送渠道，协调落实电力、天然气、煤炭供应分别达到59.8亿度、19.7亿立方米和636万吨。

财税金融有效保障。辖区税收总额41.2亿元，增长14.5%。其中国税征收16.2亿元，增长18.5%；地税征收25亿元，增长12.1%。全年地方财政支出96.5亿元，增长8.2%。加强政府投资项目评审，全年接审项目 333 个，送审金额 18.7 亿元，审减投资 1.2 亿元。加强公共资源交易管理，全年组织政府采购 3478 件次、工程建设招投标 503 宗、国有建设用地使用权出让 81 宗，增收节资 1.45 亿元。加强资金平衡调度，全年共拨付政府平台公司土地成本和发展资金 34.9 亿元。区内银行年末存款余额 413.1 亿元、贷款 258.4 亿元，分别增长 8.7% 和 12.4%；新增保费收入 7.7 亿元，增长 9.7%；通过区内各银行新发放贷款 199.5 亿元，其中政府平台公司贷款 68 亿元，中小微企业贷款 61 亿元；通过银行间交易市场、证监会发行企业债、中小企业私募债等直接融资 32 亿元；宏昌担保公司注册资本增至 1 亿元，新组建了三农小贷公司，非银行金融机构发放担保贷款 12.6 亿元。

金融风险有效防控。加强政府平台公司融资管理，严格融资成本管控，政府性一类债务 6 较年初下降了 21.9 亿元，融资综合成本下降了 0.67 个百分点。有序推进土地出让和国有闲置资产变现处置，实现土地出让收入入库 41.6 亿元，出租、拍卖国有闲置资产实现收益 2057 万元，建立了 3 亿元的偿债资金池。根据新的地方性政府债务管控要求，全面清理甄别政府性债务，组织开展政府债券发行申报和政府平台公司后续融资工作。加大保险、担保、小贷公司等非银行金融机构监管力度。加强对辖区内 45 家投资、咨询、理财类企业的业务监管，果断决策、坚决打击非法金融活动，立案查处了 5 家涉嫌非法集资企业及 7 家关联企业，涉及金额 1.17 亿元，已清退 1.02 亿元，清退率 87.2%，建立了信息发现、风险预警、打击处理的长效机制。

（三）深化改革扩大开放

各项改革进一步深化。完善了食品药品监管体制，完成了卫生计生、国土房管、文化体育等行政机构整合。承接上级政府下放行政审批事项 45 项，清理取消区级审批事项 24 项、下放 10 项，现行 215 项行政审批事项已全部向社会公开。启动了事业单位法人治理结构改革试点。开展了公务用车改革准备工作。改革工商登记审批流程管理，成为全市 11 个“先照后证”登记制度 7 试点和 7 个行使外商投资企业登记核准权的区县之一，全年新登记内资企业 1602 户，增长 16.9%；办理“先照后证”市场主体登记 653 户。提高了商标、品牌的奖励标准和范围。推进了站前广场等 7 个重大项目 ppp8 运作。成立了农村综合产权流转交易中心，启动了农村集体经济组织清产核资和农村集体资产量化确权试点工作，推进了涉农保险合作试点。开展了中小学教师交流轮岗试点，积极探索与名校联合办学模式。制定了公立医院综合改革实施方案。区养老服务中心纳入民政部公办民营改革试点。创新社会治理体制，全面推进“六张防控网”9 建设。开展了城镇污水、垃圾处理和工业园区污染第三方治理探索，实行了主要污染物总量控制和排污许可证制度，完善了大气污染防治责任机制和监测预警应急体系。

对外开放进一步扩大。加强对外开放通道和平台建设，协调推进渝万城际铁路长寿段建设，渝长高速扩能改造长寿段走向确定，沿江高速长寿支线二期工程纳入全市高速公路路网规划，长寿海关和检验检疫机构建设进入全市规划布局。大力发展开放型经济，全年共引进项目 102 个，合同引资 501 亿元，实际到位 264.8 亿元。发挥出口支撑作用，外贸进出口总额 12.7 亿美元，利用外资 4.1 亿美元；实现离岸服务外包执行额 6507 万美元，增长 29.4%。积极开展对外科技文化交流，落实援藏职责，深化与广西对援合作、与垫江结对发展。

（四）统筹城乡建设发展

城乡空间布局进一步优化。启动了全域法定规划 10 全覆盖工作，完成了火车北站片区、阳鹤片区、凤西片区控规和综合管网规划，中心城区“一心两片”、8 个城市组团 11 空间布局优化。加强规划实施及过程监管，严格城市通廊、开敞空间和建筑细节把控，强化城镇规划区、控制区管理。全区常住人口城镇化率达到 59.94%，提高了 1.57 个百分点。

中心城区建设管理进一步提升。加快菩提片区、凤西片区、阳鹤片区等重点区域开发，新开工城市道路 19 公里，铺设各类管网 41 公里，中心城区建成区面积达到 54.1 平方公里。新开工商品房 149.6 万平方米、竣工 91 万平方米；新开工保障性住房 42 万平方米、竣工 121 万平方米；改造城市棚户区 3.5 万平方米。长洪路前段基本贯通，北城大道铁路以北段全线贯通，凤西片区骨干路网基本建成，站前广场、站前大道、古桃路、阳鹤九路等重点项目有序实施，加强了占道停车收费服务管理，新增城市绿地 43 万平方米。

城镇建设管理进一步加强。完成了茶涪路长寿支线改造，桃大路改造有序推进，洪称路、云义路启动改造。投资 3000 万元实施场镇公共设施建设及服务项目46个，场镇区域主要道路实现“白改黑”，一般小城镇“561”工程12建成率达到85%，一批群众关心的实际问题得到初步解决。11个城镇污水处理厂厂区建设和主干管网整治基本完成，二、三级管网建设加速推进。“户集、村收、镇归、区运输、区处理”的农村垃圾收运处理系统进一步完善，城镇生活垃圾集中处置率达到99%。长寿湖、葛兰、云台3个市级中心镇被评为全国重点镇，长寿湖镇成功创建全市第一批特色景观旅游名镇。全年新增城镇建成区面积2.5平方公里。

新农村建设进一步加快。立足改善农村人居环境，加快农民新村建设，建成新市李家湾、双龙龙滩等7个农民新村，启动了龙河秀才湾、凤城复元等9个农民新村建设，申报市级示范点2个，农业园区龙河示范片建设加快推进。大力推进美丽乡村建设，提升农村居民生活品质，3个美丽乡村示范片通过市级验收，新申报市级示范片2个。整治河道3.5公里，新建提灌设施12座。实施建设用地复垦项目75个、3300亩。累计完成村道公路通畅工程110公里。

（五）加强生态环保建设

环保“六大行动”持续开展。大力整治24个化工臭气污染源，城区环境空气优良天数达到325天，同比增加10天。完成了中心城区和城镇21个集中式饮用水源保护区划界工作，城市集中式饮用水源水质合格率达到100%。完成了20个行政村农村环境连片整治项目。建筑施工噪声扰民投诉下降了20%。甄别核实776家“四治”13污染源，完成问题整改2167个。新栽植和补植各类苗木890万株，全区森林面积达到96.3万亩，森林覆盖率达到45.1%。

集约节约利用资源。完成了45个总量减排项目，化学需氧量、二氧化硫、氨氮和氮氧化物年排放量分别下降了1%、0.5%、1%和0.7%，工业固体废弃物综合利用率达到97%。加强耕地保护巡查监管，严格用地审批，查处矿产资源违法案件5宗，查处违法占地3165宗41.7万平方米、违法建筑55万平方米。划定了水资源保护“三条红线”14。加强了节能降耗工作，单位地区生产总值能耗下降3.5%。

桃花河整治初步改观。下大力、出重拳整治桃花河流域污染，30名区级领导挂帅出征，有关街镇、区级各部门凝心聚力、协同攻坚，投入5350万元，整治畜禽养殖污染源370户、水产养殖场184户，关闭屠宰场6个，85个工业企业通过整改实现了污水达标排放，清运沿河岸坡垃圾、水上漂浮物7302吨；制定了利用畜禽粪污生产有机肥及使用奖励扶持办法；编制了桃花河流域保护与利用规划，中心城区景观示范段建设项目有序推进。

长化环保搬迁有序推进。氯丁橡胶、氯磺酸及氯化亚砜系列、医药中间体及原料药等直接影响搬迁项目完成选址，乙炔下游、乙二醇、天然气制乙炔、烯烃及下游深加工等间接影响搬迁项目前期工作有序推进。按政策提前退休安置人员1014人。积极争取市级税收和排污费返还及三峡后续资金支持政策。加强对长化搬迁前的安全环保监管工作，确保过渡期间的生产安全和企业稳定。

（六）保障改善社会民生

社会事业全面发展。成功创建市级农业科技园区，成立了院士专家工作站，争取市级以上科技项目8个、资金1258万元。教育投入有效保障，农村学校信息化水平提升，学生营养改善计划和贫困学生资助政策全面落实，国家义务教育均衡区建设取得成效。重庆电大长寿分校招生900人、毕业988人。创建全国文明村镇1个、全国文明单位1个。成功创建全国文化先进区，基本建成数字档案馆。区人民医院成功创建国家三级甲等综合医院，区第三人民医院精神病区搬迁投用，北城医院建设完成前期准备工作。“单独两孩”政策实施平稳，出生缺陷干预工作成效位居全市前列。成功举办了第五届重庆长寿湖国际铁人三项赛，群众体育、竞技体育活动蓬勃开展，文化、体育设施免费开放。青少年活动中心建成投用。

社会保障不断完善。实行社会保险登记、申报、核定“一站式”服务，全面完成“五险”扩面及基金征缴任务，城乡居民养老保险参保率93.6%，城乡居民医疗保险参保率100%。住房公积金累计缴存33亿元，当年增长19%，累计提取、放贷额分别达到20亿元和15.5亿元，支持职工购房87万平方米。城乡最低生活保障做到动态下的应保尽保，全年发放农村“五保”和城市“三无”15人员供养金2126万元、城乡低保金5218万元、医疗救助金2544万元、临时救助金920万元。完善了农民工工资支付保障制度。

民生实事扎实办理。完成高山生态扶贫搬迁174户673人，改造农村危房1515户，完成142套廉租房、1518套公租房实物配租，解决了9000人的住房困难。完成“红层找水”打井3000口，解决了1.5万山区群众的饮水困难。建设30个农村人饮项目，解决了7.1万人饮水安全问题。完成山坪塘整治769口。实施撤并村通达项目37个60公里，完成了85公里农村道路安保工程，符合通客车条件的行政村均已开通了农村客运。建成了53个撤并村卫生室，完成了弃管小区电力设施改造任务。齐心抗击“9·13”暴雨灾害，切实保障受灾群众生活，灾后重建工作有序推进。

就业创业工作加强。坚持产业发展与促进就业联动，全年城镇新增就业3.2万人，开展各类技能培训2.2万人次。成立了长寿区重点产业人力资源服务公司，探索建立区县、行业、企业之间人力资源共享机制。成立了长寿区创业服务中心，开展syb16和微型企业创业培训，新增小额担保贷款5565万元，发放资本金补助1817万元、创业扶持贷款1268万元，新发展微企1096户、带动就业7593人。

（七）改进创新社会治理

社会治安稳定可控。坚持预防为主，投入经费2300万元，加强了反恐防暴和互联网监管，加大了对全区要害部位、重要设施、公共场所及重大工程安保力度，切实加强公共安全管理。巩固完善街镇“六位一体”和村社“七位一体”17工作机制，全面推进网格化服务管理，构建起了覆盖全区259个村（社区）的治安巡逻防控体系。投入资金7773万元，建设社会安全事件应急联动指挥系统工程。依法打击各类违法犯罪行为，侦破了建国以来长寿区特大涉毒案，全区刑事案件发案率进一步下降，全年破获刑事案件2171件，查处治安、交通、消防等行政案件12.6万件，公众的安全感指数保持在90%以上。

安全生产形势稳定。完善落实安全生产“五大责任体系”18，开展“压事故、保安全”攻坚行动，对重点行业实施“五大行动”和“六打六治”19，全年事故起数和死亡人数分别下降19.2%和11.5%，未发生较大及以上事故，连续七年获得市政府安全目标考核一等奖。强化食品药品安全监管，未发生较大以上食品药品安全事故。加强了特种设备安全监管，开展了城乡单体楼外墙安全隐患整治行动，加强了校园及周边安全隐患整治。高标准建成消防特勤二站和葛兰、云台、洪湖、长寿湖等四个片区专职消防队，未发生较大以上火灾及亡人事故，未出现火灾救援责任事故和服务责任投诉。制定了重要公共民生保障事项应急处置长效管理实施方案，建成了“平战结合”20应急管理系统。

矛盾纠纷有效化解。全年全区各级领导干部共接访、下访、约访群众4593件次，解决群众诉求4024件次。开展区领导“村（社区）工作日”活动288次，解决各类实际问题443件。开展疑难复杂信访问题和“4+1”突出信访问题21专项整治，化解了疑难案件81件。坚持矛盾纠纷三级联排联调制度22，化解矛盾纠纷1.58万件，妥善处置突发群体性矛盾纠纷170件次。强化社会矛盾源头预防，完成了重钢finex、新增出租汽车投放等重点项目稳定风险评估，加强特殊敏感时期维稳工作，促进了社会和谐稳定。

政民政企良性互动。注重通过区长公开电话、公开信箱、114—7阳光政务、12369环保热线和民意调查等渠道收集群众意见建议，建立问题交办、督办、反馈和满意度评定机制。发挥服务群众工作信息系统作用，全年受理群众反映事项2991件，办结率99.9%，满意率96.9%。高度重视企业发展法制环境优化，认真落实整改企业发展法制环境评议反映的101个问题。清理规范行业协会，实行“四类”社会组织23直接登记，激发社会组织活力。强化政务信息公开，引导社会组织和公民参与社会管理，促进政府管理与居民自治、企业自主、社会调节良性互动。

（八）加强政府自身建设

民主法治建设加强。强化区人民政府由人大产生、受人大监督、对人民负责的意识，坚持重大事项决策前向区委请示、向人大报告和与政协协商制度。办理落实区人大决议、决定和审议、视察、评议意见18件，办理人大代表议案、建议、意见294件，满意率99.7%。汲取反馈区政协协商建议、民主评议和调研建议21件，办理政协提案340件，满意率94.4%。优化完善依法行政体制机制，做好规范性文件管理和执法案卷评查工作。加强与各民主党派、工商联、人民团体、党外人士和人民群众的联系。发挥政府法律顾问作用。“六五”普法扎实开展。

机关作风建设加强。认真开展党的群众路线教育实践活动，落实“作风强化年”各项要求，扎实开展“五个正风行动”和“十个专项整治”。加强公务员培训，共培训各级干部4257人次。严格公务用车管理，清理机关办公用房6.4万平方米，压缩“三公”经费25.6%。加强区—镇（街）—村（居）三级政务服务平台建设，搬迁扩建了区行政服务中心。建立完善效能作风相关制度48项，增强行政效能投诉办理合力，受理效能投诉176件，办结回复率100%。

反腐倡廉建设加强。认真落实党风廉政建设和反腐败工作分工责任制，强化权力监督制约，从严教育管理监督干部，加大案件查处力度，努力构建反“四风”、树新风和惩防并举、标本兼治的新时期反腐倡廉工作新常态。优化重组监察部门内设机构，一线办案力量达70%以上。全年共接受群众信访举报683件，纠正乱收费、损害群众利益等问题100余个，给予纪律处分63人。

2014年，全区各方面工作切实有效开展。统计工作，完成了第三次经济普查，“大合唱”工作机制初步建立，统计服务水平进一步提升。审计工作，完成各类审计（调查）项目120个，增收节支6941万元，审计监督职能较好发挥。国防教育、交通战备、民兵预备役、国家安全、外事、侨务、对台、民族、宗教、地震、气象、民防、保密、区志等工作都取得了新的成绩，关心下一代、妇女、老龄、慈善、残疾人、爱国卫生、红十字等事业都取得了新的进步。

上述成绩的取得，是市委、市政府和区委正确领导的结果，是区人大、区政协关心支持的结果，是全区人民团结奋进、扎实工作的结果。在此，我代表区人民政府，向全区人民，向各位代表、各位委员，向各民主党派、工商联和人民团体，向人民解放军驻长部队、武警消防官兵、政法干警，向所有关心支持长寿建设发展的各级领导、各界人士、各位朋友表示衷心的感谢，并致以崇高的敬意！

总结回顾2014年的政府工作，我们也清醒地看到，长寿的发展正处在攻坚克难、爬坡上坎的关键时期，全区经济社会发展还面临不少困难和问题：重点产业“强项遇强冷”，经济转型、结构调整任重道远；债务管控形势愈加严峻，面临融资发展与风险防控双重挑战；非公经济、中小企业、微型企业和现代服务业发展不充分，民营企业用工难、融资贵问题突出；农业产业化进程较慢，农村基础设施建设滞后，公共服务功能不够完善；生态环保问题依然突出，安全环保主体责任和管理约束机制落实不够；社会稳定基层基础工作薄弱，社会治理法治化进程较慢；政府职能转变仍存在“最后一公里”问题，部分干部依法行政自觉性不强、干事创业积极性不高、服务群众主动性不够，等等。对此，我们一定高度重视，认真对待，努力解决。

二、适应经济发展新常态，努力实现“十二五”圆满收官

2015年，是全面深化改革的关键之年，是全面推进依法治区的开局之年，是“十二五”规划收官之年，也是长寿经济“四连困四连战”突出重围的攻坚之年。世界经济仍处于国际金融危机后的深度调整期，我国经济发展转入新常态，全市五大功能区域发展战略深入实施，经济增速的调速换挡、经济结构的深入调整、增长动力的深度切换、发展方式的深刻转变带给我们更多的是风险和挑战，我们必须历史地、辩证地看待这些阶段性特征和趋势性变化，准确把握好“五个大势”24，既要坚持稳中求进，一以贯之地抓好“稳增长、调结构、促改革、惠民生、防风险”五方面工作，力争实现“五个见效”25；又要坚持稳中求变，立足当前，着眼长远，科学谋划、精心编制“十三五”规划，在承上启下、革故鼎新中开启长寿再创辉煌的新征程。

2015年，政府工作的总体思路是：全面贯彻中央和市委、市政府的决策部署，认真落实区委十二届五次、六次全委会精神，围绕当好城市发展新区主力军，打好“三地一中心”建设攻坚战，坚持稳中求进工作总基调，以提高经济发展质量和效益为中心，主动适应经济发展新常态，加速调结构转方式，深化重点领域改革，持续扩大开放，突出创新驱动，加强民生保障，强化风险防控，坚持依法行政，推动经济社会平稳健康发展，打好“十二五”规划的收官之战。

2015年，全区经济社会发展的主要预期目标是：地区生产总值增长10%以上；地方财政收入增长6%，其中，一般公共预算收入增长3%；全社会固定资产投资增长12%；商品销售总额增长15%，社会消费品零售总额增长11%；单位地区生产总值能耗下降1.5%；主要污染物减排工作达到市下达约束性目标要求；农村居民人均可支配收入增长10%，城镇居民人均可支配收入增长8%。

围绕实现上述目标，我们将着力做好以下八个方面的工作：

（一）进一步促进产业优化提升

加快建设新型工业高地。坚持把发展新型现代工业作为壮大经济总量、保障财税收入、支撑带动发展的战略性措施，持续推进工业强区，力争完成规上工业产值800亿元，增长14%；工业增加值增长10%以上。抓好经开区高级医药中间体及原料药、热岛中心、金属容器等16个续建项目，力促重钢finex、冷轧镀锌板、钢缆钢绳、草甘膦等26个项目新开工。坚持补链招商，积极推进mto、pc一体化、炼化一体化、重油深加工等产业链关键项目前期工作。加快完善经开区基础设施，确保八颗片区道路管网、化工新材料区公共管廊、数字园区一期等项目建成投用。支持重钢、川维等企业降本增效和结构调整。保障新市、葛兰工业组团项目用地，推进新市组团天然气配气站、家居产业配套服务中心建设。

加快建设现代农业基地。大力发展特色效益农业，努力建设重庆市重要农产品保供区、优质农产品主产区和现代农业综合示范区，力争全年农业总产值达到56亿元。继续推进“农业三园”建设。深入推进水稻、玉米等高产基地创建和现代化育苗、育种基地建设，全面建成现代粮食园区二期和移民生态农业园复元设施蔬菜基地。启动洪湖、万顺片区果蔬生态种植园建设。加快推进5000头种猪、15万吨饲料厂、60万只蛋鸡示范和商品猪养殖小区项目建设。推进大宗农产品仓储、冷链物流体系、物联网建设。推进高山生态扶贫和精准扶贫工作。加强农产品质量安全监管，完成区农产品质量安全中心检测实验室建设。以长寿湖、大洪湖水产品为主体，打造长寿生态有机鱼品牌。推广农用机械和农业技术。完善农田水利设施，加快推进龙门桥水库主体工程建设，新建、扩建供水工程20处，完成病险水库除险加固5座，加高加固堤防9公里，治理水土流失面积9.3平方公里。抓好三峡后续项目年度申报实施方案编报和项目实施，确保长寿三峡移民工程竣工验收国家终验合格。

加快建设休闲旅游胜地。深入开发以“天赐长寿湖、菩提长寿山、滨江长寿谷”为核心的特色旅游项目，全力打造“长寿文化”核心品牌，使文化与旅游深度融合，力争全年接待游客650万人次，实现旅游收入40亿元。持续推进长寿湖—长寿（菩提）古镇旅游度假区基础及配套设施建设，启动长寿湖5a级景区资源评价工作。加快长寿湖高铁站前广场及道路工程建设，加大星级酒店群及商业街建设推进力度，出台支持措施推进旅游地产开发。实施长寿文化提升项目和长寿（菩提）古镇与菩提山贯通工程。加快推进滨江长寿谷前期工作，启动项目招商和调节坝建设。开展五华山、黄草山、大洪湖等旅游开发规划研究工作。积极推动工业旅游、乡村旅游发展。全面推行旅游行业标准，加强景区规范化建设管理。加大宣传营销力度，提升长寿旅游品牌知名度。

加快建设区域物流中心。整合现有钢材、危化品、工业品、汽车等市场，打造重庆工业品贸易城，争取市商委授牌，开展项目招商，争创市级专业市场集群。加快建设现代物流园，启动新恒阳罐区建设，力争建成中远化工物流仓库和中再生资源回收及处理项目，推进亚太纸业、长航钢城码头建设，加快长航（长寿）化工物流基地项目前期工作。推进农副产品交易中心、汽车交易城、货运物流城等专业市场协议签订、征地拆迁等工作。加快城中城家居建材市场、江南商业中心、长寿古镇e区等商贸综合体建设。继续实施“万村千乡市场工程”和“新农村现代流通网络工程”，建设葛兰、双龙两个镇级商贸中心，改建15个村级商贸服务中心，培育社区便民商圈。加快电子商务产业园物流配送、金融服务等功能设施配套，培育本土电商龙头企业。

加快信息化提升工程建设。统筹推进信息化提升工程，着力提高全区产业发展、社会服务和政务管理信息化水平。实施钢铁、化工产业“两化”融合典型示范工程，以信息化助推产品研发和管理创新。推进田园易购、智慧旅游等信息项目建设。加快信息惠民工程建设，夯实农村信息化、城乡就业、社会安全应急管理平台，新建td—lte基站500个，实现4g网络深度覆盖。加快政府网站集群建设，推进全区联网单位无纸化业务协同办公系统建设。完成政府序列外机关软件正版化工作，推进“数字长寿”地理空间信息资源开发应用，完善“国土一张图”，建设光网城市和智慧城市。

加快创新驱动产业发展步伐。坚持企业为主体、市场为导向、政府作引导，推动产学研协同创新体系建设。加大科技进步、科技创新、专利资助、商标品牌创建奖扶力度，促进全区企业r&d26投入持续增长，筹建长寿科技风险投资公司。启动经开区创新基地建设，完善科技创新服务平台，推进建立一批企业技术中心、工程技术研究中心，提升研究开发、工业设计、检验检测和人才培训水平。壮大街镇工业孵化园、国家级晚熟柑橘产业技术研究中心，加快培育“政—企—研”模式市级研发机构，培育高新技术企业2家、高新技术产品10个、重点新产品8个，申请专利1200件以上。

（二）进一步加强经济运行调度

全力推进重大项目建设。坚持和完善“三位一体”抓发展工作机制，统筹推进重大项目建设，确保全年完成重大项目投资260亿元以上。举全区之力，推进重钢finex、mdi一体化配套、现代汽车配套集群、亚太纸业、长化环保搬迁、桃花河污染整治、滨江长寿谷调节坝、长寿（菩提）古镇与菩提山贯通、渝长高速扩能改造、化工职院迁建等“十大关键项目”，在资源要素上优先保障，在工作力量上重点保证，确保抓出声势、抓出形象、抓出成效。坚持主要领导亲自挂帅、分管领导具体牵头负责、区政府常务会每半个月听取情况的工作推进机制，各部门单位各司其职、密切协作、强化监督、全力推进。

强化资源要素保障。加强用地保障，努力争取新增建设用地计划，全力确保重大项目建设。合理调配用地空间，依法规范征地拆迁，加大闲置土地清收和违法用地处置力度，持续推进农村建设用地复垦，启动创建全国集约节约用地模范区。抓好能源供应保障，全力协调用电、用气指标，积极应对天然气涨价影响，推动“煤制气”等能源供应结构调整。加强劳动力调度、技能培训和服务配套，保障企业用工需要。

加强财金统筹保障。坚持把财税金融保障作为保证运行、保障发展、改善民生、保持稳定的“生命线”措施来抓。加强税源培植，促进财税增收。优化财政支出结构，重点保障民生支出、重点项目和重大政策性投入。坚持事权与财权匹配原则，加大区级财政对街镇工作的支持和保障力度。加强财政性资金使用监管，推进预算绩效管理，扩大预算公开范围，推动决算公开。清理规范财税扶持政策。推进“营改增”27扩面。加快长寿生态旅业、经开区集团公司上市进程。推进区内企业进入重庆otc市场28挂牌交易和新三板29上市融资。支持区内民营企业成立担保公司，做实寿邦基金，成立长寿区资产管理公司。引进华夏银行等金融机构入驻长寿。发挥现代保险业的社会保障和资金融通功能，拓宽保险资金运用渠道。

防范化解金融风险。强化风险意识，提高管控能力，确保“控债不破限、发展不断链、预警无风险”。严格政府性债务规模控制，做好政府债券发行申报争取工作。强化政府性债务风险防控，有序化解存量债务。强化政府平台公司资金自求平衡原则，多渠道融资筹资，严控举借成本。加强政府平台公司资金统筹调度平衡工作，编制信用风险应急预案。加大对非法金融活动的防范打击力度，健全完善监管长效机制。落实国家支持自住型改善型住房需求的按揭贷款政策，把握好土地供应节奏，引导房地产企业理性开工建设，防范房地产下行风险。

扶持发展非公经济。认真落实扶持非公经济发展的各项政策措施，提高民营经济发展专项资金使用效益，着力扶持一批民营经济领军企业和拳头产品。优化企业发展环境，进一步简化行政审批，规范涉企检查行为，构筑快捷畅通的绿色服务通道。深化区级领导联系重点企业制度和非公经济联席会议制度，完善政企交流互动平台。加快发展小微企业，优化微企产业结构，强化微企后续帮扶，筹建区小微企业帮扶中心，着力发展新型微企孵化园及微企村。探索“助保贷”30，丰富适合中小微企业的信贷产品。促进民营企业与大专院校、科研院所开展技术、人才协作，完善协同创新机制。

（三）进一步深化改革扩大开放

健全完善市场体系。制定市场准入负面清单，消除市场壁垒，逐步建立公平开放透明的市场体系。推进信用监管、系统监管、协同监管和依法监管，规范市场秩序。健全社会征信体系，建立违背市场竞争原则和侵害消费者利益的企业“黑名单”制度。建立健全辖区先进企业评选办法，激发企业创新发展活力。发挥好商会、协会作用，支持中小微企业抱团发展，鼓励民营企业创新经营、诚信经营，促进行业自律健康发展。按照统一部署，稳妥推进非民用天然气、二次供水安装改造、阶梯水价、公共客运等领域价格改革。开展不动产统一登记工作。

深化国企及投融资改革。采取整合重组、关闭退出、发展混合所有制等方式，逐步推进区属国有企业分类改革，清理处置历史债权债务等遗留问题，建立完善企业运行监管、薪酬考核等制度，提高国有经济活力和效率。加强行政事业单位土地、房产确权和国有闲置资产的处置监管。深化ppp投融资模式改革，通过股权融资、债权融资、设立产业基金等多种方式，引入社会资本参与基础性、公益性项目的建设运营。进一步完善政府投资项目管理办法，制定重大固定资产投资项目社会稳定风险评估实施细则，完善政府投资项目施工单位和中介机构资源库建设和管理。

深化农业农村改革。加快构建新型农业经营体系，鼓励发展农村合作经济，发展壮大集体经济。推进农村集体产权制度改革，稳步开展农村集体资产量化确权试点工作，探索推进农村集体非经营性资产统一运营管理机制，引导农村综合产权流转交易市场健康发展。审慎稳妥推进农村土地制度改革。开展永久基本农田划定工作。建立健全水资源利用与保护机制，加强森林资源保护培育。完善农村流通服务，深化供销合作社综合改革。有序推进农业转移人口市民化进程，促进城乡基本公共服务均等化。

坚持开放引领发展。主动融入国家"一带一路"31战略和长江经济带建设，千方百计推进渝长高速扩能、渝万城际铁路建设，加快推进长寿海关和检验检疫机构建设。围绕主导优势产业开展集群招商，力争全年合同引资500亿元，实现外贸进出口10亿美元，实际利用内资170亿元，利用外资3.5亿美元。依托经开区开放平台，引进聚氨酯下游、汽车板、整车制造及零部件配套项目，力争在电动车、发动机、机器人、页岩气装备等项目引进上取得突破。借助"国家西药产业外贸转型升级专业型示范基地"品牌引进生物医药产业项目。大力培育出口后续产业和骨干企业。加快"重庆服务外包特色园区"建设，力争实现服务外包执行额6000万美元。

（四）进一步加强统筹城乡建设

优化城乡规划布局。结合新版城乡总体规划，加快各建制镇总规、控规和城区组团控规及各专业、专项规划编制，优化产业及城乡建设布局。细化城市功能分区，规划建设一批人口聚居区、商务集聚区和文化休闲旅游区，完善公共服务设施及交通、市政基础设施。依托山水资源、传承历史文脉，统筹推进空间优化、功能开发和风貌打造，彰显绿水青山特色，持续改善人居环境。加强城乡规划管控，建立防范和查处违法建设的长效机制。

提升中心城区建设管理。继续推进菩提片区、阳鹤片区、渡舟片区、凤西片区等重点区域建设，促进晏家、江南组团产城融合发展，推动八颗、新市融城建设，推进关口、古佛片区棚户区改造。新开工阳鹤南北一路、南北中路、北城水厂和阳鹤、菩提片区污水管网、火车北站综合换乘枢纽等项目，续建站前广场、站前大道、古桃路、渡南路西段、凤西片区污水管网等项目。加强老城区公共基础设施建设和管理，实施破损道路、给排水危旧管网改造，整治城市排水防涝设施，推进城区电力、二次供水和人行道安全改造，建成区医院至协信广场三岔路口处和东方之骄红绿灯处人行天桥。提升城市管理水平，完善城区停车规划和管理，强化市容环境综合整治，推进生态园林城市建设，提升城市形象。

加强城镇建设管理。围绕"1+4+9"32城镇体系，推进建制镇总规修编，实现分工合理、规模适度、协同发展。统筹安排小城镇建设专项资金，推进农村场镇基础设施建设，逐步解决场镇饮用水、给排水、市容环卫等突出问题。坚持需求导向，适当匹配用地，支持场镇商住开发。完成小城镇污水处理设施及二、三级管网建设，投入正常运行。健全完善场镇生活垃圾集中收运处置系统，垃圾无害化处理率保持在99%。

加快新农村建设步伐。整合涉农建设资金，加快龙河秀才湾、凤城复元等9个区级农民新村示范村建设，同步完善公共服务设施。改善美化乡村环境，实施现代农业园区核心区环境综合整治工程，努力建设美丽乡村。统筹解决设施农业、农民新村和乡村旅游发展用地，实施新农村综合开发，促进农业产业、美丽乡村和乡村旅游融合发展。持续改善农村出行条件，完成农村公路改造92个项目220公里。改造农村危旧房1200户。

（五）进一步加强生态文明建设

加快生态文明体系建设。以贯彻落实新《环保法》为契机，建立健全源头保护、过程监管、市场化推动和考核奖惩的制度体系。坚持全防全控、多元共治，加大投入、创新科技、培养人才，推进全覆盖、智能化、现代化的环境监管体系建设。依法保障公众环境信息知晓权和环境保护参与权、监督权，优先解决影响科学发展和群众健康的环境突出问题。严守耕地红线和生态红线，落实最严格耕地保护制度，切实维护区域生态安全。

深入推进环保"六大行动"。重点整治化工臭气和挥发性有机污染物。开展工业、交通、建筑和生活大气污染综合治理，继续开展黄标车、老旧车以及燃煤锅炉淘汰工作。推进龙溪河流域综合整治前期工作，保障饮水和库区水环境安全。综合防治噪声污染，努力消除噪声扰民。继续加大对危险废物、医疗废物和污水处理污泥处置的监管力度。统筹城乡环境保护，稳步推进农村环境连片整治和畜禽养殖污染防治。

促进资源节约高效利用。全面完成各项结构、工程、管理和农业减排项目，打好“十二五”污染减排收官战。划定生态保护红线，制定长效管理办法，认真落实排污权交易等环境经济政策，严格执行禁投清单、总量控制、环评和“三同时”33制度，健全环境监理、环保试生产审批管理和排污许可制度，加快淘汰“两高一低”落后产能。强化节能目标管理，推广应用节能环保新技术、新工艺，做好工业、交通、建筑等重点领域和13家重点用能企业的节能降耗工作。

实现桃花河整治明显改观。实施桃花河上游生态修复工程，加强水土保持，恢复水体生态功能。实施桃花河调水增流工程，建立“龙溪河长效调水、范家桥水库应急补水”的长效生态流量保障机制。完成重点河段清淤，建成桃花河火车北站站前广场段、展示区蓝光段和碧桂园豪园段景观打造示范工程。完成城区主干管网建设及二、三级管网维护工作。建立以街镇辖区为单元的“河长制”，健全流域防污治污长效机制，切实巩固攻坚整治成果，防止污染反弹。

推进长化环保整体搬迁。按照2015年6月底完成所有迁建项目前期工作、2015年年底全面启动迁建项目建设、2016年年底全面完成搬迁工作的总体安排，积极协同、主动配合化医集团和长化公司按时间进度节点推进工作，多渠道筹措、争取资金支持长化搬迁。尽早启动年产100吨奥利司他医药中间体、2万吨甲基苯酚和30万吨乙二醇等3个项目建设。强化搬迁过渡期间的安全环保监管，开展长化公司原厂址用地污染评估工作。

（六）进一步加强社会民生保障

协调发展社会事业。深化教育领域改革，优化城乡教育资源配置，确保北城中学、渡舟中心校完工投用，加快临溪中学、临溪小学、菩提小学建设，力争通过国家义务教育发展基本均衡区验收。推进医药卫生体制改革，提升三级公共卫生和医疗网络服务能力，加快晏家社区卫生服务中心建设，探索新的投建模式实施北城医院建设和中医院扩建。鼓励支持医养结合的养老社区项目建设。推进“单独两孩”政策稳妥实施，婴儿出生缺陷率控制在7‰以内。充分挖掘长寿特色文化资源，加大文物保护力度，培育壮大多元文化产业，加快数字图书馆、文化馆建设，推进博物馆建设，创建国家级数字档案馆。举办2015年长寿湖国际铁人三项赛，提档升级城镇体育健身设施。

增强社会保障能力。提升社会保险参保率，力争全年城乡居民养老保险参保率达94%、城乡居民医疗保险参保率保持100%。开展全民社会保险登记试点，以信息化和大数据管理推进“登记一生、保障一生、服务一生”的社会保障体系建设。推进机关事业单位养老保险制度改革。加强住房公积金扩面征缴和管理工作。最低生活保障做到动态下的应保尽保。推进基层社会救助能力建设，落实各项社会救助政策，努力保障困难群众和特殊群体基本生活。加强国防保障服务，做好拥军优属工作，启动区人武部民兵训练基地建设前期工作。

办好重点民生实事。坚持把民意调查和服务群众工作信息系统应用作为加强和改进民生、提高人民群众满意度的重要抓手，切实解决群众关注关心的热点难点问题。认真办理市级25件重点民生实事。完成桃大路改造，加快云大路、洪称路、龙石路改造，启动何华路华中段、葛丛路、葛大路、付新路改造前期工作，实施撤并村通达工程30公里，完善农村客运网络。竣工保障性住房225万平方米，做好公租房、廉租房配租管理。全力确保饮用水安全，启动城区自来水“一表一户”改造工程，推进定销房小区物业规范化、标准化管理。实施“红层找水”打井1000口。整治山坪塘752座，解决10个街镇41个村6.21万人饮水安全问题。做好“9·13”暴雨灾后重建工作，切实保障受灾群众基本生产生活。

着力促进就业创业。健全完善产业发展与扩大就业联动机制，力争新增城镇就业2.2万人，城镇登记失业率控制在3%以内。扶持劳动密集型企业、现代服务业和小微企业发展，扩大就业吸纳能力。健全就业援助机制，强化离校未就业高校毕业生、征地农转非失业人员、城镇困难人员等重点群体的就业扶持。发挥长寿（菩提）古镇、桃花和协信商圈等创业示范基地作用，营造良好的创业环境。

（七）进一步改进创新社会治理

加强社会治安管理。建好用好社会安全事件应急联动指挥系统，建设桃源派出所及交巡警四大队办公用房。改进常住、暂住人口分类管理办法，加强流动人口管理。加强对吸毒人员、易肇事肇祸精神病人等特殊人群管理，做好社区矫正和刑释人员安置帮教工作。加强互联网监督管理，做好网络舆情导控。完善立体化社会治安防控体系，严防严惩暴力、恐怖、邪教、黄赌毒等违法犯罪行为，确保公众安全感指数保持在90%以上。

加强群众权益保障。坚持将信访纳入法治化轨道，运用法治思维和法治方式，推进信访工作制度改革。着力提升办信接访、群众工作、维稳处突工作水平，夯实信访维稳基层基础，健全群众权益维护机制，确保群众合理合法诉求得到及时有效解决。进一步完善人民调解、行政调解、司法调解联动机制，加强调解队伍建设。加大法律服务惠民便民力度，依法扩大援助范围。坚持有诉必应、有困必解，切实保障群众权益。

加强安全应急管理。强化安全生产“三基”工作，完善“五大责任体系”，深入开展“五大行动”，深化道路交通、危化品专项整治，坚决遏制重特大事故，安全生产事故起数和死亡人数力争实现“双下降”。建设安全保障型示范区、国家级危化品和三峡库区长寿片区水陆综合应急救援基地。强化食品药品安全监管，推进基层食品药品监管所（办）标准化建设，严防重大食品药品安全事故。完善应急指挥体系和灾害预防救援体系，提高突发事件、事故灾害的应急处置能力。

促进社会自治管理。加强社会组织培育和管理，形成政府治理、社会自我调节、居民自治互动的多元治理机制。更多更好地发挥社会力量在非基本公共服务领域的作用，重点培育和优先发展城乡社区服务类、农村专业经济协会等社会组织，健全社工人才队伍建设和培训工作制度。加大政府购买基本公共服务的力度。加强城乡社区建设，健全综合服务管理平台。实施全民法律素养提升工程，大力弘扬法治精神。

（八）进一步加强政府自身建设

建设法治政府。全面贯彻依法治区的决策部署，正确履行政府职能，做到全过程守法、全环节合法。自觉接受人大及其常委会的法律监督和工作监督，自觉接受政协的民主监督，认真办理人大代表议案、建议、意见和政协提案、建议、意见。规范行政决策程序，做到重大行政决策公众参与、专家论证、风险评估、合法性审查、集体讨论有机结合。做好普法宣传，加强执法人员培训，严格规范公正文明执法，推进联合联动执法，抓好行政执法监督，深入推进政务公开。推进政府智库建设。有效发挥政府法律顾问专业支持作用。支持建设区法院审判大楼、区检察院警示教育基地。

建设效能政府。巩固群众路线教育实践活动成果，扎实开展“作风深化年”活动，实现转变作风与效能建设“双提升”。强化政务督查，聚焦工作目标，狠抓决策落实，坚决整治各种庸懒散软行为，确保政令畅通。完善提升“三级联动”34政务服务体系，优化提升区行政服务中心软硬件环境，加强街镇公共服务中心及村居便民服务中心管理。推进政府职能转变，加快建立政府权力清单、责任清单和负面清单，厘清行政权力边界，防止行政缺位、错位、越位等问题，增强政府公信力和执行力。

建设廉洁政府。严格落实党风廉政建设和反腐败工作分工责任制，坚持秉公用权、廉洁从政、从严治政，做到干部清正、政治清明、政府清廉。切实加强行政监察、审计监督、社会监督，扎紧制度“笼子”。以“零容忍”态度保持惩治腐败高压态势，紧盯工程建设、项目招投标、土地出让、民生资金等廉政风险高危领域，严肃查处各种违纪违法行为。厉行节约，反对浪费，严控“三公经费”，做好公务用车改革工作。

各位代表！新常态赋予新使命，蕴含新机遇，呼唤新作为。前进的道路上总会有困难，“三连困”下的“三连进”，必将更加激发我们在“四连困”下“四连战”的信心和勇气。让我们更加紧密地团结在以习近平同志为总书记的党中央周围，在中共重庆市委、市政府和区委的坚强领导下，以更大的担当、更实的作风，开拓进取，扎实苦干，为全面建成“三地一中心”、实现长寿“三大愿景”而努力奋斗！

《政府工作报告》名词解释

1. hdi/ipdi：hdi中文名1，6—六亚甲基二异氰酸酯，ipdi中文名异佛尔酮二异氰酸酯。二者是脂肪族异氰酸酯中市场用量最大的品种。下游产品性能突出，包括高档涂料（如汽车涂料、工业涂料）、高档合成革、弹性体、胶粘剂、推进剂等。

2. “1+5+2”：“1”即以粮油为基础，“5”即以柑橘、蔬菜、畜牧、渔业、林果为支撑，“2”即以中药材、花卉苗木为增长点。

3. “一园一区一群一圈”：“一园”即现代物流园，以工业品综合市场为核心，以“一江两岸”规划建设的港口岸线、物流码头、仓储基地为主要内容，以服务经济技术开发区为依托，按照整体规划、集中打造的方式进行建设。“一区”即中央商务区，位于火车北站站前大道两侧，依托北城开发和长寿火车北站建设，打造辐射渝东的购物之都、美食之城和消费之都。“一群”即专业市场群，在渡舟甘蔗村区域布局农副产品交易市场、货运中心，在小康片区布局汽车交易市场，在黄桷湾布局家居建材市场。“一圈”即形成协信、黄桷湾、古镇、桃花四大商圈，规划建设渡舟商圈。

4. erp：即企业集成化管理信息系统软件，也称企业资源管理信息化系统，指建立在信息技术基础上，以系统化管理思想，为企业决策层及员工提供决策运行手段的管理平台。

5. “国土一张图”：即“国土资源遥感监测一张图”，是土地利用现状、基本农田、遥感监测、土地变更调查以及基础地理等多源信息的集合，与国土资源的计划、审批、供应、补充、开发、执法等行政监管系统叠加，共同构建统一的综合监管平台，实现资源开发利用的“天上看、网上管、地上查”，从而实现资源动态监管的目标。

6. 政府性一类债务：按照审计口径，政府性债务分为三类，一类债务是指政府负有偿还责任的债务，二类债务是指政府负有担保责任的债务，三类债务是指政府负有救助责任的债务。

7. “先照后证”登记制度：指对依法需要取得前置行政许可的经营项目，除涉及国家安全、公民生命财产安全等外，不再实行先主管部门审批、再工商登记的制度。

8. ppp：即 public—private—partnership 的缩写，通常译为“公共私营合作制”，是指政府与营利性企业、非营利性企业，为了合作建设城市基础设施项目，或是为了提供某种公共物品和服务，以特许权协议为基础，彼此之间形成一种伙伴式的合作关系，并通过签署合同来明确双方的权利和义务，以确保合作的顺利完成，最终使合作各方达到比预期单独行动更为有利的结果。

9. “六张防控网”：指街面巡逻防控网、社区村社防控网、单位行业防控网、视频监控防控网、虚拟社会防控网、警务协作防控网。

10. 全域法定规划：全域指长寿区行政辖区范围 1423.4 平方公里；法定规划即《中华人民共和国城乡规划法》规定的总体规划、详细规划（控制性详细规划、修建性详细规划）及村规划。长寿区从城乡总体规划、城市总体规划、城市控制详细规划到 13 个镇（八颗纳入城区）的总体规划、控制详细规划和修建性详细规划以及 147 个村规划均已得到全面覆盖。

11. “一心两片”、8 个城市组团：“一心两片”是指长寿区城市空间结构与功能布局，“一心”是城区的城市绿心，即菩提山、牛心山；“两片”即中心城区和经开区，其中，中心城区承担城市综合职能，经开区以工业发展为主要职能。8 个城市组团是指在中心城区和经开区规划的 8 个组团，中心城区由菩提组团、渡舟组团、桃花组团、阳鹤组团、凤城组团和八颗组团 6 个组团构成，经开区由晏家组团和江南组团 2 个组团构成。

12. 小城镇“561”工程：“5”是“五个一”，即一个综合市民广场、一条绕镇过境公路、一座水质达标的自来水厂、一座简易污水处理厂、一个垃圾收运处理系统。“6”是六个“有”，即有一套完善的镇级卫生服务体系，有一个公共文化活动中心，有一所标准的福利院，有一个品牌连锁超市，有一个农产品交易市场，有一个正规的汽车客运站。“1”是一条街，即综合整治一条主街道，提升城镇环境形象。

13. “四治”：2014 年 3 月，按照全市统一部署，以新《环保法》实施为助力，全面开展环境保护“四清四治”专项行动，“四清”即清理‘三同时’、清理排污权、清理风险源和清理监管点，“四治”即治理违法建设、治理违法排污、治理安全隐患和治理监管缺位。

14. “三条红线”：指水资源开发利用控制红线、用水效率控制红线、水功能区限制纳污红线。

15. 农村“五保”和城市“三无”：农村“五保”是指保吃、保穿、保医、保住、保葬（孤儿为保教）；城市“三无”是指城市居民中无劳动能力、无收入来源、无法定赡养（抚养、扶养）人。

16. syb：全称是“startyourbusiness”，意为“创办你的企业”。

17. 街镇“六位一体”和村社“七位一体”：街镇“六位一体”是指各镇（街道）建立以综治办为平台，整合综治办、信访办、派出所、司法所、安监办、武装部，建立“六位一体”工作机制；村社“七位一体”是指村（社区）以党组织为平台，建立综治工作站，整合综治、信访、警务、调解、治保、安全监管、民兵资源和力量，建立“七位一体”工作机制。

18. 安全生产“五大责任体系”：指“党政同责、一岗双责”、属地管理、综合监管、行业专管、企业安全生产主体责任。

19. “五大行动”和“六打六治”：“五大行动”是指安全生产大宣教、大排查、大整治、大执法、大督查等五大行动。“六打六治”是指2014年8月启动的一项打非治违专项行动，重点为打击矿山企业无证开采、超越批准的矿区范围采矿行为，整治图纸造假、图实不符问题；打击破坏损害油气管道行为，整治管道周边乱建乱挖乱钻问题；打击危化品非法运输行为，整治无证经营、充装、运输，非法改装、认证，违法挂靠、外包，违规装载等问题；打击无资质施工行为，整治层层转包、违法分包问题；打击客车客船非法营运行为，整治无证经营、超范围经营、挂靠经营及超速、超员、疲劳驾驶和长途客车夜间违规行驶等问题；打击“三合一”“多合一”场所违法生产经营行为，整治违规住人、消防设施缺失损坏、安全出口疏散通道堵塞封闭等问题。

20. “平战结合”：即人民防空建设各个方面的软、硬件设施，在不影响防空袭能力的前提下，和平时期用于社会，可直接成为城市建设、经济建设的一部分，产生良好的社会效益和经济效益。这种“立足战备、着眼平时，服务社会、造福人民”的行为统称“平战结合”。

21. “4+1”突出信访问题：“4”即征地拆迁、厂办大集体企业改革、民办非学历教育培训机构、房地产开发建设等四个方面突出问题的专项治理；“1”即进京非正常上访专项治理。

22. 三级联排联调制度：区、街镇（部门）、村（社区）三级对矛盾纠纷进行联合排查、联合调解的工作机制。

23. “四类”社会组织：即行业协会商会类、科技类、公益慈善类、城乡社区服务类等四类社会组织。

24. “五个大势”：区委十二届六次全会暨全区经济工作会提出要全面认清和把握好经济发展总体形势，即：适应新常态的大势、坚持总基调的趋势、争当主力军的气势、打好攻坚战的声势、凝聚正能量的态势。

25. “五个见效”：区委十二届六次全会暨全区经济工作会提出做好2015年经济工作要继续抓好“稳增长、调结构、促改革、惠民生、防风险”五个方面工作，确保稳增长见实效、调结构见大效、促改革见新效、惠民生见真效、防风险见长效。

26. 企业r&d：指企业投入“研究与开发”、“研究与发展”或“研究与试验性发展”的行为。

27. “营改增”：是营业税改征增值税的简称，指将一部分原来征收营业税税目的服务业务项目纳入征收增值税的范围，是国家实施结构性减税的一项重要举措。

28. 重庆otc市场：指重庆股份转让中心，具体职责包括培育挂牌企业资源、促进企业改制、推荐企业进入代办股份转让系统挂牌、根据授权对挂牌企业进行监管、防范化解风险等方面。

29. 新三板：即全国中小企业股份转让系统，俗称“新三板”，是国务院批准设立的全国性证券交易场所，多层次资本市场的重要组成部分。主要业务有非上市股份公司股份的公开转让，为非上市股份公司融资、并购等提供服务，为市场参与人提供信息、技术和培训。

30. “助保贷”：是政银企合作创新的一种金融产品，由地方政府和银行共同筛选企业组成“中小微企业池”，同时政府提供风险补偿资金和企业缴纳助保金共同组成“助保金池”，银行按照政府提供风险补偿资金的10~15倍向“中小微企业池”内的企业发放贷款。

31. “一带一路”：2013年9月，习近平主席在访问哈萨克斯坦时提出“丝绸之路经济带”的战略构想。2013年10月，习近平主席在出访东盟国家时提出了共建“21世纪海上丝绸之路”的战略构想。“丝绸之路经济带”和“21世纪海上丝绸之路”，被统称为“一带一路”。

32. “1+4+9”城镇体系：“1”是指中心城区（含凤城街道、晏家街道、江南街道、渡舟街道和八颗镇），“4”是指长寿湖、新市、葛兰和云台4个重点镇，“9”是指双龙、石堰、邻封、龙河、海棠、但渡、云集、洪湖和万顺等9个一般小城镇。

33. “三同时”制度：即建设项目中防治污染的设施，应当与主体工程同时设计、同时施工、同时投产使用。

34. “三级联动”：是以区级行政服务中心为核心，以街镇级公共服务中心及村居级便民服务中心为重要组成部分，构建“区行政服务中心—街镇公共服务中心—村居便民服务中心”三级政务服务网络，形成上下联动、层级清晰、覆盖城乡的三级公共服务体系。

中国人民政治协商会议
重庆市长寿区委员会常务委员会
工 作 报 告

——2015 年 2 月 9 日在政协重庆市长寿区第十四届委员会第四次会议上

张明生

各位委员：

我代表政协重庆市长寿区第十四届委员会常务委员会，向大会报告工作，请予审议，并请列席同志提出意见。

2014 年主要工作回顾

2014 年是新中国及人民政协成立 65 周年，是区政协努力工作、开拓奋进的重要一年。一年来，在中共长寿区委的领导下，区政协常委会高举爱国主义、社会主义旗帜，始终坚持团结民主主题，紧紧围绕全区工作大局，认真履行政治协商、民主监督、参政议政职能，充分发挥协商民主重要渠道作用，广泛传递正能量，全面推进作风建设，为长寿全面深化改革、加快建成“三地一中心”、当好城市发展新区主力军作出了积极贡献。

一、始终不渝坚持党的领导，确保人民政协工作正确政治方向

积极争取、紧紧依靠党的领导，始终在政治上思想上行动上与党中央保持高度一致，始终在中共长寿区委的领导下开展工作、履行职能。

认真学习贯彻党的十八届四中全会精神及市委四届五次、区委十二届五次全会精神。把学习贯彻中央、市委、区委全会精神作为一项重大政治任务，广泛动员、精心组织，开展形式多样、富有成效的学习贯彻活动。参加市委组织的专题培训班，认真学习领会全面推进依法治国的重大意义、指导思想、总体目标、基本原则、根本要求和重大任务，切实把思想行动统一到中央精神上来，统一到市委、区委的各项部署上来，不断增强政治自觉、思想自觉和行动自觉。参加区委中心组理论学习，集中学习宪法和党章，增强政协干部学习、忠于、维护宪法的自觉性，增强学习、遵守、贯彻、维护党章的自觉性。组织政协党组会议、主席会议、常委会议、界别会议、职工会议集中学习，开展形式多样的个人自学，教育和引导广大政协委员、政协系统干部职工牢固树立法治信仰和法治权威，自觉贯彻落实依法治区对政协工作提出的新要求，围绕全面推进依法治区重大问题认真履行政治协商、民主监督、参政议政职能，切实将法治理念、法治思维贯穿到各项履职活动中，不断在推动法治长寿建设中发挥更大作用。

认真学习贯彻习近平总书记在庆祝人民政协成立 65 周年大会上的重要讲话精神及市委、区委政协工作会议精神。9 月 21 日，中央召开庆祝人民政协成立 65 周年大会，习近平总书记发表了重要讲话。市委、区委相继召开政协工作会议，就加强和改进新形势下人民政协工作作出部署。区委出台《关于加强和改进人民政协工作的意见》，提出了六个方面 20 条政策举措，为当前和今后一个时期促进长寿政协更好履行职能指明了方向、提供了根本遵循。我们把学习贯彻习近平总书记重要讲话精神和市委、区委政协工作会议精神作为推动政协工作创新发展的强大武器，区政协及时下发文件，组织和发动各组成单位、广大政协委员和政协工作者，采取多种形式，认真学习讨论，深刻领会贯彻，引导广大委员更加自觉地坚持党的领导，坚持人民政协的性质定位，坚持团结民主两大主题，不断加深对人民政协工作的理解和把握，切实增强履行职能的责任感和使命感。

认真贯彻落实区委各项决策部署。区政协党组充分发挥政治核心作用，切实履行管党治党责任，严格落实党风廉政建设“两个责任”，自觉把区委的重大决策和工作部署贯彻到政协工作全过程，坚持重大工作主动向区委请示，重要事项及时向区委报告，主动围绕区委决策部署履行职能、开展工作。按照“懂全局、议大事、干本行”的总体要求，围绕建设“三地一中心”、实现“三大愿景”、当好城市发展新区主力军，组织委员有序开展协商调研、视察评议、提案督办、反映社情民意等履职活动，切实做到政治协商突出中心、民主监督服从中心、参政议政支持中心，为长寿科学发展提供有力的智力支持。紧扣区委、区政府年度工作重点，精心谋划、超前部署2014年度履职任务和措施，细化工作责任，做到区委、政府的工作推进到哪里，政协的工作就跟进到哪里，力量就汇聚到哪里。

二、紧紧围绕全区中心工作履职尽责，广泛传递“科学发展、富民兴区”正能量

坚持以“委员传递正能量”履职实践活动为总抓手，着眼全区改革、发展、民生重大问题，认真履行政治协商、民主监督、参政议政职能，努力为“科学发展、富民兴区”建诤言、献良策。

有序推进政治协商。认真落实区委《关于把政治协商纳入决策程序的实施意见》，推进政治协商经常化、制度化、规范化。区政协十四届三次会议围绕“一府两院”工作报告、计划财政报告和其他重大事项，聚焦“加快经济发展、完善城乡规划、加强安全环保、改善城乡交通、促进民生改善、促进文旅融合、建设法治长寿”等重点工作，通过大会发言、专题议政、小组和联组讨论等形式广泛协商，提出意见建议260多条，区委、区政府高度重视，责成相关部门认真研究落实。政协常委会高度关注全区经济运行特点和发展态势，分别于年中和年底两次召开常委会议，专题协商半年和全年经济社会发展工作，针对经济运行中存在的薄弱环节和突出问题，政协常委与区政府主要领导、分管领导及相关部门负责人良性互动，着力从强化责任分工、加快结构调整、搞好企业帮扶、推进新型城镇化、加强政府性债务管控、防范房地产市场风险、用改革激发市场活力、办好民生实事等方面，向区委、区政府提出建议，区政府主要领导及时批示，相关部门认真研究采纳。政协主席会议围绕“十二五”规划中期评估、政府职能转变和机构优化调整、桃花河流域污染整治、撤镇设街道、城乡生活垃圾集中收运处置以及区内重要人事任免等议题开展协商，提出意见建议，促进相关工作改进落实。

切实发挥民主监督功能。充分发挥政协民主监督在监督体系中的独特优势和重要作用，不断健全监督机制，提高监督实效。从提高提案办理质量入手，不断完善提案选题、审查立案、领导督办、协商办理、表彰奖励等办法，全年收到提案360件，立案353件，委员回执满意333件，占94.3%，基本满意20件，占5.7%。完善民主评议工作方式，扩大民主评议覆盖面，由以往一年评议1个部门工作增加到一年集中评议3个部门工作，增强了民主评议工作的影响力。集中利用1个月时间，组织全体区政协常委，分3个组分别对区民政局、水务局、环保局等3个改善民生任务重、群众关注度高的部门工作，开展集中民主评议。通过听取汇报、查阅资料、走访座谈、实地调研等方式，深入被评议单位和工作涉及的各个环节，开展调查研究，掌握准确情况，及时向被评议单位及政府分管领导反馈，区政协形成的三个评议报告得到区委、区政府主要领导的充分肯定。三个被评议单位对照政协评议意见，专题研究制定《整改方案》，逐条落实整改措施，明确整改责任和时限，有力促进了相关工作。积极改进视察方式，强化对协商、调研、评议等履职成果的跟进视察。为巩固落实桃花河保护与利用专题协商成果，开展了桃花河保护与利用推进情况跟进视察，委员们在充分肯定桃花河污染攻坚整治成果的同时，有针对性地提出保障桃花河治污攻坚阶段性任务全面完成、尽快建立监督管理长效机制、依法强化桃花河保护利用等意见建议，通过“回头看”促进履职成果落地生根。

认真履行参政议政职能。发挥调查研究在参政议政中的基础性作用，选择事关长寿发展的战略性问题和社会关注的热点问题开展调研，一批调研成果得到区委、区政府重视和肯定。针对长寿区现代农业基地建设中存在的问题，把开展“加快建成现代农业基地”专题调研作为重点课题，围绕现代农业三园、现代粮食种植园区、三峡移民生态园区及“1+5+2”特色效益农业产业体系建设开展实地考察调研，听取相关项目实施街镇、部门、政府平台和农业龙头企业情况汇报，借鉴市内外先进经验，形成《关于加快建成现代农业基地的调研报告》，有针对性提出进一步重视支持现代农业发展、打造“现代农业三园”升级版、推进“现代农业五区一基地”规划建设、培育壮大新型农业经营主体、建立现代农业多元投入机制、加快现代农业服务体系建设等六大对策建议，区委主要领导高度评价调研报告，责成区委、区政府分管领导及相关部门认真研究落实。开展“深化扶持微型企业发展工作”专题调研，组织委员深入东方水岸微企电商孵化园、长寿古镇旅游文化微企孵化园、云集镇福胜微企村等现场实地走访，广泛听取各方面意见建议，形成《关于深化扶持微型企业发展工作的调研报告》，分别从更加注重扶持微型企业发展工作、更加注重结合长寿区实际调整扶持工作思路、更加注重突出重点完善扶持微企发展工作机制、更加注重破解制约微企发展的深层次问题等四个方面提出 14 条对策建议，助推全区微型企业加快发展，引起政府分管领导和相关部门的重视。

三、探索完善政协协商民主制度机制，发挥协商民主重要渠道作用

认真贯彻落实中央关于推进政协协商民主发展的重要部署，加强制度建设，健全载体平台，拓展深度广度，政协协商民主的制度化、规范化、程序化水平不断提升。

规范协商活动。按照党的十八届三中全会关于“各级党委、政府、政协制定并组织实施年度协商工作计划”的要求，区政协紧扣区委、区政府中心工作，在认真研究、广泛协商的基础上，拟定年度协商工作计划，报送区委审定后下发执行。年度协商计划确定了全年协商议题、协商形式、职责分工、时序安排，进一步规范了协商工作，保证了协商活动有序进行。一年来，区政协组织开展全委会议总体协商 1 次，常委会议专题协商 4 次，主席会议重点协商 21 次，专委会议对口协商 12 次，界别会议协商 13 次，提案办理协商 3 次，政情通报 11 次，委员视察 13 次，重点调研 1 次，专题调研 6 次，取得了一批协商建言成果。针对长寿区钢铁、化工主导产业“三连困”的现状，组织委员对长寿经开区企业运行情况开展深度协商，从加强工业经济运行调度分析、推进企业实施创新驱动战略、实行多层级多部门联合执法、积极对接重庆五大功能区建设、加快产业结构转型升级、优化能源资源要素配置等六个方面对长寿经开区企业运行工作提出意见建议。创新提案办理协商机制，召开同类提案集中办理协商推进会，把收到的 79 件内容相近的提案归并为 28 件提案交承办单位办理，既减轻了承办单位工作量，又提高了提案办理质量；建立“先协商、再办理，再协商、后答复”提案办理机制，促进了提案办理落实。

增加协商密度。在完善政协全委会议、常委会议、主席会议等常态协商的同时，紧扣全区重点、难点工作，探索建立每月协商会机制，构建起每月例会协商和专题协商、对口协商、界别协商、提案办理协商“四加一”的多元化协商格局，让委员更高频率、更多形式、更宽领域知情明政、协商建言。区政协常委会议开展了区政协年度工作计划、区政府关于提案办理情况、“一府两院”年度工作情况等专题协商。区政协每月协商会开展了年度财政预算工作、教育工作、年度重大项目计划、城市总规修编、公共民生工程建设、政府投融资平台财务运行、安全生产“三基”建设、三峡后续工作等 12 次重点协商，极大地促进了政协委员与全区各职能部门的紧密联系和工作互动。组织委员对家庭农场培育、残疾人事业发展、科技创新、“两违”整治、城乡垃圾治理、农村寄宿制学校建设、文物保护等专门性、行业性课题开展对口协商和界别协商，使一大批群众关心的热点难点问题得到重视和解决，很多协商建议转化为区委、区政府及相关部门的重要决策和工作措施。

增强协商实效。区委、区政府主要领导亲自联系政协工作，定期听取政协工作汇报，对区政协报送的重要协商报告高度重视，认真审阅，及时作出重要批示，带头推进协商成果转化落实。区委、区政府分管领导坚持参加政协全体会议、有关常委会议、主席会议和专题协商会议，通报情况、参与讨论、听取意见，身体力行推动协商成果转化落实。一年来，区委、区政府、区政协领导领衔督办重点提案 39 件，创历史新高，委员满意率 100%，对提案的办理落实起到了极大的推动作用，提案当年办结率达到 55%。特别是委员们非常关注的桃花河治污攻坚行动，区政府实实在在地投入人力物力财力，成效明显，群众一致好评。区委、区政府督查室加强与区政协办公室的工作联系，主动将协商结果纳入督查工作范畴，及时通报情况，促进了协商成果顺利转化。各级各部门十分重视政协协商成果办理反馈和落实转化工作，基本做到了“件件有反馈，事事有回音”。

四、牢牢把握团结民主两大主题，广泛凝聚各方智慧力量

充分发挥政协包容性强、联系面广的优势，协调各方，汇聚力量，形成推动长寿科学发展的强大合力。

注重发挥党派团体、专委会和界别的作用。支持各民主党派、工商联、无党派人士参与区政协的各种会议和活动，鼓励和支持他们在区政协的各种会议上充分发表意见、提出建议，组织他们参加课题调研、协商视察、评议监督等活动。进一步加大党派提案督办力度，将民主党派提出的《关于继续加大力度整治桃花河的建议》等6件集体提案列为年度重点提案进行督办，发挥了各民主党派、人民团体、工商联在政协中的作用。重视发挥专委会在政协履职中的基础性作用，依托专委会组织开展调研视察，举办重要会议和活动，支持专委会加强同政协委员、党派团体和区级部门的联系，进一步活跃政协经常性工作。一年来，专委会共开展6次专题调研、24次专项视察、38次会议活动。重视发挥界别作用，在政协三次全会期间，开展界别联组讨论，委员代表界别参加大会发言、提交提案，充分反映各界别群众的愿望和要求；邀请界别负责人参加群众路线教育实践活动征求意见会、庆祝人民政协成立65周年座谈会、区委第四次政协工作会等重要活动，扩大知情明政渠道，充分听取意见建议。

努力调动民族宗教和港澳台侨人士的积极性。认真贯彻党的民族宗教工作方针政策，加强与民族宗教界代表人士的经常性联系，开展走访民族宗教界代表人士活动，组织视察菩提山旅游文化景区、大雄寺、九灵寺、观音寺，看望少数民族流动商贩，认真倾听意见建议，积极协调解决各种困难和问题，努力促进民族团结、宗教和谐、社会稳定。发挥港澳台侨资源优势，组织市、区政协委员到港澳台侨企业开展专题视察调研，积极协调有关方面解决企业发展中遇到的实际困难。

加强政协系统的联系交流。积极争取市政协的指导与支持，市政协主席、所有副主席、秘书长都先后到长寿视察指导。市政协领导到长寿开展“主席接待日”活动中，收集到“长化环保搬迁、重钢职工交通诉求、扶持天然气化工产业发展、农村学生享受优质教育、区中医院扩建、启动葛大路大修”等意见后，及时协调市级部门和区委、区政府加快解决。市政协委员长寿组认真履职尽责，通过向市政协提交提案、反映社情民意，努力营造有利于长寿发展的良好外部环境，“关于加快长化厂环保搬迁的建议”、“关于加快实施渝长高速公路扩能改造的建议”、“关于对龙溪河流域实行综合治理的建议”等提案纳入市政府决策。参加重庆市区县政协中部片区会、区县政协主席研讨班并作交流发言。认真参与“全市五大功能区建设”、“三峡库区生态保护与开发建设”、“深入开展委员传递正能量履职实践活动”等市政协重大课题调研，一批调研成果得到市政协的重视和肯定。强化对街镇联络组的联系指导，邀请街镇联络组负责人参加区政协重要会议和活动，每季度开展一次集中活动，全区政协组织的整体合力得到进一步增强。

五、深入开展党的群众路线教育实践活动，区政协自身建设得到加强

以开展党的群众路线教育实践活动为契机，坚持聚焦“四风”整治，注重突出政协特色，推动政协党组、机关作风建设持续保持常抓常治长效的新常态。

扎实开展党的群众路线教育实践活动。坚持把学习教育、提高认识作为搞好活动的重要基础，采取多种形式认真学习中国特色社会主义理论体系，学习党的十八大、十八届三中四中全会和习近平总书记系列重要讲话精神，学习市委、区委主要领导的讲话精神，提高了运用党的群众观点发现问题、思考问题、解决问题的能力。坚持把征求政协委员意见建议作为搞好活动的重要突破口，广泛征求政协组成单位、街镇联络组、部门街镇、对口联系村（社区）等基层单位、各类群体的意见建议，收集到涉及“四风”方面的问题13个、为民服务“最后一公里问题”2个、群众切身利益方面的问题42个，为政协党组、机关支部、活动对象有针对性地开好民主生活会、组织生活会以及制定整改落实方案奠定了较好基础。坚持把解决问题作为搞好活动的出发点和落脚点，对照中央八项规定和市委七条实施意见、“八严禁”、“十二不准”，对照“三严三实”要求，聚焦“四风”突出问题，认真撰写对照检查材料，严肃召开专题民生生活会，务实制定整改落实方案，及时开展“回头看”，区政协开展活动带来的新变化不断展现。

扎实开展“三走进三助推”传递正能量活动。结合区委“作风强化年”活动要求，在政协机关和政协委员中深入开展“走进基层、助推发展，走进委员、助推服务，走进群众、助推致富”传递正能量活动。区政协主席会成员坚持深入18个街镇、联系社区、结对帮扶村调研走访，听取民情民意，化解矛盾纠纷，及时协调解决了白果村产业发展规划、渡中路社区环境绿化、圣天湖社区消防设施修复等一批基层群众反映强烈的具体问题。开展对委员企业走访活动，了解企业生产经营状况，帮助解决困难和问题。特别是在“9·13”暴雨洪灾之后，我们及时组织走访受灾委员企业20余次，协调解决企业电力设施安装、受灾农产品保险理赔等实际困难，帮助企业渡过难关。按照区委统一部署参与全区重要工作，1名副主席抽调担任桃花河治污攻坚指挥部副指挥长，其余副主席担任桃花河相关河段治污督导长，抽调学习文史委主任参与“菩提山文化旅游景区”开发建设，从不同角度凝聚和弘扬助推科学发展的正能量。

政协机关经常性工作进一步夯实。努力从各界别、各阶层、各群体中了解和反映社情民意，全年共收到社情民意信息121条，整理编发《社情民意》专报60期，市政协采用4期，区领导批示和部门回复18期，促进了一批重要民生问题的改进和落实。在更高层次、更大范围宣传长寿发展成果和区政协履职成效，全年在国家级媒体用稿7篇，在市级媒体用稿30篇，区政协荣获2014年度全市政协系统宣传通联工作一等奖。积极参与市政协关于“构建人民政协协商民主制度体系与工作机制”年度理论研讨，选送的《关于建立人民政协协商民主成果转化运用机制的思考》、《关于构建基层政协智库推动科学决策的思考》两篇论文分获二等奖和优秀论文奖。成立长寿区政协书画院，举办“庆祝人民政协成立65周年书画摄影展”，团结书画摄影界人士凝心聚力助推文化强区建设，广泛传递文化正能量。编辑出版发行《长寿政协文史丛书之二——长寿工业》，纵向梳理长寿工业发展历史，横向展示重点企业和知名企业，较为系统地记述了长寿悠久的工业发展历史、深厚的工业文化底蕴。同时，启动《长寿政协文史丛书之三——长寿民间文化》编撰工作。

各位委员，回顾过去一年的工作，我们取得的每一项成绩，都是区委正确领导的结果，是区人大、区政府、长寿经开区大力支持的结果，是全区各级各部门密切配合的结果，是区政协各参加单位和广大政协委员共同努力的结果。在此，我代表区政协常委会，向为长寿政协事业发展付出心血汗水、做出无私奉献的广大政协委员、各界人士，向所有关心、支持长寿政协工作的各级领导、各部门单位，表示崇高的敬意和衷心的感谢！

在总结成绩的同时，我们清醒地认识到，工作中还存在许多不足和问题：健全政协协商民主制度机制的探索实践有待进一步深化；民主监督的实效有待进一步强化；参政议政的成果有待进一步转化；政协自身建设的水平有待进一步提升；委员主体作用和界别、街镇联络组职能作用有待进一步发挥。我们真诚希望广大政协委员和其他列席人员，对常委会工作提出意见建议，共同把政协各项工作做得更好。

2015年主要工作部署

各位委员，2015年区政协工作的总体要求是：全面贯彻落实中共十八大、十八届三中四中全会精神，高举中国特色社会主义伟大旗帜，以邓小平理论、“三个代表”重要思想、科学发展观为指导，深入学习贯彻习近平总书记系列重要讲话精神，深入贯彻落实市委、区委第四次政协工作会议部署，在中共长寿区委领导下，坚持围绕中心、服务大局，突出团结和民主主题，认真履行政治协商、民主监督、参政议政职能，深化“委员传递正能量”履职实践活动，推进政协协商民主发展，认识新常态、适应新常态、把握新常态，助力全面深化改革、全面推进依法治区、当好城市发展新区主力军，努力开创长寿政协工作新局面。

一、更加自觉地坚持和维护党的领导，坚定不移把握政协工作正确方向。深入学习贯彻习近平总书记系列重要讲话精神，毫不动摇地坚持中国共产党的领导，毫不动摇地坚持党的基本理论、基本路线、基本纲领、基本经验、基本要求，准确认识和把握人民政协的性质、地位、职能和作用，不断增强道路自信、理论自信、制度自信，自觉在思想上政治上行动上以与习近平同志为总书记的党中央保持高度一致。深入贯彻落实市委、区委全会和市委、区委第四次政协工作会议精神，依照宪法、法律和政协章程，认真履行职能，着力把区委重要决策部署贯彻落实到履职各个环节。适时对全区各级各部门贯彻落实区委第四次政协工作会议精神工作开展督查指导，确保会议精神落到实处、见到实效。

二、更加充分地发挥专门协商机构的作用，积极为“科学发展、富民兴区”献计出力。深入贯彻落实《中共中央关于加强社会主义协商民主建设的意见》，在市政协的指导和中共长寿区委的领导下，积极探索协商方式，规范协商内容，明确协商程序，增加协商密度，提高协商实效，实现区政协协商民主建设的制度化规范化程序化。围绕全面深化改革重点任务，科学把握经济发展新常态，协助区委、区政府科学制定2015年度协商工作计划，把编制“十三五”规划、土地利用规划修编、优化产业结构、深化产业链招商、重大项目建设等重点工作，关系人民群众切身利益的热点问题，全区重要人事安排，纳入协商议程，助推经济社会持续健康发展。围绕全面推进依法治区进程，探索行之有效的监督途径和监督载体，坚持和完善区级领导牵头督办重点提案制度，强化提案办理答复工作机制，加强对服务企业发展、生态环保建设、义务教育发展等工作的视察评议，开展国家宪法、法律和法规实施情况、全区重大决策部署贯彻落实情况、机关干部效能建设情况等工作的民主监督，努力在全区营造真抓实干、合力攻坚的良好氛围。发挥政协人才智力优势，开展菩提山景区文旅融合、工业高地建设、卫生计生服务体系构建等工作的专题调研，助推相关工作稳步前进，切实提高咨政建言的能力和水平。

三、更加有效地搞好委员联系服务工作，深入开展委员“传递正能量”履职实践活动。建立委员联络机构，完善委员联络制度，尊重和保障委员民主权利，加强委员履职能力培训，深入推进“四个一活动”，努力建设一支“素质好、履职好、形象好”的委员队伍。健全委员联系群众制度机制，拓展委员在政协全会闭会期间的履职形式和渠道，深化开展“三走进三助推”传递正能量活动，引导政协机关干部和广大委员紧扣“改革发展民生”主题，走进基层、助推发展，走进委员、助推服务，走进群众、助推致富，发挥政协委员在本职工作中的带头作用、在政协工作中的主体作用、在界别群众中的代表作用。引导委员增强宪法意识和法治思维，学法、尊法、守法、用法，争做社会主义法治的忠实崇尚者、自觉遵守者、坚定捍卫者。引导委员大力弘扬和践行社会主义核心价值观，培育知荣辱、讲正气、作奉献、促和谐的良好风尚。

四、更加扎实地抓好自身建设，不断提高政协工作科学化水平。适应推进国家治理体系和治理能力现代化的要求，切实提高政治把握能力、调查研究能力、联系群众能力、合作共事能力。完善政协工作与党政工作对接机制，严格落实重大工作主动报告、重要事项及时反映等制度。不断加强政协常委会自身建设，推动常委会履行职能、协商议政、建言献策水平不断提高。深入研究更好发挥界别作用的思路和办法，健全联系界别各项制度，完善界别工作机制，创新界别活动方式，扩大团结面、增强包容性，充分发挥各界别在扩大公民有序政治参与中的重要作用。不断完善考核激励机制，进一步提升政协宣传、信息、文史、理论研讨等经常性工作的整体水平。政协党组和机关支部要不断巩固党的群众路线教育实践活动成果，严格落实管党治党责任，严守政治纪律和政治规矩，一体承担党风廉政建设“两个责任”，持之以恒反对“四风”，贯彻落实中央八项规定和市委“八严禁”、“十二不准”等要求，树立和发扬“三严三实”作风，推进“学习型、创新型、服务型”机关建设，真正把政协机关建设成为政协委员之家、各界人士之家。

各位委员，同志们，回望人民政协65年的光辉足迹，聆听人民政协发展进步的铿锵足音，我们特别强烈地感受到，社会主义协商民主的大好春天已经到来。站在新起点，肩负新使命，作为协商民主重要渠道，我们要在中共长寿区委的坚强领导下，充分发挥专门协商机构的重要作用，自觉把政协工作融入全区工作大局，为全面建成“三地一中心”、加快实现“三大愿景”做出新的贡献！

2015 年 1 月 27 日，中共长寿区委十二届六次全会暨全区经济工作会，区领导周勇、赵世庆、游智明、张明生等出席

大事记

❖ 2015年长寿区大事记

2015年长寿区大事记

1 月

6日，区长赵世庆主持召开长寿区政府第九十六次常务会。研究凤城组团B标准分区（凤东片区）控制性详细规划、建立防范和打击非法金融活动长效机制、城区人行过街设施建设工作和人事任免等议题；通报全国全市机关事业单位“吃空饷”问题集中治理工作有关会议精神。

9日，区委书记周勇主持召开十二届区委第八十八次常委会议，研究审定全区党的群众路线教育实践活动整改落实“回头看”工作有关事宜。

9日，中共重庆市长寿区委以长寿委〔2015〕20号通知：因机构调整决定成立中共重庆市长寿区投资促进局党组和纪检组，撤销区招商引资局党组和纪检组。

13日，区长赵世庆主持召开长寿区政府第九十七次常务会。研究举办2015年返乡置业购房节、加快推进生态文明建设实施意见等议题；通报全国、全市安全生产电视电话会议精神，全市工业和信息化工作会议精神及全市工商行政管理工作会议精神。

13日，中国国家交响乐团到长寿区文化馆，对长寿交响乐队进行交流、指导。

14日，长寿经开区与四川宏国聚材科技股份有限公司签订聚氨酯项目协议，宏国聚材投资4亿元建设5万吨/年HDI（六亚甲基二异氰酸酯）、2万吨/年IPDI（异佛尔酮二异氰酸酯）。长寿区政府区长赵世庆，长寿经开区党工委书记、管委会主任巴川江，中国聚氨酯工业协会秘书长朱长春，宏国聚材公司总经理魏小魏出席签约仪式。

15日，重庆钢铁股份有限公司的“周亚平轧钢创新工作室”、中国石化四川维尼纶厂“米钰林劳模工作室”获得授牌，成为首批“全国示范性劳模创新工作室”。

16—19日，在第十四届中国（重庆）西部农产品交易会上，长寿展团4天实现销售收入57.8万元。

18日，老挝人民民主共和国总理通邢·坦马冯接见重庆方德集团董事长、老挝拉萨翁开发有限公司董事长樊彦。

21日，重庆市长寿区安全生产监管局获得国家安全监管总局、国家煤矿安监局表彰的“安全生产监管监察先进单位”（安监总人事〔2015〕9号）

23日，区委书记周勇主持召开中共重庆市长寿区委第八十九次常委（扩大）会议，传达市四届人大三次会议和市政协四届三次会议精神。全体区级领导参加会议。

26日，区长赵世庆主持召开长寿区政府第九十八次常务会。审议《政府工作报告（送审稿）》、区行政服务中心停车场实行收费管理、调整区对街镇财政管理体制、长寿区民办非学历教育培训机构管理暂行办法、江南新城5条新建道路命名、2015年度三峡后续项目初步设计及概算编制工作、人事任免等议题；通报2015年全市规划建设管理及民防园林工作会议精神。

27日，中共重庆市长寿区委十二届六次全会暨全区经济工作会在区委党校学术报告厅召开。区委书记周勇代表区委常委会作报告，区委副书记、区长赵世庆总结部署经济工作，赵世庆和谭庆分别主持上午、下午的会议，游智明、张明生、巴川江和区委委员、候补委员出席，全体区级领导，全区区级部门、街镇主要负责人，在长市属部门、企事业单位等主要负责人299人参加会议。

28日，长寿区人民政府召开第二次全体会议，审议《区政府工作报告（送审稿）》。周勇、赵世庆、游智明、张明生、巴川江等区领导参加会议，区长赵世庆主持。

30日，区委书记周勇主持召开十二届区委第九十次常委会议，听取区人大常委会党组、区政府党组、区政协党组、区法院党组、区检察院党组工作汇报，研究审定2015年区“两会”相关报告；听取市纪委四届五次全会精神汇报，研究长寿区贯彻落实意见；研究审定《区委全面推进依法治区领导小组工作规则》《区委全面推进依法治区领导小组专项小组工作规则》和《区委全面推进依法治区领导小组办公室工作细则》。

2 月

2 日，区长赵世庆主持召开长寿区政府第九十九次常务会。研究《长寿区 2015 年重大项目计划（送审稿）》、关于长寿桃花大道交通改善研究结题备案的请示、关于长寿区滨江长寿谷综合整治项目资金使用情况的请示、关于清理规范税收等优惠政策情况的请示等议题，通报 5 个全市会议精神等。

2 日，重庆方德房地产开发有限公司董事长樊彦入围“2014 十大重庆经济年度人物评选”提名人物榜。

3 日，经开区博士后科研工作站首位博士后出站。

4 日，重庆市长寿区街镇工业走廊获得市知识产权局渝知发〔2015〕4 号同意，第三批市级知识产权试点园区通过试点期满验收。

5 日，市政协副主席张玲一行参加长寿区侨联成立 30 周年暨侨界人士座谈会。区领导周勇、赵世庆、张明生、巴川江、张华等参加。

5 日，2011 年撤销并入凤山派出所的长寿区公安局桃花派出所恢复挂牌。

9 日，1990 年导演影片《焦裕禄》获政府奖、金鸡奖、百花奖最佳故事片奖而闻名的导演王冀邢到长寿，为电视剧《三倒拐人家》采景。

9 日，中国人民政治协商会议重庆市长寿区第十四届委员会第四次会议在区科技文化中心开幕。区政协主席张明生，区政协党组书记张华，区政协副主席陈会明、涂奇微、王永全、邓有国、叶金龙、江涛、陈志洪，秘书长蒋锡宽在主席台前排就座。区领导周勇、赵世庆、游智明、巴川江等到会并在主席台就座。张华主持会议，张明生作十四届政协常委会工作报告。273 名政协委员到会。

10 日，重庆市长寿区第十七届人民代表大会第五次会议在区科技文化中心开幕。大会应到代表 290 人，实到代表 276 人。张明生主持大会。周勇、张明生、王志宏、潘晓林、李彬旭、郑勇、唐华、李吉华担任大会执行主席。赵世庆、游智明、巴川江、张华、张云平、谭庆、何以龙、周隆海、王身高、侯宇生、谭伟、王志宏、陈瑛、杜彬瑜和大会主席团成员在主席台就座。区长赵世庆作政府工作报告。

11 日，政协重庆市长寿区第十四届委员会第四次会议召开第三次全体会议，选举张华为政协重庆市长寿区第十四届委员会主席。大会应到委员 291 人，实到 257 人。

同日，政协重庆市长寿区第十四届委员会第四次会议闭幕。周勇、赵世庆、游智明、张明生等出席。

11 日，《区委办区政府办印发〈长寿区开展作风深化年活动实施意见〉的通知》（长寿委办发〔2015〕4 号）下发，安排部署全区开展作风深化年活动相关工作，持之以恒贯彻落实中央八项规定精神及市委、区委实施意见，持续加强作风建设。

12 日，中共重庆市委常委、常务副市长翁杰明到长寿经开区和重钢长寿新区慰问一线职工。长寿区领导周勇、赵世庆参加慰问活动。

13 日，重庆市长寿区十七届人大五次会议举行第三次全体会议，选举张明生为重庆市长寿区第十七届人民代表大会常务委员会主任。会议应到代表 290 人，实到 277 人。

同日，重庆市长寿区十七届人大五次会议闭幕。大会主席团常务主席周勇、张明生、王志宏、潘晓林、李彬旭、郑勇、唐华、李吉华在主席台前排就座。赵世庆、张华、巴川江等区领导在主席台就座。

13 日，中共重庆市长寿区第十二届纪律检查委员会第四次全体会议召开。区委书记周勇出席会议并讲话，区委常委、区纪委书记谭伟代表区纪委常委会作报告，全体区级领导，区纪委委员，全区区级部门党委（党组）、纪检主要负责人，街镇党政、人大、纪检主要负责人，部分在长寿区市属部门和文卫事业单位主要负责人 353 人参加会议。

13 日，重庆市长寿区不动产登记局挂牌成立，于 3 月 1 日正式受理业务。

13—15 日，长寿区 2015 返乡置业购房节 3 天成交商品房 247 套，建筑面积 21469 平方米，成交金额 9334 万元，建面均价 4347 元/平方米，17 家房企参加展销。

16 日，区长赵世庆主持召开长寿区政府第一百次常务会。研究畜禽养殖业发展规划、畜禽养殖污染防治规划等议题，通报全市财税、国资、金融、卫生和计划生育、廉政、统计、审计等工作会议精神等。

16日，长寿区对经开区环境违法企业重庆弘凯环保工程有限公司因违法倾倒高浓度工业废水污染晏家河的行为，给予3人刑事拘留，给予博腾制药公司及主要负责人分别罚款10万元的处罚。这是长寿区第一次按《中华人民共和国环保法》实施刑事拘留、第一次对相关企业主要负责人开经济罚单。

28日，长寿区的江南街道、邻封镇分别获得全国文明单位、全国文明村镇称号。

28日，长寿区政府区长赵世庆参加全国精神文明建设工作表彰大会，受到中共中央总书记习近平亲切接见。

28日，长寿区在全国精神文明建设工作表彰大会上第二次获得全国文明城区提名奖。

3　月

2日，国土资源部副部长胡存智、重庆市政府副市长陈和平到长寿湖公共服务中心，为吴文等6位市民颁发全国第一批不动产权证书。区委书记周勇、区长赵世庆参加颁证活动。吴文领到的重庆市第一本不动产权证书编号为NOD50000000001。

3日，区长赵世庆主持召开长寿区政府第一百零一次常务会，研究关于区委十二届六次全会报告及2015年区政府工作报告重点工作目标任务分解的通知（送审稿）、关于长寿区站前大道天然气管道保护工程相关事宜的请示、关于加强滨江长寿谷城市规划控制区管理的通知、关于申请批准古镇——菩提山的连接桥招标问题的请示、关于龙河镇设立龙兴社区审核考察的意见等议题；通报全市旅游工作会精神等。

4日，市安监局危化行业安全生产执法检查“三部曲”暨技术体系建设现场会在长寿经开区召开。市安监局局长冉进红，区领导周勇、赵世庆、巴川江等参加。

5日，《重庆晨报》揭晓，由该报主办的“2014十大重庆经济年度人物”评选中，长寿民营企业家、重庆方德房地产开发有限公司董事长樊彦上榜。

12日，中共重庆市委常委、组织部部长曾庆红到长寿区龙河镇保合村、长寿经开区调研基层党建工作。区领导周勇、赵世庆、王志宏等参加调研。

17日，区长赵世庆主持召开长寿区政府第一百零二次常务会。研究关于调整区对街镇财政管理体制的请示、关于与中国邮政储蓄银行股份有限公司重庆分行签署《战略合作协议》的请示、关于集中交办2015年全市疑难信访案件的通知等议题；通报对全区“十件急事”专项督查情况，2015年全市消防工作电视电话会议精神，2015年全市法制工作电视电话会议精神，2014年度全区依法行政工作报告等。

17日，长寿区委办、区政府办以长寿委办发〔2015〕10号通知，重庆市长寿区国土资源和房屋管理局主要职责、内设机构和人员编制已经区委、区政府批准。

17日，长寿区委办、区政府办以长寿委办发〔2015〕11号通知，重庆市长寿区文化委员会主要职责、内设机构和人员编制已经区委、区政府批准。

19日，中国聚氨酯工业协会六届二次理事扩大会议在长寿召开。中国石油和化学工业联合会常务副会长李寿生，中国工程院院士李俊贤，中国聚氨酯工业协会理事长杨茂良和73家理事单位代表参加会议。长寿区领导赵世庆、巴川江、肖庆华参加会议。

23日，全市残疾人宣传文化体育业务工作会在长寿召开。市残联理事长周鸣，区领导周勇等参加。

24日，共青团中央书记处书记汪鸿雁一行到长寿区调研职业教育工作，区领导周勇、王志宏，团市委副书记张继军陪同，调研重庆行知学校共青团工作。

24日，国务院三峡办副主任陈飞到长寿调研滨江长寿谷综合开发项目。区领导周勇、赵世庆参加调研。

25日，国土资源部土地整治中心总工程师罗明一行到长寿调研土地整理与农村发展示范项目建设情况。区领导周勇、赵世庆等参加。

26日，政协重庆市委员会副主席刘光磊到长寿督导检查干部下访群众工作。区领导周勇、赵世庆、张明生、张华参加调研。

26日，区长赵世庆主持召开长寿区政府第一百零三次常务会。研究关于审定2014年度长寿区工业企业评奖情况的请示、关于长寿区轨道交通网概念性规划研究成果结题备案的请示等议题；传达全市禁毒工作会精神，市综治委“春夏攻势”打击整治专项行动部署电视电话会精神等。

30日，长寿区人民医院与美国约翰霍普金斯大学医院，签订《关于成立“中美LPR诊断治疗中心”的意向协议书》。

31 日，区长赵世庆主持召开长寿区政府第一百零四次常务会。研究长寿博物馆建筑设计方案编制、干部任免等议题；通报全市移民暨三峡后续工作监督网络联席会精神，全市应急管理工作电视电话会精神，长寿区“十件急事”专项督查情况等。

31 日，环保部西南督查中心主任张迅一行到长寿调研。区领导周勇、赵世庆、谭庆等参加。

4 月

1 日，国务院三峡办副主任雷鸣山到长寿，对滨江长寿谷综合开发项目进行调研。区领导周勇、赵世庆、左永祥、汤晓强、叶金龙参加调研。

3 日，区委书记周勇主持召开十二届区委第九十四次常委会议，研究审定《2015 年长寿区全面深化改革工作要点》《2015 年长寿区全面推进依法治区工作要点》。

7 日，市委副书记、市长黄奇帆一行到长寿视察 MDI 项目。区领导周勇、赵世庆、张华、巴川江等参加。

8 日，区长赵世庆主持召开长寿区政府第一百零五次常务会。研究八颗镇、葛兰镇污水主干管网维修工程有关问题，回购商品房用于双龙镇征地拆迁定销房，北城中学投用等议题；通报全市 2015 年信访突出问题“3 + 3”专项治理工作电视电话会议精神。

13 日，重庆市政府副市长刘强到长寿经开区检查安全生产。区领导周勇、赵世庆、巴川江等参加检查。

13 日，工信部节能司司长高云虎到长寿调研工业节能环保和生态文明建设。区领导巴川江、杜彬瑜、肖庆华参加调研。

14 日，区长赵世庆主持召开长寿区政府第一百零六次常务会。研究阳鹤山截污干管架空穿越三洞沟比选方案、长寿区电力设施保护办法（试行）等议题；通报全市反恐怖工作电视电话会议精神，长寿区“十件急事”专项督查情况等。

16 日，台湾新同盟会彰化分会渝台乡镇村里交流参访团到长寿，参观考察菩提山、长寿菩提古镇、长寿湖、龙河镇保合村等旅游景区和社区。中央台办政党局副局长赵刚，重庆市台办主任李志雄，参访团团长、台湾彰化县议会议员李光辉，长寿区领导周勇、赵世庆，重庆市 40 名乡镇、村社代表进行交流。

17 日，区委书记周勇主持召开十二届区委第九十五次常委会议，学习市纪委《关于加强五一期间作风建设监督执纪问责的通知》，研究长寿区贯彻落实意见。

20—21 日，水利部农水检查组在巡视员李远华率领下，到长寿龙溪河灌区、八颗水厂等水利项目检查指导。

21 日，“中国儿童阅读优化基地”在长寿实验一小和桃源小学挂牌，北京大学教授、当代作家曹文轩应邀做“推开写作之门”报告。

21 日中午 12 时 30 分，G50 沪渝高速公路合 16821 千米 + 184 米（合兴到长寿方向）发生一起一辆小车追尾一辆大货车事故，导致两车起火，瞬间火焰蔓延，交通堵塞。长寿消防和重庆高速公路四支队一大队赶赴现场救援，半小时后火势被控制住。该追尾事故致 1 人死亡 2 人受伤。伤员被及时送医院救治。

22 日，区长赵世庆主持召开长寿区政府第一百零七次常务会。审议审定长寿区永久基本农田划定工作方案送审稿，关于渝粮集团长寿公司粮食仓储加工项目及闲置土地合作处置的请示等议题；通报一季度全区安全生产工作情况和 2015 年全市防汛抗旱工作电视电话会议精神。

23 日，中央综合治理委员会到长寿，在行知学校调研重点青少年群体的教育和帮扶情况。区委常委、政法委书记周隆海参加调研。

28 日，区长赵世庆主持召开长寿区政府第一百零八次常务会。审议全区优秀文艺作品奖励办法、古桃路天然气管道保护工程、菩提山文化配套设施服务项目建设等议题；通报区政府委托经开区管委会代管晏家工业园区、区移民生态工业园区，晏家街道部分城市规划区的通知，全区“十件急事”专项督查情况等。

30 日，中共重庆市长寿区委常委会议研究决定，成立中共重庆市长寿区委非公有制经济组织和社会组织工作委员会，撤销中共重庆市长寿区委新经济社会组织工作委员会。（长寿委〔2015〕38 号）

30 日，长寿委办发〔2015〕16 号通知，成立区旅游经济大发展推进小组，由赵世庆任组长，张明生任第一副组长，左永祥任常务副组长，陈瑛、汤晓强、肖庆华任副组长，38 个区级部门和市管部门主要负责人任成员，下设办公室在区旅游局。

5　月

1 日，《长寿日报》由周五刊改为周三刊。

同日，《长寿日报》微信上线（面市），长寿日报新媒体正式运行。

4 日，区长赵世庆主持召开长寿区政府第一百零九次常务会。研究桃花组团 A 标准分区、晏家组团 A 标准分区（原川维川染片区）、菩提组团 A、B 标准分区（原北部片区）等 3 个片区的控制性详细规划，关于推荐拥军优属模范单位和先进个人，人事任免等议题；通报全国深化医药卫生体制改革工作电视电话会议精神。

5 日，重庆市人民政府副市长陈绿平到长寿调研。区领导周勇、赵世庆等陪同到经开区、重庆化工码头、城中城商业广场、菩提山文化旅游区等调研。

7 日，农工党重庆市委主委、市人大常委会副主任杜黎明一行到长寿走访长寿区委并看望长寿区农工党党员。区领导周勇、赵世庆、张明生、张华等参加。

8 日，重庆市长寿区人民政府办公室以长寿府办发〔2015〕77 号通知，成立长寿区农村综合产权流转交易委员会。区长赵世庆任主任，区委常委张云平、副区长汤晓强任副主任，13 个区级部门和 3 个市管部门主要负责人任委员。交易管理委员会办公室设在区城乡统筹中心。

11 日，区长赵世庆主持召开长寿区政府第一百一十次常务会。研究 2015 年度土地供应计划、农村建设用地复垦项目退地补偿、长寿区“前三峡”地灾防治项目建设、渡舟路改扩建等议题；通报全市铁路建设工作会精神，长寿区“十件急事”督查情况。

11 日，共青团重庆市委代团中央颁发 2013—2014 年度全国青年文明号授牌仪式在长寿区公共资源交易中心举行。共青团市委副书记施崇刚为长寿区公共资源交易中心授牌，区委常委、组织部部长王志宏参加授牌仪式。这是长寿区第一个全国青年文明号挂牌单位。

14 日，区委书记周勇主持召开十二届区委第九十八次常委会议，听取全市“三严三实”专题教育党课有关情况汇报，研究审定全区“三严三实”专题教育有关事宜。

14 日，长寿区农村综合产权流转交易中心挂牌成立。

15 日，国土资源部调研组到长寿调研不动产登记推进情况。

15 日，区长赵世庆主持召开长寿区政府第一百一十一次常务会。审定关于谭庆不再担任副区长职务事项，关于提名左永祥等职务任免事项，有关部门负责人任免事项；通报关于区政府领导分工事项。

18 日，区长赵世庆主持召开长寿区政府第一百一十二次常务会。审定长寿区八颗组团控制性详细规划、进一步加快街镇工业走廊开发建设意见等议题；通报耕地保护工作会情况等。

19 日，重庆市政协副主席彭永辉、张玲率市政协常委视察团第四分团到长寿视察化工产业发展。区领导周勇、赵世庆、张华、巴川江等参加视察活动。

21 日，“2015 中国化工园区与产业发展论坛”在长寿碧桂圆凤凰大酒店召开。中国石油和化学工业联合会党委书记、常务副会长李寿生，工业和信息化部原材料工业司副司长潘爱华，重庆市政协副主席杨天怡，长寿区委书记周勇，区长赵世庆，经开区党工委书记、管委会主任巴川江等和来自全国各化工园区的近 500 名代表出席大会。

22 日，长寿区召开“三严三实”专题教育动员大会。区委书记周勇上专题党课，区委常委、组织部部长王志宏安排部署专题教育工作。在长寿的全体区领导及区级部门、镇街和部分区管事业单位的负责人 244 人出席会议。

22 日，在第十二届中国化工园区与产业发展论坛上，长寿经开区获得“2015 年中国化工园区 20 强”排名第六位。

25 日，区长赵世庆主持召开长寿区政府第一百一十三次常务会。研究江南组团控制性详细规划，阳鹤山组团 A、B 标准分区（原阳鹤山片区）控制性详细规划，古镇——菩提山连接桥亭廊建设，土地储备融资，人事任免等事项。

25 日，长寿区启动环保公安利剑 1 号专项行动，重点打击九类违法犯罪行为，专项行动至 2016 年 1 月底。

27 日，长寿区政府办公室以长寿府办发〔2015〕95 号通知，公布第六批区级文物保护单位：定慧寺。

29 日，第十八届中国（重庆）国际投资暨全球展购会（简称渝洽会）举行重大项目签约仪式，长寿区签约重点项目 1 个、一般项目 4 个，合同金额近 120 亿元。区领导赵世庆、巴川江、肖庆华等参加相关活动。

30 日，国家发改委公布第二批国家循环经济试点示范单位名单，重钢集团榜上有名。

31 日，长寿寿星广场雕塑《长寿老人》、长寿湖群雕《周总理来到长寿湖》《阿诗玛》《凤姑娘》等作品创作者、长寿著名本土雕塑家叶荣华去世，享年 72 岁。

6 月

1 日，区委书记周勇主持召开十二届区委第九十九次常委会议，围绕“坚定信仰信念，始终保持对党忠诚”主题，深入学习《习近平谈治国理政·坚持和发展中国特色社会主义·紧紧围绕坚持和发展中国特色社会主义学习宣传贯彻党的十八大精神》《习近平谈治国理政·坚持和发展中国特色社会主义·毫不动摇坚持和发展中国特色社会主义》，并就如何坚定马克思主义信仰和中国特色社会主义信念，增强道路自信、理论自信、制度自信展开讨论。

1—5 日，区长赵世庆率领长寿经开区、区投资促进局及有关街镇负责人出国访问韩国，到现代汽车一批零部件配套企业，洽谈投资合作事宜。经开区副主任肖庆华参加出访招商活动。

3 日，重庆市政协副主席姜平一行到长寿走访相关市政协委员。区领导周勇、张明生、张华等参加走访活动。

6 日，国务院三峡工程整体竣工验收委员会移民工程终验专家组到长寿检查。区领导周勇、赵世庆、张明生、张华、谭庆等参加。

9 日，长寿区人民政府与四川福华集团、重庆化医集团举行签约仪式。四川福华集团与重庆化医集团合作，在长寿经开区建设循环经济产业园项目，一期总投资 100 亿元，占地 100 公顷。长寿区领导周勇、赵世庆、张明生、巴川江，四川福华集团董事会主席张华，重庆化医集团理事长王平参加签约仪式。

10 日，区长赵世庆主持召开长寿区政府第一百一十四次常务会。研究规范行政审批委托评估评审、优惠政策规范调整、加强企业统计基层基础工作、创建保合村电子商务试点基地、长寿汽车交易市场项目建设等议题；通报全区“十件急事”及渡舟路改扩建项目专项督查的情况汇报，通报市委、市政府对长寿区防汛抗旱、地质灾害、安全生产工作实地督查的情况报告，全市食品安全工作电视电话会议和公安部“5·26”视频会议精神。

11 日，长寿区召开滨江长寿谷总体策划及概念性规划方案讨论专题会，邀请重庆市设计院、重庆大学的专家学者对滨江长寿谷综合开发出谋划策。区领导周勇、赵世庆、张明生、左永祥、陈瑛、付恺、邓有国参加专题会议。

11—12 日，国家安监总局监管三司巡视员牛开建到长寿督导危化品安全生产。经开区党工委书记、管委会主任巴川江，副区长李松参加座谈。

12 日，区委书记周勇主持召开十二届区委第一百零一次常委会议，传达学习《市纪委办公厅关于印发〈2015 年查处发生在群众身边的“四风”和腐败问题专项工作要点〉的通知》（渝纪办发〔2015〕10 号）精神，研究长寿区贯彻落实意见；传达学习中央统战工作会议精神，学习《中国共产党统一战线工作条例（试行）》。

14 日，水利部党组成员、总规划师周学文一行到长寿调研水利工程建设和管理工作。区领导周勇、张云平、汤晓强参加调研。

15 日，中共长寿区委组织部与区委非公经济和社会组织工委联合发出《关于成立长寿经开区企业综合党委的通知》。长寿经开区企业综合党委隶属区委非公经济和社会组织工委领导和管理，设党委书记 1 名、专职副书记 1 名。

15 日，区长赵世庆主持召开长寿区政府第一百一十五次常务会。研究万顺、云集、洪湖 3 镇的控制性详细规划，北城中学建设，第二届重庆“美丽乡村”原创歌曲大赛等议题；通报全国加强食品安全工作电视电话会议精神，全市药品价格改革工作电视电话会议精神，全区服务群众工作信息系统运行情况，“十件急事”及渡舟路改扩建项目专项督查情况，区政府常务会议决定事项跟踪督办情况，区政府常务会议决定事项落实情况等。

15 日，重庆市人民政府（渝府〔2015〕29 号）批复，同意撤销新市镇、八颗镇，设立新市街道、八颗街道，所管辖行政区域不变。

16 日，市委常委、政法委书记刘学普对巴斯夫、川维等企业的安全生产情况进行调研。

17 日，中共重庆市委常委、政法委书记刘学普率市信访办、市综治办、市公安局有关负责人，到长寿调研政法工作和平安建设。区领导周勇、赵世庆参加调研。

18日，云南城投置业股份有限公司长寿湖景区旅游综合开发项目签约仪式在长寿湖山庄举行。市旅游局副局长邝海，长寿区领导周勇、赵世庆、张明生、巴川江、谭庆、左永祥等，云南城投置业股份有限公司总经理余劲民出席签约仪式。

23日，区长赵世庆主持召开长寿区政府第一百一十六次常务会。研究行政审批制度改革、2015年城区义务教育划片招生、政府平台公司融资、有关人事任免等议题；通报全市深化体制机制改革加快实施创新驱动发展战略工作等3个会议精神。

25日，重庆市人大调研组到长寿调研。区领导周勇、张明生、谭庆等参加。

25日，长寿区现代畜牧园区的重庆市长寿区标杆养鸡股份合作社70万羽蛋鸡养殖示范场建成投产，项目占地一百四十一亩，是重庆市最大规模单个标准化蛋鸡养殖示范场。

26日，区委书记周勇主持召开十二届区委第一百零二次常委会议，分析研判2015年上半年全区平安建设暨安全稳定工作形势；分析研判2015年上半年全区基层党建工作形势。

26日，区农村综合产权流转交易中心成立后第一批土地流转交易，由葛兰镇葛兰村八组的20多户村民与标杆养鸡股份合作社在区农村综合产权流转交易中心进行现场交易。

29日，区长赵世庆主持召开长寿区政府第一百一十七次常务会。研究东方之骄红绿灯处和区医院至协信广场三岔路口处两处新建人行天桥设计方案、街镇引进外来税源、凤城片区非主干道设置临时摊区（点）、全区审计项目五年轮审规划、渝万铁路建设等议题；通报中共重庆市委民族工作会议精神。

29日，区纪委以长寿纪发〔2015〕57号发出《中共重庆市长寿区纪委关于10起发生在群众身边的“四风”和腐败典型问题的通报》。

30日，重庆市长寿区卫生局卫生监督所、重庆市长寿区人口和计划生育执法队整合，设立重庆市长寿区卫生计生监督执法局；重庆市长寿区妇幼保健院、重庆市长寿区人口和计划生育服务中心整合，设立重庆市长寿区妇幼保健计划生育服务中心，挂“重庆市长寿区妇幼保健院”牌子。

7　月

1日，重钢集团直径114毫米无缝钢管环保搬迁工程开工。重钢集团董事长、党委书记刘加才，重钢集团总经理、党委副书记朱建派，长寿区领导周勇、赵世庆、巴川江、谭庆等出席项目现场活动。

3日，重庆日报“寻找重庆最美生态旅游目的地”大型活动评选结果出炉，长寿湖风景区获评“重庆最美生态旅游地标”，长寿区菩提山文化旅游景区获评“重庆亲子旅游目的地”。

6日，区长赵世庆主持召开长寿区政府第一百一十八次常务会。研究长寿区三峡水库消落区管理实施细则（暂行），龙溪河、御临河流域场镇污水主干管维修、新增工程有关事项，滨江长寿谷青龙嘴片区文物保护修护工程等议题；传达全国禁毒工作先进集体和先进个人表彰大会、全市社会化禁毒工作涪陵现场会精神。

7日，市政府督查组到长寿区检查职业病防治工作落实情况。区领导陈瑛、霍家勤参加检查。

8日，《中共长寿区党史回忆录（续编）》出版发行。

10日，区委书记周勇主持召开十二届区委第一百零三次常委会议，围绕“个人干净”这一主题，深入学习《习近平谈治国理政·推进反腐倡廉建设·深入推进党风廉政建设和反腐败斗争》《习近平关于党风廉政建设和反腐败斗争论述摘编·深入落实中央八项规定精神，坚持不懈纠正“四风”》，并就如何不断深化对“四风”的整治；如何坚持用权为民，自觉遵守宪法法律和党的纪律，按规则、按制度、按法律行使权力；如何保持高尚道德情操和健康生活情趣，自觉远离低级趣味，树立良好家风、坚决抵制歪风展开讨论。学习《中国共产党统一战线工作条例（试行）》、市委书记孙政才6月19日在市委常委（扩大）会上的讲话——《明确责任 形成合力 强化精准 综合施策 坚决打赢扶贫攻坚战》。

10日，区委书记周勇主持召开十二届区委第一百零四次常委会议，传达全市城市发展新区区委书记、区长座谈会和全市非重点区县扶贫攻坚座谈会精神。

10日，长寿菩提古镇夜市街通过重庆市商业委员会考察评审，获得市级特色夜市称号。

13日，区长赵世庆主持召开长寿区政府第一百一十九次常务会。研究渡舟路改扩建工程（一期），精准扶贫精准脱贫工作，长寿区与市环保投资有限公司签订街镇污水处理厂战略合作协议等议题；通报全区 1—6 月安全生产工作情况等。

15 日，中共中央政治局委员、重庆市委书记孙政才在长寿经开区，调研城市发展新区现代产业发展情况。市领导翁杰明、张鸣，区领导周勇、赵世庆一同调研。

17 日，区委书记周勇主持召开十二届区委第一百零五次常委会议，传达中央政治局委员、市委书记孙政才到长寿视察调研指示精神，研究长寿区贯彻落实措施；分析研判上半年全区经济形势。

18 日，长寿区广播电视台开始试播《长寿新闻周报》手语新闻。

20 日，市政协书画摄影系列展举行长寿专场。市政协主席徐敬业，副主席何事忠、刘光磊、姜平、李钺锋到场参观，区领导周勇、赵世庆、张华一同参观。长寿专场展出作品 39 件。

20 日，长寿区半年经济工作会议暨聚商选资、重大项目、效能建设专题会在区党校学术报告厅召开。区领导周勇、赵世庆、张明生、张华、巴川江出席会议，谭庆主持会议。全区街镇、部门、驻长市属部门等负责人 254 人参加会议。

21 日，韩国岭南大学校长卢锡均一行到长寿访问。区领导赵世庆、肖庆华参加座谈会。

27 日，区长赵世庆主持召开长寿区政府第一百二十次常务会。研究关于重庆市长寿区石堰镇总体规划修编（2014—2025）编制成果批示的请示，关于 2014 年度长寿区科技创新拟奖项目的请示，审议人事任免等议题；通报“7·22”全市政法稳定和平安建设电视电话会议精神等。

27 日，长寿区公安局交巡警支队车辆管理所正式挂牌成为一等车管所。新增车驾业务和驾照科目考试等业务。

28 日，长寿区召开全区扶贫攻坚工作会，启动新一轮扶贫攻坚工作。至 2015 年年底，全区 10 个贫困村全面完成脱贫销号，6105 户、17614 名农村扶贫对象全部越过扶贫标准线。区领导张云平、汤晓强、王永全出席会议。

30 日，中共重庆市委常委、市纪委书记徐松南到长寿邻封镇上坪村调研，与区发改委、财政局、水务局、农委、林业局、畜牧局等部门负责人座谈，调研基层党风廉政建设和反腐败工作。区领导周勇、赵世庆、谭伟参加调研。

31 日，区委书记周勇主持召开十二届区委第一百零六次常委会议，听取 2015 年上半年全面深化改革工作和全面依法治区工作情况汇报。

8　月

1 日，长寿最具公信力的手机新闻发布平台——长寿党政客户端（新闻 APP）《人人长寿》上线。

1 日，全市微型企业五周年成果暨交易洽谈会在南坪国际会展中心开幕。市人大常委会副主任沈金强到长寿馆指导；副区长霍家勤参加开幕式。

3 日，长寿与重庆主城通勤列车开始运行。早晚各一对动车，分别从重庆北、长寿北发车。D8532 次早晨 7：20 时重庆北发车，D8531 次上午 8：11 时长寿火车北站发车；D8534 次下午 17：28 时重庆北站发车，D8533 次傍晚 18：12 时长寿火车北站发车。一等座 24 元，二等座和站票 20 元。

5 日，重庆市政协副主席彭永辉到长寿，督办重点提案《关于解决三峡库区区县小城镇污水处理设施建设运行问题的提案》。区领导周勇、赵世庆、张华等先后参加现场调研和提案督办会。

5 日，重庆粮食集团长寿公司与长寿区街镇工业走廊管委会签署粮食仓储加工投资 3 亿元在长寿建 10 万吨粮食储备库项目协议。重庆粮食集团董事长王银峰，长寿区领导赵世庆、李松出席签约仪式。

6 日，区委书记周勇主持召开十二届区委第一百零七次常委会议，研究讨论区委对市委四届七次全会研究“十三五”规划建议的相关意见；开展“三严三实”专题教育集中学习。

10 日，区长赵世庆主持召开长寿区政府第一百二十一次常务会。研究开行重庆主城至长寿点对点通勤列车，长寿区保护性建筑名录，自来水一户一表暨二次供水设施建设、改造、管理办法等议题，审批工作业绩突出记三等功人员名单等事项。

17 日，区委书记周勇主持召开十二届区委第一百零八次常委会议，围绕“严守党的政治纪律和政治规矩”主题，联系反面典型开展集中学习讨论。

17 日，区长赵世庆主持召开长寿区政府第一百二十二次常务会。研究重庆市长寿区海棠镇总体规划修编（2014—2025）、桃花河西岸城区段截污干管工程建设、晏家八颗部分道路命名等议题，审议通过在10月17—18日举办2015年重庆长寿湖国际铁人三项赛方案；传达全国、全市安全生产电视电话会议精神及通报全区近期安全生产相关情况。

18日，长寿区入选“2015旅游业最美中国榜”。这是由新华通讯社新华网主办的全国第三届旅游业融合与创新论坛峰会发布的“2015年旅游业最美中国目的地城市”名单。

23日，MDI一体化项目正式投产生产MDI产品。

24日，长寿委发〔2015〕10号《中共重庆市长寿区委关于印发（长寿区）落实党风廉政建设“两个责任”清单的通知》发出。

24日，长寿区政府与中国保监会重庆监管局签署《关于建设保险发展示范区合作备忘录》，重庆监管局局长陈杰，长寿区领导周勇、赵世庆、张明生、张华、巴川江、谭庆、左永祥及在长寿的各保险机构总经理参加签约仪式。长寿区保险发展示范区建设正式启动。

25日，国务院安全生产委员会第八综合督查组到长寿督导检查安全生产工作，先后到凤城街道、中荣重庆化工、经开区应急指挥中心等单位和企业，详细检查安全生产落实情况。区领导周勇、赵世庆、巴川江、谭庆、李松、涂山全等陪同督查。

30日，世界著名涂料制造商立邦投资有限公司在长寿经开区投资3.5亿元项目在重庆温德姆酒店签订意向合作协议。重庆市委常委、常务副市长翁杰明会见立邦中国区工业涂料事业群总裁扬铭潜一行，长寿区领导周勇、巴川江、肖庆华、冉洪等出席签约仪式。

31日，区长赵世庆主持召开长寿区政府第一百二十三次常务会。审定重庆市长寿区但渡镇总体规划修编（2014—2015）、重庆市长寿区无障碍环境建设发展规划（2014—2015）、实施桃花河流域“河段长”管理制度的通知、关于加快发展现代保险服务业的通知等议题。

9　月

1日，长寿北城中学（川维中学北城校区）正式投用。3200余名学生、200余名教职工参加新校园的第一次开学典礼和升旗仪式。学校占地面积70997平方米，按照90个教学班、容纳4500名学生就读设计建设。

1日，长寿区首批（8辆）气电混合动力公交车在渝运公交长寿分公司201、202路投用。

3日，在北京天安门广场举行的中国人民抗日战争暨世界反法西斯战争胜利70周年阅兵式方队里，长寿籍军人江廷参加空中护旗方队、解放军七七二八三部队的志愿兵吴俊谣参加徒步方队受阅；2013年获评第八届“全国人民满意公务员”的凤城监狱党支部书记陈益平，应邀参加阅兵观礼。

10日，重庆市政协副主席彭永辉一行到长寿调研。区领导周勇、赵世庆、张华等陪同调研。

11日，区委书记周勇主持召开十二届区委第一百一十次常委会议，围绕“真抓实干”主题，深入学习《习近平谈治国理政·实现中华民族伟大复兴中国梦·实干才能梦想成真》《习近平谈治国理政·提高党的领导水平·发扬钉钉子的精神，一张好的蓝图干到底》，并就如何坚持低调务实、少说多干，全力以赴推动工作落实和事业发展；如何既坚持实事求是又大胆解放思想、改革创新，创造性地开展工作；如何切实增强执行力，把嘴上说的、纸上写的、会上定的变成实际行动，推动长寿各项事业进步；如何坚持和树立正确政绩观，树立“功成不必在我”和一张蓝图干到底的意识，创造出经得起实践和历史检验的业绩等展开讨论。

11日，区委书记周勇主持召开十二届区委第一百一十一次常委会议，听取区政府支持实体经济加快发展若干措施的报告。

13日，长寿经济技术开发区在“2015绿色发展与创建生态文明新标杆”发布会上，获得由中国互联网新闻中心、中国环境科学学会联合评定的“2015创建生态文明标杆开发区”。

14日，区长赵世庆主持召开长寿区政府第一百二十五次常务会。审议关于加快推进创新驱动发展战略的实施意见，审定关于印发支持实体经济加快发展若干措施的通知、重庆市长寿区龙河镇总体规划修编（2014—2025）、长寿区人民政府关于进一步加强市政基础设施规划管理的实施意见的请示等议题。

15日，长寿区委书记周勇带队拜访贵州钢绳集团，长寿经开区领导巴川江、肖庆华和重庆钢铁集团董事长刘加才等随行，就重庆钢铁集团与贵州钢绳集团金属制品项目进行深入洽谈。

15日，长寿区人大常委会发布公告（2015）第十一号：撤销新市镇、八颗镇人民代表大会，设立重庆市长寿区人大常委会新市街道工作委员会、重庆市长寿区八颗街道工作委员会。

15 日，长寿菩提寺举行佛教贝叶经、佛祖舍利子迎接和安放仪式。长寿菩提寺成为国内首座完整供奉佛教四宝（来自斯里兰卡的菩提圣树、来自尼泊尔的释迦牟尼智慧圣火、来自缅甸的贝叶经和佛祖真身舍利子）的寺院。

16 日，环保部西南督查中心副主任杨为民一行到长寿，督查环境保护工作。区领导王身高、涂山全参加会议。

18 日，长寿区召开机关干部践行“三严三实”要求集中走访下访社区行动动员大会。区委书记周勇作动员部署，在长寿的全体区领导和区级部门、镇街、企事业单位主要负责人 331 人出席会议。

21 日，区长赵世庆主持召开长寿区政府第一百二十六次常务会。审议长寿区阳鹤山片区道路及地下综合管网建设项目和重庆市长寿区长江二桥项目 PPP 实施方案（送审稿）、长寿区 2015 年重大项目调整名单（送审稿），审定深圳市远恒佳教育有限公司重庆长寿湖远恒佳国际学校投资协议等议题；通报《关于晏家片区定销房分配工作的情况报告》等事项。

23 日，重庆长寿湖远恒佳学校签约仪式在长寿湖山庄举行。深圳市远恒佳教育集团董事长宋远标，市教委和市旅游局相关负责人，区领导周勇、赵世庆、张明生、谭庆、左永祥、陈瑛等出席签约仪式。

23 日，深圳大宗国际集团总投资 10 亿元的三个项目在长寿区政府签约。大宗国际集团董事长付斌，市经信委有关领导，区领导周勇、赵世庆、巴川江等出席签约仪式。

23 日，东莞大宗国际集团与长寿经开区签订项目投资协议，投资建设短焦投影仪、固态存储、石墨烯等项目，项目总投资 10 亿元，预计年产值 35 亿元，年实现综合税收 1 亿元。

24 日，长寿区政府与中国证监会重庆监管局签署《推动长寿区资本市场改革发展合作备忘录》。中国证监会重庆监管局局长方良平，长寿区领导赵世庆、巴川江、左永祥出席签约仪式。

25 日，区委书记周勇主持召开十二届区委第一百一十二次常委会议，学习《市委办公厅关于转发中纪通〔2015〕6 号通报的通知》（渝委办〔2015〕60 号）；传达全国省区市和部分部门单位“三严三实”专题教育工作座谈会和全市“三严三实”专题教育工作推进会精神。

25 日，韩国 LG 化学（重庆）工程有限公司 2 万吨工程塑料及塑料合金项目在长寿经开区开工奠基。区领导周勇、赵世庆、张明生、巴川江、谭庆、左永祥等参加奠基仪式。

25 日，长寿湖迎来首个由 14 人组成的韩国旅游团。

25 日，长寿·重庆火锅天下宴博物馆开馆。市委统战部副部长、市工商联党组书记蒋平，区领导赵世庆、张明生、何以龙等出席开馆仪式。

29 日，长寿菩提山万寿宝典开园，连接长寿菩提古镇和菩提山两大景区的菩提桥通车。

29 日，区长赵世庆主持召开长寿区政府第一百二十七次常务会。审定长寿区桃花河流域水产养殖污染长效防治实施方案、2015 年推进简政放权放管结合转变政府职能工作方案、长寿区第八届房交会购房补贴政策等议题；通报全市金秋消费促进月会议情况报告、全区安全生产情况等。

10　月

11 日，国务院三峡工程整体竣工验收委员会移民工程验收组第二次全体会议宣布移民工程验收合格，标志着长寿区（县）20 余年三峡移民工作圆满完成顺利通过终验。

12 日，长寿区纪委以长寿纪通〔2015〕2 号发出《关于罗庆林、张恩楷违纪违法案件的通报》。

15 日，中共重庆市委评估小组到长寿检查《关于党政主要负责人不分管人财物暂行规定》贯彻执行情况。

16 日，区委书记周勇主持召开十二届区委第一百一十三次常委会议，分析研判 2015 年前三季度全区经济形势；听取 2015 年前三季度全区贯彻执行中央八项规定及市委意见、区委实施意见相关情况汇报。

17—18 日，重庆长寿湖国际铁人三项赛举行。676 名来自十余个国家的运动员参加比赛。重庆市委常委、宣传部部长燕平宣布开赛，市政府副市长吴刚为比赛鸣枪；国家体育总局自行车击剑运动管理中心副主任、中国铁人三项运动协会副主席季道明，长寿区领导周勇、赵世庆、张明生、张华、巴川江、谭庆、周隆海、左永祥、陈瑛、李建强、李松、汤晓强等出席开幕式。

19 日，区长赵世庆主持召开长寿区政府第一百二十八次常务会。审议通过关于报批渡舟组团控制性详细规划的请示、关于报批长寿凤城组团E标准分区（关口片区）控制性详细规划的请示、关于乡镇机关事业单位工作人员实行乡镇补贴的请示、关于推进攀钢集团在长寿年产10万吨氯化法钛白粉项目及地产项目建设的请示、人事任免等议题。

20—30日，长寿区第四届美食文化节在长寿菩提古镇举行，为期11天，100余商家和30000人次食客参与，销售额近100万元。

21日，长寿区首届“十大孝星”和第七届“十大健康寿星”评选揭晓。

23日，重庆世纪之光科技实业公司与长寿经开区签署投资协议，投资105亿元建设塑料光纤及核心通信器件、设备产业化项目。区领导周勇、赵世庆、张明生、巴川江等，重庆世纪之光科技实业公司董事长杨学忠参加签约仪式。

23日，长寿区档案馆通过国家数字档案馆验收。成为重庆市第一家国家级数字档案馆。区领导霍家勤参加验收汇报会。

23—25日，长寿区第八届房交会在体育中心广场举行。3天网签商品房374套，成交建筑面积32111平方米，成交金额12481万元，成交建筑面积均价3887元/平方米，成交套内面积均价4801元/平方米。

28日，国家医疗行风联合调研组到长寿对区医院医疗行业作风建设情况进行调研。区领导陈瑛、霍家勤参加调研。

30日，区委书记周勇主持召开十二届区委第一百一十四次常委会议，讨论《市委关于制定重庆市国民经济和社会发展第十三个五年规划的建议（征求意见稿)》；听取2015年前三季度全面深化改革工作和全面依法治区工作情况汇报；传达全国全市深化平安建设暨社会治安防控体系建设会议精神，分析研判前三季度全区平安建设及安全稳定工作形势。

30日，长寿区召开新市街道、八颗街道设立干部大会。区领导周勇、张明生、张华、巴川江、谭庆、王志宏等出席。

30日，长寿街镇工业走廊新市家居产业园在“首届中国木材与木制品市场供应链大会”上，获得“中国十大木业产业加工园区”称号。

11　月

3日，区长赵世庆主持召开长寿区政府第一百二十九次常务会。研究关于印发《重庆市长寿区鼓励黄标车提前淘汰奖励补贴实施细则》的通知、关于印发《长寿区2016年城乡居民合作医疗保险参保缴费工作实施方案》的通知和人事任免等事项；通报全市冬春火灾防控工作动员部署电视电话会议精神等。

5日，重庆市城市发展新区美容美发技能大赛在长寿菩提古镇举行：江津、綦江、永川等13个区县的26位美容美发师参加3个项目比赛。区领导谭庆、李吉华、付恺、陈会明参加有关活动。

5日，长寿沙田柚江北观音桥品鉴推介活动，签订20余份意向合同，销售额近6000万元，解决长寿沙田柚产量大增销售困难问题，成功走向市场。

6日，韩国秀博瑞殷（重庆）公司在长寿经开区投资建设的年产3万吨蚀刻板、72万张平板显示玻璃薄化及ITO镀膜项目正式投产。区领导周勇、赵世庆、张华、巴川江、李吉华，秀博瑞殷（重庆）公司总经理陈观逊参加投产仪式。该项目是长寿区第一个电子信息产业项目。

9日，区长赵世庆主持召开长寿区政府第一百三十次常务会。研究关于调整凤城街道、渡舟街道行政区划设立菩提街道的方案1个议题。

12日，长寿经开区企业综合党委和党群社会事务服务中心挂牌成立。区领导王志宏、肖庆华参加成立大会。

13日，区委书记周勇主持召开十二届区委第一百一十五次常委会议，学习中共十八届五中全会精神，研究全区进一步贯彻落实的措施。

13日，重庆拓凌汽车配件有限公司、重庆市长寿区回龙机械制造有限公司、重庆柳洪汽车部件有限公司3家企业联合投资3.5亿元的汽车零配件项目在长寿经开区签约。区领导巴川江、宋平、肖庆华、冉洪、涂山全出席签约仪式。

13—14日，第三届中华长寿文化暨儒学宗师谯定学术研讨会在长寿湖山庄举行。区领导左永祥、蒋牧宸，北京大学东方文化研究中心、西南民族大学、台湾元智大学、清华大学、四川大学等的30余位专家学者，区内文化研究骨干等参加研讨会。

19日，区委书记周勇主持召开十二届区委第一百一十六次常委（扩大）会，传达学习市委四届七次全会精神，研究长寿区贯彻落实措施。

23日，重庆小康集团缸内直喷高性能节能发动机项目开工奠基，区领导周勇、赵世庆、张明生、张华、左永祥、冉洪等参加开工仪式。

23 日，区长赵世庆主持召开长寿区政府第一百三十一次常务会。审定申报 2016 年市级重点项目有关事项的请示、签订《中国家居（木业）产业基地综合服务港及小城镇开发建设项目合作协议》的请示等议题；通报全国全市反恐工作会议精神。

25 日，国家义务教育均衡发展督导认定专家组到长寿检查督导。区领导赵世庆、蒋牧宸、陈瑛等参加有关工作。

26 日，区委书记周勇主持召开十二届区委第一百一十七次常委会议，听取区人大常委会党组、区政府党组、区政协党组、长寿经开区党工委、区法院党组、区检察院党组抓党风廉政建设情况汇报。

27 日，长寿区与四川储备物资管理局就成品油罐区及贸易项目签约。四川储备物资管理局局长袁昌模，重庆市发改委油气办副处长范兆廷，区领导周勇、赵世庆、张明生、张华、巴川江等参加。

30 日，区长赵世庆主持召开长寿区政府第一百三十二次常务会。审定渡舟街道设立菩提社区、凤城街道设立古镇社区，报批长寿区综合交通规划（修改）的请示、长寿区县以下机关建立公务员职务与职级并行制度实施方案等议题。

12　月

2 日，长寿经开区在 2014 年重庆市院士专家工作站座谈会暨授牌仪式，获得院士专家工作站授牌及 70 万元建站和人才资助专项资金。

3 日，重庆市 49 所区、县医院的 400 名医院管理者和工作者，参加在长寿召开的重庆市医院协会区县医院分会 2015 管理学术年会。区领导张华、霍家勤参加会议。

3 日，浙江、江苏、福建和厦门、宁波等 13 个省市农业执法考察组到长寿学习考察农业综合执法改革情况。

3—4 日，全国人大环境资源委员会副主任委员王鸿举率队到长寿，就土地污染防治立法开展实地调研。市人大常委会副主任杨庆育、副市长陈和平，区领导周勇、赵世庆、张明生等参加调研。

4 日，区委书记周勇主持召开十二届区委第一百一十八次常委会议，研究审定区委十二届七次全会方案和《区委关于制定国民经济和社会发展第十三个五年规划的建议（讨论稿）》，听取长寿经开区“十三五”规划编制情况汇报。

7 日，梁平县政协主席周仁胜一行到长寿，考察旅游文化事业发展。区领导张华、何以龙、左永祥、陈会明参加有关活动。

8 日，区委十二届七次全会召开，深入学习贯彻中共十八届五中全会和市委四届七次全会精神，审议通过《中共重庆市长寿区委关于制定国民经济和社会发展第十三个五年规划的建议》。区委书记周勇讲话，区委副书记、区长赵世庆就《区委关于制定国民经济和社会发展第十三个五年规划的建议（讨论稿）》作说明。全体区委委员、区委候补委员出席会议；不是区委委员和区委候补委员的区级领导，离退休县级、区级党员干部代表，各街镇、各部门相关负责人列席，全区 291 人参加会议。长寿经开区党工委书记、管委会主任，区委副书记、副区长巴川江，区委副书记谭庆分别主持上午、下午的大会。

8 日，长寿经开区与中国风险投资有限公司签订战略合作协议。中国风险投资有限公司总裁王一军，民建重庆市委副主委胡崇理，区领导周勇、赵世庆、张明生、张华、巴川江、谭庆、何以龙、左永祥、宋平、肖庆华等参加签约仪式。

9 日，重庆方德集团与重庆市中科控股有限公司签订战略合作协议，投资 10 亿美元在老挝电力、能源、医疗、旅游等八大领域，老挝经贸考察团出席签约仪式。

14 日，长寿经开区与北京紫光制药有限公司签订投资协议，北京紫光在国内唯一的原料药及医药中间体研发生产基地项目落户长寿。市委常委、市政府常务副市长翁杰明，区领导周勇、赵世庆、张明生、张华、巴川江等，北京紫光制药有限公司总裁蒋朝文出席签约仪式。

14 日，中国·重庆长寿塑料光纤材料产业园在长寿经开区开工建设。市委常委、常务副市长翁杰明，市政协副主席李钺锋，区领导周勇、赵世庆、张明生、张华、巴川江等，重庆世纪之光科技实业有限公司董事长杨学忠出席开工仪式。

14 日，大足区党政代表团在区委书记江涛率领下，到长寿考察经开区建设、城市建设的情况。区领导周勇、张明生、张华、蒋牧宸、叶金龙、冉洪、涂山全参加有关活动。

14 日，区长赵世庆主持召开长寿区政府第一百三十三次常务会。研究重庆医科大学与长寿区政府医疗卫生事业全面发展战略合作协议，重庆医科大学附属第三医院长寿医养中心项目投资协议，长寿区城市周边永久基本农田划定工作情况等议题；通报三峡后续工作规划项目市级专项督查情况。

15 日，市人大常委会副主任杨庆育到长寿，视察区检察院工作。区领导周勇、赵世庆、张明生、张华、周隆海等参加视察活动。

16 日，九三学社重庆市长寿区委员会成立。成立大会选举产生九三学社长寿区第一届委员会领导班子，涂奇微当选主任委员，詹勇、程庸、陈正江、董长明、李春华当选副主任委员。九三学社重庆市委主委、市政协副主席谢小军授牌、授印。区领导周勇、赵世庆、张明生、张华、巴川江、谭庆、何以龙等参加成立大会。

16 日，重庆医科大学附属第三医院长寿医养中心项目在区行政中心举行签约仪式。区领导周勇、赵世庆、张明生、张华、巴川江、左永祥、陈瑛等出席签约仪式。

18 日，亚太森博（重庆）纸业有限公司高档文化纸项目开工典礼在长寿经开区举行。亚太森博集团副总经理洪庆隆，区领导周勇、赵世庆、谭庆、左永祥、潘晓林、邓有国、宋平出席开工仪式。

21 日，区委书记周勇主持召开十二届区委第一百一十九次常委会议，研究审定新设立菩提街道相关事宜。

21 日，区长赵世庆主持召开长寿区政府第一百三十四次常务会。研究区政府落实重庆市 2015 年行政审批制度改革事项目录、云集镇设立华福社区审核考察意见等议题。

21 日，长寿定慧寺复建暨青龙嘴片区改造工程（一期）开工典礼在定慧寺原址举行。

21 日，重庆市人民政府（渝府〔2015〕62 号）批复，调整长寿区凤城街道、渡舟街道行政区划，增设菩提街道。调整后，长寿区辖 7 个街道、12 个镇。

23 日，经长寿区委十二届 119 次常委会议审定，长寿区机构编制委员会印发关于菩提街道主要职责、内设机构和人员编制的通知（长编发〔2015〕366 号）。

23 日，长寿区发展和改革委员会印发关于建立居民生活用气阶梯价格制度的通知（长发改价〔2015〕54 号）、建立城区城镇居民用水阶梯价格制度的通知（长发改价〔2015〕53 号）。

24 日，重庆工贸城揭牌暨长寿汽车交易市场项目开工仪式在重庆小康集团长寿基地举行。市商委主任周克勤、区委书记周勇为重庆工贸城揭牌，区领导赵世庆、张明生、张华、巴川江、王身高等出席仪式。

28 日，长寿区召开菩提街道成立干部大会。按照《重庆市人民政府关于长寿区凤城街道渡舟街道行政区划调整的批复》（渝府〔2015〕62 号），菩提街道辖桃花、古镇、朝阳、胜天、菩提 5 个社区和松柏、东新、红花、阳鹤、田坝、菩提 5 个村。菩提街道办事处驻桃源西四路 1 号（菩提古镇御府华庭小区正大门斜对面）。区领导周勇、赵世庆、谭庆等出席大会。

28 日，长寿菩提古镇尾期工程暨长寿博物馆开工建设。区领导周勇、赵世庆、张明生、张华、巴川江、谭庆等出席开工仪式。

28 日，区长赵世庆主持召开长寿区政府第一百三十五次常务会。审定人事任免、社会信用信息平台建设等事项；通报全市机关事业单位养老保险制度改革及国企负责人薪酬制度改革工作电视电话会议精神，全市办信工作、信访信息录入“百日会战”视频会议精神及长寿区工作开展情况，全区“十件急事”和渡舟路改扩建项目专项督查情况等。

28 日，以百寿大道、千寿广场、万寿天梯组成的大型养生长寿文化景点集群——中华长寿宝典竣工。

28 日，区旅游局与中国环境国际旅行社有限公司签订战略合作协议，在长寿菩提古镇打造重庆市第一条“韩国街”。

29 日，重庆市长寿区现代农业园区被科学技术部办公厅国科办农〔2015〕76 号认定为第七批国家农业科技园区（重庆长寿国家农业科技园区）。

30 日，区委书记周勇主持召开十二届区委第一百二十次常委（扩大）会，传达学习市委四届八次全会精神，研究贯彻落实措施；学习《关于十起群众身边的不正之风和腐败问题典型案例的通报》（中纪通〔2015〕10 号）、《关于七起违反中央八项规定精神问题的通报》（中纪通〔2015〕11 号）、《关于六起中管干部违反中央八项规定精神问题的通报》（中纪通〔2015〕12 号）。

31 日，万人登长寿（万寿）天梯迎新活动在菩提山举行。渝中、渝北、巴南、大足、石柱等 16 个区县代表队和区内 120 个单位组队参加。

长寿概况

长寿概况

建置沿革

【概况】　长寿是古老的文明之地。约2万年前今长寿地域就有人类活动，4000年前进入渔猎和原始农耕阶段。在《尚书·禹贡》中，长寿属梁州，春秋属巴国枳邑，战国、秦汉至北朝西魏（公元前314—557年）属巴国（郡）枳县（邑）之地，其间蜀汉章武年间（221—223年）首置常安县，在县历史30余年。北周至隋朝时期（557—618年），县地划入巴县。唐武德二年（619年）分巴县地置乐温县，以“县东北有乐温山，其地常温，禾稼早熟，民亦乐之”而名。同时又置永安县、温山县，后永安、温山二县分别于唐开元二十二年（734年）、宋熙宁三年（1070年）撤并入乐温。元至元二十年（1283年），乐温撤县入涪州，置为涪陵巡检司。在县历史永安115年，温山451年，乐温664年。元至正二十三年（1363年），西系红巾军将领明玉珍建大夏国，定都重庆，置长寿县，以“县东北有长寿山，居其下者，人多寿考”而名。明、清、民国前期皆属重庆府所辖。民国24年（1935年）划属大竹专区，1950年3月划属涪陵专区。1952年9月长寿县由涪陵专区划属重庆市。1953年1月，长寿县由重庆市划归涪陵专区辖。1959年4月长寿县由涪陵专区划归重庆市辖。2001年12月25日国务院批准，撤销长寿县设置重庆市长寿区，结束了638年（1363—2001年）长寿名县历史，揭开重庆市长寿区历史新篇章。

政　区

【地理位置】　重庆市长寿区地处重庆市中部，主城区东部，属三峡库区生态经济区，距重庆市主城区50千米。东北邻垫江县，东南接涪陵区，西南与渝北区、巴南区接壤，西北毗四川省邻水县。在北纬29°43′～30°12′与东经106°49′～107°27′之间。东西宽57.5千米，南北长56.56千米。辖区面积1421.43平方千米（2010年全国土地第二次调查结果）。

【行政区划】　2015年，长寿区下辖7个街道、12个镇，即：菩提街道、凤城街道、晏家街道、江南街道、渡舟街道、八颗街道、新市街道；长寿湖镇、云台镇、葛兰镇、但渡镇、邻封镇、云集镇、双龙镇、龙河镇、海棠镇、石堰镇、洪湖镇、万顺镇。

重庆市长寿区人民政府驻菩提街道桃源大道11号。

2015，全区设222个村、42个社区。

2015年重庆市长寿区行政区划一览表

序号	街镇	社区数（个）	居民小组（个）	社　区	村总数（个）	村民小组（个）	村
1	菩提街道	5	57	桃花　古镇　胜天　朝阳　菩提	6	72	东新　红花　阳鹤　松柏　菩提　田坝

续表

序号	街镇	社区数（个）	居民小组（个）	社　区	村总数（个）	村民小组（个）	村
2	凤城街道	13	146	骑鞍　向阳路　凤岭路　望江路　三峡路　轻化路　滨江路　东街　梅村　顺风亭　黄桷湾　凤西　凤家	9	148	复元　永丰　长风　走马　三洞　陵园　过滩　古佛　白庙
3	晏家街道	9	172	晏兴　中心路　查家湾　朱家岩　晏中路　晏家　曹家堡　育才路　晏山	9	80	三观　石盘　石门　沙溪　沙塘　白石　金龙　龙门　十字
4	江南街道	2	22	南滨路　龙山	7	50	龙桥湖　扇沱　五堡　大元　锯梁　大堡　天星
5	渡舟街道	3	25	长生桥　渡中路　民兴	13	150	渡舟　堰桥　果园　黄连　三好　新道路　太平　白果　天桥　甘蔗　高峰　保丰　河塘
6	八颗街道	1	5	莲花街	15	126	八颗　丰胜　石马　曙光　武华　幸福　水井　核桃　新桥　高新　美满　付何　鹿坪　梓潼　干滩
7	新市街道	1	9	河石桥	8	54	红土地　河石井　新合　新同　新市　东门　堰耳沱　惠民
8	长寿湖镇	1	6	狮子滩	13	105	响塘　东海　回龙　红光　花山　石岭　大石　石回　龙沟　紫竹　两桂　安顺　玉华
9	双龙镇	1	8	双龙	11	77	龙滩　谷黄　飞石　长寿寨　联合　罗围　尖山　红岩　群力　连丰　天堂
10	云台镇	1	4	云台	13	103	八字　寨口　小岩　安坪　八角　利民　桥坝　拱桥　黄葛　应祝　青云　梅沱　鲤鱼

续表

序号	街镇	社区数（个）	居民小组（个）	社区	村总数（个）	村民小组（个）	村
11	葛兰镇	1	5	葛兰桥	21	162	湾丘　白云　冯庄　罗岩　盐井　天台　天宝　大坝　塘坝　烟坡　潼观　天福　沙河　南中　金山　葛兰　枯井　兰兴　中华　黄家坝　龙井坎
12	石堰镇	1	5	石兴	20	132	大塘　兴隆　石堰　海天　金星　燕耳　麒麟　石坝　普子　狮子　石安　雨台　木耳　义和　干坝　朝阳　高庙　兴庄　新寨　新滩
13	洪湖镇	1	9	沙湾	14	99	凤凰　表耳　永顺　普兴　坪滩　称沱　梯子　草堰　码头　芦池　黑岩　三合　五龙　长生
14	邻封镇	0	0		10	89	邻封　上硐　青观　汪塔　上坪　三化　保家　焦家　庙山　石心
15	但渡镇	0	0		8	61	楠木院　但渡　升高　双河　兴同　龙寨　未名　曾祠
16	云集镇	1	3	华福	11	90	华中　玉龙　雷祖　飞龙　万寿　福胜　大胜　玛瑙　青丰　大同　尖峰
17	龙河镇	1	4	龙兴	17	115	长安　仁和　堰塘　保合　明星　合兴　明丰　骑龙　龙河　金明　四坪　河堰　咸丰　太和　永兴　盐井凼　九龙
18	海棠镇	0	0		9	59	海棠　小河　龙凤　庄严　古林　建生　清泉　土桥　金子
19	万顺镇	0	0		8	71	万顺　四重　白合　院子　万花　东风　石龙　垭口
合计		42	480		222	1843	

（重庆市长寿区民政局提供）

【人口】 2015年年末，长寿区户籍人口90.2万人，其中，非农业人口32.1万人。全年出生人口8024人，死亡人口4969人，人口自然增长率为3.86‰。

年末，全区常住人口82.43万人，其中城镇人口50.79万人，城镇化率达61.62%。

（李永鑫）

【宗教】 2015年，长寿区有4个宗教团体；已批准开放的寺观教堂（含基督教活动点）35个，其中天主教2个、基督教15个、佛教14个、道教4个。宗教会期参加活动人数15.7万人，其中信教群众5.2万人（天主教0.5万人、基督教0.4万人、佛教3.6万人、道教0.7万人）。有宗教房产22500平方米，宗教界教职人员23人。

（刘显碧）

【民族】 2015年，长寿区有少数民族32个（另有两个未识别民族），总人数近4000人，占全区总人口的3.5‰，分布在全区19个街镇。于1987年成立长寿区（县）少数民族联谊会。

（刘显碧）

自然环境

【地质】 长寿区地质构造属压应构造形迹，以北北东向梳状褶皱形为主，具有背斜紧闭，向斜开阔和陡倾纵横张裂隙发育的特征。近背斜轴部件有压性逆冲断裂构造。区域地质构造大致分为三部分，一是华蓥山隆褶皱带。东南以明月峡背斜或开江潼梓基底断裂带为界，由平行排列的背斜向斜组成。背斜隆起较高，出现二叠系龙潭组长兴组地层。此背斜位于华蓥山隆起带东部边缘的长寿明月山一带，经东北边境穿越垫江倾优于开县中心场附近的黄家梁子，轴线平直，无大的弯曲。二是长垫梁坳褶皱带。背斜隆起较低，背轴部只露出中山三叠系地层，形成较规则的雁列，向斜轴部零星保存着遂宁组、蓬莱镇组地层，在长寿区境内分为长垫向斜，卧龙河背斜，万县向斜，狮子滩、新市多字形褶曲轴组等四种次级构造。三是南部复合构造。晏家、古佛、但渡（北纬29°50′）一线以南地带，由北东至北东东褶皱轴和南北向褶皱的复合，使北东东至北东向构造痕迹展布和组合形态。因黄草峡背斜位于蔺市、盆地北缘，涪陵区、长寿区两地交界部位的崖壁陡坎、黄草山百盛寨一带，全长37千米，北东段轴向为北东35°与苟家场背斜北西翼呈锐角相交，其间形成一系列的向南北倾伏的小褶皱。南西端扬起，呈鼻状反接丰盛场背斜上，地层倾角15°～40°之间，个别达50°以上。北段南东翼稍陡，20°～50°北西两翼较缓，20°～40°背斜轴部北东段及中段各发育有一条断层。一是黄草峡断层，位于背斜中断轴部南东翼的黑山、黄草峡上袁家湾一带，断层面倾向东南，倾角57°，地层断距为165米，属走向逆冲断层。二是太平寨断层。位于黄草峡背斜北东段近轴部的百盛寨至缺头垭一带。北西翼的须家河组逆冲于南东翼侏罗系珍珠地层之上，断层面倾向北西，倾角50°，断层走向随背斜轴后而变化，属走向逆冲断层。

【地貌】 长寿区地域地貌受构造控制明显，山体走向与构造形迹展布方向基本一致。背斜构成条状中低山岭，向斜构成宽缓开阔的槽谷丘陵。岭谷相间，构成平行岭谷地貌景观，为典型的梳状褶皱地貌。长江北岸地势顺大巴山支脉由东北向西南呈阶梯下降，东侧黄草山（亦名东山，海拔600～942米），中偏西侧明月山（亦名西山，海拔500～1034米），西部边缘铜锣山（海拔500～600米）将全境切割为“三山夹两槽”地形。三山之间丘陵波状起伏，梯土层层，冲田密布。东西二山之间沿长垫公路两侧地势平缓，渡舟、双龙为较大平坝。长江南岸范围窄小，南端五堡山耸峙，岗峦起伏，沿江是丘陵台地，黄金水道长江流经凤城、晏家南部、江南北部，境内流长20.9千米。一级支流龙溪河、御临河和二级支流大洪河等河和桃花溪、大石溪、沙溪等13溪纵横全区，境东西分别有长寿湖、大洪湖。长寿湖为西南最大人造湖泊，有“川东明珠”之称。全境山区约占18%，深丘35%，浅丘42%，江湖水面5%；全境海拔高度多在300米以上，最高点是明月山主峰白云山1034米，最低点是长江黄草峡出口黄尾岭江面175.6米（三峡电站175米蓄水后）。

【山脉】 长寿区境山脉为锯齿状。明月山、黄草山、铜锣山和五堡山，是境内主要山脉。以明月山最大，其支脉支峰分布较广。

明月山，又名邻山，亦名西山。位于区境西北，源自川陕间的大巴山脉，向西南绵亘，由垫江县澄溪镇与邻水县石滓乡交界的鸡公岭入区境海棠镇，经云台（含义和）、石堰、葛兰（含大坝、天台）、万顺、洪湖（含永顺、芦池）、八颗（含付何、梓潼）、晏家（含十字、沙溪）等街镇，交渝北区张关界，至洛碛镇境被长江切断，全长约175千米，区境内长80余千米，一般海拔600～700米，区内主峰白云山海拔1034米，是全区海拔最高峰；次主峰五华山海拔1009米，是全区第二高峰。

黄草山，又名东山，古称赤甲山。位于区境东，源自大巴山余脉。山脉由涪陵区永义乡入区境云集镇飞龙，经云集镇、长寿湖镇、但渡镇、凤城街道等地，抵黄草峡被长江切断。一般海拔600～700米，长寿湖镇太平寨最高，海拔942米。

铜锣山，位于区境西北边缘，万顺镇、洪湖镇的西侧，与四川邻水县和重庆渝北区以山为界，境内无主峰，一般海拔500～600米。

五堡山，位于区境内的江南街道，距扇沱场南约20千米，是巴南、涪陵、长寿三区交界地，山脉接扇沱的茶叶寨，由西向东与长江平行，主峰老山顶海拔881米，其东向西北行迂回，抵黄草峡。

【河流】 长江。从长寿区晏家街道新沙大石门入境，流经晏家街道、凤城街道、江南街道，至黄草山灰窑沱出境，区境内长20.9千米。主要支流有北岸的御临河、沙溪河、晏家河、古佛河、桃花溪、龙溪河和南岸的步里溪、萝白溪。区境内流域面积1423.62平方千米（2000年5月《长寿县河道普查成果汇编》第12页为1415.49平方千米）。

龙溪河。又名溶溪，发源于梁平县，经垫江县从长寿东北部云台镇入境，由北向东经海棠、云台、龙河、石堰、双龙、云集、长寿湖、邻封、但渡、凤城10个街镇后注入长江。总长218千米（2000年5月《长寿县河道普查成果汇编》第14页为229.8千米），区境内72.8千米；总流域面积3248平方千米（2000年5月《长寿县河道普查成果汇编》第14页为3280平方千米），区境内653.64平方千米（2000年5月《长寿县河道普查成果汇编》第15页为580平方千米）。多年平均流量为51.3立方米/秒（2000年5月《长寿县河道普查成果汇编》第15页为54立方米/秒）。

御临河。发源于四川省大竹县庙坝区，经邻水县、长寿区洪湖镇、渝北区，在渝北统景镇与大洪河合流后汇入长江。全长122.3千米（2000年5月《长寿县河道普查成果汇编》第13页为218.2千米），区境内长5.3千米；总流域面积1683.3平方千米（2000年5月《长寿县河道普查成果汇编》第13页为3860.9平方千米），区境内35平方千米；多年平均流量27.02立方米/秒（2000年5月《长寿县河道普查成果汇编》第13页为50.72立方米/秒）。

大洪河。发源于大竹县，经邻水县，从长寿区万顺镇入境，流经洪湖镇，至渝北区统景镇江口与御临河汇合，至太洪岗入长江。大洪河全长145.7千米（2000年5月《长寿县河道普查成果汇编》第13页为175千米），区境内长度18.9千米；总流域面积1452.6平方千米（2000年5月《长寿县河道普查成果汇编》第18页为1356.4平方千米），区境内135平方千米（2000年5月《长寿县河道普查成果汇编》第18页为135.8平方千米）；多年平均流量22.62立方米/秒（2000年5月《长寿县河道普查成果汇编》第18页为20.12立方米/秒）。

桃花溪。主源头始于区内五华山东北2.5千米处的石梁子，由北向南流经云台、石堰、葛兰、新市、八颗、渡舟、菩提、凤城8个街镇后注入长江。全长71.9千米（2000年5月《长寿县河道普查成果汇编》第20页为63.1千米），总流域面积361.8平方千米，多年平均流量5.43立方米/秒。（重庆市长寿区水务局：2010年《重庆市长寿区水资源利用和保护规划报告》第4、5页）。

打鱼溪。发源于垫江县太平镇龙华村九道拐，从北至南流经长寿区海棠、云台、石堰3镇，在石堰镇木耳村注入龙溪河。总流域面积117.9平方千米，区境内79.9平方千米；全长46.4千米，区境内长36.4千米；多年平均流量1.67立方米/秒，天然落差593.2米，平均比降6.92‰。

晏家河。为长江支流。总流域面积81.65平方千米，长28.23千米（2000年5月《长寿县河道普查成果汇编》第23页为21.8千米），多年平均流量1.2立方米/秒，天然落差769米，平均比降19.36‰。

高洞河。发源于涪陵区丛林乡回龙村。总流域面积58.05平方千米，区境内49.67平方千米；全长20千米，区境内17.9千米；多年平均流量0.85立方米/秒，天然落差415米，平均比降14.13‰。

双龙河。龙溪河支流。流域面积57.2平方千米，主河长19.5千米，天然落差282米，平均比降5.95‰。

焦家河。龙溪河支流。流域面积52.75平方千米，河长17.2千米，多年平均流量0.77立方米/秒，天然落差402米，平均比降9.01‰。

干滩河。桃花溪支流。流域面积 50.2 平方千米，河长 14.2 千米，平均比降 10.75‰，天然落差 610 米（重庆市长寿区水务局：2011 年《重庆市长寿区次级河流及重要水体水功能区划报告》第七～十一页）。

（袁美荧）

【湖泊】 长寿境内无天然湖泊。新中国成立后，兴修龙溪河狮子滩电站拦河坝和大洪河电站拦河坝，形成两大人工淡水湖，长寿湖和大洪湖。

长寿湖，位于区域东北，距主城区凤城 22.5 千米（长寿湖旅游高速公路里程）。1956 年，狮子滩电站拦河大坝竣工蓄水形成，是西南第一个大型人工湖。长寿湖控制流域长 140 千米，受水面积 3020 平方千米，在设计水位 347 米时，总库容量 10.27 亿立方米，调节库容 7.5 亿立方米。水面积 65.5 平方千米。湖区平均气温略高，气温变化平缓，冬季升温和夏秋季降温均较慢，加之湖岸为深丘低山相依，形成狭长的、特殊的湖盆半封闭地形谷地效应，对柑橘类生长有利，对夏橙生长尤为有利，是优质水果基地。湖区内有大小岛屿 200 多个，湖水清澈，岛上花果林木茂盛，风景宜人，是重庆市著名的风景名胜旅游胜地，国家 AAAA 级风景名胜区。

大洪湖，位于区域西北隅，距主城凤城约 41 千米。1958 年，动工兴建大洪河电站拦河坝后蓄水形成。湖呈枝叶状，跨越四川省邻水县和重庆市长寿区，水库控制流长 90 千米，受水面积 1326 平方千米，入库总水量 6.43 亿立方米，设计水位 297 米，水库面积 43 平方千米，库容量 3.68 亿立方米。由于淹没田地较多，设计改为近期正常水位 294 米，沿岸农民亦有意见，后经省市和有关部门协商，正常水位暂为 290.8 米，秋后蓄水位可达 292 米，水库面积 26 平方千米，库容量 1.6 亿立方米，有效库容 1.19 亿立方米，占多年平均入库总水量的 18.5%。

气　候

【概况】 2015 年，长寿区年平均气温为 19.0℃，较多年平均值偏高 1.5℃；年总降水量为 1334.5 毫米，较多年平均值偏多 16%；年总日照时数为 1043.8 小时，较多年平均值偏少 9%。

2015 年长寿区总体气候特征表现为：冬季降水偏少，春季气温偏高；春旱不明显，高温天气出现早；夏季降水偏多，伏旱不明显，区域性、局地性强降水次数较多，夏季、秋季多雨，寡照明显。

【汛期】 2015 年汛期（5—9 月）平均气温为 25.3℃，较多年平均值偏高 0.4℃；总降水量为 1060.5 毫米，较多年平均值偏多 41%；日照 573.9 小时，较多年平均值偏少 22.8%。汛期未出现明显伏旱；高温（≥35℃）日数为 21 天，较常年平均值偏多 1.2 天；极端最高气温 37.4℃。

【气象灾害】 2015 年，长寿区发生的气象灾害主要有暴雨、高温、雷电、大风、强降温、大雾等以及气象衍生灾害。出现 1 次特强降温天气（4 月 3 日）、9 次暴雨天气过程；年内 7 月、9 月、10 月出现 3 次连阴雨天气，6 月和 9 月的雨日数分别为 20 天和 15 天。

2015 年的主要天气气候事件有 10 件。“4·3”特强降温及局地大风。4 月 3 日开始，长寿区各地陆续出现雷雨大风天气，区气象站 72 小时日平均气温下降 13℃；葛兰镇潼关站等 3 个站为中雨。4 月 3 日 3 时至 5 时，区内龙河镇、天台场、晏家街道、海棠镇、万顺镇出现 9 级风；石堰镇出现 8 级风；渡舟街道、长寿城区、邻封镇出现 7 级风。该次风雹灾害造成受灾人口 367 人，直接经济损失 125 万。

“5·15”局地暴雨。5 月 14 日 20 时—15 日 20 时，区内各地普降中到大雨，龙河、狮子滩 2 个区域站和合兴、普子等 9 个山洪雨量站为暴雨，最大为龙河站 81.7 毫米。

“6·1”区域暴雨。5 月 31 日 8 时—6 月 1 日 8 时，全区普降大到暴雨，其中 24 个站点雨量为暴雨，但渡镇兴同站降雨量最大，为 92.2 毫米。该次暴雨天气过程造成受灾人口 4366 人，农作物受灾面积 220 公顷，直接经济损失 106.6 万元。

“6·17”区域暴雨。6 月 16 日 8 时—17 日 8 时，区内各地普降大到暴雨，其中 31 个站点为暴雨，新市站雨量最大，为 86.9 毫米。

“6·30”局地暴雨。6 月 29 日 8 时—30 日 8 时，区内普降大到暴雨，沙石、西山 2 个区域站和黄葛等 3 个山洪站为暴雨，其中黄葛站降雨量最大，为 74.6 毫米。该次强降雨过程造成晏家街道等 8 个街镇受灾，受灾人口 314 人，直接经济损失 36.11 万元。

“7·14”局地暴雨。7 月 14 日 8 时—15 日 8 时，区内各地普降大到暴雨，海棠、飞龙、万顺 3 个区域站和龙门 1 个山洪站为暴雨，其中海棠降雨量最大，为76.6毫米。

“7·22”区域暴雨。7月21日20时—22日20时，区内各地普降大到暴雨，23个站点雨量超过50毫米，其中罗围站降雨量最大，为77.2毫米。无明显灾情。

“8·16”区域暴雨。8月16日8时—8月19日8时，区内各地普降暴雨，局地大暴雨，13个站点雨量超过100毫米，28个站点雨量为50～100毫米，其中秤砣站降雨量最大，为145.9毫米。

“9·5”区域暴雨。9月4日8时—9月6日8时，区内各地普降大到暴雨，19个站点雨量超过50毫米，其中龙河站雨量最大，为83.1毫米。

“9·11”区域暴雨。9月10日20时—12日20时，区内各地普降大到暴雨，33个站点雨量超过50毫米，其中海棠站降雨量最大，为102.5毫米。

（谢林江）

2015年长寿区气温及距多年平均值比较情况

单位:℃

月份	1月	2月	3月	4月	5月	6月	7月	8月	9月	10月	11月	12月	全年
气温（℃）	9.6	11.2	15.7	20.3	22.1	25.3	27.8	27.4	23.7	20.2	15.8	9.2	19.0
气温距平（℃）	+2.7	+2.3	+3.0	+2.7	+0.4	+1.1	+0.2	-0.3	+0.2	+2.3	+2.4	+1.0	+1.5

2015年长寿区降水及距多年平均值比较情况

单位：毫米

月份	1月	2月	3月	4月	5月	6月	7月	8月	9月	10月	11月	12月	全年
降水量（mm）	32.1	14.5	28.3	55.8	177.0	355.5	157.7	134.3	236.0	83.9	16.0	43.4	1334.5
降水距平（%）	+57	-41	-39	-47.5	-4	+45	+6	+2	+130	-23	-72	+63	16

2015年长寿区日照及距多年平均值比较情况

单位：小时

月份	1月	2月	3月	4月	5月	6月	7月	8月	9月	10月	11月	12月	全年
日照时数（h）	43.3	33.9	104.2	146.3	84.8	85.3	188.7	158.6	56.5	88.6	25.4	28.2	1043.8
日照距平（%）	+25	-17	+25	+38	-31	-26	+2	-20	-53.7	+38	-50	+4	-9

（重庆市长寿区气象局提供）

自然资源

【土地资源】 2015年，长寿区土地总面积142143公顷。其中：耕地面积56517公顷，占土地总面积的39.77%；园地面积13166公顷，占9.26%；林地面积28261公顷，占19.88%；草地4251公顷，占2.99%；城镇、村居民及工矿用地面积16104公顷，占11.33%；交通用地面积2740公顷，占1.93%；水域及水利设施面积11247公顷，占7.91%；其他土地面积9856公顷，占6.93%。全区集体土地面积110759公顷，占土地总面积的77.92%；国有土地面积31383公顷，占22.08%。

（邱　真）

【矿产资源】 长寿区境内主要矿产资源有天然气、岩盐、煤、石灰岩、页岩、砂岩、白云岩、矿泉水、铁矿、地热等。天然气主要分布在卧龙河气田，黄草峡背斜。岩盐主要分布在双龙构造，已探明资源储量21.4亿吨，已设采矿权2个，探矿权1个。煤炭资源主要分布在明月峡背斜和黄草峡背斜，已探明资源储量2101.0万吨（截至2010年年底），已设采矿权8个，正在开发利用。石灰岩主要分布在明月山背斜嘉陵江组一段、三段，飞仙关组三段，已设采矿权31个。白云岩主要分布在葛兰镇大坝，已探明资源储量2160.20万吨，设采矿权1个。铁矿主要分布于江南、葛兰、东山、云台，品位较低，现未开发利用。矿泉水主要分布在石堰镇干坝村，已设采矿权1个。页岩矿分布于沙溪庙组、遂宁组，已设采矿权24个。砂岩矿主要分布于沙溪庙组，已设采矿权7个。地热主要分布在长寿湖东岸（云集镇境内）、八颗镇付何，已设探矿权1个，其中长寿湖东岸（云集镇境内）探矿权已完成勘查钻井工作，尚未利用。

（邱　真）

【水资源】　长寿区有“一江、两湖、三河、十三溪”，均属长江水系。其中，流域面积1000平方千米以上的河流有长江、龙溪河、御临河、大洪河四条；100～1000平方千米的河流有桃花溪、打鱼溪2条；50～100平方千米的河流有晏家河、焦家河、高洞河、双龙河、干滩河5条；20～50平方千米的河流有沙溪河、张巴河、但渡河、古佛河、万顺河、龙河6条［《重庆市长寿区防洪规划报告》(2015—2025)，第八页］。多年平均径流量为6.96亿立方米，2012年地表水资源量4.36亿立方米，地下水资源量1.46亿立方米（《2012年重庆市水资源公报》，重庆市水利局，2013年4月，表B04《2012年重庆市行政分区地表水资源量》、表B06《2012年重庆市行政分区地下水资源量》）。

（袁美荧）

【生物资源】　2015年，全区林业用地面积66951.64公顷，其中，森林面积（有林地）64169.04公顷，占95.9%（其中：乔木林33266.67公顷，竹林11600公顷，国家特别规定灌木林地19333.33公顷），其他灌木林地806.67公顷，疏林地153.33公顷，未成林地553.33公顷，无立木林地113.33公顷，宜林地866.67公顷，苗圃地240公顷；森林覆盖率45.1%；全区活立木总蓄积164.4万立方米。

全区64169.04公顷森林分布：乔木林33266.67公顷主要分布在东山、西山、五堡山，优势树种主要是马尾松、柏木和杉木；国家特别规定灌木林地19333.33公顷主要分布在“两山一带”生态屏障、高速公路景观林及凤城、晏家、渡舟、双龙、龙河、长寿湖、邻封等街镇，优势树种主要为银杏、天竺桂、杂柑、血脐、沙田柚等；竹林11600公顷主要分布在凤城、晏家、江南、但渡、八颗、葛兰等街镇，主要为楠竹、白荚竹、大叶麻竹、慈竹等。

植被分布5个植被型，18个植被群系。主要为：低山带常绿阔叶林，栎类林，马尾松林，杉木林，柏木林，大径竹林，小径竹林，落叶阔叶灌丛和稀疏草丛。植物有182科249属619种148个变种以上，其中绝大多数为乡土物种，保护珍稀树种有水杉、银杏、桢楠等。组成天然林的乔木树种主要以樟属、楠属、青冈属、木荷、栲属、栎属及光皮桦、枫香、樱、马尾松、柏木等。常见林下木和地被植物有杜鹃、黄荆、小铁仔、南烛、马桑、蔷薇、悬钩子、凤尾蕨、里白、金粉蕨、紫萁、芒、黄背草、野古草、扭黄茅、知风草、莎草、苔草等。

野生动物资源较丰富，以农区动物和湿地水域鸟类为主。主要野生动物有219种，其中两栖类7种，爬行类13种，鸟类160种，兽类39种，国家级重点保护动物19种，重庆市重点保护动物20种。国家二级保护动物有金钱豹、娃娃鱼；三级保护动物有红腹锦鸡、水獭、大灵猫、水灵猫、獐子、岩羊等。

（陈炯莉　廖　欣）

旅游资源

【概况】　长寿区旅游资源分为两类：一类是自然资源，一类是人文资源。根据2002年完成的“长寿区旅游发展规划”总体布局及旅游市场需求，结合长寿旅游资源特色及分布规律，划分出几个旅游功能区，分别是：长寿湖旅游休闲度假区、菩提山·中国长寿文化产业园、大洪湖生态旅游观光区、楠木院—龙溪河周末度假区、凤城—文峰塔文化旅游区、五华山探险旅游区。有长寿湖风景名胜区、菩提山·中国长寿文化城、滨江长寿谷·悬崖长寿梯三个百亿级旅游项目。2011年经评选并由区政府确认的长寿新八景，分别是长湖浪屿、凤山春色、菩提胜景、桃源仙洞、黄峡塔影、罗围寿山、五华云峰、钢城溅花。

【长湖浪屿】　含“东林柚香”“楠木林海”。风景如画的长寿湖，面积65.5平方千米，库容10.27亿立方米，有岛屿200多个，为西南地区最大的人工湖。湖面烟波浩渺，天水一色；湖中岛影成趣，鸟飞鱼翔，被誉为“西南明珠”。党和国家老一辈领导人周恩来、朱德、李富春、李先念、胡耀邦、李井泉等曾先后亲临视察、游览或题词。是著名小说《红岩》的创作地，历史文化厚重。更有长堤抒怀、角亭仰圣、浴滨戏水、高峰日出、湖岛果香、古寨雄姿、湘子遗石、飞瀑流泉、天赐寿岛、领袖群雕等著名景点。2011年之后建成长寿湖广场、湖滨公园等景观。曾先后两次被评为重庆巴渝十二景之一。附近的“东林柚香”，有长寿著名佛教古刹东林寺，有中华名果长寿沙田柚的十里柚林，有绚丽的龙溪河风光。附近的“楠木林海”，有近两万亩森林（主导树种为楠木），附近有丁木沟水库，还有唐代著名寺庙鹿囷寺（后为兰木院、楠木院）遗址。曾获省级森林公园称号。为长寿地区著名的风景名胜和避暑纳凉的好地方。长湖浪屿、东林柚香、楠木林海均属长寿湖风景名胜区规划的辖区范围。将三景合一为“长寿浪屿”，更使景区规模宏大、内容浩繁、风景壮观。

【凤山春色】 含“西岩瀑布”、三倒拐古街、“定慧晓钟”。长寿城所在的山岭，古名白虎山、铜鼓山，因“状如飞凤”，又名凤山。因其历史文化厚重，山水风光秀丽，明代和民国时期长寿老“八景”中，有六景均在凤山上。史上有“凤凰展翅落平沙”“飞凤立沙洲”的诗句传颂。凤山历来风光秀丽，满目春色，一派生机。位于凤山前临长江的西岩观，有三级瀑布，有明代古城墙及古城门、丹崖、凤山镵石、史子读书处、社稷坛、白虎头等名胜古迹；还有1964年建成的西南地区最长的缆车道和望江亭、望江桥等。西岩观的东侧，是建于明清时期的长寿城古街——三倒拐。全程2.5千米，山高、坡陡、路弯，沿街房屋鳞次栉比，悬崖古榕参天。曾为旧时长寿河街通往长寿内地和垫江、梁平等地的交通要道，极具川东山地古街特色。至今为长江三峡沿岸保存最为完好的古街。附近还有武庙、文庙等古遗址。与西岩观一桥相对的、建在青龙嘴岩石上的宋代古刹定慧寺，曾为长寿历代礼仪朝圣之地，又是国民政府龙溪河水力发电工程处驻地，还是美国著名高坝专家萨凡奇长江三峡第一个水电工程方案设计地。青龙岭、青龙嘴与凤山、白虎头相对应，使长寿城有“龙凤呈祥”和“青龙、白虎拱卫”的际会传说，“凤山春色”“西岩瀑布”“定慧晓钟”、三倒拐，地近毗邻，历史文化厚重，景色风光奇异。其中，前三景均属明代和民国时期长寿“八景”。将此四景合并为一景，保留“凤山春色”景名，使凤山、凤城更显春意盎然，生机勃发。

【菩提胜景】 含长寿古镇。位于长寿城西菩提街道境内的菩提山，海拔598米。因中国佛教禅宗祖师菩提达摩到此传佛讲法得名。又因突兀而立、气势雄杰、山顶中凹的特殊地貌，史称为“巨镇群山”的长寿“镇山”。明代进士戴锦为使之与皛山相对应，曾改名为“皛山”。原山上建有菩提寨、菩提寺和菩提圣灯。曾以“菩提圣灯”和“菩提山上灯一盏”之名，被列为明代和民国时期长寿“八景”之一。史上留有多位诗人、名家为之传颂的诗篇和民间传说。建于菩提山东麓的长寿古镇，是2010年开工打造“菩提山·中国长寿文化城”风景旅游区的核心景区之一。古镇以巴渝文化、长寿文化为背景，以中国西部古建筑为平台，展示巴渝及长寿人文景观。是长寿地区新近建成的规模宏大的人文建筑景观群。

【桃源仙洞】 位于长寿城东的桃花溪三洞沟，因河床陡然跌落，形成全长2.4千米的河床峡谷。南接长江，北抵桃花街，谷顶与谷底落差160余米。其间，有三座悬崖、三级瀑布、三眼深潭。林木茂密，飞瀑轰鸣，怪石嶙峋，有石笋、石鹅、风月之台、长生洞、桃源寨等名胜古迹或遗址。还有县人王绍级修建的“恒星发电厂”遗址，以及国民政府修建的第一座水力发电站桃花溪三洞沟电站。曾以“桃源仙洞”和“桃源三洞出仙家”之名，被列为长寿老“八景”之一。史上留有多位诗人、名家为之颂扬的诗篇。因风景独特，文化厚重，实为中国和世界少有的城市大峡谷。

【黄峡塔影】 长江流经长寿与涪陵接壤的黄草山，冲决山体夺路而出，形成江面狭窄、波涛汹涌的高山大河峡谷黄草峡。黄草峡至不语滩一线，为历代兵家必争的古战场：三国蜀汉军师诸葛亮、大将张飞，在此调兵、驻防；东汉赤甲军和明末农民起义军张献忠，在此征战、行军。唐代大诗人杜甫在此写下著名诗篇《黄草峡》。还有宋代兴建、明代迁建于此的桓侯宫（张飞庙）；清代修建的文峰塔、不语山寨；唐代设置的永安县治所阳关城（永丰场）遗址；历代修建的不语滩古栈道及石刻、和尚坟等历史文化古迹，成为长寿历史文化富集地区。这些自然风光、名胜古迹和古建筑，大多有遗存或保存完好。不失为长寿境内自然和人文胜景。

【罗围寿山】 含双龙镇罗围场附近的长寿山和大罗山、小罗山及相邻的何石井一带。“人多寿考”，是长寿得名的主要原因，也是长寿地区人健康长寿的代表象征，更是长寿文化孕育形成的发祥之地。这里，山高势雄，山寨巍峨，植被完好，寺庙、题刻、古迹众多。也是长寿名人胡超、廖井丹、王秉楠和革命烈士程让泉、程冰仙、程谦谋、韩子重等人的故乡或革命活动地。以王秉楠为首的中共长寿地下县委，在那里领导长寿人民开展迎接解放的斗争，留有“润之堂”（罗围中心校）等重要革命文物或遗址。

【五华云峰】 明月山义和段的五华山，海拔1009.6米。五华山由大狮山、中狮山、小狮山、腆肚山、凤凰山五座山峰组成，故名“五华”。五峰山态各异，或形似雄狮，或状如凤凰，或宛若腆肚的罗汉，形象逼真、有趣。山上植被茂密，保留完好，建有五华寨、五华寺、功德碑等古建筑。还有地缝、地热奇观和“四洞”“三石”“三库”“神仙脚板”等景观或遗址。登上最高峰狮寨嘴，极目远眺，但见群山迎候，阡陌纵横，真有耸入云端、手接云霞之感。山下，还有义和场、三条沟水库和范家桥水库等。五华山全年气温最高30℃左右，是夏日纳凉避暑、冬日赏雪的好去处。

【钢城溅花】 由重庆大渡口环保迁建在长寿江南的重庆钢铁集团重庆钢铁股份有限公司，迁建工程曾是重庆市政府的一号工程，也是国家级长寿经济技术开发区具有代表性的特大型企业之一。这里厂房林立，管网密布，绿树掩映，显现现代化工业的文明气息。特别是夜幕降临，十里钢城霓虹闪烁，钢花飞溅，宛若点点繁星缀满苍穹。这里还是中国第一个女实业家、冶炼始祖、富甲天下的巴寡妇清的故里——龙寨山（原名青台山、贞女山）所在地。有龙山寨、秦始皇女怀清台、巴寡妇清墓、神仙洞、清斋台等古遗址。曾以“龙寨秋容”之名，被列为明代长寿“八景”之一。历代诗人、名家留有多首纪念（感怀）诗篇。汉代《史记》和晋、唐等历代编修的志书均有记载，极具工业旅游和历史文化开发价值。

【乡村旅游资源】 长寿区拥有重庆唯一的国家级农业产业化示范基地，包括现代畜牧园区、现代种植园区、长寿沙田柚种植园区等现代农业园区。观光农园、休闲农场、科技农园，已经成为长寿乡村旅游的特色资源。依托长寿沙田柚种植园区，建成上千亩集中连片的以油菜花为主的“十里柚香·百里花海”乡村生态观光园，建成“柚趣农庄”农家乐一条街，开展“观油菜花”“采摘沙田柚”等活动，每年接待游客近60万人次；围绕“沙田柚延伸产品”做文章，打造柚子糕点、柚子菜、柚子酒等特色旅游产品，沙田柚采摘休闲旅游成为乡村旅游发展的成功示范。

长寿区西部地区，因铜锣山、明月山夹势而成，拥有大洪湖、大洪河、万亩梨花园、西山竹海、巴渝自然村落等多种生态景观，主产洪湖白酒、生态有机鱼、三合大米等优质特产，建成大洪湖原生态湖泊类垂钓区和明月山乡村生态养生区。

东部地区，依托长寿湖、黄草山、龙溪河及其长寿湖鱼面、晚熟柑橘、血豆腐、长寿湖有机鱼、花卉药材等特产，布局民俗风苑、生态渔场、养老社区等乡村旅游业态，形成长寿湖—沙田柚基地—龙溪河—桃花河等乡村自驾游的热线，红色文化、水电文化、古村落、民俗风情交织交融。

【旅游文化资源】 长寿最具旅游开发价值的文化资源为“一核心、两枢纽、三贤人”。“一核心”，即养生长寿文化。长寿因“人多寿考”而得名，是中国乃至世界唯一一个用“长寿”二字命名的城市，具有独一无二的养生长寿文化。“两枢纽”，一是以佛教禅宗文化为内涵的菩提山，因菩提达摩祖师到此弘法降魔、明代僧人大智菩提圣灯等典故而闻名。二是以湖泊文化为核心内涵的长寿湖。长寿湖源于狮子滩水电站的建设，是西南地区最大的人工湖，自然山水和湖岛风光灵秀动人、不可复制；狮子滩水电站是新中国成立后修建的第一座水电站，周恩来、朱德、李先念等老一辈党和国家领导人多次到该地视察；也曾是刘伯承元帅血战丰都负伤后的养伤之地，还是小说《红岩》的原创地。“三贤人”，即长寿三贤：一贤巴寡妇清，是中国最早的女实业家、养生大师，是《史记》记载的唯一今重庆地区人，受到秦始皇的特殊礼遇；二贤谯定，是宋代理学涪州学派创始人，对宋代理学由程颐、程颢最终发展到朱熹，发挥重大传承作用，培养造就一大批著名儒学家，是中国文化史上泰斗式的人物；三贤还珠楼主李寿民，是中国现代武侠小说大宗师，被金庸称为中国历史上最伟大的武侠小说家。

（孙　祥）

长寿地方文化

【长寿区第六批区级文物保护单位】 定慧寺：位于重庆市长寿区凤城街道东街社区新桥头旁，名取禅定智慧之意。明成化年《长寿县志》载：“定慧寺，在县东一里，宋绍兴间建，洪武间重修，僧会司在焉。”由此可知，定慧寺始建于南宋绍兴年间，后遭损毁，明朝洪武年间重修。另据文献记载，明代重修后定慧寺牌坊上有理学大师朱熹墨迹“天风海涛”四字牌匾，明末张献忠率农民起义军入川，寺庙毁于战乱，现存建筑为清朝康熙七年（公元1668年）重建。民国时期，长寿县佛教协会曾设定慧寺。1939年，国民政府资源委员会长寿发电厂在此设办公室。1945年抗日战争胜利后，国民政府在定慧寺设立全国水力发电工程总处，成为当时中国水电事业的指挥中心。1947年，定慧寺改设保育学校。长寿解放后，一部分改为民居，一部分改为集体企业铁木社。

定慧寺坐东向西，现存山门、上殿、大雄宝殿及藏经楼，整个建筑布局结构尚存，形制较完整，为研究清代的寺庙建筑形制提供了实物资料。建筑历史传承记载清晰，对研究长寿区历史沿革及宗教发展传播等有重要的历史价值。

（摘自长寿府办发〔2015〕95号）

【长寿区第七批区级文物保护单位】 青龙嘴古建筑群，位于重庆市长寿区凤城街道东街社区新桥头旁，建筑群包括江西庙、王爷庙（紫云宫）、叶氏民居、殷氏民居、青龙阁5处古建筑。江西庙又名万寿宫，为当地江西移民所修同乡会馆，清代光绪时《长寿县志》即有记载。现仅存大殿，抬梁结构，重檐小青瓦硬山屋面建筑。建筑1层，面阔1间，进深1间；王爷庙又名紫云宫，是长江沿岸居民修建用以祭祀龙王、祈求航运平安、趋避水患的场所，清代《长寿县志》亦有记载，现存山门及大殿，整个建筑坐东北向西南，大殿屋架保存较完好，抬梁结构，重檐小青瓦硬山屋面；叶氏民居与殷氏民居皆为当地民居古建筑，修建于清末民国年间。青龙阁分为大阁与小阁，为民国时期长寿当地富商孙仲山所建，小阁已经损毁，留有影像资料，大阁尚存，为砖木结构，二重檐小青瓦歇山式屋面建筑，建筑共3层，面阔5间，进深1间。青龙嘴古建筑群对于研究长寿乃至川渝地区明清时期的移民状况、当地家族历史变迁、居民宗教信仰、当地历史沿革等具有重要价值，其形制反映了古时巴蜀一带民间建筑的特色。

戴氏祠，位于重庆市长寿区石堰镇狮子村，为当地历代戴氏族人祭祀祖先的场所，房屋坐西向东，原为三重殿布局，分为上殿、中殿、前殿（戏楼）。现存上殿、中殿，为木结构悬山式屋顶，穿斗式屋架，面阔四柱三开间11.4米，进深七柱7.5米，通高6.5米，天井宽4.85米，现为当地居民居住场所。该民居建筑为研究当地历史沿革、家族变迁等提供了重要的实物参考资料，对于研究川渝地区传统民居的形制、当时建筑工艺水平等有重要意义。

（摘自长寿府发〔2015〕147号）

长寿地方特产

【长寿蜂蜜】 长寿蜂蜜由长寿蜂即中华蜂所酿。长寿蜂蜜的生产起源于清朝光绪末年（1908），已有百余年的历史。长寿蜂蜜具有甜度高、味绵长、气芳香等特点，刚摇下时黄褐透亮，放置一定时间后，如果温度低，会逐渐结晶，状如沙粒，颜色也随之变浅。2015年，长寿区已有养蜂户百余户，其中专业合作社10余户，微型企业6户，养蜂大户4户；每个散户养蜂人每年生产蜂蜜50～500公斤，每个专业合作社每年生产蜂蜜7～8吨，按500克蜂蜜100元左右计算，长寿蜂蜜年产值约8000万元人民币。长寿地跨长江南北，四季有花。12月—4月的野油菜花、枇杷花、金银花、羊食子花、杨槐花、柑橘花、梨花、李花、柚子花、桃花等，4月—8月的荆条花、南瓜花、苦瓜花、冬瓜花、稻花等，8月—12月的五倍子花、野苏麻花等，都是中华蜂的最爱，长寿蜂蜜生产前景可观。

（重庆市长寿区农产品商贸流通协会提供）

长寿区国民经济和社会发展“十二五”规划完成情况

2011—2015年国民经济和社会发展“十二五”规划期间，长寿区面对复杂严峻的国内外形势和艰巨繁重的改革发展稳定任务，围绕“科学发展、富民兴区”总任务，奋力打好“三地一中心”（工业高地、现代农业基地、旅游胜地，区域物流中心）建设总体战，圆满完成“十二五”各项目标任务。全区地区生产总值翻番，达到430.1亿元；地方财政收入翻番，达到84.1亿元；全社会固定资产投资达到506.9亿元，五年完成1891.7亿元；社会消费品零售总额接近翻番，达到103.3亿元；规模以上工业总产值翻番，达到806亿元；外贸进出口总额增长7倍，达到12.3亿美元；城乡常住居民人均可支配收入分别达到27571元、12047元，收入比由2.6:1缩小为2.3:1。经过五年奋斗，全区综合实力迈上大台阶，主要取得五个方面的突出成就：

"三地一中心"建成，产业布局趋于成熟。工业总产值突破千亿元大关。长寿化工园区升格为国家级长寿经济技术开发区，开发面积达到35平方千米，重钢环保搬迁项目全面建成投产，MDI一体化等一批百亿级产业集群加速崛起，街镇工业走廊产值翻两番突破100亿元。150平方千米的现代农业"三园"成型，现代农业"五区"（即现代粮食生产区、东山生态农业区、西山生态农业区、果蔬生态种植区、三峡移民生态农业区）快速投建，建成全市规模最大的晚熟柑橘基地、沙田柚基地及蛋鸡标准化养殖基地，"1+5+2"特色效益农业（"1"即粮油产业，"5"即柑橘、蔬菜、渔业、畜牧、林果五大产业，"2"即中药材、花卉苗木产业）发展体系形成。长寿湖景区和长寿菩提古镇成功创建国家AAAA级景区，长寿湖——长寿菩提古镇跻身重庆市首批十大旅游度假区，接待游客数、旅游收入均翻两番，"长寿·人人向往"旅游品牌誉享全国。"一圈六市场"（"一圈"即包括协信、桃花、古镇、黄桷湾在内的城区商圈，"六市场"即建材市场、汽车市场、农副产品市场、货运市场、钢材市场和化工品市场）商贸物流格局、"一江两岸"现代物流产业带形成，商品销售总额翻番，物流量达到6300万吨。

发展空间拓展优化，城乡面貌显著改观。修编城乡总体规划和土地利用总体规划，新增城市规划面积24.5平方千米、城镇工矿用地面积8平方千米。新开发城市面积20余平方千米，城市建成区达到55.8平方千米，位居重庆市主城区外各区县前列；全区常住人口城镇化率61.62%。东西走向的但渡黄草山至晏家沙溪段（国道319高雄至成都）公路和云集拱背桥至洪湖称沱段（国道351台金至小金）公路；南北走向的海棠土桥至江南马桑垭段（国道243开县至凭祥）公路；连接国道的省道公路，包括洪湖称沱至邻水幺滩（省道101渝邻路）、万顺镇至江南扇沱（省道207长万路）、但渡回龙寨至长寿湖镇（省道412汝但路）、云台义和至云集飞龙（省道413蟠云路）、龙河烟坡崖至渡舟街道（省道415沙凤路）、洪湖称沱至渝北大湾（省道436洪金路）的"两横一纵多连线"干线公路网形成，渝利铁路、渝怀铁路复线渝涪段建成通车，渝万铁路长寿段完成铺轨。建成市级森林城市，全区森林覆盖率45.1%。小城镇建设提档升级，场镇主要道路实现"白改黑"，城镇污水处理及垃圾处理设施全覆盖，总计建成农民新村34个，农村环境连片整治全面推进。超额完成"十二五"节能减排任务，环保"六大行动"有效实施，桃花河流域污染、城区臭气扰民等一批环境突出问题得到有效治理，守住一方绿水青山。

社会事业全面进步，人民生活切实改善。年均城镇新增就业人口达到3万人，城镇登记失业率每年控制在3%以内。城乡居民养老保险参保率95%，城乡居民合作医疗保险参保率100%。成功创建全国义务教育发展基本均衡区，主要劳动年龄人口平均受教育年限11.7年。三级医疗卫生服务体系不断健全，基层医疗卫生机构规范化建设全面完成，建成三甲医院、二甲医院各1所，12类基本公共卫生服务全面开展。继续蝉联"全国文明城区"提名城区，成功创建全国文化先进区。完成整村脱贫20个，脱贫4万人。安居、通畅、饮水等民生实事持续推进，建设保障性住房667万平方米；优化城乡交通网络，改造农村公路达到1040千米，撤并村通达率100%；解决32.86万人饮水安全问题。

改革开放纵深推进，创新活力不断释放。户籍制度改革转户9万人，加速城镇化进程。工商登记制度改革激发市场活力，全区微型企业突破1万户，市场主体近5万户，非公经济占比提高到58.4%。优化整合"1+6"政府建设平台［"1"即长寿经开区集团公司，"6"即长寿区街镇工业发展有限公司、长寿区城市开发投资（集团）有限公司、长寿区公共民生工程建设有限公司、长寿生态旅业开发有限公司、长寿区农村投资有限公司、长寿区商贸物流发展有限公司等6个区级平台公司］，促进全区产业、城乡开发建设。对外开放引领城市发展新区，长寿经开区入驻世界500强企业22家、跨国公司44家、上市公司49家，综合发展实力居西部前列。引进项目678个，合同引资2875亿元，实际利用外资、内资分别增长7倍、3.9倍。区域创新能力增强，建成全市首个化工产业专利查询平台，建成科技创新服务平台25个，培育高新技术企业18家、高新技术产品60个、重点新产品42个。

社会治理持续加强，平安建设深入推进。安全稳定保障线筑牢筑实，全面实现"六个坚决防止"（即坚决防止发生危害国家安全和社会稳定的重大政治事件，坚决防止发生有重大影响的群体性事件，坚决防止发生重大网络突发事件，坚决防止发生大规模进京到市集访、非正常上访，坚决防止发生重特大刑事案件，坚决防止发生重特大安全事故）目标，全区社会政治大局实现“五连安、五连稳”。社会治安立体化防控体系建立完善，“应指工程”（即社会安全事件应急联动指挥系统建设工程）深入推进，“大巡防”体系全面建成，大调解格局形成，公众安全感指数连续五年保持在90%以上。全国食品安全示范区成功创建，全国药品安全示范区加快建设，全国安全保障型示范区和示范园区建设持续推进，危化、烟花爆竹、水上交通、特种设备等重点领域多年保持“零死亡”，安全生产事故起数、死亡人数连续八年实现“双下降”。基层政法综治组织建设、城乡网格化服务管理、基层平安创建等一批重点工作取得重大进展。

政府自身建设加强，监察、编制、司法、审计、统计、民族、宗教、对台、侨务、保密、外事、人防等工作取得新成效，修志、档案、地震、妇女儿童、青年、老龄、残疾人、气象等工作取得新进步，双拥共建、国防教育、国防后备力量建设取得新进展。

（摘自重庆市长寿区第十七届人民代表大会第六次会议《政府工作报告》）

2015年经济社会发展概况

【综合经济】 2015年，长寿区地区生产总值实现430.1亿元，比2014年增长（以下简称“增长”）11.8%，增幅高于全市平均水平0.8个百分点，总量居全市第十四位，增速居全市第八位。一、二、三次产业分别实现增加值38.2亿元、230.1亿元、161.8亿元，分别增长4.7%、12.4%、12.2%。经济结构不断优化。三次产业结构比重由2014年的8.3:59.7:32调整为8.9:53.5:37.6，服务业比重明显上升。

【工业经济】 2015年，全区实现工业增加值171.9亿元，增长11.6%。实现规模以上工业总产值806亿元，增长15.9%，其中，经开区实现规上工业产值747.4亿元，增长16.1%；街镇工业走廊完成规模以上工业产值42.9亿元，增长70.7%。工业规模不断壮大，新升规企业30家，全区规模以上企业达到203家；MDI一体化及配套项目顺利投产，完成工业产值50亿元；一批中小企业通过技术创新有效释放产能，完成各类技改50余项，增加产值近20亿元。工业结构不断优化，钢铁、化工、装备制造、新材料四大主导产业比重由2014年的42:30:13:15调整为30:32:20:17；化工、装备制造、新材料分别实现产值225亿元、141亿元、92亿元，分别增长14.2%、95.8%、17.9%。经开区综合发展实力排名中国西部第六位。

【农村经济】 现代“农业三园”加快发展，现代粮食生产园核心区二期建设项目云台片区全面完工，标杆合作社60万只蛋鸡示范项目全面建成，温氏配套生猪养殖小区项目建成投产，5000头种猪项目完工，15万吨饲料厂项目顺利推进。主要农副产品产量稳步增长，实现水果产量22.2万吨、水产产量3万吨、蔬菜产量33.7万吨、禽蛋产量5万吨，分别增长8.5%、14.4%、7.5%、4.8%。农业水利保障能力增强，龙门桥水库加快建设，御临河防洪工程主体完工，龙溪河大灌区配套工程进展顺利，建成人饮工程20处，解决6.21万农村居民饮水安全，4个中小河流水文监测站全面建成。农村人居环境明显改善，开展农村人居环境改善综合整治规划编制，新建农民新村4个，改造农村危房1663户，完成15座农村简易污水处理设施建设。全年实现农业生产总值57.4亿元，增长9.4%。

【旅游经济】 长寿湖景区建设纵深推进，旅游配套功能成型，欧瑞锦江等星级酒店群加快推进，富盈湾商业广场等商业配套项目加快建设，水上运动公园等游乐项目有序推进，云南城投长寿湖旅游综合开发体、远恒佳国际学校、重医康疗医院等一批重大项目年内签约，形成设施完备、功能完善的旅游项目集群；景区基础设施不断完善，渝万高铁站至长寿湖快速连接道完工，长寿湖环湖路快速推进前期工作，景区内部道路完善。菩提山文化旅游区日趋成熟，百寿大道、千寿广场、万寿宝典佛教雕塑小品等工程如期完工，佛学院项目加快推进，佛寿文化与旅游融合发展特色鲜明；景区规模不断壮大，长寿菩提古镇三期项目开工建设，菩提古镇与菩提山景区连接桥建成投用，古镇与菩提山开发融为一体。滨江长寿谷建设正式启动，总体策划和概念性规划顺利完成，定慧寺复建工程顺利开工，调节坝前期工作有序推进，城市峡谷公园初现端倪。旅游营销力度加大，积极参加西旅会活动，成功利用香港凤凰卫视、央视等知名媒体宣传长寿旅游，“长寿·人人向往”唱响全国。全年接待游客700万人次，增长20.6%；实现旅游收入42亿元，增长20%；实现过夜游客人数116万人，增长25%。

【商贸物流】 以发展覆盖城乡一体的商贸服务业为核心，改造提升传统商贸业，培育发展新兴商业业态，商贸物流发展步伐加快。商贸发展提档升级，协信、黄桷湾、长寿菩提古镇、桃花四大商圈内涵不断丰富，城中城商业广场竣工投用，陶然居建成开业，成功创建长寿菩提古镇市级夜市街、中华美食街等特色街区，商业服务功能进一步优化。电子商务快速发展，建成电商产业园和保合农村电商示范村，培育本土龙头电商10家，引导23家传统企业实现网上营销，发展150家微型电商企业，年内实现电商交易额2.8亿元，电子商务规模化效应逐步显现。会展经济繁荣活跃，成功组织区内25家企业参加各类市级展会，240家企业参加区级展会，全年举办汽车、农产品、美食、家具建材等各类会展11次，实现会展直接收入1.55亿元，拉动消费6450万元。以加快提升现代服务业服务水平为重点，修编完善现代商贸物流发展规划。专业市场群加快建设，新崛钢材交易市场项目一期竣工投用，工业品综合交易市场项目启动基础设施建设，小康汽车交易市场、10万吨粮食仓储项目开工建设，渝东农副产品交易市场前期工作进展顺利。物流配套基础设施功能进一步完善，新恒阳化工专用码头及罐区项目、中远物流化学品仓库项目竣工投用，全区港口码头达到15座、泊位36个、规模化罐区仓储设施3个。全年实现社会消费品零售总额103.3亿元，增长13.6%；实现商品销售总额263.3亿元，增长18.7%。

【固定资产投资】 全年完成固定资产投资506.9亿元，增长22.1%。以推进产业结构调整、提高基础设施配套能力、改善民生事业为核心，千方百计推动各领域投资增长。工业投资高速增长，完成工业投资274.4亿元，增长44%，亚太高档纸项目、世纪之光塑料光纤产业园项目、年产30万台发动机汽缸盖生产线项目开工建设；旅游投资快速增长，完成投资80亿元，增长23%，香江国际、富盈置业等一批旅游星级酒店群和高档小区完成主体工程；农业农村投资保持稳定，实施农业重大项目22个，完成投资10亿元；社会事业投资力度加大，实施社会民生重大项目35个，完成投资31亿元；基础设施投资保持稳定，实施城市开发重大项目49个，完成投资65亿元。

【城乡建设】 城市布局日益完善，启动实施渡舟组团城市设计，开展凤城街道、渡舟街道、八颗街道旧城更新规划，开展中心城区慢行系统等规划编制，城区各组团功能进一步优化提升。大城市框架逐步显现，城市骨干路网建设加快，北城大道、站前大道建成通车，古桃路、渡舟路等重点项目有序实施，菩提片区、渡舟片区、凤西片区骨干路网成型，火车北站站前广场建成投用；城市片区开发有序，推进菩提片区、凤西片区、阳鹤片区等重点区域开发，开工建设商品房面积392万平方米，竣工商品房面积45.4万平方米，改造城市棚户区2.13万平方米。城市环境进一步改善，桃花河滨河公园建成开放，桃花河绿化景观工程站前广场段顺利完工，新增城市绿地面积198公顷；优化城镇生活垃圾集中收运处置系统，城镇生活垃圾无害化处理率99%，完成12个街镇的污水管网维修整改工作。小城镇建设步伐加快，实施小城镇基础设施项目42个，新建市民小广场2个、新改建公厕29个，改造集镇人行道2.14万平方米，集镇主要街道路灯基本设施实现全覆盖。

【财税金融】 财政收入逆势增长，全年完成地方财政收入84.1亿元，增长15.4%。其中：一般公共预算收入完成35亿元，增长11.9%。一般公共预算收入中税收完成25.9亿元，增长10.9%。金融业发展良好，全区银行业金融机构实现本外币存款余额454.7亿元，贷款余额282亿元，分别增长10.1%，9.2%。全年新发放各类贷款177.3亿元，其中：政府平台公司贷款48.9亿元，中小微企业贷款67.1亿元，农村产权抵押贷款0.62亿元，其他行业贷款60.6亿元，有力支撑实体经济发展。

【对外开放】 聚商选资取得实效，紧扣产业结构转型，提升产业附加值，推动聚商选资，引进宏国聚材、LG化学、金刚化工、现代EP、立邦涂料等新材料聚氨酯产业链上下游项目，全年引进项目126个，合同引资542亿元，实际到位资金215亿元，实现物流贸易额163亿元。外贸内贸稳定增长，实际利用内资218.3亿元，增长17.6%；实际利用外资3.7亿美元，总量列城市发展新区第一位；实现外贸进出口总额12.3亿美元，总量列城市发展新区第二位；实现离岸服务外包8563万美元，增长32%，总量列城市发展新区第一位。区域合作进一步加强，全面完成长垫对口帮扶年度任务，启动龙溪河流域治理前期工作。

（焦　旺）

2015 年综合经济体制改革概况

【重点改革专项】 推进地方财政转移支付制度改革。坚持事权与财权匹配原则，出台对街镇财政管理体制调整方案，在原有保障性、事务性、激励性基础上新增专项转移支付，并优化部分指标。

健全城乡基本公共服务资源配置机制。完善基本公共服务设施建设布局与人口集聚、城镇拓展相适应机制，将公共资源配置纳入“十三五”规划，开展统筹城乡一体化规划和社会事业规划编制，逐步推进城乡公共服务设施建设。

健全地方金融服务体系。引入金融机构，2015 年新设立中华联合财产保险公司、鹏城保险代理公司、重庆长寿城市发展股权投资管理基金公司。筹建重庆市重化工产品交易市场，正在启动筹备前期工作。开展农村产权抵押融资改革，考核奖励金融机构对农村产权抵押贷款的支持力度；开展农村房屋抵押贷款登记工作，发放金额约 600 万元；探索土地收益保证贷款试点，发放土地承包经营贷款约 4000 万元。继续开展大宗农作物、主要畜产品、重要“菜篮子”品种等为重点的政策性农业保险，提高保险覆盖面。与市保监局签订《关于建设保险发展示范区的合作备忘录》，启动示范区建设。筹备开展小额贷款保证保险试点、巨灾保险试点工作。

深化户籍制度改革。贯彻落实《重庆市人民政府关于进一步推进户籍制度改革的实施意见》（渝府发〔2015〕54 号）文件精神，起草长寿区加快推进户籍制度改革实施方案，推进重点群体转户，转户重点转向城镇建设规划控制区外的农村居民和在城务工相对稳定的农民工。

推进公用事业价格改革。贯彻执行市政府定价目录，严格管理。完成建立城区城镇居民生活用水、全区居民生活用气阶梯价格制度及农村客运价格调整工作，于 2016 年 1 月 1 日起实施。

探索信息化助推农业农村发展机制。有序推进农业物联网技术应用，长寿区物联网应用示范工程已在现代农业园区晚熟柑橘基地落地，完成物联网技术试验示范项目建设，为柑橘种植管理提供实时数据支持。建立适应农业农村的电子商务服务机制，确定龙河镇、邻封镇、洪湖镇、葛兰镇、云台镇、云集镇为农村电子商务重点镇，安排专项资金支持龙河镇电子商务一条街项目建设，确定城区的城中城商业广场为农村电子商务公共服务中心。加强涉农服务网站和信息服务平台建设，改版完成区农委官方网站，丰富农业服务信息，开展新型农业经营主体关键农时农业技术短信信息服务，及时提供农业生产技术指导。利用大数据、云计算等信息化新技术，提高涉农地区就业等社会服务水平，建立企业用工信息发布系统，开设专门用工信息专栏；在凤城车站等密集场所安装 Wi－Fi 云服务器。

【重要改革任务】 坚持和完善基本经济制度。鼓励非公有制企业进入特许经营领域，确定第一批 PPP 项目名单，拟定 PPP 实施方案。加大金融机构贷款投放支持力度，区内银行类金融机构当年发放各类贷款超过 150 亿元。

加快完善现代市场体系。推进商事制度改革，2015 年 10 月 1 日起，全面实施企业“三证合一”“一照一码”登记工作，发放“一照一码”营业执照超过 3000 份，探索推进电子营业执照系统建设；推进注册登记便利化，构建市场准入快速通道，下放内资企业名称受理权限到工商所；立足登记服务职能，加快推进重点招商项目落户进程。推进贸易流通管理体制改革，深化粮食收储供应体制改革，设置收购网点 17 个，建立三级储备体系；完成 7500 吨储备粮收购入库工作；推进粮食项目建设，全区粮食应急加工能力达到近 1000 吨/年，有效保障全区粮食供应；对接市商委，争取公共配送中心和末端配送网点建设项目；推进双龙、云集公益性农产品市场建设。加大企业经营异常名录管理，贯彻执行《重庆市企业经营异常名录管理实施暂行细则》《重庆市企业公示信息抽查工作实施暂行细则》及《重庆市个体工商户年度报告信息抽查工作实施暂行细则》，对逾期未年报的 13321 户主体依法列入经营异常名录和经营异常状态；对全区 1000 余户市场主体开展随机抽查检查，将检查结果通过企业信用信息公示系统进行公示。建立健全打击和防范非法金融活动长效机制，切实开展非法集资风险防控工作，成立打非专项工作组，开展调查取证、资产处置及信访维稳工作。全年立案查处涉嫌非法集资企业 9 家，涉嫌金额 7400 万元，涉及集资群众约 1100 人。

深化财税体制改革。推进区属国有企业分类处置工作，提出区属国有企业分类改革处置初步意见，启动相关工作。建立规范合理的政府债务管理及预警机制，加强政府债务管理，将平台公司举借的政府负有偿还责任的债务纳入政府债务管理；对平台公司的资金收支提前研判，确保平台公司能按时偿还债务本息；根据预算法的规定和财政部的要求，将政府债务限额报送区人大常委会批准后，向社会公开；上报权责发生制政府综合财务试编报告。全面清理规范涉企收费，对区经信委、区市政局、区林业局、区气象局等4家单位开展涉企收费专项检查。

加快推进投融资体制改革。严格执行《重庆市企业投资项目核准目录（2015年版）》《重庆市企业投资项目核准管理办法和备案管理办法》相关规定，结合外商投资产业指导目录、投资禁投清单，按章审批；运用在线备案管理平台进行网上项目备案服务。完善投资失信管理机制，开展投资失信行为信息记录，建立守信失信奖惩机制；出台关于加快推进全区社会信用体系建设的实施意见、关于印发长寿区信用体系建设规划纲要（2014—2020年）工作任务分工的通知、关于转发重庆市公共信用信息目录（2015年版）的通知等系列文件，并督促落实。完善招投标制度，严格执行招投标法律法规。

推进城市交通智能化。完成《长寿区“十三五”公共交通发展规划》《长寿区城区公交站场、停车港基础设施布点规划》编制，通过专家及部门评审，报区政府审批。

大力实施创新驱动发展战略。2015年9月，区委、区政府公布出台关于加快推进创新驱动发展战略的实施意见，引领全区未来五年内创新驱动发展战略方向。起草完成《创新驱动发展战略专项资金管理办法（试行）》，鼓励扶持企业开展自主创新科研工作，加大为创业创新服务的行业扶持力度。长寿区重视“创新创业”人物评选，营造良好社会氛围。

发展众创空间。发展众创空间作为实施创新驱动发展战略的重要子项内容之一，得到区委、区政府重视。截至2015年底，长寿区“健康家佳”众创空间和顾唯·智慧创梦工场成功授牌为市级“众创空间”，总占地面积为1.36万平方米，入驻庆丰传媒、卡思传媒、邻家电子商务等8家企业，引入中国电子科技集团高级工程师索武生、深圳市社会科学院国际管理咨询师CMC王小刚等10名培训导师，引入重庆天蚂行空网络科技有限公司、长寿川福职业学校等4家服务机构。

（董　龙）

2015年精神文明建设概况

【文明城区创建】　2015年，长寿区创建全国文明城区重点做好测评迎检工作，完善由区长任组长，区委副书记任常务副组长，19个相关区级领导任副组长，27个相关部门和街镇主要负责人为成员的创建全国文明城区领导小组。明确工作职责，区创建办将《全国文明城区测评体系》《全国未成年人思想道德建设工作测评体系》的200余项测评标准逐项分解落实到100多个责任单位，从工作进度、具体要求、验收标准等方面，严格责任主体和完成时限。完善共驻共建机制，将37名区级领导、103个单位划分到城区27个社区，明确责任区域，实行网格化管理，开展共驻共建。营造创建氛围，《长寿日报》、长寿电视台、长寿新闻网开设专题专栏，每天刊播创建全国文明城区公益广告及新闻节目，加强宣传；在公路主干道、公交站台、公交车身、广场、公园等广泛设置文明城区公益广告及宣传语；印发《长寿区市民公约》《致全区人民的倡议书》、“节俭养德 文明餐桌”公益广告、《手拉手共建文明城 心连心同做文明人》等宣传单张29万份；通过长寿APP围绕全国文明城区创建开展“牵手文明·亲子互动”“文明点赞·校园最美”“我爱家乡·童画文明”、评选“最美出租车司机”系列主题活动，10余万人参与。建立督察机制，区创建办组织100名义务监督员及创建全国文明城区领导小组成员单位组成7个暗访工作组，进行实地暗访；每天对暗访发现的问题进行交办，各责任单位必须认真整改并在1周内反馈整改结果；暗访组对整改落实情况督促跟进，形成情况报告报送领导小组。

【公民道德建设】　践行社会主义核心价值观，着力提升市民文明素质和城市文明程度。刊播公益广告，营造文明氛围，利用《长寿日报》、长寿广播电视台、长寿新闻网、建筑围挡、户外LED屏、T型牌、主次干道、公园、城市广场、车站等载体刊播“讲文明树新风”“图说我们的价值观”公益广告，全年各类媒体媒介刊播50万条次，实现公益广告宣传立体化、全覆盖，让市民在潜移默化中感受到浓郁的正能量。开展好人评选，塑造文明榜样，继续深化“我推荐我评议身边好人”活动，利用报纸电视、微博微信、QQ群、宣传栏等发布“身边好人”推荐评选活动信息，发动广大市民推荐评选“身边好人”；利用《长寿日报》、长寿电视台等媒体对“身边好人”进行宣传报道；利用长寿新闻网建成长寿网上好人馆，全面展示全区涌现出的凡人善举；邀请“中国好人”“重庆好人”开展“好人在身边微访谈”10余期，以感动人物樊普辉、重庆好人黄茹杰等为原型拍摄“身边好人”微电影4部，在全区展播，受众20万人次，收到良好的宣传效果；使用道德风尚基金7万元看望慰问身边好人，为“身边好人”免费体检，提高“当好人有好报”的正向引领作用；2015年，长寿区1人登上“中国好人榜”，1人被评为“重庆市道德模范”，12人被评为“重庆好人”。开展长寿区首届“十大孝星”评选，通过网络和微信投票，最终综合评选出“十大孝星”10名，提名孝星10名；打造江南街道孝道文化基地，通过重庆市社科联验收。持续开展“十大健康寿星”评选活动，已评选七届78名健康寿星，健在的健康寿星年龄最大的107岁，营造慈孝氛围；《人民日报》《光明日报》对长寿区加强孝道文化建设的做法及成效进行宣传报道。推进文明行动，培养文明行为，邀请教授金正昆开展“微笑满长寿”文明礼仪讲座；组织机关党员干部开展2次大规模的文明劝导志愿服务，700余人参加；每月第一个周六组织志愿者在城区主要交通路口常态化开展“三马上”文明劝导，2000人次参加活动；开展“雷锋的士”创建，命名8辆“雷锋的士创建车”；开展善美行业“文明行风”行动，评出15名“最美教师”、5名“基层好医生”，推荐参加全市评选；评选出长寿区首届“最美出租车司机”10名，树立窗口行业行风形象。

【群众性精神文明活动】 开展“我们的节日”主题活动，利用春节、元宵、清明、端午、七夕、中秋、重阳等传统节日开展“送春联 迎新春”“元宵共叙邻里情”“清明祭英烈”“端午包粽子比赛”“相约七夕”“古镇中秋赏月晚会”“健康寿星颁奖庆重阳”等区级示范活动，发动全区各街镇结合实际开展丰富多彩的主题活动70余场次，参与群众20万人次。部门联动开展文明旅游行动，加强宣传普及文明旅游理念，《长寿日报》《长寿文化》、长寿电视台、政府网、新闻网、手机报等媒体运用新闻报道、言论评论、专题专栏、公益广告等形式，推出文明旅游相关报道近100篇，从正面宣传和典型报道入手，集中宣传一批文明旅游“好游客”、好经验、好做法；通过车载公益广告、景区宣传栏等媒介，刊播文明旅游公益广告及文明旅游宣传语1000余条次；区委宣传部、区文明办、区旅游局等单位联合开展“美丽长寿我的家——长寿区旅游文化专场文艺演出”，进机关单位、进街镇、进学校、进企业等，开展文艺演出上百场，推进文明旅游理念深入人心。开展网络文明传播，组建一支由20余名志愿者组成的网络文明传播队伍，将网络文明传播工作与舆情信息工作有机结合，对网传志愿者参与撰写评论、参与转发、策划活动等进行严格积分考评；围绕“我们的节日”“九童圆梦”“红樱桃行动”“冬日针爱”“衣旧情深”、文明礼仪行动、文明旅游等重点工作开展传播活动；清明节期间，组织全区未成年人开展“网上祭英烈”活动；母亲节前，报送微电影《看见》被中国文明网首页要图采用。做好信息上报工作，上报稿件近200篇，被重庆文明网采用70余篇，7篇稿件被中国文明网相关栏目选用。抓好文明细胞创建工作，2015年新申报并成功创建全国文明单位1个、全国文明村镇1个，复查合格的全国文明单位1个、全国文明村镇1个；新申报并成功创建市级文明单位1个、市级文明村镇2个；9月，开展对区级各类文明单位的复查评审和申报评选工作。

2015年3月5日，长寿区“3·5”学雷锋日主题志愿服务活动启动仪式

【志愿服务活动】 壮大志愿服务队伍，印发《长寿区志愿服务工作手册》1万册，志愿者招募宣传海报3000张；加大志愿服务组织和志愿者注册工作力度，全区有注册志愿服务组织450多个，注册志愿者5万余人，网上登记服务时长近6.9万小时。打造志愿服务阵地，建立桃花社区、东街社区、龙

山社区、朝阳社区4个区级志愿服务示范站，配置办公设备，充实工作人员，给予每个示范站每年1万元资金支持；与全国文明单位国网长寿供电公司一起打造“桃花大道——桃源大道交通文明劝导示范街”，在示范街设置10个交通文明劝导示范岗，每天固定有10名志愿者在上下班高峰开展文明劝导。6月，市文明办副主任王茵到桃花社区调研指导志愿服务工作；12月份，桃花社区在全国志愿服务“四个100”先进典型评选活动中，候选为“最佳志愿服务社区”。培育志愿服务品牌，在长寿彩虹义工、江南街道敬老爱老志愿者服务队等已有品牌的基础上，着力培育长寿区心灵家园、重棉老年帮帮团等新兴志愿服务组织。长寿心灵家园有600余名志愿者，坚持每月开展小型公益沙龙，每季度送心理健康、法制教育进学校，每年举办大型公益讲座，不定期开展“与留守儿童一起过周末”“空中课堂”活动，长期关注家庭教育、关爱孩子成长；重棉老年帮帮团由原重棉七厂辖区内的一些热心居民组成，有志愿者30余人，年龄最大的八十多岁，最小的五十多岁，志愿者们无偿替小区的老人买米、买菜、买药、代缴水电气费等，服务2200多人次，解决近50位空巢老人的实际困难，开启长寿区“以老帮老”的志愿服务模式；组织区级媒体对长寿区心灵家园、重棉老年帮帮团等品牌志愿服务组织进行宣传报道，作为全区典型推荐参加市文明办组织的优秀志愿服务组织和优秀志愿服务项目评选。开展志愿服务活动，年内先后开展“3·5”学雷锋日主题志愿服务活动、“清净家园”环境整治志愿服务活动、“美景美行”文明旅游志愿服务活动、“躬身插秧”助农支农志愿服务活动、“三马上”文明劝导志愿服务活动、“敬老、爱老”志愿服务活动、“5·8”世界红十字日募捐和招募造血干细胞志愿者活动、“托起明天的太阳——爱在路上”爱心送考志愿服务活动、庆祝建党94周年曲艺专场演出志愿服务活动、铁人三项赛“微笑行动”志愿服务等主题活动，10余万人次参加。一系列志愿服务活动的开展，提升群众对志愿服务的知晓度和参与率。

2015年6月10日，长寿区乡村学校少年宫成果展暨六一儿童节庆祝活动在葛兰镇中心校举行。市委宣传部相关领导和区领导陈瑛等出席

【未成年人思想道德建设】 推进阵地建设，3月，组织相关单位对已建少年宫学校开展实地指导，做好资金审计工作，确保项目建设资金专款专用；6月，举办“长寿区乡村学校少年宫成果展”，全区中小学校40余名负责人现场观摩，推动全区乡村学校少年宫建设工作；2011—2014年度建设的6所乡村学校少年宫在全市述职考评中获得较好成绩，其中，海棠中心校获得一等，邻封中心校、葛兰中心校、洪湖中心校获得二等，黄葛九年制学校、云集中心校获得三等；新申报建设云台中心校、双龙中心校、龙河实验小学3所乡村学校少年宫，年底前已建成投入使用。主题活动特色鲜明，参与全市“九童圆梦”行动，发动全区未成年人参加市委宣传部、市文明办、市财政局、市教委组织的“歌声中的乡愁——重庆市童唱中国梦优秀乡村歌曲征集活动”和“社会主义核心价值观‘立德童剧’征集活动”，择优上报《校园生活真是乐》等9首原创歌曲、《平凡的人，非凡的心》等9篇童剧作品；发动6万余名中小学生参与“九童圆梦·光明书香行动”，助推学生养成阅读的良好习惯；在市委宣传部、市文明办组织的“童耕中国梦”主题活动中，两篇作品获得优秀奖，区文明办获得组织奖；结合实际举办“童讲中国梦·长寿区第三届艺术节朗诵比赛”“童演中国梦·长寿区第三届艺术节舞蹈比赛”“童秀中国梦·长寿区第三届中小学生艺术节戏剧专场”等主题活动，丰富全区未成年人的课余文化生活。助学行动持续开展，组织开展“金秋助学”活动，帮助贫困家庭学生圆大学梦，2015年，全区筹集资金61.2万元，资助204名大学生；该活动自2009年启动至2015年，已筹措资金430余万元，资助1700余名贫困大学生。

（王小强）

集体荣誉榜

2015 年长寿区获市级以上表彰先进集体

获奖项目	获奖单位	授奖单位	授奖时间
安全生产监管监察先进单位	重庆市长寿区安监局	国家安全监管总局 国家煤矿安监局	2015 年 1 月
全国重点镇	长寿区长寿湖镇 长寿区云台镇 长寿区葛兰镇	住建部 国家发改委 财政部 国土资源部 农业部 民政部 科技部	2015 年 3 月
国家级充分就业社区	长寿区凤城街道桃花社区	人力资源和社会保障部	2015 年 3 月
2015 年全国农村科普示范基地	长寿大洪湖水产有限公司	中国科协 财政部	2015 年 5 月
2012－2014 年度全国农产品成本调查工作优秀集体	重庆市长寿区发改委	国家发改委	2015 年 1 月
第二批国家循环经济试点示范单位	重庆钢铁集团	国家发改委 环境保护部 科学技术部 工业和信息化部 财政部 商务部 国家统计局	2015 年 5 月
全国民主法治示范村	长寿区石堰镇麒麟村	司法部 民政部	2015 年 4 月
2015 年度全国农业综合执法示范窗口	重庆市长寿区农业执法队	农业部	2015 年 4 月
2015 中国化工园区 20 强	长寿经济技术开发区	中国石化联合会 工业和信息化部	2015 年 5 月
全国模范职工之家	重庆市长寿区地方税务局工会委员会	中华全国总工会	2015 年 12 月
全国模范职工小家	重庆海洲化学有限公司四氯乙烯分厂分工会 重庆市长寿区桃源小学校二年级工会小组	中华全国总工会	2015 年 12 月
全国五四红旗团委	长寿实验中学团委	团中央	2015 年 5 月

续表

获奖项目	获奖单位	授奖单位	授奖时间
2013－2014 年度全国青年文明号	重庆市长寿区公共资源交易管理中心	团中央	2015 年 5 月
中国民主促进会全国先进集体	民进长寿区委会	中国民主促进会 中央委员会	2015 年 12 月
全国检察机关首届预防职务犯罪专题微电影优秀奖	重庆市长寿区人民检察院	最高人民检察院	2015 年 1 月
全国十大木业产业加工园区	重庆市长寿区街镇工业走廊	中国木材与木制品流通协会	2015 年 10 月
2015 创建生态文明标杆开发区	长寿经济技术开发区	中国互联网新闻中心，中国环境科学学会	2015 年 9 月
未来科学家培养计划教育基地	八颗街道中心校	中国科学院老科技工作者协会 中国科学院老专家技术中心	2015 年 11 月
全国家教育实验示范学校	长寿桃源小学	新教育研究院 中国陶行知研究会	2015 年 7 月
2014 年度重庆市科学技术奖三等奖	重庆博腾制药科技股份有限公司氟苯噻吩衍生物	重庆市人民政府	2015 年 6 月
重庆五一劳动奖状	重庆市长寿区妇幼保健院	重庆市总工会	2015 年 4 月
	重庆望塑电气（集团）有限公司		
	重庆市长寿区公安局		
重庆市工人先锋号	重庆康乐制药有限公司	重庆市总工会	2015 年 4 月
	达尔凯长扬热能（重庆）有限责任公司设备维护部		
	重庆市长寿区地方税务局人事科		

（重庆市长寿区总工会和有关单位提供）

2015 年 1 月，长寿区使用爬行机器人检查城市管网

政 治

- 中共重庆市长寿区委员会
- 重庆市长寿区人民代表大会
- 重庆市长寿区人民政府
- 政协重庆市长寿区委员会
- 中共重庆市长寿区纪律检查委员会（区监察局）
- 民主党派　工商联
- 群众团体
- 法治
- 武装

中共重庆市长寿区委员会

重要会议

【中共重庆市长寿区委十二届六次全委会暨全区经济工作会】 2015年1月27日，中共重庆市长寿区委在区委党校学术报告厅召开十二届六次全委会暨全区经济工作会。区委委员、区委候补委员47人出席会议，原担任实职的县（区）级离退休党员干部、区纪委委员等252人列席会议。区委书记周勇代表区委常委会向大会做报告，总结2014年的主要工作，肯定付出的特殊努力和来之不易的成绩。报告指出，2014年区委以党的群众路线教育实践活动为抓手，从严强化作风建设和基层党建工作；以稳增长、促发展为中心，奋力在钢铁化工主导产业持续低迷困境中稳中求进；以全面深化改革为动力，努力开创以改革促进发展、以创新驱动发展的新局面；以保障和改善民生为重点，不断筑牢满足城乡群众物质文化需求和确保社会安稳的坚实基础；以全面推进依法治区为契机，持续巩固全区上下风清、气正、心齐、事成的良好局面。报告同时对2015年贯彻党的十八届三中四中全会精神，打好"十二五"规划收官仗进行安排部署，要求科学把握总体形势，力争稳增长见实效、调结构见大效、促改革见新效、惠民生见真效、防风险见长效，重点抓好十件急事，高质量、高标准、高起点做好"十三五"规划编制工作，推动经济社会发展持续转型升级。区委副书记、区长赵世庆对2014年经济工作进行总结并安排部署2015年经济工作。各小组对周勇的报告和赵世庆的讲话进行讨论，提出很多好的意见和建议。区委书记周勇在大会上做总结讲话，要求全区各级各部门要围绕发展目标谋划工作、围绕任务落实夯实责任、围绕改善领导强化法治、围绕攻坚克难改进作风、围绕连困连战凝聚合力，齐心协力推进"四连困四连战"，万众一心夺取新的更大的胜利。区委常委、区政府常务副区长谭庆，区委副书记、区长赵世庆分别主持上午、下午的大会。

【中共重庆市长寿区委十二届七次全会】 2015年12月8日，中共长寿区委在科技文化中心召开十二届七次全会。区委委员、区委候补委员47人出席会议，原担任实职的县（区）级离退休党员干部、区纪委委员等244人列席会议。区委书记周勇代表区委常委会向大会作工作报告，就长寿区"十三五"时期经济社会发展宏伟蓝图提出始终牢记"适应新常态、当好主力军"的总要求，紧紧盯住"三个全面建成"的总目标、动态把控四个方面的总指标（详见《工作综述》）。区委副书记、区长赵世庆对《中共重庆市长寿区委关于制定国民经济和社会发展第十三个五年规划的建议（讨论稿）》做说明，在会议结束时做总结讲话。会议审议通过《中共重庆市长寿区委关于制定国民经济和社会发展第十三个五年规划的建议》。

（毕　成）

工作综述

【概况】 2015年，面对艰巨繁重的改革发展稳定任务和主导产业持续低迷困境，长寿区认真落实中央和市委决策部署，统筹推进经济建设、政治建设、文化建设、社会建设、生态文明建设和党的建设各项工作，围绕"科学发展、富民兴区"总任务，加快建设"三地一中心"，当好城市发展新区加快发展主力军，在"四连困"中实现"四连进"，全面实现"十二五"目标。全年实现地区生产总值430.1亿元，比2014年增长11.8%，在重庆城市发展新区排名由第六位上升到第五位；规模以上工业总产值806亿元，增长15.9%；固定资产投资506.9亿元，增长22.1%；地方财政收入84.1亿元，增长15.4%；城镇常住居民人均可支配收入27571元，增长8.6%；农村居民人均可支配收入12047元，增长10.9%。

【稳定增长】 坚持把稳增长重点是稳定工业经济增长作为发展的头等大事，强化经济运行调度和资源要素保障，出台支持实体经济加快发展若干措施，设立4.8亿元专项发展资金，确保经济平稳较快增长。MDI一体化项目建成投产，重钢无缝钢管、JFE金属容器、亚太纸业等项目启动建设，FINEX项目和冷轧镀锌板项目加快推进。发挥投资对稳增长的关键作用，北城大道实现全线贯通，渝万高铁、渝长高速扩能改造等重大交通基础设施加快推进，新开工项目75个，完成重大项目投资260亿元；完成工业投资274.4亿元，增长44%，居全市第二位、城市发展新区第一位。着力激活社会消费，实现社会零售总额103.3亿元，增长13.6%；商品销售总额220亿元，增长18.7%。着力扩大对外开放，抢抓“一带一路”、长江经济带战略机遇，发挥长寿经开区开放高地聚合效应，引进旗弘商贸、庆庄进出口公司等外贸物流公司，实现外贸进出口总额12.3亿美元，实现离岸服务外包执行额8563万美元，居城市发展新区第一位。坚持产城融合、园城互动，同步推进新型城镇化，中心城区建成区面积55.77平方千米，城镇化率61.2%。

【调整结构】　坚持在做优存量做大总量中优化结构，加快培育新的经济增长点，着力形成经济增长多点支撑格局。围绕打造千亿级MDI配套产业集群，推动产业链聚合发展，引入立邦涂料、宏国聚材等10家聚氨酯上下游企业，落地百亿级福华循环经济产业园。新兴产业集群发展快速，成功引进现代汽车配套项目39家，签约大宗国际短焦投影仪石墨烯项目，世纪之光塑料光纤材料产业园开工建设。全年合同引资542亿元，实际利用外资3.7亿美元，居重庆城市发展新区第一位。加快街镇工业走廊开发建设，工业总产值实现翻番、突破100亿元。提升现代农业园区建设水平和覆盖面，推进现代粮食生产区、东山生态农业区、西山生态农业区、果蔬生态种植区、三峡移民生态农业区现代农业“新五区”建设，完成780公顷高标准农田建设。加快现代物流园、中央商务区、专业市场群、核心商圈“一园一区、一群一圈”规划建设，重庆工贸城正式挂牌，一批重大商贸物流项目稳步推进。提档提速繁荣旅游业，长寿湖新引进云南城投百亿级旅游综合开发项目，滨江长寿谷调节坝完成初设及概算批复，菩提文化廊桥和菩提山万寿宝典完工投用，定慧寺修复及青龙嘴片区改造工程开工，全年接待游客700万人次，实现旅游收入42亿元，分别比2014年增长20.6%、20%。实施创新驱动发展战略，推进大众创业、万众创新，实施“互联网+”长寿行动，建成电子商务产业园和保合村电子商务孵化基地，发展微型电商企业150家。扶持小微企业发展，新发展微型企业2768户，总量突破万户，达10169户。

【民生工作】　持续构建学有所教、老有所养、劳有所得、住有所居、居有所安、病有所医“六有民生体系”，全年民生领域投入41.1亿元，占一般公共预算支出的69.4%。坚持把脱贫攻坚作为第一号民生工程，限时完成脱贫攻坚任务，实现10个贫困村全部脱贫“销号”、6105户贫困户17614人全部脱贫“越线”，通过市级扶贫验收。超额完成25件重点民生实事年度任务，完成高山生态扶贫搬迁854人；改造农村危房1331户，解决16万人饮水安全问题；撤并村通达率100%；山坪塘整治任务全部提前完工。持续提升公共服务水平，城镇新增就业2.4万人，城镇登记失业率控制在2.08%；北城中学、渡舟中心校新校区建成投用，化工职业学院迁建主体工程完工；区人民医院着力打造一流“三甲医院”品牌，基层医疗机构标准化建设实现全覆盖；全面完成养老保险、医疗保险、失业保险、工伤保险、生育保险“五险”扩面及基金征缴任务；平稳开展晏家地区定销房分配工作，全区续建并竣工保障性住房208万平方米。扎实推进全国文明城区创建，长寿博物馆开工建设。推进平安长寿建设，全面加强社会治安防控体系建设，群众安全感持续保持在90%以上；深入开展“3+3”信访突出问题专项治理，群众到市进京上访人次分别下降18.04%、42.6%；圆满完成纪念抗战胜利70周年等重要时期维稳工作；安全生产事故起数和死亡人数分别下降32.1%、20.7%，危化品生产经营储存实现“零死亡”。实施“六大环保行动”，推进长化环保整体搬迁，桃花河污染攻坚整治达到“两年明显改观”目标，单位GDP能耗下降1.5%，超额完成总量减排任务，城区环境空气质量优良天数达到340天。

【风险防范】　切实把防风险作为经济平稳运行的重要保障，强化底线思维，防范政府性债务、区域金融、房地产等潜在风险。坚持在加快发展中强化政府性债务管控，完善政府平台公司债务成本限制、举借审批等制度，全区政府性债务总额较2014年底下降19.2亿元，债务风险总体可控。规范金融秩序，加大保险、担保、小贷公司等非银行金融机构监管力度，依法严厉打击非法集资、高利贷、高息揽储等非法金融活动，立案查处9家涉嫌非法集资企业，涉案金额7400万元，有效防控区域金融风险。多措并举引导房地产业健康发展，商品房销售面积增长21.2%，房地产风险得到一定遏制。

【深化改革】 紧扣制约长寿经济社会发展的全局性深层次矛盾和问题谋划推动改革，健全完善地方金融产品市场和服务体系，推进设立农业增信保险专项资金；深化投融资体制改革，成立城市发展股权投资基金管理公司，启动长江二桥等重大基础设施PPP（公共私营合作制）项目；深化“三农”（即农民、农业、农村）领域改革，农村综合产权流转交易中心正式运营，实施7笔共421.47公顷土地流转交易。推进工商登记制度改革试点，率先在全市出台微企工商登记和申办流程相关制度，办理“先照后证”市场主体登记2324户；有序推进不动产登记改革，成为全国首批颁证区县之一；开展土地收益保证贷款试点，发放农村土地承包经营权抵押贷款39笔，涉及金额5083万元，走在全市前列。

【依法治区】 推进依法行政，开展行政权力清理规范工作，公布《长寿区行政审批项目目录（2015年版）》；在全市率先开展农业综合执法体制改革试点，荣获“全国农业综合执法示范窗口”称号。推进公正司法，启动人民监督员对指定居所监视居住案件进行监督；在全市率先实行人民监督员全程参与附条件不起诉案件评议；率先探索建立人民法庭主审法官办案责任制，完成首批员额制法官选任，3个基层法庭审结案件数上升50.6%。推进信访工作法治化，涉法涉诉信访案件全数实现诉访分离。抓好全民普法守法，落实“谁执法、谁普法”责任制，建立法官、检察官、行政执法人员、律师等以案释法制度。区法律援助中心被司法部评为“全国法律援助便民服务示范窗口”。

【“十三五”规划】 中共长寿区委坚定地贯彻党的十八届五中全会和市委四届七次全会精神，加强对“十三五”规划编制工作的领导，科学描绘全区“十三五”经济社会发展新蓝图。按照创新发展、协调发展、绿色发展、开放发展、共享发展五大发展理念确立“十三五”发展思路，区委十二届七次全会审议通过《中共重庆市长寿区委关于制定国民经济和社会发展第十三个五年规划的建议》，明确“适应新常态、当好主力军”的总要求，提出“十三五”时期长寿要全面建成小康社会、全面建成“三地一中心”、全面建成“三大愿景”框架的“三个全面建成”总目标，确定经济增长年均10%以上、工业总产值翻番、城乡居民收入倍增、产业结构优化升级等四个方面的总指标，作出深入推动工业聚合、文旅结合、产城融合、城乡统合、社会和合“五合战略”的重大部署。

【“三严三实”专题教育】 中共长寿区委将开展严以修身、严以用权、严于律己，谋事要实、创业要实、做人要实的“三严三实”专题教育作为党的群众路线教育实践活动后续工作抓实抓好，加强组织领导、工作统筹和督导检查，先后4次召开区委常委会议进行研究部署，组建4个巡回督查组不定期开展督导，层层落实责任。突出教育主题，强化问题导向，贯彻从严要求，坚持以上率下，推进专题党课、专题学习研讨、专题民主生活会和专题组织生活会、专项整改等“关键动作”和重点工作。坚持边学边查边改，开展基层干部不作为、乱作为等现象专项整治，整改损害群众利益问题366个，解决不严不实突出问题，推动党员干部经常性学习教育认真起来、严肃起来。认真开展机关干部践行“三严三实”集中走访下访回访行动，区委常委及其他区级领导带领组织6000多名党员干部遍访全区城乡家庭一遍以上，解决群众具体诉求14000余件，收到干部受教育、群众得实惠的效果。

【干部队伍建设】 规范干部选拔任用，严格干部选拔条件、程序和纪律，加强对年轻干部和女干部、少数民族干部、党外干部培养选拔，推动干部能上能下。全年提拔的24名处级干部80%具有基层工作经历，其中17名在急难险重任务中表现突出。严格干部档案审核、个人有关事项报告、经济责任审计、任前廉政审查，深入开展“三超两乱”（即超职数配备干部、超机构规模提拔干部、超审批权限设置机构，擅自提高干部职级待遇、擅自设置职务名称的统称）等专项整治，区管干部档案审核完成率100%；年内减少超配干部270名，实现计划的96.1%。完善差异化考核指标体系，促进干部集中精力抓发展、尽心竭力谋民生。推进干部队伍战略性教育培训，全年培训干部2893人次。修订人才引进培养和激励办法，市级“重化工高技能人才开发计划”和10个人才项目有序推进。

【作风建设】 深入反“四风”转作风树新风，扎实开展效能建设“作风深化年”活动，集中整治公款大吃大喝违规消费等五个方面不正之风，通报曝光作风方面典型问题17起29人。深化纪检部门转职能、转方式、转作风“三转”，街镇部门纪检组织主要负责人不再分管其他业务。认真学习贯彻党章和新修订的《廉洁自律准则》《纪律处分条例》等党内法规。坚持对腐败实行零容忍，新立案46件，结案40件，比2014年上升21%、5%，党纪政纪处分50人，其中县处级11人，移送司法机关17人。

全面加强区、镇（街）、村（社区）三级公共服务中心规范化建设，9000平方米区行政服务中心改建投用，稳步推进电商、超市、金融“三进村”，行政村覆盖率70%；新建规范化便民服务中心19个；实现行政村全部选派本土大学生挂职；全面落实轮流值班、全员走访、全程代办等工作制度。群工系统整合区长热线等6个诉求平台，受理群众事务办结率98.8%。

【基层党组织建设】　常态化整顿提升后进基层党组织，对包括10个贫困村在内的41个重点整顿对象实行区级党员领导包点，下派“第一书记”41名，投入1.63亿元资金用于287个基建和民生项目。区委两新工委更名为区委非公工委，在全市国家级开发区率先组建企业综合党委和党群服务中心，非公经济组织、社会组织党组织覆盖率分别达到85.1%、71.5%。

（毕　成）

组织工作

【概况】　截至2015年年底，长寿区有基层党组织1191个，其中党委70个，党总支29个，党支部1092个。全区有区级部门党组43个，市委派出工委1个，区委派出工委12个。有党员41069名，其中，正式党员40715名，预备党员354名。党员中35岁以下党员5931名，占14.4%；36岁至60岁党员16619名，占40.5%；60岁及以上党员18519名，占45.1%。党员中具有大专及以上文化程度的党员11219名，占27.3%；具有中专（高中）文化程度的党员8586名，占20.9%；初中及以下文化程度的党员21264名，占51.8%。2015年新发展党员224名（符合市委组织部下达的控制在300名以内的计划），其中女性108名，占48.2%；35岁以下180名，占80.3%；大专以上学历167名，占74.6%。

截至年底，全区有干部13917名，其中党政干

2015年3月11日，中共重庆市委常委、组织部部长曾庆红到长寿调研。区领导周勇、赵世庆、王志宏等陪同

部3250名，占23.35%；各类事业干部10667名，占76.65%。女干部6400名，占45.99%。35岁及以下干部4651名，占33.42%；36～40岁1556名，占11.18%；41～45岁2589名，占18.60%；46～50岁2489名，占17.88%；51～54岁1916名，占13.77%；55岁及以上716名，占5.15%。干部中研究生学历605名，占4.35%；本科学历8617名，占61.92%；大专学历3837名，占27.57%；中专（高中）及以下学历858名，占6.16%。在党政干部中，女干部954名，占29.35%；厅级干部40名，占1.23%；处级干部879名，占27.05%；科级干部1735名，占53.38%；科级以下干部596名，占18.34%。

截至年底，全区有各类人才8.85万人，其中，党政人才0.33万人，企业经营管理人才1.86万人，专业技术人才2.39万人，高技能人才2.02万人，优秀农村实用人才1.91万人，社会工作人才0.35万人。引进院士2人。有享受国务院政府特殊津贴专家12人，“百人计划”人选1人，重庆市直接联系专家3人，省部级有突出贡献中青年专家4人，省部级优秀专业技术人才21人，省部级学术学科带头人（含后备人选）12人，全国技术能手4人，重庆市杰出技能人才3人，高职称人才（副高以上）2341人。

【“三严三实”专题教育】　2015年5月到12月，为贯彻落实全面从严治党要求，巩固和拓展党的群众路线教育实践活动成果，持续深入推进党的思想政治建设和作风建设，按照中央和市委统一部署，在全区处级以上领导干部中开展“三严三实”（即严以修身、严以用权、严于律己，谋事要实、创

业要实、做人要实）专题教育。按照“深准严实”要求，高质量完成专题党课、专题学习研讨和专题民主生活会，建立问题清单，集中挂单整改“不严不实”问题487个。开展对不作为、乱作为、贪腐谋私、执法不公“四个排查”，整改基层干部不作为、乱作为等侵犯群众利益问题366个。对全区干部在思想、作风、党性上进行又一次增强，巩固全区作风建设新常态。

2015年9月14日，长寿区副区长李建强带队到凤城街道梅村社区走访下访回访

【集中走访下访回访行动】 为进一步深化“三严三实”专题教育，着力保障和改善民生，切实密切党群干群关系，在全区开展践行“三严三实”要求、集中走访下访回访行动，组织全区6000余名机关干部，以及村（社区）干部、小区物管、楼栋长，逐镇街、逐村居、逐楼逐户宣讲惠民政策、收集意见建议。坚持每周一次问题梳理交办，每周一次联席会议研判，每周一次整改进度通报，通过主流媒体、村（社区）公示栏等进行公示，做到问题到单位、责任到人头、监督到始终。全区走访群众30万余户，完成率100%，解决群众具体诉求1.4万余件，巩固和拓展教育实践活动成果，密切党群干群关系。

【干部选拔任用】 2015年新提拔区管干部24名，其中17名为在生态屏障建设、桃花河污染整治攻坚等急难险重任务中表现优秀的干部，80%具有基层工作经历，年轻干部、女干部和党外干部占66.8%。严格按照动议、民主推荐、考察、讨论决定、任职五个环节选任干部，实行“六不动议”“六个放下”。加强干部选任资格审核，实行干部档案“凡动必查”，个人有关事项报告“凡动必核”，纪检监察机关意见“凡动必听”。严格执行处级非领导职务晋升有关规定，常态化推进处级非领导职务晋升工作；在街镇实行公务员职级与待遇挂钩、职务与职级并行，年内晋升处级干部53名；指导区法院、区检察院完成法官、检察官职务套改工作。

【干部教育监督管理】 在党校主体班开展理论教育、传统教育、典型教育、实岗锻炼和党性分析“五大模块”教学，深化党性系统化教育，圆满完成市委党校2015年春季主体班实岗锻炼教学任务。紧扣中心工作，举办依法治区、集中走访下访回访行动等专题培训班10期，培训干部2100余人，干部教育培训实效性、实用性增强。立足长寿发展和干部队伍建设需要，启动百名青年干部培养计划，实行“党校+红岩基地+军队+高校”四段式模式，举办首期中青年干部培训班，强化自我管理和自我服务，班委牵头实行班级自治管理，严格量化考核，取得良好效果。全年完成上级调训148人，集中轮训361人，在线学习2039人。

年内对8名区管领导干部开展经济责任审计，对65个单位开展选人用人工作专项检查。集中进行个人有关事项报告信息维护和综合分析，报告范围扩大到正科级领导干部，随机抽查比例提高到10%。深化“六个专项整治”，全区消化超职数配备干部270名，完成整改计划的96.1%；认真开展“吃空饷”集中治理；对86个单位开展因私出国（境）专项检查，实行因私出国（境）证件分级保管；全面完成区管领导干部档案审核，组织认定99.99%，代表全市接受中组部督查验收。改造升级“12380”举报系统，畅通信访渠道，受理、督办查核信访举报68件次；加强网络舆情监测处置工作，妥善处理舆情20余起。

【干部考核评价】 修改完善区管领导班子和领导干部年度考核办法，强化以干促考导向，对专项工作实行目标位次考核，增加经济社会发展实绩考核权重，对纪检干部单列考核，优化区管副职考核得分构成，加大奖惩力度，激发干部干事激情。广泛多层次征求各部门、各街镇的意见建议，综合考虑全区实际情况，进行优化调整，差异化考核指标体系更加科学完备。综合发展实际和群众意愿，首次实行每年两次电话民调，优化民意调查指标，调整电话调查和现场调查的比例，新增社会治安、环保、市政等3个专项民意调查，形成“1+3”民意调查新模式。全年完成电话调查问卷4800份，现场调查3200人。

市委党校主体班学员在长寿实岗锻炼

【人才工作】　出台人才引进培养和激励办法，实施创新驱动发展战略专项资金管理办法、科技特派员管理办法等制度，为人才工作提供机制保障。着眼产业发展需要，实施市级重点人才项目“重化工高技能人才开发计划”和 MDI 上下游产业集群招才引智专项计划等 10 个区级人才项目，培养高技能人才 4300 余名，申请重化工行业专利 100 件，成功通过市级人才精品（优秀）项目验收。建成重钢长寿朵力人才公寓 40 万平方米、经开区人才公寓 100 套，与远恒佳教育集团联合开办重庆长寿湖远恒佳学校，解决人才居住、子女入学等问题。

【基层党组织建设】　落实区、部门（镇街）、村（社区）党组织“三级联述联评联考”制度，召开街镇部门书记抓基层党建工作述职大会，18 个街镇和 10 个区级部门书记逐一述职，接受点评和评议，层层压实基层党建工作责任。完成行政服务中心整体搬迁，建成 9000 平方米服务大厅，新建和改扩建村（社区）便民服务中心 48 个，严格落实村（社区）干部轮流值班、民事代办等制度，便民服务中心运行更加高效规范；将区长热线等 6 个平台和求诊问医等 8 项功能整合进群工系统，全年受理群众反映事项 6569 件，办结率 98.8%；推进超市、电商、金融“三进村”，覆盖率 70%。区委、区人大、区政府、区政协、经开区“五大家”全体区级领导包点联系，派驻工作队（组）30 支，下派第一书记 35 名，调配村官 10 名，投入 1.63 亿元实施基建、民生等项目 287 个，提升强化 41 个整顿对象，助推 10 个贫困村脱贫摘帽，群众满意率超过 90%。集中培训 261 名村（社区）党组书记，切实提高村（社区）干部思想素质和工作能力；做好本土人才工作，回引 222 名大学毕业生到村挂职；落实村干部养老保险补贴相关政策，为村（社区）各设立 8～10 万元服务群众专项经费。

【非公党建工作】　根据区委《关于中共重庆市长寿区委非公有制经济和社会组织工委党组织撤建的通知》（长寿委〔2015〕38 号）和区编委《关于同意调整区级非公有制经济组织和社会组织党建工作管理体制的批复》（长编发〔2015〕24 号）精神，区委两新工委更名为“中国共产党重庆市长寿区委非公有制经济组织和社会组织工作委员会”（简称“区委非公经济和社会组织工委”），为区委的派出机构，与区委组织部合署办公，负责全区非公有制经济组织和社会组织党的建设工作。成立经开区企业综合党委，将党群服务中心明确为组织部下属正科级事业单位。按照“属地管理”原则，将区工商分局管理的 85 个非公党组织整建制转移至所在街镇，进一步理顺非公党组织管理体制。开展非公党建底数调查摸底，建立工作台账，对有 3 名以上正式党员、条件成熟的，全部单独建立党组织，实现应建尽建，非公党组织覆盖率超过 75%。按照“六有”标准，进行非公党组织规范化建设，在经开区试点实行非公党组织书记补贴制度和党建公积金制度，激发非公企业和党务工作者工作积极性。

【党员队伍建设】　按照发展党员新“十六字”方针，下达党员发展指导性计划，认真落实发展党员预审制度，全年新发展党员 224 名。投入 260 万元教育经费，对 2410 名返乡流动党员开展集中教育。全年组织党员群众参加远程教育互动教学培训 74 期，培训各类人员 5.2 万人次，各站点使用率和达标率均为 100%，排名并列全市第一。拍摄“陌上青春”“夏至”等声像课件 43 部，获评全市一、二、三等奖各 1 个，提名奖 3 个，最佳剪辑奖 1 个。全年走访慰问党员 2600 余名，发放慰问金 94.1 万元。党内互助帮扶一次性临时救助贫困党员 30 名，发放救助金 29.4 万元。为 5923 名 40 年以上党龄老党员发放补贴 595.6 万元。将区党代表编为 12 个活动小组，按照每人每年 3000 元标准划拨活动经费。组织区党代表广泛开展“五个一”活动，全年开展党代表视察、调研、督查等活动 15 次，走访党员群众4600人次，撰写调研报告12篇。

（袁时雨）

宣传思想文化工作

【理论武装】 理论学习结合“三严三实”专题教育实践活动，以中共十八届四中、五中全会，市委四届五次、六次、七次全委会，总书记习近平系列重要讲话精神和社会主义核心价值观等为重点，组织开展党委中心组学习。年内区委中心组先后组织19次专题学习，全区各单位党委（党组）中心组开展专题学习1780余场次。组织精品报告会5场，全区性精品读书交流会5场。区检察院、江南街道等市、区级学习型党组织建设示范点开展系列读书活动，发挥示范带动作用。

2015年3月18日，长寿区宣传思想文化工作暨创建全国文明城区再推进会。区领导赵世庆、陈瑛、潘晓林、邓有国出席

理论宣讲开展理论龙门阵“五个一百”活动，采取专家走基层、名嘴龙门阵、院坝微宣讲、读书交流会等群众喜闻乐见的形式进行理论宣讲，打通理论宣讲“最后一公里”，让党的理论创新成果深入基层、深入人心。培育18名优秀基层宣讲典型，面向机关、企业、学校、农村、社区开展各类主题宣讲2100场次，发放宣传资料11万余份。制定全区论坛讲座管理办法，论坛讲座规范有序。

成果转化围绕加快“三地一中心”建设、当好城市发展新区主力军等内容，组织开展“金融杯”深化改革专题学术研讨会和“经开杯”产业发展征文活动。全区领导干部撰写调研、理论文章285篇，评选优秀文章41篇。编印《长寿（理论专刊）》4期4000册，理论文集《长寿发展探索（2014年卷）》2000册。在《重庆宣传》《重庆思想政治工作》发表调研文章5篇。承担市社科联调研课题1项，组织开展规划调研课题29项。

【舆论引导】 围绕区委、区政府的中心工作，策划一系列主题宣传活动。以渝洽会、长寿湖铁人三项赛、长寿沙田柚节等重大活动为契机，配合中央电视台、《人民日报》《光明日报》、重庆电视台、华龙网等媒体，对长寿经济社会和地理人文等进行宣传推介。中央电视台在“体育世界”栏目对2015长寿湖国际铁人三项赛进行30秒的专题报道；《人民日报》《光明日报》等中央媒体先后刊登《重庆长寿区：让孝道文化润人心田》《重庆：“隐身服务”很贴心》等4篇报道，长寿的知名度和美誉度不断提升。配合做好“逐梦他乡重庆人”大型人物寻访故事推广活动，参加新华网开展的“新常态下重庆经济新作为”大型网络访谈活动等主题外宣活动，展现长寿在新常态下的发展新成就。

推进媒体融合，“长寿微发布”政务微博、政务微信运行不断规范，成功入驻“今日头条”。《长寿日报》微信公众号、官方微博正式开通，“人人长寿”党政客户端正式上线，装机量已达近8万户，手机报用户17万余户，《长寿日报》正式步入“七位一体”的全媒体时代。长寿广播电视台按照市二级台的要求加强标准化建设，科学构架宣传阵地和平台，“掌上长寿”新闻APP正式上线，与重庆广电集团合作，共同打造网络电视台；对节目栏目进行改版，设置《长寿新闻》等三档新闻节目，新开设《长寿旅食汇》《长寿拍客》《长寿大舞台》《人文长寿》等一系列民生服务类节目，使电视节目更接地气，更受欢迎。

网络舆情导控坚持24小时舆情值班制度，强化“基层舆情探测体系”建设，实行“日动态”“周研判”“月分析”“年总结”的常态性舆情汇聚报送机制，做到“第一时间发现，第一时间处置”。强化依法管网，动态掌握属地网媒和公众号底数，依法有序开展“打击网络敲诈和有偿删帖”“清理网上歪曲党史国史内容”等专项行动，有效清理属地网络空间。加强舆论引导和网络统战工作，高质量完成各项重点舆论引导任务，谋划打造和团结一批有影响力的属地非官方微信微博大号，不断提升舆论引导实效性和凝聚力。加大培训力度，继续通过以会代训、工作研讨、片会促进等形式开展经常性、多层次的学习交流，锻造一支素质过硬、技术过人的舆情信息员和网评员队伍。

2015年9月29日，长寿区举行创建全国文明城区誓师大会暨“礼让斑马线·文明我点赞”志愿服务助推行动启动仪式。市文明办副主任王茵，区领导谭庆、陈瑛、李彬旭、霍家勤、涂奇微出席

【文明创建】　推进社会主义核心价值观深入人心，加强公益广告宣传，制作公益广告1.4万平方米，全年刊播“梦娃”系列动画视频时长3900多小时。中央公园核心价值观（法制）主题公园一期打造完成。开展梦想、感动、责任、惜福系列活动，开设梦想课堂235场次，开发孝感江南、龙河国学经典课堂等精品课程，打造梦想课堂示范点5个；报送感动重庆月度人物13名，其中周建获评1月“最美巴渝·感动重庆月度人物”；推进“点赞公民”——千万市民学法律、千万市民升国旗、千万市民行义举系列活动；持续开展“家风润万家”主题活动，推进“惜福校园”建设，增进人们对核心价值观的情感认同。开展“我推荐我评议”身边好人活动，全年全区有11人登上“重庆好人榜”，其中消防支队罗昊被评为4月敬业奉献类“中国好人”。依托《长寿新闻网》建立全市首个“网上好人馆”，将长寿历届好人的感人事迹在网上集中展示，通过身边好人引导广大群众择善而从，见贤思齐。开展“十大孝星”和“十大健康寿星”评选活动。全区各街镇设立“善行义举榜”3290处，张榜宣传身边先进典型，传播面77.5万人次。

抓好“三大创建”工作，制定《长寿区创建全国文明城区三年规划（2015—2017）》，下发《长寿区创建全国文明城区测评体系任务分解表》，全区各单位按照任务分解，采取措施，强化落实，形成举全区之力创建全国文明城区的浓厚氛围。抓好文明单位创建工作，全国文明单位长寿供电公司复查合格，江南街道创建为第四届全国文明单位，区安监局创建为重庆市文明单位。继续开展文明村镇创建活动，全国文明镇长寿湖镇保持荣誉，邻封镇成功创建为第四届全国文明村镇，万顺镇、石堰镇成功创建为重庆市文明村镇。

开展志愿服务，志愿者队伍规范化，区志愿者协会建立机关干部、青年、巾帼志愿服务大队3支区级综合志愿服务大队，医疗卫生、文化、法律、交通等7支专业志愿服务大队，各大队根据工作需要下设支队、分队，形成协会、大队、支队的三级网络。2015年全区有注册志愿服务组织450多个，注册志愿者5万余人，网上登记服务时长近6.9万小时。志愿服务品牌化，涌现出长寿彩虹义工、江南街道敬老爱老志愿者服务队、长寿区心灵家园、重棉老年帮帮团等品牌志愿服务组织。明确“点上开花 面上铺开”的思路，建立完善桃花社区、东街社区、龙山社区、朝阳社区等区级社区志愿服务示范站。志愿服务常态化，开展关爱未成年人“阳光行动”，服务留守儿童3000多人次，爱心送考8000多人次，金秋助学筹集助学金60余万元，资助贫困大学生204名；开展扶老助残“温暖行动”，服务老人2000余人，帮助残疾人1000多人次；开展文明劝导志愿服务活动，在交通压力较大的桃花大道打造全市首条“常态化文明交通劝导示范街”，每天出行高峰，志愿者坚持在各路口进行交通劝导，维护交通秩序。

强化未成年人思想道德建设，全区已建成9所乡村学校少年宫。2015年6月10日，在葛兰镇中心校举办“长寿区乡村学校少年宫成果展”，市委宣传

2015年10月21日，长寿区“十大健康寿星”“十大孝星”“身边好人”颁奖典礼

部、市文明办有关领导现场指导，推动长寿区乡村学校少年宫建设。“九童圆梦”行动举办“童讲中国梦·长寿区第三届艺术节朗诵比赛”“童演中国梦·长寿区第三届艺术节舞蹈比赛”“童秀中国梦·长寿区第三届中小学生艺术节戏剧专场”等主题活动，丰富全区未成年人的课余文化生活。

【文化建设】 文体阵地建设惠及大众，区博物馆完成立项、选址和方案设计。区文化馆新增功能室13个，做好升级搬迁至长寿菩提古镇准备工作。区图书馆加快数字化图书馆建设，新设校园图书角120余个，“一卡通”服务延伸基层网点28个；全区文化“两馆一站一室”和体育场馆设施全面免费开放，服务群众310万余人次。

群众文体活动丰富多彩，在元旦、春节、“三八”“五一”节点，举办新春文艺演出、街镇文艺调演、广场健身舞大赛、聂耳交响乐团走进长寿音乐会等区级文化活动40余场次；开展“渝州大舞台”春秋两季配套演出等送演出、送图书、送展览、送春联、送电影活动3000余场次；参加全市乡村文艺调演、社区文化艺术节、舞蹈大赛、曲艺大赛等市级群众文化活动10余场次，均有获奖；组织开展业余足球联赛、百人公益瑜伽活动和第九套广播体操、太极拳（剑）培训等体育活动500余场次。

文学艺术创作以“中国梦·巴渝风”和“深入生活，扎根人民”为主题，开展主题采风3次，设立江南、长寿菩提古镇、八颗、桃源小学4个创作基地，开展文艺服务活动8次，组织创作各类文艺作品1500余件，获市级以上表彰（入展）120件。罗小松的八尺大草入展第十一届全国书法篆刻作品展，王朝水彩画入展中国当代青年水彩画家九人全国巡展，王朝、郑伟合作《都市》入展第二十一届全国版画作品展，陶垚油画作品入展中国美协首届“写生中国画展”，高翔、罗小松在第十七届重庆市美术书法摄影联展中分获美术、书法一等奖。

文化产业全区新增文化经营单位300余家，扶持文化微企30余家，逐步形成多门类、多层次、多元化发展新格局。启动长寿菩提古镇文化创意产业一条街打造，出台具体政策措施，重点扶持雕塑、沙画、影视等文化创意项目规模化、专业化、集约化发展。实施成长型文化企业培育计划，首批重点培育乐天培训等8家成长型小微企业和长文传媒等2家文化企业小巨人。

（李　渊）

统一战线工作

【贯彻中央统战工作会精神】 2015年统战工作的重点是贯彻落实2015年5月召开的中央统战工作会议精神。中共长寿区委举行常委会议进行专题学习；成立区统战工作领导小组，区委书记任组长，区委副书记、统战部部长在内的3名常委任副组长；组织召开高规格区委统战工作会议，从深化思想认识、强化政党协商、做好重点工作、加强党的领导等方面，对学习贯彻中央、市委统战工作会议精神提出要求；制订区委《贯彻意见》，按照统战工作进入重庆城市发展新区优秀行列的标准，对市委《实施意见》进行细化，区管党外后备干部比例10%以上、区政府工作部门配备党外干部比例50%以上，均高于市委《实施意见》要求；提出“力争在1/3的镇（街道）配备党外干部”；将落实区委《贯彻意见》划分为26项重点任务，明确牵头单位、协助单位和完成时限，确保中央市委统战工作会议精神贯彻落实。区委统战部履行牵头协调职能，加强与区委组织部的沟通合作，共同做好党外干部安排、党外后备干部配备、预留人才在党外等工作；加强与区委宣传部的沟通合作，通过报纸、电视、短信、微信、APP等平台，从5月至12月开展为期8个月的统战宣传工作，包括领导讲话、“统战成员话统战”、《条例》解读等专题，刊登各类文章97篇。抓住工作重点，加强对区直机关工委、区教委、区卫计委等党外人士较多单位的指导，重点要求落实活动经费和活动场所，支持统战成员参加培训及挂职锻炼，邀请统战成员列席党委（组）会议，党员干部与统战成员交友等；加强对民革区委、民进区委、农工党区委、九三学社区委、区知识分子联谊会的指导，就民主党派建设、机构编制、办公场所、政党协商、党外干部安排、党外代表人士政治安排、党外后备干部比例等规定进行解读；加强对区委统战部、区民宗局、区台办、区工商联、区侨联等统战系统单位的指导，逐条对照区委《贯彻意见》规定，查找不足，制订专项工作计划。

【参政议政】 2015年，全区统一战线不断增进政治共识，围绕“凝心、献计、出力”主线，投身全区改革发展，广大统战成员立足本职工作，针对社会经济发展热点、难点，深入开展调查研究，为区委、区政府决策献计献策，各民主党派、工商联、知识分子联谊会在市区人大、政协会上提交议案、提案237件，28件被评为优秀提案。新时期涉农预防职务犯罪新格局构建、关于钢铁企业如何走出困境的思考、关于农村房屋抵押相关问题的建议被全国政协采用，关于取消“放弃再生育奖励政策”的建议、关于对福利企业加强行政监管的建议、关于重庆市第五届运动会恢复象棋项目的建议等被市政协采用。

贯彻落实市委关于加强协商民主建设的实施意见，制订区委《关于加强社会主义协商民主建设的实施意见》，明确政党协商内容，规范政党协商形式，完善民主党派直接向区委提出建议制度，健全政党协商工作机制。制定全年政党协商计划，2015年就区委十二届六次全会报告、政府工作报告、2014年长寿区财政预算执行情况和2015年财政预算草案的报告等9项内容，向各民主党派、工商联和无党派代表人士征求意见建议200条。对每件党外人士的意见建议，都严格按照交办—办理—回复—督查—反馈的程序进行落实，落实情况向党外人士通报。

【社会服务】　2015年，长寿区各民主党派、知识分子联谊会以助推发展、服务民生、促进公平为主要内容，结合各自优势和特点，在多领域开展形式多样、效果明显的社会服务活动。民革区委以真实法律故事为实验二小500余名师生讲法制课，捐赠图书200余册、发放宣传资料300余份；民进区委在云集镇中心校和云集中学、葛兰镇天台小学开展“同课异构”，让城乡教师同台竞技。知识分子联谊会为云台镇黄葛小学捐赠书籍和教具；民革区委、民进区委、农工党区委为敬老院老人、社区群众、农村学生等进行健康体检，捐献医疗卫生书籍；九三学社区委与长寿湖卫生院结对共建，帮助培训医生。

【非公经济工作】　区委统战部、区工商联以帮助解决问题、提振发展信心、支持转型升级为抓手，促进非公经济快速发展。定期召开非公经济联席会议，收集办理37位企业家提出的53条意见建议。非公企业长期反映的融资难问题得到较好解决，帮助100多家企业融取资金，邮政储蓄银行、重庆农村商业银行全年为企业融资7360余万元，新增融资贷款3860余万元。引导民营企业转型创新发展，组织20余名企业家到泰国、老挝和柬埔寨3国进行为期12天的商务考察，鼓励开拓海外市场、积极投身“一带一路”建设。加大对重点民营企业的扶持力度，引导由长寿本土民营企业抱团成立的重庆方德房地产开发公司主动加强与市外经委、“丝路基金”的联络联系。全区非公经济2015年实现总产值1147.3亿元，实现增加值251亿元，占全区GDP比重的58.5%，比2014年增长14.5%，比全区GDP增长高2.5个百分点。

在非公经济人士中开展守法诚信为重点的理想信念教育实践活动，引导非公企业诚信发展、诚实经营，用信誉赢信赖、用信赖换信心；区委统战部联合区检察院开展“加强诚信守法、推进依法治企”专题教育活动，制订方案、组织座谈交流、开展专题宣讲、进行典型案例剖析、组织专题参观，提高非公企业法制意识；深入企业“送法进企”、帮助解决法律疑难问题；开展行贿犯罪档案查询、引导企业公平公正竞争。

【统战思想建设】　2015年，区委统战部开展“三严三实”专题教育，坚持以上率下、示范带动，通过专题党课、专题民主生活会等，把自己摆进去，在思想上受到洗礼、作风上受到锤炼，推动“三严三实”内化于心、外化于行。把开展专题教育与推进统战工作结合起来，通过召开职工会、参观廉政教育基地等，引导统战干部提高政治素质、转变工作作风。

支持民主党派、知识分子联谊会举办“坚持和发展中国特色社会主义”主题演讲比赛，15名优秀选手参加比赛；通过开展“观故居、走多党合作之路”活动、学精神学党史学党章“三学”活动等，深入学习领会中共十八届四中、五中全会精神和总书记习近平系列重要讲话精神，增强走中国特色社会主义道路的自觉性和坚定性。

【民族宗教工作】　贯彻市委民族工作会议精神，制订《关于加强和改进新形势下民族工作的通知》。建立由街镇、村（社区）日常巡逻摸排及时掌握上报动态信息，区市政局、区公安局、区民宗局等部门联合研判、联动处置的民族工作机制。2015年成功处置2起少数民族矛盾纠纷。开展宗教活动场所管理“合格单位”“进步单位”“示范单位”三级创建活动，提升全区各宗教活动场所规范化建设水平。与区委宣传部、区公安局协同配合，加大对民族宗教网络舆情的监控和处置力度。重大会期派专人值守，及时处置化解1起寺庙与周边群众的矛盾。（其余详见《社会事务》类目《民族宗

教工作》分目）

【港澳台侨工作】 贯彻落实《关于加强和改进新形势下侨联工作的实施意见的通知》精神，制定《中共重庆市长寿区委办公室印发〈关于加强和改进新形势下侨联工作的实施意见〉的通知》。加强留学生家长和留学生工作，成立长寿区留学生家长联谊会，开办留学生家长英语培训班，举办留学生暑期座谈会。激发留学生爱国热情，在国家主席习近平访美、访英期间，鼓励海外留学生参加欢迎活动并及时发回视频和图片。成功承办渝台基层交流座谈会、台湾重庆新娘故乡行等重大活动，促进台胞对祖国故乡的了解。（其余详见《群众团体》类目《重庆市长寿区归侨侨眷联合会》分目）

【党外人士队伍建设】 开展党外代表人士个性化培养，制订《关于党外代表人士个性化培养方案》，确定个性化培养对象24名，涵盖区内各民主党派、知识分子联谊会和非公经济领域等各个方面。对列入个性化培养的对象，逐个分析其个性特征，明确其个性化特点，力求客观公正把握培养对象的“底子”。全面评估素质状况，科学确定培养方向，量身设计培养方案，对确定为个性化培养的对象，论证规划成长路径，提高培养针对性、规范性和成功率。每名培养对象由所在单位党组织负责人或分管统战工作领导进行一对一带教，完善培养对象个性化培养记录，对教育培训、实践锻炼、轮岗交流、安排使用等情况进行详细记录。

加大党外人士培训力度，加强区社会主义学院正规化建设，增设内设机构“统战理论研究室”，设正科级领导职数1名，负责统战理论教育培训和研究工作，解决区社会主义学院长期无专职人员的问题。以区社会主义学院为教育培训主阵地，拓展西南大学、湖南省社会主义学院、广州市社会主义学院等基地，2015年组织开展教育培训7期，培训500余人次，占全区总数的60%以上。安排党外人士挂职锻炼9名；处级党外干部交流到重要岗位3名，提拔重用3名，区政府工作部门配备党外干部比例达到55.5%。

（张成文）

机构编制工作

【概况】 重庆市长寿区机构编制委员会办公室（简称区编办）设主任1名，副主任1名，内设综合科、机构编制科（挂督查科牌子）和行政管理体制改革科（2015年4月设立），下属1个参公事业单位即事业单位登记管理局。

【行政管理体制改革】 政府职能转变和机构改革。2015年，撤销重庆市长寿区卫生局、重庆市长寿区人口与计划生育委员会，组建重庆市长寿区卫生和计划生育委员会；撤销重庆市长寿区国土资源局、重庆市长寿区房屋管理局，组建重庆市长寿区国土资源和房屋管理局；将重庆市长寿区文化广电新闻出版局更名为重庆市长寿区文化委员会，区体育局的职责划入区文化委员会，保留区体育局牌子。拟定新组建部门的“三定”规定。调整区政府办、区安监局2个部门职能职责和内设机构，理顺区交委和区发改委关于“统筹规划铁路、公路、水路、民航以及邮政行业发展”、区商务局和区食品药品监督管理分局关于“酒类（除白酒）商品生产许可”的职责分工。

重点领域管理体制改革。在区政府办、区发改委、区民政局、区人力社保局、区国土房管局、区环保局、区交委、区市政局、区水务局、区农委、区林业局、区畜牧兽医局12个纪检监察任务较重的单位内挂牌设立监察室；在区公安局、区人力社保局、区财政局、区教委、区农委、区交委、区卫生计生委7个资金量大、工作任务重的单位设立内部审计科。在区委办设立党政专用通信科；在区委组织部设立干部监督科和干部教育科；在区发改委设立重点项目科和价格成本调查科；在区民政局设立社会福利科；在区公安局网络安全保卫支队加挂“长寿区网络与信息安全信息通报中心”牌子，在区公安局设立长寿区公安局互联网信息监控中心，与区公安局网络安全保卫支队合署办公；在区司法局两劳科加挂“长寿区社区矫正局”牌子；在区妇联设立维权科，挂“信访科”牌子。

行政区划调整机构编制事宜。完成新市、八颗撤镇设街道主要职责内设机构和人员编制调整工作；完成新设菩提街道的“三定”规定，核定行政编制36名，事业编制37名。

【行政审批制度改革】 对行政审批项目进行清理，保留区级行政审批事项439项，其中行政许可（终审）项目227项，行政许可（初审）项目43项，非行政许可审批项目169项。形成《长寿区行政审批项目目录（2015年版）》，区政府发文、区政府门户网站进行公布。配合区政府法制办对区级行政权力清单完成初步审核工作。

行政审批事中事后监管。区政府下发《关于规范行政审批行为改进行政审批有关工作的通知》（长寿府发〔2015〕136号）和《关于加强行政审批事中事后监管的实施意见》（长寿府办发〔2015〕201号），明确监管主体、监管内容、监管措施和保障机制，将工作开展情况纳入全区行政机关考核评比。

【事业单位分类改革】 2015年，长寿区对全区337个事业单位的宗旨、主要职责任务、具体职责任务进行重新梳理，全部审定批复完毕。

重点领域事业单位改革。对新组建的区国土房管局、区卫生计生委下属执法机构进行整合，撤销区国土资源执法监察大队、区房屋执法监察大队，设立区国土资源和房屋管理执法队；撤销区卫生局卫生监督所、区人口和计划生育执法队，设立区卫生和计划生育监督执法局。对卫生计生服务资源进行整合，撤销区妇幼保健院、区人口和计划生育服务中心，设立区妇幼保健计划生育服务中心（挂重庆市长寿区妇幼保健院牌子）。整合区人力社保局下属事业单位区医保中心和区社保局，设立重庆市长寿区社会保险局。整合区人力社保局下属事业单位区就业服务管理局和区人才交流服务中心，设立重庆市长寿区就业和人才服务局。在区委宣传部设立区委网络安全和信息化领导小组办公室。在全区18个街镇（不含菩提街道）设立环境保护管理所，核定全额拨款事业编制90名，业务上受区环保局、区城乡建委、区规划局、区市政局指导。

法人治理结构试点和经营类事业单位改革，确定区图书馆、区中医院为试点单位，已经完成区图书馆的理事会章程、理事会成员招募方案、理事会选举办法等方案的初步设计，年底前正在征求相关单位意见。稳步推进3个经营类事业单位转企改制工作，其中残疾人按摩诊所已完成改革，电影公司已制订改革方案，区建筑设计院转企改制方案正在征求意见过程中。

【机构编制管理】 严格控制各类编制的使用，规范机构编制审批程序。全年批复使用行政编制140名，其中政法部门用编54名、区级部门用编71名、镇用编15名。批复使用事业编制710名，其中教育事业单位用编364名、卫生事业单位用编107名、其他事业单位用编239名。

加大控编减编力度，制定《控编减编工作方案》，执行余编使用管理制度、机构编制预警机制等制度规定。将机构编制执行情况纳入经济责任审计范围，审计结果作为各单位年度考核的重要依据。将控编减编工作纳入年度目标考核。推动后勤服务社会化，收回核销区级部门和街镇空余后勤服务编制15名，区级部门和街镇的后勤服务事业编制将严格实行“退一收一”的动态调整机制。

机构编制实名制管理，严格上下编制度，凡新进机关事业单位人员必须到机构编制部门办理上编手续，凡办理退休、调动、辞职、辞退、死亡的人员必须到机构编制部门办理下编手续。全年，办理上编手续300余人次，下编手续340余人次，变更、完善人员信息700余人次。

事业单位登记管理，严格审核各类事业单位职能职责和业务范围，年初对全区315个事业单位开展2014年度事业单位法人年检工作，核准变更登记事业单位100个，核准登记（备案）事业单位法人34个，核准注销登记事业单位9个，核准补领证书事业单位3个，对年检情况进行报刊公告。完成所有事业单位登记管理档案的归档工作。

将网上名称管理工作纳入区委、区政府对各部门和街镇机构编制工作年度目标考核的内容，实行打分考评。党政机关、事业单位网站挂标34家，其中党政机关17家，中文域名注册突破300个，为党政机关、事业单位网络信息安全提供保障。

（周　游）

区直机关党建

【概况】 长寿区直机关工委全称为中国共产党重庆市长寿区直属机关工作委员会，成立于1989年。是负责区直属机关党的建设和思想政治工作的区委派出机构。区直机关工委下设办公室、组织科；截至2015年年底，有在职在编公务员5人、工勤人员1人、外聘人员1人。2015年以“服务中心、建设队伍”为核心任务，扎实开展领导班子“三严三实”专题教育活动，全面加强机关党的思想、组织、作风、制度和反腐倡廉建设，努力提高区直机关党的建设科学化水平。

【思想建设】 利用专题辅导、座谈会、中心组学习、“三会一课”、政治学习、专题培训等形式，在区直机关各级党组织中开展总书记习近平十八届五中全会报告等系列讲话精神和《谈治国理政》等重要理论文章的学习讨论，对中央、市委、区委重要文件精神进行传达贯彻，开展党的基本理论学习和理想信念教育，使理论学习常规化、自觉化。

结合机关党建理论调研工作，继续开展区直机关“学习型党组织”建设。以“落实从严治党责任”和“严肃机关党内政治生活”为主题，在区直机关开展党建调研工作，撰写理论文章46篇。9个“学习型党支部”示范单位立足实际，丰富和拓展学习载体，创新学习方式方法，在解决工学矛盾、如何学以致用等方面深钻研、勤实践，区检察院被评为“学习型党组织市级示范点”。

举办机关党务干部业务培训班，对区直机关150余名机关党委及党支部书记开展有针对性与可操作性的党建工作业务培训，推进机关党建科学化、规范化发展。

【组织建设】 按照最新《发展党员工作细则》“控制总量、优化结构、提高质量、发挥作用”的要求，区直机关工委严把质量关，做好新党员谈话教育工作，开展有针对性的党内教育活动，办好年度入党积极分子、预备党员培训班。2015年培训全区入党积极分子92名、预备党员110名，发展新党员18名，预备党员转正39名。

开展党内特色争创活动，坚持打造长寿机关党建特色品牌。全年有30个机关党支部开展创建“五好党支部”活动；结合行业特点与党建工作优势，培育9个“四型”机关党组织示范点。机关各党组织的争创活动纳入《机关党建工作目标管理考核》内容。

抓好机关基层党组织的撤、并、建工作，加强对机关党员干部的日常管理。做好党的组织生活安排，规范党费管理。建立机关党组织台账，做好年报统计、组织关系接转、党刊订阅等日常基础工作。全年新建机关党支部2个，撤销4个，更名5个，对16个到届的机关党委、机关党支部完成换届工作；严格把关，确保机关党委、机关党支部书记由党员行政负责人或单位中层干部兼任。全年收缴党费92万多元，接转组织关系292人（次）。完成区直机关党报党刊征订任务。

【作风建设】 区直机关工委机关组织专题学习讨论12次，班子成员讲党课6次，完成“三严三实”专题调研报告3篇；征求意见建议15条，查找出班子抓党建主业意识手段乏力、深入基层不够等问题4个，年底前均已整改完成，建立长效机制。在全区“三严三实”走访下访社区工作中，牵头第七工作队做好南滨路及朱家岩社区4796户民意调查工作，收集意见建议241条，已全部办结，得到社区居民一致好评。

做好机关干部直接联系服务群众工作。牵头全区机关在职党员到社区报到并参加社区服务、慰问帮扶等活动；牵头155个机关党支部与联系村开展城乡“结对共建”工作和精准扶贫；深入社区、镇村开展调研走访。先后2次组织机关党员志愿者开展文明劝导、环境卫生宣传、公共场所保洁活动，有300多人次参与，为区直机关树立良好公益形象。

开展机关文化体育活动，举办第十三届机关职工运动会，全区机关有76个处级单位，64支代表队、1270余人（次）参加各个项目的比赛，有23支代表队、364余人（次）获得各项目奖励名次。12月31日，和区文化委、区总工会、团区委联合举办迎新年万人登菩提山万寿天梯活动，区直机关党员1000余名参加。

【廉政建设】 推进区直机关党风廉政建设日常工作机制的具体化、程序化、制度化，制定区直机关《关于2015年党风廉政建设和反腐败分工责任制的实施意见》，继续建立健全区直机关党风廉政建设和反腐败工作的协调机制，保证对查办违纪违法案件的领导和纪工委正确行使权力。坚持党要管党、从严治党的方针，做好纪检监察信访举报工作，全年查处机关党员5人，约谈23人，开展明察暗访19次，进一步保持机关党员队伍的纯洁性。

（彭　润）

信访工作

【概况】 1983年12月，长寿县委、县政府作出决定成立县信访办公室；2002年撤县设区，更名为中共重庆市长寿区委重庆市长寿区人民政府信访办公室（简称区信访办）。区信访办2015年有行政编制17人，实有15人；有6个内设科室，分别是综合科、维稳科、群众接待中心、复查复核科、督查调研科、民情信息科。

2015年，区信访办受理群众来信来访1635件次、7500人次，与2014年相比件次上升2.06%、人次下降9.02%。发生5人以上群众到区集访367批次、5924人次，件次上升14.69%、人次下降7.10%；群众到市集访22批次、209人次，批次上升4.7%、人次下降9.1%；群众进京上访16人次。

受理群众网上信访事项432件，办结418件。受理办理信访事项复查案件24件。

【干部下访工作】 2015年，全区各级领导干部接访、下访、约访群众4327次、4676件次，涉及群众139585人次；全年投入资金6351.28万元，解决群众诉求4398件次，化解率为94.1%。开展“社区工作日”活动331次，有效解决各类实际困难和问题657件；全区街镇领导开展“村（居）民开放日”活动1488次。

【突出问题和矛盾纠纷化解】 2015年，区级领导批阅群众来信733件，涉及群众27853人次，化解率100%。市交办长寿区10件疑难案件，由10名区级领导包案、21个单位承办，积案已全部化解，化解率100%。

全年排查交办重点矛盾纠纷48件，已化解48件，化解率100%。坚持“区每月、街镇部门每半月、村（社区）每周”三级定期联排联调制度，全年区级排查调处重点矛盾纠纷24件，化解20件，妥善处置突发群体性矛盾纠纷90余件。加强情报信息收集研判，收集各类涉稳情报信息400余条，超前化解大量涉稳苗头隐患。

【人民建议和社情民意征集】 2015年，常态化开展人民建议收集，系统录入人民建议212件，适时开展人民建议专题征集，向市征集办递交人民建议1篇。坚持广渠道、宽领域收集社情民意，每月研判，开展城市规划、市政建设等社情民意专题调研，为政府决策当好参谋助手。

【社会稳定维护】 完善重大事项社会稳定风险评估机制，根据《重大社会稳定风险评估实施办法》，对北城大道（渡舟段）改扩建、重庆市德雅化工有限公司5000吨甲醛生产项目等13个涉及群众切身利益的重大事项和重大决策进行风险评估，做到应评尽评、当缓则缓、该否则否。努力从源头上预防和减少社会矛盾，杜绝未经稳定风险评估导致决策失误而引发重大矛盾纠纷和重大群体性事件。

【专项治理行动】 推进干部下访化积案解难题办实事行动，全年排查矛盾纠纷48件次，已化解45件次，化解率为94%；解决群众出行、饮水、医疗、就业、入学及其他困难978件；收集社情民意219件，采纳138件。

2015年，继续跟进征地农转非安置房建设、厂办大集体改革、房地产开发建设等三个方面突出问题专项治理，新增物业小区矛盾纠纷、非法集资问题、“违法上访、非法维权”问题三个专项治理（简称“3+3”信访突出问题专项治理）。全区“3+3”信访突出问题专项治理的各个牵头部门，联合制定下发“1+6”工作方案（即“3+3”专项治理总方案和6个支方案），多次召开专题会议、收集工作进展、汇总面上情况、查找存在问题、提出对策措施，取得阶段性成效。安置房建设领域，全区发放定销房（含回购房）4279套，晏家街道9、10、11期定销房电力通道、凤城街道定销房电力配套设施建设全面完成，晏家街道定销房排污外管网建设工作正在有序推进；厂办大集体改制领域，对原重庆凤城织布厂约40套无产权职工宿舍进行政策解释和制定化解方案；房地产开发建设领域，对排查出的虚假宣传、房屋质量等15方面的不稳定问题进行动态整治，其中续办9个，结案6个；非法集资领域，对非法集资的危害性进行全方位多角度宣传，开展1100余户次非法集资风险排查工作，初步排查出涉嫌非法集资企业17家，涉嫌非法集资金额8053.2万元，对12家涉嫌非法集资高危企业进行重点监管，截至2015年12月底，全区立案9件，抓获犯罪嫌疑人15人；物业管理领域，对物业小区矛盾纠纷全面摸排建档整治，排查物业小区矛盾纠纷98起，完成整治95起，解决大量物管纠纷；违法上访非法维权领域，依法处置群众非正常上访95批次、1106人次，对区内涉及违法上访非法维权的7人逐一建立档案，依法严肃处理违法信访人员，教育训诫123人，治安拘留23人。

【信访基础工作】 2015年投入26万余元对区群众接待中心进行改造升级，接访功能更加完备、更具人性化。区委组织部年内先后两批安排8名年轻干部到区信访办挂职，全区信访维稳工作力量进一步加强。全年开展信访工作业务培训7次，全区信访维稳干部工作水平不断提升。区信访办建立数字档案系统。定期梳理排查全区信访维稳工作中存在的主要问题，加强督查督办，实行工作定期通报制度，推进工作落实。

2015年5月，在全区集中开展一次信访宣传月活动，投入30万元，制作宣传伞、宣传购物袋、宣传画册、宣传标语等宣传品，在全区各街镇赶场天广泛宣传。全区宣传30余场次，发放宣传手册5000余册，在全区营造依法信访的浓厚氛围。

（陆　钰）

老干部工作

【概况】 1983年12月，根据中共中央建立老干部退休制度决定（中发〔1982〕13号）文件精神，设立中共四川省长寿县委组织部老干部科（设在组织部）。1984年11月，为适应离休干部工作需要，根据中共重庆市委组织部渝组函〔1984〕558号文件精神，长寿县委决定将“县委组织部老干部科”更名为“中共长寿县委组织部老干部局”（仍归组织部领导管理）。1991年6月，改建为“中共长寿县委老干部局”，机构规格为县委直接管理的局级机构，编制7人，内设办公室。2002年4月9日长寿撤县建区，后为区委直属的处级机构。中共重庆市长寿区委老干部局（简称区委老干部局）有机关编制9名，其中行政编制4名，参公事业编制5名；2015年有在编人员8名，其中行政人员4人，参公人员4人；下设办公室、离退休干部管理科、老干部活动中心。截至2015年12月，纳入区委老干部局服务管理的离退休干部1032人，其中离休干部31人，市管退休干部47人，区管退休干部741人，原县管实职科级退休干部213人。

【老干部服务管理】 探索、建立离退休干部“四员网格化”管理模式。将全区18个街镇划分为洪湖、凤城、长寿湖、葛兰和云台5个片区，每个片区以各自所属单位为基准分为小组，每个小组指定一名老同志担任小组“联络员”，与小组成员实行无缝对接；把区委老干部局干部职工按分片确定一名“指导员”，负责指导学习、搜集信息、化解矛盾工作；在试点社区聘请社区离退休干部工作者担任“服务员”，专项开展“四就近”工作，引导社区离退休干部参与社区治理工作；在各单位确定一名离退休干部工作“业务员”，负责离退休干部组织生活、政治学习、工作联络、走访慰问等相关工作。全年全区各机关部门老干部开展支部学习700余次，各单位向离退休干部通报工作情况100余次，走访下访1200余人次，化解离退休干部矛盾130余件，与离退休干部开展谈心950余人次。

长寿区有离退休党支部67个，3月份，区委老干部局对全区离退休干部党支部班子配备情况进行全面的调查摸底，优化和改选离退休党支部班子。督促全区各单位落实专人负责服务离退休支部活动；督促落实离退休干部党报、党刊得到及时征订；督促各单位党组织对分散居住的离退休干部走访、送学，及时掌握老干部的思想动态。

改进离退休干部思想政治教育方式，组织开展智能手机、新兴媒体使用培训，组织离退休干部使用微博、微信、论坛、QQ和“人人长寿”APP等交流平台，及时发布权威观点引导舆论，发扬离退休干部的正能量。运用更加直观、形象的教育手段吸引离退休干部的目光和兴趣，围绕离退休干部关注的热点、难点问题，有针对性的谈心、交流，做好各项政策的正面解读和正面引导。

【老干部政治待遇】 开展政治理论学习，邀请区委宣讲团向离退休干部解读中共十八届三中、四中全会精神，组织离退休干部学习五中全会公报和总书记习近平的系列重要讲话精神。组织离退休干部参加区委十二届六次、七次全会、全区经济工作会、十八届五中全会精神解读、集中走访下访、述职述廉等重要会议11次。组织市管离退休干部阅读重要文件20余份，确保离退休干部及时了解中央、市、区的重大决策及经济社会发展形势。督促落实区管退休干部阅读文件工作，征订《内参选编》《老同志生活》《当代党员》《人民日报》《重庆日报》等党报、党刊25份。

年内组织离退休干部听取区委、区政府经济社会发展情况通报2次；11月24日，组织离退休干部代表参加“十三五规划建议”征求意见座谈会，会上老干部们对经济发展、社会管理、环境保护、关心下一代工作等提出意见；5月和11月，分别组织老干部前往长寿经开区、长寿湖、菩提山等地参观考察，让老干部了解长寿发展现状。结合“三严三实”、干部下访走访活动，召开市管离退休干部代表征求意见座谈会3次，听取老同志对群众反映的热点、难点问题的意见、建议。区委督查室、区政府督查室对老同志们反映的问题，收集整理后开展专项督查和整治工作，确保意见、建议件件有落实、事事有回音。

【老干部生活待遇】 全年走访离退休干部1500余人次，接待离退休干部400余人次，开展交心谈心1000余人次，化解矛盾37件，解决离退休干部困难101件，帮扶救助困难离退休干部117人，帮扶资金25.1万元。在春节、“五一”、重阳等节日对离退休干部进行普遍慰问，落实专人看望离退休干部生病住院的。坚持老干部去世报告、关怀、慰问制度，配合原单位及家人做好后事的安排和处理；

派专人前往吊唁、慰问。

年内代发企业离休干部生活补贴25万余元。完善离休干部生病住院报告、看望制度，确保慰问工作不重复、不遗漏，第一时间把党的温暖送到老干部手中。5月，按规定将因瘫痪等原因生活不能自理的离休干部的护理费，从600元/月·人调整为1000元/月·人；7月，对企业离休干部6人的离休费进行调标，金额3.8万元；8月，按照渝委老〔2015〕65号文件精神及时调整全区66名新中国成立初期干部生活补贴标准。4月，组织90余名老干部健康体检，增加体检项目，提高体检标准，及时掌握老干部的身体健康状况；为方便老干部们及时就医，区委老干部局与区医院对接，办理优诊卡，使老干部就医途径更加便捷。

【老干部活动】　2015年，长寿区在老干部中建立起一支网络宣传队伍，宣讲中国故事、传递中国声音。各单位至少落实一名政治素质过硬、具备操作能力的老同志担任网宣员，组织离退休干部在主要媒体网站上开展增添正能量活动。通过下载“人人长寿”客户端送流量的方式激发参与网络宣传的兴趣，选派1名老同志参加市老干局举办的网上正能量活动培训，搭建微信、QQ互联互通平台。年底前有21个单位的58名离退休干部订阅共产党员微信、易信，组建起18个单位、25名离退休干部的网络宣传员队伍。

丰富和完善老干部节日游园活动内容，改进活动项目，增添活动的趣味性。全年开展游园活动3次，参加总人数3000余人次，参与率95%。举办老同志棋牌活动5次，区老干部活动中心全年工作日免费开放，参与活动5000余人次。

10月21日，区委组织部、区委老干部局为90名年内“满十”的老同志举办集体生日祝寿活动，向“老寿星”们送生日祝福和组织的温暖。各单位在重阳节召开座谈会，走访慰问等。

4月，区委老干部局邀请区医保中心专业人员为全区离退休干部代表作医保政策专题讲座，150余位老同志聆听讲座，现场发放宣传资料200余份。组织离退休干部代表开展系列医保政策宣传，让未参会的老同志掌握医保政策。6月，组织老同志参加全市老干部太极拳比赛获得三等奖，参加“展示阳光心态”棋牌比赛获得团体二等奖，参加重庆市第六届老干部艺术节长寿分会场获得优秀组织奖，参加重庆市老干部钓鱼比赛获得三等奖。

【老干部作用发挥】　协调、配合区关心下一代工作委员会巩固关爱留守儿童校村联动机制，完成江南街道留守儿童之家的建设，落实专项资金1.5万元资助长二中开展留守儿童调研工作。通过多年的努力，关爱留守儿童校村联动机制得到进一步完善，写入区委《“十三五”规划建议》。组建由公、检、法、司挑选人员组成专家讲师团，在街镇挑选2名“五老”人员充实到区级“五老”讲师团，到长寿中学、实验中学、葛兰中学等中小学开展法治讲坛活动。协调区财政落实专项经费10余万元购买法治书籍，免费发送到全区各中小学校。

组织老干部学习《世界工业化进程以及中国制造2025》等国家战略，建立“老干部人才库”，定期组织老干部进行座谈讨论，在建设小康社会、扶贫攻坚、集中走访下访、文明城区创建等方面出谋划策。组织老干部参加区政府工作报告征求意见座谈会，与会16名老干部代表对政府工作报告提出许多有针对性的建议，提出加快旅游景区建设、找准工业发展出路、保障社会民生、加快长化搬迁和老年公寓建设等建议受到重视，均写入政府工作报告。

【自身建设】　开展“三严三实”教育活动，12月21日召开专题民主生活会，会前局领导班子征求老同志和基层群众意见4次，征求到各类原始意见10条，经梳理归纳为6条；会上，按照群众提、自己找、互相帮、集体议等方式查找局领导班子和成员个人存在的不严不实突出问题，采取针对性措施，认真整改。将“三严三实”活动和老干部工作统筹兼顾，做到“两不误，两促进”。拓展专题教育的范围，将全体党员干部纳入教育范围，深入查找自身在工作上、生活上存在的不严不实问题，在思想上敲响警钟。按照要求参与精准扶贫工作，不折不扣开展扶贫调研、帮扶工作，切实解决贫困户生活上的困难。深入开展集中走访下访社区工作，宣传全区各项政策，搜集社情民意。

组织老干部工作者认真学习党的方针政策、老干部工作政策业务知识，提高老干部工作者的政策执行能力、服务管理能力、调查研究能力和开拓创新能力。7月，按照程序开展干部选拔任用工作，提拔任命2名正科级干部。

（刘星星）

党校　行政学校 广播电视大学分校 社会主义学院

【概况】　2009年12月，长寿区社会主义学院挂牌，长寿区委党校成为党校、行政学校、电大分校、社会主义学院四校合一的学校（本分目简称学校）。学校领导班子有常务副校（院）长1名、副校（院）长2名、校务委员2名，有8个内设科室。年底前有教职工31人，其中高级职称5人，中级职称14人，在读博士研究生1人、硕士研究生5人，在职研究生7人、本科18人。学校新校区坐落于长寿区桃花新城文苑西路2号，占地面积1.67公顷，建筑面积10288平方米，教室32间，可同时容纳2000人上课。学校有藏书万余册，有100兆校园网、双向视频远程教学系统、网上直播系统和具有独立域名的网站，有校园教学观摩系统、校园安全监控系统、校园广播系统，各项教育设施设备齐全。

【干部培训】　2015年，学校承办各类培训班130期，培训干部15400人次。其中主体班20期，培训干部2160人次；与其他单位合作培训110期，培训干部13240人次。学校教师积极备课，在主体班和机关工委等单位授课14场次，受训干部1585人次；成功举办长寿区第一期中青年干部培训班；首次成功承办市委党校21期区县部门主要领导干部培训班长寿实岗锻炼。

【学历教育】　2015年，学校电大招生、教学、考试工作井然有序，全年完成各类招生809人，组织考试27次，599场次，16964科次。1名教师在第三届全国微课（指以视频为主要载体的教学活动。下同）大赛中获得一等奖；2名教师在片区比赛中获奖；6名学员获2014年度中央广播电视大学奖学金；6名学员获“2015重庆广播电视大学优秀毕业学员”称号；学校获全市电大“校领导说教学管理”比赛第一名；首次获全市电大工作综合考核一等奖。与西南大学联合开设公共管理硕士研究生班，招收50名研究生。

【科研资政】　2015年，学校教师开发《群众路线与党性修养》《把握关键词，全面推进依法治国》《党员干部要做政治上的明白人》等9个教学科研新专题；公开发表论文25篇；成功申报课题13项，其中，市科委课题1项、市委党校重点课题1个；成功结项课题5项；通过《领导参阅》上报资政报告35篇，其中31篇获区级相关领导批示；与区委宣传部、社科联共同出版《长寿理论专刊》4期；首次获区政府科技进步奖（软科学研究类）。

【后勤服务】　2015年，学校接待（承办）各类培训、会议、考试110余次，协助区委办、区政府办、区委组织部等部门召开区委全委会、全区经济工作会，筹办党校片区微课赛评比会和全市电大系统转型发展分类专题研讨会。全年对外租赁教室110余次，为学校创收7.24万元。利用长寿经济技术开发区教学实践基地作用，扩展教学基地的功能，全年接待5期240人次到长寿教学实践基地考察学习。学员宿舍和食堂（电大酒店）委托区联交所成功招租，装修完成并投入运营。

（侯俊成）

党史研究（地方志工作）

【概况】　1981年2月13日，中共长寿县委决定成立长寿县县志编修委员会，县委副书记徐光开兼任编委会主任，下设县地方志办公室；1984年6月15日，县委决定建立中共长寿县委党史工作委员会，邓宗良任主任，周建中、文克勤任副主任，下设党史办公室；2007年6月5日，长寿编发〔2007〕29号《关于区地方志办公室 区委党史研究室合署办公的通知》，中共重庆市长寿区委党史研究室（重庆市长寿区地方志办公室）为区委直属事业单位；明确机构的宗旨是开展党史研究和地方志工作，存史、资政、教化、育人；主要职责任务是组织开展党史学习宣传教育，负责党史资料征编，加强党史遗址保护；组织、指导、督促和检查地方志工作，拟定地方志工作规划和编纂方案并组织实施；具体职责任务9项（深化党史研究，准确记载和反映党的历史；组织开展党史学习宣传教育，普及党史知识；负责党史资料征编，妥善保存党的历史财富；协助相关部门开展党史遗址保护；组织、指导、督促和检查地方志工作；拟定地方志工作规划和编纂方案并组织实施；搜集、整理、保存地方志文献和资料，推进地方志资源的开发利用；负责管理本单位国有资产；完成上级交办的其他工作）；机构设置为中共重庆市长寿区委党史研究室（挂区地方志办公室牌子），机构规格正处级，内设机构3个（综合科、党研科、方志科）；人员编制和领导职数为核定全额拨款事业（2007 年 8 月 24 日，渝人发〔2007〕206 号明确为参照公务员管理）编制 8 名，其中单位领导 2 名（1 正 1 副），内设机构领导职数 3 名。

2015 年年底前，中共重庆市长寿区委党史研究室（重庆市长寿区地方志办公室）［简称区委党研室（区志办）］在编在岗 8 人，其中正处级干部 3 人（主任 1 人，调研员 2 人），正科级干部 2 人，副科级 1 人，科员 1 人，工人 1 人；编外聘用 5 人。

2015 年，长寿区加强和改进新形势下史志工作，提高史志工作影响力，形成区委统一领导，党政部门齐心协力，社会各方支持参与的工作格局。区委党研室（区志办）主动向区委、区政府和市委党研室、市志办汇报工作，争取上级领导的重视和支持。7 月 31 日，十二届长寿区委第一百零六次常委会议听取史志工作情况汇报，研究并解决史志工作中存在的实际问题，强化对史志工作的领导。年内继续实施长寿区史志工作“十二五”规划，突出“开门办史志”的年度工作重点，圆满完成各项工作任务。被市委党研室表彰为“2015 年度全市党史工作先进集体”，被市志办表彰为“重庆市地方志工作先进集体”“重庆市年鉴编撰工作先进集体”。

2015 年 12 月，长寿区委党研室（区志办）干部到双龙镇天台村精准扶贫

【党史研究】　编辑出版《中共长寿区党史回忆录（续编）》。该书是继 2000 年 8 月《中共长寿县党史回忆录（1925—1997）》出版之后，精选长寿工作过或长寿籍在外工作的老同志、老党员、老领导的回忆文章而成。全书收录回忆文章 16 篇 30 余万字，记载中共长寿组织和长寿广大党员革命、建设、创业的艰辛和业绩。该书于 2015 年 6 月出版发行。

2015 年 5 月，启动《中共长寿历史大事记（1919—2006）》编辑工作。在《长寿大事记》《中国共产党长寿组织史》等资料基础上，整理、编辑《中共长寿历史大事记》，年底前完成初稿 25 万字。将继续进一步进行整理修改、上报审核。

2015 年 6 月，开展党史人物资料收集，进行长寿《中共重庆市长寿区党史人物传（续编）》的编写工作，年内收集党史人物传资料 40 余万字。已开展对纪俊仪、汪大漠、袁崑等 3 人有关资料的征集、整理、编辑工作，其中纪俊仪和汪大漠 2 人的传记初稿已完成，袁崑的传记正在撰写中。

围绕改革开放三十多年的重大事件和重要成就开展党史专题研究，年内完成重庆市党史专题研究文章《长寿推行农业生产责任制的实践历程与启示》。

2015 年 6 月出版发行的《中共长寿区党史回忆录（续编）》

【地方志工作】　2015 年 8 月 25 日，国务院发布《全国地方志事业发展规划纲要（2015—2020 年）》（国办发〔2015〕64 号），区委党研室（区志办）立即组织传达宣传，采取多种形式学习研读，将认识统一到《纲要》的精神和要求上，推动全区地方志工作。

继续推进第二轮街镇志、部门志、行业志的编修评审工作。组织人员对全区各编纂单位的修志工作进度进行调查摸底，定期对各编纂单位的阶段性工作进行督促指导。2015年，督促指导街镇部门30个，完成志书审读11本约980万字。其中《农工党长寿区志》《长寿侨联志》已出版发行，《长寿区人社志》《妇联志》《教育志》《但渡镇志》《龙河镇志》《万顺镇志》《石堰镇志》已进入排版印刷阶段。

推进年鉴工作常态化。为确保年鉴按时、保质完成编纂，拟定责任编纂制度，要求各编写单位精心组织，落实相关人员，按照年鉴编写大纲要求认真负责地收集汇总资料，以突出年度特色，力求存史资政功用，坚持一年一鉴。《长寿年鉴（2014）》于2015年5月由方志出版社公开出版发行。《长寿年鉴（2015）》首次设《专家人物》《发明人物》栏目，将对长寿经济社会发展有突出贡献的“平头百姓”载入史册；在10月以前已完成资料整理录入和总纂，通过区地方志编纂委员会成员单位审核和市志办审评；年底前已送交经过社会采购程序确定的方志出版社，待审出版。

继续开展旧志整理工作。抢救整理旧志是国内方志工作的一项重要内容，区委党研室（区志办）在做好《长寿县志（康熙五十三年）》《长寿县志（光绪元年）》出版发行工作之后，2014年启动，2015年落实专人完成《长寿县志（民国十七年）》校注整理；《长寿县志（民国三十三年）》已进入资料整理录入阶段。

【资政育人】 区委党研室（区志办）以抗战胜利70周年为契机，挖掘长寿抗战时期历史资源，研究长寿抗战史，完成《长寿在抗战中的地位及其开展的抗日救亡斗争》《同仇敌忾战日寇、抗日救亡谱华章》《中共长寿组织在抗日救亡运动中的活动及斗争》抗日历史专题研究文章。在《党史与方志》内部刊物上发表抗战史专题研究文章3篇，通过《长寿日报》开辟专栏登载长寿抗战史及抗战英雄人物。

开展抗战胜利70周年纪念活动，围绕长寿在抗战中的作用地位和做出的历史牺牲与贡献、长寿民众开展的抗日救亡斗争、长寿人民的英勇事迹，安排党史专家协同区委宣传部到凤城街道桃花社区、长寿供电公司、长寿区关心下一代工作委员会开展抗战史专题讲座，听众1100余人。

以长寿历史文化和党的建设开展专题研究，参与《长寿菩提山》《长寿民间文化》书稿审读。撰写和印发《一个“严”与“实”的践行者——记原中共长寿县委副书记、县长徐明虎》《廉洁 简朴 务实 亲民——朱德委员长视察长寿时的优良作风》等资政育人文章。

参与区社科理论专题研究，丰富党史研究内容。完成区社科联重点研究课题《长寿区对接“一带一路”和长江经济带战略研究》；在“经开杯”产业发展征文活动中，《长寿区产业转型升级研究》获一等奖。

组织党史工作者深入机关、学校、企业等宣讲党史，推动党的历史知识进学校、进课堂；开展史志书籍进社区活动，向街镇、村居、社区和退休老领导、老党员赠送《党史回忆录（续编）》《长寿大事记》等书籍。年内举办宣讲活动3次，赠书500余本。

搭建公共宣传平台，拓宽宣传渠道。区委党研室（区志办）与长寿区电台、电视台、长寿日报社、长寿新闻网等新闻媒体合作，开辟专栏、专版，宣传长寿抗战史、中共长寿党组织领导长寿人民取得的革命、建设和改革开放的巨大成就；在香港卫视《印象重庆》栏目中宣传长寿文化与长寿历史。在《党史与方志》刊物上开展14期党史工作动态宣传；通过长寿史志网宣传介绍长寿党史及党史事件、党史人物和其他长寿历史文化。办好史志网，推进史志资料数据化建设，发挥史志宣传教化职能。聘请专人开展重要图片、重要资料数字化录入、存储工作，做好史志网长寿概况、史志编研、光辉历程、编修指导、人物春秋、文物古迹、图片珍藏等16个栏目的内容更新，全方位、多侧面、广角度宣传介绍长寿党史及党史事件、党史人物和其他长寿历史文化。全年录入更新资料10余篇。

加强全区革命传统教育基地建设。走访调研红军将领杨克明故居、长寿革命烈士纪念碑等地，会商、协调推进革命传统教育基地建设。与区档案局共同建设革命传统教育基地，定期向教育基地提供图片、资料，不断丰富宣传内容，发挥爱国主义教育基地、革命传统教育基地、党史教育基地的作用，加强对干部、群众和青少年革命传统教育。

【史志队伍建设】 按照长寿委办（2015）24号要求，开展以“严于律己、严以修身、严以用权，谋事要实、创业要实、做人要实”内容的“三严三实”专题教育。对照要求撰写学习体会，开展对照检查；开展自学，写心得、查问题、抓整改。在遵守工作纪律、廉洁等方面进行深刻剖析，找出自身存在的问题、不足和改进办法。用“三严三实”指导工作实践，弘扬焦裕禄精神，发挥党员尤其是党员领导干部的表率作用。认真贯彻落实党政机关厉行节约、反对浪费条例，严格“三公”经费管理；对公务用车实行定点加油、定点维修，杜绝公车私用。建立健全机关作风建设长效机制，完善学习工作和管理等方面的制度，有效增强工作的规范性和系统性，以严格有效的制度加强机关建设和管理。

征订中纪委推荐书籍《历史的教训》《习近平用典》等发放给全体干部职工，加强理论水平和修养教育；加强干部作风建设，全年召开党风廉政会议8次，廉政谈话4人次，干部职工中无违法违纪现象；安排2名党员干部参加党校主体班学习。年初新遴选1名年轻干部进入党史队伍，缓解党史人才短缺问题。鼓励党员干部到其他区级部门挂职锻炼，年内安排1名干部到区信访办挂职半年，提升干部综合工作能力；推荐年轻干部参加区级、市级各种专题学习培训活动，安排资金支持党员干部继续学习深造。鼓励党史工作者承担市级、区级重点课题研究，提高调查研究能力和水平。采取“以老带中、以中带青”的方式，集中学习与个人自学相结合及聘请专家授课等，提高史志队伍人员的政治素质和业务能力水平，全年培训4次。组织干部参加法制知识竞赛及各级各类征文活动并获奖。

2015年清明节，长寿区委党研室（区志办）到烈士陵园扫墓

组织党员到双龙镇天堂村进行一对一的精准扶贫，年内党员干部下乡20余次，与扶贫对象深入交流、实地了解，制定切实有效的扶贫措施。8户扶贫对象100%实现脱贫，圆满完成区里下达的任务。

2015年，大足区地方志办公室、涪陵区党史研究室到长寿交流学习。加强史志部门的横向联系，互相学习、取长补短。

鼓励党员参加志愿者活动，参加团区委“冬日阳光”向留守儿童送爱心礼物活动，开展向贫困山区的儿童捐款捐物、个人结对资助留守儿童等活动。

（陈　影）

保密工作

【责任制落实】　2015年，中共重庆市长寿区委书记周勇在区委常委会上专题听取保密工作汇报，要求区委保密委、区国家保密局和全区各机关单位认真履行工作职责，强化措施扎实抓好保密工作。区委副书记、区长赵世庆对各街镇、区级各部门和单位抓好保密工作提出明确要求。区委副书记、区委保密委主任谭庆多次到区委办公室、区国家保密局等部门和单位调研保密工作开展情况，就抓好保密工作提出具体要求。区委副书记、区委保密委主任谭庆和区政协副主席、区委保密委副主任、区委办公室主任叶金龙组织召开区委保密委扩大会和全区保密工作专题会，对全区保密工作进行安排部署，研究解决保密工作中的实际问题。区国家保密局严格按照部署要求，精心安排和扎实推进全区保密管理各项工作。各街镇、区级各部门和认真制定和实施年度保密工作计划。全区保密系统形成一级抓一级、层层抓落实的良好工作格局。

【保密宣传教育】　分层次有针对性地对领导干部、保密干部和涉密人员、机关单位干部职工等开展系列保密宣传、教育和培训活动。

突出抓好领导干部的保密学习培训，发挥区委党校的保密教育阵地作用，将保密宣传教育纳入区委党校的教学安排，对处、科级领导干部开展保密培训。7月上旬，区国家保密局组织重点涉密机关单位分管保密工作负责人学习《党政领导干部保密工作责任制规定》，开展保密警示教育。7月下旬，区国家保密局负责人在全区党政办公室工作会上对各街镇、区级各部门和有关单位分管办公室的负责人和办公室主任250余人进行专题培训。

区国家保密局制定和实施对保密干部和涉密人员的保密培训计划。11月下旬，组织重点涉密机关单位的保密干部和涉密人员80余人保密培训，重点培训新修订的《中华人民共和国保密法》《保密法实施条例》以及保密管理基本知识。各街镇、区级各部门和单位也采取多种形式对保密干部和涉密人员开展保密培训教育。

区国家保密局组织开展系列保密法制和保密知识宣传教育活动。面向机关单位干部职工和广大群众组织开展保密意识、保密常识“两识”教育，各街镇、区级各部门和有关单位召开中心组学习会、举办专题讲座等，组织干部职工学习保密法制知识和保密常识。区国家保密局派专人到区城乡建委、区规划局等单位开展保密专题讲座6场次。区国家保密局与区委宣传部、区司法局等部门协作，指导督促各街镇、区级有关部门和单位，悬挂标语、办宣传栏、组织文艺表演等，向基层干部群众开展保密意识和保密常识教育。全年组织开展集中学习、专题讲座180余场次，悬挂张贴标语70余幅，办宣传栏80余期，发放宣传资料3200余份。开展学刊用刊活动，做好《保密工作》杂志征订工作，组织机关单位订阅《保密工作》杂志120余份。

【保密管理】 依法推进定密管理工作。市国家保密局关于开展机关、单位定密专项检查的通知下发后，区委保密委领导对专项检查工作提出明确要求。8月中旬，区国家保密局组织相关涉密机关单位的保密工作分管负责人和保密干部60余人召开专题会议，学习《国家秘密定密管理暂行规定》和定密管理相关知识，对开展定密专项检查工作进行动员部署。8月中旬至9月中旬，区国家保密局组织检查组听取定密工作情况汇报、查阅相关档案记录、随机抽取已定密文件资料进行分析对比、组织召开座谈会等，对全区具有定密权以及获得定密授权的11家机关单位开展定密专项检查。督促调整定密责任人的机关单位将变更定密责任人的情况以书面形式送区国家保密局备案。

加强网络保密管理。抓好对涉密网络的分级保护和规范管理，完成市电子政务内网长寿接入区的分级保护改造工程，通过测评验收；指导和督促电子政务内网接入单位严格按照涉密网络分级保护规定做好相关维护和管理工作，提高该信息系统的安全防护水平；组织开展涉密网络保密管理专项检查，重点对接入电子政务内网的10家机关单位开展专项检查，检查联网涉密计算机25台、配套涉密移动存储介质11个。对检查中发现的问题当场进行反馈，及时指导和督促相关机关单位有针对性地实施整改。加强对非涉密网络的监督管理，指导和督促相关机关单位完善对非涉密网络的保密管理制度和措施，严格执行网络信息公开保密审查的规定和要求，防止通过非涉密网络传输、发布涉密信息。

加大对计算机和载体的保密管理力度。要求各机关单位将计算机分为涉密计算机和非涉密计算机两类，在计算机醒目位置粘贴标识签，在保密要害部门部位的计算机系统内设置保密提示内容；督促各机关单位落实专人管理使用涉密计算机，严禁将涉密计算机连接互联网等非涉密网络；完善涉密计算机管理使用台账，确保涉密计算机管理使用情况清楚、记录明晰；加强对非涉密计算机的保密管理，严禁在非涉密计算机上存储、处理、传输涉密信息。抓好移动存储介质的保密管理工作，要求并督促机关单位将移动存储介质分为涉密和非涉密两类，实行分类管理和使用；严禁将同一移动存储介质在涉密信息系统和非涉密信息系统之间交叉使用；持续抓好对涉密纸质文件资料的保密管理，严格落实涉密纸质文件管理有关规定，从制作、流转、办理、清退、存档和销毁等环节做好涉密纸质文件资料的保密管理工作，有效堵塞涉密纸质文件资料保密管理漏洞。

完善涉密人员管理机制。指导重点涉密机关单位对涉密人员实行类别划分，建立涉密人员档案，实行分类登记和动态管理。督促重点涉密机关单位与新进入涉密岗位的涉密人员签订保密承诺书，明确上岗、在岗责任。加强对涉密人员的教育、培训和管理，督促机关单位严格执行涉密人员出国（境）审批、离岗离职脱密期管理相关规定，抓好对涉密人员的考核，促使涉密人员认真落实保密工作职责。

【专项保密】 做好重要考试的保密工作。在举行高考、成人高考、中考、公务员招录考试等重要考试过程中，区国家保密局主动与有关部门和单位密切合作，严格做好保密工作。在组织高考过程中，区国家保密局与区教委、区公安局等部门共同制订并严格落实保密工作方案，确保试卷在运送、保管、使用等环节均符合保密管理相关要求。全年全区组织的各类重要考试均未发生泄密事故。

参与涉密和划控档案安全专项检查。区国家保密局配合市档案局和市国家保密局联合督查组，从档案安全保密制度建设及执行情况、落实《各级国家档案馆馆藏档案解密和划分控制使用范围的暂行规定》情况、档案查阅利用情况、网上公布档案情况和档案数字化加工监管情况等方面对全区档案保密管理工作开展督查，对发现的问题，督促区档案局限期完成整改。

配合开展地下管线信息普查与更新的保密管理工作，区国家保密局与区规划局等部门配合，从对相关人员进行保密培训，制定保密管理措施，落实保密工作责任，开展保密专项检查等方面有针对性地加强保密管理工作，切实防止窃密泄密现象发生。

在春节、“五一”、中秋、国庆等节假日以及纪念抗战胜利70周年等重大活动到来前，区国家保密局均向各机关单位发出通知，要求扎实做好保密工作。各机关单位按照通知要求落实各项保密防范措施，加强保密管理，消除失泄密隐患。全年节假日和重大活动期间无失泄密事件发生。

组织开展“六五”保密法制宣传教育总结验收工作，对好做法、好经验进行总结提炼，要求相关机关单位继续发扬和宣传推广。对工作中存在的问题进行分析研判，提出整改意见，督促相关机关单位认真整改落实。各机关单位加强规范化制度化建设，在落实保密法制宣传教育各项制度，建立健全长效机制上下功夫，把保密法制宣传教育工作引向深入。

【保障能力建设】 区国家保密局认真落实上级保密管理部门以及区委、区政府和区委保密委的要求，加强保密基础建设，增强工作保障能力。各机关单位从人、财、物等方面加大对保密基础建设的投入，为保密工作的开展提供有利条件。各街镇、区级各部门和有关单位投入资金购买涉密载体和保密防护设备，提升保密物防技防水平。加强保密队伍建设，区国家保密局从有关机关单位抽取具有一定计算机和网络知识的人员组建保密检查人员储备库，开展保密检查业务培训，促使其熟悉保密检查的基本程序和操作要领。区国家保密局要求各机关单位的保密干部积极参加“三严三实”专题教育，学习政治理论和保密业务知识，组织开展系列学习培训和讨论交流活动。

（韩　黎）

2015年中共重庆市长寿区委员会书记、副书记、常委、委员、候补委员名录

书　记：周　勇

副书记：赵世庆　巴川江（蒙古族）
　　谭　庆（2015年5月任）

常　委：周　勇　赵世庆　巴川江（蒙古族）
　　张云平（苗族）　谭　庆　何以龙
　　周隆海　左永祥　王身高　侯宇生
　　谭　伟　王志宏　蒋牧宸（2015年10月任）　陈　瑛（女）
　　杜彬瑜（2015年12月离任）

区委委员（以姓氏笔画为序）：王志宏　王身高
　　孔祥文　巴川江（蒙古族）　左永祥
　　冉　洪　付　恺　汤晓强　孙　建
　　杜彬瑜（2015年12月离任）　李　松
　　李长春　李国辉　李建强　杨华林
　　杨通胜（土家族）　肖庆华　何以龙
　　宋　平　张　华　张　青（女，2015年3月离任）　张云平（苗族）　张国轩
　　张明万　张明生　陈　瑛（女）
　　周　勇　周志荣　周隆海　赵世庆
　　柳德新　侯宇生　洪其昌　唐贤明
　　涂山全　黄　亮　龚小平　梁经顺
　　蒋牧宸（2015年10月任）　游智明
　　谭　伟　谭　庆

区委候补委员（以得票多少为序）：聂华甫
　　王琼英（女）　殷湖北　黄　伟
　　刘　刚　梁德志

2015年中共重庆市长寿区委员会工作部门领导人名录

区委办公室

主　　　任：叶金龙（兼）

常务副主任：但小平

副　主　任：梁德志（2015年5月离任）
　　邓永春（2015年5月离任）
　　邓　军　贺　楠
　　殷　铭（兼，2015年5月任）
　　樊　飞

区委机要局（密码管理局）

局　长：贺　楠（兼）

国家保密局

局　长：邓永春（兼，2015年5月离任）
　　但小平（兼，2015年5月任）

区委政策研究室

主　任：邓　军（兼）

区委督查室

主　任：鲁　巧（女）

区委组织部

部　　　长：王志宏

常务副部长：杨通胜（土家族）
副　部　长：李国辉（兼）　陈　睿（女，兼）
杨岸鸿（兼）　刘亚敏（女，兼）
阳　建（2015年5月离任）
罗建平（2015年5月任）　张安才
区考核办主任：阳　建（2015年5月离任）
罗建平（2015年5月任）
区考核办副主任：张　灿（兼）
区委两新工委书记：张安才（2015年4月离任）
区委非公工委书记：
杨通胜（土家族，2015年4月任）
区委人才办主任：张安才（2015年4月任）
区委两新工委副书记：
朱　浩（2015年4月离任）
区委非公工委副书记：朱　浩（2015年4月任）

区委宣传部

部　　长：陈　瑛（女）
副 部 长：文平林　叶绍举（2015年5月任）
游　江（兼）　林家义（兼）
纪检组长：叶绍举（2015年5月离任）
樊晓君（2015年5月任）

区精神文明办公室

主　任：文平林（2015年5月任）
副主任：张　莲（女）

区委网络安全和信息化领导小组办公室

主　任：文平林（2015年12月任）
副主任：王　舰（2015年12月任）
区委对外宣传办公室（区政府新闻办公室、区互联网信息办公室）主任：王　舰

区委统战部

部　长：何以龙
副部长：王　强（兼区台办主任，兼任的区侨办主任2015年5月离任）
韩建宏　张真明
樊广义（2015年5月兼任区侨办主任）
宦仕发（兼区台办副主任）
区侨办副主任：喻　璐（女）

区委政法委

书　　记：周隆海
常务副书记：张　兵
副　书　记：李建强（兼）　李　松（兼）
周怀念　余　伟（兼纪检组长）
周　锋
区综合治理办公室主任：张　兵
区委防范和处理邪教问题办公室主任：周怀念
区国家安全办公室主任：周　锋（兼）
区综合治理办公室副主任：刘　洪（女）

区机构编制委员会办公室

主　任：陈　睿（女）
副主任：邓建国

区直机关工委

书　　记：孙　建
副　书　记：董瑞芳（女）
纪工委书记：张俊逸

区信访办

主　　任：梁德志（2015年5月离任）
殷　铭（2015年5月任）
副 主 任：殷　铭（2015年5月离任）
项利君（女）　杨春蓉（女）
区维稳办副主任：熊　浩
纪检组长：周　伟
区信访督查专员：余　豹（女）

区委老干部局

局　长：刘亚敏（女）
副局长：向　林

区委党校

党校校长：张　华（兼，2015年5月离任）
谭　庆（兼，2015年5月任）
区行政学校校长和重庆广播电视大学长寿分校校长：谭　庆（兼，2015年5月离任）
左永祥（兼，2015年5月任）
区社会主义学院院长：何以龙（兼）
常务副校长：李国辉（兼行政学校常务副校长、广播电视大学长寿分校常务副校长、区社会主义学院常务副院长）
副 校 长：喻　科（兼区行政学校副校长、广播电视大学长寿分校副校长、区社会主义学院副院长）
张容华（女，兼区行政学校副校长、广播电视大学长寿分校副校长、区社会主义学院副院长）
区社会主义学院副院长：宦仕发（兼）
校务委员：黄游芳（女）　陈国富

区委党史研究室（区地方志办公室）

主　任：游　江

区委农村工作委员会

书　　记：张国轩（2015年5月离任）
黄广荣（2015年5月任）
副 书 记：张　剑（兼）　罗盛昌
纪工委书记：罗素琼（女）

区委教育工作委员会

书　　记：李长春
纪工委书记：王　斌（2015年5月离任）
杨胜英（女，2015年5月任）

长寿日报社

社长、总编辑：蒙　明（女）
副社长、副总编辑：陈小平
雷丽群（女，兼纪检组长，2015年12月离任）

区广播电视台

台　　长：刘雪颖（2015年5月离任）
杨　渝（2015年5月任）
副 台 长：叶明昌　廖诗平　汤鸿静（女）
纪检组长：宋　焱

附：

2015年中共重庆市长寿区委员会重要文件目录

区委区政府关于给予杨勇等10名同志记个人三等功的决定（长寿委发〔2015〕1号）（2015年2月6日）

区委区政府关于进一步做好新形势下拥军优属工作的意见（长寿委发〔2015〕2号）（2015年2月11日）

区委区政府关于加快推进生态文明建设的实施意见（长寿委发〔2015〕3号）（2015年2月17日）

区委区政府关于2015年农业农村工作的意见（长寿委发〔2015〕4号）（2015年4月7日）

区委区政府关于2014年度工业企业年度考评获奖企业的通报（长寿委发〔2015〕5号）（2015年4月16日）

区委区政府关于进一步加快街镇工业走廊开发建设的意见（长寿委发〔2015〕6号）（2015年6月9日）

区委区政府关于精准扶贫精准脱贫工作的实施意见（长寿委发〔2015〕7号）（2015年7月27日）

区委区政府关于给予韩靖等89名同志记三等功和余建等539名同志嘉奖的决定（长寿委发〔2015〕8号）（2015年7月30日）

区委关于加强社会主义协商民主建设的实施意见（长寿委发〔2015〕9号）（2015年8月20日）

区委关于印发《长寿区落实党风廉政建设“两个责任”清单》的通知（长寿委发〔2015〕10号）（2015年8月24日）

区委区政府关于给予刘忠诚等49名同志记三等功的决定（长寿委发〔2015〕11号）（2015年9月11日）

区委区政府关于加快推进创新驱动发展战略的实施意见（长寿委发〔2015〕12号）（2015年9月22日）

区委关于制定国民经济和社会发展第十三个五年规划的建议（长寿委发〔2015〕15号）（2015年12月17日）

重庆市长寿区人民代表大会

人民代表大会

【区十七届人大五次会议】 重庆市长寿区第十七届人民代表大会第五次会议于2015年2月10日至2月13日召开。这次会议应到代表290人，实到代表279人。邀请不是区人大代表的区委常委，区政府副区长，区政协副主席、巡视员，长寿经开区管委会副主任，享受区级待遇的在职领导，区法院副院长、区检察院副检察长，区委巡查组组长，区委各部委、区政府各部门及直属事业单位、经开区各部门、各人民团体行政负责人，部分在长寿市属以上单位主要行政负责人，区内重点工业企业负责人，历届区（县）人大常委会主任、副主任和在长寿的市四届人大代表179人列席会议。邀请10名市民代表旁听第一、二次全体大会。

会议听取和审议区长赵世庆所作的政府工作报告、区人大常委会主任游智明所作的人大常委会工作报告、区法院院长柳德新所作的法院工作报告、区检察院检察长梁经顺所作的检察院工作报告，审查重庆市长寿区2014年国民经济和社会发展计划执行情况及2015年国民经济和社会发展计划的报告、重庆市长寿区2014年财政预算执行情况和2015年财政预算草案的报告，大会依法作出决议，批准区政府、计划、财政和区人大常委会、区法院和区检察院6个报告。会议选举张明生为区人大常委会主任，补选徐向荣为区人大常委会委员。

会议收到代表议案4件、建议289件，经大会主席团审定，3件议案被确定为议案，1件议案转为建议。

（李　鹏）

人大常委会会议

【重大事项决定】 2015年，区十七届人大常委会召开7次常委会议。作出关于同意撤销新市镇设立新市街道的决定，关于同意撤销八颗镇设立八颗街道的决定，关于调整凤城街道、新市街道行政区划增设菩提街道的决定，关于召开重庆市长寿区第十七届人民代表大会第五次会议的决定，关于批准2015年区级财政决算的决议，关于区政府提请审议乐至·寿城水岸等5个公租房及配套设施建设项目预算内安排资金有关事项议案的决议，关于批准2015年度区级预算调整方案的决议，关于对农民新村建设情况的视察意见，关于对畜牧类生产企业发展情况的视察意见，关于对街镇工业发展和长化环保搬迁情况的视察意见，关于对桃花溪流域综合整治情况的视察意见，关于对长寿区重点项目建设情况的视察意见，关于对长寿区《2014年依法行政工作情况报告》的审议意见，关于对《长寿区2014年环境状况和环境保护目标任务完成情况报告》的审议意见，关于对区法院公正司法工作情况的审议意见，关于对区检察院公正司法工作情况的审议意见，关于对2015年上半年国民经济和社会发展计划执行情况的报告的审议意见，关于对2015年上半年财政预算执行情况的报告的审议意见，关于对区政府关于2014年度区级预算执行和其他财政收支的审计工作报告的审议意见，关于重点建议办理落实情况报

2015年8月25日，长寿区人大常委会组织部分市区人大代表视察街镇工业发展和长化环保搬迁。区领导周勇、张明生等参加

告的审议意见。

【重要事项审议】　2015 年，区人大常委会审议区政府提出的 13 项专项工作报告。包括关于 2014 年依法行政工作情况的报告，关于长寿区 2014 年环境状况和环境保护目标任务完成情况的报告，关于 2015 年上半年长寿区国民经济和社会发展计划执行情况的报告，关于 2015 年上半年财政预算执行情况的报告，关于 2014 年度区级预算执行和其他财政收支审计工作报告，关于区十七届人大五次会议以来代表建议批评意见办理情况报告，关于区十七届人大五次会议六件重点建议办理情况报告，关于调整 2015 年度财政预算的报告，关于提请审议 2014 年财政决算情况报告，关于 2015 年长寿区政府债务限额报告，关于区十七届人大四次会议以来 B 类回复建议续办情况报告，关于对 2014 年区人大常委会审议、评议、视察意见研究处理情况报告。

（李　鹏）

重要工作与活动

【人大监督工作】　推动法治政府建设。按照市人大的统一部署，区人大常委会通过听取汇报、座谈调研、文献研究、重点抽查、问卷调查等方式，对区政府规范性文件备案审查工作进行专项评议。通过此次评议，区政府清理 2002 年设区至 2015 年的规范性文件 501 件，废止文件 66 件；建立并公开规范性文件目录库，加强备案审查机构建设，完善备案审查机制，向区人大报备规范性文件 8 件。听取、审议区政府关于依法行政工作情况报告，督促区政府强化领导干部法治意识，建立行政权力清单，推进行政信息公开，确保行政权力在阳光下运行。为提升整合部门运行效能，主任会议听取卫生计生、国土房管工作情况报告，提出工作建议。

保障法律正确实施。2015 年，长寿区人大常委会首次审议区法院、区检察院公正司法情况报告，督促区法院、区检察院按照司法体制改革的要求，完善公正司法工作机制，推进司法公开，提高司法公信力，为全区经济社会健康发展提供有力的司法保障。开展重庆市义务教育条例执法检查，推动区政府和有关部门加快新城学校建设，完善教育资源布局；改善农村学校办学条件，缩小城乡教育差距。配合全国人大、市人大开展土壤污染防治法、重庆市环境保护条例、安全生产条例等立法调研，提出高质量的建议。加强人大信访工作，引导信访群众依法信访，督促化解一批信访问题。

完善人大工作机制。按照区委深化改革和依法治区的有关要求，区人大常委会在全市率先实行依法行政、公正司法、城乡规划、环境保护、政府债务年度报告制度，实现对重要专项工作的常态化监督。落实宪法实施和监督制度，制定《长寿区宪法宣誓实施办法》，从 2016 年起开始实施；坚持开展宪法日活动，促进全民守法。根据全国人大关于加强和改进专题询问工作的若干意见精神，制定《区人大常委会专题询问办法》，丰富常委会的监督方式。加大监督工作公开力度，坚持公开为常态、不公开为例外，及时在第一时间通过人大网站、新闻媒体向社会发布监督信息；坚持邀请基层人大代表列席和市民旁听常委会会议制度，自觉把人大工作置于群众的监督之下。在 2015 年的水污染防治工作专题询问中，首次安排长寿电视台全程录像，在长寿日报上公开询问内容。

预算决算审查监督。区人大常委会认真履行预算决算审查监督职能，听取和审议区政府关于上半年财政预算执行情况、审计、政府债务、保险等报告，提出进一步推进预算决算公开，强化审计查出问题整改落实，实行政府债务限额管理，完善全口径预算编制体系等意见。区政府及有关部门对这些意见进行认真办理。区政府将 2015 年部门预算及“三公经费”预算公开单位，从 30 个政府组成部门扩大到 66 个单位，公开内容由支出功能科目类级细化至项级；严格控制政府性债务总量和融资成本，有效防范债务风险；加大审计问题的查出力度，提

2015 年 10 月 15 日，长寿区人大常委会主任会议听取全区农村合作经济组织发展情况汇报。区人大领导张明生、潘晓林、李彬旭、郑勇、唐华、李吉华出席

高财政资金使用绩效；将国有资本纳入预算范围，建立一般公共预算、政府性基金预算、国有资本经营预算、社会保险基金预算“四本预算”的全口径预算编制体系。

经济工作监督。常委会听取审议区政府关于上半年计划执行情况报告，提出抓实固定资产投资，扶持中小企业发展，扩大居民消费需求等审议意见。主任会议分别听取区政府科技工作、专业市场及物流项目建设、农村经济合作组织发展、“十二五”规划完成及“十三五”规划纲要编制等情况报告，提出完善科技投融资体系，加快推进汽车、农产品、化工、钢铁等专业市场和物流项目建设，加大农村经济合作组织政策扶持力度，科学确定“十三五”发展目标和战略重点等建议。组织市区人大代表视察重大项目建设、街镇工业发展、畜牧类企业发展、农民新村建设情况，开展村级公共服务专项资金使用、农村资产经营管理情况专题调研，建议区政府坚定不移推进重大项目建设，创新重大项目建设管理机制；落实区委关于进一步加快街镇工业走廊发展的意见，争创市级特色园区和“众创空间”；优化畜牧产业结构，培育畜牧产业品牌；尊重农民意愿建好农民新村，提高新村入住率；提高村级公共服务专项资金覆盖范围和补助标准，盘活农村集体资产。区政府认真吸纳这些建议，及时研究出台相关的政策措施，统筹推进稳增长、调结构、促改革、惠民生、防风险等重点工作，认真编制“十三五”规划纲要，全面完成区十七届人大五次会议提出的经济发展目标任务。

环境保护监督。为落实新《水污染防治法》和国务院“水十条”，区人大常委会对区政府水污染防治工作进行专题询问。由常委会副主任带队组成5个调研组，到全区重要河流、城镇饮水源地、园区企业、街镇村组，实地视察，座谈交流，摸清水环境状况，收集询问问题。常委会组成人员根据调研情况，分别围绕城镇饮水源保护、工业废水污染、江河流域污染整治、农村面源污染等方面提出了询问问题。综合区人大常委会组成人员的意见，常委会及时向区政府提出保障饮水源安全、加强场镇集中式供水管理、确保场镇污水处理厂正常运行、持续推进桃花河流域治理等7项询问意见。区政府常务会根据询问意见，制订任务分解表，逐一明确办理牵头领导、责任部门和完成时限，使询问意见落到实处。认真贯彻环保法，首次听取审议环境保护工作情况报告，督促区政府深入推进“蓝天、碧水、绿地、田园、宁静、清新”六大行动，公开全区环境状况信息，切实保障社会公众对环境保护的知情权、监督权。持续关注桃花河治理和长化厂环保搬迁，组织市区人大代表对这两项工作进展情况进行专题视察，分别提出视察意见。经过两年的治理，桃花河水质大幅改善，景观打造、生态修复逐步展开。重庆化医集团和区政府争取上级政策资金支持，密切配合推进长化厂搬迁、人员安置等工作，加快搬迁进度，确保整个搬迁工作将在2016年年底前完成。

【决定和任免工作】 重大事项决定工作。区人大常委会围绕经济社会发展、保障和改善民生，认真审议有关重大事项，依法作出决议决定9项。为拓展城市发展空间，及时对增设菩提街道和八颗、新市撤镇设街道作出决定。根据经济运行情况和地方政府债务管理的有关规定，审查批准2014年区级财政决算、2015年财政预算调整方案和政府债务限额。为支持经开区和公租房建设，作出有关资金预算安排的决议。

人事任免工作。区人大常委会严格按照组织提名、法律考试、个别酝酿、电子表决、任职发言的程序，任命国家机关工作人员。2015年组织法律考试4次，任命国家机关工作人员38人次，免去国家机关工作人员17人次。任命人民陪审员37人。选举区人大代表4人，接受辞去区人大代表职务4人。

部门工作评议。区人大常委会在深入调研、征求意见、评议调查的基础上，对区经信委、区公安局、区人社局、区农委、区商务局贯彻落实区委、区政府工作部署、依法行政、服务群众等方面工作，

2015年10月13日，长寿区人大常委会主任张明生到长寿湖镇龙沟村、两桂村走访联系区人大代表

开展满意度测评，提出评议意见，反馈评议调查意见建议204条。被评议部门积极配合评议工作，坚持边评边改、立行立改，针对提出的评议意见和反馈的工作建议，制订落实方案，推动问题解决，提高工作质量。

【代表工作】 保障和服务代表履职。加强代表能力建设，区人大常委会围绕宪法、审议工作报告、撰写议案建议、预算决算审查等内容，对代表进行专题培训，提高代表履职水平。加强履职平台建设，在全市区县人大率先建立代表网上履职服务平台，建成代表工作站17个，组织240人次代表旁听80件案件审理，邀请102名基层代表列席常委会会议、参加视察调研、工作评议、执法检查等活动，拓宽代表履职空间。全面实施"两联一述"（即区人大常委会联系区人大代表、区人大代表联系人民群众，区人大代表向原选举单位述职），27名常委会组成人员与175名区人大代表保持经常性联系，287名区人大代表经常走访联系选民3600户，代表向选民述职已形成制度化、常态化。坚持开展主任接待日活动，全年接待、走访74名基层区人大代表，及时交办代表意见建议30条，有关部门逐一办理回复。继续开展代表履职考核，285名人大代表参加履职考核，其中履职优秀189名，履职良好93名，履职一般3名。做好市人大代表服务工作，组织视察活动5次，协助市代表在市四届人大三次会议上提出议案建议33件，其中1件被列为大会议案，2件被列为重点建议。

提高议案建议办理实效。改进议案建议办理工作，从2015年开始，代表议案建议全部实行电子提交，代表议案建议及办理情况在人大网站上公开，听取审议区政府重点建议办理情况报告，进行满意度测评。经区人大常委会督办和区政府统筹协调，十七届区人大五次会议至年底代表提出的302件代表议案建议，全部在规定的时间内办理并答复代表。常委会领导牵头督办的6件重点建议办理取得重要进展：桃花转盘人行天桥建设完成招标工作，2016年将建成投入使用；城区施划临时占道停车泊位3797个，缓解城区停车难问题；建设二、三级管网38.6千米，提高场镇污水收集处理率；整治山坪塘752口，解决部分地区用水难问题；北城中学正式投入使用，临溪中小学、菩提小学正在加快建设，城区学校布局更加优化；北城水厂正式启动建设。

做实代表主题活动。区人大常委会围绕"密切联系群众、推动富民兴区"主题，组织市区镇三级人大代表以视察促进、调研献策、监督检查、联系群众、学习培训"五个一"活动为载体，全力推动农村电网建设、渝长路扩能、渡舟路改造等8项民生工作。在代表主题活动的助推下，2015年农村电网新增配电变压器787台，完成8个村的电网改造升级；渝长高速路扩能项目完成投资人招标；渡舟路改扩建工程全面完成，北城大道实现全线通车。长寿区人大代表主题活动聚焦民生实事的做法，得到市人大的肯定，2015年10月，市人大组织重庆日报、重庆电视台、华龙网、法制报、公民报等市级主流媒体对长寿区代表主题活动进行专题报道。

【常委会及机关建设】 区人大常委会始终坚持党的领导，严守党的组织纪律和政治规矩，对常委会的重要会议、重要活动以及履职中的重大问题、重大事项，常委会党组及时向区委请示报告，主动争取区委的领导。认真组织学习领会中央关于加强和改进县乡人大工作和建设的意见精神，进一步把牢政治方向，坚定制度自信，明确努力方向。在"三严三实"专题教育中，常委会领导以身作则、率先垂范，带头集中学习讲党课、座谈调研听意见、自我剖析找问题、整改问题督落实，开展走访下访社区、精准扶贫等活动，确保专题教育不走过场、见到实效，推动机关作风进一步改进。区人大常委会组成人员积极出席会议，认真审议发言，带头参加活动，经常深入基层，主动联系代表、走访选民，发挥履职表率作用。

加强对街道人大工委的领导，设立新市、八颗人大街道工委，凤城、晏家、渡舟、江南街道人大工委首次在常委会上报告工作。区人大常委会通过集中培训、专题调研、座谈交流、上下联动等方式，督促和支持镇人大依法召开镇人代会，加强主席团建设，做好代表履职服务工作。各镇街人大紧紧围绕党委中心工作，尽职履责，主动作为，在推动区域发展、改善民生、促进和谐等方面发挥重要作用。

区人大常委会机关加强干部能力建设，常委会围绕人大是什么、人大干什么、人大工作怎么干、人大信息调研等专题，全年组织集中学习培训8次。加强制度建设，制定区人大常委会组成人员联系基层人大代表等3项工作制度。调查研究，形成调研报告22篇，为党委政府决策和常委会审议提供有益参考。主动适应"互联网+"的新要求，对人大网站进行全面改版，同步开设镇街人大网页。紧扣全区工作大局和区人大常委会重点工作，开展宣传信息工作，全年编发简报信息500余条，市级媒体刊发和市人大采用100余条，《“小资金”撬动民主治理“大变革”》在市公民报头版头条刊发，为推动长寿人大工作与时俱进营造良好的舆论氛围。

（李　鹏）

2015年重庆市长寿区人大常委会主任、副主任名录

主　任：游智明（2015年2月离任）
　　　　张明生（2015年2月任）
副主任：潘晓林　李彬旭　郑　勇　唐　华
　　　　李吉华

2015年重庆市长寿区人大常委会机关工作部门领导人名录

办公室
主　任：程　茂
副主任：郑　勇　黄　磊　付永兴（兼）
人事代表工委
主　任：黄正桥
副主任：向中明
法工委
主　任：湛秀英（女）
副主任：董祥凯
经济工委
主　任：向长生
城环工委
主　任：孔庆明
副主任：鲁　斌
教科文卫工委
主　任：徐向荣
副主任：项　晓（女）
财政预算工委
主　任：王泽林
副主任：但玉榕（女）
信访办
主　任：付永兴

附：

2015年重庆市长寿区人大常委会重要文件目录

关于印发《区人大常委会专题询问办法》的通知（长人发〔2015〕17号）（2015年5月20日）

长寿市民关注人大政协两会

重庆市长寿区人民政府

重要会议

【区政府第二次全体会议】 2015 年 1 月 28 日，重庆市长寿区人民政府第二次全体会议在行政中心 C1 会议室召开。会议审议 2015 年《政府工作报告（送审稿）》。区政府区长、副区长，区委、区人大、区政协、区法院、区检察院、区人武部、长寿经开区领导，区政府各部门主要负责人，各街镇党政主要负责人，长寿经开区内设机构、集团公司主要负责人，政府平台公司主要负责人，在长市属部门主要负责人，区委各部委、各人民团体、各民主党派主要负责人，区人大常委会办公室、各工委主任、信访办主任，区政协秘书长、各委室主任，区巡查组组长，部分企业负责人，区政府法律顾问等 206 人参加会议。

【区政府常务会议】 2015 年，长寿区召开政府常务会议 41 次（第 95 次至第 135 次），研究 428 个议题。会议审定关于土地储备融资资金安排使用有关问题的请示、关于包装长寿区农村建设用地复垦项目（增减挂钩类）向三峡银行贷款的请示、关于向重庆市三峡担保集团有限公司融资的请示、关于向渝农商行金融租赁有限责任公司贷款的请示、关于恳请减免资产交易过户费用的请示、关于重钢有关问题的请示、关于凤城街道设立凤家社区审核考察的意见、关于皇泰制药厂搬迁补偿有关事宜的请示、《重庆市长寿区人民政府规范性文件制定程序规定》《重庆市长寿区重大决策程序实施办法》《重庆市长寿区行政机关行政应诉办法》、关于提名黄伟、林家义等职务任免的通知、关于报批长寿区凤城组团 B 标准分区（凤东片区）控制性详细规划的请示、关于建立防范和打击非法金融活动长效机制的通知、关于出台“助保贷”相关管理办法的请示、关于长寿经开区化工新材料一区土地整治及配套基础设施建设项目（二期）融资的请示、关于审定重钢钢管、飞腾地块土地招拍挂事宜的请示、关于城区人行过街设施建设工作的请示、关于报批 2014 年度污水管网建设以奖代补资金分配方案的请示、关于拟出资征收重庆长源供水有限公司全部股权收回晏家供水站（含水源工程）经营权的请示、关于长洪路高速公路跨线桥拆除和新建相关事宜的请示、关于借财政资金赎回长寿肉联总厂资产处理遗留问题的请示、关于增加晏家街道医疗过渡用房面积的请示、关于提名唐贤明等职务任免的通知、关于举办 2015 年返乡置业购房节的请示、关于长洪路（西门至高速路）通信线路下地补偿的请示、关于原农技（农机）员养老和医疗补助工作实施方案（送审稿）、关于向新华信托股份有限公司融资相关事宜的请示、关于印发《长寿区民办非学历教育培训机构管理暂行办法》的通知、关于江南新城五条新建道路命名再次审核考察的意见、关于申请批准重庆长寿菩提山文化旅游区建设项目（东坡片区文化景观及配套服务建筑工程）设计变更的请示、关于区行政服务中心停车场实施收费管理的请示、关于开展 2015 年度三峡后续项目初步设计及概算编制工作的请示、关于拟以增资扩股形式引入寿邦基金进行混合所有制改革有关事宜的请示、关于调整区对街镇财政管理体制的请示、关于提名华一兵等职务任免的通知、关于给予但波、苟洪波行政开除处分的请示、关于 2014 年重大项目考核结果及奖励方案的报告、关于向重庆进出口信用担保有限公司融资的请示、关于长寿桃花大道交通改善研究结题备案的请示、关于长寿区滨江长寿谷综合整治项目资金使用情况的请示、关于清理规范税收等优惠政策情况的请示、关于提前结束委托专户理财协议的请示、关于完成新增地方粮食储备任务的请示、重庆市长寿区畜禽养殖业发展规划、重庆市长寿区畜禽养殖污染防治规划、关于印发《长寿区街镇有线广播电视网络资源整合工作实施方案》的通知、关于长寿区水厂扩建项目－引水渠扩建工程增加工程总投资的请示、关于 2014 年安全生产目标考核结果的通报、关于提名唐远志曾涛免职的通知、关于废止和继续实施部分规范性文件有关情况的汇报、关于清理规范税收等优惠政策情况的请示、关于长寿区站前大道天然气管道保护工程相关事宜的请示、关于古镇片区110kv大雷东线64#～69#段迁改工程的请示、关于申请批准古镇－菩提山连接桥招标相关问题的请示、关于加强滨江长寿谷城市规划控制区管理的通知、关于龙河镇设立龙兴社区审核考察的意见、关于重庆市长寿区义明木材有限公司土地招拍挂的请示、关于核销原征地农转非困难人员贷款缴费到期未偿还本息的请示、关于提请审定2014年度聚商选资专项考核结果的请示、关于与中国邮政储蓄银行股份有限公司重庆分行签署《战略合作协议》的请示、关于调整区对街镇财政管理体制的请示、关于提名林强等职务任免的通知、关于龙门桥水库工程（淹没区二期）征（占）地补偿的请示、关于审定2014年度长寿区工业企业评奖情况的请示、关于提请审定2014年度部门统计工作和企业统计基层基础工作考核结果的请示、关于长寿区轨道交通线网概念性规划研究成果结题备案的请示、关于报请批准重庆市长寿区保障性住房布点规划（2013—2020）的请示、关于报请批准长寿区桃花组团B标准分区（原桃D标准分区）控制性详细规划的请示、关于报请批准长寿区凤城组团A、C标准分区（凤西片区）控制性详细规划的请示、关于提请审定行知学校租赁合同的请示、关于报请批准长寿区晏家组团B、E、F、G标准分区控制性详细规划的请示、关于调整政府投资零星项目发包方式的通知、关于采取邀标方式编制长寿博物馆建筑设计方案的请示、关于国有破关企业公有职工住房排危避险过渡工作方案的请示、关于废止《重庆市长寿区人民政府关于经开区规划管辖范围的批复》的请示、关于提名周勇任职的通知、关于八颗镇、葛兰镇污水主干管网维修工程有关问题的请示、关于龙门桥水利工程范围内渡两天然气管道迁建工程施工单位确定及招标最高限价的请示、关于回购商品房用于双龙镇征地拆迁定销房的请示、关于兴办北城中学的请示、关于提请审定政府平台公司2014年薪酬绩效考核结果的请示、关于审定阳鹤山截污干管架空穿越三洞沟比选方案的请示、关于请区政府颁布《长寿区电力设施保护办法（试行）》的请示、长寿区北城大道（渡舟路改扩建工程）国有土地上房屋征收补偿安置方案、渡舟路改扩建项目集体土地房屋征收补偿安置方案、关于向交通银行长寿支行融资有关问题的请示、关于解决交通银行土储融资条件的请示、关于印发《长寿经济技术开发区产业发展资金管理办法（试行）的请示》、关于钢材物流仓储中心项目跨小石溪两座桥梁防洪论证事宜的请示、关于乐至·寿城水岸等五个公租房及配套设施建设项目融资相关情况的请示、关于区土储中心绩效考核结果的请示、关于长寿区S102渝巫路晏家街道至海棠土桥段公路改造工程施工及监理招标工作的请示、关于渝粮集团长寿公司粮食仓储加工项目及闲置土地合作处置的请示、关于给予股权投资类企业财税优惠政策的请示、关于报送《长寿区优秀文艺作品奖励办法》的请示、关于确定长寿菩提山文化配套设施服务项目确定设计单位的请示、关于拟购长寿湖场镇存量商品住房作安置房的请示、关于回购商品房用于云台镇征地拆迁定销房的请示、关于在浙江股权交易中心发行定向私募债融资的请示、关于长寿区古桃路天然气管道保护工程相关事宜的请示、关于江南一期定销房空调落水管安装的请示、关于委托技术单位开展长寿区2010年五个增减挂钩项目实施方案变更有关事宜的请示、关于报批长寿区桃花组团A标准分区（展示区）控制性详细规划的请示、关于报批长寿区晏家组团A标准分区（原川维川染片区）控制性详细规划的请示、关于报批长寿区菩提组团A、B标准分区（原北部片区）控制性详细规划的请示、关于推荐重庆市拥军优属模范单位和拥军优属模范个人的请示、关于增加保安公司注册资本金的请示、关于提名王涛刘海平任职的通知、关于优先安排已竣工农村建设用地复垦项目农户退地补偿款的请示、关于明确长寿区“前三峡”地灾防治项目结存资金安排项目勘查设计监理单位的请示、关于2014年度国土资源管理工作考核结果的通报、渡舟路改扩建项目（一期）集体土地房屋合法性认定和面积测绘的工作方案、关于重庆川维物流有限公司内部加油站申请转为经营性加油站的请示、关于谭庆不再担任副区长职务的通知、关于提名左永祥等职务任免的通知、关于报批长寿区八颗组团控制性详细规划的请示、关于区属国有企业变更出租人的请示、关于报批长寿经济技术开发区江南组团控制性详细规划的请示、关于报批长寿区阳鹤山组团A、B标准分区（原阳鹤山片区）控制性详细规划的请示、关于确定古镇—菩提山连接桥亭廊及桥身装饰部分施工单位的请示、关于提名罗立等职务任免的通知、关于规范行政审批委托评估评审有关事项的通知、关于清理规范优惠政策相关工作的请示、关于企业统计基层基础工作奖补办法的请示、关于创建保合村电子商务试点基地的请示、关于小康工业集团拟建长寿汽车交易市场项目相关事宜的请示、关于长寿古镇拟建临时水上游乐场的请示、关于转让重钢冷轧薄板厂资产的请示、关于报批《〈长寿区晏家组团A标准分区控制性详细规划〉晏A9~1/01等地块控规局部调整》规划的请示、关于报批长寿区万顺镇区控制性详细规划的请示、关于报批长寿区云集镇区控制性详细规划的请示、关于报批长寿区洪湖镇区控制性详细规划的请示、关于报送2015年出租汽车特许经营权指标到期重新协议投放工作方案的请示、关于北城中学环境工程设计变更增加费用的请示、第二届重庆市“美丽乡村”原创歌曲大赛工作总方案、关于落实重庆市2013年与2014年行政审批制度改革事项的通知、关于提名余上云任职的通知、关于向三峡银行长寿支行融资相关事宜的请示、关于向重庆三峡银行贷款的请示、关于向富邦华一银行有限公司申请贷款的请示、关于向中信银行股份有限公司重庆分行贷款的请示、关于报批桃花大道东方之骄红绿灯处和长寿路区医院至协信广场三岔路口处新建两座人行过街天桥设计方案的请示、关于在凤城片区非主干道设置临时摊区（点）的通告、关于在武汉股权托管交易中心有限公司发行武交中心15长寿开投直接债务融资工具和武交中心15长寿开发直接债务融资工具的请示、关于对街镇引来外来税源实行专项补助的请示、关于印发长寿区三峡水库消落区管理实施细则（暂行）的通知、关于龙溪河流域和御临河流域场镇污水主干管维修工程新增工程有关事宜的请示、关于确定滨江长寿谷青龙嘴片区文物保护修复工程国有土地上房屋征收项目的请示、关于重庆市吉顺车辆检测有限公司机动车检测中心项目迁建用地的请示、关于调整政府平台公司薪酬绩效考核办法的请示、关于渡舟路改扩建工程（一期）有关问题的请示、关于恢复站前大道片区路灯照明相关事宜的请示、关于晏家大连祠片区尚城路等四条道路工程签订总承包施工合同相关问题的请示、关于重庆建工集团统一实施民生佳苑5、6号楼周边环境工程的请示、关于确定顺风庭二期永临结合供配电设施设备安装实施单位及费用的请示、关于购买长寿湖场镇商品房作定销房的请示、关于长寿湖西岸景区（湖滨公园）恢复收取门票的请示、关于《重庆市长寿区石堰镇总体规划修编（2014—2025）》编制成果报批的请示、关于报批长寿区石堰镇区生活组团控制性详细规划的请示、关于报批《重庆长寿街镇工业走廊石堰工业组团控制性详细规划》的请示、关于签订解除葛兰镇商业中心投资协议的请示、关于沿湖路排危抢险工程直接确定施工单位的请示、关于确定菩提山望寿楼改建项目施工单位的请示、关于与重庆恒鑫雕塑有限公司合作进行菩提山文化旅游景区万寿宝典景观雕塑创作与实施的请示、关于2014年度长寿区科技创新拟奖项目的请示、关于2013—2014年度长寿区科学技术进步奖拟授奖项目的请示、关于提名龙超等9名同志为宏昌担保公司董事监事的请示、关于与中国证监会重庆监管局签署《关于推动长寿区资本市场改革发展的合作备忘录》的请示、关于与中国保监会重庆监管局签署《关于建设保险发展示范区的合作备忘录》的请示、关于印发《长寿区政府督查结果运用制度实施细则（试行）》的通知、关于提名苏治泉免职的通知、关于开行定制动车有关事项的请示、关于确定和公布长寿区保护性建筑名录的请示、长寿青龙嘴片区文物保护修复项目国有土地上房屋征收补偿安置方案（征求意见稿）、关于报送《长寿区自来水一户一表暨二次供水设施建设、改造、管理暂行办法》的请示、关于“预征地”自查自纠情况的函（送审稿）、关于印发《区人大询问水污染防治工作任务分解》的通知（送审稿）、关于提名吴从波职务任免的通知、关于《重庆市长寿区海棠镇总体规划修编（2014—2025）》编制成果报批的请示、关于报批长寿区海棠镇区海棠生活组团控制性详细规划的请示、关于报批长寿区海棠镇区土桥生活组团控制性详细规划的请示、关于报批长寿街镇工业走廊海棠工业组团控制性详细规划的请示、关于长寿区桃花河西岸城区段截污干管工程项目建设的请示、关于举办2015年重庆长寿湖国际铁人三项赛的请示、关于举办2015年重庆长寿湖国际铁人三项赛的请示、关于晏家街道部分道路命名审核考察的意见、关于八颗镇部分道路命名审核考察的意见、关于渝万铁路征地拆迁申请宅基地自建住房补差有关事宜的通知、关于《长寿区但渡镇总体规划修编（2014—2025）》编制成果报批的请示、关于报批长寿区但渡镇区控制性详细规划的请示、关于报审《重庆市长寿区无障碍环境建设发展规划（2014—2025）》的请示、关于印发《实施桃花河流域“河段长”管理制度的通知》等文件的请示、关于报批《重庆市长寿区城市建成区户外广告设置规划》的请示、关于城区市政园林基础设施建设维护管理工作的请示、关于印发《关于加快发展现代保险服务业的通知》的请示、关于电力系统及附属设施设备资产无偿划拨给电力部门的请示、关于提名湛广兵等职务任免的通知、关于印发支持实体经济加快发展若干措施的通知、关于《重庆市长寿区龙河镇总体规划修编（2014—2025）》编制成果报批的请示、关于报批长寿区龙河镇区控制性详细规划的请示、关于报批《长寿区人民政府关于进一步加强市政基础设施规划管理的实施意见》的请示、关于《长寿区桃花河流域畜禽养殖污染防治长效管理实施方案》的请示、关于征收长寿青龙嘴片区文物保护修复项目国有土地上房屋的决定、关于提名任明全等职务任免的通知、关于提名龙超免职的通知、长寿区重大项目管理办法（修订）、长寿区重大项目工作目标考核细则（修订）、关于确定长寿区明月山可视范围内非煤矿山植被恢复治理项目规划设计方案的请示、深圳市远恒佳教育有限公司重庆长寿湖远恒佳国际学校投资协议书、关于实施云台镇上余家湾滑坡治理工程的请示、关于实施新市镇和尚坪危岩治理工程的请示、关于房管局共建大楼中庭花园改造项目增加改造相关事项的请示、关于给予张恩楷行政撤职处分的请示、关于报批晏家组团D标准分区（晏家生活服务区）控制性详细规划的请示、关于《长寿区桃花河流域水产养殖污染长效防治实施方案（送审稿）》的请示、2015年推进简政放权放管结合转变政府职能工作方案、关于提请审定《长寿区第八届房交会购房补贴政策》的请示、关于长寿经开区集团公司建立企业能源保障周转资金池的请示、关于提名叶水兵杨刚职务任免的通知、关于核销呆滞商业网点贷款和借款的请示、关于报批渡舟组团控制性详细规划的请示、关于报批长寿区凤城组团E标准分区（关口片区）控制性详细规划的请示、关于推进攀钢集团在长10万吨/年氯化法钛白粉项目及地产项目建设的请示、关于乡镇机关事业单位工作人员实行乡镇工作补贴的请示、关于提名蒋牧宸任职的通知、关于提名袁建军黄中木职务任免的通知、关于印发《重庆市长寿区鼓励黄标车提前淘汰奖励补贴实施细则》的通知、关于双龙镇部分道路命名审核考察的意见、关于印发《长寿区2016年城乡居民合作医疗保险参保缴费工作实施方案》的通知、重庆市长寿区行政审批项目目录、关于确定宏昌融资担保公司高管的请示、关于申报2016年市级重点项目有关事项的请示、关于报批《〈长寿区菩提组团A、B标准分区（原北部片区）控制性详细规划〉菩A4－3/02地块控规局部调整》的请示、关于签订《中国家居（木业）产业基地综合服务港及小城镇开发建设项目合作协议》的请示、关于将新市苗圃搬迁至北城大道绿化相关问题的请示、关于开展原乡镇（公社）老放映员养老和医疗补助工作的实施方案、关于给予周世平行政开除处分的请示、关于渡舟街道设立菩提社区审核考察的意见、关于凤城街道设立古镇社区审核考察的意见、关于撤销凤城街道黄金村村民委员会建制审核考察的意见、关于报批长寿区综合交通规划（修改）的请示、关于报批长寿区物流系统优化规划的请示、关于报批长寿区城乡消防规划成果的请示、关于全区农村客运价格调整方案及听证工作的请示、关于提名张春兰张恩楷职务任免的通知、关于《重庆医科大学重庆市长寿区人民政府医疗卫生事业全面发展战略合作协议》及《重庆医科大学附属第三医院长寿医养中心项目投资协议》的请示、关于给予寰京旅游开发公司专项扶持资金的请示、关于区商贸物流中心开发投资有限责任公司与重庆绿安电子商务有限公司签订《项目投资合作协议》有关情况的汇报、关于与重庆永炫跨境电子商务有限公司签订投资框架协议的请示、关于与重庆钢铁股份有限公司签订船板锁价协议的请示、关于安排商贸物流专项补助资金的请示、关于重庆钢铁股份有限公司环保搬迁工程项目有关问题的请示、关于重钢股份有限公司电费成本有关问题的请示、关于与重庆进出口信用担保公司签订《战略合作协议》的请示、关于建立城区城镇居民阶梯水价制度及自来水价格调整听证有关问题的请示、关于建立居民生活用气阶梯价格制度听证有关问题的请示、关于调整非居民用天然气价格的请示、关于云集镇设立华福社区审核考察的意见、关于提请审定《重庆市长寿区人民政府关于落实重庆市2015年行政审批制度改革事项目录》的请示、关于签订《“助保贷”业务合作补充协议》的请示、关于提名陈勇等职务任免的通知、关于与重庆华龙强渝信用管理有限公司签订社会信用体系建设合作协议的请示、关于关闭金龙煤矿有关问题的请示；会议审议了关于长寿区2015年经济社会发展主要预期目标方案、关于进一步做好新形势下拥军优属工作的意见、关于《加快推进生态文明建设实施意见》起草和修改完善情况的报告、政府工作报告（送审稿）、关于重庆市长寿区2014年国民经济和社会发展计划执行情况及2015年计划草案的报告（送审稿）、关于重庆市长寿区区本级2014年财政预算执行情况和2015年财政预算草案初步方案报告（送审稿）、关于给予长寿经开区生态防护屏障项目指挥部办公室杨勇等10名同志记个人三等功的请示、长寿区2015年重大项目计划（送审稿）、关于区委十二届六次全会报告及2015年区政府工作报告重点工作目标任务分解的通知（送审稿）、2014年执政为民服务发展评议结果及工作经费分配方案的请示、关于2015年农业农村工作的意见、关于集中交办2015年疑难信访案件的通知（送审稿）、长寿区永久基本农田划定工作方案（送审稿）、关于2015年度土地供应计划的请示、关于进一步加快街镇工业走廊开发建设的意见、长寿区2015年“3+3”信访突出问题专项治理总体方案、重庆市长寿区审计项目五年轮审规划（送审稿）、关于提请审议《给予余建等542名同志嘉奖和杨通胜等90名同志记三等功的决定》的请示、关于传达全市社会化禁毒工作涪陵现场会和全国禁毒工作先进集体和先进个人表彰大会精神和长寿区禁毒工作情况汇报、关于精准扶贫精准脱贫工作的实施意见（送审稿）、关于提请审议《区委区政府关于给予刘忠诚等49名同志记三等功的决定》的请示、关于新市、八颗撤镇设街道后主要职责内设机构和人员编制调整的情况汇报、关于加快推进创新驱动发展战略的实施意见、长寿区阳鹤山片区道路及地下综合管网建设项目PPP实施方案（送审稿）、重庆长寿长江二桥工程项目PPP实施方案（送审稿）、长寿区2015年重大项目调整名单（送审稿）、关于调整2015年度财政预算的报告、关于调整凤城街道渡舟街道行政区划设立菩提街道的方案、关于长寿区县以下机关建立公务员职务与职级并行制度实施方案的请示、长寿区城市周边永久基本农田划定工作情况汇报、关于取缔叶家沟饮水源地的请示、关于新设立菩提街道工作的相关问题的汇报；会议通报了2014年度市委、市政府对区县党政领导班子经济社会发展实绩考核工作任务推进落实情况、全国融资性担保行业发展与监管经验交流电视电话会议精神传达提纲、关于“12·9”全市农村道路交通安全现场工作会议情况和长寿区加强道路交通安全工作意见、关于全市环境保护工作会议精神的传达提纲、全国全市机关事业单位“吃空饷”问题集中治理工作有关会议精神汇报提纲、关于2015年“1·6”全国、全市安全生产电视电话会议精神的汇报、关于全区安全生产有关工作情况的报告、关于2015年全市工业和信息化工作会议精神传达提纲、关于全市工商行政管理工作会议精神传达提纲、2015年全市规划建设管理及民防园林工作会议精神汇报提纲及长寿区贯彻落实建议、区政府常务会议研究事项跟踪督办情况（七）、区政府常务会议研究事项落实情况（八）、关于全市商贸流通工作会议情况的报告、关于全国、全市2015年农村饮水安全工作视频会议精神的汇报提纲、关于2015年全市农村工作会议精神的汇报提纲、关于全市科技工作会会议精神传达提纲、关于重庆市质量大会会议精神传达提纲、全市人力资源和社会保障工作会议精神传达提纲、关于全市2015年春节期间燃放烟花爆竹安全管理工作电视电话会议精神的汇报材料、关于拟解除《关于原永顺乡办公楼危旧房改造引资协议》和《联合建设协议》及返还土地整治成本费用的请示、全市财税工作会议精神传达提纲、2015年全市国资工作会议精神传达提纲、2015年全市金融工作会议精神传达提纲、关于2015年全市卫生和计划生育工作会议精神传达提纲、国务院第三次廉政工作会议和市政府第三次廉政工作会议精神及长寿区贯彻落实意见汇报提纲、全国全市审计工作会议主要精神及贯彻落实建议、全市统计工作会议精神传达提纲、关于市委政法工作会和全市公安局长会议主要精神的汇报材料、关于长寿区服务群众工作信息系统运行情况的报告、区政府常务会研究事项跟踪督办情况（八）、关于全市旅游工作会精神及长寿区贯彻落实意见建议汇报材料、2015年全市干部接访下访群众暨全国“两会”期间安全稳定工作电视电话会精神汇报材料、关于2015年长寿区“两会”意见及建议有关情况的说明、2015年全市消防工作电视电话会议精神汇报提纲、关于2015年全市政府法制工作电视电话会议精神传达及长寿区贯彻落实建议、关于2014年依法行政工作情况的汇报、关于长寿区服务群众工作信息系统运行情况的报告、长寿区“十件急事”专项督查的情况（一）、区政府常务会议研究事项跟踪督办情况（九）、区政府常务会议研究事项落实情况（九）、关于长寿湖旅游专用高速公路景观绿化工程增加投资的情况说明、关于传达全市禁毒工作会议精神和长寿区禁毒工作情况汇报、2015 年全国打击侵权假冒工作电视电话会议精神传达提纲、关于传达市综治委“春夏攻势”打击整治专项行动部署电视电话会议精神汇报材料、关于 2015 年度全市移民工作暨三峡后续工作监督网络联席会议有关情况的汇报、关于全市应急管理工作电视电话会议精神传达、长寿区“十件急事”专项督查的情况（二）、关于全市 2015 年信访突出问题“3 + 3”专项治理工作电视电话会议精神汇报提纲、关于 MDI 项目点火试车情况及黄奇帆市长讲话精神的通报、重庆市国土房管局关于印发 2015 年征地农转非安置房建设问题专项治理工作方案的函、重庆市国土房管局重庆市维稳办关于做好 2015 年征地农转非安置房建设问题专项治理有关工作的通知、关于 1982 年以来各类建设用地失地农民应转未转人员农转非及社保办理情况的报告、关于传达全市反恐怖工作电视电话会议精神的汇报材料、长寿区“十件急事”专项督查的情况（三）、区政府常务会议决定事项落实情况（十）、区政府常务会议决定事项跟踪督办情况（十）、关于今年一季度全区安全生产工作情况的报告、四届市委 126 次常委会市政府安委会 2015 年第二次全体成员单位（扩大）会议精神传达提纲及有关工作情况汇报、关于长寿区服务群众工作信息系统运行情况的报告、关于川维职工团购房项目有关问题的通报、关于委托长寿经济技术开发区管理委员会代管重庆市晏家工业园区、长寿区移民生态工业园区和晏家街道部分城市规划区的通知、长寿区“十件急事”及北城大道延伸段工程专项督查的情况（四）、2015 年全国深化医药卫生体制改革工作电视电话会议精神传达提纲、2015 年全市铁路建设工作会精神汇报提纲、重庆市国土房管局办公室关于万达集团在渝投资有关事宜的通知、长寿区“十件急事”及渡舟路改扩建工程专项督查的情况（五）、关于区政府领导分工的通知、关于耕地保护工作会情况汇报、关于长寿区服务群众工作信息系统运行情况的报告、区政府常务会议决定事项跟踪督办情况（十一）、区政府常务会议决定事项落实情况（十一）、关于市委、市政府督查组对长寿区防汛抗旱、地质灾害、安全生产工作开展实地督查的情况报告、全市食品安全工作电视电话会议精神传达提纲、全市 2015 年夏季消防安全检查动员部署电视电话会议精神及相关工作情况汇报材料、关于传达公安部 5·26 视频会议精神及长寿区贯彻落实情况汇报、长寿区“十件急事”及渡舟路改扩建项目专项督查的情况（六）、关于商请支持融资工作的函、全国加强食品安全工作电视电话会议精神传达提纲、全市药品价格改革工作电视电话会议传达提纲暨长寿区贯彻落实情况、关于长寿区服务群众工作信息系统运行情况的报告、长寿区“十件急事”及渡舟路改扩建项目专项督查的情况（七）、区政府常务会议决定事项跟踪督办情况（十二）、区政府常务会议决定事项落实情况（十二）、关于调整机关事业单位工作人员基本工资标准和增加离退休人员离退休费工作情况汇报、全市深化体制机制改革加快实施创新驱动发展战略工作推进会议精神传达提纲、传达贯彻国家加强耕地保护、规范土地流转工作视频会议精神汇报材料、长寿区 2015 年城区义务教育划片招生工作方案、关于全市促进消费工作电视电话会议有关情况的报告、关于渝万铁路建设项目征收调标补差扣减按时搬迁补助费的情况报告、中共重庆市委民族工作会议及相关会议情况汇报、长寿区“十件急事”及渡舟路改扩建项目专项督查的情况（八）、区政府第 63 ~ 108 次常务会分解任务办理事项专项督查情况、关于区政府与重庆市环保投资有限公司签订乡镇污水处理厂 PPP 项目战略合作协议情况的报告、关于全区 1—6 月安全生产有关工作情况的报告、关于长寿区安全生产常态督查情况的通报、长寿区“十件急事”及渡舟路改扩建项目专项督查的情况（九）、“7·22”全市政法稳定和平安建设电视电话会议精神及长寿区贯彻落实工作汇报、全市公立医院改革推进会议精神传达提纲、全市上半年安全生产工作电视电话会议暨市政府安委会 2015 年第三次会议主要精神汇报、关于全国全市抗战胜利 70 周年纪念活动期间安保维稳工作相关电视电话会议精神及长寿区贯彻落实工作建议汇报、通报全国和全市安全生产电视电话会议精神研究部署长寿区近期安全生产工作、关于晏家片区定销房分配工作的情况报告、关于全市金秋消费促进月工作电视电话会议有关情况的报告、关于全面推进“三证合一、一照一码”登记制度改革工作全国电视电话会议精神的传达提纲、渝西片区（城市发展新区）安全生产工作会议精神及长寿区贯彻落实情况汇报、区政府常务会和区长办公会决定事项落实情况（十五）、长寿区“十件急事”及渡舟路改扩建项目专项督查的情况（十四）、重庆长风化学工业有限公司关于环境隐患问题的整改实施方案、关于做好清理税收等优惠政策解读工作的报告、全国、全市集中开展危爆物品寄递物流清理整顿和矛盾纠纷排查化解专项行动、做好当前社会稳定工作电视电话会议精神及长寿区贯彻落实意见建议、关于全市今冬明春火灾防控工作动员部署电视电话会议精神传达及贯彻落实情况的汇报、关于传达中央市级领导对平安建设工作的批示和全国全市社会治安防控体系建设工作会精神及长寿区贯彻落实情况的汇报材、全市群工系统运行情况通报、区政府常务会和区长办公会决定事项跟踪督办情况（十六）、关于传达中央市级领导对反恐工作重要批示和全国全市反恐怖工作会议精神及长寿区贯彻落实情况的汇报材料、关于区政府领导分工的通知、关于给予夏天友行政开除处分的请示、三峡后续工作规划项目市级专项督查情况汇报、关于“12·11”市车改政策培训会议精神的传达贯彻提纲、长寿区“十件急事”及渡舟路改扩建项目专项督查的情况（十八）、区政府常务会和区长办公会决定事项跟踪督办情况（十八）、区政府常务会和区长办公会决定事项落实情况（十八）、关于长寿区服务群众工作信息系统运行情况的报告、全市机关事业单位养老保险制度改革及国企负责人薪酬制度改革工作电视电话会议精神传达提纲、全市办信工作、信访信息录入“百日会战”视频会议精神及长寿区工作开展情况汇报、关于十起群众身边的不正之风和腐败问题典型案例的通报、关于七起违反中央八项规定精神问题的通报、关于六起中管干部违反中央八项规定精神问题的通报、长寿区“十件急事”及渡舟路改扩建项目专项督查的情况（十九）。

【区长办公会】　长寿区人民政府全年召开区长办公会议16次（第45次至第60次），研究127个议题。会议研究关于解决部分工业企业遗留问题的请示、关于总承包项目不再进行预算评审的请示、关于江南防洪护岸工程相关问题的请示、关于向厦门国际银行股份有限公司厦门思明支行贷款的请示、关于桃花河滨河公园设计方案的请示、区民兵训练基地选址的请示、关于开行定制动车有关事项的请示、关于在区人民医院北城分院门诊广场地下修建渡舟街道三好人防工程的请示、关于《长寿火车北站综合交通枢纽设计方案》成果报批的请示、关于确定长寿区明月山可视范围内非煤矿山植被恢复治理项目规划设计单位的请示、关于长寿经开区武警巡逻执勤点营房及附属设施工程施工发包的请示、关于报送2015年小城镇基础设施建设项目实施方案的请示、关于长寿区渡舟路改扩建工程（一期）交通工程部分直接发包的请示、关于审定工程塑料及塑料合金项目等31宗土地招拍挂事宜的请示、1—7月重大项目进展情况及存在问题、长寿区政府投资扶贫攻坚项目简易审批管理办法（送审稿）、关于龙溪河流域和御临河流域场镇污水主干管维修工程新增工程有关事宜的请示、关于葛兰镇塘坝村扶贫攻坚项目道路建设有关事宜的请示、关于重钢集团设计院和韩国浦项建设株式会社联合承担冷轧、镀锌项目初步设计有关问题的请示、关于返还富盈集团有限公司长寿湖旅游综合开发项目土地款的请示、长寿开投公司企业债券募集资金整改细化方案、关于葛兰镇等三个消防站建设增加投资的意见、关于购买地票保障经营性用地的请示、关于北城公司委托区土地储备中心融资的请示、关于以重庆长寿建筑安装有限公司为融资主体向浦发银行重庆长寿支行贷款的请示、关于使用环境保护专项资金补助的请示、关于重庆市长寿区渝宜高速路巨尾桉采伐更新作业的请示、关于提请审定第一批享受原农技（农机）员养老和医疗补助人员的请示、关于建设长寿湖水质自动监测站的请示、关于报批长寿区桃花河调水增流方案的请示、关于将桃花大道东方之骄人行天桥和区医院至协信广场三岔路口处人行天桥建设项目直接发包给长寿建筑安装有限公司的请示、关于区林投公司在亚太纸业平场范围内苗木资产处置的请示、1—9月经济运行情况、研究全年经济收官工作安排、关于印发《“超范围补偿土地”清理和利用工作方案》的通知（送审稿）、关于卫古路天然气管迁改和保护工程相关事宜的请示、关于化南路东延段边坡应急补充整治工程合同及费用结算事宜的请示、关于10千伏葛风线等五个电力项目建设相关事项的请示、关于设立街镇工业发展产业股权投资基金管理公司的请示、晏家地区定销房分配工作实施方案、关于长寿华电特瓷有限公司赔偿原职工失业保险金的请示、关于与上海浦银安盛资产管理有限公司合作发起设立重庆市长寿区平衡基金的请示、关于被借用公租房和廉租房占补平衡的请示、关于长寿区桃花溪中游重点河段综合治理工程设计变更增加投资事宜的请示、关于在重庆银行长寿支行融资有关问题的请示、关于安排重庆钢铁股份有限公司财政补助资金的请示、关于工业品市场路桥建设工程涉及国有土地上房屋收购的请示、长寿区广播电视网络分公司机关事业人员身份转换和安置工作实施方案、关于重庆长寿开发投资（集团）有限公司与重庆市长寿区移民局土地置换的请示、关于重庆市长寿湖—长寿（菩提）古镇核心旅游度假区三期项目资本金承诺担保的请示、关于场镇污水处理设施有关情况的请示、关于长寿区葛兰污水提升泵站工程增加工程造价有关事宜的请示、关于部分房地产项目城市建设配套费征收有关事项的请示、关于长寿区人民检察院派驻长寿湖中心检察室环境工程挡墙设计变更及增加投资的请示、重庆长寿长江二桥工程项目 PPP 实施方案（送审稿）、关于重庆长寿长江二桥前期咨询费用增加的请示、关于 2016 年春节前经开区安全隐患整治工程施工发包的请示、关于长寿经开区数字园区建设项目（一期）新增内容合同签订的请示、关于提前支付长寿区晏家城市拆迁定向销售住房项目工程款的请示、关于重庆钢铁股份有限公司有关问题的请示、关于报批《重庆市长寿区人民政府关于贯彻落实市政府 282 号令的实施意见》的请示、关于解决土储中心融资资金使用管理有关问题建议的请示、关于双龙场镇 10 千伏线路迁改工程相关事项的请示、长寿区推进网上行政审批改革工作方案、关于完善长寿区云峰阁 1、2 号楼及商业工程补充协议的请示、关于驾驶培训考试中心项目土地招拍挂事宜的请示、关于重庆世纪之光塑料光纤等 3 个项目资本金承诺担保的请示、关于购买长寿区文化馆用房的请示、关于筹建重庆市化工产品交易中心的请示、关于报批《区行政中心片区停车管理方案》的请示、关于长寿火车北站站前广场地面浮雕采取文化艺术创作与实施合作方式的请示、关于报送第一批农村土地整治项目补充“全域整治”工程追加资金的请示、关于给小康公司屋顶美化工程给予包干补助的请示、关于将全区定向销售房物业管理交由区保安服务有限责任公司规范管理的请示、关于安排重庆钢铁股份有限公司财政补助资金的请示；会议通报了区领导通报近期重点工作、关于 2015 年全市水利工作推进会议精神的汇报、关于市政府长寿化工公司环保搬迁有关问题协调会议精神的情况通报、关于长寿区服务群众工作信息系统运行情况的报告、区政府常务会决定事项跟踪督办情况（十三）、区政府常务会决定事项落实情况（十三）、长寿区“十件急事”及渡舟路改扩建项目专项督查的情况（十）、关于全市消防安全重点工作推进会会议精神传达及全区消防安全重点目标任务推进情况的汇报、关于对易大德“两违”建筑实施断电的情况汇报、全市农村产业扶贫工作会精神汇报、全市社区矫正教育管理暨中途之家建设工作电视电话会议精神及长寿区社区矫正工作情况汇报、关于长寿区服务群众工作信息系统运行情况的报告、区政府常务会决定事项跟踪督办情况（十四）、区政府常务会和区长办公会决定事项落实情况（十四）、长寿区“十件急事”及渡舟路改扩建项目专项督查的情况（十二）、关于晏家临时农贸市场安全隐患有关事宜的请示、全市财政工作专题会汇报提纲、全市高等学校和科研机构众创空间建设与科技成果转化“双百示范行动”暨“三个一千专项行动”推进大会会议精神传达提纲、全市有线电视网络经营机构中机关事业人员身份转换和安置工作会汇报提纲、区政府常务会和区长办公会决定事项跟踪督办情况（十五）、长寿区“十件急事”及渡舟路改扩建项目专项督查的情况（十三）、关于传达全市监狱和看守所安全工作会议精神的汇报材料、国务院防范和处置非法集资电视电话会议精神、长寿区防范和处置非法集资工作情况、全国棚户区改造工作电视电话会议精神传达及长寿区贯彻落实意见汇报提纲、关于市政府安委会第四次全体成员单位（扩大）会暨全市油气输送管道安全隐患整治攻坚战工作视频会主要精神及长寿区有关情况的报告、区政府常务会和区长办公会决定事项落实情况（十六）、长寿区“十件急事”及渡舟路改扩建项目专项督查的情况（十五）、关于长寿区服务群众工作信息系统运行情况的报告、关于全国、全市冬春农田水利基本建设电视电话会议精神的汇报、长寿区“十件急事”及渡舟路改扩建项目专项督查的情况（十六）、关于江夏文化申请划拨土地修建非营利性老年公寓的情况报告、区政府常务会和区长办公会决定事项跟踪督办情况（十七）、区政府常务会和区长办公会决定事项落实情况（十七）、长寿区“十件急事”及渡舟路改扩建项目专项督查的情况（十七）、关于长寿区服务群众工作信息系统运行情况的报告、全区经济社会发展实绩考核工作任务推进落实情况、关于“12·4”城市发展新区安全生产工作会议主要精神及长寿区有关情况的报告、关于举办 2015 年迎新万人登长寿天梯活动的通知、关于长寿区特困企业摸底情况的报告、关于重庆市长寿湖—长寿（菩提）古镇核心旅游度假区三期项目资本金承诺担保措施落实情况的报告、长寿区 2016 年元旦迎春商品展销活动方案、关于部分入园企业办理建设工程质量安全技术指导的报告、关于传达全市2016年春节期间燃放烟花爆竹安全管理工作电视电话会议精神及长寿区贯彻落实情况的汇报材料、关于2016年全市工业和信息化工作会议主要精神汇报、2016年全市国土资源和房屋管理工作会议主要精神、关于葛兰污水提升泵站工程有关情况的报告、区政府常务会和区长办公会决定事项跟踪督办情况（十九）、区政府常务会和区长办公会决定事项落实情况（十九）、关于长寿区服务群众工作信息系统运行情况的报告。

（陶中荣）

工作综述

【概况】 2015年，面对复杂严峻的国内外形势和艰巨繁重的改革发展稳定任务，长寿区人民政府全面贯彻中央和市委、市政府决策部署，围绕“科学发展、富民兴区”总任务，奋力打好“三地一中心”建设总体战，统筹推进稳增长、调结构、促改革、惠民生、防风险各项工作，圆满完成“十二五”各项目标任务。全区地区生产总值达到430.1亿元，比2014年增长11.8%（以下简称“增长”）；地方财政收入84.1亿元，增长15.4%；全社会固定资产投资506.9亿元，增长22.1%；社会消费品零售总额103.3亿元，增长13.6%；城镇居民人均可支配收入27571元，增长10.9%；农村居民人均可支配收入12047元，增长8.6%。全年重点加强六个方面的工作：

【经济稳定增长】 聚力突进“十件急事”，重钢FINEX项目完成核准及供地，MDI一体化及配套项目成功投产，现代汽车配套集群完成用地平整，亚太高档文化纸项目开工，长化环保整体搬迁有序推进，桃花河污染整治实现明显改观，滨江长寿谷调节坝前期工作完成，菩提山至菩提古镇贯通工程建成投用，渝长高速扩能改造项目完成投资人招标，重庆化工职业学院迁建主体工程完工，北城大道全线建成。全年实施重大项目207个，完成投资260亿元。支持实体经济发展，设立工业和信息化、农业、旅游文化、商贸流通、房地产、微企六个专项发展资金，出台67条政策措施，为实体经济注入流动资金1.15亿元。加大房地产去库存力度，商品房销售面积增长21.2%；助推企业上市，创业板上市企业2家，新三板挂牌3家，重庆股权转让中心挂牌交易4家；新增市场主体7715户、增长16.6%；新发展微企2768户、增长37.6%。强化保障生产要素，协调落实天然气17.5亿立方米，煤电满负荷保障，用电大户综合用电成本下降6%，天然气化工企业用气成本下降30%；长寿经开区成为全国首批售电侧改革试点单位，合资成立燃气公司探索多元化供气；获批征地228.1公顷，完成土地征收91.3公顷，供应国有建设用地369.4公顷；银行业金融机构各项存贷款余额分别增长10.1%、9.2%，新投放各类贷款177.3亿元，实现企业直接融资55.5亿元，企业融资成本下降1.35个百分点。防范化解金融风险，新增政府债券20.3亿元，政府性债务余额较上年底减少19.2亿元，融资成本较年初下降1.63个百分点；严厉打击非法金融活动，立案查处非法集资企业10家，有效控制非法集资蔓延。

【产业优化提升】 致力于工业集群集聚发展，延展钢铁产业链条，重钢无缝钢管、日本JFE金属容器项目竣工投产；培育聚氨酯产业，引入宏国聚材等上下游企业10余家；发展精细化工，福华循环经济产业园成功签约，重油深加工一体化项目引进取得重大进展；培育装备制造产业，引进汽车零部件及装备制造企业39家，LG化学等项目开工；集聚电子信息产业，世纪之光塑料光纤产业园签约开工，大宗国际石墨烯、秀博瑞殷液晶面板减薄等龙头项目进展顺利；壮大医药产业，博腾高级医药中间体及原料药项目投产，清华控股创新药物研发生产基地落户；街镇工业走廊获评“全国十大木业产业加工园区”，扩园升格有序推进。致力于农业集约规模发展，现代农业“三园”成功创建国家农业科技园区，畜牧园区温氏40万头生猪项目顺利推进，温氏配套生猪养殖小区项目、标杆60万只蛋鸡项目建成投产；现代粮食园区核心区基本建成，三峡移民生态农业园区五百亩蔬菜基地建成投用；龙门桥水库大坝填筑达到设计高程；新认证家庭农场64家、农民合作组织51个；区农产品质量安全中心检测实验室建成投用，农产品质量抽检合格率100%；三峡移民工程通过国家终验，新获批后续项目26个，资金1.44亿元。致力于文化旅游融合发展，接待游客700万人次、增长20.6%，实现旅游收入42亿元、增长20%；长寿湖景区获评全市平安示范景区，新引进云南城投百亿级旅游综合开发项目、远恒佳国际学校、重医大附三院长寿医养中心；建成全国最长的养生文化长廊—中华长寿宝典，菩提古镇尾期工程开工，“韩国街”入驻，菩提山与菩提古镇进一步融合发展；滨江长寿谷总体策划及概念性规划完成，青龙嘴片区开发暨文物保护修复工程顺利开工；乡村旅游规划编制完成。致力于商贸流通创新发展，重庆工贸城成功授牌，工业品市场完成平场，汽车交易市场、10万吨/年粮食储备加工基地开工，城中城商业广场、钢材交易市场一期竣工；提档升级传统商贸，实施会展节庆促销、商旅融合营销，实现商品销售总额263.2亿元，增长18.7%；建成长寿菩提古镇市级夜市街、中华美食街；建成电商产业园和保合电商示范村，培育本土龙头电商10家，发展微型电商150家，实现电商交易额2.8亿元。

【城乡统筹发展】 优化拓展中心城区，推进新版城乡总体规划落地，编制完成控制性详规14项，综合交通、管网等专项规划20余项；八个城市组团加速开发，城建重点项目完成投资106亿元，主城区骨干路网成型；优化城市公共空间，新增城市绿地198公顷，竣工商品房45.4万平方米、保障性住房225万平方米，改造棚户区2.1万平方米，桃花河滨河公园建成开放；实施市容环卫综合整治，加强道路扬尘、占道经营管理，完成城镇供水“一户一表”改造1032户。提升镇村建管水平，推进镇村规划全覆盖，完成建制镇总规修编10项，控制性详规修编10项；加快完善城镇基础设施配套，实施小城镇基础设施项目42个，新建市民广场2个、改造集镇人行道2.14万平方米，集镇主要街道路灯、公厕全覆盖；16个小城镇污水处理厂建成，改造一级干管7千米，建设二、三级管网38.6千米；改善乡村人居环境，建成凤城复元、龙河秀才湾等8个美丽乡村，改造农村危房1663户，完成农村公路改造220千米，建成农村饮水安全项目20个，完成21个行政村农村环境连片整治，垃圾收运系统全覆盖村定点收集率100%，城乡环卫一体化格局形成。加强生态文明建设，城区空气质量优良率93.2%，臭气扰民投诉率下降7.5%；长江长寿段稳定在Ⅲ类水质，辖区龙溪河和御临河水质均达水域功能要求；城镇集中式饮用水源地水质均实现100%达标；城区实现噪声达标全覆盖；危险废物规范处置率达100%，医疗废物实现规范化处置全覆盖；完成52个年度减排任务，全面开展城市周边永久基本农田划定工作，清理规范城乡“两违”建筑134.9万平方米。

【改革开放创新】 深化改革释放发展活力，完成区政府机构改革，区政府工作部门由30个调整为27个；优化区划设置，新设菩提街道，新市、八颗撤镇设街道；实现行政审批清单化管理，精简优化行政审批208项，完成区级行政权力清单、责任清单初轮清理。率先在全国试点不动产统一登记改革。深化工商登记制度改革，发放“一照一码”营业执照6488份，新增“先照后证”市场主体1650户。实施长寿火车北站站前广场PPP运作。着力发展民营经济，非公经济增加值实现251亿元，增长14.5%；稳步推动31户区属国有企业改革重组；稳步推进保险发展示范区建设和资本市场改革发展；有序实施阶梯水价、气价等价格领域改革。完成农村集体资产清理和量化确权试点，成立农村综合产权流转交易中心；开展农业综合执法改革，获评“全国农业综合执法示范窗口”“全国平安渔业示范县”。完成社保经办机构“五险合一”，中小学教师交流轮岗试点、基本药物制度、公共文化服务采购等社会领域改革有序推进。扩大开放蓄积发展动力，推行市场准入负面清单管理，国际贸易实现单一窗口服务，跨境人民币结算超过7亿元，海关办事处、出入境检验检疫机构等口岸建设有序推进；新批外商投资企业10家，实际利用外资3.7亿美元，居城市发展新区第一位；实际利用内资218.3亿元，增长17.6%；实现离岸服务外包执行额8563万美元；全年引进项目126个，合同引资542亿元，实际到位资金215亿元。创新驱动增强发展能力，制定实施创新驱动发展战略行动计划，云天化重庆研发中心独立法人化落地，新增高新技术企业7家、高新技术产品20个；培育国家级知识产权优势企业2家，市级知识产权试点企业9家、市级知识产权优势企业3家；申请专利增长145.6%，授权专利增长273.4%。

【社会民生保障】 强化筑牢民生之基，加强“双创”服务体系建设，新增城镇就业24298人，新增创业7499人；推动社会保险扩面征缴，对困难企业、小微企业减缴社保费7317万元，城镇企业退休人员养老金和城乡居民养老保险基础养老金标准稳步提高；住房公积金新增缴存单位33个，发放贷款2.6亿元；健全社会救助体系，发放城乡低保金4871万元、医疗救助金2185.4万元、临时救助金948.9万元。切实改善公共服务，北城中学、渡舟中心校建成投用，古镇小学、临溪中学、临溪小学动工建设；区医院完成“三甲医院”挂牌，区医院北城分院新建、区中医院扩建项目顺利推进；区博物馆开工，区图书馆完成数字化升级，区档案馆建成全市首家国家级数字档案馆，长寿日报全媒体构架形成，区广播电视台创建二级标准电视台通过验收；文化惠民“五大工程”深入开展，长寿湖铁人三项赛升格为洲际赛事；全国文明城区创建持续推进。务实办理民生实事，高山生态扶贫搬迁854人，交付保障房7190套；红层找水打井3000口，整治山坪塘752口；开通重庆至长寿通勤动车，完成国省道改造134千米，完成撤并村通达工程30千米、农村道路安保工程40千米；撤并村卫生室规范化改造、弃管小区电力设施改造、老旧居住建筑消防设施改造等一批民生实事均完成年度目标。全力推进扶贫攻坚，投资9768万元完成贫困村扶贫项目155个，10个贫困村实现“八有”，全部完成验收“销号”。6105户、17614名贫困人口成功解决“八难”，全部实现脱贫“越线”。持续深化平安建设，全年接访、下访、约访群众4676件次，矛盾纠纷化解率97.3%，信访总量下降9%；完善社会治安立体化防控体系，公众安全感指数93.46%；全国60个危化品重点县安全生产攻坚稳步推进，企业安全生产技术体系建设和安全监管“执法三部曲”在全市率先试点并推广，加强食品药品安全、地灾防范等专项整治，提前完成24处市级挂牌督办的油气输送管道安全隐患整治，安全生产事故起数和死亡人数分别下降32.1%、20.7%。

【政府自身建设】　加强效能政府建设，强化三级联动政务服务平台建设，区行政服务中心改建完成，镇、村（社）服务平台规范化率100%，群工系统受理群众事项9562项，满意率99.3%；开展政务专项督查56次，督促整改问题300余个；给予有关单位黄色警告32项、橙色警告4项、红色警告4项，2个单位的相关人员受到效能问责。加强法治政府建设，坚持重大事项决策前向区委请示、向人大报告和与政协协商制度，落实人大常委会决议、决定、意见16件，办理人大代表议案建议295件、政协委员提案350件，办复率均100%，满意度分别为97.2%和93.1%；完成2002年长寿设区至2014年行政规范性文件清理，建立规范性文件目录库，促进信息公开制度化、规范化管理。加强廉洁政府建设，落实党风廉政建设和反腐败分工责任制，认真开展“三严三实”专题教育，深入开展“作风深化年”5个专项整治；开展明察暗访800余次，查处违反中央八项规定精神问题11起、处理23人，查处群众身边的“四风”和腐败问题32起、处分20人；制定五年轮审规划，推进内部审计全覆盖。

【困难和问题】　主要是，经济总量还不够大，产业结构、层次和效益有待提高，自主创新能力亟须增强；城乡区域发展不平衡，农业农村基础薄弱，城市功能仍需完善、品质仍需提升；资源环境约束趋紧，生态环境保护与大发展大建设的矛盾突出；社会民生建设相对薄弱，公共服务和公共产品数量不足和质量不优的问题还比较明显；经济下行引发的社会矛盾增多，快速发展形成的遗留问题累积，给社会维安维稳带来较大压力；发展的要素保障还不宽裕，推动发展的资源要素平衡管控方式还需调整；政府自身建设和民主法制建设有待加强，干部素质和作风有待进一步提高和改进。

（陶中荣）

人事人才工作

【人才队伍建设】　招才引智加强人才队伍建设，全年组织机关和事业单位人员招录（招聘）507人，其中，公务员52人、事业人员412人、其他人员43人。加强人才队伍培养，以技能竞赛、技术比武活动为载体，推动技能人才队伍建设，组织39名选手参加中式烹调师技能竞赛，指导小康动力公司等重点企业开展职工岗位练兵技术比武活动，企业参赛职工超过3500人，实现技能提升1200余人，高技能人才新增420余人。继续实施专业技术人才知识更新工程，加快专业技术人才培养，组织全区306名专业技术人员参加岗前培训，8名专业技术人员参加4期市级高级研修班研修，由区人力社保局牵头在长寿举办1期市级高级研修班，全市60余名化工产业专业技术人才参加研修。加强智力载体建设，依托清华大学研究生院研究生长寿社会实践基地，做好清华大学研究生到长寿实践有关工作，清华学子结合实践完成《长寿经开区化工新材料产业规划布局、未来发展方向》《长寿经开区环境保护治理研究项目》等7个课题项目研究，提出涉及创业、旅游、新媒体传播等多个领域的意见和建议6项。加强博士后科研工作站管理服务工作，杨晓战所作《一种高性能电子导热膜材料的制备》的报告通过答辩评审顺利出站。

【人事服务管理】 开展人才培训，全年组织各类人力资源培训12项，培训13000余人次。加强公务员队伍建设管理，严格条件和程序，办理科级非领导职务晋升19人，学历学位确认72人次。完善考核制度，加强公务员能力培训，开展2778名公务员（含参公管理人员）2014年度考核，新录用公务员初任培训121人，新提任科级领导干部任职培训113人。规范表彰奖励，区委、区政府为2012—2014年连续3年年度考核优秀和在专项行动中做出突出成绩的公务员记三等功148人，年度考核优秀受嘉奖539人，推荐市级部门表彰23人。深化事业单位人事制度改革，全面实施岗位设置、聘用管理、公开招聘等基本制度，促进事业单位管理规范化、法制化。全区261个事业单位的岗位设置结构比例实现动态调整，年内增加中、高级岗位1348个，完成岗位合同鉴证（含变更）542件2336人。深化职称制度改革，贯彻落实全市深化职称改革的意见和配套政策，分类设置各专业高中级资格申报条件，调整职称外语和计算机考试范围，合理设置论文条件，注重靠实践和贡献评价人才，落实乡村学校全科教师基层人才评价机制，实行职称“定向评价、定向使用”，为专业技术人才成长拓展空间。推进收入分配制度改革，在完成年度考核实施正常增加工资的同时，调整基本工资标准和增加离退休人员离退休费，涉及在职14048人，离退休8732人，实际补发兑现总额8097万元。实施乡镇工作补贴人均增资300元。完成2015年军队转业干部计划安置工作，接收并安置军队转业干部4人（其中人力社保局1人、民政局1人、建委1人、国土局1人），接收安置自主择业军队干部7人。做好企业军转干部解困维稳工作，坚持定期交流走访制度，帮扶慰问军转干部538人次，发放慰问金、解困补贴等102.8万元。

【劳动人事信访】 全年受理各种信访332件（主办219件，协办113件），比2014年下降3.2%（其中市政府公开信箱116件，市人力社保局25件，区领导交办14件，区信访办转办142件，人民来访19件、来信16件），办结率100%。收集社情民意101条，解决问题97个。全年处置集访72起（其中协调处理因工程款、民工工资纠纷引发的集访68起，接待农村超龄退伍军人集访4次），督促兑现11700位民工工资30912.96万元。实现初信初访按期办结率100%，网上信访按期办结回复率100%，上级及领导阅批交办件按期办结率100%，群众合理诉求及时有效解决100%。重要节点和特殊敏感时期值班工作到位，没有出现一起通报事件，没有发生一起媒体炒作事件，没有发生涉及人力社保工作进京非正常信访和重大群体性事件。

【作风建设】 区人力社保局狠抓党风廉政建设，层层签订党风廉政建设和反腐败分工责任书，明确党组主体责任、纪检组监督责任。完善局党组会、局长办公会、中心组学习会、职工请销假、经费财务管理等18项制度。加大执纪问责，增强服务观念。组织开展明察暗访18次，督促办理落实“阳光重庆”“阳光114”等案件113件。简化办事程序，优化业务工作办理流程33项。建立长寿人力社保网站，及时公开就业、社保、人事招录等服务内容。创建全市人社系统优质服务窗口2个，提高为民服务水平。自觉接受各方监督，结合区人大对人力社保工作评议，从就业、社会保障、收入分配、和谐劳动关系构建等核心问题入手，开展调查研究，听取各方意见、建议39条，逐条逐项制定整改措施，做到未评先改、边评边改、即查即改。

（雷福中）

聚商选资工作

【概况】 重庆市长寿区投资促进局（简称区投资促进局）2015年有职工21人，其中正式在编职工16人，聘用职工5人。领导班子设一正四副，配一名纪检组长。区投资促进局合并区对外贸易经济委员会职能，局内设有综合科、外经外贸科、招商一科、招商二科、招商三科等5个科室，并在青岛、苏州、深圳设有招商办事处。

区投资促进局的主要职能职责：统筹协调全区聚商选资工作，包括制定全区聚商选资战略规划并实施、组织全区平台参加各种宣传推介活动、深化“五个一批”机制等，主要由招商科承担该项职责；统筹协调全区外经外贸行政管理工作，包括外资审批、外商投诉处理，外资外贸政策的贯彻落实及确保相关目标任务的完成等，主要由外经外贸科承担该项职责。

【全区聚商选资】 2015年，长寿区引进项目126个，合同引资524亿元，完成全年目标任务500亿元的108%；实际到位资金215亿元（含以前年度引进2015年继续实施的项目），完成目标任务180亿元的119.4%；实现物流贸易额163亿元，完成目标任务120亿元的136%；实际利用内资218亿元，完成目标任务170亿元的128.2%，比2014年增长17.6%；实际利用外资3.68亿美元，完成目标任务5亿美元的73.6%，下降9.4%，总量列重庆市城市发展新区第一位；实现外贸进出口总额12.3亿美元，完成目标任务15亿美元的82%，下降2.55%，总量列城市发展新区第一位；实现离岸服务外包执行额8563万美元，完成目标任务8000万美元的107%，增长32%，列城市发展新区第一位。

【新引进重特大项目】　2015年，长寿区新引进的重、特大项目主要有：重庆世纪之光科技实业公司投资103亿元的塑料光纤及核心通信器件设备产业化项目；云南城投置业股份有限公司投资100亿元的长寿湖景区旅游综合开发项目；重庆威豪医疗科技有限公司投资30亿元的重庆医科大学附属第三医院长寿医养中心项目，韩国星宇集团投资18.78亿元的100万台/年汽车车身部件项目，重庆飞华环保科技有限公司投资16亿元的氯化氢循环项目，大宗国际集团投资10亿元的短焦投影仪、固态存储、石墨烯项目，北京和信汽车部件有限公司投资8亿元的车桥、横梁项目，深圳市远恒佳教育有限公司投资8亿元的长寿湖远恒佳国际学校项目，北京大林汽车部件公司投资7.2亿元的汽车发动机部件项目。

【融资平台聚商选资】　长寿经开区引进新项目63个，合同引资321亿元；实际到位154.2亿元，实际利用内资122.22亿元，实际利用外资3.68亿美元。

区旅游发展管理服务中心引进新项目3个，合同引资138亿元；实际到位资金5亿元，实际利用内资29.69亿元。区街镇工业走廊管委会引进新项目20个，合同引资12.5亿元；实际到位资金10.15亿元，实际利用内资2亿元。区城市开发管理服务中心引进新项目1个，合同引资15亿元；实际到位资金20.2亿元，实际利用内资31.6亿元。区商贸物流管理中心引进新项目23个，合同引资31亿元；实际到位资金15.1亿元，实际利用内资6.2亿元，实现物流贸易额163亿元。区城乡统筹发展管理服务中心引进新项目1个，合同引资4.5亿元；实际到位2.47亿元，实际利用内资0.62亿元。区商务局引进新项目15个，合同引资20亿元；实际到位资金8.1亿元，实际利用内资1.96亿元。其他融资平台实际利用内资24.1亿元。

【驻外招商】　2015年，长寿有驻外招商机构3个（青岛办事处、深圳办事处、苏州办事处）。全年联系达成签约项目63个，合同引资321亿元。年内新增在谈项目80个，项目投资总额350亿元；拜访企业260户，请回35户企业到长寿考察，提供有效信息800余条。

（陶　然）

2015年长寿区聚商选资分行业汇总

单位：亿元

行　业	引进项目个数				合同引资				到位资金			
	合计	境外	市外境内	区外市内	合计	境外	市外境内	区外市内	合计	境外	市外境内	区外市内
总　计	126	10	33	83	542	37	268.3	236.7	215	96.3	33.2	85.5
1、农　业	1	0	0	1	4.5	0	0	4.5	2.47	0	0.244	2.226
2、工　业	83	10	27	46	333.5	37	147.4	149.1	164.35	96.3	24	44.05
3、房地产	1	0	0	1	15	0	0	15	20.2	0	4.33	15.87
4、旅游业	3	0	2	1	138	0	108	30	5	0	3.3	1.7
5、商　业	38	0	4	34	51	0	12.9	38.1	23.2	0	1.4	21.8

说明：到位资金包括以前年度引进2015年继续实施项目

（重庆市长寿区投资促进局提供）

效能建设

【作风深化年活动】 以“三严三实”专题教育为载体，查处发生在群众身边的“四风”和腐败问题，严肃整治违规公款吃喝违规消费、公车私用私车公养、基层干部办事不公吃拿卡要、工作纪律松散服务态度粗暴、不作为不落实等5个方面的不正之风，着力固化反“四风”树新风成果。开展对违反中央八项规定精神的监督检查，集中开展明察暗访32次，检查酒店、餐馆、娱乐场所800余家，比对车辆1900余台，督促整改问题90余个。查处违反中央八项规定问题11起，处理23人。开展对重大决策部署推进情况的监督检查，建立“黄、橙、红”督查机制。区巡查组对“十件急事”进行专项巡查。区纪委明察暗访组发现不作为、不落实突出问题23起，对相关部门领导进行约谈，督促整改。区委督查室重点对16个项目进行督查，区政府督查室开展专项督查56次，督促整改问题200多个。开展对惠民利民政策落实情况的监督检查。对种粮大户直补、农村危旧房改造、救灾救济资金发放、桃花河污染整治等8个民生项目开展专项巡查，针对低保、救济、强农惠农等领域优亲厚友、吃拿卡要等现象，集中排查问题线索65件。严肃查处发生在群众身边的“四风”和腐败问题32起，处分20人，移送司法机关17人。

【执政为民服务发展评议】 根据《重庆市长寿区执政为民服务发展评议办法》（长寿委办发〔2012〕68号）规定，组织各方面代表2380人次从服务意识、依法履职、办事公开、办事效率、改革创新、清正廉洁6个方面对全区92个单位进行评议。统计结果通过长寿区政府网站和《长寿日报》向社会进行公布。

（周　一）

行政审批服务

【概况】 重庆市长寿区行政服务中心管理办公室，属区政府派出机构，正处级；设有3个内设科室，包括综合科、信息督查科、基层指导科；有参公事业编制8名。2015年12月，区行政服务中心管理委员会主任由区委常委、常务副区长左永祥兼任，副主任由编办主任、财政局局长、区府办副主任兼任。2015年区行政服务中心总面积为8650平方米，入驻22个单位，设置办事窗口193个，入驻工作人员240余人。

【规范服务】 2015年，区行政服务中心各窗口受理各种行政许可及服务事项27.6万余件，在承诺期内办结率98.7%；咨询事项25.6万余人次。

2015年，区行政服务中心提档升级，完成中庭花园改扩建工程，美化办事环境，实现一楼办事大厅整体打造。区行政服务中心不断促进服务水平提升，为办事企业和群众配置复印区、等候区、填单区，提供报纸杂志、饮水、一次性纸杯、防暑药品服务；主动与各入驻单位沟通联系，为其排忧解难，为各入驻单位提供力所能及的后勤保障。出台《重庆市长寿区行政服务中心管理制度》，明确和落实双重管理制度。严格落实进驻管理、考勤管理以及工作人员行为规范管理制度，落实巡查通报、投诉问责制度。加强监管，提升服务态度，提高办事效率。

2015年，全区通过各级重庆群工系统，办理群众反映事项9562项。反映事项主要涉及小区环境卫生、市政设施设备、供水供电供气、环境污染、困难帮扶、农村道路修复等群众关心、反映强烈的民生问题。其中，村（社区）、街镇办理9369项；设在区行政服务中心的重庆市长寿区服务群众工作信息管理系统指挥中心办理193项，事项办结率99.6%，评价率92.5%，满意度99.3%，均排名全市前列。在事项办理过程中严格时限要求，实行全程电话倒计时提醒，无一办理事项因为延迟、超期亮黄灯和红灯。实行“一通报两报告”制度，全年向区委常委会、区政府常务会报告运行情况12次，向各街镇、各部门通报办理群众反映问题情况12次。

【行政登记制度改革】 2015年，区行政服务中心联合区工商局、区质监局、区国税局、区地税局、区公安局以及印章服务公司，在2015年10月1日开始全面启动企业注册“三证合一”“一照一码”登记制度改革。

（张晓强）

区直机关事务管理

【概况】 重庆市长寿区机关事务管理局（简称区机关事务局）挂长寿区接待办公室牌子，原属区政府直属参公事业单位，2009年底机构改革后，调整为区政府办公室下属事业单位，2014 年 12 月又调整为区政府直属事业单位。核定全额拨款参公事业人员编制 19 名，领导职数 1 正 2 副，内设办公室、公务接待科、公务车辆管理科、办公用房管理科、公共机构节能管理科室等 4 科 1 室。

区机关事务局的职能职责是：负责区行政中心的行政事务、环境秩序管理、会议服务及生活服务等工作；负责区行政中心房屋、设备、设施的维修维护、日常运行管理，停车场库的管理；负责区行政中心环境卫生、绿化工作，安保维稳和消防工作；负责全区行政事业单位公务车辆管理，包括公务车辆编制、配置标准、处置、维修管理等工作；协调、协助区委办公室、区人大常委会办公室、区政府办公室、区政协办公室搞好公务接待；协调、推进区级公共机构节能及指导、监督下级公共机构节能工作；负责全区区级部门办公用房的建设统筹及调配管理工作；负责机关食堂等后勤服务实体的综合管理；完成区政府交办的其他事项。

【行政中心管理】　提升后勤服务社会化程度，引入物业管理公司将环境卫生管理、会议服务全部社会化，区机关事务局负责日常工作的监督管理。物业公司较好地完成行政中心、科技文化中心、联建楼等各个区域清洁卫生工作，确保办公场所整洁美观；公共会议室由物管公司全部实行统一管理、预约登记、免费使用，实现资源合理使用，科学调剂，节约了成本。安保维稳与保安公司签订安保维稳协议，引入社会化管理，构建保安、值班、监控三重防护体系，视频监控室、消防监控室、值班室、车库实行 24 小时值班制度，与区公安局、区信访办建立行政中心处置非正常上访联动机制；做到有交接、有记录，责任分明，化解及时，确保工作环境稳定有序。

深化后勤维修维护精细化，行政中心维修维护坚持由物业管理公司统一进行登记维修维护，做好日常维护，定期对大型设施设备进行检查检修。2015 年提供 2500 余次维修服务，服务到位率和维修完好率均达到 100% 。

追求后勤管理科学化，食堂管理与社会餐饮公司合作，引进科学的食堂管理模式，采取劳务外包、成本自控的形式，实行就餐卡管理、分批次进餐，加强食品安全管理，改善烹饪技术，加强成本管控。车库管理由保安公司负责，年内对行政中心和联建楼的地下车库进行整治、塑化，合理分配区行政中心 3 个地下车库总面积 7500 平方米的停车位，严格按照各单位公务车辆编制及车位情况合理划分，实行固定车位停车。

【公务接待】　区机关事务局历年单独和配合有关部门接待国家部委、省（市）、区（县）领导及检查、来访、参观学习团（组）多次，在食宿、会议等方面开展大量工作，为展示长寿发展新形象作出贡献。按照中央八项规定和市委、区委有关要求，立足服务，着眼保障，坚持热情周到、厉行节俭、规范有序的工作宗旨，精心做好每一次政务接待。加强制度建设，提升规范化水平。严格执行《长寿区党政机关国内公务接待管理实施细则》指导接待工作实践。

【公车管理】　加强公车日常使用监管；组织开展公车使用专项检查，严禁公车私用。加强定点维修和定点保险工作；坚持对各单位公车日常管理、维修、保险、油耗等情况进行检查，确保安全高效运行。加强公车购、处置管理，严格遵循“无编不新购，新购合标准，处置按规定，置换先处置”的原则，对符合条件的予以处置，不符合的予以留置。推进公车改革，2015 年，会同区发改委、区财政局开展公车改革前期调研和筹备工作。配合区纪委加强公车动态管理，开展春节、清明、“五一”劳动节、“九三”抗日战争胜利纪念日、中秋、国庆等节假日期间全区公务用车违规使用情况的明察暗访工作。

【公房管理】　统筹公房管理，合理闲置调剂；协调办公用房，合理调剂使用。不断完善数据库，对全区区级机关办公用房使用情况全面摸底，适时更新办公用房最新数据，在数据库中新增部分二级单位用房情况数据。2015 年，完成区文委、区民政局等十余家单位办公用房的调剂工作，对区房管局档案室、区文化馆、区公共资源交易中心、区就业局等搬迁选址工作进行前期准备。执行新规，施行装修维修审核；根据《重庆市党政机关办公用房管理办法》会同区财政局制订长寿区办公用房装修维修审批流程。

【节能管理】　加大节能宣传教育力度，区机关事务局牵头，组织全区公共机构围绕“节能有道、节俭有德”和“低碳城市、宜居可持续”宣传主题，开展节能宣传周活动和低碳日活动，进一步提升公共机构节能队伍管理水平；节能宣传手段多样，利用微信、QQ、书报、电子屏、政务内网、宣传栏、宣传画、温馨提示语等多种媒介加强宣传阵地建设，营造节能氛围，普及节能知识，收到良好效果。巩固节能改造成果，发挥市场决定作用，加快推广合同能源管理，实现财政零投入、零风险，公共机构减能耗、减支出，管理企业得效益、谋发展，全社会节能减排、持续发展的多赢局面。推进节约型公共机构示范单位创建工作；区中医院、区行政中心、区人民医院已具备国家级节约型公共机构示范单位创建条件；完成年度节能改造示范项目申报工作，协同区建委、市政局实施 LED 照明灯具改造项目。

（朱治郎）

法治政府建设工作

【依法行政研究】 2015 年全区政府法制工作围绕区委、区政府工作大局，服务全区新常态，牢牢把握推进依法行政、建设法治政府这一主线，出台《2015 年政府法制工作重点》，统筹安排全区法制工作，布局八大板块、19 项重点任务，全力推进建设法治政府，打造法制工作亮点和特色。

探索综合执法改革模式，围绕“整合职能、明晰权责、提高效能”的工作要求，整合行政执法队伍，强化队伍改革，以农业综合执法改革为突破口，通过整合集中行政执法职能，回归行政审批职能，剥离技术服务职能，形成较为成熟的综合执法改革成果。

完善依法行政制度体系，先后制定完善《2015 年政府法制工作重点》《重庆市长寿区规范性文件制定程序规定》《重庆市长寿区重大行政决策办法》等文件，建立行政执法工作联席会议、执法证件动态管理、依法行政工作考核等制度，为区政府决策的科学性、执法的规范性、监督的有效性提供有力的制度保障。

【规范行政权力】 开展全区行政审批改革，行政许可审批事项均在网上或办公区域进行公示和对外公布，行政许可事项均制定行政审批事项服务指南、审查工作细则、受理单样表。有 268 个行政许可事项审批承诺时限缩短，其中，150 个行政许可事项审批承诺时限缩短三分之一以上。加强行政审批事中事后监管，抓好重点领域的监管，建立完善保障机制，确保行政审批制度改革工作实现横向全覆盖，纵向管到底。

推进行政权力、责任清单清理工作。统筹安排清理范围、清理标准和工作程序，建立“标准统一、格式统一、项目统一”标准。成立区行政权力清单清理工作小组，通过工作小组“上门”指导、比照清理等多种形式，推进行政权力清理工作进度和提高清理准确性。

【规范性文件管理】 年内开展 2 次政府规范性文件清理专项活动，聘用社会专业法律力量，清理评估规范性文件。全面清理从 2002 年建区至 2014 年底的 4000 余件文件，摸清规范性文件底数，对清理出的 78 件规范性文件补录进市政府规范性文件项目库，完善建区以后区政府规范性文件项目库。宣布 115 件规范性文件废止，9 件继续实施，保证规范性文件的有效性、合法性。

【规范经济市场秩序】 开展各类专项活动，维护市场秩序。组织开展打击侵犯知识产权和假冒伪劣商品专项行动、非法屠宰生猪专项整治行动、开展车用汽油柴油化肥建筑用钢管专项检查、百日交通安全执法行动等 60 余项专项活动，在保护消费者权益、打击非法营运、保护农业市场秩序等方面做出突出成绩。

【行政执法监督】 2014 年区政府审理行政复议案件 23 件，申请人 90 人，维持 11 件，驳回复议申请 2 件，申请人自愿撤回 10 件；未发生区政府行政被复议撤销及区政府作出的复议决定被改判的情况。

（吕丽娟）

行政督查

【政务督查基础工作】 健全督查制度，在《区委督查工作领导小组会议纪要》《区委区政府督查结果运用制度》等基础上，出台《长寿区督查结果运用制度实施细则（试行）》，对督查范围、时限要求、适用对象、考核奖惩等进行明确细化，增强督查结果运用的操作性，提高督查工作的权威性。完善“大督查”格局，健全充实以区政府督查室为“核心层”，区级部门单位为“紧密层”，街镇及社会相关单位为“外围层”的三级政务督查网络；督查“核心层”有效运转，区政府督查室由区政府办的内设科室升格为设在机构，下设督查科（挂目标管理科牌子），区政府办联系副主任、有关工作人员持续追踪分管区领导交办事项的落实，区政府督查室每月汇总区政府领导交办督查事项推进落实情况；督查“紧密层”和“外围层”得到加强，全区各单位实现由被动应对督查向主动自我督查转变，建立健全督查制度和督查台账，配齐配强专兼职督查人员，督查合力作用进一步发挥。加强学习培训，主动与市政府督查室等上级部门对接联系，请教督查过程中遇到的疑难困惑，汲取项目督查、实绩考核等方面的先进经验；利用全区办公室会议、现场督查、考核测评等时机，开展督查工作交流培训，提高督查队伍的综合素质和业务能力。

【围绕中心督查】　坚持以督辅政，围绕全区中心工作，发挥督促检查职能，促进经济社会发展。组织推动区委十二届六次全会报告及2015年政府工作报告重点工作的落实，对相关目标任务进行细化分解，确定9项共同目标和225项具体目标任务并及时督查督办，其中区委区政府年度“十件急事”每半月向区政府常务会进行专题报告，市委市政府对区委区政府考核工作涉及事项每月向全区通报，其余事项按季通报；把区委十二届六次全会报告及2015年政府工作报告的落实情况纳入部门和街镇的经济社会发展实绩考核内容，以考核倒逼各单位的工作开展；将2015年《政府工作报告》主要目标任务完成情况，以附表的形式纳入到2016年《政府工作报告》中，主动接受人大代表、政协委员和社会各界的监督。组织督促政府重要会议议定事项的落实，建立当月事项及时报告、以往事项持续追踪的工作机制，每月定期以督查专报的形式向区政府常务会反馈进展情况，提出意见建议，为领导了解情况、再决策提供准确依据。组织开展政府单项重大决策和重要工作督查，针对全区性的大事要事和难事急事，召集相关单位召开督办会，落实时间节点、责任单位和责任人，对进展情况不定期通报。全年组织开展36次综合督查和65次专项督查，督办区政府常务会、区长办公会等会议决定事项389项；编写《督查通报》54期、《督查专报》62期；督促整改问题近300个，提出意见建议229个，被区领导采纳的有188个。

【领导批示交办事项督办】　坚持“交必办、办必果、果必报”的原则，进一步建立健全领导批示交办事项工作台账、限时办结和逾期警示、办理效果评价等机制，规范领导批示交办事项的督办程序和办理要求，采取电话催办、现场查办和会议督办等多种方式督促检查，对办理结果做到全面认真核查，做到件件有着落、事事有回音。全年督办市、区领导批示及交办事项361件，市长信箱、市长公开电话交办事项135件，按时办结率100%，办理结果均达到满意或基本满意。

【建议提案办理督查】　狠抓交办、督办两个关键环节，推动市、区两级代表议案、建议和政协提案的办理和落实。召开全区人大代表建议政协提案办理工作推进会，区政府主要领导对部分代表建议、政协提案进行现场交办。将代表建议政协提案办理工作纳入政务督查重点，要求各承办单位把解决问题作为建议提案办理工作的出发点和落脚点，严格办理程序、严格答复时限、严格复函质量，做好“办前拜访、办中走访、办后回访”。全年督办人大常委会决议、决定、审议意见、视察意见16件，人大代表建议295件，满意率97.2%，人大“主任接待日”代表反映意见建议44件；督办区政协协商建议、民主评议和调研建议13件，政协委员提案340件，满意率93.1%，办理政协委员社情民意13件。

【民生问题督查】　坚持以高效的督查工作推动为民服务、便民服务、利民服务。针对涉及群众切身利益的道路交通、医疗教育、饮水安全等“民生实事”，以及保障房建设、环境保护、创业就业等热点难点问题，抓住“落实”这一关键环节，找问题、挖根源、思良策，推动各项惠民、利民工作，确保实事办好、好事办实。贯彻落实《中华人民共和国政府信息公开条例》，做好信息公开平台建设，不断规范公开内容、完善公开形式、规范公开程序，持续推进行政审批、财政预决算和“三公”经费、征地补偿、政府采购、工程项目、医疗卫生、就业和社会保障等领域信息的主动公开，积极回应依申请公开。全年主动公开信息12184条，依申请公开信息41条。

【多措并举督查】　强化组织领导，区政府主要领导多次在政府常务会等重要会议上研究部署督查工作，区政府常务副区长具体分管督查；各街镇、各部门的主要负责人作为本单位、本部门督查落实工作第一责任人，亲自组织协调督导落实；区政府督查室的地位进一步提升，权威性进一步强化。注重督查联动，区政府督查室主动与区委督查室、区监察局联手开展重大工作督查，与人大代表调研联手开展督查，与政协委员视察联手开展督查，形成督查合力，提高督查效率。增强督查效果，将督查工作与效能建设工作相结合，互相推动，形成一体化工作体系；将督查工作与调研相结合，通过调研提出高质量、高层次的建议，为领导再次决策提供参考；将督查与协调相结合，寓协调于督查之中，主动召集街镇部门协调或会商，明确职责分工，强调协同配合，切实解决决策落实中出现的掣肘问题；坚持督查与考核相结合，将督办事项纳入经济社会发展实绩考核（包括功能导向类的职能工作考核以及基础保障类的效能建设及督查工作考核），以考核的影响力保证督查工作的约束力；将考核内容纳入督查范围，以有力的督查工作保证考核事项的有效实施。严格责任追究，对督查单位有令不行、有禁不止，拖拉推诿、敷衍塞责，导致督查事项不能落实，贻误工作进展的，进行通报批评；对因人为原因造成工作损失和严重不良影响的，按有关规定给予行政处理，维护政府决策的严肃性和权威性。全年给予有关单位黄色警告32项、橙色警告4项、红色警告4项，2个单位的相关人员受到效能问责。

（周　一）

2015年重庆市长寿区人民政府区长、副区长名录

区　长：赵世庆
副区长：巴川江（蒙古族，兼）
　谭　庆（2015年5月离任）
　左永祥（2015年5月任常务副区长）
　杜彬瑜　付　恺　霍家勤（女）
　李建强　李　松　汤晓强
　蒋牧宸（2015年11月任）

2015年重庆市长寿区人民政府工作部门及直属事业单位领导人名录

区政府办公室
主　任：李　顺
副主任：杨　渝（兼，2015年5月离任）
　赵永旗（兼区法制办主任，2015年5月离任）
　梁德志（兼，2015年5月离任）
　蒋中尧（兼区政府研究室主任）
　傅显城（兼区行政服务中心管理办公室主任）
　代　勇（兼区应急办主任）
　张　涛（兼区电子政务办主任）
　邓永春（2015年5月兼任）
　罗　立（2015年5月兼任区政府法制办主任）
　殷　铭（2015年5月兼任）
　张常宝　余　波
纪检组长：罗小玲（女）
区政府督查室主任：孔　奎
区公共资源交易中心主任：陈　路

区发展和改革委员会
主　任：张明万
副主任：杨福仁　孔　涛　彭长龙
纪检组长：郑可萍（女）

区教育委员会
主　任：李长春
副主任：雷文超（兼，2015年1月离任）
　夏郡伯　张茂荣　黄广泉　杨胜中

区科学技术委员会
主　任：梁　健
副主任：任世于　孙艳艳（女）
纪检组长：刘宗亮

区经济和信息化委员会
主　任：谭福明
副主任：徐宗诚　黄诗明　向剑平
纪检组长：李思军（女）

区公安局
局　长：李建强
政　委：肖　黄
副局长：徐鲜华　罗玉平　文应船（挂职）
　袁小平
政治处主任、交巡警支队支队长：张　力
纪委书记：程　斌
交巡警支队政委：张　彪
治安支队支队长：唐　峰
治安支队政委：阳荣亮
校园安保支队支队长：文应船
校园安保支队政委：李益辉
警卫处政委：包云兵
刑警支队支队长：梁　军
刑警支队政委：罗渝梅（女）

区监察局
局　长：黄述明
副局长：唐红伟　傅家成

区民政局
局　长：唐远志（2015年5月离任）

张国轩（2015 年 5 月任）
副 局 长：曾　涛（2015 年 2 月离任）
叶　静（女）
郭　蓉（女，2015 年 5 月任）
邓商国
纪委书记：李　平
区老龄委办公室副主任：周茂怀

区司法局

局　　长：戴家强
副 局 长：黄云奎　骆　莉（女）
余上云（2015 年 7 月任）
纪检组长：韦爱国
政治处主任：姚　立

区财政局

局　　长：张　青（女，2015 年 3 月离任）
程学明（2015 年 5 月任）
国资金融办主任：程学明
副 局 长：程学明（2015 年 5 月离任）
席　琼（女）
黄　勇（兼区政府投资项目评审中心主任）
纪检组长：陈春云
国资金融办副主任：税诗凯

区人力资源和社会保障局

局　　长：杨岸鸿
副 局 长：李晓裕（女）
蒲　实（兼，社会保险局局长）
唐　京　黎　韬
纪检组长：殷嘉寿

区国土资源和房屋管理局

党 委 书 记：洪其昌（2015 年 4 月任，同时离任区国土局局长）
局　　　长：詹　勇（2015 年 4 月任，同时离任区房管局局长）
党委副书记：张春兰（女，2015 年 4 月任，同时离任区房管局副局长。2015 年 10 月离任）
副　局　长：罗盛贤（2015 年 4 月任，同时离任区国土局纪检组长）
宣　念（女，2015 年 4 月任，同时离任区国土局副局长）
舒建平（2015 年 4 月任，同时离任区国土局总工程师）
车文利（2015 年 4 月任，同时离任区国土局副局长）
纪 委 书 记：杨　权（2015 年 4 月任，同时离任区房管局纪检组长）
区农村土地整治中心主任：周　勇（2015 年 3 月任，同时离任区房管局副局长。2015 年 12 月离任）

区环境保护局

局　　长：刘　刚
副 局 长：尤明刚　陈　波
任　虹（女，2015 年 5 月任）
纪检组长：李　川（女）
环境监察支队支队长：王世平
环境监察支队教导员：杜全超

区交通委员会

主　　任：周志荣
副 主 任：黄中木（2015 年 11 月离任）
熊道富　袁建军（2015 年 11 月任）
袁　翔
纪委书记：卢　莉（女）

区城乡建设委员会

主　　任：孔祥文（兼区民防办主任）
副 主 任：李川龙　徐晓核　彭　涛
纪委书记：黄胜蓉（女）

区规划局

局　　长：殷湖北
副 局 长：吴从波（2015 年 8 月任）
戚谊熙 何　扬
纪检组长：李　伟

区市政园林管理局

局　　长：蹇世儒
副 局 长：彭朝辉　韩忠东
黎　勇（2015 年 5 月任）
纪检组长：任　虹（女，2015 年 5 月离任）
任小平（2015 年 5 月任）

区水务局（区水务投资建管中心）

局长（主任）：李元凯
副 局 长：胡　勇（副主任）　陈松涛
纪委书记：杨俊淑（女）
区水务投资建管中心副主任：左　虹（女）

区农业委员会

主　任：张国轩（2015 年 5 月离任）
黄广荣（2015 年 5 月任）

副主任：伍光文　王永全
湛广兵（挂职，2015年8月任）
余福龙

区商务局

局　　长：刘兴波
副 局 长：黄茂盛　余云清　邓小龙
纪检组长：胡志淑（女）

区文化委员会（区体育局）

主任、局长：林家义
副主任、副局长：袁国宁　高智伟　程凤光
纪委书记：江翊萍（女）
文化市场行政执法大队大队长：李　勇

区卫生和计划生育委员会

主　　任：黄　伟
副 主 任：何斗锡　罗　强　谭静波
冯胜梅（女）
杨　玲（女，2015年12月离任）
操晓彬（2015年12月离任）
区爱国卫生运动委员会办公室主任：刘江鹏
纪委书记：姚雪玲（女）

区审计局

局　　长：聂华甫
副 局 长：黄忠勇　李　敏（女）　陈小钢
纪检组长：陈湧健

区移民局

局　　长：杨华林
副 局 长：陈志刚　冉华山
纪检组长：张满丽（女）

区安全生产监督管理局

局　　长：蒋发平
副 局 长：王廷勇　余晓明　王小玉（女）
纪检组长：王　旭（女）

区统计局

局　　长：张　灿
副 局 长：余光表　杨洪梅（女）　徐胜利

区旅游局

局　　长：张恩楷（2015年11月离任）
张春兰（女，2015年11月任）
副 局 长：陶　颖（女，2015年6月任）
高小平
纪检组长：吕广文

区林业局

局　　长：黄广荣（2015年5月离任）
赵永旗（2015年5月任）
副 局 长：陈大强　张恩勤（2015年5月任）
李仕国
纪检组长：邓　文（女）

区档案局

局　　长：周泽辉
副 局 长：邓　健（女）
纪检组长：张国慧（女，2015年5月任）

区供销合作社联合社

主　　任：余　旭
副 主 任：向　军　陈治全
纪委书记：任小平（2015年5月离任）
姚　君（女，2015年5月任）

区民族宗教事务局

局　　长：张真明（兼）
副 局 长：黄晓庆

区投资发展促进局

局　　长：华一兵
副 局 长：陈志洪　黄广木　张溪桥（女）
袁建军（2015年11月离任）
熊中志
纪检组长：张轶彭

区行政服务中心管理办公室

主　任：傅显城（兼）
副主任：张江海

区机关事务管理局

局　　长：杨　渝（2015年5月离任）
邓永春（2015年5月任）
副 局 长：邓雪峰 雷斯雅（女）
纪检组长：江小平

区畜牧兽医局

局　　长：张　剑
副 局 长：胡　平　陈小洪　刘盛春
张麒麟（2015年5月离任）
纪检组长：罗长久

区医疗保险管理中心

主　　任：操中亚
副 主 任：邓念龙　廖传荣（女）

区街镇工业走廊管委会（街镇工业发展公司）

党工委书记：张　华（兼）
党工委常务副书记：
李　松（兼，2015年10月离任）
蒋牧宸（兼，2015年10月任）

主任（董事长）：孙廷胜
副主任（总经理）：伍文波
副主任（副总经理）：汪　涛　刘　瑛（女）
　　张古灵
纪工委书记：夏　阳

区城乡统筹发展中心（区农投公司）

党组书记：张云平（苗族，兼）
党组常务副书记：汤晓强（兼）
主任（董事长）：王　涛
副主任（总经理）：高生洪
副主任（副总经理）：韩勤刚
　　黄　颖（女，2015 年 12 月离任）
　　傅军化（2015 年 12 月离任）
　　阳　兰（女）刘海平
纪检组长：樊学武

区城市开发管理服务中心（城市开发投资集团公司）

党组书记：付　恺（兼）
主任（董事长）：蔡书明
监 事 长：荣志宏
副主任（副总经理）：杨俊勇　张富强
　　吴从波（2015 年 8 月离任）
　　陶　颖（女，2015 年 5 月离任）
　　李西彬　陈碧容（女）
纪检组长：杨俊勇

长寿湖风景名胜区管委会（区旅游发展管理服务中心、长寿生态旅业公司）

党工委书记：左永祥（兼）
主任（董事长）：唐贤明
副主任（总经理）：张　勇（兼，苗族）
副主任（副总经理）：刘　明（兼）　周志全
　　陈　渝（土家族）
副主任（副总经理、执法大队大队长）：周 建
纪工委书记（纪检组长）：孟 霞（女）

区公共民生工程建设管理服务中心（公共民生工程公司）

党组书记：谭　庆（兼）
主任（董事长）：廖智辉（女）
公司监事长：阳　建（2015 年 5 月任）
副主任（常务副总经理）：龚　均
副主任（副总经理）：余振勇　黄亚微（女）
　　陈忠平
纪检组长：沈开智

区商贸物流建设管理中心（区商贸物流开发公司）

党组书记：王身高（兼）
主任（董事长）：高文缔
副主任（总经理）：苏治泉（2015 年 7 月离任）
副主任（副总经理）：陆传彪　但唐勇

区土地房屋征收安置办公室

党组书记：王身高（兼）
主　　任：王如雪
副 主 任：余夕成　张建中
　　陈代学（2015 年 5 月任）

区土地储备中心

主　　任：王国清
副 主 任：程海源（2015 年 3 月离任）
　　吕　云

附：

2015 年重庆市长寿区人民政府重要文件

重庆市长寿区人民政府关于设立凤家社区的批复（长寿府发〔2015〕1 号）

关于唐贤明等职务任免的通知（长寿府发〔2015〕2 号）

重庆市长寿区人民政府关于林家义等职务任免的通知（长寿府发〔2015〕3 号）

重庆市长寿区人民政府关于何斗锡等职务任免的通知（长寿府发〔2015〕4 号）

重庆市长寿区人民政府关于雷文超等免职的通知（长寿府发〔2015〕5 号）

重庆市长寿区人民政府关于同意长寿经济技术开发区土地储备中心收储土地的批复（长寿府发〔2015〕6 号）

重庆市长寿区人民政府关于加强 2015 年春节期间城区燃放烟花爆竹管理的通告（长寿府发〔2015〕11 号）

重庆市长寿区人民政府关于华一兵等职务任免的通知（长寿府发〔2015〕12 号）

重庆市长寿区人民政府关于江南街道新修道路命名的批复（长寿府发〔2015〕13 号）

关于认真做好 2014 年冬季退役士兵接收安置工作的通知（长寿府发〔2015〕14 号）

关于关闭老龙洞煤矿的通告（长寿府发〔2015〕15 号）

关于废止和继续施行部分规范性文件的决定（长寿府发〔2015〕16 号）

关于印发2015年全区安全生产工作要点的通知（长寿府发〔2015〕17号）

关于2014年安全生产目标考核结果的通报（长寿府发〔2015〕18号）

关于在长江干流防洪护岸综合整治工程（二期）占地和淹没区禁止新增建设项目和迁入人口的通告（长寿府发〔2015〕19号）

关于同意《重庆市长寿区云台镇总体规划修编（2014—2025)》的批复（长寿府发〔2015〕20号）

关于同意《重庆市长寿区洪湖镇总体规划修编（2014—2025)》的批复（长寿府发〔2015〕21号）

关于同意《重庆市长寿区葛兰镇总体规划修编（2014—2025)》的批复（长寿府发〔2015〕22号）

关于同意《重庆市长寿区新市镇总体规划修编（2014—2025)》的批复（长寿府发〔2015〕23号）

关于同意《重庆市长寿区万顺镇总体规划修编（2014—2025)》的批复（长寿府发〔2015〕24号）

关于废止《重庆市长寿区人民政府关于长寿经开区规划管辖范围的批复》的通知（长寿府发〔2015〕26号）

关于2014年度重大项目工作考核结果的通报（长寿府发〔2015〕28号）

关于2015年重大项目工作目标任务分解的通知（长寿府发〔2015〕30号）

关于给予苟洪波行政开除处分的批复（长寿府发〔2015〕31号）

关于给予但波行政开除处分的批复（长寿府发〔2015〕32号）

关于印发《重庆市长寿区畜禽养殖污染防治规划（2014—2020年)》的通知（长寿府发〔2015〕33号）

关于长寿区凤城组团B标准分区（凤东片区）控制性详细规划的批复（长寿府发〔2015〕34号）

关于曾涛免职的通知（长寿府发〔2015〕35号）

关于调整重庆市长寿区大中型水库移民后期扶持修编规划（2014—2015）的批复（长寿府发〔2015〕36号）

关于调整重庆市长寿区人民政府突发事件应急委员会组成人员的通知（长寿府发〔2015〕37号）

关于印发长寿区街镇财政管理体制调整方案的通知（长寿府发〔2015〕38号）

关于林强等职务任免的通知（长寿府发〔2015〕39号）

关于加强突发事件风险管理工作的意见（长寿府发〔2015〕40号）

关于公布第五批非物质文化遗产名录和第四批非物质文化遗产代表性传承人的通知（长寿府发〔2015〕42号）

关于分解下达2015年市级重点项目和市级重大项目督办事项工作目标任务的通知（长寿府发〔2015〕44号）

关于2014年度统计工作考核结果的通报（长寿府发〔2015〕45号）

关于设立龙兴社区的批复（长寿府发〔2015〕46号）

关于确定北城大道（渡舟路改扩建工程）征收项目的批复（长寿府发〔2015〕47号）

关于征求《长寿区北城大道（渡舟路改扩建工程）国有土地上房屋征收补偿安置方案》意见的公告（长寿府发〔2015〕48号）

关于周勇任职的通知（长寿府发〔2015〕49号）

关于长寿经济技术开发区土地储备中心收购重庆长寿经济技术开发区开发投资集团有限公司晏A14-1-01号地块等19宗土地的批复（长寿府发〔2015〕50号）

关于长寿经济技术开发区土地储备中心收购重庆长寿经济技术开发区开发投资集团有限公司晏A44-1-01号地块土地的批复（长寿府发〔2015〕51号）

关于《长寿经济技术开发区产业发展资金管理办法（试行)》的批复（长寿府发〔2015〕52号）

关于印发《长寿区永久基本农田划定工作方案》的通知（长寿府发〔2015〕53号）

关于长寿区农村建设用地复垦项目（增减挂钩类）有关事项的通知（长寿府发〔2015〕54号）

关于同意重庆市长寿区土地储备中心收购土地的批复（长寿府发〔2015〕55号）

关于关闭重庆源顺煤业有限公司的通告（长寿府发〔2015〕57号）

关于王涛刘海平任职的通知（长寿府发〔2015〕58号）

关于2014年度国土房管工作考核结果的通报（长寿府发〔2015〕59号）

关于人民防空警报试鸣放的通告（长寿府发

〔2015〕60 号）

关于邓永春等职务任免的通知（长寿府发〔2015〕61 号）

关于《长寿区北城大道（渡舟路改扩建工程）国有土地上房屋征收补偿安置方案》征求意见及修改情况的通告（长寿府发〔2015〕63 号）

关于征收长寿区北城大道（渡舟路改扩建工程）国有土地上房屋的决定（长寿府发〔2015〕64 号）

关于同意向三峡银行长寿支行申请融资的请示（长寿府发〔2015〕65 号）

关于罗立等职务任免的通知（长寿府发〔2015〕66 号）

关于废止和宣布失效一批市政府文件的决定的通知（长寿府发〔2015〕67 号）

关于同意向三峡银行长寿支行申请融资的批复（长寿府发〔2015〕68 号）

关于同意重置 1.2 亿元重庆市长寿区“农业三园”土地整治项目贷款期限的通知（长寿府发〔2015〕69 号）

关于长寿区桃花组团 B 标准分区（原桃 D 标准分区）控制性详细规划的批复（长寿府发〔2015〕70 号）

关于长寿区菩提组团 A、B 标准分区（原北部片区）控制性详细规划的批复（长寿府发〔2015〕71 号）

关于长寿区八颗组团控制性详细规划的批复（长寿府发〔2015〕72 号）

关于长寿区桃花组团 A 标准分区控制性详细规划的批复（长寿府发〔2015〕73 号）

关于长寿区晏家组团 B、E、F、G 标准分区控制性详细规划的批复（长寿府发〔2015〕74 号）

关于 2013 年与 2014 年承接和取消行政审批项目的通知（长寿府发〔2015〕76 号）

关于长寿区凤城组团 A、C 标准分区（凤西片区）控制性详细规划的批复（长寿府发〔2015〕77 号）

关于重庆市长寿区保障性住房布点规划（2013—2020）的批复（长寿府发〔2015〕78 号）

关于重庆市长寿区中心城区控制性详细规划的批复（长寿府发〔2015〕79 号）

关于重庆市长寿经开区江北片区控制性详细规划的批复（长寿府发〔2015〕80 号）

关于成立区政府第二届应急管理专家组的通知（长寿府发〔2015〕81 号）

关于确定长寿青龙嘴片区文物保护修复项目国有土地上房屋征收的批复（长寿府发〔2015〕83 号）

关于设置木耳等 16 个渡口的批复（长寿府发〔2015〕84 号）

关于整顿关闭重庆金坛煤业有限公司长寿区但渡桐木煤矿的通告（长寿府发〔2015〕85 号）

关于整顿关闭重庆怀丰煤业有限公司的通告（长寿府发〔2015〕86 号）

关于长寿区阳鹤山组团 A、B 标准分区（原阳鹤山片区）控制性详细规划的批复（长寿府发〔2015〕87 号）

关于长寿经济技术开发区土地储备中心收购重庆长寿经济技术开发区开发投资集团有限公司晏 E09－03－02 号地块等 2 宗土地的批复（长寿府发〔2015〕88 号）

关于余上云任职的通知（长寿府发〔2015〕89 号）

关于长寿区晏家组团 A 标准分区（原川维川染片区）控制性详细规划的批复（长寿府发〔2015〕90 号）

关于开展机动车非法营运专项集中整治行动的通告（长寿府发〔2015〕91 号）

关于同意《长寿区洪湖镇区控制性详细规划》的批复（长寿府发〔2015〕92 号）

关于同意《长寿区万顺镇区控制性详细规划》的批复（长寿府发〔2015〕93 号）

关于同意《长寿区云集镇区控制性详细规划》的批复（长寿府发〔2015〕94 号）

关于征求《长寿青龙嘴片区文物保护修复项目国有土地上房屋征收补偿安置方案》意见的公告（长寿府发〔2015〕95 号）

关于苏治泉免职的通知（长寿府发〔2015〕96 号）

关于吴从波职务任免的通知（长寿府发〔2015〕97 号）

关于长寿区江南组团控制性详细规划的批复（长寿府发〔2015〕98 号）

关于八颗镇部分道路命名的批复（长寿府发〔2015〕99 号）

关于晏家街道部分道路命名的批复（长寿府发〔2015〕100 号）

关于关闭王家沟凤凰煤矿的通告（长寿府发〔2015〕101号）

关于贯彻落实社会救助暂行办法的实施意见（长寿府发〔2015〕103号）

关于湛广兵等职务任免的通知（长寿府发〔2015〕104号）

关于《长寿青龙嘴片区文物保护修复项目国有土地上房屋征收补偿安置方案》征求意见及修改情况的通告（长寿府发〔2015〕106号）

关于征收长寿青龙嘴片区文物保护修复项目国有土地上房屋的决定（长寿府发〔2015〕108号）

关于加快发展现代保险服务业的通知（长寿府发〔2015〕110号）

关于印发支持实体经济加快发展若干措施的通知（长寿府发〔2015〕112号）

关于同意重庆市长寿区土地储备中心收购土地的批复（长寿府发〔2015〕113号）

重庆市长寿区人民政府关于龙超免职的通知（长寿府发〔2015〕114号）

关于做好长寿区第三次全国农业普查的通知（长寿府发〔2015〕116号）

关于印发2015年推进简政放权放管结合转变政府职能工作方案的通知（长寿府发〔2015〕117号）

关于叶水兵杨刚职务任免的通知（长寿府发〔2015〕118号）

关于将重庆市长寿区部分雨水污水电力管道及沟槽资产划转给重庆长寿开发投资（集团）有限公司的批复（长寿府发〔2015〕119号）

关于认真做好2015年退役士兵接收安置工作的通知（长寿府发〔2015〕120号）

关于同意《长寿区但渡镇区控制性详细规划》的批复（长寿府发〔2015〕121号）

关于同意《重庆市长寿区但渡镇总体规划修编（2014—2025）》的批复（长寿府发〔2015〕122号）

关于同意《长寿区龙河镇区控制性详细规划》的批复（长寿府发〔2015〕123号）

关于同意《重庆市长寿区龙河镇总体规划修编（2014—2025）》的批复（长寿府发〔2015〕124号）

关于同意《长寿街镇工业走廊海棠工业组团控制性详细规划》的批复（长寿府发〔2015〕125号）

关于同意《长寿区海棠镇区海棠生活组团控制性详细规划》的批复（长寿府发〔2015〕126号）

关于同意《长寿区海棠镇区土桥生活组团控制性详细规划》的批复（长寿府发〔2015〕127号）

关于同意《重庆市长寿区海棠镇总体规划修编（2014—2025）》的批复（长寿府发〔2015〕128号）

关于同意《重庆市长寿区石堰镇总体规划修编（2014—2025）》的批复（长寿府发〔2015〕129号）

关于同意《重庆长寿街镇工业走廊石堰工业组团控制性详细规划》的批复（长寿府发〔2015〕130号）

关于同意《长寿区石堰镇区生活组团控制性详细规划》的批复（长寿府发〔2015〕131号）

关于在城区道路实施停车收费管理的通告（长寿府发〔2015〕132号）

关于长寿区凤城组团E标准分区（关口片区）控制性详细规划的批复（长寿府发〔2015〕133号）

关于同意《重庆市长寿区城市建成区户外广告设置规划》的批复（长寿府发〔2015〕134号）

关于袁建军黄中木职务任免的通知（长寿府发〔2015〕135号）

关于规范行政审批行为改进行政审批有关工作的通知（长寿府发〔2015〕136号）

关于公布长寿区行政审批项目目录的通知（长寿府发〔2015〕137号）

关于给予夏天友行政开除处分的批复（长寿府发〔2015〕138号）

关于双龙镇部分道路命名的批复（长寿府发〔2015〕139号）

关于给予周世平行政开除处分的批复（长寿府发〔2015〕140号）

关于给予张恩楷行政撤职处分的批复（长寿府发〔2015〕141号）

关于长寿区菩提组团A、B标准分区原北部片区控制性详细规划菩A4－302地块控规局部调整的批复（长寿府发〔2015〕142号）

关于表彰2013—2014年度长寿区科学技术进步奖获奖单位的通报（长寿府发〔2015〕143号）

关于长寿区城市规划区河道岸线保护与利用规划的批复（长寿府发〔2015〕144号）

关于长寿渡舟组团控制性详细规划的批复（长寿府发〔2015〕145号）

关于公布第七批区级文物保护单位的通知（长寿府发〔2015〕147号）

关于长寿区晏家组团D标准分区（晏家生活服务区）控制性详细规划的批复（长寿府发〔2015〕149号）

关于认定“长寿血豆腐”等四件商标为长寿区知名商标的通知（长寿府发〔2015〕152号）

关于进一步加强新时期爱国卫生工作的通知（长寿府发〔2015〕153号）

关于陈勇等职务任免的通知（长寿府发〔2015〕154号）

关于落实重庆市2015年行政审批制度改革事项的通知（长寿府发〔2015〕155号）

关于2016年整顿关闭金龙煤矿的通告（长寿府发〔2015〕156号）

关于授予区政府办公室秘密级定密权的批复（长寿府发〔2015〕157号）

2015年5月23日，长寿区启动“三严三实”专题教育

政协重庆市长寿区委员会

政协全体委员会议

【区政协十四届四次全体委员会议】 2015年2月9日至11日，政协重庆市长寿区第十四届委员会第四次会议在长寿区科技文化中心召开。

会议应到委员291人，实到283人。应邀参加大会的有区委常委，区人大副主任，区政府副区长，长寿经开区管委会副主任，享受区级待遇的在职领导；邀请离、退休的区政协历届党组书记、主席、副主席、秘书长，在长寿地区的市政协委员，区属单位部门、经开区内设机构、在长市属部门、部分事业单位、在长金融保险部门班子成员中无政协委员的单位负责人，区政协机关各委室负责人，区委统战部相关领导列席会议。22名市民代表应邀旁听大会。

区政协党组书记张华主持大会开幕式。区政协主席张明生代表十四届区政协常委会向大会作工作报告。报告从“始终不渝坚持党的领导，确保人民政协工作正确政治方向；紧紧围绕全区中心工作履职尽责，广泛传递‘科学发展、富民兴区’正能量；探索完善政协协商民主制度机制，发挥协商民主重要渠道作用；牢牢把握团结民主两大主题，广泛凝聚各方智慧力量；深入开展党的群众路线教育实践活动，区政协自身建设得到加强”五个方面，总结区政协2014年的履职情况，对2015年的工作作出部署。

区政协党组副书记、副主席陈会明受十四届区政协常委会委托，向大会报告提案工作情况。报告回顾区政协十四届三次会议以后的提案工作情况，介绍提案办理的落实效果，总结提案工作的主要特点，对进一步做好提案工作提出建议。

会议期间，与会人员列席区人大十七届五次会议，听取区政府工作报告；分组讨论政协常委会工作报告、提案工作情况报告，区政府工作报告，计划、财政、法院、检察院工作报告。会议对上述报告表示赞同；会议肯定区政协2014年的工作和2015年的工作部署。

会议期间，召开区政协十四届二十次、二十一次常委会议，听取委员分组讨论情况的汇报，审议会议期间的有关材料。印发发言材料50篇，其中12名政协委员作大会发言。收到提案365件，立案356件，提案内容丰富，针对性、可行性较强，整体质量较高。会议选举张华为十四届区政协主席，审议通过关于区政协常委会工作报告的决议和区政协十四届四次会议的决议。

在闭幕式上，新当选的区政协主席张华在讲话中要求，要始终坚持和维护党的领导，牢牢把握正确政治方向；要自觉围绕中心履职尽责，积极为“科学发展、富民兴区”献计出力；要深入推进协商民主，切实发挥作为专门协商机构的重要作用；牢牢把握团结和民主两大主题，广泛凝聚推动长寿科学发展和谐发展的正能量；始终坚持固本强基，不断加强政协自身建设。

（张　伟）

政协常务委员会议

【区政协十四届二十二次常务委员会议】 2015年3月26日，区政协召开十四届二十二次常委会议，学习传达全国人大、政协“两会”精神，审议通过《区政协2015年工作要点和工作安排》。

【区政协十四届二十三次常务委员会议】 2015年7月16日，区政协召开十四届二十三次常委会，会议听取并协商讨论区政府关于全区上半年经济社会发展情况的通报。

【区政协十四届二十四次常务委员会议】 2015年10月27日，区政协召开十四届二十四次常委会议。书面传达中央和市委统战工作会议精神；听取区政府关于办理区政协2015年提案的情况通报；审议通过区政协《关于菩提山景区文化旅游深度融合发展的调研报告》《关于加快街镇工业走廊开发建设的调研报告》《关于民主评议区移民局工作情况的报告》《关于民主评议区信访办工作情况的报告》《关于民主评议区规划局工作情况的报告》。

【区政协十四届二十五次常务委员会议】 2016年1月19日，区政协召开十四届二十五次常委会议。听取区政府关于全区经济社会发展情况，区人民法院、区人民检察院2015年工作情况通报；审议区政协十四届五次会议有关事项；审议通过有关人事事项；书面审阅区政协办公室、各专委会、街镇联络组2015年工作情况汇报。

（张　伟）

重要工作与活动

【协商民主】 全体会议总体协商。区政协十四届四次全体会议上，围绕区政府工作报告和计划、财政、法院、检察院报告，进行充分协商，就推动“一区一廊”协同发展、建设现代农业“三园五区”、打造三大百亿级旅游项目、推进产城融合发展、实施商贸物流产业规划、抓好“三条保障线”、构建“六有民生保障体系”、构筑对外大通道等前瞻性、全局性问题建言献策，提交大会发言50篇、提案369件、意见建议300余条。

2015年5月20日，长寿区政协主席张华率领政协委员到基层调研法律援助中心工作

常委会议专题协商。全年召开常委会议4次，固定通报区政府、区法院、区检察院工作和提案办理工作；召开“全区半年经济社会发展情况”专题议政会，就全区主要经济指标与全年经济增长趋势进行深入协商讨论。

主席会议每月协商。全年开展财政预决算、城乡土地利用规划修编、城乡居民医疗保险、科技创新、农村环境连片整治、渝长高速公路扩能、重大项目建设等12个专题的协商。增开8次协商会议，就北城中学办学模式、菩提街道设置以及区内重要人事任免等事项进行协商。

提案办理全程协商。区委、区政府、区政协领导牵头督办重点提案，组织提案者和承办单位开展提案办理联合视察，开展分内容、分重点、分部门提案面商，运用跟踪落实、反馈问效、联合督查等方式促进提案办理落实，推动提案工作向多方协商、开放协商等全程协商转变，提案办理答复率100%，满意和基本满意率100%，落实或采纳率超过66%。

【履职活动】 开展全局性工作专题调研，围绕区委、区政府重大决策部署和社会关注的热点问题，先后开展对菩提长寿山景区文旅深度融合、加快街镇工业走廊开发建设、消防安全管理、社区卫生服务体系建设、重大危险源安全管理等重点课题的专题调研。

组织全区重点工作视察，就长寿火车北站站前广场建设、长化公司环保搬迁实施、长寿北城大道建设、桃花河治污攻坚等全区“十件急事”开展视察。结合全年工作安排，开展现代金融服务业与支持长寿区域经济发展、定慧寺保护与利用、凤城监狱工作、不动产登记、文化体育设施建设和街镇敬老院建设管理等专项视察。

对群众关切的部门工作的民主监督，集中一个月时间，组织部分政协常委，分3个评议小组分别对区信访办、区规划局、区移民局等3个部门履职情况开展民主评议。继续完善和改进委员委派工作，60多名政协委员担任廉政监督员、人民陪审员，通过参加会议、参与庭审、座谈调研、明察暗访等形式，对相关单位履行职能、勤政廉政、服务质量等工作开展民主监督。

紧扣社会热点难点问题反映社情民意，年内编报《社情民意》信息专报54期，区领导批示和部门回复13期；上报市政协36篇，采用14篇。《关于天然气化工行业用电大户暂缓执行预存电费制度的建议》《关于统筹规划城市发展新区通勤交通的建议》《关于建立民营企业关停并转协调处理机制的建议》《关于建立长寿湖水位保持协调机制的建议》等反映长寿区政协委员及群众呼声的社情民意，被市政协办公厅编用。

开展“五聚焦、五助推”活动（即聚焦街镇、助推科学发展，聚焦界别、助推委员履职，聚焦村社、助推组织建设，聚焦企业、助推经济转型，聚焦学校、助推教育改革）。围绕街镇工业组团开发、乡村休闲观光产业发展、农民新村建设和农村环境连片整治等工作，组织街镇联络组、各界别政协委员150多人次，多批次到新市、云台、葛兰、石堰、龙河等街镇，多角度、多领域为街镇适应新常态、实现新发展出谋划策。逐一走访各民主党派、工商联、知识分子联谊会和政协其他界别，开展座谈沟通，听取意见建议，就新常态下进一步加强合作共事进行广泛交流。结合开展“社区工作日”活动、村级党组织提升强化行动和城乡党支部结对共建活动，组织政协机关干部和委员到基层一线，了解群众诉求，开展扶贫帮困，拓宽直接联系基层和了解群众呼声的渠道，增强履职效果。发挥政协智力密集、专家学者众多的优势，组织委员广泛开展“送课、送医、送科技、送文化、送法律”等下乡活动。

2015年10月15日，长寿区政协主席张华率领政协委员视察渡舟小学建设情况

开展精准扶贫攻坚，区政协机关干部到云台镇拱桥村召开扶贫现场会、院坝会，与干部群众共谋脱贫思路，共商帮扶措施。牵头召开扶贫单位协调会、推进会10余次，政协机关16名处级干部与16户贫困家庭开展“一对一”结对帮扶，精准施策，全年各类帮扶资金物资10余万元。做好云台镇扶贫攻坚牵头协调工作，联系企业提供项目、资金和技术扶持，开展农村实用技术、创业、务工技能培训，强化贫困村的基础设施建设，因地制宜发展特色产业，帮助新建种植核桃基地22公顷，发展专业合作社2个，家庭农场3个，云台镇扶贫攻坚工作顺利通过区、市检查验收。引导全区政协委员积极投身扶贫攻坚工作，委员们深入贫困村组开展调研视察，通过提案、建议等方式为贫困村组脱贫致富出谋划策，帮助解决实际困难。全区政协组成单位和委员帮扶贫困村10个，帮扶贫困户340户，协调引进项目11个、资金190万元，捐资助学68人3.5万元，帮助劳务输出280余人。

开展社区集中走访下访，对凤城街道三峡路社区居民实现100%走访下访回访，收集群众诉求542条，自行交办366条，报送区考核办研判交办176条。加强对群众反映问题的跟踪督促，及时反馈办理落实情况，确保件件得答复、事事有回音。

【政协自身建设】 开展“三严三实”专题教育，学习贯彻总书记习近平关于“三严三实”专题系列重要讲话精神以及中共中央、市委和区委关于全面从严治党的重要部署。党组班子成员带头讲党课6次，高质量开展4个专题12次学习，挂单整改11个不严不实问题，修订完善机关规章制度13项，巩固和拓展党的群众路线教育实践活动成果。

加强和改进界别工作，改进界别联系方式，建立由政协委室联系界别、界别联系委员、委员联系界别群众的工作机制，推动界别联系由“松散型”向“紧密型”转变。23个界别全年开展各类活动60多次。

推进政协文史和理论研究工作，编辑出版《长寿民间文化》文史丛书。支持政协书画院开展各类书画摄影创作交流活动，成功举办“重庆市政协书画摄影系列展长寿专场”活动。参与市政协关于“加强和改进人民政协民主监督”主题年度理论研讨，选送的《人民政协民主监督的制度优势及现实困境和对策研究》论文获市二等奖。加大对政协重要例会和重大活动的宣传报道力度，全年在区级以上新闻媒体刊发稿件150余篇，宣传通联工作获市政协一等奖。

加强政协系统交流联系，先后接待市政协11批次、市内外政协25批次视察调研和考察学习活动。市政协委员长寿组的“关于解决三峡库区区县小城镇污水处理设施建设运行的建议”被市政协列为重点提案，由市政协一名副主席牵头督办；“关于加快实施渝长高速公路扩能改造的建议”纳入市政府决策予以推进；“关于将养老经济保障问题引入法治轨道的建议”“关于加大长寿湖生态保护力度的建议”“关于加快农民新村建设的建议”等18件个人提案全部转交市级相关部门办理落实。参加重庆市区县政协东部片区会、区县政协主席研讨班并作交流发言，参与“长江经济带节点基础产业发展”“全市‘十三五’规划编制”“现代农业旅游业融合发展”等市政协重大课题调研。强化对街镇联络组的联系指导，全区政协工作整体水平明显提升，作用得到更好发挥。

（张　伟）

2015年12月22日，区政协主席张华带队长寿区政协开展桃花河污染整治视察活动

2015年政协重庆市长寿区委员会主席、副主席、秘书长名录

党组书记：张　华（2015年1月任）
主　　席：张明生（2015年2月离任）
张　华（2015年2月任）
副 主 席：陈会明　涂奇微（兼）
王永全（兼）　邓有国　叶金龙
江　涛（兼）　陈志洪（兼）
秘 书 长：蒋锡宽

2015年政协重庆市长寿区委员会机关工作机构负责人名录

办公室
主　任：向　表
副主任：许孟雯（女）　孔庆春

学习文史委员会
主　任：张炳炎
副主任：张秀兰（女）

提案委员会
主　任：龚成才
副主任：石　静（女）

经济委员会
主　任：郑美中
副主任：谢　强

社会法制委员会
主　任：邹楚蕾（女）
副主任：罗雪松

社会事务委员会
主　任：李健康
副主任：张长轩

城建环保委员会
主　任：张国清
副主任：韩　峰

2015年政协重庆市长寿区委员会副秘书长、专门委员会、委员联络组负责人名录

副秘书长(兼)：吕兴建　罗德明　赵霜眉（女）
周俊屏

学习文史委员会
主　任：张炳炎
副主任：张秀兰（女）
副主任（兼）：文平林　孟　翱（女）
蒙　明（女）　陈小平　高小平

提案委员会
主　任：龚成才
副主任：石　静（女）
副主任（兼）：蒋中尧

经济委员会
主　任：郑美中
副主任：谢　强
副主任（兼）：祖能武　张古灵　刘　晗　王小瑜

社会法制委员会
主　任：邹楚蕾（女）
副主任：罗雪松
副主任（兼）：王义尧　徐鲜华　王　强

社会事务委员会
主　任：李健康
副主任：张长轩
副主任（兼）：张茂荣　冯胜梅（女）　袁国宁
陈显明　黄国文

城建环保委员会
主　任：张国清
副主任：韩　峰
副主任（兼）：唐雅江　樊　彦

凤城片区联络组

组　长：高能会（女）

副组长：操良超　席光勇（2015年1月离任）

晏家片区联络组

组　长：郭水英（女）

副组长：唐顺礼　余培英（女）

渡舟片区联络组

组　长：廖　勇

副组长：周昊杰（女）　李文宪（女）

葛兰片区联络组

组　长：韩　静（女）

副组长：徐　斌　祝明合

石堰片区联络组

组　长：唐慧芳（女）

副组长：黄油华（女）　黎　勇

长寿湖片区联络组

组　长：勾洪文

副组长：石坤君　熊芫艺（女）

附：

2015年政协重庆市长寿区委员会重要文件目录

关于政协重庆市长寿区第十四届委员会第四次会议情况的报告（长协党组〔2015〕5号）

关于区政协2015年协商课题的请示（长协党组〔2015〕6号）

关于视察重庆市凤城监狱工作的情况报告（长协党组〔2015〕7号）

关于视察现代金融服务与支持长寿区域经济发展情况的报告（长协党组〔2015〕8号）

关于专题协商区司法局工作的情况报告（长协党组〔2015〕9号）

关于视察长寿火车北站站前广场建设推进情况的报告（长协党组〔2015〕10号）

关于视察长寿区定慧寺保护与利用情况的报告（长协党组〔2015〕11号）

印发《关于在处级以上领导干部中开展“三严三实”专题教育实施方案》的通知（长协党组〔2015〕12号）

关于协商讨论全区2015年上半年经济社会发展情况的报告（长协党组〔2015〕13号）

关于蒲涛同志任职的通知（长协党组〔2015〕14号）

关于报送《区政协关于民主评议区规划局工作情况的报告》的报告（长协党组〔2015〕15号）

关于报送《关于菩提长寿山景区文化旅游深度融合发展的调研报告》的报告（长协党组〔2015〕16号）

关于报送《区政协关于民主评议区信访办工作情况的报告》的报告（长协党组〔2015〕17号）

关于报送《区政协关于民主评议区移民局工作情况的报告》的报告（长协党组〔2015〕18号）

关于报送《关于加快街镇工业走廊开发建设的调研报告》的报告（长协党组〔2015〕19号）

关于履行党风廉政建设主体责任情况的报告（长协党组〔2015〕20号）

关于对《中共重庆市长寿区委关于制定国民经济和社会发展第十三个五年规划的建议（征求意见稿）》组织讨论的情况报告（长协党组〔2015〕21号）

关于专题调研我区消防安全管理工作的报告（长协党组〔2015〕22号）

关于同意姜振邦等五位同志辞去十四届区政协委员的决定（长协〔2015〕2号）

关于增补张华等六位同志为十四届区政协委员的决定（长协〔2015〕3号）

关于表彰2014年度优秀政协委员和优秀提案的通报（长协〔2015〕4号）

关于印发《长寿区政协2015年工作要点》的通知（长协〔2015〕5号）

关于调整凤城街道渡舟街道行政区划增设菩提街道协商情况的复函（长协〔2015〕9号）

中共重庆市长寿区纪律检查委员会（区监察局）

纪律检查

【概况】 中共重庆市长寿区纪律检查委员会（简称区纪委），在中共重庆市长寿区委员会和中共重庆市纪律检查委员会领导下，按照《中国共产党章程》的规定开展工作；重庆市长寿区监察局（简称区监察局），在重庆市长寿区人民政府和重庆市监察局领导下，按照《中华人民共和国行政监察法》的规定开展工作。区纪委与区监察局合署办公，实行一套工作机构，两个机关名称，履行党的纪律检查和政府行政监察两项职能。区纪委机关、区监察局2015年有行政编制31名，内设办公室、组织部、宣传部、党风政风监督室（区政府纠正部门行业不正之风办公室）、信访室、案件监督管理室、第一纪检监察室、第二纪检监察室、案件审理室9个机构。

2015年2月13日，中共重庆市长寿区第十二届纪律检查委员会第四次全体会议。区领导周勇、谭伟和全区各级各部门负责人353人参加会议

【党风廉政建设责任落实】 明确责任，制定《长寿区落实党风廉政建设“两个责任”清单》（长寿委发〔2015〕10号），明确区委主体责任85项、纪委监督责任39项，为19名区级领导划定82个责任区域。印发《长寿区区领导和区级部门2015年党风廉政建设和反腐败分工责任制》（长寿委办〔2015〕12号），逐级签订党风廉政建设责任书，形成横向到边、纵向到底的责任制体系。

加强监督，严格执行党风廉政建设专题报告、述责述廉、通报、约谈、检查考核五项配套制度。区委常委会专题听取区人大常委会、区人民政府、区政协、长寿经开区、区法院、区检察院党组（党工委）党风廉政建设工作报告；18个街镇党（工）委书记就抓基层党建和落实党风廉政建设“两个责任”情况进行述职；85个党委（党组）向区委书面报告落实党风廉政建设主体责任情况。区委书记、区长、区纪委书记就落实“两个责任”分别约谈领导干部135人次、83人次、187人次，全区20名市管党政领导干部约谈党员干部348次1703人次。103名区管党政主要负责人向区纪委书面述责述廉；凤城街道、区安监局等5个单位党委（党工委，党组）书记在区纪委十二届四次全会上现场述责述廉，接受区纪委委员质询评议；区纪委对35个单位落实“两个责任”情况进行现场督查，召开纪检组织负责人述职述责会议，督促责任落实。

严格追责，区委将年度综合目标考核中反腐倡廉建设考核分值从8分增加到9分，增加党风廉政

2015年4月27日，中共长寿区委常委、区纪委书记谭伟带队到区卫生计生委调研党风廉政建设“两个责任”落实情况

建设在整个考核中的比例。对葛兰镇、洪湖镇、区民政局、区旅游局、区广播电视台等5个单位实行党风廉政建设“一票否决”。坚持“一案双查”，追究“两个责任”落实不力的问题8起，追责领导干部11人，6名党政“一把手”落实主体责任不力被追责，2名区级部门纪检组长履行监督责任不力被调整工作岗位。

【严明党的纪律】 把严明党的政治纪律和政治规矩放在首位，教育督促党员干部认真学习党章，严格遵守党章，增强政治敏锐性和政治鉴别力，牢固树立政治意识、大局意识、核心意识和看齐意识，在思想上政治上行动上同以习近平为总书记的党中央保持高度一致，坚决维护中央权威。加强对《重庆市党员干部政治纪律“八严禁”》贯彻执行情况的监督检查，重点抽查单位48个，查处违反政治纪律和政治规矩的行为。加强对中央、市委和区委重大决策部署贯彻落实情况的监督检查，查处有令不行、有禁不止的行为，确保政令畅通。认真学习新修订的《中国共产党廉洁自律准则》《中国共产党纪律处分条例》，唤醒党规党纪意识。

【监督检查】 持之以恒落实中央八项规定精神和市委、区委实施意见，开展“作风深化年”活动。重点整治违规公款吃喝、违规消费，公车私用、私车公养，基层干部办事不公、吃拿卡要，工作纪律松散、服务态度粗暴，不作为、不落实等5个方面问题。整合区委督查室、区政府督查室、公安、审计、财政等力量，紧盯重要时间节点、重要人群，严肃查处公车私用、大操大办、公款旅游等突出问题。全区集中开展明察暗访32次，检查酒店、餐馆、娱乐场所800余家次，比对车辆1900余台，查处违反中央八项规定精神问题11起，处理23人，点名道姓通报问题8起。

查处发生在群众身边的“四风”和腐败问题。开展种粮大户直补、农村危旧房改造、救灾救济资金发放、桃花河污染整治、区“十件急事”等8个专项巡察，督促整改问题34个；开展三峡后续项目、精准扶贫工作等监督检查，检查项目222个；开展民生资金专项清理，督促主责单位查处违规使用医保基金医疗机构19家、追回资金56.51万元，查处收回违规使用巩固退耕还林柑橘果园项目资金40余万元，收回闲置未使用危旧房改造资金2599.5万元，清退教育乱收费27.3万元；加强安全生产领域的监督执纪问责，约谈安全监管主责单位7个，调查安全生产事故4起。全年排查发生在群众身边的“四风”和腐败问题线索65件，查处问题32起，处分20人。

【纪律审查】 转变纪律审查理念和执纪方式，把纪律挺在前面。坚持抓早抓小，对苗头性、倾向性问题，通过函询、诫勉谈话、批评教育等方式处理34件，占处置问题线索总数的19%。组织处理和纪律轻处分轻微违纪党员干部48人，纪律重处分问题较重的党员干部21人。对反映失实的澄清了结84件（次）。推进涉刑案件先行处理工作，在司法机关判决前先行给予纪律处分6件6人。

保持惩治腐败高压态势，重点查处党的十八大后不收敛、不收手，问题严重、群众反映强烈，在重要岗位可能还要提拔使用的党员领导干部。全年接受群众来信来访605件，处置问题线索176件，立案46件，给予党纪政纪处分50人（其中县处级干部11人，涉嫌犯罪移送司法机关处理17人）。严肃查处区民政局原局长唐某、副局长曾某以及区国税局干部等11人受贿窝案，万顺镇原镇长罗某、副镇长樊某等5人受贿串案，区旅游局原局长张某严重违反社会主义道德案等大案要案20件26人，比2014年上升5.7倍，进一步彰显反腐决心，震慑腐败分子。

加强反腐败组织协调，严格执行《长寿区反腐败协调小组工作制度》，纪检监察、法院、检察、公安、审计等单位相互移送问题线索20件26人。开展涉刑案件专项清理，清理受刑事处罚党员干部43人，成功将涉嫌贪污公款355万元、潜逃13年的原工商银行长寿支行信贷员邓某缉拿归案。加强上下协作和跨区域协作，向市纪委移交涉及市级部门、国有企业以及相关区县管辖的问题线索10件。

【廉政教育】 全年通过集中专题授课、巡回宣讲、以案说法、旁听案件庭审、参观廉政教育基地等方式，教育党员干部7000余人次；以区内查办的典型案件为素材，拍摄警示教育片《2015年长寿区违纪违法典型案件透视》，用身边事教育身边人。加强反腐倡廉宣传，在《长寿日报》上开设“推进作风建设”专栏，刊载文章60余篇；通过《长寿手机报》向党员干部发送节前廉政短信18万余条，强化网络舆情引导；开展廉政文化下乡、“青春倡廉”以及廉政漫画、微视频、书法作品创作评选展播等活动，营造廉荣贪耻的舆论氛围。

【纪律检查体制改革】 落实中纪委关于党的纪

律检查体制改革创新“两为主”要求，制定问题线索管理办法，严格执行街镇、部门纪检组织每月向区纪委报告问题线索处置和执纪审查情况制度；制定镇街纪（工）委书记、副书记和区纪委派驻纪检组组长、副组长提名考察办法和任免操作办法，规范任免程序，强化上级纪委对下级纪委的领导。

理顺职能职责，巩固规范议事协调机构参与的成果，集中力量抓好“监督的再监督、检查的再检查”。将区纪委宣传部、信访室职能职责中涉及法规、申诉的内容调整到案件监督管理室，优化区纪委机关内设机构职能职责。

持续深化转职能、转方式、转作风“三转”，规范纪委书记、纪检组长分工，不再分管纪检业务外工作，实行单列考核，其个人年度综合得分按照区管领导班子年度综合考核得分和纪检监察业务考核得分各占50%计算，优秀等次比例按街镇20%、区级部门15%确定。开展“三转”情况专项督查，督促基层纪检组织聚焦主责主业。实行党风廉政建设联组工作责任制，整合监督力量、加强交叉协作，促进基层纪检组织职能作用发挥。

2015年12月14日，中共长寿区委常委、区纪委书记谭伟到扶贫结对帮扶对象户家中调研

【自身建设】　认真贯彻中央纪委、中央组织部、中央编办、监察部、财政部《关于加强地方县级纪检监察机关建设的若干意见》（中纪发〔2009〕9号）及市纪委、市委组织部、市编办、市监察局、市财政局《关于加强基层纪检监察组织建设的实施意见》（渝纪发〔2009〕45号）精神，落实5名区纪委常委职级待遇。区纪委常委会带头贯彻落实中央八项规定精神，开展“三严三实”专题教育，抓好专题学习，开展批评与自我批评，整改不严不实问题。坚持民主集中制原则，严肃党内政治生活，落实区纪委机关党风廉政建设主体责任，修订完善区纪委常委会工作规则等5项制度，规范权力运行。增设街镇、部门纪检监察岗位领导职数30名，加大干部选拔交流力度，落实区级部门纪检监察办案人员补贴，夯实基层纪检组织基础。持续开展主办一起案件、接待一次信访、开展一次督查、撰写一篇调研文章的“四个一”实践锻炼活动，举办纪检监察业务专题培训，选派参加中央纪委和市纪委调训26人次，抽调基层干部参与办信办案46人次，提升监督执纪能力和水平。从严监督管理干部，严格执行领导干部个人有关事项报告、请示报告等制度，开展廉政风险点排查和纪检干部专项督查，净化朋友圈、社交圈。全年约谈纪检组织负责人26人次、一般纪检干部31人次；调查核实反映纪检干部的信访举报8件，为8名受到不实举报的干部澄清是非。

（吴　洪）

2015年中共重庆市长寿区纪律检查委员会书记、副书记、常委名录

书　记：谭　伟
副书记：黄述明　但晓琴（女）　余　建
常　委：唐红伟　傅家成　周应林　余　勇
　　　　冯　渝　张安才（兼）　袁　刚（兼）

2015年中共重庆市长寿区纪检监察机关工作部门领导人名录

办公室主任：周应林
宣传部部长：冯　渝
党风政风监督室（区政府纠正部门行业不正之风办公室）主任：牟　伟（土家族）
信访室主任：余　勇
案件监督管理室主任：张　林（2015年10月任）
第一纪检监察室主任：杨　刚
第二纪检监察室主任：李泉勇
案件审理室主任：张　刚

附：

2015年中共重庆市长寿区纪律检查委员会重要文件目录

关于印发《落实党风廉政建设“两个责任”配套制度》的通知（长寿纪发〔2015〕1号）

转发市纪委《关于将强五一期间作风建设监督执纪问责的通知》的通知（长寿纪发〔2015〕13号）

关于印发《中共重庆市长寿区纪委重庆市长寿区监察局问题线索管理办法（试行）》的通知（长寿纪发〔2015〕19号）

转发市纪委监察局《关于加强纪检监察干部监督工作的意见》的通知（长寿纪发〔2015〕21号）

关于五一期间违规使用公车情况的通报（长寿纪发〔2015〕30号）

关于印发《2015年查处发生在群众身边的“四风”和腐败问题专项工作方案》的通知（长寿纪发〔2015〕45号）

关于10起发生在群众身边“四风”和腐败典型问题的通报（长寿纪发〔2015〕57号）

关于阳光长寿分平台2015年上半年办理诉求件情况的通报（长寿纪发〔2015〕63号）

转发市纪委《关于七起发生在群众身边的“四风”和腐败问题典型案例的通报》的通知（长寿纪发〔2015〕67号）

关于加强中秋国庆期间作风建设监督执纪问责的通知（长寿纪发〔2015〕70号）

关于在扶贫攻坚工作中加强监督执纪问责的通知（长寿纪发〔2015〕71号）

关于印发《长寿区开展纪检监察干部专项督查工作实施方案》的通知（长寿纪发〔2015〕76号）

转发《中共重庆市纪委中共重庆市委组织部重庆市监察局重庆市人力资源和社会保障局关于印发〈重庆市党纪政纪处分决定执行工作办法〉的通知》的通知（长寿纪发〔2015〕81号）

关于印发《长寿区镇街纪（工）委书记、副书记任免操作办法》《中共重庆市长寿区纪委派驻纪检组组长、副组长任免操作办法》的通知（长寿纪发〔2015〕85号）

关于加强监督执纪问责确保务实廉洁过节的通知（长寿纪发〔2015〕89号）

关于印发《重庆市长寿区人民政府特邀监察员五项工作制度》的通知（长寿监发〔2015〕1号）

关于印发《重庆市长寿区监察局关于办理区政府特邀监察员举报和反映意见建议的办法》的通知（长寿监发〔2015〕2号）

关于开展三峡后续项目实施情况专项检查的通知（长寿监发〔2015〕6号）

关于印发《长寿区反腐败协调小组追逃追赃协调机制工作办法》的通知（长寿反腐败协调办发〔2015〕1号）

关于罗庆林张恩楷违纪违法典型案例的通报（长寿纪通〔2015〕2号）

关于印发《中共重庆市长寿区第十二届纪律检查委员会常委会工作规则》等五个制度的通知（长寿纪办发〔2015〕1号）

关于印发《重庆市长寿区2015年纪检监察业务考核办法（试行）》的通知（长寿纪办发〔2015〕2号）

印发《关于在委局机关处级以上领导干部中开展“三严三实”专题教育实施方案》的通知（长寿纪办发〔2015〕6号）

民主党派 工商联

中国国民党革命委员会重庆市长寿区委员会

【概况】 2015年，中国国民党革命委员会重庆市长寿区委员会（简称民革长寿区委）下设8个支部，有党员160人；有民革重庆市委副主委1人，重庆市黄埔军校同学会会长1人，重庆市第四届人大代表2人（其中常委会委员1人），重庆市第四届政协委员1人，长寿区第十七届人大代表1人（其中常委会委员1人），第十四届政协委员21人（其中巡视员1人、政协副主席1人、常委6人）。2015年，民革长寿区委被评为民革重庆市委社情民意信息工作先进集体、民革重庆市委宣传思想工作先进集体；党员中2人被评为民革重庆市委优秀党员，2人被评为民革重庆市委社情民意信息工作先进个人，1人被评为民革重庆市委优秀通讯员。

【自身建设】 2015年，民革长寿区委继续深入开展坚持和发展中国特色社会主义学习实践活动，把学习实践活动与学习中共中央和市委、区委统战工作会议精神相结合、与纪念民革重庆市委成立60周年相结合、与“观故居，走多党合作之路”活动相结合，巩固多党合作的思想政治基础。先后组织党员到武汉辛亥革命博物馆参观，到江津聂荣臻元帅陈列馆、陈独秀旧居和抗战陈列馆开展活动，与民革江津区委会进行工作交流。

加强宣传思想理论工作。年内组织民革党员参加中共长寿区委统战部举办的以“坚持和发展中国特色社会主义”为主题的演讲比赛活动，朱玲、彭可分获第二、三名。王正伟撰写的理论文章《多轮驱动 合理助推我区未成年人思想道德建设进程》获中共长寿区委宣传部主办的2015年全区基层思想政治工作主题征文活动三等奖，《坚持节能减排发展，建设环保宜居长寿》在长寿区第二十四届环境征文竞赛中获得二等奖；民革长寿区委协助民革市委完成民革前辈刘永庆史料采集工作。2015年向民革市委和区政协、中共长寿区委统战部报送活动简报60余篇，编印《长寿民革》简报31期。其中《重庆民革》采用7篇，重庆民革网站采用4篇，市委会简报采用40篇，长寿政协网站采用21篇。

加强基层组织建设，圆满完成全区6个基层组织的换届工作，新成立2个支部，新选支部委员20人。新一届基层组织领导班子平均年龄40.8岁。组织基层支部骨干参加市、区社会主义学院和民革区委举办的培训会，保证基层组织工作的顺利开展。

民革长寿区委2015年干部培训会

民革长寿区委会重视后备干部队伍建设，领导成员深入党员所在单位与中共组织进行调研和协商，掌握后备干部队伍建设情况。重视干部培养和推荐工作，党员彭可挂职担任重庆市第一中级人民法院代理审判员，杨雪峰挂职担任长寿区街镇工业走廊管理委员会主任助理。

不断提高组织发展质量。年内发展新党员16人，平均年龄34.5岁。截至2015年12月，全区有民革党员160人。大学以上学历107人，占66%；中高级职称115人，占71%；平均年龄46.6岁。党员队伍的年龄结构和知识层次都得到明显改善，高学历、高职称的比例稳中有升。9名新党员参加民革重庆市委会组织的新党员培训。

完善党内监督工作，开展区委委员、支部委员及专干的述职和民主测评，不断提高党派干部履职的自觉性和主动性。

继续开展创先争优活动。黄洪清、何时中被民革重庆市委评为优秀党员；医卫支部、综合二支部、综合三支部被民革长寿区委被评为先进支部，朱玲等20名党员被评为优秀党员，王正伟等14名党员被评为参政议政工作先进个人。

【参政议政】 在全市“两会”上，民革长寿区委党员中的3名市人大代表和市政协委员提交人大建议5件、政协提案1件。在区“两会”上，民革党员中的区人大代表提交建议1件，民革长寿区委提交政协大会发言2篇、集体提案10件，委员个人提案立案50件。王小玉、吴星、黄洪清、江光群被评为优秀政协委员；民革长寿区委集体提案《关于加快推进银保信贷合作的建议》等5件提案被评为优秀提案。杨明提出的《关于加大对菩提山文化旅游区植树造林绿化美化的建议》由区委书记周勇督办，民革长寿区委提出的《关于打击非金融机构向社会非法集资行为的建议》和《关于加强城区洗车场所管理的建议》分别由区委副书记谭庆和区政协副主席陈志洪督办。

2015年民革长寿区委向民革重庆市委提交社情民意20篇，其中关于取消“放弃再生育奖励政策”的建议被市政协采用，民革重庆市委采用13篇。年内向区政协提交社情民意15篇，区政协采用9篇，区领导批示3篇。

2015年民革长寿区委先后对农民新村建设、乡村医生队伍建设开展调研，《民革长寿区委关于加强农民新村建设，打造升级版新农村的调研报告》获区委书记周勇、区委常委张云平批示。

民革长寿区委“普法进校园”活动

【社会服务】 普法进校园、进农村活动。在第二个国家宪法日和全国法制宣传日，民革长寿区委在实验二小开展以“弘扬法制精神，共建和谐校园”为主题的“普法进校园”活动。民革党员朱玲通过讲故事的方式为500余名师生作法制讲座，综合三支部捐赠图书200余册、发放宣传资料300余份，受到师生的广泛好评。

2015年10月20日，民革长寿区委组织教育支部、医卫支部、综合三支部、长寿中学支部、实验中学支部和重钢支部20余名党员前往石堰镇沙石敬老院开展送医下乡活动。为敬老院38位老人进行健康体检，为患者提供医疗咨询服务，发放健康教育宣传资料，为老人送去现金、菜油、猪肉、水果等慰问品。医卫支部与邻封镇妇联合作开展庆三八农村妇女健康知识讲座2场。年内组织民革党员参加区委宣传部组织的文化、科技、卫生“三下乡”活动；开展“庆六一，关爱儿童”活动，举办学生健康知识讲座。

11月26日，长寿区政协民革界别组织政协委员和骨干教师，到大洪湖中学开展“送教下乡”活动。民革党员、长寿中学物理教师陈春林、长寿一中化学教师陈秀分别上观摩课，博得大洪湖中学师生好评。

【促进祖国和平统一工作】 8月26日，民革长寿区委组织开展纪念抗战胜利70周年纪念活动，组织党员召开座谈会，开展以“纪念抗日战争胜利70周年”为主题的知识竞赛活动。民革党员刘永庆获中共中央、国务院、中央军委联合颁发的“中国人民抗日战争胜利70周年纪念章”。

民革长寿区委纪念抗战70周年座谈会

做好涉台交流接待，民革党员、重庆黄埔军校同学会会长刘永庆先后接待到渝访问的由荣誉总会长、“陆军中将”高安国率领的台湾退役将官总会参访团和由名誉主席钱启国率领的悉尼中国和平统一促进会访问团80余人。

【岗位贡献】　民革党员在各自的工作岗位上，无私奉献，成绩突出，为助推长寿“三地一中心”建设做出贡献。王小玉被重庆市安监局评为2015年工贸企业安全监管工作先进个人；朱玲被重庆市司法局评为2015年重庆市人民调解能手；李永鑫被重庆市统计局评为全国第三次统计普查先进个人；谭静波被区委、区政府记三等功；徐伟被重庆市少年儿童图书馆评为2015年先进个人；廖涛获得重庆（国际）铁人三项赛摄影金奖、区文联摄影大赛二等奖；黄磊获得重庆市第十七届美术书法摄影大赛二等奖；轩平被评为2014—2015年度重庆市优秀教研工作者；李淑琴、蔡锡友被评为2014—2015年度长寿区师德师风先进个人；蔡锡友被评为2014—2015年度长寿区安全稳定先进个人；明建平、陈秀分别获2015年长寿区中小学幼儿园教师微课制作大赛二等奖，陈秀获三等奖；明建平的论文《采薇教学设计》在2015年重庆市第八届语文教师论文大赛中获三等奖，论文《浅析如何在高中语文教学中训练学生的思维能力》获“第十一届全市基础教育课程改革征文大赛”三等奖，在“长寿区首届初、高中语文教师文本解读比赛”中获高中组一等奖，明建平于2015年被聘为“长寿区高中语文学科中心组教研组成员”和“长寿区高中语文学科兼职教研员”；王建国被重庆市体育局评为优秀教练员，论文《谈业余田径训练中如何提高队员短跑速度的方法》获重庆市二等奖；梅晓红获长寿区合唱比赛指导教师特等奖，重庆市教委颁发的优秀指导教师奖和先进个人；周剑的论文《如何在高中信息技术课堂中激发学生兴趣》发表在省级刊物《读写算》上；王义良带队参加全国中学生跆拳道锦标赛分区赛获6金2银3铜，初中组团体总分第二名，带队参加全国中学生跆拳道锦标赛总决赛3名学生参赛获2金1银；陈俐惠在长寿区第二届中小学生艺术节合唱演出中获辅导一等奖；邓承东辅导学生在2015年“少年传承中华传统美德”的演讲比赛中获区级一等奖；周力获得工行长寿支行先进个人；何时中、黄洪清、郑雪被评为优秀公务员；张吉获得全市耐药监测网优秀辩手称号，主持完成区科委课题“长寿地区多重耐药的大肠埃希菌对β－内酰胺酶类药物耐药机制的研究”、市卫计委课题“长寿地区大肠埃希菌ESBLs基因检测及分型”。

（罗德明）

附2015年中国国民党革命委员会重庆市长寿区委员会领导人名录

主　　委：王永全

副 主 委：罗德明　黄晓静（兼）

　　　　　谭静波（兼）　郭　蓉（女，兼）

中国民主促进会重庆市长寿区委员会

【概况】　中国民主促进会是以从事教育文化出版工作的高中级知识分子为主的、具有政治联盟性质的、致力于建设中国特色社会主义事业的政党，是中国共产党的亲密友党和参政党。2015年，中国民主促进会重庆市长寿区委员会（简称民进长寿区委会），坚持“有思有行、集智聚力、顺势而为、开拓创新”的工作思路，加强参政议政能力建设，以社会服务工作为重点，增强基层组织活力。2015年获民进全

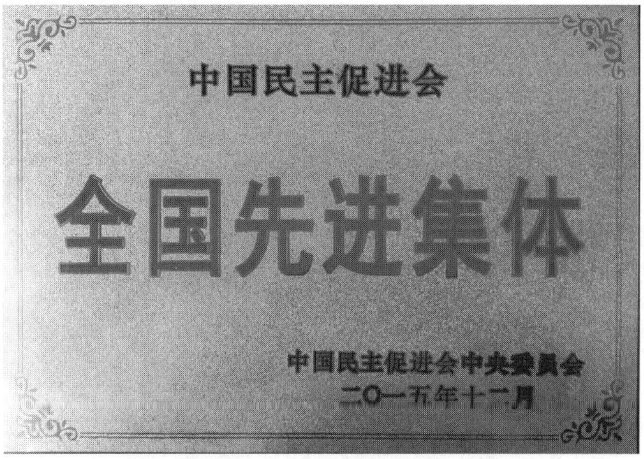

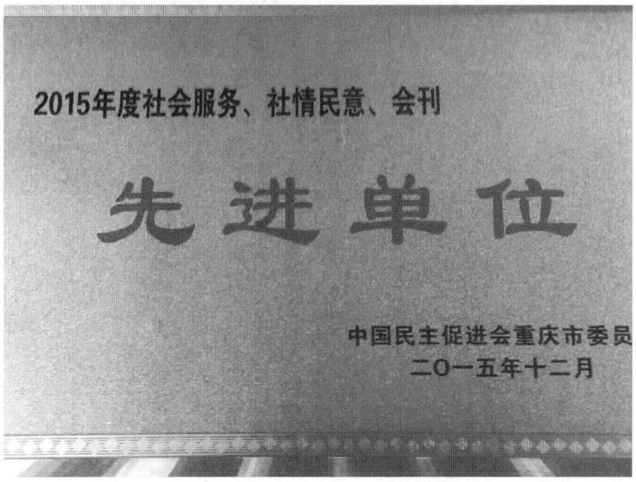

2015年民进长寿区委员会获得的部分奖牌

国先进集体，获民进重庆市委社会服务、社情民意、会刊工作先进单位。

【思想建设】 2015 年，民进长寿区委会先后组织召开 4 次区委扩大会和中心组学习会，学习贯彻落实中共十八届三中、四中、五中全会精神，学习贯彻总书记习近平在中央统战工作会议上的讲话和《中央统战工作条例（试行）》。举办学习文件和论著的培训会、座谈会、辅导报告、讲座、征文、民进会史宣讲等，开展政治思想教育。

继续开展“坚持和发展中国特色社会主义”学习实践活动，加强对民进优良传统的学习，组织干部会员学习社会主义核心价值体系理论。4 月，民进长寿区委会召开六届十六次全委（扩大）会，学习全国“两会”精神，部署年度工作。8 月举行基层支部换届后暑期干部培训，抓住建设学习型参政党和不断提高参政议政水平这两个重点，为服务长寿区科学发展献计出力。

做好长寿民进成立后文史资料收集，以民进建会 70 周年为契机，进行会章会史教育，组织会员书画展。总结长寿民进 30 年历史，继续做好会史收集编撰工作，完成《长寿民进 30 年》会史资料收集编撰，启动《长寿民进志》的编纂工作。

2015 年 12 月，民进长寿区委举办庆祝民进建会 70 周年书画展，区领导周勇、赵世庆、张明生、张华、巴川江、霍家勤、涂奇微等参观

【组织建设】 民进长寿区委会坚持将组织工作放在突出位置，扎实抓好领导班子建设、后备干部培育、组织发展和基层支部建设等工作。年底前，有民进会员 356 人，下设一个总支、13 个基层支部。具有中高级技术职称的会员比例为 85%；会员中行政、医卫、法律、文化、非公有制经济代表人士占有一定比例；有市人大代表 1 人、市政协委员 1 人，区人大代表 3 人（其中常委会委员 1 人）；区政协委员 29 人（其中常委 7 人）。

组织发展坚持会员发展标准、注重质量、严格程序。正确处理好巩固与发展、数量与质量、发展骨干会员与一般会员的关系，举办入会积极分子培训班，有计划稳步发展会员，年内发展会员 12 名。会员发展中坚持以区委主委和分管组织的副主委牵头对重点新会员发展前考察谈话的制度；建立新会员支部，由民进区委会直接组织入会一年内的新会员培训活动，增强归属感和调动积极性。

稳妥组织基层支部换届工作。针对会员流动和支部实际，对支部进行调整；同区委统战部一道走访民进支部所在单位党组织对支部后备干部进行考察，确定支部委员候选人；指导支部选举工作，支部换届工作在 7 月底全面结束，8 月开展新一届支部委员培训工作。健全和完善适合基层组织特点及实际的工作制度，加强对基层支部反映社情民意和信息报送的量化考核，纳入基层组织评先创优的标准。综合总支、小教支部参政议政成果突出，进修校支部、实验中学支部、川维支部、葛兰支部社会服务有特色，长中、一中、二中、实验小学等学校支部活动数量明显提升。

民进长寿区第六届委员会坚持“让后备干部在工作实践中成长，在成长过程中继续考察和选拔，随时为推荐党外干部做好准备”的原则。继续完善后备干部队伍，配合区委统战部搞好党外干部个性化培养，推荐会内干部参加各种层次的挂职锻炼，年内推荐 2 名干部到区级融资平台公司挂职。重视向会员所在单位推荐优秀会员，使其在不同的岗位上发挥作用，实现个人价值。

全体会员积极融入“双岗建功”活动，在会务活动和本职工作中做出成绩。会员樊彦获民进全国社会服务先进个人，张荷英、叶绍永、邹德伟、舒南萍、赵明、朱德金、李佳获民进重庆市先进个人，程建华、徐再平获民进重庆市社会服务先进个人。民进长寿区委会对在坚持和发展中国特色社会主义学习实践活动中涌现出的4个先进集体和35名先进个人进行表彰。

【参政议政】 市、区人大、政协“两会”前，民进长寿区委会召开参政议政工作会，对会员参加“两会”参政议政提出要求。“两会”期间，长寿民进的全体人大代表、政协委员围绕长寿区“三大目标、三大愿景”建言献策，向区政协大会提交大会发言3篇，提交集体提案6件（其中2件被列为重点督办提案，1件被评为“优秀提案”），政协委员提交个人提案51件（其中重点督办提案1件）。

民进长寿区委会领导班子成员认真参加中共长寿区委、区政府、区政协及有关部门召开的各种协商会、座谈会、谈心会及政府全体会议等，了解长寿区中心工作及贯彻执行党和国家方针政策的情况，就制定十三五规划、依法治区、重大人事安排参与民主协商，为区委区府民主、科学决策提供有价值的意见建议。

开展课题调研，完成民进市委理论研讨课题1个、民进市委参政议政课题2个、区科委社会科学课题1个、民进长寿区委会自定课题2个。这些调研成果引起民进市委领导的重视，所提建议被民进中央和市政协采用。

做好社情民意信息工作，向民进重庆市委会、长寿区政协报送社情民意信息17件。其中《农村基层职务犯罪预防需猛药，更需良药》被民进中央采用，被全国政协单篇报送；《关于对福利企业加强行政监管的建议》被市政协转报并得到有关部门回复，《关于重庆市第五届运动会恢复象棋项目的建议》被市政协采用。

【社会服务】 2015年是民进中央确定的社会服务主题活动年。民进长寿区委会利用自身的特点和优势，为全区经济协调发展社会和谐稳定。提供智力支持。关注民生，尽可能为群众办一些看得见、摸得着的好事实事。11月，承办民进重庆市委城市发展新区片区会，对2015年社会服务工作进行总结。

2015年11月，民进长寿区委会承办重庆民进城市发展新区片区会

持续开展“教育扶贫，智力支教”活动，促进城乡教育均衡发展。对区内比较偏远的云集镇中心校和中学，葛兰镇天台小学等一年坚持每校至少2次送课。年内开展城乡学校“同课异构”活动，让城乡教师同台竞技、共同提高。把这一活动作为2015年社会服务工作的主要内容，推动有民进支部的学校同部分乡镇中小学结对共建，共建单位互派教师上课。长寿中学支部在双龙等地，川维中学支部在葛兰镇，实验中学支部在洪湖镇，小教支部在新市街道、龙河镇中小学开展支教活动。响应民进中央号召，开展“书香彩虹”捐赠活动，会员捐赠各类图书2000余册。

扶贫济困，解决群众生活中的实际困难。民进长寿区委会坚持十多年开展“春蕾行动”，关注贫困女童，每年对云集镇中小学的多名贫困女童，每人每年资助1000元，解决学习和生活中的困难；长中支部、二中支部开展关注并资助贫困学生活动；小教支部定期组织会员到长寿幸福院慰问孤寡老人；进修校支部关注特教中心智障、聋哑儿童；民进会员建立长寿区聚商公益慈善基金会募集资金10万元，定向资助葛兰镇白云小学、云集镇玛瑙小学、洪湖镇称沱小学等8所边远山区小学125名贫困留守儿童。民营企业会员在自身富裕的同时，感恩回馈社会，做出力所能及的贡献。会员程建华捐赠1万余元药品支持贵州毕节金沙县。

（吕兴建）

附2015年中国民主促进会重庆市长寿区委员会领导人名录

主　　委：霍家勤（女）
副 主 委：吕兴建　陈　建（兼）
张荷英（女，兼）　鲁自力（兼）
邓雪峰（兼）

中国农工民主党重庆市长寿区委员会

【概况】 2015年，中国农工民主党重庆市长寿区委员会（简称农工党长寿区委）坚持做好参政党的各项工作，取得新的成绩，得到上级领导的重视和肯定。4月8日上午，区政协主席张华带领中共长寿区委常委、统战部部长何以龙，区政协秘书长蒋锡宽，走访农工党长寿区委。5月7日，农工党重庆市委主委、市人大常委会副主任杜黎明到长寿拜访中共长寿区委，看望慰问农工党长寿区委党员，调研部分党员企业。6月3日，市政协副主席姜平在中共长寿区委书记周勇、区人大主任张明生、区政协主席张华的陪同下，走访慰问农工党长寿区委主委、市政协委员李彬旭，听取意见建议。6月5日晚，农工党中央常务副主席、全国政协副主席刘晓峰，农工党中央副主席、全国政协副秘书长何维等领导一行在农工党重庆市委主委杜黎明、专职副主委姚树的陪同下，在重庆渝州宾馆接见农工党长寿区委主委李彬旭，了解组织建设、"三学"活动及参政议政等情况。

2015年，农工党长寿区委被农工党中央评为"中国农工民主党优秀地市级组织"，被农工党重庆市委评为"参政议政工作先进集体"和"宣传思想先进集体"，张古灵、周兵、周黎、刘小波4名党员被农工党重庆市委评为党务工作先进个人。农工党长寿区委对机关支部等8个先进集体、刘光荣等42名先进个人进行表彰。

【思想建设】 实施《农工党长寿区委开展坚持和发展中国特色社会主义学习实践活动2013—2017年实施意见》五年规划，在年度工作要点中，细化"三学"（学精神、学党章、学党史）活动形式及内容，纳入主委会、区委会等各种会议议程。4月，组织骨干党员赴广州社会主义学院参加"三学"主体班学习。4月至7月，按照农工党中央及农工党市委的统一部署，组织党员学习竞赛知识、开展知识竞赛，推选3名党员参加农工党重庆市委知识竞赛决赛，获三等奖；组织党员参与《前进论坛》答题，2名党员获农工党市委奖励。6月，组织3名党员参加中共长寿区委统战部举办"坚持和发展中国特色社会主义"演讲比赛，分别获得一等奖和优胜奖。7月，组织区委委员、新老支委、专委会主任、副主任、人大代表、政协委员以及骨干党员开展"三学"集中培训活动。

3月19日，组织骨干党员与区武装部联合开展"军事日"活动；7月1日，组织区委委员、支部主委、专委会主任及部分党员代表召开"七一"座谈会庆祝中国共产党成立94周年活动；7月24日，组织召开纪念农工党成立85周年大会；7月25日，组织骨干党员参观农工党中央旧址陈列馆，进行革命传统教育；10月20日，在"重阳节"前夕，组织老党员到区卫计委调研座谈。

全年报送简报35期，其中被农工党中央采用信息1条，被农工党市委采用信息30条，被政协长寿网站采用信息23条。主委李彬旭撰写的《参与立法协商推进科学立法》和《营造协商民主良好政治生态环境》理论文章分别被《重庆政协》2015年第2期"共谱依法治市新篇章"和第5期"推进协商民主建设政治文明"专题栏目刊登；《找准五大切入点发挥地方组织作用》被《前进论坛》2015年第九期刊登；"浅谈人大在立法中主导作用的发挥"获市人大优秀论文奖。

【组织建设】 继续坚持以"发展人才"为基础，将优秀人才吸收到农工党队伍，2015年发展党员8名。注重对后备干部的培养、锻炼和推荐使用，2015年向中共长寿区委组织部和统战部推荐周兵到区水务投资建设管理服务中心、蔡锡君到区政府信访办挂职锻炼，戚谊熙作为重庆市党外代表人士到万州区建委挂职锻炼。

2015年是农工党基层组织换届之年。3月正式启动换届工作，通过提名、考察、推荐、选举等程序，6月底完成各支部的选举工作。农工党长寿区委原有8个支部委员会，换届后新增设2个支部委员会，换届选举产生10名主任委员、12名副主任委员、23名委员。

5月8日至14日，农工党长寿区委主委李彬旭、副主委孔庆明参加农工党中央组织部与农工党重庆市委共同举办的重庆干部培训班学习；5月27日至29日，农工党长寿区委委员、参政委主任刘玉琴参加农工党中央妇委会培训活动；9月11至13日，陈才华等10名支部主委参加农工党市委基层组织负责人培训；9月13日至25日，副主委孔庆明参加中共重庆市委统战部组织的重庆民主党派市级中青年干部培训班学习；10月26日至27日，组织参加农工党市委基层宣传干部及通讯员培训学习；10月29日至11月7日，组织20多名基层支部负责人参加区社会主义学院民主党派无党派基层负责人培训班学习。

【参政议政】　2015年，市、区“两会”期间，农工党长寿区委提交市人大代表建议6件、区人大代表建议4件，市政协提案5件、区政协提案38件（其中集体提案4件），区政协大会发言1件，市政协委员社情民意1件。在这些提案中，有集体提案2件、委员提案4件被确定为区委、区政府、区政协领导督办重点提案。2月5日，主委李彬旭、副主委赵霜眉参加区人大常委会主任、区政协主席候选人协商座谈会；11月24日，主委李彬旭，副主委孔庆明、赵霜眉参加中共长寿区委召开的长寿区“十三五”规划征求意见建议座谈会；12月7日，主委李彬旭，副主委孔庆明、赵霜眉参加中共长寿区委统战工作会议；12月8日，主委李彬旭、副主委孔庆明参加中共长寿区委十二届七次全会。4月，农工党长寿区委副主委、区人大城环工委主任孔庆明被国家旅游局聘为旅游服务质量社会监督员。

2015年初，确定开展《关于钢铁企业如何走出困境的思考》《长寿区农村集体经营性建设用地管理办法》等8个专题调研，采取副主委分管指导、支部具体承办、专委会积极参与的“1+1+1”模式，调动支部、专委会党员的积极性，发挥其智力优势和参政热情，所有课题圆满完成。农工党长寿区委在汇总有关材料后，将调研成果有效转化并分别向有关单位和部门报送，供领导决策参考。调研成果报送后，《关于钢铁企业如何走出困境的思考》调研成果被农工党重庆市委采用并报送农工党中央和重庆市政协，重庆市政协予以采用，并转报全国政协。

农工党长寿区委利用对口联系单位信息互通、资源共享，坚持每年两次与对口单位集中通报情况、了解信息。年内分别组织骨干党员到对口联系单位区发改委、区卫计委、区国土局、区金融办、区食药监分局和区地税局开展调研活动，得到有关单位支持，为参政议政打下基础。

全年向市、区政协报送社情民意信息27条。其中，主委李彬旭提交的“关于有效用活高速路免费资源的建议”引起强烈反响，“关于钢铁行业走出困境的几点思考”被市政协采用，“社会融资紊乱现象应引起高度重视”被市政协采用并报送全国政协。

【社会服务】　2月5日，农工党长寿区委主委李彬旭带领副主委黄忠勇、孔庆明、赵霜眉、徐冰，区委委员李红波，社会服务委主任甘治世等党员走进农工党中央和谐社会联系点凤城街道三峡路社区，为社区的10名孤寡老人和15名留守儿童送去价值5000余元新春慰问品和节日祝福。

5月26日，农工党长寿区委组织社会服务委和有关支部的农工党员在凤城街道三峡路社区开展“爱心奉献社会、和谐共驻家园”暨中国环境与健康宣传周活动，免费为社区居民测血压、验血糖、健康咨询、养生宣传，向社区居民发放科普知识读本，宣传防震减灾、环保卫生等科普知识300余册。

11月15日，农工党长寿区委社会服务委及有关支部党员在长寿火车北站广场，开展“推动经济持续发展，促进社会稳定和谐”社会服务活动，通过电子大屏幕向长寿市民播放公益宣传片，组织党员中的医卫专家给市民做免费诊疗和健康咨询。

10月20日，“重阳节”前夕，农工党长寿区委组织社会服务委部分党员到农工党中央和谐社会联系点葛兰镇葛兰村，开展“情系夕阳红共铸留守情”送温暖活动，为部分孤寡老人及留守儿童送去慰问品。

8月20日，长寿区人民医院儿科副主任、区政协十四届委员、农工党员袁梅芳抵达西藏昌都市人民医院，开始为期一年的援藏工作。

从2015年9月起，农工党长寿区委金融委主任邱本良任董事长的重庆绿投集团对43名甘肃兰州贫困学生实行定向知识扶贫，每年出资40多万元，帮扶这批学员在重庆市农业学校进行为期三年的园林技术专业学习。

【区农工党志出版发行】　2013年4月启动《农工党长寿区志（1965—2013）》修编工作。成立以主委李彬旭为组长，各位副主委为副组长，区委委员、支部主委、办公室主任为成员的区志编纂领导小组。领导小组下设编纂小组，李彬旭主委任总编，原长寿区政协秘书长梅兴华任总纂，落实责任编辑和资料收集人员。历时两年多，编纂小组收集大量翔实的史料，严格按照地方志的体例、标准拟定出初稿，多次向党员和相关专业人士征集意见建议，形成送审稿送农工党重庆市委有关专家、领导和中共长寿区委统战部及区志办审核，最终定稿付印。2015年年底，《农工党长寿区志（1965—2013）》正式印刷出版发行，已报送国家图书馆、重庆图书馆等收藏。

《农工党长寿区志（1965—2013）》是重庆市长寿区农工党成立以后的第一部志书，是一部农工党重庆市长寿区情总汇和资料翔实的史书。全书九章38节40万余字，客观地记述长寿区（县）农工党组织发展历史，客观地记述在中共长寿区（县）委和农工党市委的领导下，团结合作，认真履行参政党职能的史实。

（刘小波）

附2015年中国农工民主党重庆市长寿区委员会领导人名录

主　　委：李彬旭

副 主 委：赵霜眉（女）　黄忠勇（兼）

孔庆明（兼）　徐　冰（女，兼）

九三学社
重庆市长寿区委员会

【概况】　九三学社重庆市长寿区工作委员会成立于2010年12月23日；2015年12月16日，九三学社重庆市长寿区委员会（本分目简称社区委）成立，隶属于九三学社重庆市委员会。有主委1名，副主委5名，委员9名。年底前九三学社长寿区委下设长寿化工总厂支社、医卫科技支社、四川维尼纶厂支社、综合支社、教育支社、长寿经开区支社6个基层组织；有社员127人，社员平均年龄为51.7岁，其中中高级职称120人。社员中重庆市人大代表1人、市政协委员1人，长寿区人大代表2人、区政协委员12人。

2015年度，九三学社长寿区委被社重庆市委评为“参政议政先进集体”、第二届“九三青年论坛”优秀组织奖。董长明、程庸、赵述玲被社重庆市委评为“参政议政工作先进个人”，石敦义、程庸被社重庆市委评为“社会服务工作先进个人”，赵述玲被社重庆市委评为“反映社情民意信息先进个人”。韦爱群、陈正江、孟信春获社重庆市委“九三学社成立70周年先进个人”。董长明、曾登发明的《可改变气管插管条件的气管插管训练模型》获国家知识产权局专利授权。

2015年12月6日，九三学社重庆市长寿区委成立大会，重庆市政协副主席、九三学社重庆市委主委谢小军，区领导周勇、赵世庆、张明生、张华、涂奇微等出席

【思想建设】　组织社员学习十八届四中、五中全会和总书记习近平系列重要讲话精神；传达贯彻落实中央统战工作条例精神，组织社员培训会30余人次，撰写心得体会3篇，见报2篇。开展社会主义实践活动5次；10月，社区委组织社区委委员、基层组织的领导班子成员和骨干社员45人开展参政议政、社组织建设、统战工作等方面的培训；11月，15名新社员和骨干社员参加社市委组织的“新社员暨广骨干社员”专题培训。对外报送简报17期，被社内、政协网站采用12篇。

2015年10月24日，九三学社长寿区委组织支社委员及骨干社员培训

【组织建设】　2015年，发展社员15人，其中高级职称1人、中级职称11人，科级干部7人，研究生学历2人。对后备干部实行动态管理，向九三学社重庆市委、长寿区委统战部报送后备人才的相关情况，配合区委统战部对社员个性化培养。推荐社员张伟到区旅游管理中心参加区内党外人士挂职锻炼。7月底全面完成社区委所属基层组织的换届工作，新成立长寿经开区支社和教育支社，何世林当选为九三学社重庆市长寿区委员会经济技术开发区支社第一届委员会主任委员，向廷辉、梅军当选为副主任委员；张伟当选为九三学社重庆市长寿区委员会教育支社第一届委员会主任委员，李顺中、彭博当选为副主任委员。2015年12月成立九三学社

重庆市长寿区委员会，15 人当选为九三学社重庆市长寿区第一届委员会委员，其中涂奇微当选主任委员，詹勇、程庸、陈正江、董长明、李春华当选副主任委员。

【参政议政】 在 2015 年的重庆市人大、政协两会中，长寿九三学社社员提交人大代表议案 1 件、建议 6 件，政协委员提案 2 件；在区政协十四届四次会议上提交集体提案 9 件、委员提案 27 件，其中大会发言材料 3 件，区领导重点督办提案 4 件。提案《关于农村房屋抵押相关问题的建议》被全国政协采用。2015 年承接九三学社市委课题《我市住房公积金政策实施现状、问题及对策》1 个，协助九三学社市委开展《创新公共文化服务购买方式，激活公共文化服务阵地》课题 1 个，承接区科委课题《食品安全刑法保护与完善》1 项。

2015 年 12 月 1 日，九三学社长寿区委在江南街道开展食品快检培训

【社会服务】 2015 年的世界文化遗产日，社区委向区文管所捐赠因重钢搬迁在江南出土的汉代钱纹砖 1 块，填补区文管所该类收藏的空白；2015 年 10 月 20 日，医卫科技支社 20 余名社员在支社主委、区人民医院副院长向勤的带领下，走进长寿湖医院通过临床病例查房和医疗、护理技术指导，帮助长寿湖卫生院进一步规范医疗技术、护理操作；赴长寿湖镇东海村开展义诊活动，接诊 100 余人次，测血压 60 余人次。12 月 1 日，在江南街道开展食品快检，在黄桷湾社区开展义诊活动。

（赵述玲）

附 2015 年九三学社重庆市长寿区委员会领导人名录

主　　委：涂奇微（2015 年 12 月任，同时离任九三学社重庆市长寿区工作委员会主委）

副 主 委：程　庸（2015 年 12 月任，同时离任九三学社重庆市长寿区工作委员会副主委）

詹　勇（兼，2015 年 12 月任）

陈正江（兼，2015 年 12 月任，同时离任九三学社重庆市长寿区工作委员会副主委）

董长明（兼，2015 年 12 月任，同时离任九三学社重庆市长寿区工作委员会副主委）

李春华（兼，2015 年 12 月任，同时离任九三学社重庆市长寿区工作委员会副主委）

重庆市长寿区工商业联合会（总商会）

【概况】 重庆市长寿区工商业联合会（总商会）简称区工商联（总商会）。2015 年有工作人员 8 名，其中行政编制 4 名、事业编制 1 名、聘用人员 3 名；设有办公室、民营企业维权投诉中心 2 个科室。

2015 年区工商联（总商会）有基层商会 18 个、行业商会 6 个，有昆明、成都 2 个异地商会；每个街镇都设立 1 个分会，会长由区域内有影响力的民营企业家担任，常务副会长由街镇统战委员担任，秘书长由街镇公职人员担任。行业商会有餐饮商会、建筑房地产商会、饰材商会、家具商会、美容美发洗浴商会、混凝土商会。各个商会均按选举程序按时换届，选举会长、副会长、监事、秘书长，有序地开展工作。

长寿区总商会会员由成立初期的 278 名，发展到 2015 年的 2413 名。其中企业会员 908 个，个人会员 1478 个，团体会员 27 个。政协长寿县第一届委员会开始，县（区）总商会即为政协组成单位，当时有政协委员 6 名，2015 年工商联（总商会）有区政协委员 35 名、市政协委员 1 名。

2015 年，第九届长寿区工商业联合会（总商会）进行领导班子调整，有执行委员 99 名、常务委员 51 名，副主席（副会长）24 名，主席（会长）1

名；主席（会长）和多数副主席（副会长）由非公经济人士担任。

【组织建设】 2015年，区工商联（总商会）调整充实基层组织力量，推动葛兰商会、石堰商会、长寿湖商会完成换届工作，加强工作力量。发展壮大会员队伍，吸收各行业非公有制企业加入商会组织，年底前总商会有会员2413个。强化基层党建工作，配合区委组织部做好非公企业、街镇（行业）商会党建工作，推动云台商会、渡舟商会、八颗商会成立党组织。深化维权服务工作，为会员多次开展协调工作，较好解决相关问题。丰富基层商会活动，协调餐饮商会、家具商会、饰材商会等开展互联、互信、互进、互助活动。开展与友邻工商联（总商会）的交流工作，年内先后与涪陵、铜梁、巫山、巫溪、大渡口等区县工商联开展交流学习。

创建申报重庆市"五好"县级工商联，经市工商联考评和审定，年内被评为重庆市"五好"县级工商联。

加强机关作风建设，结合实际制定"三严三实"专题教育实施方案并开展相关活动，党组书记在"三严三实"专题教育动员会上讲党课，落实"三严三实"总要求。对晏家街道曹家堡社区265户群众开展走访，收集、整理、解决一批群众反映迫切的热点、难点问题，取得成效。做好精准扶贫工作，机关全体干部先后到石堰镇干坝村逐户了解扶贫对象基本情况、发放慰问品，与对应的贫困户建立一对一帮扶关系并制定脱贫计划，持续跟踪贫困户按照计划实施脱贫。

【非公经济服务】 加强区级部门合作共促民营经济发展。联合区检察院深入开展"送法进企"活动，共同制订工作方案，通过座谈交流、专题宣讲、案例剖析、现场参观等形式多样、内容丰富的活动，向非公企业人士宣传诚信守法、依法治企的理念，活动得到市工商联领导的肯定。联合区人社局开展第二期IYB培训，为中小微企业人士讲解新常态发展理念，40多人参加培训。

定期开展统计调查工作，编制统计报告，及时发现民营经济发展中的有关问题，为区委、区政府制定民营经济发展决策提供依据。该项工作走在全市前列。

多种方式开展非公经济人士培训。2015年6月，组织60余名企业家参与民营经济发展培训会，特邀重庆市德源集团有限公司董事长曹春林讲课。帮助民营企业开拓海外市场，加强与邻近国家的经贸往来和经济合作，投身于"一带一路"战略之中。7月15日至26日，组织20余名非公经济人士赴泰国、老挝、柬埔寨等国进行为期12天的考察交流。

做好非公经济人士思想政治工作。组织非公经济人士认真学习总书记习近平系列重要讲话精神，引导非公经济人士主动适应经济新常态，利用主席（会长）会、常委扩大会以及网络、微信等多种宣传方式进行宣传，鼓励非公经济人士积极推动企业转型升级。引导会员诚实守信，召开"以守法诚信为重点深入开展理想信念教育实践活动"专题会议研究安排工作，得到区委重视和支持。

继续引导非公企业合作发展，在市工商联副主席、总商会餐饮商会会长严琦组织下，联合49位女企业家投资参股，合作成立长寿陶然居餐饮公司。其成功发展方式引发长寿区的民营人士的关注。

宣传优秀民营企业和企业家，2015年6月至9月，区总商会与长寿日报社和长寿电视台对九龙橡胶总经理何骏涛、梦红实业董事长杨洪、博腾制药董事长居年丰3位民营企业家和环松科技、尚蔬坊公司2户民营企业进行现场采访，在电视和报纸上进行宣传。

【小微企业融资】 在经济下行，大多数金融机构抽贷、息贷、减贷的情况下，企业资金周转困难。区总商会融资服务办公室相继与农商行、重庆银行、民生银行、邮储银行等签订战略合作协议，年内为小微企业直接或间接融资7360余万元，新增融资贷款3860余万元；财务咨询850余人次，帮助100多家小微企业融取资金，帮助50余家小微企业获得银行授信，缓解小微企业融资难。

【参政议政】 2015年，区工商联（总商会）引导非公人士参政议政，区"两会"期间工商联组提出议案、提案12件。在政协长寿区十四届四次会议期间，民企政协委员《关于加快民营经济发展的建议（提案）》（第40号）和《关于大力支持民营企业走出去的建议（提案）》（第330号），得到有关领导和部门重视。及时制订提案办理工作方案，建立提案办理工作领导机制，指定专人负责办理提案工作，承办的提案办理回复为"满意"。

【公益事业】 区工商联引导民营企业家承担社会责任，以光彩公益事业回报社会，在为希望工程、慈善事业、社会公益事业，在抗震救灾、扶贫帮困、捐资助学等慈善活动中解囊相助。2015年长寿区非公经济人士和非公企业捐赠200余万元，平伟科技、三农小贷、海州化学等一批民营企业为贫困家庭解决具体困难，帮助其子女完成大学学业。

（黄家菊）

附2015年重庆市长寿区工商业联合会（总商会）领导人名录

主席（会长）：江　涛（兼）

党组书记：韩建宏

副主席（副会长）：韩建宏　蒋　玲（女）

秘 书 长：蒋　玲（女）

长寿乡村一瞥

群众团体

重庆市长寿区总工会

【概况】 2015 年，重庆市长寿区总工会（简称区总工会）机关有在职参照公务员管理人员 7 名。其中：正处级副主席 1 名，副处级副主席 2 名、副调研员 1 名，正科级 2 名，机关工人 1 名。有内设机构综合科 1 个。下设有公益二类自收自支事业单位 1 个：困难职工帮扶中心，有在职工作人员 8 名，其中事业编制 5 名，其办公经费和工资由工会经费负担（一部分来源于房屋租金）。

2015 年底，长寿全区工会组织有局工委 22 个，直属工会 5 个，街镇工委 18 个。工委主任和直属工会主席由同级副职担任。

2015 年，区总工会以开展“三严三实”专题教育活动为契机，狠抓农民工集中入会、职工互助保障、劳动技能竞赛等重点工作，因地制宜，创新方式，扎实推进各项工作的开展。

【工会组织建设】 2015 年，区总工会将农民工集中入会工作摆在重要议事日程，纳入目标考核。探索和建立农民工入会长效机制，把不同工种的农民工吸收入会，保障“农民工入会集中行动”取得实效。全年新增农民工会员 19285 人，超额完成市总工会布置的任务。

区总工会贯彻落实依法治会的要求，开展依法建会、依法管会、依法履职、依法维权的工作调研，全面加强建会管理，强化法人证书办理和独立账户的设立。开展工会资金的监督检查，印发财务检查的文件，实施工会经费自查、检查工作。全年新办理法人资格证书 74 个；新建独立基层工会 48 个，同步建立女职工组织，涵盖法人单位 48 个；新增工会会员 24823 人，其中农民工会员 19285 人，职工入会率 100%。

加大工会干部培训的力度，年内组织区直机关党工委、区机关事务局、区旅游局、经开区等 23 个单位的工会主席到市总工会参加培训；邀请市总工会基层组织部部长温中兵为长寿经开区 60 余家非公企业近 100 名工会干部进行企业工会组织建设培训；邀请市总工会组织部副部长张晋为企事业单位 323 名工会干部进行工会基层理论和职工之家建设培训。

【互助保障】 2015 年，区总工会把职工互助保险工作纳入对各基层工会工作考核和目标管理，制定激励和制约机制，在强化责任、创新方法、制订方案、细化任务等方面下功夫，形成“党政支持、工会主办、各方参与”的工作局面。全区有 152 家单位，8370 名职工，37006 人次参保，参保经费 1532718 元。

2015 年 11 月 5 日，长寿区总工会承办的重庆市城市发展新区美容美发技能大赛决赛

【职工技能提升】 2015 年，区总工会引导动员广大职工群众开展以“当好主力军、建功发展新区”为主题的各种劳动竞赛、技能竞赛、“安康杯”竞赛、技术创新等活动，参赛企业覆盖面达到 90% 以上。制定和实施 2015 年全区劳动竞赛方案，表彰参赛企业中的优秀工会主席 20 名、技术能手 30 名、优秀班组 20 个。承办重庆市城市发展新区美容美发技能大赛决赛，有 13 个区县的 39 名选手参赛，长寿区总工会获得组织工作一等奖，长寿区优格美容美发厅选手袁佐彬获第一名并被市总工会授予重庆市五一劳动奖章；7 月和 11 月，区总工会选派非公

企业技术人才参加在涪陵举办的城市发展新区印刷技能大赛和在江津举办的城市发展新区焊工技能大赛，分别荣获二等奖1个、三等奖2个。

【创业创新工作】 区总工会引导和帮助下岗失业人员、返乡农民工、劳模先进人物和困难职工子女大学毕业生等群体创业就业。开展春送“岗位”活动，回引农民工就业2436人，帮助4437人实现就业。组建“劳模创新工作室”1个，推进职工技术创新，推广技术成果，带领职工技术创新。全年职工提出合理化建议2000余条，实现技术革新100余条，创造经济效益3000多万元。望变电气（集团）股份有限公司职工研发的高过载窄油道变压器器身项目和映天辉氯碱化工有限公司职工研发的108万立方米/年淡盐水浓缩项目，获重庆市职工优秀技术创新成果三等奖。

2015年2月2日，重庆市总工会副主席鞠飞，长寿区人大常委会副主任、区总工会主席李吉华慰问困难职工

【送温暖工作】 2015年，区总工会在元旦、春节、“五一”、中秋、国庆，为2394人次困难职工送去慰问金28.47万元；为40名低收入党员劳模发放慰问金1.2万元；为20位五老人员发放帮扶救助金1.8万元；为15位老劳模发放慰问金1.5万元。农民工日，区总工会自筹资金3万元为云集镇飞龙小学和万顺镇白鹤林小学的200名留守农民工子女送去校服和学习用品。全年对18名困难职工进行大病医疗帮扶4.6万元；为37名单亲女职工发放慰问金0.74万元；开展春秋两季建档困难职工牵手活动，为32名困难职工子女发放助学金6.2万元；自筹资金11万元开展金秋助学活动，资助204名困难学生上大学。年内区总工会本级发放送温暖资金58.01万元。

【评先推模工作】 2015年，区总工会推荐长寿区地税局获评全国模范职工之家称号，长寿区桃源小学二年级工会小组、重庆海洲化学品有限公司四氯乙烯分厂分工会获全国模范职工小家称号，重庆映天辉氯碱化工有限公司工会主席李卫东获全国优秀工会工作者，重庆紫光化工有限公司员工雷弘获全国劳模，区总工会女工干部邓萍获全国五一巾帼标兵。长寿区公安局、重庆望变集团有限公司、长寿区妇幼保健院获重庆市五一劳动奖状，李卫东、杨泽民、袁佐斌三人获重庆市五一劳动奖章，陈显明、邓明成二人获重庆市总工会表彰的劳动竞赛先进个人。

【职工维权】 区总工会加强和完善“职工法律援助中心”工作，坚持工会信访接待制度；制定《工会干部联系基层和工会领导班子成员接访制度》。全年接待下岗职工、农民工、劳模来信来访20件（次），解释调处各种矛盾11起，转办1件，重点为渡舟街道农民工周某开展法律援助，追讨工伤赔偿金10万元。

2015年12月9日，第十三届长寿区直机关职工运动会

2015年，区总工会开展专题调研，形成《长寿区女职工健康情况调研报告》《长寿区农民工市民化问题的研究》《长寿区职工文化阵地建设调研报告》。向《重庆工运》投稿和参加重庆市工人运动研究会活动，全年上稿5篇；在《渝工信息》上稿19篇，在市总工会门户网站上稿938篇，信息考核位列全市前茅。

（邓明成）

附2015年重庆市长寿区总工会领导人名录

主　　席：李吉华（兼）

常务副主席：陈显明

副　主　席：邓明成
　　　　　　廖　霞（女，兼纪检组长）
　　　　　　李发平（兼）
　　　　　　罗　琳（女，兼）
　　　　　　刘　毅（兼）

共青团重庆市长寿区委员会

【概况】　截至2015年12月，长寿区有共青团基层组织801个，团员47688名。其中团（工）委69个，团总支22个，团支部710个；农村团员19555名，机关企事业单位团员694名，学生团员25613名。年底前，共青团重庆市长寿区委员会（简称团区委）有干部7名（包括下设青少年活动中心），其中团委书记1名、副书记1名。团区委干部平均年龄32岁，其中研究生学历2名，大学本科学历5人。

【青少年思想教育】　全面推进新媒体阵地建设，发挥新媒体平台作用，打造“指尖上的团组织”，团区委微博和微信账号有成员3.5万人。与长寿圈、长寿湖山在线等在本地影响力强的互联网企业合作，实现与青少年全天候无缝联系互动。组建青年网络文明志愿者队伍，发出青年好声音。拍摄《奋斗的青春最美丽》宣传片、志愿妈妈等微视频，用先进典型引导青年健康积极向上。开展“星星火炬照我前行”“我与国旗合个影”等网上主题活动，在抗战胜利70周年之际，以“同庆胜利日、共圆中国梦”为主题开展系列网上活动，组织青少年观看《百团大战》《南平红荔》等影片，增强青少年爱国情怀。

【青年创新创业服务】　着眼推动青年创新创业创优，大力培育农村青年电商。实施青年电商培育工程，推动将团区委承接孵化培育青年电商职能纳入全区电商产业发展规划，促成区里成立由团区委牵头的青年电商创业园，已有28家企业入驻。在创业园内设立大学生就业实习基地，为实习大学生提供工作岗位和生活补贴。让市民学校与电商融合，由团干部、大学生村干部领创市民学校电商合作点，让市民学校与京东、淘宝等合作共赢。涌现出龙河镇明星村村干部张昭源的保合农场，洪湖镇村干部戴浩的京东合作点，海棠镇村干部陈丽娟的“海棠土货”微店等。利用创业导师资源，举办青商沙龙、电商创业沙龙等创业交流活动，为创业青年搭建学习交流平台。持续开展“青春引航”计划，提供见习岗位300余个；开展各类农村青年创业就业培训1200人次，培养农村青年创业致富带头人159名。

【青年成长成才服务】　作为全国首批45个创新试点城市之一，团区委不断总结经验，创新维权工作模式。推动区法院创未成年犯罪新审判方式，首推“圆桌式”审判模式，使未成年被告人消除抵触情绪、配合庭审、接受改造，温情挽救未成年人。持续发挥“莎姐维权岗”作用，建立特殊未成年人帮扶机制，年内帮助十多名涉案人员的未成年人子女健康成长，受到重庆卫视关注报道。深化行知学校观察看护涉罪未成年人观护基地“三步帮教模式”，帮助不良行为未成年人从“问题少年”实现向“优秀少年”的转变，获团中央书记汪鸿雁实地调研和肯定。盘活各类社会资源，以聚商公益基金作为青少年帮扶资金，为地中海贫血儿童、“事实孤儿”等送去关爱；继续实施圆梦行动，自筹资金20万元为38名学子圆大学梦。

【参与社会管理创新】　搭建志愿服务平台，发展市民学校。年内新建27所，增长96.4%。开展品牌活动600多场，参与群众两万多人次，市民学校成为全区党团员进入社区开展志愿服务平台。突出市民学校志愿服务和校外教育场所功能，广泛开展“孝心佳节”、小牛顿科学之旅、主题联谊等活动；在全国志愿者服务项目交流会上，长寿区“故事妈妈”和保合农场也参与市民学校展区，赢得好评；江南街道龙山社区市民学校志愿者方定芬帮助留守儿童的故事登上“中国好人榜”。突出市民学校分类示范，在乡村市民学校中强化产业扶持和引导，开设电商知识讲堂和创业课堂等；在小区型市民学校中强化素质教育和志愿服务推广；在公租房市民学校，开展“扶老助残”、厨艺大赛等活动，拉近邻里关系。

【共青团建设】　着眼落实党的群团改革部署，全力夯实基层工作基础。认真落实中央和市委群团改革相关决策部署，组织召开全区团干部专题学习会，把改革的决策贯彻传达到每名基层团干部。扎实开展“三严三实”专题教育，把“严”的要求、“实”的作风贯穿于全团工作方方面面。建设基层服务型团组织，街道区域化团建和乡镇“固本强基”工作进一步活跃基层团组织，举办全区青年干部和团队干部培训班3期。探索承接政府职能转移，争取区财政、区民政等专项资金56万元，搭建青年社会组织成长交流平台，引导青年社会组织参与市民学校建设。做好全团带队工作，以少先队学科建设和课程纲要编写为契机推动少先队工作向规范化、职业化发展，加强辅导员队伍培养，选拔推荐6位辅导员参加市第七届少先队辅导员风采大赛全部晋级复赛。

（谭　睿）

附2015年共青团重庆市长寿区委员会领导人名录

书　　记：邹翔名

副 书 记：胡　军（2015年1月挂职）

重庆市长寿区妇女联合会

【概况】　重庆市长寿区妇女联合会（简称区妇联）是中共重庆市长寿区委直属的正处级群团单位。区妇联的基本职能是：代表和维护妇女儿童合法权益，协调有关部门及社会力量推动妇女儿童事业的发展，指导基层妇女组织开展思想教育工作，教育引导广大妇女参与社会管理，增强自尊、自信、自立、自强精神。

2015年，全区总人口90.43万人，其中女性44.47万人，育龄妇女（15～49岁）23.07万人。区妇联有行政编制6人，实有6人，设主席、副主席各1人；有内设机构2个，其中2015年7月增设1个维权科（信访科）。全区有在长寿市属部门妇女组织7个，部门机关妇委会（妇工委）60个，事业单位妇委会5个，民主党派妇委会3个，街道妇联7个，镇妇联12个，村妇代会223个，社区妇联33个。

【妇联组织建设】　2015年，全区妇联组织按照“三严三实”教育实践要求，认真完成各阶段任务，践行“严以修身、严以用权、严于律己，谋事要实、创业要实、做人要实”的“三严三实”要求，做“忠诚干净担当实干”的党员干部。10—11月，开展机关干部践行“三严三实”集中走访，下访凤城街道顺风亭社区230余户家庭。对云集镇青丰村用“连心卡”开展精准扶贫，结对帮扶6户。按照“一户一措施”原则，根据贫困原因和帮扶需求，逐户分类制定生活帮扶、产业帮扶、技能帮扶等个性化、差异化的帮扶措施，按期完成脱贫任务。全面加强“妇女之家”建设，晏家街道育才路社区妇女之家获重庆市2014年度十佳妇女之家；双龙镇连丰村妇女之家、江南街道大元村妇女之家、但渡镇但渡村妇女之家、渡舟街道胜天社区妇女之家、新市镇河石桥社区妇女之家获重庆市2014年度优秀妇女之家。加强妇联系统干部培训，在区科技文化中心开展镇（街道）妇联主席和村（社区）妇女主任专题培训；选送葛兰镇葛兰桥社区10名社区女性书记（主任）参加在涪陵党校举行的社区女干部综合素质和履职能力培训；组织妇联干部职工集体收看总书记习近平在全球妇女峰会上的讲话，增加做好促进男女平等和妇女全面发展的信心和决心；组织女干部和区法院的女干警开展读书交流会活动；妇联干部喻洁和家庭教育指导成员参加市妇联举办的2015年第一期高级家庭教育指导师培训和关爱帮扶孤困儿童工作指导员专门培训。开展基层妇联组织调研，7月30日，市妇联副主席张淑钰一行赴长寿区调研，重点了解区妇联贯彻落实中央群团工作会议的思路和建议；区妇联到江南街道龙山社区、龙河镇保合村等开展调研，形成《加强和创新新时期基层群团工作的思考》调研文章，纳入社科联课题；完成《加强和创新新时期基层群团工作的思考》、妇女需求等课题调研工作；针对龙河、渡舟等地出现的女童遭性侵案件，配合公安局、检察院、法院作好案件审查和女童心理疏导工作，出台《关于开展预防儿童性侵害教育活动的通知》，要求各村（居）、镇街定期开展村（居）留守女童摸底建档，通过“妇女之家”、宣传板报、发放宣传册、播放宣传片、举办讲座、进村入户宣讲等多形式对家长和儿童开展预防儿童性侵害宣传教育活动；区妇联牵头联合区检察院，从分析儿童性侵害案件的成因及特点着手，就如何构建家庭、学校、社会联动合作、无缝对接的儿童性侵害多维防护网提出对策建议。

【宣传教育】　加强妇联工作宣传，2015年报送信息260余条，被重庆妇女网各地快讯、信息专递、“三严三实”专题教育等专栏报道46次，《重庆日报农村版》对重庆市巾帼农业示范基地“四朵金花”创业的故事进行宣传报道。区妇联加强与长寿日报社、区广播电视台的协调，年内开展的“三八”维权周、“六一”儿童节、端午节、最美家庭评选、好家风好家训征集等活动被区级媒体报道35次。

区妇联以纪念我国实施男女平等基本国策20周

年为主题，组织开展2015年“三八”国际妇女节纪念活动。开展评比表彰、登菩堤圣山、举办婚姻与家庭专题讲座、维权宣传周、慰问贫困妇女等系列活动。长寿区政协主席张华获重庆市第六届“妇女之友”称号；石堰镇妇联主席余淑碧、区妇联办公室主任叶云芬获重庆市三八红旗手称号；在深化“勤俭持家·低碳环保·共建美丽家园”主题活动中，陈书兰家庭获重庆“最美阳台”家庭；刘继东家庭、李源钦家庭获重庆“最美庭院”家庭；纪念“三八”妇女节，区妇联命名表彰40个巾帼家庭农场、25个最美家庭和40个长寿区第二届妇女之友。

元旦春节期间，区领导带队，深入凤城街道、八颗街道等进村入户看望慰问贫困妇女和困境儿童；“六一”节各学校结合实际，开展“学习和争做美德少年”活动主题班会，以诗歌朗诵、主题游园、文化展演、文体娱乐等活动，引导儿童崇德向善品质；端午节，与区委宣传部等部门联动，在长寿古镇万寿广场举办民俗文化讲座、民间艺术展览等民俗文化活动，组织巾帼志愿者走进凤城街道骑鞍社区，与社区妇女开展包粽子比赛等活动；中秋节，副区长霍家勤带队深入云集镇青丰村、凤城街道骑鞍社区等集中看望慰问留守儿童和贫困妇女。暑期，组织渡舟街道圣天湖社区等开展儿童暑期安全知识讲座，增强家庭对孩子防溺水、防火灾、防毒品、防交通事故等方面的安全意识。

依托村（社区）妇女之家，发动广大群众参与“最美家庭”寻找活动，通过推荐、自荐等方式，常态化开展寻找“最美家庭”。年内区妇联、区文明办授予喻小波家庭等25个家庭2014年度长寿区“最美家庭”称号。选送江南街道、八颗街道、但渡镇、葛兰镇、云台镇等的5个最美家庭参评重庆市“最美家庭”，其中八颗街道邹小梅家庭和但渡镇张玉芬家庭被市委宣传部、市文明办、市妇联通报表扬为重庆市“最美家庭”。长寿电视台、长寿日报社、长寿文化报对在家庭和美、夫妻恩爱、孝老爱亲、科学教子、热心公益、自强不息等方面事迹突出、感人至深的“最美家庭”进行系列宣传报道。与区教委、文化委联合，组织拍摄“最美家庭·爱在身边”家庭才艺展示和“我爱我家”家教情景剧，展现中华民族优秀传统美德，弘扬现代文明家教家风。

与区委宣传部、区教委等部门联动广泛开展“好家风好家训”征集展示活动，组织发动、媒体宣传、召开主题班会等，征集到好家风好家训80余个，评选出“十佳好家风”“十佳好家训”。通过《长寿日报》、微博、微信等，开展“传承好家风的好妈好爸”“好家规好家训”宣传展示活动，营造“传承家庭美德，树立良好家风”的氛围。

深化“平安家庭”建设，出台《关于进一步深化“平安家庭”创建活动的通知》，通过《长寿日报》、广播电视、《长寿文化》等媒体，组织巾帼志愿者队伍走进村（社区）等形式宣传普及“平安家庭”知识，知晓率、宣传入户率达到90%以上。2015年，开展“平安家庭”创建活动的村和社区100%；村（社区）创建的“平安家庭”90%，街镇、区级“平安家庭”示范户15%。发挥家庭成员重点是广大妇女在家庭中的重要作用，参与“平安家庭”创建活动，积“小安”为“大安”。

【“三大行动”】 开展“巾帼建功”行动，向重庆市妇联申报市巾帼文明岗20个，其中渡舟街道劳动就业社会保障服务所、区困难职工帮扶中心、区卫生局卫生监督所办公室、新市街道劳动就业社会保障服务所、晏家街道劳动就业和社会保障服务所等被市妇联授予“重庆市巾帼文明岗”荣誉称号。区人民法院执行庭庭长刘运川、区妇联副主席陶小琴等2人被市妇联授予“重庆市巾帼建功标兵”荣誉称号。年内对区民政局婚姻登记处、葛兰镇卫生院妇产科、区旅游发展管理服务中心社会事务部、区公共资源交易中心综合科、长寿经开区集团公司行政人事部等5个市级“巾帼文明岗”进行过复查。

开展“巾帼兴业”行动，对有创业意愿的妇女优先安排培训、优先给予贷款、优先开展指导、优先申办微企等全力助推妇女创业。发放妇女创业贷款6409.20万元（其中女大学生获贷373万元），获贷妇女755名（其中女大学生41人）。“春风行动”期间，发放10余万份扑克牌、农民工手册、就业政策等宣传资料；组织专场招聘会21场，为10576名求职者提供免费的就业服务，帮助2623名女求职者成功就业；组织45名妇女参加职业技能培训，全部享受政府培训补贴；向292名女性劳动者提供劳动维权服务及法律援助；向求职人员推荐用工规范企业诚信企业28个，诚信服务机构11个。在龙河镇建立电子商务基地，鼓励引导妇女发展网络电商、家庭经济。组织葛兰镇廖自宇等人参加市商委等部门开展的电子商务培训。区商务局等牵头举办家政服务技能竞赛，促进巾帼家政服务健康发展。

开展“巾帼促农”行动，深入村居开展巾帼家庭农场调研，创建培育巾帼家庭农场50个，其中群航蔬菜种植、意远达水果种植等2个家庭农场申报区科协的“科普惠农兴村计划”农村科普示范基地，将分获2万元的创建基金。双龙镇罗围村一组熊永群、石堰镇高庙村二组孔祥芬获重庆市农村科技致富女能手称号。组织邻封镇但群、长寿湖镇袁小会等人参加全国新型职业女农民培训班；在龙河镇保合村定点开展电商培训，在邻封镇、渡舟街道、晏家街道开展新型职业女农民培训，主要培训内容有沙田柚和柑橘种植的实用技术等。

【妇女参与社会治理】 全面推行妇女信访代理工作，发挥信息员、代理员作用，实现村（社区）信访代理工作全覆盖，全年代理信访案件290余件，办结率98%；开展法律法规知识讲座、法律赶场60余场次，开展法制宣传进村进社区活动390余场次。深化农村留守妇女互助组工作，新建互助组50个，组织农技专家送技术到互助组，开展实用技能培训；继续深化“双学双比”技能大赛，组织双龙镇赵淑君等6名留守互助组组长参加重庆市农村留守妇女互助组组长专题培训班。强化家庭教育流动学校建设工作，发挥“家庭教育流动学校”“家长学校”作用，深入村社院坝，开展家教知识宣讲520余场次。开展“巾帼爱心呼唤”活动，全面开展巾帼志愿服务工作，建立巾帼志愿者招募注册制度，壮大规范志愿服务队伍，年内新招募志愿者200余名，深入村居开展科技、健康、环保等志愿服务。拓展巾帼爱心呼唤器覆盖面，新增发放“爱心呼唤器”300对。

【维权服务】 开展婚姻家庭纠纷人民调解培训，组织镇街妇联主席参加重庆市婚姻家庭纠纷人民调解专题培训；对婚姻家庭调解室成员和街镇妇联主席定期开展调解培训，请司法局专家授课和到法院参加旁听等形式，培训20余场次。开展妇女维权周活动，以“巾帼维权·送法到‘家’”为主题，开展第十六个“三八”妇女维权周活动。在《长寿日报》开设妇女儿童维权窗口，重点宣传儿童性侵、妇女维权、反家暴、禁毒、防邪、维护妇女土地权益等知识；利用村村通广播宣传男女平等基本国策、妇女权益保障法等；全区各级妇联组织在“巾帼在行动、送法到家”活动中，发放宣传资料3000余份，接受妇女群众咨询1500余人次。狠抓妇女来信来访接待工作，规范管理，加强引导，化解矛盾，杜绝进京上访和到市上访、群众集访，全年接待群众信访75件，婚姻家庭权益类50件，占67%；人身权益类11件，占14%；劳动和社会保障类5件，占7%；其他类9件，占12%。协助公安机关办案5次，协助检察院办案2次，到法院陪审案件110件。

【重点项目实施】 重点关爱帮扶特殊群体，深入开展传统节日慰问活动，为更多的妇女儿童提供真情关怀和贴心服务。元旦春节、“五一”、端午、“六一”、中秋等节日，区领导带队，分别到云集、万顺等镇村（居）、学校开展慰问。做好“母亲邮包”项目实施工作，出色完成市妇联母亲邮包发放仪式在长寿召开的会务工作，收到长寿经开区等16个单位捐款33400元，捐赠邮包150个。继续开展金秋助学活动和春蕾圆梦行动，207名贫困大学生和5名高中生获得资助，金额总计70余万元。组织江南街道孤困儿童夏琳丽参加市妇联开展的暑期“快乐成长营——关爱孤困儿童假期培养”示范活动。实施重庆市农村妇女“两癌”筛查及救助民生实事项目，开展村（居）、镇街妇女主任“两癌”筛查及救助工作培训会；与区卫生计生委联合转发市妇联、市卫生计生委《关于进一步做好贫困母亲“两癌”救助工作的通知》；邀请区妇幼保健院主治医生向与会妇女作《“两癌”预防及治疗讲座》；开展农村妇女“两癌”免费检查和数据采集工作，“两癌”免费检查2.25万人，采集“两癌”贫困农村妇女130余人，争取上级部门贫困母亲“两癌”救助基金43万元，救助贫困“两癌”妇女43名。

【妇女儿童发展纲要（规划）工作】 贯彻落实《重庆市长寿区2011—2020年妇女发展规划》和《重庆市长寿区2011—2020年儿童发展规划》，做好指标监测、统计、评估、分析、总结工作；细化各成员单位职能职责，分解目标任务，分步推进实施规划。圆满完成市妇儿工委两纲（两规划）中期评估检查工作，顺利推进两纲（两规划）各项指标和中期目标任务的落实。

（叶云芬）

附2015年重庆市长寿区妇女联合会领导人名录

主　　席：张玉涛（女）

副 主 席：陶小琴（女）

重庆市长寿区科学技术协会

【概况】 重庆市长寿区科学技术协会（简称长寿区科协）2015年有在职参公人员6人，其中正处级2人，副处级1人，调研员2人（分别于2015年1月及7月退休），正科级1人。全区有园区（经开区）科协1个；科普示范社区5个，其中市级科普示范社区3个，区级科普示范社区2个；农村科普示范基地16个，其中国家级科普示范基地4个，市级科普示范基地2个，区级科普示范基地10个；区级农村专业技术协会10个。

【全民科普工作】 2015年，长寿区科协编制《重庆市长寿区2015年—2020年全民科学素质工作要点》，围绕《科学素质纲要》工作主题，把全民科学素质工作自身改革和全面深化改革及“十三五”规划布局紧密结合，加大工作力度。

联合区科委、区教委组织开展“长寿区第四届中小学生科技节”活动，全区参赛中小学生和辅导员1500多名，参赛作品1200余件。联合区教委组织长寿区12所学校师生的创造发明、科技实践活动和科学幻想绘画等47件优秀作品参加重庆市第三十届青少年科技创新大赛，获奖作品31件，其中一等奖6件、二等奖9件、三等奖15件，创意奖1件；其中长寿区凤城第一小学科技辅导员修伟的《喷雾式粉墙毛刷》项目在第三十届全国青少年科技创新大赛中获优秀科技创新项目——科技发明类三等奖，获中国科协、教育部等九个部委联合表彰。

与区教委、川维中学北城校区等多家单位联合承办为期一个月的中国流动科技馆长寿区巡展活动。接待28所中小学14692名学生，帮助广大青少年体验科学、探究奥秘，启迪创新创造意识。

联合区级相关部门和单位，先后组织开展科技下乡、科技活动周、世界环境日、防震减灾日、全国低碳日、食品安全宣传周等特色大型科普宣传活动，发放科普宣传资料5万余份（册），科普文艺演出30余场（次），近10万群众受益。区科协投入10万元科普经费，编印农业科技教育培训丛书，免费向农村专业技术协会会员发放。组织相关区级专家、“技术能手”联合编印科普宣传单1万张，科普挂图5000幅，《果蔬种植技术》系列读本等3万册，向民众免费发送。

加强对基层科协组织的指导，组织街镇科协、农村专业技术协会、科普惠农先进单位、企业科协组织等开展形式多样的主题宣传活动。全区科普宣传工作形成“党委领导、政府推动、相关部门和社会各界支持、广大群众积极参与”的大科普工作格局。

【基层科普行动计划】 为充分调动全区深入基层、贴近实际、贴近生活、贴近群众开展科普工作的积极性和主动性，促进科普资源向农村和社区倾斜，区科协与区财政局联合开展基层科普行动计划。2015年新创建区级农村科普示范基地6个、农村专业技术协会3个、科普示范社区2个，社区科普大学教学点4个。2015年获得中国科协、财政部命名的科普示范基地1个，获得市科协、市财政局命名的科普示范基地1个，市级科普示范社区1个。

【科技平台搭建】 5月13日至15日，区科协联合区科委、长寿经开区专程拜访吉林大学冯守华院士及其专家团队，就经开区院士专家工作站未来五年规划建设、化工人才培养、协同创新平台建设进行专题协商，达成一致意见。联合经开区等有关部门专门拜访清华大学和清华紫光集团，就依托经开区企业培育医药化工及医药产业院士专家工作站培育，进行专题讨论，达成一致意见。4月30日，中国科学院院士费维扬院士及其专家团队与康乐制药公司签订共建院士专家工作站协议，为培育以医药化工和医药产业为主的市级院士专家工作站奠定基础；就以吉林大学、清华大学和吉林日化研究所为主的国家级协同创新平台长寿分中心建设，形成一致意见，为推动长寿区重化工（精细化工）产业发展发挥积极作用。

与有关院所合作，继续推动晚熟柑橘产业中心建设，与有关专家和企业就重庆长寿国际农业科普馆建设形成一致意见。晚熟柑橘产业中心和重庆长寿国际农业科普馆成功申请为重庆市2020重大科普工程项目，获得一期奖补资金100万元。

【科普阵地建设】 2015年3月，成立重庆市长寿区反邪教协会，区科协联合区防范办、区教委，开展反邪教主题征文活动，取得良好效果。

区科协于2015年初成立长寿区社区科普大学分校，成功创建凤城街道桃花社区、渡舟街道胜天社区、江南街道龙山社区、新市街道河石桥社区4个社区科普大学教学点，全年授课64课时。教学点每周固定教学时间、教学地点组织学员开展教学活动。

区科协加强与有关单位和部门沟通，协调社会科普资源向公众开放，增强科普宣传工作的实际效果。与区市政局沟通协商，签订合作协议，利用全区公共大型LED广告宣传平台，免费向公众开展科普宣传，每天滚动播放科普知识1小时以上。

（滕　杨）

2015 年长寿区科学技术协会组织

项目类别	级别	名称	成立/命名时间
园区科协	区级	长寿经开区科学技术协会	2012 年 12 月
农村专业技术协会（10 个）	区级（10 个）	长寿区养蜂协会	2014 年 11 月
		长寿区水稻制种协会	2014 年 11 月
		长寿区黄蜡李协会	2014 年 11 月
		长寿区榨菜协会	2014 年 11 月
		长寿区花椒种植技术协会	2014 年 11 月
		长寿区核桃种植协会	2014 年 11 月
		长寿区大洪湖健康水产养殖协会	2014 年 11 月
		长寿区云集镇枇杷种植协会	2015 年 11 月
		长寿区江南街道枇杷种植协会	2015 年 11 月
		长寿区江南街道竹笋种植协会	2015 年 11 月

2015 年长寿区科普示范基地（社区）

科普示范社区（5 个）	市级（3 个）	长寿区凤城街道桃花社区	2013 年
		长寿区江南街道龙山社区	2015 年 6 月
		长寿区新市街道河石桥社区	2015 年 11 月
	区级（2 个）	长寿区渡舟街道胜天社区	2015 年 11 月
		长寿区江南街道南滨路社区	2015 年 11 月
农村科普示范基地（16 个）	国家级（4 个）	重庆市长寿区榨菜科普示范基地	2014 年 6 月
		重庆市长寿区大洪湖健康水产养殖科普示范基地	2015 年 6 月
		重庆市长寿区现代果蔬科普示范基地	2016 年
		重庆市长寿区老陈菜生态农庄科普示范基地	2016 年
	市级（2 个）	重庆市长寿区花椒种植科普示范基地	2014 年 7 月
		重庆市长寿区禾丰生态农业科普示范基地	2015 年 6 月
	区级（10 个）	重庆市长寿区杨家坝蔬菜科普示范基地	2014 年 11 月
		重庆市长寿区肉兔养殖科普示范基地	2014 年 11 月
		重庆市东卓园林景观工程有限公司花卉苗木科普示范基地	2014 年 11 月
		重庆市长寿区云集镇东山大鲵科普示范基地	2014 年 11 月
		重庆市长寿区特色花卉苗木科普示范基地	2015 年 11 月
		重庆市长寿区五华山脆李科普示范基地	2015 年 11 月
		重庆市长寿区西山花卉苗木科普基地	2015 年 11 月
农村科普示范基地（16 个）	区级（10 个）	重庆市长寿区花山猕猴桃科普示范基地	2015 年 11 月
		重庆市长寿区群航蔬菜种植场科普示范基地	2015 年 11 月
		重庆市长寿区超发水产养殖场科普示范基地	2015 年 11 月

2015 年长寿区科普大学教学点

社区科普大学教学点（4 个）	区级（4 个）	长寿区凤城街道桃花社区	2015 年 11 月
		长寿区江南街道龙山社区	2015 年 11 月
		长寿区新市镇河石桥社区	2015 年 11 月
		长寿区渡舟街道胜天社区	2015 年 11 月

（重庆市长寿区科学技术协会提供）

附 2015 年重庆市长寿区科学技术协会领导人名录

主　　席：周俊屏

副 主 席：黄国文　余国斌

重庆市长寿区社会科学界联合会

【社科普及】 2015 年，重庆市长寿区社会科学界联合会（简称区社科联）围绕与人民群众生产生活密切相关的、人民群众普遍关心的重要问题，开展社科知识普及，推动《重庆市科学技术普及条例》的贯彻落实。组织社团开展“进机关、进农村、进企业、进校园、进社区”五进活动。指导区检察简史展览馆打造检务公开“实体体验平台”、江南街道孝道文化体验基地开展孝道文化普及等社科普及活动。区图书馆被市社科联正式明确为市级社会科学科普基地。

【学术活动】 2015 年，区社科联申报市社科联调研课题 2 项，均顺利结题。全区立项 24 项区级社科规划课题，其中重点课题 2 项，一般课题 14 项，自主课题 8 项，涵盖“十三五”发展战略规划、工业经济、文化产业等领域，在全区形成广泛影响。

2015 年 8—10 月，开展“经开杯”产业专项征文活动，收到文章 115 篇。区委宣传部、区社科联组织专家、学者进行匿名评审，评选出 49 篇优秀文章。

办好《长寿（理论专刊）》，2015 年刊印 4 期。刊物围绕长寿经济、政治、文化、社会管理、生态文明等热点理论问题，采稿、刊登各类理论文章 159 篇，计 67 万余字，刊印 4000 余册，在市级有关机关、各区（县）委宣传部、党校、社科联交流。

【社团管理】 强化对社团工作指导，全年清理社团 4 个，区环境科学学会、区二野军大校史研究会已办理注销，区老年书画研究会、区凤鸣诗词学会调整由区文联管理，提升社团管理规范化水平。到年底，区社科联有 14 个社团。2015 年，全区社会科学界社团参与市级学术研讨会 10 次，资助开展研讨会活动 40 余次。

（董金津）

附 2015 重庆市长寿区社会科学界联合会领导人名录

主　　席：文平林

副 主 席：李国辉　邓　军　蒋中尧　游　江

重庆市长寿区文学艺术界联合会

【协会建设】 2015 年，重庆市长寿区文学艺术界联合会（简称区文联）强化文艺协会班子建设，六个文艺协会相继召开会员大会，重新选出新的领导班子。周家修任区凤鸣诗词学会主席、黄伟民任区老年书画研究会主席、王维浩任区作家协会主席、程小亮区音乐家协会主席、罗小松任区书法家协会主席、樊强任区摄影家协会主席。

【文艺创作】 2015 年，区文联继续开展“深入生活，扎根人民”主题实践活动和“中国梦·巴渝风”系列文化活动，全年组织大型主题采风活动 3 次，创作优秀文艺作品 300 件以上。先后在江南、八颗及长寿菩提古镇、桃源小学建立文艺创作基地。

年内组织参加市级和国家级活动成果斐然。罗小松整八尺大章入展第十一届全国书法篆刻作品展，取得历史性的突破。罗小松、陈亨伟分别在第八届重庆市书法篆刻作品展中获最高奖，居全市前三位，属长寿历史最好成绩。高翔、罗小松在第十七届重庆市美术书法摄影联展中分获美术、书法一等奖。王朝水彩画参加中国当代青年水彩画家九人全国巡展，王朝、郑伟合作《都市》入展第二十一届全国版画作品展，陶尧油画作品入展中国美协首届“写生中国画展”。

【文艺活动】 2015 年，区文联协助区委宣传部、区文化委举办向全国征稿的社会主义核心价值观春联大奖赛，纪念中国人民抗日战争胜利70周年诗词大赛和举办纪念抗战胜利70周年美术、书法展。年初，区文联制定“各节假日必有展览在菩提山景区，必须演出在长寿菩提古镇万寿广场”的计划。5月庆“五一”长寿书画院风景区创作成果展，6月端午“骚风兰韵”书法展，庆七一曲艺演出，中秋摄影展，纪念抗战胜利70周年书法美术展，长寿作协专场签名售书，区美协写生作品国庆展，五区县美术作品联展，区音协“深入生活，扎根人民”创作成果专场演出等先后在景区进行，参与人数众多。

各协会按文联要求进行自主创意展演、培训、沙龙活动等。作家协会到学校进行多场写作专题培训，美术家协会长期开展写生活动，曲艺协会经常在城内各广场、公园等地举行小型的曲艺演出活动，书协沙龙活动40次活动。全区文艺惠民活动2015年参与人数更多，创意更多。元旦春节期间“送欢乐到基层”活动，“撰春联、写春联、送春联、贴春联、送书画”活动、中国梦主题曲艺作品广场展演系列活动，送春联活动专门配大门小门对联，送春联到菩提古镇、协信广场、三峡路社区、重百商场等。

（罗小松）

附2015年重庆市长寿区文学艺术界联合会领导人名录

主　　席：林家义（兼）

专职副主席：雷丽群（女，2015年12月任）

附1

重庆市长寿区凤鸣诗词学会

重庆市长寿区凤鸣诗词学会（本条目简称学会）成立于2002年10月8日，当时有会员100余人，都是区内的新诗、古体诗词的作者或爱好者。2015年6月7日举行学会第四届第一次理事（扩大）会议，会议选举周家修为主席，罗天、朱炳超、余明文、史来胜、袁文彬、龚敏维、张强为副主席，大会通过任红星为秘书长。截至2015年年底，学会有会员458人，其中市诗词学会会员18名，中华诗词协会会员4人。

2015年，学会协助区委宣传部、区文化委和区文联举办两次大奖赛。一次是向全国各地征稿的社会主义核心价值观春联大奖赛，全国十几个省市自治区的楹联专家和爱好者投稿700副。专家评审的优秀春联送到全区农村，由书法家为村民书写春联，受到欢迎。另一次是纪念抗战胜利70周年诗词大赛，有86人投稿，提交参赛诗词以及韵文200余首；参赛者有区内和旅居北京、重庆、成都、昆明等地的长寿人，年岁最高者为95岁的程晴初先生，90岁以上的还有陈时良、夏百友等人，另有几位残疾诗人参赛。学会编辑诗词大赛2万字的长寿地区抗战文史资料，在网上发布。

基层诗词组织，葛兰诗词小组重新组建领导班子，经常开展诗词活动；10月下旬，葛兰诗词小组在镇党委、政府领导和支持下，举行纪念抗战胜利诗词朗诵评比活动。万顺诗词小组在2015年里举行诗会4次。

诗词刊物编辑出版，学会年内编印《长寿诗词》1期；葛兰诗词小组编印《金龙乡音》1期，万顺诗词小组编印《万顺湖光》1期，渡舟编印《三好诗村》1期；葛兰中学等学校编印诗刊。会员诗集作品公开出版的有张强的《心语》、姚龙海的《旁人锄迹》、向小容的《向着未来的歌唱》、喻长清的《斗东河》、汪道揆的《乡愁记忆》、张人福的《思解世间秘》等；非公开编印出书的有修国俊的《修齐情韵》、熊海泉的《白水诗集（二）》、王宗禹的《田园诗集》、陈兴无的《泉峰逸韵》、向炳全和刘德木合著的《长寿宗教史》等。

年内学会2次组织会员参加市诗词学会在涪陵区和彭水县举行的诗教现场会。在2015年元月份举行的市学会理事会议上，周家修当选市诗词学会常务理事。

（周家修）

附2：

重庆市长寿区摄影家协会

2015年2月6日，重庆市长寿区摄影家协会（本条目简称协会）召开会员大会，选举产生协会第三届主席团。樊强当选主席，向明、阳树忠、余玲、卓长斌、卓建林、秦启胜、黄磊当选副主席，大会提名卓长斌兼任秘书长，聘请聂炳泉、程国际、袁志龙为协会顾问。4月2日，协会三届主席团第一次会议确定第三届理事会理事名单。协会主席团分工协同，凝聚力量，策划创作活动，摄影队伍日益增大。2015年，廖涛、邱波、向前、吴伟、张诗雨、李炎等加入市摄影家协会；至2015年底，区摄影家协会有会员158名，其中，重庆市摄影家协会会员19名，中国摄影家协会会员8名。

2015年上半年，协会开展“三倒拐人文风情”，走进柚乡、菩提山、菩提古镇、五华山等主题创作活动，产生一批彰显文旅结合成果的摄影佳作。协会配合有关部门先后在菩提山广场、区行政中心举行专题摄影展览。与区政协书画院联合在重庆市政协展厅举办长寿摄影专题展览，市政协主席徐敬业，副主席何事忠、刘光磊和长寿区领导周勇、赵世庆、张明生、张华、左永祥、陈瑛等观看展览并给予较高的评价。

一手抓摄影普及活动，一手抓精品创作。花大力气做好参加重庆市文化艺术界联合会和重庆市摄影家协会举办的两年一度的重庆市摄影艺术创作，发动并组织骨干会员进行针对性创作，协会评选推荐精品作品参赛。2015年重庆市第六届摄影艺术展览参赛作品10万余幅（组），评出获奖作品231幅（组），区摄影家协会选送100余幅作品参赛；樊强的单幅作品《生命接力》获得记录类金奖，樊强的作品《炮兵》和《父亲·割谷》系列获得铜奖；张勇的组照《冬采血橙》、张诗雨的组照《强者之歌》获得大赛银奖；长寿区取得1金、2银、2铜、11幅优秀奖的好成绩。

2015年，协会与区文化委、区文联联合举办“中国梦·巴渝风暨长寿区第二届摄影大赛”，吸引上千摄影爱好者参加。大赛作品国庆节期间在长寿菩提广场展览；会员何安庆《本色》获专家组评选的金奖。由区文化委、区文联和区摄影家协会联合主办的首届“鑫腾·水云间杯”2015长寿湖国际铁人三项赛摄影大赛受到各方关注，吸引数百名摄影家和爱好者参加；廖涛的组照《力与美》获得大赛金奖；大赛选出50幅精品制作成大幅展板于次月在区行政中心和长寿湖铁人广场展出。协会联手房地产开发商组织“长寿湖水云间摄影创作有奖比赛”“醉美公园示范区摄影大赛”活动。协会与《长寿文化》报联合利安地产，在凤城华府滨河公园举办为期一月的创作活动。区摄影家协会一直倡导“摄影营销长寿”的发展理念，将凤城华府打造的滨河公园设为“摄影家协会摄影创作基地”。

2015年，协会获得市摄协授予的“年度优秀摄影组织工作奖”。陈勇的《驶向春天》获中国摄影家协会、重庆市委宣传部、重庆市文学艺术界联合会共同举办的“奉献人民 聚焦巴渝”全国摄影名家看重庆——重庆五大功能区域蹲点创作活动摄影展二等奖，张明生的《大学生村官》获《中国摄影报》影友擂台赛三等奖，刘福英的《夏日之夜》《美丽天使》《水墨青黛紫阳坡》获《中国摄影报》“美丽中国 重庆之旅”影友擂台赛二级、三级收藏奖，黄磊的《孝》和冯庆的《练为战》获重庆市第十七届美术书法摄影展二等奖，卓长斌、向明等11位会员的作品入展市第六届摄影展览和十七届重庆市美术书法摄影并获优秀奖。

2015年，以好图影视为代表的摄影人拍摄制作的微电影《背夫出嫁》《谷子熟了》《向阳花》《焦石》《阵痛》《春暖花开》等火爆网络，获得微电影大奖。区委宣传部、区文化委主办的，好图影视在全国首创的系列公益微电影《长寿二十四孝》自2015年5月启动后获得媒体的广泛关注。《长寿二十四孝》之一的《背夫出嫁》被评为2015全国广播电视新媒体微视频大赛10部优秀作品之一，被中宣部、文化部、国家新闻广电总局评为2015年20部“中国梦·原创优秀作品”之一，在全国展播。这是继2014年微电影《棒棒来了》再次获得国家最高奖。2015年，长寿区在市级以上获大奖的微电影作品有11部。

（周家修）

附3：

重庆市长寿区老年书画研究会

重庆市长寿区老年书画研究会（本条目简称研究会）2015年实际报名注册会员87名。其中女性5名；中共党员48名，民主党派4名；大专以上文化21名，中专（含高中）47名，初中以下19名；90岁以上3名，80～89岁以上11名，60～79岁51名，60岁以下22名。

研究会设会长兼法人代表1人，常务副会长1人，副会长2人，副秘书长各1人；顾问4人，名誉顾问1人，名誉会长5人，名誉副会长5人；理事20人。下设诗词、绘画、书法、摄影、工艺美术5个小组，各设1名组长。

2015年，研究会召开理事扩大会议会2次，业务培训20次，参加人员667人次。全年召开3次理事会：3月4日召开第一次扩大理事会，落实会长等人的工作职责，增选副会长、秘书长、副秘书长兼出纳和3名理事；7月21日，召开理事会，研究下半年的相关工作；12月15日，召开理事会，总结全年工作，研究召开年会的相关事宜。

3月29日，在区科教文化中心举办《寿乡墨韵》书画联展。参加单位有重庆上品金石书画研究院、西南大学老年书画研究会；展出作品126件，其中研究会51件、上品研究院28件、西南大学43件，联展历时3天，接待观众1000余人次。10月20日，应江南街道办事处的邀请，13名会员携带82件作品在江南孝心广场举办书画展。4月，组织2次到龙河实验小学指导师生书法绘画活动。11月初，部分会员到晏家中学为师生举行书画表演。4月，研究会组织21名会员到龙河镇采风。

2015年，研究会有6名会员出版诗词集、诗画集、诗文集，画册、书画集和剪纸集；有26名会员分别在区级以上的刊物发表诗词、散文、书画书法作品，5名会员在书画方面的成就被《长寿日报》《长寿文化》报道。研究会年内出版3期《长寿湖》杂志：第一期《寿乡墨韵》刊出联展中的126幅书画作品，发行200本；第二期，以纪念抗日战争胜利70周年为中心刊出诗歌366首、辞赋26篇，书画100幅，发行500本；第三期，以歌颂家乡为中心，刊出诗词赋302篇、书画作品40幅、杂文5篇，发行500本。

（项淮垣）

附2015年重庆市长寿区老年书画研究会领导人名录

会　　长：黄伟民

副 会 长：钟志远　胡志政　车灵泽

秘 书 长：项淮垣

重庆市长寿区归侨侨眷联合会

【概况】 长寿区（县）归侨侨眷联合会（简称区侨联）于1984年成立。2003年在全市率先成立党组，内设办公室、机关党支部、工会、妇委会等机构。2013年12月27日，区侨联召开七届四次全委会，区政协副主席涂奇微当选为长寿区侨联第七届委员会主席。委员会另设党组副书记1名、副主席7名、秘书长1名、常委11名、委员9名。2015年，区侨联机关有人员4人；长寿区侨界有市政协委员1人，区党代表1人，区人大常委会委员1人，区政协委员11人，区政协常委3人。2015年初，侨联召开成立30周年纪念大会，致公党中央常委、重庆市委主委，重庆市政协副主席，市侨联主席张玲，区委书记周勇，区长赵世庆等领导到会祝贺。年内，市侨联专职副主席刘松勇组织侨界市人大代表、政协委员到长寿调研。

2015年，区侨联坚持“以人为本，为侨服务”的宗旨，服务发展、维护侨益、拓展联谊、参政议政、弘扬中华文化、参与社会建设，主动适应经济发展新常态。

【为侨服务】 2015年，区侨联引荐桑德环境资源有限公司执行董事王光强一行到长寿考察，与区市政局洽谈投资合作事宜；帮助侨联公司完成公司薪酬、人事制度改革；帮助侨属文化艺术企业协调选址问题；联系区就业局为长寿古镇文化旅游开发有限公司提供培训服务和政策支持。

向海外留学生提供创业就业信息，介绍国情市情区情，向区内推荐海外人才，拓宽海外学子回国就业创业、回报家乡的有效途径。向市委统战部、市侨联引荐宋永端博士；接待美籍音乐教育家、指挥家余怀民，美籍华人余越博士，华侨王尚江、杨芮博士、熊红博士、周鸣周博士，长寿区海外留学生等20余批次，为其回乡探亲考察提供服务。在海外留学生遇到困难时，积极联系当地华人华侨、提供当地使馆电话，为海外学生解难解急。

召开长寿侨联成立30周年暨侨界人士座谈会，开展“三八”节趣味活动、中秋节座谈会，元旦、春节、端午、中秋等传统节日慰问活动等，全年参与活动的侨界群众500余人次，慰问重点侨眷、困难侨眷、困难党员等80余人次。

“六一”节前，走访海棠镇明金希望小学、海棠中心小学，送去羽毛球、乒乓球、篮球等体育用品。在侨心学校开辟专栏，宣传华人华侨爱国爱乡先进事迹，鼓励学生们好好学习、励志向上。引进上海华桥基金会“华桥·莲花助学金”于9月向长寿中学20名家庭贫困的优秀高中生捐赠助学金2万元。12月17日，区侨联在重庆会见上海华桥基金会会长叶守璋。

加强与出入境、公证处等涉侨部门的联系，依靠区级各部门、侨联委员、侨界群众等开展侨情普查，掌握华人华侨、留学生的信息，普查新增侨眷属50余户、新增留学生30余人。建立一体化信访工作机制，引导侨界群众通过正当合法的途径表达自己的诉求，为侨界人士排忧解难，化解矛盾；严格信访维稳值班制度和领导带班制度，做好重要时期和节假日值班工作；协调区国土资源和房屋管理局，为区内旅居加拿大的华侨岳仕荣办理房屋更正登记。开展侨法知识有奖问答，深入侨界基层宣传侨法，印制侨法宣传资料、政策法规案例资料等向侨界群众发放。

【联络联谊】 建立四大联系平台，通过QQ、微信、电话、邮件等向海外华人华侨发送祝福、宣传长寿经济发展情况、旅游资讯等。在美国达拉斯华侨李滨年满百周岁之际，区侨联向其寄送贺信。首次召开长寿区海外留学生暑期座谈会，深化海外华侨和海外留学生对家乡的情谊。

3月，接待璧山侨联一行到长寿考察；5月，拜访中国侨联海外联络部、经济部、文化部、维权部，以及北京市侨联、沈阳市侨联；与福建省泉州市侨联、晋安区侨联等沿海侨联，重庆区县兄弟侨联保持友好往来，相互寄送侨讯资料。

【参政议政】 推荐有参政意识、有参政议政水平的侨界人士进入区政协，发挥侨界人士在政协中的作用。年内推荐归国留学生黄颖为区政协委员。组织侨界政协委员参加区政协组织的各项活动，定期开展侨联界别活动，召开提案征集会、参政议政工作会，广泛征集提案素材，组织侨界政协委员参加区政协举办的社情民意信息工作培训会；接待重庆侨界市人大代表、市政协委员到长寿专题调研科技创新、人才引进工作。为提高参政议政质量，制定信息工作激励办法，鼓励撰写提案、社情民意、调研论文等。2015年，侨界提交提案15件，其中集体提案4件、个人提案9件、市政协提案2件；撰写大会发言材料2篇；提交社情民意1条。获区级领导督办重点提案1件，《关于修建桃花大道东方水岸人行过街天桥的建议》被评为区级优秀提案。

【弘扬中华文化】 年内组织侨眷子女、华人学生、侨心小学学生参加第十六届世界华人学生作文大赛，获一等奖1篇、二等奖2篇、三等2篇，长寿侨联获“优秀组织奖”；组织第十七届世界华人学生作文大赛征稿，推荐作文126篇。举办“侨与中国梦”书画摄影展，征集到海外侨胞和归侨侨眷书画、摄影作品200余幅，经过精心筛选，有80幅作品参展，其中书画作品26幅、摄影作品54幅、海外作品6幅。6月25日，组织长寿侨联紫荆花艺术团到但渡镇养老服务中心开展七一慰问演出，参演人员30余人，演出节目13个。

开展抗战胜利纪念活动，参加市侨联组织的纪念抗战胜利70周年爱国教育活动；区侨联秘书长邹德伟的中国画山水作品《风景这边独好》参加由重庆市人民政协举办的“纪念中国抗战胜利及世界反法西斯战争胜利70周年”书画作品展览；宣传由区曲艺协会谱写的四川清音《说唱长寿空军英雄李滨》，再现长寿抗日英雄李滨英勇无畏的气概。

按照“台中有侨、侨中有台”指导方针，长寿区侨联副主席顾敏参加市侨联组织的“亲情中华·印象重庆”——渝台餐饮文化交流活动。

【基础工作】 组织侨联干部、侨联委员、侨界群众学习总书记习近平的讲话精神，贯彻《中央统战工作条例》《中央群团工作意见》和中办发《关于加强和改进新形势下侨联工作意见》，贯彻全国侨联九届二次全会、市侨联三届七次全会精神和区委《实施意见》，推动侨联工作上台阶。

发挥侨联主席会议、委员会议的作用，吸纳委员参加侨事活动，成立广电侨联分会、留学生家长联谊会。服务海外留学生和留学生家长，建立长寿海外留学生微信群、留学生家长微信群和QQ群，开办留学生家长英语培训班。在国家主席习近平访美访英期间，长寿区海外留学生参加欢迎活动，并通过微信及时发回视频、图片及其切身感受，长寿广播电视台进行特别报道。

开展“三严三实”专题教育，把侨务知识学习纳入“三严三实”专题教育的学习中，开展专题学习12次，撰写班子和个人对照检查材料、制定整改清单，召开“三严三实”专题民主生活会、情况通报会。参加精准扶贫，推进海棠镇扶贫工作。侨联结对帮扶渡舟街道太平村3户贫困户，机关干部到困难户家中谈心交心、了解情况、宣传政策，制定帮扶计划，实现脱贫。机关干部集中走访璞山社区和58户重点户，收集居民的意见建议，及时反馈处理意见，办好群众最关切的实事、好事、难事。

参加市侨联组织的信息工作培训，向市侨联网站、区委统战部、区政协网站报送信息。年内向市侨联报送《长寿侨讯》50余篇，报送调研论文2篇，建言献策1篇；获重庆市侨联2014年信息工作先进集体；鼓励机关干部参加市区各种培训，学习新知识、新思路、新方法；2014年4月启动的修编

《长寿侨联志》工作，在2015年1月实现印刷出版。

（王元梅）

附2015年重庆市长寿区归侨侨眷联合会领导人名录

主　　席：涂奇微

党组副书记：黄小明

副 主 席：顾　敏（兼）　余　舸（兼）

陶晓钟（女，兼）

熊　群（兼）　黎光宏（兼）

李晓明（兼）　徐开泰（兼）

重庆市长寿区残疾人联合会

【概况】 2015年，重庆市长寿区残疾人联合会（简称区残联）机关内设科室2个：办公室、教育就业科（系2015年5月区机构编制委员会决定新设立），直属事业单位1个：区残疾人综合服务中心。有人员编制6名，实有在职7人，其中班子成员3人，调研员和副调研员各1人，科级干部2人。区残联下属区残疾人综合服务中心为公益二类事业单位，编制6名，人员5人，其中科级干部2人，工作人员3人。2015年，区残联在残疾人扶贫保障、康复服务、教育就业工作、维权信访工作等方面取得新的进展（详见《民生》类目《残疾人保障》分目）。

【残疾人组织建设】 重视残疾人专职委员队伍规范化建设，落实残疾人专职委员1200元/年的待遇。开展业务培训工作，提高残疾人工作者的综合素质和业务能力。发挥五大残疾人专门协会（详见下表）作用，保证各类残疾人群体稳定。开展志愿者助残服务，营造良好的社会助残扶残氛围。全区登记在册的助残志愿者34442人。残疾人基层组织更加规范完善。

长寿区残联干部走村入户为残疾人排忧解难

2015年长寿区残疾人专门协会主席、副主席名册

协会名称	主　席	副主席
肢残人协会	郭朝伟	高洪亮
盲人协会	罗玉茹	吴崇奎
聋人协会	郑利群	罗志玲
智力残疾人亲友协会	湛广兵	—
精神残疾人亲友协会	戴中明	—

【残疾人宣传文体工作】 2015年3月24日，重庆市残疾人宣传文化体育工作现场会在长寿区召开。2015年7月18日，在长寿区广播电视台的配合下，长寿区首个手语栏目在长寿电视台《新闻周报》节目中实现播出，为长寿区残疾人信息交流无障碍建设推出新的措施。

长寿区的“残疾人文化进社区活动点”活动日渐丰富

区残联发挥“残疾人文化进社区活动点”和“残疾人康复示范社区”作用，组织残疾人进行文化

新市街道惠民村王远明在重庆“国际马拉松赛”获轮椅组第一名

活动和康复锻炼，丰富残疾人的精神文化生活。围绕“爱耳日”“全国助残日”“残疾人健身周”等节日主题，开展特色助残活动，营造社会助残扶残氛围。抓好残疾人内宣工作报道，全年上报信息257条，用稿量位居全市第一位。通过长寿日报、长寿区电视台等媒体以及微信、微博、QQ、门户网站等平台对残联工作动态、惠残政策、残疾人典型代表的宣传报道，扩大长寿区残疾人事业的影响。推荐、组织残疾人和助残人士参加各类残疾人宣传文体赛事。2015年9月全国残疾人九届运动会，长寿区残疾人田径运动员徐瀛为重庆代表队夺得首枚奖牌，射击运动员李灵威获两枚铜牌；2015年重庆“国际马拉松赛”，新市街道惠民村王远明取得轮椅组第一名；2015年5月重庆市“筑梦·善行”残疾人公益片大赛，长寿区5部作品获奖，为全市获奖最多的区县，区残联获“优秀组织奖”。

（文　瑶）

附2015年重庆市长寿区残疾人联合会领导人名录

理 事 长：孟　翱（女）

副理事长：张中华

纪检组长：周武一

2015年春节前，长寿区书法家协会在“三下乡”活动中为新市镇居民免费书写赠送春联

法 治

政法委及综治工作

【概况】 2015年，中共重庆市长寿区委政法委员会（简称区委政法委）认真履职，全面推进政法综治暨平安建设各项工作，全年社会政治大局稳定，公众安全感继续保持在90%以上，政法队伍满意度、司法公信力继续保持在90分以上，连续五年保持平安无大事。

【维稳工作】 在2015年区委的33次常委会议、区政府的40次常务会中，研究涉及社会稳定暨平安建设的次数分别占48.48%（16次）、25%（10次），实现区委常委会、区政府常务会研究部署社会稳定和平安建设工作的制度化、常态化。抓好情报信息收集，坚持情报主导工作思路，加强情报信息的搜集研判，全年收集处理涉稳信息1800余条，妥善处置较大涉稳事件苗头信息100余起。大调解工作坚持综治牵头，组织全区各级调解矛盾纠纷16117件，调解成功15991件，调解成功率99.22%。

【平安长寿建设】 严厉打击各类违法犯罪活动。实施“春夏攻势”专项行动，推进打击侵财犯罪、打击金融诈骗和社会治安重点地区排查整治等工作；2015年全区立刑事案件4090件，比2014年上升8.9%；破案1165件，上升13.8%；查处治安案件11839件，下降4.7%；起诉犯罪嫌疑人617人，逮捕犯罪嫌疑人188人。全区公众安全感93.46%，连续六年保持在90%以上。完善社会治安防控体系，投入专项经费近3000万元，组建专职巡防队43支430人、农村兼职巡防队230支1840人，组建城区社区义务巡逻队27支405人，选配楼栋长1103人，新增电瓶巡逻车42台，投入1.2亿元完成一期1490个公共视频建设；推进社会治安防控体系的社会治安防控网，重点行业和重点人员治安防控网，镇（街）和村（社区）治安防控网，机关、企事业单位内部安全防控网，信息网络防控网“五张网”建设，不断完善金融、危化危爆品、寄递物流、环保等11大领域公共安全体系建设，全年未发生重大生产安全、食品药品安全、校园安全、住用房安全事故。加强流动人口服务管理，推行“以房管人”工作模式，全区17.97万流动人口全部落实相关服务和管理措施；统筹推进户籍制度改革工作，继续深入开展实有人口、实有房屋“两实清理”专项工作，全面强化户籍监管机制。推进基层平安创建，在市里重点推进“六大平安创建”的基础上，将“平安镇（街道）”“平安小区”“平安企业”“平安工地”创建一并纳入，拓展为“十大平安创建”体系；全年创建平安村（社区）52个、平安学校68所、平安医院10所、平安商圈2个、平安家庭4500户、平安小区3个、平安企业145个。抓好铁路护路工作，全年召开铁路护路工作会议7次，全区9个护路治安岗亭和39名高铁护路队员管理到位；开展铁路安全线检巡查80余次，排查安全隐患5处、护网开口6处、劝阻行人上道1100余次，全部整改到位，有效确保2015年全区铁路沿线安全。

【基层基础建设】 区委政法委机关组织建设，在2014年政工科更名为政治处、增设国安科，区综治办增设基层指导科，区委防范办增设防范协调科之后，2015年增设研究室，增加行政编制1名，从镇街调入工作人员2名。加强网格化服务管理，全年投入经费539万元，完善网格化服务管理运行机制，划细、划小基础网格，划分为2568个基础网格，配备网格员17662人，其中专职4821人、兼职12841，全面实现人员、待遇、职责、管理制度、工作保障“五落实”，实现网格员发现、报告、解决问题“流程化”管理；在凤城街道轻化路社区开展“网格化+网络化+信息化”综治试点工作，提升网格管理信息化、智能化水平取得明显成效。建立和完善每周警情通报、各镇街和城市社区刑事案件立案情况月通报、政法综治和平安建设季度通报等制度；建立并实行末位约谈制，对工作推进不力的镇街主要领导和分管领导进行约谈；建立由政法委副书记带队“包片督导”常态化制度，每半月至少对包片镇街开展一次督促检查，及时发现问题、通报并督促整改，全年开展督查活动86次，发现突出问题227条，全部整改到位；搭建平安建设宣传联席会议平台，协调《重庆法制报》每月设立“平安长寿建设专版”。每月开展一次政法综治干部专题培训，提升政法综治干部履职能力；从政法维稳部门抽选16名理论水平高、业务素质强的领导干部，成立培训“师资库”，采取“分片区、分街镇”的方式，对全区所有综治专干、网格管理员、专职巡逻队员、城市社区义务巡逻队员和治安楼栋长开展培训，制作发放培训手册2万余份。

【司法体制改革】 统筹协调区委法治办下设的5个专项小组，扎实推进相关工作，先后召开6次专题会议，研究专项小组成员名单、工作规则、工作推进情况等相关事宜，先后制订多个文件，明确重点专项工作8项、重要任务50项，先后7次摸底汇总、督促工作开展；履行深化改革“社会治理和司法体制改革领导小组”牵头单位的职能职责，统筹推进区法院主审法官办案责任制试点改革、区检察院人民监督员试点改革等工作，落实预防领导干部和司法机关内部人员插手过问具体案件的相关规定，全区司法体制改革工作有序推进。持续推进涉法涉诉信访改革，加大宣传力度，广泛宣传“诉访分离”“依法终结”原则；落实最新司法救助实施办法，放权到区政法各部门；推进涉法涉诉联合接访大厅建设和使用，区政法各部门每月抽调业务骨干联合接访，运行平稳。强化执法监督，开展2015年度案件评查活动，全区评查的50起各类案件没有发现重大瑕疵；开展2015年下半年政法系统执法督查工作，对政法机关窗口单位及派出机构的工作履职情况、内务管理情况、规范化建设情况进行明察暗访，未发现重大不规范问题。2015年全区司法公信力95.12分，较2014年上升2.02分。

【政法综治队伍建设】 全区政法系统深入开展“三严三实”专题教育活动，树牢“忠诚、为民、公正、廉洁”政法干警核心价值观。2015年全区政法队伍建设满意度94.65分，较2014年上升2.31分。按照干部管理权限，对政法各部门的领导班子成员和科级干部任免实施监督和管理，严格要求区政法各部门领导班子对新提拔的中层干部进行廉政谈话，有效杜绝在干部任用方面的不正之风。全年政法系统新提拔的处级干部没有出现违纪违规或工作能力方面的问题。定期不定期对政法系统和各街镇开展政法综治工作、落实廉政纪律要求等情况进行督促检查；随时关注可能出现的苗头性、倾向性和疑难棘手问题，采取适时约谈相关单位主要领导、分管领导的方式来推动工作开展。

（黄南天）

法治长寿建设

【概况】 重庆市长寿区普法工作办公室（简称区普法办）的前身是区法制建设领导小组办公室（简称区法建办）。2014年12月，中共重庆市长寿区委全面推进依法治区领导小组大力推进全民普法守法专项小组（简称全民普法守法专项小组）成立办公室，加挂“重庆市长寿区普法工作办公室”，同时撤销区法建办。负责全民普法守法专项小组日常工作，设在区司法局。主要职责如下：组织开展大力推进全民普法守法政策研究，组织专项小组成员、有关部门和镇（街道）就大力推进全民普法守法重要问题进行决策咨询，提出意见建议，为区委全面推进依法治区领导小组及全民普法守法专项小组提供决策参考；指导督促区级部门和镇（街道）落实全民普法守法专项小组的决策部署和工作要求；向全民普法守法专项小组报告年度工作、五年普法工作进展和评估报告，汇总提出全民普法守法专项小组年度工作要点建议，提出五年普法规划，经全民普法守法专项小组组长批准后提交全民普法守法专项小组会议讨论决定；承担全民普法守法专项小组会议相关工作，包括准备会议议程和文件、整理会议纪要、传达会议精神等；受全民普法守法专项小组指派，处理全民普法守法工作相关事项及请示等，接受区级部门和镇（街道）大力推进全民普法守法重要决定和实施方案向全民普法守法专项小组的备案，分析评估后向全民普法守法专项小组提出建议；负责全民普法守法专项小组的值班联络、会议组织、报告起草、简报编印、资料管理等工作，对全民普法守法专项小组进行统筹、协调、督促、检查、推动、服务等；受全民普法守法专项小组指派，对区级部门和镇（街道）大力推进全民普法守法工作进行检查、督促、通报等；收集、汇总、报送全民普法守法工作信息；负责与中共重庆市长寿区委全面推进依法治区领导小组办公室（简称“区委法治办”）的沟通联系和工作对接，负责与市普法办的沟通联系和工作对接，向上报送大力推进全民普法守法工作动态，请示有关事项；牵头实施《中共重庆市长寿区委关于全面推进依法治区的实施意见》（长寿委发〔2014〕22 号）中的全民普法守法专项小组承担以外的，和全区大力推进全民普法守法工作相关的其他工作。

【普法宣传教育】　2015 年 3 月，长寿区组织综治法制集中宣传活动，展出宣传展板 136 块，向群众发放宣传资料近万份，现场答复解决群众反映的问题 150 余件，接受群众咨询 1200 余次，受教育群众近 2 万人。以“阳光行动”传承雷锋精神活动送法进社区，就法律援助、社区矫正、工伤保险、人民调解等方面的法律法规进行宣传讲解。结合“3・15”消费者权益保护日，开展主题宣传活动。认真开展“三八维权周”法制宣传活动，将妇女和儿童权益保护的法律法规送到群众手中。结合“三下乡”活动，区普法办、区司法局大力宣传与群众生产生活密切相关的法律法规。发放法制宣传资料 23000 余份，悬挂宣传标语、横幅 218 幅，现场解答群众咨询 2000 余人次。

2015 年 12 月，长寿区“六五”普法成果展示

【全民法律素质提升】　区普法办根据不同普法对象分解任务和责任，协调各单位开展“普法宣传进万家”、送法治微电影下乡等活动。在校园利用课堂、广播电台、学校橱窗、班级黑板报、晨周会、班队活动、国旗下讲话等各种宣传阵地，全区每所学校都聘请法制副校长，每年开展 2 次专项教育。区关心下一代工作委员会“月月红”活动深入校园开展“开学第一堂课”“关爱明天、普法先行”“爱心进校园，我为学生捐书”等系列普法宣传活动。在企业推行企业法律顾问制度，建立健全企业干部职工学法用法制度，开展“尊法守法，爱岗敬业”和“进企业、送政策、强服务、促发展”活动。定期到监狱、劳教场所和公安监管场所对在押人员的法制宣传教育和提供法律服务。联合区国土房管局定期对房产中介进行普法教育，加大对中介组织违规操作、违法行为的整治清理。筹划开展“法律明白人”培养，面向全区 269 个村（社区）的 3000 余名村（支）两委干部、综治员、大学生村干部和各村民组组长，已全部完成 18 个街镇全年 36 次培训，受训干部 6000 余人次，受到广泛好评。区委宣传部、区普法办联合开展“点赞公民—千万市民学法律”主题活动，逐步开展编印普法丛书、打造普法宣传电视栏目、做好公益广告、建设普法阵地、办好法治梦想课堂、壮大普法志愿者队伍和推广依法加强社会治理的有效方法等普法工作。在机关实行国家机关“谁执法谁普法”的普法责任制，落实各部门行业及社会各单位的普法责任，认真组织开展以案释法，切实加强普法讲师团和普法志愿者队伍建设。2015 年全区向基层赠送《“六五”普法手册》2 万本，开展法制课宣讲 450 场，法律咨询 6.8 万余次，印发宣传资料 10 余万份，举办法制培训班 418 期。

2015 年 7 月，长寿区凤城街道开展法律明白人培训

开展领导干部法治思维和法治方法主题活动，加强全区各级领导干部和公务员法制教育。制定《长寿区领导干部学法用法制度》，领导干部每年集中学法不少于 2 次；把宪法和法律作为党委（党组）中心组学习内容。采取网上考试和抽选部分单位闭卷考试相结合的方式开展全区法治理论知识考试；改造升级“长寿区在线法治理论知识考试”系统，组织 38 名秋季新提任领导干部考试；在全区处级领

导干部中抽考124名即20%的比例，进行法治理知识论闭卷考试，有14200人参加，平均成绩95分。

【法治文化工程】 长寿区优化在骑鞍车站、高速路口、居民小区、农村大院和各街镇政府大院等公共场所和行业窗口的固定法治宣传设施建设。石堰镇把法治宣传橱窗升级打造成60米长的法治宣传长廊，18个街镇均建立LED法治宣传电子屏，结合各时段的普法宣传重点，按期更换内容每天滚动宣传。推进普法网站、普法微博和微信等新媒体阵地建设，区普法办制定下发微博、微信、微视“三微”网络宣传方案，组织号召各部门、街镇建立以普法网站、微博、微信、手机报等为主体的法治文化传播体系。2015年，全区101个单位有自己的普法网站，86个单位创办官方微博、微信，推送普法信息2万余条，播放微电影100场。区司法局策划拍摄的法治微电影《向阳花》入围第二届“爱·重庆”微电影大赛，在社会投票环节取得第二名的成绩。

【“法治长寿”创建】 按照市普法办关于创建民主法治示范工程的要求，区普法办及时研究部署，精心组织指导，各单位积极行动，加强硬件建设，突出创建实效。2015年4月石堰镇麒麟村成功创建为“全国民主法治示范村”。

【“六五”普法总结】 2015年，区普法办开展“六五”普法总结验收工作。在4月召开“六五”普法总结工作会议；之后依据“六五”普法规划，强化考核目标完成；10月组织一次考核验收，对全区各个部门、街镇的普法工作进行考核；11月制作一部反映全区“六五”普法工作亮点的宣传短片，编印图文并茂、全面真实客观反映全区“六五”普法工作亮点、特色的宣传画册；12月组织一次“六五”普法成果宣传展，同月编演反映普法工作的文艺节目，结合“三下乡”在街镇赶场日、农民工返乡期间开展文艺演出；年底前总结一批典型经验，将全区“六五”普法期间涌现出来的先进典型进行总结、梳理，运用各类媒体进行宣传报道，表彰一批先进典型。

（倪春红）

公　安

【概况】 重庆市长寿区公安局（简称区公安局）2015年有民警749人，其中男民警659人、女民警90人。民警数与户籍人口万分比为8.2（比主城区警力的22.5低14.3，比全市平均警力的12.67低4.47）。其中，机关民警48人，占区公安局总民警数的6.2%；业务部门民警285人，占区公安局总民警数的38.6%；交巡警110人，占总民警数的14.8%；派出所民警300人，占总民警数的40.4%。全局有警务文职154人，治安协勤273人。区公安局有下设机构48个，其中机关内设单位4个、业务部门23个、派出所21个。

2015年区公安局突出公安主业，加强信息化建设，队伍规范化建设，提高维护稳定、打击防控、服务发展能力，助推平安长寿建设，实现队伍建设、业务工作的持续发展和进步。

【维稳处突】 强化社会面情报信息收集。落实每月情报信息研判、每周警情通报、每日警情分析的三级情报信息分析研判机制，提高情报信息研判的精准性。全年搜集上报各类情报信息6788条，其中研判涉稳信息1300余条，形成研判材料52期，采编境外舆情317篇，被公安部采用68篇（其中上报3条“泛亚群体”进京集访线索被公安部采纳）。向市公安局和区委、区政府报送信息270余条。强化维稳处突，坚持情报主导警务的工作思路，强化社会稳定风险评估应用，提前介入重大疑难问题，及时开展涉稳风险预警防控。妥善处置230余起非正常死亡案（事）件及200余起群体性矛盾纠纷突发事件，依法处理挑头闹事违法人员140余人，快速处置“7·16出租车停运事件”，有效防止事态扩大。完成“两会两节”“6·4”“7·5”、抗战胜利70周年纪念活动等重要时段的安保维稳工作。

【平安长寿建设】 2015年，长寿区立刑事案件4090件，比2014年上升8.9%；破案1165件，上升13.8%。；逮捕188人，起诉617人，分别上升4.4%和0.3%。；查处治安案件11839件，治安处罚11388人，破案打击任务全面完成。

严打突出犯罪。开展命案攻坚，破获现行命案5件，破案率83.3%。推进打黑除恶专项斗争，打掉恶势力团伙2个，移诉涉恶类罪犯56人；严打系列性、团伙性、跨区域侵财犯罪，破侵财案件664件，比2014年上升16.9%，打掉2个诈骗团伙；开展“反扒”专项行动，破获扒窃案件25件，抓获扒窃人员41人；开展“百城禁毒”专项行动，破毒品刑事案件170件，涉毒起诉121人，缴获毒品5.25千克，强制隔离戒毒93人，责令社区戒毒117人；开展涉众型经济犯罪专项整治，破案7件，起诉11

人，开展假币清理专项行动，收缴假币8.8万元，开展银行卡网上非法买卖专项行动，破案49件，逮捕7人，打掉团伙2个；开展网络谣言等专项行动，破获涉网案件147件，抓获嫌疑人84人。开展“打拐”专项行动，破拐卖妇女儿童案件7件，打击处理1人，解救妇女儿童5人；根据监所提供线索破案43件，缴获气枪1支，抓获逃犯1人。狠抓大案要案攻坚，破获“5·11”系列放火案，采取有效案侦措施，千方百计调查取证，48小时便抓获嫌疑人，及时消除社会影响；破获部级禁毒目标案件—邹某团伙贩毒案，抓获犯罪嫌疑人21人，缴获毒品2.6千克，摧毁一个盘踞重庆主城区向重庆周边大肆贩卖毒品的贩毒团伙；破获利用QQ木马盗刷银行卡案，抓获犯罪嫌疑人9人，涉案金额近10万元，该案的告破开创全市侦破QQ木马盗窃案的先河；8月，破获生产、销售假冒苹果手机案，有力地打击制假、售假的违法犯罪行为，市长黄奇帆和副市长何挺对该案的成功侦办均给予充分肯定。增强信息服务实战的能力，信息化作战战果显著。

【警务改革】　立足推进基础信息化、警备实战化、执法规范化、队伍正规化“四项建设”三年规划（2015—2017），整体推进全局各项工作。区公安局“四项建设”三年规划涉及45大项275小项，2015年需完成131项，已完成113项，完成率为86.25%。其中基础信息化23项完成17项，警务实战化56项完成50项，执法规范化33项完成31项，队伍正规化19项完成15项。强化基础设施建设，完成交巡警支队车辆管理所、桃花派出所办公用房的改造，启动桃源派出所及交巡警四大队业务用房建设项目。

【社会治安防控】　强化社会治安管理，高质量完成“应指工程”（应急联动指挥工程）一期建设，率先完成治安监控、治安卡口、电子警察1505个镜头的新建和改造任务，视频图像全部上传市应急指挥中心，完成指挥中心大厅及相关配套设施建设；在长寿城区重要地段设置11个治安岗亭，完善59个社区警务室；利用有限警力，发挥无穷民力，布建完善230个驻户型警民联系点，防控触角得到有效延伸。着力防控体系建设，配齐配强43支430人的专职巡逻队、27支405人的义务巡逻队、128家重点单位构成的22支361人的单位内部巡防队伍，以及1103名楼栋长组成的群防群治队伍，巡防力量加强，发挥7辆交巡警流动平台车、84辆电瓶巡逻车、5支摩托车巡逻队、90名专业应急处突队员、特警支队三人快速反应处置小组、联勤武警等机动优势，巡防模式不断优化，反恐防暴、治安巡逻、信息收集、应急处突“四位一体”长效巡防处置机制建立；“特警屯点，交巡警巡线，派出所控面，专业公安守站，武警联勤联动，社会力量积极参与”巡防格局形成。全年全区可防性案件立案数比2014年下降4.1%，八类案件立案数下降3.4%；110刑事警情、治安警情分别下降4.3%和31.4%。

【公共安全管理】　加强交通安全管控，年内先后开展危化品运输车、客车、货车、校车整治等33个专项行动，利用电子警察、电子卡口严查各类交通违法行为。全年查处交通违法13.3万件，罚款1830余万元。强化消防安全监督，开展冬春火灾防控、夏季消防检查等专项治理，依法采取责令整改、“三停”（停止使用、停止施工、停止营业）、行政拘留等措施，持续净化消防安全环境，检查单位4601家，督促整改隐患5764处，罚款106.9万元，行政拘留3人。推进缉枪治爆，强化民爆化危、物流寄递等重点领域和行业监管，确保全年未发生因民爆危化品漏管失控引发的案（事）件，规范人员密集场所安全管理，审批大型群体性活动4次，并强化安全保卫，确保大型活动无事故发生。加强监所管理，看守所强化物防技防设施建设，推进看守所、武警中队警戒执勤改革，健全勤务工作制度和机制，确保监所绝对安全；拘戒所大力推进“三项重点工作”，强化社会矛盾化解，成功化解社会矛盾64件，2起案例被市局监管总队收录到《拘留所社会矛盾化解工作手册》，2人获公安部表彰奖励。

【户籍制度改革】　强化实有人口管理，坚持人房关联基础警务信息采集，年底前出租房屋在库数2.67万余户，流动人口在库18.4万余人；推进户口登记管理专项清理整顿工作，清理整顿1.69万条消重、注销人口信息。开展入户核查工作，通过人员信息比对，破获刑事案件7件，抓获26人，其中逃犯3人。强化出入境管理各项工作，全年受理因私出国（境）人员2万余人次，制作各类签注2700份，全年新增法定不批准出境人员信息1149条，报备率100%。加强境外人员清理核查，及时发现非法入境、非法居留、非法就业“三非”案件线索，查破一起泰国人非法就业案，内控频繁出入澳门2人，出入境管理支队获评“重庆市青年文明号”称号。

【队伍建设】　开展党的群众路线教育实践活动

和“三严三实”专题教育、干部集中走访下访等一系列活动，学习准则、条例。区公安局在全市公安机关主要工作任务绩效评价排名第十九位。群众安全感93.46%，比2014年上升3.21个百分点；群众满意度、执法公信力分别得分92.73和93.43，分别提高2.32分和2.22分，两项指标均位列全市第二名。区人大常委会对2012年换届后的公安工作进行评议，其结果为满意。以党建促队建，修订完善《民警个人绩效考核办法》，从5大方面、14个小项对民警进行年度量化考核，22名民警提拔到领导岗位，10个集体、14名民警获得市、区公安局表彰奖励。强化执法规范化建设，制定《关于规范办理群体性事件中违法案件的指导意见》，规范群体性事件处置，修订《旁听庭审制度》，完善《非法证据排除规定》《重大疑难案件集体研究制度》等制度，案件监督及法律指导更加规范。强化执法监督，建立完善执法质量考评机制，定期开展执法培训和案件评查。全年考评刑事案件612件、行政案件985件，案件质量合格率分别为97.72%和98.83%。全面落实清单制度，核对清理行政权力事项1117项。在区公安局网页设立专栏，开展立案突出问题专项治理工作，清理违规立案263件，撤销196件，删除67件。强化涉法涉诉信访案件评查，排查信访案件40余件，评查案件15件。开展廉政及效能建设，对新入警的民警和新提拔任用的领导干部进行廉政谈话；定期对80多名所队科的主要领导进行廉政例行谈话，把倾向性和苗头性的问题解决在萌芽状态。通过分析正反典型案例、到廉政教育基地学习、收看廉政警示教育片等开展警示教育，确保队伍廉洁自律。以治庸提能力、治懒增效率、治散正风气，强化民警的日常养成和八小时外的管理；从严执行“三项纪律”和中央“八项规定”等各项禁令规定，全力打造过硬的公安队伍。

（高丽岚）

检　察

【概况】 2015年，重庆市长寿区人民检察院（简称区检察院）围绕“科学发展、富民兴区”的总任务和全面依法治区的部署，坚持“廉洁从检树形象，坚定信念争一流”的发展方向，忠实履行宪法和法律赋予的职责。办案力度增强，案件质量提升，工作效率提高，群众满意度和司法公信力再创新高，获得区级以上表彰奖励29项。其中，集体14项、个人15项，1名干警获“全市首届刑事执行检察业务标兵”称号、1名干警获首届长寿区“十大孝星”称号；区检察院先后获得“学习型党组织建设市级示范点”“全市检察机关文化建设示范院”、全市检察系统“双先”表彰先进集体等荣誉称号，被重庆市检察院推荐为“全国先进基层检察院”。

【刑事检察】 区检察院全年审查提请批准逮捕案件159件207人，批准和决定逮捕143件189人；审查移送起诉案件518件692人，提起公诉473件623人。针对社会治安形势突出的“盗扒骗”“枪爆危”“黄赌毒”等多发性侵财及严重危及人民群众人身财产安全的刑事犯罪，开展专项集中整治行动，起诉上述案件258件338人；对在长寿区活动频繁、以“购房退税”为名实施电信诈骗的犯罪团伙予以打击，起诉团伙犯罪2件9人，诈骗金额近30万元。开展“春夏攻势”专项整治活动，与区内相关部门协作，形成打击合力，起诉341件388人。维护市场经济秩序，起诉非法吸收公众存款罪、非法经营罪、信用卡诈骗罪等破坏社会主义市场经济秩序犯罪13件28人。

【宽严相济】 对犯罪情节轻微的，依法作出不起诉决定30人；对构成犯罪但法定刑较轻、具有认罪悔罪表现等无逮捕必要的，不予批准逮捕3人。落实轻微刑事案件快速办理机制，成立轻微刑事案件快速办理小组，全年启动快速办理机制51件，对符合和解条件的轻微刑事案件，促成当事人达成刑事和解24件28人。

【控告申诉检察】 开展涉检信访案件定期排查和专项化解，全年受理首次信访94件，重复信访19件，信访总量比2014年下降27.10%。推进涉法涉诉信访工作机制改革，依法引导涉法涉诉信访进入司法程序。依法受理群众诉求，“定点接访”接待群众来信来访227人次，“巡回接访”498人次。

【社会治安综合治理】 加强未成年人犯罪防治工作，受理移送审查起诉未成年人犯罪刑事案件31件45人，起诉26件40人。开展“莎姐百校行”活动，组织“莎姐”检察官到长寿中学、长寿特殊教育学校等开展各类法制进校园活动10余次，受教育师生5000余名。与行知学校的涉案未成年人观护帮教合作，将帮教范围由被不起诉的涉案未成年人，扩大至被判处缓刑的未成年人。落实“谁执法谁普法”责任制，面向社会开展各类法制宣传56场次，发放宣传资料4000余册。

【职务犯罪查办和预防】 全年立案查办职务犯罪23件29人，继续保持大案查办率100%，查处处级以上要案6人，要案率20.60%。通过办案，为国家挽回直接经济损失171.68万元。重点查办发生在群众身边、侵害群众利益的职务犯罪，查办涉及民政福利企业优惠退税领域系列受贿、滥用职权窝串案9件9人，在全市引起连锁反应。加大涉农惠民案件的查办力度，查办万顺镇、洪湖镇部分公职人员利用管理农机水利项目建设、审核报账、办理户口迁移等职务便利实施职务犯罪案件5件5人。加大追逃工作力度，将市委督办的贪污公款700万元、携款潜逃13年的犯罪嫌疑人邓某抓获归案。

构建党校、检察简史展览馆、基层中心检察室三大预防职务犯罪平台，为党校党政干部主体培训班讲课4次，受教育科、处级干部400余人；组织、邀请机关、国有企事业领导干部、人大代表、政协委员及其他各界人士参观“检察简史展览馆”50批1500余人次；加强对基层组织的职务犯罪预防工作，长寿湖、经开区、葛兰三个中心检察室开展法律宣传22次，受教育群众2000余人次。完善预防职务犯罪“大数据库”，建立包括涉农资金发放、街镇直补资金、项目资金、企事业单位基本信息、行政审批部门权限等在内的信息资源库。联合区发改委、区财政局就国有投资项目招投标以及政府采购领域中开展行贿犯罪档案查询进行规范和深化。受理行贿犯罪档案查询625个次，对被查实有行贿犯罪记录的2个单位、31人次进行相应处理。由区委主办、长寿区人民检察院承办的“长寿区预防职务犯罪警示教育基地”建设年底前接近完成。

【诉讼监督】 对审查逮捕、审查起诉中发现事实不清、证据不足的，不予批捕10人、存疑不起诉3人，追诉漏犯6人。利用行政执法与刑事司法衔接平台，督促行政执法机关移送案件线索3件6人。坚持对重大案件提前介入引导侦查取证，全年提前介入侦查案件10件22人，提前介入引导侦查，协助长寿区公安机关破获公安部督办的曹某某涉嫌特大跨省贩卖毒品10余公斤案件。加强强制措施规范运用的审查，对确应依法变更的，依法改变强制措施3人。加强刑事执行监督，发出《纠正违法通知书》及《检察建议书》6份。加强社区矫正监督，深化与区司法局形成的“联席会议、联合检查、联合执法”的“三联动”工作机制，突出对社区矫正人员脱漏管的监督，共同预防社区矫正人员再犯罪。加强民事行政诉讼监督，审结上级检察院交办案件和区检察院受理的申请监督案件112件，比2014年上升3.80%；建议上级院抗诉或提请上级院抗诉案件9件，上升350%。对相关单位存在的工作上的不足，提出改进工作检察建议均获采纳。支持弱势群体依法维护合法权益，支持起诉的17件均获胜诉。

【检察队伍建设】 开展“三严三实”专题教育和“作风深化年”活动，采用定期培训、庭审观摩、重点课题研究部署、实战案例演练、交办疑难复杂案件等措施，提升干警的执法规范化水平，组织干警参加各类教育培训49批次920人次。开展检务督察32次，通报问题5个。加强对案卷材料完备性、羁押换押、涉案款物移交、法律文书规范性等重要环节的审核监控，落实涉案款物规范管理，审核涉案款项99.68万元，无违规扣押；加强对不捕、不诉、抗诉等重大案件的三级审核制度；切实保障律师和当事人的合法权益，接待律师阅卷110人次，受理律师申请变更强制措施7件次，申请会见15次。制定出台《贯彻执行“两个规定”的实施办法（试行）》，落实中央对领导干部及司法机关内部人员干预司法活动、插手具体案件处理和过问案件，实行责任追究的相关文件精神。借助统一案件管理系统，加强流程管理，检查案件460余件，对发现的问题及时反馈并督促整改。修订《岗位目标考核管理办法》，健全干警执法档案，严格执法过错责任追究。深化检务公开，维护司法公信，推进终结性法律文书公开，公开法律文书474份，公开比例为94.61%。

【规范化建设】 自觉接受人大及其常委会的法律监督，采取报告工作、通报情况、邀请视察、参与执法检查等多种形式主动报告工作，全年向区人大常委会专题报告工作1次，办理人大代表建议1件；提请区人大常委会任免检察员6人次；年内先后有16批次全国、全市、长寿区等各级人大代表、街镇代表团300余人次就区检察院工作开展专题视察。邀请各级政协领导、委员对长寿区检察院开展视察。加大非中共党员干警的培养力度，有3名干警加入民主党派并担任基层组织负责人。深化人民监督员改革试点工作，落实人民监督员接待日制度，开展“1个接待岗+3个基层中心检察室”的“1+3”接待日活动；提请人民监督员评议拟不起诉案件6件，拟撤案案件2件；拓宽人民监督员监督范围，制定出台《人民监督员监督指定居所监视居住案件工作办法》。

（李　佳）

附 2015 年重庆市长寿区人民检察院领导人名录

检 察 长：梁经顺
副检察长：王义尧　余正华　袁　刚
　　　　　王　康（兼）
政治处主任：周　剑
纪检组长：祖小彬
职侦局局长：王　康
职侦局政委：龚文彬
检委会专职委员：韩为民　代　鹏　陈万堂

法　院

【概况】 2015 年，重庆市长寿区人民法院（简称区法院）有内设部门 19 个（其中人民法庭 3 个），有编制内干警 165 人，合同制书记员、司法警察 66 人。全年受理各类案件 14051 件，审执结 12818 件，比 2014 年增长 31.51% 和 36.96%；审（执）结率 91.22%。被市高法院表彰为“全市审判执行工作先进法院”“全市刑事审判工作先进法院”“全市审判监督工作先进法院”。

【刑事审判】 受理刑事案件 521 件，审结 493 件，审结率 94.63%，判处罪犯 646 人（其中判处五年以上有期徒刑 34 人，判处三年以上有期徒刑 77 人）。审结故意杀人、故意伤害、强奸等暴力犯罪和“两抢一盗”等侵财型犯罪案件 169 件 222 人。依法打击生产、销售伪劣产品、非法吸收公众存款等犯罪，审结该类案件 11 件 23 人。审结贪污、贿赂、渎职等职务犯罪案件 7 件 8 人。审结聚众斗殴、涉毒等妨害社会管理秩序犯罪案件 169 件 239 人。始终遵循罪刑法定、疑罪从无原则，公诉机关撤回起诉 2 件 2 人，依法变更起诉罪名 2 件 6 人，宣告无罪 1 件 1 人。坚持宽严相济刑事政策，依法对情节较轻、有悔罪表现的 267 名被告人适用缓刑。贯彻“教育、感化、挽救”方针，审结未成年人犯罪案件 33 件 54 人，依法宣告缓刑、单处罚金 36 人。

【民事审判】 受理民商事案件 9653 件，审结 8733 件，审结率 90.47%。审结离婚、赡养、抚养等婚姻家庭纠纷案件 1542 件，审结道路交通事故、工伤事故等纠纷案件 649 件，审结追索劳动报酬等劳动争议案件 1526 件，审结物业纠纷案件 1045 件，审结建设工程施工、房屋买卖合同、交通运输等合同纠纷案件 2155 件，审结农村土地承包合同、农村土地租赁合同等涉农纠纷案件 903 件，审结民间借贷、小额贷款等金融纠纷案件 727 件。开设涉企案件“专项通道”，快立快审快执涉企案件 1893 件。推行“立保同步”工作机制，办理保全案件 504 件，保全金额 2.43 亿元。推进“审务进园区”活动，走访园区企业 12 家，提出建议 33 条，解决难题 17 件。

【行政审判】 受理行政诉讼案件 400 件，审结 383 件，比 2014 年增长 534.92% 和 560.34%；审结率 95.75%。判决确认行政机关行政行为违法 7 件，裁定撤销行政行为 9 件，裁定履行法定职责 3 件。认真做好重点项目、房屋拆迁、土地征用等非诉行政执行案件的司法审查工作，受理非诉行政执行案件 147 件，裁定准予执行 106 件。为区卫生计生委、区安监局等提供法制培训 12 场次。

【执行工作】 受理执行案件 3330 件，执结 3063 件，执结率 91.98%，执行兑现标的 1.77 亿元。开展“反规避、反消极、反干预”执行专项行动，执结积案 565 件 5638.62 万元。依托全国法院指挥中心网络查控系统查询案件 800 余件，执结 260 余件；通过市高法院“点对点”执行查控机制，查询被执行人存款 3213 人次，查询车辆信息 2879 人次，查询房产登记 3066 人次。完善司法拍卖运行机制，实施司法拍卖变卖 14 件，变现涉诉资产 427.81 万元。发挥执行指挥中心快速反应能力，紧急出警 37 次，假日执行 109 次，搜查 200 余人次，司法拘留 18 人，移送公安机关协助查控 58 人。建立诚信惩戒机制，将 1332 名被执行人纳入失信名单库，在城区协信广场、高速路口 LED 显示屏曝光，限制其高消费、融资信贷等行为，促使 69 名被执行人主动履行案款 400.68 万元。依法保障重点项目建设，集中开展强制执行 86 次，成功执结 3 件征地拆迁案件，保障桃花溪改道、重庆化工职业学院新校区、巴斯夫生态屏障、现代汽车配套企业等重大项目顺利推进。

【司法为民】 建立以人民法庭为中心、巡回审判为纽带、便民诉讼服务站点为触角的工作体系，切实解决偏远地区群众诉讼不便问题。230 名诉讼联络员协助定点收案 585 件，协助调解 388 件，协助送达法律文书 1064 份。巡回办案 216 件，法制宣传 29 次，被评为重庆市第二届青少年普法教育活动先进集体。

2015年12月17日，长寿区法院在云台镇梅沱村开展巡回审判获重庆电视台“天天630栏目”采访播出

建立多元纠纷解决机制，与区司法局联合制定《长寿区人民调解协议司法确认实施办法》，与葛兰、新市等街镇、派出所建立联席会议制度。处理各类来信167件，接待来访1100人次，其中院长庭长接待来访487人次。为113名困难当事人减免诉讼费18.85万元，让确有困难群众打得起官司，向确有特殊困难的11名当事人发放司法救助资金58.17万元。向区农委、重钢集团等发出司法建议15份。

【改革创新】　推进人民法庭主审法官办案责任制改革，制定《人民法庭改革试点实施方案》，选拔9名主审法官，构建“1名主审法官+1名法官助理+1名书记员”主审法官团队，成立主审法官考评委员会，实行主审法官办案质量终身负责制，晋升3名庭长为副处级审判员，对符合任职条件的2名主审法官分别晋升为正科级和副科级审判员。3个人民法庭受理案件3340件，审结3056件，比2014年增长49.84%和50.62%，主审法官人均结案182件，增加105.45件。第一人民法庭审判质效在全市134个人民法庭中名列第一，《长寿区积极探索人民法庭主审法官办案责任制》一文入选市委改革办《2014—2015年全面深化改革案例选编》。

2015年3月11日，人民法庭主审法官办案责任制改革试点动员大会

落实立案登记制，依法保障当事人诉权，切实解决“立案难”问题。开展立案登记专项巡查，全年登记立案12817件，当场立案率99.63%，做到有案必立、有诉必理。强化诉讼服务中心职能，实施导诉制度，推行上门立案、网上立案。

成立立案、刑事、民事等专业法官会议，修订《审判委员会议事规则》，召开审委会29次，研究案件96件。运用审判管理系统实时进行数据研判，进行审限预警58次，清理积案361件。通过案件评查、回访督办等方式，评查案件1045件，回访当事人2632人次。适用简易程序审结案件7021件，当庭裁判5514件。

完善长寿法院公众服务网，建成司法公开三大平台并通过市高法院验收。年内上网公布生效裁判文书5805份，上网率92.38%。依托官方微博、微信平台，发布审判信息550条，微博图文直播案件15件次。落实新闻发布制度，就立案登记制改革、“迅雷”执行行动、未成年人审判等工作开展情况召开新闻发布会，主动接受媒体和社会监督。

【队伍及基础建设】　扎实开展“三严三实”专题教育活动，梳理出不严不实问题23个并全力整改。认真落实党风廉政建设主体责任，层层签订责任书169份，进行廉政约谈59人次、任前廉政谈话13人次。深入开展区委“作风深化年”活动，开展审务督察103次，整改问题43个。出台《正风肃纪考核办法》，对15名干警进行考核扣分。制定《过问案件全程留痕登记卡》，严防内部人员违规过问案件。

实施青年干警导师制度，33名资深法官结对指导35名青年干警。推行“一线磨砺计划”，将5名青年干警充实到人民法庭工作，12名后勤岗位干警兼任审判庭书记员。利用“青年业校”平台，进行教育培训13场570人次。4名干警被评为全市法院办案标兵，1名干警被评为全市法院纪检监察工作先进个人，10名干警荣立三等功，38名干警受到区级以上表彰奖励。

编辑完成《长寿法院志》和《寿乡法苑》，制作纪念建院65周年《鉴往筹来》和3个人民法庭工作纪实专题片。宣传稿件161篇被《人民法院报》等主流媒体采用，在《中国审判》《人民司法》等核心期刊上发表调研文章13篇，1篇文章荣获全国法院第二十七届学术讨论会优秀奖，1篇论文荣获人民法院出版社、中国审判杂志社联合主办的中国审判论坛征文一等奖。

2015年12月，1.6万平方米的审判法庭项目开工建设；将3个人民法庭新建扩建项目纳入“十三五规划”，在长寿湖镇选址确定十亩土地新建第三人民法庭。扫描1997—2009年库存诉讼档案58664件，实现重庆直辖至2015年的诉讼档案全部数字化。

【接受监督】 主动接受监督，把法院各项工作置于人大、政协和人民群众监督之中。专题向区人大及其常委会报告、向区政协通报公正司法、人民法庭主审法官办案责任制改革等重大工作情况，年内提请区人大常委会任命庭长、副庭长、审判员15名，人民陪审员37名。认真办理人大代表、政协委员建议和提案，确定专人联络代表、委员，按时办结交办督办案件31件。邀请人大代表、政协委员756人次旁听案件庭审108场，零距离监督司法活动。特邀12名人大代表、政协委员担任廉政监督员，助力廉洁司法。发挥人民陪审员既是审判员又是监督员作用，参加普通程序案件1888件，陪审率97.42%。

（王利利）

2015年4月2日，长寿区人大常委会主任张明生等调研法院公正司法工作

附2015年重庆市长寿区人民法院领导人名录

院　　　　长：柊德新
副　院　长：周　红
　　　　　　但　愉（女）
　　　　　　殷俊勇
政治处主任：余上云（2015年6月离任）
　　　　　　余声文（2015年9月任，同时离任执行局政委）
纪检组长：殷　俊
执行局局长：王俊义
专职审委会委员：徐　静（女）
　　　　　　赵　蓉（女）
　　　　　　罗淑芳（女）

司法行政

【概况】 2015年长寿区司法行政工作坚持“低调务实，少说多干，严字当头，实字托底”的要求，履行司法行政职能职责。先后出台《服务民生“七大工程”实施方案》《重庆市长寿区司法局服务经济发展新常态实施方案》《长寿区司法局公开承诺服务群众十件实事》等措施，在2015年度全市区县司法局执法执业综合管理目标考评中获得“优秀”等次，全市排名第五。2名镇司法所所长被区委、区政府记三等功一次；凤城司法所所长向小云2015年6月被市委宣传部、市文明办评为第三十六期“重庆好人”，2015年12月获“全国模范司法所长”荣誉；6人被评为重庆市人民调解能手在全市通报表扬。

【人民调解工作】 建立矛盾纠纷常态化解机制，实行辖区司法所负责制，各司法所对辖区内发生的矛盾纠纷在第一时间内参与调解，在达成协议一天以内报送调解协议和调解快讯。建立重大矛盾纠纷调解联动机制，对涉及纠纷人数众多，当事人对抗情绪强烈，区委、区政府及区级领导批示的矛盾纠纷，实行“基层科＋片区组长＋片区其他所成员”共同参与举措。截至12月31日，全区各级调解组织调解各类纠纷16117件，比2014年上升12.6%；涉及纠纷当事人33889人，调解成功15991件，调解成功率99.22%；协议涉及金额8389.94万元。及时启动重大矛盾纠纷调解机制，第一时间按照区领导批示迅速指派调解骨干、调解能手参与重大矛盾的调解工作，全年参与区级重大矛盾纠纷85

件，比2014年上升9%；调解成功达成协议76件；引导依法诉讼9件。完善人民调解、行政调解、司法调解联动工作体系，联合区法院、区检察院制定《诉前调解实施办法》《人民调解协议司法确认实施办法》《公诉案件委托调解办法》；与区政府法制办衔接，在行政纠纷调解中，引入人民调解机制。推进行业性专业性调解组织建设，联合区综治办印发《关于进一步推进行业性专业性人民调解委员会建设的实施意见》，召开全区行业性、专业性调委会建设推进会。截至年底前，全区已建成医疗纠纷、物业纠纷、婚姻纠纷、交通事故纠纷、劳动争议纠纷、环境污染纠纷、城乡建筑领域纠纷等7个人民调解委员会。加强人民调解员的业务培训工作，编制《人民调解工作指南》培训教材，对全区1500余名调解员进行集中业务培训，组织学习被中宣部授予“时代楷模”称号的重庆市江北区观音桥街道调研员马善祥“老马工作法”，对各镇街、村（社区）人民调解员业务培训后，统一组织业务考试，考试合格后持证上岗。服务园区经济，首次在长寿经开区成立司法行政工作室，直接面对园区的企业和职工。年内接待群众来访400余人次，提供法律咨询，发放宣传资料2000余册；调解重大矛盾纠纷34件，调解成功34件，调解成功率100%；协议金额342.6万元，均成功兑现。

【法律服务】　2015年成立律师事务所2家（重庆长晟律师事务所，重庆恒智律师事务所），新进实习律师3人，办理转所5人，注销2人。截至年底，全区有律师事务所6家，其中合伙所4家，个人所2家；有执业律师31名；全区有基层法律服务所9家，基层法律服务工作者36名。2015年，全区法律服务人员办理刑事案件55件，比2014年上升1.9%；代理经济、民事、行政案件1467件，上升21.6%；办理非诉讼法律事务48件，调解经济纠纷25件，解答法律咨询10489人次，上升54.5%；代写法律文书548件，避免、减少、挽回经济损失4495.8万元，上升0.41%。2015年，分别组建工作组围绕渡舟路改扩建、滨江长寿谷青龙嘴片区文物保护修复等重点项目开展调解工作。渡舟路改扩建项目调解成功35件，达成协议31件，参与拆迁谈判12件，为指挥部提供意见建议10余条，帮助拆迁对象制作财产补偿分配等法律文书17件；青龙嘴项目调解成功15件，其中达成书面协议8件，引导和解7件。围绕全区重点工作，重点发挥政府法律顾问作用，完成区内新增9个社区的法律顾问合同签订工作，实现260个村（社区）法律顾问的全覆盖；出台《村（社区）法律顾问工作实施意见》，加强对法律顾问工作的指导和考核工作。落实规范法律服务市场专项行动，成立由区委政法委分管领导、区综治办、区司法局主要负责人组成的领导小组，区法院、区检察院、区公安局为成员单位的工作组，出台《关于整顿规范法律服务市场专项行动实施方案》；建立公民代理人黑名单制度，依法取缔非法法律服务机构和无法律服务资质人员的非法从业行为；依法规范法律服务机构和法律服务人员执业行为和职业道德，提升全区法律服务行业的服务质量和管理水平；加强部门协作，加大对法律服务市场的联合监督检查，形成长效管理机制，实现法律服务市场的规范运行。专项行动办理投诉案件8件，其中移送公安机关调查处理1件。推行律师事务所星级评定，强化律师事务所管理，出台《长寿区律师事务所星级评定办法（试行）》和《长寿区星级律师事务所创建评定标准（试行）》，从律师事务所的队伍建设、基础建设、综合管理、业务建设、形象建设等五个方面29个分项进行综合考评。经过律师事务所自我评定和申报星级后，长寿区司法局、市律协长寿分会对三星级以上的律师事务所予以授牌。加强对律师和基层法律服务工作者代理群体性敏感性案件的管理指导。严格执行落实集体研究和备案制度，防止产生负面社会影响。全年备案重大群体性案件1件，涉及53名当事人；一般案件133件。建立联席机制，分别与区检察院、市律师协会长寿分会就优化律师执业环境和优化法律服务等方面的工作，组织召开座谈会，依法保障律师执业权利。启动司法鉴定行风建设专项检查，制定符合长寿区实际的实施方案，细化检查内容、方式和标准，对长寿司法鉴定所从学习培训、内部管理、制度建设、质量建设、执业监管、认证认可、安全保卫等七个方面开展行风建设专项检查，推进鉴定机构阳光执业、公正执业、规范执业、诚信执业、廉洁执业。2015年长寿区登记的司法鉴定机构和鉴定人合格率为100%。

【社区矫正】　截至2015年12月31日，全区接收社区矫正人员275名，解除社区矫正人员278名，比2014年下降7.9%；接收社区矫正人员1638名，解除1287人，年底前在册社区矫正人员351名。在册社区矫正人员中，宣告缓刑325名，暂予监外执行13名，假释13名，无管制人员；已就业291名，无业54名，正在就学6名。全年对社区矫正人员提出警告26人次；申请居住地变更12人次，已完成8人，比2014年下降35.7%；撤销缓刑、收监执行7人，下降72.7%。

截至2015年12月31日，全区有刑释解教人员回归955人，比2014年下降19.5%；帮教刑释解教人员955人，帮教率100%；以各种形式安置刑释解教人员936人，安置率98.1%。对每个回归人员均落实2人以上具体负责帮教工作。2015年6月，调剂长寿路39号政府性存量办公用房约600平方米作为办公用房，新建成矫正帮教管理服务中心，为公益一类事业单位，机构规格正科级，经费由财政全额拨款；人员编制4名，年底前已招录正式人员3名，临聘人员2名。在全市率先编制《社区矫正工作手册》，收录《社区矫正实施办法》《重庆市社区矫正实施细则》及其他规范性文件，专门制作《社区矫正示范卷》，对社区矫正审前社会调查、社区矫正接收、社区矫正执行过程中请销假、居住地变更、脱漏管、警告等特殊情况的处理、资料收集整理、文书表格填写、期满解除工作程序等作出详细说明，确保基层社区矫正工作人员对社区矫正工作制度与规定执行一致。强化监督管理，开展日常社区矫正人员期满解除前的档案检查工作，开展社区矫正工作半年检查和集中教育与集中社区服务专项督查、重点时期时段安全隐患排查工作。2015年，区司法局就长寿区法院2014年至2015年上半年刑事审判涉及重新犯罪的数据进行提取、分析，实地调查、走访部分重新犯罪人员，收集、梳理刑满释放人员安置帮教政策法规，形成调研报告。区司法局与区财政局协商，在全区建立2～3个安置帮教基地，上述人员被安置到基地企业就业满一年后不再犯罪的，由区财政按人头补贴该企业3000元人民币。

【法律援助】 2015年，长寿区受理法律援助案件1230件，其中民事案件1089件、刑事案件141件；办结法律援助案件1507件（民事案件1372件、刑事案件135件），比2014年上升62%；为受援人挽回经济损失2273.31万元，其中农民工1017.8万元，增长91%。

打造受援人可根据案件自主选择法律援助工作者替自己辩护的法律援助“点援制”，法律援助中心通过自主报名、从优选择的方式，从全区律师和基层法律服务工作者中，挑选优秀法律人才25人，建立“长寿区法律援助服务大厅值班队伍”，编制法律援助律师、基层法律服务工作者名册，上墙公示。区法律援助中心实行“首问告知制度”，若受援人提出点援，应向受援人出示点援人员名册，介绍其专业特长和工作表现，指导受援人完成选择点援承办人工作。实行“点援”律师动态管理机制，通过案件抽查、庭审旁听、回访等方式，对办案活动进行全程跟踪。对于服务态度差、受援人反馈有意见的“点援”律师进行清退，保障法律援助工作有序开展。不断吸纳新志愿人员加入，充实壮大“点援”队伍，提高办案质量和服务水平。

畅通特殊人群绿色通道，对387名受援人再次申请法律援助的受援人，免予审查经济困难条件，继续加强与残联、民政衔接，完善2015年度的法律援助困难群众数据库，为55名残疾人、50余名低保户（五保户）免予审查经济困难条件，提供法律援助。2015年受理申请法律援助的农民192件、农民工273件、未成年人123件、妇女346件、残疾人33件、老年人85件。严格执行法律援助有关规定，严肃处理违反法律法规、管理制度的行为，通过网络工作平台、问卷调查或回访、受理投诉举报等途径，加强监督，全年旁听率10%，回访率40%，实现法律援助零有效投诉。扩大法律援助社会影响，利用场镇赶集日、宣传月、“农民工日”和全国法制宣传日等时机节点，发放宣传手提袋、播放法律援助宣传短片等，进行法律援助宣传18次；清查镇（街）工作站和村（社区）联络点的挂牌，重新对6个工作站和197个联络点制作挂牌，在村民（居民）小组设置2302个宣传牌，让法律援助制度家喻户晓。主动与“法治在线”、《与法同行》电视栏目、“村村响”电波栏目等媒体平台，通过“以案释法”的形式，对重点工作和创新做法，进行集中和链式宣传。

配强配好便民服务窗口工作人员，及时更换座牌，推行服务承诺制、首问负责制、限时办结制、援务公开制，推动法律援助便民服务窗口规范化、标准化。重新调整法律援助便民服务大厅律师值班队伍，挑选25名业务过硬、责任心强、年龄不超过60周岁的执业人员进入值班队伍。完善长寿区看守所法律援助工作站建设，明确工作人员、办公场所、工作职责和工作制度，集中组织律师到看守所开展法律咨询、宣传教育等工作，对在押犯人和被告人有法律援助需求的，进行告知应提交的法律援助申请材料和转交。建立区法律援助中心—镇（街道）工作站—村（社区）联络点的三级网络，推进站（点）规范化建设。2015 年，区中心和 18 个镇街工作站受理的法律援助案件全部实现网上申请、受理、审批、指派、结案、监管（其中工作站办理63 件法律援助案件）。

【公证工作】 全年办结各类公证案件3299 件，比2014 年增长11.6%；完成公证业务收费169.24 万元，下降2.7%（其中民事案件类2826 件，涉外类377 件，涉港澳台类58 件，经济类38 件）；办理涉及法律援助的公证案件50 余件，减免公证费5 余万元。围绕区委、区政府中心工作、重点难点项目、民生工程开展公证业务，主动介入晏家片区征地拆迁安置选房等工作，获得区领导、相关部门，以及人民群众的一致肯定。

拓展新型业务，先后为辖区内的重庆泽京新鹏置业发展有限公司、重庆民信建设（集团）有限公司等办理合同公证、抵押证书和保全证据，公证处积极与辖区内的银行、小额贷款公司、房屋登记管理机关联系和接洽，拓展公证业务。

加强队伍建设，有针对性地进行内部培训和座谈；规范内部管理，统一公证受理标准、收费标准和办证流程，做好公证电子系统的录入和管理。强化对公证员的执业管理，完善公证处内部质量管理办法，每月召开一次公证业务会议，每季度组织一次公证质量交叉检查，对在检查中出现的问题，随时纠正和整改。

【司法所建设】 2015 年，利用自有资金，与各街镇党（工）委、政府协调利用街镇闲置用房转作司法所的业务办公用房，先后完成云台、葛兰、但渡、邻封4 镇新的司法所业务办公用房建设。在装修中统一外观、统一上墙制度、统一办公室的配置、统一设置办公室功能，统一对基层司法所业务用房进行装修建设，改善司法所办公条件和环境。

【队伍建设】 开展“学习型、服务型、高效型、创新型、实干型、廉洁型、文化型”队伍创建活动，围绕提高群众满意度和司法公信力，打造“政治过硬、业务过硬、责任过硬、纪律过硬、作风过硬”的司法行政队伍。全面落实党的群众路线教育实践活动“回头看”工作，在全市率先公开承诺为民服务办好“十件实事”。即：“12348”免费提供法律咨询服务；上门调解30 日调结；法律援助实施“点援制度”；减半收取残疾人律师代理费；减收残疾人司法鉴定费；减免弱势群体公证费；促进社区矫正人员再就业；培养千名“法律明白人”；强化政务公开；60 日办结举报投诉。加大督查督办力度，将纪检组、政治处监督电话同“十件实事”一并在窗口单位公示，接受群众监督。将承诺履行情况纳入政务督查，对实施情况进行定期跟踪督办、不定期明察暗访。各司法所、调解委员会上门调解限时调结的各类纠纷1535 件，调解成功率100%，纠纷已全部履行，占全年纠纷的9.52%。截至年底，“12348”法律援助热线接听群众来电146 人次，法律援助受援人自主选择承办律师的民事案件385 件、刑事8 件，通过旁听和回访，受援人非常满意“点援制”服务。长寿公证处2015 年全年为年老、残疾、危重病人等特殊群体上门办理公证56 件；为符合法律援助条件的贫弱群体，减、免公证费用约5 万余元；为年满80 周岁的老年人免费办理遗嘱公证19 件。全区律师事务所为残疾人提供免费咨询36 人次，免费代写法律文书11 件，代理案件22 件，其中按低标准收取代理费案件17 件，免费援助代理案件5 件。司法鉴定所免费提供司法鉴定咨询服务136 人次。主动开展长寿区司法行政满意度民意调查，将群众满意度测评纳入考核。在内部开展“同在岗位上、相差有多远”主题讨论活动，开展“三严三实”走访下访活动，在一个月时间内，区司法局机关全体干部到黄桷湾社区走访下访居民近1500 户，收集各类意见400 余条。在“三严三实”专题教育活动中，局领导上党课1 次，专题中心组学习3 次，局党组中心组每月学习、局机关支部每月学习。邀请云阳县“金牌党课”走进长寿，由“金牌党课”十佳讲师、云阳县委党校副校长余明江进行提高执行力的专题授课；邀请凤城监狱第七监区党支部书记陈益平为区司法局全体干部职工和律师、基层法律服务工作者讲党课。专门制定向辖区群众汇报工作的实施方案，加强与社会各界的沟通交流，定期通过报纸、电视、广播、网络、手机等平台向群众、社会汇报工作，举行民情恳谈活动。聘请来自区委政法委、区检察院、公安局、凤城监狱、律师事务所的7 人担任区司法局行风监督员。2015 年，“一对一”帮扶江南街道龙桥湖村6 户贫困户，由局领导、各科室负责人根据贫困户致贫原因，制定脱贫方案，落实帮扶措施，截至12 月31 日，走访帮扶贫困户20 余次，6 户贫困户全部脱贫。抓好司法行政干部教育培训工作，全年完成市局各类调训任务，自主组织全局性业务培训10余次，参加区委组织部主题培训班9人次，参加市人社局组织各项业务工作培训9人次，组织年轻干部到工作一线参与现场观摩指导，将聘用文职人员一并纳入培训范围。邀请市委党校周矩教授作《追求阳光心态，提升生活品质》专题讲座，解读情商与压力管理。落实党风廉政责任制，全面落实2013—2017年惩防体系工作规划，制定本单位纪检监察和党风廉政建设各项工作方案、《中共长寿区司法局党风廉政建设分工责任制》等工作措施。将党风廉政建设责任目标和内容细化为10个大项目，分解落实到5名局领导班子成员和2个局属单位及机关11个处室，局党组书记作为第一责任人分别与全局24个科、室、处、所中心负责人签订责任书。制订《党政主要领导“五不直管”实施方案》，落实党政一把手不直管财务、人事、行政审批、物资采购、工程招投标。完善“三重一大”事项决策党政正职末位表态制度、科级干部任免制度、财务报销会签制、工程项目票决、党政正职否决制等配套制度。深化纪检干部“转职能、转方式、转作风”工作，及时调整纪检组长的职责分工，局纪检组长不再分管业务工作，主要负责司法行政系统纪检、监察、审计及党风廉政建设工作，强化监督职能。严格落实工作纪律，多次组织明察暗访，实地查看情况，及时通报察访情况，与全局综合目标考评挂钩。严格履行选拔任用干部的监督职责，防止“带病上岗”“带病提拔”，按规定完成区司法局1名副科级领导干部、2名科级非领导干部的选拔任用和任前廉政谈话，做好区司法局4名科级领导干部选拔任用的监督工作。建设长寿区司法局工作绩效考核网络系统，进行日常工作记载、考核分数填报、考核审批等，利用信息化平台上传考核资料，动态展示工作进度。将各科、室、处、所、中心的群众满意度测评情况作为重要内容纳入年终绩效考核。明确规定责任倒查机制和一票否决制，明确规定与公务员年度考核、评先评优等直接挂钩。对考核工作落实情况、考核结果真实性、考核结果运用进行专门督查。明确学习动员、查找问题、落实整改、考核总结四个阶段及时间节点，落实责任。为全局干部职工在区图书馆统一办理图书卡，鼓励干部职工多读书、读好书。在全区司法行政系统内指定责任心强、业务能力突出的骨干同志与新进司法助理员或工作绩效考核落后的司法助理员结成传帮带对子，互帮互助。局主要领导及分管领导分别谈心，约谈和走访相结合，搭建干部职工沟通思想、联络感情的平台。

（谭　龙　陈跃勇）

【监狱管理】 2015年，重庆市凤城监狱（简称凤城监狱）把安全稳定工作作为狱政管理的重中之重，狠抓安全工作“六落实”。即抓监管安全制度落实，重点是“板块位移”“半小时点名”和“民警直接管理”等制度的落实，有力确保防脱逃、防恶性案件工作的落实；抓安全隐患排查落实，实行分监区日排查、监区周排查和监狱月排查的三级排查机制，每月对集中排查出的安全隐患落实责任单位、责任人进行整改，消除安全隐患；抓情报信息掌控落实，全面落实“三级狱情研判”机制、“日搜日解”信息反馈等情报收集制度，查证利用XXX条，利用率XX%；抓处突预案和安保方案落实，全年开展全狱性处突演练XX次，重点开展罪犯劫持人质处突演练，建立了监狱与武警、公安机关的联合处突机制，制定监狱二期工程施工安保方案等重大活动安保方案，确保重大活动期间的监狱安全稳定；抓生产安全落实，继续巩固“国家安全生产标准化二级单位”创建成果，完善安全生产的配套设施，开展岗位责任制建设，把安全生产责任落实到每一个作业区域、作业环节，开展全员安全教育培训，开展“燃气安全治理”“消防安全治理”“危化品安全治理”等专项活动，成立义务消防队，夯实安全生产基础；抓信息安全和信访维稳工作落实，建立健全信息安全、信访维稳机制，每个监区及科室确定了信息员，负责所在单位的信息安全、信息畅通。

生活卫生工作主要在做好日常生活卫生工作同时，重点抓罪犯的物品供应、生活卫生、食品安全等工作，建立一套罪犯生活卫生管理标准，全面推行入监罪犯“零带入”制度，合理保障罪犯后勤物质所需。凤城监狱与重庆市疾控中心、重庆市精神卫生中心、长寿区卫生局、长寿区食药监局、长寿区医保中心、长寿区人民医院、长寿区第三人民医院等单位签订帮扶协议，经多方协调，将罪犯就医纳入城镇居民医疗保险，保障罪犯合法权益。

教育改造主要抓好四个强化工作。即强化个别教育，推行“一犯一策”的个别教育方案，实行监狱、家庭和罪犯三方共同参与的“三维”教育改造新模式；强化主题教育，增强教育改造针对性，重点加强依法治国、社会主义核心价值观教育，全年开展5个主题教育，编制X个活动实施方案和XX万字的教育辅导资料；强化心理矫治，在各监区每个罪犯小组中，设置XXX名罪犯心理互助员，完成罪犯心理健康档案建档率XX%，顽固犯、危险犯心理咨询面或干预面XX%；强化特色教育，推行“一（监）区一特色”教育文化，在二监区打造“孝”文化、四监区打造“礼”文化、七监区打造“善”文化；引入社会资源，深化社会帮教、亲情帮教、回馈社会等活动，鼓励服刑人员对社会各界进行现身说法，全年举办XX场次，有XXX人次的社会人员受到教育。

刑罚执行深入贯彻落实中政委〔2014〕5号文件精神、司法部关于《监狱提请减刑假释工作程序规定》和《暂予监外执行规定》等规章制度，坚持公开、公平、公正的原则，严格提请减刑假释、暂予监外执行各环节的条件和程序。2015年办理减刑、假释案件XX次，办理假释X件、减刑XXX件，刑事奖励面XX%；依法办理保外就医X件；依法收押罪犯XXX人，刑满释放XXX人，做到没有一例违规收押、释放。精心组织抓好年度特赦工作，严格按照特赦条件、范围、对象，已报法院裁定并予以释放，圆满完成特赦任务。扎实开展狱务公开工作，按照市司法局要求，落实狱务公开内容、公开范围，有效提高监狱公正文明执法工作透明度。

劳动改造着力提高劳动改造运行质量，推行“5SA”管理模式，规范劳务现场管理。精选电子线圈、耳机加工、键盘组装、机电项目等四大支柱项目，提供劳动岗位XXX个以上，实现罪犯上岗率XX%。截至年底，完成劳务加工产值XXX万元，与2014年同比增长X%以上，全面完成经济任务指标。深入开展罪犯职业技能培训，已组织XXX名罪犯参加国家职业技能鉴定考核，获证率XX%；组织各类岗位技术培训XXX余人次，获证率XX%。开展“一季度一主题”的劳动技能比拼活动，对评选出的劳动能手，给予相应的奖励，有效调动罪犯的改造积极性。

环境后勤保障正式启动监狱迁建二期工程建设，年底前进入工程主体施工阶段。推进实施全市四防一体化“技防工程”和全市监狱信息化一期工程“两个市级工程”建设，主要完成视频会议系统、网络安全系统、车载单兵系统等建设工作。完成AB门楼改造工程以及技防设施设备建设，按照监狱相关部门需求设计，完成AB门的安防系统、会见系统、狱务公开系统施工设计工作。后勤保障能力明显增强，监狱经费财政保障到位，经费管理使用更加规范；出台会务管理、公务接待4个方面的制度，精简办文、办会，强化行政经费资源节约管理，节能降耗工作得到更好落实。

队伍建设常抓民警思想教育，利用监狱党委班子的中心组学习、一般民警的支部学习，进行思想政治、理想信念教育。强化班子建设，以开展“三严三实”教育活动、“爱岗位 守纪律 尽责任”等专项活动为抓手，重点抓好党委班子建设，严格落实党委议事规则；强化二级班子的作风建设，把各级领导干部深入一线工作情况纳入监狱考核。优化二级班子队伍结构，选拔副科级领导干部XX人。加强教育培训，深化“3＋X”教育培训模式，丰富培训方式，着力加强民警职工理论知识、业务技能、实际操作、综合素质提升的培训。全年组织民警参加各类培训XX次，受训人员XXX人次。落实从优待警政策，全力推进民警职工关注的联建房工程，关心慰问生病住院职工XX人次，组织开展民警职工体检，利用工会、团委群团组织开展女职工三八节登山活动、篮球比赛、“凤城好声音”歌唱大赛、老干部每季度主题活动等形式多样的警营活动。狠抓党风廉政建设，严格落实中央八项规定，严格执行公务接待、用车、会议、培训、学习考察等规定；贯彻落实党风廉政建设“两个责任”，构建“三级”责任体系，强化作风建设和纪律教育；全年开展警示教育活动XX次，上廉政党课XX次、播放警示教育片XXX场。加强对重点时段、重点部位、重点环节的警务督查，开展警务督察XX次。加大执法监督，大宗物资采购、重大工程项目的监督；加大查处力度，年内X名科级干部离岗学习、X名民警诫勉谈话、X名民警违纪被立案查处。

（范城林）

附2015年重庆市凤城监狱领导人名录

党委书记、监狱长：罗　成

党委副书记、政委：杨光权

纪委书记：吴志勇

副监狱长：李泽明（长宁工贸有限公司总经理）
　　　　　李永贵　唐洪毅

政治处主任：刘　洋

长宁工贸有限公司副总经理：雷　伟

森 林 公 安

【概况】 2015年，组织开展“2015天网行动”“查处违规野外用火”“雷霆行动”等严打专项行动，全年林区无重特大案（事）件发生。查处林业案件140件，其中刑事案件8件、行政案件131件、治安案件1件，涉林案件侦破查处率达到95%以上；打击处理各类违法犯罪人员144人，收缴木材75.5立方米，收缴涉案野生动物150条（只），为国家挽回经济损失160余万元，林区禁毒持续保持“零种植、零产量”。

（陈炯莉　廖　欣）

武警长寿区中队以“强军战歌”鼓舞士气

武 装

重庆市长寿区人民武装部

【概况】 2015 年，重庆市长寿区人民武装部（简称区人武部）按照高举旗帜铸军魂、创新驱动促转型、军民融合创特色、改进作风树形象的工作思路，稳中求进、开拓创新、强基固本、守住底线，深化拓展军事斗争准备，加快推进民兵建设转型，区人武部全面建设和全区民兵预备役工作取得长足进步，被重庆警备区评为践行强军目标先进单位，1 名基层武装部长、1 个基层人武部分别被评为优秀专武干部、先进基层人武部。

【思想政治建设】 2015 年，区人武部深入开展“三严三实”专题教育整顿，狠抓“学习践行强军目标，做新一代革命军人”主题教育。专题教育整顿取得实效，坚持党委统揽，分级负责，成立活动领导小组，制订实施方案，搞好干部职工的思想发动，廓清模糊认识，增强内在动力；利用民兵整组、集训时机，在机关干部中开展“当兵锻炼、蹲连住班”活动，坚持每月为民兵进行一次专题辅导；开展配合活动，组织人员到长寿区廉政教育基地和凤城监狱、经开区、凤城街道等单位参观科学发展成就；5 月 14 日，高质量召开部党委民主生活会，大家聚焦主题、开展批评与自我批评，保证会议质量，受到工作组的好评。思想政治教育形式不断丰富，精心组织主题教育，发展专武干部和基层民兵成为主题教育的授课人，针对基层官兵、职工以及民兵等不同层次人员开展教育，以“严守党的政治纪律和政治规矩”为主题，开展党委中心组理论学习，重点加强党的十八届五中全会精神、《廉洁自律准则》和《中国共产党纪律处分条例》的学习；及时为官兵职工排忧解难，“一对一”的做好单个人员的思想工作。严格落实民兵政治工作规定，以刊授教育为主阵地，开展民兵思想政治教育。“肃清郭伯雄徐才厚案件影响”工作全面彻底，组织全体干部职工原文学习上级文电精神，对各类资料、文件、电子文档进行全面清理，召开肃清郭伯雄徐才厚流毒专题组织生活会，组织“严守政治纪律、永葆政治本色”的党课辅导，确保每名官兵认清清理清查工作的极端重要性、必要性和紧迫性，彻底肃清郭徐流毒影响。

【军事斗争准备】 坚持以军委主席习近平“能打仗、打胜仗”要求为统揽，着眼全区民兵预备役建设实际，确立战斗力这个唯一标准，狠抓战备训练落实。推进战备标准化建设，构建“三级”应急指挥和应急力量体系，规范“1 小时反应”流程，每季度不打招呼组织 2 至 3 个基层人武部带任务背景的应急分队战备拉动演练，提高常态化战备水平；4 月，修订完善各类战备应急预案，结合整组工作组织凤城街道和川维的民兵应急分队进行点验，开展基于实战条件下的拉动和演练，补充完善民兵应急力量专用装备器材。在部机关重点开展共同课目、实弹射击、公文写作、参谋业务等训练，提高抢险救灾、维稳处突和组织指挥能力，1 月，组织“开训周”活动，掀起军事训练热潮；3 至 4 月，选派人员参加警备区参谋集训；5 月，选送民兵骨干参加警备区工兵防化专业集训，其中 1 名同志被评为优秀学员；4 月，组织枪械分解结合训练和实弹射击考核，赴涪陵进行手榴弹实弹投掷训练；5 至 6 月，组织 6 名专武部长参加警备区专武部长轮训。按照“三个快于、四个第一”要求，高效整合军地资源，开展针对性实战化训练演练；6 月，在长寿湖组织水上救援分队训练；6 月和 12 月，分两批组织民兵骨干集训，主要进行防暴训练、整组及征兵工作业务培训、野外拉练和轻武器射击训练。应急队伍建设按照“够用、管用、实用”的原则优先建设，常态使用，结合社情、民情、灾情特点，各街镇重点抓好应急救援分队建设，依托长化和川维专业优势重点抓好防化训练基地建设防化救援分队建设，依托长寿湖镇地缘优势重点组建水上救援分队；组织以反恐维稳和水上救援为内容的应急分队集训。民兵编制结构严格程序和标准，按照民兵建设转型要求，探索在非公有制经济组织中编组民兵思路，按照定编、定位、定人、定装的标准，优化应急队伍、支援队伍和储备队伍的民兵编制结构；3月中旬，组织全区专武干部培训，主要进行民兵预备役法律法规、业务知识、战备方案、民兵整组、兵员征集动员等业务知识的学习；到6月初，完成全区基干民兵和普通民兵整组任务，对部分街镇民兵应急队伍进行点验，巩固整组成果。征兵质量围绕确保新兵质量，减少身体退兵，杜绝政治性问题退兵这个重点，严格按标准做好新兵体检和政审工作，认真落实廉洁征兵相关制度，广泛接受群众的监督，全区没有发生一例违规违纪的人和事，无一起责任退兵，圆满完成新兵征集任务；体检合格率、大学生士兵比例较之2014年有大幅提升。

【党管武装工作】 区人武部党委一班人坚持以上率下，严格落实“抓本级、严自身”要求，以身作则、廉洁自律、树好形象，发挥领导干部的模范带头作用。班子建设求自律，重点抓好班子成员对《军队党委工作条例》、民主集中制等制度的落实，党委核心领导地位和作用得到增强；及时组织党委“一班人”学习“两项法规”，掌握具体内容，理解精神实质，对照警备区党委提出的刚性要求，逐条逐点进行梳理整改。抓好党风廉政建设，贯彻落实上级纪检政法工作会议精神，班子中没有发现违纪违规现象。干部队伍管理求严格，注重工作中对干部进行帮带和培养，以工促训，开展结对子比学习、比工作、比能力等竞赛活动，继续抓好创建学习型机关活动；突出无盲点管理，对工作、学习、生活秩序进行规范，着重加强“两个以外”的管理，坚持在制度落实和责任追究上较真斗硬，确保干部队伍的健康成长。双重领导求坚持，坚持党管武装原则，认真落实双重领导、双向兼职、党委议军、第一书记现场办公等各项工作制度，坚持每年一次区委武装委员会、区国防动员委员会会议，研究解决武装工作遇到的重要问题；区委书记周勇上半年到人武部现场办公，参加“三严三实”专题教育整顿活动的民主生活会；区长赵世庆下半年到征兵体检站慰问参加体检工作的官兵、医生和应征青年，做好履行党管武装职责的表率；严格落实双重领导，坚持请示汇报制度，做到凡是重大问题有请示、有汇报，凡是区委、区政府安排的工作有落实、有回音。

【从严治军】 2015年，区人武部不断总结在依法从严治军和安全管理上存在的疏漏和不足，着眼建立从严管理的长效机制，将工作分工进一步细化，落实到人头，确保每一项工作都有专人负责办理，有专人检查督促。安全管理坚持把贯彻安全工作条例与安全常识教育、节日战备教育结合起来，抓好安全教育、安全形势分析会等制度的落实；开展“条令条例学习月”活动，增强干部职工纪律意识、安全意识和责任意识；开展驾驶员教育整顿，组织官兵职工观看交通事故警示教育片，学习新交规，强化驾乘人员文明行车、安全行车的意识。建设营区全时段、全角度视频监控，合理布局设置消防器材，严防突发事故；认真组织营院隐患排查整治，重点对水电气、办公楼、公寓楼、食堂等场所消防设施进行拉网式检查，确保营院基础设施安全可靠。进行干部思想调查活动，开展大谈心活动，摸清干部职工在深化国防和军队改革过程中的真实想法，将上级《关于严格深化国防和军队改革宣传纪律的通知》，及时传达到每名干部职工，确保人人严守“五条纪律”底线。

【后勤管理】 财务“大清查”工作以加强作风建设为牵引，从查经费资金流向、查经费支出凭证、查内部接待场所、查预算外经费四个方面，整改票据不正规、超范围使用现金等问题，治虚、治假、治松、治奢，规范财经秩序。党管经费严格落实军队集中采购制度，对大项开支、大宗物资采购和大项工程建设，一律经党委讨论决定，坚持公开、透明原则；搞好资产清查和房地产资源管理专项整治，严格预算外经费管理，确保军队资产不损失、不流失；提高精细化水平，贯彻落实《厉行节约严格经费管理的规定》，扎实开展节约“一粒粮、一升油、一度电、一滴水”活动，创建节约型人武部。

【双拥共建工作】 参与精准扶贫工作，政治委员侯宇生、部长田仁和分别担任但渡镇和凤城街道的主要联系领导，每名干部与对口帮扶的复元村8户困难户结成“一对一”帮扶对子，进行5次走访了解和帮扶慰问，捐助5万余元，帮助扶贫对象建立脱贫项目。发动民兵参与城乡建设，参加植树造林活动，全区各镇（街）武装部组织民兵800余人次，义务植树2500余棵；配合驻地创建文明城区活动，出动官兵和民兵预备役人员300余人次上街义务宣传。开展打击涉军造假、军地平安创建和涉军维权工作，发挥人武部在隐患排查、化解矛盾工作中的纽带作用，维护驻地安全稳定。年内提供法律维权咨询22人次，为涉法军人军属及退伍军人提供法律帮助11次，接待军人军属来信来访19件，调解各种纠纷21起，为维护社会稳定作出积极贡献。

（梁勤勇）

附2015年重庆市长寿区人民武装部领导人名录

部　长：田仁和（大校）

政　委：侯宇生（大校）

副部长、纪委书记：鲜铁军（补遗：2014年4月晋升为上校）

中国人民武装警察部队重庆市长寿区消防支队

【概况】 2015年，中国人民武装警察部队重庆市长寿区消防支队（简称区消防支队）围绕年度工作目标和工作重点，狠抓社会面火灾防控能力和灭火救援实战能力，实现行政执法“零投诉举报”、火灾事故“零伤亡”、部队管理“零事故”、官兵遵规“零违纪”，圆满完成各项重点工作任务。全年支队接出警1300起（其中火警365起，抢险救援174起，社会救助761起），抢救疏散人员1800余人。全区未发生较大以上火灾事故。

【政治工作】 组织建设以“示范基层党组织”创建活动为契机，总结基层部队党建工作规范化建设的经验做法，推进党建工作的正规化建设；党委班子成员深入基层蹲点帮扶调研，指导基层党建工作，组织召开“重管理，紧作风，严纪律”主题民主生活会，促进班子团结有力；开展“帮建支部、帮带干部、帮抓骨干”活动，落实基层党组织七项生活制度，基层党建工作日趋规范。按照政治工作《教育大纲》要求，制订教育计划，组织召开政工例会10次，推门听课10次，推动教育制度的规范化运行；重点开展“践行强军目标，争做新一代革命军人”主题教育、“三严三实”专题教育整顿等活动；开展公安现役部队政治工作会议、总队党委一届四次全体（扩大）会议、全市消防部队政治工作会议等会议精神专题学习，强化官兵的党性意识。创新警营文化，开展读书演讲百人赛、军旅歌曲百首唱、基层政工百事通等活动，为官兵成长成材搭建通道；开展板报评比、“一队一精品”创作等活动，邀请地方书法家协会、文化馆等单位开展文化送警营活动，打造红门影院，丰富官兵文化生活。党风廉政建设开展警示教育活动、消防执法腐败集中整治、清理整顿侵害群众和官兵利益问题、“三清”等活动，组织领导干部集中观看警示教育片《莫伸手》，打造廉政文化墙，打牢廉洁思想基础；与地方建立警地监察制度，通过电台、报刊等媒体向社会作出廉洁执法公开承诺，杜绝以权谋私和惰政懒政现象，全年实现行政执法“零投诉举报”。

长寿消防支队开展消防知识宣传

【监督执法】 抓好火灾防控，年内提请区政府投入180万元对36栋老旧居住建筑进行消防设施改造；筹资650万元拆改经开区、街镇工业走廊聚氨酯泡沫夹心彩钢板4.8万平方米；联合民政、教育、卫生、安监等部门对全区23家社会福利机构、188家学校、41家医院、123家易燃易爆场所开展火灾隐患排查；开展区域性火灾隐患整治、劳动密集型企业治理、冬春火灾防控、夏季消防检查等专项治理工作，依法采取责令整改、“三停”、行政拘留等措施，严格执法，持续净化消防安全环境，检查单位4601家，督促整改隐患5764处；开展火灾预防前置工作，采取“一对一”方式，主动上门为企业提供消防技术服务，热情接待来队咨询群众，坚持“一次性告知”和“延时服务”，更好的服务长寿“三地一中心”建设。消防安全基础工作，开展提高社会单位检查消除火灾隐患、组织扑救初起火灾、组织人员疏散逃生、消防宣传教育培训等消防安全“四个能力”建设，全面应用消防安全“户籍化”管理系统，街镇消防安全网格化管理100%达标；推动火灾高危单位开展消防安全评估和投保火灾公众责任保险，推广建筑消防水压实时监测系统；规范行政服务窗口，落实社会单位分级管理制度、执法例会、“一案一评”制度，定期指导派出所规范列管单位、评审执法案卷，实时通报排名，执法质量显著提高。提高全民消防综合素质，建立热心消防公益事业、举报投诉火灾隐患和扑救火灾奖励制度，牵头举办渝东片区消防安全示范课件评比工作，利用户外大型LED屏幕、楼宇视频、公交车车体喷绘等媒介，开展“七进”消防宣传；通过在长寿日报、长寿电视台开设消防专栏，制作消防公益广告，对“目标人群”进行“长寿消防”微博、微信邀请注册，创新宣传平台。

长寿区消防支队官兵地下洞室救援训练

【灭火救援】　强化战训工作，以实战化训练为主线，突出合成训练，规范作战秩序，结合辖区主要灾害事故类型，开展化学灾害事故救援、绳索救助、水域急救等专项培训，制定地震、抗洪、森林等对象预案，全年修订预案300余份；开展基层指挥员指挥能力考评，二级指挥能力考评通过率100%，基层中队军政主官全部通过总队一级指挥能力考评；开展重点单位“六熟悉”、实战演练和市政消火栓维护管理工作，全年组织支队级实战演练12次，跨区域多力量联合演练4次，提请区政府投入150余万元新建市政消火栓154个；完成本级灭火救援力量编成和等级响应规定制定，全面实行等级调派制度；承办总队级易燃易爆危险品场所灾害事故无预案临机处置实战演练及战术研讨会，提高官兵灾害事故处置能力。强化部队管理，以“两学两创”活动为契机，完善机关管理各项制度，实行每周通报，改进机关办公秩序；严格公务用车集中管理调派制度，为所有编配车辆安装北斗定位终端和行车记录仪，实时检查中队执勤战备情况；落实经常性安全教育和分析、检查制度，严格部队一日生活制度，严查打骂体罚士兵现象，全年未发生士兵擅离部队、警民纠纷、负面舆情等事件。信息化建设按照《通信器材装备建设标准》，完成高清视频会商终端安装工作；组织开展应急通信实战化训练与考核，培养“四会”教练员；定期对电脑进行“体检”，全年未发生“一机两用”、失密泄密等事件。多种形式发展消防队伍，完成长寿湖镇、云台镇政府专职消防队升级任务；完成32名合同制消防队员的招录培训上岗工作，充实一线灭火救援队伍力量；完成政府专职消防队调度终端安装工作，实现接处警统一纳入全区119指挥调度体系。

【后勤保障】　积极争取保障经费，协调区政府落实消防基本保障经费1786万元，实现经费增长26.2%；争取车辆装备专项经费850万元，保证支队重点工作顺利开展；开展财务基础工作集中培训，提高财务人员业务水平；清理支队固定资产，做到账实相符、账账相符；实行零星物资定点采购制度，严把审计关口，压缩行政消耗性经费开支；开展财务大清查工作，完成支队领导干部经济责任审计，财务工作进步明显。加强装备采购、使用、管理，提高装备使用效能，投入850余万元采购4.5吨MAN底盘水罐消防车1辆、MAN底盘抢险救援车1辆、MAN底盘化学事故救援车1辆、政府专职消防队消防车5辆；投入200余万元采购特种器材及个人防护装备、水域救援装备、地震救援车、冲锋舟拖车等实战化装备器材；与专业消防车辆厂家（川消）签订维修保养协议，确保执勤车辆性能良好。完善支队装备巡检机制，多次邀请荷玛特、八爪鱼等厂家专业人员指导培训，提高支队装备维护使用水平，最大限度发挥装备效能。推进队站建设，全面完成支队营房维修改造，协调区政府相关职能部门推进三峡库区综合应急救援中心长寿综合应急救援大队建设，年底前已进入主体施工阶段；结合暖兵工程及示范基层党组织建设要求，全面摸排基层中队营房现状，先后投入450万元完成库室维修改造、营区绿化、篮球场灯光改造、办公场所LED灯改造等工程，完善营区设施，美化营区环境。贴近基层服务中心，增强综合保障能力，组织官兵体检，保障官兵身体健康；调整机关库室功能，改善机关干部住宿条件；更换基层中队老旧办公设施，优化办公环境；完善基层中队文体设施，丰富官兵生活；改造基层中队净水设施，改善饮水条件；主动请缨，独立承担总队易燃易爆危险品场所灾害事故无预案临机处置实战演练保障任务，在实战中锤炼队伍。

（汪　维）

长寿区消防支队特勤中队营区

附 2015 年中国人民武装警察部队重庆市长寿区消防支队领导人名录

政治委员、党委书记：杨　猛（上校）
支 队 长：吴忠刚（上校）
副支队长：黄　进（中校，2015 年 3 月离任）
　　　　　王　刚（中校，2015 年 3 月任）
参 谋 长：陈绍荣（中校）
政治处主任：伍易安（中校）
后勤处处长：徐金国（中校）
防火监督处处长：
　　　　　周　庆（中校，2015 年 7 月离任）
　　　　　郑　植（中校，2015 年 7 月任）

中国人民武装警察部队长寿区中队

【概况】　2015 年，中国人民武装警察部队长寿区中队（本分目简称中队）官兵继续以顽强的战斗作风，过硬的军事技能，出色完成上级赋予的各项任务，受到当地党委、政府和人民群众的高度赞扬，多次受到上级党委的表彰。中队党支部曾先后七次被武警总队表彰为基层先进党支部，中队团支部先后十三次被重庆市团委、区团委和支队团委表彰为先进团支部，中队先后十余次被武警总队、支队表彰为先进中队，连续十四年被评为安全无事故单位，先后八次被总队评为正规化执勤一级单位。

武警长寿区中队应急班比武获得荣誉

【军事训练】　2015 年，中队坚持以任务为牵引，狠抓军事训练，严格按照新《军事训练与考核大纲》的要求，坚持依法施训、按纲施训。以支队勤训轮换为契机，中队总支部把关，针对中队军事训练水平参差不齐、重难点科目训练场地受限，科学安排好带队负责人和参训人员，确保军事训练人员、时间、内容和质量的四落实。坚持把开展专勤训练作为提高官兵执勤综合能力素质的根本办法，狠抓以专勤专哨为主的勤务训练和处置突发事件技术战术演练；加大与目标单位沟通协调力度，设想不同情况，16 次组织方案演练和“两警”（武警、民警）协同演练，着力提高官兵防逃制逃、营区防袭击、处置群体性事件等遂行多样化任务的能力。全年出动兵力 200 余人次，圆满完成春运车站执勤、扑灭山火和 21 起押解任务，受到目标单位和地方政府的高度肯定。

【政治教育】　深入学习贯彻中共十八届五中全会精神以及三级党委扩大会议精神，开展、执勤战备教育、职能任务教育、经常性思想教育和密切内部关系教育。组织全体官兵参观长寿经开区，让广大官兵切身体会到驻地新变化；瞻仰长寿区烈士陵园，组织党团员面向党旗宣誓活动，保持党员队伍的先进性和纯洁性。多次参加驻地建设活动：3 月，区中队参加由区委统一组织的植树活动，植树 150 余株；5 月，发扬雷锋精神组织全体官兵向洪湖学校爱心捐助。

【后勤管理】　中队长期认真学习贯彻《财经纪律十不准》《武警部队后勤管理实施细则》《预决

武警长寿区中队官兵参加全民植树活动

算制度》《会计制度》等财务制度等方面的规定，中队财务管理严格，坚持支部当家、司务长理财制度，落实双主官签字，严格按照财经纪律、财经制度办事，实现“三好五无”目标。中队重视对后勤人员选拔和培养，选拔、热爱本职工作，有一定炊事经验的战士。炊事员齐平是一级厨师，能够在本职工作的同时不断加强学习研究，利用各类集训、培训和到地方烹饪学校学习等时机，不断提高炊事技术。在支队举行的后勤专业兵比武中，齐平获得军需专业第一名，中队获得团体第二名的好成绩。完善“四配套”建设，搞好“三个结合”，即：上级党委帮扶与自力更生相结合、争取地方政府支持与协调目标单位解决问题相结合、努力建设与科学管理相结合，中队“四配套”建设达标，能满足官兵执勤、训练、生活、娱乐需求。全年争取经费50万元用于部队建设和改善官兵物质文化生活。

【行政管理】 严格依法治警、从严治警，部队内部安全稳定，正规化水平稳步提升。深入开展条令学习月活动，按照支队的统一部署和首长每周1次警容风纪检查，2个小时条令学习，3个小时队列训练的要求，组织官兵深入学习条令条例和部队各种规章制度；利用板报、橱窗、网络、条令知识竞赛等多种平台，营造学条令、用条令的氛围。严格部队管理，以“三无安全月”“五个一遍”等活动为载体，开展安全教育、隐患排查和诵读安全警示语、翻安全计时牌、观看安全教育警示片、“安全在我心中”演讲比赛等配套活动，编印《安全法规常识学习重点》口袋书，层层签订安全管理责任状。对安全工作，中队每周讲评、班排每天总结、个人时时自查，形成“人人抓安全，处处讲安全”的良好局面；抓住新兵下队、老兵退伍、“三节两会”等关键时期，注重加强对在外人员、住院病号、个别人的排查摸底，对在外人员建立跟踪管理档案，落实责任制，加强部队管控。

2015年7月，武警重庆支队参谋长看望慰问长寿区中队官兵

【安全管理】 中队牢固树立安全发展意识，把安全工作放在重要位置。在人员的管控上，坚持每天点名，严格落实请销假、查铺查哨、出入营门登记和手机使用管理等制度，在士官队伍中开展专项教育整顿。严格落实禁酒令和“五条硬性规定”，严禁战士饮酒、干部酗酒。在武器装备管理上，严格落实每日清点和“五同”制度；配合支队完成军械普查，规范兵器室的设置，加强动态条件下的枪支管理，做到动枪必请示，用枪必验枪、归库必清点，实现“外部盗不走，内部一人取不出，动用有感知，应急有保障”的要求。在内外关系上，于新兵下队前后，多次开展密切内部关系专题教育，严格落实“四不得”和“六个一”活动，保证内部关系顺畅、官兵友爱。扎实抓好安全防事故工作，针对季节性事故案件的特点，重点加强预防食物中毒、防雷击、防淹亡、防触电、防中暑等环节工作，年内中队未发生一起官兵违反纪律和安全事故。

（陈家远）

附2015年中国人民武装警察部队长寿区中队领导人名录

中队长：柏　结（中尉，2015年2月离任）
　　　　李　银（上尉，2015年2月任）
指导员：沈亮亮（上尉）

人民防空

【民防应急】 2015年，长寿区人民防空加强指挥平台维护管理，确保指挥平台正常运行、信息传输通畅；完成人民防空联合指挥部组织指挥机构方案调整；加强信息保障体系建设，加大通信警报建设力度，推进疏散基地建设，完成人防指挥信息系统数据更新。

【民防训练与教育】 严格执行应急指挥通信年度训练计划，开展信息化条件下人民防空训练，完成应急指挥通信保障分组月训、全网周训等训练、演练活动，组织开展应急预案桌面推演活动，现场展示长寿区人民防空办公室（简称区民防办）处理公共突发事件的机动应急能力和预案的实践性。续建完善“两防一体化”市级示范社区※个。结合“6·5”防空警报统一试鸣放活动开展以“防灾减灾”为主题的民防宣传教育活动。开展人防专业队伍组训第七周期集中训练活动。

【民防工程建设和管理】 开展民防工程建设规划修编工作。该规划根据总规调整完毕，通过第二次专家评审，年底前正在按程序上报区政府审批。加大结建工作审批力度，严格执行应建必建和易地建设费征收的法规政策，确保结建收费增加，加大配套修建防空地下室力度，力求增加防空地下室体量；全年征收易地建设费※万元，在建※个防空地下室※平方米；结建审批率100%。推进公共人防工程的建设力度，※个已完工，正在报市民防办办理竣工验收；※个正在办理前期手续。加大工程质量监督和维护管理，重点抓好在建民防工程的建设监督管理，申请市民防质监站对在建防空地下室开展质量监督，委托区城乡建委质监站对其余在建的人防工程进行质量监督，确保区内民防工程无重大质量和安全事故发生。加大行政执法工作力度，加强执法监督检查、严格执法程序、规范执法行为、加强监督检查，严肃查处不按规定修建防空地下室、拖欠防空工程易地建设费、擅自毁损拆除民防工程和警报器等行为，贯彻落实《人民防空法》和《重庆市人民防空条例》。年内区民防办有执法资格3人，开展执法检查2次，开展法律法规宣传活动2次，自行组织开展法律法规宣传活动1次，无行政执法不作为、错案或执法过错责任。

【平战结合工作】 严格按民防工程安全管理要求，根据《民防工程消防安全标准化管理规范》的规定，在2014年民防工程普查后，继续摸清底数，落实人员和专项资金维护管理公共民防工程，及时整改存在隐患的民防工程，年内维护管理公共工程※万平方米。对民防国有固定资产进行全面清理；与民防工程租赁户签订“民防工程防灾、防火工作目标责任书”，开展民防工程防火安全检查和地质灾害排查，发现安全隐患及时处理，确保民防工程维护管理无安全责任事故发生。加强平战结合开发利用，克服人防工程年代久远、条件差的具体情况，挖掘潜力，创造条件，开展平战结合工作。全年平战结合收入※元。开展人防工程平战转换工作，除早期人防工程外，对完工十年内的人防工程逐步开展平战转换工作，完成率达到90%以上；根据实际情况开展平战转换演练。

【民防机关建设】 区民防办开展机关“准军事化”建设，干部职工钻研业务知识，精通本职工作；严格执行战备值班制度，实行24小时值班；办公秩序井然、纪律严明，无迟到早退、上班上网、吃拿卡要等现象；制定《长寿区城乡建委职能职责管理制度》，各项管理规范高效。加强党风廉政建设，建设项目严格执行招标投标制度，实行建管分离，由平台公司代理建设，向市民防办、区发改委办理审批手续。加强财务管理，做到财务管理规范，内控制度建设完善。完成人防综合数据统计，做到规范、及时、准确。

（刘思岑）

武警长寿消防支队开展消防安全知识进社区活动

经 济

农业和农村经济

概　述

【概况】　重庆市长寿区农业委员会（简称区农委）办公地点位于凤城街道青龙岭7号。2015年有在职干部职工163人，退休干部128人；有厅级干部1人、处级干部16人、科级干部45人，农业技术干部88人（其中农技推广研究员2人，高级职称13人，中级职称40人）；设有6个党支部，有中共党员108人（其中在职党员47人）。机关内设办公室（挂政策法规科、监察室）、计划财务科、特色产业和招商科、粮油和农机管理科（区农机管理办公室）、农业综合开发科（区农业综合开发办公室）、科教信息和扶贫科（区扶贫开发办公室）、行政许可管理科、内部审计科8个科室；下属事业单位有长寿区农业技术科研服务中心、长寿区农业执法队、长寿区农村经营管理站（农村合作经济组织审计站）、长寿区农产品质量安全中心、重庆市农业广播电视学校长寿分校、长寿区水产技术推广站、长寿区农业综合开发服务中心7个单位。管理重庆市长寿区畜牧兽医局、重庆市长寿区农村投资管理中心。

区农委主要职责14项。1. 贯彻执行党和国家关于农渔业和农村经济发展的方针、政策；制定农业和农村经济发展规划，拟定主管产业的发展规划、计划并组织实施。2. 贯彻执行农渔业法律、法规、规章、条例，严格执法，严格依法行政。3. 引导农业产业结构的合理调整、农业资源的合理配置、产业间的综合平衡和产品品质的改善；根据审批权限，负责主管产业建设项目的申报、立项和管理；负责区政府分块下达农业资金的计划、分配和管理工作，配合有关部门做好区农业综合开发和主要农产品进出口计划工作。4. 指导全区农村经济组织的建设与发展；负责农村土地承包合同管理，农村集体财务管理和资产管理；负责农业社会化服务体系建设；指导农渔业产业化经营；指导农民专业合作经济组织建设及农村专业协会建设；负责农村合作经济组织审计工作。5. 负责全区主管产业科研、教育、技术推广及其队伍建设的发展规划和有关政策，实施科教兴农战略；组织农业科技项目的攻关和农业科技成果的鉴定、评审、推广；归口管理农渔科研工作；面向农村、农业、农民指导农业教育、农村干部素质教育培训主农业职业技能鉴定工作；负责农业中级专业技术职称评审工作。6. 负责主管农产品技术标准的组织实施；组织实施主管产业产品和绿色食品的开发、质量监督和管理工作；负责种子（蚕种）、种苗、化肥、农药等农用物资、农业投入品的质量监测、鉴定和执法监督管理；组织监督主管产业方面的国家和行业标准的实施；负责组织长寿区名牌农产品送认工作，实施农业名牌战略。7. 负责全区生态农业和农村可持续发展工作，负责农村能源开发及可再生能源的综合利用；负责基本农田保护区的规划、划定及管理工作；监控土壤地力动态，促进农业可持续发展。依法或根据授权负责农用地、草坡、草山、宜农湿地的管理和农渔业生物物种资源的保护和管理；负责保护水生野生动物和渔业水域生态环境；代表政府行使渔政渔港监督管理的权力。8. 制定全区“菜篮子工程”的规划、方案，并组织实施“菜篮子工程”；参与大宗农产品市场本系建设，促进农产品流通，指导农业信息系统建设；收集、预测并发布主管产业产品和农业生产资料供求情况等农村经济信息。监督、指导、主管农产品质量检测。9. 主管全区植物检疫（不含森林植物检疫）工作，发布疫情并组织扑灭。10. 组织实施农作物高产优质良种繁育、试验、示范及推广工作；负责全区农渔业新技术推广和培训工作；负责新品种的运用和高产优质品种的开发，推进农业产业结构调整进程。11. 组织实施全区果品开发工作，突出沙田柚、夏橙拳头产品的开发，形成以沙田柚、夏橙为拳头，其他优质水果相配套的果品产业经济结构；指导沙田柚等名优水果专业合作社建设；组织抓好果品生产管理，开发市场，搞活流通。组织实施全区蚕桑业生产开发工作，指导蚕桑基地建设。12. 负责种植业、渔业、蚕桑业等主管产业的行业管理和农业科研所、国有良种场、站的管理。13. 管理局属企事业单位的党政工作和精神文明建设，监督局属企事业单位国有资产保值增值，行使局属科研、教学、技术推广、生产等单位国有资产权代表职能；按照权限管理局属企事业单位人事、劳动、机构编制工作；指导有关社会团体为农业经济发展服务。14. 承办区委、区政府和上级业务主管部门交办的其他事项。

区农委有下属事业单位7个。1. 长寿区农村经营管理站（农村合作经济组织审计站），属于区农委下属的参照公务员管理事业单位。主要职责是承担农村土地承包及承包合同管理工作、农民负担监督管理、农村集体“三资”管理；指导家庭农场、农民合作社等 农村经营主体发展。具体职责5项：承担农村土地承包及承包合同管理工作，承办农村土地纠纷案件仲裁具体事务等；负责农村集体资产和财务管理，指导街镇对村、组的财务审计工作，监督财务公开等工作；承担农民负担监督管理工作。监督管理各项减负惠农政策的落实，治理涉农乱收费、乱集资、乱摊派、乱罚款等行为；负责培育家庭农场、农民合作社、农业企业、专业大户等农村经营主体，指导规范运作；完成上级交办的其他工作。2. 重庆市农业广播电视学校长寿分校，属于农委下属全额拨款事业单位。主要职责是开展农技干部教育，组织实施农业实用技术培训、农技人员知识更新培训、农业行业职业技能鉴定等。具体职责4项：组织开展农业实用技术培训；承担全区农业系统专业技术人员知识更新培训工作；承担农业特种行业职业技能鉴定工作；完成上级交办的其他工作。3. 重庆市长寿区农业技术科研服务中心，属于农委下属全额拨款事业单位。主要职责是负责全区农业新技术、新品种、新机具的引进及试验示范推广和全区农业资源环境管理；指导农业相关产业规划和农技体系建设工作。具体职责7项：负责全区农业新技术、新品种、新机具的引进及试验示范推广，以及农业科技项目的申报、实施等工作；负责全区耕地质量建设，对土壤、农业生态安全进行检测；承担基本农田建设、特色产业、再生能源及生物质能源开发、农业环境保护的规划、计划和实施；承担全区农业技术服务体系人员和农业公共信息及农业技术宣传教育、培训、服务工作；开展农业机具、设施用地等审查及农业科技人才的统计工作；植物病虫害监测、预报、防治及技术指导职责；完成上级交办的其他工作。4. 重庆市长寿区水产技术推广站，属于农委下属全额拨款事业单位。主要职责是负责全区渔业规划、生产技术服务工作。具体职责6项：负责拟订渔业生产、水生野生动植物资源和渔业生态环境保护发展战略、中长期发展规划、年度计划并组织实施；开展水产养殖重大病害的监测、综合防治和水生动物防疫检疫工作；开展水产先进技术和新品种的引进、试验、示范、推广工作；指导基层水产技术服务体系建设；开展渔民教育培训和渔业公共信息服务工作；完成上级交办的其他工作。5. 重庆市长寿区农业执法队，属于农委下属参照公务员管理事业单位。主要职责4项：受法律、法规授权和农业行政主管部门委托履行农（渔）业投入品监管、农产品质量安全监管、渔政渔港监管、农机监理、植物（水产品、蚕种）检疫监管、转基因农产品安全监管、农业环境与资源保护监管等领域的投诉、举报、执法检查和违法行为的调查处理；组织实施法律赋予农业行政主管部门职责范围内的专项整治行动；拟定和实施监管执法范围内的执法监督抽查计划等；完成上级交办的其他工作。6. 重庆市长寿区农产品质量安全中心，属于农委下属全额拨款事业单位。主要职责4项：负责制定辖区内农产品质量检验检测方案；编制辖区内农产品质量检验检测报告，开展农产品质量安全评价，负责全区农产品质量安全检验检测技术指导、培训；承办农产品“三品一标”品牌培育、认证申报及管理工作；完成上级交办的其他工作。7. 重庆市长寿区农业综合开发服务中心，属于农委下属全额拨款事业单位。主要职责是负责农业综合开发项目的规划、申报、立项工作；参与农业综合开发项目的监督和管理。具体职责4项：负责农业综合开发项目的规划、申报、立项工作；开展全区农业综合开发项目的筛选、评审工作；受主管部门委托，开展农业综合开发项目的资金及工程量的监督和管理工作；完成上级交办的其他工作。

2015年，区农委按照保供与增收并重，改革与民生同步，生产与市场衔接的发展思路，狠抓改革创新农业发展模式、狠抓产业提高农业特色效益、狠抓投入汇聚要素资源、狠抓统筹推动均衡协调发展。全年实现农业总产值56.8亿元，比2015年增长8%；农村居民人均可支配收入12058元，增长

11%；均超额完成政府工作报告确定的年度任务目标。

【特色产业体系完善】 继续加大对“1+5+2”特色效益农业产业的扶持力度。全区粮食获得丰收，超额完成市农委下达的目标任务。蔬菜、柑橘、渔业、林果四大主导产业发展成效逐步显现，产量较2014年同期大幅增长。蔬菜播种面积和产量为14940公顷、33.76万吨，比2014年增长5.8%和7.6%。果园面积和水果产量14560公顷、23.58万吨，增长3%和15%，五万亩夏橙老果园改造完成。水产品产量3.39万吨，增长10%；新发展有机水产品4个，总计有10个，占全市12个有机水产品的大半；区内优质水产品率84%。“以粮油产业为基础，柑橘、蔬菜、畜牧、渔业、林果五大主导产业为支撑，中药材、花卉苗木产业为增长点”的长寿区“1+5+2”特色效益农业产业体系建成。

【农业综合执法】 开展农资市场安全检查，按照“绿剑护农行动”执法工作总体部署，在全区范围内开展“春季农资打假”和“秋冬季农资打假”等专项整治行动，出动执法人员1680余人次，执法车辆250余辆次，以种子、农药、肥料质量，产品标签标识、假冒伪造登记证号等违法行为为重点的农业投入品经营市场专项检查整治。检查场镇50余个次，种子批发商19家，检查水稻品种132个、玉米品种143个、油菜品种10余个、榨菜品种9个；检查农药品种470余个、肥料品种60余个等农业投入品；全年抽样送检农资产品120个，其中种子30个、农药40个、肥料20个，监督抽样30个，对违法行为依法进行严厉查处。

加强植物检疫执法检查，开展种子、苗木市场检疫检查。对调入长寿区的水稻种子32批次5480公斤，玉米种子36批次27520公斤，非种用玉米9批次60万公斤，油菜种子4批次400公斤进行检疫复查，涉及水稻品种82个、玉米品种90个、油菜品种6个。检查调入长寿区的柑橘苗8批次24.3万株，李子苗3批次1.4万株，草莓苗4批次5.8万株。开展果品市场检疫执法检查72次，对全区20多家超市、2个水果批发市场进行检疫执法检查，检查内容主要包括是否有植物检疫证书，是否货证相符，销售的果品是否带有检疫性有害生物。

强化农产品质量专项检查巡查，开展农药及农药使用、水产品禁用药物和有毒有害物质专项整治行动、农资打假专项治理行动三大行动。以蔬菜、水果、水产品为重点农产品，加强重点行业、重点区域巡查抽检力度。严厉打击使用甲胺磷等禁用农药，违法使用硝基呋喃类代谢物、孔雀石绿等违禁物质及有毒有害物质，违规使用氧乐果、水胺硫磷等限用农药超范围使用等行为，及时查处不查专柜储存、实名购买登记、进销台账等制度的建立执行情况。加强农产品质量监督抽检。

2015年国家农业部监督抽查花鲢、白鲢等水产品18个，合格率100%。开展水果、蔬菜农药残留抽检300余个，合格率100%。执行休药期管理，全年无农产品质量安全事故发生。全年检查区级以上农业龙头企业50家，农民专业合作社200余家，“三品一标”生产单位检查率100%，重点检查三项记录的执行情况。加强源头管控，全面落实高毒农药定点经营、实名购买制度，对辖区18个街镇的高毒农药定点经营单位进行拉网式检查，重点检查违规经营行为、实名制购买和档案登记情况。

【农业民生】 2015年，完成第一批455人原农技（农机）员养老和医疗补助人员的审核认定工作，发放401人的养老保险一次性补助323.6万元和按月医疗补助80.9万元。牵头办理民生实事“村社便道改造”任务，完成村社便道建设80千米，超额完成任务目标。成功创建“重庆市平安渔业示范区”，成功创建重庆市“平安农机”示范镇1个、“平安农机”示范村11个，全年未发生农机渔船安全事故，未发生因农业执法行为引起的涉访涉诉事件。开展冬春农业科技大培训、扶贫实用技术培训、2015年新型职业农民培训、田间学校培训和农业系统技术人员知识更新及能力提升培训等工作。完善农民利益联结机制。继续推进财政直接支持农民合作社和家庭农场发展试点，农业生产组织化程度稳步提升，全区农民合作社入社成员11.26万户，带动农户11.09万户，农民组织化程度为57.51%。长寿区农民人均可支配收入增长实现“五连快”，“十二五”期间“翻一番”，年均增长率达到15%。

扶贫开发全面启动结对帮扶工作，按照工作力量组织、扶贫对象细化、基础设施完善、产业项目构建、扶贫资源整合、扶贫机制强化、扶贫成果巩固等“七个再精准”和帮扶措施、项目、政策、资金、长效“造血功能”的“五落实”的要求，完成10个“插花”贫困村和6105户贫困户的调查摸底工作。创新实施扶贫培训与就业职业技能培训、与新型职业农民培训、与精准就业订单培训、与企业上岗培训、与扶志培训、与企业后备干部培养“六个结合”精准化“订单”培训，利用区内新型工业高地的优势，帮助304名60岁以下有外出务工意愿的贫困劳动力实现转移就业。创新实施项目前期审批，通过“5个简化”措施，投资总额30～200万元项目的前期审批时间由3个月缩短到1个月；投资9991万元，实施贫困村基础设施建设、产业发展和公共服务体系三大类建设项目155个，新建、拓宽硬化公路81.16千米，新建生产便道（人行便道）98.67千米，整治山坪塘104口、提灌站11个，新建排灌沟渠4千米，整修村服务中心10个，新建改建柑橘基地198.27公顷，蔬菜135公顷，粮油基地66.67公顷，核桃22公顷，枇杷5.33公顷，养殖山羊630余头，蛋肉鸡10.7万余只。项目与资金管理“建账”“议账”“结账”“晒账”的“四步工作法”获得市扶贫办肯定。

2015年7月29日，重庆市扶贫办负责人到长寿督导扶贫攻坚工作。区领导张云平、汤晓强等陪同

【国家认证产品】 2015年，长寿区新增有机食品4个获得国家认证。全区“三品一标”产品总计有47个，其中，无公害农产品29个，绿色食品5个，有机食品10个，地理标志商标3个。

（李燕慧）

2015年长寿区国家认证的“三品一标”产品统计

类别	单位	证书编号	品种	产量（吨）	备注
无公害农产品	重庆市长寿区绿创园蔬菜专业合作社	WGH－11－05335	莴笋	5400	全区无公害蔬菜基地范围内 13983057370（杨林森）
		WGH－11－05336	花菜	2200	
		WGH－11－05337	莲白	9000	
		WGH－11－05338	榨菜	40000	
		WGH－11－05339	冬瓜	4000	
		WGH－11－05340	瓢白	9000	
		WGH－11－05341	空心菜	12000	
		WGH－11－05342	黄瓜	9200	
	重庆市长寿区农业技术科研服务中心	WGH－07－07165	沙田柚	6000	邻封镇、但渡镇
		WGH－07－07164	夏橙	40000	长寿湖镇、云集镇
	重庆市大洪湖水产有限公司	WGH－11－01453	花鲢	150	万顺镇、洪湖镇辖区内 13808365342（田兵）
		WGH－11－01454	白鲢	350	
		WGH－11－01455	翘嘴红鲌	10	
	重庆市长寿区浩湖渔业有限公司	WGH－14－01000	草鱼	20	长寿湖镇 13983275367（叶成伟）
		WGH－14－01001	白鲢	10	
		WGH－14－01002	花鲢	10	
		WGH－14－01003	鲫鱼	1100	
		WGH－14－01004	翘嘴红鲌	1500	

续表

类别	单位	证书编号	品种	产量（吨）	备 注
无公害农产品	重庆市长寿区标杆养鸡股份合作社	WGH－07－09609	鸡蛋	500	葛兰镇 13908304892（左洪杰）
	重庆市地嘉水产养殖场	WGH－14－03323	泥鳅	210	葛兰镇 15310855222（陈学进）
		WGH－14－03325	白乌鱼	100	
	重庆信友水产养殖有限公司	WGH－14－00991	翘嘴红鲌	30	葛兰镇 13114018400（韩成友）
		WGH－14－00992	先科巨鲫	40	
		WGH－14－00993	白鲢	80	
		WGH－14－00994	鲤鱼	53	
		WGH－14－00995	武昌鱼	31	
		WGH－14－00996	花鲢	25	
		WGH－14－00997	胭脂鱼	10	
		WGH－14－00998	岩原鲤	7	
绿色食品	长寿包家寨沙田柚种植股份合作社	LB－18－1311347544A	沙田柚	100	邻封镇 13594122686（傅家国）
	长寿葛藤湾沙田柚种植股份合作社	LB－18－131147539A	沙田柚	60	邻封镇 15823964165（张达明）
	重庆市庄橘柠檬专业合作社	LB－18－1410344083A	柠檬		石堰镇 13608384818（陶剑宏）
	重庆市长寿区树茂果树种植场	LB－18－1407342392A	梨		渡舟街道 15902313586（覃树茂）
	重庆市美高农业投资有限公司长寿分公司	LB－18－1407342081A	葡萄		云台镇 13308325222（谭建华）
有机食品	重庆市长寿区浩湖渔业有限公司	1000GA1300233	鲢鱼	500	长寿湖镇 13983275367（叶成伟）
			鳙鱼	500	
	重庆市大洪湖水产有限公司	1000GA1300165	白鲢	350	万顺镇、洪湖镇辖区内 13808365342（田兵）
			花鲢	150	
			翘嘴红鲌	10	
			甲鱼	0.8	
			鲫鱼	25	
			鲤鱼	50	
			鲶鱼	10	
			鳊鱼	10	
地理标志商标	长寿沙田柚行业协会		长寿沙田柚		邻封镇（沙田柚） 云集镇（夏橙） 渡舟街道（血豆腐） 13609405288（余志鹏）
			长寿夏橙		
	余志鹏		长寿血豆腐		

（重庆市长寿区农业委员会提供）

附：

2015 年长寿区农业龙头企业（大户）名录

重庆杰冠生态农业开发有限公司等 25 家新申报的企业为 2015 年长寿区农业产业化龙头企业、重庆市长寿区和兴源农业开发有限公司等 62 家企业为长寿区农业产业化区级龙头企为监测合格企业（长农领组发〔2015〕5 号）。

2015 年长寿区农业产业化龙头企业监测合格的企业（62 家）

序号	类型	企 业 名 称
1	水果种植类	重庆市长寿区和兴源农业开发有限公司
2		重庆农正农业开发有限公司
3		重庆宏奥农业开发有限公司
4		重庆长寿兴隆华柑橘专业合作社
5		重庆市恒河农业科技有限公司
6		重庆市长寿区福胜夏橙专业合作社
7		重庆市长寿区城郊农贸有限公司
8		重庆秀才湾果蔬专业合作社
9		重庆平伟朝阳农业发展有限公司
10		重庆市长寿区五宝农业开发有限公司
11		重庆东源农业开发有限公司
12		重庆市长寿区富茜农业开发有限公司
13		重庆冬润果蔬产业发展有限公司
14		重庆秀丰农业开发有限公司
15		重庆华浦农林发展有限公司
16		重庆民生农业开发有限公司
17		重庆市测理现代农业有限公司
18		重庆市美高农业投资有限公司长寿分公司
19		重庆泰业农业开发有限公司
20		重庆市长寿区联恒农业开发有限公司
21		重庆舟乘波农业发展有限公司
22		重庆哈维斯特现代农业发展有限公司
23		重庆市业驰农业开发有限责任公司
24	蔬菜种植类	重庆旭鹏生态农业开发有限公司
25	畜禽养殖类	重庆一牛农业发展有限公司
26		重庆市长寿区俊超家禽养殖专业合作社
27		重庆市正品农业发展有限公司
28		重庆荣达建设（集团）有限公司
29		重庆市长寿区源创畜牧发展有限责任公司
30		重庆军牧农业开发有限公司
31		重庆市长源饲料有限公司
32		重庆市长太生猪养殖有限公司
33		重庆市长寿区强惠种养殖专业合作社
34		重庆长水禽业发展有限责任公司

续表

序号	类型	企业名称
35	食品加工类	重庆尚蔬坊饮料食品股份有限公司
36		重庆达沃斯食品有限公司
37		重庆梦怡食品有限公司
38		重庆市顶尖食品有限公司
39		重庆市长寿区成栋食品有限公司
40		重庆兴发新实业有限公司
41	花卉苗木类	重庆市禾丰生态园林有限公司
42		重庆紫耘实业发展有限公司
43		重庆长龙园林工程有限公司
44		重庆海川园林景观有限公司
45		重庆名华园林工程有限公司
46		重庆市长寿区丰慧生态农业开发有限公司
47		重庆隆羚花木有限责任公司
48		重庆同恳农业开发有限公司
49	休闲农业类	重庆长相忆农业开发有限公司
50		重庆立润生态农业有限公司
51		重庆市金洲泉农业开发有限公司
52	水产养殖类	重庆信友水产养殖有限公司
53		重庆启红生态农业开发有限公司
54		重庆市大洪湖水产有限公司
55		重庆环汇水产养殖股份合作社
56	其他类	重庆长龙实业（集团）有限公司
57		重庆市益丰生物肥有限公司
58		重庆维得鲜农业发展有限公司
59		重庆亿茂农业有限公司
60		重庆金地农业开发有限公司
61		重庆协琢农业发展有限公司
62		重庆拓阳科技有限公司

2015 年长寿区农业产业化龙头企业（25 家）

序号	类型	企业名称
1	水果种植类	重庆杰冠生态农业开发有限公司
2		重庆清迈农业有限公司
3		重庆市长寿区桃李农业开发有限公司
4		重庆果然好农业开发有限公司
5		重庆市长寿区多美吉农业有限公司

续表

序号	类型	企业名称
6	蔬菜种植类	重庆市长寿区英英蔬菜种植场
7		重庆市长寿区进冠果蔬有限公司
8	畜禽养殖类	重庆缘梦农业发展有限公司
9		重庆蒙揽农业开发有限责任公司
10		重庆市长寿区标杆养鸡股份合作社
11	水产养殖类	重庆市长寿区鳅之源水产 养殖有限公司
12		重庆市长寿区鱼宝水产养殖有限责任公司
13		重庆昊泓水产养殖股份合作社
14		重庆海倩农业开发有限公司
15		重庆市诚善农业发展有限公司
16		重庆彭戚水产品有限公司
17	休闲观光类	重庆熙润生态农业发展有限公司
18	混合类	重庆澳凯农业开发有限公司
19		重庆市长寿区智保农业开发有限公司
20		重庆皿皿农业发展有限公司
21	食品加工类	重庆穗花食为天粮油有限公司
22		重庆市亚泉食品有限公司
23		重庆豪顺生态农业发展有限公司
24	其他加工类	重庆腾安农业发展有限公司
25		重庆市红红饲料有限公司

（重庆市长寿区农业委员会提供）

2015 年 11 月 4 日，长寿区领导张云平、潘晓林、汤晓强、王永全调研农业产业化基地

现代农业产业基地建设

【概况】 农业基础设施不断改善，2014 年度农业综合开发 780 公顷高标准农田建设项目被市农综办作为全市样板工程；现代粮食生产园区核心区葛兰片区 153.33 公顷高标准基本农田开工建设，村社便道项目完成总任务的 90.9%。农业产业结构不断优化，投入农业产业化补助资金 2000 余万元，改造老果园 933.33 公顷，蔬菜基地 153.33 公顷，新建果树基地 33.33 公顷，蔬菜基地 40 公顷；现代粮食生产园区工厂化育秧大棚建成并投入使用；特种经济作物引种与利用示范园引进优质柑橘品种 6 个；名优鱼类养殖示范项目正式启动，为品种结构的进一步优化打下基础。农业生产组织化程度稳步提升，继续推进财政直接支持农民合作社和家庭农场发展试点，年内新认证家庭农场 115 家、农民合作组织 51 个，全区总计认证家庭农场 398 家、各类农民合作组织 392 个，农民参合率 49.83%。

【现代农业园区建设】 （详见本类目《城乡统筹发展》分目）

（李燕慧）

美丽乡村建设

【概况】 2015 年，长寿区组织实施 2014 年度邻封村、龙河村 2 个示范村项目，总投入 241.7 万元，其中市级财政 100 万元，区级财政 85 万元。在邻封镇邻封村魏家河坎修建亲水步道 2725 米，安装太阳能路灯 40 盏，安装休闲桌椅 22 套，修建休闲观景平台 9 个，安放垃圾箱 6 个；总投资 200.5 万元，其中国家财政补助资金 145 万元。在龙河镇龙河村五组、十组新建人行便道 7.5 千米（宽 1 米，厚 0.08 米），总投资 41.2 万元，其中财政补助资金 40 万元。

实施 2015 年双龙镇龙滩村农民居住环境连片整治项目。总投资 200 万元，其中，市级资金 80 万元，区级财政配套资金 100 万元，镇自筹资金 20 万元。

（李燕慧）

农村经济管理

【农村集体资产管理】 2015 年，长寿区开展农村集体经营性资产量化确权试点。在邻封镇上坪村、邻封镇汪塔村四组、长寿湖镇石岭村三组、江南街道扇沱村三组 4 个核算单位开展量化确权试点。经过资产清理、价值确定、人员界定、量化确权和发证五个步骤，年底前试点已结束。该次试点涉及农户 1440 户，确股人口 4083 人，确权股份 4055.9 股，股权证已发放到每个股民手中。通过农村集体资产股权确认，股民真正取得对农村集体经营性资产的占有权、处分权和收益权。

【农业新型经营主体培育】 截至 2015 年底，全区发展区级以上农业产业化龙头企业 96 家，其中国家级农业产业化龙头企业 1 家即重庆长龙实业（集团）有限公司，市级农业产业化龙头企业 23 家。长寿现代农业园区入驻企业 63 家，其中区内注册的区级以上农业产业化龙头企业 42 家（市级 16 家，国家级 1 家），区外注册的国家级农业产业化龙头企业 2 家（温氏集团、通威集团）。

2015 年，长寿区新发展农民合作社 51 个，比 2014 年增加 15%，占全市的 2.01%（其中股份合作社 13 个，同比持平，占全市的 2.11%）。截至 2015 年 12 月 31 日，全区发展农民合作社 392 个，占全市 25000 个的 1.57%，占全国 14.7 万个的 0.27%，比 2014 年同期增长 14.95%（其中股份合作社 87 个，增长 17.57%）。列重庆城市发展新区第六位，占其新发展数 770 个的 6.62%。按照类别区分：专业合作社 298 个、股份合作社 87 个、专业社联合社 7 个；按照产业区分：种植类 288 个、养殖类 61 个、其他 43 个。入社 11.40 万户，带动农户 11.05 万户，农民组织化程度 49.83%。建成全国示范社 5 个，市级“先进示范社”19 个。

截至 2015 年年底，全区认定各类家庭农场 398 家（其中，种植 199 家，畜牧业 43 家，渔业 136 家，种养结合 11 家，其他 9 家，分别占家庭农场总数的 50.00%、10.80%、34.17%、2.76% 和 2.26%），比 2014 年增加 115 家，增长 40.46%；解决农村劳动力 1337 个，户均雇工劳动力 1013 个；经营土地面积 2700.4 公顷，户均 6.78 公顷。

新型农业经营主体	农业龙头企业				农民合作组织	家庭农场
	总计	国家级	市级	区级	总计	总计
全 国						
重庆市	2705	32	625	2705	25000	13400
长寿区	96	1	23	96	391	398

【农村土地管理】 推进农村土地纠纷调解和仲裁，对街镇负责农村土地纠纷调解工作的人员进行培训，明确农村土地纠纷街镇先行调解，把小纠纷控制在村内和街镇内。全年全区农村土地纠纷发生 158 起，已商处 158 起，办结率 100%。仲裁委仲裁多年上访户 2 个个案，通过村、街镇和区仲裁委已化解农村土地纠纷。

开展对街镇负责农村土地流转工作的人员的培训，街镇加强对流转过程的指导，加强农村土地流转合同备案和农村土地流入户的监管，农村土地流转有序推进。

【农业统计】 区农委配合区统计局开展农村居民可支配收入调查户指导，进行农产品产量统计，统计数据科学准确反映全区的农业生产情况和农村居民可支配收入水平。开展农村经济工作统计，及时准确反映全区农经工作成绩和农村改革成果。

【政策性农业保险】 根据区政府《关于在全区开展政策性农业保险试点工作的通知》（长寿府办发〔2013〕90 号）精神，明确专人负责对农业政策性保险联系和监管，农业政策性保险有序推进。2015年已有水稻866.67公顷、玉米733.33公顷、柑橘2666.67公顷、油菜19.24公顷、渔业87.8公顷参加农业政策性保险，生产风险得到化解。

（李燕慧）

种 植 业

【粮油生产】 2015年，全区粮食播种面积69066.67公顷，产量37万吨，其中：中稻22800公顷，平均亩产543公斤，较2014年增产2.4%；再生稻4666.67公顷，平均亩产115公斤，增产10%；玉米播种面积12600公顷，平均亩产480公斤，增产3%；红苕播种面积12333.33公顷，折粮亩产250公斤左右，增产6%；小春粮油作物播种面积10666.67公顷，产量3.06万吨，增产1%（其中油菜播种面积5333.33公顷，平均亩产143公斤）。全年推广主栽水稻品种5个，分别为Q优、渝优、2优、T优及宜香优品种。

推进项目工作，实施“水稻、玉米万亩高产创建”项目，分别在海棠建立水稻千亩核心示范片1个，云台玉米百亩核心示范片1个。通过项目实施，水稻示范片中稻平均亩产608.9公斤，较全区中稻平均亩产543公斤增加12%；玉米示范片平均亩产527公斤，较全区玉米平均亩产487公斤增加8%。实施2015年长寿区产油大县奖励资金项目，在云台、海棠、邻封3个镇建油菜高产示范区一千亩，在葛兰、石堰、云台等镇渝巫路沿线建油菜高产示范带三千五百亩，集中采购油菜种子（鼎油杂3号、油研57）7506公斤。年底前，全区种植油菜十万亩，进行直播和育苗移栽，推广“免少耕（机耕）、配方施肥、一促四防（即油菜促后期荚果形成，防菌核病、花而不实、分段结实、高温逼热）”等节本增效劳动强度小、工序少的技术，加强田间指导，苗期生产茂盛。协助开展“现代粮食园区”建设及“基层农技体系项目”工作。在云台镇八字村进行“工厂化育秧”和机耕、机插秧、抛秧、配方施肥、综合防治等高效技术示范，带动全区水稻生产全程机械化。

【果树生产】 2015年，全区果树种植面积25866.67公顷，产量26.61万吨，其中：柑橘21000公顷，产量20.66万吨；伏淡季水果3500公顷，产量3.23万吨；瓜果面积1366.67公顷，产量2.715万吨。

全年实施2014—2015柑橘类项目43个，涉及财政补助资金2021.44万元，新建优质柑橘基地80公顷，实施配方施肥333.33公顷，幼龄果园管护2266.67公顷。柑橘示范推广应用以虫治虫“捕食螨”生物防治技术投放捕食螨54万袋，防治面积1333.33公顷；安装杀虫灯500盏，防治面积1333.33公顷；悬挂色板44万袋，防治面积1333.33公顷；推广绿金生物农药2250瓶，防治面积2333.33公顷。

【蔬菜生产】 2015年全区蔬菜播种面积15000公顷，总产量32万吨，较2014年增长6.6%。全年开展蔬菜类项目17个，涉及财政补助资金459万元。实施蔬菜项目，全区新建蔬菜基地33.33公顷，大力开展无公害蔬菜实用技术宣传培训，印发技术资料近2000份。

【能源建设】 2015年全区农村能源建设依托农村沼气国债项目和世界银行贷款生态家园建设，开展大中型沼气工程和村级服务网点管护运行工作指导。将户用沼气作为新型能源引入普通农户家，利用“沼气—沼液—沼渣”，走出一条“猪—沼—果”模式，创新农业生产模式。2015年全区新建户用沼气1250户，建成乡村服务网点5个，完成养殖小区和联户沼气试点项目工程10个。世界银行贷款生态家园富民工程建设项目全面完成2014年度审计和2009—2015年整体项目绩效评估工作。

【农业工程】 2013—2014年基本口粮田项目完成891.33公顷，修建排灌沟渠21947米，山平塘17座，蓄水池20座，引水池3座，生产便道20359米。在全区17个街镇（晏家街道除外）195个村投资1716万元，建设完成村社便道340.71千米。

【土肥工作】 在全区18个街镇安装测土配方施肥专家咨询系统触摸屏，完成17个镇的测土配方施肥上墙工作；开展水稻、柑橘和蔬菜等粮食经济作物各类田间肥效试验10个；在云台、邻封、双龙等6个镇建成示范片10个，采集送检各类样品350个；完成2014年耕地质量保护与质量提升项目绿肥2000公顷，酸化2000公顷。

长寿区与西南大学、中国农业大学、重庆市农业技术推广总站、湖北新洋丰肥业股份有限公司等技术、研发和生产单位合作，采用柑橘最佳养分管理、果园土壤改良技术和测土配方施肥技术，打造柑橘高产高效测土配方施肥示范推广示范基地

333.33公顷，运用高产高效养分资源综合管理技术成果，创新“政府测土、专家配方、企业供肥、联合服务”的技术推广模式，实现测土配方施肥技术的推广应用。

【农业环境保护】 加强对农产品产地土壤重金属污染治理与修复，因地制宜强化种植业结构调整，提升农产品质量安全保障水平，在全区相继开展农产品产地土壤重金属普查5个大气尘降监测点监测和全区7条主要河流水样监测工作；完成2015年野生植物资源调查、外来生物防除、三峡子系统等三大项目调查统计工作；推进2015年渡舟街道甘蔗村农业环保试点村项目。

【植物保护】 做好全区主要农作物病虫害的预测预报与防治工作，以稻瘟病、纹枯病、螟虫、稻飞虱、稻纵卷叶螟、柑橘红黄蜘蛛等病虫害为主，全年各类病虫害防治面积119.68万亩次，有效防治粮作物挽回损失2013.2万公斤，柑橘挽回损失2028吨。

农作物检疫性病虫害的监测工作做好柑橘大、小实蝇、柑橘溃疡病，稻水象甲及红火蚁的监测和普查。全年发放宣传画5000份，在全区18个街镇180个监测点实施红火蚁监测；设柑橘大小实蝇监测点125个，收集宽带实蝇、黑颜实蝇及南亚实蝇等5500多头。全年监测及普查未发现检疫性病虫害发生。

（李燕慧）

林　业

【概况】 2015年重庆市长寿区林业局（简称区林业局）机关内设科室4个，分别是：办公室，计划财务科，森林资源保护管理科、造林绿化科。有直属行政机构1个，即重庆市长寿区森林公安局，机构规格为正科级；直属事业单位3个，即重庆市长寿区森林病虫防治检疫站、重庆市长寿区林木种苗站、重庆市长寿区林业服务中心；下属事业单位1个，即重庆市长寿区国有林场。

办公室负责文电、会务、机要、档案等机关日常运转工作，承担宣传、信息、安全、保密、信访和政务工作、督查督办、后勤服务、机关及所属单位国有资产管理等工作；指导林业生态文明和生态文化建设相关工作；负责所属单位党的建设和领导班子建设工作；承担机关和所属单位干部人事、机构编制、教育培训、队伍建设等工作；负责机关党群工作；负责机关离退休人员管理工作，指导所属单位离退休人员工作。

计划财务科负责机关及所属单位的内部审计及其他专项审计工作；负责林业及其生态建设项目、资金等的审计监督；拟订林业资金使用年度计划；组织、指导林业及其生态建设生态补偿制度的建立和实施；承担林业建设项目、资金的管理监督；负责机关财务管理工作；承担林业统计工作。

森林资源保护管理科负责森林资源保护发展监督管理工作，提出森林及生态环境建设、森林资源保护等政策建议；指导、监督林业行政执法和行政许可，承担行政诉讼、行政赔偿等法律事务；开展林业普法教育，为基层提供法律咨询服务；组织、指导森林资源管理、调查及动态监测；组织编制森林资源采伐限额；监督林木凭证采伐、运输和经营加工；承担林地、林权管理和林地征用、占用的审核工作；负责国有森林资源流转的审批；负责森林资源行政案件稽查工作；负责天然林保护工作；指导木材检查站的建设和管理。指导陆生动物植物的救护繁育、栖息地恢复发展；监督管理陆生野生动植物的猎捕或采集、驯养繁殖或培植、经营利用；负责森林、湿地、石漠化和野生动物类型自然保护区建设和管理；承办生物多样性保护及履约有关工作。承担组织指导林业改革和农村林业发展的工作；组织、指导、监督集体林权制度改革方针政策的落实；指导农村林地林木承包经营及林权管理；指导、监督林权纠纷和林地承包合同纠纷的调处工作，指导基层林业工作机构的建设和管理。指导编制全区林业有害生物防治规划和全区林业有害生物防治、检疫和预测预报工作。组织、协调、指导、监督全区森林防火工作。

造林绿化科负责编制、实施全区林业发展的中长期规划和年度计划；拟订造林绿化的指导性计划；指导以植树种草等生物措施防治水土流失和石漠化治理工作；指导各类公益林和商品林的培育；指导、监督全民义务植树、造林绿化工作；指导国有林场和林木种苗及苗圃的建设；指导退耕还林工作和森林生态建设项目；承担林业应对气候变化的相关工作；组织开展林业科技、技术引进推广、标准质量和有关植物新品种保护工作；承担林业科技成果管理工作；承担林业区域协作、对口支援工作；指导林业招商引资工作；承担区绿化委员会和区森林工程建设领导小组的具体工作。

长寿区森林公安局负责侦破查处破坏森林和野生动物植物资源、湿地资源等涉林案件；指导林区社会治安治理工作；负责林业系统安全工作；具体承担组织、协调、指导、监督全区森林防火工作和区森林防火指挥部的日常工作；负责森林防火安全监督管理工作，制定防范森林火灾的措施和对策；承办上级机关交办的其他任务。

“十二五”期间，长寿区以构建长江生态屏障为生态修复核心，加强森林生态系统、湿地生态系统修复和山系、水系、城周和廊道生态系统修复，构建西山、东山、五堡山生态屏障为骨架，湿地生态网络、交通绿道和城市群森林空间为补充的生态格局。

至“十二五”末，全区林业用地面积66951.64公顷，森林面积64200公顷，比“十一五”末增加15933.33公顷；森林覆盖率增加到45.1%，提升11个百分点，超过预期目标2个百分点，成功创建市级森林城市；全区活立木总蓄积164.4万立方米；森林火灾受害率稳定控制在0.3‰以下，持续保持39年无重大森林火灾发生记录；林业产业快速发展，总产值达到22.3亿元，比“十一五”末的5.7亿元增长299.5%。

【林业民生】 完成4666.67公顷营造林和1200公顷退耕还林任务。参与桃花河污染整治，编制桃花河污染整治水源涵养方案；实施桃花河三号桥东侧绿化项目，栽植桃树、垂柳、桂花等苗木和地被植物，多次接受市区两级人大代表、政协委员视察，受到好评。完成长江后续典型森林生态系统保护项目规划初设。新建一个面积为3.33公顷的义务植树示范基地。清理2012年及以前年度林业项目存量资金，除继续实施外，对多年来不能实施的1125万元存量资金提出新的安排使用意见，报区政府批准同意实施，10个项目全面完成。完成7730公顷退耕还林县级自查，及时兑现直补资金。

2015年3月11日，长寿区领导周勇、张明生、张华、巴川江等参加全民义务植树

【资源保护】 森林保险，完成公益林保险32800公顷，实现长寿区商品林保险“零”的突破。签订商品林保险5600公顷，超目标任务50%；理赔森林保险4起，赔付金额16.05万元，增长46%。

天然林保护，与各责任单位签订森林资源目标管理责任书19份，天然林保护工程目标责任书19份，天保工程直补涉及公益林管护面积29066.67公顷，落实护林人员475名，发放天保直补资金535.13万元。

林地征占用，开展3次清理整治非法占有林地专项行动；主动配合完成经开区钢窗帘线等5个重大项目征占用林地申报，已获市林业局批复面积11.44公顷。

野生动物保护，全年开展大检查2次，依法加强狩猎、养殖、经营审批管理；办理野生动物养殖证14家（其中新办证4家，换证10家），经营加工换证4家。

名木古树保护，完成219株古树名木的登记、鉴定、建档，挂牌前公示工作。

森林病虫害防治，林业有害生物成灾率控制在3‰以下，无公害防治率达到85%以上，种苗产地检疫率100%。松材线虫枯病死株数下降15%以上，其他林业检疫性有害生物灾害得到有效控制。加强监测预报，建立单独考核和经费补助机制，定期进行林分巡查监测预报；提升防治手段，布设979套APF－I型诱剂诱捕器，覆盖面积2000公顷，诱捕

2015年4月，长寿区运用飞机防控林业有害生物

天牛14.6万只；开展飞机施药防治松墨天牛作业1666.67公顷；加强检疫执法，开展为期一个月的“林业检疫宣传月”宣传活动，发放宣传单5000份，宣传袋2000份；开展“利剑2015”专项行动打击检疫违法犯罪行为，查处案件5件，收缴并销毁疫木（含板材）47立方米。

森林防火，全年接火警7起，均为荒火，无森林火灾发生，火警数量比2014年下降20%。区防火办、区林业局常年组成4个督导组，区领导带队明察暗访，全面督查督办，确保工作落到实处。在火灾易发部位路口设立防火检查站（点）157个，475名检查站和护林人员在防火期全部上岗，严格管控火源。新建防火标准化检查站7个。争取市级资金200万元用于建设38.5千米防火通道和林区公路。新设立永久性宣传牌276块、标语6890幅，发放年历20000张、宣传单25000份；防火警戒期间，长寿日报每天刊登防火宣传标语，长寿电视台制作播放3期防火专题宣传片。在高温火险期，利用预警信息平台与气象局联合发布森林火险预警信息15000余条。对7支专业扑火队伍250余人加强扑火知识培训，配足物资。依法查处违规野外用火行为35起。

【林业改革】 林权制度改革突破林业投资瓶颈，在农民承包经营的非规划林地造林地块实行土地经营权和林木所有权“两权”分离，办理“林木权属证明”。鼓励开展林权抵押，继续开展林业贷款贴息，盘活森林资源，全年办理林权抵押8件，融资约9亿元。

林木采伐管理建立差别化的林木采伐管理机制，放宽集体林、人工林、商品林、非林地上的林木采伐管理，严格国有林、公益林、天然林采伐管理。

木材经营加工管理着眼规范管理，简化审批程序，提高办事效率。年内为全区木竹经营加工户集中新办、换证132家。

承接上级下放行政权力68项。依规开展行政权力清理，建议保留201项行政权力，其中行政审批45项（含子项），行政处罚131项，行政征收2项，行政强制10项，行政确认6项，行政裁决0项，行政给付1项，行政奖励2项，行政检查2项，其他行政权力2项。

国有林场改革根据全市国有林场改革实施方案，完善配套改革措施，全面推进国有林场改革，盘活国有林场资源。

【林业执法】 （详见《法治》类目《森林公安》分目）

2015年9月，长寿区林业局开展国庆节前木材市场安全检查

【林业产业】 打造特色林业产业，不断促进一、二、三产业融合发展，实现长寿林业产业大飞跃，2015年产值22.25亿元。第一产业以西山、东山生态园为核心，发展林业特色产业，产值8.1亿元。第二产业以中国家居（木业）产业基地为龙头，培育发展木竹家具及制品制造、锯材、木片加工、人造板制造和森林食品加工企业91家，产值12.4亿元。第三产业以两山一带、楠木院、西山竹海、紫薇花海为带动，发展森林旅游，产值1.8亿元。

结合精准扶贫工作，使用存量资金项目，发展云台拱桥村46公顷核桃基地、长寿湖镇龙沟村33.33公顷柑橘基地、海棠镇建生村33.33公顷枣子特色产业基地，指导洪湖镇五龙村66.66公顷苗圃基地建设。创建市级林业特色产业2家、森林人家3家、林业专业合作社1家。鼓励野生动物养殖，新发展杂交野猪、梅花鹿、蟾蜍、眼镜蛇等养殖场6家。

【基础保障】 开展“三严三实”主题教育，多措并举联系群众助力产业发展和精准脱贫。效能建设常态化，建立数字化档案管理系统，完善相应的公车管理、公务接待、财务管理制度等管理制度，加强规范内务管理。加强信访抓实维稳，新配电脑和扫描仪提升硬件设施，全年处理各类信访31件，及时有效办理31件，查处率和答复率均为100%。

（陈炯莉　廖　欣）

畜牧业

【概况】 重庆市长寿区畜牧兽医局（简称区

畜牧兽医局）是区政府直属正处级事业单位，加挂“重庆市长寿区防治动物重大疫病指挥部办公室”牌子。其前身是1951年成立的涪陵专区兽疫防治队分队，于1957年成立长寿县畜牧兽医工作站，1975年改为长寿县畜牧站，后于1984年成立长寿县畜禽服务公司，于2001年成立长寿县畜牧局，2002年更名为长寿区畜牧局，后于2007年更名为长寿区畜牧兽医局。该局位于凤城街道三峡路18号，是全区畜牧兽医行政主管部门，履行畜牧兽医行政管理职能和畜牧兽医行政执法监督管理职能。内设3科1室，即办公室（财务科、监察室）、人事法规科（畜牧兽医综合执法大队）、畜牧发展科、防疫检疫科（医政药政科）；直属事业单位4个，即动物卫生监督所、动物疫病预防控制中心、畜禽品种改良站、饲料监测管理站；下属事业单位18个，即18个街镇畜牧兽医站。2015年，有职工396人，其中在编人员251人，临聘人员9人，退休人员136人；在职人员中，有研究生12人、本科66人、专科143人，中专及以下30人；35岁及以下44人，36～45岁96人，46～55岁91人，55岁以上20人；高级职称23人，中级职称113人。

2015年，长寿区畜牧系统围绕“稳增长、调结构、惠民生”的工作思路，抓畜牧产业发展、疫病防控、畜产品质量安全等工作，全区畜牧业保持稳定安全。全区畜牧业总产值实现32亿元，其中养殖业产值21.8亿元，比2014年增长11.8%，在全市排名第八位，城市发展新区排名第六位；蛋鸡存栏居全市第一；奶牛存栏和饲料产量居全市第二。畜牧业现代化已具雏形，全市畜牧工作会在长寿召开。

【畜牧产业发展】 全年生猪出栏68万头，家禽出栏1080万羽，蛋鸡存栏550万只，奶牛存栏2300头；肉类产量6.8万吨、禽蛋产量5.0万吨、奶产量4417吨、饲料14万吨。开展标准化畜禽养殖场建设，新（改、扩）建标准化规模场16个；全区年底前有规模猪场238个、蛋（肉）鸡场260个、奶牛场5个、羊场6个，其中国家级标准化示范场5个，猪、蛋（肉）鸡、奶牛、羊的规模养殖比重分别达58.1%、92.5%、98%、68%。推进新型经营主体稳步发展，全年新发展微型企业90个、养猪大户（温氏）26户、家庭农场18个、专业合作社2个。全区有龙头企业21家，微型企业450个，家庭农场41个，专业合作社20个，养猪大户（温氏）37个。逐步完善良繁体系，全区年度前有能繁母猪4.2万头，蛋种鸡9万套，肉种鸡21万套；市级祖代猪场3个、种鸡场2个；温氏新同父母代猪场全面投产，存栏种猪6100头，中华父母代猪场已完成主体工程，天台父母代猪场正在办理开工手续。落实惠农政策，申报生猪调出大县奖励、奶牛标准化场改扩建、南方现代草地畜牧业推进行动、特色效益农业产业链及特色效益农业切块等项目5个，争取项目资金999万元；验收2010—2014年项目14个，兑现项目资金950万元；开展能繁母猪及生猪保险，补助金额264.3万元，保险赔付额267.4万元；实施屠宰环节和养殖环节病死猪无害化处理补贴、重大动物疫病强制免疫副反应补偿、有机肥生产使用扶持等政策，补助资金352.7万元。

【重大动物疫病控制】 开展动物防疫检疫工作，继续保持重大动物疫病清静无疫的成果，确保全区人畜安全。基础免疫全年免疫生猪114.6万头、牛2.0万头、羊1.1万只、家禽1982.1万只，猪瘟、牲畜口蹄疫、高致病性猪蓝耳病、鸡新城疫、高致病性禽流感防疫密度均达到100%，猪、牛、羊免疫标识佩戴率100%，圈舍消毒率100%。强化动物疫情监测及预警，全年监测畜禽规模场520场次（其中，生猪226场次、牛16场次、羊2场次、家禽276场次）和100个包片兽医责任单元，畜禽血清样品37503份；病原学样品1904份，分析评估4次、风险评估2次、预测预警3次，准确掌握疫情动态和免疫状况；兽医工作“三项制度”在全市范围内率先推广。强化检疫监管，全年产地检疫生猪68万头、家禽1080万羽、牛羊1.3万头，产地检疫面100%；屠宰检疫生猪45.2万头，确保畜禽产品上市合格率100%；受理市外引种用乳用动物审批9起，引进种猪450头、奶牛375头、种雏鸡13.6万羽，调运非种用饲养动物23起，生猪1090头、蛋雏鸡34万只、肉牛57头、羊21头；屠宰动物调运备案325批次，备案审核率和检疫审批率100%。防控人畜共患病，全年对5个场群的1819头奶牛开展“牛结核、布病”监测；对9场群180头肉牛和17场群的608头羊开展布病监测；免疫犬只3.5万只。

【畜产品质量监管】 坚持“产出来”和“管出来”两手抓，一手抓投入品监管，从源头保障畜产品安全；一手抓执法监管，打击违法行为。全年检查饲料生产企业9户、饲料经营户92个、兽药生产经营企业50户、动物门诊3户、养殖大户156个；检查奶牛养殖场（户）20个次，抽取30个生鲜乳样品进行“三聚氰胺”等违禁添加物监测，抽检合格率为100%；监督抽检屠宰环节生猪“瘦肉精”样品1410个和养殖环节生猪“瘦肉精”样品22个，全为阴性，抽检合格率100%；监督病死猪无害化处理14099头（其中屠宰环节153头）；办理案件40件，其中一般程序15件、简易程序25件，罚没饲料639公斤、兽药50公斤，罚金16994元，下达责令改正通知书23份，依法吊销《兽药经营许可证》2个，依法申请法院强制执行案件1起，所有案件无行政复议和行政诉讼。全年未发生畜产品安全事故。

【畜禽粪污治理】 （详见《环境保护与管理》类目《垃圾污水处理》分目）

（杨　梅）

渔　业

【概况】 2015年，长寿区渔业养殖面积12490公顷，其中池塘1970公顷（山塘486.67公顷、精养池1483.33公顷），占总面积的15.8%；水库面积8380公顷，占总面积的67.15%（其中长寿湖、大洪湖水面7800公顷，区内其他水库580公顷）。全年水产品产量3.33万吨，比2014年3.08万吨增加2500吨，增幅8.11%，比计划3.0万吨增加3300吨。生产草鱼、鲢鱼、鳙鱼、鲫鱼、鳊鱼等水花34750万尾，比2014年23050万尾增加11750万尾；生产草鱼、鲢鱼、鳙鱼、鲫鱼等大规格鱼种6710吨，比2014年6350吨增加360吨。

【渔业生产】 开展水产养殖实用新技术推广、培训工作。分别在双龙、葛兰、石堰、云集、万顺等镇开展科技赶场和特色渔业养殖技术培训等科技活动，发放《春季鱼病防治方法》《泥鳅养殖技术》《鱼菜共生技术要点》等技术资料2100份。6月25至26日，联合西南大学动物科技学院在区委党校举办“重庆市特色效益水产业关键技术集成示范技术”培训会。会上，林仕梅等专家、教授作“池塘养殖技术创新与实践”“泥鳅养殖技术”“如何配制水产饲料”“乌鳢池塘生态养殖技术”等专题讲座。

调优养殖结构，大力发展特色渔业养殖。推广泥鳅、黄颡鱼、斑点叉尾鮰、鳜鱼、湘云鲫、翘嘴红鲌、岩原鲤、胭脂鱼、大口鲶、中华绒螯蟹、中华鳖等名优品种的主养、套养或混养模式，调优池塘养殖品种结构，探索化解市场风险，提高渔业持续盈利能力。巩固已有的泥鳅养殖基地，定期派员现场技术指导和科技服务，及时解决生产中的疑难问题。在实施特色效益农业（渔业）项目中，优先考虑以名优水产品种生产为主的业主。全年引进推广黄颡鱼、斑点叉尾鮰、鳜鱼、湘云鲫、翘嘴红鲌、岩原鲤、胭脂鱼、大口鲶、中华绒螯蟹、泥鳅、白乌鱼等名特优新品种近2.5亿尾，提高名优水产品比例。全年名优水产品产量2.55万吨，水产品优质率84%。

做好水生动物病害测报工作，水产养殖动物病害测报点5个，测报面积844公顷，测报人员5人，主要测报养殖鱼类的病毒、细菌、寄生虫等病害项目。全年为养殖户提供鱼病预测预报和鱼病防治措施15期。

加强水产养殖投入物管理，推行和强化水产养殖、用药和销售等“三项记录”制度，开展水产品产地检疫工作，建立健全渔业档案，采取不定期的水产品例行抽检，确保全区水产品质量安全。发放渔业“三项记录”1800本。做好农业部、市农委对水产苗种、水产品药残安全抽检，全年水产苗种、水产品药残产地抽检样品36个，全部合格。

池塘水体蔬菜栽培技术示范推广项目在葛兰镇沙河村、枯井村实施，示范规模一百亩，推广规模二百亩。建立示范片68公顷，达到推广池塘鱼单产1620.0公斤/亩、泥鳅单产744公斤/亩、蔬菜（空心菜）单产560公斤/亩以上，亩产值2.6万元以上。项目的实施带动全区一千余亩池塘水体蔬菜栽培技术生产模式，改善全区渔业水域生态环境。实施区级特色效益农业（水产）项目，选取17户水产养殖业主实施，计划财政投资100万元，自筹资金25万元，总投资125万元。改造养殖池塘基础设施，完善进排水、水质净化和废水处理设备，提高名特优新鱼类养殖比例，以高产、高效和无公害为技术要点，提高池塘综合生产效益。

渔业资源增殖放流工作，4月16日，在长江长寿江南码头开展2015年春季长江渔业资源增殖放流。向长江投放3～5厘米、8～12厘米规格的草鱼、鲢鱼、鳙鱼、鲫鱼、鲤鱼、厚颌鲂、中华倒刺鲃鱼种161万尾。

开展渔业养殖保险试点工作，降低渔业养殖风险。广泛宣传，多方发动，长寿区由中财保险和安诚保险两家公司分片受理全区的渔业保险工作。年内全区试点业主15户，保险面积94.47公顷。全年发生渔业保险案件22起，理赔22起，为业主挽回渔业损失11.4万元。

2015年9月16—17日，长寿水产品产地质量安全接受农业部渔业产品质量监督检验测试中心（南京）、市水产品质量监督检验测试中心抽检

【渔业安全】 全年检查渔船安全126次（其中区领导带队检查5次、联合检查13次、区农委领导带队38次，日常检查70次），发现整改渔船安全隐患3起，实现隐患排查整改闭环运行。

实施“渔民生命工程”，为全区121艘渔船、120位渔民配备救生衣242件、灭火器89件。6月26日，在长寿湖水域开展渔船安全应急演练，相关单位30余名人员、6艘渔船、2艘执法监督艇、2辆应急抢险车参加演练，对《渔船安全应急救援预案》的科学性、实战性，对应急救援装备的适用性、安全性，对应急救援队伍的应急反应能力和水上搜救、应急处置事故能力进行检验和完善。

实行禁渔制度，结合“长江流域护渔”“霹雳护渔”“打击非法捕捞”“打击电捕鱼”“清理整治违规渔具”等专项行动。区农委与公安机关衔接开展联合执法行动，收缴作案工具电捕鱼器3套、皮划艇4只、非法捕捞网具44张、渔获物9.5公斤，抢救放生国家二类保护水生野生动物娃娃鱼一条2公斤。

（李燕慧）

水　利

【概况】 2010年，长寿区开展机构改革，原区水利农机局划出农机管理、农机推广培训、农机监理职能，划入原属区市政园林管理局的城市供（排）水行业管理及节水管理职能，组建区水务局。该局位于长寿区凤城街道陈家坡13号，为全区水行政主管部门，主要负责贯彻执行党和国家有关水务工作的各项方针、政策、法规，统一管理、调配水资源，组织水资源开发、利用、保护工作。主要职责是：贯彻执行党和国家水务工作法律法规、方针、政策；拟定并组织实施全区水务工作的法规、政策、发展战略和中长期规划；负责全区城乡防汛抗旱、水资源开发利用保护、供水、用水、节水、排水、污水处理及回用、水利工程建设与安全运行监管、水土保持、灌区建设、水库移民后期扶持等；管理、调配水资源，依法征收水利规费；组织全区水行政执法，协调并仲裁水事纠纷。

区水务局设1室4科（办公室、财务科、水建科、水政科、移民科），机关人员编制22名，机关工勤人员编制3名。局属事业单位6个（区水务投资建设管理服务中心、区水务执法大队、区防汛抗旱指挥部办公室、区水土保持监督所、区移民后期扶持工作站、区水资源和河道管理站），均为财政全额拨款。全局定编171人，年底前在职157人。在职职工中，公务员18人、机关工勤人员2人、参公人员21人、事业编制人员116人。

区水务投资建设管理服务中心成立于2013年11月，为区水务局管理的公益Ⅰ类正处级事业单位。主要职责是：授权范围内水利项目的规划、融资、投资、建设及前期工作；区直管已成小型水利工程安全运行管理工作，对街镇污水处理厂及其他已成小型水利工程安全运行进行业务指导；有关国有资产经营管理；有关项目的聚商选资和企业服务工作；区委、区政府交办的其他工作。中心下设四科八所：综合科、规划发展科、工程建设科、运行维护科和晏家、长寿湖、八颗、葛兰、双龙、云台、云集、新市8个片区水库管理所。核定事业编制91名，在编84名，其中，内设科室16人、晏家片区4人、长寿湖片区7人、八颗片区8人、云集片区3人、葛兰片区6人、双龙片区4人、云台片区16人、新市片区7人，外借13人。

区水务局有局属企业2个（区水碾电厂、区水投公司），合资企业1个（正航公司）。区水碾电厂位于洪湖镇普兴村程家岩，于1977年9月修建，1981年10月投产，是水力发电厂；2015年有在职职工39人，退休职工34人；年发电量650万千瓦，年产值192万元。区水投公司成立于2011年11月，与区水务投资建设管理服务中心合署办公。正航公司成立于2004年4月，由市水投公司和区水投公司共同出资组建，两者分别占股60%、40%；年底前有职工31人，主要实施范家桥和龙门桥水库工程的建设管理。

2015年，长寿区水务工作推进民生实事（农村饮水安全、山坪塘整治）、龙门桥水库工程、长寿湖提引水项目、大江大河和中小河流治理及防汛抗旱等工作。全年完成各类水利投资4.92亿元（中央1.6亿元、市级0.26亿元，区级配套及业主自筹3.06亿元），超额完成市级下达年度计划投资任务。贯彻依法治水管水新方略，加快水利改革，把握水资源管理保护新常态，突出“重规划、夯基础、保安全、惠民生、强管理、促改革、树形象”七个方面。

【水利工程】 “十二五”期间规划的各类水利项目已全面完成，完成投资25.06亿元，水务工作连续多年获全市“禹王杯”综合目标考核和市“农田基本建设”工作先进。2015年区级重点水利项目已全面完成，超额完成年度任务。龙门桥水库是长寿区第二座中型水库，总库容1117万立方米，由坝枢、借水、供水、灌溉工程4部分组成，概算总投资3.75亿元。工程建成后，每年可向长寿经开区提供原水1200万立方米，缓解供水难题。年度任务已全面完成，建成导流洞；大坝填筑达到设计高程310.4米，面板浇筑完成，溢洪道完成进口段、闸室段、收缩段和泄水段混凝土浇筑；完成取水塔施工；借水隧洞掘进600米，开工管理房建设。全年完成投资1.92亿元；总计完成投资4.72亿元，安置人口998人，征地96.07公顷，拆除旧房29.5万平方米。

抓住国家大兴水利契机，广泛调研，多方论证，借助龙溪河大灌区项目建设北城水厂，解决百万人口大城市供水保障问题。水厂选址渡舟街道天桥村，设计供水规模24万吨/天，由长寿湖提水工程、输水管道和北城水处理厂三部分组成。年底前已争取国家资金1.16亿元，完成长寿湖提水工程和长寿湖—北城水厂25千米输水管道铺设，完成城区至新市场镇和八颗片区供水主管9.83千米。北城水厂建设期间，采取两大措施满足城市发展用水：即在渡舟农岗水库新建水厂一座（1200吨/天），铺设供水主管5千米，满足北城阳鹤山片区用水需求；加快推进八颗水厂建设（4万吨/天），建成后与北城水厂管网互通，满足经开区、八颗片区产业发展和北城用水需求，年底前建成供水管道18千米。

【防汛抗旱】 抓好防汛基础，在18个街镇成立防汛抗旱指挥部，建立覆盖全区的山洪灾害防御体系，建成水文监测站点230个，完善实时监测网络，提高预警预报水平，优化防汛应急预案，开展防汛安全检查。加快水库整治，争取国家资金320万元，年内对区内4座小（二）型病险水库进行除险加固，新增蓄水43万立方米。截至2015年年底，对全区66座病险水库进行全面整治，确保小型水库“汛期不垮库，旱季有水灌”。强化抗旱调度，针对受全球极端气候影响，每年均有旱情发生，年内在西山水系水库中调水3次，向桃花溪注水168万立方米，改善流域生态环境。

【水利民生实事】 推进农村饮水安全和山坪塘整治两大民生实事和其他惠民工程，解决6.21万人饮水不安全问题，投资4316万元，建成人饮工程20处，涉及10个街镇41个村，工程已全面完工通水。完成752口山塘整治，完成投资4136万元。务实开展精准扶贫，对口扶贫龙河镇永兴村，同时负责全区10个扶贫村的水利项目扶贫工作，抽调骨干力量，完成结对帮扶23户脱贫，争取国家资金2241万元，建设43个水利项目，解决当地饮水、灌溉、交通等方面的具体问题，改善当地群众的生产生活条件；为帮助永兴村搞好阵地建设，区水务局支持永兴村5万元工作经费。贯彻落实大中型水库移民后期扶持政策，及时兑现移民直补资金，改善库区发展环境，维护库区移民稳定。

【水资源管理】 践行人水和谐理念，推进依法治水进程。水资源管理以“三条红线”为准绳，逐步建立起与用水总量控制相适应的重要取水户监控体系，促进水资源优化配置；完善水功能区划，加强水质监测和水资源保护，严格控制入河排污总量；成立区水质监测站，为全区饮用水源水质达标提供技术保障。水生态建设围绕“碧水、蓝天、绿地”目标，总计投资2512万元，综合治理水土流失面积14.26平方千米。按照桃花河污染攻坚整治要求，区水务局完成桃花河调水增流方案，将龙溪河流域调水进入桃花溪项目纳入市级规划，在“十三五”国家资金落实后即可开工建设，将彻底解决桃花河伏旱期间缺水问题。加强涉河项目和水资源专项执法检查，全年发现各类水事违法行为8起，处理8起，下达责令停止水事违法行为通知书9份，立案查处水事违法案件3件，查处率100%。水事纠纷调处案件1件，调处率100%。

【水务管理】 2015年，长寿区加强基层水利服务机构建设，投入238万元，对12个街镇水利服务站进行标准化建设，实现“五化”要求（即硬件建设标准化、队伍建设现代化、水利建设程序化、水利管理制度化、绩效考核常态化）。完成水利工程清产核资工作，组织各街镇对农村水利集体资产开展全面清理，摸清全区水利工程“家底”，为水利工程量化确权及深化水利工程改革创造条件。完成水利工程量化确权试点工作，年内在邻封镇上坪村、汪塔村开展试点，对水利工程资产进行评估，确保国有资产的保值增值。

【大中型水库移民避险解困试点】 （详见《库区移民》类目《大中型水库移民后期扶持》分目）

【移民后扶工作】 （详见《库区移民》类目《大中型水库移民后期扶持》分目）

（袁美荧）

农机

【农机推广】 推广和引进农机新机具、新技术，推进农业全程机械化，2015年继续抓好农机购置补贴、机插、机耕、机收工作。全区推广补贴农机具1714台（其中：耕整机1042台，拖拉机6台，4行手扶步进式插秧机2台，全喂入收割机6台，20吨进粮食烘干机1台，其他农机新机具657台），补贴资金146.301万元（其中中央补贴资金130.29万元，区级补贴资金16.011万元）。

2015年完成机耕面积70000公顷，水稻机插秧面积7180公顷，其中机插秧作业补贴试点面积95.73公顷；完成机收面积17126.67公顷；完成深松整地作业面积100公顷；重点在新市、云台、石堰等8镇推广水稻机插秧作业补贴试点面积146.67公顷。

【农机执法】 加强农机安全管理，推进“平安农机”镇村创建。全年开展拖拉机道路交通安全检查108天，到镇街安全督查32天，进村入户、田间院坝开展农机检查48天，出动检查人员856人次，检查拖拉机684辆次（其中检查外籍拖拉机513辆次，本籍拖拉机171辆次），劝导教育756人次，责令改正拖拉机违法行为52起，办结使用假行驶证、驾驶证案件5件，简易处罚违法行为案件21件。

（李燕慧）

城乡统筹发展

【概况】 2013年5月17日，重庆市长寿区农村投资管理中心、重庆市长寿区现代农业园区管理委员会、重庆市长寿区现代畜牧园区管理委员会和重庆市长寿区沙田柚种植园区管理委员会整合，成立重庆市长寿区城乡统筹发展管理服务中心（简称区城乡统筹中心）。重庆市长寿农村投资发展有限公司、重庆长寿林业投资有限公司、重庆市长寿区交通基础设施开发有限公司、“农业三园”管委会整合，成立重庆市长寿区农村投资有限公司（简称农投公司）。区城乡统筹中心和农投公司实行一套班子运行。2014年12月8日，根据区编委会（长编发〔2014〕109号）文件，区城乡统筹中心挂牌机构重庆市长寿区现代畜牧园区管理委员会更名为重庆市长寿区农村综合产权流转交易中心。

区城乡统筹中心主要职能有6项：负责组织、实施全区城乡统筹发展重大项目；协调服务农业、林业、水利、农村道路等基础设施建设项目和农业产业化项目的投融资工作；负责监督管理相关国有资产的经营管理；负责相关项目的聚商选资和管理服务等工作；负责推进农村综合产权进场交易等工作；完成区委、区政府交办的其他工作。城乡统筹中心有内设机构5个：综合科、财务资产科、产业发展科、建设管理科、农村产权交易科，核定事业编制28名，其中：主任1名，副主任3名，纪检组长按有关规定配备；内设机构领导职数9名（5正4副）。2014年10月28日，根据区编委会（长编发〔2014〕113号）文件，区城乡统筹中心由区政府办管理的公益一类事业单位类别调整为经营类事业单位类别。截至2015年12月31日，区城乡统筹中心有事业干部23人，其中研究生学历5人，大学本科学历15人，大学专科学历3人。

农投公司主要承担全区农业、农村基础设施建设任务。公司内设办公室、财务融资部、社会事务部、工程管理部、产业发展部、项目计划部、资产运营部、农村产权交易部等8个部室。截至2015年12月31日，有工作人员76人，其中在编人员（中心）23人，聘用人员53人。

2015年，按照全区城乡统筹工作和“三农”工作的决策部署，狠抓各项工作计划与配套措施的组织、落实，全面完成年度基础设施建设与现代农业园区管理服务等任务。2015年负责的政府类、市场类建设项目30个，其中项目前期6个、续建7个（含重大项目6个）、新建17个（含重大项目6个），年度计划总投资58228万元，实际完成投资61038万元，占计划任务的104.8%。

【工程建设】 政府类重大项目完成情况：2015年区城乡统筹中心（农投公司）承担的政府类重大项目7个，年度计划投资28080万元，实际完成投资32200万元，占计划任务的114.7%。1. 全面完成S408桃大路大修工程、S102渝巫路晏家至海棠土桥段及G319线桃花转盘至渝北界段路面改造工程、云大路干坝至大坝段大修工程等建设任务，年度分别完成投资7400万元、6000万元、1000万元。2. 完成洪称路大修工程、但复路改造工程等项目建设任务，年度分别完成投资8000万元、1800万元。3. 有序推进云大路改造工程，其中葛兰大坝场镇段全部完工，云台场镇至石堰镇干坝村段路基工程完成，年度完成投资5000万元。4. 启动现代粮食生产园核心区二期400公顷高标准农田项目建设，其中云台片区200公顷全面完工，葛兰片区和海棠片区正在有序推进，年度完成投资3000万元。

市场类重大项目完成情况：2015年区城乡统筹中心（农投公司）牵头的市场类重大项目5个，年度项目计划投资25000万元，实际完成投资23690万元，占计划任务的94.8%。1. 全面完成标杆合作社60万只蛋鸡示范项目、源创公司2万头生猪和农正公司1.5万头生猪养殖小区等项目建设，年度分别完成投资10000万元、5000万元。2. 完成温氏5000头种猪项目，年度完成投资4000万元。3. 因养殖户发展滞后，温氏15万吨饲料厂项目放缓投资进度，累计完成投资690万元。4. 完成云集镇青丰村、大胜村、邻封镇上硐村、焦家村和凤城街道复元村等农（移）民新村主体施工，年度完成投资4000万元。

一般类项目完成情况：年度完成政府类一般项目投资5148万元。1. 但渡大桥建设工程、凤城街道复元村移民新村环境工程、三峡水库库周绿化项目均已进场施工。2. 长寿区烟坡饮用水水源地一级保护区管护设施建设项目完工。3. 桃东路改造工程、农业园区哈维斯特提灌站和付家凼一级提灌站建设、标杆60万只蛋鸡示范场供水工程、源创猪场入园道路工程竣工验收。4. 但渡镇、邻封镇、八颗街道等7个场镇的二三级污水管网建设任务全面完成。5. 新市镇李家湾农民新村、双龙镇龙滩农民新村交房入住。

【现代农业园区建设】 围绕种养循环示范、乡村休闲旅游、农畜产品加工等方面开展园区招商引资工作，实现协议引资56500万元、到位资金24700万元，超额完成区政府下达的年度任务。继续加强园区产业服务指导，全年开展基地巡查53次，组织技术培训5次，发布技术服务、天气预警、项目申报等信息1000余条，帮助企业实现融资3000万元，争取项目资金620万元。扎实开展园区产业社会化服务工作，全面推广和应用种养业实用技术，成功申报国家农业科技园区。为12家电商提供工作及农产品展示场地，建立园区电子商务中心。协调永久性基本农田划定工作，协调国土部门为园区企业调整设施农业规划用地233.33公顷。建立园区企业重大事项跟踪工作机制，重点对欠薪、欠租、欠款的园区企业进行动态跟踪，及时组织园区所在街镇、区级有关部门开展研判工作，制订资金断链可能引发的社会风险处置工作预案，稳妥解决原木子洋公司、原崇美公司、原沃圣沃公司资金断链引发的社会稳定问题以及原皓鼎公司土建工程引发的深塘湾滑坡遗留问题，启动申请皓鼎公司破产的司法程序。农村综合产权交易中心与重庆银行、中银富登村镇银行、平安保险、大地财保等金融保险机构签订合作协议，完成区、镇（街）两级交易平台建设，完成6单193.33公顷土地经营权交易、鉴证与备案工作。

2015年，现代农业园区入驻企业63家。其中，国家级龙头企业2家，市级龙头企业16家，区级龙头企业20家。出产晚熟柑橘4万吨，蔬菜1.5万吨，沙田柚特级果2500万个、甲级果3500万个，花卉苗木50万株，出栏生猪17万头；存栏奶牛1200头，产奶3000吨，禽蛋产量1.2万吨；生产饲料15万吨，有机肥4万吨，实现产值240000万元。园区农民人均可支配收入2.1万元。

【资产运营】 确保资产管护到位、保值增值。完成园区道路、水利设施、电力设施、户外广告牌等资产的建档工作，按照公益类和经营类进行分类管理，对6处户外广告牌经营权进行拍卖，11处户外广告牌日常管护责任得到落实，与现代农业园区所在的龙河镇、双龙镇和邻封镇以及园区企业建立道路、水利设施、电力设施等资产的管护机制。继续对牛心山、菩提山1333.33公顷林木管护外包开展监管、评估、考核工作，完成化工园区与工业园区森林屏障、“重钢”山体绿化区域733.33公顷的林木管护外包工作。成功申报“长寿区生态屏障区森林资源管护”、“巩固退耕还林”等项目，申请管护补助3334万元，完成森林长寿工程和长江绿化（麻竹、香桂）工程项目的审计工作。完成高速路两旁速生桉综合轮伐权的拍卖，启动长寿区明月山可视范围内非煤矿山植被恢复治理项目前期工作，有序开展长寿区三峡水库库周生态保护带建设项目（一、二期）145.67公顷生态林、经济林工程建设。以林地防火、防病虫害、防盗伐滥伐“三防”为重点，全年新增各类警示标牌300块，协助查处侵占林地行为12起，追缴林地补偿款66万元，确保2667公顷林地林木保值增值。

【项目融资】 按照“保还本付息、保民工工资、保重大项目、保正常运转”的要求，编制、执行农投公司年度、季度、月度资金平衡计划及年度融资计划。对接金融机构，主动开展项目融资工作，创造性地解决融资瓶颈问题，实现融资110000万元，上账68000万元。开展各级补助资金、往来款项的核对、结算、拨付工作，全年还本付息24890万元，支付建设工程款46708万元、森林工程费4433万元，归还整合前后公司借款25381万元。配合市区审计部门、中介公司完成原农投公司、林投公司、交通基础设施公司2014年度会计年报审计工作。

【队伍建设】 在“三严三实”专题教育活动中，组织开展书记上党课、专题学习研讨、民主生活会，建立和完善《公司项目建设联席会议制度》《公司工程项目建设工作经费标准和支付办法》《公司工程项目设计变更管理办法》《公司绩效薪酬考核管理办法》《公司重大工作督查督办办法》等14项制度。落实党风廉政建设和反腐败工作责任，通过廉政谈话、签订党风廉政建设责任书等形式，加强对员工的监督、管理与教育。严格执行“三会一课”、党员领导干部理论学习等制度，全年开展理论学习研讨16次，公务礼仪专题培训10场，发展预备党员2名，转正1名，进一步加强学习型党组织建设。发挥工、青、妇桥梁纽带作用，广泛开展知识竞赛、演讲比赛、职工运动会等群众性精神文明创建活动，提升团队意识。开展党员干部精准扶贫与走访下访社区工作，结对帮扶葛兰镇贫困户20户，走访下访朱家岩社区群众户1501户。持续推进舆情报送与信息宣传工作，《农投动态》编发19期；向区委宣传部舆情信息系统报送信息225条，采用9条；报送重大新闻选题14条，采用1条。

（杨　明）

工业

概述

【概况】 2015年，长寿区工业继续依托长寿经开区、街镇工业走廊"一区一廊"工业经济发展平台，加大对新兴产业的政策和资金扶持力度，加强企业管理和结构调整，保障企业的生产要素，克服全区工业面临的钢铁、化工等行业的周期性调整寻底、经济效益继续低位下行等困难，推动工业经济的发展。全地区规模以上工业总产值完成806亿元，比2014年增长15.9%。其中，经开区、街镇工业走廊规模以上工业总产值分别完成747.4亿元、42.9亿元，分别增长16.1%、70.7%。全年规模以上工业产品销售收入754.6亿元，增长12.7%，实现工业税金及附加14.1亿元，下降15.8%，利润总额-42.1亿元。规模以上工业经济效益综合指数为224.2%，上升6个百分点。完成非公经济增加值302亿元，增长10%；完成中小企业增加值212亿元，增长10%；全地区完成规模以上工业增加值172亿元，增长11.6%，在重庆城市发展新区居第八位，增幅排第七位。

2015年全区完成工业投资260亿元，占市下达计划的123.8%，比2014年增长36.5%；计划工业企业利用外资5亿美元，完成3.4亿美元，占计划的68%，下降16.3%；全区引进项目130个，合同引资510亿元（其中协议引进工业项目100个，协议引资额320亿元）。

在2014年底已经提前完成"十二五"期间GDP能耗下降18%的控制目标，实际完成GDP能耗下降19.21%；2015年完成单位地区生产总值能耗下降1.5%的目标任务。

【主要产品】 2015年，长寿区工业经济发展仍然以钢铁、化工、装备、新材料、电力行业为主。纳入统计的41种主要产品中，比2014年增长的有8种，占19.5%。其中，钢铁产量543.5万吨，下降7.1%；粗钢425.6万吨，下降11.3%；精甲醇产量155万吨，增长15.4%；醋酸乙烯产量46.9万吨，增长7.1%；合成氨产量10.7万吨，增长172%；发动机产量1363万千瓦，增长34.4%；橡胶轮胎外胎产量1590.6万条，增长38.8%；化学药品原药产量2428吨，增长34.8%；发电量30.8亿千瓦时，下降17.6%。

【信息化建设】 （详见《信息业》类目《概述》分目）

【工业经济运行调控】 以年度目标任务为导向，努力克服宏观经济下行压力较大、市场需求持续疲软等严峻形势，有效加强部门间协调和重点企业监测，工业经济保持平稳较快增长。完成市级重点企业运行监测，完成市经信委下达的重钢等5家市级重点工业企业、卡贝乐等2家重点达产企业月度运行监测任务；完成市中小企业局下达的46家中小企业和4家农产品加工企业的月度运行监测任务。做好各项调查研究，分别对重点工业企业用电情况、工业企业融资需求、行业性代表企业发展信心指数、企业减负、特困企业开展调查，掌握工业经济发展走势。

【能源保障】 工业用电运行平稳，无"拉闸限电"现象发生，全年工业用电61.8亿千万时（含自发电），占全社会用电的90%。长寿经开区成为国家首批售电侧改革试点区域之一，电力体制改革迈出新步伐，企业用电成本进一步降低。全年工业用天然气17.5亿方立方米，占全社会用气的97%。页岩气长寿专线建设项目加快推进，多元化供气格局逐渐形成，总体上呈现"供大于求"的用气格局，直供气覆盖面进一步扩大，企业用气成本进一步降低。

【企业服务】 从国家发改委、工信部为长化公司、紫光川庆公司争取到搬迁资本金补贴3.48亿元（其中长化3.17亿元，紫光川庆3100万元）。落实工业用电稳增长政策，全年减收企业基本电费、免收企业临时接电费、免收城市公用事业附加费、落实企业用电奖励资金等超过800万元。帮助重钢股份、长化公司等5家企业成功实现与发电厂电力直接交易，综合用电成本下降6%，全年节约用电成本约950万元。落实天然气稳增长政策，工业用气成本下降0.7元/立方米，下降幅度30%，全区用气工业企业节约用气成本约12亿元。为区内企业争取市级统筹民营专项资金500万元，落实民营专项资金区县切块资金1550万元，争取市级“双百企业”贷款贴息437万元，惠及企业137家。助推企业融资，成功推荐8家企业获得“助保贷”政策性贷款近2000万元。帮助企业解决人员需求和人才培养需求，推荐环松科技等8家企业加入重庆市人力资源服务联盟，从市级层面多渠道解决劳动密集型企业用工难题；组织15家企业30人先后5期参加中小企业高级管理人才培训，帮助企业培养管理人才。加快落实支持工业和信息化发展措施，发挥财政资金的帮扶、引导和撬动作用，促使工业企业降本增效、提档升级。

【项目申报和备案】　全年获得政府项目资金40610万元。其中乡镇企业发展资金75万元，2014年下半年出口信保保费资助资金31.9万元，2015年度重庆市中小企业发展专项资金105万元的资金支持，重庆市2015度工业振兴专项资金200万元，2015年重庆市中小企业发展专项资金30万元，工信部中央专项建设基金项目11个，3个企业获得4.02亿元资金支持。申报重庆市技术创新指导性计划项目4个；申报重庆市中小企业科技成果转化项目6个；获批重庆市中小企业技术研发中心1个。截至12月，为工业投资项目备案32个，计划总投资42131万元。为企业办理所得税收优惠政策所需的国家鼓励类产业确认书13个。

【节能和环保】　帮助重钢、川维、长化等5家重点企业自备发电认定的初审工作，经市经信委组织专家审核全部通过。开展节能宣传周活动，围绕“低碳城市、宜居可持续”主题开展宣传活动。开展重点用能企业节能监督检查工作，全区有24户企业被市经信委确定为重点用能单位。开展川维、长化、三灵化肥等5户重点用电企业电机能效提升和高耗能落后机电设备淘汰的监督检查。开展节能减排项目申报和验收工作。

参与完成全区生态文明建设相关工作任务；组织重庆钢铁集团产业有限公司“环保搬迁废钢加工中心钢渣处理项目”和重庆市渝商再生资源开发有限公司“年产1000万吨废钢铁加工+互联网配送体系建设项目”申报国家资源再生利用重大示范工程建设；推进长化公司环保整体搬迁工作。

【安全维稳】　修改完善“党政同责、一岗双责”责任制，明确生产与安全管理责任，确保安全生产工作分管无空档、无遗漏，全年民爆行业、城镇燃气、长输管线、电力行业未发生安全生产事故。协调解决市政府挂牌督办的24处安全隐患和长寿区自查出的50余处安全隐患，组织全区有关单位、街镇和相关企业召开专题会议2次，对各处隐患进行任务分解，督促落实企业主体责任、街镇属地监管责任。截至年底前，全部完成24处市级挂牌督办安全隐患（较大隐患17处，一般隐患7处）的整改和9处区级挂牌隐患整改。剩下未整改的安全隐患均已落实整改方案、责任单位和配合单位。下阶段将继续会同安监、公安等部门和有关街镇推动天然气管道安全隐患的整治工作。组织开展元旦、春节、“五一”、高温汛期、国庆等节日和特殊时段隐患排查、安全生产月和日常执法检查。截至年底前，出动执法人员189人次，检查和排查电力、天然气、民爆等生产经营单位75家次，查出一般安全隐患161条，重大安全隐患3条，出现场检查记录75份，开出整改指令书61份，责令当场整改129条，限期整改32条，督促整改完毕23条。

结合“三严三实”教育民主生活专题活动，不断开展“大下访”活动，及时化解各类矛盾纠纷，解决信访突出问题，确保全系统生产、生活秩序和职工队伍稳定。全年接待来信来访案件22件，处理21件；接待来人办事250余人次。针对参照事业享受待遇的人员（原乡镇企业录用干部、原长棉厂退休全民干部），原乡镇企业企办室要求享受养老保险、医疗保险工作人员，协助破产办处理原改制企业职工信访等开展信访维稳工作。

（熊　伟）

2015年长寿区规模以上工业企业经济效益

指标名称	单位	2015年	2014年	2015年比2014年±%
规上工业产品销售收入	万元	7545967	6695623	12.7
其中：长寿经开区	万元	6951992	6174060	12.6

续表

指标名称	单位	2015 年	2014 年	2015 年比 2014 年 ±%
街镇工业走廊	万元	413684	249057	66.1
规上工业利润总额	万元	-403803	49885	
其中：长寿经开区	万元	-446079	13607	
街镇工业走廊	万元	29896	18303	63.3
规上工业税金及附加	万元	141021	167405	-15.8
其中：长寿经开区	万元	119658	143938	-16.9
街镇工业走廊	万元	11030	10260	7.5
工业经济综合效益指数	百分点	224.2	218.2	上升 6 个百分点

2015 年长寿区规模以上工业主要产品产量

指标名称	单位	2015 年	2014 年	2015 年比 2014 年 ±%
生铁	吨	3664298	4433513	-17.4
粗钢	吨	4255649	4798137	-11.3
钢材	吨	5434948	5851599	-7.1
精甲醇	吨	1550014	1342682	15.4
醋酸乙烯	吨	468957	438035	7.1
冰醋酸	吨	393367	407334	-3.4
合成氨	吨	107326	39455	172.0
烧碱（折 100%）	吨	148980	128737	15.7
合成橡胶	吨	23070	25720	-10.3
化学纤维	吨	13429	16238	-17.3
合成纤维聚合物	吨	123659	127863	-3.3
发动机	千瓦	13629667	10141080	34.4
橡胶轮胎外胎	条	15906289	11459708	38.8
玻璃纤维纱	吨	221542	212046	4.5
水泥	吨	1406257	1471957	-4.5
化学药品原药	吨	2428	1801	34.8
原煤	吨	169524	502824	-66.3
焦炭	吨	1739122	2023897	-14.1
发电量	万千瓦时	307829	373481	-17.6

（以上统计资料由重庆市长寿区统计局提供）

附：

2015 年度长寿区工业企业年度考评获奖企业

一、2015 年度长寿工业十强企业

国网重庆市电力公司长寿供电分公司
正新橡胶（重庆）有限公司
重庆小康动力有限公司
重庆望变电气（集团）股份有限公司
重庆金维实业有限责任公司
重庆中节能三峰能源有限公司
福安药业（集团）股份有限公司
重庆三杭蒙特费罗电梯部件有限公司

云南水富云天化有限公司重庆分公司
重庆鑫富化工有限公司

二、2015 年度长寿工业发展贡献企业

重庆环松科技工业有限公司
重庆正能实业有限公司
重庆川维林德气体有限责任公司
重庆市映天辉氯碱化工有限公司
重庆凯威混凝土有限公司
重庆渝长燃气自来水有限责任公司
重庆华维实业有限责任公司
威立雅长扬热能（重庆）有限责任公司
重庆天勤材料有限公司
重庆凯林制药有限公司

三、2015 年度长寿工业发展进步企业

重庆新川塔实业股份有限公司
重庆新富林包装材料有限公司
重庆市九龙橡胶制品制造有限公司
重庆博登冶金材料有限责任公司
重庆华彩化工有限责任公司
重庆怡能钢管制造有限公司
重庆鸽牌电工材料有限公司
重庆昊翔纸制品有限公司
重庆市三灵化肥有限责任公司
重庆尚蔬坊饮料食品股份有限公司

四、2015 年度长寿特别贡献工业企业

重庆钢铁（集团）有限责任公司
重庆钢铁股份有限公司
中国石化集团四川维尼纶厂

五、2015 年度长寿出口创汇贡献工业企业

重庆博腾制药科技股份有限公司

（摘自长寿委发〔2016〕5 号）

煤炭工业

【概况】 2015 年，长寿区煤矿实现安全生产“零死亡”目标。按照全市新一轮煤矿整顿关闭工作的统一部署要求，在年内关闭 8 家煤矿企业，淘汰煤炭产能 34 万吨/年，于 2015 年 10 月全部通过市煤管局验收。截至 2015 年 12 月 31 日，全区有煤矿企业 9 家（其中 8 家煤矿正常生产，1 家矿井停工停产），总设计生产能力为 49 万吨/年。2016 年将再计划关闭 7 家煤矿企业。

全区煤矿企业自 2008 年历年年产量为：2008 年 54 万吨，2009 年 76.5 万吨，2010 年 54.6 万吨，2011 年 75.8 万吨，2012 年 50 万吨，2013 年 52.2 万吨，2014 年 26.3 万吨，2015 年 27.5 万吨。

（张福江）

2015 年长寿区保留煤矿分布一览

序号	街、镇	数量（个）	煤矿
1	八颗镇	2	重庆金岳实业集团有限公司 9 万吨/年、重庆市长寿区渝庆矿业有限公司 6 万吨/年
2	云台	3	重庆恒发煤业有限公司云台煤矿 6 万吨/年、重庆市长寿区昇坪煤炭有限公司云台镇大沟煤矿 4 万吨/年、重庆恒发煤业有限公司刘家沟煤矿 6 万吨/年
3	晏家	1	重庆市长寿区金龙煤矿 6 万吨/年
4	葛兰	3	重庆中强煤业有限公司葛兰镇水槽口煤矿 4 万吨/年、重庆中强煤业有限公司葛兰镇龙须沟煤矿 4 万吨/年、重庆中强煤业有限公司葛兰镇石马门煤矿 4 万吨/年

2015 年长寿区关闭煤矿企业名单

序号	煤矿名称	业 主	生产能力	备注
1	重庆中强煤业有限公司葛兰镇老龙洞煤矿	蔡明坤	4 万吨/年	自愿申请关闭
2	重庆金坛煤业有限公司金佛煤矿	戴中跃	4 万吨/年	自愿申请关闭

续表

序号	煤矿名称	业 主	生产能力	备注
3	重庆恒发煤业有限公司王家沟凤凰煤矿	章 良	4 万吨/年	自愿申请关闭
4	重庆市怀丰煤业有限公司	孙怀基	6 万吨/年	自愿申请关闭
5	重庆市长寿区凤城镇复元黄山煤矿	徐再平	4 万吨/年	自愿申请关闭
6	重庆金坛煤业有限公司长寿区但渡桐木煤矿	王 林	4 万吨/年	自愿申请关闭
7	重庆市长寿区昇坪煤炭有限公司滴水岩煤矿	孔宪明	4 万吨/年	自愿申请关闭
8	重庆源顺煤业有限公司	冯 屿	4 万吨/年	自愿申请关闭

（重庆市长寿区煤炭工业管理局提供）

长寿街镇工业走廊职工趣味运动会

工业园区建设

长寿经济技术开发区

【概况】 长寿经济技术开发区（简称长寿经开区）是2010年经国务院批准，由重庆（长寿）化工园区升级的国家级经济技术开发区；2011年4月11日，长寿经济技术开发区管理委员会正式挂牌运行，与重庆重化工园区管理委员会实行一套班子、两块牌子合署办公。是全国循环经济试点园区、国家新型工业化产业示范基地、国家知识产权试点园区、国家化工新材料高新技术产业化示范基地，国家级产业废物综合利用项目示范基地、中国钢产业示范基地、中国十大最佳投资环境园区，连续四年获"中国化工园区20强"称号。

长寿经开区规划管理面积80平方千米（其中国务院批准面积10平方千米，长寿区委托代管70平方千米）；地处长江经济带核心地带，距重庆江北国际机场50千米，毗邻重庆两江新区，重点发展综合化工、新材料新能源、冶金钢铁、装备制造、电子信息五大产业。由晏家、江南、八颗三个组团组成，渝怀铁路、渝利铁路、渝万城际铁路3条铁路及渝长、渝涪、渝万3条高速公路穿境而过；拥有长江岸线21千米，规划泊位47个，设计吞吐能力3288万吨/年。

到2015年年底，长寿经开区已开发面积35平方千米，引进德国巴斯夫、韩国浦项、英国BP等国内外知名企业317户（其中：世界500强22户，跨国公司44户，上市公司49户），合同引资超3000亿元，完成固定资产投资1735亿元（其中基础设施投资222亿元），建成投产企业247户（其中规模以上企业136户）。2015年，长寿经开区面对国际国内复杂严峻的经济形势，千方百计破解发展难题，砥砺奋进，较好实现全年目标任务，确保"十二五"圆满收官。实现规模以上工业产值747.4亿元，比2014年增长16.1%，占全区87.9%；完成工业投资256亿元，连续7年保持150亿元以上，增长40.1%，占全区93.3%；税收25亿元，增长25%，占全区96.4%；到位外资3.7亿美元，连续4年位居重庆4个国家级开发区之首，占全区100%；外贸进出口额12.3亿美元，占全区100%；合同引资348亿元，增长11.8%，占全区的64.2%。荣获中国化工园区20强（排第六位）、中国循环化教育示范基地、2015创建生态文明标杆发展区、中国开发区竞争力最佳案例奖等荣誉称号。

2015年12月14日，创新药物研发与生产基地项目签约仪式。区领导周勇、赵世庆、张明生、张华、巴川江等出席

【"十二五"成效】 经过2011—2015年"十二五"5年的发展，长寿经开区综合发展实力在全国国家级开发区中排名第七十四位（商务部管理序列184家），西部开发区中排名第六位，实现开发建设5个"显著"变化。发展后劲显著增强，5年新引进企业118家（达到企业256家），其中世界500强15家（达到22家），跨国公司35家（达到44家），上市公司28家（达到49家），合同引资1740亿元（达到2656亿元），年均增长30%，形成新的产能2600亿元；建成投产项目156个，释放产能1200亿元；建成院士专家工作站、博士后科研工作站、化工专利数据库、公共检测平台等服务平台，有研发平台23个，拥有科技创新人才630人。产业结构显著优化，化工、钢铁冶金、新材料新能源、

装备制造产业产值比重由2010年的41∶44∶7∶5调整为32∶33∶13∶20；培育形成百亿级企业4家、50亿级4家、10亿级15家。承载能力显著提升，总计开发面积35平方千米，实施征地拆迁1576.53公顷，新增项目用地711.8公顷；基础设施投资196亿元，建成泊位24个，吞吐能力1693万吨；铁路专用线4条，吞吐能力每年2000万吨；建成供水厂4座，供水能力50万方/日；变电站16座，配电总容量2131.5兆伏安（折合192万千瓦）；配气站8座，供气能力37.2亿方；蒸汽管网16千米，道路102千米。对外开放活力显著增强，新引进外资企业38家，合同引资107.3亿美元；总计实际利用外资19.92亿美元，连续5年位居重庆市4个国家级开发区之首；总计实现进出口额50亿美元。“走出去”战略取得突破性进展，国际复合、重钢、望江变压器分别在巴西、江苏靖江、云南昆明建厂；推进设立长寿海关办事处。园区公众形象显著变化，环保设施投资100亿元（含企业），污水管网34千米；配置消防特勤站2座，消防战车16台，污水处理厂4座，处理能力达7.9万方/日，固废处理厂2座，处理能力12.3万吨/年；建成高于国家标准的“装置级、工厂级、片区级、经开区级、河流级”五级事故废水防控系统；建成集安全、环境、重大危险源监控、“110”“119”“120”于一体的应急管理中心；臭气、粉尘问题得到有效整治；在全国国家级开发区中率先开展“责任关怀”行动并取得实效，群众支持企业、企业反哺群众的良好格局正在形成，为MDI等重大项目顺利投运奠定基础。

【招商引资】 引进新项目促进转型升级，采取“签约一批、洽谈一批、储备一批”招商方式推进产业链招商，化工、新材料、装备制造、电子信息等一批产业项目成功入驻。装备制造、精细化工、电子信息三个百亿级以及聚氨酯产业集均取得重大突破。装备制造产业项目39个，总投资113亿元，年产值263亿元；精细化工龙头产业项目1个，总投资100亿元，年产值200亿元；电子信息产业项目2个，总投资113亿元，年产值253亿元；聚氨酯产业项目10个，总投资22亿元，年产值100亿元。

重庆市十大新兴产业——聚氨酯产业招商难中求进。立足于巴斯夫40万吨MDI项目，依托行业协会、专业展会推进聚氨酯产业链招商。成功签约宏国聚材、科顺材料、LG化学等9家聚氨酯企业，项目总投资22亿元，年产值92亿元。

精细化工龙头项目成功入驻。成功引进四川福华集团与重庆化医集团合作建设福华循环经济产业园项目，总投资100亿元，年产值将超过200亿元。

装备制造产业集群项目成效显著。成功引进重庆成元、北京星宇、北京日进等39家汽车零部件企业，总投资113亿元，年产值263亿元。

电子信息产业集群项目取得新突破。成功引进大宗国际石墨烯、世纪之光塑料光纤电子信息产业项目2家，总投资113亿元，年产值253亿元。

【重大项目建设】 持续开展经开区领导联系重大项目制度、项目经理制度，优化工作流程，促进重大项目建设，实现新开工项目35个，新投产项目20个。承担区级重大项目70个，新开工项目31个，竣工项目25个，完成重大项目投资120.73亿元。MDI一体化项目建成投运，一体化及配套项目完成工业总产值50亿元，带动化工、新材料较快增长。

MDI一体化项目建成投产运行。巴斯夫MDI项目9月11日第一批MDI出货销售，实现工业产值3.5亿元。经开区总投资136亿元的厂外配套工程10类20个项目全部建成，晏家生态防护距离搬迁工作完成，为MDI项目投产运行提供可靠保障。

部分项目实现当年签约当年开工目标。世纪之光塑料光纤产业园、小康汽车缸内直喷高性能节能发动机项目、LG化学工程塑料项目等7个项目实现当年签约当年开工建设。

亚太纸业、FINEX两个百亿级项目建设加快推进。亚太纸业项目已开工建设。FINEX项目完成项目供地、环评、能评、稳评和核准批复，等待韩方董事会决议。

2015年12月18日，亚太纸业项目开工仪式。区领导周勇、赵世庆、左永祥等出席

【生产要素保障】 不断深化“企业是衣食父母，服务企业无小事”的理念，全方位帮助企业突围解困、谋发展。用地保障，新增用地指标3.2平方千米，解决LG化学、三河世原等项目用地需要；取得征地批文147.53公顷，完成征迁77.34公顷，完成土地整治266.67公顷，为企业供地18宗137公顷。搭建企业帮扶平台，制定出台《支持工业和信息化实体经济加快发展实施意见》，帮助企业突围解困，兑现企业产业发展资金14.8亿元（其中重钢13亿元）。搭建能源保障平台，与大唐电力、重庆能投、中石化合资组建售电公司、燃气销售公司，为能源保障科学调度奠定基础。搭建企业融资平台，与市园区担保中心、重庆大成担保中心及各银行合作，搭建银政企融资平台，企业融资成本下降1.35个百分点，帮助企业争取流动资金贷款近17亿元，缓解企业融资难、融资贵问题。搭建人力资源平台，制定出台《企业招工补贴方案》，先后与四川省邻水县、贵州省等劳务输出部门建立协调机制，帮助正新轮胎、中橡炭黑、海洲化学等企业招工1700余人。

【安全环保】 持续深入开展安全环保提升年活动，推进本质安全环保，安全环保形势持续向好，未发生较大以上安全环保事故。整体安评环评取得成果，中国安全科学院完成经开区整体安全评价报告，为安全发展提供指导；完成晏家、江南、八颗三个组团规划环评，为重大项目入驻提供环境容量依据。安全专项检查行动持续深入开展，依托中介机构、专家开展执法检查三部曲工作、“8·12”大排查大整治专项安全检查、除隐患保安全专项安全检查等专项安全生产行动，检查企业280余次，排查整改隐患789条。环保“三大行动”、四清四治专项行动持续有效开展，组建扬尘综合执法队伍，实施车辆清洁运输管理、重污染企业粉尘治理、清扫保洁、文明施工管理、网格化管理，粉尘问题得到有效遏制；邀请专家帮助紫光国际、海洲化学、佐能化工制定臭气治理整改方案，企业正在开展深度治理；配合中法水务完成污水处理升级改造工程，给MDI一体化项目按期投运提供保障。应急风险防范体系完善，新建的消防特勤二站、应急管理中心投用，建成环境应急监测站、数字化园区；全面启动公共污水管网可视化改造工作；开展经开区级综合应急演练4次，指导25家企业开展应急演练工作。责任关怀行动持续有效开展，率先在国家级开发区中开展责任关怀行动，已发展会员58家，全年开展责任关怀行动7次，筹集资金20余万元，慰问帮扶困难家庭141户。

【科技创新】 坚持用科技创新推进工业经济上规模、上水平、上质量、上效益，促进转型升级，着力构建现代产业发展新体系，科技创新成效显著。创新基地建设稳步推进，完成创新基地建设立项、环评、选址，正在开展方案设计、土地招拍挂等前期工作及设计单位招标工作。企业研发中心建设推进云天化股份云天化重庆研发中心在长法人化；引进北京紫光制药公司创新药物研发及生产基地项目。创新保障要素加快建设，与中国风险投资有限公司签订战略合作协议并为新兴产业创业投资基金的基金管理公司；人才公寓已完成装修设计公司招标等前期工作。企业创新成效显著，入驻企业重庆望变电气（集团）股份有限公司10kVS13、10kVS（B）H15油浸式电力变压器产品，重庆新川塔实业股份有限公司钢塑复合排水管产品获得“2015年重庆市名牌产品”称号；重庆沈通变压器有限公司的电力变压器获“2015年重庆知名产品”称号；重庆福安药业（集团）有限公司盐酸帕唑帕尼和富马酸替诺福韦二吡呋酯两种新产品以及头孢美唑钠、喹硫平、头孢硫脒3个新药获重庆市重点新产品称号，瑞舒伐他汀钙中间体及制备方法等4项专利获得美国专利授权；莱美药业被认定为2015年度“重庆市技术创新示范企业”，卡纳琳获得“2015中国化学制药行业专利、原研药优秀产品品牌”。

2015年11月23日，小康汽车发动机项目开工仪式。区领导周勇、赵世庆、张明生、张华出席

【“十三五”规划谋划】 2015年，围绕区委、区政府发展目标，认真分析时代背景、长寿经开区发展的阶段性特征和所面临的瓶颈，把握经济发展

的新常态、新形势、新要求，突出创新驱动发展、转型升级发展、绿色和谐发展，科学谋划“十三五”发展规划。指导思想：立足“五大功能区”和“三地一中心”发展战略，以加快转变经济发展方式为主线，走创新绿色和谐发展之路；立足五大产业（化工、钢铁及金属压延、新材料新能源、现代装备制造、电子信息），以“集群式发展”为抓手，做大做强产业规模；立足科技前沿，以“科技创新”为抓手，提升现代化水平；立足企业发展，以“要素保障”为抓手，完善配套服务；立足安全环保，以“制度约束”为抓手，促进和谐发展；努力建成重庆工业高地和国家级综合化工园区。工作目标：到2020年，总计开发面积60平方千米，工业总产值达到2000亿元，比2015年翻一番，其中：化工产业600亿元、钢铁冶金产业600亿元、新材料新能源产业200亿元、现代装备制造产业300亿元、电子信息产业100亿元，生产性服务产业200亿元；实现税收50亿元以上；“十三五”期间完成固定资产投资1000亿元以上，实际利用内、外资总计分别达515亿元、25亿美元以上，进出口总额50亿美元以上；每年新增就业人数6000人；规划期末，规模以上工业企业研发投入占销售收入比重达到1.7%以上，战略性新兴产业产值占工业总产值比重38%以上，节能减排完成市区下达目标任务。

【体制机制保障】 坚持深入调研和结合实际相结合的原则，探索体制机制创新。体制机制进一步理顺，在调研重庆经开区、重庆高新区、两江新区、万州经开区的基础上，根据服务对象、服务内容、服务重点的新变化，对接市区相关部门，形成《关于进一步完善长寿经开区运行管理体制机制的意见》。管理制度进一步精简管用，对全局的规范性、制度性文件进行全面梳理，认真做好废、改、立工作，梳理制度规范28个，重点优化完善服务企业制度、内部工作联系制度、督查督办、财务管理等12个制度规范，实现定人定责、定事定法、定奖定惩的“三定”管理。人力资源进一步优化精干，完成应急中心和土地储备中心的岗位设置，选任科级干部1名，选拔晋升聘用干部3名，公开招聘事业人员2名，招聘新员工18名。

【党建群团工作】 坚持“一流党建支撑一流园区建设”理念，以党建带共青团、工会、妇委会等群团建设。“三严三实”专题教育活动扎实开展，召开经开区“三严三实”专题教育动员大会，制订经开区党工委“三严三实”专题教育方案，确保活动规定动作不走样、自创动作有特色。按组织规定程序完成机关党委、机关纪委、各党支部、机关工会、机关团委换届工作，配备精干群团工作干部；成立长寿经开区企业综合党委，建成非公企业党组织59个，拥有非公企业党员845名。举办“弘扬民族魂 共筑中国梦”主题演讲比赛，激发职工爱国热情和入梦经开区、筑梦经开区、圆梦经开区干事创业激情；组织参加全区第十三届区直机关职工文体活动并取得2个项目第一名，2个项目第二名；组织开展企业劳动竞赛发挥工人阶级主力军作用。开展走访下访和精准扶贫，各党支部定期走访下访了解收集社情民意，分类梳理群众反映的问题，按先重后轻、先急后缓、先易后难的原则，建立台账销号处理，解群众难事，将不稳定因素消化在萌芽状态；收集晏家曹家堡社区居民反映涉及社会治安、环境管理等问题11个，已交办4个；结对精准扶贫户20户。

持之以恒抓党风廉政建设，责任网络体系进一步健全，完成机关纪委换届工作，选配集“财务、人事、工程建设”等敏感岗位于一体的纪检监察队伍，形成“各司其职、分解落实，各负其责、分担奖惩，机关纪委专责、党工委必须负责”的责任网络体系。切实加强制度建设，对招投标管理、合同管理、财务管理、产业发展资金管理、车辆使用管理、重大事项请示报告、公务接待等制度进行进一步规范和补充，做到依制度用权、用制度管人、按制度办事。持续开展“作风强化效率提升年”活动，视企业为衣食父母，着力倡导“今天的事情今天办”，遏制“庸、懒、散、奢”和“吃、拿、卡、要”等不良行为。全年走访调研企业200余次，召开现场办公会60余次，为企业解决急难问题230余件次，帮助企业争取流动资金17亿元。

【长寿经开区大事记】 1月14日，长寿经开区与四川宏国聚材科技股份有限公司5万吨/年HDI、2万吨/年IPDI项目签约仪式在区行政中心举行。

2月17日，经开区安监局获长寿区“安全生产目标考核优秀单位”。

3月10日，长寿经开区主任巴川江会见苏伊士环境中国执行副总裁孙明华女士一行。

4月1日，消防官兵入驻新建的长寿经开区特勤站。

4月10日，重庆睿哲制药有限责任公司正式投产。

7月17日，韩国和信株式会社与长寿经开区正式签订投资协议。

7月23日，北京株龙山汽车配件有限公司落户长寿经开区。

8月24日，北京力标伟业科技有限公司与经开区签订正式投资协议。

8月29日至30日，长寿经开区管委会主任巴川江带队参加在重庆国际博览中心召开的2015亚布力中国企业家论坛夏季高峰会。

9月13日，长寿经开区获评全国2015创建生态文明标杆发展区。

9月19日，长寿经开区管委会主任巴川江会见威立雅（原达尔凯）中国区市政能源板块负责人斯铁里先生（Thierry Stievenard）。

9月28日，LG化学（重庆）工程塑料有限公司举行开工奠基典礼。

10月27日，国家能源局华中监管局副局长银车来一行到长寿经开区调研。

11月6日，秀博瑞殷（重庆）电子材料有限公司正式投产。

11月12日，上海蓝恩控制系统有限公司重庆分公司年产200万条汽车拉丝拉索项目（一期）在长寿经开区正式竣工投产。

11月13日，重庆东银天润仓储有限公司成品油库项目正式开工。

11月18日，杰富意金属容器（重庆）有限公司年产120万套钢桶项目在长寿经开区正式投产。

11月26日，丰卓（重庆）机电有限公司年产1500万件空调外壳项目正式投产。

11月27日，长寿经开区与云南云天化股份有限公司重庆研发中心举行独立法人化签约仪式。

12月3日，重庆盈洪金属科技有限公司年加工8000吨钢檩条、20万平方米彩钢瓦项目正式投产。

12月8日，江苏省环保厅调研长寿经开区环保管理工作。

12月14日，由重庆世纪之光科技实业有限公司投资建设的塑料光纤材料产业园项目在长寿经开区开工。

12月18日，亚太森博（重庆）纸业有限公司高档文化纸项目在长寿经开区开工奠基。

（杨永超）

2015年长寿经济技术开发区管理委员会主任、副主任名录

主　任：巴川江（蒙古族）

副主任：宋　平　肖庆华　冉　洪　涂山全

2015年长寿经济技术开发区管委会内设机构负责人名录

办公室

主　任：张小明

副主任：李发平

经济发展局

局　长：余河海（2015年8月任）

副局长：余河海（2015年8月离任）

　　　　周莉萍（女）

建设管理局

局　长：代柏林

副局长：王益兵

经济运行局

局　长：陈　列

副局长：程　康

环境保护局

局　长：唐雅江

副局长：熊　彬

安全生产监督管理局

局　长：杨　勇（2015年8月任）

副局长：杨　勇（2015年8月离任）

应急管理中心

主　任：徐鲜华（兼）

副主任：何世林　肖书东

财务局

局　长：程学明（兼，2015年6月任）

副局长：舒　畅（女）

土地储备中心

主　任：叶　毅

副主任：陈　跃

团工委

书　记：程　康（2015年8月任）

集团公司

董事长：董泽明（2015年11月任）

总经理：董泽明

副总经理：向红深　张玉书

　　　　　陶伯林（2015年11月任）

胡　军（2015年1月任）

附：

长寿经济技术开发区部分规模以上企业简介

重庆博腾制药科技股份有限公司

重庆博腾制药科技股份有限公司成立于2005年7月，是中国深圳交易所创业板上市公司，2015年市值超过人民币150亿元，是中国CMO行业内的领跑者。公司注册资本10900万元，占地面积196，600平方米，有职工900人，属危化生产企业，安全标准化二级达标。

公司的主要服务内容为创新药提供医药中间体的工艺研究开发、质量研究和安全性研究，主要产品为临床试验至专利药销售阶段的创新药，主要原料有丙酮、甲醇、甲苯、乙酸乙酯、氢气、甲基叔丁基醚等，产能为雷米特尼50吨/年、双呋喃内酯100吨/年、叔丁氧侧链100吨/年、烟碱120吨/年，产品广泛应用于抗艾滋病、抗丙肝、降血脂、镇痛、抗糖尿病等。

公司已成为全球前十五大制药公司中11家的医药定制研发生产服务提供商，拥有国内有效发明专利30件（其中14件已获得授权，16件处于审查中），数十个产品被授予国家863计划、国家重点新产品、国家火炬计划以及重庆市重点新产品等。2015年，公司在长寿经开区实现产值13.77亿元，利润1.35亿元。

云南水富云天化有限公司重庆分公司

云天化集团有限责任公司前身为云南天然气化工厂，始建于1974年，是我国70年代初首批引进国外成套设备建成的13家大型氮肥企业之一。集团拥有总资产200亿元，净资产87亿元，年销售收入100亿元。

云南水富云天化有限公司重庆分公司在长寿经开区投资近20亿元建设的年产6万吨聚甲醛项目，占地19.73公顷，2015年有职工300人，属危化生产企业，安全标准化二级达标。项目一期已建成投产，待项目全部建成后，将突破耐磨聚甲醛、玻纤增强聚甲醛、增韧聚甲醛、黑色聚甲醛等高分子合金改性的关键技术并实现产业化，填补国内特种改性聚甲醛产品多项空白，有望成为国内产能最大、改性产品系列最齐全、专业化的特种改性聚甲醛产品生产企业，聚甲醛产能全国第一，亚洲第二。2015年，公司在长寿经开区实现产值4.63亿元。

重庆斯泰克材料技术有限公司

重庆斯泰克材料技术有限公司于2012年入驻长寿经开区，项目投资1.5亿元，主要研发生产PVP（聚乙烯基吡咯烷酮）系列产品，设计产能5000吨/年，产品主要应用于药品片剂、颗粒、胶囊的黏合剂和崩解剂、注射剂的助溶剂和悬浮剂的稳定剂等，还用于保健品、啤酒、红酒、个人护理、家庭护理、水处理膜和固体胶棒等领域。

公司于2014年6月正式投产，产品的质量及稳定性处于国内领先地位，所有产品质量符合最新版欧洲、美国、日本及中国药典要求及行业标准，获得药用辅料PVP系列产品生产和销售的所有资质：药品生产许可证、GMP审计符合证（欧洲第三方机构）、药用辅料注册批件、欧洲EDQM颁发的CEP证书以及美国DMF注册等。公司与德国瑞登梅尔公司成功合作，建立PVP药品辅料产品在国外医药及食品领域的销售渠道，开创重庆市药品辅料行业中外合资合作的历史先河。2015年，公司实现产值2.94亿元，利润1600万元。

重庆环松工业（集团）有限公司

重庆环松工业（集团）有限公司是以产销摩托整车、摩托车发动机、通用汽油机系列产品的中型民营企业集团，2009年入驻长寿经开区，总资产15亿元。拥有摩托车总装、通用汽油机总装、摩托车发动机装配、冲压、焊接、注塑、涂装等生产线36条，具有年产摩托车发动机80万台、整车60万辆、通用汽油机30万台的生产能力。产品排量覆盖90立方厘米～1000立方厘米，是截至2015年全球ATV/UTV制造商中拥有最完善产品系列的企业之一，是国内第一家向越南出口摩托车的企业，是沃尔玛采购体系的成员。长寿基地于2013年投产，自主研发生产沙滩车、全地形车等产品主要销往欧美等发达国家，是户外运动休闲以及侦查通讯、消防、防爆反恐等专业化小型移动作业平台的重要产品。2015年，公司实现工业产值33亿元，出口创汇1亿美元，利润2300万元。

（以上企业资料由长寿经济技术开发区提供）

重庆市长寿区街镇工业走廊

【概况】 2015年，重庆市长寿区街镇工业走廊管理委员会（简称区街镇工业走廊管委会）促成《区委、区政府关于进一步加快街镇工业走廊开发建设的意见》（长寿委发〔2015〕6号）文件出台，与区级相关职能部门多次协调建立街镇工业走廊工作联席会议制度、行政许可手续办理工作机制、聚商选资联动对接机制、联合执法检查督查长效机制、效能督查机制等一系列工作机制。探索推动电子商务发展和众创空间等创新创业服务平台建设，为街镇工业走廊及其各入驻企业应对严峻的经济形势，化解经济运行中的困难和问题，开展大量基础性工作，营造良好的园区发展环境。在项目建设、转型升级、效能服务、安全环保监管、要素保障等方面有新的进步，涌现不少新亮点，取得显著业绩。

全年完成固定资产投资42亿元，完成全年目标任务的210%，比2014年增长160.9%。其中，工业投资30亿元；完成重大项目投资11.2亿元，完成全年目标任务的100%，增长17.2%。新建成企业24家，在建企业6家；完成工业总产值103亿元（其中规模以上企业产值42亿元），完成全年目标任务的166.6%，增长139.8%；完成利税总额12亿元，完成全年目标任务的133.3%，增长76.5%；新增用工人数3158人，用工达到18504人。街镇工业走廊被评为“全国十大木业产业加工园区”。

【聚商选资】 加强与中国木材与木制品流通协会、重庆橱柜协会、重庆木门协会等协会组织联系和合作，拓展招商渠道，创新招商方式，采取产业链招商、项目招商、厂中厂招商等方式，在项目跟踪、储备方面取得新进展，在标准厂房招商方面取得新突破。全年接待企业到长寿考察90家，走出长寿上门拜访企业40家，确保包括鼎祥实业、粮食集团等重点项目在内的18个项目签约入驻项目合同引资12亿元，到位10亿元。

葛兰大水渠片区一期路网工程

【项目建设】 狠抓基础设施和小城镇建设，夯实产业发展基础，城镇开发逐步提速。全年完成新市四期、葛兰二期平场设计、招标，完成新市三期、葛兰三期路网初设、概算，建成六镇二、三级管网21千米，全面完成冯庄污水处理厂升级改造、云台定销房一期路网、海棠二期路网工程，年底前新市家具产业基地配套综合服务中心、葛兰大水渠片区场镇开发项目正在开展前期工作。以产业发展带动城镇开发、以城镇功能配套覆盖园区的格局逐步显现。狠抓企业催建工作，全年新开工中山雅泰、旭松家具2家企业，鑫奇、盈进等6家企业正在建设，家由莱、家豪、东升润、祥道、腾安等24家企业建成投产，新建成企业生产性用房11.5万平方米，企业产能释放效果明显。

【转型升级】 加强与阿里巴巴等电商企业合作，举办跨境电商论坛、企业沙龙和组织企业外出考察、学习、培训等，引导入驻企业创新思路，发展电子商务。利用线上、线下两个平台，从宣传方式、生产方式、销售渠道、科技研发、技术改造等方面入手，整合实体经济与网络经济资源，促进电子商务与特色产业的有效融合，提升企业品牌效应，促进产业提质增效，推动街镇工业走廊传统产业转型升级。全年企业投入资金5000多万元，双驰、名风、宇乐、家由莱等企业到央视投放广告；家由莱创新融合国内顶级品牌，利用数控机床、数控切割机等数控系统为消费者定制家具，满足消费者个性化需求和空间性要求，实现由单一木门生产到整体家装和定制家具的转型升级；双驰、名风等企业将线上电商平台与线下工厂店结合起来，减少销售中间环节，在降低成本、提高企业经济效益的同时，实现厂家和消费者双赢；佳禾、达沃斯、家由莱等企业引入互联技术和数控机床等自动化设备，提高比较效益；恒固钢木门窗、洋迪机器等企业加大产品开发和研发力度，不断占领高端市场。

【用地融资工作】 提前介入征迁，探索建立征地拆迁攻坚工作机制和考核办法。调动街镇和相关区级部门的积极性，提前介入新市五期、葛兰二期工业用地征迁，完成土地及构附作物丈量清理、坟墓搬迁。全年预签房屋补偿安置协议365户，占拆迁户数的99%。采取带回购方案出让模式，推动葛兰、海棠、双龙城镇开发6万平方米，已回购商品房276套用作海棠镇、葛兰镇定销房，购买存量商品房34套用作云台镇定销房，购买在建商品房21套，用作双龙镇定销房，解决多年征地安置遗留问题。借助长寿区永久基本农田划定工作的开展，预留新市、石堰发展空间；借助渝万铁路项目征地报件，办理土地证10个12.6公顷；用好用活地票政策，购买地票13.6公顷，拓展城镇用地空间。推进融资结构性调整，重点以中长期、低成本贷款为主，拓展融资渠道，降低融资成本，提高资金收益。全年通过银行贷款、中小企业私募债、融资租赁、借壳融资、明投实债等方式，策划融资项目15个，融资到位资金8.7亿元。

恒固席勒木铝复合系统门窗展示

【服务企业】 围绕企业“办证难”问题，区街镇工业走廊管委会以专题研究会、上门服务、个案帮扶等形式，分别与区城乡建委、区国土房管局、区规划局、区消防支队等10多个职能部门协调30余场次，建立行政许可手续办理工作机制。全年办结企业行政许可手续208项，为企业办证办件工作省掉约230项具体手续，解决企业消防、环保、安全等难题。让企业深入了解用工中社保、品牌打造、中小微企业融资等政策，协助50家企业获得贷款贴息、消防整改、洪灾补助和税收返还等各类扶持资金610多万元，15家企业享受到困难企业（行业）调整社会保险缴费基数优惠政策。引导豪迈等6家企业完成重庆名牌产品申报。组织精准扶贫专场招聘会，帮助当地困难群众30多人找到就业岗位；举办专场招聘会，协助恒美等16家企业新招员工600人。协助企业融资70次，融资到位资金3.4亿元。

【安全环保监管】 以安全标准化创建、职业卫生评价工作为抓手和载体，扎实推进安全环保、职业卫生、企业管理规范化建设，落实企业主体责任。完成安全标准化创建18家、职业卫生基础创建32家；与60余家投产企业签订安全生产责任书，对130余名企业安全管理人员进行安全培训，把安全管理、安全责任、安全任务落到人头。开展大型消防应急演练2次，参与人数超过500人，各企业也开展形式多样的培训、演练。将日常检查、月度检查、季度检查与区级职能部门专项检查相结合，全年开展日常安全环保检查229次，专项检查6次，多部门联合安全环保检查3次，发现一般安全环保隐患577处，整改到位542处，安全环保隐患整改率达到94%。

（鲜亚中）

附：

重庆市长寿区街镇工业走廊部分已投产规模以上企业简介

重庆汇升套装门有限公司

重庆汇升套装门有限公司成立于2008年，是集设计、生产、销售为一体的家居生产企业，占地面积0.8公顷，有员工100余人，拥有现代化的生产标准厂房和进口的先进生产设备。公司秉承“艺术生活、生活艺术”的设计理念，运用木材特有的天然元素，生产出符合消费者满意的艺术之门。主要经营的品牌有汇升套装门、格雅套装门、洪林木门，供不同客户选择。公司主要生产实木贴皮门、实木贴板门、实木复合门、阴雕门、仿古门等系列产品，产品具有不开裂、不变形、防潮、隔音、防蛀等特点，拥有时尚、个性、优雅高贵的艺术品位。

重庆家由莱家具有限公司

重庆家由莱家具有限公司位于长寿区街镇工业走廊新市工业组团，占地3.6公顷，于2015年3月正式投产。产品主要辐射重庆区县、云贵川等地，是重庆周边乃至全国市场坚实的货源保证。公司于2014年在距离长寿生产基地300米购置生产储备地3.8公顷，储备地的厂房设置将按最新的国际化厂房标准建设。

公司拥有一支家具制造业精英团队，有实木、柜体、门板、吸塑四条生产流水线，引进六排钻、CNC加工中心、高频机、多功能电子锯、正负压吸塑机等多种智能设备，从根本上降低工艺复杂程度和劳动强度，同时对产品质量提供充分的保障。实木系列均采用进口木材，五金则采用进口配件。通过对原材料的严格把关、配件的苛刻选取、精湛的工艺要求、严格的质量标准、最终打造出“家由莱”系列产品。

公司秉承“品赢天下，智创未来”的企业文化，坚持“感恩、创新、尽责、执著”的核心价值观，在家具定制的道路上不断探索，创新融合国内顶级品牌，利用数控机床、数控切割机等数控系统为消费者定制家具，满足消费者个性化需求和空间性要求，推动企业由单一木门生产到整体家装和定制家具的转型升级。

重庆旭松家具有限公司

重庆旭松家具有限公司成立于2005年，于2016年1月搬迁至长寿区街镇工业走廊新市工业组团。拥有核心技术管理人员60余人、技工300余人的强大企业团队，年生产套装门20万套以上。发展目标是成为重庆地区最具竞争力的套装门企业。采用全封闭压风式环保油漆房、冷热压机、真空覆膜机、砂光机、封口机等专业生产套装门设备，从选料到生产加工注重每一道细节，严格按照ISO 9001:2008国际质量体系执行，为产品的生产效率、稳定性提供坚实基础。

公司的宗旨：只有高质量的产品才是企业发展的根本。“同心同向、同创同享；尽职尽责、尽善尽美”是公司对全体员工的基本要求。“没有最好，只有更好”一直是公司的追求目标。

公司秉承为社会提供“物美价廉的精品室内木质门”的经营方向，信守“与合作伙伴共赢”的经营方针，得到快速、健康发展，销售网络遍布全国。

重庆凯年食品有限公司

重庆凯年食品有限公司于2011年入驻长寿街镇工业走廊葛兰健康科技产业基地，是一家集食品研发、生产、销售、商贸为一体的综合性食品企业，是重庆年瑞食品有限公司全资子公司。公司生产经营“年润”牌月饼、粽子、腌腊肉制品系列产品深受广大消费者喜爱。先后获得“重庆市著名商标”“重庆老字号”“市级农业产业化龙头企业”“重庆名饼”“重庆名粽”“重庆名特50强”“执行食品安全标准示范单位”等荣誉称号；2013年、2014年，被国家质量监督检验检疫总局、国家工商行政管理总局、海关总署等六部委联合评为中国食品安全年会“百家诚信示范单位”。

凯年公司已建成GMP（药品）标准的现代化食品生产车间15500平方米，设有中华节庆食品陈列馆，拥有腌腊肉制品、烘烤类糕点、蒸煮类糕点等多条专业食品生产线和纯水处理、药厂D级（10万级）空气净化系统等大型现代化设备设施。拥有高级管理人员和经验丰富的技师及员工120多人。公司与西南大学食品工程学院，重庆大学工商管理学院、重庆第二师范学院经济贸易管理系等科研院校结成战略合作伙伴及产学研基地，以“让人们享受健康、营养、美味的食物”为己任，秉承“以品立企、以德服人，做好产品、做好人”的经营理念，为打造“顾客满意、百姓放心”的优质产品而不懈努力。

重庆祥道建材有限公司

重庆祥道建材有限公司成立于2010年，公司

前期投入2000万元资金。主要生产防水卷材、土工格栅、钢塑带、土工格室、生态袋、土工布、土工笼、复合土工膜、止水带、止水条、公路护栏、交通标识标牌。产品主要用于、公路、铁路、航道、码头、环保工程、机场、抗震工程等。工程实例有重庆云万高速、四川雅沪高速、四川攀田高速、四川丽攀高速、四川汶马路、四川广巴高速、重庆綦江河道整治、重庆市政工程、广东梅州西环高速、云南云桂高铁、重庆成渝铁路等。

公司以求实、求新、守信、奉献为宗旨，始终坚持市场导向，强化质量管理，力争创造一流产品，满足用户需要，推动企业健康快速发展，不断提升企业经营管理能力。

地址：长寿区街镇工业走廊海棠工业组团

重庆市盛百利防水建材有限公司

重庆市盛百利防水建材有限公司位于街镇工业走廊海棠工业组团，占地2公顷，是一家集生产、科研、施工于一体的专业化新型防水材料生产企业。主要产品包括：有机硅渗透型防水剂、水泥基渗透结晶型防水涂料、水不漏、911聚氨酯聚合物乳液防水涂料、GF－981丙烯酸酯防水涂料、JS复合防水涂料、VAE防水胶涂料、K11柔韧性防水涂料、JS水泥基复合防水涂料、911单组份水性聚氨酯防水涂料、丙烯酸弹性防水涂料、JS－911聚合物水泥基防水涂料、981－JS聚合物水泥基防水涂料、XF－929聚氨酯防水涂料、XF－SPU高分子聚合物防水涂料、XF－1路桥专用防水涂料、XF－2道桥专用防水涂料、XF－聚氯乙烯弹性防水涂料、SBR改性沥青防水涂料、沥青清漆、砂浆防水剂、外墙专用防水剂、聚氨酯防水涂料、SBS改性胶乳沥青防水涂料、氯丁胶乳沥青防水涂料等。

公司秉承统一规划、优化资源、持续发展的管理理念；执行制度完善、文化代言、依托科技、扩大市场的经营策略；应用走进市场、研究市场、服务市场、追踪市场的营销战术，发展防水事业，并坚持待人以诚信、产品以质量、销售以服务，一直在防水客户群体中享有极高的商誉。“袖风”牌防水系列产品被建筑界、防水界公认为知名品牌。

质量方针：管理——尊重科学，产品——质量永恒，销售——走向国际，服务——施工全程。

环境方针：污染预防——最佳工作环境，绿色产品——最佳工作成果，节能降耗——最佳科学管理，法律法规——最佳技改方案。

地址：长寿区街镇工业走廊海棠工业组团

（以上企业资料由重庆市长寿区街镇工业走廊管理委员会提供）

中央市属在长寿企业

中国石化集团四川维尼纶厂

【概况】 中国石化集团四川维尼纶厂（简称四川维尼纶厂），位于重庆市长寿区境内的长寿经济技术开发区，占地3.31平方千米。于1973年由国家计委下达项目计划，1974年破土动工，1979年投料试生产，1983年经国家验收委员会竣工验收投产，同年整体进入中国石化。主要生产装置分别从英、法、德、日等国引进。

四川维尼纶厂是截至2015年国内最大的以天然气为主要原料，生产精细化工、特色化工及化纤产品的大型联合企业，是中国石化集团公司唯一的天然气化工企业。年加工天然气能力为15.5亿立方米，主要产品产能为乙炔16.75万吨、甲醇87万吨、醋酸乙烯（VAM）50万吨、聚乙烯醇（PVA）16万吨、醋酸乙烯-乙烯共聚乳液（VAE）6万吨、液氨20万吨、维纶3.5万吨。2015年年底，四川维尼纶厂下设20个部门、9个车间，拥有扬子江乙酰化工有限公司、新疆维美化工有限公司、重庆川维林德气体有限责任公司3家合资企业；企业资产总值71.31亿元，资产负债率82.27%；在岗合同制员工3234人。

2015年四川维尼纶厂主要生产经营指标完成情况

名称	2015年完成	完成年计划（%）	与2014年同比±（%）
乙炔（吨）	152118.23	96.22	6.74
甲醇（吨）	691025.31	97.53	0.98
醋酸乙烯（吨）	468957.19	98.25	7.06
聚乙烯醇（吨）	123658.89	87.70	-3.29
醋酸甲酯（吨）	115711.41	92.27	-14.43
VAE（吨）	59331.78	102.30	8.85
液氨（吨）	66715.40	83.39	1657.08
维纶纤维（吨）	13428.67	53.71	-17.30
营业收入（万元）	492246.35	—	-8.33
利润总额（万元）	-91842.44	—	-34.83
利税总额（万元）	-71475.57	—	-40.27

【企业管理】 四川维尼纶厂从2011年开始亏损，截至2015年已连续亏损5年，亏损总额33.26亿元。为早日实现扭亏脱困、转型发展，在2014年基础上持续开展扭亏脱困工作，在全厂范围内开展“拯救川维，转型发展，扭亏脱困”大讨论；以煤炭全流程优化为突破口，开展生产运行优化；整治包装和仓储现场“低老坏”问题，严格非计划停工、产品质量事故问责，严格工艺、操作、劳动“三大纪律”监督检查，从严管理氛围更加浓厚；加强成本费用管控，六项专项费用大幅下降。2015年6月，组织完成四川维尼纶厂扭亏脱困方案（初稿）编制。2015年，剔除天然气降价和产品大幅跌价等因素影

响，同口径相比挖潜增效成效明显。

【清产核资】 2015年，四川维尼纶厂对全厂资产进行全面清理评估，完成清产核资工作。集团公司批复同意计提资产减值损失13.60亿元。2015年，因完成清产核资，企业减少折旧1.74亿元，企业资产负担得以减轻。

【机构职能适应性调整】 为进一步加强物流管理，盘活资产，提高仓储物流资产使用效率，2015年5月27日，成立四川维尼纶厂物流中心，为直属正处级业务机构，7月20日物流中心正式启动运行。为实现营销一体化，2015年6月，将研究院市场科新产品销售职能划转到供销公司。为加强聚乙烯醇、VAE乳液、维纶三大主导产品、新产品及其衍生产品的应用开发，为产品销售提供更好的应用技术支持与服务，2015年7月7日，成立研究院应用开发研究室（三级单位）。为加强安全监督，强化现场安全监管，2015年10月30日，对环境保护与安全监督处内设机构及岗位进行适应性调整，环境保护科、消防大队维持不变，将原技安科、防火科、劳动保护科适应性调整为安全督查大队（安全监督科）、安全技术科、职业健康科。为加强投资项目专业化管理，2015年12月，对企业投资项目管理职能进行适应性调整。

【产品移交统销】 2015年7月起，四川维尼纶厂甲醇、液氨产品移交中国石化化工销售有限公司华中分公司统一销售。至此，四川维尼纶厂统销产品有甲醇、醋酸乙烯（VAM）、聚乙烯醇（PVA）、液氨。

【出口创汇】 2015年，四川维尼纶厂加大主要产品国际市场开拓，全年出口产品近15.00万吨，创汇1.63亿美元。其中，醋酸乙烯出口7.95万吨，创汇6508.50万美元；醋酸甲酯出口2.21万吨，创汇1120.88万美元；聚乙烯醇出口4.35万吨，创汇7463.49万美元，占国内出口份额的50%；维纶出口4811吨，创汇1250.92万元。

【安全环保】 2015年，四川维尼纶厂贯彻落实新《中华人民共和国安全生产法》，吸取天津港“8·12”特大火灾爆炸事故教训，落实企业安全生产主体责任，完善各层级HSE责任制，修订《生产安全事故处分办法》《环境事件处分办法》等规章制度。强化现场监管，开展隐患排查整治、承包商安全专项治理、现场HSE监督管理等工作。加强安全队伍建设，设立企业专职安全总监，组建安全督查大队。推进“碧水蓝天”环保专项治理，完成“十二五”污染物总量减排任务。全年实现HSE管理目标，无上报集团公司事故，持续保持企业安全生产形势总体稳定，连续第九年获集团公司安全先进集体。

【党建群团工作】 2015年，四川维尼纶厂围绕生产经营、扭亏脱困等中心工作，深化党建系统化管理，健全制度体系，落实工作责任，加强指导考核，引导基层党组织围绕生产经营发挥作用。开展“拯救川维、转型发展、扭亏脱困”大讨论，全厂干部职工立足岗位献言建策。开展“质量与责任”专题宣讲，进一步树立责任意识、质量意识。在九大车间班组中开展“争创优秀班组，争当优秀班组长”主题劳动竞赛，组织围绕现场管理、降本增效、技术攻关、安全生产等开展群众性劳动竞赛。开展“三严三实”专题教育，聚焦问题，立足整改，加强干部队伍作风建设。企业持续保持和谐稳定，为改革发展、扭亏脱困创造条件，首次获“中国石油化工集团公司维护稳定工作先进单位”称号。

（罗雪飞　邵　鹏）

附2015年中国石化集团四川维尼纶厂领导人名录

厂　　长：徐正宁（2015年3月离任，同时任党委书记、副厂长。2015年11月离任）

厂　　长、党委副书记：

许　毅（2015年3月任）

党委书记、纪委书记：

孔　全（2015年3月离任）

副 厂 长：刘隆平　严　红　赵　寰

党委副书记、纪委书记、工会主席：

袁代红（2015年4月任）

扬子江乙酰化工有限公司

【概况】 扬子江乙酰化工有限公司（简称扬子乙酰）成立于1995年，注册资本104751万元，由中国石化集团四川维尼纶厂、英国BP化工投资有限公司和重庆市能源投资集团有限公司合资组建，三家股东股权比例分别为44%、51%和5%。公司位于长寿经济技术开发区，经营范围为“购置并营运合营公司的醋酸装置、一氧化碳装置、醋酸酯装置及其他醋酸衍生物装置和场外设施，销售上述装置设施生产的产品和副产品”，是一家主要以天然气为原料的化工企业。经过三期建设，建成设计年产醋酸35万吨和醋酸酯8万吨生产装置。

根据合资合同和公司章程，扬子乙酰管理层由股东方委派。2015年，股东方川维厂根据工作需要，委派黄远接替袁代红担任扬子乙酰总经理，并对派遣至扬子乙酰的财务经理、生产经理等人员进行更替。

2015年，扬子乙酰人在严峻的宏观经济环境下，面对残酷的市场竞争，以平稳生产为保证，积极寻找效益增长点，不断积蓄发展后劲，时刻准备着迎接新一轮挑战。

【生产运行】 从严从细开展大修工作，实现工伤休息事故为零、可记录事故为零、严重车辆事故为零、污染事故为零的HSSE目标，同时实现费用、进度和质量目标，圆满完成大修各项任务，为装置平稳高效生产奠定基础。全年装置可靠性为99.3%，超额完成董事会确定的奋斗目标。全年生产醋酸37.4万吨、醋酸酯2.9万吨。自投产至2015年年底，已生产醋酸486万吨、醋酸酯75.4万吨。

持续改进（Continuous Improvement，简称CI），源于股东方BP公司的理念，扬子乙酰在之前引进CI的基础上，在2015年结合企业实际，推进相关工作，理顺CI工作体系，完善CI工作制度，优化CI实现模式，为CI在公司发挥实效奠定基础。通过发动全员参与，发掘出提升企业管理水平的多个CI项目。

【经营管理】 2015年，受化工行业整体低迷影响，产品价格进入历史低位，出现低于制造成本的现象，公司盈利水平继续下降。在全行业普遍不景气的大环境中，公司全体员工齐心协力，艰苦奋斗，对外开拓市场，对内降本增效，全年实现销售收入10.4亿元，亏损1.3亿元，上交税金4054万元。从投产至2015年年底，扬子乙酰公司实现销售收入198亿元，税前利润31.6亿元。

为提升益利能力，扬子乙酰公司在相关市场研究与分析的基础上，开展醋酸丁酯业务重启的相关准备工作，各专业部门对原料供应、产品生产、产品外销等各个环节进行逐一落实，使醋酸丁酯业务具备于2016年上半年重启的条件。

（李　敏）

地址：重庆市长寿区维江路97号　邮编：401254

电话：023－68974407

传真：023－68974166

附2015年扬子江乙酰化工有限公司领导人名录

总 经 理：袁代红（2015年7月离任）
　　　　　黄　远（2015年7月任）
副总经理：宋海生（2015年4月离任）
　　　　　许成羽（2016年4月任）

重庆长寿化工有限责任公司（重庆长寿捷圆化工有限公司）

【概况】 2015年，重庆长寿化工有限责任公司（重庆长寿捷圆化工有限公司）（本分目简称公司）面对复杂多变的国内外经济环境以及公司艰巨繁重的整体搬迁和改革发展稳定任务，广大党员和干部员工正视困难、保持定力、尽责履职、积极作为，围绕公司抓好安稳经济运行、加快发展、推进搬迁“三大要务”做大量而艰辛的努力，合资合作及搬迁发展项目基本得到落实，改革改制及人员分流安置有序平稳推进，争取国家及地方相关政策资金支持成效显著，技术攻关及改造项目进展顺利，公司整体搬迁及改革发展工作呈现全面发力、多点突破，蹄疾步稳、纵深推进的良好态势。由于受国际国内市场需求萎缩，市场竞争激烈，同类产品价格大幅下挫，以及公司历史包袱沉重的影响，公司经济效益差，出现较大亏损，长化公司合并实现营业收入8.19亿元；亏损22460万元。

【合资合作及搬迁发展项目推进】 2015年公司合资合作及整体搬迁和发展项目涉及的项目主要有：氯丁橡胶、磺化系列产品（内蒙古）项目、磺化系列产品（河北）项目、石灰氮及下游产品项目、医药中间体和原料药项目等。

1. 氯丁橡胶项目。公司同蓝星集团山纳公司进行中国氯丁橡胶产业重组。完成对山纳公司的审计及资产评估，山纳公司已向长化集团公司提供资产评估报告及相关资料。合资双方高层和工作组多次研究氯丁橡胶产业重组方案，在多个方面达成共识，提出合资公司双方股权比例、双方前期谈判代表、合资公司技改扩能目标、合理的资产负债结构、合理的员工数量等。蓝星集团完成山纳公司资产进入合资企业范围及价值预估算，已将山纳公司资产情况资料报告给化医集团和长化集团。

与德国朗盛合资合作。在10月19日，重庆化医长寿化工集团有限公司和朗盛香港有限公司双方各出资50%成立朗盛长化（重庆）合成橡胶有限公司，独家经销朗盛与长寿化工制造的氯丁橡胶及黏合剂产品，双方签订“关于成立朗盛长化（重庆）合成橡胶有限公司”合同、章程、可行性研究报告、氯丁橡胶生产技术合作谅解的备忘录4个法律文件。长化集团与德国朗盛组建成立“朗盛长化（重庆）合成橡胶有限公司”报批资料已呈报化医法律事务及产权管理部，等待化医集团和市国资委审批后再完成工商和市外经委登记注册。公司与朗盛集团技术专家就氯丁橡胶生产工艺的安全和技术提升开展技术合作，进行7次技术交流，朗盛发挥其在安全、环保、产品品质和产品应用方面的优势，继续支持公司电石乙炔法氯丁橡胶生产工艺在安全和技术水平上的提升。年底前在单体工艺和技术方面都取得重大进步，将为并购重组蓝星山纳公司技改扩能提供技术支持，带来巨大的竞争优势。

2. 磺化系列产品。磺化系列产品通过对国内一些地方的考察、比选，已确定磺化系列产品最佳的布局在两个地方。一个是河北沧州临港经济技术开发区，另一个是内蒙古巴彦淖尔市乌拉特后旗青山工业园区。

磺化系列项目（内蒙古）。（1）项目包括30万吨/年尾矿制酸、3万吨/年对甲基苯酚、1万吨/年间苯二酚、50万吨/年生物质磺酸酯。编制完成《关于成立合资公司可行性研究报告》，协助完成《硫化工循环经济产业园规划》的编制，对间苯二酚、对甲基苯酚项目连续工艺的可靠性和风险进行评估，对间歇生产工艺和连续生产工艺作出经济分析。长化集团代表合资公司与天津河清化学工业有限公司就间苯二酚和对甲基苯酚连续化工艺的技术合同进行再次商讨，双方就其能够达到的技术指标进行再次确认，并就技术转让的费用和风险进行协商，达成一致意见。年底前尾矿制酸已完成可研编制，在合资公司没有成立前，经过全体股东同意，内蒙古东升庙矿业将先期委托设计院开展相关设计前期工作，已启动项目总体可行性研究报告的编制和尾矿制酸项目设计的相关工作。生物质磺酸酯试验已打通工艺流程，正进行设备优化调整。生产出部分产品，从试生产产品的外观和基础检测数据看，达到预期效果，产品得到用户应用认可。（2）合资公司组建，长化集团已于10月24日在内蒙古与东升矿业公司等4家合作股东签订组建“内蒙古长化海钰化工有限公司”意向协议书。合资公司章程和《关于成立合资公司可行性研究》的编制已完成，年底前正在落实合资公司组建报批的相关事宜。

磺化系列项目（河北）。包括1万吨/年氨苯磺胺、3万吨/年对位酯、6万吨/年氯化亚砜三个产品。该项目计划与河北东阳化工等合资新建，已完成《磺化系列产品项目建议书》的编制，完成1万吨/年磺胺工艺包编制（仪表控制部分外）；磺胺母液处理的技术提供厂家通过用多种树脂吸附后，可以达到回收母液中的磺胺后并将母液循环利用的目的。磺胺三氧化硫黄化新工艺，技术方案提供方一套中试方案供公司进行验证试验。

3. 石灰氮及下游项目。20万吨/年石灰氮及下游产品项目选址在重庆南川水江工业园区。已组建联合项目组，完成合资公司组建的相关资料，走访石灰氮及下游产品生产厂家并与设计院进行接洽，落实项目产品方案和相关技术细节，完成可行性研究报告送审稿的编写。之后将按程序上报化医集团和市国资委审批。

【改革改制】 经化医集团研究同意，9月27日正式成立重庆化医长寿化工集团有限公司，完成工商登记注册。

4月29日，四川长化宏光盐化工有限公司股权成功在市联交所挂牌交易。一家民营资本与市联交所签订购买长化公司持有16%（962万元）的长宏公司股权协议，6月30日召开长宏公司股东变更后的第一次股东会，讨论通过公司章程修改内容，重新选举董事会、监事会人员及经营层人员，研究公司经营模式和管控办法。

9月24日，化医宇丰商贸物流公司增资扩股长化运输公司后的第一次股东会在长化公司召开；10月，已完成长化运输公司工商登记变更；11月1日起，长化运输公司业务并入到宇丰公司。

推进捷丰公司、机修分厂、运输起重队整合到化医中昊公司的工作。重新上报审批资料已完成，待与化医中昊公司签订股权（资产）转让协议后，呈报化医集团和市国资委审批。捷丰公司、机械分厂、运输公司起重队人员分流方案已通过单位职代会决议。

2016年1月将启动长化医院整合到化医医药股份公司的工作。

【人员分流安置】 在2014年圆满完成两批人

员1331人分流安置之后，2015年精心组织，稳中求进，强化与上级部门的沟通协调，做好两批人员分流安置工作，分流安置419人。2014年和2015年总计分流安置1750人。

【安全环保】 公司进一步落实安全环保生产主体责任和监管责任，强化基层建设、基础工作和基本功训练“三基”管理，严格安全环保目标责任考核和安全标准化工作，强化安全标准化运行管理，建立安全标准化运行长效机制，加大生产现场的隐患排查和整治力度，加强对生产、施工现场的安全监管、员工安全环保教育培训、危化品、重大危险源监管、应急管理和应急救援等工作，组织开展安全生产监督检查“三部曲”（即检查诊断、行政处罚、整改复查）“安全生产月”、危化品储罐区专项安全检查、危化品安全环保大排查大整治及打非治违专项行动等一系列安全活动。公司污染治理设施及环保装置运行正常、稳定，做到达标排放。公司全年做到安全环保生产。

【争取政策资金】 2015年，公司争取到国家工信部危化企业搬迁补充资本金3.17亿元，于10月30日划入长化集团账户，用于弥补搬迁项目资本金不足的问题。

公司在年内申报2014年度上缴区、市级税收应返还总额为1196万元，10月初已收到三个税种的返还总额为316万元，其余880万元正在落实返还。

长化污染场地治理工程（第一阶段）申请“三峡后续工作专项资金（政策性补偿补助类）”工作，代理业主申报单位重庆宇岸环保工程有限公司于12月30日已制订长化污染场地治理工程（第一阶段）申请“三峡后续工作专项资金（工程建设类）”工作推进计划和工作流程，第一阶段可争取资金7000万元。

【技术攻关及改造项目】 为确保长化集团下一步结构调整、转型升级发展，不断提升橡胶质量，公司实施氯丁单体技术提升、CR244新配方研发生产、生物质磺酸酯中试、磺胺工艺技术优化、对甲基苯酚中试、南川电石使用改造等，均取得较好成效。

【MDI配套项目优化处置】 捷圆公司MDI配套项目部按照化医集团的统一部署和要求，积极开展项目盘活与合同处置工作。

优化调整论证。（1）围绕乙炔盘活，先后对国内外多个地区进行考察，委托石油和化学规划院编制《乙炔装置盘活分析报告》，并上报集团公司。（2）随集团公司领导考察特立尼达和多巴哥，根据化医集团安排，委托石油和化学规划院编制《特多化工产业规划报告》，中国成达工程公司完成审查。（3）委托中国成达工程公司编制《乙炔项目优化调整论证报告》，石油和化学工业规划院提交审查报告，公司董事会已经出具决策意见，按程序上报化医集团。（4）委托中国成达工程公司编制《氯丁橡胶项目优化调整论证报告》；宁波工程公司编制《醋酸乙烯/聚乙烯醇项目优化调整论证报告》，年底前正在编制中。

项目部按照化医集团关于MDI配套项目合同处置的相关规定和要求，开展公司所承担项目的合同处置工作，尽最大努力减少损失。项目部已签订合同165个，截至2015年12月前已关闭合同68个，合同关闭率为41%。

应对诉讼和仲裁工作。截至2015年12月，收到11个合同发生诉讼（仲裁），其中在法院主持下达成调解2个，已经结案1个，其余7个在应诉中。

【党建和企业文化建设】 公司党委坚持“以人为本”，加强和改进宣传思想政治工作，发挥政治优势，形成凝心聚力、共谋发展的良好局面。深入开展党内“创先争优”活动和在中层及以上管理人员中开展“三严三实”专题教育，切实加强各级领导班子建设和党员干部队伍建设，不断提高整体素质和执行力。巩固和拓展党的群众路线教育实践活动成果，认真落实党风廉政建设的主体责任、监督责任和“一岗双责”，持续深入推进党的思想建设和作风建设；认真落实集中整治市属国企巡视发现问题自查整改工作，开展“六个专项治理”行动等。推进企业文化建设，持续宣传贯彻化医集团企业文化，与长寿化工企业精神、共同愿景、核心价值理念相融合，不断增强公司发展“软实力”。

（张正东）

附2015年重庆长寿化工有限责任公司领导人名录

董事长、总经理：徐亚平

党委书记：贾　华

副总经理：李文成

党委副书记、工会主席、纪委书记、监事会主席：冯树全

附2015年重庆长寿捷圆化工有限公司领导人名录

董事长、总经理：徐亚平

党委书记、副总经理：贾　华
副总经理、总工程师：张阜东
副总经理、财务总监、总会计师：余晓林
副总经理：徐秋平
党委副书记、工会主席、纪委书记、监事会主席：冯树全

国网重庆市电力公司长寿供电分公司

【概况】 国网重庆电力公司长寿供电公司（简称长寿供电公司）是重庆市电力公司下属的大型区域供电企业，电网覆盖涪陵、秀山等10个区县面积2.99万平方千米。2015年坚持“夯基固本，持续改进，强化执行，奋勇争先”的工作思路，圆满完成全年各项经营目标任务。完成固定资产投资6.38亿元，比2014年增长73.21%；完成售电量122.47亿千瓦时，增长3.33%。截至2015年12月31日，连续安全生产4243天，安全生产实现“八不发生”目标，总体保持安全稳定良好局面。

【供电服务】 开展供电服务突出问题整治行动，启动片区经理服务项目，划分11个服务区域，聘请29名片区服务经理，通过现场、电话、微信网络等多种方式，建立与社区、小区、村社的常态沟通机制。建立部门、车间、班组三级管控机制，加强服务协同，以服务查管理、以管理促规范，2015年营业厅服务投诉比2014年下降50%。不断创新服务举措，加快推广“互联网+供电服务”，实施掌上电力、95598网站、支付宝等互联网服务渠道。

落实经开区专项服务，及时向长寿经开区客户发布重要调度信息，发布率100%。为客户业扩报装开通“绿色通道”，一站式服务经开区客户。实施业扩报装精益化管理，压缩供电方案答复等各环节工作时间、对普通客户取消设计审查和中间检查，低压居民、非居民报装时限分别压缩为2个、4个工作日，高压重要客户业扩平均接电时间缩短6%，普通客户业扩平均接电时间缩短34%。支持工业企业降低成本，通过实施促进工业经济稳定增长等政策措施，办理27件次工业企业稳增长优惠，为客户减少用电成本约1965.43万元。

践行央企责任，深化共产党员服务队内涵，打造以服务政府、服务园区、服务社区为重点的社会责任实践融合体系，开展困难帮扶、节日保电、春苗之家等活动50余次。深化社区共建站“心电相印”空间内涵，确保社会责任践行到位。加大城市配网建设力度，处理好树线矛盾，配套旅游开发电力建设，踊跃参与环保公益事业。

【供电安全】 2015年，圆满完成迎峰度夏（冬）和重大节日保电任务，在最高负荷达到208.7万千瓦的情况下，确保电网安全稳定和电力有序供应。全年配网投资金额达到1.29亿元，比2014年增长40.3%；低压故障平均抢修时间2.4小时/起，下降3.2%；配网中压故障数179次，下降11.3%；配网低压故障数1311次，下降10.08%。

【电网建设】 紧密对接地方经济和社会发展布局，修编《“十三五”电网发展规划》，跟进长寿区委、区政府“十件急事”电力保障。2015年，投资8223.8万元，110千伏长寿江家、长寿洪湖2个输变电工程和35千伏寿上线改接1个线路工程竣工投运，35千伏长寿焦家输变电工程和35千伏葛市西线路工程顺利开工。完成棉纺厂片区6条线路迁改、晏家公租房供配电设施建设、渝万高铁4条线路避让迁改、林德110千伏供电设施建设等10项重点项目的电力建设工作。

【供电民生】 根据长寿区民生实事工作安排，完成向阳路3号和林庄42号小区等7个弃管小区电力设施改造项目，完成23项技改工程、71项配网工程、38项农网升级改造，综合治理低电压台区337个；落实长寿区干部下访搜集的问题，回访基层群众意见8条次，回访率100%，满意度100%。

附2015年国网重庆市电力公司长寿供电分公司领导人名录

总经理、党委副书记：
　　胡　忠（2015年11月离任）
　　丰　强（2015年11月任）
党委书记、副总经理：李洪扬
党委副书记、纪委书记、工会主席：谢崇权
副总经理：陈　鹏　田　勇　杨文蓉（女）
总工程师：肖　辉

（吴健雄）

中国石油西南油气田分公司重庆天然气净化总厂

【概况】 中国石油西南油气田公司重庆天然气

净化总厂（本分目简称总厂）是综合配套齐全、技术先进的大型天然气净化厂，下辖9个分厂，分布在川渝两地8个区县，具有年处理原料天然气200亿立方米的生产能力。同时担负着土库曼斯坦阿姆河A区天然气处理厂、B区天然气处理厂和机修厂的生产运行管理。总厂下设12个职能科室、5个直属部门、6个附属机构、19个厂属单位。2015年年底，总厂有员工2425人，其中高级技术职称63人，集团公司、分公司、厂（矿）级技能专家16人，高级技师和技师175人。拥有固定资产原值17.95亿元，净值6.69亿元；天然气净化装置12套（不含龙王庙），主要机械设备2677台，电气设备826台，仪器仪表7870台（套）。

【生产管理】 全年处理原料天然气89.16亿立方米，完成计划任务的105.81%，净化产量继2008年之后再创历史新高。成立领导小组、开产小组及开产专家组，全力支撑龙王庙特大型气藏开发建设，提前介入项目建设、组织编制生产准备及试生产技术资料、及时协调解决装置设计、建设、施工过程中发现的问题，确保龙王庙净化厂年设计处理量60亿立方米原料天然气装置开产一次性成功，总厂年生产能力达到200亿立方米。加强多方沟通协调、调整项目机构设置、优化装置巡检方案等，保障龙王庙净化厂“安稳长满优”运行，为公司增储上产、完成年度生产任务做出积极贡献。组织年度装置大修，安全优质高效完成11套装置检修，提前23天完成年度大修任务，增加处理能力约4700万立方米。组织对部分装置进行适应性核算和降压核算，适时停运引进分厂设计日处理量为200万立方米原料天然气装置、单套运行忠县分厂净化装置，克服低负荷生产带来的影响。推广应用设备完整性管理系统，开展设备管理基础工作检查，强化主要设备经济技术指标考核，全年无重大设备事故发生，装置实现本质安全。

【安全环保】 全年顺利实现“三零”目标，在分公司QHSE体系审核评估定级中，连续三年达到A级，安全环保态势持续向好。推进HSE管理三年提升规划，形成“四条线、三跟踪、三回头”闭环整改机制，QHSE管理体系得到持续改进。根据新安全生产法、新环保法及配套制度的规定，开展制度修订、工作对标，专项报告公司全厂硫黄回收装置运行情况、废气排放情况，申报三年隐患治理项目，推进安全环保合规管理；编制发布QHSE职责及履职考核标准、发布实施《工艺安全管理推进工作方案》，全厂安全环保履职考核实效性、可操作性及QHSE防控水平进一步提升。开展防硫化氢中毒专项检查、危化品专项检查等各级各类检查，有效控制和削减风险隐患。推进应急演练常态化开展，全年组织分厂及以上级和上下游联合应急演练40余次，全员应急处理能力和上下游应急联动能力进一步增强。开展产品气、天然气全组分抽检727次，硫黄抽检420包，抽检合格率均为100%，保障自产产品质量。委托处置危废物90.1吨，达标处理废水9.9万吨，顺利完成年度污染减排指标。

【员工培训】 全年完成总厂级培训21项次，培训员工1284人次；基层单位自培12077人次，送外培训及取证1751人次，员工综合素质提升，实现“95%以上操作服务人员基本胜任岗位”的目标。总厂修订天然气净化操作工、分析工培训教程，以及配套的技能鉴定题库，建成轻烃回收实训装置和远程培训系统，续聘69名培训师，师资力量更加充实。举办第二届工艺技术干部比武、操作工骨干培训班等营造“比学赶帮超”氛围，加快员工成长步伐。在全厂范围内开展“感恩企业爱岗敬业”主题教育活动、“每个班组一本书 每天一篇好文章”读书活动，加强道德教育，确保员工技能技术水平和职业道德素养同步提升。

【对外业务拓展】 将对外业务拓展作为总厂实现整体协调发展的重要途径，推进对外业务发展，夯实转型发展根基。定期召开对外业务交流会，建立技术交流平台，加强与各支撑单位联系，共同协商解决装置生产、大修、建设过程中存在的问题，有效保障川东北高含硫项目顺利实现首气、海外支撑项目保持长周期安全平稳运行。全年，海外支撑项目处理原料气130余亿立方米，为公司提升经济效益、集团公司海外业务发展，以及国家能源安全保障做出积极贡献。选派20名技术技能骨干，全力支撑阿姆河80亿扩能改造项目开产，编制开工投产技术资料，协助解决各类复杂问题和技术难题，确保装置一次性投运成功，再次彰显总厂净化专业实力，树立总厂净化品牌形象、提升企业在行业内的话语权和影响力。

【科学创新】 针对生产装置腐蚀严重、设备穿孔、发泡拦液等生产技术难题，开展现场调研和技术攻关，制订重沸器腐蚀、过滤分离器腐蚀等瓶颈问题解决措施，为装置安全平稳生产提供技术保障。

科研项目《天然气净化厂脱硫重沸器腐蚀行为及应对措施研究》《凉水塔风机在天然气净化厂的推广应用》获得公司2015年度科技创新三等奖。组织开展国家石油石化行业职业资格等级标准《天然气净化操作工》《天然气净化分析工》再版工作，年底前完成初稿并上报分公司审查。成功申报集团公司技能专家工作室，为开展技术革新、工艺改造、技术攻关和技艺传承等奠定坚实基础。成功召开“净化50周年技术交流会”，与业界学者专家、退休老领导、科研院所老教授共同梳理、总结、提炼半个世纪天然气净化生产技术发展经验，推动技术经验有形化和集成应用 。

【企业管理】 开展规章制度执行效果评价，结合评价结果，修订完善制度11项，制度规范化、标准化水平提升。开展“制度每周一讲”活动及劳动竞赛，全年宣讲制度48项，多方位促进制度有效执行。编制完成《机关工作手册》，明晰机关科室及岗位管理职能，有效推动基础管理更加科学规范。推进开源节流、降本增效，大力压缩非生产性支出，确保全年主要经济指标顺利完成。持续推进两级物资集中采购，认真开展采购产品质量监督抽检，合格率100%。及时编制年度投资及调整建议计划，强化前期项目跟踪，及时做出预警通报，确保投资计划有序执行。根据市场调研及客户需求，制订多元化营销策略，全年销售硫黄6.6万吨。宣传贯彻集团公司《诚信合规手册》和油气田公司合规管理制度，开展合规管理检查调研，全年总厂未发生事后合同和违规合同，及较大负面影响的法律事件。

【党建群团工作】 开展“三严三实”专题教育，推进“转作风 强素质 促发展”主题实践活动，各级领导干部工作作风进一步转变。不断加强“形势目标任务责任”主题教育，开展“重塑中国石油良好形象”大讨论活动，石油工业优良传统作风进一步弘扬。开展服务型党组织建设评比，对党支部活动阵地建设和“三深入双报到”活动进行全面总结，党组织的凝聚力和战斗力进一步增强。强化年轻干部培养选拔，完善干部选拔任用考核程序，坚持民主公开、竞争择优，一批优秀青年人才成长起来，领导班子和干部队伍结构进一步优化。开展廉洁从业警示教育，强化监督执纪问责，党风廉政建设水平进一步提升。开展“五型”班组创建，长寿分厂被授予“三基工作红旗单位”称号，引进分厂生产一班、忠县分厂生产二班、磨溪净化二厂运行项目部分析班被授予“三基工作红旗班组”称号。深化厂务公开和民主管理，开展员工参与度高、基层覆盖面广的群众性经济技术活动和文体活动，推进青年文明号创建工作，“依靠方针”进一步落实。强化企业维稳信访工作，认真落实维稳工作责任制，妥善处理各群体利益诉求，深入开展困难群体帮扶，和谐稳定局面进一步巩固。

（徐尊萍）

附2015年中国石油西南油气田分公司重庆天然气净化总厂领导人名录

厂长、党委副书记：傅敬强

党委书记、副厂长：陈胜永

副厂长、HSE总监、党委委员：杨培昌

副 厂 长：喻泽汉　佘　建　唐荣武　王晓东　王鸿宇

总会计师、党委委员：

冯　勐（2015年12月离任）

赵小波（2015年12月任）

副厂长、总工程师：岑　嶺（2015年12月任）

党委副书记、纪委书记、工会主席：罗　斌

重庆长风化学工业有限公司

【概况】 2015年，重庆长风化学工业有限公司（简称长风化学）按照“效益为中心、调整为重心、发展为核心，创新为驱动力、改革为推动力”的“三心两力”总思路，推进调结构、求生存、抓改革、谋发展“四大目标任务”，全年实现销售收入4.5亿元。

【生产经营】 面对国际油价不断下跌、国内苯胺竞争加剧的影响以及苯胺行业整体亏损的不利因素，长风化学及时控制苯胺生产负荷，增大光衍产品产出占比；进一步巩固稳定苯胺核心客户关系，在极其困难的条件下实现苯胺装置的长周期运行，为光衍产品生产提供支撑。

光衍产品受整体经济、市场竞争、生产工艺等因素影响，面临困难局面，长风化学及时调整经营策略，利用增强服务意识和提升产品质量等手段，保证传统产品运行。二苯甲酮拥有RECH认证和20年的良好口碑，保住市场占有率；中定剂和碳酸二苯酯需求稳定；四丁基脲出现产销两旺，年产销量达到历史最好水平。

控制原料实施战略采购，加强主要原料渠道建设，优化产品定价和付款模式；密切跟踪关注市场和供货商信息变化，及时调整降低原料采购价格；加大直供商采购比例，降低设备及备件、钢材、辅料的采购成本。

【技术创新】 根据市场需求探索产品结构和生产负荷调整，优化生产控制管理，压缩滞销产品生产，合理安排市场需求产品生产。摸索苯胺不同负荷下的最优运行模式和蒸汽供给方式，利用转化炉副产蒸汽，废热锅炉多产蒸汽，确保蒸汽、一氧化碳、氮气等资源的最大化供出，有效支撑全系统整体生产运行。

加强技术革新，狠抓提质降耗，加强生产过程监管，完善生产工艺技术，定期组织产品质量抽查。根据市场要求修订原料和产品标准。强化包装、发货环节管控，确保产品质量稳定受控。

强化资源调配，组织柔性生产。结合市场需求和生产经营状况，将公司紧缺的蒸汽、热水、液态联苯、氮气、压缩空气、天然气、电力等资源向优势产品倾斜，力争充分利用资源取得最大产出，统筹兼顾，确保重点。根据市场需求、资源情况和系统配置，做好柔性生产运行模式调整，及时组织产品实行生产切换。

【安全环保】 加强安全整治，制订《安全整治项目总体方案》。2015 年按方案实施二苯甲酮装置设备更新和安全连锁控制系统升级改造、厂区主干道物料输送管道管廊架安全整治，包装岗位升级改造正在进行中，其余管道整治项目也正在有序推进。

开展专项检查，开展“除隐患、保安全”大检查、深化“打非治违”专项检查行动，全面开展安全环保大排查大整治和安全生产检查工作，排查整治隐患。按照“建立机构、明确职责、完善制度、规范运行”的总体要求，制订《安全技术管理体系建设实施方案》，全面修订《安全职业健康管理制度》和《环境保护管理制度》，完善安全环保职业卫生管理运行机制和工作程序，完善管理体系，落实主体责任。

【产品研发】 加大新产品开拓力度，调整产品结构。长风化学按照符合自身实际提升光衍占比思路调整产品结构，2015 年先后出台系列新产品激励政策，加大技术及研发资金投入，大力开展光气衍生物及其他附加值高的精细化学品研发。抓好新产品市场调研。2015 年已完成中试，可进行产业化生产的新产品有 5 个；已完成小试，计划中试的新产品有 3 个；正在着手进行小试的新产品有 10 个；处于计划小试的新产品有 5 个。

长风化学加强与高校、科研机构和其他企业合作，利用外部先进技术提升自身研发效率。与重庆大学建立长期合作关系，与西南大学签订新产品的合作研发协议，与中科院签订合作研发协议，与紫光化工开展 2 个光气产品的合作研发。

加强知识产权保护，2015 年长风化学申报 16 件实用新型专利、8 件发明专利，根据专利的使用情况选择性缴纳年费，以保护专利的有效性。年底前公司有有效专利 33 件，其中发明专利 2 件、实用新型专利 31 件。配合重庆市科委及高新技术协会完成各项统计报表和年度报告，保持公司“高新技术企业”和“市级技术中心”称号。注重技术中心的平台建设，寻求引进外部力量组建合资研发公司。

【项目建设】 修改制定“十三五”规划。围绕“整体搬迁项目、中试基地建设、MDI 配套项目”3 个重点工作修订完善长风化学“十三五”规划，以利企业尽快走出困境、及时抢抓机遇、保持稳定发展。

启动搬迁项目。以长风化学“十三五”规划为指导，申请并实施整体搬迁项目，在长寿经开区筹备建设以光气及衍生物为主，兼顾生产Ⅲ号燃油添加剂和其他芳胺系列产品的生产基地。2015 年已获得国家第一笔项目资本金，正式启动搬迁。

改造升级中试基地。长风化学将已建成区按“技术创新基地、生态效益中心、改革示范新区”3 个功能定位为中试基地。以实施柔性生产和循环经济为理念，以调整产业结构为目标对基地实施改造和升级，全年完成基地项目建设 2 个，推进续建项目建设 1 个、技术改造 16 个，科技创新及新产品研发等工作多个。

MDI 配套项目。甲醛装置实现全年试生产目标，未发生一例安全环保事故，满足巴斯夫供给保障，并开拓外部市场客户。开展项目盘活论证工作，对项目盘活的可能性进行经济测算和综合性评估论证，委托完成《32 万吨年改性 PVC 项目盘活利用分析报告》和《重庆长风甲醛项目盘活论证分析报告》编制，为项目决策提供支撑。

维果灵项目建设。合资公司重庆长风生物科技有限公司按 2016 年完成建设并投产目标有序推进各项工作，正在加紧进行设备安装。长风化学加快推进配套项目氯甲酸甲酯装置建设。

（杨　颖）

附2015年重庆长风化学工业有限公司领导人名录

董事长、党委书记、总经理：李定山

副总经理：周树新　王　征　张光兵

党委副书记、纪委书记、工会主席：张贵谦

重庆中电狮子滩发电有限公司

【概况】　2015年，重庆中电狮子滩发电有限公司（本分目简称公司）按照“保安全、促盈利、上台阶、创佳绩”的工作思路，强化责任落实、狠抓市场营销、促进对外发展、加强党建工作，各项工作取得新成绩，达到标准化良好行为企业AAA级，获得“2015重庆优秀诚信企业”称号。截至2015年12月31日，连续安全生产5008天；年度完成发电量5.22亿千瓦时，实现营业收入17520万元，利润总额为1425万元，实现连续盈利。

【安全生产】　落实“党政同责，一岗双责”安全生产主体责任，分解、细化公司2015年安全工作目标及控制措施；层层签订安全责任书，逐级落实安全目标及控制措施，强化安全“基层”“基础”工作。贯彻落实集团公司安全会议、董事长系列讲话精神及“8·12”天津爆炸事故后国家领导人对安全生产批示；开展新安全生产法、新环境保护法的学习、宣传贯彻和知识竞赛活动，增强职工的安全生产意识和防范意识。强化安全管理，拟定管理措施，对生产管理干部提出5条工作纪律要求，加强现场安全文明生产治理力度。梳理安全健康环保体系建设与运用中存在的问题，编制体系建设推进计划，拟定推进措施、体系建设要求和督查要点，并逐步落实；公司党委开展安全健康环保体系建设工作专题调研，有效地促进管理体系建设工作；开展内部评估工作，评估结论为1钻，完成年初制定的目标。开展“确保抗战胜利70周年纪念活动电力安全工作方案”等多项安全检查活动。天津港“8·12”特大事故后，认真落实国家、集团公司、重庆分公司安全大检查工作部署，有针对性地开展专项安全检查。完善预案体系，对专项应急预案和现场处置方案进行简明化、图表化、程序化编制；参加区环保局组织的区域性突发环境事件应急演练，全年开展应急演练23次，增强现场应急处置能力。修订、完善相关标准制度，规范定期工作、安检验收程序等运行管理工作；强化设备缺陷管理，实现闭环管理，及时有效消除缺陷；全年发现设备缺陷614项，处理584项，处理率95.11%。落实国家及上级大坝安全管理规定，扎实开展定期巡查、大坝观测等例行工作；加强企地联合防汛，有效确保安全度汛。组织16台机组大小修，大洪河电站综合自动化改造，龙溪河梯级电站全停水，狮子滩大坝观测系统大修，上硐站10千伏开关柜、3号机组调速器系统及下硐站直流系统更换等工作。加强消防和内保管理，开展各类消防宣传及培训13次、消防及治安检查27次，全年未发生一般及以上火灾事故，内部治安秩序持续稳定。坚持交通安全学习制度、车辆月检制度，及时消除车辆隐患。全年车辆安全运行70多万千米，未发生任何交通安全责任事故。

【生产经营】　在狮子滩和大洪湖两座水库来水偏少的情况下，利用年初起调水位高的优势，调整营销策略，加大汛前发电出力，将水库水位消落至近十几年最低运行水位，确保合理、充分利用水力资源；在狮子滩水库水位消落至332米以下时，公司及时与地方政府有关部门沟通，解决发电与城区供水、景区旅游之间的矛盾，全年未发生弃水事件。加强可控成本费用及“三公”经费管理，减少费用支出；狠抓低效无效和废旧物资回收处置工作，盘活存量资产。年内其他业务收入比重庆分公司下达的目标增加491万元，可控成本费用和“三公”经费分别比重庆分公司下达的目标减少416万元和102万元。以严格的管理和优质的服务，确保对外承运、承检质量，圆满完成合同约定的工作目标和任务，与多家业主单位保持良好的合作关系，稳固对外承运、承检市场。全年实现对外运行创收1481万元，对外检修创收1406万元。完成培训中心仿真室建立和C区装修改造，通过集团公司专家组对狮子滩技能培训基地的评估验收；拓展市场，增加培训收入，全年实现对外培训（旅游）创收约400万元。

【企业管理】　建立以技术标准为主体、管理标准为基础、工作标准为保障的企业标准体系，完成标准制度的编写、发布和修订完善，发布技术标准74项、管理标准165项、工作标准189项，全年修订完善标准制度61个；结合实际开展标准培训学习，强化标准的执行和运用；组织开展“标准化良好行为企业”创建自评价工作，落实整改，于12月顺利通过中电联专家组验收，达到标准化良好行为企业AAA级目标。针对审计署公告事项开展自查自纠，开展资金管理内控评价、大站综合自动化改造项目及培训中心酒水管理内控评价工作，开展应收款项专项自查，建立上报重大风险管理台账，加强审计内控管理。层层分解下达预算控制指标，严格考核预算执行情况，确保年度预算目标完成；加强应收款项清理回收，组织开展资金清理工作，强化公司资金管理；开展固定资产、在建工程清理，及时办理转资手续，严格公司资产管理；按上级要求完成对中电自能公司增资294万元的股权投资工作。重新梳理招标采购流程，优化招标采购管理流程及权限；深入推进和加强招标采购制度的执行，强化招标采购监督，规范招标采购行为，防范经营风险；全年完成招标采购项目151项，涉及资金1150余万元。强化规章制度、经济合同法律审核把关质量，落实重大经营事项决策前必须由公司法律机构出具法律意见书等要求；抓好普法宣传，开展法律法规培训，在公司生产经营过程中强化贯彻落实，提升依法治企能力。协调解决和搜集上报ERP系统存在的问题，优化流程和完善编码，使ERP系统真正为公司生产经营管理服务。制订年度培训计划，开展形式多样的培训活动，抓好生产现场常规培训和培训记录台账管理。学习领会重庆市人社局有关“稳岗补贴”的文件精神，争取“稳岗补贴”费用，获得长寿区补贴资金80万元，该资金将优先用于缴纳2016年度公司在册员工失业保险，开展享受西部大开发税收优惠政策申请工作，获得税务机关的批准，使公司2014年度企业所得税少交72万元。

【党建群团工作】 开展“三严三实”专题教育活动，组织“践行‘三严三实’，扎实推进作风建设”专题党课，召开领导班子成员“严以修身”“严于律己”“严以用权”专题学习研讨会；以强化党支部工作规范和日常例行工作执行力度为要求推进党支部建设，开展创先争优主题实践活动。以“党建带工建”“党建带团建”推进群团工作，工会开展“四型一化”班组建设、劳动竞赛和服务职工在基层活动。团总支开展“传狮电精神，扬青春风采”等系列主题实践活动，增强青年职工凝聚力。贯彻落实上级党风廉政建设和反腐败工作的各项决策部署，切实履行“两个责任”；加强对领导干部、重点岗位和关键环节人员的管理与监督，落实中央“八项规定”精神及上级有关要求；强化廉政制度建设和管理制度建设，完善惩防体系与长效机制。深入基层和现场了解职工关心的热点、难点和焦点问题，沟通思想，疏导情绪和化解矛盾；落实区人大、政协“两会”、纪念抗战暨世界反法西斯战争胜利70周年、十八届五中全会及各重要时期、重大节假日期间的防邪和保稳定工作措施，落实责任单位和责任人，不定时开展不放心人员的排查和防控等工作，确保公司稳定。开展“安健环”文化建设及“水·电·人”企业文化主题征文活动，宣传贯彻国家电投集团公司视觉识别系统及“和文化”理念；开展女职工才艺作品展示和文艺表演、新安全生产法知识竞赛等职工文体活动。2015年制定的为职工办好六件实事，已完成培训中心后勤班工作场所环境整治、回龙寨电站食堂环境整治、上硐地区职工食堂搬迁改造、大洪河电站办公楼安装监控摄像头、配备职工食堂消毒柜等相关设施，大洪河电站职工休息室装修改造因职工意见分歧，暂未实施。

（陶　超）

附2015年重庆中电狮子滩发电有限公司领导人名录

总经理、党委书记：
汪成岗（2015年9月离任）
副总经理：岳宗科（2015年9月兼任党委副书记，主持党政工作）
党委副书记、纪委书记、工会主席（代）：
冯定康（2015年9月离任）
副总经理：彭　涛（2015年12月离任，同时任纪委书记、工会代主席）
邱存兵　邢建模（2015年12月任）

重庆长航川江船厂

【概况】 重庆长航川江船厂（简称川江船厂）隶属中外运长航集团重庆长江轮船公司；始建于1970年7月18日，1980年12月竣工投产；注册资金2371万元；营业范围包含在港区内提供货物装卸、仓储，普通货运，设计、建造、修理各类客船、货（驳）船和推、拖船及各类特种船舶，船舶停靠；位于长江北岸的长寿区周家沱；拥有岸线1500米，是天然的深水港区，有可供常年使用的深水泊位码头3个，川江船厂陆域占地面积22公顷，各类房屋总建筑面积2.97万平方米。

【企业发展】 2015年是重庆长江轮船公司“决战危机、转型发展”之年，也是川江船厂加快“转型发展”的关键之年。根据中外运长航集团和重庆公司对船舶工业实施“收缩、调整、集中”的深化改革总体要求，川江船厂围绕重庆长江轮船公司“打赢三大战役、抓好八项工作”总体部署和“发展物流、做大修船、适度多元”工作主线，团结全厂干部职工打赢“发展攻坚战”，实现大幅减亏，各项工作成效明显，保持企业职工队伍和安全状况稳定。

【生产经营】 面对复杂严峻的经济环境，川江船厂深化改革，规范管理，强化经营，迎难而上，外拓市场，内强管理，克服库区水位消退期长达4个月不能上下排作业等实际困难，全年承揽船舶修理经营订单2930.96万元，完成修改船119艘次，创历史新高。

生产上全面推行项目承包制，提高服务意识，“视船东为上帝，替船东着想”的理念深入人心。突出“快修、抢修、上门修”，做到24小时随到随修，争当船东放心的“4S”店。船舶修理根据各船务公司船舶实际运行周期进行组织上下排作业，星期六、星期天进行上下排作业成常态，川江船厂干部职工是随喊随到，毫无怨言，真正树立“有船修就是工资，就是效益”的认识。在工期、质量上尽最大努力满足船东要求，得到众多船务公司的好评，主动签订船舶修理框架协议，为川江船厂修船产业的持续健康发展打下基础。

【物流转型】 2015年，重庆长江轮船公司加大物流转型力度，实现物流转型的突破的总体部署，着力打造“川江物流基地”在内的“三大物流基地”，培育产业转型基础平台。川江船厂做好传统修船业务，完善物流基地发展规划，加强物流经营管理人才培养和团队建设，适应产业转型的需要，全力实施向物流转型。引进建材中转项目，开发白鹭嘴码头装卸项目，开展与长明码头业务协同渝万铁路道砟堆存项目，转型效果明显。

【安全管理】 做好全覆盖、零容忍、严执法、重实效，确保安全稳定。与各部门签订《安全生产责任书》，落实安全主体责任，加大安全检查和隐患排查力度，对查出的安全隐患发出《隐患整改通知书》，逐项落实整改。全年查处违章6起，实行连带处罚，违章行为大幅减少；由厂领导带队开展各类安全专项检查12次，查处隐患108起，整改108起，夯实安全基础；开展安全教育培训工作，认真搞好三级安全教育，全年进行新进厂人员安全教育71次，组织集中安全教育1场次，受教育35人次；围绕“加强安全法治，保障安全生产”主题，编制下发《关于开展2015年“安全生产月”活动的通知》《关于开展“冲刺全年无安全事故”活动的通知》，开展各种安全生产活动；根据《重庆长江轮船公司安全生产视频监控系统建设管理规定（试行）》精神，强化科技治安，增设部分摄像头，优化川江船厂安全生产视频监控系统，并入公司安全生产视频监控系统，运行正常。

【企业文化建设】 突出思想保证，围绕鼓劲加油，引领职工投身“三大战役”（即生存保卫战、发展攻坚战、赢利持久战），持续开展“三大战役”宣传，宣传举措和取得的成效，宣传先进集体和个人典型，鼓舞职工士气。开展“三严三实”专题教育，通过专题党课、专题学习讨论、专题民主生活会等措施，查摆班子及个人不严不实的问题，开展批评和自我批评，针对查摆出的问题，狠抓整改落实。开展“人人多岗争贡献，扭亏为盈创佳绩”主题劳动竞赛活动，发动职工立足岗位，增收创效。围绕帮助职工掌握生产安全知识、提升安全操作技能、提高经营能力和服务水平，按照缺什么补什么的原则，开展职工技能展示活动，促进职工技能的提升。为在岗职工续保“医疗互助保障”和“大病医疗互助保障”。

（刘　权）

附2015年重庆长航川江船厂领导人名录

厂长、党支部书记：杨　强

副 厂 长：向先彬　刘志凯

工会主席：张德明

西南油气田分公司
重庆气矿长寿天然气运销部

【概况】 中国石油西南油气田分公司重庆气矿长寿天然气运销部（本分目简称长寿运销部）是集天然气生产、集输、增压、气田水处理、销售为一体的综合性生产单位。2015年，长寿运销部内部管理机构有党政办公室、生产技术办公室、计划财务办公室、油气销售办公室、HSE办公室、维修站；在岗员工276人。管理幅度涉及重庆市长寿区、渝北区、涪陵区、垫江县境内的铜罗峡、苟西、黄草峡、双龙、新市、明月场、卧龙河7个气田及含气构造，面积2000平方千米，管理气井61口，集配气站11座，增压站3座，污水处理站1座。管理卧渝线A段、申倒线等天然气集输干线286千米。全年生产天然气4098万立方米，销售天然气12.17亿立方米。实现生产运行管理“信息化”、班组管理“规范化”、生产现场管理“标准化”、全面完成各项KPI指标的目标。努力克服老井挖潜难、安全风险高、管理难度大的不利因素，圆满完成全年KPI指标，连续5次获得西南油气田公司三基工作“红旗单位”称号。

【生产运行】 优化信息化界面，依托SCADA系统升级改造、新井产能建设及数字化信息系统推广应用手段，完成数字化气田建设。实现31座井站、2座阀室生产数据自动采集远程传输。在建好信息化系统的同时，以“四项措施”着力于用好信息化系统。即强化现场培训，开展培训18次，培训员工256人（次）；编制操作手册，指导员工后期能熟练使用系统和正常操作维护管理；建立故障台账；进行过程考核，督促班组管好用好信息数字化。

狠抓过程管控，持续加强日常生产运行管理，加强大修项目管理，加强针对性应急预案演练，拟定全年应急预案演练计划，对预案演练工作的组织、策划、实施、评估各个环节进行明确细化和规范。全年运销部开展应急预案演练2次，班组开展演练121次。

深化管道保护工作，制定《长寿运销部管道保护绩效考核细则》，持续加强管道保护考核工作，充分调动员工积极性。对管道存在的安全隐患进行逐一梳理，完善管道安全隐患台账，对每个隐患建立相应管控措施。重点加强管道高风险区隐患管控，实施管道规范化管理，完善阀室目视化建设标准，以图文并茂的方式予以明确规范。全年整改管道堡坎垮塌、裸露隐患16处，完善管道警示桩、警示牌1560个，召开管道保护总结分析会2次，组织专题学习3次，有效管控管道风险隐患。

【营销工作】 强化服务型营销理念，在做好天然气用户服务工作的同时，转变理念，变“坐商”为“行商”推动天然气销售业务快速发展。主动走访建峰化工、卡贝乐、中化涪陵等多家天然气用户，了解用户的生产经营情况，鼓励用户合理调整产品结构，增加用气量；针对不同用户的生产计划及用气负荷，结合用户实际合理制订用气计划，确保用户平稳生产；安排销售人员每天与各天然气用户联系交流，了解该用户下游管网压力、安全巡检、供气波动等情况，在保障平稳供气的同时，监督做好安全工作，确保安全生产、平稳供气。

【安全管理】 构建体系化受控化屏障，加强宣传学习，做好新“两法”（即环境保护法、安全生产法。下同）贯彻落实。以宣传手册、宣传橱窗、班务公开栏、内部网络等为载体，下发学习辅导资料25本，制作1期专题宣传橱窗；利用轮班定期培训、周一安全生产例会、部门（班组）会的方式，组织开展新“两法”学习培训，加深员工对新“两法”相关条文的理解和认识；组织员工参与气矿门户网站新“两法”知识考试专栏答题活动，组织开展运销部“新两法”知识竞赛，对优胜者进行奖励。

抓好事故事件管理，利用员工轮班培训、现场检查等方式开展培训宣传，逐步实现全员培训，以培训积极营造氛围；在长寿运销部办公楼三楼橱窗及大门处，设置事故事件管理提升活动宣传橱窗，不断提升员工对事故事件管理的认知能力；结合安全生产实际，编制《长寿运销部事故事件管理提升工作方案》，不断优化完善，扎实推进事故事件管理工作。

加强作业许可管理，认真执行作业许可管理制度。严格按照作业计划准备、申请、受理与书面审查等十步作业内容实施作业许可，把控好关键环节和实施步骤，全年签发作业许可票证216张；强化作业许可审核，通过作业许可日审、周审、月审发现的问题，与相关部门、井站员工及时进行沟通，在每周一安全生产例会上将上周审核情况进行通报，使问题及早发现、及早整改，确保作业许可各个环节的执行效果；强化作业许可培训，开设作业许可每月一讲课堂，利用休息时间由作业许可独立审核员轮流对签发人、项目负责人等相关人员进行授课。

【员工培训】 全年举办轮班作业上岗、员工基本技能提升和管理制度等8类培训班19次，全年培训1264人次；组织送外各种培训65人次；利用各种会议、竞赛、专题学习、视频培训120人次。全年受训员工1449人次，达到气矿提出的员工人均每年参加培训时间的目标。

（杨　琪）

附2015年西南油气田分公司重庆气矿长寿天然气运销部领导人名录

经理、党委副书记：马代强
党委书记：何长平
副 经 理：曾渊奇（2015年5月离任）
　　　　　李建川
主任工程师：曾幼林

重庆凯源石油天然气有限责任公司长寿分公司

【概况】 重庆凯源石油天然气有限责任公司长寿分公司（本分目简称长寿分公司）位于重庆市长寿区长寿湖镇。截至2015年年底，有员工108人，党员21人。其中，合同化员工43人，市场化员工10人，业务外包55人；大学本科及以上学历18人，大专学历14人；高级技术职称1人，中级技术职称8人。长寿分公司下设综合、生产技术、财务、安全、营销5个办公室和1个营业所、1个管网所。长寿分公司的主要气源是西南油气田公司重庆气矿、重庆公管中心。截至2015年年底，长寿分公司有桃花新城、葛兰2座配气站，管理低压以上各种型号的管网约633千米、调压箱1549台、调压柜6台、阀井171座、加臭装置9台、交通运输车辆6台。管理供气区域100余平方千米，主要分布在桃花、晏家、葛兰、长寿湖等地，日销售天然气96000立方米。2015年，长寿分公司销售天然气25920000立方米，市场开发结算数6507户。

【经营管理】 天然气终端市场开发与管理。“十二五”期间，长寿区发展的重点在长寿中心城区的菩提组团、阳鹤组团和渡舟组团。长寿分公司全力做好这三个组团的燃气管网专项规划，积极与长寿区城投集团沟通，了解到市政道路的建设计划及进度，保证燃气管网同市政道路同步建设。长寿分公司坚持“拥有管线才占有市场”理念，重点在菩提组团、阳鹤组团和渡舟组团区域内，做到市政道路建设到哪儿，公司管线就延伸到哪儿。坚持“守土有责、寸土必争”的市场竞争理念，打破传统思维，变“坐商”为“行商”，加强与政府、开发商的联系沟通，安排专人每周巡查周边楼市动态，主动上门服务，年内主要对云台工业园和澄溪工业园进行市场调研。年底前，凯源长寿分公司管理用户79260户，其中民用77761户、集体233户、商业1263户、工业3户。

天然气合同管理严格执行重庆凯源公司《合同管理办法》，规范合同的申报、审查、审批、签订流程。全年签订商集体安装开户、供气合同144户，履约率100%。

天然气用户管理加强入户安全检查，年初制订年度安检目标、月度安检任务和入户安检管理办法及考核细则，将任务细化到每一个安检人员；全年完成入户安检54129户，为年度计划的100%；发现安全隐患65处，下发《隐患整改通知》65份，要求用户限期完成整改，暂无法整改项由安检人员加强监控，报政府部门协调解决。做好收费管理和通气维修工作，通过现场监督、用户回访、随机抽查、考核评价等方式严格规范操作流程；全年新开通4969户，受理用户来人来电1980人次，维修264人次，未出现一例安全事故。通过入户安检和在人口密集区域组织开展集中安全用气宣传活动等方式，发放各类安全宣传单和安全手册4.6万余份。

【生产管理】 进一步完善各项设备管理基础台账、档案，及时进行更新，做到每台设备的运行状态均能追溯可查。严格按要求执行安全阀、汇气管、压力表等重要设备、仪表的检测、校检工作，确保完好运行。全年巡查各类管线约1526余千米，巡查及维护调压箱（柜）11383台次、阀室（井）1064座次，阴保电位测试679次，巡查中发现隐患以及群众反映的管线腐蚀、阀井、调压箱漏气点抢险维修104次。建立完善生产运行应急机构，明确管理职责和相关人员的应急职责、工作范围、操作程序等。建立各种应急物资台账，应急消耗材料齐全、完好，储备到位。实行24小时应急值班，应急处置及时，应急通信畅通，人员到位及时，应急抢险（修）记录、台账完善。严格停气、通气作业程序，按规定及时上报生产运行信息，强化节假日值班制度，及时组织队伍处理管线泄漏故障。强化施工单位责任主体意识，认真落实工程开工前技术交底、安全交底工作，落实关键环节、重要工序的质量控制点，严格要求现场管理人员及监理单位现场监理履行职责，加大检查力度，重点对重点工程、重点部位进行监督。加强对施工单位的技术指导，全年组织施工单位及生产管理人员召开座谈会12次，及时传达公司工程管理相关制度，向施工单位推行HSE管理工具，重点是工作前安全分析。全年各类工程建设55项，完工并验收15项。

【安全生产】 长寿分公司持续强化安全基础管

理，全年定期召开HSE委员会议20次，利用各种会议、培训班等开展安全经验分享活动。对新进员工安全教育12次，员工QHSE知识技能培训2次，承包商人员HSE技能培训1次，每月召开一次承包商会议；组织开展“春节前安全大检查”“天然气终端销售业务安全隐患排查”“夏季安全环保大检查”“工程质量专项检查”“冬季安全环保工作”及“安全生产月”“百日交通安全专项整治”等活动。全面落实安全生产责任，组织全体员工签订《HSE责任书》，调整建立领导干部安全联系点7个、安全监督小组5个；全年领导干部开展安全检查50次，行为安全观察与沟通70次，安全监督小组检查42次；要求全体员工进行岗位危害因素辨识，编制完成长寿分公司及各办公室、配气站危害因素清单；组织全员制订“个人安全行动计划”并按计划实施，年终时对完成情况进行审查。加大隐患整治力度，采取安全专项检查、安全日常巡查、安全监督检查等方式，全面排查并及时上报安全隐患；着力隐患整治，落实责任人、验收人和完成时间，实行督办销项，严格执行闭环管理；全年查出安全隐患176项，完成整改162项，对暂未整改的14项制定监控措施，较大隐患均上报长寿区经信委备案。深化承包商管理，全年组织开展施工作业现场安全检查225次，对3个承包商出示“STOP”卡，进行3次违章处罚；组织开展对商业、集体、民用散户的初验收工作。对所有承包商执行统一的HSE标准，严格施工作业许可和危险作业许可审批，年内办理作业许可、专项作业许可、抢险维修票证等330份；工程施工前对施工单位进行入场安全教育，进行作业前风险分析评估并落实风险控制措施，做好危险作业工作前安全分析及停气碰口作业关键阀门的上锁挂牌。加强交通、消防安全管理，严格执行驾驶员“十不准”、车辆回场检验、定点停放和派车有据等交通管理制度，利用GPS监控系统，强化车辆运行监控，全年车辆安全行驶11.54万千米；建立长寿分公司的长寿湖办公楼、桃花办公楼及桃花、葛兰配气站重点消防单位档案，每月对消防系统进行一次检查，每天对消防设备、通道进行巡查；修订完善长寿分公司防火应急预案，按不同火灾性质配齐灭火器具并由专人维护保养；5月、11月，邀请重庆德安消防中心对员工进行消防知识培训。加强应急管理，全年修订完善长寿分公司突发事件应急总预案及6个专项应急预案；应急物资及机具储备齐全、有效；开展分公司级应急演练3次，各配气站每月至少开展一次应急演练。关心员工身心健康，9月组织员工健康体检，体检率100%。

2015年6月26日，中共重庆市长寿区委常委、区政府副区长杜彬瑜到桃花CNG加气站、配气站检查工作。（张茜评　摄）

【党建群团工作】　发挥党支部和行政班子的主导与引领作用，把支部建设和班子建设融为一体，着眼解决思想政治素质、处理复杂事项能力、“三严三实”作风等方面问题。坚持班子政治学习制度，坚持民主集中制，注重班子团结共事，保持班子的生机活力。树立正确的用人导向，对一些重要岗位、关键岗位工作人员的使用，遵守有关规范要求，提高用人公信度。切实加强党员队伍建设，继续实行季度党员示范岗评选，抓好“三会一课”落实，党员受教育面达到100%；继续开展“双争”和“三深入双报到”党员主题实践活动，年内组织3次党员周末义工日活动，到庭院管网、社区进行燃气安全知识宣传和入户安检，处理各类安全隐患20余个；继续做好把党员培养成骨干、把骨干培养成党员的“双向培养”工作，年内发展2名预备党员。继续推行思想政治工作“一岗双责”制，把管人管事必管思想的理念转化为工作实践，全年班子成员有针对性与员工谈心沟通及思想帮促16人次；以落实华油公司重塑良好形象大讨论九项活动为基础，侧重抓好安全塑形象、服务塑形象，引导员工自找差距、自觉践行，展示新姿态。

推进管理优化和员工技能的有效提升。党支部把工作融入管理，解决重要环节较为突出的问题。按照全员岗位练兵修订奖金考核要求，改变平均观念，对奖金分配细则作出适度必要调整和并轨，体现岗位风险、责任、贡献，在推动岗位练兵取得实效上发挥出激励作用。加强员工行为管理，完善员工奖罚暂行规定，对涉及劳动纪律、安全环保、抄表收费与入户安检、现场管理等七个方面53条处罚措施，重新修订可操作的考核办法，实行有奖有罚。倡导岗位成长成才，打造员工过硬技能。继续以“五型”班组星级管理规范班组建设，重点抓好班务公开、资料台账、设备保养、站场环境、窗口服务的管理，探寻合适的方式、载体，让员工积极、主动参与其中。

履行党风廉政建设主体责任不松懈。把习近平总书记《关于党风廉政建设和反腐败斗争论述摘编读本》纳入党支部的重要学习内容，警醒班子成员在处理敏感事务中严守企业廉洁规定。对其他管理人员、党员及员工，加强中石油《诚信合规手册》与正反典型案例的宣讲引导，把廉洁从业预防警示教育放在前面。抓好社会主义核心价值观、理想信念、华油公司“四严禁六不准六必查”和职业道德规范教育，定期更新廉洁文化园地宣传内容，增强员工自律防范和遵纪守法意识。正职之间、正职与副职、副职与分管部门负责人逐级谈话，签订党风廉政建设责任书。继续贯彻落实中共中央八项规定、中石油20条、西油司22条规定和反“四风”要求，慎思慎行不逾规。按照华油、凯源两级公司“三重一大”事项要求，对工程项目严格执行规定的程序、流程，要求相关责任人加强对应环节的审核把关、过程监督，让干成事、干好事、不出事成为共同信守的准则。

履行基层工会职能，持续开展“读书月”活动，上报员工读书心得有4篇获凯源公司优秀奖，1名员工参加凯源公司举办“梦”主题演讲赛获一等奖；做好送温暖工作，关心、慰问生病住院员工6人次；举办主题文娱趣味活动4次，活跃员工业余生活。以党建带团建，针对青年思想特点、工作表现等情况，召开青年员工专题思想座谈会；开展“青字号”系列活动，在急难任务中发挥团员青年骨干作用。抓好以先进人物、燃气抢险、典型做法为主的新闻信息宣传，全年有42篇各类稿件在地方报和上级网页等媒体中刊登。

（张茜评）

附2015年重庆凯源石油天然气有限责任公司长寿分公司领导人名录

经理、党支部副书记：马世权
党支部书记、副经理、工会主席：张　伟
副 经 理：张　彬
岳全茂（2015年5月离任）
吴德才（2015年5月任）　冉　林

中国化学工程第七建设有限公司重庆分公司

【概况】　中国化学工程第七建设有限公司重庆分公司（本分目简称分公司）2015年受国际和国内经济形势大环境的影响，新签合同额和主营业务收入大幅下滑，现金流空前紧张。在这样的严峻形势下，分公司立足于实际，努力实现分公司与七化建公司签订的经济责任书的各项要求，把生产经营、日常管理、改革改制、党建工作等抓上去。2015年账面确认数符合会计准则和建造合同规定，全年新签合同额6682.52万元，实现主营业务收入4015.66万元，实现利润总额87.42万元。

2015年，分公司确立长远发展目标。即：不断优化各种资源配置（人力资源、地方社会资源、地理区位优势、市场优势、经营优势、体制优势等）；在企业转型升级方面勇于探索，改造分公司运行机制，大胆推行并实践作业层内部承包、单个项目风险承包、劳务层与经营层剥离等一系列改革措施，使分公司最终成为自立经营、独立核算、自负盈亏的经济单位；在分公司的“十三五”计划里，确定实现“12345”的发展战略（即2016年至2020年，从第一年实现1个亿到第五年实现5个亿，5年实现15个亿的主营业务收入目标）。

【生产经营】　摒弃等、靠、要的思想，加强市场的拓展力度，开展大经营。主动出击，立足两区（长寿经开区、重庆两江新区），辐射西南。在老业主那里挖项目，在新业主大业主那里开拓项目，搭建分公司站稳各种市场的平台。加强与地方政府的基础建设投资部门联系与沟通，加强与市政、房建、环保市场合作，与化工与石油、医药、新兴能源、市政与环保等行业的设计院等单位的合作，从源头上找项目。稳步提高公司自营项目规模，不断扩大联营（分包）项目。年内与重庆化工设计院、中科重庆环保设计院、六盘水市政府、张家界市政府，以及长寿的部分政府招标平台公司签订战略合作协议，携手开拓市场。

打造分公司经营部门的商务职能、结算职能。招投标中的中小型项目分公司自己做，大型项目依托七化建公司投，分公司的预算人员到七化建公司，在专家指导下做标书，杜绝错漏，提高中标率。年内分公司先后参与重庆科顺防水卷材项目、泸州城东污水处理厂、泸州城南污水处理厂、韩国LG工程塑料项目、青海格尔木后勤62201部队输油管线项目、重庆江津几江污水处理厂二期扩建、巫溪污水处理厂、重庆飞华环保公司的氯化氢回收项目、重庆净化总厂遂宁磨溪分厂脱硫塔检修等项目的投标报价工作；年底前中国军工59研究所江津环保涂料项目流标，等待重新投标报价；分公司参与重庆化医MDI乙炔项目的清算、MDI恩力吉项目的合同调整谈判。积极跟踪重庆建峰合成氨装置换热器更换工作、重庆东银天润团山堡油库项目、重庆新恒阳物流一天化项目、重庆川庆厂搬迁工作、安琪酵母云南分公司二期工程、巴基斯坦500万吨/年原油加工项目及200万吨/年重油裂解项目、福建古雷石化基地的海水淡化项目和污水处理等项目，配合七化建公司跟踪落实重庆九龙工业园区的相关项目等。年底前，贵州（六盘水）武警反恐训练营地项目中标，重庆净化总厂渠县分厂和垫江分厂检修项目合同已经签订并进入实施阶段，正在组织贵州六盘水会棚户区回购房投标工作。

2015年，分公司各专业的经营队伍建立健全，能够独立参与中小型项目的投标；通过各类外部和内部培训、投标实战训练和专题分析会，经营人员的专业技术能力与业务水平得到提高；分公司为七化建公司办理重庆两江新区入园施工企业准入、加入重庆公共资源交易网电子招投标系统；办理中石油长庆油田的市场准入。

【综合管理】 2015年，分公司为七化建公司的俄罗斯TAF项目、沙特选矿项目、独山子项目、马来西亚巴斯夫项目等公司重点项目输送420人次的合格管理与作业人员。加强费用控制，降低成本费用，全面实施预算管理。对相关职能部门进行调整。继续开展“三清理一整顿”工作。在“双定”（定员定岗）工作中，重组和精减职能部门与岗位、裁减冗员；适时推行竞争上岗，最大限度提高工作效率、降低管理成本。强化管理，打造纪律严明型团队。继续抓好“双清”工作，拿出具体措施，把历年被业主长期拖欠的工程款清理落到实处。严格控制费用开支，管理好公司的国有资产，防止国有资产流失，杜绝一切不合理、不必要的开支，依法推进公司的土地置换、产权完善等相关工作。

【人力资源建设】 选拔培养分公司不同年龄、不同层级、不同岗位的接班人，着眼于长远发展，让一批政治素质高、群众基础好、具有一定文化学历和较高专业技术水平、业务工作能力强，有一定管理经验，敢于管理、有创新思维的年轻人，进入到分公司的基地管理和项目管理岗位上。建立完善人才梯队制度，着眼于分公司今后的长远发展，形成老中青一起进步的局面。在重点岗位、关键岗位推行轮岗和交叉任职；继续执行轮岗制，轮流到施工生产一线、经营工作一线。

【存在的不足和问题】 公司2015年经营工作未能有突破性进展，新签合同额、主营业务收入和利润指标需要取得突破；应杜绝投标过程中的低级错失与漏洞；业务部门和相关人员还需进一步加强学习；调整经营思路，针对国家推进市政项目和国家“一带一路”战略，相关地区市政项目的上马，需要利用各种社会资源，有针对性地去收集、甄别、遴选污水治理、垃圾处理、新能源、绿色环保等市政项目；预算管理意识有待加强；“双清”工作仍然是工作重点和难点。

（付新轶）

附2015年中国化学工程第七建设有限公司重庆分公司领导人名录

党委书记、经理：袁向东

副经理、工会主席、纪委书记：段 波（女）

副经理：韩明旭 何小兵

重庆化工码头有限公司

【概况】 重庆化工码头有限公司（本分目简称公司）成立于2006年5月31日，是长寿三峡库区淹没复建货运码头。前身是重庆港口局长寿中心港务站，1996年4月，整合长寿区港埠资源兼并长寿县第一搬装公司成立长寿港埠公司。2009年3月长寿港埠公司整体转移到重庆化工码头有限公司。公司码头（重庆主城港区长寿朱家坝化工码头一期工程）于2007年3月开工建设，2009年3月26日投产试运行，是重庆主城枢纽港区的重要组成部分，长寿区唯一的外贸口岸，辐射重庆中部及川东地区，是中国西部第一座专业公共化工码头。截至2015年年底，公司在册职工147人，下设11个部门，公司有专业技术人员20人，特殊工种人员130人，大专以上文化程度45人。2015年，完成装卸自然吨113.42万吨；吞吐量完成116.83万吨；内外贸集装箱完成2.23万TEU（TEU为1集装箱单位。下同）。

【业务发展】 积极引进新客户，大宗散货有明显增长。2015年新引进的道砟、进口煤炭、石油焦等新业务，拉动整体件散货的增长。抓住渝万铁路建设全面启动的契机，及时引进道砟业务，全年完成近20万吨，比2014年同期增长531.34%。

适应市场变化，调整货源结构，集装箱箱量实现稳步增长。新增富源化工的危品港装箱和川维港装箱，磷酸港装箱受船公司影响在二三季度大幅下降，受政策导向，磷酸在四季度全部回归，全年港装箱总量与2014年基本保持稳定。内贸箱大幅度增加，增长38.24%；内贸箱占总箱量的比重也有所增加，年底前占总箱量的76.76%。

液体危化品打破单一品种模式，实现多品种经营。由于甲醇市场一直低迷，液体危化品业务整体作业量不大。2015年，新引进丙酮、丙烯酸正丁酯、二氯乙烷、二氯甲烷、乙酸乙酯、乙酸丁酯、液碱、煤焦油等货种，打破原只有甲醇和醋酸正丁酯两个作业品种的局面。

【生产管理】 按照市委、市政府的决定和集团安排部署，将重庆市危化品集装箱集中转移到公司中转。年内公司完成《安全评价报告和危险品作业附证》相关资质的办理。10月20日，市港航局审批《安全评价报告》备案表，予以通过。2号泊位新增113个品种，3号泊位新增6个品种。年底前，2号泊位可作业123个品种，3号泊位可作业22个品种，按照预定时间完成该项工作。于11月取得危险品作业附证，完成危品集装箱转移的相关资质的办理工作。12月1日，危品箱正式转移至公司码头作业，实现危品集装箱的顺利中转。

为确保危品箱的中转安全，公司及时召开危品集装箱转移工作安排会暨安全工作布置会，对作业危化品集装箱的转移工作提出具体要求，对危品箱作业的安全管理制度、操作规程、安全技术说明书、防范措施以及安全注意事项组织学习和强调，完善港区道路交通标志，加强交通组织，相关职能部门加强作业过程的现场监管。制订《危险货物集装箱安全操作规程》《危险品集装箱应急预案》，针对危化品作业附证新增的上百个品种，按照行业管理部门的要求和危化品作业安全规定，完善危化品作业相关安全管理制度、安全操作规程，编制新增作业危险货物MSDS合集，组织相关人员开展危化品作业安全专项培训，规范操作行为，确保安全生产。公司将在2016年投资1.2亿元新建一个危化品集装箱专用泊位及堆场，建设成设施齐全、绿色环保、安全高效的危化品集装箱集散中心。

【人力资源管理】 6月，对公司机构设置进行调整和优化，单独设立人力资源部和后勤管理部，重新明确部门职责、岗位职责，修订《重庆化工码头有限公司部门职责》和《岗位说明书》。

实施《2015年度员工教育培训计划》，全年完成各类教育培训443人次。其中新安全生产法、现场操作手册、应急等各类业务培训281人次，特种作业资质持证新训102人次，特种作业资质证照复审培训50人次，师徒培训5人次，员工自费参加学历培训5人次。

【设备管理】 全年完成大修1台次、项修10台次、定保23项次，计划兑现率100%。完成特种设备检验3台次，强检计量器具3台次，强检压力容器、仪表及管道3项次，防雷、防静电定期检验及配电高压操作器具定期检验，为计划兑现率的100%。

完成“双浮吊证书”办理和移机改造的整体交验工作；20吨浮吊及皮带机下河电缆技术改造项目，确保新增作业线的及时投运；完成海关外贸区监控摄像机的技术改造及移动10兆专用光纤合同签订熔接，实现远程监控管理；完成液化下河管道降温喷淋管线和消防管道的改造，杜绝“跑、冒、滴、漏”情况发生。

聘请勘测院完成码头地形的观测，完成公司消防维保的招标工作，按行业规范确保消防系统的安全有效运行。完成公司10千伏专线合同签订及每月一度的专项巡线工作，做好预处理。

【安全管理】 坚持“安全第一，预防为主、综合治理、全员参与，持续改进”的方针。强化组织领导，增强安全生产责任意识。传达贯彻有关安全生产会议、文件精神，落实上级安全生产工作要求。加强目标管理，落实安全生产责任制，层层签订《安全生产目标责任书》，落实安全责任，强化“谁主管、谁负责”的原则，做到安全生产责任制“横向到边、纵向到底”。汲取“8·12”天津港燃爆事故教训，接受各级主管单位的督察和日常检查，开展自查自纠，排查隐患治理；开展危险品和易燃易爆物品大排查大整治活动；建立健全应急管理制度，加强应急演练。2015年，通过各类检查，及时排除公司设备设施、消防设施、河下设施、环保等的安全隐患。对查出的隐患进行“清单式”管理，逐一逐项进行整改落实。全年排查隐患73起，已整改73起，整改率100%；投入安全整改资金50.73万元，解决部分设备和安全隐患整改欠账，有效降低安全风险。开展新安全生产法、《消防安全培训手册》和《生产现场操作手册》等制度的安全培训力度，提高职工操作技能和安全意识。狠抓季节性安全防范工作和消防管理工作，年内开展防汛、防火、防泄漏、防爆燃等应急演练。

（向　珩）

附2015年重庆化工码头有限公司领导人名录

执行董事、总经理：郑明江

党委书记、纪委书记、工会主席：田国强

副 经 理：詹冠寿　张　明（补遗：2014年11月离任）

何明寿（2015年10月离任）

霍彰忠　吴立方（2015年10月任）

总经理助理：秦　宇（2015年3月任）

重庆渝长燃气自来水有限责任公司

【概况】　2003年4月，重庆燃气集团并购原“长寿公用事业公司”为属下全资子公司，更名为“重庆渝长燃气自来水有限责任公司”（本分目简称渝长公司）。专业从事城市供气供水及设计安装等，服务范围覆盖长寿主城区及晏家、渡舟、江南等地区。2015年管理服务天然气、自来水总户数26.5万户。年底前有在册在岗职工181人，退休职工91人；下设3室6科2厂（即：办公室、规划设计室、二次供水办公室、工程科、经营管理科、抢险调度科、市场科、财务科、技术安全科、水厂、葛兰水厂）；有专业技术人员29人，中级职称9人，初级职称20人；有高级工93人，中级工10人，初级工14人；大专以上文化程度97人。

渝长公司先后获长寿区十强工业企业，长寿区综合治理模范单位，安全工作先进单位，消费者信得过企业，信访稳定先进单位，食品安全工作先进单位；获市国资委“委级文明单位”，市市政委“重庆市城市供水行业六佳水厂”，重庆市城市供水先进单位，市消委“售后服务先进单位”、市城市供水行业六佳水厂、模范职工之家、十佳和谐企业，十佳窗口服务单位，重庆市“五一”劳动奖状等荣誉称号。

【市场结构调整】　明确目标、开拓市场。已与勋勋食品、威必达、鑫宇化工、秀博瑞殷、九腾环保、龙瑞化工签约供气，后续力争与英斯凯化工、紫光国际达成合作协议。与重庆公共事务管理中心就桃花石油小区天然气、自来水剥离达成一致，整体接收石油小区用户1400户；与四川维尼纶厂就川维社区天然气剥离达成共识，将接收天然气用户8700余户；接管凯源长寿公司供气区域京华小区天然气商业用户18户、民用户432户。与远大空调公司达成战略合作，推广燃气空调市场；将长期跟踪目标客户，掌握新增的开发项目计划，提前进入沟通洽谈掌握用户资源。

发展二次供水市场。坚持发展市场，增设二次供水办公室，制订二次供水的建设管理、运行管理、验收规范等相关规章制度。渝长公司年内获得区发改委关于二次供水设施新建、改造、运行维护管理的收费批文。受理新建二次供水客户安装用户约1.1万户；通过市场调查约有5万户用户需要对二次供水设施进行改造；为降低成本，让用户用上一流的设备，减少二次供水设备的后期费用（如：维护费、能耗等），公司组织考察小组对6家二次供水设备生产厂家、3家二次供水工程安装公司的企业现状、生产工艺、工程实例进行实地考察，对二次供水设备、材料以及表具的运行管理及能耗进行调研。优化改造方案，竞争性比选设备材料，二次供水设备的采购价比市场价户均设备成本降低380元。

继续推进LNG项目。推进新能源建设投资项目，结合LNG能源特性与公司自身优势，争取2016年在江南建LNG调峰储备加注站一座。

继续推进延伸服务。进一步配套完善天然气、自来水服务体系，从非居民表后铝塑复合管管道安装、客户维护管理部分设施隐患整改、调压柜维护保养、市政消防栓维护保养、自来水安装管道维护费等方面拓展延伸服务。

【综合管理】　以“管理促进升级”，开展对标达标建设，全面管理精细化、工程建设标准化、安全生产常态化、设备运行星级化、客户服务优质化

"五化"建设。

全面管理精细化。第一，加强内部管控。组织水厂班组长等管理人员到重庆悦来水厂和重庆东渝水厂开展对标学习，制定水厂对标管理措施，分别以成本管理、水质管理、安全管理、应急管理、设备管理和运行管理为评价维度，通过历史纵向平均数据、国家标准和相关制度为评价指标。促进水厂职工生产的积极性和主动性，药耗、电耗得到大幅下降，全年安全事故为零，水质抽检全部达到合格标准。通过加强内部管控和对标学习，2015年的供水量比2014年增加131万吨，药耗和能耗下降42万元。渝长公司聘请专家对水厂运行状况进行评估，制定水厂技改的整体思路："节能降耗、减员增效、改造工艺、扩产量"。改造时间控制在近两年内完成，分三步不定期完成。即第一步"降能耗"，水厂一、二、三级站机泵及电气控制更新改造；第二步"自动化"，计划对水厂一、二、三级站关键数据进行远程传输，实现数据自动化处理，对水厂二、三级站实现自动化运行；第三步"增产量"，对水厂一级站进行制水工艺改造，利用先进的生产制水工艺和技术，达到提高生产能力，扩大供水规模。严格执行考核制度，加强责任落实和监管，对施工质量每季度评比，对施工单位和施工员实行经济奖惩。全年，奖惩施工队伍1万元，未发生一起因施工造成的安全事故。第二，提升信息化技术水平。严格执行合同管理办法及网签流程，全年审核各类合同285件，未出现因审核不严而引发的经济纠纷；完善GIS系统建设的前期工作，实现建设、使用、维护和使用的标准化、规范化和信息化；推进安检系统、抄表系统手机客户端；12月，完成营销系统的升级工作；着力于改变传统的管理和工作，以互联网通讯为基础，采用云计算、大数据处理等相关技术，逐步推进公司实现管理远程化、数据智能化、流程标准化的实施方案。第三，做好输差、水损管控。加强计量监督管理，每天与上游气站对比门站计量，观察下游工业大户用量以及夜间流量变化及时查找管输差。旬抄对比，点对点分析，发现一处大宗用户计量表存在计量误差，及时更换计量表后输差率有明显下降。年内，更换城区内气表水表8756只，解决因气表、水表超期、锈蚀漏气漏水引起的输差、水损问题。全年工商客户计量管理信息系统上线率100%，在用计量器具周检率8.33%，在用燃气表到期更换率85%，其中A级表更换完成率100%。加强抄表收费管理，加大对盗用天然气的查处力度，对水量、气量差价进行追缴，年内补缴水量17827吨、补缴气量84377立方米。加强查漏整漏，乡镇市场输气管网老旧锈蚀情况严重，渝长公司派专人带队对管网查漏整漏，走访宣传张贴漏气报告奖励电话、分段试压等，完成中压管线改造2000米，低压管线改造11500米，整改中压气管漏气39次，整改低压气管漏气65次，更换调压箱30台，整改后夜间最小流量由150立方米降至40立方米；聘请自来水管网漏损专业公司对自来水管网进行全面检查，查找整改DN100及以上口径管道的漏点15处，有效控制供水管网的水损率。第四，优化管理力量。对科级干部人事档案进行专项审核，开展科级干部公开选拔任用工作，公开竞聘财务科副科长1名；选拔正科级3名、副科级2名。第五，做好与区政府各职能部门的协调工作，配合区发改委对自来水、天然气阶梯价格的成本进行监审，主动邀请听证代表实地参观庙山坡水厂了解自来水生产工艺，于11月12日召开阶梯水价制度及自来水价格调整的听证会，32名听证代表一致同意上调自来水价格和居民用水阶梯价格制度，居民水价格由2.00元/吨调至2.20元/吨。12月10日召开天然气阶梯制度的听证会，建立天然气阶梯气价制度，完成非居民用气销售价格的调整，工业用气销售价格顺降0.70元/立方米，商业集体顺降0.70元/立方米。

工程建设标准化。工程建设按照质量好、安全生产好、费用控制好、工期保证好、廉洁形象好的标准执行。全年基本建设项目投资1924万元。重点工程有序推进，引水渠隧道工程，投入中央资金600万元，已完成通道修建，浇筑C20混凝土1000立方米；完成长洪路DN600水管主干管网1300米安装工程并投入试运行；预埋北城大道市政道路管线DN500给水管道1400米安装工程，已完成总工程量的70%；完成上游站新六中至狮子山配气站DN219气源管道安装工程，投入运行；对庙山坡至水东门站的DN800水管复线工程进行跟踪管理，已完成总工程的70%。17项重点工程完成率100%，转固率100%。

安全生产常态化。第一，强化安全标准化建设，在办公场所，生产现场岗位张贴《岗位安全风险提示和异常情况处置》卡13张，明确告知从业人员作业场所和工作岗位存在的危险因素，防范措施和事故应急措施。在狮子山无人配气站安装防爆型远程电子围栏、入侵报警装置，庙山坡水厂安装阻车器，修复远程电子围栏、各站新增设及更换摄像头20个，投入资金18.09万元。第二，全面整治燃气安全隐患，全年开展不发通知、不打招呼、不听汇报、不用陪同接待，直奔基层、直插现场的“四不两直”检查5次，月度综合检查12次，参加人数70余人次，查出安全隐患48处，签发《事故隐患通知书》26份，整改26处，整改率100%；抽查阀井86座次，调压箱（柜）185台次；对挂牌督办的3条隐患管线，按照一患一策拟定整改方案，已全部整改完毕；投入资金40万元，邀请专业的管网检测公司对全城自来水埋地供水管道进行全面泄漏检测，查出DN100及以上漏损点15处，已全部整改完毕；对检查出的隐患对相关责任部门扣款1500元。全年对老旧设施设备进行更新改造，投入项目资金1494万元，完成老旧管网改造23.9千米、表前阀4000余个、防干扰阀5000余个、更换和修复消防栓28台、调压器3台。第三，加强宣传工作，投入安全宣传教育经费74.46万余元；不定期开展“燃气安全进社区”“饮用水卫生安全”活动，现场解答用户提出的用水用气安全问题；在城区、乡镇开展漏气举报宣传，张贴“漏气举报有奖电话”1500余张；开展“燃气进乡镇、安全靠大家”宣传活动，发放宣传资料27000余份，张贴各类安全温馨提示牌2565张，安全宣传画报365份。第四，强化应急保障，全年处理自来水抢险3728次，天然气抢险3625次，出警及时率100%；配合区市政部门加大对城市窨井（盖）的整治，对破损井盖及时更换；加强雨季前后对主供水气管线的巡查工作，对易发生爆管的地方提出合理化防范建议，安装观察孔，做好阀井维护、危岩滑坡地段的巡查记录。第五，加强培训，提高从业人员操作技能，组织燃气从业人员安全知识培训107人次；组织特殊岗位人员安全培训、职工安全专项培训和“入户安检”技能竞赛等活动；组织实施长洪路中压天然气泄漏燃烧应急演练、长江大桥重要危险源应急演练。

设备运行星级化。完成水东门二级站供水设施的扩容技改，解决高峰供水瓶颈；完成西门三级站电机变频技术改造，消除狮子山高位水池长期跑水的安全隐患；向同行业以及自来水方面的资深专家教授咨询，手动排空和增加排空阀，彻底解决因水体充满空气导致自来水呈乳白色这一现象；针对水厂设施设备老化问题，多方寻求专家技术支持，年底前完成技改内容方案，完成水厂技改设计招标，达到水厂设备、工艺升级换代；按照标准化无人站技术要求完成狮子山无人配气站技改及目视化改造，实现中控室远程监控生产经营活动。

客户服务优质化。对窗口部门定期开展业务、服务礼仪规范、客户沟通技巧培训，组织员工参加区委宣传部组织的“微笑满长寿”文明礼仪讲座培训；加强在电话服务、抄表、收费、通气四个环节的服务质量管理以及与客户的沟通能力，强化服务意识；做好客户来信来访来电处置工作，全年受理“966777”派工单155件，办结率100%，其中投诉工单2件均为无效投诉，投诉处理及时率100%，满意率100%；做好营销系统升级期间的媒体宣传工作，联系《长寿日报》《长寿文化》报、长寿电视台以及长寿区政府网站、微信平台等多媒体配合宣传，安排抄表员电话告知、张贴通告扩大宣传范围；召开非居民客户座谈会，对《城镇燃气安全使用条例》进行宣传。

【党建群团工作】 年内完成党总支及各支部、工会委员会、团支部的换届选举工作。深入开展“三严三实”专题教育活动，书记、副书记上党课，解读“严以修身、严以用权、严于律己，谋事要实、创业要实、做人要实”二十四字的深刻内涵，在全司范围内开展廉洁风险排查工作。党总支开展“重温誓词、牢记宗旨”爱国主义教育活动。抓好党员职工思想政治和组织建设，通过每两个月一次的党群工作例会，及时了解、收集、汇总职工关心的热点、难点问题，做好正面宣传，化解矛盾，解决职工的实际困难。开展“送温暖、传爱心”活动，年内慰问重大疾病和困难职工3人，看望生病住院的在职、退休职工21人，慰问亲人病故的职工4人，看望生小孩的女职工3人，组织女职工体检71人次；出资1万元用以对口扶贫的龙河镇修路，在永新村开展扶贫工作，送去衣物鞋袜1860件。开展形式多样的文体活动，组织参加集团公司“第二届职工运动会”，获得乒乓球女子单打第二名、男子单打第三名的好成绩；组织参加集团公司消防运动会，获集团团体第三名等荣誉；组织开展“奔跑吧菩提山”大型主题登山活动、“三八”节女工活动等；组织瑜伽、篮球、乒乓球、羽毛球4个兴趣小组，打造奉献、卓越、创新、安全、和谐的职工队伍。党建带团建工作，团支部组织开展“七一”慰问活动，慰问老党员、老同志3人；定期召开团支部会议，传达集团党委领导在团干培训会的讲话精神；选拔团员青年参加第三届市燃气协会技能竞赛、主题团日活动PPT设计大赛、管理人员技能竞赛等；组织全体团员28人开展素质拓展训练。

（戴　璐）

附2015年重庆渝长燃气自来水有限责任公司领导人名录

执行董事、党总支书记：李　明
总 经 理：廖　平
副总经理：陈德全　廖　强（2015年3月任）
　　　　　李　平（2015年3月任）
党总支副书记、工会主席：
　　　　　廖　强（2015年3月离任）
　　　　　宣　见（2015年3月任）

2015年1月16日，重钢、川维等4家企业启动环保应急专项实施计划

商贸服务业

概　　述

【产业布局】　2015年，长寿区围绕区域商贸物流中心总目标，按照“商圈集中化、市场园区化”的发展模式，重新修订完善商贸物流“一园一区一群一圈”（即现代物流园、中央商务区、专业市场群、城乡商圈）的产业规划，将其作为区域商贸物流中心的战略性平台，确保顶层设计科学。拟引进的重大项目均实现城市规划、土地规划双覆盖，重点推进重庆工业品贸易城、小康汽车市场、沿江现代物流园、中央商务区、专业市场群、城乡商圈、特色商业街、镇级商业中心、再生资源基地、成品油加油站等重大项目。年底前重庆工业品贸易城成功揭牌；长寿小康汽车交易市场开工建设；中央商务区完成策划工作，正在进行全面招商；城区农副产品批发市场已纳入三峡后续项目储备库；工业品综合市场已完成平场，启动路桥管网建设工作；城中城商业广场全面建成；南城U街商业综合体主体完工。协信、黄桷湾、长寿菩提古镇、桃花四大商圈进一步巩固提升，新建经开印象菜市场和便民综合超市，长寿菩提古镇成功创建中华美食街和市级特色型夜市街区，金凤山大酒店成为长寿区首家成功创建的4叶级绿色饭店，渝禾庄成功创建为中华名店。

【重大项目】　落实专人做好各重点项目的跟踪服务工作，发挥部门联动协调机制作用，妥善解决重点项目的发展问题，确保全区9个重大商贸物流项目稳步推进、进展顺利。

2015年12月，重庆工业品贸易城成功揭牌。为落实重庆市五大功能区域发展战略，促进长寿传统工业与现代服务业的深度融合，长寿区在整合钢材、化工、工业品、汽车、仓储等项目基础上，打造重庆工贸城。是重庆市继江津农贸城、巴南商贸城之后的第三个市级专业市场集群。长寿区从此具有与大工业相匹配的大市场实体。

汽车交易市场开工建设。该项目是重庆工贸城的重要组成部分，总投资约6亿元，年内已投入运营。是集销售、试驾、体验、美容装饰、维修配件、金融、保险、上牌等综合服务于一体的“一站式”汽车产业园。

长寿汽车交易市场效果图

城中城商业广场全面建成。年底前已与奥特莱斯、新世纪百货、浙江时代影院、屈臣氏、肯德基等120多个商家签订入驻意向协议。

城区农副产品批发市场已纳入三峡后续项目储备库，完成前期资料的准备工作；陶然居长寿幸福美丽乡村会馆于2015年9月10日开业。

南城U街商业综合体1号楼主体结构已封顶，建成后将集购物、娱乐、餐饮、休闲、商务为一体。

工业品综合市场已完成平场，启动路桥建设；新崛钢材市场与重庆燃气集团洽谈合作事宜，已经达成合作协议，正在完善相关手续；新恒阳二期项目完善相关手续，进行土地的协调工作，已经完成码头一期2个泊位建设工作。

【聚商选资】　坚持“招大、招强、招龙头”的原则，创新招商模式，前移招商阵地，“走出去”拜访接洽重点客商，“引进来”实地考察。建立项目库、目标客户库，全程跟踪、靠前服务。利用媒体招商、节会招商，打破时空限制，广泛宣传推介，加大聚商选资力度。2015年，拜访、接待亿联控股集团有限公司、重庆商业投资集团有限公司、红星美凯龙家居集团股份有限公司、五洲国际控股有限公司、贵州共盈物流有限公司等。重点洽谈中央商务区、城区农副产品批发市场、工业品综合市场、“智慧商圈”、互联网产业园等重点商贸物流项目，达成一批意向协议。

【电子商务】 （详见本类目《电子商务》分目）

【会展经济】 （详见本类目《批发及零售业》分目）

【民生商贸】 （详见本类目《批发及零售业》分目）

【市场保供】 成立长寿区重要商品应急保供工作领导小组，与15户应急保供企业签订责任书，明确保供商品品种和数量，确保市场供应充足，重要生活必需品无断档脱销。2016年1月16日，在区政府应急办的领导下，组织开展长寿区应急物资保供演练，提高全区应急物资保供实战能力。

长寿区应急物资保供演练

【行业管理】 加大执法力度，加强酒类执法检查工作，全年出动700人次、车辆168台次，检查酒类经营户769户，发放酒类流通随附单1249本，全区酒类备案登记率90%以上，批发商领用随附单100%；做好“12312”执法建设平台的筹建工作，年底前设备资金已划拨，合同已签订。强化特种行业和特种商品管理，对典当行、成品油、粮油收购、再生资源回收、液化石油气、二手车流通等行业管理工作逐步完善，实现有效管理，行业经营秩序持续向好。

以发展限额以上企业为重点，推进限额以上企业培育。部门联动，信息共享，深入企业，全面摸排，年内新发展限额以上企业30家，总量达到156家。继续做好企业统计服务、培训及激励机制等工作，确保全年各月数据实现相对稳定增长。

【安全维稳】 不断加强商贸系统安全生产组织领导，成立以区商务局局长为组长的安全生产领导小组，制定完善一系列制度规范。开展持续3个月的夏季消防安全检查活动，加强节假日和危化品安全检查，实现商贸系统安全生产“零事故”。强化信访稳定、综合治理工作，全年收到信访件17件，全部办结；成功化解程某信访积案，解决老陈菜、味蓉汤道、时代中心、洋世达、华润超市等各类矛盾纠纷8起；协调处理启动肉联总厂安置、渝东冷食品厂厂房办证、粮食系统“保防人员”享受提前退休等历史遗留问题；做好防邪、禁毒、社会治安防控体系建设和“平安商圈”的创建等多项工作，实现信访稳定“零失控”。

（孙　静）

附：

重庆市长寿区农产品商贸流通协会

重庆市长寿区农产品商贸流通协会（本条目简称协会）的前身是成立于2010年8月的重庆市长寿区果品商贸流通协会。针对职能局限性致使长寿区长寿特色农产品品牌申报中国地理标志商标和中国生态原产地保护产品认证等受限制的情况，经研究，报经区主管部门同意、区民政局注册于2012年3月6日将长寿区果品商贸流通协会变更为长寿区农产品商贸流通协会，以前果品协会制定的章程、文件、行为规则、合同等一律由区农产品商贸流通协会继续实施。协会是长寿区农产品、种养殖企业、农产品批发企业、商贸流通企业、加工企业（柑橘、榨菜、长寿血豆腐、长寿鱼面、粮油等）、农资企业（肥料、农药、种子等）专业大户、专业合作社、微型企业、行业协会和行业经纪人自愿成立的法人社团组织，接受区商务局指导。协会下设一室四部：会长办公室、会员发展部、技术开发咨询部、商贸流通部、市场网络部。主要任务是宣传政策法规、推广先进技术、组织经验交流、提供咨询服务，反映会员合理意见和要求，维护会员的合法权益，是政府联系农、林、牧、渔、商业经营者的桥梁和纽带。主要职能是保护长寿农产品资源，打造长寿农产品品牌。协会成立后发展迅速，2015年，有会员

1000余名，涉及14个镇、5个街道，20余个相关企业，10余个专业合作社，10个微型企业，5个行业协会，200余名农村经纪人。协会成立后组织申报成功注册中国地理标志商标3个（长寿沙田柚、长寿夏橙、长寿血豆腐），正在申报2个（长寿薄脆、长寿鱼面）；申报成功重庆市著名商标2个（长寿沙田柚、长寿夏橙），重庆市老字号产品1个（长寿沙田柚），马德里商标1个（长寿血豆腐），长寿区知名商标1个（长寿血豆腐）。协会2015年组织经纪公司和经纪人销售长寿夏橙10000余吨、杂柑1000余吨、长寿沙田柚2000万个、长寿血脐甜橙2000吨、水产品5000吨、长寿鱼面20000袋、血豆腐20000袋、昌渝肥料50余吨，农民直接收入19680万元，为破解长寿农产品销售难作出贡献。

（余志鹏）

批发及零售业

【概况】 2015年，全区社会零售总额实现103.3亿元，增幅13.6%，增幅位居全市城市发展新区同一考核组第六位，全市第十八位。批发零售额实现263.2亿元，增幅18.7%。住宿餐饮额实现28.5亿元，增幅19.1%。

【惠民惠农工作】 2015年11月5日，长寿区在重庆观音桥步行街中心广场举办长寿沙田柚品尝推介会。吸引大量重庆主城市民参与，5家沙田柚种植业主与重庆诚信干果有限公司、永辉超市等经销商签订合作销售意向合同20余份，合同金额近6000万元。

2015年，开展沙田柚、夏橙、蔬菜、禽蛋等农超对接、农网对接工作，组织55家涉农企业、农民专业合作组织、种养殖大户、农产品流通和加工企业参加对接会。采集发布农副产品供求信息137条，主要涉及夏橙、沙田柚、花椒等品种。

2015年11月，在重庆观音桥举办的长寿沙田柚品尝推介会

城乡商贸统筹发展，开展万村千乡市场巩固提升工程。2015年，葛兰镇被评为全市商贸强镇，石堰镇成功创建市级乡镇商贸综合服务中心；镇级商贸服务中心新建2个，改建1个；镇级商贸综合服务中心新建4个，改建1个；信息化示范点新建2个，改建6个；日用品便民店新建3个，改建4个；电子商务示范点新建5个。年底前，完成万村千乡市场工程信息化建设巩固提升工程的验收工作，全部验收合格，通过相关审计。

【发展限上企业】 加快市场主体培育，激发市场主体活力，促进企业发展壮大。开展“两转一改”工作，即限额以上个体单位转为限额以上企业、限额以下企业转为限额以上企业、改变商品市场结算方式。截至2015年12月，全区商贸限额以上企业新增30家，比2014年底的133家增长22.5%。

【会展活动】 促销活动拉动消费，开展“夏季消费促进月”和“金秋消费促进月”活动，全年有1500家企业、2500个门店参加活动，投入促销经费250万元；组织25家汽车销售商开展惠民销售活动，销售汽车294台，争取到市财政惠民补贴29.4万元；长寿菩提古镇、洋世达世纪广场等商圈整合商家和旅游元素，举办一系列节会促销活动，商旅结合发展假日商贸、旅游商贸，实现销售额7.6亿元。会展活动拉动消费，年内全区举办各类展会11场，组织区内企业参加市级各类会展4场，组织20家企业参加“第三届中国重庆商品交易会”；组织3家企业参加“重庆首届名特小吃文化节”展会，期

2015年10月，区领导周勇、赵世庆、张云平、左永祥、王身高等视察长寿区第四届金秋美食文化节。

间成交额超过100万元；举办2015重庆名特优农产品巡展长寿站活动，全市11个区县近100家农特企业参展，其间，接待消费者2.5万人次，实现销售收入100余万元；年内举办2次汽车展，组织39家汽车销售商参展，销售汽车685台，实现销售收入1.03亿元；全年实现会展直接收入1.55亿元，拉动消费6500万元。

（张　闯　柯长林　吴用强）

电子商务

【概况】　建成5000平方米的电子商务产业园区，引进电商企业27家，组织成立全区电商协会，发展会员企业23家，完成区内140家企业的电子商务摸底调查工作。全年引进电商企业21家，其中长城宽带落地运营，跨境电商西港全球购实现线下线上同步营运，绿安农村、永炫跨境电商已签约落地。培育村村淘、湖山在线、巨时科技、品培网络、乐谷乐享等长寿本土龙头电商企业12家，发展150家微型电商企业。大嘉富食品、深林氧山猪、长水禽业、你我他超市等23家传统企业，建立自身电商平台，开展线上线下结合营销，打造本土网销品牌。碧桂园凤凰酒店、金凤山酒店等餐饮住宿企业，利用携程网、艺龙网、去哪儿网等电商平台，把推广营销做到重庆市外，把韩国和市外各地旅行团吸引到长寿消费，实现餐饮、住宿收入“双增长”。在龙河镇保合村建成农村电子商务示范村、龙河镇电商服务站、邮政便民服务示范点。全年培训市级电商带头人20人、区级电商带头人120人。安排300万元专项资金，启动全区电商服务体系建设，申报3个市级电商重点镇，确定3个区级电商重点镇。

（张　闯　柯长林　吴用强）

【电子商务监管】　2015年，全区新增建库建档网络经营主体335户，总量达到3240户，网站（网店）数量达到3447个，分别较2014年底增长10.3%和9.7%。审核通过并发放一级域名网站电子标识18个，整体发放率83%。确定长寿湖山在线、仙兔同城商城等20个区级重点网站。开展“走近电子商务经营者”活动，实地走访电子商务经营者24户次，重点开展网络非法销售银行卡、医疗机构网上宣传非医学需要妊娠性别鉴定及红盾网剑专项整治行动。加大网络市场整治力度，对消费者、经营者和媒体反映强烈的电子产品、农资等重点商品和突出问题进行重点整治。2015年实施书面责成整改15件，查处涉网案件3件。

（万承松）

【农村电子商务】　区供销社牵头发展全区农村电子商务，在接到任务的一个月内，起草《发展农村电子商务的建设实施方案》《发展农村电子商务示范站点实施方案》，于2015年11月组建重庆长寿村村淘电子商务有限公司，履行农村电子商务公共服务和运营服务两大职能。开通运营淘宝长寿菜园、保合农场微商平台，十余个产品在淘宝、微信平台上线。注册长寿菜园、八世同堂、保合农场3个电商品牌商标。分设在葛兰、邻封等镇街的22个农村电商服务站点开通营运。运营两个月，实现每月网上销售农产品1000余单以上，销售额8万余元，为农民群众代购6万余元；开展农村电商培训200人次，帮助农村电商企业实现销售4万单200万元。实现农村电商公共服务、平台建设运营、市场宣传推广、商标品牌创立、产品包装开发5项工作同步运行；加强“长寿特色农产品交易信息网”推广应用，免费为120余个新型农业经营主体及经纪人提供网上信息服务，市内外果商通过电商平台洽谈夏橙购销100余人次。

（周建村）

物流业

【概况】　2015年，长寿区按照以产业聚集为基础，以商贸交易为主体，以物流配送为依托，以信息平台为手段的“四位一体”发展模式，推进聚商选资、企业服务、项目推动等各项工作，助推商品市场及物流基础设施建设。全年引进商贸物流企业23家，合同引资额34.8亿元，商贸物流中心入驻企业完成商贸物流额163亿元，实现到位资金15.1亿元，利用内资6.2亿元，实现进出口总额1.7亿美元，分别实现目标任务的153%、114%、136%、101%、115%、170%。

全区注册登记的物流企业131家（其中长寿城区在邮政管理部门注册登记的快递服务企业有24家），主要分布在晏家街道、凤城街道、八颗街道等9个街镇，其中晏家街道57家、凤城街道55家、渡舟街道11家、江南街道3家、八颗街道3家、葛兰镇1家、石堰镇1家、云台镇1家、海棠镇1家。年内有7家物流企业已注销，有13家停业，注册为物流公司但未经营物流业务的有6家，无法取得联系的有33家，获取物流业务统计数据的企业有72家。

【重点项目建设】 （详见本类目《商贸物流建设》分目）

【电子物流】 长寿区继续坚持政府推动与市场导向相结合，支持企业通过电子商务开展网上采购、销售、支付结算等业务，推进电子商务与现代贸易、现代物流的融合，带动商贸物流产业的技术进步和功能创新。将物流、商流、信息流和资金流有机结合，实现网上交易、支付系统和物流配送系统各环节的全程管理，促进全区商贸物流业的信息化、数字化和智能化建设。

（吴用强　柯长林）

商贸物流建设

【概况】 2012年1月5日，中共重庆市长寿区委决定成立重庆市长寿区商贸物流中心，机构性质为事业单位，规格为正处级，经费形式为财政全额拨款［《关于同意设立重庆市长寿区商贸物流中心的批复》（长编发〔2012〕1号）］；2013年，根据《重庆市长寿区机构编制委员会关于重庆市长寿区商贸物流建设管理服务中心主要职责内设机构和人员编制的批复》（长编发〔2013〕158号），更名为重庆市长寿区商贸物流建设管理服务中心（简称区商贸物流建设管理中心），职能、内设机构及人员编制等发生相应调整。2015年，继续着力建设物流园区和专业市场，完善物流设施和信息平台，培育和壮大商贸物流企业，使商贸物流成为长寿大工业、大城市服务的大枢纽、大市场，成为长寿经济的又一增长极，把长寿打造为长江上游的区域商贸物流中心。

【聚商选资】 2015年长寿区引进商贸物流企业23家，完成目标任务的153%；合同引资额34.8亿元，完成目标任务的114%；入驻企业完成商贸物流额163亿元，完成目标任务的136%；实现到位资金15.1亿元，完成目标任务的101%；利用内资6.2亿元，完成目标任务的155%；完成固定资产投资2.3亿元，完成目标任务的115%；实现进出口总额1.7亿美元，完成目标任务的170%；25家限额以上贸易企业实现销售额99亿元，占全区限上企业商品销售统计总额的75%。

【企业服务】 完成新入驻企业登记设立手续的办理，协助企业解决在经营发展中遇到的问题和困难。协助企业申报各类政策性资金和补贴，落实兑现入驻企业财政奖励政策，天旭化工等58家企业享受2015年度财政奖励资金1349万元。区商贸物流建设管理中心领导定期带队走访各重大建设项目及化危品运输企业，详细了解在安全生产管理和农民工工资支付方面情况，传达相关法律规章、会议精神、政策文件，督促企业加强管理，狠抓落实，确保全年无安全事故及拖欠农民工工资情况发生。

【重点物流项目建设】 2015年，新恒阳化工专用码头及罐区项目一期5#泊位及配套设施建成并投运，年底前正在协调各方完善罐区建设条件及前期各项手续；中远物流化学品仓库项目及中再生长寿再生资源基地一期项目上半年全面建成；上半年完成川江船厂化工物流基地策划方案及白鹭嘴临时码头的建设并取得该码头临时经营许可证。

【专业市场建设】 新崛钢材交易市场项目一期上半年竣工并投入运营；工业品综合交易市场项目于12月启动路桥建设。渝东农副产品交易市场纳入三峡后续项目工作规划实施项目库（2015—2017年），启动征地报件。与小康工业集团签订汽车交易市场投资协议，于12月启动项目建设，重庆工贸城同时挂牌。完成电商产业园二期办公场地装修及招商工作，5月，与团区委合作挂牌成立青年电商创业园；引入重庆永炫电子商务公司，启动跨境电商平台建设；为进一步做大做强电商产业，12月，与重庆绿安电子商务有限公司签订投资协议，在长寿古镇打造专业电商产业园。

【综合管理】 进一步加强制度建设，对《党组工作规则》《“三重一大”决策制度》《绩效考核制度》等制度进行修订和完善。完善组织结构及人才队伍，根据工作需要对部分工作人员岗位进行调整，人尽其才。开展“三严三实”专题学习教育活动，准确把握践行“三严三实”的基本要求，强化从严从实的行为规范。开展干部下访社区活动，对责任区域的300余户住户逐一走访，宣传全区社会经济发展大好形势及党和政府的惠民政策，倾听群众意见建议。对渡舟街道太平村7户贫困户进行精准扶贫，与贫困户交心谈心了解其家庭状况，制定脱贫帮扶措施，宣传惠民政策，贫困户全部实现脱贫。

（何小松）

粮油购销

【概况】 2015年，长寿区在粮食流通管理监督检查、促进粮食市场有序流通方面，重点把好收购资格准入关，按照《粮食收购资格审查管理暂行办法》的有关规定，对符合条件的企业和个体实行粮食收购许可证管理。年内新办理3家粮食收购资格许可证，纳入国家粮食统计系统开展粮食统计，及时做好收购资格的年审工作。会同工商区分局、区公安局、食药监区分局等部门开展粮食收购“打非治违”专项行动，重点打击无证收购违法行为，有效维护区内正常的粮食流通秩序。督促粮食经营企业和经营者严格按照收购政策积极入市收购，全年购入粮食122787吨，其中小麦4199吨、面粉590吨、稻谷49765吨、大米325吨、玉米45385吨、大豆7384吨、豆饼豆粕15139吨；购入食油2589吨，其中菜籽油125吨、大豆油2460吨、调和油2吨，其他油2吨。支出粮食127132吨，其中小麦2749吨、面粉569吨、稻谷42465吨、大米12406吨、玉米46141吨、大豆7609吨、豆饼豆粕15193吨；支出食油2583吨，其中菜籽油119吨、大豆油2461吨、调和油2吨、其他油1吨。库存小麦1490吨、面粉62吨、稻谷9644吨、大米883吨、玉米2805吨、大豆271吨、豆饼豆粕497吨，菜籽油10吨、大豆油10吨、其他油1吨。

（吴用强）

供销商业

【概况】 重庆市长寿区供销合作社联合社（简称区供销社）系区政府其他机构，正处级；有编制20人，内设办公室、财务资产科、合作指导科、业务发展科；2015年年末机关在职人员20人，退休人员38人。服务管理城北、葛联、葛兰、云台、沙石、石堰、云集、双龙、狮龙、长寿湖、邻封、但渡、龙河、朱家、城西、洪利、东山、洪湖、万顺、凤城20个基层供销社有限公司，鑫智农资、人人向往农业、村村淘电子商务、物汇回收、恒源农资、渝长烟花爆竹、渝长棉麻、城郊农贸8个专业公司，亿茂花椒、顶尖食品、恒昌回收、成栋食品4个成员社。

2015年，实施基层供销社、农民合作社、综合服务社，长寿农产品特色交易网（农村电子商务），农产品市场，庄稼医院“三社一网一场一院”为农服务四大平台建设，探索供销社综合改革，重点突出为农服务平台建设，提升社有企业实力。全区供销系统全年实现销售14.48亿元，农产品经营额6.80亿元，再生资源销售7695万元，连锁经营额9920万元，汇总利润755.97万元，比2014年分别增长16.50%、19.51%、26.04%、38.32%、22.02%。在全市供销社综合业绩考核中获特等奖，位列第十名。

【合作经济】 （详见《非公有制经济》类目《农村合作经济组织》分目）

【农村现代流通体系】 推进“新网工程”建设，建成30个农资“放心店”、废旧商品回收站20个、6家“绿优鲜”便民超市。重点项目建设顺利，葛兰供销社建成长寿区和重庆市首个2亿枚鸡蛋分拣加工中心、首个鸡蛋质量检测及鸡病防控检测实验室，万顺供销社大米生产加工项目基本完成，烟花爆竹总仓库扩建投用。

落实农业生产经营社会化服务，春耕化肥供应量足价稳。年销售化肥3万吨，市场份额在80%以上，碳铵、尿素、磷肥、复合肥均价比2014年下降10%左右；全年建成5个镇级庄稼医院，新增8个技物结合测土配方施肥服务点，开展农资科技服务下乡进村，帮助茂强花椒合作社开展测土配方施肥五百余亩。葛兰供销社以鸡蛋分拣加工中心、鸡蛋检测及鸡病防控检测实验室为平台，为长寿养鸡农户在鸡苗繁殖、科技养殖、病害防控、质量检测、分拣加工、市场销售等方面提供全产业链专业化的社会服务，对长寿蛋鸡产业绿色、规模、标准、品牌化发展起到引领示范作用。

推进大宗农产品全程社会化服务，培育发展农产品营销型农业企业及合作社等市场流通主体。汇鲜联合社承接的区柑橘产后环节全程社会化服务试点工作进展顺利，建设收购点，帮助合作社和种植大户销售产品，助推夏橙、沙田柚产销率93%以上。

传统服务业经营稳健发展，烟花爆竹专营秩序良好，再生资源回收体系建设有序推进，农资、烟花爆竹、再生资源、夏橙、花椒等协会开展业内人员培训1500余人次。

【农村电子商务】 （详见本类目《电子商务》分目）

【供销合作社综合改革】 学习贯彻中发〔2015〕11号精神，按照市供销总社要求成立综合改革工作机构，明确职责分工。坚持为农、务农、姓农，在创新基层组织建设、农产品流通体系建设和农村电子商务等方面进行探索。

【党建工作】 将开展“三严三实”专题教育作为党的群众路线教育实践活动后续工作抓实抓好，加强组织领导、工作统筹，突出主题教育，强化问题导向，以上率下，扎实推进专题党课、专题学习研讨、专题民主生活会和专题组织生活会、专项整改等“关键动作”和重点工作。开展机关干部践行“三严三实”集中走访下访回访活动，到云集镇大同村、大胜村、尖峰村精准扶贫。严格执行民主集中制，认真执行主要领导不直接分管人财物制度。自觉将供销社工作置于全区一盘棋中来谋划和推进。加强党风廉政建设和反腐败工作，开展效能建设“作风深化年”活动。

加强基层党组织建设，按程序将所辖14个非公经济组织党组织合并为8个，开通渝长烟爆党支部、恒昌报废汽车回收党支部非公经济组织党建网站。完成干部档案专项审核档案材料补充工作，机关全体干部档案完整度达到100%；

（周建村）

烟草商业

【概况】 2015年，长寿区卷烟销售总量28154.97箱，比2014年上升2.32%；2015年销售收入（不含税）65675.10万元，上升9.79%；单箱销售收入（不含税）23326.29元，上升7.30%；实现利税11537.82万元，上升21.71%。

【卷烟营销】 2015年，长寿烟草创新推行“543”营销新措施，激发员工积极性和主动性，持续深化客户服务工作，成功实现卷烟销售总量、销售收入和销售结构有效提升。“543”营销新措施的“5”指五定，即定销售年计划、月计划、周计划、日计划和客户计划，以此作为全员营销的目标和资源整合运用的导向；“4”指抓住四个销售关键时段，即订单生成的一个轮次（周）、订单生成前48小时、订单生成前24小时和追订单的8个小时，以此为根据，实现法定工作时间下的“五加二”和“白加黑”；“3”指三追，即在四个时段特别在8小时时段的追订单、追存款和追团队，实现客户经理、专卖人员和后勤员工三支队伍齐上阵、共同完成轮次销售，以此保周目标、月目标、年目标。组织专业人员的卷烟营销市场化取向改革培训，全年开展22轮次，培训客户688户；主动上门为客户开展贷记卡办理，解决零售客户卷烟进货资金周转难问题，全年为辖区客户新办贷记卡309户，授信额度逾1600万元。

（张洪维）

盐商业

【概况】 根据《重庆市盐业（集团）有限公司关于各区域子公司做好业务接管工作的通知》（渝盐司〔2015〕351号）文件要求，从2015年9月起原重庆市盐业（集团）有限公司长寿分公司业务由重庆市盐业集团渝东南有限责任公司接管，以重庆市盐业集团渝东南有限公司的名义开票对外销售，长寿盐业分公司原业务以重庆市盐业集团渝东南有限公司下辖的业务单元（重庆市盐业集团渝东南有限公司长寿单元）名义开展。

2015年，重庆市盐业（集团）有限公司长寿分公司（简称长寿盐业分公司）实现销售总收入2878万元，较2014年下降3.75%。盐销售总量8763吨，下降1.42%，其中，口盐总销量2658吨，下降2.21%；非口盐总销量6105吨，下降1.07%；多品种盐1335吨，上升378.5%。非盐总销售额1430万元，下降13.28%。

【渠道网络建设】 2015年，长寿盐业分公司扎实开展客户“聚焦”工作，通过全分司（分局）上下的共同努力，上半年，长寿盐业分公司完成客户聚焦的大客户选择、确定、协议签订等相关工作，圆满完成该项工作。参加长寿区企事业单位的招投标，实现以聚焦客户和团购客户为抓手，零散客户为补充的网络销售渠道模式，提高配送效率，降低配送成本。

【品种盐推广】 针对广大消费者日益增长的多元消费需求，长寿盐业分公司在2015年加大多品种盐的宣传和推广。通过全体职工的辛勤工作，长寿盐业分公司多品种盐占口盐的占比达到50.23%，较2014年上升39.96%。

【行业盐运销工作】 贯彻执行重盐集团（市盐务局）行业盐调入、供应政策，形成规范化、流程化的产品调货过程，合理安排调入品种及数量，保证合理库存，满足市场供应。严格执行国家价格政策、供应政策，严格执行，各类盐价上墙公示。向用户宣传盐业供应政策，对行业用盐用户严格按有关法规、规定供应加碘散盐，对不宜用加碘盐的，必须有有关部门的批准手续才供应无碘盐，按历年用盐量、预计全年用量逐家逐户严格核定品种、数量、使用时间后组织供应，同时加强售后监督。加强榨菜加工用盐管理，及时到榨菜加工基地及当地政府了解榨菜生产情况，在加工期间，到现场督促检查，保证所供行业盐用于榨菜加工，避免流入食盐市场。

（刘　睿）

药品商业

【概况】 2015 年，全区有药品生产企业 13 家，其中，原料药生产企业 10 家，制剂 1 家，医用氧 1 家，药包材 1 家；有上市公司 3 家，药品生产线 40 条，药包材生产线 2 条，药品批准文号 80 个，已通过新版 GMP 认证 39 个、出口欧盟原料药证明文件 10 个，境外药品 GMP 认证 6 个。全区药品生产企业资产总额 89.65 亿元，年销售收入 25.58 亿元，利税近 6 亿元。

药品经营企业有 352 家，其中药品批发企业 7 家、药品零售企业 345 家。医疗器械经营企业有 269 家，其中医疗器械批发企业 11 家、医疗器械零售企业 258 家。

药品及医疗器械使用单位有 502 家，其中区级医疗机构 5 家、镇（社区）卫生院 22 家、民营医院 13 家、村（社）卫生室（站）333 家、个体诊所及门诊 129 家。

（杨　娜）

住宿、餐饮业

【餐饮业】 2015 年 10 月 15 日至 10 月 30 日由区商务局主办，在长寿菩提古镇举办长寿区第四届金秋美食文化节。以“品长寿名菜、享幸福人生”为主题，在长寿古镇设置 100 个展位，开展为期 10 天的名菜、名小吃、宴席、干鲜食品美食展销活动，其间，评选出长寿十大名小吃、十大名菜、十大名厨，将评比结果制作成长寿菜单宣传手册向社会发布宣传，塑造长寿美食品牌，提升长寿整体形象，拉动本地消费。2015 年 9 月 10 日，重庆著名餐饮企业陶然居集团在长寿区斥资 1.5 亿元、商业面积 3 万平方米的“陶然居 · 长寿幸福美丽乡村”开业。该项目属于其集团推广的转型升级新模式，依托本土原生态绿色地理环境、民俗文化等元素，打造特色餐饮品牌，成为引领全区餐饮业发展的新典范。2015 年，区商务局多次联系协调重庆市饮食文化研究院等单位，帮助长寿菩提古镇打造中华美食街，完善迎接评审的相关资料，最终通过中华美食街评审专家组评审，成功创建为中华美食街；金凤山大酒店成功创建为 4 叶级绿色饭店，渝禾庄火锅店成功创建为中华名店。

【住宿业】 2015 年，长寿区住宿业有近 400 家。其中已建成五星级酒店 1 家（碧桂园凤凰大酒店），四星级酒店 1 家（金凤山大酒店），三星级酒店 2 家（长寿湖度假酒店、寿星宾馆），长寿湖滨湖度假酒店、长寿湖欧瑞锦江 2 家五星级酒店正在建设中。

【农家乐】 2015 年全区农家乐有 70 家，其中星级农家乐 9 家；从业人员逾千人，年接待游客 10 万人次以上。位于渡舟街道黄连村的巴乡谷生态园占地面积二千余亩，集农业观光、生态旅游、休闲度假、商务会议等为一体，成功创建全国农业旅游示范点。位于龙河镇明星村的老陈菜生态农庄集餐饮、钓鱼、游玩、爬山、住宿、会议培训于一体，让游客置身于乡间田野之间，感受自然祥和与宁静美。福村创意农耕项目由休闲农业体验区、现代农业教学区和定制化农产品种植区三部分组成，既可以享受天然美食、欣赏田园风光，还可以体验农耕文化、民风民俗。位于云台镇八字村的清迈良园，将现代农业与乡村旅游业融合，打造山水相融的诗意田园，形成独具特色的乡村旅游景点。

（柯长林）

【餐饮、食品安全监管】 全区有餐饮服务单位 2881 家，其中大型以上餐馆 68 家，中型餐馆 383 家，小型餐馆 1787 家，快餐店 12 家，饮品店 31 家，小吃店 217 家，学校食堂 185 家，机关企事业单位、建筑工地食堂 174 家，另有备案餐饮摊贩 24 家。食品流通经营单位 2943 家，其中企业 406 家，个体 2537 家，分布在区内 18 个街镇；保健食品经营企业 562 家。

2015 年，区食药监分局深入推进餐饮服务示范创建工作，全区城镇餐饮服务单位食品安全监督量化分级管理率100%，农村地区95%。完成2242家餐饮企业的量化分级动态评定工作，其中A级161家，B级840家，C级1241家。开展生产企业巡查，对全区56家食品生产企业和1家添加剂企业、134家小作坊进行全覆盖监督检查。加强重大活动、节日餐饮保障工作，完成春节、区"两会"、高考中考、铁人三项赛等重大活动和节日期间的食品药品安全保障工作15次。扎实开展监督抽验，抽验1751批次，其中食品生产环节319批次、食品流通环节1164批次（含快速检测900批次）、餐饮服务环节268批次，收到不合格检验报告38份，完成后处置38件。

（杨 娜）

广告业

【概况】 2015年，长寿区新增广告市场主体100户，比2014年增长2.85倍，达到465户。户外广告审批320幅，变更40幅。监测报媒广告1100余条次，报刊媒体轻微违法率控制在1%内，电视媒体违法率为零。把好户外广告审批关，规范户外广告发布，继续加强广告"合法性、思想性、艺术性"审查工作，加强行政指导，提升户外广告品质的要求。开展居民小区和商住楼广告清理整治、涉嫌非法集资资讯清理排查、虚假违法印刷品广告专项整治等行动，对辖区内各种广告，以医疗服务、医疗美容、生活美容、房地产以及金融投资类广告为检查重点，规范发布内容和发布地点，加强一般印刷品广告监管力度。加强新广告法宣传，发放宣传资料约8000份，组织工商所工作人员和辖区各广告企业、房地产企业，培训讲解新法增加和修改的内容，对广告中的常见问题进行指导。

（万承松）

中介业

【概况】 2015年，继续针对返乡农民工和大中专毕业生等重点人群，农产品流通和生产要素流动等重点环节，实施农村经纪人免费培训工程。年内新发展和认领中介组织413户，总量达到3420户；新发展农村经纪人50户，免费培训农村经纪执业人员480人次。推进经纪执业人员网上备案，实现网上备案在品牌化、连锁化市场中介组织的全覆盖，经纪执业人员网上备案率69%。继续做好打击非法集资行政整顿牵头工作，先后组织相关部门执法人员对全区65户投资咨询企业、电子商务和其他生产经营企业开展分类监管，做好协调、汇报工作，工作经验在全市得到推广。区长赵世庆批示："去年（2015）长寿区打击非法金融活动抓早抓小，打早打快，取得显著成效。工商分局主动作为、敢于担当、细化组织、强化落实，与相关部门密切配合、协同作战，可谓功不可没。望新的一年继续发扬敢作敢为、敢打敢冲的工作作风，在建立打击非法金融活动长效机制和下一步工作中继续发挥好先锋作用。"市工商局副局长徐军批示："长寿局排查各类投资咨询企业工作深入，情况摸排准确，部门配合有力，值得肯定。"

区工商分局会同区人力社保局、国税、地税等部门开展人力资源市场秩序专项整治、企业登记代理机构专项整治、职业培训市场专项整治和涉外中介机构专项整治等行动，规范用人单位、招工行为、经营服务行为等市场秩序。全年联合检查人力资源服务和劳务派遣机构38户、职业培训7户、登记代理34户，查处违法违规行为3户。

（万承松）

外经外贸

【概况】 2015年，全区实现外贸进出口总额12.3亿美元，比2014年下降2.55%，总量位列重庆市城市发展新区第一位。其中，出口9.3亿美元，增长20.3%；进口3亿美元，下降38.6%。全年有49家企业有外贸进出口实绩。

2015年，全区实现离岸服务外包执行额8563万美元，完成目标任务8000万美元的107%，比2014年增长32%，总量列城市发展新区第一位。截至年底前，全区服务外包企业有19家；年内，新发展中石化国际事业重庆有限公司、云天化纽米科技股份有限公司、重庆朗天制药有限公司3家服务外包型企业。

（陶 然）

2015 年长寿区进出口成交及完成情况

单位：万美元

序号	单　位	进出口实绩		出口实绩		进口实绩	
		2015 年	同比 ± %	2015 年	同比 ± %	2015 年	同比 ± %
1	重庆真芙贸易有限公司	18,379	12.36	18,379	13.22	0.54	-99.56
2	重庆向北贸易有限公司	17,487	3.40	17,487	3.40	0.00	
3	重庆钢铁股份有限公司	16,094	-60.12	0		16,093.74	-60.12
4	重庆萨莫商贸有限公司	13,099		13,098		0.25	
5	重庆博腾制药科技股份有限公司	9,319	-33.73	9,091	-30.75	227.82	-75.61
6	中石化国际事业重庆有限公司	7,791	49.09	1,115	8,459.26	6,676.10	28.08
7	重庆市皓宗进出口贸易有限公司	6,872		6,864		8.31	
8	重庆韦拉商贸有限公司	6,600		6,588		12.75	
9	重庆环松工业集团进出口贸易有限公司	6,291	39.07	6,291	39.07	0.00	-100.00
10	重庆日发汽车零部件有限公司	3,413	10,308.96	1,996		1,416.43	4,220.27
11	重庆凯林制药有限公司	2,176	50.51	2,165	49.79	10.32	
12	中国石化集团四川维尼纶厂	2,092	-5.31	2,092	-5.31	0.00	
13	重庆欣欣向荣精细化工有限公司	1,432	33.67	1,276	22.83	156.02	381.17
14	秀博瑞殷(重庆)电子材料有限公司	1,393		0		1,392.52	
15	正新橡胶(重庆)有限公司	1,390	34.33	0		1,389.53	34.33
16	重庆庆庄进出口贸易有限公司	1,177		1,177		0.00	
17	重庆天勤材料有限公司	1,028	12.84	891	22.74	137.41	-25.89
18	巴斯夫聚氨酯(重庆)有限公司	1,028	214.25	0		1,027.88	214.25
19	重庆思兰芙进出口有限公司	823	-21.88	810	-22.60	13.90	72.55
20	重庆康普化学工业有限公司	792	82.35	792	82.35	0.00	-100.00
21	重庆天旭化工有限公司	670		0		669.61	
22	重庆环松科技工业有限公司	600		600		0.00	
23	未知 502196049B	385		385		0.00	
24	未知 5021960497	376		376		0.00	
25	重庆英斯凯化工有限公司	317	28.60	297	20.51	19.93	
26	杰富意金属容器(重庆)有限公司	313		0		313.25	
27	重庆穗嘉商贸有限公司	247		247		0.00	
28	林德化医(重庆)气体有限公司	236	-1.23	0		235.84	-1.23
29	重庆云天化纽米科技股份有限公司	232		231		1.31	
30	扬子江乙酰化工有限公司	221	132.76	0		220.87	132.76
31	重庆万斯金属特种成形有限公司	220	56.19	220	56.02	0.24	
32	重庆康乐制药有限公司	134	-49.08	134	-49.08	0.00	
33	重庆国玻汽车配件有限公司	121	218.50	121	218.50	0.00	
34	未知 502196049D	85		85		0.00	
35	福安药业(集团)股份有限公司	84	8.62	84	8.62	0.00	
36	重庆朗天制药有限公司	73		60		12.30	
37	重庆市泓淋科技有限公司	60	91.09	0		60.29	91.09

续表

序号	单　　位	进出口实绩		出口实绩		进口实绩	
		2015 年	同比 ±%	2015 年	同比 ±%	2015 年	同比 ±%
38	重庆湫心斋商贸有限公司	50	281.16	50	281.16	0.00	
39	重庆鼎圣金机械设备有限公司	32	32.56	0		31.85	32.56
40	重庆斯泰克材料技术有限公司	30	432.69	30	432.69	0.00	
41	重庆天茂化工有限公司	29	-33.95	0		29.41	-33.95
42	普莱克斯化医(重庆)工业气体有限公司	23	427.15	0		23.04	427.15
43	重庆君务科技有限公司	19	-99.89	19	-99.89	0.00	
44	重庆瀚海机械制造有限公司	16	1,134.69	0		15.63	1,134.69
45	重庆市腾龙磨料磨具有限公司	6	-25.27	6	-25.27	0.00	
46	重庆元泰矿业有限责任公司	3	-99.74	0	-100.00	3.19	
47	重庆华彩化工有限责任公司	3	-94.20	3	-94.20	0.00	
48	重庆康美无纺布有限公司	3		0		2.75	
49	重庆华申皮革制品有限公司	1	-29.38	0		1.26	-29.38
50	未知 5021960498	0		0		0.21	
51	重庆阿丽斯科关西涂料有限公司	0	-50.00	0		0.03	-50.00
	合计	123,266	-2.55	93,062	20.34	30,205	-38.56

（重庆市长寿区投资促进局提供）

集市贸易

【概况】 截至 2015 年年底，全区有集贸市场约 50 个。其中，城区菜市场 23 个，镇级农贸市场 27 个，公益性水果市场 1 个，木材专业市场 2 个，家居专业市场 1 个，家居建材街 1 条。主要经营品种有：各种粮油、肉、禽、蛋、蔬菜、水果，各类副食品、生产生活用具、服装等工业品。10 个城区菜市场全面实现标准化改造，14 个镇级农贸市场全面实现规范化改造，通过农贸市场和菜市场的改造升级，全面提升市场的硬件设施。

【亿元市场】 2015 年，长寿区年交易额上亿元的市场有凤城市场、沙井市场、葛兰市场、双龙市场。

（柯长林）

大型商场和商贸公司

【重庆百货大楼长寿商场】 重百长寿商场是重庆百货大楼股份有限公司于 2000 年 10 月独资创建的综合性百货商场，也是重百向区县连锁发展的第一家分店。开业初期，2800 平方米营业面积涵盖百货、电器、超市。为适应市场的变化，扩大经营环境，2013 年百货商场整体搬迁到桃花新城洋世达，营业面积 21000 多平方米。老城保留电器门店，营业面积 4100 平方米；保留超市门店，营业面积 7600 平方米。到 2015 年，重百长寿商场营业面积总计近 33000 平方米。年底前，重百长寿商场有员工 1800 余人，年销售额 2.97 亿元。

2015 年，重百长寿商场桃花洋士达世纪广场百货商场，经营品种万余个，有 4 个经营楼面。一楼经营化妆品、名表珠宝、饰品、男女鞋品、箱包手袋、手机数码 、生活家电，二楼经营少淑女装、文胸睡衣、流行饰品、童装童玩，三楼经营精品女装、成熟女装、精品饰品、针织床用、羊毛羊绒制品，四楼经营精品男装、时尚男装、青年休闲、运动户外用品。商场自开业到 2015 年，曾先后荣获山城百店无假货市级示范店、长寿区文明单位、保护消费者合法权益先进单位、价格计量信得过企业荣誉称号；重百商标被认定为中国驰名商标。

重百长寿商场经过调整后在品种、品质上狠下功夫，紧抓品牌调整，通过不懈努力，使商场荟萃众多知名品牌、时尚品牌，同时也满足长寿市场各个消费层次的需求。年底前，商场经营的知名品牌有雷达、英纳格、周大福、六福、欧珀莱、欧莱雅、理肤泉、薇姿、自然堂、汤普葛罗、百丽、他她、百思图、天美意、FED、莱尔斯丹、富贵鸟、Kass-cat、卡迪娜、欧时力、ONLY、MODA、IM27、圣迪奥、艾托奥、堂皇、梦洁、花花公子、渔牌、玖迪诗、比华利保罗、华菲型格、杰克琼斯、ALT等。

（喻　莛）

附2015年重庆百货大楼长寿商场领导人名录

经　理：傅　勇

副经理：陈　竹　张正群（女）

【新世纪百货长寿商都】　2015年是新世纪百货长寿商都入驻长寿市场的第九个年头，也是长寿商都转型的重要一年。在2015年百货零售行业持续下滑的大环境下，新世纪百货长寿商都实现销售20096万元，比2014年下降10.13%；上缴利税1103.04万元，增长5.02%；提供693人的就业岗位。

2015年3月，重百股份长寿区域两大百货商场重百长寿商场、新世纪百货长寿商都整合。班子成员管理进行有序分工负责，成立区域小组、品类小组，统一班子成员思想和管理模式，统筹安排日常工作和管理，有效发挥区域管理核心作用。区域一体化、统一招商、统一管理，提升谈判能力，实现品牌有序错位、定位，减少内耗；使全员思想统一，发挥团队协作，合力围绕经营目标，共为长寿区域发展努力开展工作；在管理上更为精细化，相互取长补短，促进业绩提升。

在2015年经济形势不乐观的大环境下，各品牌公司开店十分谨慎，商场经营调整、品牌引进非常艰难。但新世纪百货长寿商都仍然想方设法加强与品牌公司的沟通、接触，为其建立信心，达成合作意向。全年下柜品牌36个；相继引进以高美高、老庙黄金、新百伦、天伦天、思莱德、艾其雅洛、巴迪奥、NANCY K、卟酷德、安踏为代表的29个品牌；对16个品牌进行重装升级，长寿商都品牌形象进一步提升。2015年全年，销售超过500万元品牌2个，超过300万元品牌3个，超过200万元品牌3个。

整合营销资源，创新营销方案。积极争取厂方支持，整合各类营销资源，统一策划营销方案，统分结合把握好营销活动推出的时间、形式、规模和力度，放大营销资源的促销功能。2015年，推出以重要节假日、特定节日、特殊品类造节为代表的大型促销活动41档，公关、公益性活动23档，赢得顾客及社会的一致好评和喜爱。加强报媒合作，扩大宣传纬度，继续推进与当地主流媒体创建良好的合作平台，全年报媒宣传36次，其中《长寿日报》刊登16篇，《长寿文化》报道关于长寿商都的新闻20篇，上述两种报纸4次软文免费宣传；年内为长寿有线电视台新闻报道提供场景18次。

加强管控，全面提升质量管理。组建“全面质量管理”群，对现场管理工作进行监督，发现问题及时整改。通过“商品质量月活动”“啄木鸟商品自查活动”平台，完善供应商资质管理，杜绝问题商品上柜销售；2015年抽查供应商资质165个，发现问题品牌59个，对存在问题的品牌或资质不全的供应商要求其立即整改达标；抽查商品标识、品质、外观等2930个单品，避免194个不合格商品上柜销售，发现问题商品并向厂商索赔5次，索赔金额6700元；有效减少因商品质量问题的投诉。持续开展“服务明星评选”“顾客暗访”活动，树立榜样带头作用；了解员工在服务工作中的薄弱环节及存在的问题，2015年组织暗访47次，暗访人数806人次，奖励员工及柜台33人次，处罚132人次；暗访真实掌握员工服务状况，做到奖罚分明，针对暗访中出现的问题进行剖析、总结，提出有效的解决方案，提升服务水平。

强化培训，注重实效。围绕各项规章制度，结合服务现状开展“售后处理”“安全知识”“商品知识”“法律法规”“普通话培训”“管理者的执行力”“打造高效能柜组长”等形式多样的提升活动。2015年开展各种培训39次，其中包括新进员工培训27次，在职员工培训12次，参与人员1043人次；开展包括以“旋动青春、秀我风采”为主题的员工岗位技能比赛、“我的商品我最熟悉”找货比赛、收银技能比赛、主题陈列比赛、气球陈列比赛等6次，有效提升员工业务能力。

（郭丽娜）

附2015年新世纪百货长寿商都领导人名录

总 经 理：曾　炜（2015年3月离任）
　　　　　傅　勇（2015年3月任）

副总经理：董　伟（2015年3月离任）
　　　　　王秋兰（女）
　　　　　陈　竹（2015年3月任）

【重庆苏宁云商销售有限公司长寿寿星广场店】

重庆苏宁云商销售有限公司长寿寿星广场店（本条目简称长寿苏宁）位于长寿区协信广场 MALL337 标高层 A2 区 29 号。2015 年是入驻长寿市场的第八个年头，长寿苏宁一直以至真至诚为服务宗旨，以拓展市场提升销售为目标，经过 8 年诚信经营博得长寿广大消费者青睐。2015 年 8 月，苏宁云商与阿里巴巴战略合作，落实国家互联网 + 战略，线上与线下商业全面融合，带动长寿苏宁销售业绩提升，全年取得年销售数量 74979 件，年销售额 1.03 亿元。成为长寿家电行业的领头军。

塑造优质购物环境提升服务形象。2015 年 3 月长寿苏宁进行重装升级，通过店招更换、改变装修格局，优化品牌结构、调整商品陈列，调整人员配置、培训员工服务技能，提升公司服务形象，打造优质的服务口碑。门店内为顾客提供免费 Wi－Fi，增设儿童活动区，使店面的整体形象焕然一新，在更大程度上为消费者提供更加舒适的购物环境和优质的阳光服务。在商场内设置二维码专区，让消费者随时掌握欲购商品的最新价格动态，让消费者随时了解并参加苏宁易购的促销活动。在各品类设置关联二维码，方便顾客在商场实现关联购买。比如顾客购洗衣机后，顺便扫个二维码就能买齐洗衣粉或洗衣液，轻松实现一站式购物。真正体现线上线下互相融合。

夯实物流、售后基础能力，长寿苏宁物流固定配送车 4 辆，储备配送车 3 辆；空调安装维修固定工人 16 人，储备安装维修工 7 人，在重大节假日，单天大件配送量 230 件，单天空调安装量达 90 套。实现配送、售后服务对标线上线下竞争对手，确保配送、安装、维修服务承诺，并通过急速达、送装一体等优势抢占市场。

促销活动多样化，满足多种消费需求。2015 年商场先后推出元旦、春节、“三一五”“五一”“十一”等大型促销活动；根据季节变化推出空调大忙季、冰箱节、洗衣机节、3C 寒促和暑促节；根据品类推出万人空巷抢厨卫、彩电、冰洗、空调；其他方式推出单位、小区、亲友专场内购会；促销宣传通过线下举牌、DM 单页、海报、条幅、异业联盟单位合作，小区定点、单位宣讲、线上微信朋友圈等方式辐射城区及街镇的广大消费者，使顾客从各个渠道获得促销打折信息。促销力度有来就送、满千返百、苏宁红包、等级礼品送等更大限度让利消费者。易购通过下载苏宁 APP 注册会员送新人红包、秒杀、掌上抢、大聚惠、整点抢、手机专享价、以旧换新、闪拍等活动满足不同顾客的多种需求。

优化会员权益，增加新会员锁定老会员。苏宁会员分为新人、V1、V2、V3 四个等级。只要完成注册即成为新员会；完成单个商品实付款金额在 10 元以上订单则升级为 V1 会员；V1 会员在最近 1 年内达到 2000 成长值 &2 个购物天数升级为 V2 会员；V2 会员在最近 1 年内达到 4000 成长值 &4 个购物天数升级为 V3 会员。苏宁会员可享受以下权益：新注册会员即可得 10 元新人券；生日会员红包：V1 满 99 减 10 元、V2 满 99 减 15 元、V3 满 99 减 20 元；免费礼品包装；免邮费服务：V2 每月 1 张免邮券、V3 每月 2 张免邮券；全程导购；D3 类及以上门店 V3 会员免费贴钢化膜；部分门店有 V3 会员免费停车。

（周灯莉）

附 2015 年重庆苏宁云商销售有限公司长寿寿星广场店领导人名录

店长：袁　亮（2015 年 3 月离任）

　　　何　云（2015 年 3 月任）

交通 邮政业

概 述

【概况】 2015 年 3 月 9 日，根据长编发〔2015〕5 号文件，长寿区交通委员会（简称区交委）增设铁路民航科，增加铁路、民航、邮政等管理职能。2015 年 4 月 20 日，重庆市长寿区编委以长编发〔2015〕18 号文件，同意区交委设立监察室，不增设机构，在办公室加挂监察室牌子。2015 年 7 月 24 日，重庆市长寿区编委以长编发〔2015〕54 号文件，同意区交委增设内设机构内部审计科，是长寿区人民政府主管全区公路、铁路、水路、民航、邮政等交通行业的职能部门。到 2015 年年底，区交委内设办公室（信访科、监察室）、安全法制科、财务科、建设管理科、运输管理科、铁路民航科、内部审计科 7 个科室，下属区交通行政执法大队、区公路运输管理所、区港航管理处、区公路局、区交通工程质量监督站 5 个直属事业单位；全系统有在职职工 206 人。

2015 年，区交委按照“拓宽出口、畅通网络、关注民生、规范管理”工作思路，完成推进重点项目建设，完善交通规划，优化交通运输组织，加大村道改造力度，强化公路养护水平，加强行业监管力度，规范交通执法管理，夯实安全基础工作，狠抓行业信访稳定，加强自身建设等十大任务，优化道路运输组织、提高道路运输服务水平，着力解决一批群众关心的交通热点、难点问题，受到市交委和区委、区政府赞扬。

（邱 林）

公路建设与养护

【公路建设】 2015 年，长寿区推进渝长高速扩能改造项目，完成投资人招标，开展初步设计等前期工作。长寿火车北站综合交通枢纽站建设开工。完成桃大路、G319 国道、S102 渝巫路等 79 千米干线公路大修和升级改造工程；推进渝邻路（长寿称沱至渝北界段），县道洪（湖）称（沱）路、云（台）大（坝）路、但（渡）复（元）路等32 千米干线公路升级改造工程；但渡大桥全面开工。开展付（何）新（市）路、何华路华中段、葛（兰）丛（涪陵丛林）路（长寿湖至涪陵界段）、葛（兰）大（坝）路、龙石路（一碗水至马桑垭段）等 50 千米干线公路改造工程前期工作。完成 30 千米撤并村通达项目，完成 40 千米公路波形护栏安装工作。全面完成 220 千米农村公路改造工程。

【公路养护】 全年投入 104 万元完成坑槽填补 1300 立方米，清理路肩堆积物 2300 立方米，清理水毁坍方 9800 立方米，清理边沟 15200 米，砍伐断树（断枝）867 棵。投入 48.86 万元推行市场化养护。投入 1563 万元完成葛丛路、渝（州纸厂）（永）丰路、长（寿）习（綦江）路、回（龙寨）焦（家）路等路面整治 54340 平方米，路面调平 30700 平方米，新修砖砌边沟 12980 米，边坡治理 11 处，改造装饰合兴道班房，建设 S103 茶涪路长寿支线固定治超检测点等工作。投入 113 万元完成 G319、渝巫路、葛丛路等沥青贴缝 4220 延米、灌缝 58000 延米，沥青混凝土挖补 4543 平方米。投入 259 万元完成 2 座大桥特检，63 座国省县乡村道路公路桥隧定期检查，称沱大桥桥面修复，张家桥和双碑桥等危桥加固改造。投入 111.29 万元完成开槽灌缝机、高空作业车、护栏清洗车招标采购。推广新工艺、新技术，投入 147 万元完成长习路复合纤维混凝土修补路面 670 平方米，采用 KY 快干混凝土安装更换伸缩缝 71 米。

【路政管理】 为迎接全国干线公路养护管理检查工作，投入 300 万元整治 G319 和渝巫路，清理路肩、边沟 75 千米，刷白行道树 265 千米，更新公里碑 70 个、百米桩 630 个，清洗波形护栏 89 千米，硬化接道口 16500 平方米，设置道口桩 940 个，清理沿线非公标志牌 45 块，安装安全警示标志标牌 480 套，路面标线 31 千米，拆除沙溪街道雨棚 600

余平方米。10月28日、11月3日顺利通过G319路况检查，获得市公路局好评。

全年审批更新移植行道树申请3件、横穿埋设管道申请1件，处理路政交通事故赔偿案件18起，路政结案率100%。3个固定治超站和2个治超点检测车辆323246台，收取公路补偿费车辆204751台；查处超限车辆507台，卸货443.8吨，超限率0.16%。开展路域环境整治，清除横幅158幅、张贴物32张、非公标志牌39块，清理路肩堆积物350余立方米、堆放电杆87根、占用公路用地范围内的农作物3000余平方米。

【安全稳定保障】 投入整治资金98.47万元完成国省县道新增波型防护栏852米、维修更换2798米，增设安全警示标志829套，恢复人行横道标线1725.25平方米、钢质减速带20米。增强交通突发事件的应急处置能力，突出抓好人大、政协“两会”及节假日期间的信访稳定，保障公路行业和谐稳定发展。

（史晋岳　张艳均）

道路运输行业管理

【公路运输】 2015年，全区有公路货运企业3146户；客运企业11户，包含5户公路客运企业、6户出租车企业和2户公交公司（其中2户兼营业户）；客运车辆601辆，货运车辆21526辆。全年完成货运量4781万吨，货运周转量516644吨千米，货运周转量比2014年同期增长17.7%。完成客运量1813万人次，客运周转120073万人次千米。

【完善运力】 发展城市公交。根据城市发展需要，合理优化公交线路，进一步提高城区公交线网覆盖密度。新投放201、202线路8辆气电混合动力新能源公交车，新增公交站点3个，拓展公交覆盖面。为群众提供更为方便的出行条件。合理发展班线客运。新增红光至石回、长寿经高速路至土桥2条农客线路，关口至白塔线路延伸到瑶意山庄；完成长寿至大足、合川、璧山、西彭、茶园、彭水、荣昌等7条县际客运班线发展计划初审。认真开展192台特许经营权到期出租汽车重新许可工作，做好到期重新许可的前期工作，制订工作方案、维稳预案，开展风险评估，上报区交委，通过区政府常务会议后组织实施。年底前已完成192台出租车的重新许可工作。

【驾培行业管理】 开展国标贯彻落实，联合区公安交巡警部门共同制订全区《关于开展机动车驾驶员培训机构贯彻落实两项国家标准工作的通知》，指导督促辖区所有驾校严格按照国标要求进行改造升级。目前，全区5所驾校都已完成国标达标创建任务，驾培市场进一步规范。

严格执行道路运输驾驶员从业资格培训考试无纸化，严肃考纪、端正考风，确保为社会输送合格的道路运输从业人员，全年核发从业资格证843个。从业资格证遗失（损毁）补办和外省迁入，严格按照规定，交齐所有手续才补办。年内办理遗失（损毁）补办123人，出租车变更服务区域20人。全年换发从业资格证524人次。

（黄金花）

汽车运输

【概况】 重庆市汽车运输（集团）有限责任公司六分公司（简称渝运六分公司），是以公路客运、站场经营为主营业务的客运企业。设有总支委员会，下设3个支部，即机关支部、车站支部和退休支部。设有团支部，有团支部书记1人，团支部委员2人；下设1室4科4站1队1厂（办公室、经营科、安全科、财务科、设备技术科、长寿汽车客运总站、凤城车站、长寿西站、长寿湖旅游汽车站、公营车队、汽车修理厂）。2015年，有在册职工173人（其中女职工65人）；拥有中高档车辆和出租车285辆，经营线路64条。

【生产经营】 2015年，抓住春运期间渝利铁路干线减少短途客运和清明节、国庆黄金周等旅客运输高峰期的机遇，科学调配，合理安排，克服旅客运营高峰压力，确保安全，较好地完成各项运输工作任务。坚持改革发展，新增车辆4辆，应对强势同业竞争，依托长寿经开区新兴企业的市场需求，发展职工通勤车；依靠客运班线，发展节日加班车、强保日顶班车等业务，商务客运发展较好。及时排查经营不稳定因素，解决长寿至龙河等营运线路的经营纠纷问题。由于受整个物业租赁市场影响，租金收取困难，物业收入下降20万元。

【安全管理】 加强日常安全教育培训基础，加大安全宣传和投入力度，实施有效安全监管，夯实从业人员管理流程，开展针对性教育及定期考核，严把驾驶员准入关。对732名机动车驾驶员开展变更前安全教育培训，评出45名优秀驾驶员和末位排名驾驶人20名，分别给予表彰和下车学习培训考试。有效减少安全事故，事故垫支额大幅下降，未发生重特大事故、重大事故、责任死亡交通事故，各项安全生产指标均控制在集团公司下达的目标范围内。

【企业文化建设】 围绕企业安全生产经营和精神文明建设的主旋律，开展系列活动。包括新安全生产法知识竞赛，车站售（检）票、调度、安检、例检员岗位培训测试暨实作演练竞赛，拔河比赛，登山、赏花和采摘鲜果活动，“健康渝运杯”体育竞赛活动等。2015年获得渝运集团“情满旅途. 平安春运”竞赛活动“先进集体”。

（刘学瑜）

附2015年重庆市汽车运输（集团）有限责任公司六分公司领导人名录

经理（兼党总支书记）：周　陵

副经理：叶　云　范绍华　聂　凤（女）
苏健伟

公共交通

【凤城公交公司】 重庆市长寿区凤城公共交通有限公司（简称凤城公交公司）成立于2006年11月15日，原由重庆汽车运输集团有限责任公司、重庆亿思达实业公司、重庆顺庆集团有限责任公司共同出资组建。2012年8月，重庆亿思达实业公司和重庆汽车运输集团有限责任公司经过重组后，重庆汽车运输集团有限责任公司由原来39%的股份上升为51%，重庆亿思达实业有限公司的股份由原来的61%减少为49%，由重庆汽车运输集团有限责任公司控股经营。到2015年底，企业注册资本增至1000万元，拥有公交车辆158台，投入运行公交线路9条，分布在北部新区、长寿城区以及晏家的经开区，市场占有率为90.8%，经营模式为全公司化经营。年底前在职员工326人，其中管理人员30人，后勤和一线驾乘生产人员296人均属合同制用工。

2015年，凤城公交公司营运里程为959.63万千米，与2014年同期相比，减少118.47万千米；营运总班次为64.7万次，减少7.35万班次；客运量为（4158）2799.63万人次，减少1358.37万次；服务质量投诉10件，与2014年持平；全年优惠卡刷卡325099人次，免费卡刷卡3704944人次。开展以“反违章，除陋习”为主题的经营秩序专项整治活动。经常检查各线路早晚班车的收发班情况、夜间值班人员的在岗情况，开展火车西站的客流量调查等；配合安全部门狠抓超速、越线、乱停乱靠等违章行为。全年突击检查60余次，拍照500余张，现场纠违80余次，召开经营分析会12次，驾驶员培训会议24次，现场管理员培训例会12期；通过抓重点时段、以点带面的手段，全面推动线路秩序化、和谐化运行。促进公交服务的提档升级，替政府及行业部门分忧解难，坚持“安全稳定、政府放心、市民满意”的工作方针，夯实确保安全行车无重大事故、确保生产秩序运行正常、确保职工队伍稳定“三个确保”基础开展工作。多次与109路经营者代表协商，配合集团成功收购109路队的经营权，从根本上改变原109路队个体经营者参与管理的怪胎管理经营模式，减少经营矛盾，实现全公司化经营模式，解决历史遗留的问题。

按照国发〔2010〕23号、交运发〔2012〕33号等上级文件精神要求，完成安全管理体系文件的修订和完善，凤城公交公司安全生产领导小组对全年的安全生产工作进行周密部署，落实责任，提出要求，制订安全工作指标，与驾驶人签订2015年安全生产目标责任书，与管理人员签订岗位安全责任书，层层落实安全责任。在全面深化企业主体责任的同时，把预防事故作为安全生产的着眼点和落脚点，把事故处理转换为事前、事中的监管，树立“预则立、不预则废”的思想，形成长效机制。采取固定检查和流动检查相结合的方式，对车辆安全设施设备、安全技术状况和驾驶员违章违纪进行检查，全年上路检查车辆3694台次，主要领导带队38次，分管领导带队53次，现场纠违2人次，排查安全隐患17台次，整改隐患17台次。针对“4·25”“4·27”无责事故，认识到存在的薄弱环节，采取为期60天的专项整治、重点路段监控、早晚不定期检查、重点人群特殊性教育等一系列措施。严格落实车辆安全行车例保检查制度，始终坚持“安全第一，预防为主，综合治理”的方针，严格执行安全检查制度，从源头杜绝一切安全隐患。全年现场调试刹车589台，发现安全隐患107台次，整改隐患107台次，整改合格率100%，有效防止“带病车”上路。加强GPS动态监管和“一对一”监管，按照2015年的工作目标，落实责任和任务分工，通过驾驶员出车前安全喊话、GPS信息发送信息、电话告知等形式落实驾驶员出车前问询、告诫工作。全年GPS监控平台发送安全提示短信110960条，查处超速7人次，处理7人次，与2014年同期24起相比下降70%。

抓好企业文化建设，“三八妇女节”组织全体女职工到巴乡谷举行趣味性游戏活动。针对6月安全生产月工作，组织首届“安康杯”新安法暨道路运输平安年知识竞赛活动，使员工对新安产生产法有更深层次的认识。

（戚晓容）

附2015年重庆市长寿区凤城公共交通有限公司领导人名录

董 事 长：叶　云

副董事长：曾维国

总 经 理：叶　云

副总经理：陈　鸣

附：

2015年凤城公交各条线路运行站点

101路

往：23个站

火车北站、火车北站路口、渡舟政府、渡舟开发、渡南路口、朵力7号路口、南桥胜天、行政中心、公安局、东方之骄、桃花市场、骑鞍车站、西门、工商局、实验二小、凤中路口、卫古路上口、富泽园、卫古路下口、卡贝乐、长江大桥北桥头、重钢一号门、重钢二号门

返：23个站

重钢二号门、长江大桥南桥头、长江大桥北桥头、卡贝乐、卫古路下口、富泽园、卫古路上口、凤中路口、实验二小、工商局、西门、骑鞍车站、桃花市场、东方之骄、公安局、行政中心、圣天湖、朵力7号路口、渡南路口、渡舟开发、渡舟政府、火车北站路口、火车北站

102路

往：24个站

圣天湖、阳光世纪城、碧水天城、丽水菁华、沁园坊、长寿中学、体育中心、东方之骄、桃花市场、金山支路、骑鞍桥下、凤岭路、林庄口、协信广场、凤城车站、交通局、望江路口、黄桷堡、三角碑、轻化社区、长寿大桥北桥头、卡贝乐、卫古路下口、古佛

返：26个站

古佛、卫古路下口、卡贝乐、长寿大桥北桥头、轻化社区、三角碑、黄桷堡、望江路口、望江桥、上缆车站、石佛寺、协信广场、林庄口、凤岭路、骑鞍桥下、环保局、桃花市场、东方之骄、体育中心、长寿中学、沁园坊南、沁园坊、丽水菁华、碧水天城、阳光世纪城、圣天湖

103路

往：28个站

长寿古镇、桃西路上口、桃花学校、东方之骄、桃花市场、骑鞍车站、西门、工商局、实验二小、卫古路上口、富泽园、古佛、古佛砖厂、过滩生态园、一碗水、页岩砖厂、育才路口、大连池、高家湾、经开区管委会、唐家庄、晏家西站、博腾药业、环球石化、香港建滔、农药厂、王家湾、长寿火车站

返：29个站

长寿火车站、王家湾、农药厂、香港建滔、环球石化、博腾药业、晏家西站、唐家庄、经开区管委会、高家湾、大连池、育才路口、页岩砖厂、一碗水、过滩生态园、古佛砖厂、古佛、富泽园、卫古路上口、实验二小、工商局、西门、骑鞍车站、桃花市场、东方之骄、桃花学校、桃西路上口、古镇大门、长寿古镇

104路

往：29个站

桃源小学、南桥胜天、阳光世纪城、碧水天城、丽水箐华、沁园坊、长寿中学、体育中心、东方之骄、桃花市场、骑鞍车站、西门、水务局、区医院、协信广场、向阳路、交通局、望江路口、黄桷堡、三角碑、白虎头、下缆车站、河街桥头、长二中、安定纸厂、中原路口、长化医院、关口二村、长化大营门

返：30个站

长化大营门、关口二村、长化医院、中原路口、安定纸厂、长二中、河街桥头、下缆车站、白虎头、三角碑—黄桷堡、望江路口、交通局、向阳路、协信广场、区医院、水务局、西门、骑鞍车站、桃花市场、东方之骄、体育中心、长寿中学、沁园坊南、沁园坊、丽水箐华、碧水天城、阳光世纪城、南桥胜天、桃源小学

105路

往：21个站

朵力7号、碧水天城东门、碧水天城、阳光世纪城、公安局、东方之骄、桃花市场、骑鞍车站、西门、水务局、区医院、协信广场、凤城车站、交通局、望江路口、黄桷堡、三角碑、轻化社区、长江大桥北桥头、重钢一号门、江南政府、江南学校、江南农贸市场

返：23个站

江南农贸市场、江南学校、江南政府、长江大桥南桥头、长江大桥北桥头、轻化社区、三角碑、黄桷堡、望江路口、交通局、向阳路、协信广场、区医院、水务局、西门、骑鞍车站、桃花市场、东方之骄、公安局、阳光世纪城、碧水天城、碧水天城东门、圣天湖、朵力7号

106路线（环1）

往：28个站

圣天湖、碧水天城东门、丽水菁华、新中医院、沁园坊东、碧桂园、维多利亚、长寿中学、体育中心、东方之骄、桃花市场、金山支路、骑鞍桥下、凤岭路、林庄口、协信广场、凤城车站、向阳路、公园后门、长寿一中、黄桷雅居、中天装饰广场、实验中学、桃西路上口、桃花学校、公安局、行政中心、圣天湖

106路线（环2）

往：28个站

圣天湖、行政中心、公安局、桃花学校、桃西路上口、实验中学、中天装饰广场、黄桷雅居、长寿一中、公园后门、凤城车站、向阳路、协信广场、林庄口、凤岭路、骑鞍桥下、环保局、桃花市场、东方之骄、体育中心、长寿中学、维多利亚、碧桂园、沁园坊东、中医院、丽水菁华、碧水天城东门、圣天湖

107路线

往：20个站

黄桷雅居、白庙路口、菩提立交、李家湾、蓑衣湾、篾匠坪、通威饲料、齐心东路、国际复合、段记西服、河泉北一路、伟龙食品、尚蔬坊、永航金属、MDI一号门、山能仪表、河泉南路口、唐家庄、晏家西站

返：20个站

晏家西站、唐家庄、河泉南路口、山能仪表、MDI一号门、永航金属、尚蔬坊、伟龙食品、河泉北一路、段记西服、国际复合、齐心东路、通威饲料、篾匠坪、蓑衣湾、李家湾、菩提立交、白庙路口、黄桷雅居

108路线

往：25个站

菩提山、金科阳光小镇、北城中学、桃源小学、南桥胜天、圣天湖、碧水天城东门、丽水菁华、沁园坊东、碧桂园、维多利亚、长寿中学、体育中心、东方之骄、桃花市场、金山支路、骑鞍桥下、阳光岭秀、林庄锦园、行知学校、上缆车站、望江桥、望江路口、益民街路口、翰林港湾

返：25个站

翰林港湾、益民街路口、望江路口、望江桥、上缆车站、行知学校、林庄锦园、阳光岭秀、环保局、桃花市场、东方之骄、体育中心西、长寿中学、鹏运左岸、维多利亚、碧桂园、沁园坊东、丽水菁华、碧水天城东门、圣天湖、南桥胜天、桃源小学、北城中学、金科阳光小镇、菩提山

109路：（A B线路）

A：往40个站

火车北站、火车北站路口、渡舟街道办事处、渡舟开发、菩提大道路口、消防支队东、南桥胜天、行政中心、公安局、东方之骄、桃花市场、骑鞍车站、西门、水务局、区医院、协信广场、凤城车站、交通局、望江路口、黄桷堡、三角碑、轻化社区、长江大桥北桥头、卡贝乐、卫古路下口、古佛、古佛砖厂、过滩生态园、一碗水、页岩砖厂、加油站、山水国际、晏中路、麒源酒店、博腾药业、福安药业、川驳路口、喇叭口、石塔坡、川维车站

A：返40个站

川维车站、石塔坡、喇叭口、川驳路口、福安药业、博腾药业、麒源酒店、晏中路、山水国际、加油站、页岩砖厂、一碗水、过滩生态园、古佛砖厂、古佛、卫古路下口、卡贝乐、长江大桥北桥头、轻化社区、三角碑、黄桷堡、望江路口、交通局、向阳路、协信广场、区医院、中医院、西门、骑鞍车站、桃花市场、东方之骄、公安局、行政中心、南桥胜天、消防支队东、菩提大道路口、渡舟开发、渡舟街道办事处、火车北站路口、火车北站

B：往46个站

火车北站、火车北站路口、渡舟街道办事处、渡舟开发、菩提大道路口、消防支队东、南桥胜天、行政中心、公安局、东方之骄、桃花市场、骑鞍车站、西门、工商局、实验二小、乐园后门、凤城车站、交通局、望江路口、黄桷堡、三角碑、轻化社

区、长江大桥北桥头、卡贝乐、卫古路下口、古佛、古佛砖厂、过滩生态园、一碗水、页岩砖厂、加油站、山水国际、晏中路、麒源酒店、博腾药业、福安药业、川驳路口、喇叭口、石塔坡、川维车站、石塔坡、喇叭口、川驳路口、川维新区、新区转盘、川驳

B：返46个站

川驳、新区转盘、川维新区、川驳路口、喇叭口、石塔坡、川维车站、石塔坡、喇叭口、川驳路口、福安药业、博腾药业、麒源酒店、晏中路、山水国际、加油站、页岩砖厂、一碗水、过滩生态园、古佛砖厂、古佛、卫古路下口、卡贝乐、长江大桥北桥头、轻化社区、三角碑、黄桷堡、望江路口、交通局、向阳路、协信广场、区医院、中医院、西门、骑鞍车站、桃花市场、东方之骄、公安局、行政中心、南桥胜天、消防支队东、菩提大道路口、渡舟开发、渡舟街道办事处、火车北站路口、火车北站

（重庆市长寿区凤城公共交通有限公司提供）

【渝运长寿公交公司】　重庆市汽车运输集团长寿公共交通有限公司（简称渝运长寿公交）系重庆市汽车运输（集团）有限责任公司投资500万元，于2013年8月27日在长寿区注册成立的法人独资公司，经营范围为公共汽车客运（长寿区）；设置1室3科（办公室、财务科、安全科、经营科）。2015年，有员工67人，其中驾驶人员52人。于2013年12月10日正式投入车辆运行，服务范围覆盖长寿老城、桃花新城、长寿古镇及菩提山片区，已开行公交线路3条，即“桃花新城环线”（201路、202路），“长寿古镇——在水一方”（203路）公交线路，投入高级公交车34辆（其中2015年9月投入新能源公交车8台）。

渝运长寿公交发挥国有大型客运企业的优势，运用“渝运品牌”成熟丰富的客运管理经验、标准化的安全管理措施、规范化的优质服务模式，为长寿市民提供“文明、便捷、安全、舒适”的乘车环境。有安全管理人员6人，坚持“安全第一，预防为主，综合治理”的方针，成立以经理为主任，副经理为副主任，各科室负责人为成员的安全生产委员会。注重制度建设，重视检查考核，落实主体责任，层层签订《安全生产责任书》《驾驶员安全生产服务承诺书》，将安全责任落实到每一个驾驶人。每月召开安委会会议1次，每月召集驾驶员参加安全生产会议2次，将安全生产动态和要求传达到每一个驾驶员。

渝运长寿公交以“文明生产、安全运输、优质服务、礼貌待人”为宗旨，坚持“安全发展、优质服务、方便群众、服务社会”的理念，打造“公益公交、安全公交、便捷公交、智能公交”，坚持以优质、舒适的车辆，文明、安全的服务，获得全区人民群众的好评与赞许。在区交委组织的2015年度公交车服务质量年度考核考评中，获得95.67分，考评成绩为优秀。2015年11月，派出3名选手参加“重庆市第一届公交职工综合服务技能竞赛”，1名驾驶员参加综合技能竞赛进入前9名，获得二等奖；1名管理人员参加演讲比赛进入前5名，获得二等奖；渝运长寿公交代表队在19支参赛队中以排名第四的总成绩获得团体三等奖，在近郊区参赛队中名列首位。

（余勇士）

附2015年重庆市汽车运输集团长寿公共交通有限公司领导人名录

执行董事：周　陵
监　　事：张尚红
经　　理：周　陵
副 经 理：范绍华

附1：

2015年渝运长寿公交线路运行站点

公交201路：（桃花新城环线顺时针方向）

长寿古镇、古镇大门、金科世界城、御临城D、桃兴三路、菩提山、阳光小镇、北城中学、桃源小学、南桥胜天、阳光世纪城、碧水天城、丽水菁华、沁园坊、沁园坊西、长寿中学、体育中心、东方之骄、桃花市场、骑鞍车站、西门、工商局、黄桷雅居、实验中学、古镇大门、长寿古镇

公交202路：（桃花新城环线逆时针方向）

菩提山、桃兴三路、御临城D、金科世界城、古镇大门、长寿古镇、古镇大门、实验中学、黄桷雅居、工商局、西门、骑鞍车站、桃花市场、东方之骄、体育中心、长寿中学、沁园坊西、沁园坊、丽水菁华、碧水天城、阳光世纪城、南桥胜天、桃源小学、北城中学、阳光小镇、菩提山

公交203路：

长寿古镇、古镇大门、实验中学、黄桷雅居、工商局、实验二小、公园后门、凤城车站、向阳路、协信广场、区医院、水务局、西门、骑鞍车站、桃花市场、东方之骄、体育中心、区党校、水墨林溪、清明上河坊、碧桂园、沁园坊北、中医院、时代国际、(交警支队)、在水一方

附 2:

2015 年渝运长寿公交发车时刻表

201 路:
桃花新城环线（顺时针方向）
(6：20—21：30)
根据客流时段 6—15 分钟发 1 班
202 路:
桃花新城环线（逆时针方向）
(6：20—21：30)
根据客流时段 6—15 分钟发 1 班
203 路:
长寿古镇——在水一方
(6：20—21：30)
根据客流时段 6—15 分钟发 1 班
在水一方——长寿古镇
(6：20—20：30)
根据客流时段 6—15 分钟发 1 班
(重庆市汽车运输集团长寿公共交通有限公司提供)

港口建设与水路运输

【港口建设】 2015 年，实施重庆市长寿区公安局消防支队水上应急救援中心扇背沱码头项目。项目位于长寿长江南岸长寿区扇背沱江段。拟修建 1000 吨级应急救援专用泊位 1 个，使用岸线长 110 米。2015 年投资 150 万元完成码头陆域建设。

【水路运输】 2015 年，长寿辖区内有水路运输经营者 44 家，其中个体工商户 40 家，水路运输企业 4 家。水路运输企业包括普通货物运输企业 2 家，危险化学品运输企业 1 家，旅客运输企业 1 家。年底前有营运船舶 109 艘，载重吨 149280 吨，总吨 82153 吨，载客额定人数 1808 人。2015 年货运量 170.25 万吨，货运周转量 326348 万吨千米，客运量 4.3 万人，客运周转量 44.1 万人千米。

（洪永良）

铁路建设

【概况】 长寿区负责铁路建设的领导机构是“重庆市长寿区铁路建设领导小组”，领导小组下设“重庆市长寿区铁路建设指挥部”，指挥部下设办公室（本分目简称区铁建办）。指挥部办公室地点设在长寿区体育中心北一区，有工作人员 7 人。

2015 年，长寿区铁路建设的主要任务是续建渝万铁路。

2015 年，渝万铁路长寿段相继完成线下工程、架梁和铺轨三大任务，成为全线完成铺轨任务唯一的区县，建设进度位居全线区县第一。架梁工程到 2015 年 5 月 13 日，完成 6 座、全长 8037 米的隧道施工；6 月底，完成 57 座桥梁 1003 座桥墩施工；8 月底，完成所有土石方 518 万立方米。6 月底，完成全部 819 榀制梁任务；至 8 月 11 日，完成全部架梁 913 榀的任务。业主决定线下工程，从 6 月 30 日，铺轨率先从长寿北站启动，11 月 30 日长寿段铺轨全面结束。2015 年，全区征地拆迁投入资金 2.25 亿元，铁路建设投入资金 10.15 亿元，合计 12.40 亿元。

建设中的渝万铁路长寿湖站

长寿区委、区政府重视铁建工作，把铁路建设纳入重点工程项目管理，下大力气全力推动。定期、不定期听取铁建工作汇报，针对出现的问题和困难，深入铁路建设第一线调研，倾听各方意见，科学、果断决策，使一批困扰铁路建设的重大、疑难问题迎刃而解。市铁建办领导关心长寿铁路建设，几次召开长寿铁建问题专门会议，研究解决问题。

区政府办领导多次牵头研究、处理阻工、闹事

等多起群体性事件，区政府办下发《关于铁路建设临时用地复垦工作的通知》，推动临时用地复垦工作全面有序开展。区公安机关加强铁路建设治安工作，在处理涉及铁路建设方面的群体性事件中，严格依法打击违法犯罪，化解矛盾、纠纷。铁路沿线街镇的党政主要领导和分管领导安排专人从事铁建工作，研究解决本地各种矛盾、纠纷，耐心细致做群众工作，解决铁建工作中的问题，维护群众的合理权益。

【协调服务】　2015 年，区铁建办开展大量有效的协调工作，及时解决阻工事件。因为损坏水系、路系恢复不及时、施工单位欠缺文明施工、一些征迁户无理要求等诸多原因，导致阻工事件频发。区铁建办第一时间赶到现场，与有关部门和所在街镇一道，详细了解阻工情况和原因；对阻工人员的合法要求予以解决，对无理取闹的做好政策宣传解释，劝导阻工人员离开；对不听劝阻的，联系公安机关依法处理。长寿湖车站、长寿湖站电力牵引站和多处改移道路征地因为地址反复变更、补偿协议难以达成等，导致施工无法进场，区铁建办联系业主、设计单位，与区征收办、有关街镇党政领导反复到现场察看，确定选址；与征迁户反复沟通，达成土地征迁补偿协议，及时为施工单位提交施工用地，保证施工工期。

【用地复垦】　在 2015 年年初线下工程接近尾声时，区铁建办就将临时用地复垦工作提上议事日程。开展调研和征求各方面意见，区国土房管局拟定铁路临时用地复垦方案，报区政府办下发临时用地复垦通知。及时启动临时用地复垦工作。小块临时用地复垦工作由施工单位支付复垦费用，委托街镇组织村民复垦，通过半年的努力，小块临时用地复垦工作全面完成。大块临时用地复垦工作由铁路施工单位编制复垦方案，经区国土房管局组织有关部门和街镇进行评审通过，由铁路施工单位组织有资质的单位进行复垦。复垦施工完成后，由铁路施工单位提请验收申请，再经国土房管局组织验收，不合格的进一步整改，直到合格为止。到 2015 年年底，全路段 80 公顷大块临时用地，除 2 个制梁场 18.67 公顷未复垦外，其他的弃土场都已复垦，部分已验收合格，剩下的正在复垦或整改中。已对渝利铁路大块临时用地 36.27 公顷复垦质量进行改进完善。

【恢复水系路系】　2015 年，区铁建办、区国土房管局和区征收办协调施工单位恢复损坏的借用道路，年底前正在恢复之中。恢复铁路施工造成的人行道损坏，经邀请业主和设计单位多次到现场察看，反复磋商，已同意恢复 185 处、长 19 千米的人行道，年底前正在施工。恢复山坪塘用地由所在地自行调整并提供，由区水务局工程技术人员设计，施工单位建设。年底前已完成山坪塘 2 口建设，还有 2 口正在建设中。损坏的堰沟大都恢复；抽水设施的恢复正在编制方案。优化已建成涵洞，由于设计原因，建成的不少涵洞排水不畅，有几个涵洞水深 1 至 2 米，根本不能通过行人，有的人行涵洞无出入道路。针对存在的问题，区铁建办致函业主，提出整改优化意见；后经设计单位优化方案，采取补救措施，解决涵洞存在的问题。

【铁建信访工作】　2015 年，区铁建办接待来访群众 55 人次，接到电话反映问题 21 次，办理市长、区长公开信箱、信访部门转办的案件 23 件，总数 99 件次。对反映的问题，依据法律和政策，按照实事求是的原则给予恰当的处理，解决一批群众反映的问题，保障铁路顺利施工。

（袁志龙）

2015 年年初，建设中的渝万铁路和已投入运行的渝利铁路

邮　　政

【概况】　2015 年，中国邮政集团公司重庆市长寿区分公司（简称长寿邮政）设有 1 室 1 部，即综合办公室、市场经营部，下设金融业务部、转型办、客户部、函件集邮公司、报刊发行公司、电商分销公司、监安办、邮件处理中心和 48 个邮政网点。继续应对各类政策及外部市场变化带来的影响

和挑战，全面深入实施“转方式、调结构、提效益、促和谐”四项要求，加快发展，强化管理，改善服务，转型发展取得新突破，保持合理增长。

2015年，全区邮政业务完成收入7233万元，比2014年增长8.78%。其中，代理金融完成5866.72万元，增长12.82%；报刊完成357.84万元，增长13.58%；包裹快递收入完成206.48万元，增长3.24%。全区邮政实现企业利润733.07万元，完成计划目标的108.78%，增长17.04%。员工收入稳步增长。

【业务发展】 2015年，函件集邮推进业务转型，函件业务向封片卡融合新媒体发展转型，举办1场“金正昆礼仪讲座”和2场“猫和老鼠”儿童剧演出，实现收入近18万元。集邮专业举办钱币品鉴会，实现销售收入23万元。推进包裹速递业务体制改革，做到机构到位、人员到位、宣传到位、营销到位、政策到位、平台到位，成功与韵达快递、天天快递达成落地配协议；先后启动沙田柚、血脐快包寄递项目，促进快递包裹业务迅猛发展；全年完成快递包裹收入59.34万元，比2014年增长89.16%。电商专业在2015年年初成功入住车管所，开展车管驾管规费收费服务，全年实现收入近8万元。参与政府推进的农村电商服务体系建设工作，建成龙河镇保合村农村电商邮政示范站，实现“农资商超、网购网销、物流寄递、公共服务、普惠金融”五大服务功能，得到区政府的肯定和老百姓的好评。

【转型升级】 加强转型工作机制的建设，成立代理金融网点转型办公室，落实2名专职转型大使负责网点转型工作。结合网点转型，优化物理功能分区、产品销售流程，做好网点硬件环境与服务能力同步提升。加强对集团公司相关知识培训，专人督导规定动作落地。通过转型，网点员工的经营理念和业务发展的思维模式发生根本性转变，网点经营业绩得到稳步提升。截至2015年10月，9个标准版转型网点点均总资产15688万元，比2014年同期增长13.46%。其中，文苑邮政所总资产增幅47.08%，在全市转型网点中排名十四位；黄桷湾邮政所保险业务增幅41倍，居全市第一位；云台邮政所网银激活率87.76%，居全市第二十一位。

【能力建设】 2015年，完成固定资产投资1704.29万元，完成邮件处理中心征地手续，购置民生家园网点，新增1辆投递车辆，先后完成对双龙、晏家、梓潼、扇沱等4个网点装修。核心能力的增强，为邮政业务持续快速发展提供强有力的支撑保障。

（戴志卫　陈　维）

附2015年中国邮政集团公司重庆市长寿区分公司领导人名录

党委书记、总经理：

陈维辉（2015年12月离任）

韦先兵（2015年12月任）

副总经理、工会主席：张　强

信息业

概述

【概况】 到2015年全区建成互联网覆盖规模15万户，实际开通用户11.76万户，年内新增6834户。建成光纤网络覆盖规模14万户，实际开通用户2.15万户，年内新增用户2万户，完成区委、区政府目标任务100%。完成老旧住宅光纤网络改造70700户，完成区委、区政府下达任务1万户的700%。市政府下达长寿区2015年建设光纤通达行政村任务3个，已完成计划。

全区已建成4G基站966个；年内计划新增500个，实际建成144个，完成政府目标任务的28.8%。已建成4G基站中，农村建成275个；年内计划新增100个，实际建成35个，完成计划的35%。全区手机用户42.5万户，其中4G手机用户8.17万户，占全部手机用户的19.2%。

【信息化建设】 组织机关和事业单位数据中心的全面普查工作，收集60多家单位相关报表，审核、汇总和报送19家单位19个数据中心的普查资料。加强"阳光重庆114"政务咨询、查询平台疑难事件的相关协调工作，处理市长（区长）公开电话事件6件，每天按时上报社情民意收集情况，助力解决群众困难和化解社会矛盾。完成重庆市长寿区工业和信息化公共服务平台网站的备案号码、普查资料的上报，向区公安局网警安全备案的资料报送工作，网站顺利开通运行并获得网站专用备案号及网警安全标识。加强信息化基础设施建设和信息消费推进情况月度督查。组织长寿供电分公司、电信长寿分公司、移动长寿分公司、联通长寿分公司完成第二次全国地名普查工作，完成21个输变电站、767个通信基站的普查目录表和普查登记表的填列、审核和报送工作。

（熊　伟）

中国电信股份有限公司长寿分公司

【概况】 截至2015年年底，中国电信股份有限公司长寿分公司（简称长寿电信）有固定资产4.38亿元，有移动用户11万户，宽带用户8万户（其中，FTTH光宽带用户占比75%，电信电视用户4.5万户）。全年主营业务收入1.35亿元。

【通信能力建设】 2015年，长寿电信交换机语音端口达到10万线，数据端口6万线，有FTTH端口16万线。实现全区所有街镇SDH 2.5G环行保护网络接入，10G城域网环行网络或1+1链路汇聚保护接入。建有350个3G基站，年内新建344个4G基站。建成中继光缆线路3300皮长千米，接入光缆线路7000皮长千米，13247个光分线设施，形成四通八达的光纤通信网络，退铜10万线对千米。为满足用户多业务、多种保护方式接入提供有效保障。

长寿电信在PTN传输网、SDH传输网、IPRAN传输网、城域网等网络核心层、汇聚层局站之间，实现光缆多路由接入，通过网络优化组网，打造长寿高质量、高效率、高效益的安全通信网络，多次战胜因外界原因或自然环境对通信网络造成的挑战。

【服务质量提升】 长寿电信将改善服务作为企业发展永恒的主题，坚持"用户至上，用心服务"的服务理念，强化通信服务质量和服务意识，全面完成各项通信质量指标。长寿电信有自办营业厅、天翼专营店、全网通手机卖场、电视宽带服务中心等75个营业网点，覆盖全区各街镇，为客户提供方便、快捷、全方位的服务。

（张　杰）

附2015年中国电信股份有限公司长寿分公司领导人名录

总 经 理：余　旭（2015年1月离任）

孙伟山（2015年1月任）
副总经理：敬　钰（原标注“2014年7月离任”有误）
张中萍
总经理助理：龚　璞

中国移动通信集团重庆有限公司长寿分公司

【概况】　中国移动通信集团重庆有限公司长寿分公司（简称长寿移动公司）成立于1999年，2015年有在职员工110人，下设4个部门2个片区营销中心。2015年围绕“发展”与“管理”两条主线，大力发展4G业务，加强信息安全管理，在网络建设、服务提升、集团信息化发展等方面取得新进展。截至年末，公司用户整体规模近40万户，全年实现总收入超2亿元。

【网络建设】　2015年，长寿移动公司全年建设4G基站180余个，4G基站达到500余个，实现镇及以上区域连续覆盖，部分农村区域覆盖，区内高速公路路段全覆盖。不断优化4G网络，提高4G网络速度和效率。2015年，长寿移动公司新建成驻地网2万线，达到近17万线，全年发展宽带用户2万余户。

【服务提升】　2015年，长寿移动公司在4G大力发展的同时，服务水平稳步提升。坚持以“诚信为本、铸就品牌、优质服务、赢得市场”为宗旨，将4G客户使用感知、业务清晰度始终放在第一位。进一步从用户信息保护、营销服务规范、客户服务水平提升等多方面扎实推进，着力解决客户反映强烈的热点问题，为消费者创造绿色健康、舒适便捷的移动通信环境。

【信息化建设】　2015年，长寿移动公司借力区政府无纸化办公，成功签约区委组织部、区民政局、区商务局、区交通委、区卫计委等10余家机关事业单位；借助旅游大数据需求、人人长寿的发展契机，成功推广旅游大数据平台及集团流量团购。长寿移动公司在2015年对长寿首家高职院校进行全业务拓展，成功签订化工职业学院校园大型综合信息化整体业务，为长寿首家高职院校提供高效优质的信息化服务。

（何兴楠）

附2015年中国移动通信集团重庆有限公司长寿分公司领导人名录

总 经 理：郭朝斌
副总经理：马　林

中国联合网络通信有限公司重庆市长寿区分公司

【概况】　中国联合网络通信有限公司重庆市长寿区分公司（简称联通长寿区分公司）2015年有9个纵向一体化自主经营体，即销售服务支撑中心、存量营销服务中心、家庭客户营销服务中心、自有厅网格营销服务中心、商企营销服务中心、社会渠道营销服务中心、大客户营销服务中心、葛兰乡镇营销服务中心、晏家乡镇营销服务中心，设有建设维护中心。实现扁平化的管理运营体系，使资源下沉一线，激发基层员工活力。2015年移动在网用户10万余户，宽带在网用户2万余户。

【网络建设】　积极实施光纤改革入户（简称光改），年内以末梢维护为切入口改善宽带网络质量3000余户，2G网络区内覆盖率100%，3G基站补充建设20座，4G基站建设达到100余座，全年基础建设总投资2000余万元。通过重服务、建制度、管队伍，改善网络质量，提高用户满意度。

【服务质量】　持续打造“在网越长回馈越多”网龄回馈品牌，提升老用户对“联通4G完美的高速移动宽带体验”的品牌认知和用户满意度。开展“相伴十年 感恩有‘礼’”网龄回馈活动，将实惠带给全区2000个十年及以上的老用户。

【社会责任】　联通长寿区分公司重视关爱留守老人这一特殊群体，通过与各街镇办公室沟通，提出对留守老人开展“含50元话费的低资费号卡”爱心赠送的关爱活动，方便留守老人和子女毫无压力的沟通与联系。年底前免费向凤城、渡舟2个街道的留守老人赠送电话卡700余张。

（胡　扬）

附2015年中国联合网络通信有限公司长寿区分公司领导人名录

总 经 理：苏　航
副总经理：周　伟　郑光云

重庆市长寿区人民政府网站

【概况】 重庆市长寿区人民政府网站的管理机构是重庆市长寿区人民政府电子政务办公室。重庆市长寿区人民政府电子政务办公室（简称区政府电子政务办，挂重庆市长寿区人民政府公众信息网管理中心牌子）由区政府直属事业单位调整为区政府办公室管理的正处级全额拨款事业单位，编制5人。承担全区政府系统有关电子政务和公众信息网建设的组织、规划、指导协调以及区政府应急平台的建设、管理和维护等工作；贯彻执行信息化建设和计算机网络与信息安全管理工作的法律、法规和规章，并监督实施；组织实施区政府电子政务办公业务网和区政府公众信息网的建设维护和管理；指导街道、镇和有关单位的电子政务建设，配合协调促进跨行业、跨部门面向公众服务网络的互联互通和信息资源共享；完成区政府和主管部门交办的其他事项。

【网站信息公开】 各街镇和区级各部门通过本地数据库服务器CMS管理平台发布系统及时上传各类公开信息，由区政府电子政务办负责信息二次审核发布；继续整合推进区政府网站集群集约化建设，逐步将区内自建网站整合到区政府网站上来，统筹建设安全防护设备，扩大政府网站信息容量；依托区政府网站服务器、安防设备、电信和联通独享链路等资源完成多个单位网站的建设项目，节约财政投入约120万元，节约年租赁维护费用约55万元。2015年，区政府网站发布“长寿区着力打造三级服务体系提高为民服务实效”等头条信息126条，发布信息6915条，总点击量达到125.3万余次，区政府网站公开目录发布政府公开信息2844条，共享到市政府网站公开目录2553条，收到“政府信息依申请公开”38件，均已办结。

【网站管理】 2015年5月19日，下发《重庆市长寿区人民政府办公室关于印发〈长寿区政府信息公开制度（试行）〉的通知》（长寿府办发〔2015〕82号），对有关工作再次作出部署，落实各部门相关责任领导和责任人，强化信息安全审核。

网站安全措施继续使用用户登录短信二次网关验证系统，杜绝账号被盗用的情况发生。定期对区政府网站系统安全防护设备（包括天融信网络卫士千兆防火墙系统、入侵防御系统、应用流量管理系统、网络审计系统、WEB防火墙、漏洞扫描系统、日志收集审计系统）和数据存储一体设备（数据安全管理系统）进行升级，定期观察设备和分析数据，及时修订各项设备的相关保护策略，做到实时监管。2015年12月通过重要信息系统等级保护三级测评。

落实7×24小时读网制度，继续完善政府公开信息审核发布机制，随时监测页面信息，做到网站信息防篡改、防泄漏，定期巡检服务器、网络设备、链路等。完善网站安全事故应急预案，网站故障点发生机率小、故障排查效率高。

（王国兵）

长寿新闻网

【概况】 长寿日报社树立阵地意识，积极探索，不畏困难，推进传统媒体与新媒体融合发展。2015年5月1日，长寿日报微信公众号完成二次开发。6月15日，长寿新闻网推出新版。8月1日长寿党政客户端（人人长寿APP）正式上线。形成纸媒、网站、微信、微博、客户端和手机报六位一体的全媒体构架。构建全媒体总部，负责新闻信息的整合集成、加工生产，根据平台定位和目标用户，差异化处理，立体化呈现。成功举办长寿日报全媒体战略发布会，设计制作长寿日报全媒体品牌手册。推出关注微信“免费走沿江高速公路”“喝牛奶”“观3D艺术”等活动，开展“520相约长寿湖”，记者节“我为文明城区代言”，“我的2020”百姓心愿征集，“郁约长寿湖·邂逅长寿”微拍摄影大赛、“幸福回家”随手拍等系列活动。

（其余详见《文化 体育》类目《报刊》分目）

（汪月琴）

城乡建设与管理

城乡规划

【概况】 重庆市长寿区规划局（简称区规划局）为主管全区城乡规划及测绘管理的区人民政府组成部门。下辖3个直属事业单位（即区规划监察执法大队、区城乡规划服务中心、重庆市长寿勘测规划院）；区规划局内设4个科室，即：办公室、编制用地科、建设规划管理科、测绘管理科；机关行政编制13人，2015年在职12人，退休2人；区规划监察执法大队核定事业参公编制18人，在职14人；区城乡规划服务中心核定事业编制17人，在职13人；长寿勘测规划院核定事业编制20人，在编11人，聘用55人，退休4人。

2015年，长寿区城乡规划工作以法定规划编制和管理"两个全覆盖"为抓手，狠抓规划编制、管理及机构队伍建设，取得较好成绩，城乡规划工作在全市城乡规划实绩考核中，获远郊区县一等奖；《重庆市长寿区城乡总体规划》2013年编制获得重庆市年度优秀城乡规划设计奖城市规划类一等奖、《重庆市长寿区云台镇总体规划修编》（2014—2025）获得重庆市年度优秀城乡规划设计奖村镇规划类三等奖；《长寿区凤城街道复元村梅家湾居民点建设规划》获得重庆市年度优秀城乡规划设计奖村镇规划类二等奖，《洪湖镇秤沱场乡村整治规划》获得全市区县优秀规划设计一等奖；《长寿区滨江长寿谷片区1:500地形图测量》获得重庆市年度优秀城乡规划设计奖城市勘测类二等奖（重规协〔2015〕12号）。

【城乡规划编制】 按三级（区域和城区、镇、村）、四类（法定、专业、专项、研究）体系，全面启动实施各层级和各类别的城乡规划编制。截至年底，全区需编制规划项目346项，已结题305项，其中2015年结题72项；推进城乡规划全覆盖，长寿区法定规划、专业专项规划及规划研究的编制覆盖率及编制水平均走在了全市前列。在全域规划体系和项目规划全覆盖后，区规划局会同长寿经开区启动《长寿区城乡总体规划》（2013年编制）局部修改工作并获市政府批复同意。结合《重庆市长寿区城乡总体规划》（2013年编制），指导协助各镇人民政府依法推进总规、控规的修改完善及报批法定化，完成云台、葛兰等10个镇的总体规划修编及报批，开展双龙镇、邻封镇、长寿湖镇等3镇总体规划修编工作。

深化规划维护，优化城市空间布局。利用规划全覆盖成果，完成中心城区"多规合一"，实现"一个城市、一个规划、一个蓝图"，统筹安排空间布局和重大基础设施；注重将建设项目与发展规划、土地规划等有机结合，抓好规划维护，重点是控规维护，使各项专业专项规划相互协调、合理衔接，发挥城市综合功能、优化城市空间布局，建设高品质的"山—水—城"蓝绿交融的城市空间，打造独具特色的城市风貌。完成包括《长寿区凤城组团D标准分区控制性详细规划（桃东）》在内的凤城、菩提、晏家、桃花、八颗、江南等城市组团相关片区控制性详细规划14项，城区控制性详细规划实现全覆盖；开展菩提组团A4－3/02地块控规局部调整工作等一系列控规维护工作。完成云集、万顺、但渡等7个镇的控规法定化工作；推进葛兰、云台、长寿湖等镇控规编制。

加快专业专项规划编制进度，完善城市功能。按照区规委会确定的88项专业专项规划编制计划，完成58个项目的编制。完成《长寿区保障性住房布点规划》《长寿区消防规划》《长寿区渡舟组团城市设计》等规划的编制工作；开展《长寿区输油输气设施及重要管道通廊规划》《长寿区中心城区慢行系统规划》《长寿区综合交通规划（修改）》《长寿区物流系统优化规划》《长寿区轨道交通线网概念性规划》及《桃花大道交通改善研究》等；启动《长寿区渡舟街道旧城更新规划》《长寿区八颗街道旧城更新规划》《长寿区凤城街道旧城更新规划》《长寿区生态空间管控规划》4个规划全覆盖项目的编制工作；启动规划行业“十三五”规划前期相关工作；协助区级相关职能部门开展专业规划编制；委托重庆大学开展长寿区新型城镇化规划理论与方法研究；开展区域内历史街区、历史文化名镇、名村的搜集、整理、申报工作。

加快各专业专项规划成果纳入城市控规运用。专业专项规划获区政府批复后，区规划局将专业专项规划确定的需要落地的各类设施纳入控制性详细规划维护工作，确保专业专项规划中确定的各类公共服务设施、市政公用设施用地落到实处，做好规划预研预控。

【城乡规划管理】 加强规划专业队伍建设，采取公招、遴选、引进、送培、挂职等方式，加强规划专业人才队伍建设。区规划系统多举措、多途径培养、引进、选拔专业技术人员，加强规划人才力量。区规划系统2015年有注册规划师18名、注册测绘师5名，区规划局在编的45人中，有博士、硕士研究生17人，建筑学、城市规划及测绘等专业人员38人，专业技术人才占比超过84%。

加强街镇规划管理机构及人员配置，夯实基层规划管理基础。在全区每个街镇均挂牌成立规划办公室并配备专兼职规划管理人员，明确街镇规划管理工作职责；开展街镇规划管理人员业务培训，通过集中专题培训会、到区规划局业务科室挂职及业务指导等形式，年内先后培训相关部门和街镇规划管理人员80余人次，有效提升全区规划管理水平。

【城乡测绘】 启动长寿区地下管线普查与更新工作，至2015年11月底，在市政府要求时限提前3个月完成城市建成区规划范围内的各类市政地下管线普查与更新测量（涉及管线长度近1491千米，总面积41.14平方千米），通过市质检中心合格批复。其工作范围、速度、质量均在全市前列。

确保测绘地理信息成果的现势性和准确性，启动城区及场镇地形图新测、修测工作，其中修测面积9.63平方千米，新测面积3.52平方千米。截至年底，长寿区掌握的1:500地形图总面积为409.01平方千米。

拓展“数字长寿”基础测绘成果应用，有效应用基础测绘成果，服务城市建设和经济社会发展。全年提供地形图支撑，涉及面积8296.105平方千米（其中，提供1:2000地形图总面积5838平方千米，1:500地形图总面积1317.105平方千米，1:10000地形图总面积800平方千米，1:2000正射影像图341平方千米）。

【规划效能监察】 着力维护城乡规划执行刚性。开展对区政府平台公司、园区项目存在问题的梳理、督促整改等，严格执行区保障性住房、经开区入园企业等项目停车场、公厕、垃圾站等配套设施规定，保证城市功能完善，满足城市社会经济发展需要。狠抓违法建筑查处，采取多层次的巡查、联查、抽查方式，联合区国土房管局等相关部门，开展存量违法建筑查处，开展新康璞山、碧桂园等小区的违法建筑查处。全年查处违法建筑案件261件，涉违建筑面积约4.8万平方米；张贴确认违法建筑当事人公告46份，送达责令停止违法行为决定书116份，作出限期拆除（回填）违法建筑决定书121份，发出强拆催告83份，强拆公告100份，强制消除公告115份。拆除违法建筑约2.3万平方米。

狠抓信访稳定及法制建设，全年收到规划信访和投诉举报并办结210件。其中，区信访办交办件19件，各类信箱交办件82件，区政府交办件3件，市规划局举报投诉中心9件，“阳光重庆”交办件11件，区人大交办件1件，群众投诉举报85件。公开接待来访群众589人次，其中局领导接待66天，接待群众183人次。

【城乡规划宣传】 通过微信、广播电视台、报纸、网站、户外电子显示屏幕及展板等多媒体多形式，开展城乡规划法律、法规、规划知识、工作动态等宣传，开展规划审批公示、公告。年内长寿电视台播放规划新闻2次、专题片5期，区规划局微信平台发布规划信息20条，《长寿日报》《长寿文化》报刊载规划方面文章39期次，在体育场、高速路口、古镇等户外电子显示屏幕循环播放总规和地理国情普查的宣传标语及宣传片；区规划展示厅更新直幕、环幕宣传内容及规划展示系统，让群众能及时、准确了解规划最新信息。在区规划局设立法律咨询服务台，发放法律法规宣传资料，接受群众咨询。解答市民的政策咨询，将城乡规划法规、城乡规划常用知识印制成宣传彩页，免费向广大市民发放。立足宣传实效，激发城乡居民参与、支持和监督城乡规划实施的主动性和积极性，形成领导带头执行规划，建设单位自觉落实规划，广大群众自觉维护规划的良好氛围。

（黄　巧）

城乡建设

【概况】 2015年，重庆市长寿区城乡建设委员会（简称区城乡建委）有领导班子成员1正4副，机关行政编制18人；内设办公室（计财科）、法制科（区建筑执法支队）、建管科、勘察设计科、城乡建设科、民防科等6个职能科室；下属区建设工程质监站、区建筑施工安全站、区民防信息保障中心、区城建档案室（区招标办）、区村镇建设服务中心、建筑设计院等6个事业单位；直属企业长寿建筑安装有限公司。

2015年，区城乡建委推进新型城镇化，依法行政、改革创新和安全稳定，推进宜居宜业宜寿宜游、百万人口百平方千米“四宜双百”卫星城建设，完成年度目标任务。

【城市建设】 2015年，全区贯彻落实国家新型城镇化规划，紧扣城市发展新区主力军定位，夯实“1+3+9”三级城镇体系，完善“一城——轴—两翼”城乡空间结构。凤城、渡舟、晏家、江南四大组团快速拓展，菩提、凤西、阳鹤等重点区域开发推进，基础设施和房地产开发同步实施。新市、八颗撤镇设街道融城发展，长寿湖、云台、葛兰3个市级中心镇在框架拓展、功能完善和品质提升方面实现重点突破，带动其他9个一般小城镇夯基提质发展。经开区、街镇工业走廊、农业三园“一区一廊三园”建设加速推进，产城融合、园城互动局面进一步显现，城市各组团、城区与园区之间道路交通、给水排水、供电供气、信息通信和污水处理等基础设施进一步完善。探索实施民间资本参与城镇基础设施投资运营、地票收益用于新农村建设等一系列改革举措，“三化”良性互动局面初步显现。落实框架拓展和功能完善，宜业、宜居、宜寿、宜游和百万人口、百平方千米的“四宜双百”卫星城骨架基本成型。2011—2015年五年时间中心城区建设增加20平方千米，达到55.77平方千米，城市建成区面积位列重庆主城区外前列，增加城镇常住人口7.73万人，全区常住人口城镇化率提高8.62个百分点，达到61.62%。

【镇村建设】 突出统筹城乡和补足短板，不断改善城乡人居环境。全年改造城市棚户区2.1万平方米。投资3000余万元实施小城镇基础设施项目42个，新建市民小广场2个、新改建公厕29个，改造集镇人行道2.14万平方米，实现集镇主要街道路灯、公厕等基本设施全覆盖。16个小城镇污水处理厂全部建成，配套建设二三级管网38.6千米。新建农民新村4个，创建市级示范点1个，全部新村点配套“六通六有”设施。改造农村危房1630户，着力解决农村建卡贫困户住房困难问题。

（白　兵　张忠荣）

城市基础设施建设管理

【概况】 重庆市长寿区城市开发管理服务中心（简称区城市开发管理服务中心）与重庆市长寿区城市开发投资（集团）有限公司（简称区城投公司）合并运行。2015年有员工98人，其中事业人员16人，聘用人员82人（含退休人员5人）；专业技术人员中高级职称3名、中级职称30名、初级职称10名。内设机构有办公室、财务和资产经营部、合同和投资管理部、用地事务部、规划发展部、工程管理部、总工办、市政园林部6部2室。

2015年，全体干部职工齐心协力，创新实干，各方面都取得较好成绩。全年筹集到位资金507487.67万元；新开工项目4个，续建项目11个，建成站前大道、渡南路西段、阳鹤九路、古桃路北段等六条道路5.4千米，铺设综合管网9.7千米，迁建各类管线28千米，新建、续建绿化10.5万平方米，安装路灯350盏。全年完成投资65190万元。聚商选资全年实现合同引资15亿元，到位市内资金22.2亿元、市外国内资金31.6亿元。

【财务和资产管理工作】 加强财务管理，配合做好2014年度会计报表审计以及其他专项审计工作；完成2012重庆长寿开发投资（集团）有限公司80000万元公司债券项目建设及资金使用整改工作。加强资产管理，搞好资产经营工作，全年实现资产经营收入298万元；加强对原重棉七厂、长寿瓷厂公有住房C、D级危房户排危处置工作，协助C、D级危房户申请公租房；完成融资抵押物的解押、抵押登记以及区移民局土地置换、重钢朵力、君路房地产公司项目建设用地房地产权证解押、分割、办证工作；完成东方之骄6套安置房出租收回工作，正在办理出售；完成已建成电力设施设备资产无偿划转移交。推进融资工作，全年筹集到位资金507487.67万元（不含乐至公司通过区城投公司向长浦市场管理服务中心基金融资47700万元，区城投公司向长浦市场管理服务中心的投资款融资22769万元）。其中融资到位资金399090万元；向区土地储备中心借款50000万元（其中17000万元为委托融资借款）；财政拨付土地出让收入成本及税收返还50320万元，桃花溪中游重点河段综合治理工程等项目专项补助资金7779.67万元；资产经营收入298万元。已过贷审会并报区政府批准同意部分上账的2笔融资额度17000万元，已上账7890万元，还有9110万元未上账。年底前正在抓紧推进的融资项目有浦发银行、民生金融租赁公司、上海银行等10余家金融机构的私募债融资、融资租赁融资、中期票据融资、短期融资券融资、公司债券融资、基金融资等10余个。

全年实现各项支出450801.82万元。其中：还本付息244526.00万元；规划设计、土地征收房屋拆迁、项目建设及运行管理等费用支出77098万元；归还财政、商贸物流公司、土地储备中心、地房征收办、建委等单位借款49177.82万元；归垫债券整改资金80000万元。

【征地拆迁】 征地报件取得长洪支三支四路及长邬路西延伸段等3个项目的征地批文，阳鹤山南北中路已上报等待批文，渡南路西延伸段正在调规和准备前期资料。道路供地完成渡南二路等14条道路的供地报批工作，北城大道等10个项目正在报批中。集体土地拆迁，主动协调配合相关部门完成桃花溪水土保持绿化等25个项目的用地工作，顺利破表、交地施工；推进渡舟街道果园村八、九组的征地拆迁工作；配合完成河道治理等2个项目涉及的依法强拆和110千伏大雷东线电力迁改塔基用地依法施工。国有土地拆迁完成皇泰制药厂和渡舟路改扩建项目涉及的国有土地房屋的拆除工作，确保项目建设用地。

【建设前期工作】 完成阳鹤山片区南北一路等项目的选址工作。完成（火车北站）站北片区横二路东等5条道路的立项、选址、用地、方案、水保审批等前期手续。完成站南片区滨河南路等6个项目的立项及站北片区截污干管项目立项、选址审批工作。完成三峡后续项目申报，其中桃花河干流葛兰至渡舟段水体修复工程已获批资金，完成该项目立项、选址、可研、初设、概算、用地等相关审批事宜。完成桃花河3个示范段景观绿化等5个项目的前期手续及设计。完成站南片区道路工程及站前广场配套工程设计。

【工程建设】 新开工项目全年完成投资19130万元。凤西五条路完成土石方90%、管网40%、水稳层30%，完成投资7230万元。阳鹤四路完成清表，阳鹤八路完成土石方及管网建设，完成投资5100万元。北城商务写字楼完成基础，正在进行主体结构施工，完成投资4000万元。桃花溪景观打造站前广场示范段开工建设，正在进行树木栽植，完成投资1200万元。开工建设火车北站站前广场人行天桥，完成投资600万元。开工建设站南片区截污干管，完成投资1000万元。

续建项目全年完成投资39260万元。长洪路前段道路及管网工程道路完成除受天然气迁改及拆迁影响外的所有路基土石方、雨污水管网、电缆沟、水稳层、沥青混凝土等，桥梁基本建成，完成投资2510万元。古桃路完成除受拆迁影响外的道路，南北通道经开区段完工并投用，完成投资3800万元。北城大道铁路以北至新市段已实现通车，渡舟路改扩建工程已完工，完成投资5000万元。阳鹤九路全面完工，完成投资200万元。桃花溪中游重点河道治理工程完成1户房屋拆迁处河道整治，排除行洪隐患，完成投资100万元。桃花溪渡舟城镇河段综合治理工程完成1户拆迁影响处300米施工，完成投资150万元。站前大道完成道路及桥梁工程，完成投资1600万元。长洪支二路重新开工建设，完成土石方及管网施工，完成投资800万元。渡南路西段已完工，完成投资5600万元。完成阳鹤山片区土地整治（一期）111.6公顷。火车北站站前广场已建成投入使用，完成投资19500万元。

三条河流综合整治工程全年完成投资1200万元。完成污水处理厂的土建、设备整改及12个街镇的污水管网维修整改，正推进污水处理厂和污水管网移交工作。

管网迁建全年完成投资3750万元。完成长输天然气管道保护和迁建3.78千米，民用燃气管道迁建4.6千米，电力线路迁改8.2千米，通信线路迁改11.5千米，在建工程能顺利施工，出让地块能顺利建设。

园林绿化全年完成投资1050万元。新建绿化面积约8万平方米，续建绿化面积2.4万平方米。完成北城大道沿线部分路段等5条道路绿化；完成天工睿城南侧地块配套绿地项目；完成行政服务中心片区地块城市公园项目。

工程招投标及结算工作，完成长寿区桃花河城区段环境综合整治绿化景观工程等9个项目的公开招标。完成重庆市长寿区北部新城站前大道北段等30个项目的预算编制及审计工作。

【市政管理】 全年完成投资约800万元，完成了AH6线、北城大道等11条道路的交通标志标线，完成渡中路春节灯饰工程；对已建成损坏的市政设施及时进行维修，修复损坏的污水管道9处，更换市政盖板约130个；完成区政府下达的民调市政工程及民调涉及的市政设施整改工作。

（高　勇）

公共民生工程建设管理

【概况】 2015年，重庆市长寿区公共民生工程建设管理服务中心 重庆市长寿区公共民生工程建设有限公司，简称区公共民生工程中心（公司），全面推进项目建设、财务融资、党风廉政建设、信访稳定等各项工作，重大项目建设工作、安全生产工作、国土房管工作、统计工作均获得区政府通报表扬或表彰。

【项目建设】 （详见《建筑 房地产业》类目《公共民生工程开发建设》分目）

【融资工作】 2015年，根据全年资金总需求，区公共民生工程公司创新融资模式，多渠道争取银行融资、财政资金、成本补差，销售房屋回笼资金。2015年筹集资金40.11亿元，其中，融资到位资金22.3亿元，开投集团债券资金整改到位8亿元，房屋销售收入3亿元，成本补差款5.16亿元，代建工程到位资金1.65亿元。确保归还到期银行本息、重大项目建设和公司正常运行的资金需求。

【保障性住房安置】 （详见《民生》类目《住房保障》分目）

【历史遗留问题解决】 2015年，公共民生工程中心（公司）主动作为，解决项目建设中的历史遗留问题。提请区长办公会、区政府常务会研究解决总承包项目预算评审、晏家大连祠片区尚城路等4条道路工程签订总承包施工合同、北城中学环境变更增加费用、江南防洪护岸工程结算、长寿湖中心检查室环境工程挡墙设计变更及增加投资等问题；解决长寿住建公司等实施的20个零星工程未签施工合同、晏家项目部临时工程未签施工合同、晏家一期公租房项目塑钢门窗未签补充协议、殡仪馆迁建项目索赔事项等历史遗留问题；解决在水一方二期等11个项目规划、施工许可手续存在的问题，解决定销房验收、办证中存在的问题，解决保障性住房项目防空地下室采用易地建设方式人防费免缴的问题。

【党风廉政建设】 2015年，区公共民生工程中心（公司）推进党风廉政建设各项活动，开展“三严三实”教育，重点整改“不严不实”突出问题，深入开展干部走访下访工作和精准扶贫工作，在编干部到晏家社区走访近900户居民，查找问题并进行整改；党员干部数次前往万顺镇四重村、石龙村12户贫困户家中，制订、落实扶贫计划，全部实现脱贫目标。邀请区监察局局长做《抵制诱惑筑牢廉政防线》的专题讲座，强化职务犯罪预防意识。针对分散采购有关工作，制订《分散采购合作单位管理和使用办法（试行）》等管理办法，做到以制度管权、管事、管人，全年未发现违反党风廉政建设的行为。

【信访维稳】 加强民工工资支付管理，没有出现因民工工资支付不及时而出现的过激群体事件，总体事态平稳。协同区建委、信访办、江南街道，推进江南一期定销房质量投诉问题的处理进度。稳控重点信访户，肖某等6户中已化解胥某、雷某2户，另有4户还在协办中，能稳控。区公共民生工程中心（公司）全年接到信访办交办的民工工资信访、房屋质量投诉等34件，办结回复34件，办结率100%。

（张晴隆）

市政园林

【概况】 2015年，长寿区的市政园林工作以“法治市政”为目标，深化网格化管理，深入开展市容环境综合整治，提高精细化管理水平，继续办好民生实事，全面推进城市管理城乡统筹一体化进程。

【环境卫生管理】 （详见《环境保护与管理》类目《污水垃圾处理》分目）

【市政设施养护】 严格落实《市政设施维护管理考核办法》《市政设施巡查管理制度》，借力“12319”城市管理服务热线和数字化城管，落实巡查监管机制，确保市政设施巡查、监管、维护工作高效运行。全年办理城市道路临时许可41件，城市道路挖掘许可55件。全面推进城镇照明设施建设改造，实现城市照明设施全覆盖，照明设施统一编号管理，落实专人巡查、维护路灯照明设施。完成长寿长江大桥等15座桥隧设施检测，全面整治2014年检测出的桥梁病害。2015年，全区投入资金259.3万元，新建路灯404盏，改造路灯144盏，铺设路线11573米，新建城市照明智能控制系统1套，照明设施完好率99.5%，照明设施亮灯率99.1%；投入资金1637万元，完成城市道路改造4.87万平方米，其中车行道3.8万平方米，人行道1.07万平方米，城市道路完好率99%。

【市容管理】 坚持“主干道严禁、次干道严控、背街小巷规范”原则，采取疏堵结合、管罚并重的方式管理流动摊区，引导商贩退路进店、退路归市，妥善处置少数民族来长占道经营，巩固望江支路、创业街占道经营管理街区创建成果。加大巡查力度，规范城区户外广告设置，全年办理占道宣传备案543件，户外广告备案110件，及时清理拆除破残、陈旧及违章广告。定机构、定人员、定职能，开展清洁运输整治，创建茶涪路、轻化路、菩提大道为扬尘示范控制道路，巩固2014年已创建成功的桃源大道、菩提东路。聘请专业人员、利用专用设备，整治“牛皮癣”广告发现一处清理一处。牵头实施体育中心广场和晏家六期安置小区广场的市容秩序整治，适时开展早餐夜市、户外广告、背街小巷、校园周边秩序、农贸市场等的专项整治工作，全面规范市容秩序。全年办结各类城市管理违章案件530件，罚款135070元，获赔128976元。

【停车管理】 加强停车收费服务管理，健全停车收费管理制度，加强停车管理队伍建设，协同区交巡警支队适时对停车服务区域的人行道上机动车乱停乱放行为进行整治，停车秩序进一步规范。规范设置停车泊位，铲除设置不合理的临时停车位113个，新增加盛世桃源售房部至永辉超市和丽水菁华2个重要路段297个停车位，年底前实施停车收费服务的停车位1405个。

【公共行业监管】 加强对供水行业的监管，定期开展供水生产安全检查，在《长寿日报》及长寿区政府门户网上公示水质检测报告，全年城市水质综合合格率99%以上，设备完好率96%以上，管网维修及时率100%，巡检率100%，无任何安全事故发生，未发生非计划停水或重大事故应急处置不当行为。组织相关部门调查摸底，研究拟定《长寿区自来水一户一表暨二次供水设施建设、改造、管理暂行办法》，已经区政府第一百二十一次常务会议审定通过，全年完成1032户城市供水“一户一表”改造。加强对城镇污水处理厂的运营监管，加大污水管网、污水处理厂的改建力度，严格接沟审批制度，全年接沟审批34件，城镇生活污水集中处理率92%。建立下水道、化粪池基础信息系统，实行隐患追踪、限时督办制度。做好排水疏浚和窨井盖整治，安全检测化粪池和清掏化粪池等工作。

【园林养护】 加强与相关街镇、融资平台公司的沟通和协调，落实资金、协调单位，全面推进园林绿化建设管护工作，圆满完成市园林局下达的各项目标任务。2015年新增城市绿地面积198.34公顷，城区人均绿地面积与2014年度的比率为105%；全年补植行道树540株，补植灌木60000株，地被3000余平方米，投入资金40余万元；投入资金38万元，对城区的花台护栏、休闲座椅、栏杆、健身设施进行维护维修，设施完好率95%以上；生产及布置鲜花100万盆；查处受理城市园林绿化案件12件，办结12件，绿化赔偿2000元。园林绿化保持率考核位居重庆市城市发展新区第一名。

【数字化城市管理】 推进数字化信息平台建设，投入资金50万元，新增数字化城市管理普查面积10平方千米。整合全区资源，在区数字化城市管理中心大厅接入区公安局应急指挥中心视频摄像头50个，加强城市数字化、信息化管理。加强数字化城市信息采集工作，优化城管监督员队伍，配备城管通30部，下达信息采集目标任务，完善工作激励机制，提高城管监督员工作的主动性和积极性。有效案件上报量不断上升，全年城管监督员上报案件67469件，受理67439件，立案67439件，结案64156件，结案率95%。

（谭晓莉）

勘察设计

【概况】 2015年，长寿区全面加强勘察设计市场准入和施工图审查质量管理，加强勘察设计人员从业资格管理，从设计源头把好建设工程质量关。以区规划局方案征求意见为契机，在方案设计阶段，提醒设计单位注意建筑周边及场地内若有高边坡、深回填等不良地质条件的，或建筑物超高、超限的必须经专家论证；提醒设计单位注意，不得使用限制、禁止使用的建筑材料、部品和落后的生产工艺等。在方案审查阶段对建筑节能进行专项审查。

【设计监管】 严把初步设计审查关。在项目初步设计审查阶段，严格行政审查和技术审查。严格要求提供设计单位资质、设计人员资格、执业资格证件及单位缴纳社保等证明材料，严防挂靠设计、出卖设计图章等违法行为。对市建委通报批评的设计单位，一律禁止在长寿区承接设计业务。邀请市级、区级专家严把设计文件技术审查关，重点对项目的抗震、消防、节能设计等严格要求，对违反工程强制性标准的项目一律不得通过初步设计审批。

定期抽查施工图审查质量。2015 年 9 月，按照抽查 20% 的标准，对 9 个项目（包括居住、厂房、公建工程）邀请市级专家对施工图审查质量进行抽查，抽查中发现违反工程建设强制性标准条文 29 条、一般性条文 424 条。对违反强制性规定的项目，约谈设计单位，督促立即整改；已开工建设的提出补救措施，要求他们举一反三，对自己设计的项目进行认真自查，提高设计质量，从源头控制好质量关。

全年办理初步设计审批 56 件，总投资 76.30 亿元。其中房屋建筑 33 件，总规模 179.73 万平方米，投资 58.10 亿元；市政项目 23 件，投资 8.08 亿元。全年审查的初步设计项目发现违反工程建设强制性标准条文 46 条、一般性条文 1730 条。办理施工图审查备案 100 件，总规模 119.31 万平方米，总投资 76.58 亿元。其中房屋建筑 40 件，总投资 51.78 亿元；市政项目 60 件，投资 24.80 亿元。

（白　兵　张忠荣）

蓝天白云下的长寿文苑大道

建筑 房地产业

概　述

【概况】　2015年，全区完成房地产开发投资79.9亿元，实现增加值20亿元；全年新开工商品房80.2万平方米，竣工367.2万平方米，销售9888套，销售面积97.1万平方米，比2014年增长13.36%。完成注册地建筑业总产值159亿元，增长28%，实现增加值39.8亿元。征收城市建设配套费1.6亿元。全区房地产市场和建筑产业保持平稳发展。

【房地产业管理】　全年核发房地产开发企业资质3家，2015年底全区有房地产开发企业61家（其中二级11家、三级11家、暂定39家），注册资金总额33.8亿元。提请区政府研究出台《关于印发支持实体经济加快发展的若干措施的通知》（长寿府发〔2015〕112号），区城乡建委牵头草拟，多部门联合印发《长寿区支持房地产实体经济加快发展的措施实施细则的通知》（长建委发〔2015〕115号），克服财力困难，设立4000万元房地产业发展专项资金，总计发放941万元扶持金科·世界城等5个项目开发建设。从严从实加强项目建设方案备案、配套设施建设承诺公示等新制度的执行，对在建开发项目预售资金和项目资本金实施动态监管，动态使用6401.7万元，监管余额2.1亿元。推进中钢·桃花源、晶山·新城际等15个项目房地产领域突出问题专项治理，落实“五定”“五包”措施，已结案6个。

【建筑行业监管】　全年新办建筑业企业资质2家，2015年年底有总承包一级企业8家、总承包二级企业18家，资质结构更趋合理。全年依法办理初设审批56项、施工图审查备案100项、工程发包281项、工程质量安全报监160项、施工许可71项，质量安全监督面积600万平方米，办理施工监理合同备案179项、建筑能效测评45项、建设工程档案验收75项、竣工验收备案75项。实施建筑施工企业诚信评价机制，在244个工程招投标中引入信用评价打分。实施城市建设配套费按节点分次缴纳、暂缓执行建筑企业资质就位等措施，帮助行业企业渡过难关。开展建设领域深化防范高处坠落事故、防范危险性较大分部分项工程群死群伤事故“两防”专项整治行动，强化建设市场管理。出台建设施工现场简易执法规范和程序，全年处罚59人次，罚款4.2万元。完成建筑工人培训与鉴定4577人次。开展示范工程创建活动，全年培育扬尘控制示范工地5个。全面推行农民工“平安卡”管理，全年发卡1.6万余张。2015年全区房屋市政工程领域创造安全生产“零死亡”的历史记录。

【建筑节能】　加强新建建筑节能审查。按照《长寿区建筑节能初步设计专项审查制度》的要求，开展建筑节能初步设计专项审查，实行建筑节能初步设计审查“一票否决”制。全年完成建筑节能专项审查24件，面积138.61万平方米。抓好建筑节能重大设计变更，全年完成6个项目的节能设计变更。把建筑能效测评作为竣工验收的必要程序，凡经测评达不到建筑节能强制标准要求的，不得组织竣工验收。加强全区的能效测评工作，确保节能率达到50%以上，严格落实节能标识管理。全年完成建筑能效测评项目45个，面积194.12万平方米。用合同能源管理模式，推动以商场、酒店和医院等节能改造潜力巨大的项目为重点的既有公共建筑节能改造，完善节能改造项目管理制度，规范项目业主和节能服务公司行为。提高建筑节能专项宣传教育水平，强化建筑节能培训，增强广大群众的建筑节能意识。加大建筑节能监督检查力度，每季度对在建项目的节能进行检查，要求开发单位及时进行整改发现的问题，对整改不力的进行通报。2015年，全区未发现重大建筑节能问题。

（白　兵　张忠荣）

房屋管理

【基础管理】 长寿区作为不动产统一登记工作全国15个示范点之一，承办全国不动产统一登记现场发证仪式，建立城乡统一的不动产登记制度，得到国土资源部、市委、市政府的高度肯定。全年颁发不动产权证书22367个，不动产登记证明20365个。全年为政府平台公司办理储备土地登记26宗，面积112.5公顷；抵押登记26宗，面积107.21公顷，抵押金额28.4亿元。开展土地承包权、林权登记试点工作。牵头完成2014年度土地变更调查工作，顺利通过国土资源部验收。国土资源“一张图”工程基础框架全面建成，信息化水平走在全市前列，为国土资源批、征、供、用、补、查六大业务环节提供应用服务。全面提升勘测规划技术水平，全年完成各种地籍测绘808宗、面积543.12公顷。

2015年3月2日，国土资源部副部长胡存智（右三）、重庆市人民政府副市长陈和平（右一）在长寿湖镇公共服务中心颁发重庆市第一本不动产权证书

【物业管理与住用安全】 组织开展物业小区矛盾纠纷排查专项治理工作，建立“部门协同共管、重心下沉街镇”的物业管理联席会议。建立物业专项维修资金应急使用机制。制订《城镇房屋使用安全管理工作责任清单》，全面开展城镇疑似D级危房安全排查工作。完成首轮城镇老楼危楼主体结构安全排查1046栋。通过避险搬迁方式拆除危旧公房12栋、7628平方米、搬离租赁对象183户。

【住房保障】 （详见《民生》类目《住房保障》分目）

【房地产市场】 （详见本类目《房地产市场》分目）

（邱　真）

房地产市场

【概况】 在经济下行困境中有效控制房地产市场风险。2015年销售商品房建筑面积97.10万平方米，比2014年增长13.36%；商品住房成交均价3960.22元/平方米，下降14.17%。二手房交易量持续下降，宏观调控政策边际效应减弱，全年成交面积36.3万平方米，下降21.18%，为2011至2015年期间历史最低位。加强房产经纪市场监管，严厉查处各种违法违规交易和不正当竞争行为，规范存量房市场交易秩序。成功举办返乡置业购房节和第8届房地产交易展示会，购房补贴政策促销作用明显，有效化解部分商品房库存。

（邱　真）

住房公积金管理

【概况】 重庆市住房公积金管理中心长寿区分中心（本分目简称区分中心）隶属于重庆市住房公积金管理中心管理的不以营利为目的的直属事业单位。内设有综合管理科、财务管理科、归集提取管理科、住房信贷管理科。长期采取多种方式推进制度扩面和缴存额增长。截至2015年12月31日，全区有571个单位、50709名职工建缴住房公积金，缴存38.83亿元。2015年全区新增31个缴存单位4486名缴存职工，实现缴存额5.82亿元，较2014年同期增长10%，完成年计划的105%。

2015年全区使用住房公积金7.12亿元，较2014年同期增长17%，资金使用率122%。截至2015年12月31日，全区提取住房公积金24.56亿元，提取人数139653人；2015年提取住房公积金4.53亿元，提取人数19296人。截至2015年12月31日，实现放贷18.08亿元，发放贷款户数9683户，支持职工购房面积达97万平方米；其中当年发放贷款2.59亿元，发放贷款户数1038户，个人贷款比率83%。支持项目（楼盘）18个，支持职工购房面积达9.68万平方米。截至2015年12月31日，回收贷款本金6.22亿元；其中当年回收贷款本金1.07亿元，贷款余额11.87亿元。及时处置风险贷款，个贷逾期率为0。2015年实现增值收益4188万元，住房公积金资金运用率为83.47%，资金运作安全。

【缴存工作】　做好缴存资金全面监管，发现缴存不正常的情况及时与缴存单位沟通，加强催收、催缴工作。按照缴存限额，对超标缴存单位提出整改要求，对少缴的单位逐步规范补缴，着力体现制度的公平性。

分期分批开展对缴存单位业务培训，及时传达新的政策及业务办理有关规定，集中解决单位在办理住房公积金归集、提取、贷款中出现的问题，让经办人员全面系统了解住房公积金有关政策和业务办理。

送政策上门。区分中心采取“重点走访，跟踪服务”的形式，重点走访区内未建缴住房公积金的工业企业、民营医院、酒店及大型超市等，结合职工来信来访情况上门服务，发放宣传资料和业务办理手册。2015年有25家非公企业，2000余名职工建立住房公积金制度。

【提取审核】　加强内部审核，落实岗位责任，严格提取三审制，截至年底审核出1224名职工提取金额与系统核定金额不符并及时调减，防止2896.18万元住房公积金的超提、错提。

拓展外部协查，针对职工购房、租住房屋、重大疾病等不同类别的提取方式，通过与国土房管、税务、医保、社区等部门的协调配合，进行协查，确保提取资料的真实可靠。全年发现和查处利用虚假资料骗提住房公积金30余起，涉及骗提资金近200万元，有效杜绝违法骗提住房公积金的行为。

【房贷管理】　按照市住房公积金中心贷款管理新要求，及时调整工作思路，灵活调剂贷款资金。2015年长寿区新增住房公积金贷款项目6个，全区已办理住房公积金贷款的楼盘项目占开发楼盘数的90%以上，实现主城片区重点楼盘住房公积金贷款全覆盖。住房公积金立项楼盘的购房职工，均可办理住房公积金贷款，最大限度地发挥住房公积金的社会效益。

建立与银行、开发企业、房屋登记中心等合作单位的直接沟通渠道，专人负责贷款流程跟踪，提高放款效率。通过QQ群、微信群等渠道与各合作单位工作人员直接沟通，及时掌握贷款办理各环节情况，安排专人跟踪处理，确保贷款办理流程畅通，优质高效。

强化贷后管理，利用多种方式灵活处理风险贷款。严格按照五级分类制度分析存量贷款，建立贷款明细台账，实行跟踪服务，及时发现问题，果断处置。灵活运用开发企业承担连带担保责任，其他债权人代为还清贷款获得优先受偿权，抵押房产权利相关人承担还款责任，利用借款人住房公积金账户资金还款等方式处置5笔具有潜在风险的贷款。对于借款人无法偿还贷款的情况，及时报市公积金中心，责成担保公司履行担保责任，处置抵押资产，确保贷款资金安全。

【财务管理】　切实抓好廉政风险防控，将廉政风险排查与财务日常管理风险防控相结合，认真排查风险隐患。重点从内控制度、岗位设置、业务合规、操作流程、财务票据、往来挂账等方面着手，落实措施和责任，及时发现问题、堵塞管理漏洞、防范风险蔓延，有效保证资金安全运作。

严格管理费用的管理，合理安排有限资金，均衡执行费用计划，严控经费超支。规范公务卡管理，严格按照公务卡结算目录执行公务结算。从紧从严审核“三公”经费，确保原始凭证的合法性、真实性和完整性，对不符合报账规定的一律不报销。做到专项资金专款专用、单独核算。

【文明细胞创建】　推进窗口建设，区分中心以开展“三严三实”专题教育为契机，抓好制度建设，推行绩效考核，提升为民服务能力，树立良好窗口形象，继续保持“市级文明单位”称号。

区分中心从加强党支部建设入手，提高党员队伍的思想素质和综合能力，提升党员干部的先锋模范带头作用和党支部的战斗堡垒作用，2015年获市公积金中心党组颁发的“先进基层党组织”称号。区分中心不断加强对工会、团支部、妇委会的工作指导，财务科响应号召，争创区级“巾帼文明岗”。

（傅歆芯）

附2015年重庆市住房公积金管理中心长寿区分中心领导人名录

主　任：徐国宣

副主任：敬　行（女）

2015 年长寿区住房公积金缴存情况

项目	单位个数(个)			职工人数(人)			缴存金额(万元)					
							上年止累计		本年度实际数		本年止累计	
	应缴数	实际数	实际数占计划数的比例(%)	计划数	实际数	实际数占计划数的比例(%)	合计	其中：结转利息	合计	其中：结转利息	合计	其中：结转利息
甲	1	2	3 =2/1	4	5	6 =5/4	7	8	9	10	11 =7 +9	12 =8 +10
合计	524	570	108.78%	125210	50709	40.50%	330202.46	10506.01	58196.96	1531.57	388399.42	12037.58

说明：1.“应缴数”是统计局公布的社会单位数和社会在岗职工人数；

2. 长寿区行政事业单位、国有企业住房归集覆盖率 100%

2015 年长寿区住房公积金使用情况

单位：万元

项目	贷款合计				个人购建住房贷款								单位贷款				个人提取额
	发放额	回收额	贷款余额	逾期贷款额	贷款户数(户)	建筑面积(万平方米)	购建房总价款	发放额	回收额	贷款余额	逾期贷款额	逾期户数(户)	发放额	回收额	贷款余额	逾期贷款额	
甲	1 =8 +13	2 =9 +14	3 =10 +15	4 =11 +16	5	6	7	8	9	10 =8 −9	11	12	13	14	15 =13 −14	16	17
上年止累计	154947.70	51480.44	103467.26	0	8645	87.32	256612.74	154947.70	51480.44	103467.26	0	0	—	—	—	—	200352.27
本年数	25925.9	10688.94	—	0	1038	9.68	41368.48	25925.9	10688.94	/	0	0	—	—	—	—	45290.61
本年止累计	180873.60	62169.38	118704.22	1.50	9683	97.00	297981.22	180873.60	62169.38	118704.22	1.50	4	—	—	—	—	245642.88

（重庆市住房公积金管理中心长寿区分中心提供）

公共民生工程开发建设

【概况】　2015 年，区公共民生工程公司实际开工建设大小项目 227 个，其中重大项目 26 个。除晏家一号商务楼、东方之骄和区医院至协信主广场人行天桥项目因其他因素影响未完成年度进度外，其他项目均完成年内目标。顺风庭二期、晏家十期、晏家十一期顺利交房；在水一方二期公租房、铭宇江南三期公租房顺利交付房管局；北城中学、行政服务中心改造、联建楼车库、区政府车库等一批工程投用。全年完成重大项目投资 29.93 亿元，安全生产工作总体平稳，无质量、安全事故发生。

（张晴隆）

长寿桃花河畔风景如画

环境保护与管理

概　　述

【概况】　长寿区（县）于1979年设立长寿县环境保护办公室，隶属县科委；1983年成立长寿县环境保护局；2002年长寿撤县设区成立重庆市长寿区环境保护局（简称区环保局），为区政府组成部门。其主要职责有13项。贯彻执行环境保护法律、法规、规章、标准和方针政策；根据职责和授权组织实施。拟定并组织实施环境保护规划；组织拟定并监督实施重点区域、重点流域污染防治规划和环境保护专项规划；组织拟订环境功能区划和生态功能区划；参与拟订长寿区主体功能区划。牵头协调重大环境污染事故和生态破坏事件调查处理；建立健全突发环境事件的应急预警机制，参与解决涉及长寿区的跨流域、跨地区的环境污染纠纷；负责环境保护行政稽查；组织开展环境保护执法检查。负责从源头上预防、控制环境污染和环境破坏的监督管理，并承担相应责任；按分级管理规定对经济和技术政策、发展规划以及经济开发计划开展环境影响评价，组织审查开发建设规划环境影响评价，监督管理对环境有影响的建设项目执行环境评价制度和“同时设计、同时施工、同时投产使用”的“三同时”制度，按照规定审批建设项目环境影响评价文件。负责环境污染防治的监督管理。对大气、水体、噪声、固体废物、土壤和光、恶臭以及机动车等的污染防治和生态环境保护实施统一监督管理；组织实施化学品环境管理；组织实施主要污染物排放总量控制办法；依法开展强制性清洁生产审核工作，组织实施排污申报、排污许可、排污收费和限期治理制度；指导城镇和农村的环境综合整治工作。组织开展生态环境质量调查，进行生态环境质量分析和评估，监督对生态环境有影响的自然资源开发利用活动、生态环境建设和生态破坏恢复工作；指导、协调、监督各类自然保护区、风景名胜区、森林公园的环境保护工作；组织协调生物多样性保护，协调和监督野生动植物保护、湿地环境保护工作；监督生物技术环境安全，牵头生物物种工作；指导协调农村生态环境保护工作。负责核安全和辐射安全的监督管理。监督管理放射源安全、电磁辐射、核技术应用、伴有放射性矿产资源开发利用中的污染防治工作；组织开展核与辐射环境监测工作；参与核事故应急处理，负责辐射环境事故应急处理工作。负责环境监测网络、环境统计和环境信息系统的建设和管理；组织开展环境质量监测、污染源监督性监测和突发性环境污染应急监测，组织对环境质量状况进行调查评估和预测预警；建立环境质量发布制度，组织编报环境质量报告书；统一发布环境状况公报、环境综合性报告和重大环境信息。提出环境保护领域固定资产投资规模和方向、财政性资金安排的意见，并会同有关部门做好组织实施和监督工作；组织开展环境科学研究和新工艺、新技术工程示范；参与指导推动发展循环经济和环保产业有关工作；参与应对气候变化工作。组织实施环境保护督查制度和环境保护目标责任制，监督检查环境保护目标任务完成情况，参与指导生态示范区与生态农业建设。组织开展生态文明建设和环境友好社会建设宣传教育工作；组织、指导和协调环境保护宣传教育工作；推动社会公众和社会组织参与环境保护。组织开展持久性有机污染物和消耗臭氧层物质的调查并实施统一监督管理。承办区政府交办的其他事项。

区环保局内设1室3科，即办公室、规划与建管科、污染防治与总量控制科（固废管理科）、农村环境保护与宣教科（法制科）；下辖环境监察支队（副处级，参公管理）、环境监测站2个事业单位。2015年有编制88名（实有在编70人，临聘21人），其中行政编制11名，实有9人；参公事业编制40名，实有35人；事业编制37名，实有26人。

【环境质量】　2015年，长寿区大气环境质量持续改善，城区环境空气质量优良天数增加。在城区设有行知学校和长寿中学2个空气质量自动监测站（点），监测污染物指标3项，即二氧化硫、二氧化氮和可吸入颗粒物。全年城区空气质量优良天数为340天，比2014年增加15天；优良率95.51%，上升6.51%；超标天数中首要污染物均为可吸入颗粒物。城区环境空气中，3项指标均达到国家二级标准，与2014年相比，年均浓度分别下降33.3%、28.6%和19.1%。二氧化硫和二氧化氮全年日均值均达标，可吸入颗粒物超标率为6.8%。

水环境质量逐步提升。设置地表水环境质量监测断面12个，其中长江干流1个、次级河流11个（含桃花河、龙溪河、御临河），Ⅱ类、Ⅲ类、Ⅳ类和Ⅴ类水质的断面比例分别为8.3%、75.0%、8.3%和8.3%，水质满足水域功能要求的断面占83.3%。长江干流长寿段总体水质较好，全年均达到Ⅲ类水质，与2014年持平。桃花河的4个监测断面中，沙河桥断面水质为Ⅱ类，朱家湾和李家湾断面水质为Ⅲ类，均满足水域功能要求；抽水站断面上半年水质为Ⅴ类，下半年改善为Ⅳ类。龙溪河的5个监测断面中，烟坡、长寿湖、运输桥和磨刀溪断面水质均为Ⅲ类，均满足水域功能要求；入境断面六剑滩水质为Ⅳ类，不满足水域功能要求，监测断面达标率为80.0%。御临河的2个监测断面，黎家乡码头和洪湖电站断面水质均为Ⅲ类，均满足水域功能要求，监测断面达标率为100%。各超标断面的主要污染指标为化学需氧量、总磷、氨氮。城区集中式饮用水源地（龙溪河烟坡）水质为Ⅲ类，水质合格率为100%，与2014年持平。全区19个镇街集中式饮用水源地水质合格率为100%（新市饮用水源已改为从长寿湖取水），与2014年相比提高15个百分点。

声环境质量稳中有升。全年城市区域环境噪声昼间平均等效声级为52.4分贝，符合城市2类声环境功能区要求，比2014年下降0.1分贝，达标率为100%，噪声源仍以生活噪声为主。城市道路交通干线噪声平均等效声级为65.4分贝，符合城市4a类声环境功能区要求，下降0.3分贝。

固体废物综合利用及处置率提高。全年收集处理生活垃圾15.02万吨，全区城镇生活垃圾集中处置率达到99.4%；年内一般工业固体废物产生430万吨，综合利用率97%；城镇污水处理厂污泥产生2.13万吨，无害化处置率100%；工业危险废物产生41.2万吨，转移处置40.37万吨，自行处置0.83万吨，规范化处置率100%；全区医疗废物做到“应收尽收”和全覆盖。固体废物环境安全风险持续降低。

主要污染物排放量下降。全年二氧化硫、氮氧化物、化学需氧量、氨氮四项主要污染物年排放量分别为23512.04吨、16010.71吨、13201.37吨、1430.77吨，分别较2014年下降34.23%、10.16%、12.7%、14.17%，超额完成“十二五”目标任务。

生态质量显著改善。全区治理水土流失面积85.4平方千米，森林面积64200公顷，森林覆盖率45.1%，较“十一五”末期增长11.1%，有效改善脆弱区生态环境质量。长寿湖湿地自然保护区面积4677.6公顷，湖泊生境质量持续改善。新增城市绿地198公顷，城区生产、生态与生活空间布局得以优化。

【环保目标任务】 2015年重庆市下达长寿区年度环保目标任务分为“环境保护五大行动达标率”和“主要污染物削减达标率”两大类，其中，环境保护五大行动达标率权重为7分，主要污染物削减达标率权重为1.5分，包括8个大类、62个分项任务，253项子任务。其中，完成251项，未完成2项，完成率99.2%。

【环境法治建设】 严格环境执法，深入贯彻落实新环境保护法，实施环境行政执法与刑事司法联动，现场监察企业4000余人次，征收排污费3383万元，位列全市前茅。约谈企业负责人85人次，实施行政处罚61件，罚款158.5万元，移交公安2件，在全市首次对3名环境违法人员实施刑事拘留。严保环境权益，坚持以民生为导向，着力解决影响群众健康和制约经济社会发展的突出环境问题30余个，受理各类污染信访投诉及污染事故纠纷调处1028件，比2014年下降4.54%，处理率和办结率实现“双百”，回访满意率95.7%，群众环境权益得到有效保障。严守安全底线，建立环境应急专家和救援队伍，完成30余家企业突发环境事件应急预案评审备案和29家企业的突发环境事件风险评估，开展重点危化企业及饮用水源地应急演练，提升应急响应及处置能力。严格落实环境风险防范措施，全年未发生重特大环境事故。

【环保基础工作】 2015年，长寿区在全市率先设立独立的街镇环保所，为街镇管理的正科级事业单位，配备专职环保人员95名，其中，新增57名编制，调剂解决38名编制。争取市级专项资金324万元为各街镇分别配备1台环保执法专用车和必要的环保办公、现场执法设备，建立健全街镇环保工作机制和督查、考核及资金保障机制，18个街镇（除年底新成立的菩提街道）全部通过环保能力建设标准化验收。不断加强人员培训，街镇环保监管能力得到明显提升，监管重心进一步下移，构筑全区生态环境监管横向到边、纵向到底的一体化环境监管网络。

【环保宣传】 发挥《长寿日报》、长寿电视台、长寿环保官网等宣传载体作用，开辟专栏定期报道生态环保工作动态，在各级媒体播报涉及长寿环保新闻30余件、刊登新闻80余件，网络公开信息60余项，长寿环保官方微博、微信关注者突破7.8万人，全区中小学生态环境保护教育普及率96.8%，提高公众对环保建设的知晓度和满意率，让群众切实感受到环境质量的改善。完善接访、受理、签办、转办、督办、上报、回访、建档等信访办理工作机制，做到环保“12369”投诉热线24小时专人值班，高效处理环境信访投诉，解决群众关心的突出环境问题。定期邀请区人大代表、政协委员、民主党派、群众等各界人士参观、指导、检查生态环保工作，广泛收集社会各界的意见和建议。编印致社会各界的一封信，宣传和展示全区生态环保工作亮点和成就，争取理解和支持。2015年，公众对环保的满意度79.96%，较2014年及以前大幅提升，全区环保工作形象逐步好转。

（张　群）

环境保护

【生态文明建设】 完善生态与发展综合决策机制，成立以区委书记任组长、区长任副组长的全面深化改革领导小组。将加快生态文明建设作为全区重点深化改革专项内容之一，印发长寿区《关于加快推进生态文明建设的实施意见》《重庆市长寿区生态文明建设重点任务分工方案（2015—2020年）》、生态文明建设年度目标任务和《〈长寿区2015年全面深化改革工作要点〉分工方案》，配套下达《2015年度长寿区生态文明体制改革重点改革专项和重要改革任务分解》，将全区生态文明建设总体任务分解落实到区级各部门、各街镇和有关单位，举全区之力，深入推进生态文明建设。完善生态文明建设目标体系、督查考核办法和奖励处罚机制，将生态文明建设纳入对街镇、部门年度实绩考核的“基础保障类”考核。2015年度生态文明建设重点任务中明确的123项重点任务顺利完成，全区生态文明建设各项工作扎实推进，成效良好。

【污染减排】 强化污染减排统计、监测、考核“三大体系”的建设、运行，推进重点减排项目建设。完成15个城镇污水处理厂和配套管网建设，实现19个街镇污水处理全覆盖，与市环保投资有限公司签订乡镇污水处理设施建设运营合同，力争尽早完成移交工作，通过第三方服务和专业化的管理，实现达标排放。川维厂、达尔凯长扬热能、西南水泥等燃煤大户脱硫、脱硝设施全面建成稳定运行，脱硫效率90%以上，脱硝效率分别达80%、50%和65%以上，全区二氧化硫、氮氧化物减排潜力不断提升。完成11家规模化畜禽养殖场污染整治项目，全面关闭18个规模化养殖场，减排和环境效益明显。引导和鼓励辖区内重点工业企业推进清洁生产，督促川维厂完成污水处理深度治理和回用工程，实现废水排放量大幅减少，排放污染物浓度进一步降低。区域排污总量持续下降。

【环保源头管理】 严把环境准入关，着力提高环境影响评价审批效率，开通区级重大项目“绿色审批通道”，年内完成建设项目环评审批108个、规划环评3个，环评执行率100%，豁免环评项目23个，支持全区经济发展。严格执行许可制度，发挥排污许可“闸门”控制作用，使排污许可证真正成为企业排污的一张“通行证”和一把“量尺”，全区有335家排污单位实现持证排污，实现重点工业企业排污许可证和辐射安全许可证“全覆盖”。严格执行排污权有偿使用和交易制度，建立健全排污权、排污许可工作协调机制，购买第三方服务，安排专项工作资金，委托专业环保公司，对各企业进行一对一服务，提升排污权交易工作效率。完成113家工业企业排污权交易开户，交易金额突破3000万元。全区工业企业排污权交易实现全覆盖，环境资源市场活力得以充分释放。

【环保“六大行动”】 清新行动，对长化公司和原川染片区等对城区空气质量影响较大、被投诉较多的城区周边化工企业和区域开展全天候24小时巡查，始终保持环保高压态势；严格控制长化公司生产规模，指导其根据气象条件等适时调峰生产（压产、限产），以减轻对城区环境空气的不利影响；有序推进以长化、重钢为首的9家年度重点臭气污染源攻坚整治；全年臭气扰民投诉率比2014年下降

7.5%。蓝天行动，区环保、市政、建设、公安、交通等部门联动，开展大气污染联防联控，新创建5个扬尘控制示范工地，巩固5条扬尘示范道路，完成3个江岸码头扬尘污染治理，完成4家企业粉尘深度治理和35家加油站油气回收整治，整治餐饮油烟污染12家，淘汰燃煤锅炉1台、黄标车2741辆，居全市之首。碧水行动，不断强化饮用水源地保护工作，完善城市集中式饮用水源地环境应急物资储备，加快推进城市集中式饮用水源地一级保护区管护设施工程建设；由长寿湖直接引水至新市街道水厂，彻底解决新市街道饮用水源地水质超标历史问题；持续巩固和扩大桃花河污染攻坚整治成果，推进“河段长”管理制度和河外截污、景观打造工程，水质由劣Ⅴ类改善为Ⅳ类，水质表观明显改善；争取8000万元国家补助资金，区级配套1.02亿元，完成12个长寿湖生态环境保护专项治理项目，湖泊生态环境质量持续改善；完成29家较大及以上环境风险企业的突发环境事件风险评估工作和11家工业企业强制性清洁生产审核，重点工业企业实现水污染物稳定达标排放；建成晏家移民生态园11.5千米污水输送管网工程，污水收集系统覆盖率和污水收集率进一步提高。宁静行动，开展噪声污染专项整治，在高、中考期间实现噪声污染“零投诉”；达尔凯长扬热能和三灵化肥2个公司完成工业噪声限期治理；重钢朵力小区完成市级安静小区创建；制定出台广场舞“三限”（限定时间、区域、音量）办法，减轻社会生活噪声扰民现象；全区噪声投诉比2014年下降17%。绿地行动，配合长化公司开展现有工业生产用土地污染修复前期工作；新建一座日处理量5吨的医疗废物无害化处置场，实现全区医疗废物的“应收尽收”和规范化处置全覆盖；危险废物规范化处置和规范化管理抽查考核合格率实现“双百”，2015年分别两次代表全市接受国家环保部危险废物专项检查考核，为重庆市争得全国第一名的好成绩。田园行动，争取中央、市级补助资金1540万元，完成5个街镇、23个村的农村环境连片整治工作；完成畜禽养殖污染防治规划的编制和11个规模化畜禽养殖污染整治，有效促进畜禽养殖污染防治。

（张　群）

环境监测

【环境质量常规监测】　2015年，按时、保质保量完成对全区12个河流水质监测断面、6个大中型水库水质监测断面、20个集中式饮用水源地、13个桃花河“河长制”水质考核断面、2个城区环境空气质量监测点位、3个市级中心镇空气质量监测点位、1个降水监测点位、1个降尘监测点位和109个区域环境噪声监测点位、21个交通干线噪声监测点位、7个功能区噪声监测点位的环境质量常规监测任务，获取有效监测数据8.6万余个，如实记录区域环境质量现状。

【污染源监督】　全年完成污染源监督性监测445次、排污申报监测39次、污染源限期治理或建设项目竣工环境保护验收监测65次、环境影响评价监测78次以及其他服务性委托监测153次，获得有效监测数据2.8万余个，收取环境监测服务费188万余元，为及时了解和掌握重点污染源污染物排放情况，为污染源监管、总量减排、环境统计、排污申报、环境执法、排污收费等环境管理工作提供数据支持。

【应急监测能力建设】　针对长寿企业点多面广，环境风险等级高的现状，专门制订应急监测操作流程和规范，落实责任到人。定期开展学习培训和应急演练，提高每位监测人员的应急反应和处置能力。坚持24小时巡查值班制度，提高对突发环境事故的响应速度。紧抓长寿经开区环境应急监测站的建设机遇，新招聘环境监测人员10名，建立专门的应急监测队伍。全年对川维固体废物处置场护坡废液泄漏等4起突发环境事件进行应急监测，获取8000余个监测数据，为事件的成功处置提供基础保障。

【监测质量管理体系】　为确保向社会出具的数据和结果具有证明作用，对监测方案、采样方法、样品处理和保存、分析测定方法选择等每一个步骤、每一个环节进行“事无巨细、精益求精”的全过程质量管理。对监测分析、数据处理实行严格的管理制度，在监测数据核对、监测报告审核方面，实行逐级审核签字和重点报告联审、会签三级把关等制度。全年新购置仪器设备20余台套，更换老旧设备60余台套，对所有仪器设备均按照规定进行溯源、检定、校准，确保所有仪器设备量值传递统一、可靠，始终处于有效受控状态。分别于2015年5月和9月，顺利通过环境监测能力认定和计量认证现场核查，已具备158个环境监测项目的检测能力，能够满足环境管理的需要。

【人才队伍建设】 2015年，长寿区新增环境监测人员编制7名，新选调人员1名，区环境监测站高、中、初级专业技术岗位结构比例由1.5:5:3.5调整到2.5:5:2.5，拓宽专业技术人员晋升空间。派员参加国家环境监测总站、市环保局、市环境监测中心和国家、市认证认可协会举办的各类业务培训、考核验证，全年参训30余人次，顺利通过4项质量考核、2项检测能力验证以及与涪陵区环境监测站结对参加的次级河流地表水水质抽测。建立两周一次的环境监测理论知识学习和两月一次的环境监测技能竞赛制度，学习培训使人员的综合素质得到提升，编写的《长寿区2014年度重点工业污染源排污状况书》《长寿区2014年度环境质量报告书》在全市评比中分获二等奖和三等奖，在全市监测大比武中获得组织奖和2个个人二等奖、1个个人三等奖的好成绩。

（张　群）

污水垃圾处理

【污水处理】 加强城市污水处理费征收工作领导，成立专门的工作领导小组，采取多种形式广泛宣传城镇污水处理费征收的必要性和重要性，督促和要求城镇污水处理费代征单位重庆渝长燃气自来水有限责任公司等供水公司严格执行新的征收标准和政策，征收的污水处理费做到全额及时上缴，无截留、挪用、擅自减免等违规现象，全区城镇生活污水处理费征收已实现全覆盖，全年征收城市污水处理费2326.9万元（其中公共供水污水处理费为1808.63万元、镇级污水处理费为518.27万元），超额完成目标任务176.9万元（目标任务为2150万元）。

推进雨污管网建设，加强监管力度，配合和协调各建设单位推进管网建设改造；在建设单位的管网建设的施工过程中，进行全方位监管；严格管网建成后的竣工验收，实地查勘合格后才移交给相关单位使用和维护。2015年投入资金5382万元，新建和改造污水管网50千米（目标任务13千米）超额完成目标任务37千米。“十二五”期间，全区投入资金2.43亿元，新建改造污水管网约242.31千米，其中规划内项目投入资金约1.11亿元；新建改造北城大道污水管网建设工程、站前大道污水管网建设工程和菩提东路污水管网建设工程等33项管网工程140.57千米（任务量为175.57千米，含调规后数量），任务完成率80.06%；规划外项目投入资金约1.32亿元，新建改造长洪路前段污水管网、纵次路2线污水管网和古桃路污水管网工程等58项管网工程101.74千米。实施桃花新城、凤西片区、晏家及双龙等区域污水管网建设，强化各个污水处理厂的运行监管，严格实行雨污分流和接沟许可制度，6个街镇的污水全部接入市政污水管网，确保污水处理达标排放。2015年，处理城镇生活污水3417.93万吨，城镇污水集中处理率92%。

坚持日常巡查与应急处理相结合，定期清掏维护化粪池，及时疏通解决排水病害点，做好排水疏浚和窨井盖整治工作。印发加强汛期排水设施管护、加强城镇排水管网疏浚等工作通知，建立和完善化粪池、下水道档案信息，落实责任，加强对社会单位化粪池安全监测和清掏维护的监督指导。全区城市下水道、化粪池清掏维护工作重点抓“堵点”，长寿区化粪池2149座（其中：市政环卫处自管化粪池51座，社区、街道2098座），2015年安全检测化粪池2149座，清掏化粪池2256座，疏通下水道3600米，清理公路边沟2500米、水篦子153套；维修窨井盖248套。未出现安全责任事故。

【垃圾处理】 2015年，长寿区按照“户集、村收、镇归、区运输、区处理”的模式，完善场镇生活垃圾集中收运系统及其机具、设备，完成长寿湖压缩垃圾站的改造，将云集、邻封、长寿湖的生活垃圾也纳入集中收运系统，加强对街镇生活垃圾收运的监督检查，确保收运工作落到实处。探索环卫作业新机制，做到“时间、任务、质量、地段”四落实；日常巡查、定期考核、重点督办和突击性任务跟踪督查等，进行“全方位、无盲区”式的网格化管理，确保道路清扫保洁“全覆盖、无间隙”。生活垃圾“清运难”和“处理难”的问题得到有效解决，全面形成“区、镇（街道）、村”环卫管理“三位一体”格局，推进新型城镇化建设。定期对各街镇生活垃圾集中收运工作进行暗访、通报，督促街镇加强辖区内环境卫生管理。截至2015年年底，全区生活垃圾收运系统配置有垃圾站36座，垃圾运输车60辆，3立方米及以上垃圾收集箱体729个；2015年，城区洒水2.7万车次，用水28.15万吨；清洗城区花台、人行护栏35次，擦洗道路隔离带56次；清理城乡结合部及城区背街小巷暴露垃圾3031吨；无害化处置生活垃圾16.47万吨，处理污水处理厂污泥 1.44 万吨，灭蝇施药 2160 公斤；城镇生活垃圾无害化处理量 16.47 万吨，城镇生活垃圾集中收运处置率达 99.4%。城镇生活垃圾无害化处理率名列重庆城市发展新区前茅。

按照“江面清、江岸洁”和“以清为主，清捞结合”的水域环境综合治理要求，采用定点、定船、定人、定岗的方式，开展水域清漂工作，及时清理打捞长江、龙溪河、桃花溪水面漂浮物及沿江两岸垃圾，按照“属地管理、分级负责”的原则，明确各街镇的水域清漂范围，配备清漂设备和人员，清理打捞河流漂浮物及岸坡垃圾 1.12 万吨。有序推进船舶废弃物处置工作，完成一期清漂设备采购及清漂码头建设前期工作，有效保障辖区内水域环境干净整洁、航道畅通。

推进公厕、垃圾站的提档升级改造，对城区公厕、垃圾站全面排查，根据厕站分布、人口密度、城市功能分区等参数，制订 2015 年度厕站新建、改造计划，完善新建城区厕站配套设施建设，有序推进老城区公厕、垃圾站改造。实行一厕一站一人定人定责承包管理，对厕站管理标牌、指示路牌进行规范、补充、更新，鼓励沿街、沿河社会单位公厕对外开放，为市民提供方面。加强厕站巡查监督和维护管理，每日专人巡回检查垃圾站、公厕，对出现的问题及时上报、限时维修处理，确保设施功能完好。加大对街镇自管公厕的监督指导与巡查力度，成立巡查小组，定期对街镇公厕环境卫生及生活垃圾集中收运系统工作进行暗访，书面通报巡查情况，督促街镇整改完善。2015 年，全区新建公厕 7 座，改造公厕 5 座；新改建垃圾站 3 座，维修公厕 420 座（次），维修垃圾站 108（座）次。

加大投入，增加环卫设施配置，2015 年投入资金 318 万元，新增 5 立方米垃圾箱体 8 个，15 立方米压缩垃圾箱 2 个，车厢可卸式垃圾车 13 辆，新增其他各类环卫作业车辆 5 辆。所有车辆、箱体分发到各街镇和单位，落实专人进行管理和维护。

加强对垃圾场操作人员的专业技术培训和安全教育，规范生活垃圾填埋处理工序。全力整治裸露垃圾，探索场内填埋方式，减少运行成本。使用片石、碎石等对场内道路进行加固、铺实 12 次 850 平方米；使用弃土泥块 4610 吨覆盖填埋区垃圾；及时维修和清理 280 米平台防洪沟及填埋区导排涵洞的风化石、泥土，修补边坡裂缝 850 米；升高加固垃圾填埋库区导气石笼 175 米。2015 年，晏家马家沟垃圾处理场经安全检测合格，垃圾处理场无重大安全责任和污染事故发生，全年无害化处置生活垃圾 16.47 万吨，处理污水处理厂污泥 1.44 万吨，投入消杀蚊蝇药 2160 公斤，进场垃圾无害化处理率 100%。

（谭晓莉）

【畜禽粪污治理】 在巩固桃花河污染整治的基础上，制定《长寿区桃花河流域畜禽养殖污染防治长效管理机制》，区畜牧兽医局与环保局共同制定《长寿区畜牧养殖污染防治规划》；全面推广有机肥生产和使用，全年收运畜禽粪污 6.1 万吨，生产有机肥 3.3 万吨，区内种植场（户）使用有机肥 3594.6 吨，实现资源利用，规范养殖行为，减少畜禽粪便的乱堆乱放，农村面源污染得到改善。该区畜禽粪便处理模式经新华社重庆分社 2015 年第 19 期内参报道后，得到副市长刘强的肯定，刘强于 2015 年 7 月 17 日作出批示：“请市农委将长寿区畜禽养殖污染治理的做法和经验在全市推广运用”。

（杨　梅）

旅游业

概述

【概况】 重庆市长寿区旅游局（简称区旅游局）是长寿区政府组成部门，财政全额拨款。内设机构有综合科、行政管理科 2 个科；区编办核定编制 10 名，其中正处级 2 人、副处级 1 人、处级以下工作人员 3 人、事业编工作人员 3 人、工勤编制工作人员 1 人；2015 年实有人员 14 人：处级工作人员 2 人、副处级工作人员 2 人、处级以下工作人员 4 人、事业编工作人员 3 人、工勤编制工作人员 1 人、大学生志愿者 1 人、临聘工作人员 1 人。

区旅游局负有 13 项职能职责。负责统筹协调全区城乡旅游经济发展，编制全区旅游发展总体规划和专项规划，综合平衡区域性旅游规划。贯彻执行旅游业法律、法规、规章和方针政策，承办旅游投诉、行政诉讼等法律事务，组织实施旅游国家标准、行业标准和地方标准。按照全区旅游发展规划，对旅游设施建设、旅游景区开发利用项目的审批提出建议。制订全区旅游市场开发和营销战略、全区旅游整体形象宣传计划并组织实施；加强旅游新业态调研和旅游市场研究；负责组织全区旅游策划、规划和旅游项目开发实施及旅游招商引资工作。负责全区重点旅游资源开发和保护工作，指导和促进地方特色旅游商品开发营销，引导旅游休闲度假。受市旅游局委托，负责全区三星级以下（含三星）饭店和 A、AA 景区的评定和复核，负责对旅行社（入境游和国内游）的监督管理。牵头开展全区旅游市场秩序规范、旅游服务质量监督、维护旅游消费者和经营者合法权益，规范旅游企业和从业人员的经营和服务行为，指导旅游行业精神文明建设和诚信体系建设。负责全区旅游经济运行监测、统计及行业信息发布，推进全区旅游产业信息化建设。制定全区旅游人才开发规划并组织实施；指导旅游从业人员培训工作。会同价格行政主管部门和社会有关方面，按规定举行价格听证会并确定旅游区（点）门票价格。指导区旅游行业协会工作。负责旅游安全的综合协调和监督管理，指导旅游应急救援工作；负责结合行业特点，组织拟定旅行社有关安全方面的规章制度；组织具有行业特点的安全宣传教育工作，在职责权限范围内督促、检查旅游业重点单位（旅行社、旅游区、旅游点、旅游星级饭店等）落实有关旅游安全管理制度和安全防范措施；组织制定旅游安全应急预案，督促旅游企业及时消除事故隐患，依法查处违反旅游安全方面的违法行为，对有关安全事故及时处理报告。承办区政府交办的其他事项。

区旅游局有 1 个下属事业单位区旅游宣传营销中心。其职责是：负责编制统筹全区旅游形象宣传和国内外重大旅游宣传促销计划并组织实施；负责培育旅游市场，制定全区旅游市场开发和深度营销战略并组织实施；负责对各营销网点及驻外营销员的指导、管理和监督，积极开发市场、拓展市场；负责区内旅游景区的团队预约、核查、结算、团队奖励及接待数据和分析等工作；完成上级交办的其他工作。

2015 年，长寿区旅游业加快“天赐长寿湖”“菩提长寿山”“滨江长寿谷”三个百亿级旅游景区开发，着力打造“人人向往长寿”的休闲旅游胜地，形成“以长寿湖为中心的自然风光游，以长寿菩提古镇、菩提山为中心的文化体验游，以十里柚乡、紫耘花海等为中心的特色乡村游”的旅游发展新格局。“双区（风景名胜区 + 旅游度假区）并行、双核（长寿湖景区、菩提山文化旅游景区）驱动”的旅游架构形成。2015 年 4 月，完成《重庆市长寿区乡村旅游总体规划（2016—2025）》，获得区政府批复。全区全年旅游接待人数 700 万人次，比 2014 年增长 20.6%，实现旅游收入 42 亿元，增长 20%。

【天赐长寿湖建设】 （详见本类目《重庆市长寿湖风景名胜区》分目）

【菩提长寿山建设】 （详见本类目《菩提山文化旅游开发》分目）

【滨江长寿谷建设】 2015年，滨江长寿谷总体策划及概念性规划完成，基于5.05平方千米的规划范围，开展1:500地形图的新测修测、地灾危险性评估、环境可行性评估、影像资料的拍摄留档、古树名木普查保护等工作。策划规划编制工作顺利开展，1月，招标选定编制单位；4月，形成初步方案；6月，区委、区人大、区政府、区政协四大家领导组织召开专题讨论会，反复研究论证、深化优化方案；8月，召开部门及专家论证会。调节坝项目申报取得阶段性成果，项目拟在长寿大桥（河街新桥）上游85米处修建调节坝1座，对桃花河入江段进行综合整治，重点解决该区域地质灾害、外围交通、环境改造、消落带治理等问题；调节坝项目立项、规划、用地、环评、稳评、能评等手续均已按期完成。8月11日，《可行性研究报告》获得市发改委批复文件；9月25日，《初步设计》获得市移民局批复文件；10月22日，《总投资概算》获得市发改委批复文件；11月12日，组卷报国务院三峡办。年底前，《防洪评价报告》《涉河建设方案》《库容技术报告》专家评审会，等待水利部长江委批复文件。青龙嘴片区文物保护修复工作顺利开展，房屋征收工作全面完成；定慧寺复建暨青龙嘴片区改造工程于2015年12月21日正式开工。三倒拐开发建设启动前期工作，通过现场调查，摸清三倒拐房屋、居民大致情况，研究拟草三倒拐北入口扩宽方案并进行初步规划；年底前长商集团会同设计单位正在进行资料收集和方案设计等前期工作。

【旅游宣传】 利用江北机场候机厅15秒视频广告、上海—成都动车车厢广告，重庆轻轨一、三号线，重庆火车站，以及重庆报媒等媒体总计投入1250万元推介长寿旅游。开展主题为“美丽长寿我的家”、旅游文化“四进”（即进校园、进社区、进街镇、进企业）文艺专场演出活动；以唱长寿旅游歌曲、讲长寿旅游故事、演长寿旅游小品、跳长寿旅游舞蹈，全面提升长寿旅游景区的文化形象，打造体现长寿特色的文化旅游品牌活动。截至年底，已经演出40余场，观众23万人次。开展长寿旅游进高校活动，将“互联网+”思维引入旅游产业推广，以打动旅游的核心人群——爱分享、爱尝试的大学生群体为重点，采用O2O方式进行高校传播；年内走进重庆理工大学、重庆工商大学、重庆邮电大学、重庆交通大学、四川外国语大学，覆盖16万人，受到大学生追捧。2015年6月，在第四届中国西部旅游博览会，长寿展厅以“欢迎常到长寿，长寿常来”为主题集中展示“长旅”形象，通过发放资料、现场宣传和歌舞表演、LED宣传片滚播等方式，重点宣传长寿湖、菩提古镇、菩提山三大景区，以及长寿的旅游亮点紫耘花海、滨江长寿谷、五华山、三道拐等景点；为期3天的“西旅会”，长寿区展台接受现场咨询上万人次，发放资料3万余份，接受新浪、腾讯等四大媒体专访，举行文化展演4场，受到国家旅游局领导和市领导的好评。

（孙　祥）

重庆市长寿湖风景名胜区

【概况】 重庆市长寿湖风景名胜区由长寿湖风景名胜区管委会直接管理，按照行业管理和企业管理相结合的模式推进景区规划、建设、招商、管理、营销等工作。景区运营以重庆长寿生态旅业开发有限公司为龙头，按不同的职能职责由不同的公司承担相应职能。2013年5月，重庆市长寿湖风景名胜区管委会增挂重庆市长寿区旅游发展管理服务中心牌子。2015年，按照“总体规划、分步实施、政府主导与市场主体相结合”的原则，实施文旅结合战略，推进休闲旅游胜地建设，各项工作取得突破性新进展。

【重点项目招商】 长寿湖景区与云南城投公司签约合作在长寿湖景区建设度假欢乐岛、大型水上主题公园、养老养生地产等旅游主题项目，意向投资138亿元；重庆医科大学长寿医养中心项目、长寿湖远恒佳国际学校年内正式签约。

渝万城际铁路长寿湖高铁站（效果图）

【度假区建设】 路网体系日臻完善，渝万城际铁路长寿湖高铁站至景区专用道路（新建路）建成投用；长寿湖高铁站站前广场及道路工程已启动修建，总占地面积 11.27 公顷；长寿湖红湾片区道路工程，全长 1212 米，道路宽 16 米，已启动修建。星级酒店群、特色商业及旅游地产快速推进，欧瑞酒店主体环境已完工；金鹏金爵酒店主体已完成，正在进行外装，住宅一组团完工；富盈湾商业广场主体已完成 90%；香江泰晤士小镇体育公园、B1 一期完工，香颐路沥青铺完；康普度假村（山水茗家）项目入口绿化已完成，一期主体工程完成 49%；市水上训练基地主体工程完工。

长寿湖度假区一瞥

征地拆迁破解资金瓶颈，推进项目建设。严控融资成本，多渠道融资，按时支付各类工程款、土地征迁款、还本付息等资金。取得 35 千伏变电站迁建项目、第二批增减挂钩项目、长寿湖高铁站站前广场项目的征地批文，取得回龙凼环境设施项目的农用地转用计划；完成长商集团、川维培训中心、香江国际等入园企业地块及融资性出让地块的土地供应；创新思路，购买长寿湖场镇存量商品房 56 套作安置房。

【文旅融合】 长寿湖景区坚持引文化之活水，浇旅游之鲜花，结文旅之硕果，精心策划设计，面向全国开展旅游文化大宣传。利用主流媒体和新媒体，制作推介一批专题片、宣传册、摄影作品及专访文章，扩大旅游文化品牌知名度。通过实体广告宣传，提升旅游文化品牌知晓率。继续依托养生长寿文化、水电文化、红色文化，打造养生长寿文化园、水电博物园、红色纪念园等，提升长寿湖文化底蕴，增强景区文化吸引力。

【景区美誉度提升】 2015 年，成功举办第六届国际铁人三项赛、长寿湖第三届世界风车节。长寿湖青典游艇俱乐部、东岸夜钓场顺利开业。平稳实施长寿湖西岸景区门票管理。推进西岸乡村旅游集中发展，做好沿湖两岸及岛屿农家乐生活污水处理监管和湖面漂浮物清理工作。依法拆除 10 余处违章建筑，查处 12 处违规建筑。全面开展安全生产大检查“打非治违”和专项整治，开展水上交通安全、建筑施工安全、宾馆酒店与其他服务业安全等综合安全监管工作，全年实现“零事故、零投诉”目标，成功创建重庆市“平安示范景区”。完成长寿湖景区创 AAAAA 资源评价初稿审定工作。全年景区接待游客 203 万人次，旅游收入 13.3 亿元。

（孙　祥　左　娟）

菩提山文化旅游开发

【概况】 2015 年，菩提山文化旅游区完成中华长寿宝典和菩提桥两大工程，从缅甸成功迎请皇家制品贝叶经和佛陀真身舍利子，丰富景区文化内涵，提升景区品质。全年景区接待游客 103 万人次，旅游收入 5.1 亿元。

【菩提山景区建设】 中华长寿宝典。中华长寿宝典集标志性、观赏性、趣味性、启发性为一体，布局菩提山文化旅游区，分为菩提古镇、菩提桥、菩提广场、万寿天梯、菩提山观光车道五大组团。以 2 万多个形态各异的“寿”字营造氛围，融入诗词歌赋、匾额楹联、格言故事和雕塑、绘画、书法等多种表现手法，形成养生长寿文化景观集群。游线全长 5 千米，起点长寿菩提古镇大牌坊，过菩提桥，到菩提山菩提广场，线路一分为二，一条经过菩提山印，万寿天梯，拾级而上，抵达菩提圣灯；一条沿着观光车道，盘旋而上，直达菩提寺祖师殿。

连接长寿菩提山与长寿菩提古镇的长寿菩提桥

景区呈现菩提广场、菩提桥、万寿天梯、寨门牌坊、菩提寺、摩崖石刻等多处经典景观，集中展示中国传统养生长寿文化、佛教养生长寿文化、长寿本土养生文化三部分内容。菩提寺先后引种斯里兰卡菩提圣树，迎请释迦圣火、佛宝《贝叶经》、佛陀舍利子；供奉释迦圣火的菩提圣灯是国内佛教寺庙唯一的圣灯景观。景区正在完善基础设施和旅游设施配套，实施重庆市佛学院菩提山分院、茶室等工程建设，继续挖掘菩提山文化旅游内涵。

长寿菩提桥。长寿菩提桥是长寿菩提山与长寿菩提古镇两大景区之间的连接桥，全长 100 米，为净跨 55 米钢筋混凝土箱型拱桥；桥廊为仿古木建筑，雕梁画栋，飞檐翘角，桥边护栏上镌刻着反映长寿历史和风土人情的壁画。既是景观桥，也是文化桥。

百寿大道。从长寿菩提古镇大牌坊，经城门楼，到菩提桥，全长约 2 千米。整个游线镌刻 98 个小型寿字图案，1 个巨型寿字图案，再加上每个人心中装着的 1 个寿字（对健康长寿的期待），合起来就是 100 个寿字，故称百寿大道。

千寿广场。在长寿菩提古镇百寿大道的广场上，镌刻的一个直径为 29 米的巨型寿字组合图案。整个图案由 999 个形态不同的书法寿字和四象、十二生肖等寿图、寿纹组成，加上每人心中的 1 个寿字，故称千寿广场。千寿广场寿字组合图案面积庞大，设计考究，制作精工，寓意吉祥。

长寿菩提山万寿天梯

万寿天梯。万寿天梯是中华长寿宝典最为重要的景点，有 1567 级台阶。根据梯步排列的特点，体现人的生命过程，以 19999 个风格不同的寿字图案，诠释人类养生文化。内容集增寿、祈寿、悟寿、尊寿、高寿五个篇章，融会贯通哲学、文学、医学等众多学科门类，构思巧妙，寓意深远。制作上集园林、建筑、雕刻、书法、绘画等多种艺术为一体，显示其独特的创意，精湛的工艺，深厚的文化底蕴，鲜明的地域特色。3 月 1 日，经过扛旗世界纪录认证公司认证通过，万寿天梯成为世界上镌刻最多“寿”字的石梯。

菩提园。菩提园位于菩提广场左侧，面积为 5000 平方米，园内栽种数根从斯里兰卡引进的菩提树。菩提园的右侧斜坡上，有三尊佛像，分别是汉传佛教的不动佛、药师佛、无量寿佛，素称“长寿三佛”。

环山车道景观小品。菩提山环山车道，是游客乘坐观光车登临菩提山的通行之路，山下连接菩提广场，山上连接菩提寺。车道两侧，布局慈悲福寿、心药十味、寿由德润、素食滋寿、心无挂碍、和敬是尚、寿僧群像、佛家四食等景观小品，展示佛教养生长寿智慧。

菩提寺舍利子。舍利子是佛陀或高僧遗骨火化后结成的珠状结晶体，为高僧大德生前因戒定慧的功德熏修而自然感得，历来在佛教中受到特别的尊敬和供奉。2015 年 9 月，长寿菩提寺僧人远赴缅甸成功迎请佛陀舍利子。到 2015 年年底前，重庆地区唯有长寿菩提寺供奉佛陀真身舍利子。

菩提寺贝叶经。贝叶经是写在贝树叶子上的经文，源于古印度，已有 2500 多年的历史。贝叶经多用“斋杂”和“瓦都”两种文字写成，是研究古代语言文字、佛教文化、宗教艺术等重要的原始资料。2015 年 9 月，长寿菩提寺成功迎请缅甸皇家制品贝叶经。该贝叶经用巴利文字针刺而成，已有 500 多年历史，为稀世珍宝。

【长寿菩提古镇建设】 截至 2015 年年底前，长寿菩提古镇已完成二期建设，建成面积 19.8 万平方米，尾期工程已于 2015 年 12 月 29 日开工。菩提古镇大牌坊、万寿广场、福寿双塔、综艺馆、衙门、万寿公园、演艺馆、游客中心、泰国风情文化街、古镇特色型夜市街、水上游乐园、停车场（7 个，1600 个车位）等景点及配套设施均已建成使用。特色祝寿仪式、万寿千叟宴、端午长街宴、春节赏花灯等民俗活动异彩纷呈，啤酒节、泼水节、柚子节、长寿火锅节、古镇美食节等节庆活动动感时尚。长寿菩提古镇已成为集“吃、住、行、游、购、娱”于一体的特色旅游综合体，成为长江黄金旅游带的明星旅游景点。

（孙　祥　左　娟）

附：

长寿菩提寺迎请菩提圣树、释迦圣火、佛陀真身舍利子和贝叶经记事

2010年9月16日（农历庚寅年八月初九），11人组成的重庆市长寿区境外迎请菩提圣树团队，出发前往佛国斯里兰卡迎请菩提圣树。途经圣城康提、安努拉哈普拉、婆罗那鲁瓦古都，供养了佛牙寺、加达拉德尼亚寺、兰卡蒂拉卡寺、恩姆贝克寺、丹布拉石窟寺、米希鲁古庙等寺庙。斯里兰卡安努拉哈普拉城的菩提树，是2250年前阿育王从印度到斯里兰卡传教，随身带往培育而成。是当时世界上唯一的最古老的一尊菩提树。9月22日（农历八月十五），斯里兰卡僧王乌杜玛·布达拉克塔安排，在安努拉哈普拉城菩提树下举行数万人参加的迎请菩提圣树法会。在斯里兰卡首都科伦坡，总统秘书、国际宗教文化事务顾问强帝玛博士代表总统向中国长寿菩提寺赠送释迦牟尼佛像和菩提树，并护送登机。9月24日（农历八月十七）迎请队返回重庆，当晚返抵长寿，将菩提圣树供奉长寿菩提山。该次迎请队还将九十九个寿印组成的百寿图赠送给斯里兰卡总统玛享德·拉贾帕瑟克和总统秘书强帝玛博士，将长寿的寿文化送出国门。25日，长寿桃花体育广场举行万余人的“迎请菩提圣树，祈福长寿法会”。将菩提圣树植于长寿菩提广场侧。

在佛教文化中，释迦圣火兼具光明与智慧，是佛法法脉传承的象征。长寿的菩提圣灯建于明代后期，圣火长明数百年。后来，菩提圣灯毁坏，火种熄灭。2014年7月19日，长寿菩提广场举行圣火迎请出发仪式：11人组成的圣火迎请团，前往佛陀诞生地尼泊尔蓝毗尼花园，为复建后的菩提圣灯迎请释迦圣火。7月23日，在蓝毗尼花园圣火台，聚集缅甸、韩国、日本、印度、斯里兰卡、中国等十余国家的汉、藏、南传佛教的千余名高僧及数万信众参加的圣火迎请点火仪式。在万众各语的祈福声中迎请团驱车载火，启程离开尼泊尔，历经严重高原反应和滑坡、泥石流等重重困难，翻越喜马拉雅山、贡嘎山、火风山、唐古拉山、昆仑山等5座海拔5000米以上的山脉，先后经过尼泊尔和中国的西藏、青海、甘肃、陕西、四川、重庆等省市，全程历时15天，行程6000多千米。于2014年8月2日将释迦圣火成功迎请安放在菩提寺。当天，长寿菩提广场举行盛大的迎接仪式，区领导张明生、何以龙、左永祥、李彬旭、陈志洪到场迎接迎请队伍归来。长寿菩提寺成为把本师释迦牟尼佛的圣火沿途不熄灭请回安放的寺庙；菩提圣灯成为用本师释迦牟尼佛的圣火点燃的佛教圣灯。

佛陀真身舍利子和贝叶经，是佛门圣物，受万民敬仰。1500年前，东土禅宗初祖达摩，驻锡长寿菩提寺修炼，菩提寺曾闻名于世，后几经战火，寺毁宝散。长寿菩提寺复建后，先后成功迎请回菩提圣树、佛祖圣火，在缅甸寻得佛祖真身舍利子和贝叶经。2015年9月9日，由长寿区佛教协会主办，长寿区菩提寺管理委员会承办、重庆市长寿区旅游发展管理服务中心和重庆长文传媒有限公司协办，组织11人的长寿佛祖真身舍利子和贝叶经赴缅甸迎请队在长寿菩提广场出发，前往佛国缅甸曼德勒，迎请由大佛寺赠送菩提寺的佛祖真身舍利子三颗、近500年历史的贝叶经一部。在大佛寺300多位高僧，以及上万信众的诵经祈福声中；迎请队启程离缅。经云南圆通寺、华亭寺和筇竹寺的无量供奉加持，于9月15日历时7昼夜，将佛陀真身舍利子和贝叶经，成功迎请安放在复建的长寿菩提寺。

至此，长寿菩提寺聚齐菩提圣树、佛祖圣火、佛祖真身舍利子和贝叶经四大佛教圣物。

（张炳炎）

大洪湖生态旅游开发

【概况】　2015年，长寿区依托大洪湖沿线突出的原生态优势，进一步推动原生态自然风光、绿色农业、谯定故里历史文化的开发，打造大洪湖“垂钓天堂”品牌，着力改善湖区及周围的山水生态环境，加强沿线规划控制，将历史文化和乡村旅游结合起来，丰富大洪湖旅游内涵。以垂钓为媒介，扩大基层钓鱼协会影响力，先后吸纳200余名垂钓爱好者，通过各种垂钓比赛宣传大洪湖旅游，吸引大量川渝地区短线游客、垂钓爱好者和自驾车消费群体。年底前，大洪湖景区的农家乐有23家，全年

接待游客和垂钓爱好者14000人次，实现经济收入170余万元，农民的服务性经济收入不断增加。

2015年11月，万顺镇戛子山发掘出石塑

【旅游资源发掘】 保护生态环境，强化规模养殖监管，建立定期环境巡查制度；加强对大洪湖的综合管理，及时清理垃圾及水上漂浮物，确保水资源生态环境安全。加强场镇绿化、美化和生态效益林建设；加强森林安全防护，建立专人定期巡访制度，杜绝野外用火，有效确保森林防火安全；高度重视松材线病虫防治，聘请专业队伍开展防治工作，确保疫情得到有效控制。

发展农业旅游，推动农业生产和旅游业相结合，做大做强绿色无公害蔬菜、大洪湖有机鱼、白合大米等特色产业，凸显万顺作为重庆主城和长寿后花园的地理位置优势，吸引长寿及重庆主城游客，发展体验式农业旅游产业。

2015年，挖掘万顺镇谯定故里历史文化，确认万顺镇四重村曹家岩组东庵湾附近的戛（音huàn）子山，为谯定、戛渊两位儒学大师的传道授业之地，山上的祠堂遗址为戛渊故宅。组织人员对遗址进行清理，发掘彩色石塑11尊，对民间流传的故事进行整理。组织参加11月13日、14日在长寿湖召开的第三届中华长寿文化暨儒学宗师谯定学术研讨会，万顺镇提供的资料得到与会专家的重视和认可。依据《长寿县志》等资料进行反复比对，多次走访群众，发现玉溪寺瀑布附近高约2米的巨形“佛”字石刻一处。

（苏培杰）

万顺镇戛子山谯定讲学处远眺

库区移民

三峡库区移民

【概况】 2015年，重庆市长寿区移民局（简称区移民局）围绕“库区产业发展及移民安稳致富、生态环境建设与保护、地质灾害防治”三大目标任务，求真务实、克难攻坚，开拓进取、创新创效，各项工作有新的发展和提高，成效显著、亮点突出，在全市2015年度考核中被评为“先进集体”、获“三等奖”（是8个非重点区县中唯一的获奖区县）。国务院三峡办副主任雷鸣山、陈飞，市政府副市长刘强等领导均到长寿视察指导，对长寿三峡移民工作给予高度评价和充分肯定；区政协对区移民局开展2012年换届后的工作评议，满意度较高。

【移民工程竣工验收】 区移民局按照《三峡工程整体竣工验收移民工程验收大纲》要求，开展移民资金总决算审计整改、建设期剩余任务攻坚扫尾、遗留问题化解处置、移民工作及历次稽查审计整改“回头看”等工作，完成区级自验收和市级初验收。4—6月，国家验收委专家组4批次到长寿开展竣工验收国家终验预验收（该区3个专项验收和9个分类验收），通过专家组的高标准、全方位、多层次复核查验，长寿区一次性通过国家终验预验收并得到较高评价。专家组一致认为：长寿移民搬迁安置规划任务全面完成、移民资金使用管理规范有效、移民工程项目运行良好、移民安置质量较高，做到了党委、政府放心、移民群众满意。10月，国家验收委在渝开展国家行政验收工作。11月，国家验收委宣布长江三峡移民工程验收合格，标志着长寿区通过国家终验，20余年三峡移民工作圆满完成。

【三峡后续工作】 积极谋划，综合协调，全力抓好三峡后续项目策划、编报、实施工作，发挥三峡后续项目对长寿区移民持续增收和经济社会持续发展的最大拉动作用，推动三峡后续工作扎实开展。

编报年度项目实施方案。申报2015年度后续项目25个、总投资8.27亿元（其中，申请专项补助资金3.13亿元）；国务院三峡办、财政部批复同意长寿区后续项目26个、总投资2.58亿元（其中，专项补助资金1.44亿元，项目申报成功率、资金争取量均高于同类区县）。申报2016年度后续项目31个、总投资12.98亿元（其中，申请专项补助资金4.92亿元），国务院三峡办、财政部正在分批分类审核，已批复同意第一批项目4个，总投资0.94亿元（其中专项补助资金0.45亿元）。围绕区委、区政府中心工作和移民群众迫切需求抓好促发展、利长远项目的申报工作，2016年度后续项目编报中，花大力气抓好滨江长寿谷调节坝项目（申请专项补助资金3.5亿元）、桃花河水环境综合整治项目（申请专项补助资金0.87亿元）等项目的申报。

推进后续项目实施。采取强化在建项目施工管理、实行未开工项目节点控制、加大专项督查力度、简化建设审批程序、层层签订目标责任书等综合措施，促进三峡后续项目提质提速。截至2015年12月底，已批复2011—2014年度项目54个（其中：上级统筹5个），完工40个、完工比例74.07%；在建13个、在建比例24.07%，均列非重点区县第二位；待建1个，待建比例1.8%，是非重点区县中待建比例最小的两个区县之一。已批复2015年度项目12个，在建5个、待建7个，正在按时序进度推进。全区三峡后续工作项目总计到位资金29.69亿元（其中专项补助资金6.34亿元）、完成投资21.43亿元（其中专项补助资金4.16亿元，占到位资金的65.6%）。对促进移民安稳致富、加强生态环境保护、强化地质灾害防治，库区稳增长、促发展起到重要作用。

三峡后续工作管理。加强项目建设和资金管理，把好建设进度、工程质量、资金拨付和项目验收“四道关口”，工程监理率、招投标率、竣工项目建设质量合格率均为100%，所有资金均实行专项调度、联合审批。加强监管体系建设，调整充实监督网络成员单位、再次出台监督管理制度，实现对后续项目从申报到竣工决算整个过程监督检查的“无缝对接”。年内会同区监察局等监管网络成员单位开展监督检查10余次87人次，及时发现并有效整改存在问题，确保“阳光操作”、建设“阳光工程”。

【移民帮扶】 严格落实移民直补政策，兑付后扶资金528万元，涉及约1.3万人。实施库区基金、“两项结余”等后扶项目27个，投入基金870万元，完善库区基础设施、改善移民生产生活条件。重点关注最困难地区、最困难群体、最突出问题，在城乡党支部“结对共建”、后进村帮扶、精准扶贫精准脱贫、“三严三实”集中走访下访等活动中，安排专项资金72万元，实施项目4个。整合后扶、对援等资金对移民创业进行补贴，实施项目20个、投入资金51万元，支持移民创业致富。推行培训就业一体化模式，完成各类培训2151人次，训后就业率92%以上，移民就业创业能力显著提升。其中，进一步推广“月嫂”培训品牌；在浙江师范大学举办重庆库区首期三峡移民电商创业培训班，在库区产生良好反响。在第三届重庆库区职业技能大赛中，获15个奖项。编制完成《广西壮族自治区对口支援重庆市长寿区合作实施规划（2014—2020年）》，争取无偿援助资金350万元，引进经合项目1个、总投资近百亿元。综合措施帮助库区移民收入水平明显提高，增速高于库区居民。

【库区综合管理】 推进生态屏障区建设，库周百米绿化生态保护带建设等项目推进顺利，年内新增绿化面积145.67公顷。加强库区水污染防治，出动船舶160艘次，打捞长江干支流江面漂浮垃圾近8000吨。强化消落区保护与综合治理，制定出台《长寿区三峡水库消落区管理实施细则（暂行）》，开展“八乱”行为整治，开展联合执法21次，处置违法违规行为12起。抓好高切坡监测预警与防治，“前三峡”项目监测稳定、“后三峡”项目推进有序，全区无责任事故发生。做好试验性蓄水安全监测与防范，落实安全监管责任、健全完善长效机制、完善应急处置预案，全年开展巡库检查50余次、重点隐患排查30余次、处置险情6起，继续实现“无重大地质灾害发生、无重大疫情、无人员伤亡，库区水质稳定在Ⅱ类和行人出行道路畅通”的“三无一稳一畅”目标。

【库区维稳】 在推进三峡后续工作中，区移民局始终把库区稳定工作放在突出位置，着力构建和谐库区。抓好信访稳定工作，严格责任落实，形成一级抓一级、层层抓落实的工作格局；全年受理移民来信来访40件（批）次、264人次，移民信访处置回复率均为100%。以三峡后续工作规划实施为契机，实施民生项目、解决遗留问题，下访移民群众400余人次、解决实际问题30余个；规范信访秩序，强化政策宣传和教育引导，妥善应对农村移民养老保险、库区175米试验性蓄水影响搬迁避让等信访突出问题，全区移民总体稳定，未发生到市进京集访和非访事件。深入开展专项行动，以全区开展查处发生在群众身边的“四风”和反腐败问题专项行动为契机，重点围绕移民后扶资金兑付、惠农惠民政策落实、民生项目实施等集中开展违规违纪问题排查清理和纠正查处工作，严格规范从政行为、保障移民群众利益。

（夏白川）

大中型水库移民后期扶持

【后期扶持直补资金发放】 2015年，长寿区发放2014年第四季度和2015年第一—三季度4个季度移民直补金2802.495万元。其中2014年第四季度704.325万元，2015年第一季度701.07万元，2015年第二季度699.42万元，2015年第三季度697.68万元。直补金发放期间同步开展扶持人口的核增核减工作，2015年全年核减1011人、核增12人。截至2015年第三季度末，有享受直补金移民46433人。

【后期扶持项目建设与管理】 2014年度项目计划下达情况：2014年下达移民后扶项目69个，总投资6418.68万元；其中移民后扶投资4417.76万元，其他行业国家投资961.35万元，自筹投资1039.57万元。项目建设与验收情况：2014年年度计划项目47个已全面完工验收，实际完成移民后扶投资2620.00万元，其他投资664.58万元。因项目调整，2014年市级结余资金项目两批22个项目实际实施23个项目，年底前已全面完工验收，实际完成移民后扶投资1608.13万元，其他投资333.09万元。2014年，移民后扶计划项目已全面完工并组织验收，实际完成移民后扶投资4228.13万元，其他投资997.67万元；工程实施进度100%，完成移民后扶资金投资完成率95.71%。

2015年度项目计划下达情况：2015年，下达移民后扶项目59个，总投资5559.10万元；其中移民后扶投资5099.92万元，自筹投资459.18万元。项目建设与验收情况：按惯例2015年度项目实施计划应纳入2016年进行考核，但由于2015年度项目实施计划下达较晚，建设实施情况如下：2015年度计划项目未开工项目23个；在建未完工项目12个，进度完成总投资168.54万元；完工项目7个，完成总投资542.19万元。2015年市级结余资金项目未开工项目17个；在建未完工1个，进度完成总投资2.5万元。完工项目5个，进度完成总投资1160.36万元。

市级立项的100万元以上项目完工与验收情况。长寿区市级立项的100万元以上项目有4个。（1）2013年万顺镇石龙村沿湖公路路面改造工程，移民后扶投资160万元，已完工验收。因与交通部门资金打捆实施，按其规定须完工验收满一年后再组织竣工验收，年底前正在开展竣工审计和资料整理工作，完成后即报市水务局验收。（2）2013年云集镇狮子滩水库玛瑙村硬化公路项目，移民后扶投资185万元，已完工验收待竣工审计和资料整理工作完成后即报市水务局验收。（3）2013年石堰镇公路路面改造工程，移民后扶投资260万元，交通行业投资207万元，已完工验收。因与交通部门资金打捆实施，按其规定须完工验收满一年后再组织竣工验收，年底前正在开展竣工审计和资料整理工作，完成后即报市水务局验收。（4）2013年龙河镇河堰村、明丰村、仁和村村级道路硬化工程，移民后扶投资137.50万元，该项目与2014年河堰村等公路硬化工程打捆实施。已完工验收，待竣工审计和资料整理工作完成后即报市水务局验收。

【移民信息系统建设】 长寿区移民信息系统在录入更新过程中发现系统基础数据与2009年系统迁移保留数据匹配不一致的情况，需比对更新修正，情况较为复杂、工作量巨大。区水务局年底前正与博通公司协商解决移民直补模块数据更正录入问题，已安排专职人员开展规划、项目模块的数据录入工作，此后将按季度更新维护系统数据。

【移民避险解困试点】 2015年1月，重庆市水利局、市发展和改革委员会和市财政局联合向水利部上报避险解困第二批试点方案。2015年4月13日至16日，水利部水利水电规划设计总院组成专家组在重庆开展第二批试点方案的技术审查工作并提出《重庆市第二批大中型水库移民避险解困试点方案技术审查意见》。长寿区抓紧落实专家组技术审查意见和修改完善第二批试点方案，于2015年6月8日向市水利局上报完善后的第二批试点方案。2015年11月20日，重庆市发展和改革委联合市水利局、市财政局批复长寿区大中型水库移民避险解困试点6267户12439人，中央拟补助资金24878万元，市级拟补助资金1500万元。年底前正在组织实施。第二批试点方案上报审查的同时，按照市水利局要求编制完成并上报第二批试点工作农村集中安置点基础设施项目投资计划，申报避险解困资金投资1618万元。年底前市水利局已经批复该投资计划1500万元，正在组织实施。

（袁美荧）

财政 税务

财 政

【概况】 长寿区编委会核定重庆市长寿区财政局（简称区财政局）下设办公室、预算科、国库科、行政事业科、社会保障科、经济发展科、会管采购科、监督科7科1室。区财政局下属2个参照公务员管理事业单位，即重庆市长寿区国库集中支付中心、重庆市长寿区街镇财政管理办公室。区财政局下属1个事业单位，即长寿区政府投资项目评审中心。

长寿区编委会核定区财政局行政编制37名，核定机关后勤服务人员编制2名，领导职数有局长1名，副局长3名，纪检组长按区委有关规定配备；内设机构领导职数18名；《关于同意街镇财政管理所增加编制的批复》长编发〔2011〕55号文件，将全区街镇财政管理办公室（正科级）编制增加至150名，核准领导职数1正1副；根据长编发〔2012〕6号文件，核定重庆市长寿区国库集中支付中心（正科级）编制16人，核准领导职数为1正2副；长寿区政府投资项目评审中心，为副处级全额拨款事业单位，内设3个机构，领导职数4名。2015年12月31日，财政局机关实有行政编制人员31人；参公事业单位街镇财政管理办公室人员147人，国库集中支付中心人员8人；机关后勤编制人员2人；事业单位长寿区政府投资项目评审中心实有在编人员7人。

2015年，受经济增速放缓和结构性减税等因素影响，财政收入增速放缓趋于常态化，财政支出呈刚性增长态势，收支矛盾加剧，平衡压力不断加大。全区财政克服困难、奋力进取、统筹安排、保障重点，力求稳增长、促改革、调结构、惠民生、防风险，较好地完成各项工作任务。全区地方财政收入完成84.1亿元，比2014年增长15.4%；其中，一般公共预算收入完成35亿元，增长11.9%（税收收入完成25.9亿元，增长10.9%）。全区地方财政支出实现125.8亿元，增长30.3%，努力保障民生支出和机关事业单位正常运转，服务地方经济社会发展。

【财政助推发展】 主动作为，强化征收聚财源。全区各收入征收部门全力应对存在的困难，坚持依法征管，清理追缴欠税费，确保应收尽收。辖区税收收入实现43.4亿元，增长5.4%；非税收入完成9.1亿元，增长14.7%；抓准时机出售国有企业持有的股票，实现收入1.17亿元，较好地实现国有资产保值增值。制定激励政策，调动各街镇夯实全区税源的积极性，弥补财政体制短板。争取上级支持，2015年获得上级补助资金30.5亿元，较2014年增加6.3亿元（其中增加可统筹的财力补助资金8621万元），增长26.2%。

规范财税优惠政策，完善修订产业扶持政策，逐步改变扶持资金与税收直接挂钩的方式，重点支持工业和信息化、农业、商贸流通、旅游、房地产、微型企业等六大板块加快发展，应对经济下行压力。投入财政资金1.77亿元，用于支持企业自主创新和科技成果转化、企业淘汰落后产能、技术设备更新、扶持商标品牌发展、外经贸发展以及中小微企业发展等。重庆化学品交易中心成功落户长寿经开区。

加快资本市场改革步伐，推动企业多元化融资。与重庆证监局就推动长寿区资本市场改革发展达成战略合作备忘录。对接深圳证券交易所，聘请创业企业培训中心总监担任长寿区上市企业政府顾问；支持辖区企业通过资本市场多元化融资。2015年，通过资本市场融资55.5亿元。推动改制企业上市，当年实现3家企业在新三板挂牌，协调市级相关单位，全部纳入重庆市拟上市重点企业培育（2015年全市28家）。截至2015年年底，长寿区创业版上市企业2家，新三版挂牌3家，重庆股权转让中心OTC挂牌交易4家，拟上市企业库培育企业15家。

与重庆保监局签订战略合作备忘录，助推保险示范区建设。创新血橙价格指数保险，成功获得保监会审批；建立农业增信保证保险，助推农业产业发展。

【财政保障民生】 围绕各项重点民生事业，整合各类财政资源，集中财力保障重点民生支出。全年财政民生支出41.1亿元，占一般公共预算支出的比例达到69.6%，确保教育均衡发展、社会保障体系完善、医疗卫生服务提升、城乡居住环境改善、群众文化繁荣发展等民生事业发展。千方百计保障在职绩效和离退休人员疗养费、调资增资、乡镇人员工作补贴等刚性支出近4亿元及时兑现。

围绕全区城乡一体化的发展目标，加大“三农”支持力度，及时兑现各种强农惠农政策。整合各类资金9768万元支持精准扶贫攻坚工作。实施154个贫困村基础设施、产业发展和公共服务建设项目154个，10个贫困村全部完成验收“销号”，6105个贫困家庭17614人年内全部脱贫。推进水利设施建设，努力促进城乡统筹协调发展。

【财政改革】 强化预算管理，认真贯彻实施新预算法和《长寿区区级预算监督办法》，组织各街镇、有关部门开展专题培训，增强预算意识。提升部门预算编制信息化水平，规范和细化部门预算编制，推进预决算公开，加大“三公”经费公开及监管力度。建立跨年度预算平衡机制，设立预算稳定调节基金。加大存量资金盘活力度，盘活历年结转结余资金1.3亿元统筹用于单位其他急需项目支出，提高财政资金使用效益。

调整完善街镇财政管理体制，修订出台新一轮区对街镇财政管理体制。优化事务性转移支付，调整激励性转移支付，新增专项转移支付，调动街镇服务基层、服务群众的积极性。

国库集中支付改革延伸到18个街镇，提高街镇财政支出的透明度。推进财政票据电子化改革，取消手工票据，启用新版电子票据及定额票据，切实提高财政票据管理水平和工作效率。推进国有企业改革，稳步推进除政府融资平台公司外的31户区属国有企业改革重组。

（袁雪峰）

国 税

【概况】 长寿县国家税务局成立于1994年，2002年更名为重庆市长寿区国家税务局（简称区国税局）。2015年，区国税局内设行政机构10个、事业单位2个、直属机构1个、下属机构9个；有在职干部154人、离退休干部55人。年底前，区国税局肩负着辖区内工商企业的增值税、消费税、内外资企业所得税、储蓄存款利息个人所得税以及车辆购置税的征收管理工作，征管纳税户23097户，其中个体登记纳税人8867户，单位登记纳税人14230户。“十二五”期间，区国税局组织收入达到69.8亿元，比“十一五”税收规模增长56.7%，年均税收增幅9.4%，贡献区级财政收入18.1亿元。

【国税收入】 2015年，区国税局在经济下行压力大、固定资产抵扣高、减收因素复杂形势下，深入调研、强化征管、挖潜增效，全年完成国税收入159068万元，比2014年下降1.9%。分税种看，增值税实现120284万元，下降3.3%（其中营改增入库6724万元，下降9.3%）；消费税入库5698万元，增长83.6%；企业所得税入库23699万元，下降0.6%；车辆购置税入库9386万元，下降13%；个人所得税入库1万元，减收1万元。国税部门全年实现区级财政收入41877万元，下降3.1%。

2015年重庆市长寿区国家税务局税收收入情况

单位：万元

税种	税收收入	比2014年增减率	增（减）收
增值税	120284	-3.3%	-4121
消费税	5698	83.6%	2594
企业所得税	23699	-0.6%	-132
个人所得税	1	-50%	-1
车辆购置税	9386	-13%	-1406
合计	159068	-1.9 %	-3066

【税收征管】 以征管绩效考核为载体，推进《征管规范（1.0版）》的承接落地；区国税局成立税收风险控制中心和税收风险应对管理所。探索税收风险管控工作，全年开展风险扫描7次、风险应对62户次。对医药零售行业、矿产采选行业进行纳税评估，评估补税263万元。建立健全欠税风险管理分类台账，落实以票管税、加收滞纳金和欠税公告制度，追缴欠税1571万元；加强普通发票网络版管理，通过风险管控票表比对，清理比对异常户596户次，应补税款3.8万元。

做好“营改增”试点企业的征收管理，全区812户“营改增”试点企业全年入库增值税6724万元。推进消费税改革工作落实，及时将电池、涂料、成品油、卷烟批发等消费税政策调整贯彻执行到位，全年因政策调整增收消费税2594万元。2015年8月到年底，推行增值税发票系统升级版纳税人2584户，完成推行计划的100%。2015年10月，“三证合一、一照一码”登记制度改革在全区顺利实施，降低纳税人办税时间和成本。

长寿区国税局全力推进增值税发票系统升级版工作

【税源掌控】 加强税收研判，对川维、福安药业、海洲化工等一系列重点企业进行摸排，掌握税收增减因素，对税源发展趋势进行准确预判。加强税收分析，对经济运行、税源形势、税收风险、政策效应进行分析，确保每季度组织收入超短幅度在2%以内。加强税源管理，对电力、商业、非金属矿物制品、化工和医药制造等五大重点行业密切监控，落实管理员税源周报、月报制度，对全区124户重点税源企业实行动态管理，保障重点税源占全局税收收入的80%以上。

【依法治税】 完善重大案件审理委员会和重大涉税事项审核领导小组集体审议机制，规范减免退税管理流程，有效防范税收执法风险。对民政福利企业、重点税源企业进行税收专项检查和打击发票违法犯罪活动，全年检查纳税人309户，查补税款1460万元。落实西部大开发、资源综合利用、车辆购置税等税收优惠政策，减免退税38846万元；全区17958户小微企业，在免征增值税优惠政策中减免9791万元。以规范和精简税务执法行为为重点，不断加强税收执法督察工作。按照国务院简政放权的精神，清理、取消非行政许可行政审批事项80项。

【纳税服务】 做好《纳税服务规范（2.0版）》的承接落地工作，持续推进“便民办税春风行动”。以“新常态、新税风”为主题开展第二十四个税收宣传月活动，推进税收进校园、进街镇、进社区及上门辅导企业。在纳税服务满意度调查中，纳税人对区国税局满意度比2014年提高6.79个百分点；举办小微企业、新办税户、民政福利企业等“纳税人学堂”培训24期，培训2300余人次；参与社会信用体系建设。将税务登记、欠税等信息纳入公共信用信息记录范围；联合开展纳税信用评价，定期召开国税、地税、纳税人三方联席会，完成2717户纳税人纳税信用评价。实施“税银互动”项目，将纳税人信用等级与银行信贷挂钩。2015年3月到年底，开展代征地方税费工作，代征946万元。

2015年4月，长寿区国税局开展第二十四个税收宣传月活动

【队伍建设】 2015年，区国税局将党的群众路线教育实践活动巩固拓展深化活动、长寿区作风建设深化年活动、“三严三实”专题教育结合，开展国税精神大讨论，总结提炼长寿国税精神“忠诚、法治、敬业、廉政”。全年举办各类培训及讲座20余期，2000余人次参训，参加市局以上培训20余人次。制定青年干部培养、交心谈心相关制度，加强年轻干部培养。开展业务能手竞赛活动，对稽查能手、所得税能手、信息能手分批培训，区国税局1人获得市局“税收信息技术能手”。严格执行干部交流轮岗制度，年内交流轮岗科所长19人次、一般干部职工22人次，轮岗比例29%。严格干部选拔任用程序，选拔任用正科级领导干部3人。抓好绩效管理，建立区国税局《个人绩效管理实施细则》《绩效考评结果运用办法》，将绩效管理与公务员评先评优结合，调动干部职工干事创业的积极性。

制定并层层签订《2015年党风廉政建设暨安全稳定工作目标管理责任书》，落实领导干部“一岗双责”，履行主体责任和纪检监察监督责任；开展正风肃纪专项行动，严格上下班、请休假、公务出差、公务接待等制度，定期通报正风肃纪情况；做好“涉税中介”和财务制度执行情况清理工作，未发现干部职工有违纪行为；开展办公用房清理，领导干部带头腾退办公用房122.71平方米；完善公务接待管理办法等5项“三公”经费管理制度，“三公”经费比2014年下降15.87%。推进廉政文化建设，加强廉政警示教育，增强廉洁自律意识。

长寿区国税局举办廉政教育专题讲座

（杨 妍）

附2015年重庆市长寿区国家税务局领导人名录

局　　长：王廷奎（苗族）
党组书记：邵金培（2015年9月离任）
副 局 长：郭　健（女，2015年12月任。补遗：2014年11月离任）
　　　　　刘德荣　熊　群
　　　　　刘　澜（2015年8月任）
纪检组长：杨　彦（女）
总经济师：刘　澜（2015年8月离任）

地　　税

【概况】 2015年，重庆市长寿区地方税务局（简称区地税局）内设9个科室，辖1个稽查局、7个税务所、1个办税服务厅；在职干部职工122人，退休干部职工30人。在全市地税系统年度绩效考评中，名列前茅，再次获得“先进单位”称号。

【税费收入】 2015年，在经济税源形势严峻的情况下，区地税局上下团结一心、攻坚克难，实现收入稳步增长。组织税费收入461502万元，比2014年增长12.44%，增收51075万元。税收收入完成275140万元，增长10.05%，增收25134万元（其中中央级收入完成19120万元，下降12.13%，减收2639万元；市级收入完成38654万元，增长2.57%，增收967万元；区级收入完成217366万元，增长14.07%，增收26807万元）；非税收入完成186362万元，增长16.17%，增收25941万元（其中社保费完成173246万元，增长17.55%，增收25863万元；教育费附加完成6680万元，增长4.74%，增收302万元；地方教育费附加完成4451万元，增长5.17%，增收219万元）。

【税收职能】 当好参谋助手，按月报送《税收分析月报》给区委、区政府及相关部门，定期报送《半年税收与经济分析报告》和《年度税收与经济分析报告》，详细分析全区经济形势和税源情况，为税收管理和当地政府、财政部门提供翔实的数据和参考。

坚持组织收入原则，认真落实各项税收优惠政策，全年减免税款1.9亿元。其中，小微企业纳税人享受优惠政策5785人次，减免税款3924万元。全年受理税收优惠资格审批及备案207户，办理增量房税收减免28369户次，优惠金额3902万元；办理存量房税收减免6591户次，优惠金额7407万元。

社保费征收工作坚持税费“同征、同管、同查、同服务、同考核”，扎实开展社会保险费政策宣传，利用数据优势，主动联系社保部门，扩大企业社会保险参保覆盖面。建立健全社会保险费收入三方对账机制，确保收入统计数据的准确性、一致性、完整性和及时性。全年征收社保费17.32亿元，比2014年增长17.55%，增收2.59亿元。为长寿民生发展提供保障，区地税局获“重庆市残疾人工作先进单位”称号。

【税收征管】 征管基础工作强化基础数据收集整理，定期采集纳税人的房屋、土地、车船、股份等涉税信息，保证基础数据的真实性和完整性。对《重庆市长寿区地方税务局注销登记管理办法》进行修改，规范注销税务登记管理，规范外来建安项目注销管理，防止因注销事宜引起的税款流失。

承担市地税局征管资料电子化、电子税务局、“互联网+税务”三项试点工作。征管资料电子化管理系统于4月14日成功上线试运行，税务登记、发票申购、纳税申报等业务均成功扫描归档，纳入电子化信息管理，提高办税效率。9月1日正式上线试运行电子税务局，全年注册授信纳税人433户，自然人375户。开展“互联网+税务”试点，进一步增强干部职工的信息管税意识。

推进部门联合管税，开展“三证合一、一照一码”登记制度改革工作，加强与工商、国税业务工作深度融合，全年有594户企业申领统一社会信用代码的营业执照。3月中旬起，委托区国税局通过“金税三期”代征地方税费，取得良好效果，全年代征地方税费947万元。

【依法治税】　深入开展专项清理，抽调业务骨干对区内房地产、建安行业进行清查，排查纳税企业242户，查补税款5000万元，拉动税收增长3.8%。对建安房地产企业、金融保险业、小额贷款公司及企业委托贷款业务进行专项涉税风险评估检查。评估检查237户企业，补税4749万元；查出2户涉嫌重大税收违法，移交稽查处理。

发挥稽查作用，抓好重点税源轮查，企业自查覆盖面100%，全年补缴入库税款及滞纳金2742万元，比2014年增长228%。稽查入库率99.10%、人均办案3.3件、结案率97.23%、选案准确率97.23%、处罚率57%、处罚面55.56%。全年实施各类税务检查125户，稽查组织收入5774万元，规范区内税收秩序。

【纳税服务】　推进国地税联合办税服务，与区国税局联合进驻行政审批大厅，从导税服务、政策宣传等方面推进办税服务融合。打造现代化办税服务厅，全面升级前台办税服务，优化硬件设施配备，增设排队电子显示屏、打印、复印、扫描等电子设备；设置18个窗口，其中10个综合服务窗口实现“一窗式”服务。配备专业导税人员，实行AB角，与区国税局联合提供专业的政策解释服务，导税台实现“一站全能”。

优化纳税服务，开展“便民办税春风行动”，着力落实税收征管规范1.0版、纳税服务规范2.0版，不断规范服务行为。加强税收宣传，在第二十四个税收宣传月开展多项专题宣传，采取国地税联合举行局长现场办公活动，为重点企业提供“一对一”服务等，实现宣传与税收征管、纳税服务的无缝衔接。针对外来建安涉税业务复杂的具体特点，制作“两书一册”（《外来建筑安装企业办税流程告知书》《建筑业统一发票（自开）用户操作手册》），以书面形式、图文结合直观呈现，受到纳税人赞誉。做好纳税人培训工作，用好纳税人学堂、纳税人之家两个载体，全年开办4期培训班，培训520余人。开展流动办税，每月定期在葛兰、长寿湖2个服务点，开展4次流动办税，方便边远地区纳税人办税。

【队伍建设】　开展“三严三实”专题教育，巩固群众路线教育实践活动成果，围绕四个专题，开展学习研讨，突出正反两方面教育，高质量召开专题民主生活会，广泛发放征求意见表，征集社会各界、各部门和区地税局干部职工对班子存在的意见建议，收回意见表129份，整理为5个方面17条意见。开展批评与自我批评，查摆问题，剖析原因，列出整改台账，以“马上就改”的态度落实整改。全年落实整改12项，出台相关制度办法7个。

创新干部能力建设教育培训方式，大力实施“841”干部培训计划和“三个一”人才培养工程。年底前区地税局取得会计从业资格证76人，35岁以下干部职工合格率78.6%；取得初级会计职称32人，中级会计职称15人，分别占45岁以下干部职工的56.1%、26.3%，提前超额完成市地税局下达的任务。年底前有高级会计师1人、注册税务师5人、法律执业资格2人，有研究生7人。鼓励干部职工参加学历教育，19名干部分别参加专升本、硕士研究生等学习。

完善绩效管理考核体系建设，逐一分解市地税局2015年绩效考评指标，制定组织绩效考核办法及实施细则、机关和税务所考核指标、个人绩效考核办法及实施细则，形成覆盖面广、指标细致明确的考核体系。完善考核配套制度，科室、税务所、稽查局和办税服务厅根据各自的工作职责，建立岗位职责说明书，实现工作“定人、定岗、定责”。6月，顺利上线全市地税系统绩效考核信息管理系统，实现组织绩效和个人绩效线上考核。

按照“四规范”加强机关内部管理，对文件质量、会议数量、工作纪律等进行严格规范。开展办公用房、津补贴、赞助费、基本建设项目“四项清理”工作，对超标准办公用房进行腾退。严格加强“三公经费”管理，执行车改政策，妥善完成人员安排，完成公车改革。

开展文明创建，形成齐头并进的良好态势。区地税局获“全国模范职工之家”，人事科被评为重庆市工人先锋号，渡舟税务所被评为重庆市模范职工小家，稽查局被评选为重庆市职工书屋。

落实党风廉政建设责任制，做到干部职工月月受教育、时时不放松。“廉政文化月”活动开展廉政讲座、家属助廉、廉政摄影、廉政专题研讨文章、随笔手记征集活动。先后组织干部职工到渝西预防职务犯罪警示教育基地和涪陵监狱接受警示教育，筑牢干部职工思想防线。印发《兼职监察员管理办法》《党风廉政建设“两个责任”任务清单》等文件，约束权力。坚持作风纪律督查常态化，每周开展一次全局范围内的作风纪律监督检查，行风政风得到提升。2015 年 3 月，在全区执政为民服务发展的社会评议中获在长寿区市属单位第二名。

（陈　渝）

附 2015 年重庆市长寿区地方税务局领导人名录

局　　长：胡成国

副 局 长：田　奇（女）　张小文　罗　旋（2015 年 12 月任）

纪检组长：黄荣明

综合整治后的长寿云台场镇桃花河景象

2015 年长寿区地方税务局税收收入分产业完成情况

单位：万元

序号	产业类型	12 月入库	2014 年同期	同比增幅%	当年累计	2014 年累计	同比增幅%
1	合计	41592	30043	38.44	275140	250005	10.05
2	第一产业小计	179	27	562.96	3351	284	1079.75
3	农、林、牧、渔业	179	27	562.96	3351	284	1079.75
4	第二产业小计	18170	17437	4.20	96201	129637	-25.79
5	采矿业	120	122	-2.05	1619	1289	25.56
6	制造业	7727	12100	-36.14	44851	79660	-43.70
7	电力、热力、燃气及水生产和供应业	1405	379	270.58	6650	5247	26.73
8	建筑业	8918	4835	84.45	43082	43440	-0.83
9	第三产业小计	23244	12578	84.79	175588	120083	46.22
10	批发和零售业	234	426	-45.07	4380	4208	4.08
11	交通运输、仓储和邮政业	104	94	10.64	2250	1573	43.04
12	住宿和餐饮业	140	102	36.76	1515	1471	2.96
13	信息传输、软件和信息技术服务业	45	30	50.00	493	1044	-52.83
14	金融业	1707	350	387.71	18449	14259	29.38
15	房地产业	11676	10798	8.13	73085	77463	-5.65
16	租赁和商务服务业	6004	88	6722.73	32893	4662	605.56
17	科学研究和技术服务业	10	89	-88.76	1233	719	71.49
18	水利、环境和公共设施管理业	85	9	844.44	11683	655	1683.66
19	居民服务、修理和其他服务业	2995	334	796.56	27932	12066	131.49
20	教育	26	23	10.87	338	349	-3.15
21	卫生和社会工作	83	199	-58.29	767	1051	-27.07
22	文化、体育和娱乐业	28	9	205.56	166	188	-11.70
23	公共管理、社会保障和社会组织	106	20	427.50	404	368	9.65

2015年长寿区地方税务局税费收入完成情况

单位：万元

序号	项目名称	全年累计				计划执行	
		当年累计	2014年同期	同比增减%	增减金额	当年计划	计划完成比
1	总收入	461502	410427	12.44	51075		
2	一、税收收入	275140	250006	10.05	25134	260700	105.54%
3	中央级	19120	21759	-12.13	-2639	20400	93.73%
4	市级	38654	37687	2.57	967	38000	101.72%
5	区级	217366	190559	14.07	26807	202300	107.45%
6	1. 营业税	89217	86372	3.29	2845		
7	2. 企业所得税	13582	16822	-19.26	-3240		
8	3. 个人所得税	18285	19444	-5.96	-1159		
9	4. 资源税	1568	1229	27.58	339		
10	5. 城镇土地使用税	62899	24341	158.41	38558		
11	6. 城市建设维护税	15866	14829	6.99	1037		
12	7. 印花税	4840	5820	-16.84	-980		
13	8. 土地增值税	8648	17849	-51.55	-9201		
14	9. 房产税	14889	11287	31.91	3602		
15	10. 车船使用税	41	27	51.85	14		
16	11. 耕地占用税	14685	6190	137.24	8495		
17	12. 契税	30620	45795	-33.14	-15175		
18	二、非税收入	186362	160421	16.17	25941		
19	1. 教育费附加	6680	6378	4.74	302		
20	2. 文化建设费	8	14	-42.86	-6		
21	3. 罚没收入	7	124				
22	4. 社会保险费	173246	147383	17.55	25863		
23	5. 地方教育附加	4451	4232	5.17	219		
24	6. 其他代征	1970	2290	-13.97	-320		

（重庆市长寿区地方税务局提供）

金融 保险业

概 述

【银行金融业】 2015年，长寿区有银行业金融机构13家，其中：政策性银行1家（中国农业发展银行长寿区支行），国有商业银行4家（中国工商银行长寿支行、中国农业银行长寿支行、中国银行长寿支行、中国建设银行长寿支行），股份制商业银行3家（交通银行长寿支行、招商银行长寿支行、浦发银行长寿支行），邮政储蓄银行1家（中国邮政储蓄银行长寿区支行），地方性商业银行3家（重庆银行长寿支行、重庆三峡银行长寿支行、重庆农村商业银行长寿支行），村镇银行1家（重庆长寿中银富登村镇银行）。银行业金融机构经营状况良好，实现税后净利润8.45亿元，比2014年减少1.08亿元，盈利能力有所下降。

银行存款总量持续增长，截至2015年12月31日，全区银行各项本外币存款余额454.7亿元，比年初增加41.55亿元，增长8.94%，在城市发展新区（包括涪陵区、南川区、长寿区、江津区、璧山区、合川区、铜梁区、潼南县、永川区、大足区、荣昌县、双桥经开区、綦江区、万盛经开区）中，存款总量居第五位、增幅居第十一位。贷款增长速度放缓，2015年全区金融机构各项本外币贷款余额282.12亿元，比年初增加23.67亿元，增长9.18%，在城市发展新区中，贷款总量居第六位、增幅居第七位。

存贷款结构持续得到优化。个人存款增长稳定，全区个人存款余额296.66亿元，比年初增加24.2亿元，增长8.88%；单位存款增长加速，全区单位存款余额155.72亿元，比年初增加17.9亿元，增长13.08%。短期贷款与中长期贷款增长均保持稳定增长，全区短期贷款余额61.49亿元，比年初增加3.26亿元，增长5.65%，占全区新增贷款的13.78%；中长期贷款余额212.99亿元，较年初增加15.38亿元，增长7.78%，比2014年少增35.18亿元。

【证券金融业】 2015年，长寿区有证券业金融机构1家（西南证券公司长寿营业部）。截至2015年12月31日，证券交易量361亿元，比2014年增加227.7亿元，增长170.8%，全区开户数为25053户，比年初增加3414户，增长15.78%；营业利润3970万元，比2014年增加2659万元，增长202.8%；纳税397万元，增加269万元，增长210.16%。

【保险金融业】 2015年，长寿区有保险业金融机构21家，其中，财险机构11家（中国人民财产保险长寿支公司、太平洋财险长寿支公司、太平洋财险长寿园区支公司、平安财险长寿支公司、天安保险长寿支公司、大地财险长寿支公司、安邦财险长寿支公司、安诚财险长寿支公司、富邦财险长寿支公司、中华联合财产保险公司、中国人寿财险），寿险机构10家（中国人民人寿保险长寿支公司、中国人寿长寿支公司、太平洋寿险长寿支公司、平安寿险长寿支公司、新华保险长寿支公司、泰康人寿长寿支公司、生命人寿长寿支公司、中新大东方寿险长寿支公司、幸福人寿长寿支公司、阳光人寿长寿支公司）。2015年全区保险业金融机构保费收入8.6亿元，比2014年增加8123万元；赔付支出1.69亿元，减少1902万元；纳税2206万元，增加26万元。

（卢昱彤）

2015 年长寿区金融机构本外币信贷收支统计

（2015 年 12 月 31 日）

单位：万元

栏目／项目名称	本期余额	比上月增减额		比年初增减额		栏目／项目名称	本期余额	比上月增减额		比年初增减额	
		2015 年	2014 年	2015 年	2014 年			2015 年	2014 年	2015 年	2014 年
一、各项存款	4131443	3833	75691	329375	637749	一、各项贷款	2584437	45428	98768	285270	376745
1. 单位存款	1395282	-20218	95847	45094	381836	（一）境内贷款	2584399	45428	98769	285273	376924
其中：活期存款	968629	-91226	45205	-77641	265242	1.短期贷款	582248	15754	9745	106325	149344
定期存款	161719	-953	20116	36833	38903	（1）个人贷款及透支	135945	3279	2132	35196	41665
通知存款	1035	635	252	-2003	2188	其中：个人消费贷款	25795	-289	-260	3736	8984
保证金存款	158516	60024	8552	92501	19070	（2）单位普通贷款及透支	417510	-1408	2107	71938	90027
2. 个人存款	2725188	39670	26529	283150	248040	其中：经营贷款	413834	-1496	3976	77987	89171
储蓄存款	2708377	37773	19088	287232	240673	固定资产贷款	3510		-1869	-6215	856
保证金存款 1	21	2	7	-121	-303	（3）普通并购贷款					
结构性存款	16790	1895	7435	-3961	7670	（4）银团贷款					
3. 财政性存款	9692	-15388	-45933	185	7186	（5）贸易融资	28792	13883	5506	-809	17652
4. 临时性存款	375	-232	-753	90	703	（6）境外筹资转贷款					
5. 委托存款						2.中长期贷款	1976129	19352	91193	165850	230354
6. 其他存款	906	1	0	856	-16	（1）个人贷款	894025	7775	17605	104441	179217
二、金融债券						其中：个人消费贷款 1	771523	10220	13849	113754	139594
三、中长期借款						（2）单位普通贷款	1080813	11614	73634	62841	52675
四、应付及暂收款	76297	6756	9058	9342	12119	其中：经营贷款 1	194058	-10898	72167	-45061	25626
其中：应付利息	57987	4888	3697	9401	5632	固定资产贷款 1	886756	22511	1467	107901	27049
五、同业往来（来源方）	41	6	-1201	-131	137	（3）普通并购贷款 1					
六、系统内资金往来（来源方）						（4）银团贷款 1	1154	-2	-11	-1365	-1461
七、外汇买卖（来源方）	6386	5036	514	1467	-9166	（5）贸易融资 1					

续表

项目名称 \ 栏目	本期余额	比上月增减额		比年初增减额		项目名称 \ 栏目	本期余额	比上月增减额		比年初增减额	
		2015 年	2014 年	2015 年	2014 年			2015 年	2014 年	2015 年	2014 年
其中:结售汇	6386	5036	514	1467	-9166	(6)境外筹资转贷款 1	137	-35	-35	-68	-76
八、各项准备	11556	1012	187	3349	1606	3. 融资租赁					
其中:贷款损失准备金	11553	1015	187	3346	1606	4. 票据融资	26023	10322	-2170	13098	-2774
九、所有者权益	88600	11372	4777	48116	33732	其中:贴现	26023	10322	-2170	13098	-2774
其中:实收资本	6000				6000	5. 各项垫款					
十、其他	-62868	40521	45243	24734	-70765	(二)境外贷款	38	0	0	-3	-179
						二、有价证券	-370		15	173	71
						三、股权及其他投资					-6683
						四、应收及预付款	25305	6531	12474	14059	16336
						其中:应收利息	6774	-3439	-2435	856	1581
						五、同业往来(运用方)					
						六、系统内资金往来(运用方)	1578935	4102	9895	113611	216044
						七、金银占款					
						八、外汇买卖(运用方)	6203	5028	512	1433	-9217
						其中:结售汇 1	6203	5028	512	1433	-9217
						九、固定资产	29452	1913	8300	-284	8089
						十、库存现金	27493	5535	4304	1991	4026
						十一、投资性房地产					
资金来源总计	4251455	68537	134269	416253	605412	资金运用总计	4251455	68537	134269	416253	605412

（中国人民银行长寿中心支行提供）

中国人民银行长寿中心支行

【概况】 中国人民银行长寿中心支行（简称人行长寿中心支行，挂“国家外汇管理局长寿中心支局”及“中华人民共和国国家金库长寿区中心支库”两块牌子并履行相应法定职责）2010年7月由原分管长寿、渝北两区的片区支行升格为管辖长寿区和垫江县两个行政区的地市级中心支行；内设货币信贷管理科、调查统计科、货币金银科、国库科、外汇管理科等14个科室；机关正式职工60人，行级领导6人，处级非领导职务2人。2015年，人行长寿中心支行主动适应新常态下履职新变化，突出“规范、务实、高效、有力”，全面落实法治央行建设新要求，力求实现传导执行货币政策与支持地方经济社会发展的协调统一，经济金融共生共荣，良性互动发展。

【货币信贷政策传导】 高效传导货币信贷政策，及时印发辖区《信贷投向指引》，引导全辖金融机构认真贯彻落实货币政策，年内不定期向地方党政主要领导编发金融专报、简报13期；继续按月高质量编辑《信息参考》，为地方党政领导、经济主管部门和金融机构提供经济金融信息。在经济下行压力较大的情况下，组织召开“金融支持实体经济发展促进会”，现场签约实体经济项目13个，总金额达16.5亿元，覆盖长寿区制造、化工、林业、农业等多个优质产业。加强金融支持“三农”服务，及时向重庆长寿中银富登村银行发放支农再贷款3000万元，解决支农信贷资金不足问题，降低支农信贷资金成本；到龙河镇召开辖区首次“强化三农金融服务·力促农村经济发展”金融服务“三农”座谈会，为“三农”发展出谋划策。当好地方党政领导的“金融智囊团”；代区政府修改完善《长寿区金融顾问团制度》，起草《长寿区投融资管理培训学习方案》。推动长寿区符合“六真”原则的3家优质企业平台企业发行直接债务融资工具，指导浦发银行长寿支行与长寿区城市开发投资集团对接，商议发行金额15亿元、期限3年的定向债务融资工具，年底前该工具已提交至银行间市场交易商协会，2016年1季度注册发行。上述货币信贷政策传导工作多次受到区委、区政府领导肯定。

【金融稳定维护】 精心组织辖区存款类地方法人金融机构有序办理存款保险投保手续、做好保费征收数据核查等相关工作，2015年7月16日，长寿中银富登村镇银行将存款保险费如期汇划到中国存款保险业务中心账户。密切关注辖内银行信贷资产质量变化情况和流动性风险状况，2015年向银行业金融机构发出13份信贷风险提示函，向小贷公司发送3份《监测提示书》；加强对实体经济、地方政府融资平台、房地产、产能过剩行业等信用风险的监测。协助做好地方政府开展的非法集资风险专项排查工作，截至2015年年底，配合长寿区金融办、区工商分局、区公安分局开展594户的风险排查工作，排查出涉嫌非法集资企业16家，涉嫌金额8081.7万元，涉及群众1066人次，清退（含冻结）资金1452万元。实施《重庆市反洗钱法人监管三年规划（2014—2016）》，组织中银富登村镇银行开展洗钱风险自评估，并对其开展风险评估，帮助村镇银行查找风险漏洞和薄弱环节。牵头开展整治银行卡网上非法买卖专项行动，联合长寿区公安局、重庆两江银监分局、区工商局、区网信办成立专项行动领导小组，多途径、多渠道开展专项行动宣传工作。截至年底，未发生影响地区金融秩序和社会稳定的事件。

【金融服务】 在全国率先试点应用人民币流通管理系统，通过精准分析社会现金需求、科学核定预约信息、及时满足重点商户需求、采取4项相关保障措施，创新现金需求管理，实现人民银行、商业银行、重点商户三方共赢；截至2015年12月末，长寿中心支行对辖区人民币实现“以需定投”，以该做法撰写的《金融信息》被总行《送阅信息》采用。建立金融知识进校园活动长效机制，突出长效机制、突出全面覆盖、突出形式多样、突出宣传合力，力争实现金融知识进校园“长流水不断线、全覆盖不留白”；明确提出通过3—5年持续的金融知识普及和宣传，覆盖长寿区所有52家中小学及中职学校；至年底前已到长寿区11所中小学开展金融知识进校园活动，发放宣传资料4000余份，活动直接受众10000余人。引导金融机构支持“三农”发展，截至2015年12月末，长寿区涉农贷款余额80.85亿元，比年初增加15.15亿元；全年“三权”抵押贷款发放1.14亿元，比年初增加0.4亿元；《金融时报》对长寿区金融支持农业发展进行多次报道；农发行发放11亿元新农村建设中长期贷款，成为长寿区历史单笔金额最大的直接融资，新增农用地指标451.2公顷，改建道路24.5千米。大力发展农村金融支付工具，着力引导金融机构在农村地区积极扩充POS机等设备，打造农村便民金融自助服务点、银行卡助农取款服务点，推广手机、网银支付等便利化支付手段；2015年在农村地区布放POS机656台，设置助农取款服务点和终端199个；现场指导村镇银行开展银行卡助农取款服务收单业务，提升金融服务“三农”水平。

【外汇管理与服务】 推进资本项下重点领域改革，加大对银行、企业的宣传和辅导力度，2015年长寿区外债流入金额2.44亿美元，实际利用外资连续5年位列重庆市城市发展新区首位；成功为长寿经开区普莱克斯公司办理重庆首笔外保内贷履约债务登记，帮助企业解决2.63亿元人民币境内债务到期无力偿还的困难；开展跨境人民币宣传，截至2015年年末，辖区跨境人民币收支总额5.17亿元，比2014年增长711.34%；加大对可疑线索的现场检查力度，查处1家企业外债违规，处罚5万元人民币，有效震慑银企的涉汇行为。

【“两管理两综合一保护”工作】 年内做好3家新设分支机构进入综合服务体系申请的受理和批复工作；严格考核并通报2014年度对各金融机构的综合评价结果，领导班子集体约见居于末位的2家银行及2家保险业金融机构领导班子成员，提出工作改进要求；坚持以人为本，高效处理金融消费者投诉10起，处理满意率100%。

（卢昱彤）

附2015年中国人民银行长寿中心支行领导人名录

行　　长：郭　力
副 行 长：方国臣　左　鹏　黄　煌
纪委书记：黄宪荣
工会主任：吕　军

中国农业发展银行重庆市长寿区支行

【概况】 中国农业发展银行重庆市长寿区支行（本分目简称支行）属国家政策性银行，主要职责是按照国家的法律、法规和方针、政策，以国家信用为基础，筹集资金，承担国家规定的农业政策性金融业务，代理财政支农资金的拨付，为农业和农村经济发展服务。支行成立于1996年12月，为重庆市分行直管支行。2015年有在职职工21人，内设机构为办公室、信贷部、会计出纳部。2015年，支行以支持新农村建设和统筹城乡发展为出发点，将业务发展与贯彻落实中央支农、惠农、强农政策结合，做好粮棉油储备收购加工等传统信贷业务，支持区域基础设施建设。

2015年，支行发放贷款9笔，金额9.96亿元，比上年同期多投放4.86亿元；年末各项贷款余额20.96亿元，比年初增加6.99亿元，增长50.05%。其中支持政府主导类贷款余额20.54亿元，比年初增加6.99亿元，增长51.62%；平台公司贷款在本地银行机构中余额及占比位居前列。不良贷款余额与不良贷款比例保持为零，各项经营指标完成良好，各类安全事故为零。

【业务管理】 支行坚持认真执行国家粮改政策，做好全区粮食生产预测和粮食收购资金供应的准备工作，支持企业进行储备粮轮换，强化库存监管，维护种粮农民利益，确保粮油市场稳定和国家粮食安全。坚持以政府主导的非经营性贷款为重点，支持新农村建设和水利设施建设。以服务地方经济为己任，支持长寿区农村建设用地复垦项目贷款11亿元、长寿区街镇工业走廊新市片区及葛兰片区土地整治项目贷款3亿元、长江长寿江南新城防洪护岸综合整治工程项目贷款9229万元。完成3批3个项目1.93亿元基金投资，更好地发挥在“稳增长、调结构、惠民生”中的重要作用，扶持产业化龙头企业做大做强。2015年在人民银行长寿中心支行开展的长寿区银行业机构综合评价考评中，位列前茅。

【综合管理】 增强服务理念，创新金融服务手段，认真执行中央“八项规定”，提高服务水平，信贷部殷勇被评为“优秀共产党员”；细化考核内容，强化内控管理，夯实管理基础，加强监督检查，防范操作风险；积极开展反洗钱、反假币宣传工作；立足现有支付结算平台，推进支付结算产品创新，加强与商业银行在网上银行、联名卡等方面的深度合作；强化安防工作，切实推进纪检、安全保卫、贷款三包、廉政建设等工作，确保安全案件事故为零目标的实现。

【队伍建设】 以提高职工综合素质为宗旨，倡导员工外塑形象，内强素质，着力提高自身综合能力。加强政治理论和党的方针、政策的学习教育，提高员工的政治素质；努力打造“政治引领力强、推动发展力强、改革创新力强、凝聚保障力强”的党组织和“政治素质优、岗位技能优、工作业绩优、群众评价优”的共产党员队伍。深化创建“学习型银行”活动，利用卫星远程教育网络系统，采取内部交流与外聘授课相结合的形式，定期分层次、抓重点安排内容丰富的职工培训；各部室每月定期开展专项学习，加强专业技能培训，不断提高员工履职能力。推进内部综合改革，顺利完成业务空岗竞聘和市场化用工转聘工作。

【企业文化建设】 以深化企业文化建设为载体，推进稳健营运，构建和谐支行。召开2015年职代会，倾听员工意见建议。上下联动，共谋发展；继续做好文明单位和职工之家的创建工作；扩建图书室，完善活动室设施，开展经常性的文娱活动，丰富员工业余生活，陶冶员工情操；开展“送温暖”活动，做好对退休员工的走访慰问，走访关心特殊教育学校儿童，帮助孤寡老人，认真做好精准扶贫工作任务等。2015年全年捐款捐物30000元。

（项　川）

附2015年中国农业发展银行重庆市长寿区支行领导人名录

行　长：周　敏（女，2015年2月离任）

游　云（2015年2月任）

副行长：陈　磊　陈国权

中国工商银行股份有限公司重庆长寿支行

【概况】 中国工商银行股份有限公司重庆长寿支行（简称工行长寿支行）成立于1984年。2015年末，有在岗员工146人，有办公室、公司金融业务部、个人金融业务部、业务运行管理部、信贷管理部等5个内设部室，有营业部、凤城支行、黄桷湾支行、桃花支行、文苑支行、川维支行、晏家支行、洛碛支行等8个营业网点。2015年，围绕全年工作目标，落实各项工作措施，实现拨备前利润12924万元，各项管理工作平稳有序推进。

【客户扩户】 2015年，工行长寿支行大力推进客户扩户工程．全年净增对公有效客户186户，净增个人有效客户16619户，取得较好扩户效果。

【负债业务】 2015年，工行长寿支行实施存款促效工程，采取有力措施，实施“六抓一完善”。即抓重点客户存款增长，抓重点无贷户客户存款增长，抓有贷户客户存款回报，抓低效账户存款提升，抓拆迁赔付资金代发，抓代发工资业务发展，完善客户维护管理机制，促进各项存款的增长。年末本外币各项存款较年初增长25672万元，其中储蓄存款增长15736万元；对公存款增长9939万元。

【资产业务】 2015年，工行长寿支行支持长寿区重点项目和招商引资项目，完成3个重点项目的审批工作，上报1个项目贷款，支持地方重大项目发展，取得较好营销效果。为经开区、重点客户产业链客户、商贸类小企业客户发放小企业贷款43515万元，办理小企业贴现20800余万元，支持长寿地区小企业客户发展。强化对重点客户的上门服务，提高工作效率，年末个人贷款较年初增长34920万元，支持群众个人购房及其他信贷需求。

【中间业务】 2015年，工行长寿支行坚持以信用卡分期业务发展，公、私产品销售，结算业务推动，业务发展创新为重点，推动中间业务收入增长。全年实现中间业务收入4306万元，较上年增长440万元。

【结构调整】 继续坚持“转型发展”的方针，发展中间业务收入，优化收益结构；发展贸易融资、小企业、票据贴现、个人贷款等业务，优化信贷结构；拓展产业类客户、中小企业客户、个人经营性客户，优化客户结构，取得较好效果，经营结构调整持续向好。

【综合管理】 机构管理。2015年，继续加快自助服务渠道建设，新建成圣天湖、骑鞍车站等2个自助银行；全年新投放自助存取款设备、消费POS机、中小商户消费转账终端等20余台，增强自身服务能力。

人员管理。2015年，工行长寿支行班子及班子成员开展“三严三实”专题教育，落实专题民主生活会整改措施，建章立制，着力反“四风”长效机制建设；抓干部队伍执行能力建设，全行中层干部养成真抓实干率先垂范、大胆管理勇于负责的工作作风，中干队伍综合素质和执行能力的提高；着力员工队伍政治、业务素质的提升，加强对新入行员工的培训，持续优化员工队伍专业结构，完善激励约束机制。

民主管理。通过召开职代会、设立行务公开栏、建设职工之家、领导深入调研、召开党团组织生活会、组织工会活动等工作，激励员工积极参与到支行改革发展当中。

服务管理。2015 年，围绕“服务体验建设年”，推动网点服务能力和水平的提高。加强对网点各个层面人员的教育培训，提高业务素质，提升客户满意度；通过加强检查督导，开展来有迎声、问有答声、走有送声“三声服务”专项活动，加大对服务工作的检查频率和考核力度，解决服务流程不规范的问题；推行内部服务承诺制，构建“上级为下级服务、二线为一线服务、全行为客户服务”的大服务格局。

案防管理。签订《案件防范责任书》，落实案件防范责任；强化规章制度的学习，解决有章不知的问题；开展自查自纠和检查考核，解决有章不循的问题；抓重点人员、重点业务、重点环节的监控，有效防范内外案件风险。确保内控案防“零案件事故”和内控评价“一级行”目标实现，全年没有发生重大差错事故和案件。

廉政建设。坚持“标本兼治、综合治理、惩防并举、注重预防”的方针，加强反腐倡廉建设。加强教育监督，培育廉洁从业文化。落实党风廉政建设责任制，签订责任书，制定《分工包项责任制》，推动各网点、部门认真履行党风廉政建设和案件防范工作职责。加强教育和严格监督，增强各级管理人员廉洁从业的自觉性。完善制度和加强制约，确保重大事项规范运行。

文明建设。2015 年，工行长寿支行持续开展文明单位建设工作，加强文明单位动态管理、监督和考核。支行继续保持重庆市文明单位称号，辖属营业网点都继续保持区级文明单位称号。持续加强“模范职工之家”建设，支行“职工之家”继续保持重庆市“模范职工之家”称号。

（王维安）

附 2015 年中国工商银行股份有限公司重庆长寿支行领导人名录

行　　长：胡显明

副 行 长：罗兴国　杨　斌

行长助理：严子清（2015 年 6 月任）

中国农业银行股份有限公司重庆长寿支行

【概述】 中国农业银行股份有限公司重庆长寿支行（简称长寿农行），成立于 1979 年 8 月 22 日。截至 2015 年末，有在岗员工 199 人，党员 126 人，大学专科以上学历 158 人；内设机构有个人金融部、公司业务部、运营财会部、风险与信贷管理部、综合管理部 5 个部门；下设营业机构 13 个，分别为支行营业部、凤城支行、黄桷湾支行、桃花分理处、晏家园区支行、川维支行、渡舟支行、葛兰支行、洪湖支行、石堰支行、云台支行、双龙支行、新市分理处。2015 年，长寿农行继续保持总行级“平安农行”先进单位、“市级文明单位”称号；获 2015 年重庆市长寿区金融机构第四轮安全评估工作“先进集体”称号；13 个营业机构分别保持“区级文明单位标兵”和“区级文明单位”称号；2015 年当地人民银行综合评价考核排名商业银行第一，重庆银监分局考核获得好评。

2015 年 5 月，长寿农行反假货币知识宣传走进校园

【业务经营】 2015 年，长寿农行主动适应经济发展新常态，贯彻农总行“比学赶超”要求和市分行“控险、增存、创收”目标，推动转型发展、严控各类风险、落实党风廉政建设“两个责任”、加强企业文化建设，各项事业取得进步。截至 2015 年年末，各项存款余额 515165 万元，日均存款增量较年初增 39304 万元；各项贷款余额 342824 万元，较年初增长 21850 万元；实现中间业务收入、拨备后利润分别为 3193 万元、11614 万元；不良贷款率 0.51%，资产质量保持稳定。

【“三农”服务】 长寿农行坚持服务地方经济

发展，秉承“面向三农、服务城乡”的历史使命，发挥金融扶农主渠道作用。截至2015年年末，支持农业企业7家、扶持农户2，528户，农户贷款余额3，054万元，比年初增加1，029万元。长寿农行致力于建设农村金融服务的“最后一公里”，以医疗点、农家店、连锁店和农资站为平台完善农村服务终端布放。在全区223个行政村安装189台惠农通和251台智付通，全区覆盖率90%以上，交易金额25，371万元；结合社保IC卡的推广应用进行辐射扩张，着力解决乡镇群众基本金融服务需求，使老百姓“足不出村”就能享受金融服务。

【综合管理】 2015年，完成辖区13个网点“6S”导入。通过对营业大厅规范管理、机具布线规整、操作设备及凭证摆放的科学定位，美化网点环境。通过规范员工行为、工作效率得到提升，网点对外服务形象得到提高。新设立东朝尚都、川维2个自助银行，金融辐射范围扩大。

2015年，中国农业银行完成BoEing操作系统四期工程的全面投产。从ABIS系统到BoEing系统，农业银行操作系统从“操作便利”向“以客户为中心”转变又迈出一步。长寿农行13个营业网点均完成“超级柜台”安装，提升客户业务办理方便程度，缩短业务办理时间。

党风廉政建设“两个责任”得到较好落实，党风行风作风进一步好转，完成“三严三实”专题教育、“员工行为管理强化年”活动、合规文化建设等各项工作，“从严治党、从严治行”得到较好贯彻执行，持续保持风清气正的良好局面。

企业文化建设开展“三八”节职工登山活动、“五四”青年员工座谈会、纪念抗日战争暨反法西斯抗战胜利70周年文艺汇演、“法治农行”系列演讲比赛、重阳节离退休员工座谈会、职工篮球赛、工会小组文娱活动等，丰富职工业余生活，“健康工作、快乐工作”的企业文化长效机制逐步形成。

2015年春节前夕，长寿农行党委为贫困户送去生活必需品和年货

继续推动职工小家建设，已经建成职工之家26套，帮助39位外地、离家较远职工解决住宿困难；职工代表大会研究通过《长寿支行爱心基金管理实施细则》，建立起层级分明、公开透明、应急与常态结合的困难员工帮扶机制，改革发展惠及全体员工。

【社会公益】 2015年，长寿农行青年志愿者清理桃花溪、开展金融知识宣传进万家、反假货币宣传进校园、响应区慈善总会发起的双日捐、在全区多个村镇关爱留守儿童等，赢得社会各界赞誉。实施精准扶贫，长寿农行党委班子多次带队走访慰问云集镇贫困户，带去生活必需品，就“‘三农’发展同精准扶贫相结合”与当地政府达成长远合作意愿。2015年，长寿农行各类社会公益无偿支出25万余元。

（周　强）

附2015年中国农业银行股份有限公司重庆长寿支行领导人名录

行　　长：谭晓东

副 行 长：罗　军　覃　波　廖　骏

中国建设银行股份有限公司重庆长寿支行

【概况】 中国建设银行股份有限公司重庆长寿支行（简称建行长寿支行）成立于1972年。2015年有内设部门7个，营业网点7个，离行式自助银行1个；在岗员工119人（大学本科以上文化程度61人，员工占比51.23%；大学专科46人，员工占比38.66%），35岁以下青年员工41人，员工平均年龄38岁。

2015年，建行长寿支行继续以支持地方经济为己任，加大对实体经济的支持力度，坚持将优质服务和优质产品植入客户服务过程之中，在为区域经济的发展作出积极努力和贡献的同时，通过调结构、夯基础、抓执行、强内控，稳步推进业务转型，较好地完成各项战略目标。全年一般性存款日均余额46.77亿元，比年初减少2.55亿元（其中企业存款日均余额18.84亿元，比年初减少3.99亿元；储蓄存款日均余额27.93亿元，比年初增长1.45亿元）；一般性存款时点余额40.78亿元，比年初减少8.89亿元（其中企业存款时点余额13.91亿元，比年初减少9.11亿元；储蓄存款时点26.87亿元，比年初增长2153万元）；各项贷款余额39.84亿元，比年初减少3.19亿元（其中对公贷款余额19.87亿元，较年初减少4.59亿元；个人贷款余额19.97亿元，较年初新增1.4亿元）；投行理财等融资余额10.15亿元，融资余额四行（即在长寿的工商银行、农业银行、中国银行、建设银行机构。上同）领先；账面利润1.59亿元，比2014年下降19%，四行占比36%，总额、网均、人均利润四行第一；实现中收4309万元；大资产业务稳步增长，价值创造同业领先，贷款不良率0.2%，较上年上升0.04个百分点，资产质量保持良好。

【支持地方经济】 建行长寿支行积极介入长寿区重大建设项目，配合区域经济建设，加大贷款投放力度，克服政策障碍和存贷比过高等不利因素，探索创新融资模式，寻找政策空间。通过企业债、资产收益权或股权转让类信托理财产品、类PPP融资等多渠道组织资金积极支持区域经济发展。截至2015年年底，为区域内重项目提供各类融资超过50亿元，其中2015年10.15亿元。

建行长寿支行关注和重视中小企业的成长和发展，致力于加强小企业金融业务专营机制的建设。为满足小企业客户“短、频、急”的融资需求，以创新的思路探索为小企业提供金融服务的新模式，全面推广“速贷通”“成长之路”“供应贷”“善融贷”“小快贷”等一系列信贷品牌，集中有限的信贷资源，优先保证小企业信贷投放，支持小企业群体的发展壮大。全年投放中小微企业贷款近2亿元，在经济下行的不利情况下保持较为平稳的增长。该行小微企业创新业务“助保贷”于5月与区政府正式签署合作协议，并加紧推进实施，用足额度，年内支持小微企业50家以上。重点针对小微企业推出的创新产品“助保贷”“创业贷”“结算透”“善融贷”“快贷”等纯信用信贷产品，满足小微企业的资金需求。

【内控管理】 建行长寿支行不断完善案防长效机制，创新管理工具，内控案防实现全年“三无”目标。通过修订风险内控与安全案防考核办法，将季度动态考核与年度考评充分结合，完善长效机制。坚持风险与内控分析例会制度，优化内控检查团队风险、会计和纪检的职能，强化检查监督。扎实开展风险排查、员工行为排查、警示教育和反腐倡廉主教育，增强警示效果。做好信访维稳工作，及时处理客户投诉，维护建行声誉。

【企业文化】 建设建行长寿支行坚持以人为本，构建晋升通道，制订中干培训计划、后备人才管理细则、员工培养方案等制度办法，强化队伍建设。创造环境选派员工外出培训，通过定期不定期组织业务技能、产品知识、营销能力等培训，有效提升员工综合服务水平。全面落实员工关爱，开展员工联谊、员工卡拉OK大赛、健步走登山活动；建立员工生日和结婚送祝福，员工生病送慰问，对困难员工送帮扶等制度；提高员工体检标准、为员工购买商业保险、完成会议室及食堂局部改造，提高用餐标准，为网点购置晨会音响等员工关爱措施，激发员工的工作热情。重视精神文明建设，继续保持建设银行总行文明单位及重庆市文明单位称号。2015年先后获长寿区人民政府颁发的金融贡献奖，建行重庆市分行颁发的旺季营销县域组织三等奖、产品合规销售专项整治活动进步奖等奖项。

（徐国平）

附2015年中国建设银行股份有限公司重庆长寿支行领导人名录

行　　长：张　俭（2015年7月离任）
副 行 长：杨　东（2015年7月主持工作）
　　　　　何　峰
　　　　　舒潆葶（女，2015年5月任）
行长助理：舒潆葶（女，2015年5月离任）
　　　　　黄　昊　王小波（2015年5月任）
高级风险经理：王强升

中国银行股份有限公司重庆长寿支行

【概况】 中国银行股份有限公司重庆长寿支行（本分目简称长寿支行）成立于1992年11月28日，是中国银行重庆市分行下辖一级支行。2015年有在岗员工93人，退休员工12人，党员35人。内设机构为综合管理部、公司业务部、个人金融部、营业部4个部门；下设凤城支行、晏家支行、桃花新城支行、川维支行4个经营性支行；分布有关口、区医院、中医院3个离行式自助服务点。

2015年年末，长寿支行各项人民币存款时点余额26.38亿元，较年初新增0.98亿元；年日均存款余额26.54亿元，较上年日均新增1.86亿元。其中储蓄存款时点余额14.97亿元，较年初新增0.76亿元；年日均余额14.7亿元，较上年日均新增0.69亿元；公司存款时点余额11.41亿元，比年初新增0.22亿元；日均存款余额11.84亿元，比年初新增1.11亿元。

长寿支行2015年年底授信余额19.51亿元，较年初新增3.11亿元。其中零售贷款（含信用卡）时点余额10.41亿元，较年初增加0.56亿元；公司贷款余额为1.88亿元，比年初减少2.33亿元；票据贴现余额7.21亿元，比年初新增5.23亿元；贸易融资为0，比年初减少0.3亿元。不良贷款余额989万元，较年初增加298万元，不良率0.51%，较年初增加0.12个百分点。

年底实现本外币考核净利润3880.98万元，比上年同期减少1087.37万元，增幅-21.89%。人均利润41.73万元，减少12.87万元，增幅-23.57%。

【金融服务】 支持地方经济发展。年内为房地产公司提供住房开发贷款1186万元；与17个优质房地产开发商保持紧密联系，全年发放个人购房按揭贷款1.87亿元。支持中小企业发展，全年为中小企业发放各类授信92577万元，其中提供贷款支持1亿元，贴现交易量达到79661万元，贸易融资投放2916万元。刺激地方消费市场，2015年，为客户成功办理信用卡5659张，全年为信用卡刷卡消费提供授信金额13.78亿元。关注民生经济发展，全年涉农贷款投放157.3万元，为小微企业贷款投放2133万元。依法诚信纳税，2015年，长寿支行上缴各类税金822.31万元。

发挥中国银行国际化、多元化经营的特点，向有需求的企业推出海外直贷、利率掉期等新型融资产品，帮助企业规避利率波动风险；联动韩国首尔分行、大邱分行等海外机构，为现代汽车配套企业入驻长寿提供政策咨询、互访接待、手续办理、产品支持等全方位服务，成为现代汽车配套企业入驻长寿的主选银行之一。逐步建设智能化网点，为晏家支行配置自助发卡机、智能叫号机、自助填单机、用户体验PAD等智能化设备，解决客户排队时间较长，办理业务流程复杂等问题。配合行政事业单位扩展项目，为解决区中医院搬迁后医患取款不便的问题，增设区中医院离行式ATM机。

【综合管理】 按照中央和总分行党委的统一安排部署，长寿支行从2015年5月起，扎实开展“三严三实”专题教育活动。制订详细的活动方案，组织全行党员干部进行集中学习、专题研讨。邀请长寿区纪委干部到行开展廉政警示教育讲座，班子成员结合实际讲党课。通过一系列建机制、抓教育的举措，强化各级干部员工的理论知识和勤政廉洁、高效务实的工作作风。

营造温馨团结的企业文化。全行开展由上而下的谈心交心活动，各部门、网点负责人开展全覆盖家访活动，深入一线员工倾听真实诉求。将川维支行楼上的单身员工宿舍重新设计装修，提供舒适住所。关心员工职业生涯发展，为员工及家属发放有益书籍，外购培训咨询机构的专业培训课程等，拓宽员工学习培训渠道；在3月份将业务发展部分设为公司业务部和个人金融部，为员工职业发展拓展通道。丰富业余文化活动，开展演讲比赛、足球友谊赛，组织“关爱员工、关爱子女”“三八”主题活动，开展户外亲子游乐、秋游等活动，为全行员工搭建加强沟通、相互学习的平台。

遵循中国银行总行制订的“担当社会责任，做最好的银行”战略，长寿支行开展为地区企业、社区、学校等提供金融知识讲解，多次开展金融知识宣传活动，年内到晏家社区、八颗中学、但渡中学开展反假币知识普及活动，到中医院开展“金融知识进万家”活动等。参与精准扶贫工作，选派12名中层干部到长寿区洪湖镇草堰村12户贫困家庭进行“一对一”的帮扶。多次与其面对面谈心交心，宣导国家的扶贫帮困政策，为其出谋划策，为其养殖、种植农产品销售寻找门路。员工自发捐款，购买礼品送到帮扶对象手中。自2015年7月起，经过半年多的工作，12户贫困户提高家庭收入，全部脱离贫困线。长寿支行连续两年到葛兰镇黄氏祠小学看望贫困儿童，捐赠书包、文具盒、水彩笔、计数跳绳、牛奶及慰问金等。

（徐美峰）

附2015年中国银行股份有限公司重庆长寿支行领导人名录

行　长：黎　历

副行长：廖志勇

交通银行股份有限公司重庆长寿支行

【概况】　交通银行股份有限公司重庆长寿支行（简称交行长寿支行）法定成立日是1994年3月7日，注册地址在重庆市长寿区凤城街道向阳路9号；经营范围包括办理人民币存款、贷款、结算、票据贴现，办理外汇存款、外汇贷款、外币兑换业务，在中国人民银行批准的业务范围内转授权的业务，经中国人民银行批准的其他业务（按许可证核定的事项从事经营）。2015年年末有2个营业网点、5个自助银行，有正式员工30人。

2015年，交行长寿支行主要业务取得飞跃式发展，年末各项存款总额112198万元，比年初增长20047万元，增幅21.75%；贷款余额161519万元，比年初增长57270万元，增幅54.94%；不良贷款率控制在0.15%以下；实现表内利润4331万元，实现中间业务收入308万元；上缴流转税金543万元。

【综合管理】　加强操作风险控制，交行长寿支行建立和实施员工定期联系制度，员工行为管控按季排查制度，在业务操作环节坚持授权制度，对关键业务换人复核授权，强化管理，防范风险。加强授信业务管理，在操作过程中严格实行贷款“三查”和贷审分离制度，严格监控贷款用途，严格贷后管理，确保信贷资金安全。案防、安全工作深入开展“两加强、两遏制”自查工作，全面开展“六查二防三禁止”，严肃纪律严格问责。

（程帮全）

附2015年交通银行股份有限公司重庆长寿支行领导人名录

行　长：何　渌（2015年1月离任）
　　　　蒋跃亮（2015年1月任）
副行长：石　榴（女）　袁　波

重庆农村商业银行长寿支行

【概况】　重庆农村商业银行长寿支行（本分目简称长寿支行）是重庆农村商业银行43家支行之一，机关设置9部门3中心，分别为人力资源部、综合部、公司金融部、零售金融部、风险管理部、计划财务部、会计结算部、审计稽核部、保卫监察部，小企业贷款中心、个人贷款中心、集中作业中心。下辖51个营业网点，2015年有在职员工390人。

截至2015年年末，长寿支行各项存款余额125.82亿元，较年初增长14.14亿元；存款增量、存量继续保持长寿区同业第一。各项贷款余额49.1亿元，较年初增长3.41亿元；全年发放贷款32亿元，其中政府平台公司贷款7.15亿元，中小企业贷款11.29亿元，微型企业贷款3051万元；不良贷款率控制在0.5%以内。全年实现账面利润2.08亿元，上交所得税7421万元，其中国税4247万元，地税3174万元。

【支持地方经济】　信贷支持平台公司融资情况。对“重庆长寿经济技术开发区开发投资集团有限公司”（简称经开区）发放贷款7.15亿元，支持长寿经济技术开发区土地储备中心土地收储项目。根据经开区对“重庆化工园区精细化工三区土地整治及基础设施项目”的规划调整，对其项目贷款5.2亿元进行据实定贷。

协调支持全区重点项目，为重庆市长寿生态旅业开发有限公司开立保函，促进其融资4.9亿元；协调重庆农村商业银行控股的金融租赁公司为重庆长寿开发投资（集团）有限公司融资5亿元。

支持辖内化工企业，向重庆紫光国际化工有限责任公司贷款2亿元，向重庆长寿捷圆化工有限公司贷款1.8亿元，满足在建、续建重点项目建设资金需求以及企业的流动资金需求。

开展小微企业特色金融服务，利用桃花新城小微企业专营支行的政策优势，优化办贷流程，为企业“量身定做”金融产品，采用多种担保方式解决量大面广的中小企业融资难问题。至12月末小微企业贷款余额为51297万元，计99户。

开展“三农”特色信贷服务，截至12月末，支行涉农贷款余额为353180万元，累放201085万元，净增32498万元。涉农贷款占比为71.94%，较2014年同期增加1.75%。

【金融宣传】　推进“普惠金融、扎根行动”专项活动，继续开展“金融知识进万家”活动，对曾经的宣传盲区全覆盖，对以往宣传的重点街镇、市场再次地毯式地进行补漏。全年开展宣传活动200场，受惠群众近2万人次。

【服务提升】　年内对称沱、飞龙、复元、桃花等4个较为陈旧的营业网点进行全面装修，更新办公设施。在长寿新城区金融服务不足的菩提古镇、碧水天城两个地段分别新购置营业用房，填补新城区金融服务不足区域。对各营业网点陈旧的硬件设施进行更新更换，提升网点形象和服务质量。

【公益事业】 开展“服务众乡亲 情暖回乡路”春运公益活动，在春节前夕，组织9名青年志愿者到重庆红旗河沟长途汽车站迎接长寿区返乡农民工15天。为每一位长寿籍的农民工送一瓶矿泉水，让农民工感受到家乡人民的热情和温暖。

支持长寿区体育事业发展，积极向总行协调并获得支持，出资7万元与区体育局先后联合开展“农商行杯”片区农民运动会、“农商行杯”街镇篮球赛活动。

落实精准扶贫工作，对双龙镇贫困村红岩村开展结对帮扶；对龙河镇太和村12户村民进行点对点精准帮扶脱贫。开展优先购置其农畜产品，介绍贫困户到企业或工地务工，资助其子女上学，租用村社大型户外广告牌等帮扶工作。

【安保案防】 把安全保卫纳入绩效考核，实行网点负责人安全责任一票否决制。开展专业的安防、消防培训和各类应急演练。改造监控设施，优化安全管理系统，落实问题整改。长寿支行连续多年被区公安局评为内保工作先进单位；在2015年度全区安全评估中，51个营业网点平均分为98.3分，安全防范等级全部评为优秀。

案件防范开展会出、信贷、保卫监察条线案件风险滚动排查，全年先后成立检查组39个，组织排查人员94人次，排查内容涉及人力资源四项制度、保卫监察、信贷业务风险、三项业务风险、融资平台公司贷款风险、非法集资等，全年排查业务147993笔，涉及金额927841万元。开展“员工行为管理强化年”内控和案防系列活动，组织警示教育、演讲比赛、撰写心得体会等活动，强化员工案防意识，确保零案件。

【队伍建设】 注重培养年轻员工，用交心谈心、青年员工座谈等方式倾听员工意见。注重干部的梯队建设，年内交流干部43人次，新提拔干部15名。加强客户经理队伍培养，年内新增客户经理14人。遴选优秀年轻员工到支行机关部门工作、到总行学习培训。全年开展员工教育培训47场次，培训员工2326人次，按季开展四项制度排查。对426人次员工进行岗位轮换，轮岗率为100%；全年强制休假1人次。

为员工提供工作和生活的便利，继续开展周转房建设，为偏远交通不便的焦家、石回等分理处维修“周转房”，为原有“周转房”配置日常生活所需的必要设施。改进城区网点晚间值班方式，对城区网点全部聘请保安公司保安值班，解决员工的后顾之忧。开展多种有益活动，按季开展工会活动，保障各工会小组开展各类竞赛活动经费；牵头跨单位开展单身青年员工联谊会。

（张铭文）

附2015年重庆农村商业银行长寿支行领导人名录

行　　长：陈　波（2015年2月离任）
　　　　　高　嵩（2015年2月任）
副 行 长：聂建文　陈　可
行长助理：阳登照

重庆银行长寿支行

【概况】 2003年3月9日，重庆商业银行长寿支行正式营业；2007年9月19日更名为重庆银行长寿支行，位于桃花新城桃源西路10号。2015年年底前，有3个营业网点，包括支行营业部、凤城支行、晏家支行，支行下设综合部、公司业务一/二部、个人业务一/二部、计划财务部等部门；全行有员工68人（含派遣制9人），其中男员工24人、女员工44人，平均年龄33岁，17人拥有中级以上职称，54人拥有大学本科以上学历。重庆银行长寿支行党支部有中共党员16人。

2015年，重庆银行长寿支行多项业务指标创历史最高纪录，再次实现规模、质量、效益的良性发展。截至12月31日，存款余额37.89亿元，贷款余额30.57亿元，分别比2014年增长39.82%和26.96，存贷比为80.68%；全年实现利润10135万元，增长14.71%；所在地纳税2577.17万元，增长33.5%。

【业务发展】 2015年，重庆银行长寿支行开展“三严三实”专题教育活动，将“严”与“实”的标准贯彻落实到各项工作中。抓严抓实党建工作，发挥党组织战斗堡垒作用。重视各项检查、自查，注重落实整改。加强员工行为管理，以案防工作为抓手建设支行合规文化。做好金融消费者权益保护工作，提升服务质量，宣传金融知识，建设真正的市民的银行。重庆银行长寿支行蝉联总行“经营机构综合管理先进单位”荣誉称号。

打造零售特色支行，成功入围零售业务特色试点。通过“对公上收，零售下沉”的经营转型和阵地营销团队的努力，配合“幸福存”储蓄产品优势，年末储蓄日均存款增加4.7亿元，增量为前两年之和，创支行成立后最好水平。获得零售业务特色试点先进支行荣誉。

【金融服务】　2015年，重庆银行长寿支行在信贷投向上坚持向中小微企业倾斜，全年对实体经济企业发放贷款5.6亿元，其中发放小微企业贷款近160笔，金额3.8亿元。主动做好信贷支持“三农”工作，通过市场调研、跟进落实，对长寿区涉及养猪、养鸡、养鱼等农牧业龙头企业、美丽乡村建设及新型农业主体发放涉农贷款近4500万元，加大对新型农业经营主体重点联系清单客户的金融支持力度。

支持长寿区地方重大项目建设，当年向长寿经济技术开发区土地储备中心和长寿区土地储备中心发放83750万元中长期项目贷款，在支持地方重大项目和基础设施建设的同时为政府节约融资成本2000余万元。

【社会责任】　2015年，重庆银行长寿支行响应区委、区政府号召开展精准扶贫，践行重庆银行“五有”文化核心价值中有爱心、有担当的社会责任。成立支行领导和党支部、工会、团支部、客户部负责人组成的6人扶贫小组，与5户贫困家庭“点对点”对接。扶贫小组多次深入偏远贫困村，走访慰问，帮智、送资、赠物对口帮扶。以户为单位建档立卡，做到心中有数，工作有方，“真扶贫，扶真贫”。

（陈　侃）

附2015年重庆银行长寿支行领导人名录

行　　长：殷　斌（女，2015年1月离任）

　　　　　张　鹰（女，2015年1月任）

副 行 长：刘锦波（兼任党支部书记）

　　　　　罗　展（2015年8月任）

行长助理：袁　强（2015年7月离任）

中国邮政储蓄银行重庆长寿区支行

【概况】　中国邮政储蓄银行重庆长寿区支行（简称邮储银行长寿区支行）于2007年12月28日正式挂牌成立。2015年底，邮储银行长寿区支行有107名员工；6个自营网点：支行营业部、桃花新城支行、渡舟街道支行、葛兰镇支行、向阳支行、晏维支行（其中桃花新城支行、晏维支行分别于2015年9月、12月临时停业）；42个邮政代理金融储蓄网点。2013年10月，邮储银行长寿区支行机构改革后，由原6个部门（综合管理部、公司业务部、个人业务部、信贷业务部、会计核算部和审计组）合并为3个部门（综合管理部、个人金融业务部和公司业务部）。营业部及办公场地于2013年9月26日搬至桃花新城桃源西路15号，毗邻区行政中心。2015年年底前邮储行长寿区支行已开办各类个人贷款、小企业贷款、公司贷款、供应链融资、银团贷款、票据融资等贷款业务；理财、托管、贵金属等中间业务；绿卡（绿卡通）、信用卡以及IC卡等卡类业务；手机银行、微信银行、网上银行等电子渠道类业务；国际结售汇和国际贸易融资等新业务。邮储银行已从邮政储汇业务拓展到银行多元化业务和服务领域，初步具备全功能商业银行的综合业务体系。

邮储银行长寿区支行坚持向大型现代零售商业银行转型发展战略，坚持走差异化特色发展道路，以服务“三农”、服务中小企业和服务社区为发展定位，发挥资金和网络优势。成立运行七年为地方经济社会发展提供超过21亿元的资金支持。2015年完成6875.56万元，实现利润2261.79万元，完成拨备前利润3204.47万元；自营网点存款余额12.38亿元，公司存款余额1.80亿元，贷款结余10.76亿元。

【业务发展】　年初，制定出台各类激励办法，实行多劳多得，使全行员工的工作积极性得到较大提高。在支行出台《关于印发长寿区支行2015年个金业务营销活动方案的通知》期间，当月实现信用卡进件1222张，跃居全市进件量第一。

个人业务和公司业务的信用卡发展迅猛，全年新增信用卡发卡3314张，消费类（含分期、取现等）交易金额21196.52万元（其中分期交易为599.89万元）。信用卡全年净收入62.2万元。2015年完成票据贴现1.99亿元（贴现量排全市第九位）；实现票据业务收入159.22万元。公司资产业务有所突破，取得重庆天圣制药集团公司供应链金融项目，通过总行审批并成功放款3000万元。

加强对银企、银政、银协、银保、银担合作平台的建设，银政的合作深化，发放再就业贷款275笔2359.2万元；与正品农业发展有限公司“公司+农户/商户”合作，放款34笔925万元，走出银企合作的新路子；与长寿区总商会合作，全年放款27笔765万元，银协合作得以实现；与宏昌担保公司签订合作协议，为实现银担合作搭建平台；与保险公司合作发放保证保险贷款10笔152万元，实现银行与保险公司有效合作。

【案防安保】 全行继续保持零风险事件、零资金票款案件、零人员/车（辆）安全事故的发生。

【竞争能力建设】 以客户为中心，推进营业网点转型升级。年内筹划和启动搬迁桃花新城支行转型为社区银行，以及关闭晏维支行低效网点相关工作，有效盘活人力资源，持续固化支行营业部、向阳支行标杆网点经营管理转型成果。支行组建一支35人的客户经理团队（其中包含小企业客户经理5人），占全行总人数的32.71%；除小企业客户经理外全部下沉至网点，支行综合客户经理队伍已具规模。

【党群工作】 邮储银行长寿区支行领导、部门经理、二级支行长及所有党员全部参加“三严三实”教育实践活动，参与面100%。创造性地开展工作，列为2015年完成的整改工作任务已经全面完成，后续整改工作也已作出安排。抓好工会组织建设，组织全行女员工三八妇女节踏青活动；在元旦春节期间开展困难职工慰问活动；开展职工生日、生小孩祝福和生病住院、高温慰问活动以及职工直系亲属去世慰问活动等；筹划落实全行员工108人次体检工作。

（付　玉）

附2015年中国邮政储蓄银行重庆长寿区支行领导人名录

行　　长：刘泽建（2015年11月离任）
　　　　　齐天星（2015年11月任）
副 行 长：马旭升（2015年12月任）

招商银行股份有限公司重庆长寿支行

【概况】 招商银行股份有限公司重庆长寿支行（本分目简称支行）于2008年12月25日成立，位于重庆市长寿区桃源大道6号。2015年年底有1家营业网点和1个离行式自助银行；有员工20人，全部为大专以上学历，平均年龄34岁。长寿支行秉承总分行“因势而变、因您而变”的经营理念，坚持“改革、创新、求变”的指导方针，持续、深入、稳健地推进经营战略调整，走出一条快速、稳健发展之道。支行荣获长寿区2015年度“金融贡献奖”，2015年度重庆市长寿区金融机构安全评估工作“先进集体”，重庆市分行“2015年度优秀服务团队”等称号。

【业务发展】 长寿支行始终致力于为长寿地区的个人和企事业单位客户提供最新最好的金融服务，支持当地经济发展。到2015年年底前，支行业务范围涵盖零售银行业务、公司银行业务、国际业务、同业业务等多个方面，“一卡通”“一网通”“金葵花”财富管理、个人住房及汽车贷款、信用卡、企业年金、CBS现金管理、超级网银等品牌业务在金融市场上享有较高声誉。

支行开办有对公对私存款贷款等各类资产负债业务、国际业务、开立保函、黄金交易、集团现金管理、点金网银、商务卡、三方存管、一网通、保险、个人理财等各类中间业务。

截至2015年12月末，支行存款余额为162699万元，比2014年增加47947万元；支行FPA融资总量余额216359万元，增加138000万元。综合经营排名重庆市分行第六位。

【综合管理】 坚持稳健经营与加快发展相结合的指导思想，支行注重合规管理和服务提升，将防范案件风险、打造优质服务品牌放在日常工作重要位置；强化队伍建设、创建学习型银行；遵循“服务、创新、稳健”的核心价值观，从成立至2015年未发生案件风险事故，多项内部管理工作受到上级行好评。

（陶世英）

附2015年招商银行股份有限公司重庆长寿支行领导人名录

行　　长：王维嘉
副 行 长：吴小敏（女，2015年4月任）
行长助理：吴小敏（女，2015年4月离任）
　　　　　时　婷（女，2015年1月离任）

上海浦东发展银行股份有限公司重庆长寿支行

【概况】　上海浦东发展银行股份有限公司重庆长寿支行（简称浦发银行长寿支行）位于桃源大道10号，地处桃花新城核心地段。内设办公室、营业部、公司部、零售部等3部1室，设立营业大厅、贵宾厅，自助银行，有自助存取款机2台。2015年，浦发银行长寿支行继续秉承和发扬“新思维、心服务”的企业理念，发展机制体制优势，提供高效便捷的金融服务，助推长寿经济社会发展，为广大客户创造价值，为长寿经济社会发展做出应有贡献。2015年，被中国银监会两江银监分局评为“社会满意度A类机构”，获得长寿区人民政府2015年度“金融贡献奖”；多名员工在重庆市金融工会和总、分行组织的专业技能大赛中获表彰。

【金融服务】　2015年，浦发银行长寿支行以服务地方经济实现“银企双赢”和“政企双赢”为发展思路，多措并举，继续加大营销力度和市场拓展力度，圆满完成重庆分行下达的经营任务。加强对区政府平台公司信贷支持和金融服务力度，先后与区内多家平台公司、行政单位、事业单位建立良好合作关系，为相关单位排忧解难，全年投放各类贷款16亿元。加强对各型实体经济的信贷和金融服务支持，有效解决企业资金问题，全年为区内外25家各型企业发放各类贷款6.1亿元。以丰富的担保方式、丰富的各项融资产品赢得市场好评，与重庆农业担保有限公司、重庆宏昌融资担保有限公司开展业务合作。创新性开展投资银行业务和金融市场业务，2015年与重庆市长寿开发投资（集团）有限公司合作成立重庆市长寿区长浦市场管理服务中心（有限合伙）；创新开展股权基金业务，积极代理承销发债业务，两项业务在区内金融机构均处于领先地位。

浦发银行长寿支行为客户提供安全、快捷的个人业务，优秀的服务团队和一流的经营环境为消费者提供新的服务体验；优质多样的资产保值、增值产品供消费者公开透明选择；结算方式安全，结算渠道通畅，可以选择网上银行、手机银行、微信银行、ATM自助银行、营业网点办理，财务核算和支付动作合二为一，资金实时到账。加强对个人经营性贷款和个人消费贷款的支持，及时满足市民生活、生产经营需求。

（陈俊材）

附2015年上海浦东发展银行股份有限公司重庆长寿支行领导人名录

行　长：苏　邹（2015年10月离任）
　　　　李康明（2015年10月任）
副行长：刘小军

中国人民财产保险股份有限公司重庆市长寿支公司

【概况】　2015年，中国人民财产保险股份有限公司重庆市长寿支公司（简称人保财险长寿支公司）的综合管理水平和服务质量得到持续提升，公司的发展迈上新台阶。全年保费收入8318万元，各类赔款6527万元，上缴各种税金380万元，实现利润728万元；承担风险保障金额约1900亿元，处理各种自然灾害和意外事故赔案16023件，为近10000户农民提供保险服务。

【保险服务】　为长寿辖区内企事业单位提供风险保障，承办财产保险、责任保险、意外伤害保险、货物运输保险、船舶保险，为企事业单位的安全生产保驾护航。认真贯彻落实新“国十条”和“渝十条”加快现代保险服务业发展的精神，开展“三农”保险工作，让保险服务“三农”。2015年为近万农户提供保险服务，支付农业保险赔款逾400万元。做好城乡居民大病保险工作，2015年支付大病保险赔款约1800万元，为近3万人次城乡居民提供大病保险补偿。推动个人信用贷款保证保险和长寿区政府农业增信保证保险，推动金融业服务农业实体经济转型升级和持续健康发展。提升理赔服务水平，贯彻落实“以客户为中心”全面转型的战略部署，推进人保财险服务升级，围绕“积极进取，提升品质”工作主线，全力打造长寿服务最好的保险公司。认真履行反洗钱义务、做好打击非法集资宣导和认真做好消费者权益保护宣导，维护金融秩序稳定，维护消费者合法权益。

（文　燕）

附2015年中国人民财产保险股份有限公司重庆市长寿支公司领导人名录

总经理：李　林

天安财产保险股份有限公司重庆市长寿支公司

【概况】 2015年，天安财产保险股份有限公司重庆市长寿支公司（简称天安财险长寿支公司）有在册正式员工11人，专职代理人15人，查勘服务车2辆。设有总经理室、综合部、理赔部及2个业务团队。主要经营车辆保险、财产保险、船舶保险、货物运输保险、责任险、意外健康险等非寿险业务。秉承“化险为夷、补天爱人”的企业精神，树立“以客户为中心”的经营理念，围绕经济社会发展和民生建设大局开展工作。全年实现区内保费收入1080万元，保单件数3000余件；支付各类赔款690余万元，处理损案2667件，案件处理率100%；上缴税金60余万元。

【保险服务】 2015年，天安财险长寿支公司处理各类损案2667件，快捷赔付621件。将医疗事故和医疗纠纷纳入承办的农村医疗责任险，保险责任，成效明显，实现患者、医生、医疗机构、医疗卫生行政主管部门、地方党政和社会六满意，为推动长寿区农村医疗事业发展、构建和谐乡村起到积极作用。2015年10月，区金融办安排该公司报送《长寿区医疗责任险承保及调研报告》。提升理赔服务质量，公司坚持出险客户回访制度，严格按照车险理赔单证要求做好服务工作，对未决案件责任到人管理。2015年5月，天安财险“车易赔”系统成功上线，客户只需下载APP注册—出险——键报案—准备证件资料连线理赔人员—视频定损—定损确认及理赔支付，轻松“五步”实现自助理赔，简化理赔手续，优化理赔流程，打造“理赔简单，就在天安”的服务特色。

（余剑梅）

附2015年天安财产保险股份有限公司重庆市长寿支公司领导人名录

总 经 理：李　琳（女）

副总经理：袁美容（女）

公司地址：长寿区凤城街道桃花大道一号长兴综合楼3楼

客服电话：95505、023—40467733

中国平安财产保险股份有限公司重庆市长寿支公司

【概况】 中国平安财产保险股份有限公司重庆市长寿支公司（简称平安财险长寿支公司）于1997年10月成立，提倡“诚实、信任、进取、成就”的个人价值观和“团结、活力、学习、创新”的团队价值观。弘扬以诚信为基，勇于承担企业公民责任：对客户负责，服务至上，诚信保障；对员工负责，生涯规划，安家乐业；对股东负责，资产增值，稳定回报；对社会负责，回馈社会，建设国家的企业文化。2015年，平安财险长寿支公司经营取得规模和效益双优成绩。

2015年，签单保费规模达到8109万元，监管利润1044万元。经营业务范围涵盖车险、企财险、责任险、工程险、货运险、意外健康险、电单车保险、森林火险、创新价格指数保险、环污险、信用保险、诉讼保全险、银行卡盗刷险、爱倍家服务型家财险、境外旅行意外伤害保险、全球医疗险等险种100多个。保险销售端涵盖直销、银保、车商、综拓、代理、新渠道（电话、互联网）、好车主、快乐平安等渠道，满足客户多样化投保及保障需求。

2015年，企业上缴各种税金525万元，比2014年增长31.25%。其中营业税及附加440万元，个人所得税71万元，印花税8万元，委托代征营业税及附加6万元。

【保险服务】 平安财险长寿支公司的理赔服务端推出“全国通赔”“查勘可视化”“电话直赔”“简单快赔”“口袋理赔”“新高铁理赔”“人伤陪同调解”等便捷理赔服务，通过查勘定损智能平台及E理赔设备，客户获得全新、高效的理赔服务。2015年理赔案件3216件，实现赔付3083万元，其中车险赔付2855万元，财产意外险赔付228万元，为广大客户和社会各界排忧解难。

推动长寿保险示范区建设，开发契合当地特殊农产品、服务农业发展的保险创新产品——血橙价格指数保险，让长寿区农户和农业园区企业受益，将对农产品价格低于既定价格造成的损失给予保单条款约定的经济补偿。于2015年12月30日成功签单两家重庆市农业产业化“市级龙头企业”，即重庆东源农业开发有限公司、重庆东润果蔬产业发展有限公司。

【服务地方经济】　平安财险长寿支公司秉承平安的企业文化，以为客户提供最优质的保险产品、服务民生、化解矛盾、为社会负责为己任；在长寿经济建设中发挥风险补偿、资金流通和参与社会风险管理的作用。引进险资支持地方经济发展，利用“国十条”“渝十条”以及重庆保监局签约长寿为“保险示范区”的契机，引进保险资金支持长寿地方经济发展。年底前区政府平台公司的企业债项目正在与平安证券合作进展中，还将利用平安财险公司综合金融优势，引进平安银行、平安证券、平安资管、平安租赁、平安信托、平安普惠、平安陆金所等渠道资金对接政府平台公司融资、工农业重点项目、道路交通建设等资金需求，支持长寿地区经济发展。

（刘　竹）

附 2015 年中国平安财产保险股份有限公司重庆市长寿支公司领导人名录

总 经 理：许大军
副总经理：戴荣生（2015 年 6 月离任）
　　　　　袁　平（2015 年 11 月任）
　　　　　郭登智（2015 年 7 月任）

中国人寿保险股份有限公司重庆市长寿支公司

【概况】　中国人寿保险股份有限公司重庆市长寿支公司（简称中国人寿长寿支公司）是作为国有控股大型金融保险企业驻长寿分支机构，始终把履行社会责任、促进“保障和改善民生”作为重要使命，积极参与和服务于地方经济建设。2015 年实现保费收入 15216. 89 万元，其中：首年保费 5096. 07 万元，首年期交保费 2435. 68 万元；支付各类赔款 2619 件 786. 35 万元，满期及年金给付 7644. 57 万元；向地方缴纳各种税收 188. 94 万元。发挥保险业“经济安全阀”和“社会稳定器”的作用。

【经营管理】　中国人寿长寿支公司严格履行保险合同，积极承担社会和企业责任，诚信服务，切实保护客户合法权益。秉承“专业、真诚、感动、超越”的服务理念，力求通过“热诚、规范、准确、便捷”的服务，回报广大客户多年以来的支持与信赖，持续深入开展“诚信我为先”活动，严格规范销售行为，防范销售误导，以优质高效的服务赢得广大客户的信赖和社会的认同。始终坚持依法合规经营，恪守“诚信为本、稳健经营”的企业宗旨，坚持“重价值、强队伍、优结构、稳增长、防风险”的经营思路，加快业务发展，强化基础管理，全面提升公司核心竞争力。

【保险服务】　秉承“以人为本、关爱生命、创造价值、服务社会”的公司使命，中国人寿长寿公司积极承担社会责任作为核心价值观，提供民生保险保障服务，为长寿区低保户、残疾人、低收入家庭提供保费低廉、保障适度的意外伤害保险，使其在遭受意外伤害后获得保障，通过各种方式回馈社会。2015 年，继续开办政策性保险业务，为 6. 25 万人次提供保险保障近 20 亿元，赔款支出 198. 50 万元，让发生意外灾害群众获得赔付。坚持不懈地参与助学、扶贫、急难救助、环境保护等公益事业。

（杨家全）

附 2015 年中国人寿保险股份有限公司重庆市长寿支公司领导人名录

总 经 理：郑海毅
副总经理：余中文
总经理助理：龙　宇

非公有制经济

概　述

【概况】　2015年，全区非公经济市场主体突破5万户，完成增加值302亿元，比2014年增长9.8%；上交税金24.4亿元，增长10%；从业人员37.3万人，增长3.3%；劳动者报酬113.6亿元，增长10.2%；完成固定资产投资265亿元，增长71%。

（熊　伟）

2015年，长寿区的非公有制经济有企业43614户，比2014年净增2834户，增长6.95%。完成增加值3023151万元，比2014年增长9.67%；占地区生产总值430.1亿元的70.29%，比2014年提高4.79个百分点。实现总产值8524594万元，比2014年增长9.67%。实现营业收入8268856万元，增长9.67%。实现利润总额649008万元，增长9.67%。实交税金244136万元，增长11.80%。年末从业人员408186人，增长4.93%；支付劳动报酬1136342万元，增长3.39%。

2015年全区非公有制经济总产值中，第一产业22591万元，占非公有制经济总产值的0.27%；第二产业6660017万元，占78.13%，其中工业企业1234户，从业人员192156人，总产值4575226万元；第三产业总产值135118万元，占非公有制经济总产值的1.59%；个体工商户总产值1706868万元，占非公有制经济总产值的20.02%。

2015年，长寿区完成全社会固定资产投资总额5069000万元。非公有制经济完成投资额2653345万元，比2014年1546000万元增加1107345万元，增长71.63%。全区非公有制经济固定资产原值达到2778710万元，比2014年增加180558万元，增长6.95%。

（王　东）

长寿但渡场镇实施“亮化工程”

2015 年长寿区非公有制经济主要指标

单位:个、人、万元

指标名称	企业个数	从业人员年末数	增加值	总产值	营业收入	利润总额	净利润	上交税金	劳动者报酬	其中:工资总额	资产总额	固定资产原值	固定资产净值	负债总额	资本金	出口产品交货值	固定资产投资完成额
	1	2	3	4	5	6	7	8	9	10	11	12	13	14	15	16	17
总　　计	43614	408186	3023151	8524594	8268856	649008	611591	244136	1136342	1054823	4631183	2778710	2222968	2841734	947276	49325	2653345
一、按注册类型分组	2047	232790	2033756	6817727	6630263	321289	283872	204000	646710	609249	4337164	2602299	2081839	2819157	773441	49325	2414544
1. 内资企业	2031	228254	1827369	6247430	6082779	245779	227240	150114	630915	596356	3863219	2196794	1757435	2511092	579325	29595	2100653
2. 港澳台商投资企业	3	1533	105625	342378	336363	46392	34794	33107	5832	4666	141362	155763	124610	91885	75213	7399	305068
3. 外商投资企业	13	4160	100762	227919	211122	29118	21839	20780	9964	8227	332583	249742	199794	216179	118903	12331	8823
二、按国民经济行业分组	2047	232790	2033756	6817727	6630263	321289	283872	204000	646710	609249	4337164	2602299	2081839	2819157	773441	49325	2414544
1. 第一产业	219	2190	8176	22591	21687	3389	2541	2418	3416	3075	32850	19710	15768	21353	4380	0	5475
2. 第二产业	1447	225324	1944083	6660017	6478863	298443	266738	187697	635064	598764	3935647	2361388	1889111	2558171	747582	49325	2403354
其中:工业	1234	192156	1719825	4575226	4392217	158120	118590	112840	576468	489998	3164848	2057151	1440006	2057151	637537	49325	2066884
3. 第三产业	381	4572	81498	135118	129714	19457	14593	13885	8230	7410	209550	221200	176960	239633	21479	0	5715
三、个体工商户	41567	175396	989395	1706868	1638593	327719	327719	40136	489632	445575	294019	176411	141129	22577	173836	0	238801
其中:工业	3546	18615	35478	101365	97310	10828	10287	398	33507	30157	25082	18812	15049	2905	12541	0	53190

（重庆市长寿区经济和信息化委员会提供）

民营经济

【概况】 截至2015年12月底，长寿区民营主体总量有4.9万户，其中民营企业1.1万户；实现总产值1147.3亿元；从业人员28万人；全年支付劳动酬薪148.4亿元；上缴入库税金22.2亿元；实现增加值217亿元，占全区GDP比重的50.5%。

（黄家菊）

农村合作经济组织

【概况】 2015年，长寿区新发展农民合作社51个，培育市级示范社3个，全年农民合作社总销售额7.75亿元。金功合作社、正坤农副产品合作社进入物流行业，运输农产品等货物5000余吨，为探索解决“农产品最初一公里物流”问题积累经验。鑫智公司和云集、万顺、邻封3个供销社参控股新发展7个农民合作社，基层社与农民合作社融合发展；标杆养鸡合作社60万只现代化蛋鸡养殖项目完成21栋鸡舍建设，入舍蛋鸡40万只，养鸡收益比传统养殖增加10元/只左右。焦邻沙田柚股份合作社创办“重庆焦邻沙田柚合作社网”，增加长寿沙田柚等农产品销售渠道。

改造建设基层社6个，引入市农产品集团公司、区级龙头企业、农民合作社共同参股改建3个基层供销社，新组建龙河、长寿湖、凤城3个基层供销社。人人向往公司直接参与控股改建6个基层社，其控股的基层社达到9个。在基层社改建中，农业龙头企业和全国示范专业社成为基层社的股东，实现产权结合、优势互补。

（周建村）

中小企业

【概况】 2015年，全区中小企业完成增加值215亿元，比2014年增长11.4%；实现工业产值612亿元，增长16.8%；上交税金22.5亿元，增长15%；从业人员20.6万人，增长2.4%；劳动者报酬61.6亿元，增长11%；完成固定资产投资251亿元，增长68%。

（熊　伟）

长寿伟龙食品公司的产品销往全国20多个省市

2015 年长寿区中小企业主要指标

单位:个、人、万元

代码	指标名称	2015 年 12 月止累计 合计	其中:工业	其中:规模以上工业	其中:农产品加工业	其中:食品加工业	第三产业	代码	主要产品产量	计量单位	2015 年 12 月止累计
1	企业个数	1861	1123	195	18	14	244	23	发电量	万千瓦时	175543
2	企业从业人员	185624.8511	101674.4563	17654.95902	3253	1086		24	锰矿石	吨	—
3	企业增加值(现价)	2363142.814	1548789	1507494	50818.90909	44672	73421.0892	25	碳酸锶	吨	—
4	企业总产值(现价)	6751835.123	6195159.392	1075740.055	176454	140920	234574.4977	26	原煤	万吨	16
5	其中:私营、个体	5741223.554	5203193.445	903493.0738	176454	140920	234574.4977	27	农用氮、磷、钾化学肥料总计	吨	10818
6	总产值中:农业产值	191525	—	—	—	—	—	28	水泥	吨	1406257
7	工业中:(1)机械制造业	791311	791311	—	—	—	—	29	砖	万块	199945
8	(2)建材业	218236	218236	—	—	—	—	30	布总计	万米	76
9	(3)采矿业	164449	164449	—	—	—	—	31	生丝	吨	—
10	建筑业	789755		—	—	—	—	32	机制纸及纸板	吨	111616
11	工业企业销售产值	6009304.937	6009304.937	—	—	—	—	33	皮鞋	万双	65
12	出口产品交货值	206796	206795.643	—	—	—	—	34	饮料酒	吨	7988
13	固定资产投资完成额	2510000	2510000	—	—	—	—	35	配(混)合饲料	吨	200000
14	营业收入	7427019	6910701	—	—	—	—	36	食用植物油	吨	3211
15	利润总额	314057	229152	—	—	—	—	37	茶叶	吨	122
16	劳动者报酬	487900	316554	—	—	—	—	38	罐头	吨	—
17	其中:工资总额	461055	293726	—	—	—	—	39	汽车配件	万元	231255
18	实交税金	198504	158803	—	—	—	—	40	摩托车配件	万元	69352
19	资本金	1056959.431	903079.1667	—	—	—	—	41	摩托车发动机	台	—
20	金融机构贷款	324649.6786	274657.367	—	—	—	—	42	摩托车(成车)	辆	—
21	亏损企业数	143	108	52	—	—	—	43	铝合金压铸件	吨	—
22	亏损企业亏损额	63861.70732	58670	45310	—	—	—				

(重庆市长寿区经济和信息化委员会提供)

微型企业

【微型企业发展】 2015年，长寿区新发展微型企业2768户，居重庆城市发展新区第一位。2015年年底，全区微企总数达到10169户，发展微企集聚发展平台达到15个（其中微企孵化园7个，微企特色村8个），入驻微企814户。优化工作机制，全年召开微企领导小组成员单位、各街镇微企工作推进会20余次，形成“政府主导、部门联动、基层指导”格局。建立由区工商分局、区科委、区经信委、区人社局、区财政局、区农委共同推动的新型孵化园、微企村建设联动机制，叠加优惠政策，指导2家企业成功申报市级众创空间。加强政策支持，推动出台区级重点产业目录、十二条支持微企加快发展的政策措施、区级微企孵化园及微企特色村扶持管理办法，设立6000万元微企发展专项资金，扩大补助范围、提高补助标准，在全市首创对孵化平台建设和运营费用进行补贴，推动区政府将各街镇微企发展工作纳入专项督查考核范围。加强政策宣传，印发微企新政一单通1.2万份、海报2000份。在全市率先开通微企工作微信公众号，关注度覆盖全区95%以上开通微信的微企。市微企协会在长寿举办“品牌微企崛起之路”首站巡回宣讲活动。强化服务指导，开展创业培训和后续培训139期，组织优秀微企参加各类会展，2015年全市首届微型企业展示交易洽谈会期间，长寿区参展微企现场接获订单逾1000万元。到2015年年底，全区有671户微企发展为成长壮大型企业。净化创业环境，加大微企补助情况公示力度，对申请补助的“可疑”微企进行针对性抽查，取消44户不合格微企补助申请；加大打击骗取、套取微企补助资金行为的力度。2015年12月29日，副市长刘伟对长寿区微企工作做出批示：“长寿的做法应予肯定”。12月24日，区长赵世庆做出批示：“今年，长寿小微企业发展采取强有力的多重措施，取得爆发式增长的效果。长寿工商分局做了大量工作，功不可没！”

（万承松）

外资企业

【概况】 2015年，长寿区坚持把发展开放型经济作为推动区域经济发展的重大战略举措，创新理念、完善思路、搭建平台、强化措施、优化环境. 全年实际利用外资3.68亿美元，比2014年下降9.4%，总量列重庆市城市发展新区第一位。截至年底前全区外资企业有45家，年内新引进LG化学（重庆）工程塑料有限公司、重庆星宇海特克汽车部件有限公司、重庆日进汽车系统有限公司、重庆成元汽车部件有限公司、重庆金昌汽车部件有限公司、和信海纳川（重庆）汽车部件有限公司、重庆爱尊汽车部件有限公司、利富高（重庆）精密树脂制品有限公司、重庆帝尔鄂世稳汽车部件有限公司、重庆泰古工艺品有限公司10家外资企业。

（陶　然）

2015 年长寿区利用外资情况

单位：万美元

序号	项目名称	外方投资企业或个人名称	中方投资企业或个人	长寿注册企业名称	合同外资	本年度实到外资	累计实到外资
一、2015 以前年度外资项目							
1	初级形态的塑料及合成树脂制造	巴斯夫欧洲公司		巴斯夫聚氨酯（重庆）有限公司	39858	14850	96505
2	石油管道、设备服务、维修、保养项目	美国贝克修斯亚太有限公司		美国贝克修斯亚太有限公司	695	290	1435
3	生产、研发、销售用于电子材料的化学原料制品等	Soulbrain（株式会社）		秀博瑞殷（重庆）电子材料有限公司	2000	2400	2900
4	其他能源发电	达尔凯亚洲有限公司	重庆长寿电力实业有限公司	达尔凯长扬热能（重庆）有限责任公司	5464	439.95	9310.95
5	生产加工轮胎、再生胶等的开发与研究	Cheng Shin International（HK）Limited		正新橡胶（重庆）有限公司	8000	7207.99	13687.49
6	年产 35 万吨醋酸项目	英国 BP 化工投资有限公司	中石化集团四川维尼纶厂 重庆市能源投资集团有限公司	扬子江乙酰化工有限公司	40155.66	5200	
7	重庆国浩永固新型建材有限公司	简国钏	刘芳	重庆国浩永固新型建材有限公司	120	200	520
8	生产销售轮胎模具、机械设备、五金	林锡东		重庆鼎圣金机械设备有限公司	140	29	100
9				中橡（重庆）炭黑有限公司		300	
10				重庆川维林德气体有限责任公司		200.38	

续表

序号	项目名称	外方投资企业或个人名称	中方投资企业或个人	长寿注册企业名称	合同外资	本年度实到外资	累计实到外资
11				重庆日发汽车零部件有限公司		54.6	
12				重庆万斯金属特种成形有限公司		2.3	
13				杰富意金属容器（重庆）有限公司		188.1	
小 计(13 个)					96432.66	31362.3	124458.44
二、2015 年度外资项目							
1	销售:工艺品、日用百货、农副产品、化妆品;货物进出口;商务信息咨询	RUKKATANYOU MRS. ORANUJ		重庆泰古工艺品有限公司	2.68	2.7	0
2	研发、生产、销售工程塑料产品及塑料合金并提供相关的技术咨询服务和售后服务;公司自产产品同类商品的进出口、销售,工程塑料产品及塑料合金原材料的销售,佣金代理(拍卖除外),进出口及相关配套业务	株式会社 LG 化学（LG Chem，LTD.）		LG 化学（重庆）工程塑料有限公司	838.16	838.16	838.16
3	生产、加工汽车车身覆盖零部件;销售自产产品;制造汽车夹具、模具、容器并提供技术咨询服务;汽车车身覆盖零部件、生产汽车车身覆盖零部件用设备的批发、进出口、零售	星宇科技株式会社 爱尊科技株式会社		重庆星宇海特克汽车部件有限公司	3500	2000	2000

续表

序号	项目名称	外方投资企业或个人名称	中方投资企业或个人	长寿注册企业名称	合同外资	本年度实到外资	累计实到外资
4	制造：制动器总成、轴承、汽车零部件、普通机械设备；提供汽车零部件设计技术、工程技术及其咨询服务	BEARING ART CORP.		重庆日进汽车系统有限公司	1200	600	600
5	汽车零部件的制造、销售；汽车夹具、金属制品的制造、销售；汽车零部件模具的设计、开发、销售；普通机械设备以及部件的制造、销售；电气电子产品以及部件的制造、销售；以上各项产品销售、售后服务以及技术服务；上述各项产品的进出口；自有房屋的出租	金道炫、金世训、李芝银、SNI CO.，LTD.、SMT CO.，LTD.、SE-WON CORPORATION CO.，LTD.		重庆成元汽车部件有限公司	2310	971.36	971.36
6	生产汽车零部件、模具；研发汽车零部件及模具；销售自产产品；汽车零部件制造技术咨询、技术服务、技术培训；货物进出口、技术进出口	（株）金昌		重庆金昌汽车部件有限公司	1000		
7	研发、制造、销售汽车底盘零部件及焊接总成，以及车身件产品；提供相应的技术和销售服务；机电产品进出口；工程咨询及服务	株式会社和信	北京和信汽车部件有限公司、北京海纳川汽车部件有限公司	和信海纳川（重庆）汽车部件有限公司	365.4	365.4	365.4

续表

序号	项目名称	外方投资企业或个人名称	中方投资企业或个人	长寿注册企业名称	合同外资	本年度实到外资	累计实到外资
8	生产、加工汽车车身覆盖零部件；销售自产产品；提供设计汽车夹具、模具、容器技术的咨询服务；汽车车身覆盖零部件、生产汽车车身覆盖零部件用设备的批发、进出口、零售	爱尊科技株式会社等23个股东		重庆爱尊汽车部件有限公司	500		
9	研究、开发、制造汽车零配件、塑料制品、电器、普通机械设备；汽车零配件模具设计和制造；从事上述产品及相关原料的进出口业务、技术进出口、代理进出口、提供技术服务和技术咨询；自有房屋租赁；销售自产产品	韩国利富高株式会社、利富高（香港）有限公司		利富高（重庆）精密树脂制品有限公司	1189	293.9	293.9
10	研究、开发、生产和销售汽车零部件以及售后服务；汽车零部件相关材料的研究开发；设计、制造和销售机械和加工设备以及售后服务	株式会社 DR AXION	北京海纳川汽车部件股份有限公司	重庆帝尔鄂世稳汽车部件有限公司	1020	360	360
小计(10个)					10905	5432	5069
总计(23个)					107337.9	36793.8	129527.26

（重庆市长寿区投资促进局提供）

经济管理与监督

发展管理

【谋划发展大局】 2015年，长寿区完成全区经济社会发展“十三五”规划纲要的编制，明确全区“十三五”时期的经济社会发展目标、重点项目和发展思路，科学谋划长寿区经济社会发展蓝图。按照“1+10+X”的“十三五”规划体系，对10个重点专项规划进行统筹推进，其余各个专项规划编制正在按计划推进。编制2015年国民经济和社会发展计划执行情况及2016年计划草案的报告，合理确定年度发展目标。抓好经济运行监测，于年初提出全年经济社会发展目标任务后，面对宏观经济形势十分严峻的局面，为确保目标任务的完成，加大经济运行监测力度，定期与不定期做好经济运行分析，千方百计保持经济健康发展。

【重大项目建设管理】 2015年，长寿区重大项目完成投资260亿元，有效支撑全区固定资产投资完成506.9亿元，新开工重大项目75个，完工72个。实施工业项目52个，完成投资104亿元；社会民生项目35个，完成投资31亿元，城市开发项目49个，完成投资65亿元；农林水及产业化项目22个，完成投资10亿元；旅游项目15个，完成投资16亿元；商贸物流项目6个，完成投资5亿元。加强重大项目管理制度建设，修改完善《长寿区重大项目管理办法》和《重大项目工作目标考核办法》，继续深化和完善重大项目前期工作、征地拆迁、资金筹集“三线一体”的推进机制，“分片包干”的责任机制，“节点管理”的目标管理机制，“动态管理”的项目管理机制，有效提高重大项目管理科学化、规范化水平。建立责任单位周协调、区重大项目办月度协调、区政府季度研究三级问题协调机制，分阶段、有重点、集中有效地解决项目推进中的难题，强化重大项目检查、督查、稽查、考核工作。项目储备按照“储备一批、推进一批、开工一批、建成一批”滚动实施的工作思路，围绕全区经济社会发展大局，结合“十二五”规划、三峡库区后续工作规划等着力抓好重大项目储备工作，规划储备一批提升城市基础设施功能项目、提升长寿产业发展集聚能力的工业平台项目及产业项目、促进城乡一体化发展的农业产业化园区项目、推进社会发展的社会事业项目，提出分年建设目标，为经济的持续发展提供强力支撑。

【重点领域改革】 推进地方财政转移支付制度改革，坚持事权与财权匹配原则，出台对街镇财政管理体制调整方案，在原有保障性、事务性、激励性基础上新增专项转移支付，优化部分指标。健全城乡基本公共服务资源配置机制，完善基本公共服务设施建设布局与人口集聚、城镇拓展相适应机制，将公共资源配置纳入“十三五”规划，开展统筹城乡一体化规划和社会事业规划编制，逐步推进城乡公共服务设施建设。健全地方金融服务体系，引入金融机构，2015年新设立中华联合财产保险公司、鹏城保险代理公司、重庆长寿城市发展股权投资管理基金公司；筹建重庆市重化工产品交易市场，正在进行前期工作；开展农村产权抵押融资改革，考核奖励金融机构对农村产权抵押贷款的支持力度，开展农村房屋抵押贷款登记工作，发放金额约600万元，探索土地收益保证贷款试点，发放土地承包经营贷款约4000万元；继续开展大宗农作物、主要畜产品、重要“菜篮子”品种等为重点的政策性农业保险，不断提高保险覆盖面；与市保监局签订《关于建设保险发展示范区的合作备忘录》，启动示范区建设；筹备开展小额贷款保证保险试点、巨灾保险试点工作。推进公用事业价格改革，贯彻执行市政府定价目录，严格管理，完成建立城区城镇居民生活用水、全区居民生活用气阶梯价格制度及农村客运价格调整工作，于2016年1月1日起实施。

【投资体制改革】 严格执行《重庆市企业投资项目核准目录（2015年版）》《重庆市企业投资项目核准管理办法和备案管理办法》相关规定，结合外商投资产业指导目录、投资禁投清单，按章审批。

运用在线备案管理平台进行网上项目备案服务。完善投资失信管理机制，开展投资失信行为信息记录，建立守信失信奖惩机制。出台《关于加快推进全区社会信用体系建设的实施意见》《关于印发长寿区信用体系建设规划纲要（2014—2020年）工作任务分工的通知》《关于转发重庆市公共信用信息目录（2015年版）的通知》等系列文件，督促落实。

【支援铁路建设】 长寿区发改委承担长寿境内铁路建设主要的协调工作，年底前长寿区承担着渝万城际铁路建设，长寿区发改委从实际出发，务实组建工作机构和推动建设协调，妥善处理建设过程中的各种矛盾和问题，确保铁路建设的正常进行。渝万城际铁路长寿段长62千米。2015年，完成隧道6座、桥梁57座、桥墩1003座，完成全线铺轨等主项工程的相关扫尾工程；启动长寿湖站220千伏牵引站出线工程。

【对口帮扶】 贯彻落实市委、市政府“一圈两翼”对口支援要求，务实推进与垫江县的结对帮扶工作，全年拨付对口帮扶资金1792万元。建立结对发展工作方案和结对帮扶联动机制，开展结对帮扶互访活动。加强与市发改委和垫江县沟通协调，坚持每季度对区级各部门对口帮扶目标完成情况进行检查，确保目标的顺利实现。

（焦　旺）

审　计

【概况】 2015年，重庆市长寿区审计局（简称区审计局）设有5科2室1中心，即办公室、财政审计科、行政事业审计科、固定资产投资审计科、经济责任审计及内部审计管理科、审计信息化科、区经济责任审计部门联席会议办公室，审计中心。其中：年内增设1个内设机构——审计信息化科，增加2名内设机构科级领导职数，科长、副科长各1名。有人员编制44人，在编37人。区委办、区政府办印发《长寿区审计项目五年轮审规划》（长寿委办〔2015〕33号），区经济责任联席会议办公室印发《重庆市长寿区经济责任审计对象分类管理办法（试行）》（长经审〔2015〕2号）和《重庆市长寿区党政主要领导干部和国有企业领导人员离任经济责任事项交接办法（试行）》（长经审〔2015〕3号）。

2015年，长寿区按照全市审计“一盘棋”总体部署，以强化审计监督为核心，加强机关管理、干部队伍和党的建设，以促进审计整改和完善制度为目的，践行“依法、程序、质量、文明”的审计精神和“依法审、敢于审、善于审”的审计理念。完成各类审计项目135个（其中全面完成市审计局统一组织的审计项目6个）。查出主要问题金额97966万元（其中违规金额63432万元，损失浪费金额43万元，发现非金额计量问题96个）；处理处罚资金73927万元（其中上缴财政62677万元，减少财政拨款909万元）；增收节支64251万元，审计促进整改落实资金73891万元，全年向纪检监察和有关部门移送案件线索10件，涉案金额608万元；向区政府和区人大常委会报告审计工作各1次；30篇审计报告、要情、信息获区领导肯定性批示。在重庆市审计系统2015年区（县）审计工作考核中，长寿区连续第8年保持年度“先进集体”等荣誉；实施的2014年度税收预算执行情况审计、2012—2014年彩票公益金审计调查获得市审计局行业优秀项目表彰。

【重大政策落实跟踪审计】 全年组织实施8次“稳增长”政策措施落实跟踪审计。重点关注全区简政放权、社区养老服务设施建设、山坪塘整治、重大建设项目推进、高山生态扶贫搬迁等民生实事、重点领域。利用计算机审计技术，对相关部门数据、信息、资料等的比对分析，从被审计单位对宏观政策、措施落实的任务分解、资金拨付、项目建设等重要环节进行审核发现问题；强化对项目责任单位的现场审计。审计揭示出重钢FINEX综合示范钢厂项目、民政局社区养老服务设施、龙河镇污水处理站项目推进缓慢，高山生态扶贫项目建设手续不完善、撤并村通达工程市级补助资金不到位，工程建设项目管理不规范，个别行政审批制度改革和审批效率有待提高等问题，有效地促进重大政策措施在长寿的落实。

【财政预算审计】 全年对区级财政预算管理、税收征管以及6个区级部门预算执行情况、15个部门决算草案编制情况开展审计。重点关注区级“全口径”预算体系建设的完整性、预算编制、审核、批复和执行的规范性，部门预算执行的合法性、真实性、效益性；关注“三公”经费、会议费、培训费管理使用情况。采取区级预算与部门预算执行情况进行双向联动审计，即以区级预算执行为主线，审查预算拨款及使用绩效，以部门预算编制及执行中发现的问题倒查区级预算编制、审查、批复、拨款等环节中存在的问题。根据部门职责和资金管理使用特点，运用计算机审计技术分别编写相应的SQL语句，筛选重点和疑点，提高审计效率，提升审计成果。审计揭示出区级预算及执行中存在税费征管不严造成税费流失和偷漏税、预算下达和资金拨付不及时、财政存量资金结存结转规模大统筹使用较差、违规审批政府采购等问题，部门预算执行中存在收入征缴不及时、项目支出预算执行率普遍较低、挤占挪用专项资金、部门决算编制不真实不完整等问题。移送涉嫌偷税案件线索5件，案值200多万元。代区政府向区人大所作的《重庆市长寿区2014年度区级预算执行和其他财政收支审计情况报告》得到区人大常委会肯定。

【固定资产投资审计】 全年审计政府投资项目98个，送审额111953万元，全年审减投资额8207万元，审减率7.33%，比2014年提升2.25个百分点。转变审计思路，将历年“只对项目造价真实性合法性进行审计”改变为“以关注项目造价真实性合法性审计为核心，同时将项目立项、预算评审、招投标、合同管理、设计更改、工程质量、业主内审结果等项目管理重要环节纳入审计监督范围”，拓展投资审计内容和视野。揭示出一批违规招投标、违规更改设计、虚假签证、内审结果不真实等违规违纪问题。创新审计组织方式，实行政府购买社会服务，采取“国家审计＋社会审计”的组织模式。创新投资审计质量风险控制机制，采取五项举措严格控制审计质量，即：实行项目质量逐级复核制，严格执行中介机构审核、审计组长复核、四方征求意见、项目会审会会审、局业务会审理等5项项目质量控制程序，严控业务技术风险。实行审计信息保密制，严格审计过程保密纪律，阻隔中介审计机构与被审计单位之间的相关信息，严控不廉洁等人为风险。实行中介审计考核退出制，规定中介审计机构当年审计项目考核平均分在85分以下者，退出中介审计机构战略合作名单；发生重大审计质量问题或被发现有不廉洁问题的实行“一票否决制”，从中介审计机构名单中除名。实行项目安排抽签制，建立中介审计机构项目安排电话随机抽签制度，在投资审计科科长、分管领导、纪检组长、局长共同监督下完成项目编号，电话抽签确定项目的全过程。实行重大项目委托审计招投标制度，规定政府投资额超过1亿元以上的项目采取邀请招投标，邀请区审计局中介审计名单库中具有甲级资质、2012年至2014年3年审计质量年度考核前10名的中介审计机构参与投标，采用综合评标办法确定中标单位，提高审计效率和质量，降低审计费用。

【经济责任审计】 坚持党政同责、同责同审、违规追责的审计思路。突出审计重点，把领导干部贯彻落实上级政策及“稳增长”等政策措施落实情况、主要经济目标完成情况、“三重一大”决策和执行情况、财政财务收支及国有资金资产资源管理使用情况、廉洁自律情况、历次审计整改情况纳入审计重点，将机构人员编制、“三公”经费、中央“八项规定”等纳入审计内容予以关注。运用计算机审计技术开展审计，同时与部门预算审计、政府投资项目审计和专项审计紧密结合，有效利用任期内其他审计成果。全年完成领导干部经济责任审计项目22个、被审计领导30人。揭示出内部控制制度不健全、重大民生项目建设进展缓慢、违规发放津补贴、违规乱收费、购送购物卡、决策不当导致国有资金损失、超职数配备科级领导干部及违规采购货物服务等重大问题。向区编委移送案件线索1件。

【专项资金审计】 2015年，区审计局承担审计署和市审计局统一组织的6个专项审计或审计调查任务。为按时保质完成任务，实现审计目标，在方法技术、力量整合、管理制度等方面进行创新探索，突出对项目建设、资金使用和政策目标落实等重点开展审计。发挥大数据审计的优势，提高效率，筛查疑点。如在税收审计中，审计组用驾校提供的学员培训电子数据与西南驾驶培训中心电子数据比对，发现5所驾校有偷税嫌疑，经移送处理，补征偷漏税款200多万元。在严控质量风险的前提下，邀请第三方专家，提供专业咨询，拓宽审计思路。如在民政救助资金审计中，审计组邀请医保专家座谈，获取部分民营医院可能以挂床住院方式或虚假住院方式套取民政救助资金、医保基金的信息。审计组通过医院住院电子数据筛查分年度个人多次重复住院名单（含个人身份信息），再分析确定纳入审计调查取证名单的思路方法，查出2014年部分医院利诱城市“三无”和农村“五保户”70人，住院246次，每人每年住院3.5次，平均每人次住院7天（床）的疑点，经调查核实套取民政救助和医保基金61万元。合理借用被审计单位力量。如城镇保障房审计入户核查中，将区房管局相关人员与审计人员进行编组，对计算机审计筛查出的不符保障房待遇资格对象进行入户调查取证，获取176户不符条件家庭。创新投资审计管理制度，在工程投资项目审计中，创新建立《中介审计机构参与政府投资项目审计考核办法》《投资审计项目质量控制办法》《中介审计机构退出审计合作名单库和除名办法》《中介审计机构投资审计项目安排电话随机抽签办法》《重大投资项目委托审计邀请招投标办法》，有效控制审计项目质量。创新审计结果报告方式，将审计结果报告方式由“一项目一报告”改为“按季分类汇总报送”。即：分季度将财政审计、经济责任审计、企业审计、投资审计项目所发现的重大问题、重要情况以及审计整改等进行梳理归纳，以简洁文字加表格化方式向区委、区政府和上级审计机关报告审计结果，提高报告批示率，促进审计整改。

【内部审计】 全区各部门、各企事业单位设内部审计机构 51 个，其中专职机构 26 个；有内部审计人员 103 人，其中专职人员 78 人。2015 年，完成审计项目 76 个。

（邹　琳）

统　计

【概况】 2015 年，重庆市长寿区统计局（简称区统计局）有行政编制 30 名，在职人员 26 人，其中大专及其以上学历 19 人。区统计局设 5 个内设机构：办公室、综合科、工业投资科、服务业科、农经科。

区统计局的主要职责有 11 项。组织领导和管理协调全区统计工作，确保统计数据真实、准确、及时；组织实施国家统计制度、统计标准和发展规划。贯彻执行统计法律、法规、规章和方针政策，查处统计违法行为；依照统计法律法规开展统计工作，完成国家统计调查任务，根据全区国民经济和社会发展的需要，组织开展统计调查；依法对涉外调查事务、民间统计进行监督管理。管理和指导各街镇、各部门统计工作；协调政府综合统计与部门统计的关系；依法对部门统计数据进行审核、评估；依法管理地方统计调查项目；加强全区统计基层基础工作。组织实施全区人口、经济、农业等有关普查、各项专项调查，搜集、整理和提供有关统计数据。组织实施全区国民经济核算制度和全区投入产出调查；核算全区生产总值；搜集、整理和提供国民经济核算有关资料。组织实施全区一、二、三产业有关统计调查；搜集、整理和提供有关国民经济、社会发展、科技进步、能源资源、环境和服务业等统计数据。建立有关统计数据质量审核、评估和监控制度并组织实施；整理、核定、管理、提供、发布全区性基本统计资料；发布全区国民经济和社会发展情况统计信息；加强对全区统计信息发布的规范管理。对国民经济、社会发展、科技进步、能源资源、环境等情况进行统计分析和统计监督；建立健全全区经济社会发展的统计监测和评价体系，加强动态监测和统计咨询服务；组织实施对街镇社会经济发展状况考核评价工作，参与对区级各部门的考核工作，组织实施对各街镇、各部门进行统计工作考核。协调和管理全区统计信息自动化工程和统计数据网络建设。促进全区统计人才队伍建设；会同有关部门组织管理全区统计从业资格考试、从业资格认定等工作。承办区政府交办的其他事项。

【统计工作机制】 推进统计工作“大合唱”机制，统计部门当好“领唱”和“指挥”，各有关部门和街镇配合做好统计基础工作，形成工作合力。2014 年区政府出台《长寿区统计工作“大合唱”实施方案》后，2015 年继续推进部门统计工作，细化任务，明确职责，建立功能协调、资源互补、合作发展的工作体系，形成区统计局牵头抓总，相关部门、各街镇各司其职、齐抓共管的统计工作新格局。

优化街镇、部门统计工作考核机制。为加强 GDP 核算及统计调查工作，区统计局修订完善街镇和区级部门统计工作考核办法和实施细则，强化统计基础工作考核。加大奖惩逗硬力度，对统计基础工作扎实、统计工作任务完成较好的街镇和区级部门，由区政府通报表彰并给予 4 万元工作经费补助。2015 年，区政府表彰统计先进单位 15 家、先进个人 25 人。

建立健全企业激励机制，整合区经信委、区城乡建委、区商务局、区交委等部门资源，修订完善对工业、建筑业、商业、服务业企业的奖补办法，将企业统计基层基础工作作为重要指标纳入奖补办法之中。2015 年，对发展潜力较大、生产指标完成好、统计基础工作扎实的 137 家企业给予 482 万元工作经费补助。

【统计工作】 强化工业统计。区统计局深入经开区、街镇工业走廊以及重钢、川维、长化等企业调研，指导企业建立健全原始记录、统计台账和统计制度，要求企业严格执行统计报表制度，做到“颗粒归仓”。利用统计专网对工业企业主要指标进行适时在线监控，及时与部门及企业进行沟通协调，强化企业指标动态管理。

狠抓投资、建筑业和房地产业统计。深入建设项目施工现场，对所有在长项目施工现场进行拍照核查；继续对全区固定资产投资项目进行拉网式排查，督促项目单位、政府平台公司在搞好发展的同时坚持应统尽统，将发展成果客观真实地反映出来。全力抓好外地到长寿建筑企业、在长寿施工房地产企业统计工作，及时纳入建筑业及房地产业统计。

服务业统计强补交通运输业、批零住餐业与新型金融业等服务业统计短板，多次召开专题会议研究，到企业调研，推动服务业企业入库申报。结合国家及市统计局制订的一系列服务业统计的工作方案、报表制度，全面准确及时地做好统计工作。

【城乡住户调查】 加强住户调查工作的组织领导，分管统计、农业、人社的区领导多次召开专题会议研究住户调查工作，出台《关于加强住户收支与生活状况调查管理工作的通知》（长寿府办发〔2015〕100 号）。成立分管区领导任组长，区统计局、区人社局、区农委等相关部门和有关街镇为成员的住户调查工作领导小组，建立联席会议制度，定期召开会议，及时研究解决住户调查工作中存在的矛盾和问题。

建立月报通报制度，由区统计局每月汇总各街镇住户调查工作完成情况，提交区政府督查室进行专项通报。制定考核办法，采用百分制，就记账户记账的及时性、真实性、准确性、报表规范性、数据逻辑性等，按月对辅助调查员进行考核。将辅助调查员的基本补助由 100 元提高到 200 元，对达到记账标准的调查点，给予 400 元的考核奖励。对达不到要求，记账质量差的，扣发当月补助，根据实际情况及时对辅助调查员进行调整。

加强走访审核，确保住户调查源头数据质量。建立实地入户走访工作制度，每月对全区所有调查点入户访问 1 次；街镇统计员每两周对调查点访问 1 次；辅助调查员每周访问调查户 1 次；区委、区政府主要领导多次带队，深入调查点，调研区内住户调查工作。加强数据录入质量管理，记账本由原街镇录入改为由区统计局统一负责录入，一旦发现问题及时入户实地走访核实。强化培训宣传，制作《城乡住户调查工作手册》等资料，加强对城乡住户调查工作的意义、记账方法以及隐私保密等制度的宣传解释，让调查户明晰住户调查是公民的责任和义务，是为国家制定民生政策提供所需统计资料，打消其记账顾虑，保证调查工作顺利开展。

【党建工作】 区统计局年内先后 8 次进行专题学习，4 次进行专题讨论，以总书记习近平讲话精神武装头脑、指导实践、推动工作。坚持把执行党的政治纪律、政治规矩放在首位，旗帜鲜明反对“四风”。坚决贯彻落实中央八项规定和市委七条实施意见、“八严禁”“十二不准”，严格按规定组织公务接待、公务车运行维护、因公出差等活动。开展正风肃纪专题教育，在元旦、春节、中秋、国庆等节假日组织专题教育，严控“酒局”“牌局”；加强督导党员干部自觉遵守管理制度、学习制度、财务管理制度等。全年无一起违法违纪案件发生。组织实施“三严三实”专题教育，召开会议研究布置专题教育，制定实施方案，落实责任。按要求组织专题党课，按照 4 个专题 12 个主题有序推进专题学习研讨，全年集中学习 12 次、交流研讨 4 次。领导班子查找 3 条、班子成员查找 7 条问题，建立问题清单，制订整改措施，逐条梳理，逐项整改，已全面落实各项整改措施。

（李永鑫）

国资金融管理

【概况】 根据长编发〔2011〕66 号设立重庆市长寿区国有资产金融管理办公室，不增设机构，在区财政局增挂重庆市长寿区国资金融管理办公室牌子。重庆市长寿区国有资产金融管理办公室设 2 个内设机构，分别为国资管理科和金融管理科。

【金融服务】 全年新引进金融机构 4 家，金融机构总数达到 47 家。全年协调银行业金融机构新发放各类贷款 120 亿元，其中中小微企业贷款 65.5 亿元。成功设立区属国有基金管理公司。

【财务管理】 出台《关于进一步加强行政事业单位财务管理的通知》，从强化预算管理、严格预算执行、规范会计核算、强化账户管理、提高决算编报质量、健全内控机制、加强监督检查等七个方面强化行政事业单位财务管理。研究制订《关于进一步加强村组集体经济组织财务管理工作的意见》，从加强账户管理、规范收支管理、提高电算化水平以及明确落实监督管理责任等四个方面，规范村组集体经济组织财务管理。加强会计人员培训，推进会计从业资格整改。

认真贯彻《政府采购法实施条例》，完善分散采购管理办法、会同区检察院建立政府采购供应商诚信体系等政府采购制度，在全区推行政府采购业务管理系统，不断规范采购行为。全年组织实施集中采购 1879 件次，节约财政资金 5208 万元，节约率 18.5%。

【风险防控】 发挥投资评审作用，全年完成评审工程项目 452 个，送审金额 24.1 亿元，审减资金 7600 万元，审减率 3.14%。指导和协助政府融资平台公司加强政府投资项目的规范化管理，预算编制和审核的规范化和标准化提高。

严格政府债务管控，严格实行债务余额限额管理，强化债务风险预警机制。争取政府债券资金 20.3 亿元，用于偿还存量债务和新建设项目支出。推动政府平台公司融资期限调整，优化债务结构，降低融资成本，全区当年 3 年期以上融资占比 77.6%，融资成本较 2014 年年末下降 1.63 个百分点。加大政府平台公司资金统筹协调力度，全年调度政府平台公司周转资金 10.4 亿元，及时拨付政府平台公司土地成本等财政补助资金 69.5 亿元，有效缓解政府平台公司项目建设和还本付息的资金压力，推进重大项目建设，保持政府各平台公司平稳有序运行。

统筹开展防范和打击非法金融活动专项行动，成立专项工作组，全年立案查处涉嫌非法集资企业 10 家，涉及资金 7404 万元，涉及群众 1122 人，清退和冻结 1528 万元。在全区实施举报奖励办法后，推动全市、全国的非法集资举报奖励办法的出台。

（袁雪峰）

国土资源管理

【概况】 2014 年 12 月，长寿区委、区政府联合发出《关于长寿区人民政府职能转变和机构改革的实施意见》（长委发〔2014〕23 号），组建重庆市长寿区国土资源和房屋管理局，不再保留国土资源局、房屋管理局；同月成立中国共产党重庆市长寿区国土资源和房屋管理局委员会，中国共产党重庆市长寿区长寿区国土资源和房屋管理局纪律委员会。重庆市长寿区国土资源和房屋管理局（简称区国土房管局）系长寿区政府的工作部门，内设 14 科 1 室，下辖直属事业单位 13 个和片区国土管理所 9 个。2015 年年末职工 288 人，其中机关职工 20 人，直属事业单位职工 145 人，街镇管理所 40 人，招聘人员 83 人。

2015 年是国土房管机构合并改革的第一年。围绕“科学发展、富民兴区”总任务和稳中求进工作总基调，主动适应经济发展新常态，提高资源配置的质量和效益，保障“三地一中心”建设工作，深化国土房管领域改革，加强依法行政，维护群众合法权益，积极主动作为，开拓创新服务，依法规范管理，为全区经济社会发展提供支撑和保障。

【耕地保护】 落实最严格的耕地保护制度。及时传达贯彻国土资源部、市国土房管局耕地保护工作会议精神，层层签订耕地保护目标责任书，全面完成建设项目耕地占补平衡任务，确保全区耕地保有量 56150 公顷、基本农田保护面积 42000 公顷。全面完成长寿区“十二五”期间十二万亩高标准基本农田建设任务。制订永久基本农田划定方案，完成全区永久基本农田划定现状调查和城镇周边永久基本农田核实举证工作，将初步成果提交市国土房管局审查，为进一步拓展建设用地空间争取战略主动。全年上报用地计划项目 32 宗，面积 312 公顷；获得用地计划项目 22 宗，面积 172 公顷。报批土地征收项目 33 宗，面积 326 公顷；已获得征地批文项目 30 宗，面积 297.47 公顷。

【土地供应】 在极其困难的情况下完成土地出让任务，全年供应国有建设用地 109 宗，面积 440.3 公顷，实现土地合同价金 53.83 亿元。办理国有土地储备 16 宗，面积 87.47 公顷，为政府建设平台公司发展提供资金保障。推进节约集约用地，全面清理和规范基础设施供地工作，加强地块督察，确保净地出让。全面实施长寿区土地利用动态巡查方案，落实工业用地政府平台公司、用地单位、国土房管局“三方”监管制度，加强土地供后监管。成立创建节约集约模范区活动领导小组，开展“全国节约集约土地模范区”创建活动。

【土地房屋征收】 （详见本类目《土地房屋征收安置》分目）

【土地整治】 推动农村土地整治工作，实施市、区两级土地整治项目 12 个，补充耕地 320.33 公顷，投入资金 3644 万元。中德合作梓潼项目建设取得重大进展，一期道路工程已通过市级验收，二期工程进展顺利。以全面归还借用增减挂钩周转指标为目标，以资金保障为前提，实施建设用地复垦项目 48 个，归还增减挂钩周转指标 112.82 公顷。

牵头开展农村居民转为城镇居民退出宅基地补偿和利用工作，多渠道筹集资金 1.5 亿元，审核办理户改退地 1847 户 3150 人。

【土地监管】 开展 2014 年度土地矿产卫片执法检查工作，依法查处整改违法违规行为，年内全部顺利通过年度卫片执法检查国家级、市级验收，违法占用耕地比例下降到 7.96%。全年开展土地矿产动态巡查 300 余次，土地巡查执法监管取得成效。做好国土资源和房屋管理行政复议和行政应诉工作，成功应对行政诉讼案件 68 宗。贯彻落实全区“两违”（即违法用地、违法建设）集中整治方案，整治违法占地违法建设 5368 宗，整治违法占地 88.89 公顷、违法建筑 134.9 万平方米，“两违”整治达到预期效果。

【地灾防治】 强化地质灾害防治共同责任机制、汛期 24 小时应急值守和群测群防预警机制，保障地质灾害险情有效防治。地质灾害四级防治责任网络体系基本建立，层层签订《地质灾害防治目标任务责任书》。完成地质灾害应急救援中心建设，建立地质灾害应急物资库。开展 9 个地质灾害治理工程项目。全面完成三峡库区二、三期结余资金 11 个项目的前期勘查设计及申报立项工作，年底前已获得市发改委投资计划 4525 万元。顺利通过三峡库区二、三期地质灾害防治项目的国家级终验。小微地质灾害治理工程完工并通过验收 8 个。制定《长寿区小微地质灾害治理项目管理暂行办法》。派驻 16 名地质队员到街镇，强化地灾点变形趋势动态管理。加大红层找水实施力度，全区打井 3000 口，总投资 465 万元，解决 1.5 万人（畜）的饮水问题。实施地质灾害“金土工程”搬迁避让项目 4 个，搬迁 206 人。

【矿产管理】 依法履行矿产资源监管责任，细化落实矿产资源开发监管制度，全年完成 63 宗采矿许可证延续登记工作。全面完成《重庆市长寿区非煤矿业权设置方案》修编工作。依法征收矿产资源补偿费 190 万元、矿产资源价款约 600 万元、采矿权使用费 2.5 万元，缴存矿山地质环境治理和生态恢复保证金 2850 万元。对 67 家矿山企业开展矿业权实地核查和矿山储量动态监测。加强矿产资源执法监管，持续开展矿产资源“打非治违”专项行动，确保矿产资源勘查开采秩序健康发展。

（邱　真）

土地储备管理

【概况】 2013 年 7 月，长编发〔2013〕160 号文件规定，重庆市长寿区土地储备中心（简称区土地储备中心）是国土资源局管理的公益一类事业单位，机构规格为正处级，经费形式为财政全额拨款；主要职责有 5 项：负责编制全区土地储备计划，拟草土地储备融资规模；负责全区土地储备及储备土地前期开发管理、管护及临时利用；负责储备土地融资和土地储备资金的监督管理；负责土地储备相关工作；完成区委、区政府交办的其他工作。2015 年 3 月，长寿委办发〔2015〕10 号文件明确，重庆市长寿区土地储备中心的主管单位由重庆市长寿区国土资源局变更为重庆市长寿区国土资源与房屋管理局。

区土地储备中心核定编制数 23 人，其中主任 1 名，副主任 3 名，纪检组长按有关规定配备；内设机构领导职数 8 名（4 正 4 副）。内设机构为：办公室，融资财务科，土地储备科，工程管理科。2015 年底，实有编制 14 人，其中：主任 1 名，副主任 1 名，科级及以下人员 12 人。

2015 年，区土地储备中心完成储备土地 9 宗，44.93 公顷，实现 4 家银行授信 13.98 亿元，实现 5 家银行融资到位资金 20.3 亿元。获得区政府 2015 年度重大项目通报表扬，2015 年度区政府常务会、区长办公会议定事项办理情况通报表扬。

【土地储备】 市国土房管局核准长寿区 2015 年度土地储备计划为 80 公顷，2015 年实际完成储备土地 9 宗，面积 44.93 公顷（其中：中心城区 8 宗，面积 40.47 公顷；其他街镇 1 宗，面积 4.47 公顷），完成计划的 56.17%。

【土地储备融资】 2015 年，实现重庆银行长寿支行、重庆银行两江支行、三峡银行长寿支行、交通银行长寿支行等 4 家银行授信 13.98 亿元，实现交通银行长寿支行、重庆银行长寿支行、重庆银行两江支行、三峡银行长寿支行、恒丰银行涪陵支行等 5 家银行融资到位资金 20.3 亿元，区政府决定使用 18.18 亿元，全部用于 2015 年重大项目建设和平台公司偿还债务。土储融资资金投入为全区 2015 年重大项目建设和债务偿还提供资金保障，发挥平衡、缓压、应急等重要作用。

区土地储备中心始终坚持高标准、严要求，保证每一笔土储融资都合法、合规、高效、优质。规范开展融资工作，服从债务管控，严格按照区政府规定的融资程序开展融资工作，每个融资项目做到事前请示，事中汇报，事后报批（获得授信批复后），区政府批准同意后上账。严控融资成本，把节约融资成本作为融资的重要条件纳入融资谈判内容，在已获批的融资中，综合年利率平均为8.58%，其中重庆银行长寿支行10月份授信3.1亿元融资综合年利率为7.5%，11月份授信1.7亿元融资综合年利率为7%，普遍低于其他平台公司10%的年利率，年节约融资成本1000万元以上。加强管理，在融资资金到账后，及时与区财政等有关部门研究资金使用方案，在区政府审批同意后，及时足额拨付资金，保证每笔资金用在解决问题关键点上，充分发挥资金效用。2015年5—6月，先后三次及时向区征收办拨付资金1.67亿元，保障北城大道渡舟段建设项目的征迁资金需求，为实现征迁目标和提前完成征迁任务发挥关键作用；11月，向区殡仪馆拨付2964.94万元，解决殡仪馆迁建项目的资金短缺4年未解决的问题，确保该项目的顺利实施。

【队伍建设】 区土地储备中心党组重视党风廉政建设责任制落实，成立由党组书记任组长、党组成员为副组长、各科室负责人任成员的党风廉政建设和反腐败斗争领导小组。制定《长寿区土地储备中心2015年党风廉政建设和反腐败分工责任制》，将党风廉政建设责任制进行分解，确定中心党组书记作为党风廉政建设第一责任人，将相关工作任务逐一落实到中心党组成员、相关科室。加强作风建设，坚决执行中央八项规定和市委、区委实施意见，严格控制“三公经费”开支，严禁公车私用，严禁大操大办等。

区土地储备中心党组将支部建设工作纳入日常工作研究、纳入工作督查，认真落实相关工作，制定《中共重庆市长寿区土地储备中心党组2015年党建工作计划》，全年区土地储备中心党支部组织开展活动5次，包括党组书记、分管领导讲党课，新春登山活动、党员送温暖活动、百人小传朗诵活动、清明扫墓活动、慰问留守儿童活动等；开展职工乒乓球比赛活动2次。鼓励党员干部参加文艺创作，职工创作歌曲《我爱菩提山》、微电影《背夫出嫁》主题歌《坚韧从容》、微电影剧本《良知》；剧本《良知》获全国食品药品杯特等奖。

巩固拓展党的群众路线教育实践活动成果，开展“三严三实”专题教育活动，严格按照专题教育活动方案，开展正反面典型专题研讨会，党组成员12个主题学习等活动，集中学习15次，参加学习52人次。完成对渡舟街道长生桥社区2400户居民的走访，配合街道和社区建立民情台账，资助10万元用于社区娱乐基础设施建设。

区土地储备中心对凤城街道三洞村8户贫困户结对精准扶贫，党组制订工作方案，安排专人到贫困户家中，了解贫困户情况，落实帮扶措施，帮助贫困户找到致贫原因，解决11万元用于凤城街道统筹帮扶工作。

（桑　璐　韩　林）

土地房屋征收安置

【概况】 重庆市长寿区土地房屋征收安置办公室（本分目简称区征收办）成立于2013年5月，是区政府办下属的全额拨款事业单位，主要负责长寿区行政区域内征地拆迁补偿安置具体事务性工作。2015年有主任1人，副主任3人；下设综合科、财务科、信访科、征收一科、征收二科和征收三科5个科。

截至2015年年底，先后实施43个项目的征地拆迁安置工作。其中实施国有土地上房屋征收项目3个，分别为长寿经开区生态防护屏障建设项目、渡舟路改扩建项目、凤城青龙嘴片区文物保护修复项目等，涉及晏家、凤城和渡舟等3个街道、居民4891户，征收房屋5969套、拆除房屋面积达46.3万平方米；实施集体土地上征地拆迁项目40个，征收土地约1607公顷、拆迁农房6332户、农房面积83.34万平方米、征地农转非13299人，确保区内重

2015年9月实施的长寿经开区东瀛征地拆迁项目工程

大项目建设用地。2015 年推进实施征收项目 36 个，征收集体土地 1663 公顷，拆除农房 5365 户，农转非人员 12654 人，订购发放定销房 4279 套；征收国有土地房屋 4891 户，拆除房屋面积 46.3 万平方米，妥善安置被征收群众。

【国有土地上房屋征收】 2015 年，长寿区实施完成 3 个国有土地上房屋征收项目，涉及 3 个街道、居民 4891 户，征收房屋 5969 套、46.3 万平方米。

长寿经开区生态防护屏障建设项目国有土地房屋征收工作圆满完成。该项目是西南地区最大的单体项目，征收工作量大，国有土地上房屋涉及晏家街道 2 个社区、14 个居民小组、4450 户、5231 套房屋（其中住宅 2557 套，非住宅 1365 套，未经登记建筑 1309 套），2 万余人，约 42 万平方米；集体土地上房屋涉及原晏家 1 组、2 组 53 户 76 套房屋（其中住宅 53 套，非住宅 23 套）。征收类别多，有工业企业、农业企业、大商场、农贸市场、通信公司、学校、幼儿园和医院，也有旅馆、小作坊、小面馆、理发店、小百货、家电、副食品店等，涉及经营户 1153 家。征收房屋种类复杂，涉及国有土地和集体土地，住宅和非住宅，有证和无证建筑，一次搬迁和二次搬迁，居民和村民，本地人口和外来人员，一般群众和机关干部。自 2013 年 11 月启动，长寿区委、区政府高度重视，由区长赵世庆担任指挥长，常委王身高任常务副指挥长，到现场指挥；晏家街道党工委书记黄茂生、办事处主任韦本能、人大工委主任王宣和区征收办主任王如雪等领导为组长的征收工作组，坚持时间倒排、责任到人，节假日不休息、扭住工作不放的顽强作风，全力以赴开展签约谈判工作，取得显著成效。其中第三工作组，完成静怡小区的签约搬迁，攻克整个征收工作最大的难题。经过一年零四个月的辛勤努力圆满完成征收任务，确保长寿经开区 MDI 项目的顺利投产。

渡舟路改扩建项目（一期）实现“三个 100%”和“三个零”目标。该项目是长寿区的重大民生工程，是 2015 年长寿区十件急事之一。征收范围内集体与国有土地上房屋交叉、有证建筑与无证建筑交错、本地居民与外地居民共存、情况错综复杂。涉及有产权户 166 户（其中经营户 72 户）、房屋 411 套（国有 89 套、集体 253 套、无证 69 套）、建筑面积约 3 万平方米。区委常委、区政府党组成员、区征收办党组书记王身高担任指挥长，区人大常委会副主任李吉华任常务副指挥长，组织实施该次征收工作。征收工作经过 4 个月的艰苦努力，签约率 100%、房屋拆除率 100%、资金兑付率 100%，实现零信访、零强拆、零事故的预定目标。

2015 年 7—12 月实施文物保护修复项目征收工程的长寿东街青龙嘴片区

长寿东街青龙嘴片区文物保护修复项目征收工作是长寿区的重大民生工程，是打造长寿区滨江长寿谷旅游景区的第一个工程。涉及居民 275 户、房屋 327 套（住宅 288 套、非住宅 8 套、无证 31 套），面积约 13000 平方米。其中区国土房管局公房 183 户 183 套，约 7800 平方米；私房 92 户 144 套，约 5200 平方米。征收红线内公房和私房相互交叉、毗邻；产权人多为下岗职工，普遍家庭贫困、生活条件差、房屋面积小、结构简易。在以区委常委、常务副区长左永祥任指挥长，区人大常委会副主任李吉华为常务副指挥长的指挥下，征收办抓住妥善安置群众这一关键点，采取先易后难、先公房后私房、先个人后集体的工作思路，深入征收一线，细化工作责任，经过 100 天的辛勤努力，按节点全面完成征收目标任务。

【集体土地征收】 2015 年，推进实施集体土地征收项目 33 个，涉及土地面积约 1663 公顷。年底前已完成农房拆迁 5365 户，住房安置 11753 人，办理农转非社保 12654 人，及时足额兑付征地拆迁补偿安置资金。

2015 年以前已实施的 28 个项目征迁收尾工作卓有成效。投资 160 亿元的新加坡亚太纸业项目是长寿区政府和经开区的重大项目，涉及凤城街道 5 个组、晏家街道 6 个组，征地面积 313.83 公顷，征地农转非 2394 人。2015 年区征收办全体干部职工深入征收一线，与未签协议的被拆迁户沟通协商，在确保亚太纸业项目建设施工的情况下，年内全面完成项目征迁收尾工作。渝万铁路建设项目征迁工作年内完成，该项目是国家级重大基础设施建设项目，横贯长寿区9个街镇，涉及土地218公顷、村民807户、农转非人员3507人。年底前28个项目征收扫尾工作拆迁土地1663公顷、拆迁农民5185户、农转非安置人员11133人。

2015年新启动的5个项目稳妥推进。启动实施长寿湖镇35千伏东海变电站搬迁工程、凤城街道李家湾加油站项目、葛兰镇以租代征遗留问题地块、晏家街道长寿经开区东瀛项目、八颗街道龙门桥水库淹没用地项目，在有关街镇的全力配合和支持下，全年征收土地约128公顷、拆迁房屋180余户、农转非安置620余人，其中葛兰镇以租代征遗留问题地块的征迁工作全面结束。

2015年11月，晏家街道被征地拆迁群众订购的10期定销房工程

【拆迁安置】 长寿区重视定销房建设这一民生工程，多方筹集资金，加快定销房建设工作进度。年底前竣工的定销房已能全面满足被拆迁群众的订购需求。2015年又是长寿区被征地拆迁群众定销房订购工作关键之年，区征收办、区国土房管局、区公共民生公司、长寿湖旅游开发公司、街镇工业走廊管委会、经开区集团公司和有关街镇通力合作，全年组织被拆迁群众订购定销房（含回购房）4279套。

（冉　鸿）

【地房征收行政管理】 履行征地行政管理职能，依法实施征地拆迁，加快推进征地拆迁信息公开制度。全年实施征收项目38个，面积1663公顷，住房安置11753人，保障川维生活区、钢材物流仓储中心等重大项目用地需求。成功完成经开区生态房屋屏障国有土地征收项目、渡舟路改扩建工程征收项目、长寿青龙嘴片区文物保护修复征收项目“三大拆迁战役”。严格规范征地补偿行为，统筹做好“超范围补偿土地”清理和利用工作，最大限度地发挥征地补偿资金使用效益。引导和调整征地拆迁住房安置方式，全面实现征地拆迁住房货币化安置。

（邱　真）

公共资源交易管理

【基本情况】 重庆市长寿区公共资源交易中心（本分目简称交易中心）成立于2011年6月28日，原是隶属长寿区发改委的副处级全额拨款事业单位，从2013年6月起调整为区政府办公室管理，于2013年8月被市人力社保局批准列为参照公务员法管理的单位。2015年交易中心有人员编制16名，实际在岗15人，设主任1名、副主任1名（正科级），下设综合科、交易一科、交易二科、交易三科及监察科5个科。

2015年，交易中心完成政府采购1879宗，成交金额2.29亿元，节约资金0.52亿元，节资率18.53%；完成工程建设招投标487宗，成交金额20.91亿元，节约资金1.67亿元，节资率7.41%；国有建设用地使用权出让48宗，成交总价21.3亿元。全年增收节资2.19亿元。

【服务优化】 交易中心坚持制度为先，实行一次性告知制、首问责任制、服务承诺制、限时办结制、责任追究制等日常管理制度，将办件时限承诺到分钟。在全市率先完成标准化服务体系撰写成书工作，落实服务流程，为每一位服务对象服好务。2015年，交易中心通过开通pose刷卡缴纳服务费、建立服务工作群、开通网站公示平台等措施，简化办事流程，方便服务对象。年内完成监察科配置，明确工作职责，实现纪检监察及廉政建设工作常态化。

【队伍建设】 2015年，交易中心开展践行“三严三实”专题教育活动，负责走访晏家街道育才路17号2幢全部居民，96户分为3个单元。区交易中心工作人员采取先摸底后走访的模式，首先与街道干部、社区干部、楼栋长座谈，了解情况；然后走访居民并记录诉求，对每天走访情况及时登记入册。小组成员采用普遍走访、利用工余时间走访、电话预约走访、贴门条预约走访等多种方式，力求零缺失。最后将收集到的意见及时上报，做好回访工作。

交易中心在成功创建市级青年文明号示范集体之后，继续开展志愿服务，帮扶关爱留守儿童，开展和参加公益活动，成立志愿者服务网络和线下小分队，利用休息时间与街道、社区共建，为全国文明城区的创建添砖加瓦。2015 年 1 月，区交易中心成功创建为全国青年文明号，成为长寿区首家被授予此项称号的部门。

2015 年 5 月 11 日，团市委副书记施崇刚一行到长寿区公共资源交易中心颁授全国青年文明号奖牌。区领导王志宏出席授牌仪式

（周　艳）

工商行政管理

【概况】 重庆市工商行政管理局长寿区分局（简称区工商分局）是主管长寿区市场监管和行政执法工作的市工商局垂直管理的行政机构。其主要职责有 15 项。贯彻执行工商行政管理法律、法规、规章和方针政策；在权限范围内拟定发布工商行政管理规范性文件。负责各类企业、农民专业合作社和个体工商户以及授权范围内的外商投资企业、外国（地区）企业常驻代表机构等市场主体的登记注册工作，依法核定注册单位名称，审批、颁发有关证照。负责落实微型企业发展相关政策、工作规划，协调各部门做好微型企业发展和监督管理工作。承担依法规范和维护市场经济秩序的责任，负责监督管理市场交易行为和网络商品交易及有关服务的行为。负责各类市场主体监督管理，承担依法查处取缔无照经营的相关责任。承担监督管理流通领域商品质量的责任，组织开展有关服务领域消费维权工作，按分工查处假冒伪劣等违法行为，负责消费者咨询、投诉、举报的处理和消费维权网络体系建设等工作，保护经营者、消费者合法权益。承担查处违法直销和传销案件的责任，依法监督管理直销企业和直销员及其直销活动。依法查处不正当竞争、商业贿赂、贩私等经济违法违章行为。负责依法监督管理市场中介组织经营活动，查处市场中介组织违法行为，指导市场中介组织规范发展。依法实施合同行政监督管理，负责管理动产抵押登记，组织监督管理拍卖行为，负责依法查处合同欺诈等违法行为。指导广告业发展，依法监督管理广告发布和经营行为，依法查处广告违法行为。负责商标监督管理工作，组织著名商标推荐和指导驰名商标申报工作，认定辖区知名商标；依法保护商标专用权并查处商标违法行为；依法保护特殊标志、官方标志并查处侵权行为。承担本地区企业信用体系建设工作，组织开展企业信用信息征集整合、共享和应用，指导区级部门开展信用体系建设。研究分析并依法公示市场主体相关信息，为政府决策和社会公众提供信息服务。负责个体工商户、小微企业、专业市场党建工作；负责非公组织党建工作信息系统和网络开发、维护工作，利用注册登记、巡查监管全面动态掌握非公经济组织情况；抓好党组织组建和党员队伍建设工作。承办上级工商行政管理局和当地政府交办的其他事项。

2015 年，区工商分局有内设机构 12 个：办公室、组织人事科（挂监察室牌子）、宣传教育科、法规科、财务装备科、非公有制经济组织党建工作科、微型企业发展监督管理科、企业注册登记科、企业和个体私营经济监督管理科、市场监督和消费者权益保护科、商标和广告监督管理科、企业信用体系建设管理科；有直属行政单位 1 个：经济检查执法支队；有社团组织 1 个：工商学会；有派出机构 11 个：电子商务监督管理所、城内工商所、河街工商所（与江南工商所合署办公）、晏家工商所、江南工商所、渡舟工商所、葛兰工商所、云台工商所、双龙工商所、长寿湖工商所、洪湖工商所。截至 2015 年 12 月底，全局有人员 209 人，其中在职人员 119 人（专科学历 21 人，本科学历 96 人，研究生学历 2 人），退休干部 90 人。

2015 年，区工商分局从严抓班子带队伍，从实干事业促发展，微企发展、企业年报、合同监管、执法办案、政务信息等工作受到市工商局督查通报点名表扬9次；全年各级新闻媒体报道区工商分局工作近800条次，政务信息非直报点排名全市第三；企业监管科获得“全国人力资源市场秩序整顿先进单位”；2013—2015三年获得各级领导肯定性批示34次。

【注册登记】 2015年新增各类市场主体7807户，比2014年增长7.65%。其中内资企业3135户，外资企业13户，分别增长95.69%、44.44%。2015年底，全区市场主体达到4.95万户，增长6.42%，企业占比从18.58%上升到26.18%，市场主体结构进一步优化。推行“先照后证”、并联审批、“三证合一、一照一码”等制度，通过《长寿日报》、微信公众号等媒体及楼宇广告开展政策解读，印制宣传资料加强政策宣传。全年办理“并联审批”86件，新增“先照后证”市场主体1650户，发放“一照一码”营业执照6488份。支持民营经济健康发展，为企业办理股权出质104件，出质金额11.1亿元，帮助企业融资60亿元。加强窗口建设，新增3名窗口辅助工作人员，提高注册登记工作效率。推进注册登记便利化，构建市场准入快速通道，下放内资企业名称受理权限到工商所。推动外资服务窗口前移，及时解决北京现代汽车配套项目等重点招商项目登记注册难题，支持和信海纳川（重庆）汽车部件有限公司等重点企业顺利落户。

【微型企业发展】 （详见《非公有制经济》类目《微型企业》分目）

【商标发展与监管】 2015年，全区新增注册商标684件，较2014年增加30%；新申请注册商标562件，全区有效注册商标总计3011件，其中驰名商标3件、地理标志商标3件、著名商标23件、知名商标20件、涉外商标9件。加强商标监管和运用，开展商标代理机构清理行动、保护地理标志商标专用权专项行动，检查各类经营主体840余户，立案查处8件。加大商标宣传和培训力度，开展商标相关法律法规宣传，发放宣传资料约8000份。申请并兑现奖励总金额70.92万元。

【广告发展与监管】 （详见《商贸服务业》类目《广告业》分目）

【电子商务发展与监管】 （详见《商贸服务业》类目《电子商务》分目）

【市场主体监管】 加强市场主体年报工作，创新制作年报动漫广泛宣传年报政策，开展市场主体培训20次。发送年报提示短信1.2万条，接受现场、电话咨询6500余次。截至2015年6月30日，全区2013年、2014年度市场主体年报率分别为87.57%、83.68%，均高于全市平均水平。通过企业信用信息公示系统，依法将未按时进行年报公示的1.3万户市场主体列入经营异常名录和经营异常状态，及时将已纠正违法违规行为的市场主体移出异常名录。网上比对、实地核实，对389户内资企业、13户外商投资企业、10户农民专业合作社和656户个体工商户开展检查核查，将全部检查结果通过企业信用信息公示系统进行公示，圆满完成企业即时信息、企业出资信息和2013—2014年度企业年报公示信息抽查监管工作任务。

为适应“先照后证”登记制度改革形势，区工商分局牵头完善查处无照经营联席会议、信息通报、年度考评等机制，落实工商部门和行业主管部门“先照后证”市场主体的登记和许可信息共享、信息抄送、信息反馈制度，督促主管部门对主管行业一管到底，相关职能部门严格履职。全年向相关行业主管部门抄送2381条“先照后证”企业信息，接收并处置相关部门不予许可反馈信息13条，发出责令改正97户，移送巡查发现和群众举报无证经营项目案件线索65条，立案查处无照经营案件3件，引导规范合法经营350户。牵头抓好社会治安综合治理，煤矿、非煤矿山、危险化学品安全生产整治，打击“黑网吧”等重点工作，组织开展“春夏攻势”打击整治、“两节”“两会”安全生产、夏季消防隐患排查和校园周边未成年人保护等专项行动，出动执法检查人员672人次，检查市场主体4921户次，及时处置群众对市场主体来信来访13件，对违法违规企业发出口头责令改正63次，书面责令改正97次，对2户冒用公司名义从事生产经营活动的市场主体依法进行立案调查处理。全年监管市场主体1.7万户次，对2500余户市场主体进行开业回访，规范处置违法违规行为为73户，重点行业监管率100%。

【市场监管】 加大流通领域商品质量监管，编制2015年流通领域商品质量抽查检验重点商品品种计划，制定商品质量分析联席会议制度。全年组织开展车用汽柴油、烟花爆竹、农用化肥、建筑装饰材料、服装鞋帽（儿童用品）、家用电子电器商品质量专项抽检行动，抽检商品181组，其中不合格商品61组，不合格率33.7%，高于市局不低于10%的要求，对抽检不合格商品依法进行处理。2015年开展元旦、春节期间和洗涤剂、烟花爆竹、农资、流通领域儿童用品、保健食品、农村商品质量、成品油等各类市场专项整治8次。

【中介组织发展与监管】 （详见《商贸服务业》类目《中介业》分目）

【合同监管】 开展合同行政指导，抓好重点领域格式合同备案工作，会同区国土房管局实施房地产合同备案。开展汽车销售行业合同格式条款行政指导培训，约谈18家汽车销售企业，下发责令改正通知书2份，修改建议书9份，督促修改不平等条款140余条，维护区域汽车销售行业市场秩序。在全市率先开展“银行业合同格式条款整治回头看行动”，开展检查回访，对发现的10户银行涉嫌利用合同转嫁抵押登记费给购房人进行立案调查。不断提升动产抵押登记服务质量，指导区内涉农企业、个体工商户等各类市场主体办理动产抵押登记117件，融资5.25亿元。备案拍卖活动51场次。

【企业信用体系建设】 健全完善信用约束机制，召开对接会议沟通协调，强化区食药监局、区公安局、区人社局等部门市场主体许可类和行政处罚类等信息的归集。全年对外征集企业信用信息2600条，出具信用查询报告529份，分别比2014年增长60.9倍、7.27倍。推广信用报告在著名（知名）商标评定、微企财政资金补助、党员示范单位评定等领域的应用，联合相关部门启动小微企业信用信息平台建设。及时开展数据质量检测，在市每月数据质量抽查中，数据质量均保持100%。

【消费者权益保护】 区工商分局联合区委宣传部、法院、公安、司法、质监、食药监、卫生等单位，在寿星广场举办长寿区2015年纪念“3·15”国际消费者权益日暨“携手共治 畅享消费”年主题宣传咨询服务活动。各部门现场办公接受咨询、受理投诉，用为市民解读消费警示，向市民分发宣传资料，LED屏播放“3·15”网络晚会实况的方式，为消费者排忧解难。活动现场接受消费者咨询528人次，受理消费投诉举报15件，发放宣传资料3.2万份。畅通维权渠道，及时妥善处理消费纠纷，新建“12315”消费维权服务站3个，达到26个，达到建站全覆盖要求。全年受理消费者投诉举报581件，为消费者挽回经济损失239万元。年内完成区消委会换届选举，新增消委会理事27人，着力构建“大消委”工作格局。按照《分局消费维权行政约谈制度（试行）》的相关规定，2015年对永辉超市、新世纪百货、建碧孕婴经营部、美婴宝等经营户开展行政约谈。2015年5月6日，中国消费者报以《行政指导助推消费维权》为题，在要闻综合A3版报道该局强化消费维权约谈机制，实现消费纠纷由“事后处理”向“事前服务”转变。加大消费维权宣传力度，着力宣传《中华人民共和国消费者权益保护法》，开展消费教育走进老年大学、走进长寿古镇、走进社区等活动。

【法治工商建设】 以查办不正当竞争、侵犯消费者权益、假冒伪劣商品和重大案件为重点，加强情报信息研判、打击传销，加大执法力度。2015年立案查处案件51件，其中大要案15件。查办8件利用不平等格式合同欺诈消费者案件，市工商局局长黄波批示：“长寿局积极作为，敢于亮剑，执法局应予支持，共同做好相关工作”。推动区政府开展纪念《禁止传销条例》《直销管理条例》颁布施行10周年宣传活动，进社区、进学校、进广场开展防传销宣传，发放宣传资料5万余份，营造良好的社会舆论氛围。

全面开展行政指导，落实执法人员的学习、培训、考试。实行重大复杂案件的集体会商制度，牵头承办案审会4次，会审案件15件；加强行政处罚案件同级核审，核审完毕36件以区工商分局名义实施的行政处罚案件，提出核审意见108条。推行大案要案法制机构提前介入核审工作模式，确保案件查办质量。严格控制行政指导的适用范围以及运用实施行政指导的方式和程序。强化行政调解结果的约束力，提高行政调解的质量和公信力。全年开展行政指导1971件，行政调解93件。开展“3·15”消费者权益保护日法制宣传、“4·26”知识产权保护宣传，做好“六五”普法的总结验收工作。出台《开展2015年“一月一法、一季一考”活动方案》，制订学习计划及目标。贯彻落实《中华人民共和国行政诉讼法》，认真组织学习《中华人民共和国行政诉讼法》《中华人民共和国广告法》。

【队伍建设】 扎实开展“三严三实”专题活动，制订“三严三实”活动方案，组织党组中心组和扩大会议学习12次；组织全局党员干部学习中央和市委有关规范性文件通知精神，组织开展“三热爱—寻找身边的榜样”推选活动，组织观看《东方主战场》等主旋律影片。按照“标准不降、力度不减、机构不变”工作要求，及时对照“两方案一计划”，从责任落实、学习效果、问题整改、制度健全上开展自查，完成“回头看”工作。

严格落实党风廉政建设责任制，细化党风廉政建设和反腐工作责任，形成责任清单；及时牵头召开党风廉政工作会议研判年度党风廉政建设和反腐败工作，组织内设机构和工商所主要负责人签订党风廉政建设责任书24份；印发《落实党风廉政建设“两个责任”清单》。出台《新提任中层干部干部任前廉政考试制度》，在干部考察环节，对符合空缺中层干部职位任用的人选进行廉政知识测试，考试成绩记入中层干部个人廉政档案，作为干部提任的重要依据之一。印发《关于进一步加强作风建设严肃工作纪律的通知》，强化完善对出勤、着装和节假日值班情况的监督检查，对不执行制度规定的进行通报，个人全年被通报超过3次的，取消个人和所在单位评先选优资格。加大对工作纪律和劳动纪律的监督检查，先后开展抽查督查30次，印发督察通报6期，开展干部任前谈话2次；畅通信访投诉举报渠道，调查回复群众信访件9件，受理办结市局和区委投诉和举报转办件1件。

教育培训打造“长寿工商”微信公众号、微信群、机关书屋、健身房、廉政走廊等新载体，开展春节联欢活动、青年座谈会、交心谈心等活动。加强思想工作，思想政治工作在全市工商系统作交流发言。民主推荐提拔6名干部任中干，实施青年干部“一线磨砺计划”，轮训10余人次，强化干部多岗位锻炼，推荐上挂学习2人。完成新招录公务员1名，拟商调人员2名，及时将新招录和商调的5人补充到相关科所，全年组织培训35期1500余人次，80%以上干部职工参加“三严三实”素能专题培训。印发《重庆市工商行政管理局长寿区分局行政效能考核办法》，客观公正的对分局内设机构、派出机构，科所领导班子、一般干部每季度进行一次考核，每季度末最后一周召开职工会，每名中层正职干部代表单位在会议上述职；考核结果作为年度考核、干部选拔任用、非领导职务晋升、纳入后备干部培养人选、推荐评定上一级专业技术职务任职资格以及参加学习培训等工作的重要依据。完成各党支部、团委、妇委会换届工作，加强引导，及时将新生力量充实到群团组织。

【基层基础建设】 强化基层建设和装备保障，完成4个工商所和区工商分局机关大楼的装修、维修工作。加强内务管理，制定公车管理、接待等6个内部管理制度，提升工作的规范性。

（万承松）

附2015年重庆市工商行政管理局长寿区分局领导人名录

局长、党组书记：杨蕤华（女）

党组书记：黄金平

党组副书记：杨蕤华（女）

副 局 长：祖能武　王　平　毛大金

纪检组长：刘文革

机关党委书记：田小东（2015年11月离任）

2015 年长寿区获新认定的著名、知名商标

企业名称	商标名称	商品或服务类型	认定级别	认定机关	批准文号	认定时间
中国石化集团四川维尼纶厂	川维	甲醇	重庆市著名商标	重庆市工商行政管理局	渝工商〔2016〕11 号	2016 年 1 月 25 日
重庆凯林制药有限公司	凯莱斯汀	人用药;片剂;生化药品	重庆市著名商标	重庆市工商行政管理局	渝工商〔2016〕11 号	2016 年 1 月 25 日
重庆名风家具有限公司	名风	非金属门;非金属门框	重庆市著名商标	重庆市工商行政管理局	渝工商〔2016〕11 号	2016 年 1 月 25 日
重庆市长寿区农产品商贸流通协会	长寿血豆腐	血豆腐	长寿区知名商标	重庆市长寿区人民政府	长寿府办〔2015〕152 号	2015 年 12 月 16 日
重庆平伟朝阳农业发展有限公司	晶妙	鲜水果、鲜葡萄、柑橘	长寿区知名商标	重庆市长寿区人民政府	长寿府办〔2015〕152 号	2015 年 12 月 16 日
重庆坤秀门窗有限公司	坤秀	非金属门、非金属门框	长寿区知名商标	重庆市长寿区人民政府	长寿府办〔2015〕152 号	2015 年 12 月 16 日
重庆凯林制药有限公司	凯莱斯汀	人用药、片剂、生化药品	长寿区知名商标	重庆市长寿区人民政府	长寿府办〔2015〕152 号	2015 年 12 月 16 日

2015 年长寿区商标发展情况统计

项目	新增	总量	增长率
注册商标	684	3011	30%
驰名商标	0	3	0
地理标志	0	3	0
著名商标	3	23	13.6%
知名商标	4	20	25%

2015 年长寿区市场主体发展情况统计

项目	市场主体总数	内资企业	外资企业	个体工商户	农民专业合作社
户数	49479	12713	80	36311	375
户数净增长率	6.42%	28.65%	6.67%	0.26%	17.55%
注册资本金	5437331.48（除外资）+4972100.98 万美元（外资）	5168750.64 万元	4972100.98 万美元	198815.49 万元	69765.35 万元
资本净增长率	15.58%（除外资）9.07%（外资）	15.17%	9.07%	24.42%	23.04%

（以上统计资料由重庆市工商行政管理局长寿区分局提供）

安全生产监督管理

【概况】 重庆市长寿区安全生产监督管理局（重庆市长寿区煤炭工业管理局）（简称区安监局、区煤管局）下设 6 个内设机构：办公室（安全生产信息调度科）、综合安全监督管理科（工贸科、职业安全健康监督管理科）、危险化学品安全监督科、矿山安全监督科、煤矿行业管理科（宣传培训科）、煤矿安全监督科（信息调度科），核定行政编制 12 名，后勤服务人员事业编制 1 名。局属参公事业单位重庆市长寿区安全生产监察执法大队（长寿区职业卫生监督所）核定参公事业编制 12 名；局属全额拨款事业单位重庆市长寿区安全生产应急救援支部中心（长寿区安全技术考试中心）核定全额拨款事业编制 11 名。

2015 年，长寿区在强化安全监管基层建设、夯实安全基础保障、提升全民安全基本素质等方面，取得重点突破，全区生产安全事故起数、死亡人数连续 8 年实现“双下降”，区政府连续 8 年获评市政府安全生产目标考核先进单位，亿元 GDP 死亡率、工矿商贸企业 10 万从业人员死亡率、道路交通事故万车死亡率等主要控制指标总体下降。全区发生各类安全生产死亡事故 19 起、死亡 23 人，事故起数和死亡人数比上年分别下降 32.1%、20.7%，创 2001 年以后单年最大降幅；其中，事故总死亡人数占市下达控制指标（35 人）的 65.7%（考核无扣分项）。全年较大事故控制在指标范围内，无重特大安全事故发生，煤矿、危化、烟花爆竹、水上交通、特种设备、农机渔船等重点行业领域实现“零死亡”。

【机制完善】 全区安全生产以落实“党政同责、一岗双责”，属地管理，综合监管，行业专管和企业主体责任五大体系为灵魂，相互协调、同步推进，实现街镇、部门、园区全覆盖。年初召开全区安全生产大会，每季度召开安委会例会并开展全区安全生产大检查，年终进行安全生产目标任务考核奖励，奖惩过程逗硬务实。2015 年，区委、区政府主要领导带队检查 50 家生产经营单位，其余区领导带队检查 213 家生产经营单位。区级层面开展与重点行业领域企业有关负责人谈心对话 35 次，330 家企业的 411 名企业负责人参加谈心对话，征求到各类意见建议 90 余条，帮助企业协调解决实际问题 76 个。

全区进一步健全《长寿区安全生产“党政同责、一岗双责”实施办法》《长寿区安全生产警示约谈制度（试行）》和《长寿区安全生产检查督查办法》，完善企业黄（黑）名单管理、高危行业企业“一企一档一策一案一结果”监管、重大隐患实施挂牌销号、“五查并举”（企业自查、街镇普查、行业复查、专家协查、区政府督查）机制；形成“区级专家月排查、市级专家季排查”及“专家查隐患、企业抓整改、政府促落实”等隐患查治工作制度。2015 年，全区有 5 家企业被纳入安全生产“黄名单”管理，1 家企业纳入“黑名单”管理，在媒体予以曝光，警示约谈 14 家生产经营建设单位、4 个部门（平台公司）和 2 个镇的相关领导和工作人员（约谈部分单位时还邀请区纪委、区总工会的有关同志参加）。

【隐患整治】 2015 年，全区持续深化安全生产“五大行动”，推进煤矿关闭、道路交通防撞护栏安装及劳动密集型企业消防隐患整治三大治本攻坚举措，对货车、客车、出租车、油气输送管道、石油化工企业隐患排查，以及标准化“回头看”等专项工作。建成全区隐患数据库，对隐患按“五落实”（即落实整改内容、标准、措施、时间进度、责任人）整改销号。2015 年全区 13 家煤矿签署关闭协议，关闭完成 8 家煤矿；完成道路交通防护栏安装 50 余千米；全区 30 家劳动密集型企业全部纳入消防隐患整治工作重点，并形成常态。年内全区各级各部门排查出各类安全隐患 21328 项，整治完成 21186 项，其中从 8 月中旬深化大排查大整治工作开始，全区参与大检查及“打非治违”工作总人数 6739 人次，邀请专家 280 人次，检查生产经营单位（或场所）5981 个，下达整改指令书 1679 份，整治隐患 11248 项；纳入区级挂牌治理的 11 项重大隐患已完成销号 8 项，其余 3 项正处在整改或验收阶段；对生产经营单位实施罚款 847. 5 万元，停产停业整顿 30 家，暂扣或者吊销许可证 182 个，追究和拟追究刑事责任 45 人。

【企业主体责任落实】 危化企业安全生产主体责任行动、企业安全生产技术体系建设及安全监管“执法三部曲”模式在该区率先试点成功，并向全市推广。持续开展干部与企业人员谈心对话活动，重点督促企业安全投入到位、安全培训到位、基础管理到位。通过实施分级分类动态管理，2015 年，全区 10 家煤矿、58 家非煤矿山、45 家危化企业、1 家烟花爆竹公司、13 家道路客运企业、42 家工贸企业的安全标准化，165 家企业达到职业卫生基础建设合格及以上标准，全区高危领域企业实现标准化达标率 100%，其中区内市属以上企业及所有涉及“两重点一重大”的企业安全技术管理体系得到普遍完善。打造一批市级样板企业、样板岗位，川维厂新区乙炔车间、重庆国际复合材料有限公司制氧分厂总部制氧车间 2 个青年岗位获重庆市“青年安全生产示范岗”称号，其中，川维厂新区乙炔车间被整体授予重庆市十佳青年安全生产示范岗（全市仅 10 个）。

【督查检查】 全区成立 5 个常态督查组，由区委督查室、区政府督查室、区综治办、区监察局、区安监局牵头，每季度一个督查方案，一次督查通报。区级层面还不定期组织专项督查检查，按照“四不两直”（即：不发通知、不打招呼、不听汇报、不用陪同和接待，直奔基层、直插现场）和“六个必须”（即：必须找出被查单位安全隐患、必须发执法文书、必须发督办函或通报、必须与被查单位交换意见、必须约谈本组最差被查单位负责人、必须负责督办被查单位安全隐患整改销号到位）要求，规范开展明察暗访，查看安全管理制度和台账，查阅各单位“一把手”和分管业务副职的工作笔记本，抽查企业落实情况。构建区级督查—安监局综合督办—行业部门促落实—相关单位协同—隐患单位负责到底的五级责任体系，确保隐患按期整改闭环销号。

【宣传教育】 区安监局在《长寿日报》、长寿手机报、长寿电视台、《长寿文化》、区安监局公众信息网等媒介上开设专版、专栏，公布举报电话，畅通社会监督渠道，及时宣传报道安全生产专项整治进展情况及曝光安全生产违法行为。组建区安全生产宣讲队，全年在部门、街镇层面开展专题宣讲 31 次，受众 8000 余人次。年底前，开通区安全知识网络竞赛平台，很快就有近千人参与答题。年内印制 16 万余份安全宣传教育资料，免费发放到辖区各生产经营场所和居民手中，推进安全生产月、“安康杯”、安全文化“十进”系列活动开展。安全社区创建取得突破性进展，年底前 18 个街镇通过市级安全社区验收。

2015 年，长寿区成立重庆市安全技术培训考试中心长寿分中心和长寿区安全技术考试中心挂在重庆市长寿区安全生产应急救援指挥中心。年内，组织11名安全监管人员赴市培训中心参加安全监管培训，组织全局业务骨干参加区法制办举办的行政执法培训；邀请市、区专家为安监人员开展专题培训2次，培训人数270余人；组织全区安监人员参与安监执法证网络复训1次，培训203人，组织93人参加安监执法证考试；组织开展安全培训考试24期，培训非煤矿山、危险化学品、烟花爆竹企业主要负责人86人次，安全管理人员566人次，特种作业人员1327人次，班组长397人次，农民工1151人次。全区规模以上生产经营单位主要经营管理者、特种作业人员的培训率、持证率达到100%。

【应急值守】 全区建立危险化学品事故、矿山抢险等10支专业应急救援队伍，成立医疗、通信、电力等11支应急保障队，开通安全生产手机短信平台，每逢重要时段及恶劣天气前，及时发布安全生产预警信息，提醒各生产经营建设单位做好防范。全区所有街镇完成综合应急预案编制，陆续编制各个单项应急预案，应急预案体系不断健全。在重要时段，各街镇和行业主管部门坚持领导在岗带班，保证三分之二以上的值守人员参与现场安全执法检查，确保全区安全稳定。

（敖　伟）

2015年长寿区安全事故统计

事故类型	起数（起）	死亡（人）	其中：较大事故	
			起数（起）	死亡（人）
总　计	19	23	1	4
煤矿	—	—	—	—
非煤矿山	—	—	—	—
建筑施工	1	2	—	—
危险化学品	—	—	—	—
烟花爆竹	—	—	—	—
工商贸其他	2	2	—	—
火　灾	—	—	—	—
道路交通	15	18	1	4
水上交通	—	—	—	—
铁路运输	—	—	—	—
农业机械	—	—	—	—
渔业船舶	—	—	—	—
冶金机械等八大行业	1	1	—	—

（重庆市长寿区安全生产监督管理局提供）

价格管理

【概况】 长寿区价格管理工作由区发改委负责，设有价格收费科、价格认证中心、物价检查所3个科室，在岗人数9人。主要职责有11项：贯彻执行国家、市价格法律、法规和方针、政策；按照价格管理权限，制订政府定价和政府指导价；引导、协调已放开商品和服务价格；管理全区行政事业性收费，开展行政事业性收费年审工作；组织实施商品明码标价和收费公示制度；负责全区价格监测及价格信息发布；受理价格咨询、价格举报投诉，处理价格争议，协调解决价格、收费矛盾纠纷；负责全区价格监督检查工作，依法查处价格、收费违法行为；负责对价格认证机构的监督管理及本行政区域内刑事犯罪、行政处罚、行政诉讼、国家赔偿和法律援助案件的涉案物品的价格认证工作；组织开展价格成本监审、调查工作；组织、指导社会监督、舆论监督，指导行业组织的价格工作。

【价格监测】 建立街镇价格监测信息员制度，全面掌握全区价格信息动态。2015年，扩大价格监测范围，增加价格监测品种，将汽车清洗、物流快递、家政服务等3种居民服务价格及药品价格纳入监测范围，定点挂牌监测。定期发布食品、日用工业品、农资及农产品收购、特殊商品及服务4大板块16个大类商品及服务价格信息，方便公众查询。不断优化居民消费品价格监测系统，对8大类582种商品和服务的定期、连续监测，形成持续性的居民消费价格变动趋势分析。高质量做好价格监测分析工作，全年上报价格动态分析12期，消费价格变动趋势分析12期，反映全区经济水平的变化情况。

【价格调控】 贯彻执行《重庆市定价目录》。经过调研、听证、报批，建立城区城镇居民用水阶梯价格制度，一户一表居民用户实行阶梯水价；阶梯设置为三级，以年度为计费周期，一、二、三阶梯价格按1:1.3:2确定，每户每年水量264立方米及以下为2元/吨，265～360立方米（含）为2.6元/吨，361立方米及以上为4元/吨（以上水价均不含污水处理费及水资源费），于2016年1月1日起计量执行。建立居民生活用气阶梯价格制度，一户一表居民用户实行阶梯气价；阶梯设置为三级，以年度为计费周期，一、二、三阶梯每户每年气量按1:1.2:1.4比价确定，分别为480立方米及以下1.72

元/立方米不变，481～660立方米（含）为2.06元/立方米，661立方米及以上为2.4元/立方米，于2016年1月1日起计量执行。完成农村客运价格调整，全区农村客运按线路等级、客流量及道路状况计算票价，平坝、丘陵、山区线路为0.297元/千米·人，高速线路为0.352元/千米·人，村村通线路为0.363元/千米·人，2016年1月15日起全区执行新的农村客运票价。完成非居民天然气销售价格的调整，2015年11月20日起，全区工业、商业、集体用气价格分别由2.82元/立方米、2.99元/立方米、2.99元/立方米，下调为2.12元/立方米、2.29元/立方米、2.29元/立方米，对具有调峰能力的工业企业用气叠加实行阶梯降价优惠政策。

【收费管理】 完成2014年全区行政事业性收费年审工作，年审收费单位182个，年审率、年审合格率均为100%。公布《全市2014年行政事业性收费目录清单》《全市2014年实行政府指导价政府定价的涉企经营服务性收费项目目录清单》。核定长寿湖西岸景区、菩提山景区观光车收费标准。核定居民住宅二次供水设施建设改造收费标准，新建居民住宅二次供水设施（含一户一表）收费标准为3600元/户，居民住宅二次供水设施（含一户一表）改造收费标准为3100元/户。核定八颗、双龙、邻封3个基层卫生院床位费收费标准。完成临河佳苑住宅小区物业服务收费标准的审批。完成天工睿城、蓝筹银座等9个室内停车场收费备案。制定出台《关于加强政府专项工作（项目）咨询评估评审服务管理有关事项的通知》，规范相关费用发放标准。配合全区房地产减负政策措施出台，落实水气安装降费协调工作。配合区市政局做好《自来水一户一表暨二次供水设施建设改造管理暂行办法》拟草及行政服务中心停车场收费服务管理等工作。会同区教委完成全区54所公办幼儿园、78所民办幼儿园的等级复审及民办幼儿园保教费、生活费备案工作。会同区国土房管局做好全区物业服务收费解释工作，协调盛世桃园小区物管收费矛盾纠纷。参与新康璞山小区二次供水、龙河桃源商住楼项目配电设施、葛兰农村天然气等安装收费及光宇·阳光岭秀小区用电收费协调工作。

【价格监督检查】 开展教育收费专项检查，对全区部分中、小学校及幼儿园自2013年秋季开学至2015年的教育收费情况进行专项检查，查处价格违规收费案件5起，涉及违规收费金额634.4万元，已按相关规定进行处理。开展民办非学历教育培训机构专项检查，对少部分培训机构存在未按规定公示收费项目及收费标准，或者公示内容不完整，收费票据书写不规范，收费项目不明晰等问题责令进行整改。开展涉企收费专项检查，对区气象局、区市政局、区经信委、区林业局等单位进行涉企收费专项检查，全区涉企收费政策执行情况总体较好。开展药品价格专项检查，检查医疗服务单位6家、药店15家，各医疗机构执行药品规定情况良好，未发现大的药品价格违法行为。开展景区门票价格收费专项检查，各经营单位能够按照价格主管部门的规定明码标价，未发现乱收费、乱加价、价格欺诈等价格违法行为。召开全区商品房销售明码标价工作推进会，指导、规范全区30余家房地产开发销售企业及中介机构的明码标价行为。规范区内农村客运价格行为，对全区客运价格工作进行具体的安排和指导。加强节日期间市场监管，每逢重大节假日，分管的区领导率队到城区超市商场、农贸市场、风景旅游区、车站等群众集中消费场所进行拉网式检查，组织发放《关于严格遵守价格法律法规和政策的提醒告诫函》530余份，提醒告诫经营者严格遵守价格及收费的法律法规，自觉加强价格自律。做好价格违法案件查处工作，2015年全年受理价格举报（咨询）105件，结案105件，实施经济制裁638.7万元，其中没收上缴财政634.4万元，罚款4.3万元。强化价格法制宣传，利用重大节日、街镇赶集日到农村进行价格和收费政策宣传，召开价格提醒告诫会，对一些查处的典型案例公开曝光，为价格监督检查营造良好执法氛围。

【价格服务】 完成刑事案件涉案物品价格鉴证166件，标的金额635万元；完成道路交通事故车物损失价值鉴证24件，标的金额33万元；完成二手房交易涉税价格认证3674件，增加契税收入1108万元；完成国有资产处置价格认证2件，标的金额56万元。2015年完成各类价格鉴证案件3800余件，标的金额约7亿元。

【成本监审及调查】 以公用事业价格、公益性服务价格和自然垄断经营的商品价格为重点，开展城区及部分街镇自来水价格、二次供水安装收费、城区城镇居民阶梯水价、居民阶梯气价、公共交通客运价格、物业服务收费等成本监审调查，理顺部分行业的价费矛盾。保质保量开展农产品成本调查，全年完成农产品成本调查任务15项，其中专项调查

3项、预测调查2项、直报调查3项、常规调查6项、特色农产品调查1项；开展农产品收购价格调查12次，完成调查分析材料15篇，为政府价格决策提供依据。

（王瀚立）

附：

2015年全区物价运行情况

2015年，长寿区市场经济下行压力较大，居民消费品市场价格处于低位，部分消费品价格温和上涨，整个居民消费品市场呈稳中向好态势，工业品价格持续低迷。

一、居民消费品运行情况

（一）粮油类价格整体上扬。

1. 粮食类综合销售均价为3.36元/500克，比2014年上涨2.7%。其中黄豆、地产大米、面粉分别为3.91元/500克、2元/500克、2.13元/500克，分别上涨1.9%、7.01%、2.75%。

2. 散装食用油类综合销售均价为5.55元/500克，比2014年上涨4.1%。其中菜籽油、大豆油综合销售均价分别为6.5元/500克、4.6元/500克，分别上涨4.5%、3.6%。

（二）肉禽蛋类价格总体低位。

1. 肉类综合销售均价为24.93元/500克，比2014年下降1.7%。其中猪肉为13.29元/500克，上涨14.3%；牛肉、羊肉分别为33.55元/500克、30.98元/500克，分别下降3.1%、9.67%。

2. 禽类综合销售均价为14.37元/500克，比2014年上涨3.8%。其中鸡场白条鸡、活土鸡分别为10.88元/500克、17.86元/500克，分别上涨8.72%、1.05%。

3. 鸡蛋综合销售均价为9.12元/500克，比2014年下降5%。其中土鸡蛋、鸡场蛋分别为13.53元/500克、4.71元/500克，分别下降2.68%、11.21%。

（三）水产类价格总体上浮。

1. 海鲜类综合销售均价为33.34元/500克，比2014年下降3.9%。其中基围虾为61.52元/500克，下降8.19%；大黄鱼、带鱼分别为22.36元/500克、16.14元/500克，分别上涨1.94%、5.97%。

2. 淡水鱼类综合销售均价为7.66元/500克，比2014年上涨1%。其中白鲢、草鱼分别下降3.13%、0.69%，鲫鱼、花鲢价格分别上涨3.83%、1.92%。

（四）蔬菜类价格基本稳定。

纳入监测的17中蔬菜价格比2014年13升4降，综合销售均价为2.95元/500克，下降0.34%。其中芹菜、大白菜、飘儿白、白萝卜、青椒、大蒜等涨幅较为明显，生姜、韭菜、冬瓜等价格明显下滑。

（五）水果价格明显下跌。

主要水果综合销售均价为3.96元/500克，比2014年下降10%。其中香蕉、梨子分别为3.14元/500克、3.94元/500克，分别下降27.55%、18.9%；苹果、西瓜分为6.92元/500克、1.83元/500克，分别上升2.84%、7.65%。

（六）农副产品收购价格涨跌互现。

粮食综合收购均价为2.59元/公斤，比2014年上涨1.17%。其中玉米、小麦分别为2.45元/公斤、2.61元/公斤，分别下降4.1%、1.27%；水稻为2.71元/公斤，上涨8.47%。生猪收购均价为15.24元/公斤，上涨10.17%；仔猪为20.48元/公斤，上涨29.95%。鸡蛋收购均价为7.44元/公斤，下降15.56%。

（七）农资类价格整体下滑。

饲料综合销售均价为2.41元/公斤，比2014年下降16%，其中豆粕、麦麸分别下降23.78%、20.13%。化肥综合销售均价为1.56元/公斤，下降6.5%，其中尿素、高浓度复合肥、过磷酸钙分别下降13.39%、2.78%、6.56%。

（八）日用品价格持续低位。

黄金销售均价为300.06元/克，比2014年下降7.04%。高档白酒销售均价为855.5元/瓶，下降24.18%，其中茅台、五粮液分别下降28.46%、17.52%。奶粉综合销售均价为70.66元/盒，下降2.7%，其中国产奶粉下降3.92%，进口奶粉下降1.6%

（九）居民服务价格以降为主。

商品房综合销售均价为4022元/平方米，比2014年下降15.65%。综合住房月租金为11.5元/平方米，下降10.16%。建筑、装修行业工人平均工资为4136元/月与2014年持平。

（十）生产要素价格总体下行。

1. 水、电价格与2014年持平。水（含污水处理费、水资源费）综合销售均价为3.77元/吨，其中居民生活用水、商业用水、工业用水价格分别为3.1元/吨、4.4元/吨、3.8元/吨。电（含附加费）综合销售均价为0.65元/千瓦时，其中居民生活用电、工商业用电、农业生产用电价格分别为0.52元/千瓦时、0.848元/千瓦时、0.568元/千瓦时。

2. 管道天然气价格小幅下调。其中居民用气价格为1.72元/立方米，与2014年持平。商业用气价格为2.29元/立方米，下调23.4%。工业用气价格为2.12元/立方米，下调24.8%。

3. 燃油价格持续下行。汽油类销售均价为6.06元/升，比2014年下降15%；柴油类销售均价为5.44元/升，下降21.9%。

4. 煤炭价格一路走低，全年煤炭（标煤）销售均价为658.61元/吨，下降8.74%。

二、工业品价格情况

纳入监测的29中工业品价格同2014年比4升25降，整个工业品市场价格持续低迷。

1. 钢铁类产品价格持续大幅走低，综合销售均价为2193.3元/吨，比2014年下降27.7%。其中造船板、中厚板、热轧钢带、板坯、螺纹钢分别为2309.71元/吨、2272.52元/吨、2020.25元/吨、1651.1元/吨、2712.92元/吨，分别下降28.81%、29.21%、30.1%、32.17%、20.09%。

2. 化工类产品价格大面积下滑，综合销售均价为8588.96元/吨，比2014年下降8.35%。其中醋酸乙烯、精甲醇、液氨、苯胺、冰乙酸等化工产品价格降幅均超过20%。

3. 建筑类产品价格小幅下跌，综合销售均价为215.98元/吨，比2014年下降1.49%。其中水泥、石子、河沙分别为265元/吨、26.75元/吨、62.2元/吨，分别下降6.12%、7.18%、0.26%。

2015年长寿区主要产品市场价格监测情况

名称	规格等级	单位	2015年均价	2014年均价	同比
1. 粮油、副食品类					
黄豆	标准品（三等）	元/500克	3.91	3.84	1.91%
绿豆	一级	元/500克	6.44	5.92	8.71%
大米	地产大米	元/500克	2.00	1.87	7.01%
大米	东北大米	元/500克	2.69	2.63	2.31%
面粉	标准粉	元/500克	2.13	2.07	2.75%
玉米粉	精制玉米粉	元/500克	2.98	3.27	-8.87%
菜籽油	一级散装（红蜻蜓）	元/500克	6.50	6.22	4.50%
大豆油	一级散装（红蜻蜓）	元/500克	4.60	4.44	3.60%
花生油	一级桶装（压榨鲁花）	元/5升	147.12	146.77	0.24%
2. 肉禽蛋类					
鲜猪肉	精瘦肉	元/500克	14.42	13.30	8.40%
鲜猪肉	三线肉	元/500克	12.16	9.94	22.35%
鲜牛肉	牛腩	元/500克	32.80	31.59	3.83%
鲜牛肉	新鲜去骨	元/500克	34.30	37.68	-8.97%
鲜羊肉	新鲜去骨	元/500克	30.98	34.30	-9.67%
鸡场鸡鸡肉	白条鸡上等	元/500克	10.88	10.01	8.72%
鸡	活土鸡	元/500克	17.86	17.67	1.05%
鸡蛋	新鲜完整、土鸡蛋	元/500克	13.53	13.90	-2.68%
鸡蛋	新鲜完整、鸡场蛋	元/500克	4.71	5.30	-11.21%
3. 水产品					
大黄鱼	冻500克左右一条	元/500克	22.36	21.93	1.94%

续表

名称	规格等级	单位	2015 年均价	2014 年均价	同比
海虾（基围虾）	冻体长 10cm 左右	元/500 克	61.52	67.01	-8.19%
白鲢	活体 1500 克左右	元/500 克	4.34	4.48	-3.13%
带鱼	冻 250 克左右	元/500 克	16.41	15.23	7.75%
草鱼	活 750 克左右	元/500 克	8.16	8.22	-0.69%
鲫鱼	活 750 克左右	元/500 克	9.06	8.73	3.83%
花鲢鱼	活 750 克左右	元/500 克	9.06	8.89	1.92%
4. 蔬菜类、水果					
芹菜	新鲜一级	元/500 克	3.57	2.48	43.93%
大白菜	新鲜一级	元/500 克	1.65	1.33	24.27%
瓢儿白	新鲜一级	元/500 克	2.60	2.15	20.93%
黄瓜	新鲜一级	元/500 克	2.79	2.63	6.04%
白萝卜	新鲜一级	元/500 克	1.09	0.99	10.27%
茄子	新鲜一级	元/500 克	3.01	2.87	4.82%
西红柿	新鲜一级	元/500 克	2.94	2.93	0.30%
土豆	新鲜一级	元/500 克	2.00	1.99	0.50%
胡萝卜	新鲜一级	元/500 克	2.33	2.22	5.11%
青椒	新鲜一级	元/500 克	2.99	2.70	10.91%
蒜薹	新鲜一级	元/500 克	4.92	4.71	4.39%
韭菜	新鲜一级	元/500 克	3.40	3.68	-7.53%
莴笋	新鲜一级	元/500 克	2.64	2.64	-0.15%
冬瓜	新鲜一级	元/500 克	1.66	1.69	-1.78%
洋葱	新鲜一级	元/500 克	2.06	1.95	5.41%
大蒜	新鲜一级	元/500 克	4.31	3.49	23.37%
生姜	新鲜一级	元/500 克	6.19	9.92	-37.56%
苹果	新鲜一级	元/500 克	6.92	6.73	2.84%
香蕉	国产一级	元/500 克	3.14	4.34	-27.55%
梨	新鲜一级	元/500 克	3.94	4.86	-18.90%
西瓜	国产一级	元/500 克	1.83	1.70	7.65%
5. 农副产品收购类					
玉米		元/公斤	2.45	2.55	-4.10%
稻谷		元/公斤	2.71	2.50	8.47%
小麦		元/公斤	2.61	2.64	-1.27%
生猪	中等	元/50 公斤	762.00	691.67	10.17%
鸡蛋	新鲜完整	元/50 公斤	372.00	440.53	-15.56%
6. 农资类					
仔猪	20～30 公斤左右	元/500 克	10.24	7.88	29.95%
豆粕	国产	元/公斤	3.05	4.00	-23.78%
麦麸	国产	元/公斤	1.77	2.22	-20.13%

续表

名称	规格等级	单位	2015 年均价	2014 年均价	同比
尿素		元/公斤	2.07	2.39	-13.39%
碳铵		元/公斤	0.78	0.78	0.00%
高浓度复合肥		元/公斤	2.80	2.88	-2.78%
过磷酸钙		元/公斤	0.57	0.61	-6.56%
7. 日用品					
黄金饰品	纯金 24K	元/克	300.06	322.78	-7.04%
白酒	飞天茅台（53 度 500ml）	元/瓶	983.72	1375.00	-28.46%
白酒	五粮液（52 度 500ml）	元/瓶	727.28	881.78	-17.52%
奶粉	国产三段幼儿配方牛奶粉	元/盒	66.77	69.50	-3.92%
奶粉	进口三段幼儿配方牛奶粉	元/盒	74.54	75.75	-1.60%
8. 居民服务价格					
商品房		元/平方米	4022.00	4768.19	-15.65%
住房综合租金		元/平方米	11.50	12.80	-10.16%
小面		元/2 两	6.00	5.00	20.00%
炸酱面		元/2 两	10.00	9.00	11.11%
砖工		元/月	4180.00	4180.00	0.00%
木工		元/月	5000.00	5000.00	0.00%
钢筋工		元/月	4500.00	4500.00	0.00%
建筑、装饰工程普工		元/月	3000.00	3000.00	0.00%
混凝土工		元/月	4000.00	4000.00	0.00%

2015 年长寿区主要工业产品价格监测情况

单位：元/吨、元/米

产品名称及型号	2015 年均价	2014 年均价	同比
造船板	2309.71	3244.49	-28.81%
中厚板	2272.52	3210.14	-29.21%
热轧钢带	2020.25	2890.03	-30.10%
板坯（粗钢）	1651.1	2434.10	-32.17%
螺纹钢 12	2712.92	3395.00	-20.09%
裸铜线（1.38 ~2.99 毫米）	37360.56	43813.05	-14.73%
醋酸乙烯	4649.75	6412.49	-27.49%
甲醇	1673.17	2129.01	-21.41%
聚乙烯醇	9390.25	9948.49	-5.61%
维纶	15324.58	19087.11	-19.71%
维纶长丝束 TT	21418.17	22223.18	-3.62%
乙酸乙烯酯 CW -705	5575.17	6355.73	-12.28%
液氨（不含税）	1661	2275.50	-27.01%
苯胺	5864.12	9214.13	-36.36%

续表

产品名称及型号	2015 年均价	2014 年均价	同比
甲酸三甲酯	15462. 76	16396. 41	-5. 69%
冰乙酸（冰醋酸）	2073. 51	2836. 05	-26. 89%
液体烧碱（折 100%）	1738. 57	1797. 26	-3. 27%
工业磺胺	28019. 6	26544. 56	5. 56%
氯丁橡胶	24730. 67	25720. 67	-3. 85%
离子膜法烧碱	1950	2202. 27	-11. 45%
聚甲醛	7529. 47	7571. 08	-0. 55%
浓硝酸	1288. 58	1328. 00	-2. 97%
碳酸氢氨	510. 17	506. 10	0. 80%
玻璃纤维纱	5741. 88	6145. 36	-6. 57%
无碱玻璃纤维布（7628）	4. 19	3. 80	10. 26%
强度等级 42. 5	265	282. 27	-6. 12%
生石灰（一等品）	510	503. 55	1. 28%
石子（1 ~2CM）	26. 75	28. 82	-7. 18%
河沙	62. 2	62. 36	-0. 26%

（重庆市长寿区改革和发展委员会提供）

劳动管理

【劳动关系规范】 引导规范企业合法用工，开展“法治宣传月”活动，深入企业 80 余家发放宣传资料 3000 余份，接受群众咨询 5000 余人次。严格特殊工时制审批和劳务派遣行政许可，督促、指导企业规范用工备案 65 件，涉及职工 30000 余人。

【劳动保障监察】 强化执法，有效打击劳动侵权行为，坚持日常巡查和专项检查相结合，端口前移掌握监察主动权。推进“网络化、网格化”建设，畅通举报投诉渠道，年内受理各类案件（含交办件）125 件，结案率 100%。加强部门协调强化民工工资拖欠治理，督促兑现民工 12435 人工资 32456. 96 万元。

【劳动人事仲裁】 调解仲裁结合有效维护用工单位和劳动者双方合法权益，全年立案受理案件 1264 件，结案 1224 件，结案率 96. 53%。调解结案 573 件，案外调解 266 件，调解率 54. 69%；维权金额 3095 万元。在全市率先开展劳动人事仲裁办案信息系统试点工作（全市 4 个区，长寿是唯一的非主城区）。区人力社保局仲裁院代表重庆市接受人社部劳动人事仲裁效能建设督查并获较高评价。

（雷福中）

质量技术监督管理

【概况】 2015 年，重庆市长寿区质量技术监督局（简称区质监局）有人员编制 23 人，在编在岗职工 22 人，班子成员 4 人，临聘人员 5 人。下设 5 个职能科室，分别为办公室、质量科（标准化管理科）、计量科（认证认可监督管理科）、执法大队（法制科）、特监科。区质监局承担长寿辖区产品质量、计量、标准化、认证认可、特种设备和食品相关产品安全监管职能。

2015 年，区质监局推进行政审批制度改革，承接市质监局许可下发事项，清理涉及许可事项 7 项，计量方面 2 项、特种设备方面 4 项、食品相关产品 1 项。年底前，移动式压力容器充装单位资格许可受理 5 个、现场审查（评审）5 个；特种设备使用登记 338 个；食品相关产品生产许可证核发 2 个；气瓶充装许可 4 个。

【质监基础工作】 以质量促进经济提质，做好名牌产品培育工作，召开名牌培育申报动员会议，邀请市质监局专家到长寿经开区环松科技等企业现场指导市长质量奖、名牌产品申报工作，组织环松科技管理人员到川维厂参观学习，帮助环松科技公司、正新轮胎公司导入卓越绩效模式。全年有7家企业13个产品申报重庆名牌产品，年底前，已公示4个名牌产品、1个知名产品。开展重点工业产品质量提升行动，联合长寿经开区、区街镇工业走廊、区经信委、区统计局、区考核办，召集区内重点产品企业召开质量提升会议，制订重点工业产品目录，共同分析质量工作状况，提出质量工作意见建议。召开重点企业质量分析会议，邀请技术专家，现场答惑解疑。

以标准促进经济增效，开展工业产品标准备案工作，备案企业产品标准15项。实行企业产品标准备案改革，推行企业产品标准自我声明公开，引导企业开展企业产品标准公开承诺，年底前有17家企业公开42项产品标准。开展农业标准化示范区建设，新增市农业标准化示范区建设1个。

以计量认证维护民生权益，开展世界计量日宣传活动，在桃花新城区开展“计量与光”“5·20”世界计量日主题宣传活动，接受群众咨询，发放宣传资料。开展认证认可工作，组织区内9家实验室召开工作座谈会，开展实验室认证监管。巡查资质认定获证实验室9家，强制性产品认证获证生产企业11家，进行分级评价。组织区内9家实验室召开工作座谈会，邀请市局专家现场解决问题。

以执法打假严格规范市场秩序，开展特种设备、建材、3C认证产品、农资打假、防水材料等专项整治行动，打击假冒伪劣产品，有效规范市场秩序。年底前立案71件，所办案件无行政复议、诉讼案件。

【质监安全】 在特种设备安全监管方面，认真落实监管责任，召开全区特种设备安全工作会议，安排部署特种设备安全监管工作任务。举办特种设备作业人员培训班，培训590人次。加强特种设备日常监管，市局领导和区政府领导多次率队检查特种设备安全；制定特种安全监管计划，检查重点企业92家，下达特种设备监察指令书32份，立案查处12件，发现并整改一般隐患108起、重大隐患19起。协调市特检院专家、区交委负责人，重点对长寿客运缆车站严重安全隐患进行现场整改监督，邀请国家索检中心对缆车进行全面检查。按照新《特种设备目录》进行数据清理，截至年底，清理出监管范围外的压力管道425条、起重机械871台、压力容器26台、厂内机动车144台。

保质保量开展三大战役。开展“电梯安全监管大会战”，区质监局对辖区内电梯实行网格化监管，划分片区，按照市局下发的数据台账，逐台核准电梯编码、具体位置、安全运行情况，并对重复数据、交叉数据、未登记电梯重新梳理，建立新的总量台账和隐患台账；全区电梯总量为2401台，经逐台核准，注销重复登记80台、删除重复数据31台、清理交叉数据18台、重新登记4台；会战检查小区（单位）226家，排查出一般隐患87个、重大隐患37个，下达责令整改书13份，查处电梯违法案件2件；协调市质量考试中心举办培训班，培训维保和物管81个单位、97人次，帮助37人取得电梯作业资格证书；花费9.8万元制作电梯安全微电影，提升电梯安全意识，重点宣传普通民众电梯乘用知识和自救知识。启动“油气管道攻坚战”，召集全区19家油气管道使用单位和区经信委、区安监局、区发改委等部门，共同召开“油气管道攻坚战”工作再动员部署会；年底前已建立全区630千米油气管道及使用单位台账，联合区级有关部门排查整治出各类管道隐患。启动“燃煤锅炉节能减排攻坚战”，推进锅炉节能化建设，已对2台10吨以上的燃煤锅炉进行能效测试。

开展小锅炉整治，争取财政资金52.4万元对全区221台隐患小锅炉进行安全隐患整治，其中汽水两用锅炉、铝制常压锅炉、常压热水锅炉206台，工业蒸汽锅炉15台。安装进水泵21支、水位照明灯156个，制作安全制度上墙标牌171套，更换、校验安全阀13个，安装安全阀泄水管40余米、水位计泄水管14支、截止阀15个，清洗水位计173个，校验、更换、维修压力表115支、压力表弯75个，整治水封管90支、排污管90支、进水管150支，报废（含拆除）48台。为其中13台蒸汽锅炉办理使用注册登记。清理出仍属于监管范围的锅炉15台，消除安全隐患，在保障民生安全方面走在全市前列。

在质监领域其他安全方面，抓好在用强检计量器具监管，联合区煤管局开展煤矿强检计量器具“五大”行动，全面检查煤矿生产企业在用强检计量器具12台件，年底前已送检9台件。加强食品相关产品安全监管和机动车安检机构监管工作，定期巡查，排查整改隐患。

【质监服务】 办好市政府民生实事，联合区卫计委完成基层医疗机构医用计量器具免费检定工作年度任务，检定基层医疗机构352家，检定医用计量器具 2904 件（其中合格 2314 件、调修 421 件、不合格 169 件），为全区基层医疗机构减免费用 33 万元，做到基层医疗机构满意、群众满意、区政府满意，得到区长赵世庆在区质监局《关于 2015 年度基层医疗计量器具免费检定工作情况报告》上批示：区质监局“为提高基层医疗技术水平发挥重要作用，向你们表示感谢与祝贺！”加强民生计量安全检查工作，对辖区 3 家获得“诚信计量农贸市场”、4 家“诚信计量示范超市”企业进行监督抽查；检查集贸市场固定摊位 576 台件计价秤、15 台公平秤，对区内 362 台出租车计价器和 170 台加油（气）机进行全面检查，抽查 8 家超市计价秤 48 台件。

【党建工作】 2015 年，区质监局开展“三严三实”专题教育活动，制定专题教育学习计划，按照“对党忠诚”“个人干净”“敢于担当”“真抓实干”四个专题进行中心组学习、支部学习和专题研讨，解决不严不实问题。严格执行中央八项规定和重庆市政治纪律“八严禁”、生活作风“十二不准”，主要负责人及班子成员落实从严治党“两个责任”。组织干部职工学习《纪律处分条例》和廉政准则，结合三严三实专题教育，召开民主生活会，认真对照检查，坚持重大事项集体研究。

（刘良安）

附 2015 年重庆市长寿区质量技术监督局领导人名录

局　　长：刘德明
副 局 长：张轩明　雷现用　陈　雄（2015 年 1 月离任）
　　　　　高　忠（2015 年 7 月任）
纪检组长：雷现用

2015 年长寿区获重庆名牌产品名录

区县	企业名称	申报产品名称	申报产品规格型号（等级）	申报产品注册商标名称
长寿区	重庆望变电气（集团）股份有限公司	10kVS13 油浸式电力变压器	S13－M－30－1600	惠泽
长寿区	重庆望变电气（集团）股份有限公司	10kVS13（B）H15 油浸式电力变压器	S（B）H15－M－30－2500	惠泽
长寿区	重庆新川塔实业股份有限公司	钢塑复合排水管	Φ300－Φ3000	川塔
长寿区	重庆鼎盛印务股份有限公司	包装用塑料复合膜、袋	0.025～0.12 毫米	顶盛

2015 年长寿区获重庆知名产品名录

区县	企业名称	申报产品名称	申报产品规格型号	申报产品注册商标名称
长寿区	重庆沈通变压器有限公司	电力变压器	S11 系列 35 千伏级及以下	沈通

（摘自重庆市名牌产品协会重名协〔2015〕7 号）

食品药品监督管理

【概况】 2015 年，重庆市食品药品监督管理局长寿区分局（简称区食药监分局）内设办公室、综合科、法制监督科、行政审批科和食品生产监管科、食品流通监管科、餐饮服务监管科、药械监管科、保化品监管科共 8 科 1 室。人员编制 56 名，其中：行政编制 53 名，机关工勤人员 3 名；实有人员 52 人，其中：公务员 49 人，工勤人员 3 人。区食药监分局机关设置有党支部、工会委员会。

2015 年，区食药监分局确定工作重点，明确领导分工职责，印发食品生产、流通、餐饮食品、药品企业、保健食品、化妆品监管年度方案，确保全年工作顺利有序开展。强化制度建设，修订完善《请销假及考勤制度》《差旅费管理办法》《财务管理制度》等内部管理制度，认真办理人大建议 3 件、区政协提案 9 件，均得到代表、委员满意答复。开展结对共建活动，完成精准扶贫 7 户，机关支部与渡舟街道果园村、凤城街道梅村社区开展结对帮扶活动，全局31名党员结对帮扶贫困户、贫困党员31户，帮扶资金2.5万元，开展节日慰问4次，送去节日物资、慰问品价值5万余元。深入推进精神文明建设，积极开展诚信体系建设、餐桌文明、青年文明号等活动。

2015年，区食药监分局监管的药品生产企业13家，其中，原料药生产企业10家，制剂1家，医用氧1家，药包材1家。有上市公司3家，药品生产线40条，药包材生产线2条，药品批准文号80个，已通过新版GMP认证39个、出口欧盟原料药证明文件10个，境外药品GMP认证6个。监管的药品经营企业352家，其中药品批发企业7家、药品零售企业345家。医疗器械经营企业有269家，其中医疗器械批发企业11家、医疗器械零售企业258家。监管的药品及医疗器械使用单位502家，其中区级医疗机构5家、镇（社区）卫生院22家、民营医院13家、村（社）卫生室（站）333家、个体诊所及门诊129家。

2015年区食药监分局监管的食品生产单位176家，其中：食品生产企业56家，持有食品生产许可91份；食品添加剂生产企业1家，持有生产许可1份；食品生产加工小作坊120家。全区生产企业取得许可类别为：肉制品15份、豆制品14份、蔬菜制品11份、粮食制品8份、水产制品8份、饮料8份、酒类5份，调味品4份、糕点3份，其他类别15份。监管的食品流通经营单位2943家，其中企业406家，个体2537家，分布在区内18个街镇。监管的保健食品经营企业562家，化妆品经营企业902家。监管的餐饮服务单位2881家。其中大型以上餐馆68家，中型餐馆383家，小型餐馆1787家，快餐店12家，饮品店31家，小吃店217家，学校食堂185家，机关企事业单位、建筑工地食堂174家，另有备案餐饮摊贩24家。

【监管能力提升】 区食药监分局着力抓食品药品安全地方政府“负总责”责任体系的落实，主动沟通、积极协调，将食品药品监督管理工作写入政府工作报告和区财政预算报告，将食品药品安全工作纳入全区经济社会发展实绩和综合目标考核。区政府专题召开全区食品药品安全工作会，区政府常务会议两次研究食品药品安全工作，区四大班子领导多次深入基层督导检查。强化基层食品药品监管机构建设，完善区—镇（街）—村（社区）—村（居）民小组四级联动的纵向到底的监管网络，建设19个食品快检室，落实办公场所40间，为18个街镇食药监办配备计算机、照相机、摄像机、打印机、食品快速检测设备等执法装备，以风险管控为核心，全面实施网格化管理。

【食药安全宣传教育】 年内对餐饮服务食品安全管理员3200余人、药品从业人员1400余人、药品上岗360余人进行系统培训。开展食品药品执法人员业务培训30余次，培训街镇食品药品执法人员522人次、村社食品药品安全协管员256人次。开展“12331”主题宣传日活动、“3·15”国际消费者权益日宣传、食品安全宣传周、知识产权保护等各类宣传教育活动10余次，发放资料5万余份，在社区、街镇、学校建立6个食品药品安全科普宣传站。利用报纸、电视、网络宣传等多种媒体宣传食药监工作，年底前市、区级媒体采用信息稿件227件。

【餐饮、食品安全监管】 （详见《商贸服务业》类目《餐饮服务业》分目）

【药品安全监管】 全年开展药品生产企业注册核查13次，全面推进新版GMP实施，全区通过新版GMP的生产线有40条，位居全市首位。推进新版GSP宣传教育及贯彻落实，完成药品零售企业GSP认证332家。加强药品电子监管，做好药品零售企业电子监管入网工作，完成345家药店国家电子监管系统入网。强化风险检测，上报药品不良反应报告1050例、医疗器械不良事件报告268例、药物滥用报告216例。逐步建立完善保健食品、化妆品安全监管信息系统，截至年底，已通过审核注册的保健食品经营企业92户、化妆品经营企业74户；开展化妆品不良反应监测，上报化妆品不良反应监测报告15例。认真开展监督抽验工作，药品抽验174批次（基药40批次、监督性抽验134批次），不合格3批次；医疗器械抽验10批次，合格率100%；保健食品抽验33批次、合格率100%；化妆品抽验31批次，不合格1批次。

【专项整治】 建立协作机制，全年开展白酒、牛肉干及豆制品、地沟油、“江西病死猪肉”、白酒、蜂蜜、冻肉、肉及肉制品、学校食堂、医疗器械“五整治”、中药材中药饮片、含特殊药品复方制剂、装饰性彩色平光隐形眼镜、保健食品市场、美容美发场所、食品药品安全大检查等专项整治查处42次，发出责令改正通知书168份，有效净化食品药品市场。截至年底前，区食药监分局在日常监管及专项整治中出动检查执法人员2.1万人次，车辆

5302台次，检查食品药品经营企业2.7万家次，保健化妆品经营企业1187家次；立案295件、结案285件，罚没金额159.68万元。其中食品生产环节立案33件，结案33件，罚没金额29.14万元；食品流通环节立案78件，结案78件，罚没金额31.05万元；餐饮服务环节立案102件，结案98件，罚没金额29.73万元；药械立案65件，结案61件，罚没金额58.54万元；保健食品立案9件，结案8件，罚没金额6.74万元；化妆品立案8件，结案8件，罚没金额4.45万元。刑事立案6件。

【阳光政务】 公开行政许可和执法办案程序信息，加强社会监督。开展“三严三实”专题教育活动，开展集中学习16次，撰写心得60余篇。上专题党课2次，发放征求意见表480余份，收集意见建议23条，高质量召开专题民主生活会和组织生活会。对学习自查和走访群众收集到的10个不严不实问题及民生事项，按分管和事项类型分别制订台账，逐一整改销号。严格控制“三公”经费开支，重点治理脱离群众、慵懒散软、文山会海、铺张浪费及吃拿卡要等问题。将党风廉政建设责任层层分解，主要领导和分管领导、党组和各科所层层签订责任书，督促班子成员严格履行“一岗双责”。认真办理“12331”等投诉举报，全年受理食品药品投诉举报199件，办结193件。

【食品药品产业发展】 创新审批模式，优化审批流程，提高审批效率，方便群众办事，提升群众满意度，推行食品“三小”及农村家宴备案管理工作。全年办理行政审批及备案2570件，其中，食品流通1099件、餐饮1142件、药品315件、医疗器械31件、“三小”食品及农村家宴备案591件。以长寿经济技术开发区、重庆长寿健康产业基地为中心，大力招商引资，招揽国内外食品药品规模化企业落户长寿，支持鼓励经开区已有的福安药业、康乐制药、莱美制药、凯林制药、睿哲制药等药品企业和尚蔬坊、恒河果业、伟达食品等食品企业的发展壮大。长寿区被列为转型升级国家级原料药示范基地（重庆市唯一），福安、凯林、莱美、睿哲等生产企业40条生产线通过新版GMP认证，全区药品生产企业资产总额89.65亿元，年销售收入25.58亿元，利税近6亿元。陶然居等一大批知名餐饮企业落户长寿，全区食品生产、流通、餐饮、保健化妆品企业年销售额56亿元。成功推进设立重庆长寿健康科技产业基地，发展迅速，年底前入驻企业41家，已投产企业29家（其中规模以上企业13家），实现工业总产值12.4亿元，利税2.1亿元。

（杨　娜）

附2015年重庆市食品药品监督管理局长寿区分局领导人名录

局　　长：戴俊明
副 局 长：谭瞀覃
　　　　　周玉萍（女，2015年11月离任）
　　　　　杨　涛（2015年7月任）
纪检组长：余　科（2015年7月任）

烟草专卖管理

【概况】 重庆市长寿区烟草专卖局、中国烟草总公司重庆市公司长寿分公司，本分目简称局（分公司）组建于1984年12月，实行“统一领导、垂直管理、专卖专营”的专卖体制和“两块牌子、一套班子”的管理模式。局（分公司）内设机构设置“一室五科一部两单位”，即办公室、政工科、综合科、专卖监督管理科、财务审计科、专卖内管与法制监督科、客户服务部和城网队部、农网队部。2015年有在岗职工98人。

【专卖管理】 终端市场监管管控到位，划分“责任线路”，明确监管责任，开展各类专项整治行动，净化辖区市场。2015年，查处各类涉烟违法案件173起，查获各类违法卷烟1835条，案值33.98万元，依法取缔名烟名酒店5个。采取多项措施，稳步推进烟草专卖零售许可改革，受理新办申请640份，准予许可628份，不予许可12份，无一起因许可证办理引发的矛盾或纠纷。开展消除“空白村”工作，新设“空白村”零售点18个，零售网点覆盖面稳步提升。打假破网力度持续增强，加强与公安局、检察院、法院的工作联系和协调，卷烟打假长效协作机制得到巩固和完善。成功破获“12·12”假烟网络案件和“5·15”假烟网络案件，抓捕13人、刑事拘留13人、逮捕10人，涉案总值400多万元，其中“12·12”网络主犯3人被依法判处八年以上有期徒刑。

【企业管理】 局（分公司）运用精益管理的思想，探索创新“211工作法”，自主研发211工作管理平台，提升企业管理信息化水平。“211工作法”是以精益思想为理念，以基础工作标准化、重难点工作流程化为目标，以集成精益管理工具，运用五步工作法为核心，以一档式绩效管理为保障，过程和结果并重，提升工作水平，努力创先争优的工作平台。“211”是两化（基础工作标准化、重难点工作流程化）、一法（五步工作法）和一档（一档式绩效管理）的简称，经过反复摸索，已经逐步形成了一套比较完整的运行机制。通过精心组织，建立机制，加强宣传贯彻，强化目标管理，持续改进，健全文件管理，完善一体化手册，促进各项工作落实。大力开展QC小组活动，成立“突破”“飞扬”两个QC小组，分别以提高文件执行率和延长价签使用周期为课题方向，组织起20人的QC队伍，在学习中成长，长寿烟草QC骨干初见雏形。

2015年，局（分公司）相继获得“全市烟草系统2015年度综合先进单位”“全市烟草系统2015年度精益管理先进单位”“全市2015年度专卖管理先进”“全市烟草系统2015年度安全管理先进单位”“全市烟草系统六五普法先进单位”“诚信守法示范企业”“全市第一届真假烟识别竞赛团体三等奖”“第二届重庆市烟草系统卷烟商品营销职业技能竞赛团体三等奖”等荣誉称号；行政处罚案卷顺利通过国家烟草专卖局验收，取得第二名好成绩。

【党建和企业文化建设】 局（分公司）开展“三严三实”专题教育活动，统一思想，明确举措，组织开展“践行三严三实，凝聚改革发展正能量”主题征文和演讲比赛，深度挖掘先进人物和典型事迹，广泛传播“三严三实”正能量。严格落实中央八项规定和市局22条规定，开展“八项规定回头看”自查工作，纠正“四风”树新风成效明显。全面加强教育培训管理，参与市局（公司）和区委区政府各类竞赛活动，大力提升职工专业素质能力。3位职工学术论文分别获学术论文一等奖、二等奖、优秀奖。

【公益事业】 局（分公司）2015年继续对贫困零售客户、社会弱势群体予以经济扶持，向困难卷烟零售客户捐赠2500元。捐赠长寿区慈善会27000元，用于社会公共和福利事业活动；捐赠龙河镇保合村贫困户黄云奎等10户2000元；捐赠龙河镇金明村5000元；开展“慈善双日捐”活动，捐赠3900元用于解决长寿区赈灾、安老、抚孤、济困、助学、助医等群众性应急救助工作。资助教育事业，向长寿区青云小学捐款1万元帮助学校购置物品、改善教学环境等。

（张洪维）

附2015年重庆市长寿区烟草专卖局（中国烟草总公司重庆市公司长寿分公司）领导人名录

局长（经理）党组书记：刘　晗

副经理、纪检组长：窦远奎

副　局　长：李宏岩

盐务管理

【盐专营管理】 2015年，重庆市盐务管理局长寿分局（简称盐务分局）持续不间断地普及盐业法律、法规，强化食盐专营政策，通过各种形式和渠道宣传《食盐专营办法》《重庆市盐业管理条例》等法律、法规。组织参加“3·15”消费者权益日、“5·15”碘缺乏危害宣传日活动；针对肠衣加工和饲料加工用盐（饲料添加剂氯化钠）市场的波动情况，主动和有关厂家加强沟通，将有关行业信息和一些案件审理情况通报给厂家，得到厂家的理解和支持，确保加工盐市场的稳定；在日常工作中严格行业用盐审批程序，督促开票人员建立完整的行业用盐客户档案信息，定期或不定期地对行业用盐客户进行检查；以深入榨菜加工区、乡镇学校，实地宣传与借助区内主要媒介影音文字宣传相结合的方式，加深群众对盐业法律法规及碘缺乏危害的认识，巩固消除碘缺乏危害成果。

【队伍建设】 为进一步提高职工的思想文化素质和竞争日益激烈的市场能动力，长寿盐业分公司（盐务分局）组织一系列学习教育活动。组织职工学习十八届三中、四中、五中全会精神，围绕党组织“创先争优”活动开展创建文明单位活动；通过安全生产法、环境保护法考试等手段促进职工加强法律法规等知识的学习；组织学习、宣传贯彻重盐企业文化，强化敬业精神教育，提高职工思想道德素质；派遣职工到其他分公司学习优秀的营销网络建设方法，以弥补自身的不足；积极参加长寿文明城区建设，倡导讲文明话、做文明事、做文明人。职工的政治素质、文化素质、业务素质提高，团结互助，协调配合，形成风正、气顺的和谐氛围。

（刘　睿）

附2015年重庆市盐业（集团）有限公司长寿分公司（长寿盐务分局）领导人名录

局长（经理）：何明富

副局长（副经理）：李朝康

绿树掩映长寿城

社会事业

- 文化　体育
- 教育　科技
- 医疗卫生　计划生育
- 社会事务
- 民生

文化 体育

文 化

【概况】 根据《中共重庆市长寿区委、重庆市长寿区人民政府关于长寿区人民政府职能转变和机构改革的实施意见》（长寿委发〔2014〕23号），设立重庆市长寿区文化委员会（挂重庆市长寿区体育局牌子），为区政府工作部门。2015年3月17日，中共重庆市长寿区委办公室重庆市长寿区人民政府办公室印发《重庆市长寿区文化委员会主要职责、内设机构和人员编制规定的通知》（长寿委办发〔2015〕11号），明确长寿区文化委员会（简称区文化委）的主要职责、内设机构和人员编制。

区文化委的主要职责有17项。贯彻执行党和国家关于文化艺术、新闻出版、著作权、广播影视、文物博物和体育工作的方针政策和法律法规，研究制定全区文化体育领域的规范性文件并组织实施。拟订全区文化艺术、新闻出版、广播影视、文物博物馆和体育领域发展规划、行业标准并组织实施，统筹推进文化体制改革，依法负责行业统计工作。指导管理全区文化创作生产和宣传工作，把握正确的工作导向、舆论导向和创作导向，推动各类文化发展；指导管理全区性文化活动和体育活动。整合全区公共文化体育服务资源，规划引导现代公共文化体育服务体系建设，指导重点和基层文化体育设施建设、管理和使用；负责区级文化体育社团的资格审查和业务指导。指导管理全区文物保护、考古和重大项目实施工作，组织开展文物资源调查，履行文物安全督察职责；负责博物馆有关业务指导和规范管理工作，指导协调博物馆建设。拟订全区非物质文化遗产保护政策，组织实施非物质文化遗产保护和优秀民族文化的传承普及工作。推动文化与科技融合，指导新技术开发应用和科技信息建设，推进广电有线网络整合和广电网、电信网、互联网三网融合。负责全区广播影视安全播出的管理工作，监督管理广播影视节目的内容和质量，指导监管广播电视广告播放；负责全区卫星广播电视地面接收设施的管理。推动传统出版数字化转型，负责对全区互联网出版和开办手机书刊、手机文学业务等数字出版内容和活动进行监管；负责对全区网络视听节目、公共视听载体播放的广播影视节目进行监管。负责全区出版物市场经营活动和印刷复制行业的监督管理，负责非连续性内部资料内容和质量的监督管理，负责非法违禁出版物和侵权盗版的鉴定工作；负责著作权保护管理和公共服务。拟订全区文化市场调控政策并实施；指导监督文化市场综合执法工作。整合文化体育产业业态，促进产业综合集成发展；指导重点文化产业基地、园区和项目建设；指导体育彩票在全区的发行。负责全区群众体育发展，负责推行全民健身计划，指导并开展群众性体育活动；实施国家体育锻炼标准，推动国民体质监测和社会体育指导工作队伍建设。负责全区体育运动项目布局，指导体育业余训练和体育竞赛，指导和推进青少年体育工作。指导管理全区对外文化体育交流工作，组织实施大型对外文化体育交流活动，组织参加和承办全国性、全市性体育竞赛活动。拟订全区文化体育人才发展规划并指导实施，开展文化体育专业技术人员和从业人员培养培训工作。承办区政府交办的其他事项。

区文化委设6个内设机构：办公室（人事科）、规划发展科、文化科（文艺科、文化遗产科）、传媒科、体育科、市场产业科。重庆市长寿区文学艺术界联合会，挂靠重庆市长寿区文化委员会；重庆市长寿区文化市场行政执法大队，为重庆市长寿区文化委员会直属机构，以重庆市长寿区文化委员会的名义对辖区内的文化市场实施综合执法。原重庆市长寿区体育局管理的事业单位交由重庆市长寿区文化委员会管理；有关事业单位更名、调整事宜，由重庆市长寿区文化委员会按程序办理。

区文化委机关行政编制为19名。其中，设主任1名、副主任3名，区体育局局长、副局长在职数限额内实行兼任；内设机构领导职数8名。纪委书记按区委有关规定配备。机关后勤服务人员事业编制为1名。

2015年，长寿区围绕建设“文化体育强区”中心目标，突出抓好公共文化服务、文化遗产保护和文化产业发展三个重点，整合学校、民间团队、社区老年人队伍和文艺协会四支力量，探索建立街镇站（室）管理运行、文艺协会考核、文化体育教育结合、文艺作品奖励、文物征集五大机制，推进长寿文化体育事业繁荣发展。

【公共文化服务】 以“便民、利民、惠民”为原则，做好区、镇（街道）、村（社区）三级文体设施网点建设、布局调整和公共服务。推进区级重点项目建设，区博物馆完成立项、选址和方案设计，开工奠基；区文化馆优化功能室13个，做好升级搬迁至长寿菩提古镇前期准备；区图书馆推进数字化建设，配置触摸屏读报一体机2台，实现报刊阅读查询数字化，新增校园图书角120个，“一卡通”服务延伸基层网点28个。加快基层网点建设和管理，葛兰镇文化一条街完成方案设计，八颗镇付何村文体中心建成并投入使用；18个综合文化站以绩效评价为契机，优化调整图书室、电子阅览室、活动室等功能室设置；223个农家书屋增设外借点，扩大公共文化服务范围和能力。全面实施免费开放，2015年，文化“两馆一站”和体育场馆举办各类文体活动1500余场次，服务群众310万余人次；在全市免费开放绩效评价中，长寿区图书馆被评为一等，区文化馆被评为二等，8个街镇站被评为一等，5个街镇站被评为二等。

【群众文化活动】 （详见本类目《群众文化》分目）

【文艺创作】 加强文艺工作领导，实施12个文艺协会换届选举，配齐、配全、配强领导班子；改革长寿区文艺协会年度考核方式，突出文艺活动开展、文艺精品创作等考评指标；修改完善《长寿区优秀文艺作品奖励办法》；设立江南、长寿菩提古镇、八颗、桃源小学等创作基地4个。加大文艺精品创作，以“中国梦·巴渝风”和“深入生活，扎根人民”为主题，开展主题采风3次、文艺服务活动8次，组织创作优秀文艺作品1500余件，获市级以上表彰（入展）120件。打造文艺交流展示平台，《长寿文化》报发行77期，《长寿文艺》改季刊为双月刊发行6期，“一报一刊”全年刊载各类文艺作品2130余篇（幅、张）。（其余详见本类目《重庆市长寿区文学艺术界联合会》分目）

【文化产业发展】 以社会效益和经济效益相统一为原则，建设现代市场体系，逐步形成多门类、多层次、多元化发展新格局。2015年，长寿区新增文体经营单位300余家，扶持文化微企30余家，体育彩票发行额突破1亿元。实施成长型文化企业培育计划，首批重点培育乐天培训等8家成长型小微企业和长文传媒等2家文化企业小巨人；加大龙头企业扶持，以重庆恒鑫雕塑公司、重庆石狮雕刻公司等为代表的雕塑业，以景兴包装、鸿海印务等为代表的印刷业，以大巨典公司、博宇俱乐部等为代表的体育健身业发展快速。注重文化旅游深度融合，打造“天赐长寿湖、菩提长寿山、滨江长寿谷”三大文化旅游产业平台，长寿湖百寿园、百岁园和菩提山百寿大道、千寿广场、万寿天梯等寿文化主题景点建成投入使用；启动长寿菩提古镇文化产业核心园区打造，年底前出台具体扶持补助政策，进入招商、选商阶段。市场监管围绕“固边”“净网”“清源”“护苗”等主题，日常巡查和专项整治相结合，全年检查2500余家次，排查整改各类安全隐患80余处，收缴各类非法出版物400余册，依法查处违规案件10件，全区文化市场规范有序。

【文化遗产保护】 坚持“保护为主、抢救第一、合理利用、加强管理”原则，加强文物和非物质文化遗产保护。加大长寿历史文化挖掘，成立重庆市长寿文化研究会，举办第三届中华长寿文化暨谯定学术研讨会，收集整理巴寡妇清、谯定、还珠楼主“长寿三贤”历史文献和研究成果；完成辖区石刻碑碣拓片80余件，正在编辑《长寿区碑刻拓片选集》。加强文物保护利用，制定《长寿区可移动文物征集办法（征求意见稿）》；公布定慧寺和青龙嘴古建筑群、戴氏祠为第六批、第七批区级文物保护单位；实施石佛寺本体维修工程；编制聂氏宗祠保护方案和杨克明故居维修方案；成功将桓侯宫、文峰塔、林庄学堂旧址等项目申报为后三峡第二期文物保护项目；完成桃花溪电站等7处抗战遗址和邻封镇1个历史文化名镇、葛兰镇大坝村等2个历史文化名村调查；开展全国第一次可移动文物普查，登录可移动文物483件（套）。加强非物质文化遗产保护，开展非物质文化遗产线索大普查，掌握数量、类别、分布等基本情况。长寿区纳入区级非物质文化遗产名录项目31个，其中10项已纳入市级名录，7人成为市级非物质文化代表性传承人。按照“保护为主、抢救第一、合理利用、继承发展”的指导方针，建立非物质文化遗产（以下简称“非遗”）传承人保护制度。2015年，新申报龙溪河拖滩号子、江南翻杈腔、双龙花鼓等三个市级非物质文化遗产项目，新建长寿血豆腐、长寿薄脆两个“非遗”传习基地。建立“非遗”保护项目数字化网络库，打造“非遗”项目传播和展示平台。

【广电新闻出版管理】 推进软件正版化工作，采购、安装操作系统804套，采用场地授权方式安装办公软件，实现政府序列外其他机关（单位）软件正版化全覆盖。（其余详见本类目《广播电视》分目）

（杨　强）

广播电视

【概况】 2013年2月18日，重庆市长寿区机构编制委员会关于同意设立重庆市长寿区广播电视台的批复（长编发〔2013〕50号）成立重庆市长寿区广播电视台（简称区广播电视台），同时撤销重庆市长寿区广播电视中心、重庆市长寿区广播电视台、重庆市长寿区广电网络公司。区广播电视台为区委管理的事业单位，机构规格为正处级，经费形式为财政全额拨款；设7个内设机构：办公室、总编室（挂社教部牌子）、新闻部、专题部（挂文艺部牌子）、广告部、技术播出部、广播电台部；核定事业编制40名，其中台长1名，副台长3名，纪检组长按有关规定配备，内设机构领导职数16名。2015年有在职员工60人，其中正式在编38人、聘用人员22人；有退休职工30人；领导班子5人。

主要职责有6项。贯彻执行党的路线、方针、政策，落实广播电视宣传方针、政策，围绕区委区政府中心工作抓好“两台”宣传，对广播电视节目审查把关。负责广播电视台节目制作和播出，确保广播电视节目的安全播出，积极推动广播电视事业发展，发挥广播电视在公共安全方面的特殊作用。面向市场、服务社会，充分发挥公共文化服务平台的作用，搭建好党和政府与人民群众联系沟通平台。负责广播电视的对外交流与合作；按照有关规定协助管理境外来长影视摄制和合作拍摄等事项。配合区广播电视行政管理部门实施广播电视行业的社会管理、指导，推动全区广播电视事业的发展。参加全区宣传、文化等重大活动，完成区委、区政府交办的其他工作。

【标准化建设】 区广播电视台标准化建设从2013年5月开始，经过两年多重点是2015年下半年的努力，基础设施建设、技术系统保障、频道频率定位、节目内容生产、制度修订完善及新媒体、人才队伍、单位文化建设等方面都取得明显成效。推进区广播电视台二级台标准化建设，将原综合频道改为长寿频道，新设文化·旅游频道，新策划《玩转长寿》《人文长寿》《长寿大舞台》等自办节目；整合街镇有线广播电视网络，18个街镇与重庆广电网络公司长寿分公司签订整合协议；实施直播卫星户户通工程，完成首批7个镇15715面安装任务，完成率和开播率位居全市前列；加强农村综合广播系统管理，落实运行经费，完好率和开播率均达到99%以上。强化广播电视安全播出，与电视台、广电网络分公司和18个街镇签订安全播出责任书，加强重要保障期前安全播出巡查和督促整改，全年未发生责任事故。2016年1月7日通过市文化委组织的专家组定级评估检查验收，成功创建市二级广播电视台。

（何光明　杨　强）

基础设施建设，有办公及功能用房3700平方米，演播室、节目制作室、广播直播间、录音室、播控中心机房、供配电机房等专业技术用房间数、面积等达到或超过二级广播电视台建设要求。

网络系统实现节目制作和播出数字化，节目传输和交换网络化，使播出系统的安全性、稳定性和管理能力、应急能力得到明显增强；制作及媒资系统，节目编辑制作跨入网络化和高清化时代；各种功能和用途高清摄像机、箱载数字转播系统等，能够充分满足新闻采访、节目制作和大型活动外场录制要求；电力系统能满足紧急情况节目制作和播出的供电需求；安防保障系统能对办公区域进行24小时无死角监控。

根据长寿区位优势和经济社会发展、人文地理资源等情况，重新进行频道频率定位和节目的设置。长寿频道为综合频道，以新闻资讯类、专题服务类节目为主，传递党政声音、聚焦经济发展、关注社会民生、弘扬社会正能量、传播核心价值观；文化·旅游频道以挖掘长寿人文历史、彰显长寿文化内涵、丰富市民文化生活，关注长寿旅游发展、推介特色旅游、引领旅游消费为主，向观众提供多样化、个性化的文化与旅游服务；广播频率以传递政策、服务发展、关注民生、引导健康娱乐为主。

从2015年8月1日开始，区广播电视台对自采节目、外购自制节目、影视剧比例进行调整。频道频率包装更加美化、编排更加科学合理，节目设置、制作水平和质量明显提升。有浓郁地方特色的新闻专题节目，有丰富多彩的生活娱乐节目，有展示长寿人美好生活的互动节目。新闻类节目围绕区委、区政府中心工作，推出一系列重点报道和连续报道，彰显主流媒体的责任和担当；按照“三贴近”要求，走基层转作风改文风，新闻会议类、活动类报道所占的比重由过去的50%下降到约25%，对基层的报道由过去的不足50%提高到70%以上；新闻稿件录音报道、现场报道、记者连线等由过去的10%提高到25%左右。专题新闻类节目由过去经验式、总结式、软广告式报道向事件化、故事化、人物化报道的根本转变。娱乐互动性节目由大明星、大人物、大事件占据的舞台变成平民百姓的舞台。2015年，区广播电视台播出新闻稿件近10000条，自制专题节目300余期，300余件优秀作品被市级、中央媒体采用。

健全制度科学管理，先后对业务运行管理制度、安全生产及播出管理制度、宣传管理制度、绩效考核、财务制度、人力资源管理制度、房屋设施运行维护制度等进行全面清理。对不适应标准化建设的77项制度进行修订，确保规章制度体系的完整性、针对性、适用性和可操作性。让职工有章可循，自觉遵守。

整体打造单位文化，从LOGO的定位到形象图案的布局，从外部环境、公共场所到办公室、会议室、编播室、机房，从管理制度到格言警句等进行整体设计。广泛征求意见，提炼出“责任创造价值，公信凝聚力量”“因为使命，我们永远在路上；因为职责，我们必须在现场”等座右铭。让职工置身于具有浓郁广电文化氛围中，提振精气神，增强凝聚力。

【新媒体建设】　搭建新媒体平台，2015年9月中旬，区广播电视台在标准化建设最紧张、人手最紧缺的时候，抽出2人组成新媒体建设筹备组，正式开通“长寿区广播电视台微信公众号”“掌上长寿”APP客户端和“视界网——长寿”网，自办电视节目全部上线，有整档新闻、专题，也有碎片化的单条信息。

为迅速扩大新媒体平台的知晓度和用户量，根据新媒体传播规律，策划一系列互动活动吸引大众。如利用“2015长寿湖国际铁人三项赛”“第四届长寿金秋美食节”“‘星耀长寿’才艺大赛暨百姓春晚”等活动，在新媒体平台适时推出“我心中的铁人”“尽享长寿美食”“星耀长寿才艺大赛最佳人气奖”“我最喜欢的百姓春晚节目”等投票活动；利用春节策划“晒晒我家的年味”互动活动，与传统媒体电视同步推出“周末宝贝”随手拍、“我心中的街舞明星”“海外游子思乡情”等观众参与栏目增加关注度和点击率。“掌上长寿”APP和微信公众号关注量迅速上升。

（何光明）

报　刊

【《长寿日报》】　《长寿日报》全媒体由长寿日报社承办。长寿日报社为区委直属正处级财政全额拨款事业单位，核定事业编制30人，2015年年底，有在岗职工32人（其中在编在岗职工19人，社会聘用职工13人），退休职工2人；有内设机构8个，即：办公室、总编室、新闻采编部、副刊采编部、网络部、质评通联部、经宣部、新媒体部。

2015年，《长寿日报》全媒体凝聚正能量，发出好声音，营造好氛围，为长寿区全面建成“三地一中心”、全面建成“三大愿景”框架营造良好舆论环境。《长寿日报》跻身“重庆市优秀区县报”十强；人人长寿APP下载安装量10万户，成为长寿地区最具影响力的新媒体；《长寿日报》微信关注者迈向10万级，综合质量排名在全国时事微信中最高排第一百五十四名，重庆区县政务微信排名第四；长寿手机报订阅用户17.7万户；长寿新闻网日均访问量10000人次，日均IP突破5000个。

2015年，长寿日报全媒体围绕贯彻中共十八届四中全会精神、“四个全面”战略布局、创新驱动发展战略、推进生态文明建设、文化大发展大繁荣、践行社会主义核心价值观、长寿争当城市新区主力军、桃花河治污整治攻坚等重大主题和中心工作，加强宣传和舆论引导。先后推出“一张图看懂2014”“行进中国精彩故事”“深化改革发展进行时”“把握新常态开创新局面”“民生实事改变我们的生活”“提振实体经济提速转型发展”“践行‘三严三实’集中走访下访”“集中力量冲刺确保圆满收官”“文明创建让生活更美好”等30多个栏目，在全区掀起“长与文，寿与和，做一个快乐的长寿人”大讨论，开展寻找“最美孝星”“最美护士”“最美教师”“最美学生”“最美出租车司机”等最美系列活动和“唤醒沉睡记忆·建设精神家园”有奖征文等活动。

（“媒体融合发展，打造长寿日报全媒体”详见《信息业》类目《长寿新闻网》分目）

长寿日报社以能力提升和作风养成为重点，加强采编队伍建设。邀请重庆市区县报审读专家，《重庆日报》《重庆晨报》资深编辑记者授课，选派骨干人员到重庆市网信办挂职锻炼，组织编辑记者参加全媒体时代编采策划与版式设计创新、加快传统媒体与新媒体转型融合发展、媒体经济整合营销、用视觉传递新闻、微信公众号推广营销等专题培训，拓宽媒体融合发展思路，提升采编业务创新能力。以栏目为导向，以制度为保证，深化“走基层、转作风、改文风”活动。引导编辑记者深入基层、深入一线、深入群众，贯通正气。加强新闻策划、跟踪落实指导，在打好宣传总体仗、攻坚仗、常规仗中锻炼队伍。

（汪月琴）

【长寿文化】 经四川省文化厅批准，连续性内部资料《长寿文化》于1979年1月创刊。2008年1月，《长寿文化》成功改版为周刊（内部资料）；2010年1月，改版为周二刊，即每周二、每周五出版发行；2015年8月，根据市文化委整改通知精神，结合纸质媒体发展实际，改版为周一刊，每周五出版发行。截至2015年年底，《长寿文化》已连续出版发行37年。

连续性内部资料《长寿文化》经市文化委批准，由重庆市长寿区文化委员会主办，区文化馆主管，组成《长寿文化》编辑部出版发行。《长寿文化》设有办公室、采编部、经宣部、影视部、网络部、发行部（人员不在编）等1室5部。2015年12月底，《长寿文化》编辑部（含影视部等）有工作人29名，其中采编人员全部为大学本科学历，有5名具有10年以上的新闻工作经历；总编班子成员5名，其中总编1名、副总编3名、顾问1名。《长寿文化》采编骨干队伍已经形成，2015年将全市连续性内部资料管理工作会精神作为内容，对全体采编人员进行培训。

2015年出版发行《长寿文化》77期，640个版面。刊载图片1300余帧，发表文字120余万字。主要设置栏目有：综合新闻、长寿·城事、人物、特别报道、副刊、专刊（有《文化动态》《长寿影视》《长寿旅游》《长寿体育》《长寿法制》《健康》《美食》等）。

《长寿文化》由过去几年的都市类连续性内部资料逐渐转化为以文化为主的连续性内部资料。2015年刊载重要内容有：

开设纪念中国人民抗日战争胜利暨世界人民反法西斯战争胜利70周年栏目，除介绍以中国共产党为中流砥柱的英勇顽强的抗日史诗外，还介绍长寿地区人民参与抗战的文史资料；介绍在抗日前线立下功勋的傅克军、李滨、邹德贵、项世英等将领；介绍在抗战前线英勇牺牲的抗日空军英雄、共产党员刘国栋等抗日烈士；揭露日本侵略者对长寿地区轰炸等滔天罪行；刊载反映抗战的文学作品等。

开设微电影宣传栏目。长寿微电影已是长寿区对外宣传的一张名片，其中由长寿文化影视部（后为好图影视公司）拍摄的《棒棒来了》《背夫出嫁》是重庆地区仅有的获得全国大奖的微电影。好图影视拍摄的《看见》《焦石》《良知》《谷子熟了》等获得市委宣传部、两江新区等市级部门或单位颁发的市级奖项；《福寿故里》4集系列片获送国家文化部，受到部领导和专家的好评。《长寿文化》在宣传报道微电影等新媒体及其成就方面开展大量工作，刊登许多文章，成为微电影等新媒体的推手。

开设《长寿文化（含体育）》追梦人栏目，报道17名文化追梦人和多名体育追梦人。稿件突出文化追梦人在文学艺术领域和非物质文化遗产保护及传承方面如何坚守和传递正能量，重点报道长寿雕塑家叶荣华的雕塑人生，以此对6月份辞世的叶荣华的追怀和纪念；报道身残志坚的民间曲艺家、在全国崭露头角的区内书法家、重庆著名水彩画家、自学成才的作家诗人、民间画家、著名书法家等文学艺术家；民间体育达人（追梦人）主要报道重庆轮椅短跑冠军、重庆马拉松女子冠军、醉心于家乡农村体育活动的机关干部等。

开设关爱下一代成长的“五老风采”栏目。全年报道7名在关心下一代工作，特别是关心留守儿童工作中做出优秀成绩的离退休教师、干部和退伍军人、劳动模范的事迹。

开设长寿区文化旅游结合栏目。长寿区文旅结合受到市领导肯定并在全市进行推广。集中报道中华百岁园、菩提桥建设、中华万寿宝典建设及定慧寺复建、滨江长寿谷规划建设、江南街道“孝文化”打造与成效等在全市有影响的长寿地区主要旅游文化项目；加大记住乡愁的采访和报道，对农村、对故乡，对传统文化艺术，做过许多报道，主要有对民间老匠人如篾匠、理发匠、绣娘等的报道，对民间艺人如荷叶艺人、民间民歌手等的报道；对农村农民运动会、乡村年节团圆饭、闹元宵等也作过报道；对在长寿区举办的重大文化体育活动进行全程报道，重点报道在长寿湖举行的国际铁人三项赛事、在长寿湖山庄举行的中华长寿文化暨一代宗师谯定学术交流会以及多种多次在长寿举办的市级文学艺术展览或交流；报道区文联及其所属12个文学艺术团体的活动。

举办由《长寿文化》牵头的“长寿区第七届十大健康寿星”评选活动，评出十大健康寿星10名，夫妻健康寿星1对。

开设传递正能量栏目。主要报道敬业人物医生、鞋匠、果树业主、护林员、村支书等；孝子孝女（媳）等；身残志坚自强不息的残疾运动员等；重庆好人等；夫妇精心照料身患重病的前夫的故事等。

（周家修）

图　书

【概况】　2015年，区图书馆举办各类讲座、培训、展览、阅读推广等活动26场次，完成江南街道、渡舟街道、八颗街道、晏家街道等23个村（社区）图书室分馆挂牌工作，新增办证读者3000余人，新增文献藏量3.8万册。馆内文献总藏量70.8万册，其中纸质图书288497册（含盲文图书2622册），电子文献405039种。纸质文献借阅32万余册次，电子文献阅览26万册次，馆藏书刊文献年外借率82%；接待读者21万余人次，图书流通30余万册次；免费为社区、企业送图书25次，送书2.8万余册，组织开展全民阅读系列活动60余场次。

（杨　强）

电　影

【公益电影放映】　长寿区坚持“企业经营、市场运作、政府购买、群众受惠”的电影工作思路，常年坚持把优秀的电影送到农村、社区、校园和广场。2015年全区19个农村电影放映队放映“农村电影惠民工程”公益电影4200余场次，受惠观众89万人次（其中：223个农村行政村放映电影2676场，观众82万人次；社区广场电影放映204场，观众6万余次；农民工电影放映16场，观众1万余人次）。

在2015年元旦、春节期间开展“吉羊喜迎春·光影惠民生”送电影下乡放映活动260场，观众7万人次；开展“纪念抗战胜利70周年”活动放映590场，观众18万人次；开展环保公益活动和爱心公益活动放映1620场，观众30万人次。

【经营性电影放映】　2015年，长寿区各影城坚持以“传播文化、分享快乐、服务群众”为宗旨，为长寿人民提供舒适的电影文化消费场所。全区有经营性影院3家，影幕15张，座位2300个。2015年经营性电影放映23169场，观影市民43.67万人次，票房总收入1345万元。组织放映主旋律孝道影片《古路》和抗战影片《百团大战》，观影党员干部6000余人次。

【电影发行放映单位】　2015年，长寿区有3家经营性电影发行放映单位。长寿区电影发行放映公司（保利万和长寿影城），地址：长寿区凤城街道向阳路16号。长寿区金逸电影城，地址：长寿区凤城街道向阳路2号协信购物广场7楼。浙江横店电影院线有限公司重庆市长寿区电影城分公司，地址：长寿区桃源大道8号4楼。

（罗洪波）

群众文化

【文化活动】　2015年，长寿区群众文化活动实行“两馆一站”免费开放，举办各类文化活动5000余场次，群众参与150万人次。

紧扣长寿实际，以元旦、春节、国庆等传统节假日和中国文化遗产日、世界读书日等文化纪念日为重点，以“中国梦·巴渝风”为主题，举办第二届重庆市“美丽乡村”原创歌曲大赛、春秋两季“渝州大舞台”、“炫动长寿·百姓舞台”比赛、“星耀长寿”才艺大赛、街镇文艺调演、文化遗产保护、广场健身舞大赛、聂耳交响乐团走进长寿音乐会、长寿湖国际铁人三项赛、全区足球业余联赛等区级文体活动50余场次。区文化馆探索实践“区馆带街镇站”项目，分片辅导文化骨干5000余人次，举办科技文化卫生“三下乡”“渝州大舞台”春秋两季配套演出等送演出、送展览、送春联等活动50余场次；深入农村、社区开展文艺培训辅导600余人次；开设舞蹈、声乐、美术、书法、管乐、太极拳、拉丁舞等10个免费培训班，学员1500余人。举办长寿—南岸两地文化交流演出、展出；参加全市乡村文艺调演、社区文化艺术节（舞蹈、故事、声乐）比赛、舞蹈大赛、曲艺大赛及原创歌曲大赛等市级群众文化活动，获特等奖1个、一等奖1个、二等奖4个、三等奖4个。

全区两馆一站参加全市免费开放绩效评价，区图书馆被评为一等，区文化馆被评为二等，8个街镇文化站为一等，5个街镇文化站为二等。

（杨　强）

地方文化研究

【概况】　长寿历史文化资源丰富，有着众多的历史文化名人。重庆市长寿文化研究会一直致力于长寿地方文化研究和探索。2015年11月13—14日，第三届中华长寿文化暨儒学宗师谯定学术研讨会在长寿湖山庄举行。30余位国内外专家学者以及长寿区文化研究骨干参加研讨会。与会专家根据已有的文献资料、历史遗迹，围绕谯定在宋代蜀学和长寿文化中的地位、谯定《牧牛图》的起源与转变、谯定门人后学对中国儒学的贡献等议题，对谯定的生平事迹进行讨论，研讨会成果斐然，对挖掘和整理长寿文化有深远影响。

（罗小松）

档　　案

【概况】　重庆市长寿区档案馆（简称区档案馆）的前身长寿县档案馆成立于1959年11月24日；重庆市长寿区档案局（简称区档案局）的前身长寿县档案局成立于1980年9月13日，与长寿县档案馆合署办公。2002年长寿撤县设区，长寿县档案馆更名为重庆市长寿区档案馆，2003年区人事局批准长寿区档案局为参照公务员管理事业单位，2010年区委办、区政府办再次批准设立局馆合一机构，为区政府直属正处级单位，设定编制15人，设两科一室。2015年6月增设档案信息技术科，增加内设机构领导职数1名。

区档案馆于1997年晋升为重庆市二级档案馆，2009年晋升为重庆市一级档案馆，2012年晋升为国家二级综合档案馆，2014年入选全国最美档案馆，2015年成功创建国家级数字档案馆。馆内使用面积3442平方米，馆藏文书档案、婚姻档案、农房档案、林权档案、历史档案、照片档案、音视频档案等载体的档案总数有220163卷、61005件，其中列为数字化范围的141538卷、61005件。连续6年获得市级档案工作目标考核先进单位。

【数字档案馆建设】　2015年6月29日，区编制委员会批准，区档案局增设档案馆信息技术科，增加正科级领导职数1名。区档案馆创建国家级数字档案馆写入区政府工作报告并作为专项督查内容，安排区财政资金60万余元，按照B类机房建设标准对原有机房进行改造升级，完善长寿区数字档案系统整体服务功能。完成315个全宗档案数字化，完成513万条的档案目录、2100万页全文的数据库建设，馆藏档案数字化率97%，形成局域网、政务网、互联网“三网三库”信息管理服务平台，建成以数字资源为基础、安全管理为保障、远程利用为目标的数字档案馆体系。10月23日，经市档案局数字档案馆测评专家组验收，通过国家级数字档案馆测试。年底前，窗口查阅档案实现自动登记、窗口人员代理查阅、授权后进行自主查阅，查阅档案时间由原来的平均30分钟提高到5分钟以内。

【档案工作管理】　围绕加强和改进新形势下档案工作，深入调查研究，召开座谈会、区政务网、档案局信息网等广泛征求意见，结合全区档案工作实际，从八个方面进行细化，于5月6日，区委办、区政府办向全区印发《关于加强和改进新形势下档案工作的实施意见》（长寿委办发〔2015〕17号）。次月，印发区委督查室、区政府督查室《2015年度档案工作主要任务》（长档发〔2015〕37号）档案专项督查通知。11月底至12月初，区档案局与区政府督查室联合组建专项督查组，采取单位自查与抽查相结合的方式对全区档案工作情况进行专项督查。对9个街镇、3个融资平台公司、9个部门进行重点督查，督查结果以督查专报的形式向区领导进行报告，以《督查通报》的形式在全区范围内通报，对档案工作做得差的单位在年终考核中实行倒扣分。

开展档案工作宣传。3月起，在《长寿日报》《长寿文化》报上开设“走近档案”专栏，开展为期一个月的档案工作宣传，刊发稿件23件，详细介绍全区档案工作情况，提高社会对档案工作的认知度。之后，举行“6·9”国际档案日广场宣传活动，发放宣传资料1000余份；为纪念抗战胜利70周年，利用馆藏史料，主办“纪念抗战胜利70周年档案图片展”，在长寿江南街道九年制学校、菩提广场和行政中心进行为期半个月的展览；“12·4”宪法日，组织全局干部职工参加全区的普法工作，开展档案法制宣传周活动。

【档案管理和利用】　2015年，长寿区组建移民档案工作领导小组，明确档案局、移民局和全区各单位工作职责。按照移民档案工作情况、档案移交情况、移民综合档案、项目档案、会计档案、分户档案等类别，分别进行归档和数字化，整理归档并接收移民专项档案8034件、5745卷，数字化扫描率100%。2015年5月23日通过国家级验收，得到验收专家组“三好一准”的评价（移民档案整体质量好，档案信息化成绩好，移民档案进馆完成好；移民档案数据统计准确）。

年内接收区移民局、邻封镇、区交委等6家单位各类档案7136卷，40823件；接收进馆移民局、住宅建筑公司、邻封镇、交通局、交通局、广电中心、区电子政务办公室电子档案，新增进馆档案电子化副本移交率100%。利用数字档案馆建设成果开展档案鉴定开放工作，成立包括区保密局、机要局在内的长寿区档案鉴定工作领导小组，对区教委、科委、科协、农委等单位已形成满30年的档案进行逐件鉴定，完成近100万件档案的鉴定工作。经过征求意见，区政府批准，年底前有1万多件符合开放条件的档案上传长寿档案信息网互联网数字档馆向社会公众开放，方便群众查阅。

执行告知制度，全年接待机关、企事业单位和群众查阅档案8239人次，提供档案1万余卷次，为群众提供养老保险、医疗保险、婚姻登记、房产、土地等凭证。

根据馆藏民国档案，深度挖掘整理长寿区抗日战争期间的史料，汇编成册为《长寿区抗日战争史料汇编》。

【档案业务】　4月，举办全区机关事业单位档案工作培训会；5月，组织教育系统专题档案培训会；9月，召开农产品质量安全档案工作会，推动档案工作规范化建设。对安监局、土地储备中心等部门和街镇、企事业单位采取深入单位、电话咨询、网络咨询等形式开展业务指导，指导完成90多个区级单位、18个街镇的2014年各门类各载体档案工作，归档率100%。开展长寿区运输桥引道公路高切坡应急抢险治理工程、长寿区运输桥引道公路项目、长寿湖旅游专用高速公路绿化景观工程等3个项目的档案验收工作，验收合格档案25卷25盒。

（李勇军）

体　育

【概况】　2015年，长寿区以备战第五届市运会为契机，加强青少年业余训练和竞技体育比赛。优化项目布局，新增设川维中学北城教学点举重、柔道项目以及实验一小武术项目，将洪湖实验小学、晏家实验小学、葛兰中心校、江南九年制学校、川维小学、桃源小学、新市实验小学7个校园足球项目纳入教委管理。加强体育人才培养，配备专（兼）职教练员80人，在训运动员近3000人；市运会注册运动员近1300人，其中区级运动员1200人，区县级交流运动员60人，外省籍交流运动员9人，注册运动员入库率为100%。2015年，向市级优秀队输送队员30名，其中集训25人，试训4人，进队1人；向各大体育院校（系）输送优秀运动员21人，其中重点本科14人，一般本科7人；摔跤运动员那俊杰和射箭运动员何宗源进入国家队集训。注重竞技比赛，2015年，组织参加22次市级及以上青少年体育比赛，取得全国比赛11金5银9铜和市级比赛78金71银89铜的佳绩，其中跆拳道和中国象棋总成绩全市第一，拳击女子甲组、女子乙组、女子丙组均获全市团体第一，田径儿童组团体第三，篮球甲组全市第四；长寿区输送的摔跤运动员那俊杰在缅甸亚锦赛和福州一青会中分别夺得1枚金牌和1枚铜牌。

（杨　强）

教育　科技

教　育

【概况】　2015年，长寿区坚持“办人民满意教育”方向，全面推进依法治教，深化教育供给侧结构性改革，加强教育系统党的建设和思想政治建设，优化整合教育资源，促进教育公平，全面提高教育质量，不断优化教育结构，加快推进城乡教育一体化、教育信息化和教育现代化，切实维护安全稳定，教育事业实现持续健康发展。全区有各级各类学校208所（含教师进修校1所，农村成人文化技术学校18所），与2014年持平；有在校学生95137人，比2014年减少3837人，下降3.88%；在职教职工7732人，增加68人，增长0.89%。学校占地249.6万平方米，减少33.12万平方米，下降11.72%；校舍建筑面积109.2万平方米，减少8.87万平方米，下降7.51%。教育经费总收入12.87亿元，增加1.48亿元，增长12.95%；总支出12.89亿元，增加2.02亿元，增长18.63%。

重庆市长寿区教育委员会（简称区教委）内设办公室、区委教育工委组织干部科、人事科、基础建设和计划财务科、基础教育科（成职教科）、招生自考科、安全稳定科、内部审计科等8个科室。7月24日，根据区编委《关于同意区教委调整内设机构的批复》（长编发〔2015〕50号）、《关于区教委设立内部审计科的通知》（长编发〔2015〕57号），同意区教委将“党政办公室”更名为“行政办公室”，新增“区委教育工委办公室”和“内部审计科”。12月9日，根据区编委《关于同意区教委内设机构更名的批复》（长编发〔2015〕327号），同意区教委将“区委教育工委办公室”更名为“区委教育工委组织干部科”，“行政办公室”更名为“办公室”。全区派驻机构、直属事业单位未发生变化。

【教育事业】　学前教育。落实《3～6岁儿童学习与发展指南》，实施第二期学前教育三年行动计划，学前一年和学前三年入园率分别为95.1%和86.3%。针对学前教育小学化倾向等突出问题，加大检查指导力度，规范幼儿园办园行为。充实学前教育师资力量，年内招录幼儿教师48人。深入贯彻落实总书记习近平在重庆视察时关于学前教育发展的新要求，认定普惠性幼儿园8所，总数为69所。

义务教育。实行划片招生、免费免试就近入学，小学入学率、巩固率均为100%，初中入学率、巩固率分别为100%和99.3%。坚持“统筹城乡，扬峰填谷，均衡发展，整体提升”的工作思路，调整网点布局、优化师资配置、实施教育信息化、城乡学校结对帮扶、治理农村薄弱学校等，全区小学、初中综合差异系数分别为0.57和0.44，达到《区县域内义务教育学校校际均衡状况督导评估》中“小于等于0.65和0.55”标准。11月25日，长寿区接受国家“义务教育发展基本均衡区”督导认定。

普通高中教育。以打造优质高中群为目标，实施普通高中扩容工程。坚持普通高中招生限人数、限分数、限钱数的“三限”政策，深化招生制度改革，市级重点中学招生指标85%分配到校，确保薄弱学校重点中学升学配额。2015年，长寿区普通高中教育入学率68.06%，比2014年增长2.45%；每万人在校普通高中学生数160.25人，增加4.13人，增长2.65%。推进捆绑发展战略，普通高中教育质量稳步提高。高考参考6008人，上线5703人，比2014年增加405人，增长7.64%；上线率94.92%，增长4.31%；其中重本上线674人，增加24人，增长3.69%。

职业教育。围绕产业发展和市场需求，制定推进职业教育校企合作管理办法，实现“产教互动”“园校互动”。完善职业教育多元办学体制，重庆市医药学校与重庆医药高等专科学校和重庆三峡医药专科学校、重庆行知职业学校与重庆轻工职业学院联合办学，采取“3+2”“五年一贯制”等方式，完善人才培养链条。规范中职招生秩序，严禁买卖生源，招生1358人。拓宽就业渠道，年内中职毕业生2042人，就业2001人，就业率98%，专业对口率88%。支持重庆化工职业学院搬迁工作，长寿校区主体工程于2015年12月31日竣工。

民办教育。严格按照标准、条件、程序，年内新审批教育培训机构2个，民办幼儿园8所。规范办学行为，对26个民办教育培训机构、66所民办幼儿园、2所民办小学、1所民办初中、1所民办中等职业学校进行年检，全部合格。8所民办幼儿园通过重庆市一级幼儿园检查验收。探索公、民办学校联建机制，把民办小学、民办普惠性幼儿园纳入公共财政保障范围。全区民办普惠性幼儿园总数为35所。

成人教育。依托18所农村成人文化技术学校，因地制宜，结合现代农业园区发展和农村产业结构调整需要，年内开展培训36期次，培训劳动力21316人次，发放宣传资料6.8万份。开展社区教育，抓好区、镇（街）、村（社区）三级公共文化服务体系建设，完善阅读设施。组织“长寿区2015年全民阅读暨‘4·23’世界读书日启动仪式”，600余人参加活动。2015年成人高考参考436人，上线362人，上线率83.03%，比2014年下降0.98%；录取371人，录取率85.09%，增长1.48%。组织自学考试2场，报名772科次，培养合格专门人才6人，其中本科毕业生5人，专科毕业生1人。

特殊教育。长寿区有特殊教育机构1所，即重庆市长寿区特殊教育学校，是区内唯一针对特殊人群开办的九年一贯制公办学校，主要招收听力言语障碍、智力障碍的适龄儿童和在普通学校学习困难的走读学生。有在校学生109人，教职工29人。坚持“爱心育人，育残成才”理念，以“补偿缺陷、开发潜能、启迪智慧、完善人格”为目标，狠抓养成教育和行为规范，培养“自尊、自信、自立、自强”的品德，让每一位残障儿童阳光地生活，快乐地成长。

【德育体艺科技工作】　坚持“立德树人，育人为本”思想，全面推进素质教育，开展“中国梦”系列主题活动，加强青少年社会主义核心价值观的培养。坚持走“体教结合”之路，以4所“全国青少年校园足球特色学校”和5个“市体育后备人才基地”为辐射点，成立98支运动队，涉及体育项目18个、教练员103人，注册登记在训队员926人。全年竞技体育获3个全国团体第三名，10个市级团体第一名，单项获国家级16金12银6铜、市级115金103银93铜。分12个片区开展校园足球联赛527场次，参赛队伍106支1401人。实验中学高中、初中女子足球队在重庆市城市发展新区片区联赛中双双夺冠，晋级参加全市校园足球联赛总决赛，分获第四名和第七名。面向全体学生，开辟“第二课堂”，建立各类学生艺术团体158个，进行综合有序的艺术教育。年内83件作品在市第七届中小学生艺术节中获奖，其中一等奖11个、二等奖21个，2件作品选送到教育部参评。参加全市班级合唱比赛，获一等奖5个、二等奖8个。以7所区级科技示范校、7个壁挂式科技馆为依托，广泛开展科技活动，普及学生科技知识，培养学生创新思维能力，增强学生动手操作能力。年内学生发明获国家专利8件，在全国评审中获金奖12件、银奖16件，八颗街道中心校获由中国科学院老科技工作者协会和中国科学院老专家技术中心联合颁发的“未来科学家培养计划教育基地”称号。

【教研科研】　出台《关于深入推进高效课堂建设的指导意见》（长教发〔2015〕97号），设置课程改革专项经费，实施“名师引领—校本教研—课堂展示—质量监控”四步策略，更新教学观念。推进市、区级“领雁工程”项目，以新教育实验为平台，推进16项市级课题、136项区级课题，通过区教师进修校教研员集体视导、送课到校等活动，推进课程改革，深入开展教育科研课题研究。桃源小学成为全国新教育实验示范学校，新市实验小学等4所学校被评为全国新教育实验优秀学校，20余名教师被评为全国新教育实验优秀教师，长寿区自主研发的《种植课程》获2015年度全国新教育实验卓越课程提名奖。层层选拔教师参加重庆市2015年“一师一优课、一课一名师”活动，获特等奖7个、一等奖18个、二等奖15个。组织开展全区第八届小学教师课堂教学技能大赛，评出一等奖45个、二等奖64个、三等奖44个。

【教育基础设施建设】　大宗物品纳入政府集中采购，基础设施实行“建管分离”的代建制。2015年投资1.86亿元，新增校地面积20.38万平方米、校舍面积8.41万平方米，中小学标准化率90%。分类处置农村教育闲置资产，将校地面积53.46万平方米、校舍面积17.31万平方米的306所闲置学校，移交给所在地街镇人民政府。推进重点项目建设，北城中学、渡舟中心校、双龙中心幼儿园建成投用；新市中心幼儿园、长寿湖中心幼儿园、区示范幼儿园总园主体完工；菩提小学、临溪中小学开工建设；云台镇中心校扩建、石堰镇黎明小学迁建等农村学校改造，龙河中心园等农村幼儿园建设项目有序推进。继续实施“全面改薄”（即改善薄弱学校办学条件）项目，投入2870.04万元，持续改善学校办学条件。坚持校舍维修长效机制，投入2358.2万元，维修项目105个。

【教育信息化】 投入1360万元，实施教育信息化提升工程。推进“三通两平台”（即宽带网络校校通、优质资源班班通、网络学习空间人人通，建设教育资源公共服务平台、教育管理公共服务平台）建设，完成教育城域网、教育信息网、OA办公系统改版升级，实现电信、移动、联通三网互通合一。加强网络安全管理，印发《关于加强城域网用户网络安全管理工作的通知》（长教办发〔2015〕13号），督促各校对存在的网络安全隐患进行整改。持续完善教育技术装备配备，年内新建实验室18间、计算机教室26间、班班通83个，购置投影机252台、实物展台27台。班班通、校校通、计算机配备、校园网实现全覆盖。实验室、六大功能室（即音乐、体育、美术、卫生、综合实践、科技活动）、图书室配备率100%，设备配置率90%。

【教师队伍建设】 组织开展师德对照检查、“中国梦·教师梦”演讲比赛等系列师德主题实践活动和教师职业道德考核评价活动，评选并表彰师德师风建设示范学校5所（第四批）、师德师风十佳标兵10人、师德师风十佳标兵提名奖10人、师德师风建设先进个人70人。按照公平、公正、公开原则，年内新招聘教师211人。推进职称改革，核定全区教育系统岗位7168个。职称评聘向基层倾斜，采取“退二进一”、空余岗位等方式，新聘专业技术人员355人。推进教师培训学分管理，坚持“教科研训四位一体”培训理念，构建“国家级—市级—区级—片区—学校”五级培训网络，年内投入经费1238万元，开设培训项目42个，培训教师42291人次。组织实施“优秀人才培养”工程和“名师骨干教师工作室创建”工程，建成名师骨干教师工作室68个，全区有区级及以上骨干教师814人。组织70名中小学校长（书记）、机关干部到华东师范大学培训1周。继2014年对街镇中学部分超编教师开展交流轮岗后，出台《长寿区义务教育阶段学校教师交流轮岗实施办法（试行）》（长教工委发〔2015〕46号），扩大范围，交流轮岗教师517人，校级干部交流16人。持续实施边远贫困地区、边疆民族地区、革命老区“三区支教计划”，选派13名优秀教师赴涪陵支教。

【安全维稳工作】 完善“五位一体”校园安保体系，全年投入1584万元购买校园保安服务，有校园安保人员2386人，其中专职校园保安510人。安装校园视频监控镜头2971个，110联网报警系统187套，校园安防器材配备率100%。分片开展4期培训校园保安。建立健全安全工作制度，层层签订安全工作责任书，规范校车管理，开展校园周边环境综合治理，坚持每月矛盾纠纷和安全隐患排查调处，整治、排除9大类23项117处安全隐患。持续推进安全法制进教材、进课堂、进头脑，做到师资、教材、课时、经费“四落实”，各学校每学期开展应急演练活动2次以上。全年接待、受理群众来信来访235（件）次，化解矛盾纠纷。全区法人以上学校均为重庆市“平安校园”，创建率100%。

【党群工作】 加强基层党组织建设，全年发展新党员29名。组织全区教育系统2836名党员干部开展学习，组织教育系统22名处级干部开展“三严三实”专题教育活动。贯彻执行新修订的《干部选拔任用条例》，年内提任干部47人。加强党风廉政建设，办理信访件33件，办结率100%。抓好工会及妇女工作，建立工会组织片区活动机制，开展健身步行、诗歌朗诵、演讲比赛、趣味运动会等群团活动83场次。落实专项资金，关心、支持退休教师协会、关心下一代工作委员会工作。壮大共青团、少先队组织，发展共青团员8012人、少先队员5406人。开展“慈善双日捐”活动，筹集善款50.17万元。慰问困难教职工195人，发放慰问金9.21万元。重视统战工作，召开教育系统人大代表、政协会员、民主党派人士座谈会5场次，办理人大代表议案、政协委员提案43件，办结率100%，满意率100%。开展精准扶贫工作，区教委35名机关干部与双龙镇35户贫困户结对帮扶，帮助贫困户顺利脱贫。

【教育民生】 依托全区48个“留守儿童之家”和409个学校、村居关心下一代工作委员会工作室，全面推进“校—村（社区）联动”模式，关爱留守儿童、贫困儿童、残疾儿童健康成长。落实覆盖学前教育到高等教育的各项资助政策，全年资助金额1.06亿元，为历年最多；资助学生32.96万人次。发放重庆市渝联商贸有限责任公司助学专项基金10万元，资助贫困高考学生10人。继续实施中小学生营养改善计划，投入895万元，惠及学生1.98万人次。落实“长寿区农村教师生活补贴”和“乡镇工作补贴”政策，补助教师3220人，补助资金1346万元。推进“周转房”建设，投入58万元，新建、改扩建教师周转宿舍58套，建筑面积3220平方米。

【教育大事记】 9月23日，由深圳远恒佳教育集团投资，在长寿湖旅游度假区创办重庆长寿湖远恒佳学校正式签约。重庆市委教育工委委员、市教委副主任邓睿，市旅游局纪检组长胡俊贤，长寿区区委书记周勇、区长赵世庆、区人大常委会主任张明生，深圳远恒佳教育集团董事长宋远等出席。重庆长寿湖远恒佳学校项目拟投资8亿元，规划用地18.8公顷，拟建成一所含幼儿园、小学、初中、高中的15年一贯制学校，招生规模2500人，开设班级78个。

11月25日，国家督学、贵州省教育厅厅长霍健康率专家组一行，在重庆市委教育工委委员、市教委副主任邓睿，长寿区委副书记、区长赵世庆，长寿区委常委、副区长蒋牧宸等陪同，对长寿区开展义务教育发展基本均衡区进行督导认定工作。督导组听取长寿区推进义务教育均衡发展工作的陈述答辩，召开人大代表、政协委员、校长代表、教师代表、学生家长代表座谈会，进行问卷调查。督导专家分两组分别到长寿中学、渡舟中心校、葛兰镇文庙小学等10所义务教育阶段学校实地考察，查看学校教室、功能室、操场、食堂、宿舍等硬件设施，了解学校师资队伍、课程规划、教学管理、新教育实验、特色课程等情况，观看音乐、体育、美术、书法等艺体课程展演，并就城乡义务教育学校校际均衡状况、办学理念与办学行为的一致性、学生实践能力和创新精神等方面进行评估和认定。

（聂 鹏）

2015年长寿区教育事业情况

单位：所、人

	学校数	毕业生数	招生数	在校生数	教职工数	
					计	其中专任教师
总计	189	27427	25234	95137	7732	6801
中等职业教育	3	2042	1358	3892	260	186
普通高中	8	5353	4475	14487	1162	1041
普通初中	21	6869	6018	18956	2445	2133
普通小学	68	6385	5413	41084	2656	2821
特殊教育	1	6	9	109	32	29
学前教育	88	6772	7961	16609	1177	591

2015年长寿区办学条件情况

	占地面积（万平方米）	校舍面积		运动场地面积（万平方米）	固定资产值		图书		教学用计算机（台）
		合计（万平方米）	其中教学行政用房（万平方米）		合计（万元）	其中教学仪器设备值（万元）	合计（万册）	其中电子图书（万册）	
总计	249.61	109.20	10.51	84.79	114706.63	12455.73	158.51	3797.14	9861
中职教育	17.91	8.77	0.29	4.20	13858.68	2333.03	12.09	5.03	888
普通高中	70.28	31.73	3.21	26.32	37130.52	3033.47	36.82	942.37	3282
普通初中	60.32	22.35	2.11	17.88	11148.33	2152.21	40.82	177.03	1395
普通小学	86.67	35.75	3.79	30.89	46801.77	4227.70	60.59	1354.69	3728

续表

	占地面积（万平方米）	校舍面积		运动场地面积（万平方米）	固定资产值		图书		教学用计算机（台）
		合计（万平方米）	其中教学行政用房（万平方米）		合计（万元）	其中教学仪器设备值（万元）	合计（万册）	其中电子图书（万册）	
特殊教育	0.93	0.60	0.40	0.11	126.10	68.09	0.20	0.00	6
学前教育	13.50	10.00	0.71	5.39	5641.23	641.23	8.01	1318.02	562

2015 年长寿区教育经费及办学水平情况

单位：万元（人、年）、%

	2015 年	与 2014 年比较（±）	
		数量	比例
教育经费总收入	128655	14752	12.95
其中：国家财政性教育经费	121983	12237	11.15
社会捐、集资办学经费	0	0	0.00
事业收入	6672	2515	60.50
教育经费总支出	128857	20238	18.63
其中：事业性经费支出	128857	20238	18.63
基本建设投资项目支出	350	350	—
财政预算内教育经费支出财政支出的比例	14.30	1.10	8.33
预算内教育拨款的增长高于财政经常性收入的增长比例	9.50	9.28	4218.18
生均预算内教育事业费	9239	2364	34.39
其中：小学	7592	897	13.40
初中	10955	2086	23.52
普通高中	10365	3051	41.71
中等职业学校	16626	10903	190.51
生均预算内公用经费	2763	1221	79.18
其中：小学	1904	509	36.49
初中	2634	731	38.41
普通高中	3775	2019	114.98
中等职业学校	11777	9133	345.42
每万人口在园幼儿数	183.73	-37.27	-16.86
每万人口在校小学生数	454.47	-14.56	-3.10
每万人口在校初中生数	209.69	-20.31	-8.83
每万人口在校高中阶段学生数	203.31	28.32	16.18
学前三年毛入园率	86.32	0.32	0.37
小学适龄人口入学率	100	0	0
初中适龄人口入学率	100	0	0
高中阶段教育入学率	97.20	0.40	0.41

续表

	2015 年	与 2014 年比较（±）	
		数量	比例
小学毕业生升入初中比例	100	0	0
初中毕业生升入高中阶段教育比例	97.20	0.40	0.41
其中：升入普通高中比例	68.06	1.63	2.45
教育人口占总人口的比例	10.52	-1.20	-10.24
人均受教育年限	12	0.55	4.80

说明：1. 以上 3 个表内数据均包含民办教育

2. 数据均来源于长寿区教育信息统计

（重庆市长寿区教育委员会提供）

科　技

【概况】　2015 年，长寿区有科技领导机构 1 个，科技服务机构 31 个，科技创新转化载体 11 个。年内实施“121”科技支撑示范工程——重庆化工新材料产业科技支撑示范工程，争取市级以上科技计划项目 36 个，资金 1000 余万元；实施区级科技计划项目 45 个，经费 258 万元，兑现科技创新奖励 15 家企业 33 个项目，资金 223.5 万元；奖励 2013—2014 年度科技进步奖 11 项 34.5 万元；新增高新技术企业 7 家、高新技术产品 26 个；国家级优势企业 3 家，市级知识产权优势企业 6 家；市级知识产权试点企业 9 家；建成各级各类科技创新服务平台 25 个、大师工作室等 3 个，市级命名众创空间 2 个。全年全区申请专利 4946 件，授权专利 1501 件；有效发明专利达到 112 件，万人有效发明专利为 1.24 件。

重庆市长寿区科学技术委员会（简称区科委，挂长寿区知识产权局牌子）是主管全区科技工作的区政府正处级工作部门，内设机构 2 个，即办公室（挂防震减灾科），科技管理科（挂知识产权科）；直属事业单位 2 个，即长寿区地震观测站，长寿区知识产权服务中心。2015 年，全区按照“夯实基础、强化创新，突出应用，支撑发展”的总体思路，大力实施创新驱动发展战略，加大科技扶持奖励力度，创立“科技三下乡”“科技活动月”“科技活动周”等科普宣传活动的新措施和科技交流与合作的新机制，完善创新体系、聚集创新资源、优化创新环境，提高科技成果转化水平，科技改革发展取得新的重要进展。获得 2014 年度市委、市政府科技实绩考核本组第五名，区效能建设一等奖。

【科技体制改革】　为加快转变经济发展方式，提升自主创新能力，深化科技体制机制改革，调整科委的信息管理职能职责，重新确立“三定”方案，增设长寿区知识产权服务中心全额拨款事业单位，强化知识产权服务职能；出台《长寿区创新驱动发展战略实施意见》《长寿区创新驱动发展战略专项资金管理办法（试行）》《长寿区科技特派员管理办法》。全力推动科技与经济社会发展深度融合。

【众创空间】　顺应网络时代创新创业的新趋势，集成政策、整合资源，积极发展众创空间，促进大众创业、万众创新。建成健康家佳、顾唯·智慧创梦工场市级“众创空间”2 家，盘活利用闲置楼宇 1.36 万平方米，截至年底前入驻北京云众创客投资管理有限公司、重庆长炫进出口贸易有限公司等 40 家，引入中国电子科技集团高级工程师索武生、深圳市社会科学院国际管理咨询师王小刚等 10 名培训导师，引入重庆天蚂行空网络科技有限公司、长寿川福职业学校等 4 家服务机构。

【科技园区】　长寿区把科技园区作为引领科技创新和产业升级的示范载体，力求以科技活动的空间集聚实现科技创新的规模效应，塑造更多依靠创新驱动、更多发挥先发优势的引领型发展。启动国家级现代农业科技园区、经开区国家级知识产权试点园区和街镇工业走廊特色产业科技园区三大科技园区重点建设计划。长寿经开区成功升创国家知识产权试点园区，长寿现代农业园区成功申报国家农业科技园区，街镇工业走廊已建成市级知识产权试点园区，正创建市级特色产业园区。年底前，建成市级科技企业孵化园 1 家、区级科技孵化器 1 家、微型企业孵化园 1 个、电商产业园 1 个；建成市级农业科技专家大院2家，区级农业科技专家大院3家。

【科技创新】 以长寿化工、钢铁、新材料、装备制造等主导产业为重点，坚持创新驱动引导和专利能力提升计划两手并举，引导激发企业科技创新活力，不断提档转型升级。创新驱动引导采取“创新专项资金引导+科技计划项目资助+科技进步奖励”的办法，集成科技资源攻克新技术、开发新产品、探索新模式、培育新业态；2015年争取市级以上科技项目36项，资金1000余万元；实施区级科技计划项目45个，经费258万元，兑现科技创新奖励15家企业33个项目，资金223.5万元；奖励2013—2014年度科技进步奖共计11项34.5万元；新增高新技术企业7家、高新技术产品26个。

（专利能力提升详见本类目《知识产权》分目）

（汤世华）

2015年长寿区高新技术产品一览

DK12－05汽油电喷发动机	重庆小康动力有限公司	20151212
头孢替唑钠	福安药业（集团）股份有限公司	20151213
头孢唑肟钠	福安药业（集团）股份有限公司	20151214
头孢美唑钠	福安药业（集团）股份有限公司	20151215
N－叔丁氧羰基－顺式－4－甲氧甲基－L－脯氨酸	重庆博腾制药科技股份有限公司	20151216
2，3，4，6－四特戊酰－1α－溴－D－吡喃葡萄糖	重庆博腾制药科技股份有限公司	20151217
4－环戊烷甲酸甲酯－7－甲氧基－8－甲基－2－噻唑基喹啉	重庆博腾制药科技股份有限公司	20151218
左旋氨丙基甲酸叔丁酯	重庆博腾制药科技股份有限公司	20151219
J6	重庆博腾制药科技股份有限公司	20151220
双呋喃内酯	重庆博腾制药科技股份有限公司	20151221
双苯甲酰基氟内酯	重庆博腾制药科技股份有限公司	20151222
2－（4－氟苯基）－5－［（5－碘代－2－甲苯基）甲基］噻吩	重庆博腾制药科技股份有限公司	20151223
替加环素	重庆康乐制药有限公司	20151224
依卡倍特钠	重庆康乐制药有限公司	20151225
磺胺多辛	重庆康乐制药有限公司	20151226
苯胺	重庆长风化学工业有限公司	20151227
四氯乙烯	重庆海洲化学品有限公司	20151228
聚维酮K30	重庆斯泰克材料技术有限公司	20151229
2116型玻璃纤维布	重庆天勤材料有限公司	20151230
7628型玻璃纤维布	重庆天勤材料有限公司	20151231

2015年长寿区科技服务机构

序号	机构名称	成立时间	总人数	主要服务内容
1	云天化重庆研发中心	2011年11月	17	化工新材料研究、开发
2	长寿经开区院士专家工作站	2014年8月	12	科技创新、成果转化项、创新人才培养
3	长寿区企业服务中心	2008年8月	5	项目论证、包装、评估等服务
4	重庆兴隆科技农机研发中心	2008年6月	8	技术咨询及转让服务；研发、开发、销售农业机械及配件；汽车、摩托车配件

续表

序号	机构名称	成立时间	总人数	主要服务内容
5	长寿祥科生产力促进中心	2010 年 8 月	13	开展技术对接、技术交易、技术培训和“院地、院企”技术引进与合作
6	重庆大学长寿化工园研究院	2009 年 7 月	24	化工新产品研发、技术改进研究
7	博士后科研工作站	2010 年 5 月	28	服务经开区企业，提供咨询、培训、研究等服务
8	博士后创新实践基地	2013 年 5 月	30	为园区企业提供咨询、培训、研究等服务
9	清华大学研究生社会实践就业基地	2009 年 7 月	50	调查研究、提供咨询、培训等服务
10	重庆英斯凯化工有限公司研发中心	2005 年 1 月	80	新产品的研发、应用及为本企业服务
11	吉林大学工程硕士培养点	2013 年 5 月	110	化学、工程人才培养
12	中石化四川维尼纶厂设计院	1978 年 2 月	87	化工新产品开、应用开发和市场开发
13	重庆紫光化工有限责任公司技术中心	2007 年 5 月	19	服务本企业，负责技术改进和开发新产品研究
14	重庆长风化学工业有限公司技术中心	2006 年 1 月	60	企业新产品开发、适用技术开发、来料加工和技术服务
15	重庆长寿化工有限责任公司技术中心	2001 年 9 月	51	氯丁橡胶新产品的研发及应用
16	重庆博腾制药科技股份有限公司技术中心	2006 年 1 月	138	负责本企业产品的开发、工艺研究和为本企业服务
17	重庆福安药业（集团）股份有限公司技术中心	2005 年 1 月	13	企业产品开发、工艺研究
18	重庆民丰化工有限责任公司技术中心	2010 年 2 月	9	化工产品研发
19	重庆康乐制药有限公司研发部	1988 年 1 月	10	新产品开发、工艺优化、技术创新
20	重庆市长寿湖水产有限公司名优鱼研发部	2006 年 1 月	14	名优鱼引进、示范、推广
21	重庆市科技开发中心	1985 年 1 月	2	科技基金的管理、科技开发、科技项目的技术咨询、技术服务、技术转让等
22	重庆市长寿区农业技术科研服务中心	2011 年 3 月	83	柑橘新品种的引进与技术研究、农业生产新技术的区域性试验和先进适用技术的示范、推广，农业新产品引进、试验、示范
23	重庆市长寿区林业科学研究所	1978 年 12 月	3	开展林业研究、开发推广林业先进适用技术和新品种
24	沙田柚科技专家大院	2011 年 1 月	15	沙田柚品种改良、品质提升等研究

续表

序号	机构名称	成立时间	总人数	主要服务内容
25	晚熟柑橘科技专家大院	2011 年 11 月	8	晚熟柑橘栽培、土壤改良、品种试验、品质提升等研究
26	现代农业园区产业科技专家大院	2011 年 12 月	10	柑橘、蔬菜、花卉等专业技术指导、培训
27	长寿区观赏瓜果蔬菜农业科技专家大院	2011 年 11 月	11	观赏瓜果、蔬菜等专业栽植技术指导、培训
28	重庆市废旧轮胎（橡胶）综合利用工程技术研究中心	2015 年 12 月	57	废旧橡胶综合利用研究
29	长寿农业科技园区种养循环产学研协同创新服务中心（用户工作站）	2015 年 12 月	16	攻克晚熟柑橘种养循环关键技术，并向园区业主和当地村民提供种植、沼液施肥技术支撑和其他资料查询
30	健康家佳众创空间	2015 年 11 月	6	支撑创业，服务发展
31	顾唯·智慧创梦工场	2015 年 11 月	21	支撑创业，服务发展

2015 年度长寿区市级以上项目

序号	项目名称	承担单位	类别
1	改性萘系高效减水剂研发	重庆天珠科技有限公司	市级
2	头孢唑肟钠的开发与产业化	福安药业（集团）股份有限公司	市级
3	乙基香兰素高效生产工艺	重庆欣欣向荣精细化工有限公司	市级
4	脱硝催化剂专用二氧化钛系列产品制备技术	重庆普源化工工业有限公司	市级
5	四氯乙烯	重庆海洲化学品有限公司	市级
6	复合羟肟萃取剂开发	重庆康普化学工业股份有限公司	市级
7	改良土壤的复合微生物肥	重庆拓阳科技有限公司	市级
8	锂离子电池隔膜 16μm 产业化	重庆云天化纽米科技有限公司	市级
9	一种轮胎胎面材料和用该材料制备的轮胎胶产业化	重庆市九龙橡胶制品制造有限公司	市级
10	医用氧成果转化	重庆朝阳气体有限公司	市级
11	国家级新药埃索美拉唑肠溶胶囊 20mg	重庆莱美药业股份有限公司	市级
12	头孢美唑钠产业化	福安药业（集团）股份有限公司	市级
13	双（三氯甲基）碳酸酯制备盐酸克林霉素	重庆凯林制药有限公司	市级

（重庆市长寿区科学技术委员会提供）

知 识 产 权

【知识产权管理】 建立完善知识产权保护工作联席会议机制，增强长寿综合竞争力，实现政府职能转变。开展“双打”（打击侵犯知识产权和制售假冒伪劣商品）行动，联合区公安局、区文化委、区商务局、区工商分局、区食药监分局等开展知识产权联合执法，出动执法人员 35 人次，保护商家的合法利益。加强知识产权保护工作，营造良好的科技创新环境。联合教委举办“公众知识产权知识竞赛”，增强公民知识产权保护意识、营造知识产权保护的良好氛围。

开展长寿区知识产权试点、优势、贯标企业培育专项行动，完成长寿区知识产权试点、优势企业结题工作，资助知识产权综合能力提升项目17.01万元。组织企业填报《规模以上工业企业知识产权统计指标体系》，将专利、商标、版权等知识产权创造、运用、保护情况作为主要统计内容。申报中国专利奖、重庆市战略性新兴产业与支柱产业，博腾制药、川维厂申报中国专利奖，中节能三峰能源等4家企业申报成为重庆市战略性新兴产业与支柱产业。

截至2015年，长寿区培育博腾制药等国家知识产权优势企业3家、市级知识产权优势企业6家；市级知识产权试点企业9家。

【专利能力提升】　专利能力提升采取“专利资助奖励+专利清零行动+专利提升计划”的办法，激励企业加大科技研发投入，研发新产品、改进新工艺、攻克新技术；依托北京东方灵盾科技有限公司专业化专利服务优势，加快建设专利信息检索公共服务平台；收集国内及美国、日本、英国、德国、世界知识产权组织、欧洲专利局等世界主要国家、地区和组织的化工、医药、新材料、能源、钢铁和环境保护等领域专利信息数据达到1000万条，为企业节省创新时间和研发成本。培育国家级优势企业3家，市级知识产权优势企业6家；市级知识产权试点企业9家。

【专利申请】　长寿区全年申请专利4946件，比2014年增长145.58%；授权专利1501件，增长273.38%；有效发明专利达到112件，万人有效发明专利为1.24件。

（汤世华）

防震减灾

【防震减灾工作】　2015年，长寿区以地震监测预报、城市震害防御和地震应急三大职能为重点，强化管理，提高地震监测水平。依托长寿湖地震观测站对全区地震情况进行监测预报，不间断的上传地震监测数据，上传率100%。健全地震监测网络，落实《长寿区地震监测预报体系方案》《观测数据异常落实和上报制度》《岗位值班人员日常工作规定》等制度，实行24小时值班，坚持谁在岗谁负责、谁分管谁负责、谁主管谁负责的原则，细化工作责任。中国数字地震监测系统——长寿信息节点和长寿湖“陆态网”基准站运行正常。修订《重庆市长寿区地震应急预案》，出台《关于进一步加强防震减灾工作任务分解的通知》《关于进一步加强建设工程抗震设防管理工作的通知》《关于转发重庆市地震局、重庆市发展和改革委员会贯彻实施重庆市防震减灾条例的通知》等5个政策性文件，严格抗震设防建设标准。联合建设管理部门，加强对建设单位、设计单位、施工单位和监理单位的督查，尽力把住抗震设防每一个环节。对新建、改建、扩建的建筑工程要求其按地震烈度Ⅵ度设防；加强对重大建设工程和可能产生严重次生灾害的建设工程抗震设防的监督，要求按规定开展地震安全性评价，按评价结果进行设计、施工和验收。建成应急避难场所区级2个、街镇24个。加强对重大建设工程和可能产生严重次生灾害的建设工程安全性评价的管理，对5家建设单位33幢楼房申请地震安全性评价，提高地震灾害综合防御能力。开展防震减灾示范社区创建，完成轻化路社区防灾减灾宣传栏建设，引导社区居民做好防震减灾工作。三峡路社区成功创建重庆市防震减灾示范社区。

【防震减灾宣传】　召开2015年长寿区防震减灾工作会，传达全国防震减灾工作会议精神和市地震工作会议精神，安排部署年度工作任务；以“科技三下乡”“4·26”全国知识产权日、“科技活动周”“5·12”防灾减灾日、“7·28”纪念唐山大地震为契机，进园区、进社区、进学校开展宣传活动。在长寿寿星广场搭设地震知识宣传站，悬挂宣传展板30块，发放宣传资料5000余份，现场宣传讲解地震有关知识。

（汤世华）

气象事业

【概况】　2015年，重庆市长寿区气象局（简称区气象局）有内设科室4个，即办公室、防灾减灾科、气象台、气象服务中心；地方事业单位2个，即突发事件预警信息发布中心、防雷减灾中心。有工作人员21人，退休人员10人（其中，国家编制12人，地方编制2人，劳务派遣7人；编制人员中研究生2人，大学本科12人；高级工程师1人，工程师5人）。

2015年，区气象局着力提高气象业务现代化的信息化、集约化、标准化水平，提高气象服务的现代化、多元化、法治化水平，提高预报预测精准度和气象服务满意度，提高气象防灾减灾能力。获得市气象局“2014年重大气象服务先进集体”“2014年度部门决算工作先进单位”，长寿区“2015年安全生产目标考核优秀单位”等称号；1人获市气象局“2014年重大气象服务先进个人”“综合气象业务技术带头人”称号，1人获长寿区“2015年安全生产工作先进个人”称号。

【气象服务】 开展防雷技术服务评估和现场办公，区气象局“防雷技术服务评估”领导小组对防雷技术服务开展情况（主要包括防雷技术评价、防雷年检和竣工验收等）进行回访监督。全年开展技术服务评估236份，满意率98%。区气象局、区防雷减灾中心联合在经开区管委会、街镇工业走廊等召开防雷现场办公答疑会，就防雷工作中具体的问题进行现场答疑和办公，提升防雷社会形象。2015年，区气象局公众预报综合评定为65.05分，排名全市第11名；灾重预报质量63.9分，其中暴雨预报62.6分，强降温预报70.0分。全年地面测报、酸雨观测、报表预审均无错情。酸雨资料数据传输及时率为100%，常规资料数据传输及时率99.19%；自动土壤水分传输及时率99.60%，区域站数据传输及时率99.75%。全年发布各种气象服务材料646期，包括《每日天气预报》365期、《重要天气服务快报》24期、《山体滑坡气象条件等级预报》8期、《煤矿透水预报》6期、《专题气象服务》62期、《农气月报》11期、《气象信息专报》5期、《短期气候趋势预测》35期、《雨情通报》34期、《天气周报》46期、《气候公报》13期、《预警信号》27期。向区政府专题汇报重大灾害性天气10次。做好节假日、重大会议活动等气象保障服务。春运期间，发布《春运天气预报》34期，短信34条，接受服务咨询等165512人次。清明节、“五一”劳动节、中秋节、国庆节等节假日发布《专题气象服务》8期，短信8条，接受服务咨询38944人次。针对中考、高考开展高质量的气象服务，制订《中、高考气象保障服务方案》2套，接受区电视台和报社专题采访5次。做好2015年长寿湖铁人三项赛气象服务工作，比赛期间发布《专题气象服务》7期，《雨情通报》1期，发送短信8条，接受服务咨询38144人次。开展春耕春播、夏收夏种、汛期气候趋势预报，制作发布专题气象服务材料9期，重要气象短信23条，接受服务咨询等107096人次，进行现场气象服务2次。

【防灾减灾】 4月28日，长寿区政府召开2015年度防汛抗旱暨气象工作会。副区长汤晓强出席会议作重要讲话。2015年，地方财政安排气象现代化资金239.22万元。继续与区应急办、水务局、农委、国土局、林业局等单位联合召开关键农事季节和重大灾害性天气联席会议3场次，实现部门联动会商研判。

完善突发事件预警信息发布平台的建设和运行管理。继续加强基层预警工作队伍建设，开展全区突发事件预警信息发布中心业务培训。5月14日，长寿区人民政府应急管理办公室、长寿区突发事件预警信息发布中心联合举办2015年应急知识暨预警信息发布平台业务培训会，302人出席。推进预警联动标准完善，发挥平台预警联动成效，3月初在区气象局召开2015年长寿区自然灾害突发事件趋势分析视频联动会，有关部门就本年自然灾害突发事件趋势做了分析研判，提出应对措施及建议。整合平台数据库，实现信息发送全覆盖，全区气象信息员299人，覆盖18个街镇每个行政村，覆盖率100%。全年通过突发事件预警信息发布平台发送各类信息273条，计249018人次；发送终端信息125条，计9216台次。

加强防灾减灾示范校园和标准化气象灾害防御乡镇建设。8月在长寿区桃源小学建成集六要素（气温、湿度、气压、雨量、风向、风速）自动气象站一套，人工观测设备一套（含干湿球温度表、百叶箱最高温度表、百叶箱最低温度表、雨量筒等人工观测设备）的示范校园气象站，通过电子显示屏实时显示现场气温、气压、湿度等自动站观测要素。按照《长寿区标准化农业气象服务区和标准化气象灾害防御乡镇（街道）建设实施方案》（长寿府办发〔2015〕180号）文要求，葛兰镇、双龙镇成功创建为标准化气象灾害防御街镇。

针对当年度9次不同量级的暴雨过程，在第一时间通过传真、书面材料、广播、电视、报纸、短信平台、电子显示屏等及时发布预警信息10条，接受服务咨询182634人次。全年开展人工影响天气作业18次，其中蓝天行动3次，抗旱增雨9次，防雹6次；出动火箭15架次，出动高炮3架次，发射火箭弹45枚，发射高炮弹51发。全年对区内易燃易爆物品生产、经营、储存等单位116家的防雷安全性能进行检测，对41个项目开展建筑物防雷设计评价，对92个项目进行竣工验收，现场施工监审197

次。

【气象科普】 以“3·23”世界气象日、“5·12”防灾减灾日、科普宣传周和安全活动周为契机，深入农业园区、村、社区、人员密集场所等开展气象科普宣传活动，发放《农村防雷知识》、气象灾害防御明白卡、春播技术指导等材料10余种9000余册（份），接受群众咨询3000余人（次），开展气象知识竞答1场，邀请专家授课2场，对外开放气象科普展览3天。

引进由中国科学院与内蒙古自治区气象局共同研发的预警收音机20部，分发到18个街镇，该预警收音机具有覆盖面广（长寿无线广播调频93.0和91.1覆盖的区域均可接收预警）、传递效率高（30秒内预警信息全部到达所有终端）、强制接收（在有紧急预警任务时可自动打开收音机进行预警播报，并且可录音）、投资少见效快（一台仅530元，一次投入后几乎无后续费用）、使用率高（终端涉及多种用途，包括收音机传统功能，应急照明，充电，音乐播放器等）等特点，有效增强气象灾害预警信息接收的准确及时性。

【气象队伍建设】 对照“严以修身、严以用权、严于律己，谋事要实、创业要实、做人要实”的要求，开展“三严三实”专题教育。组织集中学习20次、专题研讨4场次、专题党课1场次、专题民主生活和组织生活各1场次，每人撰写心得体会3篇。下基层、进社区、送温暖、强扶贫，把党的关怀送到群众和职工的心坎上。年内开展“慈善双日捐”活动、慰问党员、“精准扶贫”等慰问18户，个人捐款6400元，单位捐款30000元。

加强党风廉政建设，将党风廉政工作进行分工落实，并纳入责任制年度考核；局党组主要负责人带领局纪检员向区纪委书记专题汇报党风廉政建设工作，得到区纪委书记的肯定；邀请区纪委党风政风监督室主任作《廉洁自律远离腐败》专题报告；组织党员开展学习15次，观看警示教育片1场次，党组书记上党课1次；完善和落实防雷监督机制、防雷工作红包礼金统一上交登记等措施，贯彻落实中央八项规定；以“反腐倡廉、勤政为民，守纪律、讲规矩，落实两个责任”为主题开展廉政文化作品创作活动，收到廉政短信、读书思廉、诗歌、书法、绘画等29件作品，营造“以廉为荣、以贪为耻”的氛围。

组织开展“党员基层行”“庆祝建党94周年”文明劝导等系列活动，以“抓实、搞活、规范、求深、创新”的精神全方位展现长寿气象人的精神风貌。以“修身律己、做文明人”活动为主题，在全局上下倡导日读一小时、月读一本书、学习一辈子的读书活动，全年投入学习经费8000余元。抓好机关文体活动，开展篮球联赛2场，“爱国爱党文艺汇演”1场。

（左艳萍）

医疗卫生 计划生育

概 述

【概况】 重庆市长寿区卫生和计划生育委员会（简称区卫生计生委）于2014年12月由原长寿区卫生局和长寿区人口和计划生育委员会整合成立。截至2015年年底，区卫生计生委机关有行政编制30名，后勤事业编制3名。实有干部职工22人，其中，委领导9人。有10个内设机构：党政办公室（纪检监察室）、组织人事科、规划财务科、法制信访科、医政医管科（干部保健科）、中医基层卫生科（宣传教育科）、公共卫生科、卫生应急办公室（信息统计科）、计划生育基层指导科（流动人口计划生育服务管理科）、计划生育家庭发展科。有5个直属全额拨款事业单位：长寿区红十字会、长寿区公共卫生服务中心、长寿区疾病预防控制中心、基层医疗机构财务核算中心、档案信息中心。有4个参公卫生计生单位：长寿区卫生计生监督执法局、长寿区计划生育协会、长寿区爱国卫生运动办公室、长寿区药具管理中心。有4个直属医疗卫生单位：长寿区人民医院、长寿区中医院、长寿区妇幼保健计划生育服务中心、长寿区第三人民医院。管辖16个基层医疗卫生机构：凤城街道社区卫生服务中心、江南街道社区卫生服务中心、渡舟街道社区卫生服务中心、长寿湖镇卫生院、云台镇卫生院、但渡镇卫生院、邻封镇卫生院、云集镇卫生院、双龙镇卫生院、龙河镇卫生院、海棠镇卫生院、石堰镇卫生院、新市镇卫生院、八颗镇卫生院、洪湖镇卫生院、万顺镇卫生院；管辖13所民营医院：川东医院、恒济医院、张勇中医骨科医院、盛伟医院、瑞恩医院、俪人医院、华都医院、九石坎医院、紫晶医院、泓源医院、桃源医院、协和医院、化工园区医院；管辖3所企业办医院：重钢医院、长化医院、长风医院。

2015年，长寿区有医疗卫生机构428个，其中"三甲"医院1所，二级医院4所（中医医院1所、妇幼保健院1所、综合医院2所），社区卫生服务中心7个，镇卫生院14所，村卫生室322个。有执业（助理）医师1830人，注册护士2297人，卫生技术人员3718人，全区床位总数4624张（其中，民营医疗机构床位1133张，占24.5%）。全区每千人口医院床位6.16张，每千人口执业（助理）医师2.44人，每千人注册护士3.06人，每千人口卫生技术人员4.95人。全区有专业公共卫生机构5个。12项基本公共卫生服务已实现全覆盖，群众满意度逐年提升。全年全区医疗卫生机构总诊疗306.95万人次，比2014年增加0.70%，其中公立医疗卫生机构总诊疗244.27万人次，减少0.20%；民营医疗卫生机构总诊疗62.68万人次，增长4.28%。全区医疗卫生机构门急诊301.43万人次，增加0.92%，其中公立医疗卫生机构门急诊239.34万人次，减少0.48%；民营医疗卫生机构门急诊62.09万人次，增长6.78%。全区医疗卫生机构出院12.44万人，增长4.07%，其中公立医疗卫生机构出院9.38万人，增长5.51%；民营医疗卫生机构出院3.07万人，增长0.0%。全区医疗卫生机构次均门诊费用164.02元，增长4.14%，其中公立医疗卫生机构次均门诊费用210.87元，增长9.06%；民营医疗卫生机构次均门诊费用60.42元，下降20.95%。全区医疗卫生机构人均住院费用5465.78元，增长9.93%，其中公立医疗卫生机构人均住院费用5988.16元，增长7.75%；民营医疗卫生机构人均住院费用3869.99元，增长18.19%。

2015年，区卫生计生委围绕年度卫生计生工作目标任务，深化医药卫生体制改革，坚持计划生育基本国策，整合融合卫生计生资源，开展"三严三实"专题教育活动，健全三级医疗卫生服务网络，推进基本公共卫生服务均等化，平稳实施生育政策。

【卫生计生机构改革】 2015年6月30日，整合原重庆市长寿区卫生局卫生监督所、重庆市长寿区人口和计划生育执法队，设立重庆市长寿区卫生计生监督执法局；整合原重庆市长寿区妇幼保健院、重庆市长寿区人口和计划生育服务中心，设立重庆市长寿区妇幼保健计划生育服务中心，挂“重庆市长寿区妇幼保健院”牌子；增设档案信息中心、基层医疗机构财务核算中心；在原区结核病防治所的基础上整合艾滋病、性病防治职能，设立重庆市长寿区公共卫生服务中心。

【卫生监督】 每季度对辖区内饮用水卫生、学校卫生、非法行医和非法采供血开展巡查巡访，按时上报各类信息登记报告。开展饮用水卫生和职业卫生宣传活动。举办卫生计生法律法规知识竞赛和卫生计生系统行政执法工作培训会。开展法律进镇街、进乡村、进社区、进医院宣传教育活动，完成普法目标任务。全年未发生行政违法案件。参加全市卫生计生监督技能竞赛，1人获得个人二等奖。

【卫生计生服务体系】 认真编制“十三五”规划，成立以主要负责人为组长的编制小组和工作专班，借力重庆医科大学公共卫生学院的技术资源，经广泛征求意见并多次修改，于11月份完成区域卫生规划和“十三五”卫生计生事业发展规划的编制工作，报市卫生计生委、区政府审核。

启动区中医院、区妇幼保健计划生育服务中心扩建项目及晏家社区卫生服务中心建设；区人民医院北城分院建设全面开工。按照中央专项建设资金的安排，年内完成41所自然村卫生室建设，全区已完成110所自然村卫生室建设。

完成人口健康信息区域平台机房和数据中心硬件建设初验和专网接入工作，基层医疗单位公共卫生和基本医疗信息一体化建设通过市级测评。完成区域卫生信息平台建设，实现相关数据统计汇总和业务监管功能。做好与市级平台进行数据交换的准备工作。利用群工系统全面实施公立医院预约挂号，区人民医院建成医院信息管理系统和门户网站。率先开展医疗机构信息公示和信誉等级评定工作。

行风建设认真贯彻卫生行业“九不准”等纪律规定，结合作风深化年活动，继续开展医疗行业损害医患利益问题专项整治，印发《纠正医疗领域不正之风工作实施方案》，开展计划生育便民服务活动，组织开展“寻找身边最美护士”主题演讲比赛。10月，参加市卫生计生委举办的“弘扬高尚医德、提升服务水平、和谐医患关系”主题演讲比赛，选送选手总分并列第二名，获二等奖。10月28日，区人民医院代表重庆市迎接国家卫生计生委纠风办关于行风建设工作的调研。

建成“长寿区卫生计生”微信公众平台，借力区、市级媒体平台开展健康知识宣传，在《重庆日报》上发表3篇，在“华龙网”上发表14篇，在《西部开发报》上发表3篇，在市卫生计生委主办的《重庆卫生计生情况》上发表4篇，“市卫生计生委网站”发表15篇。区卫生计生委被评为《中国人口报》新闻宣传工作先进单位，1人被评为先进个人。参加第七届重庆人口文化节系列活动，微视频《回家》被评为最佳作品，《肿瘤斗士》被评为优秀作品；长寿菩提古镇人口文化雕塑群被评为区县级十佳人口文化阵地；摄影作品《生命接力》被评为最佳作品，《初吻》被评为优胜作品。

长寿区卫生计生委组织全区卫生计生行业安全工作培训

【安全稳定】 坚持“管行业必须管安全、管业务必须管安全”的原则，强化安全生产党政同责、“一把手负总责”和班子成员“一岗双责”责任。5月，组织召开行业安全工作培训会；6月，下发《“安全生产月”暨夏季消防安全检查工作方案的通知》，开展“安全生产月”暨夏季消防安全检查工作；8月，开展卫生计生行业危化品及易燃易爆物品安全排查；8月底至9月上旬，对全区各卫生计生单位开展安全生产大检查；11月，下发《今冬明春火灾防控工作方案》。广泛宣传信访政策和流程，开展走访、下访、接访、约访工作。全年，无个人到市进京非正常上访，无到市进京集访；稳妥处置执行新版医疗价格收费标准后血液透析患者群体稳定问题，无一人到市集访。办理涉及计划生育的信访案件2件，均按时录入信访系统并回复，无国转、市转信访件。区卫生计生委机关和各卫生计生单位均设置举报箱、公布举报投诉电话，“12356”计生热线总接通率100%。

【党建工作】 2015年，区卫生计生委开展“三严三实”专题教育，完成4个专题12个主题的集中学习研讨，党委成员轮流讲党课；自查并整改“不严不实”问题；召开“三严三实”专题民主生活会，举办“三严三实”知识竞赛，组织党政办公室工作培训，开展“庆七一·献爱心”党员志愿献血活动。增设2个非公经济组织党组织，发展新党员25人、预备党员转正20人。与财政局、民政局、人社局、扶贫办联合印发《长寿区扶贫攻坚医疗救助工作实施方案》，牵头推进八颗街道278户贫困户和石马村精准扶贫脱贫工作，指导区人民医院帮扶海棠镇贫困户。接办走访下访群众反映问题16个，办结率100%。组织机关在职党员到渡舟街道长生桥社区报到，与八颗街道付何村等4个村党支部结对共建，开展走访慰问活动。

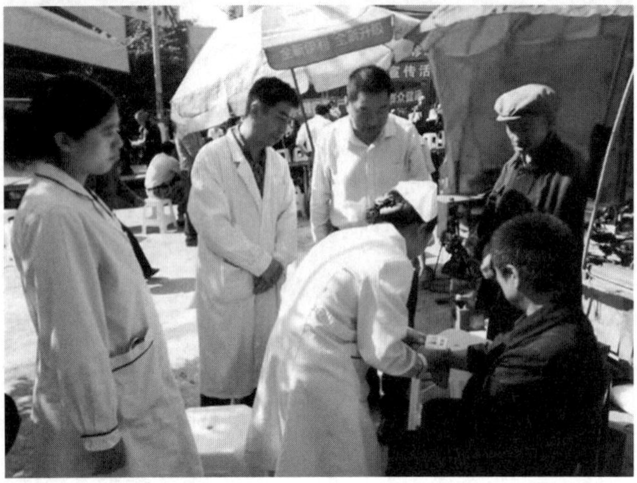

长寿区卫生计生委、区扶贫办、八颗镇政府在八颗镇付何场镇举行扶贫日卫生计生下乡活动

印发《卫生计生系统落实党风廉政建设“两个责任”清单》，履行党风廉政建设党委主体责任和纪委监督责任，落实纪委“三转”要求，纪委书记专司其职，增设纪委委员至6人。严格执行“三重一大”事项集体决策制度，坚持重大问题票决和“一把手”末位发言等制度，落实“一把手”不直接分管人财物的要求。组织64名领导干部述职述廉和民主测评，卫生计生系统19名副处级以上区管领导干部和102名正科级领导干部按规定填报领导干部个人重大事项。

【重要事件】 1月15日，区委副书记、区长赵世庆及区领导陈瑛、霍家勤率队到市卫生计生委汇报2014年全区卫生计生工作。市卫生计生委党组书记盛娅农听取专题工作汇报。

2月4日，市卫生计生委主任屈谦一行到长寿区走访慰问计划生育特殊困难家庭和困难卫生计生干部，区领导周勇、霍家勤参加慰问。

3月4日，区委常委、区政府常务副区长谭庆主持召开区人民医院北城分院建设推进会。

3月11日、12日，区人大常委会主任张明生、副主任李彬旭到晏家街道、渡舟街道、葛兰镇、邻封镇等镇街卫生院现场指导。

3月11日，经区委组织部研究批复，成立中共重庆市长寿区卫生和计划生育委员会机关支部，隶属区直机关工委领导和管理。

3月12日，市委常委、组织部部长曾庆红到长寿区龙河镇保合村调研基层组织建设。区领导周勇、赵世庆等陪同调研。

3月26日—31日，区卫生计生委与区编办、区计生协会一行5人，先后到大足区、梁平县、忠县学习调研计划生育协会建设工作。

3月31日，市卫生计生委主任屈谦一行到长寿区调研医疗服务价格调整情况，区领导赵世庆、霍家勤陪同调研。

4月14日，合川区卫生计生委与编办一行11人，到长寿区调研创建“三甲”医院的有关工作。

4月24日，区卫生计生委与区编办一行6人，到巴南区学习调研卫生计生执法监督机构整合工作。

5月14日，区计划生育协会换届工作会在区委党校召开。大会选举区政府副区长霍家勤为新一届区计生协会会长，区卫生计生委副书记、副主任何斗锡为协会副会长。

7月7日，市卫生计生委副主任王卫率市督查二组到长寿，检查《职业病防治规划（2010—2015）》实施情况。区领导陈瑛、霍家勤参加检查。

7月8日和8月6日，涪陵区卫生计生委10人、江津区卫生计委6人，先后到长寿区学习行政执法工作。

7月14日，区人民医院分别与武警长寿区中队、长寿区武警三中队签订对口支援协议。

7月30日，北京医网中心首席专家孙允高博士到区妇幼保健计划生育服务中心指导“三部制”（孕产保健部、儿童保健部、妇女保健部）建设工作。

8月4日，“重医附一院产前诊断中心——长寿预约服务中心”在区妇幼保健计划生育服务中心挂牌，重医附一院妇产科主任、主任医师、博士生导师漆洪波教授授牌。

8月5日，海棠镇卫生院完成搬迁工作，新住院楼正式投入使用。

8月12日，奉节县卫生计生委9人，到长寿区调研信息化建设工作。

8月31日，市政府参事、原市疾控中心副主任杨小伶到邻封镇调研疾病预防控制工作。

9月10日，市消除疟疾考核评估组到长寿检查。长寿区连续10年没有发生本地感染的疟疾病例，顺利通过综合考核评估验收。

9月16—18日，长寿区通过地方病防治“十二五”规划终期考核评估，实现碘缺乏病和克山病两种地方病消除目标。

9月15日，垫江县卫生计生委及该县中医院一行7人，到长寿区调研中医药工作。

11月17日，国家消除疟疾专家组周晓农一行5人到长寿对消除疟疾行动进行中期调研督查，市卫生计生委疾控处副处长李畔、副调研员李云鹏和市疾控中心副主任肖邦忠等陪同。

【目标管理考核】　2015年区委、区政府将卫生计生工作纳入对全区18个镇街的年度综合目标考核。各镇街逐项落实目标任务，凤城街道、晏家街道、江南街道、新市街道、八颗街道、长寿湖镇、但渡镇、龙河镇8个街镇为卫生工作目标考核优秀单位，渡舟街道、葛兰镇、云台镇、邻封镇、云集镇、双龙镇、海棠镇、石堰镇、洪湖镇、万顺镇10个街镇为卫生工作目标考核合格单位；晏家街道、江南街道、新市街道、八颗街道、长寿湖镇、云台镇、石堰镇、龙河镇8个街镇为计划生育工作目标考核优秀单位，凤城街道、渡舟街道、葛兰镇、但渡镇、邻封镇、云集镇、双龙镇、海棠镇、洪湖镇、万顺镇10个街镇为计划生育工作目标考核合格单位。

（王　伟　郑延龄　张利丽　叶凌云　何　霞　陈文丁　周于祥　李佳宏　高　凤　刘政权）

医　疗

【公立医院改革】　控制公立医院医药费用不合理增长，制订《关于进一步控制医药费用不合理增长的通知》，采取驾照式计分管理办法等措施严格控制药占比，降低药物使用率，对使用异常的药物暂停采购，对相关科室和医生进行处罚，全年处罚金额60余万元。2015年全区公立医院每门急诊人次平均费用为239.39元，比2014年增长7.86%；出院者平均费用为8867.64元，下降0.44%，均低于控制指标。

探索区内分级诊疗。长寿区公立医院尚未纳入重庆市试点区县公立医院，仍先期启动公立医院改革调研，开展人事分配制度补偿政策改革与分级诊疗双向转诊等工作。区人民医院与凤城街道、江南街道社区卫生服务中心和海棠镇卫生院，区中医院与渡舟街道社区卫生服务中心和万顺镇卫生院，开展以技术培训、查房坐诊、健康教育、村卫生室建设、健康体检、计划生育宣传、发展中医药、巡回服务等为主要内容的合作共建，探索分级诊疗措施。

率先启动医疗机构信息公示工作，完成区域卫生信息管理系统硬件建设，开展远程心电和病理工作的做法被市卫生计生委推广。

【社会办医】　2015年，全区有民营医院13家，民营医疗机构总数为138个。组织民营医院法人和主要负责人参加医疗相关法律法规培训，开展民营医院医疗服务监督检查。2015年，民营医院门诊人次增长4.28%；民营卫生机构卫生人员1281人，卫生技术人员1054人，执业（助理）医师383人，注册护士471人，实有床位1133张，占24.5%。

【人才和科技建设】　2015年，长寿区医疗系统引进研究生11人、本科生73人，新晋正高职称4人、副高职称52人，推荐“三峡之光”学者1人，选派援藏干部2人。

医学科研教育，全年完成科研项目申报20项，顺利结题9项；开展学术交流27次；完成学术论文128篇，统计源期刊60篇（含其中CSCD扩展库期刊学术论文4篇，中文核心期刊13篇），一般期刊90篇。

开展交流合作。1月，选派区人民医院专家项劲驰参加援巴布亚新几内亚国家医疗队，到受援国开展援助工作。7—8月，区疾控专家代学赴西藏协助当地开展寄生虫病流行情况调查工作，对口援助阿里地区的札达县和噶尔县。8月，区人民医院儿科专家袁梅芳参加“组团式”援藏到昌都市人民医院开展为期一年的援助工作。

开展农村医疗卫生人员培训工作，全年培训乡村医生335人、镇街卫生院骨干14人、卫生院管理人员20人、基层和社区卫生师资6人、社区卫生人员60人。继续开展农村卫生人员大专学历教育，完成107人毕业鉴定。

2015年4月2日，重庆市资深中医专家在长寿区开展“走进科技，缤纷节日——科技惠民”服务活动

【中医事业】 全区有专业中医医疗机构2个（区中医院、张勇中医骨科医院），从业人员467人；全区19个街道社区卫生服务中心和镇卫生院均设置中医集中服务区。2015年是长寿区启动国家级基层中医药工作先进区的创建工作的第二年，投入资金300余万元用于中医项目建设、专科建设、中医药人才培养以及中医药适宜技术推广，实现基层医疗单位中医馆标准化建设全覆盖，开展10项以上中医适宜技术服务。筹备开展全区名中医评选工作。加强中医宣传教育活动，4月2日，在区中医院举办由市中医药学会、市中医院组织的“走进科技、缤纷节日—科技惠民”活动。开展综合医院中医药工作专项推进行动，批准区妇幼计生中心开展中医服务。区中医院脑病科申报中医药“十三五”重点专科建设项目。开展中医医院急诊急救能力建设情况调查和“十二五”期间中医护理发展评估工作。实施中医药健康管理服务项目。开展中医医疗机构安全检查工作、民营中医医疗机构依法执业专项行动和中医养生保健服务情况调研。

【巡回医疗服务】 长寿区持续开展卫生计生下乡服务百姓健康暨“白求恩精神”巡回医疗服务，全年出动医务人员390余人次，义诊患者3800余人次，开展健康知识巡讲12次，听众1050余人次，健康咨询19500余人次，发放宣传材料160000余份；发放《满意度调查表》115份，满意率100%；免费发放避孕药具98650份，赠送药品价值2.85万元，减免患者费用9500元。

【基层医疗卫生】 开展对口帮扶，区人民医院帮扶凤城、江南街道社区卫生服务中心和海棠镇卫生院，区中医院帮扶渡舟街道社区卫生服务中心和万顺镇卫生院，区第三人民医院帮扶晏家街道木莲街社区卫生服务中心，采取有针对性的21项措施努力提升服务能力。印发《长寿区对口支援武警部队医疗服务工作方案》，区人民医院分别与驻长武警部队长寿区中队，长寿区武警三中队签订对口支援协议。

完成223个行政村卫生室和110个“撤并村”卫生室标准化建设，基层医疗机构医用计量器具检定工作通过市级检查验收。严格执行村卫生室基本公共卫生服务项目补助标准不低于农村常住人口所筹额40%的要求，联合区财政局出台《长寿区基本公共卫生服务项目绩效考核办法》。

开展“群众满意乡镇卫生院”创建活动。推荐葛兰、长寿湖、但渡3个镇卫生院参加评选。

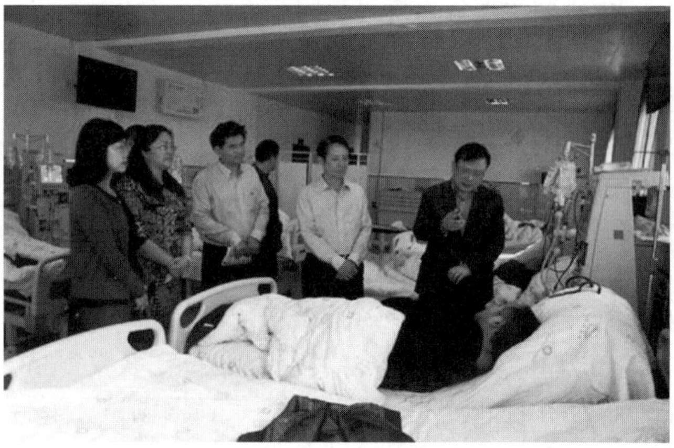

2015年3月31日，市卫生计生委主任屈谦一行到长寿区调研新版医疗服务价格执行情况。区领导赵世庆、霍家勤陪同

【基本药物制度】 全区基层医疗机构和村卫生室全部使用基本药物，严格执行药品零差率销售。从市药交所挂牌的2957个品规国家基本药物重庆市补充目录品规中，遴选出727个品种进入长寿区目录，长寿基本药物目录有1908个品规。基本药物配备使用品规数比例为59.7%，销售额比例56.38%。全区二级医院3个，基本药物销售额45.63%；三级医院1个，基本药物销售额46%。

【医疗质量管理】 开展改善医疗服务行动计划，成立神经外科等26个区级医疗质量控制中心，继续推行优质护理服务、预约诊疗、便民门诊等惠民措施。

医疗服务管理新审批个体诊所6个，变更医疗机构执业许可证20个，校验医疗机构执业许可证478个。医师注册123人，变更注册186人；护士注册334人，变更注册168人，延续注册105人。

区人民医院成功创建为重庆市护士规范化培训基地。区妇幼保健计划生育服务中心儿童保健部成为重庆医科大学附属儿童医院的网络指导医院核心科室，挂牌成立重医附一院产前诊断中心长寿预约服务中心。

特色专科建设，截至2015年12月，区人民医院中西医结合科被评为全国综合性医院中医药工作示范单位；区中医院针灸理疗康复科等2个学科被评为国家级重点中医专科或特色专科；区妇幼保健计划生育服务中心围产医学中心等8个学科被评为市级重点临床专科或特色专科；区第三人民医院精神科等8个学科被评为长寿区临床重点专科或特色专科。

开展“平安医院”创建活动，区卫生计生委和区社会治安综合治理办公室联合制发《重庆市长寿区“平安医院”创建工作实施方案》。区人民医院、区妇幼保健计划生育服务中心、区第三人民医院、凤城街道社区卫生服务中心、江南街道社区卫生服务中心、长寿湖镇卫生院、双龙镇卫生院创建为“平安医院”。至此，全区有10个医疗机构创建为“平安医院”。

（陈文丁 罗 晋 叶凌云 刘政权 周于祥）

2015年1月，长寿区三峡移民健康知识培训

卫 生

【基本公共卫生】 城乡居民健康档案管理。截至年底，全区居民健康档案建档人数769663人，建档率为95.17%；电子档案建档人数704765人，电子建档率91.56%。

全年健康教育开展公众咨询活动351次，健康知识讲座370次，播放6种以上影像宣传制品4066次，发放各类宣传资料481511份，更新健康教育宣传专栏282次。先后对但渡镇、晏家街道、凤城街道、江南街道的移民，海棠镇中心小学校、万顺镇中心小学校的学生，石堰镇政府机关的干部，凤城街道桃花社区、望江路社区的居民开展健康知识讲座等。开展全国爱耳日、爱国卫生月、“3·24”结核病防治日、全国预防接种日、职业病防治宣传周、防震减灾日、世界无烟日、爱眼日等卫生日宣传和活动9次，发放各类宣传资料10万余份，制作展出各类展板30余块，义诊咨询3000余人次。在《长寿日报》《长寿文化》等报纸上宣传健康知识20余次，在长寿古镇慢性病防控视频宣传200余次，在长寿电视台综合频道宣传“关爱女孩，打击两非”“科学就医，共享健康”公益广告各200次余次。

老年人健康管理。截至年底，全区管理65岁以上老年人91574人，健康管理率97.86%；免费体检70446人，完成年度任务的99.85%。

2015年继续扩大国家免疫规划疫苗常规接种，全区报告常规免疫接种应种46415人次，报告完成接种46252人次，平均报告接种率99.65%。全区报告疑似麻疹病例58例，其中经实验室确诊病例39例，麻疹发病率4.87/10万；实验室确诊风疹病例2例。报告AEFI病例14例，其中一般反应13例，异常反应1例；无重大接种差错事故及群体性异常反应发生，接种秩序良好。

传染病与突发公共卫生事件管理，完善发热门诊和肠道门诊建设，实行24小时轮流值班制度和日报、零报、即时报制度，实现疫情早发现、早报告、早隔离、早治疗。加强与教育部门合作，联合下发关于手足口病、夏秋季传染病、冬春季传染病防控等相关文件。全年报告法定传染病14种3894例，报告发病率为483.09/10万，比2014年同期报告率高36.39%；全区无甲类传染病报告。严格控制突发公共卫生事件，发生突发公共卫生事件一级0起、二级0起、三级1起。

慢性病健康管理，截至年底，全区管理高血压病人56450人，管理率为46.31%；管理糖尿病病人17276人，管理率为36.92%。所有慢病病人均按要求实施每季度一次的随访管理。

妇幼系统管理。2015年全区孕产妇为7893人，孕产妇系统管理7241人，系统管理率为91.46%；全年免费实施孕产妇产前检查产检5次以上7370人，产检率97.20%；免费产后访视7518人，产后访视率为94.96%。全区无孕产妇死亡。全区新生儿活产7917人，助产机构分娩7915人，住院分娩率99.97%；剖宫活产3215人，剖宫产率40.61%。3岁以下儿童系统管理22082人，3岁以下儿童系统管理率92.41%；7岁以下儿童健康管理45706人，保健覆盖率94.12%；免费实施0～6岁儿童体格检查33202人次，新生儿访视7531人次。5岁以下儿童死亡2人，死亡率6.57‰；婴儿死亡10例，死亡率4.42‰。

重症精神病人管理。全区排查建档4312份（城镇1535份，农村2777份）。全年随访19386人次（城镇7219人次，农村12167人次）。患者检出率为5‰，其中规范管理人3685人，规范管理率达85.46%；最后一次随访时病情稳定人数为3072人，病情稳定率71.24%；检出患者录入管理率100%。

中医药服务。截至2015年年底，长寿区为209042名居民进行中医体质辨识，其中65岁以上老年人中医体质辨识149142人，完成年度任务的200%；为0～3岁儿童开展中医药服务健康管理18652人，完成年度任务的200%。

【重大公共卫生】 完成艾滋病、麻风病、结核病防治等疾病控制类工作，农村孕产妇住院分娩补助、孕早期补服叶酸、预防艾滋病、梅毒、乙肝母婴传播、农村妇女两癌筛查等妇幼保健类及农村卫生等重大公共卫生服务项目年度目标。全年免费发放叶酸5180人次，依从2696人，依从率52.05%。农村孕产妇住院分娩补助人数3451人，补助金额为138.04万元，补助率64.43%。2015年上半年免费孕产妇乙肝表面抗原检测5137人，艾滋病检测5137人，梅毒检测5137人。开展妇女“两癌”检查，宫颈癌筛查23785人，乳腺癌筛查20416人。初诊可疑结核病人2029例，免费摄X光胸片1935例，占95.36%；胸片异常人员痰检372例，胸片异常人员痰检100%；完成5483名高二学生结核体检工作。

【卫生应急】 加强卫生应急队伍建设和物资储备，充实医疗救援、传染病控制、中毒处置队伍，完善区卫生计生委、区人民医院、区中医院、区疾病预防控制中心四个卫生应急物资储备库房。下发《关于印发突发事件风险管理工作实施方案的通知》，修订完善各类应急预案（《重庆市长寿区突发公共事件医疗救援保障预案》《长寿区卫生计生委防汛应急预案》《重庆市长寿区群体性不明原因疾病应急预案》《重庆市长寿区突发其他严重影响公众健康事件应急预案》《重庆市长寿区突发重大传染病疫情应急预案》《重庆市长寿区突发重大食物中毒事件应急预案》《重庆市长寿区突发重大职业中毒应急预案》）。建立“经开区现场急救站—区三人民医院急诊科—区人民医院—市级医院”应急医疗救护体系，开展长寿经开区医疗急救站建设。利用宣传栏、宣传手册、微信等宣传载体普及卫生应急知识。举办“5·12”防灾减灾宣传周活动；编发《应急救护知识手册》1万册；组织医疗救援和传染病防治培训2次、应急演练4次，其中，以“交通事故应急医疗救援演练”为主题的救援演练2次，以“地质滑坡救援演练”为主题的演练2次。参加长寿经济技术开发区蒸汽泄漏事故应急演练。加强卫生应急日常处置（详见下表）。

2015年长寿区卫生计生委突发公共卫生事件统计

事件分类	事件级别	事件名称	状态	发生时间	结案时间	波及或暴露人口数	发病数	死亡数	传染病初步诊断
丙类传染病	未分级	长寿区但渡镇九年制学校一起流感暴发疫情	进程报告	2015年12月4日15：51	未结案	365	18	0	流行性感冒

续表

事件分类	事件级别	事件名称	状态	发生时间	结案时间	波及或暴露人口数	发病数	死亡数	传染病初步诊断
丙类传染病	一般	长寿区云台镇云台中学一起流行性腮腺炎暴发疫情	已结案	2015年10月14日17：20	2015年11月16日11：06	754	20	0	流行性腮腺炎
丙类传染病	一般	长寿区新市镇实验小学流行性腮腺炎暴发疫情	已结案	2015年6月15日17：46	2015年8月17日15：55	854	49	0	流行性腮腺炎
其他类传染病	未分级	长寿区海棠镇中心小学水痘暴发疫情	已结案	2015年6月18日17：33	2015年7月24日15：31	1575	12	0	水痘
丙类传染病	一般	长寿区凤城第一小学一起流行性腮腺炎暴发疫情	已结案	2015年6月4日17：48	2015年7月20日17：43	1909	20	0	流行性腮腺炎
丙类传染病	一般	长寿区江南九年制学校流行性腮腺炎暴发疫情	已结案	2015年5月15日16：09	2015年7月6日17：45	1265	60	0	流行性腮腺炎
食物中毒	较大	长寿区宾进容及朋友毒蕈中毒	已结案	2015年5月31日12：47	2015年6月19日11：43	5	5	1	
丙类传染病	一般	长寿区行知学校一起流行性腮腺炎暴发疫情	已结案	2015年4月21日16：45	2015年6月18日17：17	1643	34	0	流行性腮腺炎
其他类传染病	未分级	长寿区洪湖镇中心小学一起水痘暴发疫情	已结案	2015年3月31日16：08	2015年4月27日14：42	989	13	0	水痘

2015年长寿区卫生计生委医疗救援统计

序号	时间	突发事件	应急救治人次
1	2015年1月30日	洛碛至晏家高速路段车祸	14
2	2015年1月30日	万州至重庆近长寿路段高速路段车祸（云台段）	2
3	2015年2月9日	八颗—梓潼车祸	8
4	2015年2月27日	渝长高速公路古佛段车祸	3
5	2015年5月3日	长寿至晏家路段车祸	7
6	2015年5月27日	江南社区安置房疑似野生菌食物中毒	6
7	2015年6月1日	长寿葛兰至中心路段车祸	13
8	2015年7月13日	长寿葛兰至合兴段车祸	5

续表

序号	时间	突发事件	应急救治人次
9	2015年8月5日	万顺九石坎医院突发事件	5
10	2015年8月7日	长寿古镇长虹大道车祸	4
11	2015年9月5日	长渝高速公路车祸	1
12	2015年9月17日	晏家至洛洛碛高速公路段车祸	20
13	2015年9月20日	江南－扇沱武隆 路段车祸	6
14	2015年10月19日	长寿寿星广场交行处路段车祸	4
15	2015年10月20日	长寿古镇菩提路	3
16	2015年10月29日	江南扇沱吸入性化学品中毒	3
17	2015年10月29日	渝万高速云台段车祸	6
18	2015年11月16日	葛兰摩托车车祸	2
19	2015年12月11日	沪渝高速云台段车祸	10
	合计	19起	122

（罗　娟　叶凌云　叶华莉　罗　晋）

国家卫生区创建

【概况】 2015年，长寿区认真贯彻落实国务院及重庆市《关于进一步加强新时期爱国卫生工作的意见》，争创国家卫生区，指导江南街道创建国家卫生镇。开展爱国卫生月、无烟日等宣传活动4次，组织健康巡讲15场次。督办环境卫生问题8个，办理群众来访和投诉电话5件。开展春、秋两季病媒生物防制技术培训2次，组织全区30000户农户开展春季灭鼠活动，投放鼠药10吨，制作发放宣传资料及警示标识50000份。2次暗访督导近100个场所的控烟工作。继续加强农村改水改厕工作，督导检查农村场镇、加油站等重要场所公共厕所卫生，建立“问题公厕”台账，已落实整改。

（但显华）

人口和计划生育

【概况】 2015年，长寿区常住人口75.04万人，其中，城镇人口27.81万人，0～14岁人口中、15～64岁人口、65岁及以上人口分别占14.58%、68.58%、16.84%。常住人口出生率11.06‰，死亡率7.20‰，人口自然增长率3.40‰，符合政策生育率87.67%，继续保持稳定低生育水平。常住人口性别比（以女性为100，男性对女性的比例）为107，出生婴儿性别比为105。人均期望寿命77.45岁。孕产妇实现0死亡，婴儿死亡率4.8‰，新生儿死亡率2.90‰，3岁以下儿童系统管理率92.41%，均达目标值。年末户籍总人口90.61万人，当年出生人口8840人，死亡5800人，出生率9.73‰，综合避孕率83.49%，政策外多孩占1.46%。

长寿区坚持计划生育基本国策、党政一把手负总责、一票否决制“三个不变”。全区符合“单独两孩”政策条件的家庭有21412户，截至2015年年底前，单独二孩申报2955对，审批合格2945对，审批合格率99.66%，已出生1546人。

【出生人口性别比治理】 成立出生人口性别比治理领导小组。开展关爱女孩宣传活动，继续推进出生缺陷干预工作，组织医务人员开展“两非”（即非医学鉴定胎儿性别和选择胎儿性别终止妊娠）教育培训，建立B超机和B超从业人员监管、举报奖励、孕产期全程服务等制度。会同公安、工商、食药监、妇联等部门开展联合整治“两非”专项行动2次，年内无查处“两非”案例。

【计生奖励扶助】 （详见《民生》类目《救助救济》分目）

【计生服务】 优生优育工作，全年免费发放叶酸5180瓶，完成孕妇产前免费唐氏筛查1510人（不含上半年三级干预中免费唐氏筛查1530人）；免费孕前优生健康检查目标人群覆盖率100%。

人口信息统计，全年流动人口信息提交率

99.91%，反馈率 99.16%，协查通报接收反馈率 99.33%。全员人口信息覆盖率 99.56%，准确率 98.19%。

2015 年 9 月 25 日，长寿区开展“科学避孕，让爱不再冒险”宣传活动

计划生育政策宣传，以奖励扶助、调整完善生育政策、“单独两孩”政策为主要内容，采取集中宣传与个别走访相结合、培训辅导与发放资料相结合、政策宣传与案例宣传相结合的方式，利用报刊、电视、广播、网络及手机微信等平台，持续开展计生赶场和关爱女孩等宣传活动，计划生育政策知晓率 95.12%。

坚持依法、文明征收社会抚养费，做到“三个规范”，即规范征收标准、规范征收执法文书、规范收支管理。先后召开计划生育执法现场会、培训会、推进会，开展 2012 年以前违法生育积案清理工作，按规定处理违法生育，建立区、镇（街）两级违法生育查处台账，严格社会抚养费收支两条线。2014 年 10 月 1 日至 2015 年年底，向 1608 对夫妇征收社会抚养费 2226 万元。

【地方经验】　2015 年，长寿区抓六个方面推进计划生育工作。抓组织领导，成立领导机构，明确委机关各科室计划生育工作职责，把工作任务分解到人头；每名班子成员对口联系 2 个街镇的卫生计生工作，做到千斤重担众人挑、人人肩上有目标。抓融入融合，分别组织原卫生和计生单位的负责人，交叉到医疗机构或计生技术服务机构调研；组织 29 家卫生单位负责人参加 2 次计生法律法规专题知识竞赛，促进机构整合、思想契合、工作融合。抓上下联动，建立联席会议制度，区卫生计生委领导每季度定期到所联系街镇召开联席会议 20 余次，协同推进计划生育各项工作任务；完善工作例会制度，每周一轮流安排 2 个街镇卫生计生办和卫生院汇报计划生育工作情况，全年帮助解决有关问题 12 个。抓基层基础，协调各街镇统一卫生和计划生育工作分管领导，强化工作统筹，明确街镇卫生计生办和卫生院的工作职责，落实好计划生育 8 项公共服务。抓群团作用，按要求开展计生协会换届工作，由分管区政府领导兼任协会会长，高规格配备计生协会班子。抓督查督导，结合“作风深化年”活动，由主要领导带队，开展明察暗访活动，督促工作人员熟练掌握计划生育工作政策。

（郑延龄　李　娅　罗　娟　韦爱群　叶凌云）

社会事务

社区建设

【概况】 2015年，全区城市社区总面积91.217平方千米，设置42个城市社区，管辖189999户、459302人（含暂住人口）。年底前，长寿区是重庆市和谐社区建设示范区；有全国和谐社区建设示范社区1个、全国减灾示范社区4个、市级和谐社区建设示范街道2个、市级和谐社区建设示范社区13个、区级和谐社区建设合格社区16个。

2015年，长寿区有社区专职工作人员257名，平均年龄36.8岁。其中男性89名、女性168名；中共党员239名；面向社会公招150名，机关事业单位下派8名。社区专职工作者中研究生1名，占0.38%；本科文化78名，占30.35%；大专文化140名，占54.47%；高中（中专）文化38名，占14.78%。

2015年，长寿区以塑造“社区品牌”为突破口，打造“一居一文化”的特色社区，抓好基础规范和内涵提升，探索社区建设新的管理体制和运行机制，提升社区服务的质量和水平。

【社区基础设施】 2015年，全区42个社区全部完成办公服务用房建设，总建筑面积23705平方米（500平方米以下的7个、500～1000平方米30个、1000平方米以上的5个），总投资9947万元（其中市级补助资金630万元）；全区已建成7个街镇社区服务中心，总建筑面积8195平方米，总投资850余万元（其中市级补助资金210万元）。2015年新（改、扩）建社区服务站4个。

【社区干部待遇及办公经费】 2015年，继续执行2014年1月1日开始的村（社区）工作人员补贴及办公经费补助标准。即社区办公经费6万元，其中包含居务监督委员会运转经费5000元；社区书记、主任补贴2100元/月，社区党组织副书记、居委会副主任补贴2000元/月，社区其他专职工作者补贴1900元/月；居民小组长补贴400元/月。实行职称与绩效挂钩，社区工作人员考取社会工作者职业水平证书的，由区民政局于考取当年给予一次性奖励。从证书登记注册当月起，在应得补助的基础上，按社会工作师100元/月、助理社会工作师60元/月、社会工作员30元/月的标准增加补贴。继续执行年度考核奖励机制，根据社区工作人员个人年度考核结果给予一次性奖励，被评为优秀的奖励两个月补贴；被评为称职的奖励一个月补贴；被评为基本称职和不称职的不予奖励。

（何　欣）

社会事务管理

【救助管理】 在全区建立18个街镇救助管理咨询服务站、27个社区救助服务点，223个村委会明确223名流浪乞讨人员救助信息员，形成区、街镇、村居三级救助管理网络，开展常态化的主动救助和劝助，分类救助原则对生活无着的流浪、乞讨人员实施零距离救助。全年接待求助人员665人次，救助受助人员665人次，14914人天次［其中男性511人次，女性154人次，未成年人（18周岁以下）16人次，青壮年474人次，老年（60周岁以上）175人次；危重病人、精神病人（含疑似精神病人）136人次，长期住院救治、托管40人次；痴呆傻48人次，肢体残疾人员13人次；外省籍163人次］。继续开展“流浪孩子回校园”专项行动，核查流浪未成年人2人，年龄均在16～18岁之间，单亲或再婚家庭，已按照“一人一策一案”的原则制定相应的帮扶措施，年底前2人均已外出务工。救助社会流散精神病、救助麻风病患者554人，679.3万元，实现街头无流浪未成年人目标。

【婚姻收养登记】 2015年，长寿区依法在线办理结婚登记7721件、离婚登记3883件、补领婚姻证件3674件、出具婚姻登记记录证明11010件；办理收养登记6件；婚姻收养登记合格率100%。完成2013年至2014年的婚姻档案扫描及移交工作。

规范全区婚姻收养登记管理。全面完成婚姻登记处搬迁工作。

【殡葬管理服务】 制订《长寿区2015年殡葬改革宣传活动实施方案》，出动殡葬宣传车在全区各街镇巡回宣传，印发殡葬法规宣传资料50000份，制作殡葬法规、殡葬惠民政策及殡葬知识展板在各场镇宣讲。2015年火化遗体3555具。抓好春节、清明节祭扫服务和安全保障工作，制订工作方案及应急预案。在殡仪服务单位开展"优质服务月"活动，设置观察点，落实专人负责祭扫监测、观察、统计等。节前对全区祭扫场所安全隐患进行全面排查。期间实行24小时值班制度，及时反馈信息，确保春节、清明节祭扫零事故。继续做好辖区内城乡低保对象、城镇"三无"人员、农村"五保"对象和生活困难的重点优抚对象死亡后的基本丧葬服务费减免工作。2015年享受丧葬费减免的困难群众413人，减免基本丧葬费用349287元。加强内部管理，从6月起至9月，在殡仪服务单位开展殡葬管理服务专项整治工作，全面梳理殡葬管理中的问题风险点，对发现的问题，列出整治清单，建立整治台账，制定和完善风险隐患防控管理流程，建立健全规范殡葬管理服务的长效机制，强化内部管理。

【殡葬设施建设】 筹集迁建资金推进新殡仪馆建设工作，筹集到位资金23590.53万元。年底前已完成房屋主体、装修和明渠工程建设、道路建设、水厂建设，环境工程建设正在施工，燃气管线已部分安装，火化机等部分设施设备已招标安装。做好新殡仪馆治丧服务区运营筹备工作，完成运营方案的草拟，制订治丧服务流程，客房和餐厅招租运营方案。完成餐厅主要设备购置、客房家具安装，正在开展宾馆热水器和电视机采购。加快推进西山蔚林苑公墓市场化，于2015年年初已完成规划、立项、可研批复、市民政局审批、征地拆迁、用地审批等工作。区发改委委托重资集团拟订公墓市场化初步方案。区发改委、区民政局和区殡仪馆到涪陵、南岸、合川和北碚等地考察殡仪馆和公墓市场化相关情况，经几家投资商意向性洽谈，根据市场反应修订公墓公开出让方案已上报区政府。

（瞿勇强）

民族宗教工作

【概况】 重庆市长寿区民族宗教事务局（简称区民宗局）成立于2005年2月，设一科一室。2015年有干部职工6人，其中行政编制人员5人，机关后勤事业编制1人。

2015年，以深化党的群众路线教育实践活动，开展"三严三实"专项教育活动为载体，狠抓党员干部作风建设，增强责任意识和担当意识，做好全区民族宗教工作。

【民族工作】 抓好民族领域稳定，促进各民族团结进步。2015年6月8日，市委召开民族工作会议，长寿区云集镇万寿村获市政府第四次民族团结进步模范集体，邻封镇廖斌获模范个人。市委、市政府下发《加强和改进新时期民族工作的实施意见》（渝委发〔2015〕11号）后，长寿区于2015年8月26日召开有18个街镇和区级有关部门参加的长寿区民族工作会。传达市委民族工作会议精神，提出长寿区贯彻落实市委民族工作会议意见。区委常委、区委统战部部长何以龙，区委常委、副区长杜彬瑜要求各单位严格按照《中共重庆市长寿区委办公室、重庆市长寿区人民政府办公室关于加强和改进新形势下民族工作的通知》（长寿委办发〔2015〕29号）文件精神，强化责任意识、担当意识，齐抓共管做好民族工作。

做好城市流动少数民族的服务管理工作。2015年春节前后，新疆喀什地区和和田地区十多名维吾尔族流动人员到长寿经商，区民宗局积极配合市政部门做工作，划定多个地点允许这些人员经商，这些人员经营几天后认为生意不好，反复要求甚至强行到不允许摆摊的协信广场摆摊。区民宗局干部与市政、公安机关的干部共同讲解民族政策，耐心进行政策教育和思想疏导工作，妥善化解矛盾，共同守护市政管理方面的法规底线。

开展创建民族团结进步模范村前期筹备工作，将洪湖镇称沱村列为2015年民族团结进步模范村创建。对该村少数民族情况，创建的内容进行调研，会同洪湖镇政府制订创建活动方案，报市委民宗委审核。市民宗委于2015年10月下达30万民族项目资金，区民宗局向区财政申请10万元的配套资金，于2015年11月实施创建工作。

开展贫困少数民族慰问活动。春节期间，各街镇慰问贫困少数民族户13户；区民宗局组织宗教界人士和区少数民族联谊会到区特殊教育学校慰问少数民族残疾儿童4名，送去慰问金4000元。

做好日常少数民族服务工作，及时准确做好少数民族政策性服务。2015 年办理民族成分更改 21 件，办理高考学生升学照顾手续 17 件。在全区招生工作会上对各学校宣传“少数民族青年才俊工程”资助范围、条件及资助标准，为考上本科的持贫困（低保）证的少数民族学生升学提供帮助。

【宗教工作】 2015 年，长寿区依法管理宗教，促进宗教场所规范化管理，全力维护和谐稳定的宗教关系。严格执行《宗教事务条例》的规定，对全区批准开放的 35 个宗教活动场所，督促正信正行，完善财务制度、治安、消防、卫生防疫、建修安全等制度。要求正规场所自觉抵制邪教、境外渗透以及藏传佛教到内地活动，与区公安局国内安全保卫支队共同查处基督教私设聚会点一处（渡舟农贸市场内），经教育停止活动；查处基督教到八颗街上进行宗教宣传活动 1 次，受到训诫后，当事人表示遵守宗教活动只能在国家开放的场所内进行的规定。到晏家街道查处佛教乱塑造像 1 次，及时纠正并停止活动。

开展和谐寺观教堂的创建活动，开展“国法与教规的关系”主题宗教政策法规学习月活动；组织 35 个宗教场所负责人、各宗教团体和宗教教职人员学习《中华人民共和国安全生产法（2014 年修正）》《宗教事务条例》等法规。对 2014 年试行的宗教活动场所管理四个等级评比办法进行修改完善，印发 2015 年宗教场所管理评比办法，将四个等级（合格、进步、创新、示范）调整为三个等级（合格、进步、示范），对具体量化考核细则进行完善，并将场所对公账户开设使用情况纳入考核内容之一，各宗教场所结合教义教规和场所实际情况抓落实。

通过宗教界人士“季度集中学习会”，及时向宗教界人士传达《中国共产党统一战线工作条例（试行）》中的相关规定，组织学习宗教管理的各项政策规定和要求；邀请区委宣传部负责人宣讲十八届四中全会精神和依法治国内容；及时传达市、区重要会议精神等。组织长寿区宗教界代表人士召开座谈会和佛教、基督教讲经交流会，各宗教场所互相交流场所管理发展经验，提高场所负责人宗教场所规范管理能力。

加强宗教场所的安全监管，维护宗教领域安全稳定，宗教人员在季度集中学习会上，邀请消防教官培训消防安全知识。在春节、农历二月十九等重要宗教会期、主要宗教节日，要求各个宗教场所做好会期安全预案，区民宗局到现场进行拉网式检查督促，发现隐患及时整改。邻封镇东林寺危岩滑坡治理及大雄宝殿柱子排危方案确定，得到实施治理。各宗教场所密切重视汛期安全。全年未发生安全事故。

做好宗教场所日常管理服务工作，指导菩提寺完成寺庙管委会的筹建，各项规章制度的制定和完善，使菩提寺内务管理一开始就达到正规化水平。组织全区佛教教职人员和信众代表，配合菩提寺迎取舍利子、贝叶经相关佛礼工作。协调双龙镇政府及有关村组完成双龙基督教活动点排危，协调葛兰镇完成天宝基督教活动点排危工作。

（刘显碧）

民 生

就业与创业

【概况】 2016年，长寿区健全经济增长与扩大就业良性互动机制，抓好新增就业工作。把握经济新常态下就业工作的新特点，扶持和发展吸纳就业能力强的现代服务业、战略性新兴产业、劳动密集型企业及小微型企业，更好地发挥政策促进就业的效力。2015年城镇新增就业24298人，帮助城镇登记失业人员就业7832人，城镇登记失业率2.08%（低于市下达控制指标1.12个百分点）。

【职业培训】 引导培训机构结合产业发展，有针对性地组织培训，实现劳动者与企业、培训机构之间的信息互通、无缝对接，全年开展就业技能培训9714人，完成市下达目标任务的216%。

【创业带动就业】 区人力社保局加强与工商、财政、科委等部门的联动，开辟小额贷款“绿色通道”、举办“微型企业银企融资对接会”、组建创业专家指导团等，为创业者提供政策咨询、风险评估、创业融资等服务，提升创业成功率。2015年新增创业7794人，审核发放创业担保贷款815笔6983.7万元，带动3260人就业。

【就业服务】 利用区政府门户网、微信公众服务平台、免费“Wi-Fi云”“阳光重庆”等媒介，加大就业政策宣传力度。开展“春风行动”、组织现场招聘会以及整顿人力资源市场等活动，营造良好就业环境。全年举办各类招聘会80场次，帮助离校未就业高校毕业生998人实现就业，回引农村劳动力就业创业9907人，为区内企业招工11712人，协助信息产业企业招工6245人。应对经济下行对实体经济的影响，按政策普遍调整用人单位失业、工伤和生育保险费率，对困难企业和小微企业减缴社保费7000余万元，促进用工和就业稳定。

（雷福中）

社会保险

【养老保险】 2015年，全区城镇职工养老保险参保146352人，征收保险基金91564万元，分别完成任务的97.9%和105.3%，93542人享受养老待遇共计188542万元；城乡居民养老保险参保349997人，征收保险基金5611万元，分别完成任务的99.5%和111.4%，103638人享受养老待遇共计15869万元。2015年全区调整城镇职工养老保险退休人员待遇87457人（其中，企业退休人员、老超龄人员、新超龄人员、征地农转非人员人均月分别增加基本养老金220元、127元、123元、125元）。城乡居民养老保险也在2015年首次调整基础养老金标准，从2014年7月起由原来的每人每月80元调整为95元，全区102333人按月领取城乡居民基本养老金，所有涉及待遇调整的退休人员补发金额于4月底前兑现到位。妥善解决特殊群体社会保障问题，落实政策为以个人身份参保的“4050”人员和部分困难国有企业“单（双）解”人员发放补贴817万元；落实2135名原民办教师养老保险一次性补助12万元。办理征地农转非人员新增参保人数6763人，征收养老保险费24959.8万元；做好村干部参保缴费补贴工作，为826人发放补助73.7万元。在居民养老保险中落实享受中年丧子夫妇参保救助192人次，财政代缴养老保险费36万元。原乡镇放映员、襄渝铁路建设民工、农村超龄退伍军人等群体的养老问题已解决。启动机关事业单位养老保险前期准备工作，组织开展养老保险基础数据采集，完成数据审核校验工作。

【工伤保险】 2015年全区工伤保险参保92165人，完成目标任务的100%；征收基金4736.67万元，完成目标任务的104.91%。参保企业2749人次享受工伤待遇3677.85万元；195人次享受老工伤人员待遇62.04万元；机关事业单位48人次享受工伤待遇38.98万元。建筑行业按项目参加工伤保险。

全年工伤性质认定1196件（机关事业单位46件，企业单位1150件）。

【生育保险】 全年生育保险参保72183人，完成目标任务的101.57%；征收基金1691.21万元，完成目标任务的119.18%。2269人次享受生育保险待遇1663.50万元。其中，企业职工2235人次享受生育保险待遇1655.90万元；机关事业单位34人次享受生育待遇7.60万元。

【失业保险】 全年失业保险参保92872人，征收基金5372万元，完成任务的120%。发放失业保险金2199人991.33万元；发放农民工一次性生活补助金1600人586.89万元。

【社保基金监管】 强化社保基金监督管理，加强内控制度建设，建立风险防控措施，开展社保监管试点，加大查处力度。加强“五险”基金的运行管理，采取实地稽核、人脸指纹信息采集认证、部门联动专项检查等举措加大基金监督力度；在医疗定点专项检查中，查处和追回医保基金45.32万元，收取违约金97.66万元，有效扼制骗取医保行为。推进社保卡制发和金融功能应用，全年制新卡10622张，已激活金融功能133271张，进入社保卡账户金额703.13万元。

（雷福中）

医疗保险

【概况】 为整合医疗保险管理资源，根据《重庆市人民政府关于调整我市城乡居民合作医疗保险管理体制的意见》（渝府发〔2009〕93号）精神，经2010年6月21日十一届长寿区委第九十一次常委会议决定，成立重庆市长寿区医疗保险管理中心（简称区医保中心），不再保留区城乡居民合作医疗保险管理中心和区城镇职工基本医疗保险办公室。区医保中心为区人力社保局管理的正处级事业单位，经费来源为财政全额拨款，具有独立法人资格。设5个内设机构；核定事业编制27名：其中主任1名、副主任2名，内设机构领导职数10名（5正5副）。其主要职责为9项：负责贯彻落实城乡居民合作医疗保险、城镇职工基本医疗保险、工伤保险、生育保险政策，制定管理办法，拟定实施方案并组织实施；负责城乡居民合作医疗保险、城镇职工基本医疗保险、工伤保险、生育保险基金的筹集、监督管理和支付工作，承担分析、统计和上报医疗保险等数据工作；负责制定城乡居民合作医疗保险、城镇职工基本医疗保险、工伤保险、生育保险基金的预决算管理办法、财务管理办法、内部审计办法并组织实施；负责城乡居民合作医疗保险、城镇职工基本医疗保险、工伤保险、生育保险定点医疗机构、药店的审查、审批工作，承担定点医疗机构、药店及参保对象执行各项医疗保险政策情况的监督管理工作，制定定点医疗机构、药店的考核管理办法并组织实施；负责行政事业单位职工医疗补助费用的管理和报销工作，负责行政事业单位工伤人员医疗费用的审核报销工作；负责特殊人群（离休干部、伤残军人、现役军人等）医疗费用的审核报销工作；负责城乡居民、城镇职工大额补充医疗保险政策和城镇职工工伤补充保险政策的执行和业务指导工作；负责处理城乡居民合作医疗保险、城镇职工基本医疗保险、工伤保险、生育保险日常事务，受理群众的来信来访和投诉，负责相关政策宣传和业务咨询；负责医保中心计算机网络系统的规划、建设、运行和管理。

2015年，长寿区城乡居民合作医疗保险参保780067人，完成市级目标任务的100.65%；筹集个人应缴参保费7409.35万元，完成目标任务的102.42%；1072094人次享受待遇，报销金额39512万元。2015年全区城镇职工基本医疗保险参保127115人，完成目标任务的100.67%；征收基金50527.95万元，完成目标任务的111.66%；2701026人次享受待遇，报销金额51524万元。全年113317人次享受公务员医疗补助1398.10万元，其中普通门诊补助64607人次，补助671万元；特殊病种医保门诊补助39427人次，补助211.98万元；住院医疗补助9283人次，补助515.12万元。全区特殊人群年内补偿373.73万元，其中门诊费用204.80万元，住院费用168.93万元。全年工伤保险参保92165人，完成目标任务的100%；征收基金4736.67万元，完成目标任务的104.91%；参保企业2749人次享受工伤待遇3677.85万元；195人次享受老工伤人员待遇62.04万元；机关事业单位48人次享受工伤待遇38.98万元。生育保险年内全区参保72183人，完成目标任务的101.57%；征收基金1691.21万元，完成目标任务的119.18%；2269人次享受生育保险待遇1663.50万元（其中企业职工2235人次享受待遇1655.90万元，机关事业单位34人次享受待遇7.60万元）。全年作出工伤性质认定1150件，行政复议2件，行政诉讼15件，行政上诉4件。2015年居民医保办理特殊病种医保6303人次，职工医保办理特殊病种医保4435人次。城乡居民医保筹资后遗问题逐步消化，筹集个人应缴参保费7409.35万元，完成目标任务的102.42%；1072094人次享受待遇，报销金额39512万元。深化医保支付方式改革，实现总额预付、项目结算、单病种结算、按床日付费等多形式支付。

（廖传荣　雷福中）

【医保管理】 创新宣传模式扩面征收，开通长寿医保微信公众号（csybzx），利用新媒体传播途径快、范围广的优势，让更多的老百姓足不出户就能了解医保政策。印制30万份医疗、工伤、生育保险政策资料，结合大下访行动，利用街镇社保所平台全方位宣传，扩大老百姓对社会保险知识的知晓率。医疗、工伤、生育三大类四险种保险扩面征收均超额完成市级下达目标任务。

深化医保支付方式改革是深化医疗制度改革及三医联动的重点工作之一，在总额控费支付方式平稳推进的同时，扩大单病种结算范围，将15个单病种结算扩大至50种，实现精神病按床日付费、特病门诊单病种付费、项目付费、总额控费等支付方式改革并行。医疗保险、工伤保险、生育保险均已实现信息管理联网实时结算，职工医保实现四川、新疆、贵州、海南等多家异地医疗机构的实时结算，方便参保职工。

落实待遇保障，医疗、工伤、生育保险保障水平逐年提升，参保居民待遇日趋优化。同2014年相比，城镇职工、城乡居民、生育保险享受待遇人次分别增加9%、1%、78%，待遇支付分别提升9%、8%、73%。工伤保险享受待遇人次降低7%，待遇支付提升7%。

深化医保基金运行管理，确保基金支出安全。采取措施严控基金风险，对全区定点医疗机构进行一对一的现场督导监管，对全区定点药店的现场监管达到40%以上。区医保中心联合区人社局、财政局、卫计委、发改委、药监局开展对全区医保定点服务机构及定点药店专项检查，重点检查康复理疗项目使用情况及药店违规执行医保政策情况，对所涉21家医疗机构及15家药店违规进行查处。通过专项检查、交叉检查、巡查夜查等工作，加强定点服务机构监督管理，全年扣除违规费用39.7万元，并处31家医疗机构支付违约金102.3万元，对5家违规定点服务机构进行暂停服务、暂停结算等处理。

（廖传荣）

社会福利

【养老服务】 （详见本类目《老龄事业》分目）

【儿童福利】 做好孤儿、困境儿童及艾滋病病毒感染儿童的身份认定、档案管理、资金发放与监管、数据统计、信息录入与维护和专项检查等工作。按基本生活费600元/月·人的补贴标准，以打卡的方式发放到困难儿童的监护人手中，维护困难儿童的基本生活权益。2015年，为全区135名困难儿童发放生活补贴91.44万元。

【福利企业管理】 2015年，全区福利企业38家（含当年注销5家），实现产值35407万元，实现销售收入32364万元。全年安置残疾人就业1210人，残疾人合法权益得到保障。

【福利彩票发行】 狠抓销售网点建设，创新福彩销售方式，增大发行销售量，筹集福利资金。全年设立销售福彩投注站点82个，完成销售额6417万元（其中电脑彩票5299万元，刮刮乐972万元，主题机146万元）。中福在线销量2121万元，长寿区总销量8538万元，筹集区福彩公益金587.52万元。彩票安全运行、健康发展、机构健全、专人专门负责福彩工作，福彩发行安全运行率100%。

【慈善工作】 （详见本类目《慈善事业》分目）

（瞿勇强）

救助救济

【灾害救助】 长寿区2015年度风雹、洪涝灾情较轻，先后发生“4·2”风雹、“6·1”洪涝、“6·30”洪涝等自然灾害，造成灾区农作物受损、房屋倒塌。全区全年受灾人口5662人，因灾死亡0人，失踪0人，紧急转移安置278人，农作物受灾261公顷，倒塌房屋61户93间，严重损坏房屋21户30间，一般损坏房屋105户145间，造成直接经济损失443万元。区民政局及时开展应急期和过渡期灾民生活救助工作，按照12元/（人·天）的标准，全年发放灾民生活救助资金6万元、帐篷11顶、折叠床48张。推进倒房重建工作，下拨损房维修和倒房重建资金109万元，重建倒房70户112间；落实灾民冬春生活救助，发放救助资金325万元、棉被2000床，解决灾民过冬难题。

【定期定量救济】 2015年，长寿区向6136人次20世纪60年代精减退职职工和襄渝铁路建设者矽肺病人，发放定期定量救济金272万元。

【城乡低保管理】 2015年10月，根据市政府决定，调整提高城乡低保标准，城市低保标准由375元/月·人提高到420元/月·人；农村低保标准由220元/月·人提高到230元/月·人。2015年，全区城市低保对象有3795户6013人，占非农业总人口的1.9%；全年发放城市低保金2437万元，户均保障人数1.6人/户，月人均补差为313.8元，占低保标准的74.71%。2015年全区农村低保有6598户11948人，占全区农业总人口的2.03%；全年发放农村低保金2434万元，全年户均保障人数1.8人/户，月人均补差为150.6元，占低保标准的65.5%。

【医疗救助】 2015年，进一步加强民政医疗救助对象住院就医管理，强化对定点医疗救助机构的监管，门诊救助扩大到所有救助对象，住院救助比例进一步提高，"一站式"服务网络全面建立，定点医疗救助机构做到"四有"。全年医疗救助11.7万人次，其中资助参加合作医疗保险3.3万人次，门诊救助6.9万人次，住院救助1.5万人次。全年支出医疗救助金2185万元，比2014年下降14.11%。

【临时救助】 2015年，进一步规范完善临时救助制度，出台新的临时救助实施办法，全面规范临时救助申请审核审批程序。全年救助困难群众因生活、医疗、意外伤害和意外事故等造成的困难，救助6512人次948.9万元。

（救灾科　陈　强　低保中心　陈　强）

【计生救助奖扶】 建立计划生育失独家庭系列帮扶救助制度，辖区公立医院为计划生育特殊家庭就医设立"绿色通道"、签约家庭医生服务并建立健康档案、开展随访服务和健康指导、对行动不便的困难家庭人员送医上门等措施，指定区人民医院为计划生育特殊家庭看病就医开设"绿色通道"。2015年，奖扶特扶四级残疾新增扶助对象2991人，至年底前，全区享受扶助14943人（其中计划生育特殊家庭父母1159人，残疾510人，失独649人）。国家特别扶助金、独生子女死亡家庭父母一次性养老保险金补贴按时足额发放到位；为计划生育特殊家庭全部购买意外伤害保险，为其建立分类管理档案。开展计划生育特殊家庭、手术并发症人员、贫困母亲、贫困独生子女家庭的关爱帮扶工作，全年帮扶金额近100万元。

（李　娅）

社会优抚

【双拥工作】 走访宣传，在春节、端午和"八一"建军节，对困难优抚对象、军休干部、光荣院孤老优抚对象、驻长寿区部队开展走访慰问活动，进一步巩固军民关系。落实政策，2015年为322名退役士兵发放自主就业一次性经济补助金683.05万元，妥善安置3名符合安置条件的退役士兵；参加免费技能培训的退役士兵就业率100%；全年支付城乡义务兵家庭优待金515.68万元；为全区7619名各类优抚对象发放抚恤补助金和生活补助金5000余万元，从10月1日起，调整部分优抚对象的抚恤补助新标准。深化服务，拓展双拥创建深度。启动优抚家园计划，逐步解决重点优抚对象住房困难；开展"烈士纪念日"活动，安排走访慰问烈士遗属；重视涉军群体信访稳定工作，认真排查调处各类矛盾，保障优抚对象合法权益。开展拥军优属拥政爱民宣传教育，召开军民座谈会、双拥工作领导小组会等，共商双拥大计，理清和创新工作思路。

帮助驻地部队解决实际问题，2015年春节期间，区四大家领导带领各有关部门走访慰问驻区部队，送去慰问金及各类慰问品；"八一"期间区领导分组带队走访慰问驻长寿区部队、优抚事业单位及重点优抚对象，送去慰问金、水果、矿泉水。各街镇、部门主动了解驻地部队建设发展中遇到的困难和问题，研究制定帮助解决的办法和措施，驻地群众开展形式多样的拥军活动。宣传部门在"八一"期间的拥军专题宣传，对驻长寿区部队服务地方经济社会发展进行报道；交通部门协助部队搞好节日期间的生活物资供应，开设"绿色通道"。

驻长部队围绕驻地经济社会发展实际，主动多办惠民生、暖民心、解民忧的好事实事。消防官兵到农民工工地开展消防安全知识培训，100余名农民工受益；区武警中队、区武警三中队配合地方加强社会管理，2015年先后出动兵力352人次，完成长寿火车站、长寿火车北站、骑鞍车站春运执勤、抓捕逃犯等任务；区消防支队全年抢险救援450次，社会救助705次，疏散群众870人，解救被困人员224人。驻长寿区部队还开展多种形式的扶贫济困、扶老助残、捐赠救助等社会公益活动，帮助贫困学子，支持第二家乡教育发展。

【优抚工作】 落实各项优抚政策，按照优抚对象抚恤补助自然增长机制以及市级相关文件精神，及时调整兑现各项抚恤定补资金，全年全区发放优抚对象定期补助资金近5000万元。帮助住房困难优抚对象解决住房困难，将符合条件的分别纳入新村建设、危旧房改造、农村低收入住房保障予以资助，通过维修、改造、新建、租购等方式帮助重点优抚对象改善住房条件，最高每户补助10000元，最低每户补助3000元。资助在乡和城镇无工作单位重点优抚对象参加医疗保险，执行医疗费用“一站式”即时结算服务；1～6级残疾军人参照职工医保全额资助参保，享受相应医疗待遇。

提升优待服务，对城乡义务兵家属统一优待标准、统一经费来源、统一兑现时间、统一对象方式，2015年城乡义务兵家庭优待金执行每户每年8000元，全年发放优待金511.57万元。年内向退役士兵家庭赠送“光荣军属”牌匾215块和光荣之家年画30000张，增强义务兵家庭的荣誉感。

开展烈士纪念设施保护工作及烈士公祭活动，了解掌握烈士纪念设施管理保护现状；对全区零散烈士墓就地进行维护，由所在镇负责管理。2015年9月30日，多部门和组织开展烈士纪念日活动。

2015年，为全区各街镇配置身份证识别设备和优抚数据专项核查设备，将优抚对象身份证、户口薄、原始档案等扫描录入优抚信息系统，年底前完成对全区4162名优抚对象信息数据的核查。

涉军维稳工作，加大政策宣传和帮助解决困难的工作力度，从根本上减少矛盾的发生。全面落实维稳措施，开展矛盾排查化解工作，狠抓“重点人”和敏感时期的维稳工作，加大接访和劝访工作力度，减少和避免进京到市上访，维护复退军人稳定大局。

严格执行安置政策，做好退伍军人的接收安置工作，整理并妥善转移退伍军人个人档案。2015年接收退役军人325人，已安置到具体工作岗位3人，剩余322位自主就业的退伍军人均已领取地方一次性经济补助金683.05万元，全年安置任务已全部完成。

【优抚事业单位管理】 抓好区军休中心规范化建设，购置新活动用房；工作上采取“学、观、走、答、议”五种方法，坚持“六必访”制度，加强军队离退休干部思想政治建设；认真落实军休干部的政治经济两个待遇，军休干部人心稳定。区光荣院的服务水平和服务质量不断提高，管理规范化建设不断推进。

（李俊薛）

住房保障

【概况】 保障性住房建设有序推进。按照“建管分离”机制，完成市国土房管局下达的年度保障性住房建设目标任务。抓好公（廉）租房实物配租及廉租房租金补贴的管理，全年公（廉）租房实物配租838户次，发放租金补贴653户次，7.04万元。完成对129户违规入住公（廉）租住房的问题整改工作。深化城镇住房保障制度改革，逐步实现廉租住房与公共租赁住房并轨运行，完善准入退出、住用安全、运营管理制度。

2015年，公共民生工程公司完成晏家等片区7190套房屋安置；完成晏家二期公租房等6个项目的房屋编号，云峰阁三期等9个项目楼栋的面积测绘，完成在水一方二期等10个项目的宗地测绘工作；整理归档办证资料10590套，办理产权证2095个。

（邱　真　张晴隆）

残疾人保障

【概况】 截至2015年12月31日，长寿区持证残疾人数为25517人。其中视力残疾人5332名，听力残疾人2255名，言语残疾人448名，肢体残疾人12709名，精神残疾人2698名，智力残疾人1483名，多重残疾人592名。

2009—2015年长寿区残疾人办证情况

时间	视力	听力	言语	肢体	精神	智力	多重	总计
2009年	2568	1119	242	8086	1219	734	354	14322
2010年	765	339	61	1868	352	160	122	3667

续表

时间	视力	听力	言语	肢体	精神	智力	多重	总计
2011 年	377	174	27	581	230	115	29	1533
2012 年	370	159	29	595	180	82	24	1439
2013 年	416	158	26	514	205	110	22	1451
2014 年	367	149	29	463	227	135	21	1391
2015 年	469	157	34	602	285	147	20	1714
合计	5332	2255	448	12709	2698	1483	592	25517

说明：2009 年全国开始换发第二代残疾证

【残疾人扶贫保障】 2015 年 10 月 19 日，长寿区残疾人“两项补贴”工作会议在凤城街道办事处召开，长寿区率先在全市范围内启动重度残疾人护理补贴和贫困残疾人生活补贴工作。经过村（社区）、镇（街道）和区残联工作人员对申报资料的严格审核、登记造册、公示等程序，2015 年 12 月，长寿区第一笔“两项补贴”经费 396.66 万元发放到 10575 名生活困难残疾人和重度残疾人账户中。2015 年，长寿区全年下拨 134.68 万元，为 1403 名残疾人提供托养服务；投入 143.7 万元，帮助 70 户农村贫困残疾人家庭进行危房改造和 60 户残疾人家庭无障碍改造。不断强化政策保障措施，残疾人参加城乡居民医疗保险补助标准从 50 元/人提高到 70 元/人；加大对残疾人种养殖基地的扶持力度；及时将 8527 名贫困残疾人纳入到最低生活保障体系。

【残疾人康复服务】 深入实施“人人享有基本康复服务”，年内免费为 483 名白内障患者进行复明手术，为 1250 人次贫困精神病患者提供药物救助，为 75 名重度精神病患者提供住院救助；发放轮椅、助听器、助视器等辅助器具 500 余件。重点强化残疾儿童康复服务，实施“国家彩票公益金”和“七彩梦行动”项目，免费为 46 名残疾儿童提供定点机构训练，为 15 名残疾儿童进行矫治手术。推进残疾人康复机构标准化和康复人才队伍建设，新建康复示范社区 5 个，培训康复协调员 300 人次，免费为 167 名残疾儿童和 90 名成年残疾人提供专业化、个性化的康复训练。

2015 年 7 月 2 日，长寿区残疾人社区康复干部及康复协调员培训会议

【残疾人教育就业工作】 通过按比例就业、集中就业和个体从业相结合的方式，搭建残疾人就业平台。年内全区新增残疾人就业 142 人次。针对残疾人能力和需求，免费为 478 名残疾人进行盲人按摩、电子商务、种养殖技术等技能技术培训。重视特殊教育工作，全年投入资金 21.2 万元帮助 104 名义务教育阶段残疾学生和 9 名贫困残疾大学生继续接受教育。

2015 年 10 月 22 日，长寿区残联组织的残疾人商务培训

【残疾人维权信访工作】 严格执行 24 小时值班制度，主动向区委、区政府和市残联相关领导报告残疾人群体维稳工作情况。重点是在打击非法营运期间，在区信访办、区公安局、区交通局的支持

和相关镇（街道）的配合下，对30多名残疾人进行多对一的政策解读和劝导，顺利化解矛盾。加强残疾人法制教育，在镇（街道）开展残疾人法制宣传教育活动，维护社会稳定。继续实施残疾人信访代理制度，完善残疾人信访维权处理联动机制，全年接待残疾人146人次，参与残疾人维权3起，做到事事有答复，件件有回音。实施残疾人特惠政策，为符合条件的残疾人办理机动轮椅车燃油补贴、C5驾照补贴、车辆路桥通行费减免以及公共交通工具乘坐优惠减免手续。

（文　瑶）

2015年10月22日，长寿湖镇残疾人法制教育培训班

老龄事业

【概况】　2015年，长寿区年满60岁及其以上老年人有192199人，占全区总人口的21.4%。其中年满90周岁以上高龄老人2854人，百岁老人25人。

2015年，长寿区围绕“党政主导、社会参与、全民关怀”的老龄工作方针，坚持为老年人办好事，推进老龄事业持续健康发展。牵头协调政府有关部门、镇（街道）高质量、圆满完成第四次中国城乡老年人生活状况抽样调查各项工作。实施“孝老安康”工程受到重庆市“孝老安康工程”领导小组表彰，开展老年人意外伤害保险工作，建立健全老年人的社会保障体系，全区参保27340人。开展“身边好人”“十大孝星”、第七届十大健康寿星评选和颁奖、庆祝重阳节等活动，推进老年文化教育事业发展等工作。

【老年社会优待】　2015年，全区办理老年优待证13500个。广泛宣传贯彻落实党和政府对60周岁和70周岁以上老年人实施社会优待服务政策，区内2个公共交通公司为70岁以上老人办理公交车敬老卡，老年人凭卡免费乘坐公交车。区发改委对各单位60周岁以上老年人实施社会优待服务收费情况进行定期或不定期的抽查，对应该免费而没有免费，甚至乱收费的行为进行查处。按照长寿府办发〔2011〕174号文件精神，及时办理96岁以上高龄老人和百岁老人高龄津贴。做好关爱空巢老人、留守老人工作，区卫计委系统医院对60周岁以上老年人凭证实行“一免交，五优先”服务，即免普通挂号费，优先挂号、优先就诊、优先化验、优先缴费、优先取药。区旅游局在狮子滩大坝门前售票处设置标志牌：“60周岁以上老年人凭证免购门票”。区老龄办积极落实，让60周岁以上老年人免费进入区老年活动中心参加活动。区司法局协调区律师事务所、区法律援助中心免费提供涉及老年人合法权益受侵害案件的法律咨询、代写诉讼文书，法律服务机构免费提供有关老年人赡养方面的法律服务。区委、区政府督查室对60周岁以上老年人实施社会优待服务工作的落实情况进行督办，确保对60周岁以上老年人实施社会优待服务各项政策的落实。

【老年教育事业】　区老年大学管理机制进一步完善，教学质量显著提高，办学规模逐年扩大，2015年有13个专业、18个教学班，学员860余人；街镇老年学校有学员8500人。全年组织老年大学、老年学校学员参加市、区各种文艺演出，组织学员外出体验生活、联欢，举办纪念抗战胜利70周年大型文艺表演等活动，受到领导和社会好评。

【敬老助老活动】　区委副书记谭庆在下发的重阳节活动通知上做批示，全区18个街镇、32个机关事业单位和14家企业开展敬老月各种活动。凤城街道凤岭路社区、梅村社区举办重阳节歌舞表演，江南街道开展中华孝道活动宣传，晏家街道、新市街道、渡舟街道等走访看望敬老院老人和百岁老人，送去慰问品。春节前夕，区委、区政府领导及区民政局领导分别带队走访慰问全区鳏寡老人和所有百岁老人。

有关街镇、组织大学生志愿者到鳏寡老人、空巢老人家中帮助打扫室内卫生，陪老人聊天，送去慰问金、慰问品。步步高超市爱心员工走进桃花社区、三峡路社区，将米、油、洗衣粉等送给老人。

区老年体协经常组织全区72支老年文体队开展

文体竞赛活动，每月一次大型活动。主要活动形式有牌类、棋类、钓鱼、游园、登山、走路、歌舞、拳剑功、练剑、跑步、健身操等。

长寿区老年书画研究会利用节日，开展书画展，下乡为群众义务书写馈赠春联，组织参加市老龄委书画比赛联展、区老干局书画展等。

【老年社会福利事业】 2015年，长寿区新建4个社区养老服务站，落实社区养老服务工作和关爱空巢老人；区级养老服务中心已投入使用，入住老人150人。

（张　伟）

2015年，长寿区落实资金18万元，与重庆长寿规划勘测院签订合同，配合完成全区养老服务设施布点专业规划编制工作，打破社会力量举办养老机构的制约瓶颈。出台《重庆市长寿区经济困难的高龄失能老年人养老服务补贴实施办法》，帮助1734名经济困难的高龄失能老年人解决养老服务困难。出台《关于提高城乡低保等社会救助对象保障标准的通知》（长民政〔2015〕266号），提高农村“五保”对象和城市“三无”人员的保障标准，达到区域供养标准。全区投入资金834万元，完成凤城街道东街社区、轻化路社区、望江路社区和晏家街道中心路社区等4个城镇社区养老服务站、1个区养老信息服务平台和30个农村幸福院建设任务；完成邻封、石堰等5个街镇敬老院改扩建项目，实施海棠镇清泉村、江南街道五堡村等5个“五保”家园维修工程，全区敬老院床位（含“五保”家园）的集中供养能力为62%，敬老院床位利用率90%，全区养老服务设施建设和利用得以提档升级。

养老服务标准化管理按照民政部《养老机构设立许可办法》《养老机构管理办法》和《重庆市养老机构管理服务标准（试行）》要求，指导全区的所有已建社区养老服务设施和农村幸福院的投入运营，开展社区居家养老服务，使居家老年人享受到就近、便捷、周到的社会养老服务。组织人力物力财力定期开展全区敬老院消防安全培训和演练，落实资金100万元，对全区21所敬老院实施消防安全隐患整改。要求敬老院管理服务人员与入住“五保”老人配备比例达1:10，敬老院管理维护费按入住“五保”对象供养金总额的20%实施。

加强养老机构服务人员队伍建设，引导和鼓励区内养老服务人员参加养老护理员培训。加大社会办养老机构政策的宣传力度，在养老机构设立条件和提交材料等方面为申请筹办者提供政策指导和支持，鼓励社会养老服务专业机构通过托管、承包等方式运营公办养老机构。年底前，区养老服务中心入住农村“五保”、城市“三无”人员和社会老人170人。

按照“五保”“三无”供养、养老服务补贴等政策做好基础工作，严把审批关，严禁弄虚作假和虚报冒领，确保对象补贴资金及时足额发放，维护困难老年人的基本生活权益。2015年为全区4258名农村“五保”对象、城市“三无”人员发放供养金2399万元，为经济困难的1734名高龄失能老年人发放养老服务补贴资金203.18万元。

（瞿勇强）

【老年维权】 全区222个村委会、42个社区都成立老年人协会，38700余人入会。协会经常组织老年人学习，开展文体活动，签订赡养协议书，调解涉老纠纷等。全年区法院受理涉老案件71件，审结涉老案件64件，法律援助31人，法律援助案件12件，接待来信来访20人次。

（张　伟）

慈善事业

【慈善工作】 贯彻落实市政府慈善工作要求，规范慈善捐助行为，全年募集慈善资金及物资折款821.39万元，救助困难群众3643户，10929人次，发放735.77万元。

（瞿勇强）

镇（街道）

- ❖ 菩提街道
- ❖ 凤城街道
- ❖ 晏家街道
- ❖ 江南街道
- ❖ 渡舟街道
- ❖ 新市街道
- ❖ 八颗街道
- ❖ 长寿湖镇
- ❖ 云台镇
- ❖ 葛兰镇
- ❖ 但渡镇
- ❖ 邻封镇
- ❖ 云集镇
- ❖ 双龙镇
- ❖ 龙河镇
- ❖ 海棠镇
- ❖ 石堰镇
- ❖ 洪湖镇
- ❖ 万顺镇

镇（街道）

菩提街道

【概况】 根据市政府《关于长寿区凤城街道渡舟街道行政区划调整的批复》（渝府〔2015〕62号）精神，经2015年12月18日区编委会审核，2015年12月21日区政府第一百三十四次常务会议审议，2015年12月21日十二届区委第一百一十九次常委会议审定，重庆市长寿区菩提街道于2015年12月28日挂牌成立。菩提街道位于长寿主城区，辖区以区行政中心为中心，东接但渡，南连凤城，西邻八颗，北连渡舟，辖桃花、古镇、朝阳、胜天、菩提5个社区和松柏、东新、红花、阳鹤、田坝、菩提6个村，辖区面积37.71平方千米，规划人口29.02万人，2015年实际管辖人口12.06万人（其中流动人口9281人）。辖区有大专院校1所（在建）、中学3所（1所在建）、九年制学校1所、小学3所（2所在建）、幼儿园4所；公立医院2所、私立医院4所；大型商场4家。城区道路硬化率、自来水普及率、燃气通气率均为100%。菩提街道办事处驻桃源西四路1号。

长编发〔2015〕366号《关于菩提街道主要职责内设机构和人员编制的通知》，菩提街道党工委作为区委的派出机构，在区委的领导下加强党对街道全面工作的指导，充分发挥政治核心作用，支持和保证行政组织充分行使职权，完成区委赋予的各项任务。菩提街道办事处是区人民政府的派出机构，按照“两级政府、三级管理”体制的要求，把职能切实转到社区建设、社会事务管理和城市管理上来，建立完善社会保障体系，加强精神文明建设，更好地为社会和群众服务。菩提街道办事处的主要职责有六个方面：

在区委、区政府领导下，贯彻执行党的路线方针政策和国家的法律法规，促进经济社会健康发展，加强社会管理和公共服务，维护社会和谐稳定；贯彻执行区人民政府的决定、命令、指示等。

城市管理工作职责：贯彻有关城市管理的法律、法规、规章，制定辖区城市管理的计划并组织实施；负责辖区内环境卫生和绿化美化的管理工作，组织单位和社区居民开展爱国卫生运动，落实环境卫生责任制；通过法定委托，配合区级有关部门搞好辖区城市管理综合执法的日常管理工作；配合市、区环境保护部门监督环境污染项目的治理，搞好辖区农业面源污染防治的日常管理工作；协同建设主管部门监督施工单位依法施工，防治施工扬尘、扰民，配合建设施工单位维护施工秩序；对辖区内的物业管理进行指导和监督检查。

社会管理工作职责：组织辖区单位和居民开展社会主义精神文明建设创建活动；负责辖区内社会治安综合治理、应急管理工作。负责辖区食品药品安全管理和行政执法工作；开展拥军优属、优抚安置、社会救济、社会福利、社会保障及文化、科普、体育、教育等工作；按权限搞好辖区殡葬改革管理、卫生保健、计划生育、人民调解等工作；负责管理辖区内失业人员和离退休人员，按权限配合做好城市低保、职工养老保险、失业保险、城乡居民医疗保险等社会管理与服务工作，协助有关部门做好就业和再就业服务工作；做好民兵预备役、征兵、人民防空等工作；配合有关部门做好防汛、防火、防震、抢险和救灾工作；维护老年人、未成年人、妇女、残疾人和归侨、侨眷、少数民族的合法权益。

社区建设工作职责：根据市、区社区建设规划，制定所辖区域的社区建设规划，制定所辖区域的社区建设发展计划，不断建立和完善社区各类公益基础设施，合理配置社区公共服务资源；培育和发展社区服务中介组织，动员辖区单位和居民群众积极参与社区建设；兴办、发展社会福利和社区服务事业，做好社会救助、社会保险等社会保障工作；指导社区居委会和村委会开展组织建设、制度建设和其他工作，帮助解决社区居委会和村委会的困难和问题，向上级政府反映社区居委会和村委会的意见和要求；对社区居民进行法制和社会公德教育，组织社区居民参与社区环境整治等社会公益活动，组织开展群众文化体育活动和社区教育工作，普及科学常识；及时向市、区人民政府反映居民的意见和要求，办理人民群众的来信来访。

农村管理工作职责：负责经济信息工作和统计管理工作，制定经济发展规划并组织实施；负责农业、工业、贸易、财政、税收、农村合作经济组织的管理及经济法律法规的宣传工作；指导乡镇企业、村办企业和个体私营企业发展，为企业的生产、经营、管理、技术改造和职工的业务培训等提供服务，负责招商引资和劳务输出工作；负责农业生产结构的调整；负责安全生产监督管理工作；负责科学技术推广、应用和普及工作；协调工商、税务、供电、金融、保险等相关工作，为农业和农村经济发展提供优质服务；负责农民增收、农民负担和农村财务的管理及审计工作；负责协调所辖事业单位的工作。

承办区委、区政府交办的其他工作。

菩提街道党工委、办事处设6个内设机构。即：党政办公室（挂人大办公室牌子）、经济发展科（挂统计管理办公室、审计办公室牌子）、社会事务科（挂民政办公室、卫生和计划生育办公室牌子）、社会治安综合治理委员会办公室（挂应急管理办公室牌子，安全生产监督管理办公室与社会治安综合治理委员会办公室合署办公）、建设管理科（挂环境保护办公室、规划办公室牌子）和食品药品监督管理办公室（挂区食品药品监督管理分局菩提街道食品药品监督管理所牌子）。菩提街道办事处下属4个事业单位，即：重庆市长寿区菩提街道财政所、重庆市长寿区菩提街道农业服务中心（挂农技站、水利服务站、林业站、农村土地流转服务中心、农产品质量安全监督管理站牌子）、重庆市长寿区菩提街道劳动就业社会保障服务所（挂行政服务中心牌子）和重庆市长寿区菩提街道文化服务中心（挂体育服务中心牌子）。

菩提街道党工委、办事处机关行政编制36名，其中党政领导职数9名，即：正职3名（党工委书记1名，办事处主任1名，人大工委主任1名），副职6名（纪工委书记1名，办事处副主任4名，武装部长1名）；党政综合办事机构领导职数正职10名，副职6名。4个事业单位事业编制37名。2015年底，菩提街道有在编人员51人，其中机关行政编制30人，事业单位事业编制21人（其中参公事业编制5人）。

（张有轩）

附2015年重庆市长寿区菩提街道领导人名录

党工委书记：谭　庆（兼，2015年12月任）
办事处主任：陈　勇（2015年12月任）
人大工委主任：袁长青（2015年12月任）
纪工委书记：雷现强（2015年12月任）
政法书记：叶建彬（2015年12月任）
办事处副主任：黄长丰（2015年12月任）
　　　　　　　傅军化（2015年12月任）
组织委员：周　勇（2015年12月任）
宣传委员：杨　玲（女，2015年12月任）
统战委员：李超平（女，2015年12月任）

凤城街道

【概况】　凤城街道地处长江北岸、重庆东部，位于长寿城区，东与但渡镇相邻，南与江南街道隔江相望，西与晏家街道毗邻，北与菩提街道接壤。2015年12月凤城街道行政区划调整后，辖骑鞍、向阳路、凤岭路、望江路、三峡路、轻化路、滨江路、东街、梅村、顺风亭、黄桷湾、凤西、凤家13个社区和复元、永丰、长风、走马、三洞、陵园、过滩、古佛、白庙9个村，辖区面积44.76平方千米，人口20.93万人（流动人口6.41万人）。凤城街道办事处驻黄桷堡3号，街道办事处机关内设9个办公室（所）。

凤城街道水陆交通四通八达，快捷方便，长寿港居于其内，重庆—长寿、重庆—万州、重庆—涪陵高速公路过境，境内村村通公路。凤城街道依山临江，有白塔、桓侯宫、定慧寺、三洞沟等自然和人文景观，旅游资源丰富。

【经济发展】　2015年，凤城街道有民营企业225家（统计范围的）（其中农业企业5家、工业企业161家、建筑企业15家、第三产业企业44家），实现企业总产值110.5亿元（其中工业增加值10.1亿元，企业总收入108.8亿元，利润10.7亿元）。

凤城街道全年实现肉类总产量967吨，禽蛋586吨，生猪出栏19542头、存栏10276头。补植香桂210.73公顷，完成218.13公顷松材线虫疫除治工作。新成立农村专业合作社4个，发展微型企业663家。兑付各种农业补助资金316万元。完成旅游投资项目3个，实现旅游投资额7232.99万元；26家乡村旅游业主接待43.12万人次，实现收入1316万元，吸引农村剩余劳动力就业400余人。全街道的

138个贫困户388人，人均可支配收入实现12233元，全面完成越线脱贫任务。

【重大项目建设】 凤城街道全年承担征地拆迁、施工协调、保障服务工作的市、区重大项目30个（新开工项目14个，在建项目16个），全部按时间节点、工程进度完成任务。其中按照“时间倒逼、责任到人”的工作原则，高质量完成定慧寺复建暨青龙嘴片区改造工程房屋征收工作，涉及92户、144套私房，确保该项目于2015年年底开工；完成长寿区2015年“十件急事”之一的亚太纸业项目征地工作，涉及过滩村6个组，征地面积153.33公顷，保证亚太纸业项目一期53.33公顷按期平场施工，年内开工建设。

【移民工作】 凤城街道是长寿区重点移民街镇。2015年，实施移民建设项目22个，总投资4998.71万元。长寿复元移民农业园初具规模，协助区移民局和农投集团完成重庆长相忆农业开发有限公司退出，重庆爱家乡控股集团有限公司入驻经营复元移民农业园的工作。经过宣传、发动、旧房拆除、协调施工建设，复元移民新村主体21栋52套房屋已建成，正在完善环境设施，计划2016年投入使用。按期足额兑现2015年度农村移民后期扶持直补资金200余万元，惠及4000余人；办理2014年三峡移民创业帮扶13户，兑现帮扶资金30.55万元；完成高山生态扶贫搬迁任务12户，全额兑付补助资金30.4万元。完成三峡移民培训500人。

凤城街道组织检查在建项目

【基础设施建设】 2015年，凤城街道整治山塘9口。完成长寿区烟坡饮用水水源地保护工程涉及东新村3个组、11公顷土地流转，确保工程于2015年12月全面开工建设。完成东新村、走马村2个村的农村环境连片整治工程，新设置农村垃圾集中收运点15个、垃圾桶99个、果皮箱20个，覆盖2个村约50个农村聚居点。巩固桃花河污染攻坚整治成果，强化日常巡查，全年清理岸边垃圾50吨，查处违法养殖行为3起，阳鹤山截污干管已开工建设。加强城区日常清扫保洁，凤城街道筹集资金250余万元用于城市背街小巷、城乡结合部、城中村的清扫保洁和1523栋单体楼栋、1739间平房的垃圾清运，配合区市政局做好绿化、路灯、下水道、化粪池、护栏、边坡等市政基础设施的日常维护保养。建成农村垃圾集中收运系统，2015年设置农村垃圾集中收运点31处，委托物业公司清运垃圾，全年清运农村生活垃圾500余吨，有效减少城市周边公路沿线垃圾，居民的生活环境显著改善。

【社会事业】 2015年，发放农村低保306户，749人110万余元；城镇低保1250户，2139人920万余元；临时医疗救助383人次72.67万元；冬春荒救助和自然灾害生活救助1201户、2786人41.17万元；发放重度残疾人护理补贴741人23.32万元；发放贫困残疾人生活补贴582人17.3万元；发放失能老年人养老补贴25人2.74万元；发放高龄老年人养老补贴55人6.48万元；对9名贫困精神病人进行药物救助，7名贫困精神病人给予住院医疗救助；在助残日向14名肢残人员发放轮椅；对50名城乡困难群众基本丧葬服务费按照规定给予减免，保障辖区群众的基本生活。在轻化路、望江路、东街3个社区建立养老服务站，提高为民服务的水平和能力。

2015年，完成独生子女父母一次性奖励1043人，计划生育国家奖扶242人，计划生育特别扶助43人，农村独生女高考照顾加分70人。做好计生政策宣传工作，指导育龄妇女优生优育，不断提升出生人口素质。2015年办理一孩生育服务证601个，办理再生育服务证363个，其中单独两孩219个。慰问留守儿童、特困母亲、计划生育特困会员、计生特殊家庭等困难群体339人，发放慰问金3.89万元。完成1423名农村妇女“两癌”筛查工作。做好老年人、计生特殊家庭、贫困户的免费体检，搞好春秋两季“除四害”工作，做好公共卫生，保障人民群众身体健康。建立行政执法经常性工作机制，对违法怀孕和违法生育对象做到早发现、早立案、早处理，2015年征收社会抚养费60.9万元。强化出生缺陷三级干预，组织225对适龄夫妇参加免费孕前优生检查。

组织开展2016年城乡居民医保工作。为特病人员申报办理特病证1840人；为新生儿和漏保人员办理城乡居民医保1512人；申报、制作及发放社会保障卡1320张，补换社保卡216人；办理个人新参保职工医保968人，职工特病证228人，双解人员医保补贴127人；办理企业职工医保异地就医报销25万余元。办理居民达龄人员退休领取养老保险待遇300人，养老保险领保人员指纹采集和认证30041人，国有企业下岗困难人员社保和医保补贴430人。开展全民参加养老保险登记和人力资源基础台账建设调查录入工作，发放和张贴宣传资料12500份，悬挂条幅35幅，投入工作人员352人，调查和录入17.5万人，全面完成目标任务，推进居民养老保险全覆盖。拓宽就业渠道，举办就业适应性培训1期，培训失业人员75人，完成失业人员就业和再就业220人；办理失业人员小额贷款180余笔，总计贷款金额1800余万元；办理失业证1600个。办理征地农转非大龄困难人员生活补贴11259人，全年新增1560人，发放920万元。审核上报“4050”人员社保补贴2100人。完成桃花社区申报工作，被评为全国充分就业示范社区。

在元旦、春节等节假日期间组织开展丰富多样的文化体育活动。2015年举办大型主题活动28场，为群众送电影70余场，惠及群众8000余人；配合区级部门开展送文化进街道、村、社区活动，完成演出112场。组织人员参加区级文体比赛5场。全年维修广播线路故障651处，与区网络公司顺利签订有线广播电视网络移交协议，保障用户的收视质量。

凤城街道办事处主任带队检查棚户区消防安全

凤城街道属长寿区的文化重镇，初中普及率为100%。辖区内有市属高职学校1所（重庆市行知职业教育学院），区属中学3所（长寿一中、长寿二中、长寿实验中学），区属小学4所（长寿实验一小、长寿实验二小、长寿实验三小、黄桷湾小学），区属幼儿园1所（长寿区示范幼儿园），区属特殊教育学校1所（长寿区特殊教育学校），街道所属学校3所（凤一小、凤二小、凤三小）。

【安全维稳】 2015年，凤城街道召开安全生产工作专题会议31次，检查企业150家次（其中危化企业38家次、非煤矿山46家次、矿山企业35家次、工贸企业31家次），排查出安全隐患238条，停产整改1家，约谈企业5家，成功创建标准化三级工贸企业3家。结合“检查诊断、行政处罚、整改复查”安全生产执法检查“三部曲”、安全生产月、夏季消防检查、职业健康基础建设等专项行动，开展联合执法70次。加大交通违法行为查处力度，制定乡村道路养护考核办法，健全乡村道路劝导站值守制度，全年检查车辆1540台次，查处交通违法行为717件；检查各类船舶30余艘次，组织船舶业主开展集中安全学习4次。对三道拐、定慧寺棚户区开展3次消防安全宣传和检查，到社区开展消防安全专题宣传6场次，检查幼儿园、敬老院、市场等人员密集场所110余家次，牵头完成对盛世桃源、名桂园、黄桷逸景、金山华府4个小区和36栋老旧建筑消防设施改造整治。做好烟花爆竹和食品安全监管，严格餐饮服务许可审批，确保群众食住行安全。

2015年，凤城街道受理各类信访事件1537件，一次性办结1536件，未到期正在办理1件，办结率99.9%。全面运行网上信访信息系统，2015年网上信访案件办结回复率100%。街道和村居两级调解组织全年调解各类大小纠纷2161件，涉及当事人4436人。

凤城街道利用多种宣传载体，让群众了解非法集资的表现和危害，悬挂宣传条幅12条，发放宣传资料2000余份，在楼栋、张贴栏等处张贴宣传画1100份。摸排锁定重点巡防区域，针对性开展巡防检查，派出巡查工作组5000余人次，暗访企业120余家次。

开展重点地区专项整治，针对市级挂牌的凤岭路社区、区级挂牌的东街社区“盗窃突出”问题开展专项整治，凤岭路社区和东街社区刑事案件立案数量分别比2014年下降50.71%、54.55%，社区治安情况明显改善。开展“平安村（社区）”创建活动。凤城街道以打造一批发案少、秩序好、社会稳定、群众满意的“平安村（社区）”为目标，细化创建措施，强化督导考核，轻化路、凤岭路、骑鞍等6个社区（村）年内成功创建为平安村居。

凤城街道党工委书记率队检查交通安全劝导站值守情况

【党建工作】 高质量开展党的“三严三实”专题教育，凤城街道领导班子成员到村（社区）联系点和分管科室讲党课26次，开展专题学习讨论9次，正反典型专题学习1次，整改45条“不严不实”问题。开展集中走访下访社区行动，统筹协调，全面参与长寿机关干部集中走访下访活动，街道党员干部年内走访居民90747户次，解决群众诉求301件，重点对滨江路社区泥巴路进行硬化，方便居民到社区办事。强化村居阵地建设，合理调整村居设置，新成立古镇社区（年底前划归菩提街道）和凤家社区，撤销黄金村；筹集资金对黄桷湾、凤西、顺风亭、东街、凤家5个社区设施进行整修，增添办公家具，办公条件有明显改善。

（宁　娜）

附2015年重庆市长寿区凤城街道领导人名录

党工委书记：黄　亮

办事处主任：陈　勇（2015年12月离任）

人大工委主任：聂小平

纪工委书记：雷现强（2015年12月离任）

李　蓉（女，2015年12月任）

政法书记：刘伯胜

武装部长：操展跃

办事处副主任：黄长丰（2015年12月离任）

操晓彬（2015年12月任）

阳年志　杨　柳　马　勇

组织委员：李泽碧（女）

宣传委员：杨运全

统战委员：高能会（女）

晏家街道

【概况】 晏家街道地处重庆腹心，系长寿西部城区，辖7个社区、8个村，辖区面积约95平方千米，户籍人口7.5万人。渝宜高速公路、渝怀铁路、渝利铁路、渝万铁路、长江水道纵贯全境，地理位置优越，区位优势突出，工业基础雄厚，基础设施完备，是长寿经济技术开发区所在地。是长寿的交通枢纽、工业高地和物流中心。2015年晏家街道坚持“一确保、两服务、三管理”工作思路（即确保晏家地区稳定，服务经开区和人民群众，强化对干部、党员和群众的管理），为建设“实力晏家、和谐晏家、魅力晏家”而努力。

2015年4月8日，区长赵世庆到晏家街道石门村检查指导精准扶贫工作

【经济发展】 2015年，晏家街道把精准扶贫工作作为重大政治任务，加强领导，落实责任，加大宣传，真帮真扶，把精准扶贫工作与园区发展、改善条件、征地拆迁结合起来，穷尽所有政策，推进精准扶贫精准脱贫任务的完成，确保2015年建档立卡贫困户112户337人（其中A类7户16人，B类47户159人，C类58户162人）全部越过扶贫标准线。

晏家地区定销房分配工作自2015年11月20日开始，全力以赴，全员投入，区级各部门、街道和村（居）干部约400人参与订房选房工作，按照分工接待群众1454人次，调查58户，收集反馈群众个案问题500余件次。新政策应订房3472户（大户型93户未开展订购），已订2568户，占73.96%；已签合同2307户，占66.45%。旧政策应订房1148户（包括大户型），已订1099户，占95.73%；已抽签定房1089户，占94.86%。上浮50%应订房79户（包括大户型），已订69户，占87.34%；已签合同59户，占74.68%。定销房分配工作平稳有序推进，晏家地区定销房工作圆满结束。

2015年，晏家街道有65个重点项目，其中政府主导类项目31个，市场主导类项目34个；涉及3个社区（晏家、晏兴、晏中路）、8个村（石盘、三观、石门、沙溪、沙塘、金龙、龙门、十字）。重点完成韩国汽车配套项目涉及原龙山村二、三队100余户房屋的拆迁工作；完成巴斯夫管廊工程及化南二路东沿线项目涉及晏家村6个组92户房屋拆迁工作，完成石盘村四组农转非70余人；完成三观村4个组、十字村1个组承诺拆迁队的“三费”兑付，正在进行房屋清理工作及房屋协议签订工作；加快东银油料储备项目和新恒阳物流项目建设，完成石盘村十、十三组房屋拆迁工作；协调处理20号地块韩国汽车检测中心项目涉及晏家社区十、十一组9户遗留户房屋拆迁工作；解决因炮损问题涉及2个居民小区近2000户的稳定工作。加大工作力度，全力服务园区，协调完成经开区高压铁塔线建设以及渝利铁路、渝万铁路、龙门桥水库、农村电网改造等重点项目建设，确保国家、市级重点项目的顺利用地和平场施工。

晏家街道育才路广场一景

【基础设施建设】 全面完成晏家街道石门村、沙溪村2482人饮水安全工程，实现农村饮水不安全完全销号。加快农村道路建设，年内实施十字、沙溪、石门等6个村乡村道路改造硬化工程项目14个，投资800余万元完成古十路、班大路、向雨路、周罗路、龙四路，杜土路等11千米乡村道路改造硬化工程，投资20万元解决晏西路断头问题，彻底解决因园区建设滞后的乡村道路建设问题。

按照城市管理职责划分，区市政局和晏家街道办事处分别负责主次干道和居民小区的卫生清扫，每天组织148名清洁工、大型垃圾转运车1辆、专用垃圾车3辆，全天候收集清运垃圾。投资170万元，整治小区道路2千米，增设市政设施及健身器材10套，完成小区绿化树木栽植100株，新购楼栋消防灭火器50个。协调配合相关单位加强对街道人行道、农贸市场、步行街、七期广场等占道经营、车辆乱停乱放、乱搭乱建的综合整治；完成七期广场专项整治工作；搬迁、拆除活动板房80户，面积2000平方米。

开展农村环境污染信息收集工作，摸排重钢、川维、佐能化工、天志环保、农化集团等企业周边21个村组的环境污染情况，涉及5个村1668户4505人。协助征收辖区内27家企业排污费，其中6家企业关停、2家企业合并，实际征收排污费企业20家。完成2015年2户D级危房改造任务；完成辖区内“两违”建筑592宗分类统计，全年处置顶风违建案件13宗。做好辖区内15个地质灾害点的监测工作，全年没有发生地质灾害事故。

【社会事业】 2015年，办理临时救助169人，25万元；征地农转非医疗救助431人，62万元；优抚340万元；定期定量救济20万元；五保81人，集中供养26人，43万元；城乡低保1078户，1834人（其中：城市低保904户，1519人，农村低保174户，315人）。全年办理城乡居民养老保险50188人；办理就业补贴发放6094人，办理“4050”生活困难补助15686人，办理征地农转非大龄人员困难补助780人5.46万元；办理小额担保贷款28笔260万。新增就业1980人，农民工回引就业创业556人，城镇登记失业人员就业再就业158人，就业困难人员就业再就业386人。

2015年，晏家街道出生766人，其中一孩406人，二孩348人，多孩12人，人口自然增长率4.11‰。办理特别扶助108人，一次性奖励619人；发放中年丧子户52户78人扶助金92400元。组织开展对违法生育未缴清社会抚养费人员清理大行动，立案159人，已结案78件，征收社会抚养费近400万元。

街道人武部组织机关干部到长寿湖进行实弹打靶训练，为部队输送31名新兵，其中男兵28人，女兵3人。

晏家街道辖区内有区级医疗机构2家，村卫生室15家，私立医院1家，个体医疗机构16所，医疗卫生服务网络形成，居民看病可在步行15分钟内到达医疗机构。

晏家街道有2所中学、4所小学、8所幼儿园，在校学生9200人。加大经费投入，改善办学条件，优化资源配置，强化教育管理，调动和增强教师教书育人的光荣感和责任感，教育教学质量显著提高。2015年，初中毕业升入高中阶段学校学习入学率98.7%。

引领群众开展文化活动，中心路、查家湾、曹家堡、晏家、育才路等社区腰鼓队、舞蹈队、锣鼓队长期坚持活动、开展演出，送文化进社区；晏家街道中心路社区的康乐舞蹈队、晏家街道中老年文体队参加2015年“炫动长寿 百姓舞台”坝坝舞及民间文艺团队才艺比赛活动和老年文体展示，由康乐舞蹈队编排的演出的《欢聚一堂》《爱我中华》获得三等奖；做好外来文艺团队如“绘本之旅”、北师大艺术团、“美丽长寿我的家”旅游文化等团体走进社区开展文化演出协调服务工作，丰富居民的日常生活。街道团工委组织机关团员开展户外军事拓展训练活动；街道妇联组织机关女职工开展“三八”节登山活动。

坐落在晏家街道的长寿区第三人民医院

【安全维稳】 晏家街道15个村（社区）网格化服务管理实现全覆盖，设置15个总网格，86个分网格。年内，开展集中宣传活动3次、发放各类资料2350余份，整合街道、社区、院落、社会组织力量，形成上下齐心、群防群治的辖区治安维稳合力，综合治理促平安。坚持“1+3”接访制度，每天安排一名街道领导、一名信访工作人员和两名协勤接待来访群众，对群众反映的问题及时记录，认真协调解决；年内街道自收信访件361件，区信访办转办105件，区领导接访3件，区领导批示2件，人民来访记录43件，群众来信21件，网上信访46件，市转件12件，办结率98%；现场解释、解决和办理群众信访问题600余件次，接访接待群众2000余人；排查出重点矛盾纠纷15件，所有来信来访和各类矛盾纠纷及不稳定因素都得到及时回复和较好地处理，确保抗战胜利70周年和中共十八届五中全会期间社会稳定。

制作宣传横幅、楼栋标语、印制宣传手册、宣传口袋、民情日记等，为机关干部践行“三严三实”要求走访下访社区活动营造浓厚氛围。年底前，区领导、区级部门、街道干部、社区干部以及楼栋长全面完成走访任务，走访户数和人数分别达95%和90%以上，收集群众意见建议1143个，现场解释762个，落实交办381个。已投资70余万元对社区环境、消防、市政设施等群众反映的热点难点问题逐一进行解决落实。

坚持主要领导、分管领导定期参加安全检查，认真履行安全生产监督管理职责。按照“全覆盖、零容忍、严执行、重实效”要求，健全安全检查台账和安全隐患排查整治台账，按时追踪，闭环管理。采取“5+2”“白+黑”的错时监管方式，加大安全隐患排查整治力度。全年街道出动429人次对非煤矿山、交通、建筑施工、住房、地质灾害等领域集中开展专项排查整治行动，纠正违章120人次，排查出一般安全隐患54处，投入80余万元，完成晏家临时农贸市场消防设施、晏西路安全防护栏等隐患整改，从根本上消除安全隐患，全年未发生生产安全事故。

（何万明）

附2015年重庆市长寿区晏家街道领导人名录

党工委书记：黄茂生

办事处主任：韦本能

人大工委主任：王　宣

纪工委书记：杨胜英（女，2015年5月离任）

吴　平（2015年5月任）
政法书记：杨建军
武装部长：张自力
办事处副主任：费长涌　王如雪（兼）
廖柏树　杨　勇
王　平（2015年5月任）
组织委员：但文胜
宣传委员：吴　平（2015年5月离任）
王　斌（2015年5月任）
统战委员：郭水英（女）

江南街道

【概况】　江南街道辖区面积67.89平方千米，城市建成区面积0.75平方千米。下辖7个村、2个社区，总人口22535人，其中农业人口10170人、非农业人口12365人。人口密度为每平方千米332人。街道办事处驻江南街道江南中路3号。江南区位优势独特，沿长江而建，地处三区交界，东与涪陵相邻，西与巴南接壤，北与凤城、晏家隔江相望。江南交通条件便利，长江黄金水道绕城而过，境内具有深水岸线21千米。茶（园）涪（陵）路、龙（桥）石（和）路、五（龙桥）庆（口）路、大（堡）碉（堡）路等多条干线公路纵横交错，长江公路大桥及铁路大桥将江南与长寿主城紧密相连。江南自然资源丰富，万亩原始森林山峦起伏，连绵不断。五堡山森林茂密、溶洞众多，是都市休闲度假的胜地；龙桥湖常年水光潋滟、绿树成荫，素有“十龙宝地”之美称；怀清台、扇沱码头、王爷庙古刹遗址等人文景观，见证江南千年历史古韵。江南是重庆三峡库区的移民重镇、百年重钢环保搬迁驻地、长寿南岸新城拓展区、也是长寿未来发展的重要经济增长极。

2015年，街道围绕“服务大重钢，建设新江南”的总目标，坚持“以文化人、以德治街，科学发展、富民兴街”的基层治理理念，坚定不移走民生导向发展之路，全力维护辖区和谐稳定，推进江南经济社会持续快速健康发展。

【经济发展】　2015年，实现民营经济总产值41900万元，增加值14260万元，营业收入41500万元；完成社会消费品零售总额18400万元，增长9%。完成粮食生产14000吨，生猪出栏14000头。计划生育政策符合率93%。城镇人口登记失业率在3%以内。

【服务重钢】　投资400万元完成王家坝火车站下穿道工程，方便火车站沿线群众通行，消除安全隐患；恢复王家坝火车站至天星村中嘴公路，接通断头路；协助经开区推进用地面积为8.47公顷的破罗沟渣场施工建设；协助公安部门开展重钢及其附属企业做好意外伤亡事件的矛盾化解、处置等工作。与区人力社保局等部门协调，为重钢失业人员推荐就业。与经开区等部门开展环保“责任关怀”行动，加强企业与当地村民的联系。

【基础设施建设】　推进市政项目建设，投资15万元对江南新城小区基础设施进行修缮；投资30万元统一更换江南新城门头店招牌；投资7万元完成江南大道绿化苗木补植工作；投资8万元对龙山社区公厕进行改造。投资60万元对扇沱场镇人行道路基础设施、树框和人行道路板进行全面改造；投资20万元完善扇沱场镇污水、排水系统，整治场镇公共厕所2座；投资5万元对扇沱场镇农贸市场进行综合整治；投资3万元对龙桥湖村场镇违章建筑进行拆除，规范农贸市场经营秩序。按照创建国家卫生镇要求，对主次干道道路和市政设施毁损进行全面修复；开展社区乱张贴和废旧机动车无序停放专项整治；对3.5千米新修道路和库岸暴露垃圾进行全面整治。完成三期定销房197套、增补购282套售房工作，完成租房困难补助兑付工作。

硬化后的长寿江南石大路

投资1800万元，建设长寿区库周交通锯梁村下芭蕉沱段移民公路高切坡治理项目；投资350万元，实施长寿区江南街道库周交通碉堡至芭蕉沱段移民公路硬化项目；投资520万元，建设长寿区江南街道龙桥湖、天星村人饮工程项目；投资150万元，建设长寿区江南街道农业灌溉设施建设项目；投资339.15万元，完成锯梁村生态农业示范园基础设施建设水利建设项目；投资230万元，完成长寿区江南街道扇沱村道路建设项目；投资45万元，完成江南街道袁家沱高切坡防护工程项目；投资62万元，完成江南九年制学校文化长廊建设工程项目；投资129万元，完成扇沱敬老院续建项目。

新农村建设完成D级危旧房改造28户、C级危旧房改造30户。投资80万元对扇沱、龙桥湖场镇基础设施及环境进行改造。江南卫生服务中心扇沱分中心全面恢复营业。植树60000余株，城市建成区新增绿化面积0.49公顷，完成松材线虫病除治411.87公顷，超指标完成区下达目标任务。投资200万元治理大坪滑坡，对扇沱等6个村地灾点复垦项目进行整体包装和调查摸底，完成大堡、锯梁、天星、龙桥湖4个村农村建设用地复垦项目资金兑付。加强地质灾害防治、演练，完善地灾防治应急防灾预案，对全街道53个地质灾害隐患点组织拉网式排查，有效改善农民生活条件及居住安全。

【社会事业】 2015年，江南街道申报原征地农转非保险缴费29人，办理307人；办理征地农转非养老保险7769人、新超龄养老保险62人，办理个人身份参加城镇职工养老保险48人，被征地农民百分之一百纳入基本生活保障体系。落实失业保险制度，参加新农小保险（即农村小额人身保险）1304人，保险金额4.9万元。推进城乡居民医疗保险，新型农村合作医疗参保率100%。动态管理城乡低保，严格低保听证及审批程序，年内落实农村低保对象205户366人，城镇低保323户490人，发放低保金283.2万元。医疗救助13万元，办理大病医疗补充保险175人。为45户贫困户实施D级危房改造，补助157.5万元。慰问捐赠资金8.03万元。开展慈善帮扶救助，全年发放各类救助金90.98万元，救助1812人次。

计生工作全年统计人口中违法生育19人，政策符合率93.2%，出生率10.4‰，死亡人口195人，死亡率9‰，人口自然增长率0.5‰。年内落实独女升学加分16人；关爱、帮扶、慰问失独特殊家庭18户、贫困母亲10户、留守儿童174人、空巢老人315户。开展出生缺陷干预工作，到年底前完成85对、161人，完成目标任务102%。

制作健康教育专栏6期，发放宣传资料20000份，开展健康教育知识讲座13次，举办11期公众健康咨询活动。全街道建立居民健康档案21762份，电子档案录入21762人，2015年门急诊人次11022人，比2014年上升1.75%；住院12492床日，上升55.41%；医疗收入287.65万元，上升37.03%；全年妇女“两癌”筛查710人，65岁以上老人免费健康体检3001人；走访、义诊义检上千人次，走访村居委会20次。

江南九年制学校2015年升学指标26人，实际完成47人，完成率全区第三名。教学质量考核获区一等奖，职高送考获一等奖，教育综合督导考评获一等奖。举办第七届健康校园运动会和广播体操比赛，推动学校体育工作。学校田径队参加区运动会获一等奖，羽毛球、乒乓球获二等奖。柔道队在市锦标赛获4金1银5铜成绩，乙组团体总分第一。

2015年2月8日，孝感江南百年重钢书画展开展。区委常委、江南街道党工委书记张云平致辞

坚持以文化人的社会治理理念，谋划实施以孝文化为重点的“三个一建设、七个一活动”。投资200万元对孝道文化教育体验基地及“五保”家园升级改造；投资70万元在江南九年制学校打造江南孝道文化长廊，完成孝道文化展览馆、孝道文化广场设计。与好图影视公司合作完成反映江南民生工作宣传片《谁对百姓亲》及反映关爱留守儿童微电影《五堡山》拍摄；启动二十四孝系列剧，完成《背夫出嫁》剧集拍摄。基层文艺工作提档升级，开展《孝感江南、百年重钢》美术书法摄影展，在市艺术馆、区两会会场及全区巡展；自创舞蹈《阿拉瑞》及声乐《长寿之歌》在全市比赛分获二、三等奖；自编舞蹈《八女投江》、民间文艺《江南龙》及“美丽乡村”书法美术摄影展均获全区第一名；《翻叉号子》成功申报为市级非物质文化遗产项目；

全年举办各类文艺演出、艺术采风、交流及作品展出活动30余场次。成功复查保持全国文明街道、市级社科普基地称号。外宣工作全年在各级媒体报道40余次，孝道文化建设在《人民日报》《光明日报》上专题刊载。

【安全维稳】 开展非煤矿山、建筑工程、烟花爆竹等行业安全生产专项整治，全年排查整改隐患128个，整改率100%，实现安全生产3个零目标。做好矛盾纠纷排查化解，畅通信访渠道，全年接待群众1470人次，落实办理来访案件716件次。调处各类矛盾纠纷359件，涉及当事人753人，为当事人挽回经济损失285.14万元。加强重点人头、重点领域稳控监管，全年无一起进市进京上访案件及群体性上访闹访事件发生。抓好执法部门队伍建设，开展各类执法培训12次，不断提高执法队伍的整体素质。组织开展各行业严打整治6次，倡导社会公平正义。多形式开展法制宣传普及，聘请专家开展法律知识专题讲座2次，组织法制宣传咨询活动4次，发放宣传资料1.3万份。

（张环环）

附2015年重庆市长寿区江南街道领导人名录

党工委书记：张云平（苗族，兼）
办事处主任：余 罡
人大工委主任：韩志书
纪工委书记：文定全
政法书记：张正荣（2015年5月离任）
李银元（2015年5月任）
武装部长：王 凯
办事处副主任：张正荣（2015年5月任）
雷光东 杨礼才 周建伟
周 伟（2015年5月离任）
组织委员：邹红梅（女）
宣传委员：程 勇
统战委员：唐顺礼

渡舟街道

【概况】 渡舟街道位于长寿城区北部。2015年12月24日行政区划调整，将渡舟街道所辖胜天社区、朝阳社区、田坝村、菩提村划给新设立的菩提街道，全街道辖区面积50.43平方千米，辖13个行政村、3个社区、170个村（居）民小组，户籍人口为41576人，常住人员约6万人。渡舟街道是长寿火车北站所在地，渝利铁路、渝万铁路和多条公路贯穿全街道，地理优势明显，交通十分便利。街道的城郊生态观光农业发展迅速，城市配套功能区初具规模。先后获“重庆市文明单位”“重庆市级卫生镇”“重庆市安全社区”等荣誉称号。

【经济发展】 2015年，渡舟街道加强税收征管，配合国税、地税组织各项税收收入入库，全年税收入库6.33亿元，其中地税入库5.6亿元，国税入库7300万元。全年区财政转移支出预算收入4338.3万元，实现支出4330.2万元。

渡舟街道范围内有工业企业55个。2015年完成营业收入33925万元，与2014年相比减少65.2%；利润总额4430万元，减少44%；完成工业总产值16370万元，减少36.8%；工业企业利润1572万元，减少41.3%；完成工业增加值6251万元，减少39.9%。新增固定资产投资870万元。

2015年辖区有商贸流通经营户3964户，与2014年相比增长12%；从业人员27986人，增长12%；营业面积709790平方米，增长18%；实现销售总额202893万元，增长28%。社会零售总额实现190150万元，增长29%。

2015年，渡舟街道粮食种植面积2047公顷，总产量14352吨，其中水稻10050吨、玉米2854吨、其他杂粮1448吨；水产品产量2890吨；水果产量4982吨；生猪出栏20573头；家禽出栏259250只。开展农民购机补贴下乡宣传，落实专人具体负责，及时完善并办理购机补贴手续；年内购买各型农机具45台（套），争取国家购机补贴2.8万余元；协调联系区农委和骄骥农机合作社，开展机插秧机手培训工作，培训机手55人次，发放相关技术资料73份。开展春秋两季畜禽重大疫病防治工作，对辖区范围内进行拉网式排查，确保无重大动物疫病的发生。发展乡村旅游和生态观光农业，打造“地方

常态化治理的长寿桃花河

名片”，促进农业增效、农民增收，黄连村巴乡谷、甘蔗村小河源、太平村记忆岁月农家乐、保丰村紫耘花海远近闻名。促进现代农业和特色农业发展，加快高峰、河塘、黄连等村规模化、无公害蔬菜基地建设，举办蔬菜技术培训会2次，2015年新增30公顷蔬菜基地；在高峰村建设规模化葡萄、草莓及沙田柚示范采摘园20余公顷，甘蔗村种植柠檬30公顷。

【基础设施建设】 夯实农业基础设施建设，完成山坪塘整治68口，已完成完工验收40口。全面完成河塘村、高峰村河道整治项目，已完工验收。全面完成2015年度11个项目村的村级公共服务建设项目，已接受镇级验收和区级验收。依法征迁，完成渡舟路改扩建（一期）项目房屋征收工作，渡舟路（北城大道）改扩建工程顺利完工于12月29日通车。

强制拆除妨碍桃花河整治项目和化工职业大学建设项目各1户，保证两个重点项目的工程进度；依法进场强制拆除4户违法建筑，打通通往火车北站道路的瓶颈。新建高压铁塔5座；多年未进场的110千伏长寿三坪输变电工程于2015年11月进场施工。

桃花溪河流整治进入常态化管理，建立渡舟桃花溪河流日常清漂机制，设置拦河网3处、清漂船只1艘、专职清漂人员2人，全年清理漂浮物107吨。

加强城镇建设管理，对在建工程进行日常安全检查和质量安全监管。加大违章建筑查处力度，全年查处13户，拆违面积750平方米。加强市政设施维护管理，加强场镇路灯的日常维护，更换场镇背街小巷和在水一方安置房小区路灯18盏、楼道灯173个，确保亮灯率99%以上。投入7万余元，新修渡滨路污水管道20米，清运在水一方小区和背街小巷暴露存量垃圾46吨，修复破损污水管道6米，整治破损人行地砖220平方米，维修破损路沿石28米，清除大风吹倒断树5株。

加强地灾预防监测管理，制订地质灾害应急预案。对黄连村枣子湾、河塘村天井湾、白果村枇杷岩和田坝村彭家湾4个重点地质危险区域进行经常化检查、跟踪、监督，确保监测网络正常运行。

完成2015年C级10户、D级2户的危旧房改造任务。

半岛花园小区商业门面和商品住房办证遗留问题得到解决，236户资料全部收集完成，其中商品房住宅178户、门面58户。年底前税款已缴纳。

2015年建成通车的长寿火车北站站前大道

【社会事业】 渡舟街道辖区2015年有中职校一所、中心校一所、点校一所、幼儿园6所，师资队伍不断壮大。

街道内村居民文化生活丰富，辖区内16个村居的农家书屋已全面建成投入使用；年内组织5场送文化下基层的文艺演出，组织参加长寿区第四届街镇文艺调演活动，获得一等奖。组织参加区总工会第一届男子篮球比赛活动；组织渡舟地区体育爱好者参加长寿区群众健身活动。

2015年渡舟街道有低保户486户、824人。全年清退因家庭情况发生变化而不再符合条件的人员20余户、40余人，全年发放低保金166万元。渡舟街道年内新增“五保”人员9人，总数有178人，其中集中居住32人，“五保”家园入住23人，其余分居各村123人；全年发放“五保”供养金106万元。做好农村困难群众冬令春荒生活救济工作，年内发放冬春荒粮款50万元，帮助3703人渡过生活难关。做好优抚对象的抚恤金发放工作，按规定调整提高补助标准，全年计发对象386人，发放金额220万元。完成2014年义务兵家属优待金发放和2015年义务兵家属优待金预评工作，发放2014年优待金23人19.2万元。残疾人服务和救助工作，整理残疾人档案1279人，其中视力残疾319人、肢体残疾562人、听力残疾106人、智力残疾86人、精神残疾160人、言语残疾45人；为残疾人申请享受精神病药物救助12人，免费治疗23人，送医治疗23人；免费为下肢残疾人配备轮椅12人，全免费白内障手术20人；年内慰问送温暖资助4万元。

2014年10月1日—2015年9月30日计划生育年度内，渡舟街道出生608人，一孩372人、二孩

225 人、多孩 11 人；违法生育 61 人，政策符合率 90%，征收社会抚养费 573300 元。兑现国家奖励扶助 305 人，特别扶助 12 人，退出奖励 124 人，农村独生女高考加分 69 人，独生子女得一次性奖励 315 人，放弃生育 10 人，已全部进行调查登记上报；针对村（居）对单独二胎政策计生政策理解不全面的情况，加大力度宣传，制作固定宣传栏 20 个，发放宣传资料 15000 余份，组织讲座 25 场次，帮助老百姓全面理解计生政策。

渡舟街道 2015 年发放规范城镇低保人员就业补贴期满就业奖励 933 人 187.3 万元；享受就业补贴 4 人，补贴金额 1.99 万元。完成 2015 年城乡居民医保筹资参保工作，参保人数 49036 人，筹集资金 3316390 元；方便群众看病就医等，年内及时办理补换医保卡 401 张，办理新制卡 713 张。完成领取养老待遇人员指纹采集、认证 9803 人。

【安全维稳】 渡舟街道坚持“安全第一，预防为主，综合治理”的方针，成立安全生产督查组，定期不定期对各单位安全隐患排查整治情况进行督查，治理安全隐患，防范和遏制事故发生。扎实开展冬春防火工作、烟花爆竹安全、春运交通安全、安全生产“六打六治”打非治违、安全生产“大排查、大整治”等行动，全力确保安全生产“零目标”实现。全年查处非法违法、违规违章行为机动车 764 辆次，处罚 685 人，警告 79 人；查出消防安全隐患 132 件，责令限期整改 132 件。安全检查全年出动 537 人次，排查生产经营单位或个人 2473 个次，查出隐患 244 个次，对排查出来的安全隐患按照要求落实相关整改责任。

针对社会治安突出问题进行专项整治排查，采取逐一明确责任、落实整治措施。按照“一个重点、一名领导、一个班子、一套方案、一抓到底”思路，滚动排查出需要整治的问题并落实整改。对长生桥社区市级挂牌盗窃专项整治，采取广泛宣传、走访模底、全面排查、巡逻跟踪、重点打击的方式进行，打击嫌疑人，深受居民拥护。依照村居已有的组织构架服务体系和信息工作平台，通过网格化服务管理方式，将辖区内人、地、物、事、组织等各种信息资源全部纳入网格进行管理。年底前全街道村（社区）网格化服务管理实现全覆盖，已设置基础网格 156 个，设兼职网格员 732 人。

【党建工作】 渡舟街道坚持将党风廉政建设工作与单位业务工作同部署、同检查、同推进、同考核。落实党风廉政建设和反腐败工作分工责任制，全年开展明察暗访 60 次，批评教育干部 18 人次，约谈干部 4 人；办理案件 47 次，处理村干部 3 名。基层组织建设着力推进黄连村和保丰村后进党村支部整顿，免去支部书记 1 名。投入 150 万元，完善 4 个村、1 个社区办公楼扩建装修。按照党员发展“十六字”方针壮大党员队伍，年内新发展党员 11 名。深入开展“三严三实”专题教育、推进干部下访走访社区活动以及本土优秀人才到村挂职工作，均取得良好成效。

（骆春桃）

附 2015 年重庆市长寿区渡舟街道领导人名录

党工委书记：龚小平
办事处主任：唐志鹏
人大工委主任：袁长青（2015 年 12 月离任）
纪工委书记：黄道平
政法书记：叶建彬（2015 年 12 月离任）
武装部长：戴远贵
办事处副主任：洪　勇　陈有苗
　　　　　　　黄　颖（女，2015 年 12 月任）
　　　　　　　黄　勇
组织委员：段小刚
宣传委员：袁　方（女）
统战委员：廖　勇

新市街道

【概况】 新市街道办事处在河石井，即长寿“花眼偶文”历史典故的发源地，位于长寿区主城以北 8 千米处，距重庆市区 70 千米。辖区面积 37 平方千米（其中耕地面积 2536.9 公顷），森林覆盖率 38.6%。南与长寿北部新城相连，北接葛兰镇，东与双龙、龙河镇接壤，西与八颗街道为邻。总人口 30131 人，11550 户（其中，农业人口 18126 人，非农业人口 12005 人），流动人口 5269 人；辖 1 个社区和 8 个行政村。辖区地势平坦，桃花溪河流横贯境内。新市街道交通便捷，长万高速公路、长垫路、何狮路、新付路穿境而过，是通往垫江、梁平、万州三峡库区的重要交通节点。新市街道是长寿区首批启动的五个工业集中区重点镇之一，获得长寿区“五快街镇”“六好街镇党委”“文明单位”等称号，是中国家居（木业）产业基地，重庆市卫生单位、重庆市卫生城镇，重庆市文明镇。

2015 年 6 月 15 日，重庆市人民政府做出关于撤销长寿区新市镇、八颗镇设立新市街道、八颗街道的批复（渝府〔2015〕29 号），新市街道于 2015 年 10 月 30 日正式挂牌。

2015 年 10 月 30 日，重庆市长寿区新市街道挂牌

【经济发展】 2015 年，新市街道实现工业总产值 51.37 亿元，比 2014 年增长 136.7%；完成社会消费品零售总额 5.44 亿元，增长 15%；辖区内金融机构存款余额 6.33 亿元，增长 57.9%；辖区内金融机构贷款余额 0.33 亿元，增长－15.38%；城镇居民人均可支配收入 23280 元，增长 11.82%；农村居民人均纯收入 13340 元，增长 7.65%。

2015 年新市街道围绕打造中国家居（木业）产业基地目标，全面加快家居产业园区建设。新市工业组团规划面积 2.4 平方千米，截至 2015 年，已完成开发 1.73 平方千米，引进企业 69 家，协议引资 33.7 亿元；建成企业 44 家，其中规模以上企业 17 家，家居产业基地初具规模。家居产业园区已形成套装门 500 万套、橱柜 30 万套、办公家具 30 万套的产能，其中套装门产能占重庆市的 1/3，豪迈、佳禾、名风等 5 家龙头企业被评为重庆市十佳门业企业、全国门业 50 强。新市工业组团拥有重庆市著名商标 3 个，专利 217 个。正在启动五期工业征地 33.34 公顷，签订拆迁协议 174 户。综合服务港建设正式签订投资协议。为企业解困发展，帮助企业应对宏观经济下行带来的不利影响，全年实现工业总产值 51.36 亿元，解决就业 8560 人。

新市街道现代农业畜牧园区核心区建设初见成效。温氏集团投资 6000 万元修建猪舍及办公用房及环保设施，产值 2000 万元，猪场存栏种猪 6100 头，出栏仔猪 10 万头，为全区提供优质种源。投资 1300 万元的源创公司生猪示范场 8000 平方米已建成投用，已存栏商品猪 760 头。农业产业化规模化水平持续提升，土地流转率、适度经营规模率、农机综合化率分别达到 67.6%、58% 和 65%；已发展市级龙头企业 1 家、农业专业合作社 2 家、家庭农场 12 家。支农惠农政策全面落实，按时、足额发放粮食直补 284.7 万元、农机购置补贴 4.3 万元、退耕还林补贴 21.2 万元、大中型水库移民直补资金 76.2 万元。开展精准扶贫，农村贫困户建档立卡 215 户 651 人已全面脱贫。

干净整洁的长寿区新市街道

【基础设施建设】 2015 年，新市街道主动适应由镇向街道的转变，在城市配套设施建设和管理上严格以城区标准要求。发挥场镇配套建设资金的带动效应，推进基础设施硬件建设，精心策划、全面统筹主次干道人行道板铺设、路灯安装、污水管网建设、公共厕所建设等与场镇居民息息相关的基础设施改造；升级改造农副产品贸易市场，全面建成规范化停车场，改写新市无始发客运站的历史，让群众出行更加方便快捷。提升城市管理水平，以开展农贸市场专项整治行动为突破口，花大力气对占道经营和乱搭乱建等违法行为进行集中规范整治，建立起长效管理机制，有效根治严重影响街道市容市貌的一大“顽疾”；加大垃圾收运向村居延伸的工作力度，真正形成“户集、村收、镇归、区运区处理”的运作模式，村居美化、亮化、绿化水平进一步提升。

农村生产生活条件持续改善，“红层找水”打井 46 口，长寿湖饮水引入新市，已完成全线管网铺设，全街道自来水供给全覆盖，有望彻底解决居民的吃水难题；投资368万元加宽硬化农村公路10.06千米，投资11.7万元新建错车道39处，农村公路全面实现村村通达转入通畅；投资17.7万元农村道路管护资金，实现村道管理全覆盖；投资35万元硬化人行道路7.1千米；区级示范居民点李家湾“同心花园”建成投用，104户业主迁入新居，改造D级危房5户。

【社会事业】 新市街道适应人民群众农民变市民的新期待，统筹做好就业、社保、教育、医疗等各项民生工作，让经济社会发展成果最大限度地惠及广大群众。2015年新市街道新增城镇就业人员620人，帮助下岗失业人员及返乡农民工申请小额贷款440万元，办理灵活就业社保补贴142人64.5万元，发放征地农转非人员办理困难生活补助2119人176.2万元。城乡居民医疗保险筹资187.4万元，门诊和住院报销2280万元（其中街道卫生院住院报销111万元）。城乡居民养老保险参保14216人，已领取城镇职工养老保险1963人，居民养老保险4568人。发放冬春荒粮救助困难群众1330人41.5万元、临时医疗救助253人25.7万元、救助精神病人16人11.5万元；发放优抚和优待金307人161.3万元。新增五保供养15人达到177人。严格执行低保政策，低保人数降至全街道人数的1.36%，年内发放城乡低保270户407人98.6万元。

新市街道2015年在全区小学毕业生质量监测和区素质教育目标管理考核中再获一等奖，初中毕业生升学率超过91%；中小学获集体市级奖1项、区级奖13项。全年组织开展大型文化演出5场，参加区级文化比赛4场。有线电视及广播已顺利移交区网络公司。新建城乡居民电子健康档案23737份，慢性疾病管理2105人，儿童预防接种率95%，建卡（证）率100%；对65岁以上老年人开展免费体检和中医体质辨识2502人，开展重症精神病管理131人，开展适龄妇女“两癌”筛查956人。

2015年计划生育政策符合率93.25%。兑现独生子女父母一次性奖励165人4.95万元，国家奖励扶助841人98.53万元，特别奖励扶助55人24.6万元；结合“5·29”计生协活动日和端午节、中秋节等节日筹资帮扶贫困计划生育家庭170户，发放计划生育贫困家庭财政专项补助13户。强化流动人口动态管理，流动人口抽检录入率80%，房屋租赁户抽检率100%。

【安全维稳】 强化安全监督和管理，落实“一岗双责”、党政同责、失职追责，坚持一地有隐患、全面受警示，一方受处理、多方受教育。2015年开展地质灾害演练、消防应急等演练6次，人口密集场所消防安全检查9次，出警灭火9次，配合区消防支队摘取马蜂窝76个。开展交通安全检查120次，查处客车超载、货车超速等违章行为755人次，道路交通检查劝导站值守到岗率100%；开展危险物品检查162家次，建设施工安全检查12次，检查药品及餐饮单位160余家次，办理食药品违法案件5起。投入5万元配齐隔离水码等安全设施，投资21万元整治各类安全隐患21处。新市街道不断提高社会治理法治化水平，强化矛盾纠纷排查化解，2015年街道、村调解委员会调解成功率98%。开展警察进园区、进社区法治宣传培训7场次，发放宣传资料3252份。全面推进三级治安巡逻防控体系，设立街道专职巡逻1支、村（社区）治安兼职巡逻队9支，合理划分基础网格60个，配备网格员240人。受理治安案件36件，治安拘留36人，打击处理犯罪嫌疑人10人，全年侵财性案件发案率下降31%，刑事案件立案率降低44.9%。

新市街道叶家沟水库一瞥（摄影：程建军）

【党建工作】 深入推进基层服务型党组织建设，新建成惠民村、红土地村便民服务中心，街道、村居服务中心规范化率100%，推进超市电商金融“三进”村工作，切实加大“群工系统”管理使用，办结率、群众评价率均100%，满意率99.5%。全面推进“党员微信”和“人人长寿”等客户端的使用。选派党建指导员加强流动支部和非公组织的建设和管理，单建宇心门业等3家非公企业党支部。新发展党员6名，新选聘8名本土大学生到村挂职。发挥党员的帮带作用，党建带团建成效明显。关心党员干部，走访慰问党员125名，发放慰问金4.55

万元。发放40年以上党龄的老党员生活补贴165人16.2万元；对符合补贴条件的村干部发放养老保险补贴36人2.1万元。

（操良静）

附2015年重庆市长寿区新市街道（镇）领导人名录

党工委书记：王琼英（女，2015年9月任，同时离任新市镇党委书记）

办事处主任：任明全（2015年9月任，同时离任新市镇镇长）

人大工委主任：李健康（2015年9月任，同时离任新市镇人大主席）

纪工委书记：马志强（2015年9月任，同时离任新市镇纪委书记）

政法书记：樊桥梁（2015年9月任，同时离任新市镇政法书记）

武装部长：张可文（2015年9月任，同时离任新市镇武装部长）

办事处副主任：樊桥梁（2015年9月任，同时离任新市镇副镇长）

张可文（2015年9月任，同时离任新市镇副镇长）

余明木（2015年9月任，同时离任新市镇副镇长）

组织委员：樊晓君（2015年5月离任新市镇组织委员）

况敬蓉（女，2015年5月任新市镇组织委员，9月任新市街道组织委员，同时离任新市镇组织委员）

宣传委员：徐向阳（2015年9月任，同时离任新市镇宣传委员）

统战委员：周昊杰（女，2015年9月任，同时离任新市镇统战委员）

八颗街道

【概况】 八颗街道位于长寿主城区西郊，东临桃花溪，西倚明月山，南靠长寿经开区，北傍葛兰镇。2015年6月15日经市政府批复，撤销八颗镇，设立八颗街道，10月30日正式挂牌。八颗街道办事处驻地八颗场，辖原八颗镇、付何镇所辖行政区域，辖区面积99.25平方千米，耕地面积3900公顷，林地面积5000公顷（其中退耕还林面积880公顷），森林覆盖率48%。辖区建成区面积0.66平方千米，辖1个社区、15个行政村、5个居民小组及126个村民小组；全镇47277人，其中非农业人口8870人，农业人口38407人。渝巫路、长洪路贯穿全境，菩提北路、菩提东路南段和明桃路已建成通车，菩提东路延伸段正在修建；有村道300千米。有武华、高产、前进3座水库，库容400万立方米。有500千伏武华变电站、220千伏变电站、110千伏变电站各1座；有3家煤矿和8家非煤矿山企业；有2所中学、3所小学、1所卫生院。

【经济发展】 2015年，围绕落户八颗的重大项目，采取组建项目工作组、分工包干负责方式，推进项目建设。完成定销房、龙门桥水库、汽车配套等7个项目的土地征收、农房拆除、人员安置补偿等工作，2015年全街道征地116.67公顷，拆除农房2700余平方米，办理农转非396人，签订安置协议147人，兑付安置补偿费2030万元。

坚持在关键时期、关键节点抓农业，强化农技推广，加大农业投入，调整产业结构，全年种植面积2333.33公顷，其中水稻1800公顷、玉米533.33公顷。完成2014年度1196.8公顷松林的松材线虫病除治扫尾清理工作，启动2015年松材线虫1066.67公顷除治工作。

研制全街道精准扶贫攻坚施方案，落实“一对一”结对帮扶责任。全面贯彻落实中央、市委、区委扶贫攻坚政策，开展产业扶持、医疗救助、教育辅助、就业帮助、走访慰问等帮扶活动，全街道391户944人扶贫对象年人均可支配收入11010元，全部超过国家贫困标准，完成脱贫越线；石马村整村脱贫9个扶贫项目顺利实施，截至2016年1月20日，完成投资近900万元，全村完成脱贫销号。

【基础设施建设】 改善城镇基础设施，年内新建公厕3座、维修公厕4座，完成八颗场人行道改造；完成八颗、梓潼、付何3个场镇村所辖范围内化粪池、下水道的检查和清掏，一、二、三级污水管网已经规划完毕并投入使用；做好场镇垃圾日常清扫和农村垃圾“户集村收镇运”，全年清运垃圾1300余吨；完成农村D级危房改造9户，C级危房改造14户。建设用地复垦工作涉及8.85公顷249个复垦户，完成市级验收；宅基地补偿部分兑现365.91万元。

完成幸福村、丰胜村、美满村饮水安全项目，安装管道43126米，解决3个村8243人饮水安全问题。完成2014年高产水库水资源涵养保护及生态修复项目，保护付何水厂水源。投入30万元，建设蓄水池3个，解决西山茶场及水井村部分缺水村民饮水问题；投资46.2万元完成美满村、鹿坪村提灌站改造及渠道整治工程。

2015年筹资383.85万元完成3条农村公路8.93千米的扩宽改建；筹资278.3万元完成2条村级道路4.6千米路面硬化。全年投入43万元用于农村公路养护，其中上级拨款25万元，街道投入18万元，对233千米村道进行管护。

从源头抓起，从基础抓起，严格控制，重点治理，抓好场镇、农村和企业的环境建设，改善生态环境、人居环境、经济发展环境。2015年桃花溪河流整治投入清漂作业船3艘，清漂作业人员9名，全年清理漂浮物35吨。

【社会事业】 推进城乡居民养老、医疗保险，城乡居民低保、临时救助帮扶等工作，保障群众的基本生活。全街道医保参保率100%，2.5万余人参加养老保险，6922名60岁以上老人领取养老金；发放各类救助金84.45万元，救助各类困难群众7000余人次，为1.2万人次发放城乡低保金250余万元，为五保老人、优抚对象等发放供养金、优抚金360余万元。

多措并举促进就业，宣传办理小额贷款，有效解决农民工、下岗企业人员、高校毕业生创业前期资金缺乏问题。举办现场招聘会2次，解决156名群众就业；2015年全街道辖区城镇就业人员4378人，登记失业人数129人，登记失业率1.8%，低于区下达控制指标2.5%。

争取宣传、文化广电部门支持，完成石马村“农体工程”建设和付何村公共服务中心建设；加强文化市场管理。开展校园周边环境整治，净化校园环境、保护校园安全；加大教育投入，重点巩固八颗中心校科技、文化特色示范学校成果。新建的八颗卫生院于2015年9月28日顺利完成搬迁并正式运行，年底前在编职工25人、聘用职工6人，其中副高级职称专业技术人员1人、中级职称6人、初级职称24人；占地面积1.07公顷，建筑面积2999.3平方米，编制床位数60张。

【安全维稳】 八颗街道以安全社区创建为契机，全面开展安全工作大检查大督查，对煤矿和非煤矿山、道路交通、工贸企业、建设施工、烟花爆竹、人员密集场所、特种设备、校园安全等重点行业领域进行重点督查检查，组织检查组214个，发现隐患210条，已责令有关单位进行整改。实现全年全街道无较大安全事故发生目标。

信访工作坚持一把手负总责、“一岗双责”和属地管理原则，层层落实维稳责任，每月维稳例会，重点时期实行日研判，及时处理各类信息。全年各类信访605件，已处理596件，化解率98.5%，其中市交办积案2件，王老洞至殡仪馆道路硬化问题和八颗老粮站商住房办证问题已化解；区委交办件4件，已处理4件；区信访办转办11件，已处理11件；市信访信息系统38件和全国信访信息系统9件，全部按规定出具相应文书；村级矛盾排查338件，已化解334件，化解率98.8%；信访自接件203件，已化解198件，化解率97.5%；领导下访、接访180件，已化解178件，化解率98.9%。

【党建工作】 开展“三严三实”教育，加强班子和干部建设。开展专题教育，制定专题教育工作方案和集中学习方案，组织开展14次集中学习，开展交流讨论；班子成员到联系点讲专题党课13人次；查找领导班子“不严不实”的8条突出问题，落实整改措施和整改责任，建立问题清单、认真开展整改，已整改完成。严格执行干部选任制度，坚持“好干部”标准和“五看”用人要求，选用2名科级干部。强化干部教育培训，鼓励和支持干部参加各种选派、调训，督促各级党员干部多形式多渠道教育培训。

基层党建强化基层组织建设，全面开展非公党组织清查，撤建9个非公党组织，按时完成“非公党组织”网页，落实“五个一”。制订石马村、曙光村2个村党支部提升强化行动“一支一策”，全面完成提升强化工作。完成15名到村挂职本土优秀人才选聘工作。强化服务型党组织建设，落实党员干部直接联系群众、在职党员到社区报到、机关干部践行“三严三实”要求集中走访下访群众等制度；建成石马、付何2个村“一站式”服务中心；加强群众反映事项督查督办，全年录入群众反映事项219件，办结率100%。全年新发展党员9名，其中非公企业2名，报批取消预备党员1名；督促指导各支部落实“三会一课”，开展远程教育强化党员教育管理；做好党内关怀，为344名40年以上党龄老党员发放生活补贴近40万元，给予8名患重特大疾病困难党员一次性临时救助金2.4万元，在春节和“七一”走访慰问贫困党员31人0.93万元。

落实全面从严治党要求，强化责任追究，突出纪律约束和违纪查处，全年查办信访案件10件；对3名机关干部诫勉谈话，对2名村党支部书记的生活作风、班子团结问题进行约谈。

（喻　鹏）

附2015年重庆市长寿区八颗街道（镇）领导人名录

党工委书记：张腊全（2015年9月任，同时离任八颗镇党委书记）

办事处主任：韦学明（2015年9月任，同时离任八颗镇镇长）

人大工委主任：刘洪英（女，2015年9月任，同时离任八颗镇人大主席）

纪工委书记：廖明胜（2015年9月任，同时离任八颗镇纪委书记）

政法书记：张志伟（2015年9月任，同时离任八颗镇政法书记）

武装部长：周泽渊（2015年9月任，同时离任八颗镇武装部长）

办事处副主任：王平贵（2015年9月任，同时离任八颗镇副镇长）

黄忠诚（2015年9月任，同时离任八颗镇副镇长）

邹世明（2015年9月任，同时离任八颗镇副镇长）

组织委员：黄洪飞（2015年9月任，同时离任八颗镇组织委员）

宣传委员：王丽萍（女，2015年5月离任八颗镇宣传委员）

唐远鸿（2015年5月任八颗镇宣传委员，9月任八颗街道宣传委员，同时离任八颗镇宣传委员）

统战委员：余培英（女，2015年9月任，同时离任八颗镇统战委员）

长寿湖镇

【概况】　长寿湖镇地处长寿区东北角，位于长寿湖畔，镇政府驻地狮子滩，距长寿城区18千米。全镇辖区面积104.53平方千米，其中耕地面积5266.67公顷，场镇建成区面积2.8平方千米。辖14个村（居），109个村（居）民小组。2015年年末，全镇有19212户50089人，其中农村人口39918人，城镇居民10171人，人口密度为481人/平方千米，全镇森林覆盖率为48%。

长寿湖镇区位优势明显，处于渝万高速、渝涪高速公路之间，长寿—狮子滩公路与长寿—双龙—罗山公路和“319”线的交汇处，长狮路、狮云路、双狮路、云韩路、云丛路等穿境而过，与长寿湖旅游高速公路构成便捷的交通网络。境内水源、电力、旅游资源丰富，长寿湖以独特的自然风光和丰富的人文景观，形成具有浓厚地域特色的旅游休闲景区，“长湖浪屿”被列为重庆市新巴渝十二景之一，是国家AAAA级景区，重庆市省级休闲度假区。

长寿湖镇是重庆市最大的水产养殖基地，夏橙、沙田柚是闻名全国的绿色食品，著名特产有夏橙、沙田柚、血豆腐、鱼制品等。

长寿湖镇是以旅游为主，带动第三产业发展的旅游经济型城镇，被列为重庆市统筹城乡发展示范镇和长寿区生态旅游中心镇。长寿湖镇围绕全区“三地一中心”发展战略，坚持以转变经济发展方式为指导，以建设生态旅游中心镇、统筹城乡示范镇、安全稳定先进镇为目标，按照“旅游开发兴镇、产业发展强镇、统筹城乡富镇”的总体思路，重点建设旅游服务业、现代农业、特色工商业“三大特色产业区”，发展特色旅游、度假服务、水产品、水果、蔬菜、药材等“六大特色产业带”，全镇二三产业和社会事业发展快速，水、电、天然气、程控电话、有线电视、宽带网、水利、公路交通等基础设施完善。先后被评为全国文明村镇、全国生态镇、全国园林式城镇、重庆市卫生镇、重庆市十佳宜居小城镇、重庆市园林式城镇、重庆市安全示范社区，2015年成功创建为全国重点镇。

【经济发展】　2015年，长寿湖镇生产总值12.9亿，比2014年增长11.8%。地方预算内财政收入3572.4万。强化农业生产管理，确保农业增收，全镇完成粮油生产种植面积2666.67公顷，粮食产量水稻13800吨、玉米7200吨、红薯3600吨、高粱200吨、豆类作物910吨、小春粮食3300吨；蔬菜播种面积800公顷（复种面积），产量1.8万吨。全年建筑业总产值14.2亿元，房屋施工面积11.2万平方米，竣工面积12.6万平方米。社会消费品零售总额9.3亿元，有集贸市场4个，成交额2.6亿元。全社会固定资产投资总额16.5亿元，增幅20%；其中基本建设投资0.9亿元，改造投资0.6亿元，房地产建设投资15亿元。

调整产业结构，新建柑橘园80公顷，完成333.33公顷柑橘老果园改造建设和跟踪服务工作，改建花卉基地40公顷。发展种植、养殖、餐饮等微型企业工商户64户，家庭农场7户。完成中央农业财政专项资金290万元，项目5个；申报特色效益农业专项资金项目6个；完成政策性农业保险733.33公顷；微型企业工商户受益资金280.8万元。

拓展聚商选资，全年引进项目3个、资金800万元。完善国土所不动产登记窗口管理，启动不动产统一登记。

【旅游开发】 围绕大景区、大度假区建设，着力抓好服务，推进旅游建设。全年新征地39.33公顷，拆除农房117户1.5万平方米，住房安置213人，办理征地农转非155人，确保高铁引道、香富路、外围路三期、合罗公路扩宽以及远恒佳学校等项目用地。采取回购商品房作定销房等措施，完成原回龙村一队、十队的定销房选购。及时处理施工中的矛盾和征地拆迁群众来信来访，未发生群体上访。清理预征地，对所涉及的29个村民组进行全面清理。年内新发展农家乐和乡村旅游4家，总计30家；长寿湖夜钓场建成使用；启动安顺村、响塘村农家乐建设项目。

【基础设施建设】 按照旅游先行、全域统筹的思路，对整个长寿湖片区进行全域规划，统筹规划风景区、度假区、镇域其他范围，统筹协调总体功能定位、产业发展、基础设施、社会事业、生态环保，实现风景区、度假区、镇域发展“一张图”，从项目策划、资金安排、实施步骤上统筹安排，保障长寿湖景区重点开发，强化统筹推进镇域农村发展。

农村建设完成一批交通、水利等基础设施和能源、新村、农房等项目建设，完成绿大路、茶太路、石岭村委至云丛路口、龙沟路、水磨滩至古竹寺等公路项目建设，完成11个村98个组农村零星公路硬化工程，全长30.8千米；投资1200万元，完成东海村、湖滨村、大石村等7个饮水安全项目；完成新建、改建提灌站、整治水库干渠和龙沟村交通、水利项目建设；投资1200万元，整治山坪塘304口；完成2014—2015年沼气建设任务160户，占任务的100%，紫竹新村192户已全部完工，配套环境正在建设；长寿湖西岸新农村建设已初步确定方案，一期先建设30户，用地4公顷；农村危旧房改造完成D级17户、C级29户。城镇建设上，石回居民活动中心完成主体建设；2015年小城镇建设项目3个，完成石回居民活动中心滑坡治理，启动老安置房污水管网改造和老云集场农贸市场综合整治项目；投资1400万元的养老院项目主体已完工；香富路已建成通车，通过市区两级建委初查。开展市政集中整治，推进老云集场二、三级污水网管接入；“两违整治”共完成“两违”自拆7宗，强拆6宗，整改销号65宗，上报办证29宗；收缴罚款103万元，办证规费358.4万元。城乡生态文明建设同步推进，保护森林，清理松材线虫疫木14.3吨，达到除治要求；实施两桂村33.33公顷、石岭村100公顷绿化长江新造林项目后期管护；完成石岭村2.2千米森林防火通道项目；无森林火灾发生。保护水源，划分保护区，规范设置保护标志，每月对水源地巡查2次以上。监管环境，对辖区内小作坊、畜禽养殖场和餐饮企业等进行日常监管；景区坚持天天清漂，镇内次级河流及沿岸垃圾漂浮物、堵塞物等及时清理。整治环境，启动红光村污水处理站整改、紫竹新村污水池后端整治；全镇村组道路、垃圾圈、垃圾箱、公路两旁农村院落垃圾，落实专人清扫，统一填埋、清运。做好国家级生态镇的复查准备工作，创建10个市级生态村实现各项目标。

【社会事业】 加强中小学教育基础设施建设，教学条件明显改善，抓好教职员工的业务培训，教育质量稳步提升，九年制义务教育入学率100%。

全面落实综合文化站免费开放，完善村（居）农家书屋建设；年内开展节庆活动、送文化下乡612人次，参加区文艺调演获得好成绩。6月22日，长寿湖铁人三项邀请赛在长寿湖风景区举办，有约70支代表队的500余名运动员参赛。

2015年户籍人口出生（含漏统）425人，其中政策内355人，符合政策生育率83.53%；常住人口出生（含漏统）407人，其中政策内326人，符合政策生育率80.09%，全镇综合节育率87.01%。

完善村级卫生室建设，新农合参合率100%；深入开展全国食品安全示范镇创建，医疗救治、疾病预防、应对突发事件等方面能力不断提高。

民政事业的医疗救助、减灾救灾、五保、优抚、老龄、维护残疾人合法权益、殡葬改革等工作全面落实，全年发放城镇低保金101.1万元、农村低保金117.1万元；城乡居民养老保险、征地大龄人员生活困难补贴等落实到位。

全年发放就业奖励426户35万元；意向性推荐就业210人次，城镇新增就业590人，城镇登记失业人员就业再就业160人，其中就业困难人员就业再就业70人，城镇登记失业率控制在3%以内，农民工回引就业创业690余人，完成各项目标任务。

坚持“两手抓”，切实加强精神文明建设。坚持正面导向，强化理想信念和宗旨教育，开展“社会公德、职业道德、家庭美德”等精神文明教育，开展创建文明城区、特色旅游镇、文明单位、农村评选“十星级”文明户等工作，巩固全国文明镇成果。

【安全维稳】 落实镇政府监管责任，投入10万元，对14个重点路口和3个重点码头落实专人值守；投入320余万元整治安全隐患，其中整治公路滑坡、塌方42起，新增乡村公路警示标识、防护栏13处；开展检查468次，出动1278人次，排查出各类安全隐患263起，整治263起；纠正违章647起，罚款7000元；开展水上、道路交通专项整治，安全生产形势持续平稳，创建全国安全社区全面推进。强化食品药品安全监管，签订监管目标责任书550余份，开展联合执法8次，检查红白喜事一条龙、农家乐77家，行政处罚7家；处理群众投诉举报7次；开展食品从业人员安全培训2次，开展督查12次。

及时受理各类信访事项，排处各类矛盾纠纷，做好全国“两会”“6·4”“9·3”等时期、节假日期间信访维稳，全镇无群体性事件、重大事故发生。狠抓综合治理，全镇划分112个网格，配备网格员336人；每个村（居）均设立综治室，配有1名综治专干。强化社会治理，制订应急管理预案52个，在册涉邪教人员已全部转化，反邪教警示教育、戒毒等工作全面推进；长寿湖派出所全年接警1040起，处警率100%；综合整治老云集场镇交通秩序。全年调解纠纷1350件，涉及金额187万元，调解成功1338件，成功率99%。全年为群众代办事务1580件，群工系统办结事项835件。

（邹　仪）

附2015年重庆市长寿区长寿湖镇领导人名录

党委书记：左永祥（兼，2015年5月离任）
　　　　　梁德志（2015年5月任）
镇　　长：刘　明
人大主席：叶海涛
纪委书记：邓亚林
政法书记：张志强
武装部长：吴诗华
副 镇 长：周联芳（女）　胡建允　王福明
组织委员：左晓红（女）
宣传委员：张　余（女）
统战委员：勾洪文

云台镇

【概况】 云台镇位于长寿区北部，距长寿区行政中心35千米，距重庆主城区100千米。海拔305～1009米。辖区面积85.72平方千米。辖13个行政村和1个社区，全镇总人口5.26万人。镇内基础设施齐全，天然气、煤炭、石灰石等矿产资源丰富，有川东石油钻探公司搬迁后留下的上亿元闲置资产，渝沪高速公路立交桥紧临城镇，渝巫路横穿场镇，是万州、武汉及上海进出重庆的必经之路。是重庆市规划发展的“市级试点小城镇”“示范小城镇”“百强镇”“中心镇”“市级小企业创业基地”。被长寿区规划定位为全国重点名镇、长寿北部地区中心镇、长寿街镇工业走廊金属结构件与工模具制造基地、五华山与范家桥乡村旅游发展区。云台镇围绕“农业稳镇、工业兴镇、城商靓镇、民生和镇”的发展思路，加快农村经济发展，加快城镇建设步伐，推进新农村建设，加大统筹城乡发展力度，促进城乡共同繁荣。

【经济发展】 2015年，云台镇实现地区生产总值18.13亿元，工业增加值2.65亿元，入库税金1282万元，农民人均纯收入12953元。

2015年，云台镇在水利基础设施、农技、农机推广、林业工作方面狠下功夫，确保农业经济持续发展。全年完成113.33公顷水稻机插，实现水稻种植面积1193.07公顷，玉米种植面积1016.87公顷，推广各类农业机械209台。做好清迈农业公司春播大棚温室育秧技术指导和管理，保证全区机插秧现场会的顺利召开。

全面完成历年退耕还林618公顷的管护和补植工作，对高速公路两侧租地范围内绿化地40.53公顷进行农作物的清理、管护和40.1万元直补兑现；验收2015年退耕还林。开展全镇13个村天保二期公益林1466.67公顷的管护，兑现2014年度生态效益补偿款26.4万元。完成义务植树11.7万株，补植云台河道两岸的垂柳300株，补植“9·13”风灾受损树木8000株。加大护林防火宣传力度，利用镇、村宣传车6辆进组、湾，宣传护林防火185次，开设防火线21条21000米，防火隔离带2条5千米。

全年实现工业总产值9.22亿元，较2014年增长23.15%。入库税金1016万元，全镇企业就业人口3882人；有规模以上企业3家。2015年，镇政府不断强化服务，由部门负责人牵头，各科室人员为企业发展解决困难，深入企业调查研究，对工业企业经济运行情况进行监督和服务。年底前重庆美福斯机械、重庆三贵机械已分别建成投产，实现就业200余人，产值约5200万元，两企业产品均出口东南亚和俄罗斯等国。重庆双渝陶瓷工业陶瓷有限公司于2015年5月完成建设任务，待天然气管线开通后即可投产使用，投产后一期招收工人80人，每月产值可达到2000万元。

依托云台镇区先已形成的商业步行街，加大场镇商住小区建设力度，着力打造云台镇商业、文化及景观中心。顺利完成2014年度中心镇项目农贸市场基础建设工作，正逐步形成辐射周边乡镇及四川邻水的商贸物流大镇。

【基础设施建设】 全面完成云台场镇至黄葛场镇自来水管线改造工程，完成2014年度小岩村等3个村人饮工程，2013年度以前人饮、后扶等项目验收，全面完成青云等村63口山坪塘整治项目。加强大中型水库移民安置区基础设施建设，兑付2015年度直补资金，做好2015年上半年移民人口核减及“十三五”后扶项目规划等前期工作。

建设农民新村实施17个建设用地复垦项目，新增耕地面积48公顷，农民得实惠8000多万元，集体经济组织增加收入1500多万元。建成鲤鱼、利民、黄葛、八字、青云5个农民新村，总计10万平方米859套住房，其中鲤鱼新村获市级农民示范村称号。

完善市政设施，加大城镇基础设施建设投入力度，生态园林镇特色进一步凸显。全面开展桥梁、公厕、路灯建设等为主的小城镇建设项目，新装程控路灯120盏，3座公厕已建成，2座人行便桥已进入招投标阶段。场镇新增垃圾运输车4台，箱体68个，垃圾收集桶456个，建立“户集，村收、镇运、区处理”的农村垃圾收运系统。完成云台定销房道路管网工程建设、黄葛场镇主污水管网已顺利完工，黄葛、青云二、三级污水管网、垃圾平台建设正在快速推进中。新栽种安置房道路两旁行道树400余株。投入80余万元对滨河公园实施提档升级改造，新栽种灌木、乔木、地被植物20余种，添置座椅10把，果皮箱12个，健身器材3套，已顺利通过市级验收，成功创建市级园林镇。加大市容市貌监督整治力度，实行云台、黄葛、义和三个场镇市政管理和环境卫生监督检查常态化，认真开展“无乱”治理与违法占道经营大整治，场镇卫生实行物业管理和门前三包，实现场镇环境卫生质的飞跃。

【社会事业】 认真贯彻落实各项计划生育政策，全年开展2次计生赶场活动，展出展板24块，发放宣传资料3000余份，接受群众咨询300人次以上，制作1095平方米的户外喷绘宣传标语。年内全镇出生534人，符合政策生育率82.6%；完成孕前优生健康检查112对。继续加强计划生育行政执法工作，对全镇所有涉嫌违法生育未缴纳社会抚养费的当事人1000余户送达征收社会抚养费告知书，下达处理决定书182份，申请法院强制执行54件；接受市卫生计生半年工作督导检查，举办区计划生育行政执法工作现场会，接受涪陵区2次计划生育行政执法工作经验交流学习；完成国家流动人口动态监测点数据采录工作；配合云台卫生院全面完成公共卫生相关工作，重点是民生实事妇女“两癌”筛查和常住人口健康档案建立完善工作；全年新增各类奖励扶助对象126人，开展计划生育协会工作，建立和完善对计划生育特殊家庭的帮扶工作机制。

年内新增城镇就业342人，登记失业人员就业再就业64人，就业困难人员再就业47人。举行现场招聘会2次。农民工回流返乡580人，已全部建立台账录入就业系统。全面完成城乡居民养老保险征收任务。对6000余名领保人员进行指纹采集和人脸识别采集，保证老年人员每月按时足额领取养老待遇。完成28户250万元的小额担保贷款。帮助8位下岗失业人员和20位返乡农民工创业，提供就业岗位40个。完成意外保险11698份、老年人意外保险4854份，完成比例84%和116%。完成1050人就业适应性培训。完成全民参保登记和人力资源调差30000余人次。

落实各项民政政策，全年发放冬春荒救济金、城乡低保金、临时医疗救助等补贴救助总计601.8万元。完成全镇1774名残疾人基础信息的核查工作，发放残疾人自助轮椅13套。

【安全维稳】 全面落实“党政同责、一岗双责”责任制，制定印发《关于镇党政领导安全生产“一岗双责”职责分工的通知》，对各村居、重点煤矿、非煤矿山、农村客车及校车驾驶员签订安全生产责任书，将责任落实到具体人；严格执行党委会每季度至少一次专题研究安全生产工作制度和全镇每月一次安全隐患排查制度，及时统筹全镇安全工作；主要领导及分管领导安全检查坚持每月检查分管领域安全工作，将责任落实到行动上。

重点抓好隐患排查整治，推动实施云大路改造工程，从根本上解决云台镇最大的安全隐患；全面完成全镇天然气管道隐患整治，整改4处占压管线隐患；彻底整治2处人力渡口长期存在的无证驾船的重大隐患，达不到安全标准的渡船上锁封停，符合条件的渡船逐步实施补助；整治八字村、梅沱村、桥坝村、安坪村等乡村道路隐患8处，启动岔河桥重建、五洞桥和王家滩桥隐患整治工程；对短期难以整治的甘雄路、朱家湾路采取物理封闭措施；全面完成小锅炉隐患整治，检修小锅炉13台。对道路交通、煤矿、非煤矿山、危化品、烟花爆竹等重点行业的各类隐患实施闭环管理，及时消除。

加强安全生产日常工作，年内镇安监办检查煤矿安全50次，排查隐患69处，整改69处，下达整改文书21份；检查道路交通安全1500余人次，警告以上处罚720余次；重要节假日安监办全员执勤，设立交通劝导站17个，保障春运期间及重要节假日道路交通安全通畅；检查水上交通安全8次，整治黑口溪渡口和吴家沱渡口长期存在的无证驾船问题；召开烟花爆竹安全培训会，对全镇39个烟花爆竹经营户逐一检查，申请办理烟花爆竹经营证。重点加强危化品（加油站和压缩气销售站）和特种设备安全检查，完善台账、整治隐患；协调镇民政办、消防办等部门对全镇敬老院和五保家园进行全面安全检查，配齐灭火器、应急灯等安全设施；协调高速公路管理公司、高速公路执法队开展“防止行人、牲畜穿越高速公路”专项检查行动，修补高速公路护栏20余处。成功创建“市级安全社区”。

坚决“打非治违”，协调区交通委行政执法队、交巡警六大队、高速公路执法队开展打击非法营运行动，查处非法营运车辆2辆。针对云台煤矿多次非法违法生产行为，采取上锁封停措施，移交区安监局执法处理。协调车管所、保险公司在云台开展摩托车年审和购买保险活动，年审车辆250辆，购买保险180份。配合相关部门对采矿许可证到期的重庆义桥矿业有限公司、旺磊建材有限公司、鲤鱼条石厂下达停产通知书，督促办理采矿许可证。

配合做好安全保卫工作，派出所建立专职巡逻队1支（6名专职巡逻队队员），14个村居成立义务巡逻队，由区综治办配备巡逻车4辆，专职巡逻队坚持24小时街面巡逻，义务巡逻队分时间在各辖区内进行巡逻。镇村巡逻防控体系建立得当，将巡逻纳入年度考核。全区群众安全感调查中，上、下半年安全感满意指数抽查，分别为95%、100%。镇村巡逻队有效预防或制止不法行为20多次，为群众提供服务1000多人次，抓获违法犯罪分子3人。全年派出所接警887人次、出警887次，处置率100%，其中纠纷704件；立刑事案件100件，破案21件；立治安案件564件，查结531件，查结率94%；打击处理重点人员71名，其中逮捕11人，破获摩托车盗窃案9件。

加大信访和人民调解工作力度，建立信访工作长效运行机制。坚持领导信访接待日和预约接待制度，坚持信访工作联席会议制度，落实包案领导制度，按照“属地管理、分级负责，谁主管、谁负责”的原则，把信访工作纳入年度工作目标责任制考核之中。明确各村“一把手”是本村信访工作的第一责任人，做到责任、措施、工作“三到位”。加强矛盾纠纷调处力度，镇领导干部集中接访群众248件次，全年镇干部下访走访群众2190件次。定期开展“社区工作开放日活动”，方便群众以多种形式、多种渠道表达诉求。办理上级批转信访案件34件，办结34件，办结率为100%。司法所牵头，已建立调委会15个，镇、村两级主要调解人员81人投入到大调解工作中。全年排查调处各类矛盾纠纷1143件。2015年调整补充综治办专职干部4人、司法所干部2名、社区矫正人员1人联合办公。

制定实施平安建设暨综合治理宣传，分别在云台中学、黄葛九年制学校、云台中心校、云台医院及重点企业单位举办消防知识讲座和消防演练各1次。结合《禁毒法》，开展春运期间禁毒宣传活动和禁毒宣传月活动各1次。利用就业培训会，宣传《信访条例》《防邪知识进家庭》《防骗防盗小常识》，参会1050人。配合云台派出所做好非法集资集中宣传2次。举办“12·4”法制宣传月活动，在场镇内各个学校开展法制宣传各1次，镇综治、信访、司法、人大办、等11个单位参与。举办“法律明白人”和网格员培训活动各1次，参训人员近400人。2015年12月17日葛兰法庭在梅沱村开展子女不尽赡养义务的巡回法庭审判，现场参与群众120余人。

全面排查高危重点人员，抓重点群体，做好重点信访群体的预案及稳控。抓重点人员的稳控工作，做好11名社区戒毒人员、10名矫正人员、3名三级以上精神病人的管理；做好邪教重点人员的管控。

开展社会治安重点地区整治工作，查处刑事案件8件，查处治安案件179起，查处治安违法人员23人，查处摩托车盗窃案件3起。

全年开展消防演练2次，消防训练8次，对重点单位进行消防隐患排查，排查出火灾隐患30处，下达限期整改书13份。为八字、应祝五保家园配备灭火器8个，应急照明4个。云台消防队全年接处火警41起，出动车辆244台次（含应急救援），出动消防队员205人次，抢救被困人员68人，疏散580余人，抢救财产价值67万元；组织社会救援救助124起，无人员伤亡。

加强流动人口管理，配备镇专职流动人口协管员3名，村居流动人口协管员14名。已排查登记的流动人口为11445人，其中流出到重庆市其他区县13459人，流出市外1050人；市外流入565人，重庆市其他区县流入780人。年内办理居住证114个。

新增社区交巡八大队落地云台，民警5人、协勤5人；司法所进行改造升级，面积120平方米，办公用房6间，达到市级司法所标准。解决葛兰法庭、葛兰中心检察室驻云台镇办公用房1间，会议场所各1间。

【党建工作】 开展“三严三实”专题教育活动，召开民主生活会、走村入户和设立信箱等方式，收集到“四风”问题13条，已全部责令整改完；严格执行中央八项规定和市委实施意见，认真对照教育实践活动制度清单，完善财务报销制度、规范机关干部上下班工作纪律考勤制度；加强干部管理监督约谈批评2个村集体，批评教育干部11人（次），与年轻干部交心谈心，帮助其克服急功近利、思想浮躁等问题。

纵深推进基层党组织建设，加强村（社区）便民服务中心建设，年内3个村实现便民服务中心的整体搬迁，对2个村便民服务中心进行整修，严格执行村（社区）干部轮流值班制度，确保便民服务中心找得到人、办得了事。在各类人群中推广使用群工系统和共产党员微信，已有超过500人安装和使用。严格执行“三会一课”制度，坚持每季度召开一次支部书记例会，专题汇报本支部的党建工作；推进电商、超市、金融“三进村”工作，年内全镇14个村居实现全覆盖；完成黄葛村党支部后进提升，为贫困村选派第一书记、工作队、大学生村官以及本土优秀大学毕业生，在年底脱贫；强化党建工作力量和干部队伍建设，一村一名本土优秀大学生已配备到位；严格落实服务群众专项经费、在职村干部养老保险标准提高、村干部报酬待遇与工作考核挂钩；注重非公党建工作，新建重庆三贵机械有限公司党支部，开展非公党建活动7次。

推进党风廉政建设，落实镇党委主体责任，与班子成员、机关干部、各村居党组织书记签订党风廉政建设目标责任书。强化镇纪委的监督责任，全年镇纪委自办案5件，利民村3名党员干部违纪违法案件已移送司法机关，各村居清退款项30.65万元，镇政府主动清退未到新村建房的CD级危房改造1056户、349.2万元，小岩村主动退回C级危房改造补助误发的8000元，督促安坪村整改延迟发放CD级危房改造补助34500元。

（王　松）

附2015年重庆市长寿区云台镇领导人名录

党委书记：陶进文
镇　　长：车晓琴（女，2015年8月离任）
　　　　　高　波（2015年8月任）
人大主席：高　波（2015年8离任）
　　　　　陈显华（2015年8月任）
纪委书记：陈显华（2015年8月离任）
　　　　　夏心明（2015年8月任）
政法书记：雷现平
武装部长：王兴荣
副 镇 长：黄　媛　程洪平
　　　　　江凤梅（女，2015年6月任）
组织委员：夏心明（2015年8月离任）
　　　　　伍锋林（2015年8月任）
宣传委员：程小莉（女）
统战委员：黄油华（女）

葛兰镇

【概况】 葛兰镇位于渝巫路、长垫路、葛狮路、长邻路的交汇处，是长寿腹心地区交通要冲，距离重庆主城区80千米，距长万高速路合兴入口6千米，距离渝怀铁路长寿站和长寿港码头25千米。全镇辖区范围11，090公顷，耕地面积3309公顷，辖1个社区、21个村、6个居民小组、162个村民小组。2015年末全镇户籍人口28737户72628人；城镇常住人口3万余人，流动人口9000余人。政府驻地葛兰场。葛兰镇是全市规划发展的“百个经济强镇”“百个中心商贸镇”“市级示范小城镇”“市级文明镇标兵单位”“首批启动的45个中心镇”“市级中小企业创业基地”“重庆市交通安全文明镇”。镇域内水资源丰富，桃花溪流经全境；矿产资源有煤、石灰石、白云岩、钾矿等11种，其中石灰石储量5000万吨，白云岩储量4000万吨；森林面积4500公顷，森林覆盖率为42%。葛兰镇机关行政在编人员47人，事业在编人员35人。

【经济发展】 2015年，葛兰镇的经济发展在城乡统筹上实现新突破。小城镇建设全年新开工建筑面积1.5万平方米，竣工面积5万平方米，建成3个住宅小区，城市建成区及新开发区达2.7平方千米。投入320余万元用于小城镇基础设施建设，新安装高杆广场灯3盏，新（改）建标准公厕8座，换植部分街道行道树，更换损毁窨井盖及排水沟盖234块。

健康科技产业园区年内取得新的工业用地28.67公顷；投资2.55亿元、占地73334平方米的重粮集团10万吨现代工业粮食储备仓库及日产150吨优质大米加工厂项目开工建设。截至2015年12月，葛兰健康科技产业园入园企业36家，投产34家，其中投资超2亿元的企业2家。2015年，园区完成工业生产总值38.6亿元，完成利润总额为3.3亿元，解决就业6486人。

农业现代化建设，温氏集团5000头种猪养殖基地建成，存栏蛋鸡60万只的重庆市长寿区标杆养鸡股份合作社建成投产，全镇蛋肉鸡养殖存栏130万只。2015年新增特色农业项目有：长寿区万亩高标准优质粮油基地葛兰粮食产业园项目在潼观村、沙河村、天福村启动；油菜高产示范带种植突破120公顷；长寿区葛兰镇2014年巩固退耕还林成果66.67公顷基本口粮田建设项目启动，其他存量特色农业2015年均取得良好的经济效益。

长寿温氏养殖基地

全年实现社会消费品零售总额27亿元。葛兰镇被市商委命名为“重庆市商贸强镇”（全市28个），沙河信友水产业主韩成友被授予“商贸流通大户”（全市100个）；发展小微企业88户，发放扶持资金250万元。

绿色生态发展成果不断巩固，2015年义务植树11万余株；全镇退耕还林933公顷；全面完成12个村4200户4106.67公顷生态公益林检查验收工作和84万余元资金补偿到户的兑付工作；完成以罗岩村、潼观村为重点的松材线病虫除治工作；按天然林保护工程建设要求，落实43名护林员巡山护林，全年没发生一次森林火警。

全面完成精准扶贫工作。全镇有贫困户548户，成立精准扶贫攻坚工作领导小组，落实责任，一户一策，因户施策，在区民政局、区交委、区城乡统筹中心、区农发行、区直机关工委等部门的支持下，通过产业扶贫、就业培训扶贫、高山迁移扶贫、民政兜底扶贫等多种方式助力扶贫户脱贫。全镇机关干部和区级部门职工与扶贫户进行“一对一”“一对多”帮扶，使葛兰镇548户扶贫户在2015年12月30日前全部越线脱贫。成立塘坝村整村脱贫驻村工作队，投资1337.45万元在该村实施10个扶贫建设项目：建设26.67公顷秋冬蔬菜种植，新建生活生产便道11千米，启动竹林口生态养猪场建设，新建半坡果蔬种植专业合作社，改建D级危房3户，硬化大义路至塘坝段3千米公路，完成塘坝村饮水安全工程。2015年，葛兰镇完成高山生态扶贫搬迁149户、486人，占全区总任务的57%。

【社会事业】 2015年，全镇有民政救助对象5500余人，全年发放民政资金1236余万元。2015年新建天台、盐井、天福、塘坝等4个村级农村幸福院。完成185人的高龄失能老人护理补贴申报，发放资金20万元；完成残疾人护理补贴申报760人，发放补贴23万元；发放定额救助资金26.69万元，襄渝铁路相关补贴16.23万元，孤儿生活补贴6.95万元。

全镇年内新增各类就业岗位1374个，城镇登记失业率控制在2.2%以内；完成就业适应性培训721人；帮助下岗失业人员及返乡农民工申请小额贷款49人次，推荐贷款金额419万元，帮扶就业人数135人，贷款回收率100%。

全镇参加城乡居民养老保险 33596 人，全年征收养老保险费 575 万元，发放养老保险金 1645 万余元；完成 65000 余人的全民参保登记工作；完成指纹验证 10500 人；补发社保卡 600 余张。70718 人参加城乡居民医保，社保卡金融功能激活（工商银行）26000 张；2015 年农村小额人身保险收取保费 205370 元。

卫生计生工作稳步推进，长寿区第三人民医院对全镇 56236 名常住居民建立健康档案，为其中的 48253 人做健康体检，建档率为 97.86%；做好“单独两孩”政策的贯彻落实，受理再生育申请 188 对，已生育 32 人；全年 214 对 408 人实行免费孕前优生健康检查。

长寿葛兰文化街

全年文化教育事业投入 40 余万元，完成葛兰文化街建设和文化服务中心整体搬迁；投入 70 万元，为群众安装 5235 套直播卫星接收器；邀请渝州大舞台到葛兰镇演出 2 次，组队参加 2 次区文艺汇演和长垫线片区农民运动会。2015 年全镇中小学在区教委组织的第三届中小学生艺术展演中，获得多项荣誉，区教管中心在全区教育系统综合考核中获第一名。

【基础设施建设】 农村交通建设日益完善，投入资金 2400 万元，完成云大路塘坝段、葛烟路、烟湾路、黄宋路等 9 条乡村公路约 23.99 千米的改造；投资 27 万元，完成葛大路养护维修 14 千米；投资 117 万元完成沙河村公路路面硬化工程，解决 2800 余人出行难；投资 25 万元，对 245 千米农村道路实施养护保洁。全镇 21 个村级安全劝导站全部上岗运行，全年上岗执勤 385 人次，全年无重大安全事故发生。

群众用水安全得到保障，投资 39 万元建成天宝村提灌站，新增灌面 40 公顷；投资 17 万元，对 16 个农村电力提灌站进行整治维修。投资 200 万元，对天福村、天宝村、龙井坎村、中华村、金山村、罗岩村、白云村的 36 口山坪塘进行整治，解决 6000 余人的生产生活用水，增加灌面 133.33 公顷；投资 310 万元完成 2014 年度农村饮水安全工程，涉及兰兴、中华、天宝、葛兰、湾丘 5 村，解决 7728 人生产生活用水；投资 273 万元，完成 2015 年度农村安全饮水项目，涉及盐井村、天台、金山、潼观 4 村，解决 6900 人生产生活用水；投资 30 万元完成兰兴村沙田柚基地抗旱建设项目，新增灌面 16.67 公顷。

场镇二、三级污水管网建设完成新建管道 6.6 千米，青风桥污水处理厂、冯庄污水处理厂投入运行；环保“四清四治”工作全面展开；通过招标，将清洁保洁、垃圾清运、绿化管护、公厕卫生及桃花河 20 千米主干流、22 条支流的河道清漂等由物业公司专业管理，形成长效机制。全面启动农村垃圾清运，对 21 个村的村民集中居住点和农民新村生活垃圾实行户集、村收、镇运，新增生活垃圾密闭箱 40 个，全镇总计 168 个箱体，逐步完善农村生活垃圾收运全覆盖。

【安全维稳】 2015 年，全镇实现社会治安综合治理建设网格化管理，建设网格 168 个，配备网格员 438 个，网格化服务管理覆盖率 100%；组建镇、村（社区）治安巡逻队，有效预防或制止不法行为 100 多次，为群众提供服务 360 多人次；2015 年全镇各级调委会调解各类纠纷 1066 件，调解成功 1055 件，调处成功率 99%。

坚持落实“党政同责、一岗双责”，狠抓安全生产管理，坚持每季度召开安委会会议，全年镇党政主要领导带队检查安全生产工作 24 次，分管领导带队 154 次，参与排查安全隐患、发现问题 1120 余条，及时督促整改，各生产领域均未发生安全事故。

葛兰镇政府专职消防队有队员 15 人，营房 800 平方米，全年出警 210 次，社会救援 60 余次，摘去马蜂窝 867 个，保障辖区群众的生命财产安全。2015 年获“全市先进集体”称号。

加强食品药品安全网络建设和层级管理。完成

15家"餐饮一条龙"服务企业登记，对29家医疗机构、23家药品经营企业、62家餐饮企业、25家食品加工生产企业、25家食品加工生产小作坊进行专项检查，下发整改通知书21份，停业整顿小作坊2家、食品流通企业1家；加强农村家筵管理，10桌以上备案286件次。

为方便群众办事，设置12个办事窗口的葛兰镇公共服务中心正式启用；22个村社区便民服务中心实行一站式办公，推行周末节假日值班制度，干部"代办制"，帮助村民缴纳水费、办理各种手续事宜，群工系统有效运行。镇纪委加强对机关纪律、干部办事作风的监督检查，加大对违纪行为的查处力度，使机关作风得到全面转变。机关干部深入村落院坝走访群众，帮助群众解决生产生活困难，全年在规定时间内解决群众反映疑难问题129件。

（王　莉）

附2015年重庆市长寿区葛兰镇领导人名录

党委书记：罗方全
镇　　长：刘　勇
人大主席：罗建平（2015年7月离任）
　　　　　张麒麟（2015年7月任）
纪委书记：程伯超
政法书记：陶治国
武装部长：余和平
副 镇 长：叶立军　张　斌　王　伟
组织委员：彭继坎
宣传委员：孙宏斌
统战委员：韩　静（女）

但渡镇

【概况】 但渡镇位于长寿以东长涪高速公路但渡立交桥处，距离长寿主城6千米，辖区面积57.4平方千米，辖8个村，61个村民小组。2015年，全镇8238户、19106人，农业人口16349人，人口密度为332.0人/平方千米。但渡镇有耕地面积1038.6公顷、退耕还林面积868.9公顷，森林面积3457.6公顷，森林覆盖率60.2%。沙田柚、花椒、柑橘、竹笋是主要的农特产品资源。镇内页岩、原煤、大青石、天然气、水能资源丰富，有企业126家，除长风厂、回龙寨电站、下硐电站等国企外，镇属企业有3个砖厂、2个石材厂、1个电子厂、4个农业企业，156家微型企业。龙溪河沿岸绿色自然风光、楠木院村楠竹林以及黄草山1000余公顷的森林资源极具旅游开发潜力。

【经济发展】 2015年，但渡镇财政总收入1720万元（其中一般预算收入1580万元，增长8%；基金收入140万元），比2014年增长6.9%；财政总支出1891万元（其中一般财政预算支出1751万元，增长8%）；消除隐形赤字100万元。全镇经济社会呈现出持续向好发展局面。

2015年，但渡镇完成农资综合直补654.15公顷，补贴128万元；完成全镇6200多户6244公顷农作物良种补贴10.93万元；完成2015年种粮直补综合直补和良种直补11600多户1276.55公顷，补贴资金140万元。

但渡镇利用原有花椒产业规模推进特色农业发展，调整花椒产业模式，探索建立和完善利益均沾、风险共担的农企联结机制，推动金地农业开发有限公司与椒农签订保底价收购协议，保障农民权益，促进农民增收。

2015年把义务植树作为重要工作任务来抓，采取各种有效措施，完成义务植树6.6万株，完成率100%。与11个森林防火责任单位签订森林防火责任书，书写和张贴临时性防火宣传标语500幅，建立半永久性宣传标语50幅；镇政府建立一支由50人组成的专业森林扑火队，各村也相应成立义务扑火队伍8支192人。镇政府出资开设防火阻隔带线6750米，各村利用集体公益林资金开设防火线25条27.5千米。

2015年加强党组织对精准扶贫的引领，对全镇250户贫困户实行结对帮扶，结对帮扶的党员干部172人，投入帮扶资金23.7万元，达到年人均收入1.12万元，截至年底已全部脱贫。启动贫困户住房改造及公益性岗位设置工作，建立扶贫长效机制，做好慰问与帮扶相结合。

【基础设施建设】 2015年，新建5个农村饮水安全项目，全镇8个村的人畜饮水项目均已完工，但渡镇供水工程有效解决但渡、龙寨、兴同村饮水问题，其余各村都已有独立的人饮工程。全镇300口山塘，规划整治已完成183口，部分村民生产用水困难问题有效解决。硬化公路87千米，新建错车道120余处；新修公路13千米，新修人行便道15千米；双河至兴同、双河至篱笆桥、楠木院至草一井道路扩宽硬化已完成；319国道全面油化完工；龙溪河大桥已进场施工；但复路、但曾路、余大路、果叶路也已经动工油化或硬化；通过加强管护，村道路状况良好。争取2015年度农村移民后期扶持结余资金115万元，投资建设但渡镇楠木院村末子沟至邓家湾公路硬化工程、绿都石材环境整治工程、未名村3组公路工程、曾祠村1～6组人行道整治工程。长寿区但渡镇居民点对外交通项目工程概算总投资1902万元，其中路基部分520万，年底前已完成65%。龙寨村生态农业园基础设施建设项目（水利）投入资金586万元，施工完成项目的70%。

【社会事业】 2015年发放农村低保金102.06万元、城市低保金8.61万元，“五保”金90.76万元，优抚金98.80万元，及时发放民政对象元旦、春节、“五一”、端午、国庆、中秋慰问金106640元，发放冬、春荒生活救助金28万元，发放临时医疗救助和困难救助11.98万元。开展对老弱病残、孤寡等社会弱势群体慰问活动。

办好村级农家书屋，新增《长寿文艺家系列丛书》《美妇清》等334本图书；加强场镇和校园周边文化市场管理，促进文化市场的健康发展。组织参加“2015年长寿区时代中心广场舞大赛”，举办“庆祝五一·趣味运动会”等活动。

2015年但渡镇参加农村医疗保险18115人，城镇医保880人，医疗保险参保率100%。年内接待群众查询医保信息698人次，社保卡查询665人次。全镇参加城乡居民养老保险总人数为10324人，新参保53人，征收金额165万元；及时为年满60周岁老年人办理居民保险待遇核算和重复参保清退等。

加强场镇管理，年内对场镇进行道路油化、路灯安装、行道树种植、公厕新建，在两个街区安排专人打扫、垃圾清运，确保场镇干净、美化。

做好饮水源保护工作，坚持每天早晚对龙溪河水域巡查和漂浮物清理工作，保证城区饮用水源的安全。

推进连片整治，配合区环保局做好龙寨村、未名村、曾祠村的农村连片整治规划及实施工作。购入环保垃圾清运车1辆、垃圾箱21个，修建垃圾箱放置平台25个，为逐步实现农村垃圾集中清运打下基础。

【安全维稳】 落实信访工作领导包案制，对全镇排查出来的重要信访事项，均由镇副职以上领导包案负责化解，切实做好各级“两会”和其他重要时期的信访稳控工作。结合民调工作，进村入户收集民情民意，穷尽方法、穷尽感情、穷尽政策地为群众解决实际困难，有效遏制各类重复访、越级访、集体访事件发生。全年排查交办矛盾纠纷60余件，接受区信访办交办信访30余件，均做到件件有调查、件件有回复，回复满意率在80%以上。

镇安监办坚持在斗硬检查执法上下功夫，不断规范安全隐患排查整改文书等，以“严、细、实”的要求对待案件作业。按照“全覆盖、零容忍、严执法、重实效”的总要求查出各类安全隐患313条，下发责令限期整改指令书5份，对查出的隐患进行督促整改。

但渡镇2015年有在册“两劳”安置帮教对象87人，社区戒毒对象2人；对每个安置帮教对象，均落实帮教人员、帮教措施，建立帮教台账，基础帮教率100%。综治办、司法所走访“两劳”安置帮教对象、社区矫正对象家庭13户。村、镇级调委会受理调解民间纠纷368件、调解成功363件，调解成功率98.6%，涉及金额70.73万元。

【党建工作】 推进党内民主建设，发挥党代表的作用，广泛征求意见、充分调研，完善《镇党委委员联系党代表、党代表联系党员、党员联系群众制度》。年内全镇9名党委委员联系党代表216人次，党代表联系党员群众800余次，收集问题、意见295条，集中交办、处理、回复257条，剩余38条作为长远规划。

2015年投入120万元资金加强村级阵地建设；派专人管理群工系统，全年录入群众办理事项395件，办结率100%，满意372件，满意度94%；摸排走访42家非公企业，扩大党组织覆盖面；落实“三进村”，便民（农资）超市与电子商务进村完成100%，金融服务进村完成63%；安排8名基层本土人才，解决农村年轻干部人才缺乏的问题。

强化勤廉典型教育和案例警示教育，运用中心组学习、专题讲座、辅导报告、交流研讨等，定期开展党员干部理想信念教育和党纪国法教育。班子成员严格遵守中央“八项规定”和市委“八严禁、十二不准”。及时修订完善《机关管理制度》，规范党员干部的行为，规范公务接待、公务用车等。2015年，全镇“三公”经费支出72万元，比2014年减少4.3%。

（余晓莹）

附2015年重庆市长寿区但渡镇领导人名录

党委书记：程兴明

镇　　长：陈伦彪

人大主席：陈　红
纪委书记：黄　勇
武装部长、政法书记：张　平（兼）
副 镇 长：叶炳轩　张　平　刘　箭
组织委员：孔　轶
宣传委员：向　青（女）
统战委员：李文宪（女）

邻封镇

【概况】　邻封镇位于长寿区的东部，距长寿城区20千米，坐落在风景优美的龙溪河畔，与长寿湖镇、但渡镇、渡舟街道、双龙镇、新市镇交界。邻封镇政府驻地邻封场。全镇辖区面积55.85平方千米，辖10个行政村，89个村民小组，总人口36912人，其中农业人口32808人。

逶迤跌宕的万亩绿海柚林、风光旖旎的画廊龙溪河、古老神秘的名胜古迹东林寺堪称邻封“三绝”。长寿沙田柚是邻封镇农业主导产业，2015年种植沙田柚五万余亩，产量2500万个，产值2亿多元。

邻封镇党委辖18个党支部，有党员1323名。其中，女性党员302名，高中文化以上党员334名。

【经济发展】　2015年邻封镇政府财政可支配收入为22242848元；农民人均可分配收入实现13702元；实现地区生产总值（GDP）58352万元。其中，第一产业增加值9830万元，第二产业增加值37624万元，第三产业增加值11024万元。

【长寿沙田柚产业】　全国优质沙田柚生产基地的目标实现，邻封镇长寿沙田柚种植面积已达到五万亩，年产果2500万个，年产值2亿多元。强化种植技术的提升，通过开展田间地头培训、多媒体直观教学、上门服务指导等，提升果农种植技术，培训2500余人次；在全镇落实沙田柚种植科技示范户50户，选配科技指导员3人，示范带动普通农户4500余户。强化果园配套设施建设，利用小农水、后扶移民、公路建设、土地整治、“一事一议”等项目，完善果园内水系、路系、沟系等配套基础设施，提升沙田柚标准化、科学化种植水平。强化沙田柚市场化销售，利用电视、广播、报纸、网络等多层次、多角度宣传长寿沙田柚；在重庆观音桥举办现场推介会，吸引上万人品果买果；多方衔接协调，帮助果农、经销商进驻重庆各大水果批发市场、超市，在长寿古镇、高速路服务站等地设立销售摊位；通过政府网站、焦邻专业合作社网站等，及时发布供求信息，促进沙田柚网上销售。

【乡村旅游发展】　继续深入挖掘东林古寺、万亩柚林和龙溪碧水“邻封三绝”旅游资源，对全镇旅游发展进行重新规划，开展油菜花特色景区建设，全力打造“十里柚乡、百里花海”。年内实施观光型油菜种植一万亩，其中在邻封村、汪塔村核心区连片种植一千三百亩。

完善旅游基础设施建设，新建19.8千米果园人行便道，“美丽乡村”龙溪河旅游亲水步道主体完工，东林寺公路扩宽等项目正在抓紧施工。组织镇村干部、农家乐经营户先后到成都、广安、南川、潼南等地实地考察学习乡村旅游及农家乐发展。全年新发展农家乐17家，总计有21家，可同时接纳上千人用餐、住宿。大巨典拓展培训中心已正式营业。引进投资1.2亿元的孔富养老休闲中心正在进行前期规划，着力打造集养生、养老、休闲、娱乐为一体的精品乡村旅游基地。

利用电视、网站、微信、微搏等各种媒体和“长寿一日游”的延伸，宣传长寿沙田柚，宣传邻封“三绝”风光和特色景点、特色美食、特色文化，吸引更多游客到邻封旅游度假。编制《长寿沙田柚柚菜菜谱》，在邻封的各大餐馆、农家乐推广。将旅游景点、传说故事、诗词歌赋、精美图片等编制成书，筹备《邻封文化》，提炼推广长寿柚乡文化、佛教文化和水电文化。全年接待游客70余万人次，旅游收入近3500万元，其中，在沙田柚销售期间，接待旅游团536个、旅游团游客24123人。

【基础设施建设】　全年争取国家水利项目建设资金2106万元，完成241口山坪塘的整治、5座提灌站的整修，以及石心村河堤、上硐村河道的整治，安装管道4万米实现全镇城乡供水系统接入长寿湖苏家坪水厂，让全镇居民吃上更加卫生安全的自来水。

组织2014年“一事一议”公路工程建设和2015年水毁公路工程整治，年内全面完成验收；组织整修汛期垮塌水毁公路的17处道路安全隐患；督促渝万铁路三标段二分部对借用改移道路进行恢复；渡邻路（邻封段）、三焦路扩宽、杨连路建设等工程项目正在抓紧施工。

配合区规划局等单位完成邻封、长寿湖、双龙三镇总规和邻封镇的详规。邻封场镇的“叶军博雅陶冶楼盘”主体工程已完工。全面完成邻封场镇二、三级污水管网建设。完成邻封场镇主干道沿线基础设施的升级改造，整治安装人行道板4530平方米，更换沟板904米，更换路沿石1796米，更换护栏344米。新建公厕1个、维修改造公厕2个，安装路灯175盏。

【社会事业】 全年全镇居民养老保险参保1.9万余人；城乡居民医疗保险参保3.2万余人，参保率保持在99.9%以上，圆满完成区下达的目标任务。开展各项就业专项培训，完成就业适应性培训1301人、新市民培训654人、劳务经纪人培训50人。回引农民工700余人。

2015年完成敬老院扩建和食堂环境的综合整治，敬老院入住97人，五保家园入住26人，入住率100％。全年发放五保户救助金168万元，发放大病医疗救助30万元，发放农村低保金129万元、城镇低保金13万元。办理残疾证43个，发放贫困残疾人生活补助、重度残疾人护理补贴等9.8万元。

做好有线电视的收费、维护和管理，全年收费工作完成98%以上，完成焦家、上硐农民新村有线电视网络的搬迁；在年底实现全镇广播电视网络系统向区广电网络公司移交。年内举办市区送文化下乡慰问演出活动3场，组织2次大型公益性群众文化演出，观众2800余人；组队参加全区“炫动长寿·百姓舞台”广场舞大赛获三等奖。新建电厂休闲广场，建篮球场1个、网球场1个，为场镇居民提供运动、健身场所；参加“农商行杯”长寿湖片区农民运动会，获团体总分第一名。

强化学校内部管理，严格规范教学行为，教管中心、龙溪中学分别获全区教育督导考核一、二等奖。龙溪中学初中毕业生被重点高中录取66人，超额完成教委分配的指标；高考本科上线20人，居全区农村高中之首。

落实基层医改政策，实行药品零差率，保障辖区百姓的用药方便安全。新建3个村卫生室，改建4个卫生分室，全镇实现村卫生室全覆盖。加强村级卫生服务建设管理，健全突发公共卫生事件医疗救治体系；做好公共卫生服务前期准备工作，为全镇人民提供免费健康体检、免费慢性病管理等服务，开展居民免费体检2448人次。宣传、落实国家计划生育奖扶政策，落实帮扶慰问资金2.82万元，帮扶、慰问全镇85户特殊计生家庭；开展免费孕优检查92对、孕前优生随访184人次；征收社会抚养费55万元。

【安全维稳】 全年检查经营销售危化烟爆单位94家次，查出安全隐患60起，现场纠正55起，责令限期整改5起。出动执法车辆128次，检查车辆3800余车次。对辖区内重点单位和重点列管单位进行消防安全排查，排查辖区消防安全单位95家，发现隐患35起，全部整改到位。开展冷冻食品、食用油、白酒、火锅底料、调味品、违法添加非食用物质等的专项整治。全年办证112件，到位罚没款2.6万余元，完成市区下达快检任务52批次，对农村135件家宴进行备案管理。全年无安全事故发生。

加快建立镇、村、组三级立体社会治安防控体系，加大要害部位、重要设施、公共场所及重大工程安全保障力度，场镇安装摄像头15个。做好对辖区流入和流出人口的摸底、登记、办证工作，对场镇及周边的房屋租赁、暂住人口进行9次集中清理。重点开展矛盾纠纷源头预防，深化矛盾纠纷联调，开展重大决策事项社会稳定风险评估。推进干部下访常态，健全群众权益维护机制。全年排查纠纷24次，调处重大纠纷27件，全镇调解纠纷333件，涉及金额310余万元，调解成功率100%。

全年办理治安案件20余件，对主要犯罪起诉10人；刑事案件立案47件，破案26件，逮捕法办11人；治安处罚111人，行政拘留6人，警告95人；辖区内未发生严重影响群众安全的恶性刑事案件，可防性案件、八类主要刑事案件得到有效控制，群众安全感指数达到96%。

（杨　静）

附2015年重庆市长寿区邻封镇领导人名录

党委书记：刘祥云
镇　　长：李兴建（2015年1月离任）
　　　　　李智勇（2015年1月任）
人大主席：袁培英（女）
纪委书记：喻可君（女）
政法书记、统战委员：石坤君
武装部长、副镇长：彭 渝
副 镇 长：郭　蓉（女，2015年6月离任）
　　　　　张雪彬
组织委员：胡韩霞（女）
宣传委员：黄发中

云 集 镇

【概况】 云集镇位于长寿区东北部，东与丰都县相望，北临垫江县，西接长寿湖镇，东南靠涪陵区，辖区面积115.32平方千米，云集场镇距长寿主城34千米，辖11个行政村，90个村民小组，3个场镇，政府驻地华中场镇；2015年年底人口35940人，14326户，其中农业人口33342人，城镇人口2598人；年末耕地面积3927.4公顷。最高海拔800米，属典型的山地浅丘地势，属暖温带气候；镇内有水域面积533.33公顷，森林面积3421.6公顷；夏橙、榨菜、中药材、油茶是云集镇的四大支柱产业，是长寿区最大的夏橙基地。

【经济发展】 2015年，云集镇实现地区生产总值73210万元，比2014年增长8.3%；农业总产值60530万元，增长8.5%；工业总产值6430万元，增长9.2%；社会消费品零售总额14850万元，增长10.1%；财政收入2256万元，增长5.7%；农民人均纯收入12030元，增长11%。

云集镇始终把发展粮食生产摆在经济社会发展的突出位置，推广新技术，引导农户种植优良品种，重点抓好水稻苗期及中后期病虫害的预测、预报和防治工作。年底前，全镇种植水稻1206.47公顷，种植玉米845.33公顷，粮食总产量1.4万吨。

经济作物生产，全镇夏橙种植约1020公顷，年产量0.7万吨，年产值700万元，发展成片种植大户45户，拥有村组级集体果场51个；榨菜种植2200公顷，年产量6.6万吨，年产值3960万元；以银杏为主的中药材产业，按照“产叶、产果、培植绿化树的产业发展模式”，开展技术培训和嫁接工作。从2011年起的5年，投资670万元，更新植换夏橙133.33公顷，高换333.33公顷；投资约12.5万余元，嫁接银杏12.5万余株，面积200公顷，培训技术人员2500人次；投资近1000万元，新种植油茶743.33公顷。云集镇已形成以夏橙、榨菜、中药材、油茶为主的四大支柱产业，以成栋食品有限公司和港龙中药材有限公司为龙头带动产业发展。推进产业改造换代，完成尖峰、福胜、大胜3个村200公顷老果园改造（高接换种），大同村66.67公顷基本口粮田建设，飞龙村166.67公顷油茶种植项目；组织实施测土配方实施20公顷（主要是榨菜），抓好土、肥、水、病虫害防治等技术的推广和运用工作，落实柑橘实蝇监测点21个，落实专人报送标本；组织申办2个蔬菜绿色认证（榨菜、南瓜），家庭农场15家，全年实现无农机安全事故发生。

林业工作通过加强领导、落实责任、目标考核等，做好1460公顷国家（重点）公益林、1400公顷地方（一般）公益林和66.67公顷万亩商品林的管护工作。

【基础设施建设】 解决村民出行难问题，2011年至2015年5年投入4552余万元，完成公路硬化80.85千米；投资500余万元，硬化人行便道100千米；组建镇、村、队公路养护队伍，加强公路管护工作，完善公路养护机制。其中年内投入1500余万元，完成公路硬化40.78千米。加强场镇基础设施建设，2011年至2015年投资360万元，新建场镇公厕2个，整修公厕4个，完善路灯和绿化带，新建场镇消防设施和公共停车位。改善人民群众居住环境，5年投资760万元，完善华中场镇二、三级污水管网建设；投资660万元，新建场镇污水处理厂；投资160万元，新建农村沼气池820口；投资800万元，对长寿湖沿岸的7个村进行村庄连片整治；投资1256.3万元，新建大胜、青丰两个高山生态扶贫搬迁居民点，安置72户218人。改善农村居民生活条件，2011年至2015年争取资金760.4万元，完成C级危房改造289户、D级危房改造214户（其中2015年危房改造任务135户，完成C、D级危房改造30户，扶贫户危房改造105户正在加紧实施中）；投资2606.3万元资金，新建雷祖、大胜、青丰3个农民新村，安置175户575人，雷祖农民新村已全部入住，大胜和青丰农民新村已完成主体建设，2016年投入使用。5年投资850万元，实施完成“华中场镇天然气安装”工程建设，让1000余户居民告别烧柴、烧煤做饭的历史。5年投资2033万元，实现全镇自来水全覆盖，成立云集镇自来水厂，加强用水管理，解决3万多人饮水安全问题。雷祖等8个村农村安全饮水项目已投入使用；完成华中场镇人饮管网改造项目实施工作。年内投资3600万元，完成邻封至华中高压电力线建设。利用中央特大抗旱资金和小型农田水利专项资金352.5万元，完成山坪塘整治87口。

开展“保护环境，美化家园”活动，投入46万元加强3个场镇的清扫和垃圾清运，巩固环境连片整治成果；投入4.5万元对跳蹬河流域进行水葫芦清漂。推广清洁能源建设，完成120户农村沼气项目。

【社会事业】 村级民主政治建设以村务、党务公开为重点，建立健全各项规章制度，从公开的内容、程序、时限、形式和管理进行规范；不断深化村民自治，已建立“干部清白、群众明白”的村务公开管理机制。

教育改革继续深化，教学环境进一步优化。全镇小学适龄儿童入学率保持100%，初中入学率99%以上，农村整体文化素质水平得以提高；关爱留守儿童，镇政府在华中村和雷祖村分别设立留守儿童工作站，其余各村都建立留守儿童工作室。

就业、低保、五保、社保工作，从2011年至2015年，全镇新发展微型企业271户，新增就业1600余人，福胜村、万寿村被评为“市级微企村”；完成农村低保2956户4804人的评审工作，发放城乡低保资金627.34万元；按分散“五保”、“五保”家园五保、敬老院“五保”3个标准供养270人，足额兑现直补五保金524.36万元；城乡居民社会养老保险参保21640人，参保率90%以上，城乡居民合作医疗保险参保率100%。2015年，全镇城乡居民医疗保险参保人数35492人，参保率100%；转移农村富余劳动力18300人，超额完成年度目标任务；开展就业服务工作，回引创业402户，回引就业创业人数1825人，组织农民工职业技能培训1523人，办理就业补贴15人、月补助金额3204元。新发展微型企业81户，万寿村获“重庆市微型企业村”称号。着力解决群众看病难、看病贵的问题，城乡医保参保率明显提高，报账制度进一步完善，配备临床经验丰富的医护人员和各种医疗设备；抓好城乡医疗救助、临时救助工作，坚持日常医疗救助、大病医疗救助和临时医疗救助相结合。2011年至2015年临时医疗救助703人131万元；对贫困精神病患者住院救助165人、药物救助160人76.67万元。2015年发放春荒救助12.9万元；医疗救助92人次20.74万元；组织职工参加慈善双日捐活动；发放低保、五保救助资金265.69万元；向复员军人等发放优抚金122.67万元；定向救助对象14人，发放资金7.7万余元。

加强人口和计划生育工作，2011年至2015年全镇人口出生率控制在5.12‰以内，符合政策生育率85%以上，违法生育现象逐年减少，农村新生儿性别结构逐步改善，发放计生各类补贴393万元，连续5年被区委、区政府评为达标单位。

在抗战胜利70周年等重大节日，以各类文艺活动丰富人民群众的精神文化生活。5年组织承办市、区文化三下乡文艺节目25场次，电影500余场次，观众5万人次；组建华中场镇民间舞蹈队和腰鼓队，配备有服装、音响和道具。

完成杨克明烈士故居（纪念馆）建设现场勘测、修缮设计方案编制、施工设计图绘制、部分史料及文物搜集、部分建设资金筹集等工作；杨克明故居已列为区级文物保护单位。

【安全维稳】 加强安全生产监管，认真落实“一岗双责”，健全事故监管机制，持续开展各项专项整治，防范重特大事故发生。

平安建设工作首先抓好群众来信来访，变“群众上访”为“干部下访”。全年领导干部接访、下访、约访群众118人次，抽调资金120万元解决群众疑难问题48件。依法严厉打击各类犯罪，2015年，向群众发放法律宣传资料6700余份，接受群众法律咨询217余人次，办理法律援助案件5件，落实社区矫正和安置帮教工作，矫正人员15人，通过监管，解除矫正7人，在册8人，未出现脱管、漏管、重新犯罪问题。先后组织安全隐患排查36次，开展各类安全检查执法112次，出动检查执法人员283人次，检查安全生产经营单位和个体户1732家。访民情解民忧，每次党委会都专题研判群众的诉求，要求机关干部走访群众到位、服务群众到位，将群众满意度纳入政府的综合目标考核，与干部的评先评优挂钩。2015年，云集镇民意调查在全区19个街镇中排名第十位。

【精准扶贫】 2015年，云集镇精准扶贫工作的目标是完成459户1378名贫困人口（含2014年完成产业扶持项目的C类贫困人口）的“越线”和大同村的脱贫“销号”任务。通过实施精准扶贫和精准脱贫，贫困户年人均可支配收入达到11212.66元；贫困村大同村实现“八有”，99户贫困户人均可支配收入达到10673.63元，成功“销号”。为巩固扶贫攻坚成果，云集镇申请贫困户新增产业扶持项目443户、大病救助13户、大学生教育扶持27人、非全日制公益性岗位定向就业128人。2016年1月14日，云集镇扶贫工作代表长寿区迎接市级验收，得到验收组肯定和好评。

（冉旖旎）

附2015年重庆市长寿区云集镇领导人名录

党委书记：舒　鸿

镇　　长：刘伦科

人大主席：湛广兵

纪委书记：马绍全

政法书记、副镇长：廖昆明

武装部长、宣传委员：车选科

副 镇 长：车　念　勾晓勇

组织委员：王　千（女）

统战委员：熊芫艺（女）

双 龙 镇

【概况】 双龙镇位于长寿城东北部，距长寿主城28千米，距长梁高速路合兴出口处5千米，距长寿湖高速公路出口6.5千米，辖区面积56.97平方千米，耕地面积2957.02公顷（其中田2386.5公顷、土564.52公顷），辖11个村、1个社区、77个村民小组、8个居民小组。2015年全镇有18912户，39383人；男性19999人，女性19384人；农村人口32938人，城镇非农户4579户，城镇非农人口6445人；有农村劳动力22685人，其中外出务工17785人；常年外出劳动力12599人，常住人口18275人，人口密度691.29/平方千米。镇政府坐落在双龙社区龙祥街17号，2015年在职人员79人。辖区内有企业44个，从业人员9876人。主要资源有石材、盐卤、天然气、花卉、苗木、柑橘，大罗山旅游风景区等；交通方便，镇内有两条高速路直通长寿城，到长寿城20分钟，到重庆主城1小时；渝万铁路长寿湖站设在双龙城镇规划区内。

【经济发展】 2015年，全镇地区生产总值7.05亿元，比2014年增加4500万元，增长6.82%；社会固定资产投资2.51亿元，增加2100万元，增长9.1%；城镇居民可支配收入2.59万元，增加2240元，增长8%；农民人均纯收入1.32万元，增加1100元，增长9%；城镇化率增加2.5个百分点；登记失业率控制在3.2%以内。

全镇实现经济总收入84250万元，比2014年减少4871万元，降低5.5%。

全年粮食总产21534吨，较2014年减产134吨，降低0.06%；水果种植面积553.5公顷，产量2870吨；蔬菜产量14237吨。水产品面积340.5公顷，产量2240吨。畜牧业收入15560万元，建有生猪养殖示范场22个，出栏育肥猪34756头，存栏猪7123头，能繁母猪1012头；家禽存栏451230只，禽蛋产量2645吨，有养鸡场31个（其中有笼养鸡示范场16个，存栏鸡432322只，种鸡22.2万只），林业收入41.3万元；退耕还林直补5323户，直补面积334.7公顷，补助资金82.64万元；完成荒山造林134.7公顷，全镇森林覆盖率23.92%；组建护林队5个，护林人员60人。

2015年全镇工业总收入2.57亿元，利润1123万元；工业集中区的盐卤生产能力13万吨/年，产值2660万元；年内启动双龙至涪陵天源化工88千米的输卤管道建设项目；建筑业增加值4953万元，利润98万元，入库税金134万元。有乡镇企业44个，总收入28232万元，利润1012万元。

农业园区租地9个村、1个社区，租地面积855.5公顷。租用土地每一亩地按350千克稻谷当年市场中等价格计算，村民应得土地租金1131.88万元。现代农业园区晋升为“国家级农业示范园区”。

双龙镇杂交水稻、玉米推广面积100%，全年开展农技培训班35期，培训人员3537人；开展科技“三下乡”活动12人次，培训农民掌握实用技术3～5门，培训新型农民1041人；机械化耕作培训6人次，机械收割培训6人次，全镇有农耕机545台、农用车267台。有家庭农场47户，新增27户；新发展农业养殖股份合作社2个；建有大棚蔬菜基地20个。

2015年，财政收入上级转移支付补助收入2838.3万元，比2014年增加2.42%，基金收入270.48万元，上年滚存结余1.53万元。地方财政预算支出2827.24万元，比年初预算数减少7.2%，比2014年减少7.4%；用于民生的项目支出1030.59万元，占总支出的36.45%；2015年“三公”经费支出39.7万元，比2014年同期减少6.52%。当年列报支出合计2827.24万元。收支结余0.53万元，滚存结余2.06万元。

2015年全社会消费品零售总额8.21亿元，比2014年增长1.4%。全镇有个体工商户1813户，年内新增148户；发展微型企业105户；发展广告主体2户；有注册商标23件。

全年社会固定资产投资2.51亿元，比2014年增加2100万元，增长9.1%。

2015年，农业银行和重庆农商行的双龙分理处、双龙邮政储蓄所3家银行存款额120716万元，比2014年增加6394万元，增长5.59%。

【基础设施建设】 2015年，镇村建设实施井家堡房屋旧改工程10000平方米，竣工8000平方米；查处3起违法建筑，强制消除违法建筑2起，“两违”整治中房屋产权办证99%。新建场镇路灯17盏，整修路灯42盏、雨水管网80米、公厕3座，新建公厕2座，完成场镇二、三级污水管网建设2.7千米，整修场镇污水管网410米，新增场镇绿化面积150平方米。新增场镇垃圾收运箱96个、垃圾桶662个、果皮箱20个、垃圾车4辆，场镇生活垃圾日产日清，年运输处理垃圾4000吨。渝万铁路双龙站广场建设征地16.67公顷，拆迁房屋51户，拆除房屋5500平方米，安置人口215人，拆除果园八十亩，搬迁企业2个，按照政策规定进行补偿。双龙城管监察中队有队员10人，新建物业专业管理队伍11人，卫生保洁人员12人。

新农村建设完成农村危旧改造19户，农村危房普查300户；农村房屋审批15户，新建1245平方米；土地复垦5.32公顷，支付资金400万元；完成龙滩村“美丽乡村”市级示范点建设；新增农村垃圾收运箱75个。

新修防渗渠道12.3千米，整治维修渠道11千米，渠道清淤43.1千米；维修山坪塘65口，新建蓄水池8座，整修电力提灌站7座；完成罗围村3～5组68.2公顷土地整治项目，新建沼气池139口。完成农村道路养护200千米，新建公路4千米，硬化农村公路13千米，整治公路隐患2千米，整修水毁公路10处4.3千米；完成红岩村至焦家公路扩宽改造8.7千米；新硬化人行便道42千米。完成罗围、飞石、尖山、联合4个村人饮输水管道搬迁4200米，完善天堂、谷黄、尖山、长寿寨4个村农村电网升级改造。

【社会事业】 2015年，双龙镇有学校8所，其中，中学1所、小学2所、幼儿园4所、成人艺术学校一所。双龙中学校是区直属完中，有在校学生1118人，教职工184人；学校年内获得各种奖励9项，教师有8人获国家级奖励、23人获市级奖励、47人获区级奖励；学生有3人获国家级奖励、35人获市级奖励、61人获区级奖励。双龙镇小学校有中心校1所、寿山点校1所，在校学生1780人，教职工112人。有幼儿园3所，其中，中心幼儿园1所，教师7人，在园儿童385人；社会办幼儿园2所，教师30人，在园儿童350人。双龙镇教管中心教师年内荣获市区奖励125人次，其中，一等奖21人次，优秀、先进工作者28人次，教育宣传信息工作获先进集体奖。

双龙镇有文化广场1个，面积450平方米，有篮球场16个；有图书室30平方米、藏书量1.2万册，年借阅图书15211人次；有电子阅览室5个，阅览人数5912人次；镇文化站对外免费开放，有健身器材18套，村文化图书室12个，农村图书外借点35个，乒乓桌15张，农村文艺宣传队伍6支53人，腰鼓队1支23人。全镇有线电视用户为9623户，年内新发展有线电视用户76户；2015年9月30日，双龙镇有线电视网络全部移交区网络公司管理；广播电视村户通工程安装高音喇叭86个。2月21日、4月25日、5月10日、5月29日、7月11—15日，双龙镇在菩提古镇万寿广场举办专场文艺汇演，参加“炫动长寿、百姓舞台”坝坝舞比赛和民间文艺团体才艺比赛，“中国梦”优秀创作歌曲传唱声乐比赛，长寿湖片区农民运动会，均获等级奖。

2015年全镇出生婴儿403人，其中政策内生育331人，政策外生育72人，计划生育符合政策率82.1%，全镇人口出生率10.2‰，人口自然增长率控制在3‰以内；办理婚育证明率85.34%，验证率100%。

双龙镇医院属国家一级甲等医院，下设罗围分院，村卫生室11个，社区卫生服务站1个，设有内儿科、外科、妇产科、中医药科、针灸理疗科、口腔科、眼耳鼻喉科、医技科（放射室、检验室、超声心电室）、药剂科、公共卫生科等科室；有职工72人，有专业技术人员68人，乡村医生25人；镇医院开放床位70张，罗围分院床位10张。镇医院于2015年8月整体搬迁至双龙镇龙湖大道99号，新院占地面积6435平方米，业务用房面积2996平方米，新增直接数字化X射线摄影系统（DR）和电子阴道镜。全年门诊22256人次，住院1924人次，住院17821床日，业务收入689.31万元，开展手术153台。补偿居民医保医疗费408.3万元。

儿童保健管理工作落实4∶2∶1体检，镇内7岁以下儿童总数2231人，保健管理2169人次。做好孕产妇329人保健管理工作；完成65岁及以上老年人免费体检3518人；管理高血压病人3194人、糖尿病人717人、结核病人2人、重症精神病人176人；完成35～60岁妇女“两癌”筛查760人。

2015年双龙镇有农村低保162户、281人，发放低保金509197元；城市低保户110户、163人，发放低保金501278元。临时困难救助202人，救助金额22.4943万元；征地农转非医疗救助15人，救助金额1.7471万元。有“五保”户223人，发放慰问金125.223万元。有优抚对象377人，发放优抚金2497522元。儿童救助8人，每人每月600元，发放金额5856元。殡葬工作。年初，与12个村居签订责任书12份，全年火化尸体48具。全镇有百岁以上老人1人，96～99周岁老人6人；发放高龄老人补贴56人6.62万元。

2015年全镇有劳动力22685人，培训农村富余劳动力17785人次，转移就业10145人，回乡再创业就业人员453人。建立公共服务中心1个，村级服务平台12个；调处拖欠农民工工资7件，涉及人数102人，兑现资金31.45万元。城乡居民参保38962人，参保率100%。全年城镇新增就业人员350人，小额担保贷款324万元，成功帮扶64人实现就业。办理社保、医保补贴86人，就业奖励53人，发放金额40余万元。全民参保登记和人力资源台账建设工作已录入33900人。办理征地农转非人员参保工作654人。完成农村劳动力培训700余人次，创业培训605人。办理征地农转非"4050"以上人员生活困难补助1845人。城乡居民基本养老保险年内指纹验证5989人。

【安全维稳】 全年排查矛盾纠纷736件，已处理解决733件，调处率99.6%；有专职综治员12名，组建巡逻队伍13支，巡逻队员79人，开展校园周边及农村综合巡逻，配校园保安23人，中小学配备法制副校长3人；开展法制宣传教育4场次，提供法律援助258人次。2015年，治安案件发生497件，查处447件，查处率为89.9%，治安罚款457人；刑事案件发生76件，破获20件，破案率为26.3%；交通事故发生41起，无人死亡，直接经济损失14.3万元。有邪教人员32人，门徒会24人（已转化解脱23人），全能神人员1人。

年内处理区级以上交办信件50件，办结50件，办结率100%；镇上交办信件10件，办结10件，办结率100%；开展干部大下访活动，下访451次，接待群众654人次，收到各类问题反映502件，解决499件，解决率99.40%。

开展道路交通安全检查240次，检查车辆4850次，查处违章车辆780车次，处罚金额8500元；查出道路安全隐患7起，整改7起；检查非煤矿山安全12次，发现隐患15处，整改15处；检查建筑安全12次，发现隐患10处，整改10处；检查烟花爆竹8次，检查单位350个，限期整改15处；消防安全检查6次，检查单位360个，发出隐患整改通知12个，排查出地质灾害10处，已整改10处；有18名义务消防队员，常年应急灾害事故；年内，出火警8起，抢险救灾3起，转移群众26人；全镇发现马蜂窝416个，组建专业队伍进行摘除，已摘取马蜂窝345个。2015年10月11日14：30时，连丰村六组一对夫妇到地里干农活，不幸被马蜂窝里马蜂蜇伤，将其中一人送至镇卫生院抢救无效死亡。

全年开展食品药品安全知识培训3次，发放健康宣传册5000份；办理食品经营许可21户，检查药品经营店46家，检查餐饮服务店135家、食品超市、副食店60家、小作坊10家，查处各类过期食品2件次，取缔食品加工小作坊1个，查处非法经营药品案例5件处罚4900元；坚持农村宴席100人以上申报制度，未发生群体性食品中毒事件。

【党建工作】 开展"三严三实"专题教育，查找问题47个，完成问题整改35个，完善工作制度19个；机关、村（居）干部到凤城监狱接受警示教育123人次，查处案件1件，处理违纪村干部1人。全镇党员总数1397名，新发展新党员8名；表彰先进党组织4个，先进基层党组织5个。农村党支部11个，党员1124名；全镇21个党组织，撰写调研文章22篇、心得体会145篇，在市区主流媒体上报道我经济发展43篇。全镇有区人民代表12名，镇人民代表65名，2015年1月28日双龙镇召开18届四次人民代表大会，补选唐顺斌为双龙镇人民政府副镇长。

全镇精准扶贫461户，1056人；政策享受448户，产业扶持资金45.8万元；新增产业户446户，扶持资金44.6万元；大病救助17户，救助资金4.28万元；教育资助8户，资助资金1.6万元；年内新增贫困户危房改造64户，公益性岗位265个。2015年为贫困村红岩村投资783万元，项目15个，已完成15个，达到精准脱贫目标要求。

全镇有基干民兵189人；普通民兵连12个，民兵4512人；2015年部队退伍军人11人，为部队选送新兵13人。

全镇有市级劳模4人，市区级诚信文明户4户，评选出镇级遵纪守法户823户、五好家庭户85户、双文明户11户、十星文化中心户15户。开展第二十七个"爱国卫生月"宣传活动，印发宣传资料2700份，场镇居民3200人次参与大扫除卫生行动。

（焦浚宸）

附2015年重庆市长寿区双龙镇领导人名录

党委书记：陈代禹

镇　　长：张光勇

人大主席：张兰平
纪委书记：刘海容（女）
政法书记：罗万川
武装部长：李家明
副 镇 长：唐顺斌（2015 年 1 月任）
　　　　　李超平（女）　杨　耀
组织委员：叶俊英（女）
宣传委员：郑小林
统战委员：徐　斌

龙 河 镇

【概况】　长寿区龙河镇位于长寿城东北 20 千米处，东邻垫江县，南靠长寿湖、双龙镇、新市镇，西连葛兰镇，北接石堰镇。政府驻地在合兴场，距长梁高速路合兴立交桥出口 500 米，全镇公路里程 356 千米，行政村畅通率 100%。辖区内有 17 个村 1 个社区，115 个村民小组、6 个居民小组；总人口 47796 人，其中农业人口 44041 人，非农业人口 3755 人。辖区面积 89.9 平方千米，其中耕地面积 4747 公顷，森林覆盖率 38%。

龙河镇地处亚热带，地貌以浅丘平坝为主，气候温和湿润，土壤肥沃，是长寿区有名的鱼米之乡。辖区内物产丰富，盛产优质水稻、杂柑、夏橙、蔬菜，是重庆市晚熟柑橘基地；畜禽养殖业发达，是长寿区特种畜禽水产养殖基地。

【经济发展】　2015 年，龙河镇完成水稻种植 1993.33 公顷，总产量 1.62 万吨；玉米种植 746.67 公顷，总产量 0.47 万吨；小麦种植 160 公顷，总产量 334 吨；油菜种植 160 公顷，总产量 318 吨；完成机耕面积 4400 公顷，为计划的 100.3%；机收

龙河镇柑橘丰收

1800 公顷，为计划的 108%。全镇土地家庭承包面积 4746.67 公顷；全年新增流转土地 100 公顷，达到流转土地面积 2760 公顷，占总耕地面积的 58%，全年全镇农户获得 2500 余万元土地流转租金。年内签订复垦协议 700 余户，新增耕地面积 10.67 公顷。发放农资综合直补资金 495.6 万元。

2015 年龙河镇实现财政总收入 2971 万元，财政总支出 2788 万元。投资 180 万元，全面完成 2014 年度小城镇基础设施项目；投资 100 余万元，实施城市和农村垃圾收运以及场镇物业服务项目。整合各类资金 2000 余万元，完成 221 口山坪塘整治工程、蔡家河小流域水土流失治理工程、2013 年新农村龙河示范片工程、2014 年和 2015 年移民后扶项目。投资 1000 余万元，完成 12 条村道硬化。龙河镇的农村电商开始发展，年内建成左家湾电商产业示范带，发展农村电商代购、代销网点，依托“保合农场”电商品牌，网购、网销农产品产值 50 余万元。强化“三公”经费管理，“三公”支出较 2014 年同期下降 44.86%，公务车辆运行费用下降 2.14%。

整合财政专项扶贫资金以及组织部、水务局、交通局、农委等部门扶贫资金 822 万元，完成 14 个整村脱贫项目建设，实现贫困村永兴村整村脱贫；全镇建档立卡 A、B、C 类贫困户 379 户全部脱贫，年人均可支配收入 11820 元。

龙河镇电商一条街

【基础设施建设】　继续推进城乡社区便民服务中心标准化建设，全年新建社区便民服务中心 3 个。秀才湾美丽乡村建房 32 幢，房屋主体年内全面完工，环境工程接近尾声，2016 年 1 月底可交房入住。购置移动压缩式垃圾箱 1 个，垃圾车 6 辆，垃

圾箱104个，活动式带车轮密闭垃圾桶811个，果皮箱64个，机动三轮车16辆，手推车3个。完成投资120万元的龙河镇三级污水管网项目，建设龙河场及合兴场三级污水管道1016米，连接支管300米，配套污水检查井、收集池，新建提升泵1座，合兴场污水管网全部接入污水主管网。投资620万元完成农村环境连片整治项目主体工程，包括新修垃圾中转站1座、垃圾箱平台102个、乐温污水处理厂1座，完成2500余米主管网建设，完善污水收集支管3000余米，合兴场、龙河场和乐温场的污水得到有效处理。龙河镇成功创建为市级生态镇，保合村创建为市级生态村，已通过验收。

龙河镇堰塘村公共服务中心

【社会事业】　救助工作。2015年，全镇新增低保42户92人，调减33户71人，全年发放城市和农村低保金162.2万元。新增“五保”“三无”人员32人，总计有334人，全年发放供养金184.2万元。临时救助104人，发放救助金21.7万元，上报民政建档16人。送治16名流散及家庭无能力的精神病患者，救助资金22.9万元。对全镇466名优抚对象发放255.5万元补助金。2015年，全镇享受高龄失能老人服务补贴和96岁以上老年人高龄津贴155人，发放补贴18.19万元。落实残疾人扶持政策和做好残疾人康复服务，全年完成贫困残疾人危房改造5户，发放救助金8万元；申报并核查残疾人居家安养护理人员100人次，发放护理补贴金3万元；对676名重度残疾人发放护理补贴和生活补贴资金20.73万元。发放2014年冬令款45万元，救助1782人。发放2015年春荒款8.4万元，救助984人。

全年办理退地农转城养老保险205件；城乡居民养老保险新参保339人，参保总人数2.65万人；全年发放养老金1000余万元。全镇医保参保率85.5%，报销比例不断提升。

2015年龙河镇失业率控制在2.6%以内。大力扶持和鼓励就业困难人员自主创业，成功办理小额贷款42件，其中大学生贷款2件；发放贷款363万元。

2015年龙河镇图书室藏书5000余册，设立电子阅览室、娱乐室、文化活动室、展览室，向社会免费开放；全年群众借阅图书1100余人次，青少年参加电脑学习380余人次；组织农家书屋管理员培训4次；在保合村、四坪村、龙河村、河堰村、龙兴社区开设国学讲堂，开课110次，宣讲传统文化经典；多幅摄影书法作品在长寿区第二届“美丽乡村”书法绘画摄影大赛中获奖展出。农村体育工程在建设场地得以落实的村做到全覆盖，镇健身广场运行良好，全民健身蔚然成风；成功承办长寿区“农商行杯”第二届农运会，蝉联团体冠军。

加大政策、科普知识宣传力度，发放农业技术、食品安全、环境保护、计划生育、安全生产、医保社保、民政优抚等宣传资料3.7万余份。

【安全维稳】　2015年，全镇安全生产形势总体良好，未发生安全生产事故，实现安全生产“零”死亡的目标。发生火警7起，比2014年下降13%；全年道路交通死亡人数0人。镇党政主要领导带队检查安全工作15次，带队上路检查12次，开展执法检查162次；出动执法人员327人次，检查车辆2000余台次，查处违法违规车辆711辆，排查21处道路交通安全隐患。投入资金10余万元，整改完成各类安全隐患33项。

镇食品药品安全监管全年开展13个专项整治行动，检查食品药品生产经营单位122家437人次。

全年接处警448起，处置率100%。各村建立以村干部为主体，队长、党员志愿者广泛参与的治安巡逻队伍，全镇参与巡逻的人员196人。治安案件数量明显减少，刑事案件发案率明显下降。

群众信访工作按照“任务相当、方便管理、界定清晰”的要求，设置17个总网格、115个分网格，形成各村支部书记为网格长—村支两委工作人员为二级网格—各村民小组组长、党员（志愿者等）为线条、村民积极参与的条块结合的社区网格化管理模式。年内收集群众诉求315件，听取意见86条，解决群众问题68个，解答群众疑问105个，解释疏导85次，协调区级部门解决疑难问题2个，投入资金10.5万元。

【选举工作】 2015年6月4日召开龙河镇第十八届人民代表大会第五次会议，选举徐嘉为龙河镇人民政府副镇长。

（李 婕）

附2015年重庆市长寿区龙河镇领导人名录

党委书记：张新明
镇　　长：温永熙
人大主席：向瑞芳（女）
纪委书记：张　忠
政法书记：李金荣
武装部长：杨洪文
副 镇 长：刘成福　李文秀（女）
　　　　　张恩勤（2015年6月离任）
　　　　　徐　嘉（2015年6月任）
组织委员：沈洪英（女）
宣传委员：程建军
统战委员：祝明合

海棠镇

【概况】 海棠镇位于长寿区北部，北邻重庆市垫江县、西接四川省邻水县，镇政府所在地长寿区海棠镇正街，距G50高速公路云台出口、澄溪出口均为5千米，距长寿深水港码头50千米，距渝怀铁路长寿站80千米，距重庆市中心90千米，地理位置优越。全镇辖区面积45平方千米，辖9个行政村，58个村民小组，10874户，户籍人口31463人（其中非农业人口2197人）。耕地面积1127公顷，设施农业占地面积160公顷，有效灌溉面积797公顷，农作物播种面积2686公顷。海棠镇地势东、西高，中部低，属浅丘平坝区，亚热带湿润气候，四季分明，夏季长而炎热，春秋季短，冬季较暖和。雨量充沛，但分布不均，一、二、三月易出现春旱，五、六月常发生洪涝灾害，七、八月伏旱明显。海棠镇天然气、硫黄储量丰富，境内有川东天然气净化总厂引进分厂。石灰矿在镇内东西两山蕴藏量在千万吨以上，未大量开采，只是少部分开采用于生产片石、碎石。

【经济发展】 2015年，全镇实现财政总收入2009万元，比2014年增长7%；全镇生产总值10.68亿元，增长12%；固定资产投资完成额1.81亿元，增长11.5%；社会消费品零售总额2.21亿元，增长13%；农民人均可支配收入13094元，增长11%。

2015年，海棠镇粮食丰收，粮食播种面积2183公顷，产量11453.5吨；着力推广农业机械化、规模化，大力发展现代农业园区粮油核心区建设，实施机插秧示范片一千亩，继续加强柑橘、沙田柚示范基地建设；着力推广农业机械化，全年新增农业机械114台，农机具购置补贴23.28万元。土壤改良增幅有机肥200公顷，种植绿肥66.67公顷，秸秆还田200公顷，新技术培训500人次，高标准示范集中基地13.33公顷。

2015年10月，区委常委王身高到海棠视察土地整理项目

土桥经济发展落实园区三期征地4.67公顷用于安置房建设，完成园区二期、三期征地“七通一平”的基础设施建设；成功启动1.2公顷安置房开发工作。年底前与7家企业完成签约工作，已有4家企业入驻，有3家企业正在协调街镇工业走廊办理相关手续；实现聚商选资额4.66亿元，增幅11%。

第三产业实现批发零售商品销售总额12656万元，比2014年增长12%；餐饮住宿业营业额实现2429万元，增长13%；连锁经营销售额实现2719万元，增长11%。2015年海棠镇发展微型企业22家，用国家的政策资金惠及普通村民，把“大众创业、万众创新”落到实处。

通过镇村两级及区级帮扶部门135名干部，一对一开展精准脱贫精准扶贫工作，全镇334户扶贫户已全部越线脱贫。其中低保兜底脱贫36户，非全日制公益性岗位招用定向就业推荐34人，新增财政扶贫攻坚贫困户大病救助扶持3人，贫困学生教育扶持39人，贫困户产业扶持312户，申报解决贫困户住房困难44户（其中建委负责D级危房改造项目

16 户），核实四类人员 22 户。

【基础设施建设】 农村道路建设，全年村道加宽改造和硬化 12.3 千米，投入资金 570 余万元；实现农村公路养护管理全覆盖，全年发放养护资金 107610 元。

加快城镇重点地域污水排放和垃圾整治，启动镇农贸市场建设和市民健身广场建设，城镇功能进一步完善。开展场镇行道树乱牵乱挂、场镇乱搭乱建、占道施工等问题专项整治，对场镇内的化粪池和下水道进行建档管理，场镇环境进一步优化。完成 2 座公厕改建，排水沟整治 500 米，路灯改造 10 盏，安装 5 根消火栓，新建 2 个市民小广场，已竣工交付使用。

新农村建设实施全镇农村电网改造工作；持续推进用地复垦工作，金子村上河坎滑坡点复垦项目 8 户房屋通过审查，预包装复垦规模 3149 平方米；加大农村危旧房改造力度，落实全镇 7 户 C 级危旧房、19 户 D 级危旧房改造任务。

新修灌溉输水管 4189 米，新修灌溉渠 4384 米，新修排水沟 1265 米，新修管涵 208 米，新修盖板涵 3 座，新修 100 立方米蓄水池 4 座，新修 2.0 米宽耕作便道 8764 米，新修耕作便道下田墩 30 个。

【社会事业】 教育事业取得新进展，海棠镇中心小学校有学生 1363 名，教职工 63 名；学校占地面积 31500 平方米，校舍建筑面积 13987 平方米；小学段适龄儿童全部入学，入学率 100%，学龄女童全部入学，入学率 100%。海棠镇初级中学有 24 个教学班，1240 名学生，98 名教职工；学校占地总面积 17480 平方米，校舍总面积 10215 平方米，其中绿化面积 1800 平方米。

丰富农村群众文化活动，完成全镇 9 个农家书屋、18 个图书外借点的标准化建设和规范管理。挖掘海棠非物质文化遗产，成功申报“海棠打夯号子”为区级为物质文化遗产保护项目，“海棠唢呐”正在申报国家级非遗保护项目。聘请重庆仁利物业管理公司对场镇卫生进行专业管护，坚持生活垃圾日产日清，每天清运垃圾 5 车次，保障场镇卫生干净整洁。

2015 年，全镇育龄妇女 6779 人，人口出生政策符合率 90%；自然增长率为 8.4‰；孕优完成 90 对，完成率 106%；征收社会抚养费 75 万元。年内走访流动人口 30 户，为外出流动人口办证 60 个，办证率 100%；外出流动人员寄回孕优检查证明 5 份。发放叶酸 100 盒；印制出生缺陷干预宣传品 5000 余份和“三免”便民服务卡 300 余张。举办避孕节育知识培训 2 次，参训人员 280 人次；免费发放避孕套 800 余盒；全镇 98 名使用药具人员全部实行知情选择，药具发放率 100%，有效率 100%，随访率 100%。

2015 年发放 757 人农村低保，总额 155.89 万元，40 人城镇低保总额 14.433 万元；发放 1920 余人的困难补助款 150 万余元；发放冬春荒补贴 47 万元、火灾住房救济 11 户 1.5 万元和救助稻草援助 10 人次，发放临时救济金 4300 元。

全年征收养老保险金 210 余万，新办理参保 150 余人，完成近 4300 人的人脸指纹采集和认证工作。全镇 25838 人参加城乡居民医疗保险，筹资 250 余万元；全年医保方面的服务约 1.5 万人次。全年完成新增就业人员 350 人，下岗失业人员再就业 45 人，就业困难人员就业 30 人，就业培训 350 多人，完成回引就业创业人数 510 人，成功为 40 个就业困难家庭或返乡农民工创业发放贷款 42 笔 300 余万元。

【安全维稳】 严格执行安全生产“一岗双责”，落实安全专管人员和管理员的职责，完善安全生产制度，建立安全生产台账，做好道路交通、森林防火、城乡消防、食品药品等重点领域安全工作，彻底清查各类安全隐患。全镇年内出动检查人员 589 人次，出动检查车辆 142 台次，对辖区 1 家非煤矿山、6 个建筑工地、9 个人员聚集场所、43 家工贸企业、203 家个体工商户、221 千米乡村道路进行监管；排查出各类安全隐患 173 处，下发隐患整改通知书 41 份，已经整治完成的隐患 166 处，整改率 95.9%。

严格依法办事，强化村民自治，推行政务和村务公开。抓好社会治安综合治理，健全民主法制建

2015 年 12 月，副区长汤晓强到海棠镇指导扶贫工作

设，提高依法行政水平。发放宣传各类法律法规等资料15800份，征订普法书籍200余册，现场普法宣讲20场，全年受教育98000余人。坚决打击各类违法犯罪分子，重点严厉打击门徒会等邪教分子，社会治安秩序整顿成效明显。2015年，全镇排查各类矛盾纠纷592件，成功调处591件，调处成功率99%以上；区市转信访44件，已办理44件；镇接13件次，已处理13件次，办结57件次。帮扶救助66户困难群众，投入资金11.162万元。

开展对邪教的宣传、排查和打击专项治理，全年印发反邪教的宣传资料12000余份，召开各种宣讲会、培训会759人次，写大幅标语20余幅，制作反邪教专栏4期；组织反邪教知识竞赛180余人次。

【党建工作】 开展干部大下访行动，全年机关干部走访群众10357人，到农村院坝、田间地头实地调研158次，收集社情民意158个，落实社情民意158个。海棠镇全力开展“三严三实”专题教育活动，整理出领导班子“不严不实”问题13条，领导干部个人“不严不实”问题95条；已整改落实班子“不严不实”问题12条，个人“不严不实”问题93条。严格履行入党手续，把握发展党员工作中培训、政审、考察、审批、转正等各个环节，年内发展党员6名，党员按期转正6名。督促党员自觉参加组织生活，完成党组织交给的任务，按期按规定交纳党费，自觉接受党组织的教育和培训，自觉参加“七一”等节日活动。

（向　迪）

附2015年重庆市长寿区海棠镇领导人名录

党委书记：王义平
镇　　长：黎维新
人大主席：白腊全
纪委书记：吴国全
政法书记：邹明忠（兼）
武装部长：邹明忠
副 镇 长：袁永生　殷家斌　高　强
组织委员：杨　一（女）
宣传委员：邹明忠
统战委员：黎　勇（2015年5月离任）
　　　　　袁　健（2015年5月任）

石堰镇

【概况】 石堰镇位于长寿区主城之北，镇治石堰场，距区主城34千米。镇地域东与垫江县包家接壤，西邻葛兰镇、邻水县丰禾镇，北抵云台镇，南连龙河镇。呈长条形，东南至西北约14.1千米，东北至西南约7.6千米，辖区面积107.18平方千米。镇辖20个村、1个社区，138个村（居）民组，总户数23467户，总人口61881人，其中农业人口56578人，非农业人口5303人。土地面积9119.6公顷，其中耕地面积6217.4公顷。境内有范家桥、三条沟两座大中型水库，桃花溪、打鱼溪、龙溪河等河流由北向南平行流经镇域东、中、西部，水资源丰富。石堰镇人民政府驻石堰镇正街209号，石堰镇机关内设13个办公室（所），2015年在职在编人员73人。

【经济发展】 2015年，全镇实现社会消费品零售总额3.24亿元，比上年同期增长12.11%；实现农民人均纯收入12371元，增长6.99%；完成全社会固定资产投资3.52亿元，增长15.03%；全镇年末存款9.1亿元，增长15.19%；全镇地方一般预算财政收入完成3401.4万元，其中保障性转移支付1870.8万元，增长14%；地方一般预算支出完成3361.2万元，下降22%。

2015年，全镇粮食总产量3.7万吨，人均粮食产量640公斤，实现稳产目标。畜牧生产稳中有升，出栏生猪6.98万头，出栏肉鸡40.13万只，奶产量1.09万吨，禽蛋产量9110吨，肉类总产量6245吨。

全年开展大型农业技术培训8次，培训850余人次；推广玉米农膜种植300公顷，良种种植面积100%；水稻机收面积85%。年内新增家庭农场11个。全年春秋两季防疫猪口蹄疫19.85万余头份，猪瘟三联苗19.85万余头份，禽流感疫苗154.9万羽份，仔猪改割1.21万余头，防疫奶牛口蹄疫2500头次，布病和结核两病普查2000余头次，高致病性禽流感、高致病性猪蓝耳病、口蹄疫、猪瘟和鸡新城疫等5种强制免疫疫病密度98%，狂犬病免疫90%，圈舍消毒100%，畜禽驱虫100%。

开展精准扶贫脱贫工作，对全镇ABC三类563户贫困户确定帮扶人员，通过产业扶持、就业扶持、教育资助、建房补助、医疗救助等帮扶，年底前全部实现脱贫。通过建设道路、沟渠、自来水管网等工程，发展蔬菜种植、生猪、山羊、土鸡养殖等特色产业，帮助市级贫困村干坝村实现整村脱贫。

【基础设施建设】 年内新建山塘5口，整治山塘202口，渠道清淤3千米，渠道防渗1.2千米，完成义和、干坝、高庙、兴庄4个村退耕还林成果巩固项目建设300公顷，整治病险水库1座，恢复改善灌溉面积33.33公顷，新增灌溉面积20公顷。硬化人行便道59.6千米。粮食园区核心区天然林保护工程全面竣工，粮食生产基础能力有效提升。

2015年，全镇投资210万元，整治石堰场镇、兴隆场镇公厕各1座，硬化、整治石堰场鼎力时代至石兴街道路及背街道路175米，整治排水沟涵250米；硬化整治兴隆场镇新街道路及其路沿和排水沟1110米。安装场镇和部分新村路灯64盏，更换场镇窨井盖12个和水篦15个。投资50.3万元引进重庆仁利物业管理有限公司负责场镇卫生清扫、保洁及全镇垃圾清运。投资166.74万元，购置密闭垃圾箱体、拉臂式垃圾车等一批垃圾清运设施设备，完善农村生活垃圾清运系统，实现桃花溪、长垫路、石沙路、沙包路、石合路沿线主要湾落生活垃圾全面清运。

投入50万元，建成普子村、金星村篮球场及周边配套设施。完成D级危房改建75户，C级危房整治619户，兑付改造补助资金398.8万元。专项解决扶贫户住房安全问题，为符合条件的41户贫困户争取D级危房改造计划。

投资302万元，完成7个村农村环境连片整治，建成日处理能力200立方米的兴隆场镇污水处理厂1座及配套污水主管网2255米，入户管网6760米，改善兴隆场镇676户、2300余人的生活环境。巩固和提升桃花河污染攻坚整治成果，完成干、支流畜禽养殖整治并通过验收50户，兑付整改补助资金741万元；投入约4.2万元，购置3条清漂船和3张拦河网，投入约20万元配备6名河道专职保洁员，进行分段巡查、分段保洁，及时发现、及时制止、及时清除漂浮垃圾等问题。坚持开展辖区内畜禽养殖排污巡查，发现并制止在桃花河周边违法建设养鸡场1起。

全年协助查处违法占地行为6件，下达停建整改通知6份。查处违法建设行为2件，拆除违法建筑物、违章搭建物25件；完善“两违”办证手续84宗（其中，发证40宗331户），收取违法建设罚款210余万元，收取配套费130余万元，收取地票款、土地出让费及其他各类费用78.4万元。完成第三批2个土地复垦项目，减少建设用地面积3.56公顷。

【社会事业】 2015年，石堰镇对原由各村办理的1203户2121人低保人员逐户进行清理核查，核实清退不符条件的659户1035人。对新申请的低保户严格按照申请、核查、公示、上报的程序，由镇民政办直接受理申请并入户调查核实申请对象家庭经济状况，2015年审核上报农村低保户115户201人，城市低保户13户16人。

年内新增五保供养人17名，全年为402名五保户发放“五保”供养金228.22万元；投入80余万元，对石堰、沙石两所敬老院进行电力线路、屋面漏水整治，更换门窗、配置空调；为全镇8名96岁以上老人发放高龄补贴、慰问金和礼品1.5万元；向各村下拨“敬老月”活动经费4.2万元；协调联系“普瑞光明行”白内障复明公益救助活动，对全镇身患白内障的老年患者进行免费诊查和手术治疗。为37名重度残疾人发放居家安养补贴2.22万元，为608名重度残疾人发放重度残疾人护理补贴20.12万元，为319名享受城乡低保的残疾人发放贫困残疾人生活补贴9.21万元。2015年，完成贫困残疾人D级危房改造5户，发放残疾人危房改造补助资金8万元；发放残疾人轮椅13台。

全镇年底前有优抚对象561人，全年发放优抚资金320.5万元。发放冬令春荒粮款81.11万元，惠及2492户次4830人次困难群众；发放慰问金33万元，看望慰问民政对象6402人次；全年为491户困难群众家庭发放临时救助资金81.31万元；稻草援助中心援助9人0.76万元，争取区慈善总会对6户重大疾病户发放医疗救助款1.9万元。

完成人力资源基础信息入户调查5.91万人；组织大型招聘会1场，签订意向性用工协议314人；组织就业适应性培训班9期，培训1005人；举办劳务经纪人培训班1个，培训劳务经济人93名。城乡新增268人实现创业，城镇登记失业人员87人实现就业再就业，帮助就业或创业人员办理小额担保贷款78笔，放贷646万元。

全年新增加城乡居民养老保险271人，全镇参保3.11万人，参保率99.8%；办理征地农转非养老保险625人；全年办理城乡居民养老保险初审799人；办理死亡救济金初审253人；办理正常人员死亡退保34人；城乡居民社会基本养老保险清退40人。新采集退休人员的指纹及人脸图像636人，全镇总计采集10723人；验证指纹及人脸图像5955人；办理异地人员领取社会保险待遇资格协助认证381人。

完成2015年城乡医保61395人，参保率100%。办理特病卡296张，办理社保卡1196张。完成小额人身保险7512份、孝老安康险4883份，征缴保险金43.497万元，受理小额保险理赔案件91人次。

2015年，石堰中学素质教学目标考核和综合督导考核两项获区一等奖，全校毕业428人，升入高一级学校421人，升学率98.4%，其中升入重点高中173人，完成区下达指标的155.9%。全镇小学教师获得国家级论文奖3人次，获得市区级奖励108人次，小学生获得各级奖励206人次。镇政府在“六一”儿童节前，筹措10万元，向全镇3500名小学和幼儿园学生赠送3500把雨伞及安全提示。向43名大学生发放“金秋助学金”、征地农转非大学生资助、扶贫攻坚就读大学资助等各类助学金10.1万元，中小学向学生发放特困生生活补助、贫困寄宿生生活补助、非寄宿制贫困学生营养午餐补助等各类资助金200余万元，资助贫困中小学生4100余人次，全镇无一人因贫辍学。

石堰镇全年出生人口449人，其中政策内生育395人，违法生育54人，人口出生率7.05‰，符合政策生育率87.9%；死亡人口387人，死亡率6.08‰。免费孕优检查144对，办理一孩生育服务证124个，办理独生子女父母光荣证171人，办理流动人口婚育证明27人，办理再生育服务证84个。新增计划生育国家奖扶222人，其中特别扶助16人，退出奖扶64人，年底前有奖扶人口1236人。办理符合农村独生女高考加分39人，发放独生子女父母一次性奖励金203人次6.09万元。加大对中年丧子户生产扶持力度，扶持金提高到每户1500元；在生日及传统节日，对失独家庭进行生活慰问看望，对26户38名失独人员全部进行免费健康体检并在镇卫生院建立健康档案。规范社会抚养费征收和管理，全年立案628件，立案率100%；调查取证628件，送达告知书628件，送达处理决定书81件，结案71件；征收社会抚养费165.85万元。

对辖区内4832名65岁以上老年人进行免费健康体检。加强对慢性病人的随访监测，全年管理高血压病人3756人，规范化管理率89%；管理糖尿病人1235人，规范化管理率90%。落实预防接种工作，“八苗”接种率99%。

各村文化室分别新增图书200余册，新建新寨、金星、石坝3个村篮球健身场，安装直播卫星设备4000套。广播电视网络与区广播电视网络公司进行整合，实现顺利交接。

【安全稳定】 石堰镇持续开展“打非治违”、安全生产大检查大排查等各项专项行动，全年投入经费约12万元，开展安全生产执法检查211次，出动执法人员671人次，处理安全违法行为677起，排查各类安全隐患59个（已整改53个）；查处食品药品违法案件5起；严格查验动物及动物产品的来源、数量和持有检疫证明情况，加强兽药、饲料及饲料添加剂投入品的监督管理。全镇未发生安全生产责任事故，实现安全生产“零”死亡的目标。

落实群防群治和综治网格化管理，加强普及群众防邪、禁毒、防范非法集资等知识的宣传教育。组建镇村巡逻队，开展场镇和农村夜间巡逻工作，降低侵财案件发生率。全年接警处警735起，立刑事案件134件，破获42件；立治安案件686件，查结670件；查处交通违法行为790起。全镇社会治安总体良好。

全年办理各类转办、交办信访案件42件，办结40件；排查重点、疑难矛盾纠纷66件，化解63件；镇级领导接访群众268件次，其中公开接访132件次，下访112件次，约访24件次，解决一批群众关心的热点、难点问题。调解各类矛盾纠纷380件，化解率98.6%。全镇未发生进京非访、规模进京上访、重大个人极端事件和群体性事件。

【党建工作】 开展“三严三实”学习教育活动，镇党政领导班子集中学习讨论交流12次，同步开展机关干部学习交流9次。走访群众9078户、征求意见建议847条，已整改723条。查找整改党政班子“不严不实”问题5个，查找班子成员“不严不实”问题75个，已整改落实40条。修订《石堰镇村（居）财务管理补充规定（试行）》《长寿区石堰镇机关制度汇编》等3个制度，新增《石堰镇机关分散采购办法》。

推进村级便民服务中心建设，整修3个村级活动阵地，启动新滩村、石安村便民服务中心建设，严格执行村（社区）便民服务中心值班制度。培养入党积极分子11名，新发展党员5名，选聘17名大学生后备干部担任村“书记助理”和“主任助理”。调查摸底排查438个非公经济组织，通过单建、挂靠的形式，全镇非公有经济党组织组建率100%。利用“群工系统”平台，收集办结群众反映事项550条，办结率100%，群众满意度100%。

2015年全镇有1838名共产党员，全年缴纳党费

5.01 万元；新增党员 32 人，减少党员 52 人。表彰先进基层党组织 5 个、先进党务工作者 12 名和先进共产党员 60 名。利用春节、“七一”等重要节日，走访慰问贫困党员 360 人，发放慰问金 10.8 万元。发放 40 年以上党龄老党员 599 人生活补贴 61.49 万元，发放离任村干部 87 人养老保险补贴 7.83 万元，发放在职村干部 99 人养老保险补贴 8.91 万元。春节慰问离任村干部 464 人，发慰问金 4.64 万元。

（杜艳红）

附 2015 年重庆市长寿区石堰镇领导人名录

党委书记：袁轲七
镇　　长：张冬芬（女）
人大主席：汪升平
纪委书记：李　蓉（女，2015 年 12 月离任）
政法书记：彭庆良
武装部长：余超航
副 镇 长：刘政林　刘建平
　　　　　甘立勇（2015 年 5 月任）
组织委员：李　迅
宣传委员：王　剑
统战委员：唐慧芳（女）

洪 湖 镇

【概况】 洪湖镇位于长寿区西部，地处长寿、渝北、邻水三县（区）交界处，是长寿区 4 个中心大镇之一，辐射周边 10 余个乡镇、20 余万人口，区位优势明显，自然条件良好，属生态农业大镇。辖 14 个行政村、1 个居委会，99 个组，18 个场镇部门；2015 年全镇 14126 户，总人口 39439 人。全镇总面积 103.65 平方千米；耕地面积 1894.67 公顷（其中田 1055.73 公顷，土 837.6 公顷）；森林面积 4586.67 公顷，其中生态林近 3000 公顷（含楠竹林海 200 公顷），经济林近 1600 公顷；水域面积 200 余公顷。有中小民营企业 117 家，个体工商户 958 户。

【经济发展】 2015 年，全镇地区生产总值（GDP）实现 85576 万元，比 2014 年增长 9%；工业增加值完成 19145 万元，增长 14%；非规模全社会固定资产投资额 8400 万元，增长 23%；社会消费品销售总额 26718 万元，增长 16%。镇级财政收入实现 1712 万元，增长 15%；人口自然增长率控制在 3.74‰以内。致力于打造白酒小镇，提升酒品牌效应，力争在未来三年形成 2～3 个全市知名品牌，做大做强洪湖酒产业。

【基础设施建设】 加快新农村建设，建成普兴村余家湾、码头村严家湾 2 个农民新村；凤凰村 110 千伏变电站全面建成，为洪湖镇提供可靠的电力保障；御临河（坪滩河段）整治全面完成，提升防洪能力；完成称沱村鞍子沟地质滑坡治理工程，消除 32 户 119 人的安全隐患，完成码头村、永顺村、普兴村等处小微型地质滑坡治理工程和长生村龙泉寺 8 户群众地质灾害避让搬迁；实施农村危旧房改造工程，完成 C 级危房改造 367 户，D 级危房改造 184 户，兑现农户补助资金 754.1 万元。精准扶贫以五龙村整村脱贫“摘帽”和贫困户脱贫“越线”为目标，以“1+2+3”扶贫攻坚工作方案为指导，坚持以点带面、整体推进的工作思路，开展现金慰问、购送农资、危房改造、技术指导、职业培训、联系就业、助学补贴、大病补助、兜底扶贫等精准帮扶，因地制宜发展蔬菜、果树、苗木种植，牲畜、家禽、水产养殖等产业，333 户贫困户全部“越线”脱贫；五龙村整合投入资金 1030 万元完成基础设施项目建设 18 个，硬化公路 7.2 千米、生产便道 9.7 千米、人行便道 11.2 千米，完成人饮及水系建设沟渠 2 千米、山塘 4 口、蓄水池 4 座；五龙村便民服务中心修葺一新，全村南瓜总产量 544 吨，成为主要产业，成为名副其实“南瓜村”；发展生猪养殖大户 4 个和山羊养殖大户 1 个，解决“八难”（稳定增收难、便捷出行难、安全饮水难、住房改造难、素质提升难、看病就医难、子女上学难、公共服务难），实现“八有”［有一个特色主导产业，有一条硬（油）化公村社公路，有一个便民服务中心，有一套落实社保政策的具体措施，有一个整洁的村容村貌，有一个坚强有力的村级班子，有一支稳定的驻村工作队，有一个有效的结对帮扶机制］，五龙村顺利脱贫“摘帽”。农村道路交通逐步改善，称沱大桥改造全面完工，解决 2014 年“9·13”洪灾造成的出行难题；克服困难、多方协调，快速推进洪称、称黄公路改造工程，12 月底已实现初通，比预计工期提前近七个月，畅通洪湖片区的出境通道；整治因“9·13”洪灾损毁的村级道路 68 条，断道 16 处，塌方 24 处，道路悬空 44 处；整修农村公路塌方 33 处 12637 立方米，冲毁路基 38820 立方米 12 千米，水泥路面 5.3 千米 26500 平方米，砂石路面 2.5 千米 7200 平方米，及时恢复 4 个行政村中断的交通；抢修甘川路全线7处悬空的边坡滑坡；梯凉路路面破损重新硬化25米；恢复称沱大桥部分桥面，使桥上人行通道正常通行。建设完成草堰村至万顺镇白合村、普兴村至渝北大盛张家岩等出境公路和长生村、五龙村村道硬化11千米，行政村通畅率100%；全镇“一事一议”项目全面完成，建成农村人行便道30550米，解决老百姓出行的“最后一百米”。农田水利设施建设2015年投资95万元整治水渠13.3千米，投资67万元对梯子等4个村的25口山坪塘进行整修，投资54万元整修提灌站26座，有效解决120公顷耕地的灌溉问题，投资494.42万元解决草堰村、梯子村、永顺村等6个村8646人的农村安全饮水问题，提高群众的生产、生活用水便捷度和安全度。场镇管理优化提升，洪湖电厂文化公园二期投入150万元如期完工，为市民提供一个18000平方米的休闲锻炼场所，村级文化活动场所也不断完善；洪湖场镇路灯和人行道改造（一期）全面完成，芦池场镇综合环境整治顺利完工，芦池村的坝坝舞每天有50人参加，称沱特色小镇完成前期规划，着力改善场镇居民的生活环境。

【社会事业】 洪湖镇教管中心管辖有小学校6所，成人文化艺术学校1所，幼儿园2所，私人办学2所，校舍面积32353平方米，固定资产986.6万元；教职工246人（其中在职132人，退休114人），全镇教学班72个（小学52个，幼儿园20个），在校学生2887人，寄读学生561人，儿童入学率100%；留守儿童托管709人。学校办学理念和发展目标定位：核心理念是“正”，树立“正言、正身、正行”的校训，树立“人人有节，个个成长”的校风，树立“德学兼善，严慈相济”的教风，以“创建长寿区竹文化特色小学”的办学目标，促进青少年健康有为的成长。加强乡镇社会化管理，加大投入，从效益上求发展，在质量上求突破，充分发挥政府协调服务的职能，立足提档升级，自觉担当文化引领风尚、教育人民、服务社会、推动发展的责任，以创建全国文明镇和卫生镇为目标，着力加强文化队伍、文化阵地、文化活动、文化氛围、文明素质建设，以文化强镇推动洪湖经济和社会事业的全面发展。

【安全维稳】 落实安全生产“党政同责、一岗双责、履职尽责”，全年开展安全宣传12场次，安全检查568人次，消除安全隐患66处，纠正安全违法违规行为128起。黄桷岩煤矿顺利关闭，非煤矿山安全工作进一步加强；强化交通安全管理，全年安装波形护栏11.5千米，整治危险路段17处，修建错车道31个，保障镇内群众的出行安全；强化隐患排查治理的闭环管理，狠抓烟花爆竹、人员聚集场所的消防管理，洪湖消防队保障有力，全年出警186人次，扑灭火灾50起，挽救群众损失70余万元。抓好重大疫病防控，确保全镇重大动物疫情与畜产品质量安全事故零发生；健全食品药品监管体系建设、建立台账、摸清底子，严把舌尖上的安全；安全社区建设复评工作有序推进，“水上渔业安全示范镇”创建成功，全年未发生重大安全事故。

优化网络化管理，发挥网络管理的作用，开展禁毒踏查和打击邪教，镇内无毒品种植的现象。开展普法宣传，增强干部群众法律意识，社区矫正人员表现良好。场镇巡逻队坚持每天夜间和赶场天白天巡逻、重点单位巡逻相结合的大巡逻方式提高群众安全感，减少治安案件的发生，全年全镇未出现一例重大恶性案件。开展干部走访活动，收集群众意见建议218条，通过挂单整改，已解决210条，群众满意度进一步提高。加强矛盾调处工作，调解化解各类矛盾纠纷168件次。

【党建和作风建设】 加强基层组织建设，建设亲民政府、廉洁政府、高效政府。加强公共服务建设，镇、村公共服务中心职能进一步发挥，全年为群众办事5682件次。新建改建沙湾社区、普兴村、码头村、芦池村、五龙村便民服务大厅，让群众好办事。强化落实村（社区）干部轮流值班、首问首接、全程代办、考核评价等服务群众工作制度，广泛推广使用“群工系统”，努力为群众办好事。加强机关作风建设，开展“三严三实”专题教育活动，落实“作风深化年”各项要求，继续开展“五个正风行动”和“十个专项整治”。加强干部职工培训，全年培训干部256人次。严格公务用车管理，压缩“三公”经费22.24%。建立完善效能作风相关制度，增强行政效能投诉办理合力，受理“阳光重庆”诉求6件，办结回复率100%。认真落实党风廉政建设和反腐败工作分工责任制，强化权力监督制约，构建反“四风”、树新风和惩防并举、标本兼治的新时期反腐倡廉工作新常态。开展“查处发生在群众身边的‘四风’和腐败问题”，2015年全镇立案查办党员违纪违法案件2件，开除党籍2人，开除公职1人，见面谈话5人（次），通报批评6人。

（黄　帮）

附 2015 年重庆市长寿区洪湖镇领导人名录

党委书记：罗庆林（2015 年 8 月离任）

车晓琴（女，2015 年 8 月任）

镇　　长：殷道川

人大主席：魏　伟

纪委书记：席光勇

武装部长兼政法书记：危　勇

副 镇 长：程光术　顾艳春（蒙古族）

胡瑞清

组织委员兼宣传委员：刘维红（女）

统战委员：甘　松

万顺镇

【概况】 万顺镇位于明月山西部与渝北铜锣山东部之间的大洪湖畔，距长寿主城 42 千米，地处长寿城区、渝北城区、邻水县城“一小时经济圈”的“金三角”区域。全镇辖区面积 57 平方千米，耕地面积 1373 公顷；辖 8 个行政村，71 个村民小组；总人口 29667 人，其中场镇常住人口 2051 人。全镇支柱产业为农业种植业和水产养殖业，粮食作物主要有水稻、玉米、甘薯，经济作物主要有水产、畜禽、柑橘、油菜；辖区有水库 7 座、山塘 70 余口，大洪湖岛屿 80 余个、轮渡码头 13 个，水域面积 1133.33 公顷，占大洪湖长寿段总水面的 90%。万顺镇既是长寿宜居的“后花园”，也是全区举足轻重的鱼米之乡，重庆市重要的淡水鱼类养殖基地。

2015 年，万顺镇围绕“生态立镇、农业强镇、商贸活镇、旅游兴镇、和谐建镇”的总体思路，以开展“三严三实”活动为契机，带领广大干部群众，抢抓机遇，务实进取，应对各种严峻挑战，提升执政理念及执政能力，完成年初镇人代会确定的各项工作任务，实现经济社会稳步发展。

【经济发展】 2015 年，全镇实现地区生产总值 2.98 亿元，比 2014 年增长 11%；农民人均年纯收入 10678 元，人均增长 970 元；全社会固定资产投资增长 25%；社会消费品零售总额增长 15%；场镇功能和配套设施逐步完善，全镇经济社会发展稳中有进。

万顺镇结合自身特点和优势，巩固提升农业基础地位。水稻、玉米等粮食作物持续保持种植面积和产量的双稳定，全年种植水稻 906.67 公顷（不含再生稻），生产水稻 0.75 万吨；种植玉米 520 公顷，生产玉米 0.36 万吨。推动传统种植业规模化发展，组建柑橘专业合作社 4 个，种植面积 334 公顷，产量 1200 余吨，推进柑橘产业规模化；打造绿色无公害蔬菜品牌，发展蔬菜种植大户、蔬菜专业合作社及农业微型企业 6 家、家庭农场 3 家，蔬菜种植面积 266.67 公顷，年产量 8000 吨。

产业升级，提升规模养殖业标准化程度。水产养殖面积 1334 公顷，年产量约 5000 吨，逐步形成以有机甲鱼、翘嘴红鲌等为主的特色水产养殖。全年出栏生猪 2.5 万头，存栏蛋鸡 15.2 万只，出栏肉鸡 16.1 万只，禽蛋产量 0.22 万吨；全年免疫生猪 1.75 万头、牛 1000 头、家禽 30 万只、犬 720 只，无重大动物疫病发生。发展新型特色效益农业，利用白合村较高的海拔优势，发展无公害优质稻谷，成立长寿区水稻劳益专业合作社，注册“劳益”商标；年底前该社有社员近 100 名，耕地五百余亩。

【旅游开发】 （详见《旅游业》类目《大洪湖生态旅游开发》分目）

2015 年 4 月 8 日，区委书记周勇和区委常委、政法委书记周隆海等到万顺镇石龙村调研

【基础设施建设】 2015 年完成场镇新安装路灯 50 盏，新配备垃圾箱 16 个，修建公厕 1 座，改造完成人行道 700 米，铺设人行道板 4000 平方米，完成路沿安装 2.5 千米等场镇基础设施项目；完成万顺健身广场及健身路径建设，配备完善各种健身器材；全面完成污水处理厂后续建设和试运行维护工作，顺利推进 1600 米一级管网、300 米二、三级管网建设；加大场镇综合管理力度，实施物业管理公司负责场镇卫生的清扫保洁运行机制，实现垃圾集中收运处理 800 吨/年。全年发放乡村建设规划许可证 48 件；改造 C 级危房 40 户，改造 D 级危房 12

户；开展2014年“9·13”洪灾灾后重建工作，院子村中嘴湾17户重建工作全部完成；完成东风村地灾点搬迁避让工程。完成“红层找水”打井253口；实施天然气主管网改造，万顺村新安装200余户，完成四重村、白合村、院子村天然气入户管网改造及入户安装。

道路交通建设稳步推进，年内全面完成沿湖路公路硬化；新硬化白合村、东风村、石龙村公路14.9千米；新安装防护设施4千米；硬化“一事一议财政奖补”人行便道16千米；修复“9·13”洪灾冲毁堡坎28处410立方米，恢复“9·13”洪灾冲毁桥梁1座；管养村级公路120千米；解决处理好公路遗留问题3个。加快农业设施建设，整修山坪塘12口，修复提灌站16个，新建提灌站2个，建蓄水池19口，新修、维修整治排水沟18千米，建拦水坝15.8米；完成2015年白合、东风、院子等村3个人饮项目，延伸铺设农村人饮安全管线47.03千米，安装入户548户；全镇5个自来水厂投入试运行，安装自来水用户3500户；清理完善遗留的148个水利“三未”（未验收、未完工、未开工）项目资料；完成水利后扶“十三五”规划，包装项目58个，总投资5000余万元。

【社会事业】 2015年，万顺镇完成5721名养老保险参保人员的指纹、人脸信息采集，其中入户采集认证273人；救助困难群众167户，拨付救助款14.37万元；救助精神病人4名，赠送价值600元的药物救助卡；慰问残疾人75户，拨付救助款2.96万元；完成社保金缴纳218.23万元，完成比例108.11%；医保新参保320人。落实低保政策，全年发放保障金461万元；做好农村“五保”供养和福利设施建设工作，敬老院入住39人。办理小额贷款42人，发放贷款333万余元。

加强中小学教育基础设施建设，2015年万顺镇中学141名毕业生有59名学生升入市级重点中学（区下达指标任务37人），上线率居全区乡镇中学第三名；有51名学生就读普通高中，有29名学生就读中等职业技术学校，升学率98.6%。开展成人教育，加大劳动技能和再就业培训力度，促进农村劳动力的转移。新建万花村卫生室1个，全镇8个村实现医疗点全覆盖。2015年，全镇出生人口212人，死亡人口183人；组织参加免费孕前优生健康检查154人，孕检率94%；全年办理一孩审批87人，二孩审批29人，办理独生子女父母光荣证43人次；全年征收社会抚养费18.45万元；全年慰问卫生计生特殊对象92人次，发放慰问金（品）近3万元；新增计生奖（特）扶对象40人次，办理独生子女父母奖励87人次，发放奖励（奖扶）资金近40万元。繁荣公共文化事业，组织区文化艺术团在万顺镇开展文艺表演1次；组织文艺团队下村演出1次；组织舞蹈爱好者参加文艺调演，取得较好成绩；组织参加“农商行杯”农民运动会，再获佳绩。为8个村配置完善8套音响设备；新建万顺、埡口2个行政村农体工程；安装直播卫星“户户通”设备2000套；推进谯定学术研讨和子山谯定文化园建设。

扶贫攻坚工作在区级部门的扶持下，通过结对帮扶、产业发展、走访慰问、教育扶持、医疗救助等措施，建立扶贫长效机制，“八难”问题得到有效解决。全镇336户建档立卡贫困户人均可支配收入突破万元，全部实现越线脱贫，兑付产业扶持等补助资金60余万元。

2015年12月，万顺镇组队参加洪湖片区农民运动会

【安全维稳】 抓好安全生产“一岗双责”“属地监管”、综合监管、行业主管、企业主体责任“五大责任”制度要求，建立健全安全生产监督监管台账，抓好安全值守和信息报送。完善机构、落实人员、加强宣传、强化执法，开展道路交通安全、水上安全、消防安全、建筑安全等行业专项整治行动及安全生产执法行动。全年检查过往车辆1100余辆，处罚违章车辆570余辆次，纠违320余次；检查辖区客渡船舶160余艘，排查隐患18处，说服教育50余次；开展危险化学品易燃易爆物大排查专项行动7次，发现一般隐患8处，整改8处，整改率100%。新办餐饮、流通等各类行政许可15件，延

续10件；每月对辖区约100家食品药品生产经营单位开展一次例行检查。

维护公共安全，加强地质灾害监测与防治工作，加强日常排查，建立值班制度，对18个地质灾害监测点建立防灾预案，完善“地灾避险明白卡”及“地灾工作明白卡”。

按照“两违”分类处置原则，对符合规划及相关要求缴纳罚款及规费的“两违”建筑，完成房屋测绘30幢、安全鉴定25幢，已办证完善手续5幢，尚在补办完善手续的12宗；依法对“两违”建筑实施拆除2处，另有2处依法进入拆除程序，对1处依法实施断电、违法筑桥并依法强拆。对所涉及的农贸市场周边遗留办证问题的13宗地、200余套房屋的基本情况逐一摸排清楚，收集办证资料，进行房屋面积测绘，报区相关部门办理房屋产权登记。

全年受理信访55件，办结率95.5%，息诉息访重点信访户11人，年内无一人进京上访非访。主动疏导化解水库移民老上访户积怨，主体移民稳定；化解万顺村持续两年多的矛盾纠纷1宗。

加强社会治安综合治理，开展网格化服务管理，形成村级整体一张网，做到“网中有格、按格定岗、人在格上、事在网中”，利用网络化平台采集基础信息28条，解决处理问题226个。对全镇13名在册社区矫正人员进行定期监管走访；对停止邪教活动需巩固人员进行回访；全镇社区戒毒（康复）执行7人，执行率100%。成立镇村两级巡逻队昼夜巡逻，全年辖区内无各类重大、恶性案件，未发生宗教邪教活动，全镇平安稳定。

2015年3月，万顺镇组织镇、村干部专题培训会

【党建工作】 2015年，万顺镇党委、政府着重提升服务意识，增强干部服务群众的主动性，年内全镇调整干部20人，新调入干部12人。开展“三严三实”专题教育，加强政务督查，强化目标管理，建立重点工作责任制和责任追究制。自觉接受法律监督和社会民主监督，吸纳民意，广泛集中民智，推行重大决策事项的专家咨询、民意调查、集体决策制度，科学决策、民主决策，不断提高决策水平。开展民意调查工作，落实民调资金，实施民调项目，为群众办实事，解决一些实实在在的问题，让群众满意，2015年，全镇电话民调位于全区第九名。

坚持经济社会发展工作和党风廉政建设“两手抓、两手硬”，及时部署重要工作、研究重大问题、督办重要案件、检查责任落实；健全“一把手负总责，分管领导各司其职，班子成员齐抓共管，纪委监督”的领导机制和工作机制；认真贯彻中央八项规定和市委七条实施意见，厉行节约，“三公”经费得到有效控制；认真贯彻执行中共中央、国务院《关于实行党风廉政建设责任制的规定》。妇女儿童、老年人及残疾人权益保障，民族、宗教、统计、档案、保密、邮政、通信等各项工作都取得新的成绩。

（苏培杰）

附2015年重庆市长寿区万顺镇领导人名录

党委书记：李兴建
镇　　长：余代中
人大主席：苏　勇
纪委书记：潘正庆
政法书记：刘俊材
武装部长：樊小盈（兼，2015年5月离任）
　　　　　杨普顺（兼，2015年5月任）
副 镇 长：樊小盈（2015年5月离任）
　　　　　殷道学
　　　　　张国慧（女，2015年5月离任）
　　　　　王丽萍（女，2015年6月任）
　　　　　杨普顺（2015年6月任）
组织委员：刘俊材（兼）
宣传委员：王利飞
统战委员：操良超

人 物

人　物

先进模范人物

2015 年长寿区获市级以上表彰先进个人

获　奖　项　目	获奖者姓　名	获奖者工作单位及职务	授奖单位	授奖时间
全国劳动模范	雷　弘	重庆紫光化工有限公司职工	中华全国总工会	2015 年 4 月
全国优秀工会工作者	李卫东	重庆映天辉化工有限公司工会主席	中华全国总工会	2015 年 12 月
全国五一巾帼标兵	邓 萍	重庆市长寿区总工会干部	中华全国总工会	2015 年 3 月
全国关心下一代工作先进工作者	张新诚	新市街道教管中心关工委委员	中国关心下一代工作委员会	2015 年 10 月
全国模范司法所长	向小云	长寿区司法局凤城司法所所长	司法部	2015 年 12 月
民进全国社会服务先进个人	樊　彦	重庆方德房地产开发有限公司董事长	中国民主促进会中央委员会	2015 年 6 月
重庆五一劳动奖章	刘　璐 袁佐彬 扬泽明	重庆海洲化学品有限公司职工 重庆长寿优格美容美发职工 重庆望塑电气（集团）有限公司职工	重庆市总工会	2015 年 4 月

（重庆市长寿区总工会和有关单位提供）

长寿区首届“十大孝星”

袁传芳（女，长寿湖镇）

十七年不离不弃，精心照顾被医生宣判为“植物人”的父亲，最终换来生命的奇迹，父亲不仅醒了，而且身体逐渐好转，在长寿湖镇被大家传为佳话。袁传芳说，父亲虽然难以行走了，但是身体其他器官没有大毛病，她相信只要自己继续坚持照顾，一定能让父亲好起来。

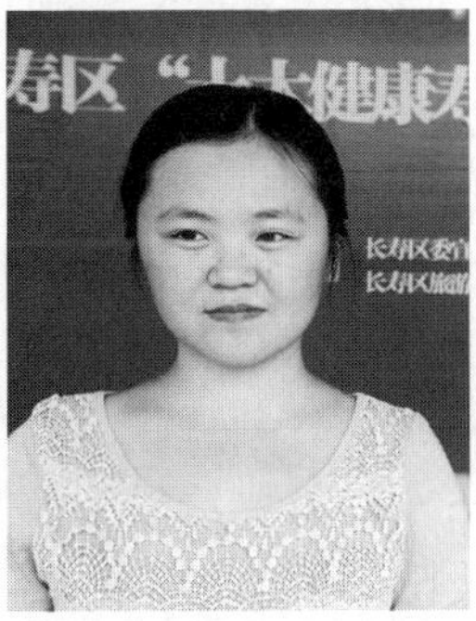

黄花满（女，葛兰镇，区检察院推荐）

黄花满原是贵州省某检察院干警，父母是重庆市长寿区葛兰镇农民，家庭经济主要依靠黄花满的工资收入。2013 年，其母亲被查出癌症，为照顾病母和幼弟，黄花满不顾原单位的提拔和重用，回家乡长寿工作。在长寿区检察院上班后，她每天下班就赶往乡下照顾母亲。最严重的时候，母亲因为肿瘤压迫舌下神经不能进食而插上鼻饲管，她和父亲用针筒将流食注入鼻饲管给母亲喂食，一日数次，日复一日，一直坚持几个月。因经济困难，黄花满就自己在书籍、资料或者网络上研究母亲的治疗方案，每逢周末，她带上各种治疗方案奔走在医院的专家学者之间，再将各种药品带回给母亲。到 2015 年 8 月，黄花满的母亲已住院三次，每次黄花满都会陪伴，鼓励母亲战胜放化疗的痛苦。

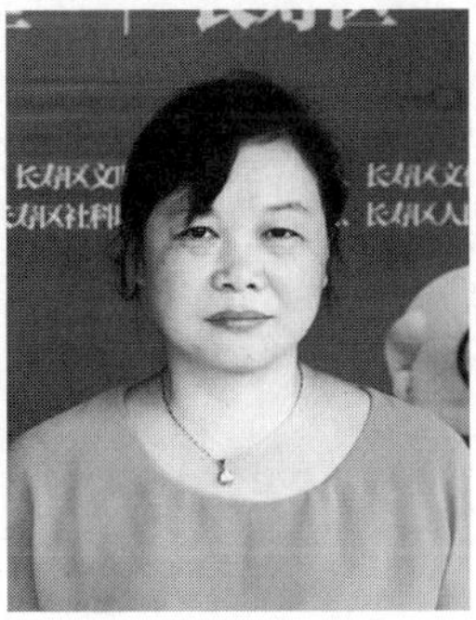

陈华永（女，凤城街道）

陈华永年过八旬的婆婆车德容瘫痪在床，小儿媳陈华永辞去工作照顾婆婆。无论春夏秋冬，她每天早上七点不到就起床，用棉签给婆婆清理口腔，用针筒给婆婆喂蜂蜜水，用毛巾给婆婆擦洗身体，从无间断；为保证婆婆的营养，她自己动手制作各种营养膳食；她自学导尿，摸索学习照顾瘫痪病人。“瘫痪在床七年多，老人连褥疮都没长过。”“这样的儿媳妇，很多亲生女儿都比不上！”在凤岭路社区被传为佳话。

游小会（女，晏家街道）

2009 年，游小会的婆婆王如会因脑中风导致瘫痪，丈夫李华阳因腰椎劳损无法从事重体力活，在其他兄弟姐妹的支持下，她挑起照顾老人的重任。每天白日里，游小会都会将婆婆抱上轮椅，推到楼下街边小卖部晒太阳、陪老人说话；夜晚，因老人大小便失禁，游小会每晚都会几次起床，为老人接屎接尿，检查被褥是否湿润；每天为老人擦洗身子、换洗被褥；在饮食上游小会也精心准备营养而易于咀嚼的饭菜，一口一口地喂婆婆。无论严寒暑热，她也从未埋怨过老人，天天坚持。瘫痪七年的婆婆也从未长过褥疮。

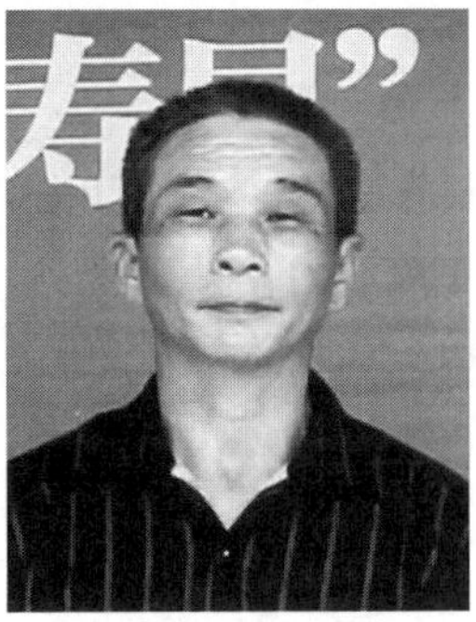

李光清（男，江南街道）

母亲过世后不久，原本身体受伤的父亲病情加重，妻子又与其离婚，李光清只好一个人肩负起照顾重病父亲和养家的责任。白天，李光清托人照顾病重的父亲，自己到重钢打工，赚钱养家和给父亲治病；晚上，李光清把父亲的床铺收拾得干干净净，细心照顾父亲。在饮食方面，他总是做父亲喜欢吃的饭菜；父亲的衣服脏了马上洗，到了换季时又及时添置新衣；为了让父亲不感到孤单，李光清空闲时就坐在父亲床边，陪父亲聊天；休息时，还会把父亲搀扶到外边散心。李光清说：“我能亲手侍奉父亲，是我身为儿子的幸福。”

周志全（男，渡舟街道）

周志全是渡舟中心校的一名教师。其父亲患有心脏病、慢性支气管炎、糖尿病、高血压等多种疾病，一病就是七年，全靠周志全夫妇照顾护理。周志全和妻子为父母做饭、洗衣、洗漱、烫脚，无怨无悔。不料祸不单行，其母亲又在2013年年初被诊断出直肠癌，由于年老体弱不能手术，只能采取保守性治疗。白天，周志全的妻子在家做饭、洗衣、伺候老人，周志全则主要利用晚上、周末和寒暑假时间，照顾二老。冬天，怕父母冷，就提前买来烤火炉、电热毯等；夜里每隔四、五小时就要给母亲换一次尿布或内衣。两位老人逢人就说：“我们能熬到现在，全是托儿子、儿媳的福啊！”

章芬（女，江南街道）

章芬是个80后媳妇，六年前嫁给丈夫后，和婆婆陈明碧感情融洽，当婆婆的小棉袄。在四代同堂的大家庭，章芬上有年迈的奶奶、公婆，下有刚上幼儿园的儿子。章芬爱劳动，和婆婆“比拼”插秧苗；她辞掉工作回家照顾患晚期肺癌的丈夫爷爷，爷爷去世后，她又安慰陪伴帮助奶奶走出悲伤。婆婆陈明碧连连称赞：“有这样的孝顺媳妇，是我们一家的福气！”

华永芳（女，晏家街道）

华永芳是董家的二儿媳，她三十年伺奉孝顺公婆的事迹让村民称道。2007年，华永芳婆婆被诊断为晚期肺癌，医生建议放弃治疗，华永芳四处求医为婆婆缓解痛苦，精心照顾。婆婆去世后，华永芳更为细心地照顾公公，做早饭端送到公公面前、为公公挑干净鱼刺、冬天用电热毯帮公公捂热被子；其他兄妹轮流照顾公公时，她几乎天天打电话关心。华永芳既在孝顺老人，也在给儿女做榜样，她说孝顺也是家风，她要让这种家风代代相传。

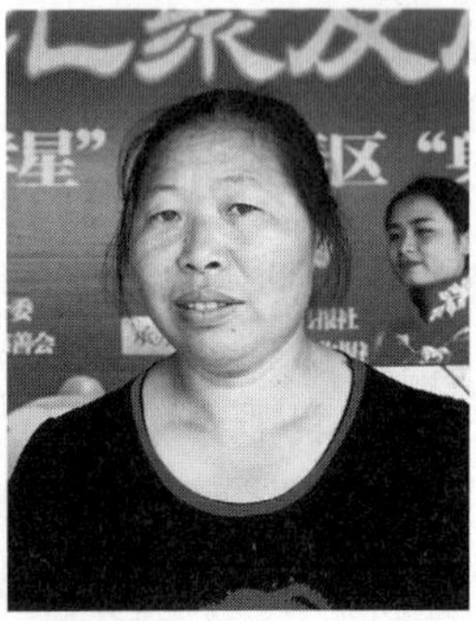

陈国兰（女，洪湖镇）

陈国兰嫁到婆家29年，把婆婆照顾得细致周到，婆媳关系十分融洽，在村里传为佳话。一年冬天的深夜，单独居住的婆婆突然鼻内血管破裂，导致流血不止，陈国兰接到电话后，赶紧背着婆婆向两公里外的洪湖镇卫生院跑去，随后又连夜转去区医院，咨询医生、复查取药、背来背去做检查……陈国兰跑前跑后，没有丝毫抱怨。老太太非常高兴：“有你这样的儿媳妇，我巴不得多活些年！”

蒋文兰（女，云台镇）

五年如一日悉心照顾婆婆，让 90 岁的瘫痪婆婆重新站起来。蒋文兰和丈夫周岷结婚的 30 多年里，她和婆婆陈彬清没有红过脸。2010 年 7 月，85 岁的陈彬清被诊断为小脑萎缩，瘫痪在床。蒋文兰把婆婆每天的起居时间点制成时刻表：5 点洗脸穿衣、6 点按摩、7 点吃早饭、出门透气。她每天都要把老人扶起来，捶背、按摩双腿、喂药喂开水；老人有时候像小孩，馋嘴起来想吃不合时令的东西，蒋文兰也会想尽办法准备。她还找来相关书籍，自学照顾瘫痪老人的知识。在她的精心照顾下，陈彬清老人的腿部渐渐有知觉了。每当老人清醒时，会自言自语："我的文兰哟，就是亲女儿!"

长寿区首届"十大孝星"提名孝星

1. 胡梦娇（云台镇）
2. 周耀国（江南街道）
3. 刘福贤（龙河镇）
4. 袁诗成（凤城街道）
5. 彭志德（八颗街道）
6. 刘传学（洪湖镇）
7. 高淑琴（渡舟街道）
8. 周德惠（长寿湖镇）
9. 魏国全（长寿湖镇）
10. 刘邦燕（八颗街道）

（摘自长寿委宣〔2015〕79 号和《孝感长寿》）

2015 年长寿区新评高级专业技术职称人员

（229 人）

一、高级工程师（19 人）

长寿湖镇农业服务中心　陈美仙
长寿区勘测院　陈奕亦
长寿区土地房屋勘测规划院　黄易禄
重庆华硕建设有限公司　车军伟
重庆渝发建设有限公司　李　松
重庆渝凤建设有限公司　徐　建
重庆渝凤建设有限公司　项　奎
重庆长峡建设有限公司　殷智琳
重庆长峡建设有限公司　罗舒文
长寿区公路局　唐光芬
重庆市长寿区环境监测站　幸良淑
重庆市长寿区环境监测站　肖冬林
重庆市长寿区城乡建设档案室　唐　伟
重庆市长寿区城乡建设档案室　余国丽

长寿区水库移民后期扶持工作管理站　巫小丽
长寿区水务局水土保持监督所　徐金英
长寿区邻街镇农业服务中心　何健康
长寿区石堰镇农业服务中心　陶明飞
长寿区新市镇农业服务中心　孔淑碧

二、主任医师（3 人）

长寿区人民医院　苟洪波
长寿区人民医院　项锦银
长寿区人民医院　傅雪芹

三、主任护师（1 人）

长寿区人民医院　朱本淑

四、副主任医师（33 人）

长寿区人民医院　夏旺旭
长寿区人民医院　周学刚
长寿区人民医院　罗小红
长寿区人民医院　孟信春
长寿区人民医院　唐重成
长寿区人民医院　曾　胜
长寿区人民医院　李　明
长寿区人民医院　林晓红
长寿区人民医院　罗守刚
长寿区人民医院　刘　洪
长寿区人民医院　张　彦
长寿区人民医院　章　静
长寿区人民医院　吴小兰
长寿区人民医院　甘　洪
长寿区人民医院　费　容
长寿区人民医院　陈思宇
长寿区疾控中心　王　奎
长寿区中医院　周　宏
长寿区中医院　胡素兰
长寿区中医院　叶俊英
长寿区中医院　李金维
长寿区妇幼保健院　骆仕君
长寿区第三人民医院　王　勇
长寿区第三人民医院　李天秀
长寿区第三人民医院　戴开霞
长寿区化工园区医院　李维娜
长寿区凤城街道社区卫生服务中心　李　建
长寿区凤城街道社区卫生服务中心　周国平
长寿区江南社区卫生服务中心　郑光杰
长寿区长寿湖镇卫生院　戴晓林
长寿区邻封镇卫生院　余和普

长寿区双龙镇卫生院　李　云
长寿区双龙镇卫生院　文　奎
五、副主任护师（14 人）
长寿区石堰镇卫生院　周云霞
长寿区第三人民医院　任会蓉
长寿区第三人民医院　邓维娜
长寿区中医院　李　英
长寿区渡舟街道社区卫生服务中心　胡　涛
长寿区人民医院　肖祖琴
长寿区人民医院　陈小华
长寿区人民医院　廖秀英
长寿区人民医院　刘　敏
长寿区人民医院　舒晓灵
长寿区人民医院　陶　霞
长寿区人民医院　周文莉
长寿区人民医院　李小荣
长寿区人民医院　胡　秀
六、副主任药师（3 人）
长寿区八颗镇卫生院　孔锦秀
长寿区人民医院　祖洪碧
长寿区人民医院　张亚玲
七、副主任技师（2 人）
长寿区中医院　操良会
长寿区人民医院　陶　凤
八、副主任中医师（2 人）
长寿区中医院　游泽忠
重庆市医药学校　张润明
九、副研究馆员（1 人）
长寿区公路运输管理所　刘　琼
十、群文副研究馆员（1 人）
长寿区龙河镇文化服务中心　左向红
十一、二级公证员（1 人）
重庆市长寿公证处　邓　浩
十二、高级兽医师（3 人）
长寿区凤城街道畜牧兽医站　廖明初
长寿区双龙镇畜牧兽医站　李小舟
长寿区洪湖镇畜牧兽医站　何　维
十三、园林高级工程师（1 人）
长寿区园林绿化管理所　刘　琪
十四、高级农艺师（5 人）
长寿区农产品质量安全中心　张　焱
长寿区农广校　张凤鸣
长寿区农产品质量安全中心　刘小叶

长寿区晏家街道农业服务中心　陶根宇
长寿区双龙镇农服中心　高伦胜

十五、高级会计师（2 人）

重庆市长寿区教育资金结算中心　余　池
深圳市南方同正投资有限公司　周　刚

十六、高级经济师（1 人）

长寿区商贸物流中心开发投资有限公司　何小松

十七、高级讲师（1 人）

重庆市医药学校　程新华

十八、中学高级教师（136 人）

重庆市长寿中学校　李　艺
重庆市长寿中学校　殷嘉琴
重庆市长寿中学校　陈秋兰
重庆市长寿中学校　冉　洁
重庆市长寿中学校　刘长军
重庆市长寿中学校　高秀英
重庆市长寿中学校　袁雪梅
重庆市长寿中学校　焦　娇
重庆市长寿中学校　向红兵
重庆市长寿中学校　杨　茜
重庆市长寿中学校　袁　渝
重庆市长寿中学校　王　波
重庆市长寿中学校　王　旭
重庆市长寿中学校　赵琴辉
重庆市长寿中学校　杨会章
重庆市长寿中学校　梁秀丽
重庆市长寿中学校　刘志贵
重庆市长寿中学校　秦　波
重庆市长寿中学校　彭荣锋
重庆市长寿中学校　余龙长
重庆市长寿中学校　吴林辉
重庆市长寿中学校　彭江渝
重庆市长寿中学校　汤定波
重庆市长寿中学校　周　剑
重庆市长寿中学校　叶兴容
重庆市长寿中学校　但尊文
重庆市长寿实验中学校　罗东群
重庆市长寿川维中学校　陈思杨
重庆市长寿川维中学校　方淑芬
重庆市长寿川维中学校　高　潮
重庆市长寿川维中学校　苟基民
重庆市长寿川维中学校　华志雄
重庆市长寿川维中学校　金　英

重庆市长寿川维中学校　毛　勇
重庆市长寿川维中学校　梅　勇
重庆市长寿川维中学校　王　静
重庆市长寿川维中学校　徐家英
重庆市长寿川维中学校　杨永芬
重庆市长寿川维中学校　游来军
重庆市长寿川维中学校　袁晓红
重庆市长寿川维中学校　周　蓉
重庆市长寿大洪河中学校　徐鸿彬
重庆市长寿第一中学校　李家榕
重庆市长寿第一中学校　章祖芳
重庆市长寿第二中学校　张　颖
重庆市长寿葛兰中学校　陈　君
重庆市长寿葛兰中学校　廖淑碧
重庆市长寿葛兰中学校　叶绍芬
重庆市长寿葛兰中学校　叶水兵
重庆市长寿葛兰中学校　张中灵
重庆市长寿龙溪中学校　陈伦兵
重庆市长寿龙溪中学校　周义勇
重庆市长寿区八颗镇中心小学校　代秋中
重庆市长寿区八颗镇中心小学校　李长胜
重庆市长寿区八颗镇中心小学校　张德贵
重庆市长寿区川维小学校　陈兴明
重庆市长寿区川维小学校　张　铧
重庆市长寿区但渡九年制学校　戴开红
重庆市长寿区第一实验小学校　周　玲
重庆市长寿区第二实验小学校　廖科明
重庆市长寿区第二实验小学校　王春梅
重庆市长寿区渡舟街道教育管理中心　陈建容
重庆市长寿区凤城第一小学校　江　静
重庆市长寿区凤城第一小学校　游小明
重庆市长寿区凤城第一小学校　张黎离
重庆市长寿区凤城第三小学校　雷文俊
重庆市长寿区葛兰镇中心小学校　付晓莉
重庆市长寿区葛兰镇中心小学校　黄广彬
重庆市长寿区葛兰镇中心小学校　李　宏
重庆市长寿区葛兰镇中心小学校　廖小琴
重庆市长寿区海棠镇初级中学校　黄锦江
重庆市长寿区海棠镇初级中学校　李　炼
重庆市长寿区海棠镇中心小学校　曾小会
重庆市长寿区海棠镇中心小学校　黄　涛
重庆市长寿区海棠镇中心小学校　李晓勇
重庆市长寿区海棠镇中心小学校　梁德荣

重庆市长寿区洪湖镇教育管理中心　蔡书仙
重庆市长寿区洪湖镇教育管理中心　樊从刚
重庆市长寿区洪湖镇教育管理中心　张常德
重庆市长寿区洪湖镇教育管理中心　周守伦
重庆市长寿区黄葛九年制学校　胡　兵
重庆市长寿区黄葛九年制学校　袁治敏
重庆市长寿区江南九年制学校　陈莉芳
重庆市长寿区江南九年制学校　薛英中
重庆市长寿区教师进修学校　曾　军
重庆市长寿区教师进修学校　陈盅旭
重庆市长寿区教育服务中心　黄　莺
重庆市长寿区邻封镇中心小学校　但严文
重庆市长寿区邻封镇中心小学校　彭小梅
重庆市长寿区龙河镇初级中学校　李淑兰
重庆市长寿区石回九年制学校　操应中
重庆市长寿区石堰镇初级中学校　李　陈
重庆市长寿区石堰镇教育管理中心　杜贤伟
重庆市长寿区石堰镇教育管理中心　黄海英
重庆市长寿区石堰镇教育管理中心　李诗伦
重庆市长寿区石堰镇教育管理中心　王　凤
重庆市长寿区石堰镇教育管理中心　徐雪琴
重庆市长寿区石堰镇教育管理中心　余秀涛
重庆市长寿区示范幼儿园　高俊英
重庆市长寿区示范幼儿园　黄　欣
重庆市长寿区双龙镇中心小学校　韩毅涛
重庆市长寿区双龙镇中心小学校　江国容
重庆市长寿区双龙镇中心小学校　袁　静
重庆市长寿区桃花九年制学校　车家妮
重庆市长寿区桃花九年制学校　严明全
重庆市长寿区万顺镇初级中学校　陈　平
重庆市长寿区万顺镇初级中学校　蒋全奇
重庆市长寿区新市镇教育管理中心　蒋　铁
重庆市长寿区新市镇教育管理中心　蒲国锋
重庆市长寿区新市镇教育管理中心　周　敏
重庆市长寿区晏家街道教育管理中心　陈　学
重庆市长寿区晏家街道教育管理中心　杨　瑛
重庆市长寿区晏家街道中学校　谢文桥
重庆市长寿区晏家街道中学校　周双勇
重庆市长寿区云集镇中心小学校　高生兵
重庆市长寿区云集镇中心小学校　黄　峰
重庆市长寿区云台镇中心小学校　刘祥芳
重庆市长寿区云台镇中心小学校　杨杰荣
重庆市长寿区云台镇中心小学校　祝银舟

重庆市长寿区云台中学校　李绍美
重庆市长寿区云台中学校　彭　毅
重庆市长寿区长寿湖九年制学校　王义伯
重庆市长寿区长寿湖九年制学校　魏家芬
重庆市长寿区长寿湖九年制学校　袁铭宏
重庆市长寿区长寿湖九年制学校　周　瑜
重庆市长寿实验中学校　陈培德
重庆市长寿实验中学校　陈秀花
重庆市长寿实验中学校　邓承东
重庆市长寿实验中学校　邓琼芳
重庆市长寿实验中学校　韩　林
重庆市长寿实验中学校　黄会兰
重庆市长寿实验中学校　孔繁莲
重庆市长寿实验中学校　石　振
重庆市长寿实验中学校　余勇刚
重庆市长寿实验中学校　张春容
重庆市长寿双龙中学校　石连拥

（重庆市长寿区人力资源和社会保障局提供）

专家人物

（长寿区部分国务院特殊津贴享受者）

姓名	性别	单位	职务
赵世庆	男	重庆市长寿区人民政府	中共重庆市长寿区委副书记、长寿区政府区长
张晓林	男	重庆金维实业有限责任公司	高级技师
米钰林	男	中石化四川维尼纶厂	中国石化集团公司技能大师（退休）
秦庆伟	男	中石化四川维尼纶厂	副总工程师
徐正宁	男	中石化四川维尼纶厂	中国石化集团公司党组巡视组第三组组长
何　云	男	中石化四川维尼纶厂	企业首席专家、高级工程师
陈　洪	男	重钢股份公司总工程师室	高级工程师（退休）
胡明华	男	重钢股份公司第一炼钢厂	高级技师
李正琦	男	重钢股份公司热轧薄板厂	高级技师
孙丽娟	女	重钢股份公司品质部	高级技师

（重庆市长寿区人力资源和社会保障局提供）

文艺人物

（长寿区部分市级以上文艺协会会员）

龚　会

龚会，女，曾用名“龚慧”，笔名“一梅”，生于1974年。新市中学语文教师，长寿区作家协会会员，

2015年加入重庆市作家协会。

龚会文学创作起步于初中时代，第一篇文章发表在《长寿文艺》上。大学时代任校园文学社社长，主持社刊《两江潮》，任编辑和主笔。初期作品以诗歌为主，后转入散文创作。每年都有大量作品在长寿本土《长寿日报》《长寿文艺》《长寿文化》《长寿教育》等发表，在《中国文艺》《教育周报》《星星文学》《云南文学》等也有多篇文章发表。

主要成绩：2015年，个人散文集《一湖烟雨半生闲》由重庆出版社出版；散文作品曾入选《长寿区十年文学作品选》，散文《秋天的意味》入选由中国文联出版社出版的《新锐》（当代网络作家诗人作品精选），合作编辑出版《经典长寿》，诗集《行走在自己的小路上》即将出版。

杨　陈

杨陈，男，生于1964年，中国书法家协会会员，长寿区书法家协会副主席。自幼喜爱书法，10岁开始临习颜真卿《多宝塔》。1996年至1997年，参加中国书法家协会培训中心书法高级班学习，楷书以颜、欧为主，追求其端庄和堂正之气；行书以王羲之加白蕉行书的元素，形成一种流畅、自然、典雅的风貌；草书以孙过庭《书谱》、怀素《自叙帖》、张旭《古诗四帖》为主要取法对象。其草书作品有两种风貌，有时以自叙帖为主，加入书谱、古诗四帖的一些元素，使其草书作品奔放而跌宕；有时以书谱为主，加自叙帖使其优雅而深邃。在重庆市的书法展赛中多次获奖：2011年草书条幅作品入展第三届中国西部书法篆刻作品展，2013年入展第三届全国草书作品展，2014年6月入展“金山岭长城杯”全国书法作品展，2014年10月作品荣获首届“刘禹锡杯”全国书法篆刻作品展优秀奖（最高奖）。

（以上个人资料由重庆市长寿区文学艺术界联合会提供）

在外地的长寿人

爱国将领　傅克军

傅克军（1906年—1988年），又名金寿，字文清。四川省重庆府长寿县渡舟乡（后渡舟街道）人，民国陆军中将，工兵专家。东京工业大学土木工程科毕业，日本士官学校第19期工兵科毕业。回国后先后任黄埔军校六期工兵教官，南京土木训练班教育长。1937年抗日战争爆发后，傅克军是工兵“独立工兵团”的创始人，负责修建机场跑道、江阴要塞、宜昌交叉炮台，对日军通过三峡进犯抗战大后方四川起到阻碍作用。1941年珍珠港事件发生后，任中国远征军工程兵副指挥、指挥之职，修建抗战史上有名的滇缅公路，与美国史迪威将军并肩与日军作战，获美国自由勋章。1946年任国防部陆军总司令部工程处处长，陆军总部工程兵副司令。1948年11月在淮海战役中败退，率残部转战云南，次年随卢汉通电起义。后去台湾，辗转日本，定居美国。信奉基督，常念落叶归根和台湾回归祖国之事。改革开放后，长寿县政府依据政策归还傅克军在长寿城内字库号的房产，重修其母亲的坟墓。傅克军大为感动，致信给长寿县政府表示感谢，并表达海外游子怀念祖国、思念家乡的深厚情谊。1988年2月1日，傅克军病逝于美国，享年82岁。（《中国国民党九千将领》有传）

（摘自《长寿侨联志》）

人物传略

李在明生平

李在明，男，生于1932年10月16日，汉族，籍贯安徽宿州，1949年5月参加革命工作，中共党员，原长寿县人民政府顾问。

1949年5月至1949年11月参加工作，任中国人民解放军第二野战军政大学学员；1949年12月至1970年5月，任长寿县公安局副股长、副局长、党支部书记；1970年6月至1985年2月，任襄渝铁路政治处长寿公安局、长寿渡舟区革委会副主任，长寿县公安局副局长、局长，县委委员、常委、政法委党组书记；1985年3月至1993年3月，任长寿县政协党组书记，县人民政府副县长、顾问；1993年3月离休。2015年5月因病去世，终年82岁。

刘德陛生平

刘德陛，男，汉族，生于1931年9月，籍贯山东省茌平县，1947年1月参加革命工作，1949年7月加入中国共产党，1992年离休。

1947年1月至1949年10月，参军在中国人民解放军第二野战军三中队23团；1949年11月至1955年6月，在长寿县晏家区公所工作，任组织委员；1955年7月至1956年9月，在中共长寿县委农工部工作；1956年10月至1959年10月，在重庆工农干校脱产读书；1959年11月至1969年9月，在长寿县晏家区公所工作，任区长、书记；1969年10月至1972年4月，在长寿县兴隆区工作，任区委书记；1972年5月至1974年5月，在长寿县委办公室工作，任副主任；1974年6月至1978年6月，在长寿县晏家区公所工作，任第一书记；1978年7月至1983年11月，在中共长寿县委农工部工作，任副部长；1983年12月至1992年2月，在长寿县人大常委会工作，任专职常委；离休。

2015年12月因病去世，终年84岁。

（重庆市长寿区老干部局提供）

长寿老人

2015年长寿区百岁老人

序号	姓名	性别	民族	出生时间	家庭住址	家村（城镇）人口
1	罗术珍	女	汉	1909年1月8日	长寿区晏家街道晏中路社区	城镇
2	陈心芳	女	汉	1909年11月2日	长寿区云集镇大同村	农村
3	刘兴宽	男	汉	1910年4月16日	长寿区万顺镇白合村	农村
4	余金全	男	汉	1910年8月17日	长寿区双龙镇群力村	农村
5	车志立	女	汉	1911年8月11日	长寿区晏家街道中心路	城镇
6	江徐氏	女	汉	1912年5月2日	长寿区新市镇东门村	农村
7	黄治成	男	汉	1912年10月19日	长寿区洪湖镇大洪河正街	城镇
8	张少武	男	汉	1913年4月5日	长寿区云集镇尖锋村	农村

续表

序号	姓名	性别	民族	出生时间	家庭住址	家村（城镇）人口
9	黄本福	女	汉	1913 年 9 月 22 日	长寿区八颗街道高新村	农村
10	余杨氏	女	汉	1913 年 11 月 1 日	长寿区长寿湖镇东海村	农村
11	阳魏氏	女	汉	1914 年 3 月 14 日	长寿区晏家街道金龙村	农村
12	樊德芳	女	汉	1914 年 7 月 28 日	长寿区云台镇利民村	农村
13	樊国清	女	汉	1914 年 7 月 21 日	长寿区凤城街道阳鹤村	农村
14	李学珍	女	汉	1914 年 9 月 21 日	长寿区凤城街道凤岭路	城镇
15	李光宇	女	汉	1914 年 12 月 5 日	长寿区凤城街道三峡路	城镇
16	陶世英	女	汉	1915 年 1 月 19 日	长寿区八颗街道	农村
17	杨淑良	女	汉	1915 年 3 月 10 日	长寿区凤城街道望江路	城镇
18	鲁玉兰	女	汉	1915 年 6 月 14 日	长寿区新市街道	农村
19	张锡藻	男	汉	1915 年 4 月 28 日	长寿区凤城街道望江路	城镇
20	辜淑清	女	汉	1915 年 5 月 21 日	长寿区晏家街道	城镇
21	付道康	女	汉	1915 年 7 月 25 日	长寿区新市街道	农村
22	余书铭	男	汉	1915 年 7 月 16 日	长寿区渡舟街道	农村
23	向维汉	男	汉	1915 年 9 月 27 日	长寿区凤城街道凤岭路	城镇
24	刘池恩	女	汉	1915 年 11 月	长寿区云集镇	农村
25	王兴志	男	汉	1915 年 10 月 20 日	长寿区邻封镇	农村

（重庆市长寿区民政局提供）

长寿区第七届“十大健康寿星”

第七届“十大健康寿星”：

1. 辜淑清　女　101 岁　生于 1915 年 5 月 21 日 晏家街道
2. 鲁玉兰　女　101 岁　生于 1915 年 6 月 14 日 新市街道
3. 胡伯卿　男　100 岁　生于 1915 年 12 月 22 日 八颗街道
4. 雷官发　女　100 岁　生于 1916 年 3 月 23 日 洪湖镇
5. 阳学儒　女　100 岁　生于 1916 年 9 月 26 日 云台镇
6. 操银才　男　100 岁　生于 1916 年 10 月 19 日 云集镇
7. 杨淑芳　女　99 岁　生于 1917 年 1 月 1 日 葛兰镇
8. 杜万珍　女　99 岁　生于 1917 年 1 月 22 日 洪湖镇
9. 向清明　男　98 岁　生于 1918 年 1 月 28 日 渡舟街道
10. 陈万全　男　98 岁　生于 1918 年 8 月 12 日 万顺镇

第七届健康寿星夫妻：

任定鸿　男　95 岁　生于 1921 年 1 月 23 日 新市街道

黄淑清　女　95 岁　生于 1921 年 3 月 7 日 新市街道

第七届“十大健康寿星”提名寿星：

1. 但淑清　女　98 岁　生于 1918 年 1 月 28 日 渡舟街道
2. 张云淑　女　98 岁　生于 1918 年 10 月 3 日 云集镇
3. 程志发　男　97 岁　生于 1918 年 11 月 14 日 龙河镇

4. 夏淑华　女　97 岁　生于 1918 年 12 月 17 日 长寿湖镇
5. 周绍于　女　97 岁　生于 1919 年 7 月 23 日 海棠镇
6. 王德轩　男　96 岁　生于 1919 年 11 月 15 日 长寿湖镇
7. 王海洲　男　96 岁　生于 1920 年 6 月 5 日 江南街道
8. 程晴初　男　96 岁　生于 1920 年 8 月 4 日 凤城街道
9. 陈代任　男　95 岁　生于 1921 年 7 月 11 日 石堰镇
10. 任淑君　女　95 岁　生于 1921 年 8 月 15 日 邻封镇

（摘自长寿委宣〔2015〕78 号）

长寿江南街道重阳文艺演出

2015 年 5 月 8 日，世界红十字日，长寿开展募捐和招募造血干细胞志愿者活动

文 献

- 中共重庆市长寿区委　重庆市长寿区人民政府
  关于进一步做好新形势下拥军优属工作的意见
- 中共重庆市长寿区委　重庆市长寿区人民政府
  关于2015年农业农村工作的意见
- 中共重庆市长寿区委　重庆市长寿区人民政府
  关于加快推进生态文明建设的实施意见
- 中共重庆市长寿区委　重庆市长寿区人民政府
  关于进一步加快街镇工业走廊开发建设的意见
- 中共重庆市长寿区委　重庆市长寿区人民政府
  关于精准扶贫精准脱贫工作的实施意见
- 中共重庆市长寿区委关于加强社会主义协商民主建设的实施意见
- 中共重庆市长寿区委关于印发《长寿区落实党风廉政建设“两个责任”清单》的通知
- 中共重庆市长寿区委　重庆市长寿区人民政府
  关于加快推进创新驱动发展战略的实施意见
- 中共重庆市长寿区委关于制定国民经济和社会发展第十三个五年规划的建议

文　献

中共重庆市长寿区委
重庆市长寿区人民政府
关于进一步做好新形势下拥军优属工作的意见

（2015 年 2 月 10 日）

为认真落实市委、市政府《关于进一步做好新形势下拥军优属工作的意见》（渝委发〔2013〕19号）精神，弘扬双拥光荣传统，增进军政军民团结，维护社会和谐稳定，推进国防和军队建设，现结合长寿区实际，就进一步做好新形势下拥军优属工作提出如下实施意见。

一、大力支持驻长部队建设和军事斗争准备

（一）帮助部队提高信息化建设水平。着眼提高驻长部队应对多种安全威胁、遂行多样化军事任务能力，推进应急系统资源整合和信息共享，实现军地之间有效协调联动。组织高新技术企业，广泛开展科技拥军活动，帮助驻长部队培养信息化人才，解决信息化建设中遇到的实际问题。组织开展“送科技、送信息、送电脑、送书籍进军营”活动，提高部队信息化建设水平。

（二）支持部队完善基础设施建设。按照平战结合、军民兼容、统筹兼顾、协调发展的要求，在基础设施建设中充分考虑军事需要，积极完善国防功能。把驻长部队的公用基础设施建设和军供保障设施纳入城市（镇）总体规划，对需与供水、供电、供气等市政公用设施管线连接的，铺设至营区边界。对部队的新建基础设施，在项目审批、征地拆迁和建设等环节提供优质高效服务，并按规定优惠、减免相关费用。搞好军民共用道路的建设，对影响部队行动的道路设施及时维修，确保安全畅通。支持部队利用自有土地、自筹资金建设保障性住房，将符合公租房准入条件的驻长部队官兵及随军家属纳入公租房保障范围，切实帮助解决官兵特别是随军家属住房困难问题。

（三）配合部队完成多样化军事任务。根据部队执行多样化军事任务的需要，配合驻长部队做好训练演习、科研试验等任务中的保障工作。加强军地联动，适时组织抢险救灾、处突维稳、紧急救援等联合应急演习。积极组织开展拥军活动，帮助驻长部队解决执行多样化军事任务中的实际困难。紧贴军事斗争准备需要，大力加强国防动员、预备役部队、民兵建设，提升遂行多样化军事任务的能力。

（四）协助部队推进后勤保障社会化。适应军队后勤社会化保障发展趋势，建立健全通用物资军地联储联征机制和骨干在军、主体在民的军队后勤社会化保障新模式，运用全社会力量共同完成军队物资、交通、油料、生活、医疗等相关后勤保障任务。将后勤保障平时社会化与战时动员结合起来，以联合应对多种安全威胁、完成多样化军事任务为重点，制定各类行动预案和保障计划，抓好军地后方联合指挥、联合保障、联合修救和联合补给，提高后方综合保障水平。对驻长部队官兵的医疗，由区卫生部门指定医疗条件好、技术力量强的医院进行接诊，免收挂号费，对符合基本医疗保障规定的就医检查费、治疗费、手术费、住院费予以优惠，对急诊、危重伤病员应先救治后收费。有条件的医院，可设立军人病房。

二、认真抓好拥军优抚安置政策落实

（五）做好军队转业干部安置工作。坚持并充分发挥党政机关安置军转干部的主渠道作用，妥善安置好计划分配军转干部。对担任师、团级领导职务且任满最低年限的军转干部，一般安排相应的领导职务；接收师、团级领导职务军转干部人数较多、安排领导职务确有困难的，可安排相应的非领导职务。加强自主择业军转干部管理服务，建立和完善重大节日慰问、健康体检等制度。鼓励自主择业军转干部创业，将自主择业军转干部纳入微型企业扶持对象，并按相关文件规定享受优惠政策。

（六）做好军队离退休干部接收安置和服务管理工作。继续贯彻落实中共中央办公厅、国务院办公厅、中央军委办公厅《关于进一步做好军队离休退休干部移交政府安置管理工作的意见》精神，积极做好军队离退休干部接收安置工作，全面落实政治、生活待遇，不断提高服务管理水平。加大军休中心基础设施建设投入力度，进一步改善军休干部休养条件和环境。切实做好移交政府安置的军队无军籍离休、退休、退职职工的服务管理工作。

（七）做好退役士兵就业安置工作。按国家和重庆市相关规定对符合安排工作条件的退役士兵，安置到国家机关、事业单位、国有以及国有控股和国有资本占主导地位的企业。在有编制的情况下，“四类对象”尽量安置到机关事业单位。对符合安排工作条件选择自谋职业或自主就业的退役士兵，享受自主就业优惠政策。自谋职业、自主就业退役士兵特别是大学生退役士兵参加党政机关、事业单位工作人员招录考试，应聘国有以及国有控股和国有资本占主导地位的企业，同等条件下予以优先招收录用，同时积极拓展就业渠道，促进充分就业创业。建立退役士兵自主就业一次性经济补助金城乡统筹机制，2013 年起冬季城镇、农村退役士兵自主就业一次性经济补助金分别按每服役 1 年 8000 元、5000 元标准发放，逐步实现城乡一致。农村籍退役士兵在退役后的次年 1 月底前自愿转为城镇户籍的，享受城镇退役士兵待遇。加大退役士兵职业教育和技能培训力度，对 2014 年冬季以后退出现役的自主就业和自谋职业退役士兵，除享受国家、重庆市相关政策外，免费参加 3－6 个月短期技能培训并取得合格证及职业资格证书的，给予工作推荐。积极扶持退役士兵从事个体经营和创办微型企业，支持和帮助退役士兵自主就业和创业。

（八）做好随军家属就业安置工作。严格贯彻落实《国务院、中央军委关于批转人力资源社会保障部、总参谋部、总政治部军人随军家属就业安置办法的通知》（国发〔2013〕42 号）和重庆市随军家属就业安置的政策规定。随军前是在编在岗公务员的随军家属，按照属地管理、专业对口、就地就近原则，在编制职数范围内由接收单位结合本单位和本人实际情况，按照有关规定进行安置；随军前是事业单位在编人员的随军家属，按照属地管理、专业对口、就地就近原则，在事业单位编制内拿出一定数量的岗位进行定向招聘。接收单位明确人员后，应当在 6 个月内办理接收手续。国有、国有控股和国有资本占主导地位企业在新招录职工时，应当根据企业用工需求和岗位任职资格要求，结合随军家属专业特长、经历学历等情况，按照适当比例择优聘用随军家属。对符合条件的从事个体经营的随军家属，自领取税务登记证之日起，3 年内按规定免征营业税和个人所得税。对符合条件的为安置随军家属而新开办的企业，自领取税务登记证之日起，3 年内免征营业税。从 2014 年 10 月 1 日起，对户籍在长寿区已随军暂时未就业的随军家属，由区政府发给基本生活保障金，最低标准不少于每人每月 350 元。

（九）做好军人子女教育优待工作。认真落实国家和重庆市有关军人子女教育优待的政策规定，结合长寿区实际，充分考虑军人职业的特殊性，区教委进一步完善具体落实办法，努力保障军人子女在长就地就近入学入托接受良好教育。

（十）做好军人优待工作。严格执行重庆市有关现役军人、残疾军人、军队离退休干部凭有效证件，免费参观游览市内公园、纪念馆、博物馆、展览馆和市内国家 A 级以上旅游景区景点；现役军人、军队离退休干部凭拥军 IC 卡免费乘坐主城区轨道交通工具和公共汽车，残疾军人凭残疾军人证或拥军 IC 卡免费乘坐区内轨道交通工具和公共汽车的政策规定。两地分居的现役军人配偶按国家有关规定享受探亲假，所在单位应优先安排假期并报销往返差旅费，探亲假期间工资和福利待遇不变。认真落实向烈士遗属家庭颁发“光荣烈属”牌匾、向义务兵家庭颁发“光荣军属”牌匾和向立功受奖军人家庭送喜报制度。进一步完善现役军人立功受奖制度，激励军人在部队建功立业，为国防建设多做贡献，增强荣誉感和奉献精神。从 2014 年 1 月起，义务兵服现役期间，被授予荣誉称号或荣立一等功的，增发当年优待金 100% 的奖励金；荣立二等功的，增发当年优待金 70% 的奖励金；荣立三等功的，增发当年优待金 40% 的奖励金；被评为优秀士兵的，增发当年优待金 20% 的奖励金。一年内获得多项奖励的，只计算一次，按最高奖励发放。完善优抚对象春节慰问机制，增强全民拥军优属的浓厚氛围。从2015年起，每年春节以镇、街道或村（社区）为单位组织召开军烈属、复退伍军人座谈会，为立功受奖军人家庭送喜报发奖励，为烈属、义务兵家庭挂光荣牌匾。

（十一）进一步健全完善各项优抚政策。深入贯彻《军人抚恤优待条例》，确保优抚对象生活水平随经济发展逐步提高。认真落实烈士遗属优待政策。建立城乡统一的享受国家抚恤补助的因公牺牲军人遗属和病故军人遗属地方补助金制度，2014年10月起，其标准分别提高到每人每月547元、365元，以后按国家当年相应的定期抚恤金标准增长比例予以同步调整。坚持和完善优抚对象医疗保障政策，扎实开展优抚医疗巡诊，推进医疗费用“一站式”即时结算服务，提高享受国家抚恤补助优抚对象的医疗服务水平。加大享受国家抚恤补助优抚对象居住条件的改造力度，采取多种方式逐步缓解其住房困难；将符合条件的优先纳入农民新村建设和农村危旧房改造范围，予以资助；将符合城镇住房保障范围的优先纳入廉租房、公租房等保障性住房范围，并享受相关优惠。

三、切实加强拥军优属工作的组织领导

（十二）健全领导机制。区委每年定期召开议军会、研究支持国防、军队建设的重大问题，解决驻区部队实际困难。区政府每年定期召开军地联席会，研究拥军优属和军民共建相关工作，协调解决军民纠纷中的一些重大问题。主要领导要带头参加重大拥军优属活动，亲自协调解决重点、难点问题。各镇街党（工）委、政府（办事处）要把拥军优属工作纳入重要议事日程，经常分析形势，研究解决重大问题。建立健全军地关系协调机制，坚持军地联席会议、定期走访制度，及时沟通协调军地关系。

（十三）健全工作机制。各级双拥工作领导小组要认真履行组织、协调、指导拥军优属工作的职能，积极做好本地拥军优属工作，每年定期召开成员会议。各镇街各部门各单位要紧密结合担负的拥军优属工作任务，完善政策规定，加强督导检查，抓好工作落实。各级双拥办要充分发挥参谋助手作用，及时向领导小组反映情况，提出建议，搞好协调。要重视和关心双拥办的建设，完善军地合署办公制度，落实机构编制，增加双拥工作专项经费投入，保证双拥工作顺利开展。

（十四）完善激励机制。创建双拥模范城活动，是新时期推动拥军优属工作任务落实，加强军政军民团结的有效途径和重要载体。要认真落实《双拥模范城（县）命名管理办法》，将双拥模范城（县）创建工作纳入重要议事日程，深入扎实地开展群众性创建活动。双拥工作领导小组要切实履行职能，分解落实任务，并建立健全领导小组成员单位工作报告和年度工作述职制度，对在拥军优属工作中作出显著成绩或者有突出成绩的单位和个人积极向市级及以上推荐给予表彰和奖励。

做好拥军优属工作，是各级各部门各单位以及广大人民群众的光荣职责。全区各级各部门要站在国家长治久安、民族兴旺发达、人民幸福安康的高度，按照中央和市委的部署要求，坚持不懈做好拥军优属工作，推进军民融合深度发展，不断巩固和发展军政军民同呼吸、共命运、心连心的大好局面，为促进全区经济社会发展和驻长部队现代化建设作出新的贡献。

中共重庆市长寿区委
重庆市长寿区人民政府
关于2015年农业农村工作的意见

2015年是全面深化改革的关键之年，是全面完成“十二五”规划的收官之年，全区农业农村工作要以邓小平理论、“三个代表”重要思想、科学发展观为指导，深入贯彻落实习近平总书记系列重要讲话精神，全面贯彻落实党的十八大、十八届三中、四中全会以及中央一号文件、中央和市农村工作会议精神，主动认识新常态、适应新常态、把握新常态，按照“科学发展、富民兴区”的总任务，紧紧围绕“强、美、活、富、好”总要求，充分利用长寿工业基础雄厚、城镇发展迅猛等良好条件，不断完善工业反哺农业、城市支持农村的有效机制，在发展现代特色效益农业中优化产业结构，在促进农民持续增收中广辟增收渠道，在办好民生具体实事中推进新农村建设，在全面深化农村改革中增强农村活力，在强化农业科技支撑中提升农业效率，在加强农村基层组织和法治建设中维护社会和谐，为长寿区当好城市发展新区排头兵贡献力量。

一、立足城市发展新区定位，加快现代农业基地建设

大力发展城郊型现代特色效益农业，努力建设重庆市重要农产品保供区、优质农产品主产区和现代农业综合示范区，力争全年农业总产值达到56亿元。

（一）保障农产品有效供给。围绕“1+5+2”特色效益农业体系，在稳定粮食生产的基础上，加快推进柑橘、蔬菜、畜牧、渔业和林果五大主导优势产业提质增效，在适宜区域内推进中药材和花卉苗木的规模化发展。粮食播种面积和产量稳定在103万亩和37万吨左右，切实保障“米袋子”。蔬菜种植面积和年产量稳定在20万亩、30万吨，水产品总产量稳定在3万吨以上，全年出栏生猪70万头、肉鸡1000万只，蛋鸡存栏600万只，奶牛存栏2300头，肉产品、禽蛋、牛奶产量分别达到7万吨、5万吨、1万吨，不断丰富“菜篮子”。柑橘面积和产量稳定在30万亩、25万吨，特色林果面积和产量稳定在5万亩、3万吨，继续做大“果盘子”。

（二）深入推进农业园区建设。完善提升现代农业园区的基础设施和产业配套。现代农业种植园区和沙田柚种植园区依托产业大力发展生态农业和观光农业，现代畜牧园区加快推进40万头生猪全产业链温氏公司中华5000头种猪场及15万吨饲料厂、标杆蛋鸡合作社60万只蛋鸡示范和温氏公司配套生猪养殖小区项目建设。全面建成现代粮食园区二期和移民生态农业园复元蔬菜基地。启动果蔬生态种植园建设，新建蔬菜基地500亩，改建蔬菜基地400亩，建成柑橘标准园1000亩。启动现代粮食园区葛兰片区2300亩高标准基本农田建设，在园区范围内新建基本口粮田1.4万亩，进一步改善园区农业基础设施，提升粮食综合生产能力。

（三）推进农业全产业链建设。依托现代农业园区建设和现有产业基础，推进大宗农产品仓储、冷链物流体系及物联网建设，大力发展农产品商品化处理和产地初加工。围绕现代农业园区产业链延伸，加快推进农畜产品加工区规划、设计、征地报件等前期工作，适时开展农畜产品加工项目招商引资工作，提升农畜产品精深加工能力。加快推进区级农副产品交易中心协议签订、征地拆迁等工作，着力打造辐射周边的农产品商贸物流中心。加大品牌建设和宣传力度，以长寿湖、大洪湖水产品为主体，打造长寿生态有机鱼品牌，以晚熟柑橘和沙田柚种植为主体，打造长寿柑橘品牌，着力提升品牌价值。

（四）保障农产品质量安全。加大动植物检疫和动物疫病防控力度，确保全区清净无疫。完成区农产品质量安全中心检测实验室建设，全面提升检验检测能力。完善“区—镇（街道）—村（居）”三级农产品质量安全监管体系，加大农业综合执法力度，农产品质量安全例行监督抽检合格率在99%以上。扎实推进农业标准化体系应用，区级以上农业龙头企业基本实现标准化生产。引导和扶持“三品一标”农产品质量体系认证，力争全年发展无公害、绿色、有机农产品等20个以上。

二、广辟农民增收渠道，促进农民生活质量稳步提高

“三农”工作的核心是农民问题，农民问题的根本是利益问题，利益问题的关键是收入问题。要多渠道挖掘农民增收潜力，力争农村居民人均可支配收入增长10%以上，不断缩小城乡收入差距。

（五）稳定增加对农业农村的投入。坚持把农业农村作为财政支出的优先保障领域，继续加大财政对农业农村投入。优化财政支农支出结构，重点支持农民增收、农村改革、基础设施、结构调整、农业可持续发展和农村民生。全面落实并稳定增加现代特色效益农业专项资金，继续采取切块和实际审批相结合的方式使用。加快清理整合涉农专项资金和市级切块资金，盘活涉农结余资金，统筹用于农业农村基础设施建设和产业发展，提高资金使用效率。建立公平公开的产业扶持激励机制，重点支持主导产业、特色产业、龙头企业、家庭农场发展。完善项目管理办法，强化资金监管，加快项目实施和预算执行。

（六）提高农业补贴政策效能。严格落实种粮直补、农资综合补贴、良种补贴和农业机具购置补贴政策，确保政策执行公开透明，款项拨付及时准确。严格按规定使用产粮大县奖励资金，切实提高粮油综合生产能力。用好生猪调出大县财政奖励补助资金，重点支持生猪适度规模经营发展。继续开展新

型农业经营主体财政直接补助政策试点，通过差异化的扶持政策，引导各类新型农业经营主体协调发展。加快财政支农资金预算执行进度，将支农资金预算执行与资金分配挂钩，实行“当年项目，头年申报”。发挥农业产业发展基金引导作用，重点支持农产品加工、流通体系建设等。稳步推进第二轮退耕还林工程，严把申报验收等关键环节，确保政策执行到位。

（七）促进一、二、三产业融合发展。立足资源优势，以市场需求为导向，围绕主导产业大力发展农产品加工业和农村服务业，做强农业二三产业、提高农业附加值。围绕“美丽乡村”建设目标，研究制定促进乡村休闲旅游发展的用地、财政、金融等扶持政策，落实税收优惠政策。充分利用区位优势和产业基础，加大对乡村旅游休闲基础设施建设的投入，着力打造“十里柚香”、“万亩紫薇”等精品乡村旅游线路，加快推进冬润公司“农博园”、禾丰公司“蓝港湾”休闲体验现代农业项目落地，着力打造泛长寿湖乡村旅游经济圈。

（八）广辟农村外部增收渠道。推行“定点、定单、定向”培训模式，充分运用职业培训补贴和鉴定补贴政策，鼓励企业和培训机构广泛开展农民工技能培训，着力培育新型技工和高技能人才，提升农民工就业质量。利用长寿区“新型工业高地”优势，着力扶持发展吸纳就业能力强的战略性新兴产业、劳动密集型企业和小微型企业，增加农民工就业岗位。建立健全基层就业服务平台和农民工综合服务中心，落实贴息贷款政策，吸引农民工返乡就业创业。鼓励和引导用工单位建立农民工技能提升与岗位工资同步增长机制，严格落实建筑领域农民工工资保证金制度，强化劳动保障执法，切实维护农民工合法权益。

三、切实办好民生实事，推进城乡统筹一体化发展

围绕新农村建设，以办好农村民生实事为抓手，注重保护和改善农村生态环境，不断完善农村基础设施条件，努力建设一批富有长寿特色、乡风文明的美丽乡村。

（九）办好农村民生实事。深入实施精准扶贫和动态扶贫工作，完成10个贫困村的整村扶贫规划工作，启动实施云集镇大同村等3个贫困村整村扶贫建设，完成高山生态扶贫搬迁年度任务，实现全年减少贫困人口4500人的目标。实施“红层找水”打井1000口。整治山坪塘752座，解决10个街镇41个村6.21万人饮水安全问题。优化城乡教育资源配置，加快乡村学校标准化建设，力争通过国家义务教育发展基本均衡区验收。推进医药卫生体制改革，提升三级公共卫生和医疗网络服务能力，建成42个撤并村卫生室，加大对农村贫困患病人员的救助力度。改造农村危旧房1200户。健全完善农村生活垃圾集中收运处置系统，场镇垃圾无害化处理率保持在99%。实施撤并村通达工程30公里，新建农村人行便道80公里。

（十）加快农村基础设施建设。开展基本农田划定工作，推进土地整治和建设用地复垦，确保耕地不减少、质量有提高。完善农田水利设施，加快推进龙门桥水库主体工程建设，新建、扩建供水工程20处，完成病险水库除险加固5座，加高加固堤防9公里，治理水土流失面积9.3平方公里。持续改善农村出行条件，完成桃大路改造，加快云大路、洪称路、龙石路改造，启动何华路华中段、葛丛路、付新路改造前期工作，完成农村公路改造92个项目220公里。继续实施气象现代化建设工作，重点加强涉农气象服务和人工影响天气固定炮站建设工作，增强灾害天气预警、预报和应急救援能力。

（十一）深入推进新农村建设。整合各类农村居民点建设扶持政策，修订完善全区新农村居民点布局规划，在现代农业园区产业覆盖范围内，规划一批产业型农民新村，在长寿湖、大洪湖等乡村旅游资源丰富区域内，规划一批乡村旅游型农民新村，在交通便利、公共基础设施建设较好的区域内，规划一批居住改善型农民新村。加大涉农建设资金整合力度，加快龙河秀才湾、凤城复元等9个区级农民新村示范村建设。加快推进现代农业综合示范区建设，并于2015年3月启动实施。着力建设现代农业园区龙河、双龙新农村示范片，启动核心区环境综合整治工程，改善生态环境，提升居住品质，发展观光体验农业。依托农民新村，配套建设卫生、教育、商贸设施及村级公共服务中心，全面完善农村公共服务设施。引导和加强农村自我管理，提高服务水平，努力建设“五有、四无、三覆盖”的美丽乡村。

（十二）推进农村生态文明建设。建立农村生态环境保护、监管、奖惩制度体系。坚守耕地、林地、森林三条生态红线，切实维护区域生态安全。完成“长江两岸绿化”补植补造100万株，强化三峡库区

水环境保护和生态建设。继续实施新一轮退耕还林和水土流失治理工作，完成营造林2.5万亩，森林覆盖率达到45.5%。落实好森林防火隔离带建设，切实增强森林防火能力。落实最严格的水资源管理和保护制度，开展水生态文明建设。实施桃花河上游生态修复工程，加强水土保持，恢复水体生态功能。完成桃花河调水增流可行性方案论证，完成重点河段清淤，巩固流域畜禽和水产养殖污染整治效果，切实改善桃花河水质。落实《畜牧产业发展规划》和《畜禽养殖污染防治规划》要求，严控农村畜禽养殖污染。落实《有机肥生产使用奖励办法》，重点推广有机肥在农业生产中的使用，降低化肥使用比例。推广测土配方施肥，使用低毒残留农药，着力改良土壤，提升土地生产力。健全农业、林业有害生物预警预报体系。

四、深入推进农村改革，促进农业农村发展更有活力

围绕中央和全市改革部署要求，坚持问题导向，着力破解制约“三农”发展的体制机制障碍，以积极有为的改革态度，审慎稳妥推进各项改革任务，确保改有所为、改有所成。

（十三）健全新型农业经营体系。坚持农民家庭经营基本制度，建立并完善农村流转土地退出补偿机制，引导和规范土地适度规模流转。大力培育新型农业经营主体，重点培育200家特色经营家庭农场、100家农民合作社、50家区级以上农业产业化龙头企业。完善新型农业主体间的利益联结机制，着力构建以家庭农场为细胞、农民合作社为纽带、龙头企业为引领的新型农业经营主体发展体系。积极发展农业社会化服务，重点抓好柑橘病虫害防治和柑橘产后社会化服务以及粮食生产全程机械化服务试点，补齐补强农村基层农业服务体系。

（十四）优化农村金融服务。发展农村普惠金融，引导支持在长涉农金融机构在街镇、村（社区）布局金融网点，扩大农村基础金融覆盖面。充分发挥货币信贷政策工具、监管政策导向性作用，引导农村存款主要用于农村。深入推进农村产权抵押融资，至少引进1家具有农村产权评估资质的评估中介机构在长寿设立分公司，负责农村产权的价值评估。依托区农村产权交易中心，建立街镇农村产权交易服务平台，建立农村产权交易配套制度。开展农村土地收益保证贷款试点。建立健全涉农融资担保体系，制定财政支持政策，引导区宏昌担保公司加大惠农支农力度。拓宽涉农保险的种类、范围及覆盖面，积极向市争取农业保险试点范围，推动发展地方特色优势农产品保险。实施新型农村金融机构费用定向补贴，鼓励金融机构加大信贷投入。完善农村金融风险防范体系，建立新型农村合作金融监管机制和农村信用合作风险防范处置长效机制。

（十五）推进水利和林业改革。建立健全水资源利用与保护机制，保证水利建设投入稳定增长。结合长寿实际，探索开展农业水价综合改革。试点推进农村水利资源资产清产核资、量化确权工作，加快农田水利设施产权制度改革。发挥水投公司平台作用，创新水利投融资机制，引导社会资本参与重大水利设施建设。鼓励发展农民用水合作组织，探索小型农田水利工程建设和管护长效机制。深入推进集体林权制度改革，切实抓好农村集体经济组织统一经营的林地清产核资和量化确权工作。整合各种林业项目资金，大力发展林业产业。稳妥推进国有林场改革，创新国有林场经营管理机制。加强“银林”合作，扩大林权抵押贷款规模。壮大新型林业经营主体，通过林业经营行为带动林地有效管护，切实保护森林资源。

（十六）探索开展供销合作社改革。坚持为农服务方向，深化供销合作社综合改革。着力推进基层社改造，创新联合社治理机制，把供销合作社打造成全区性为“三农”提供综合服务的骨干力量。充分发挥供销合作社在农村现代流通中的重要作用，支持供销合作社参与公益性农产品市场和现代农资服务体系建设，打通农产品生产与销售市场的联结通道。重点突出以“三社一院一网一场”为主要内容的为农服务平台建设，拓宽为农服务领域，引导和发展分工更为科学、细致的专业合作社，鼓励开展农机、农资、农技社会化服务。支持供销社探索发展农村合作金融，稳妥开展农民合作社内部资金互助试点。

（十七）深化农业农村重点改革。积极推进户籍制度改革，完善公共服务，保障转户进城群众合法权益。巩固农村集体资产清产核资成果，稳妥推进农村集体资产量化确权试点工作。完善农村土地经营权等流转资产的确权颁证，有效发挥农村综合产权流转交易市场的平台作用。进一步发挥地票制度作用，建立健全农村综合产权交易市场体系和交易管理机制，盘活农村资产、资源效益，让农民群众共享改革红利。完善财政农业投入稳定增长机制，

重点支持农民合作社创新、畜禽污染治理、农业融资担保等工作。推进农村集体经营性建设用地入市，着力破解农业企业用地和设施农业用地瓶颈。进一步简化农林水利基础设施建设前期程序，投资概算和资金预算实行联合审查，充实和完善政府投资项目农业类资源库。探索转变农业项目建设模式，总结和推广农村集体组织主导“村民自建”农民新村的经验，加快农业项目建设。

（十八）创新统筹城乡发展体制机制。结合城市发展规划、土地利用规划和产业发展规划等，着手制定统筹城乡发展的系统性规划。严格落实中央“多予、少取、放活”的方针，加快城乡经济融合步伐，努力建立健全以工促农、以城带乡长效机制。以农村最低生活保障制度建设为重点，不断完善养老、医疗和社会救助等农村社会保障体系。以保障农民以土地为主的财产权为重点，不断完善保障农民权益的长效机制。围绕推进城乡基本公共服务均等化，不断提升农村教育、卫生服务能力和水平，均衡公共服务资源配置。

五、强化农业科技支撑，促进农业科技成果推广运用

立足依托农业科技支撑，为现代农业建设夯实基础，深入实施科教兴农战略，围绕关键环节，突出重点领域，创新工作举措，全面提高农业科技创新和推广应用水平。

（十九）完成国家农业科技创新与集成示范基地建设。积极推动农业科技体制机制创新，加强农业科技创新、技术集成示范、技术推广服务、新型职业农民培育等工作的统筹衔接，促进农业科研、教育、推广一体化协同发展。以“1+5+2”特色效益农业体系和农村经济发展实际需求为导向，将现代农业园区建设成为科技支撑能力强、农业经营形态先进、不同产业之间有机衔接、可持续发展特点突出的现代农业先导区和示范区。加强与农业企业、专业合作社、家庭农场、社会化服务组织等农业技术应用主体的联合协作，建立良好的技术需求征集和研发成果反馈机制。建立以“政府+基地+专家（农技员）+企业（新型经营主体）+农民”模式为主的农技推广服务机制，切实将农民需要的技术在创新基地进行熟化、集成和试验示范，由科技专家或基层农技员推广到企业、专业合作社、家庭农场等新型经营主体，进而辐射到广大普通农民，促进农业科技成果的快速转化与应用。

（二十）加快农业信息化建设。紧紧围绕提高农业综合生产能力，狠抓网络延伸、资源开发、信息发布等工作，利用物联网，充分整合涉农信息资源，强化面向农村的网络、移动通讯、物流配送、气象预警等信息化服务，努力提升农业信息化服务能力。启动物联网应用示范工程，落实好通信运营商涉农业务的优惠措施，强化物联网及时在农业领域的推广应用。积极发展电子商务，加快推进建设电商产业园。强化农业信息资源共建共享，建立以农口部门网站为主的涉农服务网站，优化“12316”“12582”“12121”等信息服务平台建设。健全农村现代流通体系，做强长寿特色农产品交易信息网，大力发展联合采购。加快推进信息技术的开发应用，实现涉农行政审批、农产品监测预警等业务的网络化管理，为农民及时提供各种信息服务。

（二十一）加大新型职业农民培训力度 。以提高农民科技文化水平为目标，通过多种渠道、多种形式开展农民培训。大力开展冬春农业实用技术，通过开设培训班、现场技术咨询、科技下乡、发放农业技术资料等方式，全面提高农民的科技文化素质。深入开展扶贫实用技术培训，根据贫困地区的产业发展特点，有针对性地制定1000人的培训计划，提高贫困人员的生产技能，切实增强贫困人口发家致富的能力。围绕长寿区五大支柱产业，继续开展新型职业农民培训，通过理论授课和现场指导相结合的方式，强化理论对实践的指导作用，提高农民的动手操作能力，培养懂科技、善经营、会管理的新型职业农民1200人。充分发挥田间学校平台作用，开展全程生产技术培训，全面提升长寿区农民运用科学技术的水平。鼓励农业龙头企业参加培训，培育领军型人才。

（二十二）提升农业科技和装备水平。建立健全“区—镇（街道）—村”三级农技推广服务体系，加大农业科技推广力度。加大农业科技成果转化和应用力度，打造集蔬菜产业产、学、研为一体的复元高科技集成蔬菜基地；依托国家农业科技创新与集成示范基地建设，重点推进“猪—沼—果”循环农业和晚熟柑橘产业技术集成示范。深入推进水稻、玉米等高产基地创建和现代化育苗、育种基地建设，特经作物引种与利用示范园和现代粮食园区工厂化育秧大棚建成并投入使用。加大适宜农机具推广力度和社会化服务组织培育力度，全年推广各类农机具2000台以上，重点推进粮油、柑橘等主导产业社

会化服务试点。大力发展设施农业，推广应用钢架大棚、节水灌溉、温湿调控等设施设备，改善农产品生产设施条件，提高抵御自然灾害的能力。

六、加强农村法治建设，促进城乡法治建设不断深化

围绕“依法治区”的总体部署，同步推进城乡法制建设，深化和完善乡村治理，配合市级部门抓好平安农村建设。

（二十三）加强农业法治建设。深入开展农村法治宣传教育，把农民普法和守法作为基础性工作加以坚持，落实好“谁执法谁普法”的责任制。各街镇党委（党工委）和政府（办事处）要加强对普法工作的领导，宣传部、文化委、教委和相关人民团体要在普法教育中发挥各自职能作用。坚决落实好农村土地承包、规范农业投入品市场、农业环境与资源保护、农产品质量安全、“三农”支持保护、农村改革等方面的法律法规。深化农业执法体制改革，合理配置执法力量，健全农业执法经费财政保障机制，不断提升农业综合执法水平。统筹城乡法律服务资源，健全覆盖城乡居民的公共法律服务体系，完善对农民的法律援助制度和司法救助体系。

（二十四）加强农村基层组织建设。全面巩固教育实践活动成果，不断推进农村基层服务型党组织建设，努力把基层党组织建设成为推动科学发展、带领农民致富、密切联系群众、维护农村稳定的坚强战斗堡垒。大力整顿软弱涣散基层党组织，建立务实管用、常态长效的农村党建工作机制。立足“本地化”培养选拔村干部，统筹推进村、乡镇干部队伍建设，切实发挥好基层党员先锋模范作用。依托干部远程教育，加强农村基层干部教育培训，实现全覆盖。强化农民主体作用，健全完善村民自治制度，不断增强农民自我管理、自我服务、自我教育、自我监督的能力，坚决查处发生在农民身边的不正之风和腐败问题，共同建设美丽乡村和幸福家园。

（二十五）加强农村思想道德建设。以坚持中国特色社会主义为主题，以实现“中国梦”为目标，以“三个倡导”为基本内容，积极培育和践行社会主义核心价值观，凝聚社会主义新农村建设的强大精神力量。加强和改进新时期农村思想政治工作，推进农村精神文明建设没搭理弘扬善行义举，建设新的乡贤文化，开展“家风润万家”活动。发展农村文化事业，传承好乡土文化文脉，构建农村现代公共文化服务体系，促进城乡文化服务规范化、标准化、均等化发展。鼓励文化部门创作富有长寿乡土特点、讴歌农村新生活的优秀文艺作品，传承农耕文明，打造良好的精神文化生活环境。

（二十六）加强农村平安建设。深入推进农村社会治安综合治理，健全农村依法维权和化解纠纷机制，促进农村社会和谐稳定。严厉打击涉农犯罪，对假冒伪劣农资产品加大查处力度。深入开展反邪教斗争。完善全民防灾体系建设，依法维护公共安全，提升人民群众的安全感和满意度。进一步加大保障力度，推动人财物向农村基层倾斜，切实维护农村社会稳定。

中共重庆市长寿区委
重庆市长寿区人民政府
关于加快推进生态文明建设的实施意见

（2015 年 2 月 17 日）

生态文明是人类为保护和建设美好生态环境而取得的物质成果、精神成果和制度成果的总和，是贯穿于经济建设、政治建设、文化建设、社会建设全过程和各方面的系统工程，反映了一个社会的文明进步状态。加快推进生态文明建设，是深入贯彻科学发展观，切实落实市委、市政府五大功能区域发展战略的重要部署，是促进发展方式转变，加快“三地一中心”建设，朝向“三大愿景”阔步迈进，实现“科学发展、富民兴区”的重要途径。长寿区地处三峡库区腹心地带，肩负着保护长江流域生态屏障和库区水环境安全的重要责任，加快生态文明建设不仅是实现自身可持续发展的需要，更是市委、

市政府赋予长寿区的重要使命。全区各级各部门要充分认识和深刻领会推进生态文明建设的重要内涵和战略意义，自觉以改革创新精神和扎实有效行动推动生态文明建设，全面提升全区生态文明建设水平，为建设“美丽长寿”做出新的更大贡献。现就加快推进长寿区生态文明建设提出以下实施意见。

一、总体要求

（一）指导思想

以中国特色社会主义理论体系为指导，深入贯彻党的十八大、十八届二中三中四中全会、习近平总书记系列重要讲话精神，牢固树立保护生态环境就是保护生产力、改善生态环境就是发展生产力的重要理念，坚决落实孙政才书记“五个决不能”要求，全面落实市委、市政府关于加快生态文明建设的决策部署，立足城市发展新区功能定位，以优化区域生态格局为引领，以增强资源环境承载力为基础，以转变发展方式为主线，以创新体制机制为动力，树立生态观念、完善生态制度、改善生态环境、保障生态安全，坚定不移筑牢生态环保保障线，努力实现人与自然和谐发展和经济、社会、环境协调发展。

（二）基本目标

到2020年，努力将长寿建成经济健康发展、基础设施健全、环境质量良好、生态良性循环、城市优美宜居的生态文明城市，实现全区生态文明建设水平与全面建成小康社会目标相适应。

——生态空间布局更加合理。按照城市发展新区功能定位，严守生态保护红线，以改造关口片区和建设拓展晏家组团、江南组团、八颗组团、新市组团为重点，构建科学合理的城镇化格局、产业发展格局、生态空间格局。到2020年，耕地面积不低于84.23万亩、林地面积不低于110万亩、森林面积不低于98万亩，全区森林覆盖率不低于47%，城市建成区人均公园绿地不低于10平方米。

——生态产业体系不断优化。各类资源要素科学配置，新兴制造业和服务业得到较快发展，全区三次产业结构更加合理。完成长化厂整体搬迁，加快产业结构转型升级步伐，建设国家循环经济示范园区、国家循环化改造示范试点园、国家级生态工业园区。完成市下达主要污染物总量减排、节能降耗和控制温室气体排放等任务，万元GDP主要污染物排放强度和能耗逐年下降。

——生态环境质量持续改善。环保基础设施逐步完善，污染防治水平不断提升，环境质量稳中向好，生态系统保持稳定，环境安全得到保障。城区环境空气质量优良天数（按新标准）比例达到70%以上。构建长江生态屏障，干流水质不低于上游来水水质，龙溪河、桃花河、御临河等主要次级河流水质总体保持在国家Ⅲ类水质标准。城区集中式饮用水源地水质达标率保持在100%，建制镇集中式饮用水源地水质达标率达90%以上。城区环境噪声和交通干线噪声平均值分别控制在53分贝和66分贝以内。建制镇污水、垃圾处理设施实现全覆盖。地质灾害、水土流失、石漠化得到有效治理。

——生态文明法治化水平明显提高。执法监管能力明显提升，环境司法保护取得新进展，全民生态法治意识不断增强，公众合法环境权益得到保障，形成更加良好的生态文明法治环境。

——生态文明制度体系更趋完善。在完善党政领导班子和领导干部考核评价体系和生态环保“一岗双责”责任制基础上，建立健全体现生态文明建设要求的综合决策执行、生态保护红线、资源有偿使用、生态补偿和激励问责等制度，生态文明制度体系基本形成，为推进生态文明建设提供有效的制度保障。

——生态文化引领作用日益显现。生态文明宣传教育持续加强，生态文明创建活动广泛开展，企业环保主体责任全面落实，资源能源节约意识明显增强，绿色低碳生产生活方式初步形成，推进生态文明建设的精神支撑更加有力。

二、优化国土空间开发格局

按照城市发展新区功能定位，发挥规划的引导和控制作用，科学定位生产空间、生活空间和生态空间，为生态文明建设提供科学合理的空间格局保障。

（三）优化区域空间格局

建立空间规划体系，划定生产、生活、生态空间开发管制界限，注重各规划功能的衔接，保持规划的连续性和约束性。坚持工业化、信息化、城镇化、农业现代化“四化”同步发展，城乡统筹先行，扩大先进制造业、城市居住等空间，充分利用山脉、河流、农田形成的自然分割和生态屏障条件，建设组团式、网络化、人与自然和谐共生的产业集聚区和现代山水田园城市。

（四）优化城镇布局和形态

科学构建新型城镇体系，坚持“因地制宜、彰显特色，城市带动、城镇联动”的城镇发展格局，以中心城区为城镇化主要载体，促进功能组团、街镇的合理分工、功能互补、协同发展。加强城市生态建设，构建“一心两片”城市空间结构，即依托菩提山、牛心山的城市绿心和承担城市综合职能的中心城区以及以工业发展为主要职能的长寿经开区。推进城乡一体化建设，因地制宜推进长寿湖、葛兰、云台、新市 4 个中心镇，邻封镇、但渡镇等 9 个一般镇的“城区/镇”城镇体系结构，构建定位有别、功能互补的城镇集群。

（五）优化生态空间格局

划定生态保护红线，实施严格的分级分类管控，构建山、水、园、城、人和谐共生的自然生态格局。严格控制开发强度，保护好水面、湿地、林地、草坡等绿色空间。保护好明月山山脉、黄草山山脉等自然山体生态屏障圈，建设长江、龙溪河、桃花溪、御临河、长寿湖和大洪湖等水系生态涵养带和以高速公路、国省道为主体的绿廊系统，形成区域生态空间格局整体架构。保护好长寿湖、菩提山、大洪湖、楠木院森林公园和 21 个饮用水源保护区等重要生态功能区，保留永久生态空间。

三、进一步转变发展方式

围绕城市发展新区功能定位和产业发展方向，坚持增量调结构、创新促发展，大力改造提升传统产业，突出引进产业关联度强、技术含量高、资源消耗低、环境污染少的产业项目，积极淘汰和化解落后过剩产能，走资源节约型、环境友好型发展之路。

（六）调整优化产业结构和布局

采用节能低碳环保技术改造提升传统产业，推动支柱产业上档升级。按照“极点带动、轴线拉动、片区推进”的发展模式，优化形成“一核一带两翼”产业布局。依托含川维、巴斯夫、云天化、国际复合、重钢、小康工业、长信科技等重点企业的国家级长寿经开区，形成天然气化工、石油化工、新材料新能源、钢铁及金属压延、重型装备和汽车零部件、电子信息六大产业等为主导的产业支撑，以发展家居建材、食品深加工等健康科技产业的街镇工业走廊为配套，以发展现代农业种养区的北翼和生态观光休闲旅游区的东北翼、西翼为新增长极，全力推进新型经济增长模式，将产业布局与生态屏障保护区、城镇与工业适宜发展区、现代农业保养区及生态观光休闲旅游区等四类功能区相衔接，提高土地利用效率，将化工、钢铁布局在长寿主城区下风向，在八颗组团布局重型装备和汽车零部件、电子信息产业，实现产城融合发展。通过建设 4 万亩森林公园将人居主城和工业区分隔，形成生态隔离带，净化城市空气。按照国务院关于有效化解产能过剩矛盾的要求，严控“两高”行业新增产能，建立以节能环保标准促进“两高”行业过剩产能退出的机制；制定财政、土地、金融等扶持政策，支持产能过剩行业企业退出、转型发展，推动过剩产能压缩，重点压缩中小型砖瓦窑、煤矿、钢铁企业过剩产能。完善以粮油为基础，以柑橘、蔬菜、畜牧、渔业、林果为支撑，中药材、花卉苗木为增长点的“1 +5 +2”特色效益农业产业体系，重点推进现代粮食生产园区二期和三峡移民生态农业园区建设。围绕“长寿文化”核心品牌，持续推进天赐长寿湖、菩提长寿山、滨江长寿谷三个百亿级旅游景区保护性开发，走文化与旅游深度融合发展道路。

（七）加强资源能源节约集约利用

加快转变资源利用方式，加强全过程节约管理，降低土地、能源、水消耗强度，提升土地、能源、水资源产出强度。加强高标准基本农田建设，严格土地用途管制，加强土地集约利用，严格推行开发强度核准，合理开发地下空间，盘活存量建设用地，清理闲置土地，提高土地节约集约利用水平。经开区严格按照“产业项目、公用工程、安全生态、物流配送、管理服务”五个一体化发展模式，充分保障开发区内工业土地高效利用，不断夯实基础设施建设、公辅设施配套、产业链搭建和重大项目推进等工作。强化工业节能，严格落实节能评估审查制度，继续抓好节能重点监测，大力开展节能目标管理，强化责任落实和责任考评。严格执行火电企业发电排序规定，优先选择以能源回收效率高、排污量小的煤气回收燃气蒸汽联合循环（CCPP）和干熄焦（CDQ）发电工艺，提升水力发电入网率，大力组织实施以工业锅炉（窑炉）改造、余热余压利用、电机系统节能、能量系统优化为重点的节能改造。积极发展绿色建筑，加强建筑材料消耗管理，实施绿色建材评价标识，加快绿色建材推广应用。推广、鼓励使用太阳能热水系统、地源热泵、空气源热泵、光伏建筑一体化、“热—电—冷”三联供等技术和设备，鼓励现有建筑实施节能改造。抓好公共机构节能，在机关、企事业单位广泛开展节能行动并加强考评。加强节水型社会建设，强化企业节水改造，推进城市节水，大力发展节水农业，确保万元GDP用水量、万元工业增加值用水量大幅度降低。加强矿产资源节约和综合利用，高效整合矿产开采企业，积极推进规模化、规范化开采，提高回采率、选矿回收率、综合利用率。

（八）发展循环经济

坚持减量化、再利用、资源化原则，以提高资源能源利用效率和物质循环利用程度为核心，按照“布局优化、产业成链、企业成群、物质循环、创新管理、集约发展”的要求，通过完善和延伸循环型工业经济产业链、共建共享基础设施、建立健全运行管理制度，构建企业小循环、园区中循环、社会大循环，在企业、园区和全社会三个层面打造“经济快速发展、资源高效利用、环境优美清洁、生态良性循环”的循环经济体系。以化工和钢铁产业为载体，实现与新材料新能源、装备制造、电子信息等产业的耦合，通过MDI等龙头项目的带动，延伸或完善产业链，形成相对完整的循环产业链，通过产业链各环节的副产物和废弃物资源化再利用，形成物料的闭路循环和产业横向关联，实现产业废弃物的减排，产业固体废弃物实现综合利用，特色副产物H2、CL2、CO得到有效循环。在空间上引导企业向产业集中区域集聚，鼓励优势企业兼并重组，开展强制清洁生产审核，加大循环经济管道管廊、能量梯级利用等基础设施建设，推动国家级重庆市长寿区产业废物综合利用示范基地重点工程类及基础设施类项目建设进度，大力支持循环经济示范企业，打造国家级循环经济教育示范基地，形成全社会共同参与的局面，把长寿区建成国家级循环经济试点城市。

（九）推动低碳发展

科学布局产业，降低高耗能产业比重比例，持续改善环境污染状况，不断提升经济发展质量，做大存量，做优增量，逐步进入新常态的经济发展轨道，实施绿色循环低碳发展战略。加快发展清洁能源，提高城区清洁能源使用率，大力推广天然气等清洁能源，完善天然气管网建设，协调天然气用气指标并保障稳定供气，进一步强化无煤场镇和无煤社区的创建和巩固。鼓励和推广混合动力汽车、压缩天然气（CNG）汽车、液化天然气（LNG）汽车、电动汽车等清洁能源车，推进配套加气站、充电站建设，扩大公共交通电动汽车运营试点。加强流域科学管理，处理好水电开发与生态环境保护之间的关系，统筹大坝建设的水资源综合利用、生态环境保护、区域社会发展等多项目标，充分发挥好水电站的骨干工程作用，发挥发电、防洪、水资源调配和水生态平衡等综合效益，实现水电开发与流域生态及地方经济发展的共赢。不断强化森林管理，增加森林覆盖率和碳汇量。积极开展低碳发展体系建设，努力创建低碳城市、低碳小城镇、低碳社区、低碳园区等试点工作。

（十）发展节能环保产业

以低碳生产技术、节能减排技术、清洁生产技术、水处理绿色技术、垃圾无害化处理技术、资源循环利用技术、环境生态修复技术和建筑节能技术为重点，大力发展节能工业和环保产业。做好生活垃圾、污泥处置利用等环保新技术的推广应用，培育壮大节能环保标杆企业。发展节能环保服务业，加强节能环保技术研发和推广应用，完善节能环保产业发展公共服务平台。发展节能建筑，新建建筑严格执行强制性节能标准，推广、鼓励使用太阳能热水系统等新技术和设备，鼓励现有建筑实施节能改造，政府投资的公共建筑、保障性住房等率先执行绿色建筑标准，逐步完善建筑节能标准体系，出台建筑能耗限额制度。

四、加强环境保护和生态修复

深入开展“清新、蓝天、碧水、宁静、绿地、田园”环保“六大行动”，建立完善次级河流流域长效监管机制，加强污染防治和生态保护，着力解决群众反映强烈的突出环境问题，切实改善环境质量，保障环境安全。

（十一）加强大气污染防治

深入贯彻落实《大气污染防治行动计划》，建立完善区域大气污染联防联控机制和重污染天气应急处置预案，强化大气污染防治工作措施。深入开展环保专项行动，依法查处未批先建的大气污染违法建设项目；加快完成长化厂整体搬迁。加强工业大气污染治理，深化燃煤锅炉整治，加快重点行业脱硫、脱硝、除尘设施建设改造，加快推进钢铁、水泥等重点行业及燃煤锅炉、工业炉窑现有除尘设施升级改造。加强挥发性有机物污染防治；控制机动车排气污染，加强在用机动车年检，严格环保标志核发，加快淘汰黄标车和老旧车辆，加强赃车入城管理；推进加油站油气回收治理工作；大力推广新能源汽车。深化城区扬尘综合整治，深入开展扬尘控制示范工地和示范道路创建活动；渣土运输车辆必须采取密闭措施，市政工程必须采取围挡、遮盖等防尘措施，城区禁止现场搅拌混凝土，施工工地全部使用预拌混凝土和预拌砂浆；全面加强预拌混凝土生产、运输各环节的粉尘、扬尘控制措施；大型煤堆、料堆要实现封闭储存或建设防风抑尘设施；推行道路机械化清扫等低尘作业方式；开展餐饮油烟污染治理，督促城区餐饮服务经营场所安装高效油烟净化设施，逐步完成城区餐饮业油烟污染治理任务；持续开展无煤社区、基本无煤场镇等创建巩固工作。

（十二）加强水环境保护

进一步加快城区、园区和场镇污水处理厂升级改造和完善雨污分流系统和二、三级配套管网，加强环境监管，确保污水处理设施正常运行并实现长期稳定达标排放；进一步完善城镇和农村垃圾收运系统，落实生活垃圾及餐厨垃圾收集、转运、综合利用和建筑垃圾资源化处理；到2020年前，基本实现全区污水垃圾处理全覆盖，城镇污水收集处理率达90%，城市和农村垃圾收集率分别达到100%和85%，处置率达到100%。切实加强饮用水源保护，深入开展集中式饮用水源地一、二级保护区范围内水产养殖、畜禽养殖、生活污水、生活垃圾和工业排污口以及机动船舶等污染整治，建立完备的饮用水源应急保障体系，完成北城水厂建设，实施农村饮用水源安全工程及饮用水源涵养工程，确保广大群众饮水安全。深化巩固桃花河污染整治成果，建立健全长效监管机制，完成桃花河、龙溪河、御临河、晏家河流域污染综合整治，改善辖区次级河流水环境质量。重点实施长寿湖生态环境保护专项，彻底解决打渔溪、双龙河等9条长寿湖入湖支流污染问题，确保达到相应的水域功能水质要求。加强长江长寿段漂浮物清理并建立漂浮物清理处置长效机制，保护库区水环境安全。拓展医疗废物收运网络建设，实现18个街镇医疗废物处置全覆盖。加强地下水污染防治，开展地下水调查评估，完善地下水监测网络。

（十三）加强农村环境保护

完善环境卫生质量网格化管理体系和处置机制，建立健全城乡环境卫生综合整治长效机制。加强社区、农村环境卫生日常管理，加大城区背街小巷、城中村和城乡结合部环境卫生治理力度，营造群众满意卫生环境。大力实施农村环境连片整治示范项目，完善农村环境连片整治项目运行及管理机制，确保设施正常运行和使用。严守环境容量底线不动摇，贯彻落实《规模畜禽养殖污染防治条例》，以生态红线为基础，优化调整畜禽养殖“三区划分”，科学制定畜禽养殖发展规划和污染防治规划，以地定畜适度推广规模养殖发展。大力发展生态农业，构建农产品质量安全体系，推进无公害农产品、绿色农产品、有机农产品建设。推进农村沼气池和清洁工程建设，改善农村人居环境，大力推进测土配方施肥，合理控制化肥农药施用强度，控制面源污染。

（十四）加强噪声污染防治

加强城市规划布局管理和环境准入控制，从源头上减少新污染源产生。继续深化巩固环境噪声达标区建设成果，大力开展安静居住小区创建活动。加强工业企业噪声污染防治，消除城区工业噪声污染源。加强交通噪声源头控制，加快低噪声柔性路面改造，扩大禁鸣区范围，完善禁鸣标志。实施新建商品住宅适应性评价和声环境公示制度，严格夜间建筑施工审批，开展夜间建筑施工噪声、机动车违章鸣号、文化娱乐场所、小型加工企业和广场坝坝舞等噪声污染整治。

（十五）加强生态保护与修复

加强林地、森林保护，以长寿湖风景名胜区、菩提山旅游景区、楠木院森林公园和牛心山生态隔离带等为主导，加强林业、旅游等资源开发的生态保护和修复，提升风景名胜区、森林公园建设质量和管护水平。加强生物多样性保护，丰富森林林相，积极防治有害生物。大力开展植树造林，实施天然林资源保护、退耕还林等林业重点工程。加强水土流失预防和综合治理。推进矿山环境综合治理，做好矿山生态恢复、生态种植等工作。

（十六）保障生态环境安全

构建气象、地质、水利、地震、林业等防灾减灾与生态环境风险应急处置一体的防控体系，实现对全区生态环境全覆盖防控和监管。加强生态环境矛盾纠纷排查，切实解决损害群众健康的突出环境问题。加强长寿经开区和街镇工业走廊环境风险防范体系建设，建立环境风险隐患排查与整治长效机制，进一步完善“政府—部门—园区—企业”四级应急管理和污染事故联防联控体系建设。实施环境风险防范全过程管理，加强危险化学品、核与辐射管理，加大尾矿库、危化品企业和重金属污染防治力度，规范危险废物管理和利用处置。加强环境应急能力建设，完善区域环境应急联动和指挥机制，提高区域环境应急保障和应急处置能力，加强长寿经开区和街镇工业走廊以及重化工企业环境应急演练，确保环境污染事故零发生。

五、加快生态环境保护法制建设

以推进依法治区为主线，以实施新《环保法》为契机，加强普法宣传，推进严格执法和公正司法。

（十七）加大生态执法力度

着力加强环境保护、能源监察、安全生产等重点领域执法力量，建立权责统一、权威高效的生态文明行政执法体制。加大对污染大气和水环境、浪费资源、生态破坏等环境违法行为的查处力度，着力解决影响群众生产生活的突出环境问题。对违法排污拒不改正的依法实施按日计罚，对造成或可能造成严重污染的污染物排放设施、设备依法进行查封、扣押，对未批先建及未经许可排污拒不改正，以及治理设施只建不用、昼开夜关、偷排漏排等逃避监管的违法排污行为，依法实行严惩。

（十八）强化生态司法保护

加强环境行政执法与刑事司法衔接，完善环境违法案件移送机制，推进环境资源案件专业化审理；强化环境保护犯罪侦查，严厉打击生态环境犯罪行为；建立生态环境损害责任者赔偿制度，依法追究行政、刑事责任和有关连带责任；依法推进环境公益诉讼，提升生态环境法律援助水平；引导群众通过司法渠道解决环境纠纷，维护公众环境权益。

（十九）强化生态普法教育

深入开展生态法制宣传教育，将新《环保法》等生态文明法律法规纳入普法工作重点，纳入区委党校党政干部培训教程和考试内容，切实提高全区各级干部运用法治思维和法治方式推动生态文明建设的能力，强化企事业单位和其他生产经营者环保主体责任意识，提高企业和个体经营者执法懂法、诚信守法、依法经营的环保观念；着力以环保“十进”宣传为抓手，以电视、报纸、网络、村村响广播、手机报等手段做好农村、社区普法工作，推动广大群众积极参与生态文明建设；将生态文明建设纳入中小学课程，加快“教育一个学生、影响一个家庭、推动整个社会”的生态普法。

六、加强生态环境保护制度建设

（二十）严格源头保护制度

实施最严格的水资源保护制度，严格控制取用水总量，严格规范取水许可审批管理，严格落实水资源论证制度，严格实行水资源有偿使用制度，严守“用水总量、用水效率、水功能区环境容量”三条红线，加强水资源保护。严格耕地保护制度，对新增建设用地实行总量控制，落实耕地数量占补平衡和占优补优措施，开展新增耕地等级评定，确保耕地数量不减少、质量不降低；优化土地整治格局，加强土地整治工作，充分发挥土地整治综合利用效益，提高耕地产能和等级。严格矿山开采审批制度和采矿许可延续登记年检制度。推进集体林权制度改革和林木采伐管理改革，逐步形成规范有序的林权交易市场、林业信用体系、林业评估体系、林业资产管理制度、森林生态系统监测体系、林业保障体系等完备的林权制度改革综合体系制度。

（二十一）完善监督管理制度

逐步建立资源环境承载能力监测预警机制，切实防止过度开发。完善污染物排放许可制度，健全污染物总量减排机制和污染物排放交易机制。严格环境影响评价和环保“三同时”制度，出台环境保护负面清单，抬高招商引资门槛，凡纳入负面清单内的禁止项目，区内一律不得准入，投资主管部门不得予以审批、核准、备案，各金融机构不得发放贷款，各相关部门不得办理有关手续，水、电、气、电信、金融等部门不得提供任何资源保障，重大敏感招商项目必须开展社会稳定风险评估。完善建设项目全过程管理制度，健全建设项目区域限批、环评机构信用评价、环境监理等制度。

（二十二）完善信息公开和公众参与制度

为公众参与和监督环境保护提供保障。推进各级环保主管部门和其他负有环保监管职责的部门依法公开环境信息。加强重点排污单位环境信息公开，建立企业环境行为信用评价制度，定期公布评定结果和违法者名单。推进环境决策、环境监督及环境影响评价等重点领域公众参与，鼓励和引导公众对环境污染、生态破坏以及未依法履行环境保护监督管理职责的行为依法进行举报。

（二十三）健全考核评价和责任追究制度

建立完善生态文明建设目标体系、督查考核办法和奖励处罚机制，适当增加权重，把考核结果作为全区干部选拔任用的重要依据和监督管理干部的重要参考，建立完善领导干部任期生态文明建设责任制、问责制和终身追究制，对不顾生态环境盲目决策、造成严重后果的行为终身追究。对在生态文明建设中做出显著成绩的单位和个人给予奖励。

七、完善政策措施和保障机制

（二十四）完善投入激励机制

加大财政对生态文明建设的资金投入，重点用于节能减排、循环经济、低碳发展、污染防治以及生态保护与修复等领域，切实发挥财政资金的示范带动效应。充分发挥市场机制的作用，探索经营性生态项目企业特许经营权抵押、公私合营、投资财政补助等办法，引导各类社会资本和投资主体参与生态文明建设。建立健全生态补偿制度，开展生态补偿试点，重点用于保护生态环境和改善民生。推进污染治理设施、排污权抵押贷款和融资服务，开展环保贷款贴息、贷款担保和环保技术产业化市场运作试点。鼓励社会捐赠，引导工商企业及民营企业捐助农村生态基础设施建设。

（二十五）引入市场化机制

推进政府购买环境服务，推进环境污染第三方治理，推进合同能源管理。开展企业节能环保资源协议试点，对污染物排放符合法定要求并进一步减少污染物排放和能效达到更高标准，以及为改善环境加快转产、搬迁、关闭的给予认定、鼓励和支持。落实排污权有偿使用和交易制度，现有排污单位逐步实行排污权有偿取得，新建项目排污权和改建、扩建项目新增排污权原则上有偿取得，形成自动减排意愿。积极推进碳排放权交易，大力发展碳金融，促进低碳技术、资金的流动和聚集。推动节能低碳和环境标识产品认证，推进政府强制采购和优先采购认证产品。

（二十六）落实环境经济政策

落实国家自然资源及其产品价格政策。逐步推动实施居民生活用气、用电、用水阶梯价格管理。执行差别电价和超能耗惩罚性电价、可再生资源电价补贴、脱硫脱硝除尘电价政策。落实资源能源节约和生态环保税收优惠政策。逐步实施矿山环境治理和生态恢复保证金制度。实施绿色信贷，落实环境污染责任保险等政策。

（二十七）强化科技创新支撑

开展环保公共科技创新服务平台建设，集聚环保节约科技资源，积极引进国内外高层次生态科技人才，深化生态领域科技合作。建立健全农业科技服务体系，大力推广化肥深施、测土配方施肥技术和减量增效技术，减少农田化肥氮磷流失。积极推进畜禽和水产养殖布局调整，科学调整划定禁养区、限养区，大力推广以地定畜、农牧结合、循环利用的生态养殖模式。积极推广污染防治、资源节约、清洁生产等领域的先进适用技术，提高工业企业节能降耗减排成效。加快建设环境质量自动监测系统、重点污染源在线监控系统、环保管理信息化系统，形成“三位一体”的高水平监控体系。加强农产品质量安全、气象、地质灾害、危险废弃物处置、核辐射安全以及动植物疫病监测预警工作。强化环境监测、执法监察机构建设，不断提升监督管理能力。

八、加快培育和繁荣生态文化

通过健全生态文明宣教网络、倡导全民生态文明行为、培育区域特色生态文化、开展生态文明创建活动，推动生态文明共建共享，营造自觉参与生态文明建设的良好社会氛围。

（二十八）增强生态文明意识

开展生态文明进社区、进学校、进企业、进机关、进家庭等环保“十进”宣传活动。进一步巩固和深化学校生态文明教育，提升中小学生态文明的教育普及率。将生态文明教育纳入区委党校课堂，大力开展生态文明建设网络宣传舆情监控和舆论引导工作，强化公众环保知情权和参与权。充分发挥民主党派和工会、共青团、妇联、残联等群团组织作用，推动社会各界广泛参与生态文明建设。

（二十九）倡导全民生态文明行为

推动各级各部门绿色办公和绿色采购，强化政府投资项目节能、节水设备使用管理。从财税、采购、融资和市场准入等多角度，鼓励支持经开区和街镇工业走廊企业绿色设计和绿色制造。着力推动农业三园打造绿色品牌。倡导全区广大群众勤俭节约、低碳生活、绿色出行、环保消费。提高长寿湖风景名胜区、楠木院森林公园、长寿古镇、菩提山景区等旅游区游客生态文明规范自觉性，倡导生态旅游。

（三十）培育区域特色生态文化

加大文化遗产和历史文化遗址保护，将弘扬“长寿文化”与培育生态文化有机融合，不断深入挖掘和完善内涵，积极构建富有长寿特色的生态文化体系。把生态文化作为长寿区公共文化服务体系建设的重要内容，大力推动生态文化作品创作和生态文化产业发展，打造一批体现长寿特色的生态文化品牌。

（三十一）开展生态文明创建活动

积极开展生态文明创建活动，加快建成一批国家级和市级生态文明建设示范镇、村，推进国家卫生城区、园林城市和绿化模范城区等创建工作，大力开展环境友好型社区、绿色学校、绿色家庭等群众性生态文明创建活动。

九、加强对生态文明建设的保障

（三十二）加强组织领导

为加强对全区生态文明建设的领导，区委、区政府成立长寿区生态文明建设工作领导小组，主要负责生态文明建设工作的统筹领导，研究解决生态文明建设中的重大问题。全区各级各部门要充分认识和深刻领会推进生态文明建设的重要内涵和战略意义，切实把加快生态文明建设摆上重要议事日程，形成主要领导亲自抓统筹、分管领导抓推进、具体人员抓落实的工作格局。要坚持将生态文明建设纳入经济社会发展规划，加强与相关规划的协调衔接，确保生态文明建设与经济建设、政治建设、文化建设、社会建设同谋划、同部署、同推进。

（三十三）严格落实责任

全区各级各部门、企事业单位要高度重视，统一认识，严格落实生态环保“一岗双责”，合力推进生态文明建设工作。人大政协要加强对生态文明建设的依法监督和民主监督；长寿经开区管委会、各街镇要对辖区内生态文明建设和环境质量负总责；区级各部门、有关单位要依据法定职责，按照规定的权限和程序，认真履行本行业、本领域环境监管和生态文明建设相关职能职责，切实加强协作配合，形成齐抓共管的常态化工作格局。

（三十四）强化考核追责

区委、区政府每年将生态文明建设目标任务分解落实到各级各部门。区纪委、区考核办、区委督查室、区政府督查室、区监察局要加强对各级各部门的监督检查和效能监察。把生态文明建设纳入领导干部年度考核范围，实行“一票否决”并把考核结果作为干部选拔任用的重要依据和管理监督干部的重要参考，对保护和改善生态环境做出显著成绩的单位和个人给予奖励，对因不作为、慢作为、乱作为导致重大环境事件发生的，按照有关规定追究相关单位责任人的责任，因失职、渎职构成犯罪的，依法移送司法机关。

（三十五）加大资金投入

健全多元投入机制，加大财政对生态文明建设的资金投入，重点用于节能减排、循环经济与低碳发展、污染防治及生态保护与修复等领域。建立健全生态补偿机制，开展生态补偿试点，落实生态保护补偿资金，重点用于保护生态环境和改善民生。建立民间资本和社会力量投入生态文明建设的投资机制。开展环保贷款贴息、贷款担保和环保技术产业化市场运作试点。

（三十六）加强队伍建设

充实和加强生态环保执法队伍建设，科学确定部门职能，建立健全人才培养和引进机制，合理配齐生态环保执法人员和科研人员，建立环保岗位激励机制，打造一支高素质生态文明建设专业队伍。要进一步强化经开区和街镇生态环保能力建设，落实与工作任务相适应的环保机构和人员编制，配备专职环保工作人员和环保执法车辆以及专业执法设备，s落实专门工作经费和环保监管责任，建立健全权责明确的基层环保监管机制和环保责任体系，确保生态环境监管横向到边、纵向到底。建立生态文明建设干部教育培训机制，组织开展相关专业领域的学习和实践教育。

中共重庆市长寿区委
重庆市长寿区人民政府
关于进一步加快街镇工业走廊开发建设的意见

（2015年6月9日）

街镇工业走廊是长寿区新型工业化的重要战场、新型城镇化的重要载体、统筹城乡区域发展的重要平台，对于打好建设“三地一中心”总体战、当好城市发展新区主力军、推动“科学发展、富民兴区”和全面建成小康社会具有重要意义。自2010年组建以来，街镇工业走廊在培育特色产业、活跃镇域经济、统筹城乡发展方面发挥了重要作用，取得了明显成效。为进一步加快街镇工业走廊开发建设，现提出如下意见。

一、总体要求

（一）指导思想

深入贯彻落实中央、市委和区委系列决策部署，主动适应经济发展新常态，按照“要素集聚、产业集群、服务集成”的思路，坚持走错位发展、融合发展、生态发展之路，以工业开发、城镇建设和带动就业为重点，强化区域资源共享和优化配置，推动街镇工业走廊产业优化升级，奋力打造500亿级产能新型中小微企业集聚区和具有综合带动力的轻工业城镇集群、中国西部家居产业基地、全市健康科技产业基地，建成全市统筹城乡发展示范区，引领走廊沿线片区经济社会持续健康发展。

（二）开发建设原则

——坚持分期建设、分步实施。根据街镇工业走廊沿线各组团开发条件，结合发展现状，优先发展新市、葛兰组团，加快发展云台、海棠组团，稳步发展石堰组团，控制性发展双龙组团，有序推进街镇工业走廊整体发展。

——坚持特色带动、集约集聚。立足各组团资源禀赋和地理条件，有所为有所不为，重点发展家居、健康科技等特色主导产业，形成与长寿经开区协同发展、配套发展、替补发展的产业格局，促进形成一镇一产业、一镇一特色，实现产业集约集聚集群发展。

——坚持产城融合、城乡统筹。以产业为保障驱动区域城镇更新和完善服务配套，以区域城镇为基础承载产业空间和发展产业经济，着力实现以产兴城、以城促产、产城联动，形成以工促农、以城带乡、城乡一体的新型工农城乡关系。

——坚持改革引领、创新驱动。把改革创新贯穿于街镇工业走廊开发建设的各领域各方面，用改革的精神、思路和办法激发发展动力活力，在实施创新驱动发展战略中统筹推进技术、管理、品牌、组织、商业模式创新。

——坚持生态为本、安全发展。正确处理加快发展和保护生态环境的关系，做到开发与保护并重，同时把安全生产摆在街镇工业走廊开发建设重要位置，促进绿色低碳安全发展。

（三）主要目标

——近期目标：到2016年底，实现工业总产值100亿元，实现利税12亿元，入驻企业吸纳就业2.5万人（其中，解决农村剩余劳动力就地转移就业1.8万人）；初步建成“一镇一品”特色专业城镇体系。

——中期目标：到“十三五”末（2020年底），现有规划区域全面开发建成，实现工业总产值200亿元（其中，家居产业120亿元、健康科技产业60亿元、其他产业20亿元），实现利税24亿元，入驻企业吸纳就业超5万人（其中，解决农村剩余劳动力就地转移就业3.5万人）；区域城镇全面建成产城融合发展的现代化宜居宜业特色小城镇。

——远期目标：到2030年底，建成500亿级产能街镇工业走廊，家居、健康科技产业在全国具有较大影响，产业体系日益完善；由新城区、小城市、中心镇、特色镇构成的城镇发展体系基本形成，城镇基础设施和宜居宜业综合环境有大的改善，农村人口向城镇迁移吸引力大大增强，集聚城镇人口30万人；农村与城镇共同繁荣、幸福与经济共同增长、生态宜居与发展建设共同推进的发展机制全面形成，成为城市发展新区转型发展、城乡统筹创新试验的排头兵。

二、重点任务

（一）强化规划的引领、管理和控制作用。加强街镇工业走廊规划与全区城市总体规划、土地利用规划、工业发展规划、环境保护规划及长寿经开区产业发展规划的衔接，科学合理制定开发建设计划。科学规划街镇工业走廊空间布局，调整和扩大各组团产业园区规划范围，确保城市总体规划、土地利用规划全覆盖，为街镇工业走廊未来发展留足空间。统筹考虑产业导向、城镇开发、基础设施建设、土地开发整理、各类用地布局等，认真做好街镇工业走廊总体规划与各专项规划的衔接。进一步编制完善产业发展规划，以产业链条控制点项目指导聚商选资和产业发展。

（二）优化产业定位与布局。按照“特色鲜明、延伸链条、集群发展”的思路和市级特色园区的标准，坚持以园区聚集要素，以引资助推发展，以科技引领创新，以机制激活开放，明晰产业定位，积极构建布局合理的产业集聚空间体系。结合街镇工业走廊及沿线6镇传统产业、资源优势，积极发展为长寿经开区配套的下游产业和各具特色的农副产品加工、乡村旅游产品加工等产业。重点围绕家居、健康科技产业打造两大特色基地。引导家居产业、制造服务业和生产性服务业项目入驻新市组团，大力发展海棠组团木材加工产业和云台组团家具五金产业，为新市组团家居产业提供配套，合力打造家居产业基地。引导健康科技产业项目入驻葛兰组团，稳步发展石堰组团农副产品加工产业，为葛兰组团健康产业提供配套，合力打造健康科技产业基地。控制性发展双龙组团盐卤加工产业。

（三）进一步完善基础设施建设。坚持整体规划、分期实施、滚动发展原则，同步推进或超前进行街镇工业走廊道路、供电、供水、供气、通讯、信息、消防、环境保护、园林绿化等基础设施建设。加快产业园区生活服务区、商贸综合体等配套设施建设，提升物流仓储、餐饮、信息、教育文化、医疗卫生等公共服务能力，增强街镇工业走廊整体服务功能。加快街镇工业走廊外围基础设施配套建设，推动产业功能和城镇功能的高效融合。将街镇工业走廊基础设施建设资金纳入区政府及街镇工业走廊沿线6镇政府年度预算，鼓励和大力引进民营企业、社会资本参与基础设施、公共服务平台及生活配套设施建设。

（四）不断提高聚商选资水平。建立健全区、长寿经开区、街镇工业走廊招商引资联动对接工作机制和项目准入机制，着力创新招商方式，拓宽招商渠道，提高招商水平。围绕打造家居、健康科技两大主导产业，大力实施产业链招商，积极引进和培育一批具有较强市场竞争力和成长型企业，引进一批涉及创业孵化、科技研发、创意产业、总部经济、商务、工业品展销等领域的都市楼宇工业项目，以及农副产品加工业和家居制造服务业、生产性服务业、健康服务业项目，加快形成完整的特色产业链，培育壮大产业集群。

（五）推动产业提质增效。大力发展智能家具、健康科技等战略性新兴产业，促进园区产业转型升级。加快实施创新驱动发展战略，积极支持企业申报国家级、市级科技计划项目，参与园区科技孵化器建设，建立技术、产品研发中心，加强与高校、科研院所的合作，不断提升自主创新能力。加强知识产权服务，支持街镇工业走廊创建国家知识产权试点园区，不断完善企业创新服务体系。大力推广创客空间、创新工场等新型孵化模式，形成能有效满足大众创业和万众创新需求、具有较强专业化服务能力的众创空间等新型创业服务平台。加强电子商务基础建设，提高企业市场竞争力。支持企业通过嫁接、整合、企改、技改、提质等综合措施挖潜改造，不断增强企业活力。引导和扶持企业发挥品牌效应、生产技术、营销网络、资本运营等优势，走集团化、品牌化发展道路，不断拓宽发展领域。

（六）大力发展现代服务业。把发展现代服务业作为街镇工业走廊产业发展的主攻方向，借助互联网，着力发展智力要素密集度高、产出附加值高、资源消耗少、环境污染少的现代服务业。围绕标准厂房、综合服务中心和微型企业园、科技孵化园、农民返乡创业园等园中园建设，大力发展一批生产性、生活性服务业。统筹规划新市、葛兰、双龙等区域仓储物流、商业中心、特色农副产品交易市场，培育发展家居卖场、专业市场和电子商务、“O2O”等新型商业业态，打造区域产品销售市场和城市配送中心，实现产、供、销一体化。

（七）加速推进城镇开发提档升级。以新市镇、葛兰镇为中心，以土地储备、整治为重点，以完善基础设施和功能配套为纽带，快速推动街镇工业走廊沿线6镇城镇新区开发和新型城镇社区开发，增强区域综合配套服务功能和辐射带动效应。围绕拆迁安置房、企业职工生活服务区、场镇大型商业贸易中心和都市楼宇区等项目，积极引进民营资本，有序推进商业、住宅地产开发和工业地产开发。将打造标准厂房、楼宇工业区、微型企业园、科技孵化园、农民工返乡创业园等园中园与打造新型城镇社区有机结合起来，加速城镇开发提档升级，推动街镇工业走廊从单一的产业承载功能区向现代城市复合功能区转变。

（八）积极释放统筹城乡功能效应。强化街镇工业走廊产业功能与城镇功能的契合，注重与城镇区域设施资源共建共享，推动产城协调发展。将街镇工业走廊产业发展与现代农业园区发展、移民生态园发展相结合，充分利用产业园区建设和区域农村良好生态环境和富集生物资源，带动区域农业产业化和现代化发展，形成新型城镇化的强大推力。结合户籍制度改革，加快推进农村劳动力转移进城，以劳动力就业转移带动农村人口、失地农民就近向城镇人口转化。强力推进区域城乡规划、产业布局、基础设施、公共服务、劳动就业、社会管理一体化，促进城乡统筹发展。

三、政策支持体系

（一）创新投融资模式。区政府持续加大对街镇工业走廊发展投入，确保每年给予不低于5000万元专项发展基金，并将街镇工业走廊土地出让收入、企业税收、城市建设配套费用区级留存部分全额用于园区滚动开发。积极盘活街镇工业走廊沿线6镇闲置国有资产，在主城城市规划区域划拨一批商住用地，促进解决注册资本金不足和融资抵押问题。强化金融服务产业能力，搭建入园企业与银行、证券、保险等金融机构对接平台，引导金融机构支持企业融资。大力支持园区符合条件的中小企业改制上市，鼓励企业在股权托管机构如重庆OTC、新三板、Q版、E版挂牌，实现股权融资。积极发展私募股权众筹融资，发行中小企业私募债、区域绩优债等，拓展中小企业直接融资渠道。积极探索资产证券化，发挥PPP融资模式功能，探索创建政府引导型股权投资基金。支持园区引进境外资金、民营资本组建融资租赁公司、信用担保公司，鼓励民营资本通过国有公司混合所有制改革参与城镇基础设施建设。统筹全区政府性债务管控，适度扩大街镇工业走廊债务规模。

（二）加强土地要素保障和集约节约利用。按照项目集中、产业集聚、用地集约的原则，统筹安排街镇工业走廊项目用地，在新增用地指标中优先安排工业用地，对沿线街镇城镇开发用地指标配置适当高于全区平均水平，在城规、土规等规划上为街镇工业走廊未来发展预留空间。积极探索区域内集体建设用地征收安置方式，倡导通过集体建设用地使用权出租、入股方式对村民进行产业安置。支持街镇工业走廊开展以统筹城乡发展为重点的城乡建设用地增减挂钩项目试点，用活地票政策。建立完善项目评审制度，对新入园区企业从单位土地面积投资强度、产出强度、容积率、绿化率等方面进行严格把关。完善工业用地分期出让制度，创新工业用地出让方式，探索工业用地“租让结合办法”。加强街镇工业走廊土地供后全程监管，探索存量低效工业用地退出机制，努力提高土地使用效益。高起点、高标准规划建设标准厂房，实现同类行业和关联企业快速集聚，推动土地集约节约利用。

（三）提供产业政策扶持。支持街镇工业走廊申报市级特色工业园区，积极争取市级层面产业政策扶持。坚持以要素市场建设为重点，鼓励因地制宜、先行先试，为推动区域民营经济发展创造条件。支持和引导园区中小企业加快发展，探索发展区域国有资本、集体资本、非公有资本等交叉持股、相互融合的混合所有制经济。创新产融结合模式，积极与战略投资者及私募投资机构合作，设立家居、健康产业发展基金，通过基金管理公司专业化和市场化运作推动家居、健康产业快速发展。统筹推进区域一、二、三产业融合发展，着力培育形成新的经济增长点。区发改委、区经信委、区财政局、区环保局、区交委、区安监局等部门要优先支持街镇工业走廊涉及基础设施、节能减排、环境保护、安全生产及技术改造、技术创新等重点项目，优先安排国家、市级有关方面的项目资金。

（四）强化人才支撑。认真落实区委、区政府人才相关政策措施，积极发挥政府、行业协会、企业主体、培训机构等优势，探索建立多层次高技能人才培养、引进体系，促进街镇工业走廊技术人才与市场机制接轨。充分发挥重庆化工职院、重庆行知学校等职业教育资源优势，积极为园区企业提供针对性、订单式培训服务。将街镇工业走廊作为培养锻炼全区后备干部的一个重要平台，大力培养街镇工业走廊管理型人才，建立管理平台干部能进能出机制，畅通干部人才流通渠道。

（五）加强公共服务体系建设。强化城乡生产要素自由流动，推动街镇工业走廊沿线6镇教育、医疗、文化、住房等公共民生项目建设，为城乡就业人员就地提供义务教育、公共卫生、就业培训、公共文化、公共住房等公共服务。大力推进新农村建设，带动公共资源配置逐步向农村延伸，促进区域农民共享发展成果。按照着力构建学有所教、劳有所得、病有所医、老有所养、住有所居、贫有所扶“六有民生保障体系”要求，依法将符合条件人员特别是园区企业职工纳入覆盖范围。建立和谐劳动关系，维护企业职工和农民工的合法权益。

四、保障措施

（一）加强组织领导。建立由区领导牵头，区发改委、区经信委、区财政局、区国资金融办、区国土房管局、区城乡建委、区规划局、区环保局、区安监局、区质监局、区食药监分局、区消防支队、街镇工业走廊及沿线6镇相关负责人组成的街镇工业走廊工作季度联席会议制度，定期研究、协调解决街镇工业走廊开发建设中的战略性、前瞻性、政策性问题。街镇工业走廊党工委、管委会负责组织街镇工业走廊规划、开发、建设、管理等日常工作。区政府及相关部门要加强对街镇工业走廊的统筹协调和督促指导，合力推进街镇工业走廊开发建设，确保各项政策措施落到实处。

（二）创新管理体制和运行机制。进一步理顺街镇工业走廊管理体制，建立和完善街镇工业走廊沿线6镇相关干部任用沟通机制，干部任用需征求街镇工业走廊党工委意见。区委、区政府依法赋予街镇工业走廊管委会相关经济管理权限，企业行政许可手续办理中除涉及公共利益的重要指标外，由管委会代为管控。理顺街镇工业走廊与相关街镇、区级部门的职责权限。在工业开发方面，街镇工业走廊负责开发建设工作和后续管理服务，相关街镇要做好支持配合工作；在城镇开发方面，街镇工业走廊负责新区开发，相关街镇负责建成后的管理服务工作。区级相关部门要在政策法律许可范围内，采取放权、授权、委托、机构延伸等方式，积极支持配合街镇工业走廊管委会办理开发建设有关事务，涉及项目的扶持奖励事项要充分征求和尊重街镇工业走廊管委会意见。建立和完善联合执法检查督查长效机制，凡涉及对园区企业的日常检查、执法监管和专项督查，由街镇工业走廊管委会统筹安排后进行。

（三）建立完善考核机制。区委、区政府把支持配合街镇工业走廊管委会开展各项工作的情况，纳入街镇工业走廊沿线6镇和相关区级部门区管领导班子年度考核内容；授权街镇工业走廊管委会对沿线6镇涉及工业及场镇建设相关工作进行单独考核，考核分值折算纳入区委、区政府对6镇年度目标考核分值；强化考核结果运用，对街镇工业走廊沿线6镇和相关区级部门分别视考核情况予以适当奖惩。

（四）不断创新服务优化发展环境。创新服务机制，拓展服务领域，完善服务体系，为街镇工业走廊建设和发展提供高效、优质、配套、廉洁的行政服务。建立和完善效能督查机制，建立项目报批“绿色通道”，推行“全程代办、一站式、一条龙”服务方式和联审联批、集中审批、核准（备案）制度，不断改进工作作风，切实为企业提供安保、绿化、基础设施维护、信息咨询、广告代征、人才引进、用工等社会化服务。建立投资者、经营者保障体系，规范涉企办案、监管、收费、服务，依法严肃查处各类破坏园区投资环境的典型案件，坚决维护企业合法权益，不断优化街镇工业走廊发展环境。

中共重庆市长寿区委
重庆市长寿区人民政府
关于精准扶贫精准脱贫工作的实施意见

（2015年7月27日）

为深入贯彻落实习近平总书记贵州讲话精神和孙政才书记在市委135次常委（扩大）会议上的讲话精神，按照渝府办发〔2015〕81号和渝府办发〔2015〕94号文件要求，为加快推进长寿区扶贫开发工作，确保全区新一轮贫困村、贫困户如期脱贫，特制定本实施意见。

一、扶贫攻坚的重大意义

扶贫开发既是重大的民生问题、经济问题，也是重大的政治问题。习近平总书记多次就扶贫开发工作作出重要指示，强调“消除贫困、改善民生、实现共同富裕，是社会主义的本质要求，是我们党的重要使命”；“小康不小康，关键看老乡，最担心、最揪心、最不托底的事情，就是扶贫开发工作”；“如期全面建成小康社会，最艰巨最繁重的任务在农村，特别是在贫困地区，这是全面建成小康社会最大‘短板’”。

党的十八大以来，在市委、市政府的坚强领导下，区委、区政府高度重视扶贫开发工作，深入贯彻实施发展、教育、基础设施建设、高山生态扶贫搬迁、民生、社会保障“六件大事”，贫困地区经济社会发展步伐加快，贫困群众生活明显改善。但必须清醒看到，新一轮动态调整后，长寿区还有10个贫困村，6105户贫困户，17614名贫困人口，扶贫脱贫任务依旧繁重。全区各级党委、政府和广大党员干部要进一步强化宗旨意识、责任意识和担当精神，以高度的历史自觉和坚定的党性意识，站在同以习近平同志为总书记的党中央保持高度一致的高度，站在践行党的宗旨、密切党同群众血肉联系的高度，深刻学习和领会习近平总书记、市委孙政才书记关于扶贫攻坚的一系列重要讲话精神，扎实落实“四个全面”战略任务，切实肩负起做好新形势下扶贫开发工作的重任，采取力度更大、针对性更强、作用更直接、效果更可持续的措施，下决心补齐扶贫脱贫这块“短板”，坚决限时打好打赢扶贫攻坚这场硬仗。

二、扶贫攻坚的总体要求

（一）工作思路

全面落实习近平总书记和孙政才书记关于扶贫开发一系列重要指示，坚持把扶贫开发作为“第一民生工作”和“三农工作的头等大事”，围绕城市发展新区战略定位，按照习近平总书记“六个精准”要求，进一步完善思路、整合资源、创新机制，着力培育特色产业、改善基础条件、加强公共服务、落实社会保障、提升发展能力、夯实基层组织，以更大的重视程度、投入强度和工作力度，全力实施扶贫开发工作，加快贫困群众脱贫致富，确保如期完成扶贫脱贫任务，为全面建成小康社会奠定坚实基础。

（二）工作目标

1. 贫困村“销号”：到2015年底，10个贫困村全面完成脱贫销号任务，着力帮助贫困户解决“八难”（贫困户稳定增收难、便捷出行难、安全饮水难、住房改造难、素质提升难、看病就医难、子女上学难、公共服务难），贫困村实现“八有”［每个贫困村有一个特色主导产业、有一条硬（油）化村社公路、有一个便民服务中心、有一套落实社保政策到户的具体措施、有一个整洁的村容村貌、有一个坚强有力的村级班子、有一支稳定的驻村工作队、有一个有效的结对帮扶机制］；

2. 贫困户“越线”：到2015年底，全区6105户、17614名农村扶贫对象全部越过扶贫标准线。

（三）基本原则

1. 整合资源，统筹谋划。优化资源配置，以财政扶贫资金为牵引，以精准扶贫为手段，将扶贫攻坚作为全区工作重点，积极整合行业政策和专项扶贫政策，充分调动行业部门和社会力量，统筹推进扶贫攻坚工作，促进全区各项工作协调可持续发展。

2. 问题导向，强化精准。找准贫困共性问题，针对贫困对象不同致贫原因，加强分类指导，按照“缺什么、补什么”的要求，逐村、逐户“量身定做”脱贫规划和方案，不搞大水漫灌、大而化之。做到扶贫对象精准、项目安排精准、资金使用精准、措施到户精准、因村派人精准、脱贫成效精准。

3. 强化督导，有序推进。按照市委市政府要求，科学制定脱贫方案。将脱贫工作与实绩考核挂钩，充分调动基层干部群众积极性，加快推进贫困村销号、贫困户脱贫，确保在既定时间节点打赢扶贫攻坚战。

4. 政府主导，合力攻坚。坚持政府主导、群众主体，构建专项扶贫、行业扶贫、社会扶贫等多方力量有机结合的“三位一体”大扶贫格局。创新体制机制，发挥市场配置资源的决定性作用，推行工业反哺扶贫，引导更多市场主体和社会力量参与扶贫开发。动员贫困群众克服等靠要思想，激发脱贫致富内生动力。

三、贫困村“销号”工作任务

（一）完成时间

1. 2015年3月启动实施长寿湖镇龙沟村、云集镇大同村和双龙镇红岩村整村扶贫建设；

2. 2015年7月启动实施龙河镇永兴村、石堰镇干坝村、云台镇拱桥村、葛兰镇塘坝村、江南街道天星村、八颗镇石马村和洪湖镇五龙村整村扶贫建设；

3. 2015年底前完成整村扶贫建设和验收工作。

（二）工作措施

1. 构建扶贫工作机制。建立区领导督导整村扶贫工作机制，由四大家分管联系农业农村工作的领导分片负责，统筹抓好10个贫困村的整村扶贫工作。具体分工为：张云平督导江南街道天星村、八颗镇石马村和洪湖镇五龙村；潘晓林督导双龙镇红岩村和龙河镇永兴村；汤晓强督导石堰镇干坝村、云台镇拱桥村和葛兰镇塘坝村；王永全督导云集镇大同村和长寿湖镇龙沟村。按照一个区级部门和一个贫困村所在街镇共同组建驻村工作队的要求，组建10支驻村工作队，实现贫困村脱贫帮扶全覆盖。由街镇副处级领导干部任队长，区级责任部门副处级领导干部任副队长，抽调街镇和区级责任部门工作人员各1人组成驻村工作队，负责帮助贫困村宣传扶贫政策、找准致贫原因、制定脱贫规划、落实扶贫措施、建好基础设施、发展特色产业、开展技术服务、解决贫困群众生产生活困难，确保整村扶贫工作有序推进。驻村工作队坚持吃在村、干在村，由区委组织部、派出单位和街镇党委共同管理，实行目标责任制，不脱贫不脱钩。

2. 整合各类涉农资金。整合交通水利、特色效益农业、科技扶贫、生态补偿等专项资金，重点向贫困村倾斜。按照《长寿区整村扶贫实施规划》项目建设内容要求，积极整合资金1.16亿元（其中市级财政专项扶贫资金1000万元，区财政统筹配套资金800万元，整合各部门资金8874万元，群众自筹资金926万元），全部用于贫困村扶贫。

3. 创新对口扶贫办法。建立并严格落实对口帮扶机制，由2个区级责任部门、3个帮扶企业对口帮扶1个贫困村。大力推行工业反哺扶贫，鼓励在长国有企业和大型民营企业与贫困村结对，形成"企业—贫困村"的对口帮扶模式，为贫困村脱贫提供项目扶持、资金扶持和技术扶持，帮助贫困村脱贫摘帽。鼓励长寿经开区企业和街镇工业走廊企业每年拿出一部分用工名额，固定用于解决贫困户家庭就业，确保每户贫困户至少有1人就业，基本消除贫困户零就业家庭。

4. 强化基础设施建设。加快推进贫困村路网建设。村级主干道路全部实现硬化，70%以上的组通硬化公路，未通硬化公路的组通泥结石路，实现组组通；20户以上的自然村落建设人行便道，解决群众出行难问题；有条件的地方建设生产便道，解决群众生产不便问题；新建、拓宽硬化公路65公里，新建生产便道66公里、人行便道25.7公里、桥梁4座。加强水源地建设，基本解决人畜饮水安全问题。优先实施农村小型水利工程，整治山坪塘100口，新建、整修蓄水池23口，整治提灌站11个，新建排灌沟渠10.7公里，基本满足农田灌溉和产业发展用水需求。开展农村环境综合整治，妥善处理贫困村生活垃圾和生活污水。积极推广清洁能源，有效改善贫困地区人居环境。

5. 加大产业扶贫力度。结合"1+5+2"特色效益农业产业体系，立足贫困村自然条件和发展基础，因地制宜，大力发展柑橘、蔬菜、水产、生猪等特色产业，新建蔬菜基地4500亩、柑橘园500亩、核桃干果基地680亩、花卉苗木基地100亩，改造柑橘园2100亩，新建商品鱼养殖基地400亩。支持贫困村围绕主导产业发展农民合作组织，引导龙头企业参与产业发展，在贫困村扶持发展农业产业化企业14个，专业合作社11个，家庭农场24个。实施乡村旅游扶贫工程，打造一批有一定规模的农家乐和农业观光体验示范点。大力推动电商扶贫，启动扶持一批电商服务村。盘活农村资产，探索建立以土地、扶贫资金、财产入股等形式的利益连接机制，让贫困户直接受益。

6. 加快公共服务体系建设。深入实施教育扶贫工程，落实农村义务教育免费政策和农村贫困家庭学生资助政策，确保贫困家庭适龄子女义务教育阶段不因贫困辍学、考上高等学校的子女顺利完成学业。完善贫困家庭子女职业教育扶助政策，资助贫困家庭未能升学的应届初中和高中毕业生接受职业教育。依托"新型职业农民培训"、"雨露计划"等项目，对贫困地区青壮年劳动力全面开展农村实用技术、创业、务工技能等方面的培训，确保每个贫困家庭至少有1人实现转移就业。加快完善贫困村卫生服务网络，建设标准化卫生室，按要求配备乡村医生。推进文化广电惠民工程，实现村村通广播，通电视，每个村建有村文化室、农家书屋、文化中心户，有效挖掘和保护乡村特色文化。贫困户家庭成员全部纳入城乡居民合作医疗保险范围，全面实施农村扶贫小额保险，将符合条件的贫困户家庭成员全部纳入最低生活保障范围。

四、贫困户"越线"工作任务

（一）完成时间

1. 2015年7月—12月贫困户脱贫工作基本完成；

2. 2015年12月中下旬各街镇组织本级核实验收。

（二）工作措施

1. 落实扶贫帮困责任。建立"一对一"结队帮扶贫困户工作机制，区级领导按结对帮扶安排，统筹抓好定点督导街镇的贫困户脱贫工作。全区各机关部门（单位）、街道（镇）按照"规划到户、责任到人"将干部职工编入结对帮扶人，采取"一对一"结对帮扶办法开展扶贫帮困活动。街镇机关干部和村组党员干部负责所在街镇内的贫困户，区级机关事业单位按照结对帮扶安排，与联系街镇贫困户实行"一对一"结对帮扶。鼓励社会爱心人士积极参与结对帮扶，充分调动全社会参与扶贫的积极性。

2. 规范开展产业扶贫。根据长寿实际，规范制定区级扶贫配套资金使用办法。统一安排专项扶贫资金，支持2015年扶贫综合管理系统中农村建档立卡贫困户发展农业产业，增强"造血功能"。其中A类（512户，1311人）每户安排扶贫资金1500元，B类（3541户，10264人）和C类（2052户，6039人）每户安排扶贫资金1000元。

3. 认真开展教育扶贫。完善贫困家庭子女教育资助政策，每生每年学前教育资助2160元，小学阶段资助1000元，初中阶段资助1250元，确保贫困家庭适龄子女义务教育阶段不因贫困辍学；普通高中阶段资助2000元，贫困户家庭高中学生免学费；职教扶贫“雨露计划”全覆盖，中职助学金资助2000元，每人每年补助住宿费500元；高等教育阶段针对特困生一次性资助3000元，确保贫困家庭子女考上高等学校能够顺利完成学业。落实高校贫困毕业生就业创业扶持政策，实现就业扶持、创业指导全覆盖，确保全区贫困户家庭至少有1人就业。

4. 科学开展医疗救助。建立完善针对贫困人口的城乡居民合作医疗保险、大病医疗救助、补充商业保险相衔接的医疗保障制度。资助贫困人口参加城乡居民合作医疗保险，并逐步提高参保缴费档次。医疗机构在贫困人口诊疗过程中使用医保目录内的药品和耗材费用占其医疗费用的比例不得低于80%。建立贫困户大病医疗补充商业保险。将符合医疗救助条件的因病致贫扶贫对象纳入医疗救助范围，到基层医疗机构住院治疗实行“先诊疗、后付费”。建立贫困患者转诊“绿色通道”，支持医疗机构建立贫困人口医疗帮扶专项资金。免费向贫困人口提供11类43项基本公共卫生服务。贫困家庭乡村医生签约服务覆盖率、健康档案建档率均达到100%。

5. 深入开展搬迁扶贫。加快推进高山生态扶贫搬迁，着力改善贫困群众生存发展条件。强化特殊困难群众搬迁差异化补助政策，有条件、有意愿搬迁的深度贫困户实现应搬尽搬。国土部门加强宅基地复垦工作，对所有符合宅基地复垦的搬迁户优先全部纳入复垦项目。在基础条件较好的地方修建农民新村，鼓励山区和交通不便地区贫困群众搬迁到新村居住。农业部门和旅游部门结合扶贫培训和乡村旅游等产业扶贫，加强搬迁后续产业扶持。

6. 务实开展“兜底”扶贫。对于无扶贫开发能力的贫困户，进一步完善农村最低生活保障与农村扶贫开发两项制度衔接，做好扶贫开发和农村低保、社会救助等政策的衔接。推行农村扶贫标准和农村低保标准“两线合一”，将符合条件的贫困人口全部纳入农村低保范围，实现应保尽保。城乡农村养老保险对贫困户实现全覆盖。切实做好关爱贫困农村留守儿童、留守老人、留守妇女等工作。

五、扶贫攻坚的保障措施

（一）加强组织领导，落实责任分工。成立长寿区扶贫开发工作领导小组，由区委书记周勇任组长，区委副书记、区政府区长赵世庆任第一副组长，区领导谭庆、张云平、王志宏、潘晓林、汤晓强、王永全任副组长。区委办、区政府办、区委组织部、区发改委、区财政局、区经信委、区教委、区城乡建委、区交委、区农委、区商务局、区民政局、区人社局、区水务局、区文化委、区卫计委、区林业局、区旅游局、区畜牧兽医局、区供销社、区医保中心、区残联主要负责人为成员。领导小组统筹、协调和指挥全区扶贫工作；领导小组下设办公室，由区农委主任黄广荣兼任办公室主任，负责全区扶贫开发工作任务的具体落实。各街镇成立相应领导班子，并抽调专职人员负责具体工作。完善“区—镇（街道）—村”三级联动工作制度，明确各级工作职责，由区扶贫办监督指导，各街镇具体实施，将脱贫任务分解到人、项目明确到人，形成“上有人管、下有人抓、各司其职、各尽其责”的良好局面。

（二）夯实基层组织，创新管理服务。从街镇领导班子中选派得力干部到贫困村担任第一书记，帮助贫困村建好班子队伍、理清发展思路、落实扶贫项目、培育特色产业、提升治理水平。将所有贫困村纳入2015年度软弱涣散基层党组织提升强化行动，建立整改台账，实行挂单整改。认真开展贫困村党组织摸排分析，对不能胜任现职的书记及时进行调整。抓好贫困村本土干部人才队伍建设，2015年年底前为每个贫困村安排1—2名本土大专毕业生回村挂职。统筹安排区、镇（街道）、村三级干部与贫困户结对帮扶，做到“帮扶不漏户、户户有干部”。在面积较大的撤并村，依托党员中心户成立便民服务中心，按不低于其他村1.5倍的比例落实贫困村服务群众工作专项经费，同时区委组织部从区级留存党费中，列支适当资金补贴扶贫村便民服务中心项目建设。

（三）尊重群众意愿，促进持续发展。按照“公开透明、公正公平、群众满意”的总体要求，采取“自愿参与，自主建设，自我监管”的办法实施建设。尊重群众意愿，实行民主决策、民主管理、民主监督，提高群众参与扶贫开发的积极性。建立扶贫义务监督员制度，从项目立项、建设和验收的各个环节，全程接受群众监督。建立扶贫开发长效机制，避免今年脱贫、明年返贫。区扶贫办对扶贫成果每年开展绩效评估，并定期对全区扶贫巩固情况进行通报，坚决杜绝“临时扶贫、短期扶贫”，确保不返贫、不产生新的贫困，真正让全区所有群众过上小康生活。

六、扶贫攻坚的考核机制

将贫困村销号、贫困户脱贫工作作为“基础保障类”考核指标，纳入区管领导班子2015年实绩考核。考核实行倒扣分或“一票否决”，未完成相关工作目标任务的，在该单位2015年度实绩考核总分中直接扣分，最多扣5分；有下列情况之一的，则对该单位2015年度考核实行“一票否决”。一是有整村脱贫任务的街镇和区级责任部门，2015年底前未完成整村脱贫任务的；二是进行结对帮扶的街镇和区级部门，未完成贫困户脱贫任务的；三是有挤占、挪用、套取扶贫资金等违法违纪行为的。

附件：1. 长寿区贫困村—部门（企业）结对帮扶表（略）

附件：2. 长寿区贫困户结对帮扶安排表（略）

中共重庆市长寿区委
关于加强社会主义协商民主建设的实施意见

（2015年8月18日）

为贯彻落实《中共重庆市委关于加强社会主义协商民主建设的实施意见》（渝委发〔2015〕9号）精神，结合长寿实际，就长寿区加强社会主义协商民主建设提出如下实施意见。

一、深化思想认识，切实把握加强协商民主建设的总体要求

（1）重要意义。协商民主是在中国共产党领导下，人民内部各方面围绕改革发展稳定重大问题和涉及群众切身利益的实际问题，在决策之前和决策实施之中开展广泛协商，努力形成共识的重要民主形式。社会主义协商民主是中国社会主义民主政治的特有形式和独特优势，是党的群众路线在政治领域的重要体现，是深化政治体制改革的重要内容。当前，长寿正处在加快建成“三地一中心”、当好城市发展新区主力军，推进“科学发展、富民兴区”的重要时期和关键阶段。加强协商民主建设，对于扩大公民有序政治参与、推进科学民主决策、促进社会和谐稳定、巩固和扩大党的执政基础，推动全区经济社会持续健康发展，具有十分重要的意义。

（2）指导思想。加强长寿区协商民主建设，必须贯彻落实党的十八大和十八届三中、四中全会精神，高举中国特色社会主义伟大旗帜，以马克思列宁主义、毛泽东思想、邓小平理论、“三个代表”重要思想、科学发展观为指导，深入贯彻落实习近平总书记系列重要讲话精神，全面落实市委四届三次、四次、五次、六次全会和区委十二届三次、四次、五次、六次全会精神，坚持和完善我国根本政治制度和基本政治制度，以保证人民当家做主为根本，构建程序合理、环节完整的协商民主体系，推进协商民主广泛多层制度化发展，坚持低调务实、少说多干，敢于担当、积极作为，为全面建成小康社会、全面深化改革、全面依法治区、全面从严治党，加快建成“三地一中心”、当好城市发展新区主力军，推进“科学发展、富民兴区”凝聚智慧和力量。

（3）基本原则。加强长寿区协商民主建设，必须坚持党的领导、人民当家做主、依法治国有机统一，贯彻民主集中制，坚定不移走中国特色社会主义政治发展道路。坚持围绕中心、服务大局，促进经济持续健康发展，维护社会和谐稳定。坚持依法有序、积极稳妥，确保协商民主有制可依、有规可守、有章可循、有序可遵。坚持程序规范、务实高效，做到协商于决策之前和决策实施之中，增强决策的科学性和实效性。坚持广泛参与、多元多层，更好保障人民群众的知情权、参与权、表达权、监督权。坚持求同存异、理性包容，切实提高协商质量和效率。

（4）协商渠道和程序。继续重点加强政党协商、政府协商、政协协商，积极开展人大协商、人民团体协商、基层协商，逐步探索社会组织协商，各类协商根据自身特点和实际需要，按照科学合理、规范有序、简便易行、民主集中的要求，制定协商计划、明确协商议题和内容、确定协商人员、开展协商活动、注重协商成果运用反馈，确保协商活动有序务实高效。

二、继续加强政党协商，巩固和发展和谐政党关系

（5）明确政党协商内容。区党代会及区委全会的重要文件；政府工作报告；领导班子换届，区委推荐区人大常委会、区政府、区政协领导班子成员人选和区人民法院院长、区人民检察院检察长人选；事关经济社会发展全局的中长期规划；事关改革、发展、稳定的全局性重大问题；关系统一战线和多党合作的重大问题；其他需要同民主党派协商的重要问题。

（6）规范政党协商形式。完善协商的会议形式，就区委的重要决策部署召开专题协商座谈会，由区委主要负责同志主持；就重要人事安排在酝酿阶段召开人事协商座谈会，由区委负责同志主持；根据工作安排，召开暑期座谈会等协商座谈会，沟通思想、交换意见、通报重要情况，由区委负责同志或者委托有关部门主持。根据区委年度工作重点，由区委办公室会同区委统战部研究提出全年协商计划，报区委常委会审定，并由区委办公室书面通知各民主党派。完善区委负责同志与民主党派负责同志约谈形式，由区委负责同志或委托区委统战部约请，也可由民主党派或其主要负责同志提出，就有关重要问题沟通情况、交换意见。完善区委与民主党派书面沟通协商形式，区委就有关重要文件书面征求民主党派的意见建议，民主党派以书面形式向区委反馈。

（7）完善民主党派直接向区委提出建议制度。民主党派每年以调研报告、建议等形式直接向区委提出意见和建议。民主党派负责同志可以个人名义向区委和区政府直接反映情况、提出建议。区委每年委托民主党派就经济社会发展重大问题开展重点考察调研，由区委统战部组织实施。支持民主党派结合自身特色开展经常性考察调研，区委统战部要协助民主党派优化考察调研选题，协调有关部门积极参与，做好组织保障工作。每年11月就民主党派的重要调研课题召开调研协商座谈会，由区委负责同志主持，邀请相关部门参加。区委主要负责同志开展的考察调研以及重要外事活动，可根据需要、经统一安排邀请民主党派负责同志参加。

（8）健全政党协商工作机制。健全知情明政机制，区政府每年至少向民主党派通报一次经济社会发展情况；区政府有关部门和区司法机关定期向民主党派提供经济形势分析、统计数据、工作情况等相关材料；区委统战部定期组织专题报告会和情况通报会，邀请有关部门介绍情况。健全工作联系机制，区政府确定一名区政府领导联系协商工作；区委、区政府召开的有关会议可视情邀请民主党派负责人列席，组织的党风廉政建设、社会治安综合治理和规范市场经济秩序等检查和执法监督工作可根据需要邀请民主党派参加；进一步完善和落实区政府部门与民主党派对口联系制度，区政府部门要明确分管领导和具体工作人员，组织召开重要专业性会议和制定重要政策、规划等可邀请相关民主党派参加。健全协商反馈机制，区委办公室会同有关部门对协商意见认真研究，将重要协商成果提请区委常委会或区政府常务会议研究，并纳入区委督查室、区政府督查室的督办范围；各承办协商意见的单位一般在3个月内向区委督查室、区政府督查室和区委统战部反馈办理情况，由区委统战部反馈民主党派；对协商中民主党派提出的意见建议，适宜公开的应公开报道。大力支持民主党派加强协商能力建设。

无党派人士是政治协商的重要组成部分，工商联是具有统战性的人民团体和民间商会。有关部门要为无党派人士和工商联参加协商做好联络服务，积极邀请无党派人士和工商联参与政党协商。切实加强党外知识分子联谊会等工作载体建设，为无党派人士和工商联提高参加协商的能力素质创造条件。

三、积极开展人大协商，支持和保证人民通过人民代表大会行使国家权力

（9）明确人大协商内容。各级人大要忠实履行宪法和法律赋予的职责，在重大决策之前根据需要进行充分协商，特别要注重代表工作中的协商。鼓励各级人大在履职过程中依法开展协商，探索协商形式，丰富协商内容。

（10）充分发挥人大代表作用。注重发挥市人大代表联系组、区人大代表活动小组等在闭会期间的重要作用，组织代表积极参加有关协商活动。坚持人大代表列席人大常委会会议制度，增加人大代表列席人大常委会会议人数，做到基层区人大代表在一届内至少列席一次区人大常委会会议。提高代表议案建议质量，有关方面要加强与人大代表的沟通协商，做好议案建议的综合分析、分类办理和沟通协商工作，增强议案建议办理实效。建立健全代表联络机构、工作站、网络平台等，建立人大代表与原选区选民的联系、沟通机制，密切人大代表同人

民群众的联系。

四、扎实推进政府协商，提高政府治理能力和水平

（11）明确政府协商内容。区政府根据法律法规规定，围绕贯彻落实市委、市政府和区委重大决策部署，推动改革发展稳定重点工作，商区人大常委会、区政协制定《协商事项年度计划目录》，科学确定协商议题和协商形式，规范协商程序，经区委同意后发布实施。计划目录应包括年度政府工作报告、计划报告和财政报告，涉及民生和社会稳定的重大问题，需要社会广泛知晓的协商事项等。未列入年度计划的协商事项，可根据实际需要进行沟通协商。

（12）提高政府协商质量和水平。区政府要与区人大常委会、区政协保持密切联系，坚持重大事项决策前向区委请示、向区人大报告和与区政协协商制度。由政府负责同志定期就协商议题通报情况、听取意见，加强协商过程中的互动交流，认真吸纳建议，及时办理反馈。把协商民主贯穿行政决策、执行、监督、反馈全过程，坚持社会公众广泛参与，加强与人大代表、政协委员以及民主党派、无党派人士、工商联等沟通协商。加强政府内设智库建设，逐步建立门类齐全、结构科学的咨询论证专家库，坚持专业事项专家咨询论证制度，为政府工作提供法律、政策、专业咨询等决策服务。涉及经济社会发展重大问题、重大公共利益或重大民生的事项，决策前充分征求各方面的意见，吸纳社会公众特别是利益相关方参与。涉及特定群体利益的，要加强与相关人民团体、社会组织以及群众代表沟通协商。加强政府规范性文件制定的沟通协商，邀请区人大法工委、区政协社法委、区政府法律顾问参与审核论证。完善协商意见征集和反馈机制，在设定决策议题、进行决策时广泛征求各方意见，加强协商意见的追踪落实，及时反馈采纳情况。

（13）建立完善政府协商制度。做好政府信息公开工作，坚持“以公开为常态、不公开为例外”原则，推行行政决策、执行、管理、服务和结果公开。区政府及区政府各部门应向社会全面公开政府职能、法律依据、实施主体、职责权限、管理流程、监督方式等事项，加快建立政府权力清单、责任清单和负面清单。强化依法决策协商民主，规范听证、论证机制，坚持重大决策公众参与、专家论证、风险评估、合法性审查和集体讨论决定相结合。对涉及重大民生或公共利益的事项，应按规定依法公开举行听证会，及时公开相关信息。有效发挥政府法律顾问及其他专业专家咨询支持作用，健全决策咨询保障机制，广泛、及时、经常听取决策咨询专家的意见建议。加强建议提案办理协商，完善人大代表议案建议和政协提案办理联系机制，建立办理工作责任制、工作台账和主要负责人审签等制度，将建议和提案办理纳入区政府年度督查工作计划，实行重点建议、重点提案区政府领导包案办理，区政府办协调职能部门联席办理，健全重点建议、重点提案和跨年度复函跟踪督办机制，有序推进办理结果公开，确保人大代表、政协委员和群众知情权、参与权、监督权。

五、进一步完善政协协商，不断提高人民政协协商民主制度化、规范化、程序化水平

（14）明确政协协商内容。贯彻中央、市委和区委、区政府大政方针的重大决策部署以及长寿区政治、经济、文化和社会生活中的重要问题；政府工作报告，经济和社会发展规划及年度计划，财政预算报告，法院、检察院工作报告；行政区划变动，城市规划、建设和管理中的重大问题；涉及民生和社会稳定的重大问题及人民群众普遍关心的问题；区人大、区政府、区政协、区人民法院、区人民检察院领导班子换届人事安排及届中调整方案，区政府组成部门和镇街正职人选；各党派参加人民政协工作的共同性事务，区政协内部的重要事务，以及有关爱国统一战线的其他重要问题。

（15）充分运用政协协商形式。充分发挥人民政协作为协商民主重要渠道和专门协商机构的作用，坚持对规定协商的事项协商在区委决策之前、区人大通过之前、区政府实施之前，做到先协商后决策、先协商后通过、先协商后实施，加强决策执行过程中的协商。坚持团结和民主两大主题，把协商民主贯穿履行职能全过程。不断改进通过会议进行协商的形式，适当增加专题议政性常委会议和专题协商会次数，完善协商座谈会制度。更加灵活、更为经常地开展专题协商、对口协商、界别协商、提案办理协商，探索网络议政和远程协商等新形式。增加集体提案比重，提高提案质量。坚持区委办公室、区政府办公室、区政协办公室联合交办提案，区委、区政府领导牵头督办重点提案，区委、区政府定期向政协通报提案办理情况，区委督查室、区政府督查室与区政协提案委员会联合开展提案办理工作督查，支持区政协对提案办理工作开展民主评议和年

终通报。改进对提案办理的意见征询方式和委员反馈意见的办理方式，协调解决提案办理工作中出现的困难和问题。完善民主监督的组织领导、权益保护、知情反馈、沟通协调机制，通过协商会议、建议案、视察、提案、反映社情民意信息等形式提出意见和建议，积极履行民主监督职能。

（16）切实规范政协协商程序。加强政协协商与区委和区政府工作的有效衔接。规范协商议题提出机制，认真落实由区委、区人大、区政府、各民主党派、各人民团体等提出议题的规定，探索由界别和委员联名提出议题。规范年度协商计划的制订，围绕“科学发展、富民兴区”总任务、“三地一中心”建设目标，以及区委、区政府年度重点工作和人民群众关注的热点问题，形成年度协商计划，由区委常委会会议专题讨论后列入区委年度工作要点。健全知情明政制度，区委、区政府及有关部门，区法院、区检察院，每年定期向区政协通报有关情况；区委、区政府召开的重要会议、举办的重大活动，安排区政协领导出席；区委、区政府组织重大问题调查、专项考察和重大项目研究论证等活动，邀请区政协委员参加，为区政协委员履职提供便利、创造条件。规范区委和区政府领导及部门负责人参加政协协商活动，区政协党组根据区委的统一部署和协商计划组织协商会议或活动，区委、区政府及有关部门负责人参加协商、通报情况、听取意见。完善协商成果采纳、落实和反馈机制，区政协整理协商会议或活动的意见建议，及时向区委、区政府及有关部门报送；相关部门认真办理区政协协商的意见和建议，及时向政协书面反馈采纳、落实情况；区委督查室、区政府督查室加强督促检查，并适时向区政协常委会进行通报。

（17）不断加强人民政协制度建设。贯彻落实全国政协、市政协关于规范政治协商、民主监督、参政议政的具体意见，研究制定长寿区的实施意见。深入开展调查研究，在条件成熟时对政协界别适当进行调整完善。健全政协界别工作机制，认真落实政协主席会议成员、专委会联系界别制度，完善界别召集人制度。完善委员推荐提名工作机制，区委在确定政协委员人选前充分听取区政协党组及各方意见，区政协党组积极配合区委组织部、统战部协商研究并及时向区委提出意见，进一步优化委员构成。研究制定政协委员管理的指导性意见，探索建立依据委员履职情况确定留任或退出的机制。在区政协建立健全委员联络机构、充实工作人员，完善主席会议成员和各专委会联系委员、定期走访委员等制度，促进委员联络工作常态化。

六、认真做好人民团体协商，更好发挥人民团体作为党和政府联系人民的桥梁和纽带作用

（18）明确人民团体协商内容。做好新形势下党的群众工作的重大问题，事关人民团体改革发展的重大事项，涉及群众切身利益的政策法规、发展规划及民生计划，广大群众的共同意愿、思想动态和利益诉求等。

（19）建立完善人民团体协商工作机制。建立健全人民团体定期向区委报告工作制度。区委、区人大、区政府及有关部门研究制定涉及群众切身利益的政策、发展规划、民生计划等重大决策时，邀请相关群团组织参与调研和论证，加强与相关人民团体协商。在区委工作督查、区人大执法检查、区政府行政监察、区政协视察工作中，加强与人民团体的联系沟通。

（20）不断拓展人民团体参与协商渠道。区委应定期听取人民团体工作汇报，专题研究人民团体改革发展和涉及群众切身利益的重大问题。区政府可通过召开会议或其他适当方式，定期向人民团体通报主要工作部署和相关重大举措，加强决策之前和决策实施之中的协商。区政协要充分发挥人民团体及其界别委员的作用，加强人民团体界别委员的培训，积极组织人民团体参与协商、视察、调研等活动，密切各专门委员会和人民团体的联系。落实党代表、人大代表、政协委员在人民团体及其所联系群众中的比例规定，适当提高基层一线群众的比重。“两代表一委员”人选的提名推荐，应加强与人民团体的沟通协商。选任人民陪审员、人民监督员、人民调解员和落实人民建议征集制度，应重视发挥人民团体作用。

（21）组织引导联系群众广泛开展协商。人民团体要健全完善直接联系群众工作机制，建立与群众代表的定期沟通联系制度，全面掌握群众思想动态和利益诉求。围绕涉及所联系群众切身利益的问题，以请示汇报、工作建议、调研报告、界别提案等形式，及时向区委、区人大、区政府、区政协及其有关部门反映情况、提出意见、开展协商。加强基层服务型群团组织建设，搭建与区委、区政府沟通交流的平台。把联系服务新兴社会群体纳入工作范围，不断增强协商的广泛性和代表性。组织和代表所联

系群众依法积极参与城乡基层群众自治和企事业单位民主管理，引导群众正确行使民主权利，推动基层民主持续健康发展。及时向所联系群众宣传党委、政府的重大决策和工作部署，引导各界群众形成共识。

七、稳步推进基层协商，着力解决人民群众的实际困难和问题

（22）扎实推进镇、街道的协商。镇（街道）协商的主要内容是重大决策、重要工作和重点建设项目，包括招商引资、工程项目、城乡规划、征地拆迁、土地流转、民生保障以及群众反映的突出问题等。根据协商议题，有针对性地组织“两代表一委员”、基层群众代表、利益相关方以及法律、技术等方面专业人士参加。一般采取会议形式开展协商，也可以采取书面、电话、网络等方式征求意见。加强镇（街道）对行政村（社区）协商活动的指导。对涉及村（居）民切身利益的重大问题，镇（街道）主要领导要亲自参加。跨行政村（社区）的重大事项，由镇（街道）根据需要组织开展协商，必要时可由区政府组织开展协商。协商意见作为镇（街道）进行决策和开展工作的重要依据。协商事项的办理情况，应及时向有关方面反映，可在一定范围内公开。

（23）稳步推进行政村、社区的协商。行政村（社区）协商的主要内容是事关村（居）民切身利益、需要村（居）民共同遵守的事项，以及村（居）民反映强烈、要求迫切的公共利益问题等。扩大协商参与主体，吸纳利益相关的各类社会组织、业主委员会、物业公司、驻村（社区）单位、农村集体经济组织、农民合作组织及成员、外来务工人员等参加协商。积极探索村（居）民议事会、村（居）民理事会、恳谈会等协商形式，完善村（居）民小组会议、楼栋会议、院落会议等形式，探索搭建网络议事协商平台，将商谈对话机制广泛引入基层群众自治实践中。明确协商基本程序，规范议事规程，由村（社区）负责人组织实施，一般采取会议形式进行协商，会前告知协商内容，会中充分讨论，力求协商达成一致意见。通过协商无法解决或群众有较大异议的事项，应提交村（居）民会议或村（居）民代表会议决定。协商事项和办理情况应在村（居）务公开栏进行公开。

（24）积极推进企事业单位协商。企事业单位协商的主要内容是单位改革发展重大决策、涉及职工切身利益重要内容、生产经营管理重大事项和领导班子建设重大问题等。以职工代表大会、厂务公开、平等协商集体合同、职工董事职工监事为重点，加强企事业单位民主管理制度体系建设。畅通职工表达合理诉求渠道，健全各层级职工民主参与和监督有关重大事项的沟通协商机制。积极推动由工会代表职工与企业就调整和规范劳动关系等重要决策事项进行集体协商。完善以劳动行政部门、工会组织、企业组织为代表的劳动关系三方协商机制。一般以召开协商会议的方式，共同研究解决劳动关系方面重大问题，集体商议处理重大集体劳动争议纠纷，促进劳动关系和谐发展。

（25）探索开展社会组织协商。社会组织协商的主要内容是有关经济社会发展的政策法规、发展规划，涉及重大公共利益或民生问题的重要事项等。坚持党的领导和政府依法管理，健全与相关社会组织联系的工作机制和沟通渠道。建立健全以会员（代表）大会、理事会、监事会等为重点的社会组织内部民主制度体系，完善社会组织民主选举、民主决策和民主监督的运行机制。有关部门制定重要政策、规划和召开重要专业性会议等，应邀请相关社会组织参加。涉及村（居）民公共利益的重要事项，应吸纳驻村（社区）社会组织参加协商。支持社会组织加强协商能力建设，探索建立社会组织有序参与各层级协商民主建设的新机制。

八、加强和完善党的领导，确保协商民主建设有序高效开展

（26）加强组织领导。全区各级党组织要把协商民主建设纳入总体工作部署和重要议事日程，对职责范围内各类协商民主活动进行统一领导、统一规划、统一部署。要自觉把协商民主建设贯穿于各领域，坚持有事多协商，遇事多协商，做事多协商，使决策和工作更好顺乎民意、合乎实际。健全党内民主制度，以党内民主带动和促进协商民主发展。党组织领导同志要以身作则，带头学习掌握协商民主理论，了解协商渠道和程序，熟悉协商民主工作方法，把握协商民主工作规律，努力成为加强协商民主建设的积极组织者、有力促进者、自觉实践者。

（27）完善工作机制。各级党组织要加强统筹协调，认真研究制定协商计划，解决协商民主建设的重大问题，支持人大、政府、政协、党派团体、基层组织和社会组织依照法律法规和各自章程开展协商，有计划有步骤地推进协商活动。坚持党委统一

领导、各方分工负责、公众积极参与，进一步完善机制，明确分工，落实责任，推动落实。区委督查室要加强对协商民主建设落实情况的监督检查。

（28）注重协商实效。各级党组织要按照民主集中制原则，坚持民主基础上的集中和集中指导下的民主相统一，确保协商依法开展、有序进行，防止议而不决、决而不行。依法完善相关工作机制，更加注重协商过程公开、协商情况通报、协商成果运用、协商结果反馈，更加注重通过协商解决人民群众最关心最直接最现实的利益问题。

（29）鼓励探索创新。各级党组织要支持鼓励协商民主建设创新，探索协商形式，丰富协商内容，建立健全提案、会议、座谈、论证、听证、公示、评估、咨询、网络、民意调查等多种协商方式。尊重群众首创精神，注重实践经验总结，并适时上升为制度规范。建立健全决策咨询制度，完善专家决策程序。支持社科理论工作者加强协商民主理论研究。

（30）营造良好氛围。区委宣传部和长寿日报社、长寿广播电视台要加强正面宣传和舆论引导，运用多种方式大力宣传加强协商民主建设的重要意义、指导思想、基本原则和渠道程序，普及协商民主知识，树立协商民主观念，增强协商民主意识。大力宣传全区各级各部门加强协商民主建设的生动实践，宣传协商民主建设先进典型，发挥好示范引领作用，为全区加强协商民主建设营造良好舆论氛围。

中共重庆市长寿区委
关于印发《长寿区落实党风廉政建设
“两个责任”清单》的通知

各街道党工委，各镇党委，区委各部委，区级各部门党组（党委、党工委），各人民团体党组：

为进一步落实党风廉政建设“两个责任”，根据市委《关于落实党风廉政建设党委主体责任和纪委监督责任的意见》（渝委发〔2014〕15号）和区委《关于落实党风廉政建设党委主体责任和纪委监督责任的意见》（长寿委发〔2014〕20号）精神，区委对区委领导班子的集体责任、区委区政府主要负责人的责任、班子其他成员的责任，区纪委领导班子的集体责任、区纪委主要负责人的责任，区党政领导班子成员党风廉政建设责任单位进行了明确，现予以印发，请遵照执行。

区人大、区政府、区政协、长寿经开区和区法院、区检察院的党组织要按照中央和市委、区委要求，切实履行党风廉政建设主体责任。各街镇党（工）委、各部门党组（党委、党工委）、各国有企业党组织要加强组织领导，参照此责任清单细化责任，一级抓一级，层层抓落实。各责任部门要加强组织协调，明确工作重点，细化工作措施，协助区委抓好各项任务落实。

中共重庆市长寿区委
2015年8月24日

长寿区落实党风廉政建设“两个责任”清单（一）（略）

长寿区落实党风廉政建设“两个责任”清单（二）（略）

长寿区落实党风廉政建设“两个责任”清单（三）（略）

长寿区落实党风廉政建设“两个责任”清单（四）（略）

长寿区落实党风廉政建设“两个责任”清单（五）（略）

长寿区落实党风廉政建设“两个责任”清单（六）（略）

长寿区落实党风廉政建设“两个责任”清单（七）（略）

中共重庆市长寿区委
重庆市长寿区人民政府
关于加快推进创新驱动发展战略的实施意见

（2015 年 9 月 21 日）

创新是推动一个国家和民族向前发展的重要力量，也是推动整个人类社会向前发展的重要力量。为贯彻落实党中央、国务院《关于深化体制机制改革加快实施创新驱动发展战略的若干意见》（中发〔2015〕8 号）和市委、市政府《关于印发 <重庆市深化体制机制改革加快实施创新驱动发展战略行动计划（2015—2020 年）>的通知》（渝委发〔2015〕13 号），结合长寿区实际，现提出如下意见。

一、总体要求

（一）指导思想

认真贯彻落实党的十八大和十八届三中、四中全会以及习近平总书记系列重要讲话精神，紧扣“四个全面”战略布局，按照“一带一路”和长江经济带发展战略指向要求，深入实施五大功能区域发展战略，以深化科技体制改革为动力，以推动应用研发创新为重点，充分发挥市场配置创新资源要素的决定性作用，更好发挥政府的引导与服务作用，进一步解放思想，破除一切制约创新驱动的体制机制障碍，强化长寿经开区创新驱动的主阵地作用，强化企业在技术创新中的主体地位，激发大众创业、万众创新活力，切实增强创新驱动力与产业竞争力，为长寿区全面建成“三地一中心”、实现“三大愿景”提供坚强的动力支撑。

（二）基本原则

需求导向，“三链”协同。紧扣经济社会发展重大需求，让创新真正落实到创造新的增长点上，把创新成果变成实实在在的产业活动。深度整合创新驱动既有政策，通过准确的导向机制和强有力的推进机制，实现产业链、创新链、资金链的耦合协同。围绕产业链部署创新链，依托长寿经开区六大产业及街镇工业走廊特色产业和现代服务业、现代农业布局创新项目；围绕创新链完善资金链，创新政府资金投入方式和财税激励机制，强化金融对创新驱动的支撑作用。

人才为先，企业为主。坚持市场导向，充分发挥市场配置资源的决定性作用。让人才成为创新的第一资源，创新人才引进、流动和培养模式，更加注重强化激励机制，更加注重发挥企业家和技术技能人才队伍创新作用，让一切创新要素都活跃起来。让企业成为创新的主体力量，支持大型企业发挥创新骨干作用，支持中小微企业开展科技创新，积极鼓励和支持大众创业创新。

遵循规律，全面创新。把握好科学研究的探索发现规律、技术创新的市场规律，坚持技术与市场双轮驱动，统筹推进科技体制改革和经济社会领域改革，整合全社会资源，以科技创新为核心，以商业模式创新为载体，以管理创新为关键，加强知识产权保护，统筹推进学校、企业、政府、社会服务全面创新，实现科技创新、制度创新、开放创新的有机统一和协同发展。

（三）总体目标

到 2020 年，企业在技术创新中的主体地位进一步强化，科技资源和创新要素优化配置取得明显成效，科技服务能力显著提升，科技创新活力大大增强，开放型区域创新体系和创新型经济形态基本形成，初步实现从要素驱动向创新驱动转变，成为科技水平高、创新能力强的长江上游科技创新中心和国家创新驱动示范城市的重要组成部分。

到 2020 年，全社会 R&D（研究与开发）经费支出占 GDP（国内生产总值）比重超过 2%，规上工业企业研发投入占销售收入比重达到 1.5% 以上，技术进步贡献率达到 60% 以上，科技成果转化中的股权化率达到 75% 以上，战略性新兴产业产值占工业总产值的比重达到 35% 以上，万人有效专利拥有量超过全市平均水平。

长寿经开区作为全区创新驱动发展的核心区和战略性新兴产业发展的主战场，到 2020 年，规上工业企业研发投入占销售收入比重达到 1.7% 以上，战略性新兴产业产值占工业总产值的比重达到38%以上，建设成为国家级科技企业孵化器。

二、构建以市场为导向的创新体系

（一）大力提升企业技术研发创新水平

围绕产业发展构建“金字塔”型企业创新体系，通过“靶向”精准政策扶持引导，形成合理的梯级晋升机制，调动企业创新争优的积极性，增强经济增长的支撑力。

培育1家在国内同行业中具有领先地位的企业研发创新中心：围绕精细化工、钢铁、新材料、高端装备、电子信息、医药化工等优势产业或细分领域，通过开放引进与巩固提升现有企业技术中心相结合，以项目带动、资源整合、产学研联盟等多种方式，进一步扩大增量、提升质量。重点依托精细化工、MDI延伸产品聚氨酯、聚甲醛、甲醇制烯烃等化工新材料产业开展研发创新和示范应用，依托新特药、大品种基本药物、中间体等化学仿制药产业开展关键技术研发。凡发明专利拥有量在国内同行业保持前五名，研发成果转化率达到50%以上、新产品销售收入占主营业务收入达到50%以上、R&D经费支出占企业销售收入达到5%以上，即认定为企业研发创新中心。

培育2家国家级企业技术中心：鼓励科研机构强化产业关键技术突破，加快新产品、新工艺研发进程。凡发明专利拥有量排名全市同行业前列，研发成果转化率达到20%以上、新产品销售收入占主营业务收入达到30%以上、R&D经费支出占企业销售收入达到4%以上的，优先申报国家级企业技术中心。力争到2020年推动2家市级企业技术中心升格为国家级企业技术中心。

培育20家市级企业技术中心：用好用足国家关于高新技术企业财税优惠政策，鼓励企业加大研发创新投入力度，开展科研技术、组织模式和商业模式创新。凡R&D经费支出占企业销售收入达到3%以上，有较强的经济技术实力和较好的经济效益，研究开发与创新水平在全市同行业中处于领先地位的，优先纳入市级企业技术中心评定范围。力争到2020年全区新增13家市级企业技术中心，总量达到20家。

培育40家区级企业研发创新中心：完善企业创新体系建设，增强企业自主创新能力，提高企业新产品新技术研发创新水平，为国家级、市级企业技术中心培育升格奠定基础。凡R&D经费支出占企业销售收入达到2%以上，新产品新技术新工艺开发应用和产业化能力强、专利和标准数量多、新产品产值增速高、拥有技术带头人、辐射带动作用大、市场竞争力较强的，优先纳入区级企业研发创新中心评定范围。2020年区级企业研发创新中心达到40家以上。

推进企业研发机构法人化进程。出台企业研发机构法人化的实施办法，鼓励企业研发机构独立法人化运作，引导企业研发创新机构完善现代法人治理结构，形成自主运行的公司决策机制、科研开发机制、知识产权管理机制、成果转化机制和人员激励机制，把企业研发机构从成本中心变成利润中心。

建立重大科技成果转化中试专项。推动中试成果在区产业化、向下延伸打造产业链。对中试成功产品优先安排区级科技项目、贷款担保、贷款贴息、政府采购等，对纳入重大科技成果转化中试专项的项目在审批环节开启“绿色通道”，给予产业发展资金扶持。鼓励企业购买重大科技成果并实施产业化。

实施差异化的“靶向”扶持措施：对于行业领军型企业研发创新中心和国家级企业技术中心，严格执行国家各类普惠性激励政策和市级财政科研专项资金“后补助”方式奖励扶持政策；其科技成果优先纳入区级及以上科技进步奖评选范围；支持该企业先行先试相关改革；产业引导股权投资基金优先跟进支持其科技成果产业化。

对于市级企业技术中心，严格执行国家普惠性政策，落实市级财政科研专项资金扶持政策，按企业上年研发投入强度、新产品销售收入占主营业务收入比重、专利拥有量、技术标准获批情况等，以“后补助”方式予以奖励扶持；产业引导股权投资基金优先跟进支持其科技成果产业化；推荐企业优先纳入上市公司储备库予以上市辅导。

对于区级企业研发创新中心，严格执行国家、市普惠性政策，落实区级财政创新驱动发展专项资金扶持政策，按企业上年研发投入强度、新产品新技术新工艺开发应用和产业化能力、专利和标准数量、新产品产值增速等，以“后补助”方式予以奖励扶持，培育成长为行业领军型企业研发创新中心、国家级和市级企业技术中心。

（二）加快完善科技创新体系

以项目为载体、资本为纽带，推动各类实验室、公共检测平台、企业工程（技术）研究中心等为创新成果转化服务，鼓励购置、租用科学仪器设备用以开展科学研究、技术开发及其他科技活动，加强创新成果与产业应用对接，加强创新项目与市场需求对接，为企业和社会提供多层面研发创新、技术验证及产业化服务。

探索搭建一批产业技术创新联盟：支持大型企业集团联合科研院所、高等院校，在通信设备、智能制造、特种装备、新材料、道路交通、医学健康、科技服务、智慧城市、绿色建筑产业、特色效益农业等行业建立技术创新联盟。通过专利导航、技术标准评级补贴、创新成果产业化补贴和股权化改造等方式，推动产业技术创新联盟开展技术合作，形成产业技术标准，建立公共技术平台，实行知识产权共享，为提升产业整体竞争力服务。

积极对接科技成果转化服务中心：加快新技术、新工艺、新产品的转化与应用，推动企业对接市内外科研院所及高等学校现有工程（技术）研究中心、工程实验室、重点实验室等科技成果转化服务中心，让更多科技人员用得起科研设备，让更多科研成果转化为生产力。

建设科技资源共享与展示交易服务平台：规划建设长寿经开区科技创新园，以长寿经开区科技创新园为载体，依托重庆化工行业专利数据库平台，制定出台入园优惠政策，集聚各类科技人力、财力、物力和成果等资源，构建统一开放、线上线下同步的共享与展示交易服务平台，实现科技资源整合、信息开放共享互动、技术成果交易以及科技金融服务无缝对接，促进知识产权转移转化，支撑和服务产业发展。

（三）推动大众创业万众创新

发挥政策集成和协同效应，着力降低创新创业门槛，推动创新与创业相结合、线上与线下相结合、孵化与风险投资相结合，完善创新创业服务模式，强化技术支撑、投融资保障和环境营造，壮大创新创业群体，形成大众创业、万众创新的生动局面。

大力营造创新创业良好环境：加大简政放权力度，完善创新创业政策体系，推动政策落地，形成“想创新、敢创业、能成业”的良好环境。认真落实注册资本认缴制，积极推行行业准入负面清单、行政审批承诺制等管理制度，降低创新创业市场准入门槛。全面推行工商营业执照、组织机构代码证、税务登记证“三证合一、一证一码”办理、“四证一章”并联审批及网上登记等措施，简化登记手续和审批流程，提升创新创业服务水平。鼓励各类金融资本、风险投资支持参与创业投资。加大财政扶持力度，给予房租、宽带接入费用和用于创业服务的公共软件、开发工具等适当财政支持，支撑大众创业创新。

打造15个以上众创空间：以各类企业、投资机构、行业组织等社会力量为主构建市场化的众创空间，支持众创空间申请市场主体登记。构建开放创新创业平台，有效集成创新创业服务资源，促进创新创意与市场需求和社会资本有效对接，建立“平台+服务+资本”的创新创业模式。充分利用闲置工业厂房、商务科研楼宇、仓库等载体，突出线上服务平台、线下孵化载体（含投资促进、培训辅导、宣传营销、专业服务、创客孵化、咨询交流等创新创业孵化器）、创业辅导体系以及技术与资本支撑等四大要素整合，推广创客空间、创业咖啡、创新工场、星创天地等新型孵化模式，打造形成一批低成本、便利化、全要素、开放式的众创空间，为广大创新创业者提供良好的工作空间、网络空间、社交空间和资源共享空间。2016年，打造3~5个众创空间；2020年，众创空间达到15个以上，其中至少1个在全市乃至国内具有品牌效应。

构建20家以上创新服务机构：大力发展检验检测认证、知识产权、科技推广、科技咨询、科普等各类科技服务机构，通过将科技服务纳入政府购买服务范围，贯彻执行市出台的科技服务业市场准入负面清单，完善服务标准体系和诚信体系，形成覆盖全区重点产业的科技服务产业链。2016年，全区创新服务机构达到6家以上；2020年，创新服务机构达到20家以上。

培育20家以上科技型“小巨人”企业：充分发挥科技型中小微企业技术创新基金、中小微企业发展专项资金等对创新型中小微企业发展的促进作用，探索以发行“创新券”等“后补助”方式支持中小微企业开展科技研发和成果转化，并加大政府对中小微企业产品及服务的采购力度。2020年，科技型“小巨人”企业达到20家以上。

三、激发广大科技人员的创新活力

（一）加快人才评价制度改革

职称政策向科技人才倾斜：坚持应用技术研究重在市场认可的导向，改变科技人才评价过于单一和偏于理论研究的倾向，分别以论文和著作等理论成果、专利和计算机软件等知识产权、创新产品等实物成果、保证产品质量的标准和流程、组织管理创新和服务成效作为评价的重要指标。对获得国家、省部级科学技术奖励的，在本专业领域取得授权专利、研发出新产品和新工艺等创新成果并实现产业化的，主导国内外技术标准制定或修订的，在本专业领域取得重大创新的，以及为经济社会发展作出突出贡献的科技创新人才，取消学历等条件限制，按照各专业破格申报条件优先申报评定高级专业技术资格。

职称政策向企业人才倾斜：建立与产业发展需求和经济结构相适应的企业人才评价机制，优化产业人才结构。企业人才申报评定高、中级专业技术资格不受单位所有制、岗位和评审通过率限制。按照全市统一部署，贯彻落实职业学校教师和企业优秀人才“双师”职称评聘办法。中华技能大奖获得者、全国技术能手和全国职业技能大赛获奖者及指导教师可破格申报评定相应高级专业技术资格。市场业绩突出的企业经营管理领域的特殊人才可直接申报评定高级经济师资格。

（二）完善成果转化激励政策

落实科研成果转化激励政策：在科研成果产生之初、科研成果产业化、企业转制股份转让、企业上市、企业进行混合所有制改造等五个关键环节，明确单位、科研团队、个人的股权，不断完善产权保护、员工持股、股权转化、分红激励等政策，建立资本、知识、技术、管理等要素报酬由市场决定的机制。

完善科研奖励报酬制度：国有企业事业单位对职务发明完成人、科技成果转化重要贡献人员和团队的奖励，计入当年单位工资总额，不作为工资总额基数。

加大科研人员股权激励力度：鼓励和引导以科技成果作价出资创办企业，不再限制科技成果作价份额占注册资本的比例，由企业投资人之间协商确定，并可将作价份额不低于20%的比例奖励给成果完成人以及为成果转化作出重要贡献的管理人员，上不封顶。高新技术企业和科技型中小微企业科研人员通过科技成果转化取得企业股权时，可按规定在不超过5个公历年度内分期缴纳个人所得税。

（三）改革人才管理体制

构建创新型人才队伍：坚持在创新创业活动中发现人才、培育人才、引进人才。大力培养和引进一批科技型领军人才、高端技术人才和高层次创业人才，加快形成高质量的创新型人才队伍。根据全区重点产业发展方向，重点引进拥有重大、关键核心技术的人才和创新创业融合性人才。充分发挥领军人才作用，加大杰出人才扶持力度，积极推荐现有人才升格为市级、国家级人才。支持骨干企业与科研院所、高等学校联合培养“双师”人才，引导企业建立集聚创新型领军人才的机制。

促进人才合理流动：加强人才工作平台建设，引导创新型人才向重点产业流动，构建产业建设与人才支撑的互动信息平台。积极承接“博士生服务团”“博士生服务队”“科技副职”“科技特派员”等优秀人才来区挂职，统筹选调生、大学生“村官”、“三支一扶”计划、大学生志愿服务西部计划等各类引导大学生到基层服务、创业的项目和政策。加强与高校、科研院所对接，主动到高校、科研院所进行人才政策宣传，聘请高校、科研院所科技人才到镇街、园区、企事业单位挂职。

优化人才培养模式：鼓励企事业单位与高等学校、职业教育学校围绕重点产业，按照市场需求设置相关专业，调整专业结构，开办创新创业专门课程，为重点产业发展培养创新型和应用型人才。支持骨干企业与高等学校开展高职本科、应用型本科以及专业硕士、博士联合招生、联合培养的现代学徒制试点。加强并不断改进全区重点人才培养方式，实施“急需紧缺人才培养计划”，通过“专家请进来、学员送出去”模式，举办重点行业或领域的人才专题培训班，选派优秀人才参加培训，不断提高人才队伍整体素质。引导职业教育学校依托企业、贴近产业，需求导向、突出应用，建立校企结合、产教结合的办学模式。支持企业面向职业技术学校建设公共专业实训基地，推行任务驱动、项目导向、实训为主的教学方式。

四、营造全面开放的创新环境

（一）构建创新驱动功能平台

建设以长寿经开区为主体的创新驱动核心区：围绕产业链需求，成体系地建设研发平台和创新服务平台，集聚研发机构、创新创业人才、创业投资资本、重大创新成果等创新要素，打造区域创新中心。以提升产业创新能力为核心，大力发展高新技术企业和科技型企业，培育具有区域竞争力的创新型产业集群，打造高新技术产业基地。以促进全面创新为关键，坚持制度、环境建设为先，积极推进科技金融、知识产权、技术转移及成果产业化、股权激励、市场准入、行政管理等改革创新试验。长寿经开区要充分发挥全区科技创新龙头作用，通过市场化方式，形成完善的科技金融服务链和投融资机制，帮助中小微企业成为科技创新的生力军，促进科技成果产业化，到2020年将长寿经开区建设成为国家级科技企业孵化器。

建设创新驱动示范区：充分发挥街镇工业走廊、现代农业园区的创新驱动示范作用。完善以企业为主体的产业技术创新机制和知识产权管理服务体系，加快产业结构调整步伐，大力发展健康科技、智能家居、节能环保、新材料等新兴产业，形成健康科技产业基地、智能家居产业基地、农业科技园区、知识产权试点示范园区、特色产业科技园区等多层次、多类型的示范发展格局。

建设创新驱动辐射区：以产业为带动，依托电商产业园、长寿菩提古镇文化产业园、农民工返乡创业园、创业孵化基地、微企孵化园及特色村等平台，制定微型企业孵化园扶持管理办法、创业孵化基地建设管理办法等扶持政策，就地就近推进大学生创业、农民工返乡创业等特定群体创业建设，完善交通、通信、物流、网络等配套基础设施，打造创新创业社区，由点及面，为各类创新创业者提供施展才华的平台。

（二）推进建设国际国内创新合作平台

积极引进国际科研资源：主动利用全球创新资源，积极培育创新发展优势。积极引进世界知名大学、著名研发机构、世界500强企业来长建立分支机构或搭建创新平台，加快融入全球创新网络体系。支持企业通过项目合作、股权合作等方式引导专业团队和科研成果来长落地。对接国际规则，支持参与国际大科学工程研发和国际间的科技交流，鼓励获取国际科技新资讯、新技术，鼓励具有自主知识产权的创新产品输出。支持引进或共建国外研发机构，在先进制造、新材料、信息技术、现代农业等重点领域引进新技术和新产品，引进联合研发团队，在长寿经开区创建新材料科技创新园等国际合作基地。

引进或共建一批国内合作平台：充分利用清华大学、重庆大学、吉林大学、重庆化工职业学院等区内外院校、科研单位资源，围绕现代化工、钢铁、装备制造、新材料、电子信息等支柱产业开展多领域创新创业合作。支持引进或共建国内知名研发机构，引进国内研发团队，联合研发项目，共建研发和产业化基地。到2020年，引进与全区产业发展和社会民生相适宜的技术成果150项以上。

（三）营造激励创新的公平竞争环境

加强创新产品准入管理：落实重大新产品首台（套）、首购、首试等奖励补贴政策，积极支持区内符合条件的创新创业主体的创新产品进入政府采购目录。建立健全使用创新产品的政府采购制度，国家机关、事业单位和团体组织应优先招标采购企业创新成果转化的产品，帮助生产企业验证产品可靠性、积累行业资质和运营经验。配套建立对首台（套）重大技术装备和示范应用项目的保险制度和风险机制，落实重大新产品前期应用推广补贴政策。

实行严格的知识产权保护制度：落实《重庆市专利促进与保护条例》，强化知识产权运用和保护，依法打击侵犯知识产权的违法行为。强化知识产权综合行政执法，推进重点产业知识产权快速维权体系建设。加快知识产权系统社会信用体系建设，推动将专利侵权假冒及执行失信、专利代理人失信等信息纳入市联合征信系统。建立企业重大涉外知识产权纠纷应对工作机制。用知识产权战略的各种手段，支持企业开展技术引进、联合研发、投资并购和海外专利布局，开展重大经济活动知识产权风险预警和评估。

五、构建有利于创新驱动的投融资体制机制

（一）加大财政扶持力度

设立长寿区创新驱动发展战略专项资金，出台专项资金管理办法。统筹用好市、区两级研发创新专项资金，区财政每年整合不少于0.5亿元的研发创新专项资金，其中：市级财政0.2亿元，区级财政0.3亿元。创新驱动发展战略专项资金总计2.5亿元以上，用于支持科技创新，促进科技成果转化，推进产业转型升级。

（二）改革政府科技投入方式

分类指导公益性研究项目与技术创新开发项目：对于基础性和公益性研究项目，一般仍采用“前补助”方式支持。对于以技术创新、技术合作等开发项目，结合绩效考核，一般采用“后补助”方式支持。对于以科技成果工程化、产业化为目标，可考核的竞争性科研项目，改变政府投入方式，更多地采用市场化的方式进行扶持。

改“前补助”为“后补助”：鼓励和引导研发企业根据市场需求及自身发展需要先行投入资金，组织开展技术研发、工艺提升和技术改造，项目实施成功后可按规定程序申请政府补助。对企业技术中心的“后补助”，与研发成果转化率、新产品销售收入占主营业务收入比重和R&D经费支出占企业销售收入比重以及专利拥有量等指标挂钩；对公共实验室和科技成果转化服务中心的“后补助”，与研发成果转化率、服务提供率等指标挂钩。

改“直接补”为“间接补”：政府用于扶持、支持企业的资金（包括招商引资中给予的政策）从补助生产或建设向补助企业搞研发创新或购买研发创新成果转变。对企业购买重大科技成果的补助项目，组织现场核实评审，必要时可进行专项审计，核查企业购买的成果是否落地转化，根据项目实施效果择优资助。逐步将补助方式向重大研发机构引进、企业科技创新平台认定、国家级与市级孵化器或公共服务平台、科技与金融结合等方面拓展。

改“行业部门决策补”为“多维评价决策补”：针对科研工作特点和科研活动载体不同，面向国家级技术中心、科研成果转化服务中心、创新型企业、创新成果孵化器、众创空间、个人等不同科研载体，探索建立团队考核与个人成果相结合、长期考核与过程管理相结合的多维度评价体系，推进“同行评议”、“第三方评价”、“国际评价”和“市场价值评价”等评价方法，将评价结果与政府补贴、拨款和奖励挂钩。

（三）用好多层次的投资基金

用好市政府产业投资股权引导基金：加大投入力度，确保现有产业投资引导基金按1：3比例带动社会资本，专项用于长寿区工业、农业、科技、知识产权、现代服务业、文化旅游等产业和领域的技改、技术进步、产业化和资本化。

用好科技创业风险投资引导基金：依托现有引导基金，通过市场化运作，有效吸引社会资金，充分发挥引导和放大作用，切实扩大基金规模。引导基金带动社会风险投资，重点扶持高成长性的科技型企业发展。

推动设立天使投资引导基金：吸引社会资本参与天使投资，鼓励长寿经开区、街镇工业走廊、各类孵化平台等利用自有资金与社会资本合作组建天使基金，重点扶持15个众创空间、20家创新服务机构、20家科技型“小巨人”企业等在孵企业、科技创业人才和项目。

（四）利用资本市场支持企业创新

推动对具有较强自主创新能力及高增长的科技型企业进入资本市场融资，进一步发展多层次资本市场，为成长期科技企业实现向成熟期顺利过渡提供更有效的金融服务。拓展以股权投资为基础的融资渠道，有计划地推进科技企业上市融资。

设立重点创新型企业上市储备库：抓住股票发行注册制改革机遇，按照“储备一批、辅导一批、培育一批、上市一批”的总体思路，将有上市意愿的科技型创新企业纳入长寿区拟上市企业储备库。每年向市优先推荐一批发展方向属于国家和我市战略性新兴产业、技术含量高、成长性好的企业进入重庆市拟上市企业储备库。

启动科技型中小微企业新三板挂牌培育计划：以创新型中小微企业为重点，每年组织指导一批企业与中介服务机构深度对接并助推挂牌。对成功挂牌的企业，区财政对企业给予一定奖励。

推动有条件企业IPO（首次公开募股）上市：围绕重点创新型企业上市公司储备库企业，强化辅导培育，加大政策扶持，协助有条件企业完善相关申报备案手续，推动一批符合条件的科技创新企业在创业板、中小板、主板和海外上市。积极探索开展众筹融资等互联网金融试点。

稳步推进债权融资：大力推动和组织科技创新企业通过发行公司债、短期融资券、中期票据、集合债、集合票据、集合信托等债权融资工具融资，拓宽科技创新企业多元化债权融资渠道。

（五）强化金融对创新驱动的支撑作用

积极开展知识产权质押融资：鼓励和推动各类金融机构探索，开展专利、版权和商标等知识产权质押融资业务，对知识产权质押贷款业务给予一定比例的贷款利息和担保费补贴。

积极推动科技保险：支持保险企业在长创新科技保险产品，积极推广面向科技创新企业的高新技术企业产品研发责任保险、专利保险、营业中断保险、小额贷款保证保险等险种。

建立科技融资担保风险补偿机制：建立完善科技融资担保风险补偿机制，配合构建“市+区”的“伞形”担保风险补偿机制。

鼓励金融机构支持企业创新：探索适合创新活动“短、频、快”融资需求的融资模式、信贷及抵质押产品和知识产权证券化等金融产品。实施差异化引领，鼓励并支持商业银行、担保公司、创投公司、科技小贷公司等开展“投贷联动”、“投贷保联动”、“保投联动”等创新服务，对创新型项目和企业贷款实行基准利率，简化贷款审批手续，构建创新贷款信用安保体系，推动信贷资金更多支持创新活动。

六、强化组织实施

（一）加强组织领导，高效务实推进。建立长寿区推进创新驱动发展战略区级联席会议制度，负责创新驱动发展战略的组织实施。区级有关部门按照职能分工，积极落实促进创新驱动的各项政策措施。各有关单位要加强对创新驱动工作的组织领导，结合实际制定具体实施方案，明确工作任务，切实加大资金投入、政策支持和条件保障力度，使创新活动能够始终围绕见企业、见项目、见产品、见流量、见配套体系“五见”的标准务实推进。

（二）完善管理服务，开展试点示范。建立科技创新、知识产权与产业发展相结合的创新驱动发展评价指标，并纳入国民经济和社会发展规划。加强创新企业统计队伍建设，提升全面准确及时反映全社会创新成果的统计能力。积极争取创新驱动改革试点，抓好试点示范和应用推广。探索建立推进创新驱动的新机制、新政策，不断完善创新驱动服务体系。

（三）健全考核制度，强化督查督办。按照本实施意见制定年度工作计划，分解落实区级有关部门责任，区委督查室、区政府督查室加强督查。建立健全企业技术创新经营业绩考核制度，加大技术创新在企业经营业绩考核中的比重，探索企业研发投入和产出分类考核机制。将创新驱动发展成效纳入经济社会发展实绩考核内容，逐步提高考核权重。

（四）抓好宣传引导，营造创新氛围。充分发挥媒体的宣传引导作用，开展“十大创新人才”、“十大创业人物”评选活动，树立一批创新人物、创新企业、创新团队典型，大力营造勇于创新、鼓励成功、宽容失败的社会氛围。推动科技资源科普化，加快科研设施向公众开放。结合新兴产业发展，适时开展系列专题科技、知识产权宣传活动，营造人人关注创新创业、人人参与创新体验的新景象。

附件：长寿区加快推进创新驱动发展战略任务分工（2015—2020年）（略）

中共重庆市长寿区委
关于制定国民经济和社会发展
第十三个五年规划的建议

（2015年12月8日中国共产党重庆市长寿区第十二届委员会第七次全体会议通过）

“十三五”时期（2016年至2020年），是夺取全面建成小康社会的决胜期，是实现第一个百年奋斗目标的关键期，是实现伟大“中国梦”的机遇期。充分把握历史机遇，紧随国家政策导向，科学编制五年规划，关系到全面建成小康社会的胜利实现，关系到五大功能区域发展战略的有效落实，关系到“三地一中心”的全面建成，关系到阔步迈向“三大愿景”蓝图的实现，对长寿未来的发展影响深远。

一、“十二五”较快发展为“十三五”奠定了坚实的基础

“十二五”时期是长寿经济社会发展很不平凡的五年。面对复杂多变的发展环境和艰巨繁重的改革发展稳定任务，在中央和市委的坚强领导下，我们主动适应经济发展新常态，勇于担当城市发展新区主力军，坚定不移朝着“三地一中心”目标迈进，全区上下群策群力、攻坚克难，统筹推动稳增长、调结构、促改革、惠民生、防风险，实现经济社会较快发展，“三地一中心”基本建成，综合经济实力显著提升，地区生产总值同口径翻一番，社会民生明显改善，党的建设全面加强，党的领导能力全面提升，圆满完成“十二五”规划各项目标任务，为“十三五”经济社会发展奠定了坚实基础。

（一）工业经济迎难跃升。在外部经济下行压力加大，重化工产业持续遭遇强冷的艰难环境下，长寿区工业连续五年保持较快增长，工业总产值突破千亿元大关。长寿化工园区成功升格为国家级长寿经济技术开发区，先后被评为国家级循环经济试点园区、国家化工新材料高新技术产业化示范基地，累计完成开发面积近40平方公里。一大批重大工业项目深度集聚，重钢环保搬迁全面完成，MDI一体

化项目建成投产，百亿级汽车配套项目群落户开工，百亿级电子信息项目成功落户，百亿级重油深加工项目成功签约。街镇工业走廊快速发展，产值翻两番突破100亿元，初步形成了家居、健康科技两大主导产业，新市工业组团先后被评为中国家居（木业）产业基地、中国十大木业产业加工园，吸纳就业人口超过1.8万人。

（二）现代农业提质发展。以发展工业的思路发展现代农业，150平方公里现代农业“三园”基本建成，现代农业园区获批首批国家级农业产业化示范基地、全国首批农业科技创新与集成示范基地，现代农业“五区”局部建成。全区土地规模集中经营度达45%，农户参合率达44%，农业综合机械化水平达50%，均高于全市平均水平。“1+5+2”特色效益农业体系初步形成，四大主导产业规模位居全市前列，标准化晚熟柑橘基地种植规模、蛋鸡存栏量均居全市第一，渔业产量位居全市第四。

（三）休闲旅游异军突起。以三大百亿级景区开发为龙头，拓展长寿旅游的深度和广度。长寿湖景区和长寿菩提古镇成功创建国家4A级景区，长寿湖—长寿菩提古镇获批重庆市首批十大旅游度假区。滨江长寿谷开发启动，长寿湖五星级酒店项目群全面开工，长寿湖高铁站至景区专用道路一期完工，长寿菩提古镇一、二期开街，菩提寺复建重光，大洪湖开发纳入全区旅游统一规划管理体系。乡村旅游开发渐入佳境，黄草山、五华山旅游开发稳步推进，城郊及乡村农家乐建设初具规模。全方位、多层次、高规格开展旅游营销，“长寿·人人向往”旅游品牌唱响全国，接待游客人数、旅游收入翻两番。

（四）商贸物流日益兴旺。商业集聚能力不断提升。完成“一园一区一群一圈”产业发展规划修编完善工作，电商产业园成功开园，世纪广场、时代广场、清明上河坊、长寿菩提古镇商业街等大型商业综合体建成投用，社会消费品零售总额、商品销售总额实现翻一番。物流基础设施配套进一步完善。渝怀铁路长寿货运站扩能改造完成，重钢江南新区码头建成投用，新恒阳液体化危品码头、长航钢城码头、中远物流仓储等项目顺利推进，钢材交易市场竣工投用，MDI铁路专用线建成，全区商贸物流企业达132家，其中年贸易额超亿元的企业21家。

（五）城市建设快速拓展。长寿区城乡总体规划修编获市政府批复，新增城市规划面积24.5平方公里；新开发城市建设面积达20余平方公里，城市建成区规模位列重庆主城以外各区县第一，常住人口城镇化率超过60%，新市、八颗撤镇设街道纳入城区范围；数字城市建设通过国家验收。渝利铁路建成通车、渝万铁路长寿段完成铺轨，火车北站建成投用，渝长高速复线扩能改造工程正式启动；北城大道、菩提东路等城市骨干道路建成通车，城市四大片区路网基本成型；桃花河两岸绿化等一大批城市绿地项目建成。

（六）社会民生显著改善。切实加大社会民生事业财政投入，每年投向民生领域资金占财政一般预算支出的65%左右。社会保障水平大幅提升，养老、医疗保险覆盖率大幅提高，实现应保尽保。就业水平稳步提升，以创业促就业成效显著，微型企业总量突破1万户，市场主体总量突破5万户，城镇登记失业率每年控制在3%以内，每年新增就业人数保持在3万人左右。社会事业稳步发展，成功创建全国义务教育均衡发展区，化工职业学院基本建成；区人民医院成功创建国家“三甲医院”，区人民医院北城分院建设进展顺利，完成区中医院、区精神卫生中心迁建并投用；成为“全国文明城区”提名城区，成功创建全国文化先进区，成功创建国家二级综合档案馆、国家级数字档案馆，成功创建全国餐饮服务食品安全示范区。深入实施六大环境提升工程，长化厂环保整体搬迁正式启动，桃花河环境综合整治明显改观，场镇污水处理厂实现全覆盖，率先在全市实施户集、村收、镇归、区处理的农村生活垃圾处理体系建设。圆满完成整村脱贫任务。

二、“十三五”全面建成小康社会决胜时期面临的形势和任务

“十三五”时期，和平发展、合作共赢仍是时代主流，我国仍处于重要战略机遇期的基本判断没有改变，经济长期向好的基本面没有改变。长寿区发展机遇与挑战并存、总体上机遇大于挑战，将保持良好势头、进入发展新阶段。

“十三五”时期，长寿区发展面临诸多机遇和有利条件。从外部环境看，“四个全面”战略布局为长寿区做好各方面工作提供了总方略；“五大发展理念”的确立和“中国制造2025”的深入推进，有利于长寿区乘势而上，培育经济发展新优势；“一带一路”和长江经济带战略的深入实施，西部大开发的深入推进，渝新欧国际大通道更趋快捷，有利于长寿区借梯登高，融入国家区域发展新格局；五大功

能区域发展战略深入实施，两江新区国家级平台更趋成熟，有利于长寿区无缝对接都市功能拓展区，建设重庆工业高地；直辖市体制优势和国家中心城市集聚效应进一步增强，长寿集西部大开发、三峡库区、成渝经济区节点于一体的综合性优势，有利于各种资源要素的聚集。

从内部环境看，长寿“三地一中心”建设经过十多年打基础、建平台，已经拥有了较好的发展基础，形成了比较成熟的发展思路和工作机制，应对各种风险的能力增强。一大批重大产业项目的签约，尤其是几大百亿级产业项目的落户，为长寿区产业发展提供了强大支撑，蓄积了强大后劲。新型工业提质增效，现代农业发展壮大，休闲旅游异军突起，商贸物流快速增长，为长寿区经济转型升级打下了坚实的基础。大城市框架基本形成，城镇体系不断完善，为推进产城融合提供了有利条件。国家级经济技术开发区上档升级，市级重大项目不断跟进，提升了长寿区发展的层级，有利于长寿区拓展发展空间。

同时，也必须清醒地认识到，我国经济正处在调结构、转方式的关键阶段，结构调整的阵痛在继续释放，增速换挡的压力有所加大。当前，长寿区经济正处在爬坡上坎、攻坚克难的关键时期，经济社会发展中还存在不少困难和问题，必须引起高度重视：长寿区经济基础较高，在宏观经济下行压力加大的环境下，保持较高增速难度较大；产业结构不优，创新水平不高，重化工一业独大的局面未得到改变；一批工业项目将形成新的产能，生态环保承载空间有限，环境治理与保护任务繁重，国土资源保护和空间开发约束压力加大；过去几年快速发展积累了较多矛盾和问题，需要在未来几年化解，安全维稳压力较大；长寿区总体上仍处于欠发达阶段，发展不平衡、不协调问题依然突出，城乡区域发展差距较大；“三地一中心”建设还存在明显短板，现代服务业基础较为薄弱，物流业发展相对缓慢，区域物流中心建设任重道远。对于这些困难和问题，必须高度重视、未雨绸缪、妥善应对。

谋划长寿区“十三五”时期经济社会发展，必须立足全国全市发展大局，把握好经济发展新常态大势，抢抓各种发展机遇，积极应对各种风险挑战，保持经济社会平稳较快发展，提高发展质量和效益，确保如期全面建成小康社会、全面建成“三地一中心”、全面建成“三大愿景”框架。

（一）全面建成小康社会。地区生产总值实现年均10%以上的中高速增长，到2020年超过800亿元，力争达到1000亿元。城乡居民收入到2017年比2010年翻一番，达到全国平均水平；到2020年，城镇居民和农村居民人均可支配收入分别达到42000元、21000元。转变经济发展方式和调整经济结构取得重大进展，二、三产业占地区生产总值比重达到95%以上，其中：二产比重降到50%以下、三产比重提高到40%以上。到2020年，一般公共预算收入比2015年翻一番。政治建设全面加强，党对经济社会发展工作的领导能力不断提升。社会主义核心价值观深入人心，文化生活更加丰富多彩。法治建设更趋完善，社会公共服务水平明显提高。资源能源利用效率和生态环境质量显著改善。人民生活质量和水平持续提高。

（二）全面建成“三地一中心”。建成重庆工业高地，规上工业总产值突破1600亿元，力争达到2000亿元，比2015年翻一番，建成国家级新型工业化示范基地和循环经济示范园区；建成现代农业基地，农业总产值达到75亿元，农业综合机械化水平全市领先，在全市率先实现适农区域全域农业现代化；建成休闲旅游胜地，过夜游客人数、旅游总收入实现翻番，三大百亿级旅游景区基本成型，建成国家级休闲旅游度假区；建成区域物流中心，社会消费品零售总额达到180亿元，货物运输量达到1.5亿吨，建成长江上游最大的专业化工物流基地和重庆工贸城。

（三）全面建成“三大愿景”框架。基本建成国家级综合重化工园区，长寿经开区开发面积累计达到60平方公里，主导产业集群规模进一步壮大，综合化工、钢铁冶金、新材料新能源、装备制造、电子信息五大主导产业占全区工业总产值比重达到85%以上；主导产业结构进一步优化，综合化工、钢铁冶金占全区工业总产值比重力争降到50%以下，新材料新能源、装备制造、电子信息比重力争提高到40%以上；实际利用外资累计达到25亿美元，经开区成为重庆工业和对外开放的重要平台。全面建设“四宜双百”卫星城，常住人口城镇化率、城市建成区规模处于城市发展新区领先地位。加快建设城乡一体化发展模范区，城乡居民收入差距缩小到2：1，城乡公共服务更趋均衡发展，城乡基础设施进一步完善。

三、推进“十三五”发展的指导思想和重要原

则

高举中国特色社会主义伟大旗帜，全面贯彻党的十八大和十八届三中、四中、五中全会精神，以马克思列宁主义、毛泽东思想、邓小平理论、“三个代表”重要思想、科学发展观为指导，深入贯彻习近平总书记系列重要讲话精神，认真落实“四个全面”战略布局，坚持创新发展、协调发展、绿色发展、开放发展、共享发展理念，深入贯彻实施五大功能区域发展战略，紧紧围绕“科学发展、富民兴区”的总任务，牢牢把握“适应新常态、当好主力军”的总要求，全面实施工业聚合、文旅结合、产城融合、城乡统合、社会和合“五合战略”，同步推进经济建设、政治建设、文化建设、社会建设、生态文明建设和党的建设，不断提升人民生活质量和水平，确保如期全面建成小康社会，全面建成“三地一中心”，全面建成“三大愿景”框架，不断开创长寿经济社会发展新境界新局面。

推进长寿区“十三五”经济社会发展，需要重点把握以下五项原则。

（一）紧紧围绕“四个全面”战略布局谋划和推进发展。牢牢把握“四个全面”战略布局，协调推进“四个全面”建设。把全面建成小康社会作为目标牵引，解决好发展不平衡、不协调的突出矛盾；把全面深化改革作为动力机制，解决好发展的深层次矛盾，特别是制约发展的体制机制问题；把全面依法治区作为可靠保障，解决好法治规范欠缺、法治思维不足和法治能力薄弱的问题；把全面从严治党作为全局核心，解决好组织领导保证、人才智力支撑和纪律作风保障问题。

（二）紧紧围绕“五位一体”总体布局谋划和推进发展。牢牢树立“五位一体”总揽全局的发展观念。以经济建设为根本，着力推动全区经济持续健康发展；以政治建设为保证，着力提高党对经济社会发展工作的领导能力；以文化建设为灵魂，着力提高人民群众精神文化生活水平；以社会建设为条件，着力推进社会公平正义和增进人民福祉；以生态文明建设为基础，着力促进经济社会可持续发展。

（三）紧紧围绕“五大发展理念”谋划和推进发展。切实贯彻“五大发展理念”，破解发展难题、厚植发展优势。坚持创新发展，激发全社会创新动力和创造活力，形成促进创新的体制机制架构。坚持协调发展，解决城乡发展不均衡、产业发展不协调、物质文明与精神文明发展不同步问题，不断增强发展的整体性。坚持绿色发展，使经济社会发展真正建立在资源能支撑、环境可容纳、生态受保护的基础上，形成人与自然和谐发展新格局。坚持开放发展，全面融入国家对外开放和区域发展战略，在更高的层次发展开放型经济。坚持共享发展，牢固树立民本、民生、民富的发展理念，把改善民生作为社会建设的出发点，使全区人民在共建共享发展中有更多获得感。

（四）紧紧围绕“五大功能区域发展战略”谋划和推进发展。深入贯彻落实五大功能区域发展战略，勇于担当城市发展新区主力军。把发展工业作为首要任务，完善“一区一廊”平台建设，推动主导工业转型升级、新兴产业发展壮大，提升新型工业化水平，担当工业发展主力军。主动承接“两翼”地区人口转移，坚持产城融合、产城互动，有序拓展城市规模，完善城市功能，加快建设“四宜双百”卫星城，担当城市建设主力军。抓住对外大通道建设契机，深入挖掘特色自然人文资源，加快融入主城近郊半小时旅游圈，打造重庆旅游重要目的地和长江三峡游第一站，担当旅游开发主力军。发挥大园区、大产业、大项目优势及重化工高地的全球聚合效应，在更高层次、更宽领域、更广范围上配置要素资源，整体提高对外开放水平，担当对外开放主力军。充分利用现代农业“三园”、“五区”提速建设契机，加快农业现代化进程，提升农业生产效益，逐步缩小城乡居民贫富差距，担当城乡统筹主力军。

（五）紧紧围绕“五合战略”谋划和推进发展。立足长寿发展实际，大力实施“五合战略”。坚持工业聚合发展，推进各大产业纵深聚集、横向耦合，促进形成产业规模化、集群化效应。坚持文旅结合发展，深挖长寿文化内涵，扩大文旅结合的深度与广度，提升长寿旅游现代文化品位，丰富长寿旅游传统文化韵味。坚持产城融合发展，推动产业发展与城市功能融合、空间整合，加快形成以产促城、以城兴产、产城融合的良性发展格局。坚持城乡统合发展，推进城乡基本公共服务均等化，建立城乡一体化发展新机制，推动城乡区域共同繁荣。坚持社会和合发展，推动人与自然、人与人、人与社会和谐共融，进一步提高社会和谐程度。

四、深入推动工业聚合，全力构筑重庆工业高地和国家级综合重化工园区瞄准科技革命和产业变革方向，坚持走新型工业化道路，坚持以科技创新驱动工业发展，坚持两化融合发展，依托“一区一廊”工业平台，推动综合化工、钢铁冶金、新材料新能源、装备制造、电子信息五大主导产业聚合发展，全面建成重庆工业高地和国家级综合重化工园区。

（一）完善“一区一廊”工业格局。整合全区各类资源要素，优化完善工业集中布局。长寿经开区主要承担国家级产业开发、内陆开放功能，主要布局在三大片区：晏家片区重点布局综合化工、新材料新能源产业，江南片区重点布局钢铁冶金产业，八颗片区重点布局装备制造、电子信息产业。街镇工业走廊主要承担中小微企业发展、促进人口转移、扩大就业创业等功能，推动城乡统筹发展，重点布局健康科技、家居、农副产品加工等产业。

（二）推动千亿级综合化工产业集群优化提升。壮大升级现有天然气化工规模，推动科技创新、资源高效利用、产业耦合发展，延长下游高附加值产业链。按照前端原材料多元化供给、后端产品多渠道实现、副产物资源化综合利用的路径，推动石油化工、天然气化工与新材料产业耦合发展，推动化工产业向纵深方向发展。依托麦草畏等龙头项目，积极发展农化工产业；大力推进重油深加工、MTO、MTA 等重大延链、强链项目，打造石油化工产业集群；以 MDI 一体化项目为龙头，加快发展 MDI 及化工新材料产业集群；依托长寿经开区及周边化工产业基础，大力发展异氰酸酯、聚碳酸酯、涂料等化工新材料项目；依托复星集团、清华紫光等医药集团，大力发展生物医药产业。

（三）推进千亿级钢铁冶金产业集群转型升级。坚持调整优化和改造提升并重，改造升级优势产业。加强与国际巨头合作，加快推进冷轧薄板、熔融还原炼铁项目，继续提升炼钢工艺，提高钢铁产品竞争力，建设西部精品钢材基地。抢抓重庆市场机遇，充分利用全市大力发展汽车、机器人、装备制造等重大产业的发展机遇，深度调整钢铁产品结构，大力发展汽车高强钢、高品质线材、不锈钢等钢铁产品，为本地钢铁关联产业发展提供配套服务，以优质的产品和服务抢占钢材市场“大本营”。加强对下游产品的研发，通过自主研发、强强联合等措施，将触角延伸到与钢铁产品交界的制造业，进一步提高产品多样性，提升产品附加值，抢占未来钢铁行业市场。

（四）促进新材料新能源、装备制造、电子信息三大百亿级产业群加快发展。紧密跟踪国家产业政策导向，密切关注全市新兴产业发展新动向，抢抓“工业 4.0”、“中国制造 2025”等发展机遇，把培育壮大新兴产业作为工业结构调整、转型升级的重要途径。新材料产业重点依托国际复合、映天辉、纽米科技等龙头企业，加快发展多元化高品质复合材料；新能源产业重点发展动力电池、甲醇汽油等项目，打造新能源产业基地。装备制造产业重点依托小康汽车、环松科技等龙头企业，重点发展汽车整车、汽摩配套及零部件产业，鼓励发展环保装备、都市专业设备制造产业，适时发展智能装备等配套产业，建设重庆特色装备制造产业基地。电子信息产业重点发展电子连接线、液晶面板减薄、光纤及模块制造等电子制造产品，打造重庆电子信息产业配套基地。瞄准和紧盯新能源汽车、智能汽车配套等发展前景广阔的新兴产业，积极策划引进一批高端制造企业，提升长寿产业高端化、尖端化水平。

（五）加快 500 亿级街镇工业提质发展。坚持产城融合、创新驱动、健康发展理念，强化发展的土地空间、财政资金、管理体制等保障，全力打造 500 亿级街镇工业集聚区，建成中国西部家居产业基地、全市健康科技产业基地。坚持特色化、专业化、品牌化、集群化加工制造之路，以家居和健康科技产业为主导，大力引进家居龙头企业，发展智能家具等成套家居；大力引进健康医药、健康器材、健康食品等企业，发展健康科技产业；积极发展为长寿经开区配套的下游产业，大力发展各具特色的农副产品加工、旅游业产品加工等产业，加快发展生产性服务产业，推动各组团联动发展、配套发展，形成产业集聚效应。

（六）完善工业配套基础设施。加快完善各功能区水、电、气、通讯等生产生活基础配套设施，提升“一区一廊”工业配套能力。不断完善工业园区供电网络，全面消除主网单线单变，提高电网输配电能力，形成布局合理、技术适用、供电高效的绿色电网。保障工业用气用油需求，优化油气管道走廊建设，强化工业园区能源保障体系建设。全面提升工业园区公用配套工程承载能力，提标改造“五个一体化”公用工程，做到应通尽通、应供尽供。加强应急安全保障体系建设，提升工业园区消防能力，加强工业安全监测与防范，切实保障工业生产的安全运行。

（七）推进绿色制造。以建设国家循环经济示范园区、国家循环化改造示范试点园区、国家级生态工业园区为目标，建设绿色园区，推进钢铁冶金与装备制造产业、综合化工与新材料产业耦合发展，实现产业跨界化、资源循环化。完善和延伸循环型工业经济产业链，共建共享基础设施，构建企业小循环、园区中循环、社会大循环，在企业、园区和全社会三个层面打造“经济快速发展、资源高效利用、环境优美清洁、生态良性循环”的循环经济体系。积极推进碳排放权、排污权有偿交易，有序推进高能耗产业节能降耗调整，建立完善低碳发展倒逼机制。

（八）实施创新驱动发展战略。准确把握创新规律，坚持以市场需求为导向，突出创新重点区域和重点领域，聚集创新要素，整合创新资源，围绕产业链布局创新链、提升价值链，统筹推进科技、管理、品牌、组织、商业模式创新，构建充满活力的创新生态系统，全面提升创新能力和效率。围绕长寿经开区优势主导产业培育多层次的企业研发创新中心、技术中心和行业创新中心，搭建产业技术创新联盟，提升企业技术研发水平。优化科技资源和创新要素配置，推动各类实验室、公共检测平台、企业工程（技术）研究中心等为创新成果转化服务。规划建设长寿经开区科技创新园，构建统一开放、线上线下同步的共享与展示交易服务平台，建立以企业为主体、以市场为导向、产学研一体化的协同发展体系。加快完善技术创新服务体系，大力培育技术交易、知识产权利用与保护、法律服务等相关中介机构服务。强化创新重点区域和重点领域的引领带动作用，推动优质创新资源向长寿经开区集中。加快推动重点领域创新，着力在智能制造、绿色制造、个性制造等先进制造业领域取得突破。

（九）全面提升对外开放水平。进一步优化聚商选资环境，重点围绕提升产业集聚度、延长产业链聚商选商，强化聚商选资实效。千方百计推动聚商选资项目落地开工，促进项目尽快形成实物投资量。扩大开放视野，充分发挥长寿经开区的对外开放平台支撑作用，加强开放环境建设，继续跟踪实施有重要影响的重大项目。进一步加大对跨境电商企业的引进和培育力度，做好落地企业服务，形成跨境电商产业集群。扩大企业“走出去”规模，积极支持企业开拓国际市场、境外投资、对外贸易，积极支持外贸企业实行跨境人民币结算，加大外经贸政策扶持力度。加大口岸建设力度，加快设立长寿海关办事处、检验检疫办事处。增强区域商贸集散能力，扩大外贸进出口增长。加强区域经济合作。按照有利于产业体系构建、产业链延伸的原则，主动承接两江新区产业溢出及长江经济带产业转移，聚焦汽摩、笔电、节能环保等产业对基础材料的需求，形成与两江新区产业协调发展、错位发展的产业格局。推进与涪陵区产业分工协作，加强页岩气资源利用。

五、深入推动文旅结合，提速打造“人人向往长寿”的休闲旅游胜地

深度挖掘长寿文化内涵，坚持以山水为依托、以人文为魂魄，走人文与山水相互依存、深度融合的文化旅游之路，加快三大百亿级景区的开发，拓展长寿旅游深度和广度，提升长寿旅游知名度，加快建设“人人向往长寿”的休闲旅游胜地。

（一）构建“一湖一山一谷”旅游格局。长寿湖风景区主要承担生态修复与涵养功能，西岸片区重点打造以文化娱乐、水上运动、休闲度假、高端居住为主的旅游集聚区；东岸片区重点打造以乡村旅游、户外休闲为主的旅游观光区。菩提山文化旅游区主要承担城市休闲旅游功能，与长寿菩提古镇融合发展，重点打造特色人文景观、特色文化活动，配套发展特色购物、特色餐饮。滨江长寿谷主要承担城市文脉保护和开发功能，与关口片区、三道拐片区融合发展，重点打造城市人文景观与自然奇观，形成独具特色的城市大峡谷旅游综合开发体。

（二）建成国家级休闲旅游度假区。以开发三大百亿级旅游景区为龙头，建成国家级休闲旅游度假区。进一步完善长寿湖—长寿菩提古镇旅游度假区基础设施及功能配套，加快长寿湖片区重大旅游配套项目建设和长寿菩提古镇后期综合开发，建成长寿湖和长寿菩提山两个国家5A级风景名胜区。深化长寿湖风景区生态环境保护修复，推进景区重大基础设施完善。加快推进菩提山文化旅游区后续项目，优化完善核心景区景点，充分展现丰富文化内涵。推动滨江长寿谷高品质开发，让城市融入自然，让景区融入城市，着力打造城市休闲平台。保护和利用好大洪湖生态资源，发展休闲旅游、生态观光旅游产业。

（三）拓展长寿旅游的深度和广度。承接成渝经济圈，对接重庆主城及三峡库区，做大旅游休闲消费产业链，推进全区全域旅游总体规划编制，依托

长寿湖、大洪湖、现代农业园区、明月山、五华山、黄草山等旅游资源，开发风景养眼、文化养心、美食养生、生活养情、运动养身、健康养老的多样化、综合性旅游核心产品和服务设施，形成“全区有重点、片区有特点、景区有亮点”的旅游新格局。紧紧围绕“长寿文化”这一核心品牌，依托现代农业园区，以田园观光、养生度假、乡村休闲为主要发展方向，构建集观光、休闲、养生、度假、体验等旅游形式于一体的国内知名、市内著名的长寿养生乡村旅游目的地。完善乡村旅游配套设施，鼓励有条件的街镇发展特色旅游，促进乡村旅游规模化、市场化、品牌化发展，推动乡村旅游连片集聚发展，建设长寿湖周边乡村旅游度假区，着力打造“长寿人家”乡村旅游品牌。探索发展工业旅游。融入市级旅游线路，促进旅游资源强强联合。

（四）推动文化与旅游深度融合。充分挖掘利用长寿内涵丰富的文化资源优势，推进旅游与文化有机结合，塑造独具特色的文化旅游融合典范。以长寿湖精品旅游开发为依托，加强旅游景点建设与水电文化、红色文化的有机结合，丰富长寿湖旅游文化内涵。以菩提山文化旅游区建设为支撑，加强长寿文化、佛教文化的挖掘与开发，积极推动文化产业创意园建设，使文化融入景区，景区承载文化，促进二者相得益彰。以滨江长寿谷开发为重点，改造关口片区，建设城市峡谷，打造亲水景点，保护传统文脉，充分展现城市活性、自然美性、文化灵性。传承和发扬传统文化，充分发挥巴寡妇清、谯定、还珠楼主“长寿三贤”旅游名片的文化魅力，扩大长寿文化影响力。丰富长寿文化活动，通过论长寿、倡长寿、寻长寿、享长寿等系列文化活动，充分诠释长寿旅游文化内涵。推动体育与文化创意、旅游等融合，提升长寿湖国际铁人三项赛举办规格及水平，继续策划举办影响力大、参与度高的精品赛事，促进体育产业多元化发展。

（五）开展全方位旅游促进推广。落实文化旅游产业发展措施，鼓励和引导旅游产业发展，吸引旅游消费聚集。按季节性、主题性策划举办各类文化节庆活动满足游客互动需要，提升景区人气。加强旅游营销，利用书籍、影视作品、纪录片、专题片等，通过电视、网络、报纸等媒体宣传推介，进一步提高“长寿·人人向往”旅游品牌知名度。加快建设智慧旅游服务体系，积极发展“互联网+”旅游，实现景区智能导游、电子讲解、在线预订、信息推送等功能全覆盖，促进传统旅游消费方式向现代旅游消费方式转变。

六、深入推动产城融合，稳步推进“四宜双百”卫星城和区域物流中心建设

坚持走新型城镇化道路，做到产城融合、园城互动、以产促城、以产聚人，提高城镇产业承载能力，提升城市规划建设管理水平，建设“四宜双百”卫星城和区域物流中心。

（一）完善“1+3+9”城镇格局。科学构建新型城镇体系，坚持“因地制宜、彰显特色，城市带动、城镇联动”的城镇发展理念，以中心城区为城镇化主要载体，促进功能中心城区、街镇的合理分工、功能互补、协同发展。中心城区重点完善城市四大片区功能体系，因地制宜推动3个中心镇建设，同步推进邻封镇、但渡镇等9个镇发展，构建定位有别、功能互补的特色城镇。

（二）推进城区四大片区规划建设管理。紧紧围绕建设“四宜双百”卫星城目标定位，按照“科学规划、集约建设、精益管理”的原则，完善城市各大片区控制性规划，大力完善城市片区基础设施和综合服务功能，强化市政设施建管，着力建设智慧城市、生态园林城市、海绵城市，提高城镇综合承载能力。按照“产城融合、片区发展、功能完善、集约利用”原则，拓展城市建设区域，明确江南、晏家、凤城、北部新城四大片区功能，完善城市片区配套设施。充分利用晏家、江南产业发展集中度高的优势，鼓励转移人口集中到两大片区内的工矿企业和配套服务企业就业。充分发挥凤城、北部新城两大片区商贸服务业现代化程度高的优势，强化城市产业就业支撑，优化完善城市功能布局和结构，提升开发水平，把中心城区打造成创业乐园、创新摇篮、宜居家园。强化数字城市成果运用，为建设智慧城市奠定坚实基础；加快老城区道路升级改造，有序推进老城区市政环卫基础设施改造和管护，进一步完善社区照明设施。重点开展违规广告、占道摊区、违法建筑、违章施工等集中整治，完善城市背街小巷市政设施，营造良好城市环境。狠抓城市园林绿化管护，加强城市公园和绿化带建设，有序开展城镇排水防涝设施建设，完成城区积水点整治，完善数字化城市管理系统，建成智慧城市框架。

（三）大力发展生产性生活性服务业。充分利用街镇工业走廊产业成长性强，人口就业带动性强的优势，促进长寿区回引农民工返乡就业创业、带动

大学生积极创业，同步推进有关街镇的场镇基础设施建设及配套功能完善，构建产城融合示范区。支持发展生产性服务业，打造化工、钢材、家居等重要产品交易平台和交易中心，着力构建研发创新、服务外包、信息服务、工业设计等现代生产性服务业体系。发展壮大第三方物流、服务外包、融资租赁等生产性服务业，提高对制造业转型升级的支撑能力。大力发展生活性服务业，充分发挥城市商圈的辐射、引领与带动作用，提升商贸服务业的信息化、智能化水平。培育发展健康、养老、家政等新兴生活性服务业，满足人民群众日益多元化的生活服务需求。融合发展金融服务业，积极引进银行、保险等金融机构来长设立分支机构，支持金融机构发展壮大，鼓励金融机构开展涉小微企业、“三农”等微型金融服务，全力推动保险示范区建设，提高配置金融资源、服务实体经济的能力。

（四）构筑对外大通道网络。主动融入长江经济带基础设施网络体系，加大与周边区县连接密度，强化长寿在“一带一路”和长江经济带中的节点性作用。完成渝万铁路长寿段建设，积极争取沿江货运铁路经过长寿，主动对接广安—长寿—涪陵货运铁路，形成融入成渝经济圈、连通渝新欧国际大通道、融入丝绸之路经济带的铁路网络体系。完成渝长高速路扩能改造，打通与两江新区的快速通道，完成江南快速通道建设，形成长寿融入都市功能拓展区的快速无缝对接网络体系。加强沿江港口、码头及泊位建设，提升长江长寿段货物吞吐和集散能力，融入长江经济带大格局。

（五）完善城镇基础设施体系。优化城市内部交通，以各城市片区为支撑点，加快完善城市骨干路网，推动各城市片区实现互联互通。加强国省道建设，推进实施辖区内国省干线公路升级改造，完善干线交通网络体系。提高县乡公路建设水平，加大县乡公路和乡村道路升级改造力度，完善街镇交通网络体系，提高街镇之间的互联互通能力。加强电力保障，完成农村电网改造升级，完善城市及园区供电网络。完善城镇公辅设施，继续实施小城镇基础设施项目，加强城镇停车场、公交站点、公共厕所等配套设施建设，优化提升城市地下管网。提升光纤网、移动通信网和无线局域网覆盖密度，实现信息网络宽带城乡全覆盖，提高城乡信息基础设施能力。

（六）建成长江上游最大的专业化工物流基地。构建市级物流枢纽。加快推进物流基础设施建设，完善物流配套功能。积极推进长江两岸港口、物流码头、仓储基地建设。加快完善为长寿经开区服务的化工仓储、码头、罐区等物流公共配套设施，促进供应链各个环节的有机衔接，建成长江上游最大的专业化工物流基地。推动“互联网+”商贸物流，实现物流信息集成，统筹打造集商流、物流、资金流、信息流于一体的现代物流，实现物流资源的社会化、规模化、集约化、专业化、网络化和市场化。

（七）加快建设重庆工贸城。充分利用现有基础条件和经开区广阔的产业空间，着力构筑以化工品、钢材、汽车等专业市场群为载体的重庆工贸城。依托新岖物流钢材交易市场，打造专业化钢材交易基地；依托工业品综合市场，打造化危品专业化交易基地；依托汽车交易市场，打造区域性汽车交易城。加快仓储设施体系构建，建成化工仓储基地、成品油仓储基地、再生资源回收基地三大仓储基地，整合码头资源，完善码头功能，建设沿江现代物流园。

七、深入推动城乡统合，加快建设现代农业基地和城乡一体化发展模范区

以发展工业的思路推进现代农业，优化现代农业“三园、五区”空间布局，加强农业技术成果运用和推广，健全农业社会化服务体系，强化“1+5+2”特色效益农业体系，构建城乡一体化发展新机制，推进城乡产业、基础设施、公共服务设施一体化发展。

（一）完善“三园、五区”现代农业格局。以推进现代农业“三园、五区”建设为引领，着力提高农业质量效益和竞争力，推动粮经饲统筹、农林牧渔结合、种养加一体、一二三次产业融合发展，在全市率先实现适农区域农业现代化。实施现代农业综合示范工程，提升现代农业种植园区、现代畜牧园区、长寿沙田柚种植园区“三园”建设质量和效益水平。有序推进特色效益农业“五区”建设。现代粮食生产区，重点围绕粮油产业打造粮油高产示范区；东山生态农业区，重点发展和提升生态林果、特色中药材、精品榨菜产业，配合长寿湖旅游开发打造乡村旅游；西山生态农业区，以推进生态防护林兼顾发展经济适用林建设为突破，适当发展森林旅游、森林食品、花卉苗木；果蔬生态种植区，重点打造高品质果蔬生产基地；三峡移民生态农业区，重点打造生态蔬菜、生态竹笋、生态花椒、生态观光果园和生态柑橘园等。

（二）强化“1+5+2”特色效益农业体系。完善以粮油为基础，以柑橘、蔬菜、生猪、有机水产品、林果为支撑，以中药材、花卉苗木为特色的“1+5+2”特色效益农业产业体系。按照“提升品质、扩大规模、打造品牌、开拓市场、提高效益”的总体要求，大力发展城郊型农业，稳定粮油等基础农产品生产，提升柑橘、蔬菜、生猪、生态鱼、长寿沙田柚等优势农产品质量，扩大花卉苗木、伏淡季水果等特色产品规模。通过现代粮食生产区的示范带动作用，不断提高粮油规模化、机械化生产水平。以优化品种、提升品质、打造品牌为重点，坚持“质”“量”并举，提升柑橘产业。坚持“提质增效”，加快蔬菜基地建设，提高种植水平，打造品牌蔬菜基地。大力发展区域性特色水产养殖，充分利用长寿湖、大洪湖天然水域优势，打造有机鱼品牌。继续保持畜禽养殖生产规模，推动种养业良性循环发展。壮大发展林果产业，进一步扩大产业规模，促进品种结构优化。

（三）全面提升农业社会化服务水平。促进信息化和农业现代化融合。加快形成区、镇、村三级农业信息网络体系，建设村级信息服务点，实现4G网路全覆盖，发展农村电子商务，推进“互联网+农业”工程，提高农业农村综合信息服务水平，激发农业农村发展活力。大力培育和发展以家庭农场为细胞、农民专业合作社为纽带、农业企业为龙头的新型农业经营主体，推进农村土地向种养大户、专业化企业流转，提升农业生产专业化水平，提高农业生产效益。加强农业技术推广服务体系、农村金融服务体系、信息服务、政策和法律咨询服务体系建设，强化农业生产资料供应体系监管，不断提升服务水平。

（四）推进农村公共服务设施建设。统筹城乡规划建设，推动水电路气等基础设施城乡联网、共建共享，提高公共交通城乡覆盖密度。全面升级改造农村公路，实现行政村道路全面通畅、客车全面通达。进一步加强农村人畜饮水工程建设，确保农村居民饮水安全。加强农村水利基础设施建设，保障农业用水需求，提高农业抗旱能力。依托村级便民服务中心，完善农村文化设施，加强农家书屋、文化广场、体育健身等设施建设，推进农村养老、医疗卫生服务体系建设，加大村级公共服务和社会管理改革力度，提升农村公共服务和管理水平。

（五）强力推进美丽乡村建设。传承乡村文明，丰富乡村文化，美化乡村环境，保护乡村生态，激发乡村发展活力。传承发扬民俗文化，广泛开展民俗文化挖掘与技能传承培训，支持民间社团组织开展民俗文化交流，留住长寿乡韵乡愁。有序推进农民新村建设。加强传统民居保护修缮，坚持“谁开发谁受益”的原则，鼓励和引导社会资本参与传统民居、古宅保护，使历史文化得以延续和展现。加强现代农业开发与乡村旅游发展的融合，促进田园变花园、园区变景区。改善农村生产环境，优化调整畜禽养殖“三区划分”，有序推进畜禽养殖发展规划和污染防治规划同步实施；深入实施农村清洁工程，大力推进测土配方施肥，合理控制化肥农药施用强度，控制面源污染。改善农村生活环境，推广农村沼气，完善农村生活垃圾处理系统，加大农村污水处理和改厕力度，推进农村环境集中连片整治，继续推进农村危房改造，有序推进农民新村建设。

（六）构建城乡一体化发展新机制。统筹推进城乡综合配套改革，深化户籍制度改革，促进农业转移人口市民化，依法保护农业转移人口保留的承包地、宅基地、林地等集体财产收益分配权等权益。完善城乡劳动者平等就业制度，维护农民工合法权益。推进农村产权制度改革，完善农村金融服务，构建农村现代流通体系，盘活农村闲置资产，畅通城市工商资本农村流动机制，促进城乡要素自由合理流动。积极稳妥推进农村“三权”抵押登记，推进特色种养殖业保险试点，增强农业发展抗风险能力。建立农业可持续发展机制，推广减量化和清洁化农业生产模式，实施耕地质量保护与提升行动。

八、深入推动社会和合，扎实推进绿色发展共享发展和谐发展

积极倡导“和合”思想，挖掘涵养“长于文、寿于和”的长寿文化特质，持续加强生态文明建设，大力发展社会事业，创新和完善社会治理，促进人与自然、人与人、人与社会和谐相融。

（一）加强生态保护与环境治理。划定生态保护红线，实施严格的分级分类管控，构建山、水、园、城、人和谐共生的自然生态格局。加强生态环境保护制度建设，严格源头保护制度，完善监督管理制度，完善污染物排放许可制度，推进环境污染第三方治理。加强生态保护和修复。严格控制开发强度，保护好明月山、黄草山等自然山体生态屏障圈、重要生态功能区，保留永久生态空间，稳步提高森林覆盖率和森林蓄积量。进一步加快城区、园区和场

镇污水处理厂升级改造和二、三级配套管网建设，确保污水处理设施正常运行并实现长期稳定达标排放；切实加强饮用水源保护，深入开展集中式饮用水源地污染整治。建立完善区域大气污染联防联控机制和重污染天气应急处置预案，依法查处未批先建的污染违法建设项目，按期完成长化厂环保整体搬迁。大力开展安静居住小区创建活动，消除城区噪声污染源。规范企业排污行为，加大重点污染源治理，持续减少化学需氧量、氨氮等主要污染物排放总量。完善区域环境应急联动和指挥机制，提高区域环境应急保障和应急处置能力。健全生态文明宣教网络，倡导全民生态文明行为，开展生态文明创建活动，推动生态文明共建共享。

（二）全面建设资源节约型社会。强化工业节能，严格落实节能评估审查制度，继续抓好节能重点监测，提高工业固体废弃物综合利用水平，大力开展节能目标管理，强化责任落实和责任考评。加强高标准基本农田建设，盘活存量建设用地，清理闲置土地，提高土地节约集约利用水平，启动新一轮土地利用总体规划修编。严格水资源管理，加强节水型社会建设，强化企业节水改造，推进城市节水，大力发展节水农业。发展循环经济。引导企业向产业集中区域集聚，鼓励优势企业兼并重组，开展强制清洁生产审核，加快循环经济管道管廊、能量梯级利用等基础设施建设，大力支持循环经济示范企业，打造国家级循环经济教育示范基地。发展低碳经济。采用节能低碳环保技术改造提升传统产业，严控高能耗、高污染行业新增产能，支持产能过剩行业企业退出、转型发展，压缩过剩产能。加快发展清洁能源，提高城区清洁能源使用率，推广使用新能源汽车。发展节能产业。鼓励居民使用节能设备，支持现有建筑实施节能改造，推广绿色建筑标准，逐步完善建筑节能标准体系。

（三）推动大众创业就业。发挥政策集成和协同效应，着力降低创新创业门槛，推动创新与创业相结合、线上与线下相结合、孵化与风险投资相结合，完善创新创业服务模式，强化技术支撑、投融资保障和环境营造，壮大创新创业群体，形成大众创业、万众创新的生动局面。大力发展各类小微企业孵化平台、众创空间、就业基地等载体，多层次、多维度完善创业创新服务链条，着力构建产业链、创新链与服务链协同发展支持体系。完善就业服务平台，强化就业技能培训，加大困难群体就业支持力度，提高就业服务支持的精准度。破解非公经济发展体制机制障碍，坚持“放开、减负、解难、引导”的原则，积极扶持民营经济和小微企业发展，促进中小企业上质量、上水平、上效益，加快形成万商云集、要素汇聚的兴盛局面。

（四）提升社会事业服务水平。扎实推进九年制义务教育和高中阶段普及教育的对接与推广工作，改善农村薄弱学校办学条件，加强新城区配套学校建设，加强教师队伍建设，全面提升办学条件和教育质量，促进学生德智体全面发展，促进义务教育高水平均衡发展。推进多元化办学，支持重庆化工职业学院做优做强，进一步吸引大专院校到区内办学。加强职业教育学校与产业发展对接工作，推广校企合作和订单式培养，着力提高职业教育的针对性和实用性。推广“校村联动”，关爱农村留守儿童。围绕解决群众看病难、看病贵问题，深化医疗卫生体制改革，加强公共卫生服务体系建设，不断提升卫生服务能力。完成区人民医院北城分院、区中医院扩建、危化应急医疗救援中心等重点卫生项目建设，改善基层医疗机构医疗条件。推动区中医院创建三级中医医院、区妇幼保健计划生育服务中心创建三级妇幼保健机构。积极推动医养结合，鼓励和规范社会资本办医，实施公立医院与民营医疗机构同质监管，满足群众多元化医疗服务需求。提升文化软实力，鼓励文艺创作，完成文化馆、博物馆等公共设施建设。强健民众体质，引导民间资本多渠道参与体育设施建设，积极承办各类体育赛事。全面落实一对夫妇生育两个孩子政策，加强出生人口性别比综合治理，不断提高人口整体素质，促进人口长期均衡发展。

（五）提高社会保障能力。提升社会保险的保障能力和水平，完善社会保险服务体系，鼓励社会资本兴办医养结合的养老服务机构，大力发展社区养老、家庭养老，加快构建多元化养老服务体系。深化殡葬改革，加强殡葬秩序规范化管理，提升殡葬服务水平。抓好住房公积金扩面增缴工作，维护职工合法权益。加强保障性住房建设与管理工作，依法保障城市低收入群体的住房需求，有效缓解住房结构性矛盾。做好城乡低保、医疗救助、临时救济等特殊困难群体的保障工作，建立扶弱济困的动态跟踪机制，积极发展社会慈善事业，切实保障特殊困难群众基本生活需求。

（六）筑牢公共安全网。坚持系统治理、依法治理、综合治理、源头治理，有效防控各类社会稳定安全风险，增强稳定风险防范与化解能力。深入推进平安长寿建设，健全完善点线面结合、网上网下结合、人防物防技防结合、打防管控结合的立体化社会治安防控体系。加强安全生产，强化政府监管责任，落实企业主体责任，健全安全隐患排查治理体系，有效防控重特大安全事故，创建安全生产示范区。加强自然灾害、事故灾难、公共卫生、社会安全等公共安全突发事件应急体系能力建设。进一步完善信访机制，畅通群众信访渠道，及时掌握群众诉求。加强反恐防暴能力建设，建立健全预警应急机制，切实做好防范各类暴恐活动的应急处突准备。强化市场经济秩序监管，加强信用体系建设，改善市场信用环境，加快构建守信激励和失信惩戒的机制。健全消费者权益保护机制，加大对侵权行为的惩处力度，提振消费信心。完善农产品质量安全监管体系，加强食品药品安全监管，推动形成严密高效、社会共治的食品药品安全体系。

（七）巩固提升扶贫攻坚成果。把扶贫脱困作为全面建成小康社会的底线要求，巩固扶贫攻坚成果。加强贫困地区基础设施建设，开展农村环境整治，有效改善贫困地区人居环境。依托特色效益农业体系，实施产业扶贫。依托乡村特色旅游资源，实施乡村旅游扶贫工程。将治穷与治愚、扶贫与扶智相结合，防止贫困代际传递。实施教育智力扶贫，对贫困青壮年劳动力全面开展农村实用技术、创业、务工等技能培训。

（八）持续推进三峡后续工作。以全面实施三峡后续工作规划为抓手，充分发挥三峡后续资金的产业支持作用，加快推进三峡移民生态工业园和生态农业区建设，实现移民安稳致富。加强库区生态环境建设与保护，加大三峡库区水环境保护力度。加大库区地质灾害防治力度，建立健全重大自然灾害预警和应急机制。积极解决移民安置遗留问题，妥善处理后续工作中出现的新情况、新问题，努力化解不稳定因素。

九、加强和改善党对经济社会发展工作的领导

全面落实从严治党政治责任，着力提高党领导经济社会发展能力，切实发挥改革和法治双轮驱动发展效应，努力营造风清气正的政治生态，团结动员全区人民群众，为完成“十三五”规划目标任务而奋斗。

（一）完善党领导经济社会发展工作体制机制。坚持党总揽全局、协调各方，发挥各级党委（党组）领导核心作用，改进工作体制机制和方式方法，强化全委会决策和监督作用。完善党委研究经济社会发展战略、定期分析经济形势、研究重大举措的工作机制。优化领导班子知识结构和专业结构，注重培养选拔政治强、懂专业、善治理、敢担当、作风正的领导干部。深化干部人事制度改革，完善政绩考核评价体系和奖惩机制。创新基层党建工作，进一步强化基层党组织的战斗堡垒作用。坚持全面从严治党，落实“三严三实”要求，严明党的纪律和规矩，认真落实党风廉政建设主体责任和监督责任，强化权力运行制约和监督，加强离任审计，健全作风建设长效机制，努力实现干部清正、政府清廉、政治清明，为经济社会发展营造良好政治生态。

（二）推动全面深化改革。紧紧围绕使市场在资源配置中起决定性作用，进一步推动经济体制改革，加快完善现代市场体系、开放型经济体系。逐步消除制约民营经济发展的政策性体制性障碍，加快政府职能转变，推进简政放权，优化行政审批，公布行政审批事项目录清单、政府行政权力清单，实现“清单之外无审批”，切实为民营企业减负。推动价格改革向纵深发展，加快完善主要由市场决定的价格机制。健全资源配置机制，建立公平开放透明的市场规则，让各类市场主体平等竞争，支持符合条件的民营企业参与民生领域投资和新型城镇化建设。积极发展混合所有制企业，鼓励和支持民间资本参与国有企业改制重组。积极推进财税体制改革。推进金融改革创新，鼓励民间资本发起或参与设立创业投资基金和私募股权投资基金等，积极培育新型市场主体。积极推进不动产登记改革试点。紧紧围绕坚持党的领导、人民当家做主和依法治国有机统一，进一步推动政治体制改革，加快推进基层民主政治制度化、规范化、程序化。进一步推动文化体制改革，建立健全现代公共文化服务体系、现代文化市场体系。紧紧围绕更好保障和改善民生、促进社会公平正义，进一步推动社会体制改革，健全完善社会治理体制。紧紧围绕建设美丽长寿，进一步推动生态文明体制改革，健全生态环境保护体制机制。

（三）推动全面依法治区。依法维护人民权益、公平正义、社会和谐稳定，全面提高经济、政治、文化、社会及生态文明建设的法治化水平，按照依法治国的总体要求和部署，全面提高依法治区的能

力。深入推进依法行政，健全行政决策程序和机制，完善行政执法体制，严格规范公正文明执法，建设职能科学、权责法定、执法严明、公开公正、廉洁高效、守法诚信的法治政府。深化政府机构改革，明晰事权关系，整合、理顺部门职责，合理划分区、街镇管理职责及权限。深入推进政务公开，加强电子政务建设，推进部门信息共享和执法公开。推广政府购买公共服务，严控“三公”经费支出。建立政府责任清单制度，促进权责一致，切实做到法定职责必须为。深化行政审批制度改革，提高审批效率。大力弘扬社会主义法治精神，增强全社会特别是公职人员尊法学法守法用法观念，推动在全社会形成良好法治氛围和法治习惯。深化司法体制改革，尊重司法规律，促进司法公正，完善对权利的司法保障、对权力的司法监督。规范发展社会组织，加强对各类社会组织的监督管理。完善社会服务管理体系，健全群众自治机制。

（四）加快建设人才强区。深入实施人才优先发展战略，推进人才发展体制改革和政策创新，形成具有竞争力的人才制度优势。推动人才结构战略性调整，突出“高精尖缺”导向，实施重大人才工程，着力发现、培养、集聚优秀人才队伍。实施更开放的创新人才引进政策，发挥政府投入引导作用，鼓励区内企业与高校、科研院所联姻，着力培养企业技术骨干，大力引进高层次技术人才和技能人才。优化人力资本配置，清除人才流动障碍，提高社会横向和纵向流动性。完善人才评价激励机制和服务保障体系，营造有利于人人皆可成才和青年人才脱颖而出的社会环境，健全有利于人才向基层流动的政策体系。

（五）凝聚全区人民团结奋斗。坚持党的根本宗旨，践行党的群众路线，始终做到发展为了人民、发展依靠人民、发展惠及人民。支持区人大及其常委会依法行使职权，加强对“一府两院”的监督。坚持和完善中国共产党领导的多党合作和政治协商制度，支持区政协围绕团结和民主两大主题履行职能，充分发挥人民政协作为协商民主重要渠道和专门协商机构作用。巩固和壮大最广泛的爱国统一战线，加强同各民主党派、工商联和无党派人士的合作共事。进一步发挥工会、共青团、妇联等群团组织的桥梁纽带作用，共同为全区经济社会发展贡献力量。实施军民融合发展战略，积极开展全民国防教育，增强公民的国防观念和依法履行国防义务的意识，推动形成全要素、多领域、高效益的军民深度融合发展格局。加强理想信念教育和思想政治工作，强化全社会思想道德建设，在全区上下形成昂扬向上的风气和力量，为全面建成小康社会提供强大的思想保证和精神动力。

（六）确保“十三五”规划目标任务落到实处。建立和完善反映创新发展、协调发展、绿色发展、开放发展、共享发展的指标体系。全区各部门、街镇要按照中央、市委精神和区委决策部署，认真谋划“十三五”规划和经济社会发展工作，进一步细化分解各年度目标任务，认真抓好贯彻落实。自觉维护规划的严肃性权威性，提高规划的约束力执行力，严格依据规划组织实施，确保顺利完成规划目标任务。

让我们高举中国特色社会主义伟大旗帜，更加紧密地团结在以习近平同志为总书记的党中央周围，认真落实中央和市委的决策部署，振奋精神，求真务实，锐意进取，开拓创新，为实现全面建成小康社会、全面建成“三地一中心”、全面建成“三大愿景”框架而奋斗！

长寿湖镇为村民安装自来水管网

统计资料

- 重庆市长寿区2015年国民经济和社会发展统计公报
- 2015年重庆市长寿区国民经济主要指标
- 2015年重庆市长寿区各街镇主要统计指标
- 2015年重庆市各区县主要统计指标及排序

统计资料

重庆市长寿区
2015年国民经济和社会发展统计公报

重庆市长寿区统计局
2016年3月11日

2015年，在区委、区政府的坚强领导下，全区主动适应经济发展新常态，坚持稳中求进工作总基调，紧扣提高经济发展质量和效益这个中心，合力推进“三地一中心”建设，呈现经济平稳增长、民生持续改善、社会协调发展的良好局面，成功实现“十二五”规划圆满收官。

一、综合

全年实现地区生产总值（GDP）430.1亿元，比2014年增长11.8%。其中，第一产业增加值38.2亿元，增长4.7%；第二产业增加值230.1亿元，增长12.4%；第三产业增加值161.8亿元，增长12.2%。三次产业结构比为8.9:53.5:37.6。按常住人口计算，全年人均地区生产总值达到52667元。

全年城镇新增就业人数24298人，城镇登记失业人员实现就业7832人，年末城镇登记失业率2.08%。

二、人口、人民生活和社会保障

年末全区户籍人口90.2万人，其中，非农业人口32.1万人。全年出生人口8024人，死亡人口4969人，人口自然增长率为3.86‰。

年末全区常住人口82.43万人，其中城镇人口50.79万人，城镇化率达61.62%。

全区城镇常住居民人均可支配收入27571元，增长8.6%；农村居民人均可支配收入12047元，增长10.9%。

城乡居民养老保险参保率达95%，城乡居民合作医疗保险参保率达100%。城镇企业职工基本养老保险年末参保人数14.6万人，城乡居民社会养老保险年末参保人数35.0万人，城镇职工基本医疗保险年末参保人数12.7万人，城乡居民合作医疗保险年末参保人数78.0万人，失业保险年末参保人数9.3万人，工伤保险年末参保人数9.2万人，生育保险年末参保人数7.2万人。

三、农业

全年实现农林牧渔业总产值57.4亿元，增长9.4%。全年粮食播种面积69533.33公顷，与2014年基本持平；油料播种面积5400公顷，增长5.7%；蔬菜播种面积14600公顷，增长3.6%；水果种植面积22600公顷，增长2.1%。全年粮食产量36.9万吨，增长0.87%；油料产量10864吨，增长5.7%；蔬菜产量33.7万吨，增长7.5%；水果产量22.2万吨，增长8.5%。出栏生猪68万头，下降1.2%；出栏家禽1080万只，增长2.4%；禽肉产量16920吨，增长2.6%；禽蛋产量50087吨，增长4.8%。

四、工业

全年实现工业增加值171.9亿元，增长11.6%，占全区地区生产总值的40.0%。规模以上工业总产值806亿元，增长15.9%。

年末全区拥有规上工业企业195家。全年规模以上工业产品销售收入754.6亿元，增长12.7%，实现工业税金及附加14.1亿元，下降15.8%。规模以上工业经济效益综合指数为224.2%，上升6个百分点。

全年规模以上工业实现钢材产量543.5万吨，下降7.1%；粗钢产量425.6万吨，下降11.3%；精甲醇产量155万吨，增长15.4%；醋酸乙烯产量

46.9万吨，增长7.1%；合成氨产量10.7万吨，增长172%；发动机产量1363万千瓦，增长34.4%；橡胶轮胎外胎产量1590.6万条，增长38.8%；化学药品原药产量2428吨，增长34.8%。发电量30.8亿千瓦时，下降17.6%。

五、固定资产投资和建筑业

全年完成全社会固定资产投资506.9亿元，增长22.1%；完成工业投资274.4亿元，增长44%；完成房地产开发投资79.9亿元，下降26.7%。

全年实现建筑业增加值58.2亿元，增长14.6%；实现建筑业总产值159.5亿元，增长28.2%。

六、国内贸易

全年实现商品销售总额263.2亿元，增长18.7%。实现住宿餐饮业营业额28.5亿元，增长19.1%。全年实现社会消费品零售总额103.3亿元，增长13.6%，其中，城镇消费品零售总额55.8亿元，增长13.1%；乡村消费品零售总额47.5亿元，增长14.2%。

七、对外经济

全年引进项目126个，合同引资542亿元，实际到位资金215亿元；实现外贸进出口总额12.3亿美元，下降2.6%；实际利用外资3.68亿美元，下降9.4%；实际利用内资218.3亿元，增长17.6%。

八、交通、邮电和旅游业

全年实现交通运输、仓储和邮政业增加值52.2亿元，增长13.0%；公路货运周转量56.7亿吨千米，增长17.7%；水上货运周转量32.6亿吨千米，增长22.1%；铁路旅客发送量67.9万人次，下降31.1%；铁路旅客到达量87.7万人次，下降21.5%。

全区有邮政所48处，邮路6条，邮路总长度658千米，农村投递线路总长度542千米，与2014年持平。

年末固定电话用户数为14.2万户，增长0.4%；移动电话用户66.3万户，增长1.1%；固定互联网用户数11.66万户，下降6.6%。农村广播电视人口综合覆盖率达100%，有线电视用户达20万户，覆盖率达54%。

全年接待游客700万人次，实现旅游收入42亿元，分别增长20.6%、20%。长寿湖景区接待游客203万人次，实现旅游收入13.3亿元。菩提山景区接待游客385万人次，其中菩提古镇接待游客282万人次，实现旅游收入17.2亿元；菩提山接待游客103万人次，实现旅游收入5.1亿元。

九、财税、金融

全年实现地方财政收入84.1亿元，增长15.4%，其中公共财政预算收入35亿元，增长11.9%。全年地方财政支出125.8亿元，增长30.3%，其中公共财政预算支出59.2亿元，增长10.1%，税收收入25.9亿元，增长10.9%。

全区金融机构本外币存款余额454.7亿元，增长10.1%，其中人民币存款余额453.1亿元，增长10.4%；金融机构本外币贷款余额为282.1亿元，增长9.2%，其中人民币贷款余额281.2亿元，增长9.0%。

十、城市建设与房地产

全区常住人口城镇化率61.62%。全年实施城建重点项目99个，完成投资106亿元，新建城市道路17千米，改造城市道路1.2万平方米，铺设各类管网94余千米。场镇主要道路实现“白改黑”，城镇污水处理及垃圾处理设施全覆盖。

全年完成房地产开发投资79.9亿元，下降26.7%；商品房施工面积787.5万平方米，下降15.5%；新开工面积132.3万平方米，下降11.6%；销售面积234万平方米，增长34.1%。

十一、教育和科技

年末，全区有幼儿园88所，教职工1177人；小学68所，教职工2656人；普通中学21所，教职工1477人；完全中学8所，教职工2130人；职业中学2所，教职工215人。共有幼儿园在园儿童16609人，小学生41084人，初中学生18956人，高中学生14487人，中职学生3892人。

全年专利申请4946件，专利授权1501件，培育高新技术企业7家、高新技术产品20个。争取市级以上科技项目36个，资金总额1000余万元。共有国家级优势企业3家，市级知识产权优势企业6家；市级知识产权试点企业35家，院士专家工作站、博士后科研工作站等研发中心25个。成功申报国家级农业科技园区、市级工程技术研究中心1个、市级协同创新服务中心1个、市级众创空间（科技类）2个、市级科普基地1个。

十二、文化、体育和卫生

年末，全区共有文化产业经营单位3850家（企业608家，个体3242家），从事文化产业相关工作人员7800余人。全年举办区级文化活动40余场次，送文化活动3000余场次，组织开展体育活动500余场次，文化“两馆一站一室”和体育场馆设施服务群众达310万余人次。向市集训队输送运动员20人，其中1人在亚洲青年锦标赛获75公斤级摔跤冠军。参加市级竞技比赛11次，获得金牌35块、银牌36块、铜牌41块。

年末，全区有医疗卫生机构509所，其中医院19所、卫生院（含分院）28所。全区有医疗卫生技术人员5013人，各类医疗卫生机构有床位数4624张。建立居民健康档案76.9万份，建档率95.89%；传染病报告及时率达100%；七苗平均接种率达99.08%。区医院成为全市五个全科医生培训基地之一。

十三、资源、环境和安全生产

全区年降水量1334.5毫米。建成市级森林城市，新增城市绿地面积198.34公顷，新增城市公园面积149.61公顷，全区森林覆盖率达45.1%，城区人均绿地面积同比增加5%。新建改造各类水利工程1050处、新增蓄水能力383万平方千米、治理水土流失面积14.26平方千米。

社会治安立体化防控体系建立完善，公众安全感保持在90%以上。全国食品安全示范区成功创建，城镇餐饮服务单位食品安全监督量化分级管理率达100%，农村地区达95%。危化、烟花爆竹、水上交通、特种设备等重点领域多年保持“零死亡”，安全生产事故起数、死亡人数连续八年实现“双下降”。

城区空气质量优良率达93.2%，臭气扰民投诉率下降7.5%；长江长寿段稳定在Ⅲ类水质；街镇和城区集中式饮用水源地水质均实现100%达标；城区实现噪声达标全覆盖；危险废物规范处置率达100%，医疗废物实现规范化处置全覆盖。

注：增加值绝对数按现价计算，增长速度按可比价计算。

2015年重庆市长寿区国民经济主要指标

地区生产总值	1—4季度	同比±%
全区生产总值（亿元）	430.1	11.8
第一产业	38.2	4.7
第二产业	230.1	12.4
工业	171.9	11.6
建筑业	58.2	14.6
第三产业	161.8	12.2
其中：交通运输、仓储和邮政业	52.2	13.0
批发和零售业	18.9	10.2
住宿和餐饮业	13.4	9.3

农业	1—4季度	2014年同期	同比±%
农业总产值（万元）	574151	524719	9.4
粮食产量（吨）	368870	365686	0.9
出栏生猪（万头）	68	68.8	-1.2
出栏家禽（万只）	1080	1054.7	2.4
蔬菜产量（万吨）	33.7	31.4	7.5
水果产量（吨）	222000	204577	8.5
禽肉产量（吨）	16920	16489	2.6
禽蛋产量（吨）	50087	47798	4.8

续表

居民收入	1—4 季度	2014 年同期	同比 ± %
城镇常住居民人均可支配收入（元）	27571	25388	8.6
农村常住居民人均可支配收入（元）	12047	10863	10.9

规上工业	1—4 季度	2014 年同期	同比 ± %
工业企业数（个）	195	171	14.0
工业亏损企业数（个）	46	41	12.2
工业总产值（亿元）	806	695.4	15.9
其中：长寿经开区	747.4	643.8	16.1
街镇工业走廊	42.9	25.1	70.7
工业销售产值（亿元）	786.3	680.6	15.5
其中：长寿经开区	728.2	629.4	15.7
街镇工业走廊	42.4	24.9	70.3
工业产品产销率（%）	97.56	97.87	下降 0.31 个百分点
其中：长寿经开区	97.43	97.76	下降 0.33 个百分点
街镇工业走廊	98.83	99.08	下降 0.25 个百分点

规上工业主要产品产量（吨）	1—4 季度	2014 年同期	同比 ± %
生铁	3664298	4433513	-17.4
粗钢	4255649	4798137	-11.3
钢材	5434948	5851599	-7.1
精甲醇	1550014	1342682	15.4
醋酸乙烯	468957	438035	7.1
冰醋酸	393367	407334	-3.4
合成氨	107326	39455	172.0
烧碱（折 100%）	148980	128737	15.7
合成橡胶	23070	25720	-10.3
化学纤维	13429	16238	-17.3
合成纤维聚合物	123659	127863	-3.3
发动机（千瓦）	13629667	10141080	34.4
橡胶轮胎外胎（条）	15906289	11459708	38.8
玻璃纤维纱	221542	212046	4.5
水泥	1406257	1471957	-4.5
化学药品原药	2428	1801	34.8
原煤	169524	502824	-66.3
焦炭	1739122	2023897	-14.1
发电量（万千瓦时）	307829	373481	-17.6

续表

规上工业企业经济效益	1—4 季度	2014 年同期	同比 ±%
工业产品销售收入（万元）	7545967	6695623	12.7
其中：长寿经开区	6951992	6174060	12.6
街镇工业走廊	413684	249057	66.1
工业利润总额（万元）	-403803	49885	
其中：长寿经开区	-446079	13607	
街镇工业走廊	29896	18303	63.3
工业税金及附加（万元）	141021	167405	-15.8
其中：长寿经开区	119658	143938	-16.9
街镇工业走廊	11030	10260	7.5
工业经济综合效益指数（%）	224.2	218.2	上升 6 个百分点

投 资	1—4 季度	2014 年同期	同比 ±%
固定资产投资（亿元）	506.9	415.0	22.1
其中：工业	274.4	190.6	44.0
其中：房地产开发	79.9	109.0	-26.7

房 地 产	1—4 季度	2014 年同期	同比 ±%
商品房施工面积（万平方米）	787.5	932.0	-15.5
商品房新开工面积（万平方米）	132.3	149.6	-11.6
商品房销售面积（万平方米）	234.0	174.5	34.1

商 贸	1—4 季度	2014 年同期	同比 ±%
社会消费品零售总额（万元）	1032599	909168	13.6
按区域分：城镇	558202	493621	13.1
乡村	474397	415547	14.2
按行业分：批发业	214056	191038	12.0
零售业	572301	502734	13.8
住宿业	31836	27482	15.8
餐饮业	214406	187914	14.1
批发零售业销售额（万元）	2631683	2216956	18.7
住宿餐饮营业收入（万元）	284846	239167	19.1

财 政	1—4 季度	2014 年同期	同比 ±%
地方财政收入（万元）	841113	729115	15.4
其中：公共财政预算收入	350247	313126	11.9
地方财政支出（万元）	1257647	965089	30.3
其中：公共财政预算支出	592219	537761	10.1

续表

金 融	1—4 季度	2014 初数据	比年初 ± %
本外币存款余额（万元）	4547011	4131443	10. 1
其中：人民币存款余额	4530535	4104401	10. 4
本外币贷款余额（万元）	2821160	2584437	9. 2
其中：人民币贷款余额	2811899	2578627	9. 0

外经外贸	1—4 季度	2014 年同期	同比 ± %
实际利用内资（亿元）	218. 3	185. 7	17. 6
实际利用外资（亿美元）	3. 68	4. 1	-9. 4%
进出口总额（亿美元）	12. 3	12. 7	-2. 6%

招商引资	1—4 季度	2014 年同期	同比 ± %
协议项目个数（个）	126	102	23. 5
项目合同总金额（亿元）	542	501	8. 2
实际到位资金（亿元）	215	264. 8	-18. 8

就 业	1—4 季度	2014 年同期	同比 ± %
城镇登记失业人员就业人数（人）	7832	12634	-38. 0
城镇登记失业率（%）	2. 08	1. 86	上升 0. 22 个百分点
城镇新增就业人数（人）	24298	32180	-24. 5

旅 游	1—4 季度	2014 年同期	同比 ± %
旅游收入（亿元）	42	-	20
旅游人数（万人次）	700	-	20. 6

2015 年重庆市长寿区各街镇主要统计指标

一、人口

街镇名称	户数（户）	总人口（人）	出生人数（人）	出生率（‰）	死亡人数（人）	死亡率（%）	自然增长率（‰）
凤城街道	67962	167563	1350	8. 03	772	4. 59	3. 44
晏家街道	35092	73917	813	10. 88	405	5. 42	5. 46
江南街道	12442	20942	243	11. 56	182	8. 66	2. 9
渡舟街道	17371	55303	608	11. 14	378	6. 92	4. 21
长寿湖镇	19959	29339	256	8. 83	245	8. 45	0. 38
云 台 镇	10993	15891	164	10. 38	136	8. 61	1. 77

续表

街镇名称	户数（户）	总人口（人）	出生人数（人）	出生率（‰）	死亡人数（人）	死亡率（%）	自然增长率（‰）
葛兰镇	26091	22093	322	15.22	245	11.58	3.64
但渡镇	14787	36372	461	12.96	365	10.26	2.7
邻封镇	8383	21771	403	19.15	224	10.64	8.5
云集镇	12815	35600	402	11.34	275	7.76	3.58
双龙镇	18109	40254	455	11.93	339	8.89	3.04
龙河镇	14810	35850	479	14.31	283	8.45	5.85
海棠镇	18776	29113	304	10.66	104	3.65	7.01
石堰镇	23890	56638	570	10.48	426	7.83	2.65
新市镇	20635	19931	311	15.87	214	10.92	4.95
八颗镇	14856	39863	478	12.15	365	9.27	2.87
洪湖镇	30018	27823	298	10.84	199	7.24	3.6
万顺镇	14316	22120	262	12.07	168	7.74	4.33
长寿区	392264	750383	8179	11.07	5325	7.2	3.86

注：1. 计生与公安的户籍人口数据保持一致；2 计生、公安、民政共同清理的死亡人口，所以同期对比户籍人口有所减少；3. 年底前成立的菩提街道未单独统计。

（重庆市长寿区卫生和计划生育委员会提供）

二、乡镇企业

街镇名称	乡镇企业						其中乡镇工业			
	总产值（万元）	比2014年±（%）	利润（万元）	比2014年±（%）	入库税金（万元）	比2014年±（%）	产值（万元）	比2014年±（%）	增加值（万元）	比2014年±（%）
凤城街道	1190596	12.20	110740	17.50	44679	9.50	262630	15.20	90005	11.20
晏家街道	264464	12.10	14269	16.90	13353	7.80	101816	14.80	20960	10.95
江南街道	52198	11.50	1911	16.30	2624	6.50	21994	15.10	6677	11.00
渡舟街道	226296	11.60	10881.09	16.80	6279.30	6.70	44275.14	14.75	12828.47	10.81
长寿湖镇	16827	11.30	764.59	15.40	1561.67	10.60	4033.97	13.25	1113.04	10.75
云台镇	121859	12.60	11553.58	17.20	2364.47	10.80	95961.29	16.53	19039.94	12.33
葛兰镇	303745	15.50	20135.47	17.60	11577.43	11.30	277974.58	18.41	74534.17	13.15
但渡镇	17523	10.30	2808.44	15.10	792.68	6.40	6102.18	13.55	1569.31	10.05
邻封镇	55952	10.20	1162.85	15.02	121.07	6.20	2872.93	13.42	710.79	10.03
云集镇	14708	10.80	1081.66	15.07	262.27	7.05	3656.91	14.35	1011.26	10.52
双龙镇	46316	10.60	3319.20	15.33	943.87	5.46	27564.10	14.75	7262.17	10.67
龙河镇	43094	10.70	3740.44	15.41	1564.34	5.06	10807.91	14.88	4347.93	10.86
海棠镇	81397	14.60	2928.50	15.98	2621.78	6.75	50332.94	16.95	14802.97	11.05
石堰镇	38374	11.10	1295.39	15.66	236.27	6.91	15402.52	15.03	5606.29	10.36
新市镇	279855	17.40	17484.94	18.55	12808.11	11.53	272762.13	20.15	97913.52	13.80
八颗镇	124539	12.40	9670.33	16.51	4941.69	10.85	123403.10	15.33	34311.26	11.44
洪湖镇	56728	10.70	2115.29	14.65	660.95	6.95	34526.05	14.78	11182.77	10.20
万顺镇	23133	10.50	183.68	14.80	12.78	6.52	22116.08	14.36	4997.44	10.10

（重庆市长寿区经济和信息化委员会提供）

2015 年重庆市各区县主要统计指标及排序

2015 年 1—4 季度重庆市各区县及本考核组 GDP 排位

区　　县	增幅(%)	排位		绝对数（万元）	排位	
		全市	12 区县		全市	12 区县
潼南区	12.5	1	1	2651988	21	11
江北区	12.3	2		6873142	7	
江津区	12.2	3	2	6055860	9	2
璧山区	12.1	4	3	3817631	15	6
丰都县	12.0	5		1501886	30	
梁平县	11.9	6		2423308	22	
涪陵区	11.9	6	4	8131946	5	1
长寿区	**11.8**	**8**	**5**	**4301168**	**14**	**5**
永川区	11.8	8	5	5703351	10	3
合川区	11.7	10	7	4761869	12	4
荣昌区	11.7	10	7	3298733	17	8
大足区	11.7	10	7	3491735	16	7
开　县	11.6	13		3259784	18	
铜梁区	11.5	14	10	3082041	19	9
奉节县	11.5	14		1974324	26	
綦江区(不含万盛)	11.3	16	11	2859815	20	10
巴南区	11.3	16		5683423	11	
南岸区	11.3	16		6793773	8	
九龙坡区	11.2	19		10035661	2	
垫江县	11.1	20		2398394	23	
云阳县	11.1	20		1879115	27	
万州区	11.1	20		8282151	4	
北碚区	11.1	20		4303424	13	
渝北区	11.0	24		11933430	1	
忠　县	11.0	24		2223968	24	
巫山县	10.8	26		896605	36	
南川区	10.7	27	12	1862532	28	12
巫溪县	10.7	27		733991	37	
秀山自治县	10.5	29		1381933	31	
武隆县	10.5	29		1313995	32	
彭水自治县	10.4	31		1159666	35	
大渡口区	10.4	31		1597192	29	

续表

区　　县	增幅(%)	排位		绝对数（万元）	排位	
		全市	12 区县		全市	12 区县
渝中区	10.3	33		9581728	3	
酉阳自治县	10.1	34		1169671	34	
黔江区	10.0	35		2025455	25	
石柱自治县	10.0	35		1292437	33	
沙坪坝区	8.0	37		7142957	6	
城口县	-2.1	38		425418	38	

2015 年 1—4 季度重庆市各区县及本考核组工业增加值排位

区　　县	增幅(%)	排位		绝对数（万元）	排位	
		全市	12 区县		全市	12 区县
合川区	13.4	1	1	1813542	12	5
南岸区	13.2	2		3412581	4	
潼南区	12.9	3	2	902492	23	11
江津区	12.2	4	3	2981138	6	2
璧山区	12.1	5	4	2442314	9	4
涪陵区	12.1	5	4	4237351	2	1
石柱自治县	12.1	5		460988	28	
北碚区	12.0	8		2298980	10	
梁平县	11.9	9		1040250	19	
丰都县	11.8	10		356732	30	
永川区	11.8	10	6	2606492	8	3
大足区	11.8	10	6	1711914	14	7
武隆县	11.8	10		249492	34	
长寿区	**11.6**	**14**	**8**	**1718735**	**13**	**6**
荣昌区	11.6	14	8	1670351	15	8
江北区	11.5	16		1544924	16	
綦江区(不含万盛)	11.5	16	10	1147313	18	10
大渡口区	11.4	18		434736	29	
铜梁区	11.3	19	11	1517770	17	9
万州区	11.3	19		3178490	5	
开　县	11.2	21		996478	20	
垫江县	11.2	21		978773	21	
云阳县	11.2	21		577014	25	
忠　县	11.1	24		815157	24	
彭水自治县	11.1	24		297810	32	
酉阳自治县	11.1	24		348527	31	

续表

区　　县	增幅(%)	排位		绝对数(万元)	排位	
		全市	12 区县		全市	12 区县
九龙坡区	11.0	27		3807653	3	
南川区	10.9	28	12	463956	27	12
奉节县	10.8	29		280071	33	
秀山自治县	10.6	30		523337	26	
巴南区	10.4	31		1921109	11	
巫溪县	9.8	32		114855	35	
巫山县	9.0	33		102278	36	
黔江区	8.7	34		936356	22	
渝北区	8.0	35		6118704	1	
沙坪坝区	3.9	36		2790806	7	
渝中区	-1.8	37		59385	38	
城口县	-36.4	38		100653	37	

2015 年 1—4 季度重庆市各区县及本考核组建筑业增加值排位

区　　县	增幅(%)	排位		绝对数(万元)	排位	
		全市	12 区县		全市	12 区县
云阳县	20.7	1		238145	26	
奉节县	20.5	2		490688	14	
潼南区	20.3	3	1	527490	11	5
梁平县	19.8	4		277133	24	
忠　县	19.7	5		312232	21	
铜梁区	19.6	6	2	335674	19	8
丰都县	19.5	7		356244	18	
开　县	19.4	8		654960	6	
巫山县	19.4	8		184179	32	
荣昌区	19.2	10	3	407383	16	7
江津区	18.2	11	4	592997	9	3
万州区	18.2	11		917375	1	
城口县	18.1	13		110558	38	
垫江县	18.0	14		218037	27	
涪陵区	17.9	15	5	695574	4	1
大足区	17.9	15	5	329853	20	9
永川区	17.5	17	7	657305	5	2
璧山区	17.2	18	8	293974	22	10
巴南区	16.7	19		699431	3	
九龙坡区	16.6	20		615555	7	

续表

区　　县	增幅(%)	排位		绝对数（万元）	排位	
		全市	12区县		全市	12区县
巫溪县	15.9	21		165898	35	
黔江区	14.8	22		181348	33	
彭水自治县	14.7	23		190932	30	
长寿区	**14.6**	**24**	**9**	**582234**	**10**	**4**
武隆县	13.6	25		277306	23	
秀山自治县	13.6	25		136783	37	
南川区	13.0	27	10	174684	34	12
綦江区(不含万盛)	12.7	28	11	203910	28	11
北碚区	12.0	29		508256	13	
大渡口区	10.8	30		196009	29	
合川区	10.6	31	12	523968	12	6
南岸区	10.1	32		611338	8	
江北区	10.1	32		407372	17	
酉阳自治县	10.1	32		165104	36	
石柱自治县	10.0	35		184293	31	
沙坪坝区	8.8	36		488997	15	
渝中区	4.6	37		242156	25	
渝北区	1.7	38		873331	2	

2015 年 1—4 季度重庆市各区县及本考核组第三产业增加值排位

区　　县	增幅(%)	排位		绝对数（万元）	排位	
		全市	12区县		全市	12区县
渝北区	18.2	1		4682679	4	
江津区	13.4	2	1	1727052	12	4
綦江区(不含万盛)	13.1	3	2	1083471	15	6
江北区	12.7	4		4908198	3	
长寿区	**12.2**	**5**	**3**	**1617710**	**13**	**5**
璧山区	12.2	5	3	877311	19	8
合川区	12.2	5	3	1775398	11	3
荣昌区	12.1	8	6	783877	24	11
南川区	12.0	9	7	838962	23	10
巴南区	11.8	10		2612549	9	
酉阳自治县	11.8	10		416352	36	
大足区	11.7	12	8	1054667	17	7
梁平县	11.5	13		745650	27	
垫江县	11.5	13		848701	21	

续表

区　　县	增幅(%)	排位		绝对数(万元)	排位	
		全市	12区县		全市	12区县
永川区	11.5	13	9	1952256	10	2
黔江区	11.5	13		717417	28	
潼南区	11.3	17	10	753788	26	12
铜梁区	11.3	17	10	868575	20	9
涪陵区	11.2	19	12	2681324	8	1
秀山自治县	11.2	19		535264	31	
沙坪坝区	11.2	19		3806923	5	
九龙坡区	11.0	22		5519046	2	
巫溪县	10.6	23		303191	37	
云阳县	10.5	24		663113	29	
彭水自治县	10.5	24		449958	33	
渝中区	10.5	24		9280187	1	
丰都县	10.4	27		504220	32	
开　县	10.3	28		1083062	16	
城口县	10.2	29		141093	38	
巫山县	10.1	30		416642	35	
万州区	10.1	30		3590128	6	
大渡口区	10.1	30		950691	18	
北碚区	10.0	33		1350512	14	
忠　县	9.9	34		756876	25	
武隆县	9.8	35		600586	30	
石柱自治县	9.8	35		428133	34	
南岸区	9.2	37		2723316	7	
奉节县	9.1	38		843993	22	

2015年1—4季度重庆市各区县及本考核组农业增加值排位

区　　县	增幅(%)	排位		绝对数(万元)	排位	
		全市	12区县		全市	12区县
云阳县	5.6	1		408155	11	
梁平县	5.5	2		364806	17	
万州区	5.3	3		606954	3	
丰都县	5.3	3		287866	20	
秀山县	5.3	3		192484	28	
武隆县	5.3	3		187408	29	
南川区	5.2	7	1	390872	13	9
石柱县	5.2	7		220907	24	

续表

区　县	增幅(%)	排位		绝对数（万元）	排位	
		全市	12区县		全市	12区县
巫溪县	5.2	7		152629	30	
合川区	5.1	10	2	654487	2	2
奉节县	5.1	10		365555	16	
垫江县	5.1	10		362454	18	
酉阳县	5.1	10		241332	22	
永川区	5.0	14	3	493153	7	5
忠　县	5.0	14		344528	19	
彭水县	5.0	14		223204	23	
江津区	4.9	17	4	760332	1	1
铜梁区	4.9	17	4	366519	15	11
巫山县	4.9	17		196765	26	
黔江区	4.9	17		192791	27	
长寿区	**4.8**	**21**	**6**	**390481**	**14**	**10**
潼南区	4.8	21	6	471478	8	6
开　县	4.8	21		533059	4	
大足区	4.7	24	8	398788	12	8
城口县	4.7	24		73586	33	
綦江区	4.6	26	9	509579	6	4
璧山区	4.5	27	10	205788	25	12
荣昌区	4.4	28	11	444316	10	7
涪陵区	4.3	29	12	528521	5	3
巴南区	4.2	30		461651	9	
北碚区	3.2	31		149444	31	
渝北区	2.8	32		270249	21	
沙坪坝区	-0.8	33		65840	34	
九龙坡区	-1.2	34		95842	32	
江北区	-1.9	35		13219	37	
南岸区	-2.5	36		47834	35	
大渡口区	-5.6	37		17003	36	

注:包含农林牧渔服务业增加值。

2015年1—4季度重庆市各区县及本考核组固定资产投资排位

区　县	增幅(%)	排位		绝对数（万元）	排位	
		全市	12区县		全市	12区县
潼南区	24.9	1	1	330.8	20	11
綦江区(不含万盛)	24.8	2	2	372.3	18	10

续表

区　　县	增幅（%）	排位		绝对数（万元）	排位	
		全市	12区县		全市	12区县
大足区	24.8	2	2	520.0	13	7
永川区	24.6	4	4	720.1	4	1
江津区	22.5	5	5	704.2	5	2
长寿区	**22.1**	**6**	**6**	**506.9**	**14**	**8**
合川区	22.1	6	6	533.5	11	5
巫山县	22.1	6		122.2	37	
梁平县	20.5	9		267.5	23	
荣昌区	20.2	10	8	449.6	17	9
垫江县	19.8	11		292.2	22	
丰都县	19.7	12		250.4	26	
忠　县	19.7	12		262.1	25	
云阳县	19.6	14		240.6	27	
巴南区	19.0	15		733.5	2	
铜梁区	18.8	16	9	527.3	12	6
沙坪坝区	18.6	17		583.2	10	
万州区	18.5	18		725.1	3	
南川区	18.3	19	10	171.7	30	12
渝北区	18.2	21		1093.6	1	
彭水自治县	17.9	22		151.9	33	
开　县	16.6	23		358.6	19	
秀山自治县	16.2	24		169.8	31	
涪陵区	15.9	25	11	670.5	6	3
璧山区	15.7	26	12	630.8	8	4
酉阳自治县	14.9	27		151.3	34	
巫溪县	14.0	28		153.4	32	
黔江区	13.1	29		267.1	24	
大渡口区	13.0	30		190.3	29	
北碚区	11.0	31		594.9	9	
奉节县	10.3	32		232.5	28	
城口县	8.4	33		73.7	38	
渝中区	6.8	34		330.0	21	
江北区	5.4	35		493.5	16	
武隆县	3.7	36		150.9	35	
南岸区	2.6	37		500.9	15	
石柱自治县	-7.9	38		133.1	36	

2015 年 1—4 季度重庆市各区县及本考核组工业投资排位

区　　县	增幅(%)	排位		绝对数（万元）	排位	
		全市	12 区县		全市	12 区县
大渡口区	87.9	1		19.9	35	
长寿区	**44.0**	**2**	**1**	**274.4**	**5**	**5**
荣昌区	42.1	3	2	273.2	6	6
綦江区(不含万盛)	37.4	4	3	142.1	14	10
垫江县	36.9	5		101.2	19	
奉节县	36.7	6		48.9	27	
渝中区	36.5	7		4.8	38	
永川区	36.0	8	4	385.2	2	2
潼南区	32.9	9	5	135.2	15	11
江津区	31.8	10	6	398.4	1	1
南川区	31.5	11	7	40.3	29	12
云阳县	29.7	12		61.0	22	
璧山区	28.0	13	8	335.7	3	3
梁平县	27.5	14		77.0	20	
江北区	26.8	15		126.5	17	
大足区	25.2	16	9	221.5	10	8
合川区	24.9	17	10	246.9	7	7
巴南区	24.4	18		183.1	11	
铜梁区	20.3	19	11	177.2	12	9
北碚区	18.9	20		226.4	8	
秀山自治县	14.7	21		52.3	26	
万州区	13.6	22		222.7	9	
沙坪坝区	11.0	23		58.5	23	
渝北区	10.3	24		172.3	13	
丰都县	8.8	25		62.5	21	
涪陵区	4.6	26	12	321.8	4	4
开　县	4.4	27		114.2	18	
九龙坡区	3.5	28		131.4	16	
忠　县	0.1	29		47.2	28	
彭水自治县	-1.6	30		19.4	36	
酉阳自治县	-2.2	31		32.9	31	
巫溪县	-3.5	32		21.4	33	
巫山县	-6.0	33		20.7	34	
城口县	-9.0	34		13.5	37	
武隆县	-13.4	35		34.6	30	
南岸区	-33.9	36		56.3	25	
黔江区	-36.0	37		58.5	24	
石柱自治县	-36.8	38		22.1	32	

2015 年 1—4 季度重庆市各区县及本考核组社会消费品零售总额排位

区　县	增幅(%)	排位		绝对数（万元）	排位	
		全市	12 区县		全市	12 区县
永川区	15.5	1	1	2674844	9	1
璧山区	15.4	2	2	1065938	15	5
垫江县	15.1	3		813773	23	
万州区	14.5	4		2879819	7	
涪陵区	14.5	4	3	2296993	10	2
云阳县	14.2	6		904271	22	
丰都县	14.2	6		638200	28	
秀山自治县	14.1	8		581903	29	
巫山县	14.1	8		326333	36	
奉节县	14.0	10		481642	32	
荣昌区	13.9	11	4	974113	20	10
黔江区	13.8	12		808755	24	
忠　县	13.8	12		655742	27	
石柱自治县	13.8	12		482360	31	
巴南区	13.7	15		2751068	8	
江津区	13.7	15	5	2291631	11	3
武隆县	13.7	15		463225	33	
长寿区	**13.6**	**18**	**6**	**1032599**	**16**	**6**
南川区	13.6	18	6	1030608	17	7
大足区	13.6	18	6	1019506	19	9
酉阳自治县	13.6	18		459278	34	
梁平县	13.5	22		788729	25	
潼南区	13.5	22	9	765707	26	12
彭水自治县	13.5	22		519368	30	
开　县	12.6	25		1507792	13	
合川区	12.5	26	10	2217937	12	4
铜梁区	12.5	26	10	963088	21	11
綦江区(不含万盛)	12.4	28	12	1029856	18	8
万盛经开区	12.2	29	13	315124	37	13
巫溪县	12.1	30		250855	38	
江北区	11.1	31		4264865	4	
九龙坡区	11.0	32		5055733	3	
南岸区	10.9	33		3758738	5	
沙坪坝区	10.8	34		3203779	6	
北碚区	10.8	34		1486853	14	
渝北区	10.6	36		5730401	2	

续表

区　　县	增幅(%)	排位		绝对数（万元）	排位	
		全市	12区县		全市	12区县
大渡口区	10.5	37		403318	35	
渝中区	10.2	38		6379216	1	
城口县	9.8	39		127580	39	

2015年1—4季度重庆市各区县及本考核组利用内资排位

区　　县	增幅(%)	排位		绝对数（万元）	排位	
		全市	12区县		全市	12区县
万盛经开区	83.6	1	1	165526	38	13
武隆县	45.1	2		222383	37	
大足区	35.0	3	2	2256546	17	7
潼南区	32.5	4	3	1646106	24	10
荣昌区	32.3	5	4	1871793	22	9
綦江区(不含万盛)	30.0	6	5	811731	33	12
梁平县	29.5	7		1978554	21	
永川区	29.2	8	6	3978674	7	2
酉阳自治县	27.6	9		844030	32	
江北区	24.7	10		3838968	8	
垫江县	21.9	11		2311519	16	
巴南区	21.8	12		5665580	2	
合川区	21.8	12	7	2737433	12	5
南川区	21.1	14	8	1187258	27	11
江津区	20.6	15	9	4038735	6	1
渝北区	20.4	16		5681716	1	
涪陵区	19.6	17	10	3037624	10	3
长寿区	**17.6**	**18**	**11**	**2183490**	**19**	**8**
九龙坡区	17.5	19		4717922	3	
沙坪坝区	16.6	20		4666693	4	
铜梁区	16.1	21	12	2786578	11	4
璧山区	15.9	22	13	2395558	14	6
石柱自治县	15.7	23		850207	31	
南岸区	15.5	24		2604854	13	
万州区	13.7	25		3074746	9	
彭水自治县	13.5	26		400930	35	
云阳县	13.4	27		1825024	23	
忠　县	12.7	28		2364742	15	
北碚区	12.6	29		4110291	5	

续表

区　县	增幅(%)	排位		绝对数（万元）	排位	
		全市	12 区县		全市	12 区县
秀山自治县	12.5	30		901318	29	
奉节县	12.5	30		881576	30	
开　县	12.1	32		2179892	20	
丰都县	10.4	33		1607813	25	
巫溪县	8.4	34		411700	34	
大渡口区	4.0	35		1560847	26	
渝中区	2.3	36		2230407	18	
黔江区	-2.4	37		1014615	28	
巫山县	-44.0	38		235805	36	
城口县	-49.8	39		22130	39	

2015 年 1—4 季度重庆市各区县及本考核组居民人均可支配收入排位

区　县	增幅(%)	排位		绝对数（万元）	排位	
		全市	12 区县		全市	12 区县
酉阳自治县	12.7	1		11174	37	
武隆县	12.6	2		16311	26	
秀山自治县	12.6	2		14404	31	
彭水自治县	12.6	2		12739	35	
黔江区	12.4	5		15991	27	
丰都县	12.3	6		15492	30	
石柱自治县	12.2	7		15577	29	
垫江县	12.1	8		17591	23	
梁平县	12.0	9		17377	24	
云阳县	12.0	9		13841	32	
城口县	11.9	11		11570	36	
忠　县	11.8	12		17112	25	
开　县	11.8	12		15991	27	
巫山县	11.8	12		13317	34	
巫溪县	11.7	15		11054	38	
万州区	11.6	16		21564	15	
奉节县	11.6	16		13445	33	
潼南区	11.3	18	1	18039	22	12
璧山区	11.0	19	2	21800	14	5
涪陵区	10.6	20	3	21884	13	4
江津区	10.5	21	4	22543	11	2
长寿区	**10.4**	**22**	**5**	**21353**	**16**	**6**

续表

区　　县	增幅(%)	排位		绝对数（万元）	排位	
		全市	12 区县		全市	12 区县
永川区	10.4	22	5	22992	10	1
大足区	10.4	22	5	19802	18	8
荣昌区	10.4	22	5	19784	19	9
合川区	10.1	26	9	21914	12	3
南川区	10.1	26	9	19621	20	10
铜梁区	10.0	28	11	20818	17	7
綦江区	9.8	29	12	18567	21	11
巴南区	8.8	30		26650	9	
渝北区	8.7	31		27194	7	
北碚区	8.6	32		26965	8	
江北区	8.2	33		30267	2	
九龙坡区	8.2	33		29371	5	
渝中区	8.0	35		31608	1	
南岸区	8.0	35		29645	3	
大渡口区	7.8	37		29124	6	
沙坪坝区	7.7	38		29490	4	

2015 年 1—4 季度重庆市各区县及本考核组城镇常住居民人均可支配收入排位

区　　县	增幅(%)	排位		绝对数（万元）	排位	
		全市	12 区县		全市	12 区县
黔江区	10.2	1		24672	28	
武隆县	10.1	2		27003	20	
垫江县	10.0	3		26644	23	
丰都县	9.9	4		23902	31	
酉阳自治县	9.9	4		20449	37	
万州区	9.8	6		28459	12	
秀山自治县	9.8	6		25145	26	
彭水自治县	9.7	8		22338	33	
梁平县	9.6	9		26427	24	
石柱自治县	9.6	9		25116	27	
忠　县	9.5	11		26778	21	
开　县	9.5	11		23984	30	
云阳县	9.4	13		21592	35	
奉节县	9.3	14		21633	34	
巫山县	9.2	15		23315	32	
璧山区	9.1	16	1	29744	9	1

续表

区　县	增幅(%)	排位		绝对数(万元)	排位	
		全市	12区县		全市	12区县
城口县	9.1	16		21116	36	
潼南区	9.0	18	2	25932	25	11
江津区	8.9	19	3	27951	15	5
涪陵区	8.8	20	4	28450	13	3
永川区	8.8	20	4	28325	14	4
巫溪县	8.7	22		19687	38	
长寿区	**8.6**	**23**	**6**	**27571**	**16**	**6**
合川区	8.5	24	7	27231	17	7
大足区	8.5	24	7	27123	19	9
荣昌区	8.3	26	9	27227	18	8
巴南区	8.2	27		30339	7	
南川区	8.2	27	10	26758	22	10
江北区	8.1	29		31014	2	
綦江区	8.1	29	11	24360	29	12
渝中区	8.0	31		31608	1	
铜梁区	8.0	31	12	28530	11	2
渝北区	7.9	33		30819	3	
九龙坡区	7.8	34		30727	4	
北碚区	7.8	34		30261	8	
大渡口区	7.7	36		29546	10	
南岸区	7.6	37		30441	5	
沙坪坝区	7.5	38		30384	6	

2015年1—4季度重庆市各区县及本考核组农村常住居民人均可支配收入排位

区　县	增幅(%)	排位		绝对数(万元)	排位	
		全市	12区县		全市	12区县
武隆县	12.6	1		9562	28	
秀山自治县	12.5	2		8360	33	
黔江区	12.4	3		8855	30	
梁平县	12.3	4		11268	20	
石柱自治县	12.3	4		9642	27	
彭水自治县	12.3	4		8388	31	
万州区	12.2	7		10729	24	
丰都县	12.1	8		9729	26	
垫江县	12.1	8		11480	19	
酉阳自治县	12.1	8		7263	35	

续表

区　　县	增幅(%)	排位		绝对数（万元）	排位	
		全市	12区县		全市	12区县
云阳县	12.0	11		9054	29	
忠　县	11.8	12		10960	23	
开　县	11.8	12		10170	25	
奉节县	11.6	14		8385	32	
潼南区	11.5	15	1	11582	17	9
巫山县	11.5	15		7733	34	
江津区	11.4	17	2	13722	12	4
巫溪县	11.4	17		7121	37	
涪陵区	11.3	19	3	11089	22	12
永川区	11.3	19	3	13808	9	2
城口县	11.3	19		7224	36	
璧山区	11.1	22	5	14229	7	1
长寿区	**10.9**	**23**	**6**	**12047**	**16**	**8**
合川区	10.8	24	7	13184	13	5
九龙坡区	10.7	25		15480	3	
大足区	10.7	25	8	12437	15	7
荣昌区	10.7	25	8	13035	14	6
巴南区	10.6	28		13878	8	
南川区	10.6	28	10	11237	21	11
渝北区	10.5	30		13766	10	
江北区	10.4	31		15594	2	
铜梁区	10.4	31	11	13747	11	3
南岸区	10.3	33		16366	1	
綦江区	10.3	33	12	11494	18	10
沙坪坝区	10.1	35		15264	5	
北碚区	10.1	35		14499	6	
大渡口区	10.0	37		15439	4	

注:渝中区无农业,农村居民收入排位只涉及其他37个区县。

（以上统计资料由重庆市长寿区统计局提供）

索 引

索　引

说　明

一、本索引按主题词首字汉语拼音(同音字按声调)顺序排列,若首字拼音相同则按第二字音序排列,以此类推。索引主题词后的阿拉伯数字表示该主题内容所在页码。

二、本索引收录的是分目;条目、《概述》分目和《特载》《大事记》《文献》《统计资料》等部目的相关内容未做索引。

三、以数字开头的索引词集中放在末尾。

A

B

C

D

F

G

H

J

K

L

M

N

P

Q

R

S

T

W

X

Y

Z